한국세무사회 주관 국가공인자격시험 대비

케이렙 **KcLep**에 의한

POINT 2025
전산세무 2급

이성노 지음

경영과회계

머리말

　기업의 회계처리와 세무업무가 전산화되면서 회계 담당자들은 이론적으로 회계와 세무 업무를 익히는 것만이 아니라 전산업무도 숙지하는 것이 필수가 된지 오래되었다. 모든 분야의 전산화가 회계분야에도 지대한 변화를 가져오고 그 변화에 따라 한국세무사회의 국가공인 전산세무회계 자격시험이 도입되었다.

　전산세무회계 검정시험은 회계와 세무에 대한 이론만으로 되는 것도 아니고 컴퓨터를 아는 것만으로도 될 수 없다. 전산세무회계 검정시험을 준비하는 것은 회계와 세무에 관한 이론을 숙지하고 그 이론을 바탕으로 전산실무를 익혀야 된다. 따라서 본서는 이론은 기본이론정리와 평가문제를 통하여 충분한 학습을 할 수 있게 하고, 실무는 다음과 같은 단계의 학습으로 반복 정리하여 실무시험의 적응력을 최대한 높이려 하였다.

　전산세무회계 자격시험이 KcLep[케이 렙]으로 변화하는 것에 발맞춰 본서도 새로운 내용으로 채우기 위하여 노력하였다. 새로운 내용의 반영으로 빡빡한 일정에도 불구하고 본서가 출간되기까지 지원을 아끼지 않으신 경영과회계 대표님과 편집실에 감사를 드린다.

저자　이성노

차례

기본이론정리 ·· 13
각 분야별로 정리·요약하여 이론시험 대비

제1장 | 재무회계 정리 ·· 15
제1절 | 회계의 기초 ·· 15
제2절 | 당좌자산 ·· 29
제3절 | 재고자산 ·· 36
제4절 | 유형자산 ·· 42
제5절 | 무형자산 ·· 51
제6절 | 투자자산과 유가증권 및 기타비유동자산 ················ 56
제7절 | 부 채 ·· 62
제8절 | 자 본 ·· 69
제9절 | 수익과 비용 ·· 78
제10절 | 회계변경과 오류수정 ······································ 83
제11절 | 내부통제제도와 내부회계관리제도 ······················ 88
제12절 | 비영리회계 ·· 93

제2장 | 원가회계 정리 ·· 111
제1절 | 원가에 대한 이해 ·· 111
제2절 | 원가계산과 원가의 흐름 ·································· 116
제3절 | 부문별 원가계산 ·· 123
제4절 | 개별원가계산과 제조간접비의 배부 ······················ 128
제5절 | 종합원가계산 ·· 133

제3장 | 부가가치세법 정리 ·· 153
제1절 | 부가가치세법 총칙 ·· 153
제2절 | 과세거래 ·· 161
제3절 | 공급시기와 세금계산서 ···································· 167
제4절 | 영세율과 면세 ·· 178
제5절 | 과세표준 및 매출세액 ···································· 186
제6절 | 매입세액 공제와 납부세액 계산 ·························· 194

제7절 | 납부세액과 신고·납부 ·· 202
　　　제8절 | 간이과세 ·· 213

제4장 | 소득세법 정리 ·· 227
　　　제1절 | 소득세법 총칙 ··· 227
　　　제2절 | 금융소득 ··· 233
　　　제3절 | 사업소득 ··· 236
　　　제4절 | 근로소득 ··· 240
　　　제5절 | 연금소득과 기타소득 ··· 247
　　　제6절 | 종합소득 과세표준 및 세액의 계산 ··················· 253
　　　제7절 | 원천징수와 연말정산 ··· 270
　　　제8절 | 소득세 신고 납부 및 결정 ··································· 276

KcLep 따라하기 ·· 289

계정과목별로 구성된 예제를 통한 실습

제1장 | 전산세무회계프로그램의 시작 ··· 291
제2장 | 프로그램의 첫걸음 ·· 295
　　　제1절 | 기초정보관리 ··· 295
　　　제2절 | 전표입력/전자세금계산서 ····································· 309
　　　제3절 | 부가가치세신고와 부속서류 ································· 349
　　　제4절 | 결　산 ··· 399
　　　제5절 | 원천징수 ··· 407

실무시험출제유형에 따른 연구문제 ·· 449

추가입력, 정정문제, 조회문제 등의 주요검토사항·채점포인트 제시

기출문제 유형별 되짚어보기 ·· 473

기출문제를 유형별 재구성하여 실무시험대비 능력 향상

1 일반전표입력 ·· 475
2 매입매출전표 ·· 494
3 부가가치세 ·· 511
4 결 산 ·· 524
5 원천징수 ·· 527

실전모의시험 ·· 539

실무시험 공략을 위해 총 10회 모의실무시험 제공

01회 | 실전모의시험 ··· 541
02회 | 실전모의시험 ··· 549
03회 | 실전모의시험 ··· 556
04회 | 실전모의시험 ··· 563
05회 | 실전모의시험 ··· 568
06회 | 실전모의시험 ··· 574
07회 | 실전모의시험 ··· 581
08회 | 실전모의시험 ··· 588
09회 | 실전모의시험 ··· 594
10회 | 실전모의시험 ··· 602

집중심화시험 ·· 609

총 6회분의 실제시험대비 총공략

01회 | 집중심화시험 ··· 611
02회 | 집중심화시험 ··· 623
03회 | 집중심화시험 ··· 635
04회 | 집중심화시험 ··· 646
05회 | 집중심화시험 ··· 657
06회 | 집중심화시험 ··· 668

기출문제총정리 ·· 679

개정내용을 반영한 완벽한 해석을 통해 총정리

112회 | 기출문제 ··· 681
113회 | 기출문제 ··· 694
114회 | 기출문제 ··· 708
115회 | 기출문제 ··· 722
116회 | 기출문제 ··· 735
117회 | 기출문제 ··· 747

포인트해답집 ·· 763

- 실전모의시험 해답 ··· 765
- 집중심화시험 해답 ··· 804
- 기출문제총정리 해답 ··· 835

NCS 차례

능력단위 명칭	능력단위요소	회계-회계감사, 회계-세무
0203020101 전표관리	01 회계상거래인식하기	Part 1. – 제1장 재무회계 정리 　제 1 절　회계의 기초　• 15
	02 전표작성하기	Part 2. – 제2장 프로그램의 첫걸음 　제 2 절　전표입력/전자세금계산서　• 309
	03 증빙서류관리하기	
0203020102 자금관리	01 현금시재관리하기	Part 1. – 제1장 재무회계 정리 　제 2 절　당좌자산　• 29 Part 2. – 제2장 프로그램의 첫걸음 　제 2 절　전표입력/전자세금계산서　• 309
	02 예금관리하기	
	03 법인카드관리하기	
	04 어음·수표관리하기	
0203020103 원가계산	01 원가요소분류하기	Part 1. – 제2장 원가회계정리 　제 1 절　원가에 대한 이해　• 111
	02 원가배부하기	Part 1. – 제2장 원가회계정리 　제 2 절　원가계산과 원가의 흐름　• 116 　제 3 절　부문별 원가계산　• 123
	03 원가계산하기	Part 1. – 제2장 원가회계정리 　제 2 절　원가계산과 원가의 흐름　• 116 　제 4 절　개별원가계산과 제조간접비의 배부　• 128 　제 5 절　종합원가계산　• 133
	04 원가정보활용하기	Part 1. – 제2장 원가회계정리 　제 2 절　원가계산과 원가의 흐름　• 116
0203020107 회계감사	01 내부감사 준비하기	Part 1. – 제1장 재무회계 정리 　제 11 절　내부통제제도와 내부회계관리제도　• 88
	02 외부감사 준비하기	
0203020109 비영리회계	01 비영리대상판단하기	Part 1. – 제1장 재무회계 정리 　제 12 절　비영리회계　• 93
	02 비영리회계처리하기	
	03 비영리회계보고서작성하기	

능력단위 명칭	능력단위요소	회계-회계감사, 회계-세무
0203020204 원천징수	01 금융소득원천징수하기	Part 1. – 제4장 소득세법 정리 　제 2 절　금융소득 • 233 　제 3 절　사업소득 • 236 　제 4 절　근로소득 • 240 　제 5 절　연금소득과 기타소득 • 247 　제 7 절　원천징수와 연말정산 • 270 Part 2. – 제2장 프로그램의 첫걸음 　제 5 절　원천징수 • 407
	02 사업소득원천징수하기	
	03 근로소득원천징수하기	
	04 기타소득원천징수하기	
	06 근로소득원천징수하기	
0203020205 부가가치세신고	01 세금계산서발급·수취하기	Part 1. – 제3장 부가가치세법 정리 　제 3 절　공급시기와 세금계산서 • 167 Part 2. – 제2장 프로그램의 첫걸음 　제 2 절　전표입력/전자세금계산서 • 309 　제 3 절　부가가치세신고 부속서류 • 349
	02 부가가치세부속서류작성하기	Part 1. – 제3장 부가가치세법 정리 　제 5 절　과세표준 및 매출세액 • 186 　제 6 절　매입세액 공제와 납부세액 계산 • 194 Part 2. – 제2장 프로그램의 첫걸음 　제 3 절　부가가치세신고 부속서류 • 349
	03 부가가치세신고하기	Part 1. – 제3장 부가가치세법 정리 　제 1 절　부가가치세법 총칙 • 153 　제 2 절　과세거래 • 161 　제 7 절　납부세액과 신고·납부 • 202 　제 8 절　간이과세 • 213 Part 2. – 제2장 프로그램의 첫걸음 　제 3 절　부가가치세신고 부속서류 • 349
0203020206 종합소득세신고	01 사업소득세무조정하기	Part 1. – 제4장 소득세법 정리 　제 3 절　사업소득 • 236
	03 종합소득세신고하기	Part 1. – 제4장 소득세법 정리 　제 8 절　소득세 신고 납부 및 결정 • 276
0203020104 결산관리	01 결산분개하기	Part 2. – 제2장 프로그램의 첫걸음 　제 4 절　결산 • 399
0203020105 회계정보시스템	01 회계관련DB마스터관리하기	Part 2. – 제2장 프로그램의 첫걸음 　제 1 절　기초정보관리 • 295
	02 회계프로그램운용하기	

KcLep 프로그램 및 백데이터 설치요령

KcLep [케이 렙] 다운로드 및 설치방법

1. 한국세무사회 자격시험 홈페이지 (http://license.kacpta.or.kr)에 접속한다.

2. 화면 하단의 'KcLep [케이 렙] 수험용 다운로드'를 클릭하여 [KcLepSetup.exe]을 다운로드 한다 (버전에 따라 파일명이 다를 수도 있음).

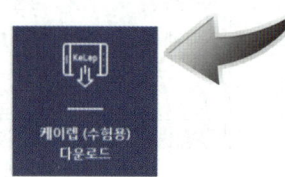
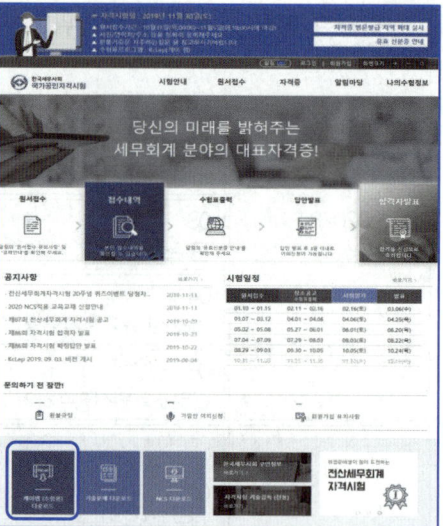

3. 다운로드 한 파일을 더블클릭하여 설치를 진행한다.
4. 화면의 순서를 참고하여 [다음] → [확인] 버튼을 클릭하여 설치를 완료한다.

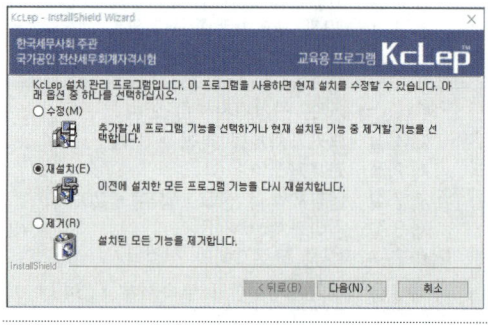
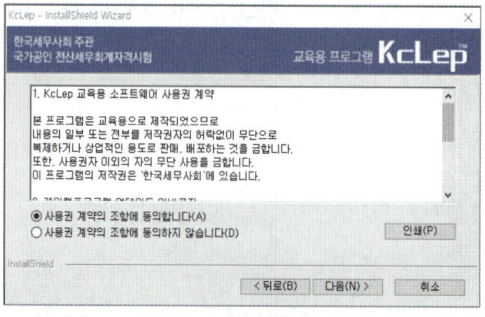
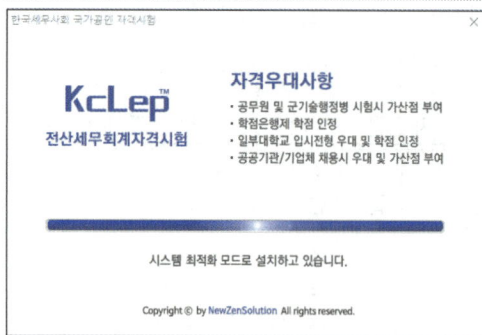

백데이터 다운로드 및 설치방법

1. 피앤피북 홈페이지
   (www.pnpbook.com)에 접속한다.

2. 다운로드 / 경영과회계-백데이터
   메뉴를 선택한다.

3. 해당 백데이터를 클릭한다.

4. 아래쪽의 실행파일을 다운로드한다.
   (안전하지 않은 다운로드라고 떠도 계속 실행한다.)

5. 실행파일(exe)을 실행하면 자동으로 지정된 경로(C:\KcLepDB\KcLep)로 압축이 풀린다.

6. 지정된 경로에 제대로 압축이 풀렸는지 확인 후 바탕화면의 'KcLep 교육용 세무사랑' 아이콘을 더블클릭하여 프로그램을 실행한다.

7. 프로그램 초기화면 하단의 '회사등록'을 클릭한다.

8. 회사등록 화면에서 상단의 'F4 회사코드재생성'을 클릭하여 좌측에 회사목록이 생성되는 것이 확인되면 백데이터 설치 작업 완료.

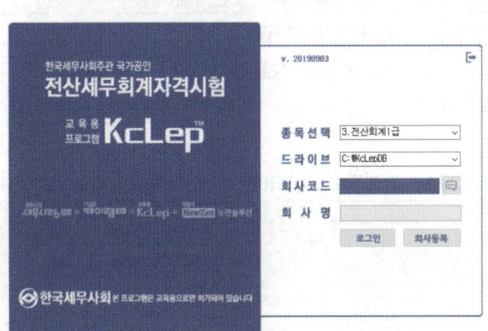
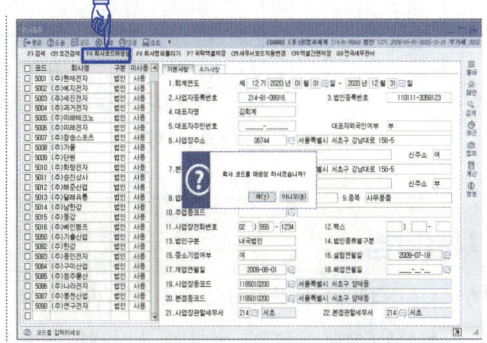

전산세무회계 자격시험 안내

2025년도 시험일정 및 시험시간

회 차	종목 및 급수	원서접수	시험일자	합격자 발표
제118회	전산세무 1·2급 전산회계 1·2급	01.02 ~ 01.08	02.09(일)	02.27(목)
제119회		03.06 ~ 03.12	04.05(토)	04.24(목)
제120회		05.02 ~ 05.08	06.07(토)	06.26(목)
제121회		07.03 ~ 07.09	08.02(토)	08.21(목)
제122회		08.28 ~ 09.03	09.28(일)	10.23(목)
제123회		10.30 ~ 11.05	12.06(토)	12.24(수)

* 원서 접수 마지막 날의 마감시간은 18:00시까지임

등 급	전산세무1급	전산세무2급	전산회계1급	전산회계2급
시험시간	15:00 ~ 16:30 90분	12:30 ~ 14:00 90분	15:00 ~ 16:00 60분	12:30 ~ 13:30 60분

시험종목 및 평가범위

종목	등 급		평 가 범 위
전산 세무 회계	전산세무 1급	이 론	재무회계(10%), 원가회계(10%), 세무회계(10%)
		실 무	재무회계및원가회계(15%), 부가가치세(15%), 원천제세(10%), 법인세무조정(30%)
	전산세무 2급	이 론	재무회계(10%), 원가회계(10%), 세무회계(10%)
		실 무	재무회계및원가회계(35%), 부가가치세(20%), 원천제세(15%)
	전산회계 1급	이 론	회계원리(15%), 원가회계(10%), 세무회계(5%)
		실 무	기초정보의등록·수정(15%), 거래자료의입력(30%), 부가가치세(15%), 입력자료및제장부조회(10%)
	전산회계 2급	이 론	회계원리(30%)
		실 무	기초정보의등록·수정(20%), 거래자료의입력(40%), 입력자료및제장부조회(10%)

시험방법

▶ 이론(30%) : 객관식 4지선다형 필기시험
▶ 실무(70%) : PC에 설치된 전산세무회계프로그램을 이용한 실기시험

시험응시 및 합격자 발표

▶ 응시자격기준 : 제한이 없으나, 신분증 미소지자는 시험에 응시할 수 없음.
▶ 접수 및 문의 : 한국세무사회 국가공인자격시험 홈페이지(license.kacpta.or.kr), ☎ 02) 521-8398
▶ 합격자 결정기준 : (이론과 실무시험을 합하여) 100점 만점에 70점 이상 합격
▶ 합격자 발표 : 한국세무사회 국가공인자격시험 홈페이지

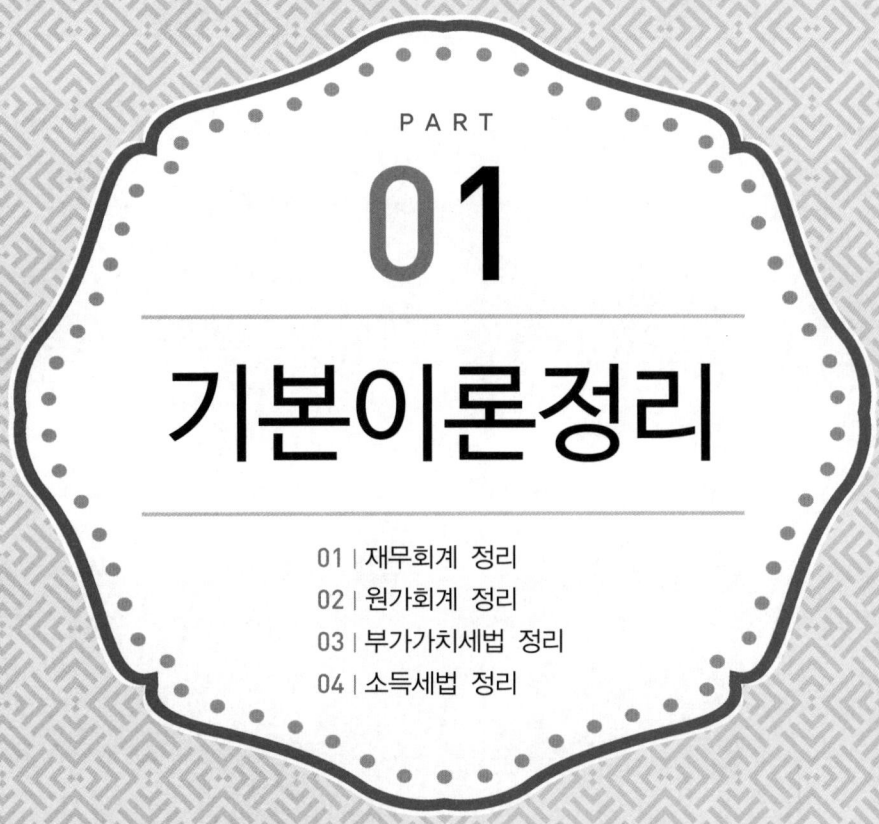

01 재무회계 정리

SECTION 01 | 회계의 기초

1 회계의 개념정리

① **회계의 정의**

회계란 정보이용자들이 합리적인 의사결정을 할 수 있도록 기업실체(경제적 실체)의 경제적 활동을 측정·기록하고 이에 관한 정보를 수집·요약하여 정보이용자에게 전달하는 과정이다.

구 분	내 용
회계의 목적	회계정보이용자의 합리적 의사결정에 유용한 정보를 제공
회계정보이용자	경영자, 주주, 채권자, 정부, 종업원, 미래의 투자자 등

② **회계의 분류**

구 분	재 무 회 계	관 리 회 계
정보이용자	외부정보이용자(투자자, 채권자)	내부정보이용자(경영자)
보고수단	재무보고서(재무제표)	특수목적보고서(특정한 양식 없음)
정보의 유형	역사적원가정보(과거지향적)	미래예측정보(미래지향적)
회계처리원칙	일반적으로 인정된 회계원칙(GAAP)	특별한 원칙은 없음
질적특성	신뢰성	목적적합성
보고주기	정기적보고(1년, 반기, 분기)	수시보고(월별, 1년, 장기간)

③ **회계연도**

기업의 경영성과 등을 파악하고 보고하기 위하여 인위적으로 구분한 기간을 회계연도 또는 회계기간이라 한다. 회계연도는 1년을 초과할 수 없으며 그 회계연도의 시작점을 기초라 하고 종료시점을 기말 또는 보고기간말이라 한다.

2 재무제표

기업의 회계정보를 정보이용자에게 보고하는 핵심적인 수단을 재무제표라 한다. 재무제표는 재무상태표·손익계산서·현금흐름표·자본변동표로 구성되며 주석을 포함한다. 종전의 재무제표의 하나인 이익잉여금처분계산서(또는 결손금처리계산서)는 재무제표에는 해당하지 아니하나 재무제표 주석으로 작성한다.

다만, 전달하고자 하는 정보의 성격을 충실히 나타내는 범위에서 재무제표의 명칭이 아닌 다른 명칭을 사용할 수 있다.

① 재무상태표

재무상태표란 일정 시점 현재 회사가 보유하고 있는 자산과 부채 그리고 자본에 대한 정보를 제공하는 재무보고서이다.

> 재무상태표 등식 : 자산 = 부채 + 자본

㉠ 재무상태표의 기본구조

재무상태표의 구성요소인 자산, 부채, 자본은 다음과 같이 구분한다. 그리고 자산과 부채는 유동성이 큰 항목부터 배열하는 것을 원칙으로 한다.

자산의 구분		내 용
유동자산	당 좌 자 산	현금및현금성자산, 단기투자자산, 매출채권, 선급비용, 이연법인세자산
	재 고 자 산	상품, 제품, 반제품, 재공품, 원재료, 저장품
비유동자산	투 자 자 산	투자부동산, 장기투자증권, 지분법적용투자주식, 장기대여금
	유 형 자 산	토지, 설비자산(건물, 구축물, 기계장치, 비품), 건설중인자산
	무 형 자 산	영업권, 산업재산권, 개발비, 기타(라이선스와 프랜차이즈, 저작권, 컴퓨터소프트웨어, 임차권리금, 광업권, 어업권 등)
	기타비유동자산	이연법인세자산, 기타(임차보증금, 장기선급비용, 장기선급금, 장기미수금 등)

▶ 단기투자자산은 기업이 여유자금의 활용 목적으로 보유하는 단기예금, 단기매매증권, 단기대여금 및 유동자산으로 분류되는 매도가능증권과 만기보유증권 등의 자산을 포함한다.
▶ 비유동자산으로 분류되는 매도가능증권과 만기보유증권을 통합하여 장기투자증권으로 표시할 수 있으며 이들의 금액이 중요하지 않은 경우 기타로 공시한다.

부채의 구분	내 용
유 동 부 채	단기차입금, 매입채무, 당기법인세부채, 미지급비용, 이연법인세부채
비 유 동 부 채	사채, 신주인수권부사채, 전환사채, 장기차입금, 퇴직급여충당부채, 장기제품보증충당부채, 이연법인세부채

자본의 구분	내용
자 본 금	보통주자본금, 우선주자본금
자 본 잉 여 금	주식발행초과금, 자기주식처분이익, 감자차익
자 본 조 정	자기주식, 주식할인발행차금, 감자차손, 자기주식처분손실
기타포괄손익누계액	재평가잉여금, 매도가능증권평가손익, 해외사업환산손익 및 현금흐름위험회피 파생상품평가손익
이 익 잉 여 금	법정적립금(이익준비금, 기타법정적립금), 임의적립금, 미처분이익잉여금

ⓒ **자산과 부채의 유동성과 비유동성 구분(1년 기준)**

자산은 1년을 기준으로 유동자산과 비유동자산으로 분류한다. 다만, 정상적인 영업주기 내에 판매되거나 사용되는 재고자산과 회수되는 매출채권 등은 보고기간종료일로부터 1년 이내에 실현되지 않더라도 유동자산으로 분류한다.

부채는 1년을 기준으로 유동부채와 비유동부채로 분류한다. 다만, 정상적인 영업주기 내에 소멸할 것으로 예상되는 매입채무와 미지급비용 등은 보고기간종료일로부터 1년 이내에 결제되지 않더라도 유동부채로 분류한다.

ⓒ **재무상태표 항목의 구분과 통합표시**

자산, 부채, 자본 중 중요한 항목은 재무상태표 본문에 별도 항목으로 구분하여 표시한다. 중요하지 않은 항목은 성격 또는 기능이 유사한 항목에 통합하여 표시할 수 있으며, 통합할 적절한 항목이 없는 경우에는 기타항목으로 통합할 수 있다.

ⓔ **자산과 부채의 총액표시**

자산과 부채는 원칙적으로 상계하여 표시하지 않는다. 매출채권에 대한 대손충당금 등은 해당 자산이나 부채에서 직접 가감하여 표시할 수 있으며, 이는 상계에 해당하지 아니한다.

② **손익계산서**

손익계산서는 일정 기간 동안 기업의 경영성과에 대한 정보를 제공하는 재무보고서이다.

> 손익계산서 등식 : 비용 + 순이익 = 수익

㉠ **손익계산서의 기본구조**

손익계산서는 다음과 같이 구분하여 표시한다. 다만, 제조업, 판매업 및 건설업 외의 업종에 속하는 기업은 매출총손익의 구분표시를 생략할 수 있다.

> - 매출총손익 = 매출액 – 매출원가
> - 영업손익 = 매출총손익 – 판매비와관리비
> - 법인세비용차감전순손익 = 영업손익 + 영업외수익 – 영업외비용
> - 당기순손익 = 법인세비용차감전순손익 – 법인세비용

ⓒ 수익과 비용의 총액표시

수익과 비용은 각각 총액으로 보고하는 것을 원칙으로 한다. 다만, 일반기업회계기준에서 수익과 비용을 상계하도록 요구하는 경우에는 상계하여 표시하고, 허용하는 경우에는 상계하여 표시할 수 있다.

③ 재무제표 작성과 표시의 일반원칙

구 분	내 용
계속기업	경영진이 기업을 청산하거나 경영활동을 중단할 의도를 가지고 있지 아니하거나 청산 또는 경영활동의 중단 외에 다른 현실적 대안이 없는 경우가 아니면 계속기업을 전제로 재무제표를 작성한다.
재무제표의 작성 책임과 공정한 표시 및 주석	재무제표의 작성과 표시에 대한 책임은 경영진에 있으며 경제적 사실과 거래의 실질을 반영하여 공정하게 표시하여야 하며, 일반기업회계기준에 의하여 적정하게 작성된 재무제표는 공정하게 표시된 재무제표로 본다.
재무제표 항목의 구분과 통합표시	중요한 항목은 재무제표의 본문이나 주석에 그 내용을 가장 잘 나타낼 수 있도록 구분하여 표시하며, 중요하지 않은 항목은 유사한 항목과 통합하여 표시할 수 있다.
비교재무제표의 작성	기간별 비교가능성을 제고하기 위하여 전기 재무제표의 계량정보와 비계량정보를 당기와 비교하는 형식으로 표시한다.
재무제표 항목의 표시와 분류의 계속성	재무제표의 기간별 비교가능성을 제고하기 위하여 재무제표 항목의 표시와 분류는 원칙적으로 매기 동일하여야 한다.
재무제표의 보고양식	재무제표는 이해하기 쉽도록 간단하고 명료하게 표시하여야 하며, 일반기업회계기준에 예시된 재무제표의 양식을 참조하여 작성한다. 각 재무제표의 명칭과 함께 ㉠ 기업명, ㉡ 보고기간종료일 또는 회계기간, ㉢ 보고통화 및 금액단위를 기재한다.

3 재무제표의 기본요소

① 재무상태표

구 분	정 의
자 산	과거사건의 결과로 기업이 통제하고 있고 미래경제적효익이 유입될 것으로 기대되는 자원
부 채	과거사건에 의하여 발생하였으며 경제적효익을 갖는 자원이 기업으로부터 유출됨으로써 이행될 것으로 기대되는 현재의무
자 본	기업의 자산에서 모든 부채를 차감한 후의 잔여지분이다. 자본총액은 그 기업이 발행한 주식의 시가총액 또는 순자산을 나누어서 처분하거나 기업 전체로 처분할 때 받을 수 있는 대가와 일치하지 않는 것이 일반적이다.

② 손익계산서

구 분	정 의
수 익	자산의 유입이나 증가 또는 부채의 감소에 따라 자본의 증가를 초래하는 특정 회계기간 동안에 발생한 경제적효익의 증가로서, 지분참여자에 의한 출연과 관련된 것은 제외한다.
비 용	자산의 유출이나 소멸 또는 부채의 증가에 따라 자본의 감소를 초래하는 특정 회계기간 동안에 발생한 경제적효익의 감소로서, 지분참여자에 대한 분배와 관련된 것은 제외한다.
포괄손익	기업실체가 일정기간 동안 기업의 소유주(주주)와의 자본거래를 제외한 거래나 사건에서 인식한 자본의 변동

▶ 한국채택국제회계기준에 의하면 당기에 발생한 재평가잉여금, 매도가능증권평가손익, 해외사업환산손익 등은 포괄손익계산서에 표시하고, 그 잔액은 기타포괄손익누계액으로 재무상태표의 자본에 표시한다.

③ 현금흐름표

구 분	내 용
영업활동	영업활동은 매출과 매입 및 판매관리에 관련한 활동을 말하며, 이와 관련한 자산과 부채는 매출채권, 재고자산, 미수수익, 선급비용, 매입채무, 선수수익, 미지급비용 등이다.
투자활동	투자활동은 영업활동과 관계있는 자산을 제외한 나머지 자산의 증감으로서 현금의 대여와 회수활동, 유가증권·투자자산·유형자산 및 무형자산의 취득과 처분활동 등을 말한다.
재무활동	재무활동은 영업활동과 관계있는 부채를 제외한 부채와 자본의 증감으로서 현금의 차입 및 상환활동, 신주발행이나 배당금의 지급활동 등과 같이 부채 및 자본계정에 영향을 미치는 거래를 말한다. * 다만, 이익잉여금 중 당기순이익은 영업활동에 의한 현금의 유입이고, 배당금의 지급은 재무활동에 의한 현금의 유출이다.

④ 자본변동표

자본변동표는 자본의 크기와 변동에 대한 정보를 제공하는 재무보고서이다. 자본의 구성요소인 자본금, 자본잉여금, 자본조정, 기타포괄손익누계액 및 이익잉여금의 증감 변동에 관한 포괄적정보를 제공하여 재무정보의 유용성을 높이는 것이 목적이다. 자본변동표에서 이익잉여금 항목은 이익잉여금처분계산서의 내용과 같다.

4 재무제표 요소의 인식

인식이란 재무제표 요소의 정의에 부합하고, 다음의 인식기준을 모두 충족하는 항목을 재무상태표와 손익계산서에 통합하는 과정이다.
① 그 항목과 관련된 미래경제적효익이 유입되거나 또는 유출될 가능성이 높고
② 그 항목의 원가 또는 가치를 신뢰성 있게 측정할 수 있다.

구 분	요소별 인식기준
자 산	자산은 미래경제적효익이 기업에 유입될 가능성이 높고 해당 항목의 원가 또는 가치를 신뢰성 있게 측정할 수 있을 때 재무상태표에 인식한다. 지출이 발생하였으나 당해 회계기간 후에는 관련된 경제적효익이 기업에 유입될 가능성이 높지 않다고 판단되는 경우에는 재무상태표에 자산으로 인식하지 아니한다. 대신에 그러한 거래는 손익계산서에 비용으로 인식한다.
부 채	부채는 현재 의무의 이행에 따라 경제적효익이 내재된 자원의 유출 가능성이 높고 결제될 금액에 대해 신뢰성 있게 측정할 수 있을 때 재무상태표에 인식한다.
수 익	수익은 자산의 증가나 부채의 감소와 관련하여 미래경제적효익이 증가하고 이를 신뢰성 있게 측정할 수 있을 때 손익계산서에 인식한다. 이는 실제로 수익의 인식이 자산의 증가나 부채의 감소에 대한 인식과 동시에 이루어짐을 의미한다. 예를 들면, 재화나 용역의 매출에 따라 자산의 순증가가 인식되며 미지급채무의 면제에 따라 부채의 감소가 인식된다.
비 용	비용은 자산의 감소나 부채의 증가와 관련하여 미래경제적효익이 감소하고 이를 신뢰성 있게 측정할 수 있을 때 손익계산서에 인식한다. 이는 실제로 비용의 인식이 부채의 증가나 자산의 감소에 대한 인식과 동시에 이루어짐을 의미한다.

5 재무제표 요소의 측정

측정이란 재무상태표와 손익계산서(또는 포괄손익계산서)에 인식되고 평가되어야 할 재무제표 요소의 화폐금액을 결정하는 과정이다. 이러한 측정을 위한 측정기준에는 역사적 원가, 현행원가, 실현가능(이행)가치, 현재가치가 있다. 재무제표를 작성할 때 가장 보편적인 측정기준은 역사적원가이다.

6 기본가정과 개념체계

① 기본가정

기본가정이란 회계이론을 논리적으로 전개하고 재무제표 작성에 필요한 공리적 명제로서 회계원칙의 기초가 되는 것을 말한다.

⊙ 기업실체의 가정

기업실체의 가정이란 기업을 소유주와는 독립적으로 존재하는 회계단위로 간주하고 이 회계단위의 관점에서 그 경제활동에 대한 재무정보를 측정, 보고하는 것을 말한다.

⊙ 계속기업의 가정

계속기업의 가정이란 기업실체는 그 목적과 의무를 이행하기에 충분할 정도로 장기간 존속한다고 가정하는 것을 말한다. 즉, 기업실체는 그 경영활동을 청산하거나 중대하게 축소시킬 의도가 없을 뿐 아니라 청산이 요구되는 상황도 없다고 가정된다.

⊙ 기간별보고의 가정

기간별 보고의 가정이란 기업실체의 존속기간을 일정한 기간 단위로 분할하여 각 기간별로 재무제표를 작성하는 것을 말한다. 기업실체의 이해관계자는 지속적으로 의사결정을 해야 하므로 적시성이 있는 정보가 필요하고 이러한 정보수요를 충족시키기 위하여 기간별 보고가 도입될 필요가 있다.

② 발생주의 회계

재무제표는 발생기준에 따라 작성된다. 발생주의 회계는 재무회계의 기본적 특징으로서 재무제표의 기본요소의 정의 및 인식, 측정과 관련이 있다. 다만, 현금흐름표는 발생기준에 따라 작성되지 않는다.

발생주의 회계의 기본적인 논리는 발생기준에 따라 수익과 비용을 인식하는 것으로 발생과 이연의 개념을 포함한다. 발생기준은 기업실체의 경제적 거래나 사건에 대해 관련된 수익과 비용을 그 현금유출입이 있는 기간이 아니라 당해 거래나 사건이 발생한 기간에 인식하는 것을 말한다.

③ 재무회계 개념체계

재무회계 개념체계란 기업실체의 재무보고 목적을 명확히 하고, 이를 달성하는데 유용한 재무회계의 기초개념을 제공하는 것을 목적으로 한다. 개념체계에서 재무보고라 함은 다양한 외부정보이용자의 공통된 정보요구를 충족시키기 위한 일반목적 재무보고를 의미한다.

개념체계는 회계기준원의 기업회계기준 제정 근거, 재무제표 이용자와 작성자 및 외부감사인 등에게 회계기준이 미비 된 경우 일관된 지침을 제공한다. 개념체계는 회계기준이 아니므로 구체적 회계처리방법이나 공시에 관한 기준을 정하는 것을 목적으로 하지 않는다. 따라서 개념체계의 내용이 특정 회계기준과 상충되는 경우에는 그 회계기준이 개념체계에 우선한다.

④ 질적 특성

질적 특성이란 재무제표를 통해 제공되는 정보(재무정보)가 이용자에게 유용하기 위해 갖추어야 할 주요 속성을 말하며, 재무정보의 유용성의 판단기준이 된다. 재무정보가 갖추어야 할 가장 중요한 질적 특성은 목적적합성(또는 관련성)과 신뢰성이다. 목적적합성과 신뢰성 중 어느 하나가 완전히 상실된 경우 그 정보는 유용한 정보가 될 수 없다.

TIP K-IFRS의 질적 특성

구 분	구성요소	포괄적 제약요인
근본적 질적 특성	목적적합성, 충실한 표현(신뢰성)	원가
보강적 질적 특성	비교가능성, 검증가능성, 적시성, 이해가능성	

㉠ 목적적합성

목적적합한 재무정보는 정보이용자의 의사결정에 차이가 나도록 할 수 있다. 재무정보가 의사결정에 유용하려면 그 정보가 의사결정 목적과 관련되어야 한다.

구 분	내 용
예 측 가 치	정보이용자가 기업실체의 미래 재무상태, 경영성과, 순현금흐름 등을 예측하는 데에 그 정보가 활용될 수 있는 능력을 의미한다.
피 드 백 가 치	제공되는 재무정보가 기업실체의 재무상태, 경영성과, 순현금흐름, 자본변동 등에 대한 정보이용자의 당초 기대치(예측치)를 확인 또는 수정되게 함으로써 의사결정에 영향을 미칠 수 있는 능력을 말한다.
적 시 성	재무정보가 정보이용자에게 유용하기 위해서는 그 정보가 의사결정에 반영될 수 있도록 적시에 제공되어야 한다.

㉡ 신뢰성

정보이용자의 의사결정에 유용하기 위해서는 신뢰할 수 있는 정보이어야 한다.

구 분	내 용
표 현 의 충 실 성	재무정보가 신뢰성을 갖기 위해서는 기업실체의 경제적 자원과 의무, 그리고 이들의 변동을 초래하는 거래나 사건을 충실하게 표현하여야 한다.
검 증 가 능 성	재무정보가 신뢰성을 갖기 위해서는 객관적으로 검증가능하여야 한다.
중 립 성	재무정보가 신뢰성을 갖기 위해서는 편의 없이 중립적이어야 한다.

㉢ 질적특성간의 상충관계

재무정보의 질적특성은 서로 상충될 수 있다. 예를 들어, 유형자산을 역사적원가로 평가하면 일반적으로 검증가능성이 높으므로 측정의 신뢰성은 제고되나 목적적합성은 저하될 수 있으며, 시장성 없는 유가증권에 대해 역사적 원가를 적용하면 자산가액 측정치의 검증가능성은 높으나 유가증권의 실제 가치를 나타내지 못하여 표현의 충실성과 목적적합성이 저하될 수 있다. 또한, 정보를 적시에 제공하기 위해 거래나 사건의 모든 내용이 확정되기 전에 보고하는 경우, 목적적합성은 향상되나 신뢰성은 저하될 수 있다.

TIP 목적적합성과 신뢰성의 상충관계

구 분	목적적합성	신뢰성
자산의 측정기준	현행가치(공정가치)	역사적원가
인식기준	발생주의	현금주의
공사수익의 인식	진행기준	완성기준
투자주식	지분법	원가법
재무보고	중간보고(반기재무제표)	연차보고(결산재무제표)

ⓔ 비교가능성

기업실체의 재무상태, 경영성과, 현금흐름 및 자본변동의 추세 분석과 기업실체간의 상대적 평가를 위하여 회계정보는 기간별 비교가 가능해야 하고 기업실체간의 비교가능성도 있어야 한다.

ⓜ 재무정보의 제약요인

구 분	내 용
비용과 효익	재무정보가 정보이용자에게 유용하기 위해서는 목적적합성과 신뢰성을 가져야 한다. 그러나 정보 제공 및 이용에 소요될 사회적 비용이 정보 제공 및 이용에 따른 사회적 효익을 초과한다면 그러한 정보 제공은 정당화될 수 없다.
중 요 성	목적적합성과 신뢰성이 있는 정보는 재무제표를 통해 정보이용자에게 제공되어야 한다. 특정 정보가 생략되거나 잘못 표시된 재무제표가 정보이용자의 판단이나 의사결정에 영향을 미칠 수 있다면 개념적으로 볼 때 그러한 정보는 중요한 정보이다. 중요성은 일반적으로 당해 항목의 성격과 금액의 크기에 의해 결정된다. 그러나 어떤 경우에는 금액의 크기와는 관계없이 정보의 성격 자체만으로도 중요한 정보가 될 수 있다.

7 회계의 순환과정

> • NCS 능력단위 : 0203020201전표관리   능력단위요소 : 01회계상거래인식하기
> 1.1 회계상 거래를 인식하기 위하여 회계상 거래와 일상생활에서의 거래를 구분할 수 있다.
> 1.2 회계상 거래를 구성 요소별로 파악하여 거래의 결합관계를 차변 요소와 대변 요소로 구분할 수 있다.
> 1.3 회계상 거래의 결합관계를 통해 거래 종류별로 구분하여 파악할 수 있다.
> 1.4 거래의 이중성에 따라서 기입된 내용의 분석을 통해 대차평균의 원리를 파악할 수 있다.

회계의 순환과정이란 회계기록의 대상인 거래를 인식하여 정리하고 회계정보 이용자들에게 제공할 정보의 구체적 수단인 재무제표를 작성하기까지의 모든 과정으로 다음과 같다.

> 제1단계 거래의 식별
> 제2단계 분개 또는 전표의 작성
> 제3단계 원장과 보조부 등 장부에 기입(전기)
> 제4단계 수정전 시산표 작성
> 제5단계 결산수정사항 분개
> 제6단계 재무제표 작성과 모든 장부 마감

① 거래의 식별

회계처리의 대상이 되는 거래와 대상이 아닌 거래를 식별한다. 회계상 거래는 자산·부채·자본의 증가 혹은 감소를 가져와야 하는 것으로 일상생활에서 흔히 사용되는 거래와 반드시 일치하지는 않는다. 예를 들어 상품의 주문, 차입을 위한 부동산에 대한 담보설정 등은 일상생활에서는 거래라 하지만 주문이나 담보설정으로 자산, 부채, 자본의 증감 변화가 일어나지 않기 때문에 이는 회계상 거래가 아니다.

다음은 회계상의 거래와 일반적인 거래의 구분이다.

회계상 거래		
화재, 분실, 도난, 훼손, 파손, 상품가격의 하락, 채권의 대손, 고정자산의 감가 등	상품의 매입과 매출, 자산의 취득과 매각, 자금의 차입과 상환, 금전의 수입과 지출, 비용의 지출, 수익의 수입 등	상품주문, 보관, 약속, 고용계약, 각종계약체결, 담보제공 등
	일반적인 거래	

② 분개 또는 전표의 작성

분개란 거래를 차변요소와 대변요소로 구분하고 어느 계정에 얼마의 금액을 적어 넣을 것인지 결정하는 절차를 말한다. 전표의 작성이란 분개장에 분개를 하는 대신 전표를 사용하여 거래를 분개하는 것이다. 전표는 입금전표, 출금전표, 대체전표로 구분할 수 있다.

㉠ 거래의 8요소

모든 회계상 거래는 차변요소(자산의 증가, 부채의 감소, 자본의 감소, 비용의 발생) 네 개와 대변요소(자산의 감소, 부채의 증가, 자본의 증가, 수익의 발생) 네 개의 결합에 의하여 구성된다.

이러한 결합관계를 거래의 8요소라 한다. 거래의 8요소의 차변요소는 자금의 운용을 나타내고 대변요소는 자금의 원천을 나타낸다.

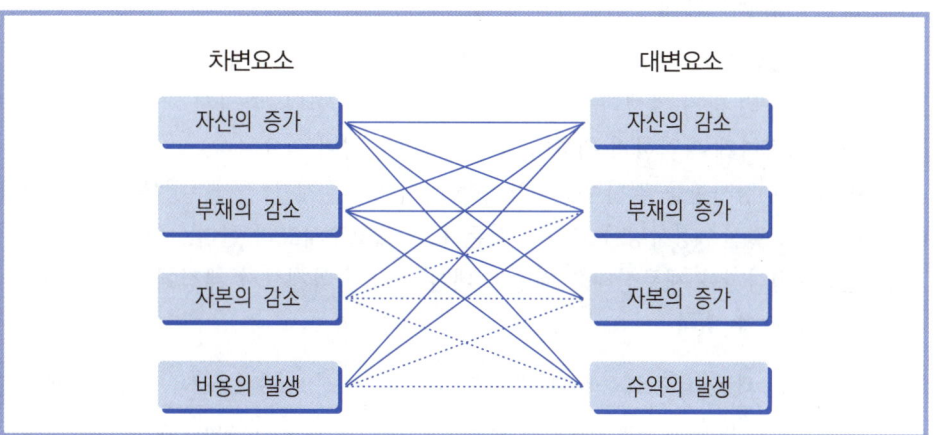

㉡ 거래의 8요소를 이용한 분개와 계정기입 방법

자산의 증가는 차변에, 자산의 감소는 대변에 기입한다.
부채의 증가는 대변에, 부채의 감소는 차변에 기입한다.
자본의 증가는 대변에, 자본의 감소는 차변에 기입한다.
수익의 발생은 대변에, 수익의 감소는 차변에 기입한다.
비용의 발생은 차변에, 비용의 감소는 대변에 기입한다.

③ 전 기

분개장에 기입된 분개 또는 전표의 내용을 총계정원장으로 옮기는 것을 전기라 한다. 만일 전기를 잘못하면 총계정원장의 모든 계정의 차변 합계금액과 대변 합계금액이 일치하지 않게 된다. 이를 확인하기 위하여 시산표를 작성하여 그 전기가 제대로 되었는지를 검증한다.

회계상의 거래는 반드시 그 원인과 결과를 동시에 가지고 있는데, 이를 거래의 이중성이라고 하고 거래의 이중성을 모두 기록하는 방법이 복식부기 방식이다.

복식부기란 회계상 거래를 차변요소와 대변요소로 나누어 이를 각각 기록하므로 차변 금액의 합계와 대변 금액의 합계가 반드시 일치하게 되는데 이것을 '대차평균의 원리'라고 하고 이를 통하여 자기검증이 가능하게 된다. 반면 단식부기는 특별한 원칙 없이 단순히 현금의 수입과 지출을 기록하는 것으로 비영리회계에 많이 사용한다.

④ 수정전시산표 작성

수정전시산표란 결산예비절차로 회계처리를 검증하기 위하여 결산 수정사항을 반영하지 아니한 상태에서 총계정원장의 모든 계정의 차변금액과 대변금액을 한곳에 모아 작성한 표를 말한다. 수정전시산표의 작성 종류는 합계시산표, 잔액시산표, 합계잔액시산표가 있으며 실무상 합계잔액시산표를 주로 작성한다.

⑤ 결산수정사항 분개

총계정원장의 각 계정의 기말잔액은 여러 가지 원인에 의하여 자산 부채 자본의 현재액과 수익 비용의 당기 발생액을 정확하게 나타내지 못한다. 따라서 기업의 재무상태와 경영성과를 정확하게 파악하기 위하여 계정잔액의 수정이 필요하다.

이러한 수정사항을 결산수정사항이라 하며, 그 분개를 결산수정분개 또는 결산정리분개라 한다. 결산수정사항을 모아서 만든 표를 재고조사표라 한다.

결산수정사항은 재무상태표 계정에 대한 것과 손익계산서 계정에 대한 것으로 다음과 같이 구분할 수 있다.

재무상태표 계정에 대한 수정사항	손익계산서 계정에 대한 수정사항
㉠ 기말상품 재고액에 의한 상품계정의 정리 ㉡ 대손충당금의 설정 ㉢ 감가상각비의 계상 ㉣ 단기매매증권 등의 평가 ㉤ 퇴직급여충당부채의 설정 ㉥ 현금과부족계정, 가지급금계정, 가수금계정, 인출금계정 등의 정리	㉠ 선수수익의 정리 ㉡ 선급비용의 정리 ㉢ 미수수익의 정리 ㉣ 미지급비용의 정리 ㉤ 소모품비의 정리

⑥ 재무제표 작성과 모든 장부 마감

㉠ 수익계정과 비용계정은 각 계정의 잔액을 손익계정에 대체하여 마감한다.
㉡ 손익계정을 마감하여 자본금계정에 대체하고 마감한다.
㉢ 자산, 부채, 자본계정의 마감은 차기이월로 마감한 후 그 차기이월액을 모아 이월시산표를 작성한다.
㉣ 이월시산표를 바탕으로 재무상태표를 작성하고, 손익계정을 바탕으로 손익계산서를 작성한다.

필수예제 결산정리 사항의 분개 연습

다음의 잔액시산표의 일부 계정잔액을 참고하여 결산정리사항을 분개하시오(상품매매는 3분법, 감가상각은 간접법, 결산일은 12월 31일).

잔 액 시 산 표

단 기 매 매 증 권	230,000	대 손 충 당 금	8,000
매 출 채 권	1,300,000	감 가 상 각 누 계 액	1,200,000
이 월 상 품	180,000	현 금 과 부 족	18,000
건 물	3,000,000	자 본 금	2,000,000
인 출 금	500,000	매 출	5,760,000
매 입	4,250,000	임 대 료 수 입	1,200,000
소 모 품 비	360,000		

① 상품 기말재고액 230,000원
② 매출채권 잔액에 대하여 1%의 대손충당금을 설정하다.
③ 건물에 대하여 감가상각비를 계상하다(내용연수 5년, 잔존가치 0원, 정액법 상각).
④ 단기매매증권의 공정가치는 200,000원이다.
⑤ 보험료 선급분 25,000원
⑥ 임대료수입은 10월 1일 계약하고 1년분을 받은 것이다.
⑦ 소모품 미사용액 40,000원
⑧ 인출금계정과 현금과부족계정을 정리하다.

풀이

번호	차변과목	금액	대변과목	금액
①	매 입 이 월 상 품	180,000 230,000	이 월 상 품 매 입	180,000 230,000
②	대 손 상 각 비	5,000	대 손 충 당 금	5,000
③	감 가 상 각 비	600,000	감 가 상 각 누 계 액	600,000
④	단기매매증권평가손실	30,000	단 기 매 매 증 권	30,000
⑤	선 급 비 용	25,000	보 험 료	25,000
⑥	임 대 료 수 입	900,000	선 수 수 익	900,000
⑦	소 모 품	40,000	소 모 품 비	40,000
⑧	자 본 금 현 금 과 부 족	500,000 18,000	인 출 금 잡 이 익	500,000 18,000

② 1,300,000 × 1% − 8,000 = 5,000원
③ 3,000,000 × 1/5 = 600,000원
⑥ 임대료수입은 1년분이므로 10월부터 12월까지 임대료가 당기분이고 9개월분은 선수분이다.
  1,200,000 × 9/12 = 900,000원
⑦ 시산표의 소모품비는 소모품 구입액이므로 미사용액을 소모품계정으로 대체하여야 한다.

구입액	360,000원	−잔액시산표
(−)미사용액	40,000원	−재무상태표
사용액	320,000원	−손익계산서

⑧ 인출금계정은 자본금계정에 대체하여 정리한다. 그리고 현금과부족계정은 차변에 있으면 잡손실계정으로, 대변에 있으면 잡이익계정으로 대체하여 정리한다.

확인예제 POINT 전산세무 2급

01 기업회계기준상 재무상태표와 손익계산서의 작성 원칙으로 볼 수 없는 것은?

① 자산과 부채는 1년을 기준으로 자산은 유동자산, 비유동자산, 부채는 유동부채, 비유동부채로 구분한다.
② 수익과 비용은 발생주의에 따라 인식하고 각 수익항목과 이에 관련되는 비용항목을 대응하여 구분 표시하여야 한다.
③ 수익과 비용은 순액에 의하여 기재하는 것을 원칙으로 관련 있는 수익항목과 비용항목은 직접 상계하여 그 전부 또는 일부를 손익계산서에서 제외하여야 한다.
④ 자본거래에서 발생한 자본잉여금과 손익거래에서 발생한 이익잉여금은 혼동하여 표시하여서는 아니 된다.

해설 ③ 수익과 비용은 총액에 의하여 기재하는 것을 원칙으로 하고 수익항목과 비용항목을 직접 상계하여 그 전부 또는 일부를 손익계산서에서 제외하면 안 된다.

02 다음 중 재무상태표에 대한 기업회계기준의 내용으로 틀린 것은?

① 재무상태표는 보고기간종료일 현재 자산과 부채, 그리고 자본에 대한 정보를 제공하는 재무보고서이다.
② 재무상태표에 나타난 자산과 부채의 가액만으로 기업실체의 가치를 직접 평가할 수 있다.
③ 불확실성이나 비용 대 효익의 고려 등으로 인해 재무상태표는 모든 자산과 부채를 나타내지 않을 수 있다.
④ 재무상태표는 정보이용자들이 기업실체의 유동성, 재무적 탄력성, 수익성과 위험 등을 평가하는데 유용한 정보를 제공하여야 한다.

해설 ② 재무상태표에 나타난 자산과 부채의 가액만으로 기업실체의 가치를 직접 평가할 수 있는 것은 아니지만, 재무상태표는 다른 재무제표와 함께 기업가치의 평가에 유용한 정보를 제공하여야 한다.

03 다음 중 중요성에 대한 설명으로 틀린 것은?

① 중요성은 정보의 누락이나 왜곡표시가 있는 특정상황에서 판단대상 항목이나 오류의 크기에 따라 결정된다.
② 어떤 정보가 누락되거나 왜곡 표시되어, 재무제표에 기초한 이용자의 경제적 의사결정에 영향을 미친다면 이는 중요한 정보이다.
③ 정보의 목적적합성은 정보의 성격에 영향을 받지만 중요성에 따라 영향을 받지는 않는다.
④ 중요성은 개별기업 재무보고서 관점에서 해당 정보와 관련된 항목의 성격이나 규모에 근거하여 해당 기업의 특유한 측면의 목적적합성을 의미한다.

해설 ③ 정보의 목적적합성은 정보의 성격과 중요성에 따라 영향을 받는다.

SECTION 02 | 당좌자산

- NCS 능력단위 : 0203020102자금관리   능력단위요소 : 01현금시재관리하기
1.1 회계 관련 규정에 따라 당일 현금 수입금을 수입일보에 기재하고 금융기관에 입금할 수 있다.
1.2 회계 관련 규정에 따라 출금 시 증빙서류의 적정성 여부를 판단할 수 있다.
1.3 출금할 때 정액자금 전도제에 따라 소액현금을 지급·관리할 수 있다.
1.4 회계 관련 규정에 따라 입·출금 전표 및 현금출납부를 작성하고 현금 시재를 일치시키는 작업을 할 수 있다.

- NCS 능력단위 : 0203020102자금관리   능력단위요소 : 02예금관리하기
2.1 회계 관련 규정에 따라 예·적금을 구분·관리할 수 있다.
2.2 자금운용을 위한 예·적금 계좌를 예치기간별·종류별로 구분·관리할 수 있다.
2.3 은행업무시간 종료 후 회계 관련 규정에 따라 은행잔고를 대조 확인할 수 있다.
2.4 은행잔고의 차이 발생시 그 원인을 규명할 수 있다.

- NCS 능력단위 : 0203020102자금관리   능력단위요소 : 03법인카드관리하기
3.1 회계 관련 규정에 따라 금융기관으로부터 법인카드를 발급·해지할 수 있다.
3.2 회계 관련 규정에 따라 법인카드 관리대장을 작성·관리할 수 있다.
3.3 법인카드의 사용범위를 파악하고 결제일 이전에 대금이 정산될 수 있도록 회계처리 할 수 있다.

- NCS 능력단위 : 0203020102자금관리   능력단위요소 : 04어음·수표관리하기
4.3 관련 규정에 따라 어음·수표를 발행·수령할 때 회계처리하고 어음관리대장에 기록·관리할 수 있다.
4.4 관련 규정에 따라 어음·수표의 분실 및 부도가 발생한 때 대처하여 해결방안을 수립할 수 있다.

유동자산
- 당좌자산 … 현금과 판매과정을 거치지 아니하고 현금화가 가능한 자산
  현금및현금성자산, 매출채권(외상매출금, 받을어음), 단기금융상품(단기예금), 단기매매증권, 단기대여금, 미수금, 선급금, 미수수익, 선급비용 등
- 재고자산

① 현금및현금성자산

현 금	통화 및 통화대용증권
	요구불예금 : 당좌예금, 보통예금 등으로 만기가 없이 수시로 입출금이 자유로운 예금
현금성자산	㉠ 큰 거래비용이 없으면서 현금으로 전환이 용이하고, 이자율 변동에 따른 가치의 변동의 위험이 중요하지 않은 채무증권 ㉡ 취득당시 만기(또는 상환일)가 3개월 이내인 단기금융상품

▶ 통화대용증권에는 타인발행수표, 자기앞수표, 가계수표, 송금수표, 우편환증서, 국고송금통지서, 만기가 도래한 어음, 만기가 도래한 공사채이자표, 배당금통지서, 대체저금환급증서, 일람출급어음 등이 있다.
▶ 단기금융상품은 취득일 현재 상환일까지 기간이 3개월 이내인 상환우선주, 3개월 이내에 환매조건인 환매채, 취득일 현재 3개월 내에 만기가 도래하는 단기금융상품(정기예금, CD, MMF, MMDA 등) 등을 말한다.

② 당좌예금과 당좌차월

구 분	내 용
당좌예금	은행과 당좌거래약정을 맺고 당좌수표를 발행할 수 있는 예금
당좌차월	당좌예금의 잔액을 초과하여 수표를 발행한 금액으로 단기차입금으로 분류
당좌개설보증금	당좌예금을 개설하기 위해 내는 보증금은 전액 장기금융상품

③ 단기투자자산

단기투자자산이란 회사가 단기적인 투자 목적으로 보유하고 있는 단기예금, 단기매매증권, 단기대여금과 유동자산으로 분류되는 1년 내에 만기가 도래하거나 처분될 예정인 매도가능증권, 만기보유증권 등을 말한다.

재무상태표에 공시할 때에 이들을 각각 단기매매증권, 매도가능증권, 만기보유증권으로 개별표시하거나, 단기투자자산으로 통합하여 표시할 수 있다.

㉠ 단기금융상품(단기예금)

금융회사에서 취급하는 저축성예금 및 양도성예금증서, 환매채, 기업어음 등을 말한다. 이러한 금융상품은 결산일로부터 만기가 1년 이내에 도래하는지 여부에 따라 유동자산인 단기금융상품(단기예금)과 투자자산인 장기금융상품으로 구분한다.

㉡ 단기매매증권

단기매매증권이란 단기간(1년 이내) 내에 매매차익을 목적으로 취득한 유가증권으로 매수와 매도가 적극적이고 빈번하게 이루어지는 것을 말한다. 시장성있는 주식이나 채권이 여기에 해당하며 반대로 시장성이 없으면 매도가능증권이나 만기보유증권으로 분류한다.

ⓐ 취득시 회계처리

단기매매증권을 취득하면 제공하거나 수취한 대가의 공정가치로 측정하여 단기매매증권계정 차변에 기입한다. 이때 제공하거나 수취한 대가의 공정가치란 일반적으로 거래가격을 말하는 것으로 취득 부대비용을 포함하지 않는다.

취득금액 1,200원, 수수료 100원에 취득한 경우 분개	(차) 단기매매증권　1,200　(대) 현　금　1,300 　　　수수료비용　　100

▶ 종전의 기업회계기준서에서는 취득부대비용을 포함하여 평가하였으나 2011년부터 적용하는 일반기업회계기준과 한국채택국제회계기준에서는 공정가치로 평가하므로 취득부대비용을 포함하지 않는다.

ⓑ 처분시 회계처리

단기매매증권을 처분할 때에는 장부금액과 처분금액의 차이를 단기투자자산처분손익으로 하여 영업외손익으로 처리한다.

| 장부금액 1,200원의 단기매매증권을 1,100원에 처분 | (차) 현   금   1,100   (대) 단기매매증권   1,200
     단기투자자산처분손실   100 |

ⓒ 기말 평가의 회계처리

단기매매증권은 보고기간 말에 공정가치로 평가하여 공정가치가 장부금액보다 크다면 단기투자자산평가이익으로 처리하고, 반대로 공정가치가 장부금액보다 작다면 단기투자자산평가손실로 처리한다. 단기투자자산평가손익은 영업외손익 항목으로 손익계산서에 표시한다.

| 단기매매증권(장부금액 1,200원)의 공정가치가 900원인 경우 | (차) 단기투자자산평가손실 300   (대) 단기매매증권   300 |

ⓓ 이자와 배당금 회계처리

소유하고 있는 채권의 이자를 받았을 때에는 이자수익으로 처리하고, 주식에 대하여 현금배당을 받았을 때에는 배당금수익으로 회계처리한다.

배당금수익은 배당과 관련된 권리와 금액이 확정되는 시점인 배당결의시점에 수익을 인식한다. 따라서 현금배당금은 배당결의시점에 배당금수익으로 하고, 배당금을 현금으로 수령하는 시점에 미수배당금을 회수한 것으로 회계처리를 해야 한다.

| 배당 결의 | (차) 미수배당금   500   (대) 배당금수익   500 |
| 배당금 수령 | (차) 현   금   500   (대) 미수배당금   500 |

▶ 주식배당이나 무상증자를 받은 경우에 별도의 회계처리를 하지 않는다. 다만, 주식배당이나 무상증자로 인하여 변경된 주식수에 따라 단가를 변경한다.

ⓔ 단기매매증권의 손상차손

단기매매증권은 손상차손의 발생에 대한 객관적인 증거가 있는지는 보고기간말마다 평가하고, 그러한 증거가 있는 경우에는 손상이 불필요하다는 명백한 반증이 없는 한 회수가능액을 추정하여 손상차손을 인식하여야 한다. 손상차손 금액은 당기손익에 반영한다.

④ **매출채권과 대손**

매출채권이란 회사의 주된 영업활동인 상품, 제품의 판매 또는 서비스의 제공으로 발생한 외상채권인 외상매출금과 어음상 채권인 받을어음을 말한다. 외상매출금과 받을어음을 합해서 재무상태표에는 매출채권으로 표시하게 된다.

㉠ 대손상각비의 개요

외상매출금, 받을어음 등의 채권이 채무자의 파산 등의 사유로 회수가 불가능하게 된 경우를 대손이라 한다. 대손이 발생하거나 확정되면 비용인 대손상각비 계정으로 처리하고, 채권의 감소액을 외상매출금 또는 받을어음 계정의 대변에 기입한다.

| 외상매출금 50,000원이 회수 불능되다. | (차) 대손상각비 50,000 (대) 외상매출금 50,000 |

㉡ 대손의 회계처리

대손의 회계처리는 실제로 대손이 발생하는 시점에 대손상각비로 처리하는 직접상각법과 보고기간종료일에 대손으로 예상되는 금액을 추정하여 이를 대손상각비로 처리하는 충당금설정법이 있다.

구 분	내 용
직접상각법	대손이 예상되는 회계연도에는 별도의 회계처리를 하지 않고, 실제로 대손이 확정된 시점에 대손처리를 한다.
충당금설정법	대손이 예상되는 회계연도에 대손예상액을 대손충당금으로 설정하였다가 실제로 대손이 확정되는 시점에 대손충당금과 상계하는 방법이다.

㉢ 대손충당금의 설정

대손충당금을 설정하는 때에 기말 결산 전에 대손충당금 잔액이 있으면 그 대손충당금 잔액과 대손예상액을 비교하여 차액만 회계처리 하여야 한다. 결산 전 대손충당금 잔액이 대손예상액보다 적으면 부족분을 대손상각비 계정으로 처리하고 결산 전 대손충당금잔액이 대손예상액보다 많으면 초과분을 대손충당금환입 계정으로 처리한다. 대손충당금은 매출채권의 평가성 항목이므로 재무상태표상 매출채권에서 차감하는 형식으로 표시하는 것이 원칙이나 매출채권에 대한 대손충당금은 해당 매출채권에서 직접 차감하여 표시할 수 있다.

| 대손예상액(추산액) : 기말매출채권잔액 × 대손추정률 |

거래 예 - 결산 기말에 외상매출금에 대하여 20,000원의 대손을 예상하다.

구 분	회계처리
대손충당금 잔액 : 12,000원	(차) 대손상각비 8,000 (대) 대손충당금 8,000
대손충당금 잔액 : 25,000원	(차) 대손충당금 5,000 (대) 대손충당금환입 5,000

▶ 대손예상액 또는 대손충당금 설정액에 대한 회계처리는 보충법에 의하므로 보고기간종료일 현재 있는 대손충당금을 상계하고 잔액만 회계처리 하지만 재무상태표에 표시되는 대손충당금은 대손추산액인 대손충당금 설정액이 표시된다.

㉣ 대손충당금이 있는 경우의 대손발생

채권에 대하여 대손이 발생하는 때에 대손충당금 잔액이 있으면 먼저 대손충당금의 감소로 처리하고 잔액을 대손상각비로 처리한다.

거래 예 – 외상매출금 100,000원의 대손(손상)이 일어나다.

구 분	회계처리			
대손충당금 잔액 : 없는 경우	(차) 대손상각비	100,000	(대) 외상매출금	100,000
대손충당금 잔액 : 150,000원	(차) 대손충당금	100,000	(대) 외상매출금	100,000
대손충당금 잔액 : 20,000원	(차) 대손충당금 대손상각비	20,000 80,000	(대) 외상매출금	100,000

㉤ 대손상각비와 대손충당금환입

대손상각비는 매출채권에서 발생한 것은 판매비와관리비로, 미수금 등의 기타채권에서 발생한 것은 영업외비용으로 처리한다. 그리고 대손충당금환입은 매출채권에서 발생한 것은 판매관리비의 차감으로 표시하고, 기타채권은 영업외수익으로 표시한다.

⑤ 기타의 당좌자산

기타의 당좌자산에는 미수금, 선급금, 미수수익, 선급비용, 이연법인세자산 등이 있다. 미수금은 상품, 제품 등 일반적 상거래에 해당하지 아니하는 자산을 처분하고 발생한 채권을 말하고, 선급금은 상품을 주문하고 계약금 등으로 미리 지급한 금액을 말한다.

이연법인세자산은 발생 원인별로 유동자산에 해당되는 이연법인세자산과 비유동자산에 해당되는 이연법인세자산으로 구분한다.

▶ 주유소에서 배달용 차량을 매각하고 어음을 받으면 일반적 상거래가 아니므로 받을어음이 아니라 미수금으로 처리한다.

확인예제

01 다음 중 현금과 예금에 관련된 사항으로 올바르지 않은 것은?

① 현금및현금성자산에는 현금과 요구불예금 및 현금성자산을 통합하여 표시한다.
② 선일자수표는 수표에 표시된 발행일이 도래하기까지 현금및현금성자산으로 처리해야 한다.
③ 현금및현금성자산은 통화 및 타인발행수표 등 통화대용증권과 당좌예금, 보통예금 및 큰 거래비용 없이 현금으로 전환이 용이하고 이자율 변동에 따른 가치변동의 위험이 경미한 금융상품으로서 취득 당시 만기일(또는 상환일)이 3개월 이내인 것을 말한다.
④ 당좌차월은 단기차입금에 해당되므로 유동부채로 표시해야 한다.

해설 ② 선일자수표는 어음과 같은 성격을 가진 것으로 매출채권으로 분류한다.

02 다음 자료에 의하여 현금및현금성자산의 합계액을 구하면?

• 현 금	150,000원	• 송금수표	100,000원
• 만기가 된 어음	200,000원	• 정기예금(2년만기)	160,000원
• 외상매출금	400,000원	• 선일자수표(발행일 30일 이내)	100,000원
• 취득당시 만기일이 3개월 이내인 환매조건부 채권			100,000원
• 3개월 전에 가입한 정기적금(만기일 : 가입일로부터 1년)			200,000원

① 550,000원
② 650,000원
③ 750,000원
④ 850,000원

해설 ① 현금, 송금수표, 만기된 어음, 환매조건부 채권이 현금및현금성자산에 해당된다.
선일자수표는 발행일이 지급일이 되는데 30일 이내이어도 현금성자산으로 보지 않고 매출채권으로 본다.

03 다음 중 20x1년에 취득한 단기매매증권과 관련된 내용으로서 틀린 것은?

종 목	취득시 공정가치	20x1년 말 공정가치	20x2년 말 공정가치
(주)한국 상장주식	3,000,000원	2,900,000원	3,100,000원

① 20x1년말 단기매매증권평가손실은 100,000원이다.
② 20x2년말 단기매매증권평가이익은 200,000원이다.
③ 단기매매증권의 취득시 공정가치에는 부대비용이 포함되어 있다.
④ 단기매매증권평가손익은 기타포괄손익누계액항목이 아니다.

해설 ③ 단기매매증권은 취득시 공정가치로 평가하며, 부대비용을 포함하지 않는다. 단기매매증권평가손익은 영업외손익항목이고, 매도가능증권평가손익이 기타포괄손익누계액항목이다.

04 다음 중 계정기입에 대한 설명으로 가장 올바른 것은?

대손충당금			
12/31 차기이월	500,000	1/1 전기이월	150,000
		12/31 대손상각비	350,000
	500,000		500,000

대손상각비			
12/31 대손충당금	350,000	12/31 손 익	350,000
	350,000		350,000

① 재무상태표에 표시되는 대손충당금은 350,000원이다.
② 당기분 실제 대손발생한 금액은 500,000원이다.
③ 손익계산서에 표시되는 대손상각비는 350,000원이다.
④ 보고기간종료일 현재 대손충당금 설정전 잔액은 500,000원이다.

> 해설 ③ 대손충당금계정의 차기이월액은 대손추산액으로 재무상태표에 표시되고, 대손상각비계정의 금액은 손익계산서에 표시된다. 보고기간종료일 현재 대손충당금 설정 전 잔액은 150,000원이고, 대손추산액 500,000원에서 차감한 350,000원을 대손상각비로 손익계산서에 표시하는 것이다.

05 (주)민중은 제3기(1.1~12.31)의 1월 2일에 단기간 보유하여 시세차익을 얻을 목적으로 상장주식 200주를 주당 18,000원에 현금으로 취득하였다. 12월 31일 결산일의 1주당 시가는 20,000원 이었다. (주)민중은 제4기(1.1~2.31) 1월 1일에 1주당 22,000원에 100주를 매각하였다. 제4기 결산일인 12월 31일의 1주당 시가는 23,000원 이었다. 일련의 회계처리 중 잘못된 것은?

① 주식 취득 시
  (차) 단기매매증권　　3,600,000　　(대) 현　　금　　3,600,000
② 제3기 12월 31일
  (차) 단기매매증권　　400,000　　(대) 단기매매증권평가이익　　400,000
③ 제4기 1월 1일
  (차) 현　　금　　2,200,000　　(대) 단기매매증권　　1,800,000
　　　　　　　　　　　　　　　　　　　 단기매매증권처분이익　　400,000
④ 제4기 12월 31일
  (차) 단기매매증권　　300,000　　(대) 단기매매증권평가이익　　300,000

> 해설 ③ 처분금액 100주 × 22,000 = 2,200,000원
> 　　취득원가 100주 × 20,000 = 2,000,000원
> 　　처분이익 2,200,000 - 2,000,000 = 200,000원

SECTION 03 | 재고자산

기업의 정상적인 영업활동과정인 판매를 목적으로 보유하거나, 판매할 제품의 생산을 위하여 사용 또는 소비될 자산을 말한다.

1 재고자산의 매입과 매출

재고자산은 외부로부터 매입하는 재고자산인 상품, 원재료 등과 자가제조하는 제품, 재공품 등으로 구분할 수 있다. 재고자산의 취득원가는 다음과 같이 계산한다.

구 분	내 용
외 부 매 입	매입금액 + 매입부대비용
자 가 제 조	직접재료비 + 직접노무비 + 제조간접비

▶ 재고자산의 매입금액이란 총매입금액에서 매입할인액, 매입에누리액 및 매입환출액을 차감한 순매입액을 말한다.
▶ 매입부대비용이란 매입운임, 매입수수료, 하역비, 보험료 등을 말한다. 이러한 매입부대비용을 판매자가 부담하는 경우에는 취득원가에 가산할 수 없고 판매자의 판매비로 처리한다.

① 순매출액의 계산

순매출액은 일정기간 동안 판매한 총매출액에서 매출에누리와 환입액 및 매출할인액을 차감하여 계산한다.

② 순매입액의 계산

총매입액에서 매입환출, 매입에누리 및 매입할인을 차감하여 순매입액을 구한다.

③ 매출원가의 계산

구 분	매 출 원 가
상 품 매 출 원 가	기초상품재고액 + 당기매입액 - 기말상품재고액 - 타계정대체액
제 품 매 출 원 가	기초제품재고액 + 당기제품제조원가 - 기말제품재고액 - 타계정대체액

▶ 기말재고액은 정상감모손실과 재고자산평가손실을 차감한 금액을 말한다.

④ 매출총이익의 계산

매출총이익은 순매출액에서 매출원가를 차감하여 구한다.

2 기말재고자산의 평가

기말 재고자산의 평가는 재고자산 수량(실제 수량)에 단위당원가(단가)를 곱해서 구한다.

① 기말재고자산의 수량 파악

　㉠ 계속기록법

　　계속기록법은 기중에 재고자산의 입출고에 의한 변동을 빠짐없이 기록하여 장부에 의하여 재고자산의 수량을 파악하는 방법이다.

> 기초재고수량 + 당기매입수량 − 당기판매수량 = 기말재고수량

　㉡ 실지재고조사법

　　실지재고조사법이란 상품의 입출고를 모두 기록하는 것이 아니라 입고만 기록한 후 보고기간 종료일에 남아있는 재고자산의 수량을 직접 조사해서 재고수량을 파악한 후 판매가능수량에서 차감하여 당기판매수량을 파악하는 방법이다.

> 기초재고수량 + 당기매입수량 − 기말재고수량 = 당기판매수량

　㉢ 실지재고조사법과 계속기록법의 비교

구 분	실지재고조사법	계속기록법
기말재고수량	기말재고자산의 실지조사를 통하여 파악	상품재고장의 기록에 의하여 파악
장　　점	재고자산의 출고에 대한 기록을 하지 않기 때문에 간편하다.	장부에 의하여 재고자산 수량을 항상 파악할 수 있다.
단　　점	• 실지조사에 포함되지 않은 부분은 모두 판매된 것으로 가정하므로 재고자산감모손실이 매출원가에 포함되어 매출원가가 과다계상 된다.	• 재고자산의 입출고를 빠짐없이 기록·유지하는 것이 번거롭고 비용이 과다하다. • 매출원가로 기록한 금액 이외에는 기말재고로 간주하므로, 재고감모손실이 기말재고원가에 포함된다.

▶ 파손, 도난, 분실, 증발 등의 원인에 의한 장부재고수량과 실지재고수량의 차이(재고자산감모손실)를 파악하기 위하여 일반적으로 계속기록법과 실지재고조사법을 병행한다.

② 기말재고자산의 단가 산정

　㉠ 원가흐름의 가정

　　원가흐름의 가정이란 재고자산의 매입단가가 계속하여 변동하는 경우에 판매되는 재고자산의 원가를 어떻게 결정할 것인가를 가정한 것을 말한다.

　㉡ 단가 산정 방법

　　판매가능상품원가(기초재고액 + 매입액)를 매출원가와 기말재고액으로 배분하는 원가흐름의 가정에 의하여 산출한 결과 기말재고액이 커지면 매출원가가 작아지므로 이익이 커지고, 반대의 경우 기말재고액이 작아지면 매출원가가 커지므로 이익이 작아진다. 결국 어느 원가흐름가정을 적용하느냐에 따라 재고자산금액과 이익이 달라진다.

구 분	내 용
개 별 법	각 재고자산별로 매입원가 또는 제조원가를 결정하는 방법 원가흐름과 실물흐름이 일치하는 방법으로 수익 비용 대응의 관점에서 우수하나 재고자산의 종류가 많거나 거래가 빈번하면 현실적으로 적용이 불가능하다. 귀금속이나 자동차 매매업 등에서 제한적으로 사용한다.
선 입 선 출 법	먼저 매입한 상품이 먼저 판매된 것으로 가정하여 원가를 배분하는 방법이다.
후 입 선 출 법	나중에 매입한 상품이 먼저 판매된 것으로 가정하여 원가를 배분하는 방법이다.
가 중 평 균 법	먼저 사온 상품과 나중에 사온 상품이 평균적으로 판매된다고 가정하는 방법
소 매 재 고 법	매출가격환원법이라고도 하는 것으로 판매가격으로 평가한 기말재고금액에 원가율을 적용하는 방법으로 백화점 등의 유통업종에서만 사용할 수 있다.

▶ 후입선출법은 한국채택국제회계기준에서는 인정하지 않는 방법이다.
▶ 가중평균법에는 계속기록법에 의한 이동평균법과 실지재고조사법에 의한 총평균법이 있다.
▶ 기업회계기준에서 표준원가에 의한 재고자산 평가는 인정하지만 기준재고법, 화폐가치후입선출법, 매출총이익율법 등은 인정하지 않는다.

　㉢ 각 방법의 비교

　　재고자산의 가격이 지속적으로 상승하는 인플레이션시에 기말재고자산 금액의 크기는 선입선출법, 이동평균법, 총평균법, 후입선출법의 순서로 되고, 매출원가는 반대로 후입선출법이 가장 크게 나타난다.

구 분	후입선출법	총평균법	이동평균법	선입선출법
매 출 액	10,000	10,000	10,000	10,000
기 말 재 고	1,500	1,700	1,800	2,000
매 출 원 가	7,500	7,300	7,200	7,000
매출이익(순이익)	2,500	2,700	2,800	3,000

ⓔ 재고자산의 저가법 적용

재고자산의 시가가 취득원가보다 하락한 경우에는 저가법을 사용하여 재고자산의 재무상태표금액을 결정한다. 재고자산을 저가법으로 평가하는 경우 재고자산의 시가는 순실현가능가치를 말하며 보고기간 말에 추정한다. 재고자산 평가를 위한 저가법은 항목별로 적용하여야 하며 총액기준으로 적용할 수 없다. 그러나 경우에 따라 서로 유사하거나 관련 있는 항목들을 통합하여 적용하는 것이 적절할 수 있다(조별기준 일부 허용). 저가법을 서로 유사하거나 관련 있는 항목들을 통합하여 적용하는 경우에는 계속성을 유지하여야 한다.

3 재고자산감모손실과 평가손실

① 재고자산감모손실

기말 재고자산의 실제 수량과 장부상 수량의 차이가 나는 경우 이를 재고자산 감모손실이라고 한다. 재고자산의 감모손실의 경우 정상적으로 발생한 감모손실은 매출원가에 가산하고 비정상적으로 발생한 감모손실은 영업외비용으로 분류한다.

② 재고자산평가손실

재고자산의 시가가 장부금액 이하로 하락하여 발생한 평가손실은 재고자산의 차감계정으로 표시하고 매출원가에 가산한다. 저가법의 적용에 따른 평가손실을 초래했던 상황이 해소되어 새로운 시가가 장부금액보다 상승한 경우에는 최초의 장부금액을 초과하지 않는 범위 내에서 평가손실을 환입한다. 재고자산평가손실의 환입은 매출원가에서 차감한다.

❖ 재고자산평가손실
　(차) 재고자산평가손실　　　×××　　(대) 재고자산평가충당금　　　×××
　　　(매출원가)
❖ 재고자산평가손실 환입
　(차) 재고자산평가충당금　　×××　　(대) 재고자산평가충당금환입　×××
　　　　　　　　　　　　　　　　　　　　　　(매출원가)

▶ 상품, 제품 등의 시가는 순실현가능가치(정상판매가액에서 추정 판매비를 차감)로 한다.

4 기말 재고자산 포함 여부

재고자산은 보고기간종료일 현재 기업이 보유하고 있는 재고자산을 재무상태표에 표시하여야 한다. 그러나 보유하고 있지 하더라도 기업의 재고자산인 것이 있고, 가지고 있더라도 기업의 재고자산이 아닌 것이 있다. 그 구분을 다음과 같이 요약한다.

구 분		내 용
운송중인 재고자산 (미착품)	선적지인도기준	선적이 되면 매입자의 재고자산이 됨
	도착지인도기준	매입자가 도착지에서 인도 받는 때에 매입자의 재고자산 보고기간종료일 현재 운송 중인 재고자산은 판매자의 재고자산
저 당 상 품		담보를 제공한 자의 재고자산
할 부 판 매 상 품		• 인도기준 : 판매시점에 매입자의 재고자산
		• 회수기일도래기준 : 회수기일 미도래분은 판매자의 재고자산에 포함
위 탁 상 품 (적 송 품)		수탁자가 가지고 있는 적송품은 위탁자의 재고자산
시 송 품		매입자가 구매의사를 밝히는 때에 판매가 이루어지므로 구매의사를 밝히지 않은 것은 판매자의 재고자산

확인예제 — POINT 전산세무 2급

01 다음 대화를 통해 상품 순매입액을 구하면 얼마인가?

> 사　장 : 김부장! 서울상점에 주문한 상품이 들어왔습니까?
> 김부장 : 예, 4월 10일 A상품 700개(@2,000원)가 들어와서 창고에 입고했습니다.
> 사　장 : 그럼, 상품 구입시 운임은 누구 부담인가요? 그리고 대금은 지불했나요?
> 김부장 : 예, 대금은 외상으로 했고, 운임 50,000원은 상대방이 지불하기로 했습니다. 5월 5일에 A상품 10개(@2,000원)에 흠이 있어 반품했습니다. 그리고 약속기일(5월 10일) 전에 690개에 대한 상품대금을 지불하고 매입대금의 10%를 할인받았습니다.

① 1,380,000원　　　　　　　　② 1,290,000원
③ 1,285,000원　　　　　　　　④ 1,242,000원

해설　④ (700개 × 2,000) − (10개 × 2,000) − (690개 × 2,000 × 10%) = 1,242,000원

02 다음 자료에 의하여 재고자산 평가에 대한 회계처리로 옳은 것은?

> • 기말재고 수량 − 100개(단가 200원)　　• 기말재고 평가자료 − 판매단가 220원, 단위당 판매비 60원

① (차) 매 출 원 가　　　　4,000　　　(대) 재고자산평가충당금　　4,000
② (차) 매 출 원 가　　　　6,000　　　(대) 재고자산평가충당금　　6,000
③ (차) 재고자산감모손실　　4,000　　　(대) 재고자산평가충당금　　4,000
④ (차) 재고자산평가손실　　6,000　　　(대) 재고자산평가충당금　　6,000

해설　① 재고자산의 평가는 판매단가에서 추정판매비를 차감한 순실현가능가치로 하는 것이다. 그리고 재고자산 평가손실은 매출원가에 가산한다.
• 순실현가능가치 : 220 − 60 = 160원　　• 평가손실 : 100개 × (200 − 160) = 4,000원

03 다음 중 기업회계기준서상 재고자산의 평가에 대한 설명으로 틀린 것은?

① 재고자산의 시가가 취득원가보다 하락한 경우에는 저가법을 사용하여 재고자산의 재무상태표금액을 결정한다.
② 재고자산 평가를 위한 저가법은 항목별로 적용한다. 그러나 경우에 따라서는 서로 유사하거나 관련있는 항목들을 통합하여 적용할 수 있다.
③ 저가법을 적용하여 소매재고법을 사용하는 경우에는 원가율을 계산할 때 가격인하를 매출가격에 의한 판매가능액에서 차감한다.
④ 저가법의 적용에 따른 평가손실을 초래했던 상황이 해소되어 새로운 시가가 장부금액보다 상승한 경우에는 최초의 장부금액을 초과하지 않는 범위 내에서 평가손실을 환입한다.

해설　③ 저가법을 적용하여 소매재고법을 사용하는 경우에는 원가율을 계산할 때 가격인하를 매출가격에 의한 판매가능액에서 차감하지 아니한다. 분모에서 가격인하를 차감하면 원가율이 올라가게 되어 재고자산의 평가가 커지게 되므로 매출가격에 의한 판매가능액에서 차감하지 않는다.

SECTION 04 | 유형자산

1 유형자산의 개념

　유형자산은 재화의 생산이나 용역의 제공, 타인에 대한 임대 또는 자체적으로 사용할 목적으로 보유하고 있으며 물리적형태가 있는 자산으로 1년을 초과하여 사용할 것이 예상되는 자산을 말한다.

　기업회계기준에 의하여 재무상태표에 표시하는 방법은 토지, 설비자산, 건설중인자산, 기타의 유형자산으로 분류하되 업종의 특성을 반영하여 신설 통합할 수 있다. 예를 들어 건물, 구축물, 기계장치를 통합하여 설비자산으로 하거나 기타의 유형자산을 차량운반구, 비품, 공구기구, 선박 등으로 세분하는 것이다.

2 유형자산의 종류

구 분	내 용
토　　　지	대지, 임야, 전·답 등
건　　　물	회사의 사옥이나 창고, 공장 등으로 냉난방, 조명 및 기타 건물 부속설비를 포함
구 축 물	토지 위에 건설한 건물 외의 설비로서 교량, 저수지, 갱도, 상하수도, 터널, 전주, 지하도관, 신호장치, 정원 등
기 계 장 치	사업을 위하여 사용하는 기계장치, 생산설비 등과 기타의 부속설비
차 량 운 반 구	영업활동을 위해 사용되는 승용차, 트럭 등
비　　　품	사업을 위하여 사용하는 일반적인 집기, 비품 등
건 설 중 인 자 산	유형자산의 건설을 위해 지출한 금액으로서 아직 건설이 완료되지 않아 건물, 구축물, 기계장치 등으로 회계처리 할 수 없는 경우 임시로 처리하는 계정 * 해당 자산의 건설이 완료되는 때에 건물, 구축물, 기계장치 등의 해당 계정으로 대체한다.

▶ 토지와 건설중인자산은 감가상각을 하지 아니한다.

3 유형자산의 인식과 취득금액

① 유형자산의 인식조건

유형자산으로 인식되기 위하여 다음의 인식조건을 모두 충족하여야 한다.
㉠ 자산으로부터 발생하는 미래 경제적 효익이 기업에 유입될 가능성이 매우 높다.
㉡ 자산의 원가를 신뢰성 있게 측정할 수 있다.

② 유형자산의 취득금액의 결정

구 분	취 득 금 액
외 부 구 입	매입금액 + 부대비용
자 가 건 설	제작원가 + 부대비용
무 상 취 득	그 자산의 공정가치

㉠ 구입하는 경우

유형자산을 기업 외부로부터 구입하는 경우의 취득원가는 구입대금에 취득부대비용 및 복구비용을 가산한다. 취득부대비용이란 유형자산이 본래의 기능을 할 수 있기까지 발생한 비용으로 취득세 등의 소유권이전비용, 매입수수료, 운송비, 하역비, 설치비, 시운전비, 토지의 구획정리비용 등을 말한다. 또한 유형자산의 취득과 관련하여 국공채 등을 불가피하게 매입하는 경우, 채권의 매입금액과 일반기업회계기준에 따라 평가한 현재가치와의 차액도 취득원가에 가산한다.

㉡ 자가건설하는 경우

유형자산을 외부로부터 구입하지 않고 자가건설 또는 제작하는 경우에는 건설 및 제작에 들어간 재료비, 노무비 등의 원가에 취득부대비용을 가산하여 취득원가를 결정한다. 이때 소요된 원가는 해당 유형자산이 완성되어 사용이 가능할 때까지 건설중인자산계정으로 처리하였다가 완성되면 해당 유형자산계정으로 대체한다.

❖ 유형자산을 자가제작하기 위하여 그 비용을 지급하면
   (차) 건설중인자산　　　　　×××　　　　(대) 현　금　　　　　　×××
❖ 자가제작 중인 유형자산이 완성되어 사업에 사용되면
   (차) 유형자산(건물 등)　　　×××　　　　(대) 건설중인자산　　×××

ⓒ 자산의 교환으로 취득

　ⓐ 이종자산의 교환

　　다른 종류의 자산과의 교환으로 취득한 유형자산의 취득원가는 교환을 위하여 제공한 자산의 공정가치로 측정한다. 다만, 교환을 위하여 제공한 자산의 공정가치가 불확실한 경우에는 교환으로 취득한 자산의 공정가치를 취득원가로 할 수 있다.

　ⓑ 동종자산의 교환

　　동일한 업종 내에서 유사한 용도로 사용되고 공정가치가 비슷한 동종자산과의 교환으로 유형자산을 취득하거나, 동종자산에 대한 지분과의 교환으로 유형자산을 매각하는 경우에는 교환으로 받은 자산의 원가는 교환으로 제공한 자산의 장부금액으로 한다. 따라서 교환으로 인한 처분손익이 나타나지 않는다.

> ❖ 토지(장부금액 1,000원, 공정가치 1,200원)를 주고 건물(공정가치 800원)을 받은 경우
>   (차) 건 물　　　　　　　　1,200　　　(대) 토 지　　　　　　　　1,000
> 　　　　　　　　　　　　　　　　　　　　　　유형자산처분이익　　　　200
>   * 이종자산의 교환이므로 건물의 취득금액은 제공한 자산인 토지의 공정가치로 회계처리한다.
>
> ❖ 토지A(장부금액 1,000원, 공정가치 1,200원)를 주고 토지B(공정가치 800원)를 받은 경우
>   (차) 토지B　　　　　　　　1,000　　　(대) 토지A　　　　　　　　1,000
>   * 동종자산 교환이므로 제공한 자산 토지A의 장부금액을 토지B의 취득원가로 회계처리한다.

ⓓ 그 밖의 경우

　ⓐ 정부보조에 의한 취득

　　정부보조에 의해 유형자산을 무상 또는 공정가치보다 낮은 대가로 취득한 경우 그 유형자산의 취득원가는 취득일의 공정가치로 한다. 정부보조금은 유형자산의 취득원가에서 차감하는 형식으로 표시하고 그 자산의 내용연수에 걸쳐 감가상각액과 상계하며, 해당 유형자산을 처분하는 경우에는 그 잔액을 처분손익에 반영한다.

> ❖ 정부로부터 보조금 10,000원을 받으면
>   (차) 현 금　　　　　　　　10,000　　　(대) 정부보조금　　　　　　10,000
> 　　　　　　　　　　　　　　　　　　　　　　(현금의 차감계정)
>
> ❖ 공정가치 30,000원의 기계장치를 취득하면
>   (차) 기계장치　　　　　　　30,000　　　(대) 현 금　　　　　　　　30,000
>   　　정부보조금　　　　　　 10,000　　　　　정부보조금　　　　　　10,000
>   　　(현금의 차감계정)　　　　　　　　　　 (기계의 차감계정)
>   * 재무상태표에 표시할 때에는 기계장치에서 정부보조금을 차감하는 형식으로 표시한다.

ⓑ 기존건물의 철거비용

건물을 신축하기 위하여 사용중인 기존 건물을 철거하는 경우 그 건물의 장부금액은 제거하여 처분손실로 반영하고, 철거비용은 전액 당기비용으로 처리한다.

다만 새 건물을 신축하기 위하여 기존 건물이 있는 토지를 취득하고 그 건물을 철거하는 경우 기존 건물의 철거 관련 비용에서 철거된 건물의 부산물을 판매하여 수취한 금액을 차감한 금액은 토지의 취득원가에 포함한다.

ⓒ 현물출자

현물을 제공받고 주식을 발행한 경우에는 제공받은 유형자산의 공정가치를 취득금액으로 한다.

ⓓ 일괄취득과 무상취득

여러 개의 유형자산을 일괄하여 취득한 경우 각 유형자산의 취득원가는 각각의 상대적 공정가치 비율에 따라 안분하여 결정하여야 한다. 그리고 유형자산을 무상으로 증여받은 경우에는 공정가치를 취득금액으로 한다.

4 유형자산의 감가상각

① 감가상각의 개념

감가상각이란 유형자산의 감가상각대상금액을 경제적 효익이 발생하는 기간에 걸쳐 체계적이고 합리적인 방법으로 배분하는 과정이다. 감가상각대상금액은 취득원가에서 잔존가치를 차감하여 구한다. 감가의 요인에는 사용하거나 시간이 경과하는 것에 의한 물리적원인과 진부화 또는 부적응에 의한 기능적 원인이 있다.

② 감가상각의 기본요소

감가상각을 결정하는 기본요소는 취득원가, 잔존가치, 내용연수이다. 이중에서 취득원가는 실제 값이지만 잔존가치와 내용연수는 추정치에 의한다. 잔존가치는 법인세법이 0으로 하고 있어 회계실무에서 그대로 적용하는 것이 보통이다. 다만, 정률법에서 정률을 구하기 위하여 잔존가치를 취득금액의 5%로 적용한다.

③ 감가상각의 회계처리

감가상각비의 회계처리는 직접법과 간접법이 있는데 유형자산의 감가상각은 간접법에 의하여 회계처리하고, 재무상태표에는 감가상각누계액을 해당 유형자산에서 차감하는 형식으로 표시하여야 한다.

❖ 직접법에 의한 감가상각비의 회계처리
　(차) 감가상각비　　　　　×××　　　(대) 유형자산(건물, 기계장치 등)　×××
❖ 간접법에 의한 감가상각비의 회계처리
　(차) 감가상각비　　　　　×××　　　(대) 감가상각누계액　　　　　×××

④ 감가상각비의 계산방법

　㉠ 정액법

　　직선법이라고도 하며 감가상각대상액을 내용연수에 걸쳐 균등하게 배분하는 방법이다.

$$감가상각비 = (취득원가 - 잔존가치) \times \frac{1}{내용연수}$$

　㉡ 정률법

　　정률법은 초기에 감가상각비를 많이 계상하고 이후에 점차 적게 계상하므로 수익비용 대응의 원칙에 충실한 방법이다. 유형자산의 취득원가에서 감가상각누계액을 차감한 미상각잔액(장부금액)에 매기 동일한 상각률을 적용하여 계산한다.

$$감가상각비 = 미상각잔액 \times 정률$$
$$미상각잔액 = 취득원가 - 감가상각누계액$$
$$정률 = 1 - \sqrt[n]{\frac{잔존가치}{취득원가}} \quad (n : 내용연수)$$

　㉢ 이중체감법

　　이중체감법은 정액법의 배법으로 미상각잔액(장부금액)에 정액법 상각률의 2배를 곱하여 감가상각비를 구하는 방법이다.

$$감가상각비 = (취득원가 - 감가상각누계액) \times (정액법\ 상각률 \times 2)$$
$$= (취득원가 - 감가상각누계액) \times \frac{2}{내용연수}$$

　㉣ 연수합계법

　　연수합계법은 정률법, 이중체감법과 함께 초기에 감가상각을 많이 계상하는 가속상각법의 하나이다. 감가상각비의 계산은 감가상각대상액에 내용연수합계에 대한 내용연수연차의 역순의 비율을 곱하여 구한다.

$$감가상각비 = (취득원가 - 잔존가치) \times \frac{연수의\ 역순}{내용연수의\ 합계}$$

▶ 내용연수가 5년인 경우 내용연수의 합계는 15년(1+2+3+4+5)이고 연수의 역수는 제1차년도는 5, 제2차년도는 4, 3차년도는 3을 적용한다.

ⓜ 생산량비례법

생산량비례법은 감가상각대상액을 생산량이나 채굴량에 비례하여 감가상각비를 계산하는 방법으로 산림, 유전, 광산 등의 천연자원의 감가상각비 계산에 많이 사용한다.

$$감가상각비 = (취득원가 - 잔존가치) \times \frac{당기생산량}{예상총생산량}$$

ⓗ 신규 취득자산과 기중 처분자산의 감가상각비

신규 취득한 유형자산의 감가상각비는 취득일부터 결산일까지 분할하여 상각하고, 회계기간 중에 처분한 유형자산에 대하여는 기초부터 처분시점까지 감가상각비를 계상하여야 한다.

5 유형자산의 취득후 지출

① 자산처리(자본적지출)

유형자산을 취득한 이후 보유하고 있는 동안에 일어난 지출이 유형자산의 가치가 증가하거나 내용연수가 증가하면 자본적지출이라 하고 유형자산의 원가로 처리한다. 자산으로 처리하는 예로 시운전비, 사용전수리비, 엘리베이터·냉난방장치 등의 증설이나 용도변경, 개량, 증축 등을 들 수 있다.

② 비용처리(수익적지출)

유형자산을 취득한 이후에 지출한 효과가 원상회복이나 능률의 현상유지에 그치는 것으로 유형자산의 원가를 구성하지 않고 비용으로 처리한다.

❖ 자본적지출이면
   (차) 유형자산(건물 등)   ×××   (대) 현 금   ×××
❖ 수익적지출이면
   (차) 비용(수선비 등)   ×××   (대) 현 금   ×××

③ 자본적지출과 수익적지출의 비교사례

자본적 지출	수익적 지출
• 본래의 용도를 변경하기 위한 개조 • 엘리베이터 또는 냉난방 장치의 설치 • 빌딩에 있어서 피난시설 등의 설치 • 재해 등으로 인한 건물, 기계, 설비 등이 멸실, 훼손되어 당해 자산의 본래의 용도에 이용가치가 없는 것의 복구 • 기타 개량, 확장, 증설 등 자산의 가치를 증가시키는 것	• 건물 또는 벽의 도장(페인트칠) • 파손된 유리나 기와의 대체 • 기계의 소모된 부속품과 벨트의 대체 • 자동차의 타이어 튜브의 대체 • 재해를 입은 자산에 대한 외장의 복구, 도장, 유리의 삽입 • 기타 조업가능한 상태의 유지 등을 위한 것

▶ 수익적지출을 자산으로 처리하면 자산의 과대계상과 비용의 과소계상으로 이익을 과대 계상하는 분식회계가 되고, 자본적지출을 비용으로 처리하면 이익이 과소 계상되어 비밀적립금이 발생한다.

6 유형자산의 손상차손

유형자산의 중대한 손상으로 본질가치가 하락하면 유형자산의 장부금액을 회수가능가액으로 감액하고 이 차이를 유형자산손상차손으로 처리한다. 손상차손을 인식한 이후에 손상된 자산의 회수가능액이 장부금액을 초과하면 그 초과액을 손상되기 전의 장부금액을 한도로 손상차손환입으로 처리한다.

❖ 유형자산의 손상차손이 발생하면
  (차) 유형자산손상차손   ×××   (대) 손상차손누계액   ×××
❖ 유형자산의 손상차손이 회복되면
  (차) 손상차손누계액   ×××   (대) 유형자산손상차손환입   ×××

7 차입원가 자본화

① 차입원가 자본화의 개념

차입원가는 기간비용으로 처리하는 것을 원칙이나 유형자산, 무형자산 및 투자부동산의 취득을 위한 자금에 차입금이 포함되어 있거나, 제조·매입·건설 또는 개발이 개시된 날로부터 의도된 용도로 사용되거나 판매할 수 있는 상태가 될 때까지 1년 이상의 기간이 소요되는 재고자산의 취득을 위한 자금에 차입금이 포함된다면 이러한 차입금에 대한 차입원가는 그 자산의 취득에 소요되는 원가로 회계처리 할 수 있다.

② 차입원가의 범위

차입원가에는 장단기 차입금과 사채의 이자비용과 기타 유사한 비용을 포함한다. 기타 유사한 비용에는 사채발행차금상각액(환입액), 현재가치할인차금상각액, 외화차입금에 대한 환율변동손익(외화환산손익, 외환차손익) 및 차입과 직접적으로 관련하여 발생한 수수료 등이 있다.

8 유형자산의 처분

유형자산을 처분하는 경우에는 유형자산의 장부금액과 처분금액을 비교하여 장부금액보다 처분금액이 큰 경우 유형자산처분이익으로 회계처리 하고, 장부금액보다 처분금액이 작은 경우 유형자산처분손실로 회계처리 한다. 유형자산처분손익은 영업외손익에 해당한다.

> 처분금액 > 장부금액 ⇒ 유형자산처분이익
> 처분금액 < 장부금액 ⇒ 유형자산처분손실
> 장부금액 = 취득금액 − 감가상각누계액

확인예제

01 각 감가상각방법별 X축은 내용년수이고, Y축은 감가상각비인 좌표평면을 설명한 것이다. 옳지 않은 것은?

① 정액법은 연도별 매년 X축에 수평이다.
② 정률법은 연도별로 우하향한다.
③ 이중체감법은 연도별로 우하향한다.
④ 연수합계법은 연도별 매년 X축에 수평이다.

> 해설 ④ 연수합계법에 의하여 계산한 감가상각비는 연도별로 우하향한다.

02 (주)시립무역은 사옥을 건설하기 위하여 기존건물이 있는 토지를 매입한 후, 기존건물을 곧바로 철거하고 새로운 건물을 건설하였다. 이를 위하여 지출한 내역이 다음과 같을 경우 토지의 금액을 제외한 새로운 건물의 취득원가는 얼마인가?

• 토지구입가격	100,000,000원	• 신축건물 공사비	30,000,000원
• 기존건물 철거비용	10,000,000원	• 철거건물 폐기물매각액	1,500,000원
• 신축건물 취득세	2,700,000원		

① 144,200,000원 ② 141,200,000원
③ 32,700,000원 ④ 30,000,000원

> 해설 ③ • 토지의 취득원가 : 100,000,000 + 10,000,000 − 1,500,000 = 108,500,000원
> • 건물의 취득원가 : 30,000,000 + 2,700,000 = 32,700,000원
> 건물을 신축하기 위하여 기존 건물이 있는 토지를 취득하고 그 건물을 철거하는 경우 기존 건물의 철거비용에서 철거된 건물에서 나온 부산물을 판매하여 수취한 금액을 차감한 금액을 토지의 취득원가에 포함시킨다.

03 (주)중부는 20×1년 1월 1일 비품을 2,000,000원에 구입하여 사용하고 있으며, 정률법으로 감가상각한다. 내용연수는 5년, 잔존가치를 50,000원으로 가정하는 경우 20×2년말 결산시 계상하는 감가상각비는? (상각률은 계산상 40%로 가정한다)

① 480,000원 ② 520,000원
③ 800,000원 ④ 1,200,000원

> 해설 ① 20×1년 말 감가상각비 : 2,000,000 × 40% = 800,000원
> 20×2년 말 감가상각비 : (2,000,000 − 800,000) × 40% = 480,000원
> 정률법은 미상각잔액을 기준으로 계산하므로 20×1년에는 취득금액에 40%를 곱했지만 20×2년 에는 취득금액에서 직전년까지 감각상각액을 공제한 장부금액에 상각률을 곱해야 한다.

SECTION 05 | 무형자산

1 무형자산의 개념

무형자산은 재화의 생산이나 용역의 제공, 타인에 대한 임대 또는 관리에 사용할 목적으로 기업이 보유하고 있는 물리적형체가 없는 자산이다. 이러한 무형자산은 비화폐성자산으로 취득원가의 측정이 가능하고 기업이 통제하고 있는 식별가능한 자원으로 미래의 경제적 효익이 있어야 한다. 무형자산은 영업권, 산업재산권, 개발비, 기타로 구분하여 재무상태표에 표시한다.

2 무형자산의 취득원가

① 매수 등에 의한 취득

매수에 의한 무형자산의 취득원가는 구입금액에 등록비, 제세공과금 등의 부대비용을 더한 금액으로 한다. 사업결합에 의한 취득은 공정가치로 한다. 그리고 자산의 교환에 의한 취득은 유형자산의 교환에 의한 취득과 동일하게 이종자산과 교환으로 취득한 자산은 제공한 자산의 공정가치로 하고, 동종자산과 교환으로 취득한 자산은 제공한 자산의 장부금액을 취득금액으로 한다.

② 내부적으로 창출한 무형자산

내부적으로 창출한 무형자산이 인식기준에 부합하는지를 평가하기 위하여 무형자산의 창출과정을 연구단계와 개발단계로 구분한다. 무형자산을 창출하기 위한 내부 프로젝트를 연구단계와 개발단계로 구분할 수 없는 경우에는 그 프로젝트에서 발생한 지출은 모두 연구단계에서 발생한 것으로 본다.

㉠ 연구단계

프로젝트의 연구단계에서는 미래경제적효익을 창출할 무형자산이 존재한다는 것을 입증할 수 없기 때문에 연구단계에서 발생한 지출은 무형자산으로 인식할 수 없고 발생한 기간의 비용(연구비)으로 인식한다.

ⓛ 개발단계

개발단계에서 발생한 지출은 다음의 조건을 모두 충족하는 경우에만 무형자산으로 인식하고, 그 외의 경우에는 발생한 기간의 비용(경상개발비)으로 인식한다.

> - 무형자산을 완성시킬 수 있는 기술적 실현가능성을 제시할 수 있다.
> - 무형자산을 완성해 그것을 사용하거나 판매하려는 기업의 의도가 있다.
> - 완성된 무형자산을 사용하거나 판매할 수 있는 기업의 능력을 제시할 수 있다.
> - 무형자산이 어떻게 미래경제적효익을 창출할 것인가를 보여줄 수 있다.
> - 무형자산의 개발을 완료하고 그것을 판매 또는 사용하는 데 필요한 기술적, 금전적 자원을 충분히 확보하고 있다는 사실을 제시할 수 있다.
> - 개발단계에서 발생한 무형자산 관련 지출을 신뢰성 있게 구분하여 측정할 수 있다.

ⓒ 내부적으로 창출한 무형자산의 원가

내부적으로 창출한 무형자산의 원가는 인식기준을 최초로 충족한 이후에 발생한 지출금액으로 한다. 내부적으로 창출한 무형자산의 원가는 그 자산의 창출, 제조, 사용준비에 직접 관련된 지출과 합리적이고 일관성 있게 배분된 간접 지출을 모두 포함한다.

3 무형자산의 종류

① 영업권

유리한 위치, 우수한 경영, 좋은 기업이미지 등으로 인하여 동종의 다른 기업보다 더 많은 수익을 얻을 경우 그 초과수익을 자본의 가치로 환원한 것이 영업권이다. 초과수익력을 보이는 기업을 매수 또는 합병(사업결합)하는 경우에 순자산가액보다 초과하여 지급한 대가지급액을 매수영업권이라 한다. 반면에 초과수익에 의하여 산정된 영업권은 내재영업권 또는 내부창출영업권이라 한다. 기업회계기준에서 내부창출영업권은 자산으로 인정하지 않고 매수영업권만 재무상태표에 무형자산으로 계상할 수 있다.

사업결합을 하는 경우 이전대가의 공정가치가 취득자산과 인수부채의 순액을 초과하는 경우 그 초과하는 금액이 영업권의 취득금액이 된다. 반면, 순자산가액보다 더 적은 금액을 지불하는 경우에는 염가매수차익으로 회계처리하고, 영업외수익으로 인식한다.

> 영업권 = 이전대가의 공정가치 − (취득자산 − 인수부채)

② 산업재산권(지식재산권)

산업재산권은 법률에 의하여 등록하고 일정기간 독점적, 배타적으로 이용할 수 있는 다음의 권리를 말한다.

구 분	내 용
특 허 권	신규 발명품에 대한 특허 등록을 하고 독점적으로 얻은 권리
실용실안권	산업상 이용할 수 있는 물품의 형상·구조 또는 조합에 관한 신규의 고안을 등록하고 얻은 권리
디 자 인 권	물품에 대한 새로운 디자인을 고안하여 등록하고 얻은 권리(의장권)
상 표 권	특정상표를 등록하여 독점적으로 이용하는 권리

③ 개발비

새로운 제품이나 기술의 개발 또는 개량을 위하여 지출한 금액으로 미래의 경제적효익의 유입 가능성이 매우 높고 취득원가를 신뢰성 있게 측정할 수 있는 경우에 무형자산인 개발비로 처리한다. 경제적효익의 유입가능성이 없거나 취득원가의 측정이 되지 않아 무형자산으로 식별가능성이 없는 지출은 경상개발비로 판매비와관리비에 해당한다.

④ 기타의 무형자산

구 분	내 용
라 이 선 스	국가나 허가권자로부터 인 허가과정을 거쳐 확보한 사업허가권으로서 방송사업권이나 통신사업권이 여기에 해당한다.
프 랜 차 이 즈	체인본사와 가맹점간의 계약에 의하여 일정 지역에서 특정 상표, 상호의 상품이나 용역을 독점적으로 생산 판매할 수 있는 권리
저 작 권	저작자가 자기의 저작물을 복제, 출판, 전시, 번역, 방송, 공연 등에 이용할 수 있는 권리
컴퓨터소프트웨어	컴퓨터에서 사용되는 소프트웨어의 구입에 지출한 금액
임 차 권 리 금	토지와 건물 등을 임차하는 경우 그 이용권을 갖는 대가로 보증금이외의 금액을 지급하는 것을 임차권리금이라 한다.
광 업 권	일정한 광구에서 광물을 독점적 배타적으로 채굴할 수 있는 권리
어 업 권	일정한 수역에서 독점적 배타적으로 어업을 할 수 있는 권리

4 무형자산의 감가상각

① **무형자산의 상각(일반기업회계기준)**

무형자산의 상각은 경제적효익이 소비되는 것을 반영한 합리적인 방법으로 그 자산의 추정내용연수동안 상각하여야 한다. 합리적인 방법은 유형자산의 감가상각방법과 동일한 정액법, 정률법, 연수합계법, 생산량비례법 등이 있는데 합리적인 상각방법을 정할 수 없는 경우에는 정액법에 의한다.

무형자산의 내용연수는 법령이나 계약에 의하여 정하여진 경우를 제외하고 20년을 초과할 수 없으며 잔존가치는 없는 것을 원칙으로 한다. 무형자산의 감가상각에 대한 회계처리는 직접법으로 한다.

> ❖ 무형자산에 대하여 감가상각을 하면
>   (차) 무형자산상각비   ×××   (대) 무형자산   ×××

② **한국채택국제회계기준에 의한 영업권 상각**

한국채택국제회계기준에 따르면 무형자산 중 영업권은 내용연수가 비한정인 자산이므로 정기적인 상각을 하지 않는다. 다만, 영업권에 손상징후가 있을 때에 손상검사를 실시하여 손상차손을 인식하거나, 매회계기간의 보고기간 말에 손상여부를 검토하여 손상차손을 인식한다.

확인예제

01 기업회계기준의 무형자산에 대한 설명 중 옳지 않은 것은?

① 무형자산으로 인식하기 위해서는 자산으로부터 발생하는 미래경제적 효익이 기업에 유입될 가능성이 매우 높아야 하고, 자산의 취득원가를 신뢰성있게 측정할 수 있어야 한다.
② 내부적으로 창출된 브랜드는 미래의 경제적 효익을 창출할 수 있다 하더라도 무형자산으로 인식하지 않는다.
③ 무형자산을 최초로 인식할 때에는 취득원가로 측정한다.
④ 내부적으로 창출하는 무형자산의 경우, 창출과정을 연구단계와 개발단계로 구분하여 연구단계에서 발생하는 지출이 기업회계기준에서 정하는 일정조건을 모두 충족하는 경우 무형자산으로 인식한다.

해설 ④ 연구단계의 지출은 당기손익으로 처리하고 개발단계의 지출이 일정조건을 충족하면 무형자산으로 인식한다.

지출활동 구분	회계처리	
	계정과목	계정과목의 분류
연구활동	연 구 비	판매비와 관리비
개발활동	경상개발비	판매비와 관리비
	개 발 비	무형자산

02 기업회계기준은 내부적으로 창출한 무형자산의 인식기준에 부합하는지를 평가하기 위하여 연구단계와 개발단계로 구분하고 있다. 이에 따르면 다음 중 개발단계에 속한다고 보기 힘든 것은?

① 생산전 또는 사용전의 시작품과 모형을 설계, 제작 및 시험하는 활동
② 재료, 장치, 제품, 공정 등에 대한 여러 가지 대체안을 탐색하는 활동
③ 새롭거나 개선된 재료, 장치, 제품, 공정 등에 대하여 최종적으로 선정된 안을 설계, 제작하는 활동
④ 상업적 생산목적이 아닌 소규모의 시험공장을 설계, 건설 및 가동하는 활동

해설 ② 일반기업회계기준에 의한 개발단계에 속하는 활동의 일반적인 예에는 위의 ①, ③, ④와 새로운 기술과 관련된 공구, 금형, 주형 등을 설계하는 활동이 있다.

SECTION 06 | 투자자산과 유가증권 및 기타비유동자산

1 투자자산

　투자자산이란 다른 회사를 지배하거나 통제할 목적 또는 투자이윤을 얻을 목적으로 장기간 투자하는 자산을 말한다. 유형자산과 다른 점은 기업의 고유 사업목적을 위한 자산이 아니라는 것이다.

　한국채택국제회계기준의 투자자산은 임대수익을 목적으로 하는 자산도 투자자산으로 구분한다.

구 분	내 용
투 자 부 동 산	투자목적으로 보유하거나 영업활동에 사용하지 않는 토지, 건물 및 기타의 부동산
매 도 가 능 증 권	유가증권 중 단기매매증권과 만기보유증권 및 지분법적용투자주식으로 분류되지 않는 것
만 기 보 유 증 권	만기가 확정된 채무증권으로 상환금액이 확정되었거나 확정이 가능하고 만기까지 보유할 적극적인 의도와 능력이 있는 것
지분법적용투자주식	피투자회사에 중대한 영향력을 행사할 수 있는 주식으로 지분법 평가 대상의 것
장 기 대 여 금	유동자산에 속하지 않는 대여금으로 대여기간이 결산일로부터 1년 이상인 것
장 기 성 예 금 (장 기 금 융 상 품)	정기예금, 정기적금 및 기타 정형화된 금융상품으로 만기가 결산일로부터 1년 이상인 것

2 유가증권

① 유가증권의 의의

　유가증권은 재산권을 나타내는 증권으로 적절한 액면금액단위로 분할되고 시장에서 거래되거나 투자의 대상이 된다. 유가증권에는 지분증권과 채무증권이 포함된다. 그러나 상품에 대한 권리를 나타내는 창고증권, 화물상환증 및 선하증권 등은 포함되지 않는다.

　지분증권은 소유지분을 나타내는 유가증권으로 주식과 수익증권이 있고, 채무증권은 발행자에 대한 청구권을 표시하는 유가증권으로 국채, 공채, 회사채 등이 있다. 지분증권은 배당금수익을 얻고 채무증권은 기간의 경과에 따라 이자수익이 발생하고 만기에 액면에 표시된 원금을 회수하게 된다.

② 유가증권의 분류

계정과목	보유목적	지분증권	채무증권	재무상태표 표시
만기보유증권	만기보유 목적	×	○	투자자산 중 장기투자증권
단기매매증권	단기간의 매매차익	○	○	당좌자산 중 단기투자자산
매도가능증권	단기매매증권이나 만기보유증권 이외	○	○	당좌자산 중 단기투자자산 또는 투자자산 중 장기투자증권
지분법적용 투자주식	피투자회사에 중대한 영향력 행사	○	×	투자자산 중 지분법적용투자주식

㉠ 만기보유증권

만기가 확정된 채무증권으로서 상환금액이 확정되었거나 확정이 가능한 채무증권을 만기까지 보유할 적극적인 의도와 능력이 있는 경우에는 만기보유증권으로 분류한다.

㉡ 단기매매증권과 매도가능증권

지분증권 및 만기보유증권으로 분류되지 아니하는 채무증권은 단기매매증권과 매도가능증권 중의 하나로 분류한다.

구 분	내 용
단기매매증권	주로 단기간 내의 매매차익을 목적으로 취득한 유가증권으로서 매수와 매도가 적극적이고 빈번하게 이루어지는 것
매도가능증권	단기매매증권이나 만기보유증권으로 분류되지 아니하는 유가증권

㉢ 지분법적용투자주식(관계기업투자주식)

투자자산에 해당하는 지분법적용투자주식이란 투자회사가 피투자회사의 경영에 중대한 영향력을 행사하거나 지배력을 행사할 목적으로 보유하는 투자주식을 말한다. 투자기업이 피투자기업의 발행주식을 20% 이상 취득하면 특별한 사유가 없는 한 중대한 영향력이 있는 것으로 본다.

③ 유가증권의 최초 인식과 측정(취득과 평가)

단기매매증권을 취득하는 경우 최초 인식 시에는 공정가치로 측정한다. 최초 인식 시 공정가치는 일반적으로 거래가격(제공하거나 수취한 대가의 공정가치)이다. 이때 거래비용은 별도의 비용으로 처리하여야 한다.

그러나 매도가능증권과 만기보유증권은 취득과 직접 관련되는 거래원가는 최초 인식하는 공정가치에 가산한다. 즉, 취득 시 거래비용은 취득원가에 가산하여야 한다.

> ❖ 단기매매증권의 취득
>   (차) 단기매매증권   ×××   (대) 현 금   ×××
>   수수료비용   ×××
> ❖ 매도가능증권의 취득
>   (차) 매도가능증권   ×××   (대) 현 금   ×××
>   (수수료비용 포함)

▶ 유가증권의 최초 인식 시기는 금융상품의 계약당사자가 되는 때(매매계약 체결일)에 재무상태표에 인식한다. 유가증권시장 또는 코스닥시장에서는 매매계약 체결 후 일정일 이후(예 : 현재 3일째)에 결제가 이루어지는데, 이 경우 주식매매거래의 인식시점은 매매계약 체결일로 본다.

④ 유가증권의 평가

㉠ 평가의 원칙

단기매매증권과 매도가능증권은 공정가치로 평가(측정)하여 재무상태표에 표시하고 만기보유증권은 상각후원가로 평가하여 재무상태표에 표시한다.

일반기업회계기준은 유형자산은 일반적으로 취득원가에 기초하여 평가하지만, 유가증권에 대하여는 한국채택국제회계기준과 같이 공정가치로 평가한다. 다만, 시장성 없는 지분증권(매도가능증권)을 신뢰성 있게 측정할 수 없는 경우에는 취득원가로 평가한다. 그러나 한국채택국제회계기준에서는 명백히 부적절한 경우가 아닌 한, 시장성없는 지분증권도 공정가치로 평가할 것을 요구하고 있다.

매도가능증권의 평가이익 또는 평가손실에 대한 회계처리는 다음과 같이 한다.

> ❖ 평가손실(장부금액 > 공정가치)
>   (차) 매도가능증권평가손실   ×××   (대) 매도가능증권   ×××
> ❖ 평가이익(장부금액 < 공정가치)
>   (차) 매도가능증권   ×××   (대) 매도가능증권평가이익   ×××

▶ 단기매매증권평가손익은 영업외손익이나 매도가능증권평가손익은 기타포괄손익누계액으로 재무상태표의 자본 항목에 표시한다.

㉡ 평가와 평가손익의 처리

유가증권의 공정가치 변동으로 인한 평가손익인 미실현보유손익은 다음과 같이 처리한다.

구 분	측정(평가)	평가손익의 처리
단기매매증권	공정가치로 측정(평가)	당기손익항목으로 처리(영업외손익)
매도가능증권	공정가치로 측정(평가)	기타포괄손익누계액으로 처리 * 당해 유가증권에 대한 기타포괄손익누계액은 그 유가증권을 처분하거나 손상차손을 인식하는 시점에 일괄하여 당기손익에 반영한다.

구 분	측정(평가)	평가손익의 처리
만기보유증권	상각후원가로 측정	상각후원가로 평가하여 재무상태표에 표시 * 만기보유증권을 상각후원가로 측정할 때에는 장부금액과 만기액면금액의 차이를 상환기간에 걸쳐 유효이자율법에 의하여 상각하여 취득원가와 이자수익에 가감한다.

⑤ 손상차손

㉠ 손상차손의 발생

손상차손의 발생에 대한 객관적인 증거가 있는지는 보고기간말마다 평가하고 그러한 증거가 있는 경우에는 손상이 불필요하다는 명백한 반증이 없는 한 회수가능액을 추정하여 손상차손을 인식하여야 한다. 손상차손 금액은 당기손익에 반영한다.

㉡ 손상차손의 회복

손상차손의 회복이 손상차손 인식 후에 발생한 사건과 객관적으로 관련된 경우에는 다음과 같이 회계처리한다.

구 분	회 계 처 리
만기보유증권 또는 취득원가로 평가하는 매도가능증권	회복된 금액을 당기이익으로 인식하되, 회복 후 장부금액이 당초에 손상차손을 인식하지 않았다면 회복일 현재의 상각후원가(매도가능증권의 경우는 취득원가)가 되었을 금액을 초과하지 않도록 한다.
공정가치로 평가하는 매도가능증권	이전에 인식하였던 손상차손 금액을 한도로 하여 회복된 금액을 당기이익으로 인식한다.

⑥ 유가증권의 재분류

유가증권의 보유의도와 보유능력에 변화가 있어 재분류가 필요한 경우에는 다음과 같이 처리한다.

㉠ 단기매매증권은 다른 범주로 재분류할 수 없으며, 다른 범주의 유가증권의 경우에도 단기매매증권으로 재분류할 수 없다. 다만, 드문 상황에서 더 이상 단기간 내의 매매차익을 목적으로 보유하지 않는 단기매매증권은 매도가능증권이나 만기보유증권으로 분류할 수 있으며, 단기매매증권이 시장성을 상실한 경우에는 매도가능증권으로 분류하여야 한다.
㉡ 매도가능증권은 만기보유증권으로 재분류할 수 있으며 만기보유증권은 매도가능증권으로 재분류할 수 있다.
㉢ 유가증권과목의 분류를 변경할 때에는 재분류일 현재의 공정가치로 평가한 후 변경한다.

3 비유동자산과 기타비유동자산

① 비유동자산의 구분

비유동자산은 다음과 같이 구분한다.

비유동자산	종 류
투 자 자 산	장기금융상품, 투자부동산, 매도가능증권, 만기보유증권, 지분법적용투자주식 등
유 형 자 산	토지, 건물, 구축물, 기계장치, 차량운반구, 비품, 건설중인자산 등
무 형 자 산	영업권, 산업재산권, 광업권, 어업권, 개발비, 소프트웨어 등
기타비유동자산	임차보증금, 장기매출채권, 이연법인세자산(유동자산으로 분류되는 부분 제외) 등

② 기타비유동자산의 재무제표 표시

기타비유동자산을 재무상태표에 표시할 때에는 이연법인세자산과 기타로 구분한다. 기타에는 임차보증금, 장기선급비용, 장기선급금, 장기미수금 등을 포함한다. 투자수익이 없고 다른 자산으로 분류가 어려운 자산은 기타로 통합하여 표시하는 것이 원칙이지만 항목이 중요한 경우에는 별도로 표시한다.

구 분	내 용
이연법인세자산	기업회계와 세무회계의 차이로 인하여 차감할 일시적차이와 이월공제가 가능한 세무상결손금, 세액공제 및 소득공제 등으로 인하여 미래에 경감될 법인세부담액을 말한다. * 결산일로부터 1년 이내에 경감될 법인세부담액은 유동자산으로 1년 초과는 비유동자산으로 분류한다.
장기매출채권 및 장기미수금	정상적인 영업주기를 지나서 회수가 예상되는 일반적 상거래에서 발생한 장기의 외상매출금, 받을어음 및 미수금이다.
임차보증금 등	전세권, 전신전화가입권, 임차보증금, 영업보증금 및 회원권 등이 있다.
기 타	투자수익이 없고 다른 자산으로 분류가 어려운 장기선급비용과 장기선급금을 기타로 통합 표시한다. * 다만 이들 항목이 중요한 때에는 별도로 표시한다.

▶ 한국채택국제회계기준에서는 이연법인세자산을 비유동항목으로 분류하며 이연법인세부채와 상계한 후의 잔액만 표시한다.

확인예제  POINT 전산세무 2급

01 다음 중 기업회계기준상 단기매매증권에 대한 설명 중 옳지 않은 것은?

① 단기매매증권평가에 따른 손실은 기타포괄손익에 해당한다.
② 단기매매증권이 주식인 경우 공정가치법을 이용하여 기말평가를 한다.
③ 단기매매증권의 취득원가결정시에는 매입부대비용을 매입가액에 포함하지 않는다.
④ 단기매매증권은 단기투자자산(한국채택국제회계기준은 기타금융자산)의 과목으로 통합하여 재무상태표에 표시할 수 있다.

해설 ① 단기매매증권평가손익은 영업외손익이고, 매도가능증권평가손익은 기타포괄손익에 해당한다.

02 (주)회계는 20×1년 9월 1일, 장기투자목적으로 시장성 있는 (주)세무의 주식을 500,000원(동사 전체지분의 5%)에 취득하고 거래수수료 20,000원과 함께 당좌수표를 발행하였다. 바른 분개는?

① (차)	매도가능증권	520,000	(대)	당좌예금	520,000
② (차)	매도가능증권	500,000	(대)	미지급금	520,000
	수수료비용	20,000			
③ (차)	지분법적용투자주식	520,000	(대)	당좌예금	520,000
④ (차)	지분법적용투주자식	500,000	(대)	미지급금	500,000

해설 ① 장기투자목적으로 5%의 지분을 취득한 것은 중대한 영향력으로 볼 수 없으므로 매도가능증권에 해당한다. 단기매매증권의 취득비용은 별도의 비용으로 처리하지만, 매도가능증권의 취득 부대비용은 취득원가에 포함한다.

03 20×1년도에 유가증권을 6,000,000원에 취득한 성실상점의 다음 자료에 의하여 유가증권(단기매매증권)을 평가하는 경우 20×2년도 결산시 평가손익은?

	20×1년도 말	20×2년도 말
공정가치	6,500,000원	6,200,000원

① 200,000원(손실)   ② 200,000원(이익)
③ 300,000원(손실)   ④ 300,000원(이익)

해설 ③ 20×1년도 말 평가손익 : 6,500,000 - 6,000,000 = 500,000원(평가이익)
20×2년도 말 평가손익 : 6,200,000 - 6,500,000 = -300,000원(평가손실)
20×1년도에 6,500,000원으로 평가한 유가증권을 20×2년도 말에 6,200,000원에 평가한 것이므로 직전연도말의 평가액과 비교하여 평가손익을 계산하여야 한다.

SECTION 07 | 부 채

1 부채의 개념

부채는 과거 사건이나 거래의 결과 현재 부담하여야 하는 경제적의무로 미래에 현금, 상품 등의 경제적효익을 희생하여야 할 것을 말한다. 부채 중에서 보고기간 말부터 1년 또는 정상영업주기 이내에 상환할 채무를 유동부채라 하고 그 이후에 상환할 부채는 비유동부채라 한다.

2 유동부채와 비유동부채

부채는 1년을 기준으로 유동부채와 비유동부채로 분류한다. 보고기간말일부터 만기가 1년 이내 도래하는 부채를 유동부채라 한다. 다만, 정상적인 영업주기내에 소멸할 것으로 예상되는 매입채무와 미지급비용 등은 1년 이내에 결제되지 않더라도 유동부채로 분류한다.

구 분	내 용
유동부채	단기차입금, 매입채무, 당기법인세부채(미지급법인세), 미지급금, 미지급비용, 선수금, 선수수익, 예수금, 유동성장기부채, 이연법인세부채
비유동부채	사채, 신주인수권부사채, 전환사채, 장기차입금, 장기매입채무, 충당부채(퇴직급여충당부채, 장기제품보증충당부채 등), 이연법인세부채

3 비유동부채

① 사 채

사채란 주식회사가 장기자금을 조달할 목적으로 일정한 이자를 지급하고 일정한 시기에 원금을 상환할 것을 약정한 채무증권을 발행하고 일반 대중으로부터 자금을 차입한 비유동부채를 말한다. 자금조달을 위하여 사채를 발행한 회사의 입장에서는 금융부채이지만, 투자를 위하여 구입한 회사의 입장에서는 금융자산이 된다.

㉠ 사채의 발행과 발행금액 결정

사채는 액면금액의 현재가치와 액면이자의 현재가치를 합계한 금액으로 발행한다. 결국 사채의 발행금액은 액면이자율과 시장이자율의 차이에 의하여 결정된다.

액면이자율은 사채권에 표시된 이자율로 발행회사가 이자를 지급하기 위하여 적용하는 이자율이고, 시장이자율은 자본시장의 수요 공급에 의하여 결정된 이자율을 말한다.

발행조건	발행방법
액면이자율 = 시장이자율	액면발행
액면이자율 < 시장이자율	할인발행
액면이자율 > 시장이자율	할증발행

ⓒ 사채발행의 회계처리

할인 발행할 때의 사채할인발행차금은 사채의 상환기간 동안 유효이자율법에 의하여 계산한 상각액을 이자비용에 가산하여 처리하고 재무상태표에는 사채에서 차감하는 형식으로 표시한다.

할증 발행할 때의 사채할증발행차금은 사채의 상환기간 동안 유효이자율법에 의하여 계산한 환입액을 이자비용에서 차감하여 처리하고 재무상태표에는 사채에 가산하는 형식으로 표시한다.

사채발행에 직접적으로 발생한 사채권인쇄비, 광고비, 발행수수료 등의 사채발행비는 별도의 계정으로 처리하지 않고 사채할인발행차금에 가산하거나 사채할증발행차금에서 차감한다.

발행방법과 금액 (액면10,000원)	회계처리			
	차변과목	금액	대변과목	금액
액면발행(10,000원)	당좌예금	10,000	사채	10,000
할인발행(9,000원)	당좌예금 사채할인발행차금	9,000 1,000	사채	10,000
할증발행(12,000원)	당좌예금	12,000	사채 사채할증발행차금	10,000 2,000

ⓒ 사채이자와 차금상각

사채이자는 사채의 액면에 대하여 약정된 이자율과 기간을 적용한 액면이자와 사채발행차금의 상각액을 가감하여 이자비용으로 처리한다. 할인 발행한 경우에는 사채할인발행차금을, 할증 발행한 경우에는 사채할증발행차금을 유효이자율법에 의하여 상각한다. 사채할인발행차금의 상각액은 이자비용에 가산하고, 사채할증발행차금의 상각액은 이자비용에서 차감한다.

유효이자율법에 의하면 사채의 장부금액(사채액면±사채발행차금)에 유효이자율을 적용하여 구한 이자액이 이자비용이 되고, 이자비용에서 액면이자를 차감한 금액이 사채발행차금의 상각액이 된다.

> **필수예제** 비유동부채 - 사채
>
> 다음 거래를 분개하시오.
> 1월 1일 액면 총액 10,000,000원의 사채(상환기한 3년, 액면이자율 연 8%)를 9,600,000원에 발행하고 납입금은 사채발행비 97,000원을 제외하고 전액 당좌예입하다. 단, 이자지급과 결산은 연 1회, 12월 31일이고, 유효이자율은 연 10%를 적용한다.
> 12월31일 이자지급일에 사채이자를 현금으로 지급하다. 단, 유효이자율법에 의한 사채할인발행차금의 상각액은 150,300원이다.

풀이

번호	차변	금액	대변	금액
①	당 좌 예 금 사 채 할 인 발 행 차 금	9,503,000 497,000	사 채	10,000,000
②	이 자 비 용	950,300	현 금 사 채 할 인 발 행 차 금	800,000 150,300

- 사채이자 = 액면이자 + 사채할인발행차금 상각액 = 유효이자
- 액면이자 : 10,000,000 × 8% = 800,000원
- 사채할인발행차금 상각액 = 유효이자 - 액면이자
- 매기말 사채의 장부금액 = 최초발행금액(장부금액) + 차금상각액
- 할인발행시의 유효이자율법에 의한 차금상각액 계산표

회계년도	장부금액	유효이자(A)	액면이자(B)	차금상각액(A-B)
제1기초	9,503,000			
제1기말	9,653,300	950,300	800,000	150,300
제2기말	9,818,630	965,330	800,000	165,330
제3기말	10,000,000	981,863	800,000	181,863
		2,897,493	2,400,000	497,493

- 유효이자는 매기말에 기초의 장부금액을 기준으로 계산한다.
  유효이자 = 기초 장부금액 × 유효이자율(화살표방향으로 유효이자율 적용)
  제1기말 유효이자 ⇒ 9,503,000 × 10% = 950,300원
- 유효이자율법을 적용하는 경우 사채발행차금의 상각액은 할인발행과 할증발행의 구분과 관계 없이 매년 증가한다.

ⓒ 사채의 상환

ⓐ 만기상환

사채 발행시에 약정한 만기에 사채권과 교환으로 액면금액을 지급하는 것이다.

ⓑ 만기 전 상환

만기 전에 상환하는 방법에는 연속상환과 수시상환이 있다. 연속상환은 발행조건에 분할 상환을 약정한 것으로 액면금액으로 상환하므로 사채상환손익이 발생하지 않는다. 수시상환은 상환일이 도래하기 이전에 발행회사의 판단에 의하여 자기 발행 사채를 매입하여 상환하는 것으로 사채상환손익이 발생한다. 사채상환손익은 사채의 장부금액과 상환금액의 차액으로 영업외손익으로 분류한다.

ⓒ 사채상환의 회계처리

> ❖ 액면 발행한 사채를 만기상환 또는 연속분할상환하면
> (차) 사　채　　　　　　×××　　(대) 당좌예금　　　　　×××
> ❖ 할인 발행한 사채를 매입상환하면
> (차) 사　채　　　　　　×××　　(대) 당좌예금　　　　　×××
> 　　　　　　　　　　　　　　　　　　사채할인발행차금　×××
> 　　　　　　　　　　　　　　　　　　사채상환이익　　　×××
> * 매입상환 직전까지 이자비용을 계상하면서 사채할인발행차금을 상각하고 남은 사채할인발행차금의 잔액은 상환하는 사채의 액면에 비례하여 상각한다.

② 장기차입금

은행 등으로부터 1년 이상의 기간 동안 돈을 빌린 경우 이를 장기차입금이라고 한다.

③ 퇴직급여충당부채

퇴직급여충당부채는 근로기준법이나 회사의 사규에 의하여 종업원의 퇴직시에 지급할 퇴직금에 충당하기 위하여 설정하는 부채이다. 결산일에 전 종업원이 퇴직을 가정하여 산출한 퇴직금 추계액에서 현재 설정되어 있는 퇴직급여충당부채를 차감한 금액을 설정한다. 그리고 실제 퇴직금을 지급하는 때에는 퇴직급여충당부채와 먼저 상계하여야 한다.

> ❖ 결산 기말에 퇴직급여충당부채를 설정하면(퇴직금추계액 – 퇴직급여충당부채잔액)
> (차) 퇴직급여　　　　　×××　　(대) 퇴직급여충당부채　×××
> ❖ 종업원의 퇴직금을 지급하면
> (차) 퇴직급여충당부채　×××　　(대) 현　금　　　　　　×××

▶ 확정기여형 퇴직연금에 가입한 경우에는 퇴직급여충당부채를 설정하지 아니하지만 확정급여형 퇴직연금에 가입한 경우에는 퇴직급여충당부채를 설정하여야 한다.

④ 기타 비유동부채

구 분	내 용
이연법인세부채	기업회계와 세법의 일시적 차이(유보)로 인하여 법인세비용이 법인세법에 의하여 납부할 금액을 초과하는 경우 그 초과하는 금액
장기매입채무	매입금액을 지급하기로 한 시기가 1년 이상 남은 장기의 매입채무

⑤ **충당부채와 우발부채**

채무의 지급시기와 지급해야 할 금액이 정해져있는 매입채무, 차입금 등의 대부분의 부채를 확정부채라 한다. 이와 달리 의무의 존재여부가 불확실한 경우 즉 미래에 어떤 사건이 발생하거나 발생하지 않음으로 의무가 확정되는 우발상황에서 발생하는 부채를 충당부채와 우발부채로 구분한다.

㉠ **충당부채**

과거의 사건이나 거래의 결과로 인한 현재의무로서 지출의 시기 또는 금액이 불확실하지만 그 의무를 이행하기 위하여 자원이 유출될 가능성이 매우 높고 그 금액을 신뢰성있게 추정할 수 있는 의무를 충당부채라 한다. 충당부채의 예로 제품보증충당부채, 하자보수충당부채, 마일리지충당부채를 들 수 있다.

수선충당금은 수선유지비의 지출이 기업의 경영의사결정에 따라 영향을 받으므로 기업회계기준에서 충당부채로 보지 않는다.

충당부채는 다음 요건을 모두 충족하는 경우에 인식한다.

> ① 과거사건이나 거래의 결과로 현재의무가 존재한다.
> ② 해당의무를 이행하기 위하여 자원이 유출될 가능성이 매우 높다.
> ③ 그 의무이행에 소요되는 금액을 신뢰성있게 추정할 수 있다.

▶ 한국채택국제회계기준은 자원유출가능성이 매우 높을 때(80% 이상)가 아닌 높을 때(50% 이상)에 충당부채를 인식한다.

㉡ **우발부채**

우발부채는 다음에 해당하는 부채로 재무제표에 부채로 인식하지 않는다. 의무를 이행하기 위하여 자원이 유출될 가능성이 아주 낮지 않는 한 우발부채를 주석으로 기재한다.

- 과거사건은 발생하였으나 기업이 전적으로 통제할 수 없는 불확실한 미래사건의 발생여부에 의해서만 존재가 확인되는 잠재적 의무
- 과거사건이나 거래의 결과로 인한 현재 의무이나 그 의무이행을 위하여 자원이 유출될 가능성이 매우 높지 않거나, 가능성은 매우 높으나 이행할 금액을 신뢰성 있게 추정할 수 없는 경우

자원 유출 가능성	신뢰성 있는 추정 가능	신뢰성 있는 추정 불가
매우 높음	충당부채로 인식	우발부채로 주석 공시
어느 정도 있음	우발부채로 주석 공시	우발부채로 주석 공시
거의 없음	공시없음(미인식)	공시없음(미인식)

ⓒ 우발자산

우발자산은 예측이나 예상을 할 수 없는 사건에 의하여 자원의 유입가능성이 있는 것을 말한다. 상황이 확정되기 전에는 자산으로 계상하지 않고 자원의 유입가능성이 매우 높으면 주석으로 기재한다. 예를 들어 기업이 손해배상 청구소송을 제기하였으나 그 결과가 불확실한 경우는 우발자산으로 처리하고, 상황의 변화로 이익의 실현이 확정되는 때에는 자산으로 인식한다.

⑥ 유동성장기부채

비유동부채의 만기가 보고기간말일(결산일) 현재 1년 이내에 도래하는 경우에는 유동성장기부채의 과목으로 재분류하여 유동부채에 포함시켜야 한다. 이것은 자산에 대해서도 적용되는 것으로 비유동자산의 만기가 결산일로부터 1년 이내에 도래하게 되는 때에 유동자산으로 분류하여야 한다.

확인예제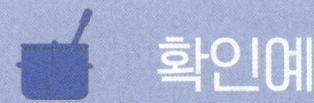

01 다음의 우발상황에 대한 회계처리 내용 중 옳지 않은 것은?

① 우발자산이 발행할 가능성이 확실하고 동 이익의 금액을 합리적으로 추정할 수 있는 경우에는 그 내용을 주석으로 기재한다.
② 결산일 현재 순자산이 감소하였음이 확실하고 동손실의 금액을 신뢰성있게 추정할 수 있는 경우에 그 손실을 재무제표에 계상하고 그 내용을 주석으로 기재한다.
③ 결산일 현재 순자산이 감소하였음이 확실하나 동손실의 금액을 신뢰성있게 추정할 수 없는 경우에는 우발상황의 내용, 확정될 경우의 재무적 영향, 추정금액이 곤란한 사유 등을 주석으로 기재한다.
④ 우발자산이 발생할 가능성이 확실한 경우에는 이를 재무제표에 계상하고 그 내용을 주석으로 기재한다.

> **해설** ④ 우발자산은 예측이나 예상을 할 수 없는 사건에 의하여 자원의 유입가능성이 있는 것을 말한다. 그러나 상황이 확정되기 전에는 자산으로 계상하지 않고 자원의 유입가능성이 매우 높으면 주석으로 기재한다.

02 다음 중 발행시점에서 사채의 현재가치를 계산하는 방법으로 옳은 것은?

① 만기금액의 현재가치 + 이자지급액의 현재가치
② 만기금액 + 이자지급액의 현재가치
③ 만기금액 + 이자지급액
④ 이자지급액의 현재가치

> **해설** ① 사채 발행시점의 현재가치는 사채의 발행금액을 결정하기 위하여 산출하는 것으로 만기상환액을 현재가치로 환산한 금액과 이자상환액을 현재가치로 환산한 금액의 합이 된다.

03 (주)일신은 20×1년 1월 1일 액면 1,200,000원의 사채(표시이자율 8%, 만기 3년)를 952,000원에 발행하였다. 발행사채의 유효이자율(시장이자율)이 12%인 경우 (주)일신의 20×1년 손익계산서상 이자비용은 얼마인가? (단, 이자비용은 유효이자율법을 적용한다)

① 96,000원 ② 144,000원
③ 114,240원 ④ 18,240원

> **해설** ③ 유효이자 : 952,000 × 12% = 114,240원
> 액면이자 : 1,200,000 × 8% = 96,000원
> 차금상각액 : 114,240 - 96,000 = 18,240원
> 손익계산서의 이자비용은 유효이자가 표시된다.

SECTION 08 자 본

1 자본의 개념

자본은 기업의 자산에서 부채를 차감한 후의 잔여지분을 나타내며, 주주로부터의 납입자본에 기업활동을 통하여 획득하고 기업의 활동을 위해 유보된 금액을 가산하고, 기업활동으로부터의 손실 및 소유자에 대한 배당으로 인한 주주지분감소액을 차감한 잔액이다.

일반기업회계기준에 의하면 자본은 자본금, 자본잉여금, 자본조정, 기타포괄손익누계액, 이익잉여금으로 구분하나 한국채택국제회계기준에서는 자본금, 이익잉여금, 기타자본구성요소로 구분한다.

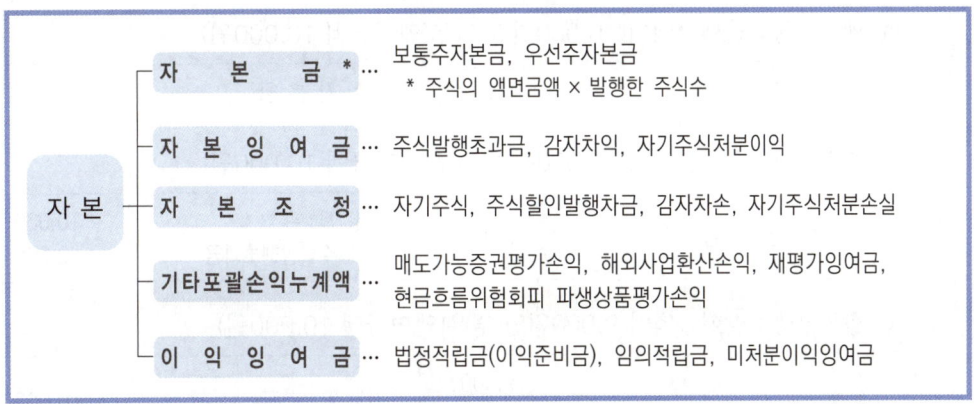

① 주식회사의 설립

주식의 발행은 주주로부터 자금을 조달받는 것으로 타인자본인 부채와 달리 자기자본인 자본금계정을 사용하고 그 금액은 발행주식의 액면금액으로 하여야 한다.

주식의 발행은 액면주식과 무액면주식의 방법이 있다. 액면주식의 액면은 1주에 100원 이상으로 하여 균일하여야 한다. 무액면주식을 발행하는 경우에는 자본금으로 계상하는 금액을 주식 발행금액의 1/2 이상으로 하여 정관 또는 이사회에서 정해야 한다. 이 경우 자본금으로 계상하는 금액을 초과한 금액은 주식발행초과금으로 계상한다.

설립할 때에 발행하는 주식 전부를 발기인이 인수하면 발기설립이라 하고, 발기인이 일부를 인수하고 나머지를 일반투자자를 대상으로 모집하면 모집설립이라 한다. 모집설립은 청약에 의한 주식의 발행으로 주식청약금을 받으면 신주청약증거금계정으로 처리하고 주식을 배정하면 자본금으로 대체한다. 신주청약증거금은 자본금에 대체하기 전까지는 재무상태표의 자본조정항목에 표시한다.

❖ 주식을 공모하고 청약금을 받으면
  (차) 별단예금　　　　　　×××　　(대) 신주청약증거금　　×××
❖ 청약자에게 주식을 배정하면
  (차) 신주청약증거금　　　×××　　(대) 자본금　　　　　　×××
　　　당좌예금　　　　　　×××　　　　별단예금　　　　　×××

② 주식의 발행

　㉠ 금전출자

　　주식을 발행하고 주주로부터 현금을 받는 것으로 액면금액과 발행금액이 같은 경우는 액면발행이라고 하고, 발행금액이 액면금액보다 큰 경우는 할증발행, 액면 이하로 발행하는 경우는 할인발행이라고 한다.

　　ⓐ 액면발행 : 발행금액이 10,000원인 경우(액면금액 10,000원)

　　　(차) 현　　금　　　10,000　　(대) 자 본 금　　　10,000

　　ⓑ 할증발행 : 발행금액이 12,000원인 경우(액면금액 10,000원)

　　　(차) 현　　금　　　12,000　　(대) 자 본 금　　　10,000
　　　　　　　　　　　　　　　　　　　　주식발행초과금　2,000

　　ⓒ 할인발행 : 발행금액이 9,000원인 경우(액면금액 10,000원)

　　　(차) 현　　금　　　　9,000　　(대) 자 본 금　　　10,000
　　　　　주식할인발행차금　1,000

　　　▶ 주식할인발행차금은 주식발행초과금이 있는 경우, 주식발행초과금의 범위 내에서 상계처리하고 상계한 후의 잔액은 이익잉여금의 처분으로 상각한다.

　㉡ 현물출자

　　주식의 대금은 현금이 원칙이지만 현금 이외의 자산으로 납입하는 것을 현물출자라 한다. 기업이 현물을 받고 주식을 발행한 경우에도 제공받은 현물의 공정가치를 주식의 발행금액으로 한다.

❖ 공정가치가 12,000원인 토지를 현물출자로 받고, 액면금액 10,000원의 주식을 발행교부하면
  (차) 토　지　　　　12,000　　(대) 자본금　　　　　10,000
　　　　　　　　　　　　　　　　　　주식발행초과금　2,000

ⓒ **주식발행비용의 회계처리**

주식발행비용은 주식(지분상품)을 발행하는 과정에서 등록비 및 기타 규제 관련 수수료, 법률 및 회계자문 수수료, 주권인쇄비 및 인지세와 같은 여러 가지 비용을 말한다. 이러한 주식발행비용은 주식발행금액이 낮아지는 것이므로 주식발행초과금에서 차감하거나 주식할인발행차금에 가산한다. 중도에 포기한 자본거래 비용은 당기손익으로 인식한다.

> ❖ 액면금액 100,000원의 주식을 액면으로 발행하고, 주식발행비용 2,000원을 차감한 잔액을 당좌예입하면
>   (차) 당좌예금   98,000   (대) 자본금   100,000
>   주식할인발행차금   2,000
> ❖ 액면금액 100,000원의 주식을 120,000원에 발행하고, 주식발행비용 1,000원이 발생하면
>   (차) 현   금   119,000   (대) 자본금   100,000
>   주식발행초과금   19,000

③ **자본잉여금**

자본잉여금은 주식발행을 통한 증자 또는 감자 등 주주와의 거래(자본거래)에서 발생하여 자본을 증가시키는 잉여금을 말한다.

㉠ **유상증자와 무상증자**

유상증자는 실질적 증자라고도 하는 것으로 신주를 발행하고 주식 대금을 주주로부터 납입 받으므로 자본금이 증가하는 만큼 순자산이 실질적으로 증가한다.

무상증자는 신주발행에 대한 주식대금의 납입이 없어 형식적 증자라고도 한다. 잉여금을 자본에 전입하여 자본금이 증가하는 것으로 주주에게 발행주식을 무상으로 교부한다.

> ❖ 우선주를 발행하고 주금 납입을 받는 유상증자를 하면(액면발행)
>   (차) 당좌예금   ×××   (대) 우선주자본금   ×××
> ❖ 잉여금의 자본전입을 하면서 보통주 주주에게 무상주를 교부하면
>   (차) 자본잉여금   ×××   (대) 보통주자본금   ×××
>   이익잉여금   ×××

㉡ **유상감자와 무상감자**

유상감자는 실질적감자라고 하며 자기주식을 매입하여 소각시키는 방법에 의하여 자본을 감소시키는 것을 말한다. 자기주식의 액면금액과 취득금액을 비교하여 취득금액이 작으면 감자차익으로 취득금액이 크면 감자차손으로 처리한다.

무상감자는 형식적감자라고 하며 회사의 누적된 결손금을 보전하기 위하여 발행주식의 일부를 소각하여 발행주식수를 줄이거나, 액면금액을 감액하는 방법으로 자본금을 감소시키고 그 대가를 지급하지 않는 것을 말한다. 소각 또는 감액되는 주식의 액면금액과 이월결손금의 차이를 감자차익으로 처리한다.

감자차익은 자본잉여금으로 회계처리를 하고 감자차손이 발생한 경우 상계한다.

❖ 액면금액 100,000원의 주식을 90,000원에 매입소각하고 감자를 하면
　(차) 자본금　　　　　　　100,000　　(대) 현　　　금　　　　　90,000
　　　　　　　　　　　　　　　　　　　　　　감자차익　　　　　10,000
❖ 이월결손금 70,000원을 보전하기 위하여 총발행주식(20주, 액면 10,000원)의 1/2을 무상으로 소각하면
　(차) 자본금　　　　　　　100,000　　(대) 이월결손금　　　　70,000
　　　　　　　　　　　　　　　　　　　　　　감자차익　　　　　30,000

ⓒ 주식발행초과금

주식발행초과금은 주식의 할증발행시에 주식발행금액이 액면금액을 초과하는 부분을 말한다. 증자시에 주식발행에 소요된 주식발행비용은 주식발행초과금에서 차감하여 처리한다.

ⓔ 자기주식처분이익

자기주식을 일시적으로 취득한 경우에는 가급적 빠른 시일 내에 처분하여야 하고, 처분 시의 매각이익을 자기주식처분이익이라 한다. 자기주식처분이익은 자기주식처분손실이 발생하는 경우 상계한다.

❖ 액면금액 100,000원의 자기주식을 70,000원에 취득하면
　(차) 자기주식　　　　　　 70,000　　(대) 현　　　금　　　　　70,000
❖ 자기주식을 80,000원에 처분하면(액면금액 100,000원, 취득금액 70,000원)
　(차) 현　　　금　　　　　 80,000　　(대) 자기주식　　　　　 70,000
　　　　　　　　　　　　　　　　　　　　　　자기주식처분이익　 10,000
❖ 매입한 자기주식을 소각하면(액면금액 100,000원, 취득금액 70,000원)
　(차) 자 본 금　　　　　　100,000　　(대) 자기주식　　　　　 70,000
　　　　　　　　　　　　　　　　　　　　　　감자차익　　　　　 30,000

▶ 자기주식처분이익은 자본잉여금에 해당하지만 자기주식처분손실은 자본조정의 차감항목이다.

④ 자본조정

자본조정은 당해 항목의 성격으로 보아 자본거래에 해당하나 최종 납입된 자본으로 볼 수 없거나 자본의 가감성격으로 자본금이나 자본잉여금으로 분류할 수 없는 항목이다.

자본에서 차감할 항목	자기주식, 주식할인발행차금, 감자차손, 자기주식처분손실
자본에 가산할 항목	미교부주식배당금, 신주청약증거금, 출자전환채무, 주식매수청구권

㉠ 자기주식

회사가 이미 발행한 자기회사의 주식을 매입 소각할 목적이나 재발행할 목적으로 취득한 경우에 자기주식으로 처리하고, 자본조정으로 회계처리한다.

㉡ 주식할인발행차금

주식을 액면금액 이하로 발행한 경우에 액면금액에 미달하는 금액을 주식할인발행차금이라 한다. 주식발행초과금과 우선 상계하고 남은 잔액은 이익잉여금의 처분으로 상각하여야 한다. 주식할인발행차금의 상각은 이익잉여금의 처분항목이므로 손익계산서에 표시하는 것이 아니라 이익잉여금처분계산서에 표시한다.

❖ 액면금액 200,000원의 주식을 140,000원에 할인발행하면
   (차) 당좌예금   140,000   (대) 자본금   200,000
        주식할인발행차금   60,000
❖ 주식할인발행차금 60,000원을 상각하면
   (차) 미처분이익잉여금   60,000   (대) 주식할인발행차금   60,000

㉢ 감자차손

자본금을 감자하는 경우에 나타나는 것으로 매입 소각하는 주식의 취득금액이 액면금액보다 큰 경우에 그 차액이 감자차손이다. 자본에서 차감하는 형식으로 표시하여야 하는 감자차손은 감자차익이 발생한 경우 우선 상계하고 잔액은 주주총회 결의에 의한 이익잉여금처분으로 상각한다.

㉣ 자기주식처분손실

일시적으로 취득한 자기주식을 처분하는 경우에 나타나는 매각손실을 자기주식처분손실이라 한다. 자기주식처분손실을 자기주식처분이익의 범위 내에서 상계처리하고, 미상계된 잔액은 이익잉여금의 처분으로 회계처리 한다.

㉤ 미교부주식배당금

이익잉여금의 배당을 주식으로 하는 경우 배당지급일까지 임시로 처리하는 계정으로 자본에서 차감하는 형식으로 표시한다. 미교부주식배당금은 자본에 가산하는 항목으로 배당하는 주식의 액면금액으로 계상하고, 배당지급일이 되어 주식을 교부하면 자본금계정에 대체한다.

ⓑ 신주청약증거금

청약에 의한 방법으로 주식을 발행하는 경우에 받은 청약금을 처리하는 임시계정으로 주식을 발행하여 교부하면 자본금계정에 대체되어 소멸한다.

⑤ 기타포괄손익누계액

기타포괄손익이란 일정기간동안 주주와의 자본거래를 제외한 모든 거래와 사건으로 발생한 모든 순자산(자본)의 변동인 포괄손익에서 당기손익항목을 제외한 항목을 말하는 것으로 보고기간 종료일 현재의 잔액을 재무상태표의 기타포괄손익누계액으로 구분한다.

㉠ 매도가능증권평가손익

매도가능증권으로 분류된 지분증권이나 채무증권을 공정가치로 평가할 때에 나타나는 평가손익이다. 매도가능증권의 평가손익을 기타포괄손익누계액으로 처리한 금액은 매도가능증권이 처분되는 시점에 매도가능증권처분손익에 가감하여야 한다.

㉡ 재평가잉여금(재평가차익)

재평가잉여금(또는 재평가차익)은 유형자산을 유형별로 보고기간 종료일 현재 공정가치로 재평가를 하는 경우 장부금액을 초과하는 부분을 처리하는 계정으로 기타포괄손익에 해당한다. 재무상태표의 기타포괄손익누계액으로 처리한 재평가잉여금은 재평가잉여금(또는 재평가차익)이 있는 유형자산을 처분할 때에 재평가잉여금환입액에 대체하여 소멸된다.

```
❖ 장부금액 100,000,000원의 토지를 400,000,000원으로 재평가하면
   (차) 토      지        300,000,000    (대) 재평가잉여금      300,000,000
❖ 위 토지를 500,000,000원에 처분하고 현금을 받으면
   (차) 현      금        500,000,000    (대) 토        지       400,000,000
        재평가잉여금      300,000,000         유형자산처분이익   100,000,000
                                              재평가잉여금환입액 300,000,000
```

㉢ 해외사업환산손익

해외지점, 해외사무소, 해외 소재 지분법적용 대상회사의 외화로 표시된 자산과 부채를 현행환율법에 의하여 원화로 환산하는 과정에 나타나는 환산손익을 말한다. 재무상태표의 기타포괄손익누계액으로 처리한 해외사업환산손익은 해외지사 등을 처분하거나 철수하면 소멸되어 당기손익에 반영한다.

㉣ 현금흐름위험회피 파생상품평가손실

현금흐름의 위험을 회피하기 위하여 투자한 파생상품에서 발생한 평가손익으로 재무상태표의 기타포괄손익누계액으로 처리한 경우에는 파생상품의 손익을 인식하는 시점에 당기손익에 반영한다. 파생상품에는 선도, 선물, 스왑, 옵션 등이 있다.

⑥ 이익잉여금

이익잉여금은 기업의 영업활동이나 재무활동의 결과 축적된 이익으로 사내에 유보된 부분이다. 이익잉여금은 손익계산서와 재무상태표를 연결시키는 항목으로 수익과 비용의 집합인 손익계정에서 산출된 당기순이익은 이익잉여금을 증가시키고 당기순손실은 이익잉여금을 감소시킨다.

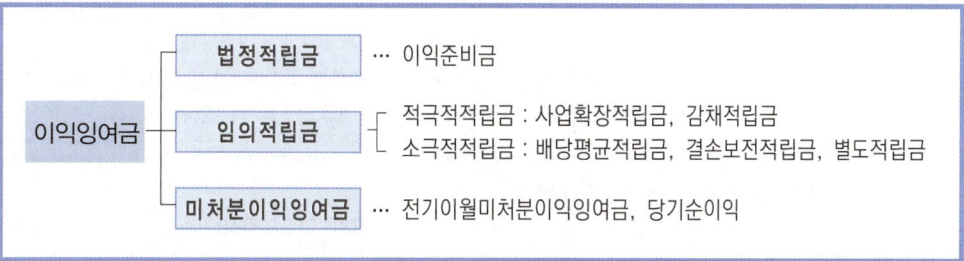

㉠ 이익준비금

상법 제458조에 의하여 회사는 매 결산기마다 금전에 의한 배당금의 10% 이상을 자본금의 $\frac{1}{2}$에 달할 때까지 이익준비금으로 적립하여야 한다.

㉡ 임의적립금

임의적립금은 회사의 정관 또는 주주총회의 결의에 의하여 회사가 임의로 이익을 내부에 유보하여 적립하는 것을 말한다. 임의적립금은 장래에 투자재원이나 손실을 대비하여 적립하는 것으로 명칭도 회사가 임의로 정하는 것이다. 적립의 목적에 따라 적극적 적립금과 소극적 적립금으로 구분한다.

㉢ 미처분이익잉여금

미처분이익잉여금은 전기이월미처분이익잉여금과 당기순이익을 합한 것으로 배당이나 다른 잉여금으로 처분되지 않고 있는 잉여금이다. 당기순이익이 발생하면 손익계정에서 미처분이익잉여금으로 대체되고, 당기순손실이 발생하면 손익계정에서 미처리결손금계정으로 대체한다.

❖ 당기순이익이 발생하면
 (차) 손　익　　　×××　　(대) 미처분이익잉여금　×××
❖ 당기순손실이 발생하면
 (차) 미처리결손금　×××　　(대) 손　익　　　×××

㉣ 배 당

구 분	내 용
현 금 배 당	• 현금으로 배당하는 경우에는 배당액을 이익잉여금에서 차감한다. • 상법상 배당은 재무상태표 상의 순자산액에서 자본금, 자본준비금(자본잉여금과 자본조정) 및 이익준비금을 공제한 금액을 한도로 할 수 있다.
주 식 배 당	• 주식으로 배당하는 경우에는 발행주식의 액면금액을 배당액으로 하여 자본금의 증가와 이익잉여금의 감소로 회계처리한다. • 주식 발행회사의 순자산은 변동이 없으므로 주주(투자자)는 이익으로 인식하지 않는다 (회계처리 필요 없고 단지 주식수와 1주당 단가만 조정).

❖ 주식배당을 결의하면(주주총회일)
　(차) 미처분이익잉여금　　　×××　　(대) 미교부주식배당금　　　×××
❖ 그 주식을 교부하면(주식 교부일)
　(차) 미교부주식배당금　　　×××　　(대) 자 본 금　　　×××

⑦ 이익잉여금 처분과 결손금 처리

　㉠ 이익잉여금처분계산서

　　미처분이익잉여금은 이익준비금, 기타법정적립금, 임의적립금 등으로 사내유보(적립)되거나 배당, 상여 등을 통해 사외유출되고, 잔액은 차기로 이월된다. 이러한 미처분이익잉여금의 처분 및 변동 내역을 요약하여 재무제표의 주석으로 보고하는 것이 이익잉여금처분계산서이다. 미처분이익잉여금 처분은 결산일이 아니라 주주총회 결의일에 확정되므로 이익잉여금의 처분 내역은 재무상태표에 반영되지 않는다.

　㉡ 결손금처리계산서

　　결손금처리계산서는 미처리결손금을 처리한 사항을 명확히 보고하기 위한 재무제표 주석사항의 하나로 결손금의 처리내용을 표시한다. 결손금처리는 임의적립금이입액, 기타법정적립금이입액, 이익준비금이입액, 자본잉여금이입액 등으로 이루어진다. 이익잉여금처분계산서와 마찬가지로 결산일 이후 다음 회계연도 초에 주주총회에서 확정되므로 결손금의 처리 사항은 재무상태표에 반영되지 않고 미처리결손금으로 표시된다.

확인예제 POINT 전산세무 2급

01 다음 중 자본조정과 기타포괄손익누계액의 설명으로 틀린 것은?

① 자기주식처분이익과 자기주식처분손실은 일시적으로 취득한 자기주식의 처분으로 인한 손익으로 자본조정에 해당한다.
② 매도가능증권의 평가손익을 기타포괄손익누계액으로 처리한 금액은 매도가능증권이 처분되는 시점에 매도가능증권처분손익에 가감하여야 한다.
③ 미교부주식배당금은 주식배당시 관련 자본계정에 대체한다.
④ 주식할인발행차금의 상각은 이익잉여금으로 처분한다.

해설 ① 자기주식과 자기주식처분손실은 자본조정(차감항목)에 해당하나 자기주식처분이익은 자본잉여금에 해당한다.

02 다음 설명 중 틀린 것은?

① 이익준비금은 상법규정에 의하여 자본금의 1/2에 달할 때까지 매결산기 금전에 의한 이익배당액의 1/10 이상의 금액을 사내에 유보하는 것이다.
② 임의적립금은 기업의 운영목적상 필요한 자금을 마련하기 위하여 회사의 정관 또는 주주총회의 의결에 따라 결정하는 적립금이다.
③ 상법상 배당은 재무상태표상의 자본금, 자본준비금(자본잉여금과 자본조정) 및 이익준비금을 한도로 할 수 있다.
④ 주식배당시 주주는 회계처리를 하지 않고 주식수와 1주당 단가만 조정하면 된다.

해설 ③ 상법상 배당은 재무상태표상의 순자산액에서 자본금, 자본준비금(자본잉여금과 자본조정) 및 이익준비금을 공제한 금액을 한도로 할 수 있다.

03 (주)상공의 이익잉여금에 대한 다음 자료를 이용하여 "일반기업회계기준"에 의한 차기이월미처분이익잉여금을 계상하면 얼마인가?

• 전기이월미처분이익잉여금	150,000원	• 당기순이익	320,000원
• 임의적립금 이입액	10,000원	• 이익준비금	50,000원
• 사업확장적립금	130,000원	• 현금배당	120,000원
• 배당평균적립금	110,000원		

① 60,000원　② 70,000원　③ 80,000원　④ 90,000원

해설 ② 당기말미처분이익잉여금 = 전기이월미처분이익잉여금 + 당기순이익
　　 차기이월이익잉여금 = 당기말미처분이익잉여금 + 임의적립금이입액 − 이익잉여금처분액
　　 당기말미처분이익잉여금 : 150,000 + 320,000 = 470,000원
　　 이익잉여금처분액 : 50,000 + 130,000 + 120,000 + 110,000 = 410,000원
　　 차기이월이익잉여금 : 470,000 + 10,000 − 410,000 = 70,000원

SECTION 09 | 수익과 비용

1 수 익

① 수익의 개념

수익은 자산의 유입이나 증가 또는 부채의 감소에 따라 자본의 증가를 초래하는 특정 회계기간 동안에 발생한 경제적효익의 증가로서, 지분참여자에 의한 출연과 관련된 것은 제외한다. 기업의 경영활동과 관련하여 재화를 판매하거나 용역을 제공하는 대가로 인하여 자산의 증가 또는 부채의 감소로 인하여 자본이 증가하는 것을 수익이라 한다.

② 수익의 구분

㉠ 매출액

매출액은 기업의 주된 영업활동에서 발생한 제품, 상품, 용역의 순매출액이다. 매출액은 업종별 또는 부문별로 구분하여 표시할 수 있으며, 중요한 경우 반제품매출, 수출액, 장기할부매출 등으로 구분하여 표시하거나 주석으로 기재한다.
순매출액은 총매출액에서 매출에누리와 환입 및 매출할인을 차감하여 구한다.

> 순매출액 = 총매출액 − 매출에누리와 환입 − 매출할인

㉡ 영업외 수익

영업외수익은 기업의 주된 영업활동이 아닌 재무활동이나 투자활동에서 발생한 수익과 차익으로서 이자수익, 배당금수익, 임대료, 단기투자자산처분이익, 단기투자자산평가이익, 투자자산처분이익, 법인세환수액, 외환차익, 외화환산이익, 지분법이익, 장기투자증권손상차손환입, 유형자산처분이익, 사채상환이익, 전기오류수정이익, 자산수증이익, 채무면제이익, 보험금수익, 잡이익 등이 있다.

> **TIP** 매출할인, 판매장려금 등의 회계처리
>
> | 구 분 | | 기업회계 | 부가가치세법 |
> |---|---|---|---|
> | 매출환입 | | 매출액에서 차감 | 과세표준에서 차감 |
> | 매출에누리 | | | |
> | 매출할인 | | | |
> | 판매장려금 | 지급자 | 판매비와관리비 | 과세표준에서 차감하지 않음 |
> | | 수령자 | 영업외수익 | 과세표준에 포함하지 않음 |
> | 판매장려금품 | 지급자 | 판매비와관리비 | 과세표준에 포함 |
> | | 수령자 | 영업외수익 | 과세표준에 포함하지 않음 |

③ 수익의 인식

수익은 자산의 증가나 부채의 감소와 관련하여 미래경제적효익이 증가하고 이를 신뢰성 있게 측정할 수 있을 때 손익계산서에 인식한다. 이는 실제로 수익의 인식이 자산의 증가나 부채의 감소에 대한 인식과 동시에 이루어짐을 의미한다. 예를 들면, 재화나 용역의 매출에 따라 자산의 순증가가 인식되며 미지급채무의 면제에 따라 부채의 감소가 인식된다. 수익인식의 구체적 기준에는 진행기준, 완성기준, 인도기준, 회수기준 등이 있다. 진행기준과 완성기준은 주로 용역제공에 대한 수익인식기준이고, 인도기준과 회수기준은 상품판매 등과 관련한 수익인식기준이다.

구 분	내 용
일 반 매 출	인도기준
공 사 수 익	수입금액을 신뢰성있게 측정할 수 있는 경우에는 진행기준 적용 * 진행기준을 적용할 수 없는 경우에는 회수가능성이 매우 높은 발생원가의 범위 내에서만 인식. 이때 원가는 발생한 회계기간의 비용으로 인식
용 역 매 출	
위 탁 판 매	수탁자가 판매한 날
시 용 판 매	매입의사를 표시한 날
장 기 할 부 판 매	인도기준. 다만, 이자상당액은 기간경과에 따라 수익으로 인식
부 동 산 의 처 분	잔금청산일·소유권이전등기일·매입자의 사용가능일 중 가장 빠른 날에 인식

④ 현금주의와 발생주의

현금주의는 현금의 수입과 지출이 일어나는 시점에 수익과 비용을 인식하는 것이고, 발생주의는 현금의 수입 지출에 관계없이 수입과 지출을 하여야 할 사실이 발생하는 시점을 기준으로 인식하는 것이다. 기업회계기준은 발생주의를 원칙으로 하고 있으며, 발생주의를 보완하기 위하여 현금주의 손익계산서라 할 수 있는 현금흐름표를 재무제표의 하나로 포함시키고 있다.

2 비 용

① 비용의 개념

비용은 자산의 유출이나 소멸 또는 부채의 증가에 따라 자본의 감소를 초래하는 특정 회계기간 동안에 발생한 경제적효익의 감소로서, 지분참여자에 대한 분배와 관련된 것은 제외한다. 기업의 전반적인 수익창출 활동을 위한 지출이나 손실 등으로서 매출원가, 판매비와관리비, 영업외비용, 법인세비용으로 구분한다.

② 비용의 구분

  ㉠ 매출원가

  매출원가는 판매된 제품·상품 등의 제조원가 또는 매입원가로 매출액에 대응한다.

  > • 상품매출원가 = 기초상품재고액 + 당기매입액 − 기말상품재고액
  > • 제품매출원가 = 기초제품재고액 + 당기제품제조원가 − 기말제품재고액

  ㉡ 판매비와 관리비

  판매비와관리비는 매출원가에 속하지 않으면서 제품, 상품 등의 판매활동과 관리활동에서 발생하는 비용이다. 급여, 퇴직급여, 복리후생비, 임차료, 기업업무추진비, 감가상각비, 무형자산상각비, 세금과공과, 광고선전비, 연구비, 경상개발비, 대손상각비 등이 있다.

  항상 빈번하게 발생하는 것은 아니지만 영업활동과 관련하여 비용이 감소함에 따라 발생하는 퇴직급여충당부채환입, 판매보증충당부채환입 및 대손충당금환입 등은 판매비와 관리비의 부(−)의 금액으로 표시한다.

  ㉢ 영업외비용

  영업외비용은 기업의 주된 영업활동이 아닌 재무 또는 투자활동에서 발생한 비용 또는 차손으로서 이자비용, 기타의대손상각비, 단기투자자산처분손실, 단기투자자산평가손실, 재고자산감모손실, 외환차손, 외화환산손실, 기부금, 지분법손실, 법인세추납액, 장기투자증권손상차손, 유형자산처분손실, 사채상환손실, 전기오류수정손실, 재해손실, 잡손실 등이 있다.

  TIP 대손상각비의 구분
  매출채권에 대한 대손상각비 판매비와 관리비로 분류되고, 매출채권 이외의 채권에 대한 대손상각비는 '기타의 대손상각비'로 영업외비용으로 분류된다.

대손상각비	판매비와 관리비
기타의 대손상각비	영업외비용

③ 비용의 인식기준

비용은 자산의 감소나 부채의 증가와 관련하여 미래경제적효익이 감소하고 이를 신뢰성 있게 측정할 수 있을 때 손익계산서에 인식한다.

구 분	내 용
⊙ 직접적인 관련성	비용은 발생된 원가와 특정 수익항목의 가득 간에 존재하는 직접적인 관련성을 기준으로 손익계산서에 인식한다. 수익에 원가를 대응시키는 과정에는 동일한 거래나 그 밖의 사건에 따라 직접 그리고 공통으로 발생하는 수익과 비용을 동시에 또는 통합하여 인식하는 것이 포함된다. * 재화의 판매에 따라 수익이 발생됨과 동시에 매출원가를 구성하는 다양한 비용요소가 인식
ⓒ 포괄적·간접적인 관련성	경제적효익이 여러 회계기간에 걸쳐 발생할 것으로 기대되고 수익과의 관련성이 단지 포괄적으로 또는 간접적으로만 결정할 수 있는 경우 비용은 체계적이고 합리적인 배분절차를 기준으로 손익계산서에 인식된다. * 유형자산, 영업권, 특허권과 상표권 같은 자산을 사용하는 과정과 관련된 비용인 감가상각비 또는 상각비의 인식을 위해 일반적으로 그 같은 절차가 필요하다.
ⓒ 즉시 비용 인식	미래경제적효익이 기대되지 않은 지출이거나, 미래경제적효익이 기대되더라도 재무상태표에 자산으로 인식되기 위한 조건을 원래 충족하지 못하거나 더 이상 충족하지 못하는 부분은 즉시 손익계산서에 비용으로 인식되어야 한다. 또한 제품보증에 따라 부채가 발생하는 경우와 같이 자산의 인식을 수반하지 않는 부채가 발생하는 경우에는 손익계산서에 비용을 동시에 인식한다.

3 일반기업회계기준에 의한 손익계산서의 구분

일반기업회계기준에 의하면 손익계산서의 구분표시는 중단사업손익이 있는 경우에는 ① 매출총손익, ② 영업손익, ③ 법인세비용차감전계속사업손익, ④ 계속사업손익, ⑤ 당기순손익으로 구분표시하고, 중단사업손익이 없는 경우에는 계속사업손익을 별도로 표시하지 않는다.

중단사업손익이 있는 경우	중단사업손익이 없는 경우

• 매출총손익 = 매출액 – 매출원가
• 영업손익 = 매출총손익 – 판매비와관리비
• 법인세비용차감전계속사업손익
  = 영업손익 + 영업외수익 – 영업외비용
• 계속사업손익 = 법인세비용차감전계속사업손익
           – 계속사업손익법인세비용
• 당기순손익 = 계속사업손익 – 중단사업손익(법인세효과)
	• 매출총손익 = 매출액 – 매출원가
	• 영업손익 = 매출총손익 – 판매비와관리비
	• 법인세비용차감전순손익
	  = 영업손익 + 영업외수익 – 영업외비용
	• 당기순손익
	  = 법인세비용차감전순손익 – 법인세비용

> **TIP 주당순이익**
> 주당순이익이란 회계기간 동안의 주식 1주당 수익력을 측정하는 것으로 당기순이익 또는 계속사업이익을 유통되는 주식수로 나누어 구한다. 주당순이익에는 당기순이익을 보통주의 주식수로 나누어 구하는 기본 주당순이익과 우선주를 포함한 보통주로 전환될 수 있는 잠재적 보통주로 나누는 희석주당순이익이 있다.
>
> - 기본주당순이익 = $\dfrac{당기순이익}{유통 \ 보통주식수}$
> - 희석주당순이익 = $\dfrac{당기순이익}{보통주주식수 + 우선주주식수}$

확인예제

01 다음 자료에 의하여 일반기업회계기준에 따라 영업이익을 구하시오.

• 매출총이익	150,000원	• 기업업무추진비	12,000원
• 만기보유증권처분이익	2,000원	• 매출채권의 대손상각비	8,000원
• 광고선전비	5,000원	• 이자비용	1,500원
• 경상개발비	2,200원	• 외환차손	1,800원

① 121,000원　　　　　　　　　　② 122,800원
③ 132,000원　　　　　　　　　　④ 137,000원

해설　② 영업이익 = 매출총이익 − 판매비와관리비
　　　　판매비와관리비 : 접대비, 매출채권의 대손상각비, 광고선전비, 경상개발비
　　　　150,000 − (12,000 + 8,000 + 5,000 + 2,200) = 122,800원

02 다음 중 일반기업회계기준에 의하여 영업이익의 구성요소에서 제외되어야 할 것만을 열거한 것은?

(ㄱ) 퇴직급여	(ㄴ) 기부금
(ㄷ) 임차료	(ㄹ) 매출채권의 대손상각비
(ㅁ) 장기대여금의 대손상각비	(ㅂ) 비품의 감가상각비
(ㅅ) 주식할인발행차금상각	

① (ㄱ), (ㄴ), (ㅅ)　　　　　　　　② (ㄴ), (ㅁ), (ㅅ)
③ (ㄴ), (ㅂ), (ㅅ)　　　　　　　　④ (ㄷ), (ㅁ), (ㅅ)

해설　② 영업이익 = 매출총이익 − 판매비와관리비
　　　　영업외비용 : 기부금, 장기대여금의 대손상각비
　　　　이익잉여금처분항목 : 주식할인발행차금상각

03 선급보험료 200,000원이 누락 되었다면 이로 인하여 재무제표에 미치는 영향은?

① 자산의 과대계상, 비용의 과소계상　　② 자산의 과대계상, 비용의 과대계상
③ 자산의 과소계상, 비용의 과소계상　　④ 자산의 과소계상, 비용의 과대계상

해설　④ 누락된 선급보험료의 분개
　　　　(차) 선급보험료　　200,000　　(대) 보 험 료　　200,000

SECTION 10 | 회계변경과 오류수정

1 회계변경

회계변경이란 회계정책의 변경과 회계추정의 변경을 말한다.

① 회계정책의 변경

㉠ 회계정책의 변경의 개념

기업이 재무제표를 작성 표시하기 위하여 적용하는 회계기준을 변경하는 것을 회계정책의 변경이라 한다. 회계정책의 변경은 일반기업회계기준에서 변경을 요구하거나, 회계정책의 변경을 하는 것이 회계정보의 신뢰성과 목적적합성을 향상 시키는 경우에 적용한다.

기업회계기준에서 인정하지 않은 회계정책을 적용하다가 기업회계기준이 인정하는 회계정책으로 변경하는 것은 회계정책의 변경이 아닌 오류의 수정에 해당한다.

회계변경	일반적으로 인정된 회계원칙(GAAP) → 일반적으로 인정된 회계원칙(GAAP)
오류수정	인정되지 않는 회계원칙(NON-GAAP) → 일반적으로 인정된 회계원칙(GAAP)

㉡ 회계정책의 변경의 예

회계정책의 변경의 예는 다음과 같다.
- 재고자산평가방법의 변경 - 선입선출법에서 평균법으로 변경
- 유가증권의 취득단가 산정방법의 변경
- 유형자산에 대하여 재평가모형을 최초로 적용하는 경우는 회계정책변경으로 보지 않고, 재평가모형에서 원가모형으로 변경하는 것은 회계정책의 변경이다.

㉢ 회계정책변경의 회계처리

회계정책의 변경이 발생하면 회계변경의 누적효과를 소급법으로 회계처리하는 것이 원칙이고 누적효과를 결정하기 어려운 경우에는 예외적으로 전진적으로 처리할 수 있다. 소급법은 변경된 회계정책을 소급하여 적용하여 그 누적효과를 이익잉여금에 반영하는 방법이다.

② 회계추정의 변경

　㉠ 회계추정의 개념

　　회계추정이란 기업의 활동이 갖고 있는 불확실성으로 인하여 자산의 미래효익이나 부채의 부담을 정확히 측정할 수 없어 합리적 방법으로 미래의 재무적 결과를 사전적으로 예측하는 것을 말한다. 회계추정의 예는 다음과 같다.
- 매출채권 등에 대한 대손추정
- 감가상각 방법의 변경
- 상각대상자산의 내용연수 및 잔존가치의 추정
- 재고자산의 진부화(순실현가치의 추정)
- 우발부채의 추정

　㉡ 회계추정의 변경과 회계처리

　　기업의 환경변화, 새로운 정보의 취득, 경험의 축적에 따라 지금까지 사용하던 회계적 추정치의 근거와 방법을 바꾸는 것을 회계추정의 변경이라 한다. 회계추정의 변경이 발생하면 전진법으로 회계처리한다. 전진법은 회계추정 변경의 효과를 당기와 당기 이후의 기간에 반영한다.

　　회계정책의 변경과 회계추정의 변경이 동시에 이루어지는 경우에는 회계정책의 변경에 의한 누적효과를 먼저 계산하여 소급적용한 후 회계추정의 변경효과를 전진적으로 적용한다. 그 효과를 구분하기가 불가능한 경우에는 이를 회계추정의 변경으로 본다.

> ❖ 취득원가 1,000,000원의 유형자산에 대하여 정액법, 내용연수 5년으로 제 2기까지 감가상각을 적용하던 기업이 회계추정의 변경으로 제3기 결산일에 총내용연수를 4년으로 변경하면(잔존가치 0, 제2기까지 감가상각누계액 400,000원)
> (차) 감가상각비　　　　　　　300,000　　（대) 감가상각누계액　　　　　　300,000
> ＊ 제3기의 감가상각비 = $(1,000,000 - 400,000) \times \dfrac{1}{4-2}$ = 300,000원

③ 회계변경의 회계처리

　회계변경을 회계처리하는 방법으로는 소급법, 당기일괄처리법, 전진법이 있다. 기업회계기준에서는 회계정책의 변경은 소급법으로 처리하고, 회계추정의 변경은 전진법으로 처리하도록 하고 있다.

　㉠ 소급법

　　소급법은 변경된 회계정책을 소급하여 적용하여 그 누적효과를 이익잉여금에 반영하는 방법이다. 회계변경의 누적효과를 회계변경이 일어난 회계연도의 기초이월이익잉여금(전기이월미처분이익잉여금)에 가감하여 수정하고 전기 재무제표를 재작성한다. 소급법은 기간별비교가 가능하다는 장점이 있다.

ⓒ 당기일괄처리법

당기일괄처리법은 회계변경의 누적효과를 회계변경이 일어난 회계기간의 손익계산서에 보고하도록 하고 있다. 이 방법은 비교목적으로 작성하는 전기 재무제표를 새로 채택된 회계처리방법으로 수정하지 않으므로 기간별비교가능성이 떨어지는 단점이 있으나 전기 재무제표를 수정하지 않으므로 신뢰성을 높이는 장점이 있다. 또한 회계변경으로 인한 영향을 손익계산서에 계상하므로 회계변경의 중요성을 부각시킬 수 있는 효과가 있다.

ⓒ 전진법

전진법은 장부상의 기초잔액을 수정하지 않고 회계변경의 효과를 당기와 당기 이후의 기간에 반영한다. 즉, 회계변경 이후의 회계기간에만 변경된 회계처리방법을 적용하는 방법이다. 전진법은 회계변경의 누적효과를 산출할 필요도 없고 전년도 재무제표를 재작성할 필요도 없으므로 가장 간편한 회계처리방법이다.

ⓔ 회계변경의 누적효과

회계변경의 누적효과란 회계변경이 발생하기 이전의 회계기간에 회계변경한 방법을 적용하였을 경우와 회계변경 전의 방법을 적용하였을 경우의 순이익에 미치는 영향의 차액을 말한다. 예를 들어 감가상각방법을 정액법에서 정률법으로 변경한 경우의 누적효과는 처음부터 변경한 방법인 정률법으로 감가상각하였을 경우의 비용과 변경전의 방법인 정액법으로 감가상각한 경우의 비용의 차이를 의미한다.

2 오류수정

① 오류수정의 개념

오류는 계산상의 실수, 기업회계기준의 잘못된 적용, 사실판단의 잘못, 부정, 과실 또는 사실의 누락 등으로 인해 발생한다. 오류수정은 전기 또는 그 이전의 재무제표에 포함된 회계적 오류를 당기에 발견하여 이를 수정하는 것을 말한다. 오류 중에서 중대한 오류는 재무제표의 신뢰성을 심각하게 손상할 수 있는 매우 중요한 오류를 말한다.

② 오류수정의 회계처리

당기에 발견한 전기 또는 그 이전기간의 오류는 당기 손익계산서에 영업외손익 중 전기오류수정손익으로 보고한다. 다만, 전기 이전기간에 발생한 중대한 오류의 수정은 자산, 부채 및 자본의 기초금액에 반영한다(소급법 적용). 비교재무제표를 작성하는 경우 중대한 오류의 영향을 받는 회계기간의 재무제표항목은 재작성한다.

③ 오류의 유형

㉠ 순이익에 영향을 미치지 않는 오류

순이익에 영향을 미치지 않는 오류는 계정과목 분류상의 오류로 재무상태표에만 영향을 주는 오류와 손익계산서에만 영향을 주는 오류로 구분할 수 있다. 재무상태표 오류는 매출채권을 미수금으로 하거나 유동부채를 비유동부채로 분류하는 등의 오류로 당기순이익에는 영향을 주지 않는다. 손익계산서 오류 역시 대손상각비를 감가상각비로 하거나 접대비를 기부금으로 회계 처리하는 등의 오류로 당기순이익에는 영향을 주지 않는다. 이러한 오류는 분개를 통하여 올바른 계정으로 재분류 대체하면 된다.

㉡ 순이익에 영향을 미치는 오류

순이익에 영향을 미치는 오류는 재무상태표와 손익계산서 모두에 영향을 미치는 오류로 자동조정적 오류와 비자동조정적 오류로 구분한다.

- 자동조정적 오류 : 자동조정적 오류는 두 개의 회계기간을 통하여 오류의 효과가 자동적으로 조정되는 오류를 말한다. 선급비용, 선수수익, 미지급비용, 미수수익 및 재고자산 등의 과대 또는 과소 계상과 매출액, 매입액의 회계기간 오류 등을 들 수 있다. 오류가 발생한 연도에 발견하면 반대분개를 하여 수정하고 다음 연도에 발견하면 전기손익수정손익에 반영하지만 2개 회계연도가 지난 후에 발견하면 이미 자동적으로 오류가 조정되었으므로 수정할 필요가 없다.

- 비자동조정적 오류 : 비자동조정적 오류는 2개의 회계연도가 지나도 자동조정되지 않는 오류이다. 대표적인 오류가 자본적지출과 수익적지출의 구분 오류, 감가상각비의 과대계상 또는 과소계상인데 감가상각대상 자산을 처분하거나 상각이 완료되어 폐기하여야 조정될 수 있다.

비자동조정적 오류는 재무상태표의 자산금액을 적정한 금액으로 수정하고 오류 발견시까지의 손익의 차이를 영업외손익인 전기오류수정손익으로 처리하거나 중대한 오류인 경우 이익잉여금으로 처리하여야 한다.

구 분	회계처리	비교표시 전기재무제표
중대한 오류	이익잉여금의 증감으로 회계처리	수정함
중대하지 않은 오류	전기오류수정손익(영업외손익)	수정하지 않음

확인예제

01 다음 중 회계추정의 변경에 해당되지 않는 것은?

① 재고자산 평가방법을 선입선출법에서 후입선출법으로 변경하는 경우
② 매출채권에 대한 대손추정률을 변경하는 경우
③ 설비의 내용연수를 변경하는 경우
④ 제품보증비용에 대한 추정률을 변경하는 경우

해설 ① 재고자산 평가방법을 변경하는 것은 회계정책의 변경에 해당한다.

02 다음은 회계정책의 변경과 회계추정의 변경에 대한 설명이다. 옳지 못한 것을 고르시오.

① 회계정책의 변경에는 재고자산 평가방법의 변경, 유가증권의 취득단가산정방법 변경 등이 있다.
② 회계변경의 속성상 그 효과를 회계정책의 변경효과와 회계추정의 변경효과로 구분하기가 불가능한 경우에는 이를 회계추정의 변경으로 본다.
③ 회계추정의 변경에는 대손의 추정, 재고자산의 진부화 여부에 대한 판단과 평가, 우발부채의 추정, 감가상각자산의 상각방법 변경 등이 있다.
④ 회계정책의 변경과 회계추정의 변경이 동시에 이루어지는 경우에는 회계추정의 변경에 의한 누적효과를 먼저 계산하여 소급적용한 후, 회계정책의 변경효과를 전진적으로 적용한다.

해설 ④ 회계정책의 변경과 회계추정의 변경이 동시에 이루어지는 경우에는 회계정책의 변경에 의한 누적효과를 먼저 계산하여 소급적용한 후 회계추정의 변경효과를 전진적으로 적용한다. 그 효과를 구분하기가 불가능한 경우에는 이를 회계추정의 변경으로 본다.

03 금오상사(주)의 20×2년 손익계산서상 당기순이익은 75,000원으로 보고되었는데 회계감사에서 다음의 오류가 있음이 발견되었다(중대한 오류에 해당한다). 20×2년도에 처음으로 회계감사를 받은 경우에 20×2년 당기순이익으로 옳은 것은?

	장부상 금액	정확한 금액
20×1년 기말재고	5,500원	6,500원
20×2년 기말재고	12,000원	11,000원

① 75,000원　　　　　　　　　② 76,000원
③ 73,000원　　　　　　　　　④ 77,000원

해설 ③ 20×1년 기말재고 과소계상액 1,000원은 20×2년 기초재고의 과소계상이므로 20×2년의 매출원가의 과소계상이 된다. 그리고 20×2년 기말재고 과대계상액 1,000원은 20×2년 매출원가의 과소계상이 된다. 결국 매출원가의 과소계상 2,000원이므로 순이익은 2,000원 과대계상이 된다.
정확한 순이익: 75,000 - 2,000 = 73,000원

SECTION 11 | 내부통제제도와 내부회계관리제도

> • NCS 능력단위 : 0203020107회계감사   능력단위요소 : 01내부감사 준비하기
> 1.1 내부감사 관련규정, 계획, 절차 등을 파악할 수 있다.
> 1.2 회계관련규정에 따라 부정·오류를 방지할 수 있다.
> 1.3 부정·오류를 방지하기 위하여 내부회계관리제도의 환류체계를 구축할 수 있다.
> 1.4 내부감사 결과에 따라 사후조치를 취할 수 있다.

> • NCS 능력단위 : 0203020107회계감사   능력단위요소 : 02외부감사 준비하기
> 2.1 회계관련규정에 따라 회계감사에 필요한 자료를 준비할 수 있다.
> 2.2 회계관련규정에 따라 보고기간 말의 재고·현금실사를 준비할 수 있다.
> 2.3 회계관련규정에 따라 회계감사 후 수정된 최종 재무제표를 작성할 수 있다.

1 내부통제제도

① **내부통제제도의 의의와 목적**

내부통제제도는 다음의 세 가지 목적달성에 대한 합리적 확신을 제공하기 위하여 조직의 이사회, 경영진 및 여타 구성원에 의해 지속적으로 실행되는 일련의 과정이다.

목적		합리적 확신의 내용
운영목적	기업운영의 효율성 및 효과성 확보	회사가 업무를 수행함에 있어 자원을 효과적이고 효율적으로 사용하고 있다.
보고목적	보고 정보의 신뢰성 확보	회사는 내부 및 외부 보고를 위해 정확하고 신뢰할 수 있는 재무정보와 비재무정보의 작성 및 보고체계를 유지하고 있다.
법규준수 목적	관련 법규 및 정책의 준수	회사의 모든 활동은 관련 법규, 감독규정, 내부정책 및 절차를 준수하고 있다.

② **내부통제의 구성요소와 원칙**

내부통제제도는 통제환경, 위험평가, 통제활동, 정보 및 의사소통, 모니터링 활동의 5가지 구성요소와 각 구성요소별로 달성되어야 할 원칙으로 이루어진다.

구성요소	원칙
통제환경	내부통제제도의 기반을 이루는 구성요소로 도덕성과 윤리적 가치에 대한 태도를 기반으로 이사회 및 감사 및 감사위원회를 포함한 내부통제제도 관련 조직의 책임을 명확히 하고 해당 업무를 수행할 수 있는 조직 체계의 구성, 교육을 포함한 인력 운용 및 성과평가와의 연계가 이뤄질 수 있는 체계를 포함한다.
위험평가	내부통제제도의 목적 달성을 저해하는 위험을 식별하고 평가 및 분석하는 활동을 의미한다. 구체적이고 명확한 목적을 설정하여 관련된 위험을 파악하고, 파악된 위험의 중요도(심각성) 정도를 평가한다. 동 절차에서 부정위험 평가를 포함하여 고려하고, 회사의 중요한 변화사항을 고려하여 기존에 평가한 위험을 지속적으로 유지·관리하는 것을 포함한다.

구성요소	원칙
통제활동	조직 구성원이 이사회와 경영진이 제시한 경영방침이나 지침에 따라 업무를 수행할 수 있도록 마련된 정책 및 절차가 준수될 수 있는 통제활동이 선택 및 구축될 수 있는 체계를 포함한다. 통제활동은 경영진의 업무성과 검토, 정보기술 일반통제, 승인, 대사 및 물리적 통제 등 다양한 방법이 포함된다.
정보 및 의사소통	조직 구성원이 내부통제제도의 책임을 수행할 수 있도록 신뢰성 있는 정보를 활용할 수 있는 체계를 구비하고 4가지 통제 구성요소에 대한 대·내외 의사소통이 원활하게 이뤄질 수 있는 체계를 포함한다.
모니터링 활동	내부통제제도의 설계와 운영의 효과성을 평가하고 유지하기 위해 상시적인 모니터링과 독립적인 평가 또는 두 가지의 결합을 고려한 평가를 수행하고 발견된 미비점을 적시에 개선할 수 있는 체계를 포함한다.

③ 통제 미비점

'통제 미비점(Internal control deficiency)'은 내부통제 목적을 달성함에 있어 하나의 구성요소 또는 복수의 구성요소 및 원칙들에 결함이 존재함을 뜻하며, '중요한 미비점(Major Deficiency)'은 내부통제 목적 달성을 중대하게 저해하는 하나의 통제 미비점 또는 여러 통제 미비점들의 결합을 말한다.

④ 내부통제제도의 효과와 한계

효과적인 내부통제제도는 경영진이 업무성과를 측정하고, 경영의사결정을 수행하며, 업무프로세스를 평가하고, 위험을 관리하는데 기여함으로써 회사의 목표를 효율적으로 달성하고 위험을 회피 또는 관리할 수 있도록 한다. 그리고 직원의 위법 및 부당행위(횡령, 배임 등) 또는 내부정책 및 절차의 고의적인 위반행위뿐만 아니라 개인적인 부주의, 태만, 판단상의 착오 또는 불분명한 지시에 의해 야기된 문제점들을 신속하게 포착함으로써 회사가 시의적절한 대응조치를 취할 수 있게 해 준다. 또한, 효과적인 내부통제제도는 정보의 신뢰성을 향상시킨다.

그러나 아무리 잘 설계된 내부통제제도라고 할지라도 제도를 운영하는 과정에서 발생하는 집행위험은 피할 수 없다. 즉, 최상의 자질과 경험을 지닌 사람도 부주의, 피로, 판단착오 등에 노출될 수 있으며, 내부통제제도도 이러한 사람들에 의해 운영되므로 내부통제제도가 모든 위험을 완벽하게 통제할 수는 없다.

⑤ 합리적 확신 제공

효과적인 내부통제제도는 경영진과 이사회에 회사의 목적 달성에 관한 합리적 확신을 제공한다. "절대적 확신"이 아닌 "합리적 확신"이라는 개념은 모든 내부통제제도에 한계가 존재하고, 정확하게 예측할 수 없는 불확실성과 위험이 존재한다는 것을 인정하는 것이다. 이러한 한계로 인해 경영진과 이사회는 회사의 목적 달성에 대한 절대적인 확신을 갖지 못하게 된다. 즉, 내부통제제도는 합리적 확신을 제공하며, 절대적 확신을 제공하지 못한다.

2 내부회계관리제도

① 내부회계관리제도의 의의

내부회계관리제도는 회사의 재무제표가 일반적으로 인정되는 회계처리기준에 따라 작성·공시되었는지에 대한 합리적 확신을 제공하기 위해 설계·운영되는 내부통제제도의 일부분으로서 회사의 경영진과 이사회를 포함한 모든 구성원들에 의해 지속적으로 실행되는 과정을 의미한다.

내부회계관리제도는 내부통제제도의 보고정보의 신뢰성 확보목적 중 외부에 공시되는 재무제표의 신뢰성 확보를 목적으로 하며, 여기에는 자산의 보호 및 부정방지 프로그램이 포함된다. 또한, 운영목적이나 법규준수목적 등 다른 목적과 관련된 내부통제제도가 재무제표의 신뢰성 확보와 관련된 경우 해당 내부통제제도는 내부회계관리제도의 범위에 포함된다.

자산의 보호와 관련된 통제라 함은 재무제표에 중요한 영향을 미칠 수 있는 승인되지 않은 자산의 취득, 사용, 처분을 예방하고 적시에 적발할 수 있는 체계를 의미한다. 예를 들어, 경영진의 권한남용 및 통제 무시(management override) 위험 등에 대한 적절한 부정방지 프로그램이 존재하지 않는 경우 이는 내부회계관리제도상 중요한 취약점으로 분류될 수 있다.

② 효과적인 내부회계관리제도

내부회계관리제도는 내부통제제도의 일반적인 구성요소와 각 구성요소별 원칙을 모두 고려하여 설계하고, 이사회, 경영진, 감사(위원회) 및 중간관리자와 일반 직원 등 조직 내 모든 구성원들에 의해 운영된다. 효과적인 내부회계관리제도는 외부 재무보고의 신뢰성 확보라는 목적 달성을 저해할 수 있는 위험을 합리적인 수준에서 감소시킬 수 있으며, 그러한 목적은 다음의 요건이 모두 충족될 때 달성될 수 있다.

㉠ 내부회계관리제도의 각 구성요소와 관련 원칙이 존재하고 기능한다.

㉡ 내부회계관리제도의 구성요소가 연계되어 통합적으로 운영된다.

③ 원칙 달성을 위한 통제

경영진은 내부회계관리제도의 5가지 구성요소(통제환경, 위험평가, 통제활동, 정보 및 의사소통, 모니터링 활동)와 관련 원칙을 달성하기 위해 구성요소 내에 통제를 설계하고 구축한다. 어떤 통제를 설계 및 운영할 것인가는 회사의 다양한 특성을 고려한 경영진의 결정 사항이다.

④ 내부회계관리제도 미비점

내부회계관리제도의 미비점은 재무제표 왜곡표시의 발생가능성 및 금액적 중요성에 따라 단순한 미비점, 유의한 미비점, 중요한 취약점(미비점)으로 구분된다.
내부회계관리제도 미비점이 내부회계관리제도의 설계 및 운영의 효과성에 미치는 영향은 구성요소별 통제 미비점을 종합하여 판단하여야 한다.

⑤ 문서화

회사는 내부회계관리제도와 관련된 문서화를 수행하여야 한다. 문서화는 사업 수행에 필요한 정책 및 절차를 준수하는데 일관성을 높일 수 있는 명확한 권한과 책임을 제시한다. 또한, 통제의 설계를 확인하고 통제 수행자, 수행 방식 등을 전달하며 수행의 기준과 기대사항을 수립하는 데 유용하다.

⑥ 중소기업에 대한 적용

내부회계관리제도 구성요소 및 원칙은 중소기업에도 동일하게 적용된다. 단, 중소기업의 경우 경영여건을 감안하여 본 설계·운영 개념체계를 세부적으로 적용하는 과정에서 대기업보다는 유연한 방식으로 내부회계관리제도를 설계 및 운영할 수 있다.

3 내부회계관리제도의 구성요소 및 원칙

내부회계관리제도의 5가지 구성요소(통제환경, 위험평가, 통제활동, 정보 및 의사소통, 모니터링 활동) 및 17가지 원칙은 효과적인 내부회계관리제도의 필수적인 요구사항이며, 원칙달성을 위한 중점 고려사항은 회사의 상황에 따라 적절히 조정하여 적용할 수 있다.

구성요소	원칙
통제환경	(원칙 1. 도덕성과 윤리적 가치에 대한 책임) 회사는 도덕성과 윤리적 가치에 대한 책임을 강조한다.
	(원칙 2. 내부회계관리제도 감독 책임) 이사회는 경영진으로부터 독립성을 유지하며 내부회계관리제도의 설계및운영을 감독한다.
	(원칙 3. 조직구조, 권한 및 책임 정립) 경영진은 내부회계관리제도의 목적을 달성하기 위해 이사회의 감독을 포함한 조직구조, 보고체계 및 적절한 권한과 책임을 정립한다.
	(원칙 4. 적격성 유지) 회사는 내부회계관리제도 목적에 부합하는 적격성 있는 인력을 선발, 육성하고 관리한다.
	(원칙 5. 내부회계관리제도 책임 부여) 회사는 조직 구성원들에게 내부회계관리제도의 목적을 달성하기 위해 필요한 책임을 부여한다.
위험평가	(원칙 6. 구체적인 목적 수립) 회사는 관련된 위험을 식별하고 평가할 수 있도록 내부회계관리제도의 목적을 명확하게 설정한다.
	(원칙 7. 위험 식별 및 분석) 회사는 목적 달성에 영향을 미치는 위험을 전사적으로 식별하고, 위험 관리방안을 수립하기 위해 위험을 분석한다.
	(원칙 8. 부정위험 평가) 내부회계관리제도 목적 달성에 대한 위험 평가 시 잠재적인 부정 가능성을 고려한다.
	(원칙 9. 중요한 변화의 식별과 분석) 회사는 내부회계관리제도에 중요한 영향을 미치는 변화를 식별·분석하여 내부회계관리제도를 유지·관리한다.
통제활동	(원칙 10. 통제활동의 선택과 구축) 회사는 내부회계관리제도의 목적 달성을 저해하는 위험을 수용 가능한 수준으로 줄일 수 있는 통제활동을 선택하고 구축한다.
	(원칙 11. 정보기술 일반통제의 선정과 구축) 회사는 내부회계관리제도 목적 달성을 지원하는 정보기술 일반통제를 선정하고 구축한다.
	(원칙 12. 정책과 절차를 통한 실행) 회사는 기대사항을 정한 정책과 그 정책을 실행하기 위한 절차를 통하여 통제활동을 적용한다.
정보 및 의사소통	(원칙 13. 관련 있는 정보의 사용) 회사는 내부회계관리제도의 운영을 지원하기 위하여 관련 있는 양질의 정보를 취득 또는 생산하고 사용한다.
	(원칙 14. 내부 의사소통) 회사는 내부회계관리제도의 운영을 지원하기 위하여 필요한 내부회계관리제도에 대한 목적과 책임 등의 정보에 대해 내부적으로 의사소통한다.
	(원칙 15. 외부 의사소통) 회사는 내부회계관리제도의 운영에 영향을 미치는 사항에 대해 외부 관계자와 의사소통 한다.
모니터링 활동	(원칙 16. 상시적인 모니터링과 독립적인 평가 수행) 회사는 상시적인 모니터링과 독립적인 평가 방안을 수립하여 내부회계관리제도 설계 및 운영의 적정성을 평가한다.
	(원칙 17 미비점 평가와 개선활동) 회사는 내부회계관리제도의 미비점을 평가하고 필요한 개선활동을 적시에 수행한다.

SECTION 12 | 비영리회계

> • NCS 능력단위 : 0203020109비영리회계   능력단위요소 : 01비영리대상판단하기
> 1.1 비영리조직에 관한 일반적 정의에 의거하여 비영리조직 여부를 판단할 수 있다.
> 1.2 비영리조직 관련 규정에 따라 비영리법인 여부를 판단할 수 있다.
> 1.3 비영리조직 관련 규정에 따라 회계단위를 구분할 수 있다.

> • NCS 능력단위 : 0203020109비영리회계   능력단위요소 : 02비영리회계처리하기
> 2.1 비영리조직 관련 규정에 따라 영리활동으로 인한 거래와 비영리활동으로 인한 거래를 구분할 수 있다.
> 2.2 비영리활동으로 인한 거래가 발생하면 해당 비영리조직의 개별적인 특성에 따라 회계처리할 수 있다.
> 2.3 비영리활동으로 인한 거래가 발생하면 복식부기 기반의 발생주의회계를 사용하여 회계처리할 수 있다.

> • NCS 능력단위 : 0203020109비영리회계   능력단위요소 : 03비영리회계보고서작성하기
> 3.1 비영리조직 관련 규정에 따라 재무상태표를 작성할 수 있다.
> 3.2 비영리조직 관련 규정에 따라 운영성과표를 작성할 수 있다.

1 비영리조직

비영리조직(또는 비영리단체, 비영리기관)은 소유주나 주주를 위해서 자본의 이익을 추구하지 않는 대신에 그 자본으로 어떠한 목적을 달성하는 조직으로서 다음 두 가지 유형으로 나눌 수 있다.

목적에 따른 구분	비영리조직의 사례
영리를 목적으로 하지 않고, 사회 전체의 이익을 목적으로 하는 단체	조직 : 사회적지원활동단체, 학교·병원·간호시설·직업훈련시설·묘지 등의 운영단체 등
	법인 : 재단법인, 사단법인, 학교법인, 사회복지법인, 직업훈련법인, 종교법인 등
영리를 목적으로 하지 않고, 공동의 이익을 목적으로 하는 단체	조직 : 동창회, 동호회, 사업자단체 등
	법인 : 중간법인(中間法人), 의료법인, 사업조합 등

2 비영리회계기준 제정 원칙

① 일반목적 재무제표

현행의 비영리조직 재무보고는 감독기관이나 정보분석력이 있는 고액기부자의 정보수요를 충족시키는데 치중되어 있지만, 비영리조직에 금전을 대여하거나, 재화나 용역을 공급하거나, 소액기부금이나 회비를 납부하거나, 심지어 비영리조직 취직에 관심이 있는 이 등 여러 종류의 이해관계자들도 재무정보의 이용자가 될 수 있으므로, 이들 이해관계자들의 정보수요를 공통적으로 충족시킬 수 있는 필요 최소한의 기본정보를 체계적이고 이해 가능한 방식으로 제공하는데 초점을 맞춘 일반목적 재무보고가 필요하다.

② 조직전체에 대한 재무제표

감독목적 재무보고에서 비영리조직 내 회계단위가 복수로 구분되는 것은 존중될 필요가 있지만, 일반목적 재무보고에서는 비영리조직 전체에 대한 재무제표를 제공함으로써 일반정보이용자의 이해가능성과 비영리조직간 비교가능성을 제고시킬 수 있다. 다만, 필요하다면 기존에 구분된 회계단위별 재무보고 정보도 영리기업의 부문별공시와 마찬가지로 비영리조직의 일반목적 재무보고에서 선택적 주석사항으로 기재하는 것을 허용하고 있다.

③ 복식부기 기반의 발생주의회계

비교적 간단한 업무프로세스를 가지고 영세한 규모로 운영되는 비영리조직의 경우 쉽고 간편하다는 점과 비영리회계의 특수성을 이유로 단식부기를 선호할 수 있으나, 조직이 일정 규모를 초과할 경우 단식부기 기반에서 생산되는 재무정보는 관리목적(부외자산 관리, 채권채무 관리, 적절한 기간손익 확인 등)상으로도 한계가 있다. 비영리회계기준에서는 재무제표 공시에 의한 재무보고를 위해서는 복식부기 기반의 발생주의회계를 채택한다.

④ 재무제표 종류와 명칭 통일

각 단체별로 작성하는 재무제표의 종류와 명칭 및 포맷 등이 서로 상이하여 비영리조직간 재무제표의 비교가능성이 원천적으로 어려운 것을 영리기업과 유사하게 재무상태표, 운영성과표, 현금흐름표, 주석으로 통일하였다. 자본의 구성이 다양한 영리기업과 달리 비영리조직의 경우 순자산 구성이 상대적으로 단순하며 순자산별 변동내용을 운영성과표에 함께 나타낼 수 있으므로 비영리조직에서 자본변동표는 불필요하다.

⑤ 일반기업회계기준의 참조

비영리조직회계기준에서는 '비영리조직의 재무제표 작성 및 표시에 관한 기준과 비영리조직 회계에서 특별히 고려되어야 할 사항'*에 대해서만 자세한 기준을 규정하고, 그 외 자산, 부채, 수익, 비용의 인식과 측정에 관한 회계처리는 대략적인 원칙(발생주의, 손상 등)만 제시하고 구체적인 회계처리방법은 일반기업회계기준을 참조하도록 한다.

⑥ 조문식 회계기준

비영리조직 재무제표 작성자들은 관련 법규 등에서 제시한 조문식 회계규칙에 익숙하므로 비영리조직회계기준도 조문식으로 제정된다면 이들의 회계기준 이해도를 높일 수 있을 것으로 기대하여 비영리조직회계기준을 조문식으로 제정하였다.

3 비영리회계기준의 내용

① 비영리회계기준의 제정과 시행

비영리조직의 공익사업활성화와 이를 뒷받침하는 건전한 기부문화 조성을 위해서는 비영리조직의 회계투명성 제고가 필요하다는 사회적 인식이 확산되면서, 모든 비영리조직에 일반적으로 적용될 수 있는 통일된 비영리조직회계기준이 제정되어야 한다는 사회적 요구가 높아졌다. 이러한 사회적 요구에 부응하기 위해 회계기준원은 비영리조직회계기준 제정 작업에 착수하고 회계기준위원회가 2017년 7월에 비영리조직회계기준을 최종 의결하였다. 이 기준은 2018년 1월 1일 이후 최초로 시작되는 회계연도부터 적용하되 조기 적용할 수도 있다.

② 비영리조직의 범위

일반적 정의에 의하면 법인격 유무에 관계없이 영리를 목적으로 하지 않고 사회 전체의 이익이나 공동의 이익을 목적으로 하는 모든 형태의 비영리조직이 대상이다.

③ 현금흐름표 작성 여부

원칙적으로 현금흐름표 작성을 요구하고 영리기업과 마찬가지로 비영리조직이 직접법과 간접법 중에서 선택할 수 있도록 한다. 다만, 비용과 실무편익을 함께 고려하여 수지계산서로써 현금흐름표를 갈음할 수 있도록 허용하고 있다.

④ 재무상태표상 순자산의 구분

순자산의 구분	내용
제약이 없는 순자산	기부자나 법령에 의해 사용이나 처분에 제약이 없는 순자산
제약이 있는 순자산	기부자나 법령에 의해 사용이나 처분이 제약된 순자산으로서, 제약의 성격에 따라 기부자나 법령이 명시한 용도로 사용하거나 일정기간이 경과함으로써 제약이 소멸되는 일시적 제약이 있는 순자산과 영구적으로 소멸되지 않는 영구적 제약이 있는 순자산으로 세분화한다.

⑤ 운영성과표상 기능별 비용보고

비영리조직은 영리기업처럼 단일의 성과지표(당기순이익)를 산출해 내는 것이 중요한 것이 아니라, 고유목적사업에 대한 활동노력과 그 성과에 관한 정보, 즉 비용집행내용을 공시하는 것이 더 중요하다. 비영리조직의 고유목적사업과 관련된 비용은 최소한 '사업수행비용'과 '지원비용'은 서로 구분하며, 지원비용 중에서도 '모금비용'이 중요한 부분을 차지한다면 '일반관리비용'과 별도로 구분하여 정보를 제공하여야 한다.

⑥ 재무제표 본문표시와 주석기재

재무제표에는 결국 기능별 비용구분(사업수행비용 - 일반관리비용 - 모금비용)과 성격별 비용구분(인력비용 - 시설비용 - 기타비용)에 관한 정보가 함께 제공되어야 하는데, 기능별 비용구분이 일반정보이용자에게 더 유용한 정보라고 보여 지므로 이를 재무제표 본문에 표시하고, 성격별 비용구분은 주석으로 기재하는 것을 원칙으로 한다.

⑦ 공통비용 배분

공통비용을 여러 활동들 간에 배분하기 위해서는 각 비영리조직의 사업성격 및 운영방법에 맞추어 합리적인 배분기준을 수립하여 일관되게 적용하는 것이 중요하다.

구분	배분기준
인력비용	당해 인력이 각 활동별로 투입한 업무시간에 기초하여 배분하는 것이 적절하며, 이를 위해서는 적절한 수준에서의 업무시간기록자료를 만들어 관리하는 것이 필요
시설비용	각 활동별로 관련되는 시설 면적이나 사용빈도가 직접적으로 구분될 수 있다면 그 면적이나 사용빈도 기준에 따라 배분하며, 직접적으로 구분될 수 없다면 다른 적절한 배분기준을 수립할 필요(예: 각 활동별 인력비용에 비례하여 배분)
기타비용	각 활동별 인력비용이나 시설비용에 대체로 비례하는 항목들은 그 기준에 따라 배분하며 그 외에는 다른 적절한 배분기준을 수립할 필요

⑧ 운영성과표의 구조

㉠ 순자산 구분별로 수익과 비용을 집계

제약없는순자산과 제약있는순자산의 각 구분별로 수익과 비용을 표시하며(각 구분간 대체 포함), 각각 제약없는순자산의 변동, 제약있는순자산의 변동으로 표시한다. 각 구분별 수익과 비용의 순합계액은 제약없는순자산의 증가(감소), 제약있는순자산의 증가(감소)로 표시한다.

ⓛ 일시제약이 해제된 순자산의 표시

제약이 해제된 순자산이 있는 경우에는 그 성격에 따라 당해 연도 운영성과표의 제약 없는순자산의 변동 부분에서 사업수익이나 사업외수익의 일부로 직접 반영한다.

ⓒ 사업과 사업외 항목의 구분

수익과 비용을 사업항목과 사업외항목으로 분류하여 표시하여야 한다. 수익의 경우 기부금, 보조금, 회비, 등록금, 공연수익, 환자진료수익 등은 사업수익으로, 예금이자, 유형자산처분이익, 투자자산처분이익 등은 사업외수익으로 분류한다.

ⓔ 고유목적사업과 수익사업의 구분

비영리조직의 회계와 관련된 각종 법규에서 공통적으로 고유목적사업과 수익사업의 구분경리를 요구하고 있으며, 회계 관행도 이에 맞추어 오랫동안 유지되어 온 것을 반영하여 수익사업에서 발생하는 수익과 비용은 각각 하나로 합산하여 사업수익과 사업비용 내에 별도로 표시하여야 한다.

ⓜ 법인세비용의 표시

많은 비영리조직은 법인세를 부담하지 않으나, 수익사업을 영위하는 일부 비영리조직이 법인세를 부담하는 경우가 있다. 이처럼 법인세를 부담하는 경우에는 법인세비용이 비영리조직에서 차지하는 중요성을 고려하여 일반기업회계기준 제22장 '법인세회계'와 제31장 '중소기업 회계처리 특례'의 법인세 회계처리 중 하나를 선택할 수 있도록 한다. 즉 이연법인세 회계를 적용하지 않고, 법인세비용을 법인세법 등의 법령에 의하여 납부하여야 할 금액으로 할 수 있다.

⑨ 기타 표시·인식·측정 기준

㉠ 현금기부금 수익인식 기준

기본적으로 현행 회계실무의 현금주의 수익인식을 인정하되, 납부가 강제되는 회비 등에 대해서는 발생주의에 따라 회수가 확실해 지는 시점에 수익을 인식하고 그에 상응하는 미수금을 인식하여야 한다. 기부약정에 대해서는 발생주의에 따른 수익인식기준을 적용하지 않고 실제 현금이 유입될 때 수익으로 인식한다.

㉡ 비현금기부금 수익인식 기준

현물을 기부 받을 때에는 그 공정가치로 수익을 인식하며 서비스를 기부 받을 때에는 수익을 인식하지 아니한다.

ⓒ 유·무형자산의 (감가)상각

유·무형자산에 대하여 감가상각을 하는 것을 원칙으로 한다. 다만, 전시·교육·연구 등의 목적으로 보유중인 예술작품 및 유물과 같은 역사적 가치가 있는 자산은 일반적으로 시간이 경과하더라도 가치가 감소하지 않으므로 예외적으로 감가상각을 인식하지 아니한다.

ⓔ 유형자산의 재평가

비영리조직에 대해서도 유형자산 재평가를 허용한다. 다만, 관련 법규에서 임의적 재평가를 허용하고 있음에도 불구하고 회계기준이 엄격한 주기적 재평가를 요구할 경우 비영리조직이 과도한 부담 때문에 사실상 법규에 따른 재평가를 선택하지 못하는 부작용이 발생할 수 있으므로 비영리조직이 필요하다고 판단하는 시점에 재평가를 할 수 있도록 재량을 부여하고 있다.

ⓜ 투자유가증권의 표시

투자유가증권을 국공채, 회사채, 수익증권, 주식으로 구분하는 정보를 재무상태표 본문에 표시하거나 주석으로 기재하여야 한다.

ⓗ 투자유가증권의 평가

시장성 있는 투자유가증권 등 신뢰성 있는 공정가치를 용이하게 얻을 수 있는 투자유가증권은 공정가치로, 그렇지 않은 투자유가증권은 취득원가로 평가한다.

ⓢ 고유목적사업준비금과 그 전입액의 인식

고유목적사업준비금과 고유목적사업준비금전입액은 재무회계개념체계상 각각 부채와 비용의 정의에 부합하지 않으므로 재무제표에 인식하지 않는 것을 원칙으로 한다.

ⓞ 정부보조금의 회계처리

비영리조직이 중앙정부나 지방정부로부터 받는 보조금에 대해서는 정부보조금에 관한 기업회계기준의 적용을 배제하며, 원칙적으로 모든 유형의 정부보조금을 사업수익으로 회계처리한다. 다만, 정부보조금에 일시제약이나 영구제약이 있는 경우에는 사업수익이 아니라 제약있는순자산의 증가로 회계처리하여야 한다.

⑩ 주석기재

재무제표 전반을 이해하는데 도움을 줄 수 있는 비영리조직의 개황이나 주요사업내용을 주석으로 기재하여야 한다. 재무제표 본문에 표시되지 않은 거래나 회계사건으로서 재무제표에 중요한 영향을 미치는 사항에 관한 정보를 주석으로 기재하여 재무제표의 한계를 보완하는 정보를 제공할 수 있다.

필수적 주석사항은 다음과 같다.

1. 비영리조직의 개황, 주요사업 내용
2. 비영리조직이 채택한 회계정책(자산·부채의 평가기준, 수익과 비용의 인식기준을 포함)
3. 순자산에 제약이 있는 경우에 그 성격
4. 질권 등이 설정된 현금및현금성자산의 내용
5. 차입금 등 현금 등으로 상환하여야 하는 부채의 주요 내용
6. 현물기부의 내용
7. 제공하거나 제공받은 담보·보증의 주요 내용
8. 특수관계인(법인세법 시행령 제87조의 정의에 따른다)과의 중요한 거래의 내용
9. 회계연도 말 현재 진행 중인 소송 사건의 내용, 소송금액, 진행 상황 등
10. 그 밖에 일반기업회계기준에서 정하는 주석기재사항 중 비영리조직에 관련성이 있고 그 성격이나 금액이 중요한 사항

01 평가문제

01 다음 중 재무제표에 대한 설명으로 올바른 것은?
① 재무상태표는 자산, 부채, 자본, 수익 및 비용으로 구성되어 있다.
② 재무상태표는 일정기간 동안의 기업의 경영성과에 관한 정보를 제공한다.
③ 기타포괄손익누계액은 부채에 해당한다.
④ 재무제표는 재무상태표, 손익계산서, 현금흐름표, 자본변동표 및 주석으로 구분하여 작성한다.

> **해설** (일반기업회계기준 2.4)
> ① 재무상태표는 자산, 부채, 자본으로 구성되어 있다.
> ② 재무상태표는 일정시점의 기업의 재무상태에 대한 정보를 제공한다.
> ③ 기타포괄손익누계액은 자본에 표시된다.

02 부채와 관련하여 재무제표를 통해 제공되는 정보의 특성과 한계에 대한 설명으로 옳지 못한 것은?
① 계약이행에 대한 법적강제유무에 상관없이 일반적으로 미이행계약에 따른 의무도 부채에 해당한다.
② 부채는 과거의 거래나 사건의 결과로 현재 기업실체가 부담하고 있고 미래 자원의 유출 또는 사용이 예상되는 의무이다.
③ 미래에 발생이 예상되는 대규모 수선비의 경우 장래에 자원의 유출 또는 사용이 기대된다 하더라도 이는 부채항목이 될 수 없다.
④ 부채의 액면금액은 확정되어 있지만 경우에 따라 금액이 확정되지 않고 추정에 의할 수도 있다.

> **해설** 일반적으로 미이행계약에 따른 의무는 부채로 인식하지 않는다. 다만, 계약이행이 법적으로 강제되어 있고 위약금과 같은 불이익의 조건이 있을 때에는 그러한 의무가 부채의 인식기준을 충족하면 부채로 인식되어야 한다.

03 다음 중 성격이 다른 계정과목은?
① 매도가능증권평가손익
② 단기매매증권평가손익
③ 해외사업환산손익
④ 파생상품평가손익

> **해설** 단기매매증권평가손익을 제외한 나머지 항목은 기타포괄손익누계액 항목이다.

04 광고선전비나 급여와 같이 당기에 발생 즉시 비용으로 인식하는 것에 대한 이론적 근거가 될 수 없는 것은?
① 미래 효익의 존재에 대한 불확실성으로 자산성이 인정되기 어렵다.
② 원가지출로 인한 미래 기간별 효익의 크기를 구체적으로 식별하기 어렵다.
③ 수익기준 등에 의거하여 여러 기간에 걸친 원가배분이 정확하더라도 효익이 크지 않다.
④ 원가를 여러 기간에 배분시키는 것보다 즉시 비용으로 인식하는 것이 법인세 절감효과가 크다.

> **해설** 법인세의 절감효과는 회계원칙과는 상관이 없다.

05 다음의 회계정보의 질적특성과 가장 관련이 높은 것은?

> 어떤 기업실체의 투자자가 특정 회계연도의 재무제표가 발표되기 전에 그 해와 그 다음해의 이익을 예측하였으나 재무제표가 발표된 결과 당해연도의 이익이 자신의 이익 예측치에 미달하는 경우 투자자는 그 다음해의 이익 예측치를 하향 수정하게 된다.

① 목적적합성 ② 비교가능성
③ 중요성   ④ 충실한 표현

> **해설** 위의 내용은 확인가치(피드백가치)를 말하는 것으로 목적적합성 있는 회계정보는 예측가치 또는 확인가치(피드백가치)를 가져야 한다.

정답 | 1. ④ 2. ① 3. ② 4. ④ 5. ①

06 다음 중 재무제표의 작성과 표시에 대한 설명으로 잘못된 것은?

① 재무제표 항목의 표시나 분류방법이 변경되는 경우에도 전기의 항목은 재분류하지 아니한다.
② 재무제표가 일반기업회계기준에 따라 작성된 경우에는 그러한 사실을 주석으로 기재하여야 한다.
③ 재무제표는 재무상태표, 손익계산서, 현금흐름표, 자본변동표 및 주석으로 구분하여 작성한다.
④ 재무제표의 작성과 표시에 대한 책임은 경영진에게 있다.

해설 │ 재무제표 항목의 표시나 분류방법이 변경되는 경우에는 당기와 비교하기 위하여 전기의 항목을 재분류하고, 재분류 항목의 내용, 금액 및 재분류가 필요한 이유를 주석으로 기재한다. 다만, 재분류가 실무적으로 불가능한 경우에는 그 이유와 재분류되어야 할 항목의 내용을 주석으로 기재한다.(일반기업회계기준 2.14)

07 다음 중 현금및현금성자산에 해당하지 않는 것은?

① 타인발행수표 등 통화대용증권
② 당좌예금
③ 20X1년 11월 1일 취득하였으나 상환일이 20X2년 3월 1일인 상환우선주
④ 취득 당시 만기가 3개월 이내에 도래하는 채권

해설 │ 현금성자산은 현금으로 전환이 용이하고 이자율 변동에 따른 위험이 경미한 금융상품으로서 취득 당시 만기일 (또는 상환일)이 3개월 이내인 것을 말한다. (일반기업회계기준 2.35)

08 다음 중에서 현금및현금성자산 총액의 변동을 초래하지 않는 거래는?

① 이자비용 500,000원을 현금으로 지급하였다.
② 외상매출금 500,000원을 타인발행수표로 받았다.
③ 외상매입금 500,000원을 당좌수표를 발행하여 지급하였다.
④ 물품대로 받은 타인발행수표 500,000원을 보통예금에 예입하였다.

해설 │ 타인발행수표나 보통예금은 현금및현금성자산으로 분류되므로 당해 계정과목간의 교환은 현금및현금성자산의 총액의 변동을 초래하지 않는다.

09 다음은 유가증권의 재분류에 관한 설명이다. 잘못된 것은?

① 매도가능증권은 만기보유증권으로 재분류할 수 있다.
② 유가증권과목의 분류를 변경할 때에는 재분류일 현재의 공정가치로 평가한 후 변경한다.
③ 단기매매증권이 시장성을 상실한 경우에는 매도가능증권으로 분류하여야 한다.
④ 만기보유증권으로부터 매도가능증권으로 재분류하는 경우에, 유가증권 재분류에 따른 평가에서 발생하는 공정가치와 장부금액의 차이금액은 당기손익으로 처리한다.

해설 │ 만기보유증권으로부터 매도가능증권으로 재분류하는 경우에, 유가증권 재분류에 따른 평가에서 발생하는 공정가치와 장부금액의 차이금액은 기타포괄손익누계액으로 처리한다.(일반기업회계기준 6.A19)

10 다음 거래에 의하여 ㈜광개의 20x2년 말의 분개로 옳은 것은?

> 1. 20x1. 7. 1 ㈜광개는 장기투자목적으로 상장회사인 ㈜장수가 발행한 보통주를 1,000,000원에 취득하고 대금은 수수료 10,000원을 포함하여 현금으로 지급하다.
> 2. 20x1.12.31 ㈜장수의 기말현재 주가는 1,100,000원이다.
> 3. 20x2. 4.15 ㈜장수로부터 배당금 70,000원을 받다.
> 4. 20x2.12.31 ㈜장수의 기말현재 주가는 900,000원이다.

① (차) 매도가능증권평가이익 90,000
    매도가능증권평가손실 110,000
    (대) 매도가능증권 200,000
② (차) 매도가능증권평가이익 90,000
    매도가능증권평가손실 200,000
    (대) 매도가능증권 290,000
③ (차) 매도가능증권평가손실 200,000
    (대) 매도가능증권 200,000

정답 | 6. ① 7. ③ 8. ④ 9. ④ 10. ①

④ (차) 매도가능증권평가손실 110,000
    (대) 매도가능증권   110,000

해설 전기말에 계상한 매도가능증권평가이익 90,000원과 당기말에 발생한 매도가능증권평가손실 200,000원은 서로 상계되어, 잔액 110,000원만 재무상태의 자본항목으로 계상된다.

11 (주)백두의 매출채권 중 1,000,000원이 대손이 확정되었다. 대손 확정시 (주)백두의 매출채권에 대한 대손충당금 잔액이 2,500,000원이었다. 당해 대손 확정이 (주)백두의 재무제표에 미치는 영향으로 잘못된 것은?
① 순자산가액은 불변이다.
② 순이익이 감소한다.
③ 매출채권총액이 감소한다.
④ 자본총액은 불변이다.

해설 대손충당금 범위 내에서 매출채권의 대손이 확정되는 경우 손익에는 영향을 미치지 않는다.

12 (주)세무는 홍수로 인해 재고자산이 유실되었다. 다음 중 유실된 재고자산은 얼마인가?

· 기초재고자산 : 80,000원
· 당기중 매입액 : 1,020,000원
· 당기중 매출액 : 800,000원
· 매출총이익율 : 20%
· 기말재고 실사금액 : 100,000원

① 360,000원   ② 460,000원
③ 560,000원   ④ 640,000원

해설
· 매출원가 : 800,000 × 0.8 = 640,000원
· 장부상 기말재고 : (80,000 + 1,020,000) - 640,000 = 460,000원
· 유실된 기말재고 : 460,000 - 100,000 = 360,000원

13 (주)광개의 6월중 상품 매입과 매출 거래는 다음과 같다. (주)광개는 매출원가를 일괄기록하기 위해 실지재고조사법을 사용하고, 원가배분 방법으로 후입선출법을 적용하고 있다. 실지재고 조사 수량 120개라면, 매출원가와 기말재고액은 각각 얼마인가?

일자	구분	수량(개)	단가(원)	금액(원)
6/ 1	기초재고	100	100	10,000
6/ 5	매입	150	110	16,500
6/10	매출	120	150	
6/12	매출	100	160	
6/15	매입	440	120	52,800
6/20	매출	300	200	
6/25	매입	150	130	19,500
6/28	매출	200	230	
합계				98,800

	매출원가	기말재고액
①	84,000원	14,800원
②	86,800원	12,000원
③	86,600원	12,200원
④	84,000원	15,600원

해설 기말재고액 = (100개 × 100) + (20개 × 110)
= 12,200원
매출원가 = 기초재고 + 당기매입액 - 기말재고
(100개 × 100) + (150개 × 110 + 440개 × 120 + 150개 × 130) - 12,200 = 86,600원

14 12월말 결산법인의 기말재고자산과 관련된 자료가 다음과 같을 때 20x1년 말과 20x2년 말에 매출원가에 포함될 재고자산감모손실과 재고자산평가손실의 합계액은 얼마인가?

	20x1년 12월 31일	20x2년 12월 31일
장부상 재고	100개, 원가 @1,000원	150개, 원가 @1,200원
실지 재고	98개, 순실현가치 @900원	145개, 순실현가치 @1,150원

단, 20x1년의 재고 부족분은 모두 정상적인 감모이고, 20x2년의 재고 부족분 5개 중 3개는 정상감모이며, 2개는 비정상감모이다.

	20x1년	20x2년
①	2,000원	3,600원
②	9,800원	7,250원
③	11,800원	10,850원
④	11,800원	13,250원

해설
· 정상적인 감모손실과 저가법 적용에 의한 평가손실은 매출원가에 산입한다.
· 20x1년 매출원가에 포함될 금액
 : (2개 × 1,000) + (98개 × 100) = 11,800원
· 20x2년 매출원가에 포함될 금액
 : (3개 × 1,200) + (145개 × 50) = 10,850원

정답 | 11. ② 12. ① 13. ③ 14. ③

15 재고자산의 원가흐름에 대한 가정에 대한 내용 중 틀린 것은?

① 후입선출법은 기말재고자산의 현행가치를 잘 나타내는 장점을 가지고 있다.
② 선입선출법은 실제물량흐름에 관계없이 먼저 구입한 상품이 먼저 판매나 사용된 것으로 보는 가정이다.
③ 선입선출법을 적용하면 실지재고조사법과 계속기록법 중 어느 방법을 적용하더라도, 한 회계기간에 계상되는 기말재고자산과 매출원가의 금액은 동일하다.
④ 개별법은 원가의 흐름과 실물의 흐름이 일치하는 이상적인 방법이나, 적용하기 번거롭고 관리비용이 많이 소요되는 단점을 가지고 있다.

해설 후입선출법은 오래된 재고가 남아있으므로, 기말재고의 현행가치를 잘 나타내지 못한다.

16 다음 재고자산에 대한 설명 중 (주)태성의 소유가 아닌 것은?

가. (주)태성은 선적지 인도조건인 운송중인 상품을 (주)황소로부터 구입하였다.
나. (주)태성이 (주)북부에게 판매를 위탁한 상품(적송품)이 (주)북부의 창고에 보관중이다.
다. (주)태성은 (주)한국에게 반품률을 합리적으로 추정가능한 상태로 상품을 판매(인도)하였다.
라. (주)태성은 운송중인 상품을 도착지 인도조건으로 (주)남부에 판매하였다.

① 가 ② 나
③ 다 ④ 라

해설 반품률을 합리적으로 추정 가능한 상태로 판매하는 경우에는 판매자의 재고자산에서 제외하고 구매자의 재고자산에 포함한다.

17 다음 중 모든 감가상각방법이 선택가능하다면 일반적으로 첫 해에 회사의 이익을 가장 많이 계상할 수 있는 방법은?

① 정률법 ② 이중체감법
③ 연수합계법 ④ 정액법

해설 정률법과 이중체감법, 연수합계법은 모두 가속상각법으로 초기에 비용을 많이 계상하므로 이익이 정액법보다 적게 계상된다.

18 다음은 유형자산의 취득원가를 구성하는 항목들이다. 가장 옳지 않은 것은?

① 유형자산의 설계와 관련한 설계비용
② 재산세 등 유형자산의 사용과 직접 관련된 제세공과금
③ 자본화대상 금융비용
④ 유형자산의 설치비용

해설 사용과 관련된 비용은 당기비용으로 처리하여야 하고, 사용개시전의 비용은 자산으로 처리하여야 하므로 취득원가를 구성한다.

19 취득원가 8,000,000원 내용연수 10년의 기계장치를 20x1년 10월 1일에 설치를 완료하였다. 기계장치의 취득과 관련하여 동년 7월 1일에 정부보조금을 800,000원 수령하였다. 정액법에 따라 감가상각하며 잔존가치는 없다고 할 때 기계장치의 20x1년도 기말장부금액은 얼마인가? 단, 정부보조금은 자산차감법으로 인식한다.

① 7,000,000원 ② 7,020,000원
③ 7,200,000원 ④ 7,800,000원

해설
- 기계장치 취득금액 8,000,000원
- 감가상각누계액   (200,000원)
- 정부보조금   (780,000원) 7,020,000원
- 감가상각누계액: 8,000,000 × 1/10 × 3/12 = 200,000원
- 정부보조금 잔액: 800,000 − (800,000 × 1/10 × 3/12) = 780,000원
- 감가상각비 계상액이 취득금액에서 차지하는 비율에 해당하는 정부보조금(국고보조금)은 감가상각비와 상계하여야 한다.

20 (주)위나라는 사용하고 있던 기계장치를 공정가치 5,000,000원인 토지와 교환하면서 현금 500,000원을 추가로 지급하였다. 구 기계장치의 공정가치는 알 수 없으며 취득원가는 13,000,000원 감가상각누계액이 7,000,000원일 때, 새로 취득된 토지의 취득원가와 교환으로 인한 손익은 얼마인가?

	취득원가	교환손익
①	5,000,000원	손실 1,500,000원
②	5,500,000원	손실 1,000,000원
③	6,000,000원	이익 500,000원
④	6,500,000원	손익 없음

정답 | 15. ① 16. ③ 17. ④ 18. ② 19. ② 20. ①

[해설]
- 이종자산의 교환은 제공한 자산의 공정가치로 평가한다. 따라서 처분손익이 발생하지 않는다. 다만, 교환을 위하여 제공한 자산의 공정가치가 불확실한 경우에는 교환으로 취득한 자산의 공정가치를 취득원가로 할 수 있다.
- 토지의 취득원가 = 공정가치(5,000,000원)
- 교환손익 = 기계장치 공정가치 − 기계장치 장부금액
- (5,000,000 − 500,000) − (13,000,000 − 7,000,000) = − 1,500,000원

21 다음의 무형자산에 관한 내용 중 옳지 않은 것은?

① 연구개발 활동으로 인하여 시작품과 같은 물리적 형체를 가진 자산이 만들어지더라도, 그 자산의 물리적 요소는 무형적인 연구결과에 부수적인 것으로 보아 무형자산으로 분류한다.
② 유형자산의 요소와 무형자산의 요소를 동시에 갖춘 자산의 경우에는 중요한 요소가 무엇인가를 기준으로 유형자산 또는 무형자산으로 분류한다.
③ 기업이 발행한 지분증권과 교환하여 취득한 무형자산의 취득원가는 그 지분증권의 공정가치로 한다.
④ 무형자산을 창출하기 위한 내부 프로젝트를 연구단계와 개발단계로 구분하고 연구단계의 지출은 모두 기간비용으로 인식한다. 다만, 연구단계와 개발단계로 구분할 수 없는 경우에는 모두 개발단계에서 발생한 지출로 보아 무형자산으로 인식한다.

[해설] 무형자산을 창출하기 위한 내부 프로젝트를 연구단계와 개발단계로 구분할 수 없는 경우에는 그 프로젝트에서 발생한 지출은 모두 연구단계에서 발생한 것으로 본다.

22 다음 중 영업권에 대한 설명으로 옳지 않은 것은?

① 내부적으로 창출된 영업권도 신뢰성 있게 측정하였다면 자산으로 인식할 수 있다.
② 기업결합으로 취득한 무형자산의 취득원가는 매수일의 공정가치로 한다.
③ 영업권의 상각은 관계 법령이나 계약에 정해진 경우를 제외하고는 20년을 초과할 수 없다.
④ 영업권의 잔존가치는 없는 것을 원칙으로 한다.

[해설] 내부적으로 창출된 영업권은 취득원가를 신뢰성 있게 측정할 수 없을 뿐만 아니라 기업이 통제하고 있는 식별가능한 자원도 아니기 때문에 자산으로 인식하지 않는다.

23 다음은 무형자산에 대한 설명이다. 잘못된 것은?

① 무형자산이란 물리적 형체는 없지만 식별가능하고 기업이 통제하고 있으며, 미래경제적효익이 있는 비화폐성자산을 말한다.
② 무형자산은 합리적인 상각방법을 정할 수 없는 경우에는 정률법을 사용한다.
③ 무형자산의 잔존가치는 없는 것을 원칙으로 한다.
④ 자산에서 발생하는 미래경제적효익이 기업에 유입될 가능성이 매우 높으며, 자산의 원가를 신뢰성 있게 측정할 수 있어야 무형자산으로 인식할 수 있다.

[해설] 무형자산의 상각방법은 자산의 경제적 효익이 소비되는 행태를 반영한 합리적인 방법이어야 한다. 무형자산의 상각대상금액을 내용연수 동안 합리적으로 배분하기 위해 다양한 방법을 사용할 수 있다. 이러한 상각방법에는 정액법, 체감잔액법(정률법 등), 연수합계법, 생산량비례법 등이 있다. 다만, 합리적인 상각방법을 정할 수 없는 경우에는 정액법을 사용한다.(일반기업회계기준 11.32)

24 보유중인 기계장치(산업용 프레스)를 당해기간(20x1.1.1~12.31) 중에 매각하고 대금 3,000,000원을 현금으로 수취하였다. 기계장치의 매각으로 인한 유형자산처분손익은?

- 계정항목 : 기계장치
- 자 산 명 : 산업용프레스
- 취득원가 : 6,500,000원
- 잔존가치 : 200,000원
- 감가상각방법 : 정액법
- 내용연수 : 5년
- 전기말상각누계액 : 3,450,000원
- 매각일자 : 20x1년 3월 31일

① 유형자산처분이익 150,000원
② 유형자산처분이익 265,000원
③ 유형자산처분이익 465,000원
④ 유형자산처분손실   50,000원

정답 | 21. ④ 22. ① 23. ② 24. ②

해설
- 감가상각누계액 : 전기말상각누계액 + 매각일까지 당기감가상각비
- 매각일까지 당기감가상각비 : (6,500,000 − 200,000) ÷ 5년 × 3/12 = 315,000원
- 매각시점까지의 장부금액 : 6,500,000 − 3,450,000 − 315,000 = 2,735,000원
- 유형자산처분이익 : 3,000,000 − 2,735,000 = 265,000원

25 유형자산의 취득원가에 대한 설명으로 옳은 것은?

① 자가건설 유형자산의 취득원가에서 자가건설에 따른 내부이익과 비정상적인 자원낭비 등으로 인한 원가는 포함되지 않는다.
② 건물을 신축하기 위하여 토지와 건물을 구입하고 사용중인 기존 건물을 철거하는 경우 철거비용은 전액 신규건물의 취득원가에 포함한다.
③ 유형자산을 장기후불조건으로 구입하거나, 대금지급기간이 일반적인 신용기간보다 긴 경우 취득원가는 구입 총액을 기준으로 한다.
④ 정부보조 등에 의해 유형자산을 공정가치보다 낮은 대가로 취득한 경우 유형자산의 취득원가는 취득 시 거래금액을 기준으로 한다.

해설 기존건물에 대한 철거비용은 신규건물이 아닌 토지의 취득원가에 포함되며, 대금기간이 일반적인 신용기간보다 긴 경우 취득시점의 현금가격상당액으로 한다. 정부보조 등에 의해 유형자산을 공정가치보다 낮은 대가로 취득한 경우 취득일의 공정가치로 한다.

26 (주)광개는 (주)장수를 매수하고 그 대금으로 100,000,000원을 지급하였다. (주)장수의 재무상태가 다음과 같다고 할 때, (주)광개가 영업권으로 계상할 금액은 얼마인가?

• 매출채권 15,000,000원	• 매입채무 20,000,000원
• 재고자산 20,000,000원	• 단기차입금 50,000,000원
• 토 지 70,000,000원	• 장기차입금 60,000,000원
• 비 품 30,000,000원	• 자본금 50,000,000원
• 건 물 60,000,000원	• 이익잉여금 15,000,000원

① 65,000,000원 ② 35,000,000원
③ 10,000,000원 ④ 5,000,000원

해설
- 순자산이 65,000,000원인 기업을 인수하면서 100,000,000원을 지급하였으므로 순자산가액을 초과하여 지급한 금액 35,000,000원이 영업권 대가에 해당함.
- 순자산 : 자산총액 − 부채총액
  = 자본금 + 이익잉여금 = 65,000,000원
- 영업권 : 100,000,000 − 65,000,000 = 35,000,000원

27 다음 유가증권의 분류 중에서 만기보유증권으로 분류할 수 있는 판단기준이 되는 것은 무엇인가?

① 만기까지 보유할 적극적인 의도와 능력이 있는 채무증권
② 만기까지 매매차익을 목적으로 취득한 채무증권
③ 만기까지 다른 회사에 중대한 영향력을 행사하기 위한 지분증권
④ 만기까지 배당금이나 이자수익을 얻을 목적으로 투자하는 유가증권

해설 만기보유증권이란 만기가 확정된 채무증권으로서 상환금액이 확정되었거나 확정이 가능한 채무증권을 만기까지 보유할 적극적인 의도와 능력이 있는 경우를 말한다. (일반기업회계기준 6.23)

28 다음 중 일반기업회계기준의 금융자산 및 금융부채에 대한 설명으로 틀린 것은?

① 금융자산이나 금융부채는 금융상품의 계약당사자가 되는 때에만 재무상태표에 인식한다.
② 금융자산의 이전거래가 매각거래에 해당하면 처분손익을 인식할 수 있다.
③ 신규로 취득하는 금융자산의 공정가치를 알 수 없는 경우 '0'으로 보아 처분손익을 계상한다.
④ 선급비용과 선수수익은 금융상품으로 볼 수 있다.

해설 선급비용, 선급금, 선수수익, 선수금은 현금이나 다른 금융자산의 수취·지급이 아닌 재화 또는 용역의 수취·제공을 가져오게 되므로 금융상품이 아니다.

정답 | 25. ① 26. ② 27. ① 28. ④

29 (주)부동산은 시세차익을 목적으로 비영업용 토지를 구입하였다. 당해 부동산은 재무상태표의 어느 계정에 보고해야 하는가?

① 재고자산 ② 투자자산
③ 유형자산 ④ 무형자산

해설 시세차익을 목적으로 구입한 토지는 투자부동산으로 투자자산에 해당한다.

30 다음의 거래에 대한 회계적인 설명으로서 적당하지 않은 것은?

> (주)강서상사는 사채를 6억원에 발행하고 발행금액은 사채발행비용을 제외한 599,000,000원을 보통예금으로 입금받았다. 사채의 액면금액은 5억원이고, 만기는 2년 액면이자율은 10%이다.

① 사채는 할증발행 되었다.
② 액면이자율이 시장이자율보다 높다.
③ 액면금액과 발행금액의 차이를 '사채할증발행차금'계정으로 사용한다.
④ 사채발행비용은 영업외비용으로 처리한다.

해설 사채 할증발행시 사채발행비는 사채할증발행차금을 감액시킨다.

31 다음 자료에 의하여 20x2년 12월 31일 이자지급일의 분개 중 바른 것은? 단, 이전까지의 회계처리는 정상적으로 이루어진 것으로 가정하며, 원단위 미만은 반올림하는 것으로 전제한다.

> • 사채발행일 : 20x1년 1월 1일
> • 만기 : 5년
> • 이자지급일 : 매년 12월 31일
> • 액면금액   10,000,000원
> • 발행시 현재가치   9,279,100원
> • 사채의 표시이자율   10%
> • 사채의 유효이자율   12%

① (차) 이자비용   1,000,000
   (대) 현   금   1,000,000
② (차) 이자비용   1,113,492
   (대) 현   금   1,000,000
       사채할인발행차금   113,492
③ (차) 이자비용   1,127,111
   (대) 현   금   1,000,000
       사채할인발행차금   127,111

④ (차) 이자비용   1,000,000
   (대) 현   금   886,508
       사채할인발행차금   113,492

해설
• 20x1년 12월 31일
  사채이자 : 10,000,000 × 10% = 1,000,000원
  유효이자 : 9,279,100 × 12% = 1,113,492원
  사채할인발행차금상각 : 113,492원
• 20x2년 12월 31일
  사채이자 : 10,000,000 × 10% = 1,000,000원
  유효이자 : (9,279,100 + 113,492) × 12%
           = 1,127,111원
  사채할인발행차금상각 : 127,111원

32 (주)세무는 사채를 할증발행하고, 사채할증발행차금에 대하여 유효이자율법으로 상각하지 않고 정액법을 적용하여 상각하였다. 이러한 오류가 사채의 발행연도 재무제표에 미치는 영향을 바르게 지적한 것은?

	사채의 장부금액	당기순이익
①	과대계상	과대계상
②	과대계상	과소계상
③	과소계상	과대계상
④	과소계상	과소계상

해설 사채할증발행차금을 유효이자율법이 아닌 정액법으로 상각한 경우 상각액이 과대계상되어 사채의 장부금액을 과소계상하게 되며 이자비용을 과소계상함에 따라 당기순이익을 과대계상하게 된다.

33 다음은 충당부채 및 우발부채에 관한 설명이다. 잘못된 것은?

① 충당부채로 인식하기 위해서는 현재의무가 존재하여야 할 뿐만 아니라, 그 의무의 이행을 위한 자원의 유출 가능성이 매우 높아야 한다.
② 충당부채의 명목금액과 현재가치의 차이가 중요한 경우에는 의무를 이행하기 위하여 예상되는 지출액의 현재가치로 평가한다.
③ 우발부채는 부채로 인식하여야 한다.
④ 현재의무를 이행하기 위하여 소요되는 지출 금액에 영향을 미치는 미래사건이 발생할 것이라는 충분하고 객관적인 증거가 있는 경우에는, 그러한 미래사건을 감안하여 충당부채 금액을 추정한다.

정답 | 29. ② 30. ④ 31. ③ 32. ③ 33. ③

| 해설 | 우발부채는 부채로 인식하지 아니한다. 의무를 이행하기 위하여 자원이 유출될 가능성이 아주 낮지 않는 한, 우발부채를 주석에 기재한다. (일반기업회계기준 14.5)

34 다음 중 사채에 대한 설명으로 옳은 것은?
① 액면이자율보다 시장이자율이 높으면 할증발행이 이루어진다.
② 유효이자율법 하에서 사채할인발행차금 상각액은 매년 증가한다.
③ 사채할인발행차금은 발행금액에서 차감하는 형식으로 표시한다.
④ 사채할인발행차금은 정액법에 의하여 상각할 수 있다.

| 해설 | 액면이자율보다 시장이자율이 높으면 할인발행이 이루어지고, 사채할인발행차금은 사채에서 차감하여 표시하며, 사채할인발행차금은 유효이자율법에 의하여 상각하여야 한다.

35 주식발행회사의 입장에서 주식배당을 함으로 인한 효과로 가장 적절한 것은?
① 미지급배당금만큼 부채가 증가한다.
② 자본총액이 주식배당액만큼 감소한다.
③ 자본금은 증가하지만 이익잉여금은 감소한다.
④ 주식배당은 배당으로 인한 회계처리가 불필요하므로 자본항목간의 변동도 없다.

| 해설 | 주식배당 일에 [(차) 미처분이익잉여금 XXX (대) 자본금 XXX]으로 회계처리를 하므로, 자본금은 증가하고 이익잉여금은 감소한다. 자본항목간의 변동만 있음.

36 (주)한강의 결산 시 당기순이익은 50,000원이다. 그러나 감사과정에서 다음과 같은 오류가 확인되었다. (주)한강의 정확한 당기순이익은 얼마인가? 단, 계정과목의 분류는 적절하게 하였다.

• 자기주식처분손실 과소 계상액: 10,000원
• 매도가능증권 평가이익 과대 계상액: 20,000원
• 감가상각비 과대 계상액: 10,000원

① 30,000원 ② 40,000원
③ 50,000원 ④ 60,000원

| 해설 | • 50,000 + 10,000(감가상각비 과대 계상액) = 60,000원
• 자기주식처분손실은 자본조정 항목이고, 매도가능증권평가이익은 기타포괄손익누계액 항목이므로 당기순이익에는 영향을 미치지 않는다.

37 (주)실적 회사는 주주총회를 통해 회사의 이익잉여금을 다음과 같이 배분하기로 결정하였다. 이 경우 이익잉여금 처분에 따른 (주)실적의 자본의 증감액은 얼마인가?

• 이익잉여금 총액: 100,000,000원
• 이익잉여금 처분액: 20,000,000원
 (현금배당액: 15,000,000원, 주식배당액: 5,000,000원)
[주] 상기 외의 다른 사항은 고려하지 않기로 한다.

① 15,000,000원 감소
② 증감사항 없음
③ 5,000,000원 증가
④ 15,000,000원 증가

| 해설 | • (차) 미처분이익잉여금   20,000,000
          (대) 미지급배당금   15,000,000
               미교부주식배당금   5,000,000
• 자본의 증감: 미처분이익잉여금감소 + 미교부주식배당금 증가
• 자본의 감소: (−20,000,000)+(+5,000,000) = −15,000,000원

38 (주)설악은 단기 시세차익을 목적으로 보유하고 있는 주식에 대하여 20x1년 2월 28일에 500,000원의 현금배당과 액면금액 300,000원(주식수 30주)의 주식배당을 받았다. (주)설악이 20x1년 2월 28일 행하여야 할 분개는 어느 것인가?

① (차) 현 금   500,000
   (대) 배당금수익   500,000
② (차) 단기매매증권 300,000
   (대) 배당금수익   300,000
③ (차) 현 금   500,000
   (대) 단기매매증권 500,000
④ (차) 단기매매증권 800,000
   (대) 배당금수익   800,000

| 해설 | 주식배당을 받은 것에 대하여는 배당금 수익을 인식하지 않고, 주식수와 단가만 조정한다.

정답 | 34. ② 35. ③ 36. ④ 37. ① 38. ①

39 자기주식을 액면금액을 초과하여 취득한 후 취득금액을 초과하여 처분하는 거래를 기업회계기준에 따라 회계처리하는 경우 자본잉여금, 이익잉여금 및 자본 총액에 미치는 영향을 바르게 설명한 것은?

	자본잉여금	이익잉여금	자 본
①	증가한다	변화없다	증가한다
②	증가한다	변화없다	변화없다
③	변화없다	증가한다	증가한다
④	변화없다	감소한다	감소한다

해설
- 취득시 분개 :
  (차) 자기주식 ××× (대) 예 금 ×××
- 처분시 분개 :
  (차) 예 금 ××× (대) 자기주식 ×××
  　　　　　　　　　　　자기주식처분이익 ×××
- 두 번의 거래를 통하여 자본잉여금 항목인 자기주식처분이익만 증가하였다. 이익잉여금에는 영향을 미치지 않고 자기주식처분이익의 증가로 자본총액은 증가하게 된다.

40 다음 대한건설의 교량관련 도급공사의 총도급금액은 200,000,000원(총원가예정액 150,000,000원)이며 20x1년 1월 1일에 공사를 시작하여 20x3년 12월 31일에 완공될 예정이다. 공사진행기준에 따라 수익을 인식하고자 할 경우 20x2년에 인식할 공사수익(매출액)은?

〈교량관련 도급공사 관련자료〉

	20x1년	20x2년	20x3년
연도별 발생원가	30,000,000원	90,000,000원	-
발주처로부터 수취금액	40,000,000원	100,000,000원	60,000,000원

① 70,000,000원　② 100,000,000원
③ 120,000,000원　④ 150,000,000원

해설
- 공사진행률 = $\frac{발생원가}{총원가예정액}$ × 100%
- 20x2년까지 공사진행률 :
  $\frac{(30,000,000 + 90,000,000)}{150,000,000}$ × 100% = 80%
- 20x2년 공사진행기준에 따른 매출액
  : 200,000,000 × 80% - 40,000,000
  = 120,000,000원

41 현금주의회계를 적용할 경우, 거래가 발생된 시점에서 수익 혹은 비용으로 인식되지 않는 것은?

① 1년분 보험료를 미리 지급하다.
② 전년도분 외상매출금을 현금으로 회수하다.
③ 상품을 외상으로 판매하다.
④ 전년도분 건물임차료를 현금으로 지급하다.

해설
현금주의에서는 현금의 수입과 지출이 있을 때에 수익과 비용을 인식한다. 따라서 상품의 외상매출은 현금의 수입이 없으므로 수익이 아니다.

42 다음은 도매업을 영위하는 (주)광개의 자료이다. 손익계산서에 계상될 영업이익은 얼마인가?

- 매출총이익　10,000,000원　• 기업업무추진비　300,000원
- 감가상각비　1,000,000원　• 직원회식비　200,000원
- 기 부 금　100,000원　• 개 발 비　150,000원
- 임직원급여　5,400,000원　• 연 구 비　20,000원
- 장기대여금의 대손상각비 200,000원
- 유형자산처분손실 150,000원

① 3,080,000원　② 2,930,000원
③ 2,830,000원　④ 2,880,000원

해설
- 10,000,000 - (300,000 + 1,000,000 + 200,000 + 5,400,000 + 20,000) = 3,080,000원
- 연구비는 판매비와관리비에 해당하지만 개발비는 무형자산에 해당한다.

43 수익 인식시점과 관련한 기업회계기준서의 설명으로 잘못된 것은?

① 배당금 수익은 배당금을 받을 권리와 금액이 확정되는 시점에서 인식한다.
② 공사수익은 공사결과를 신뢰성 있게 추정할 수 있는 경우에는 진행기준을 적용하여 공사수익을 인식한다.
③ 위탁판매는 수탁자가 해당 재화를 제3자에게 판매한 시점에 수익을 인식한다.
④ 진행기준에 의해 수익을 인식하기 위해서는 발생원가만을 적용하여 공사진행률을 산정한다.

해설
공사진행률은 총공사예정원가에 대한 실제공사비 발생액의 비율로 계산함을 원칙으로 하나 공사수익의 실현이 작업시간 등과 보다 밀접한 관계가 있는 경우에는 그 작업시간 등의 비율로 할 수 있다.

44 수익적 지출로 처리하여야 할 것을 자본적 지출로 잘못 회계 처리한 경우 재무제표에 미치는 영향이 아닌 것은?

① 현금 유출액이 과대 계상된다.
② 당기순이익이 과대 계상된다.
③ 자본이 과대 계상된다.
④ 자산이 과대 계상된다.

해설 비용을 자산으로 계상하게 되면 자산과 당기순이익이 과대 계상되고 자본이 과대 계상된다. 그러나 현금 유출액에는 영향을 미치지 않는다.

45 다음 중에서 회계추정의 변경에 해당하는 것은?

① 재고자산의 평가방법을 선입선출법에서 후입선출법으로 변경함.
② 감가상각방법을 정액법에서 정률법으로 변경함.
③ 단기건설공사의 수익인식기준을 진행기준에서 완성기준으로 변경함.
④ 유가증권에 대한 취득단가 산정방법을 변경하는 경우

해설 감가상각방법을 정액법에서 정률법으로 변경하는 것은 회계추정의 변경에 해당한다.

46 다음은 일반기업회계기준에 따른 회계변경의 사례들이다. 성격이 다른 하나는?

① 재고자산의 평가방법을 선입선출법에서 총평균법으로 변경하였다.
② 매출채권에 대한 대손설정비율을 1%에서 2%로 변경하기로 하였다.
③ 정액법으로 감가상각하던 기계장치의 내용연수를 5년에서 8년으로 변경하였다.
④ 감가상각자산의 잔존가치를 100,000원에서 50,000원으로 변경하였다.

해설 ①은 회계정책의 변경이고 나머지는 회계추정의 변경이다.

47 정당한 회계변경이라 할 수 없는 것은?

① 세법규정을 따르기 위하여 회계변경 하는 경우
② 기업회계기준의 개정에 의한 새로운 해석에 따라 회계변경을 하는 경우
③ 합병 등의 이유로 종전의 회계정책을 적용할 경우 재무제표가 왜곡되어 회계정책 및 회계추정을 변경하는 경우
④ 동종산업에 속한 대부분의 기업이 채택한 회계정책 또는 추정방법이 기존의 방법보다 더 합리적이라고 판단되어 변경하는 경우

해설 단순히 세법의 규정을 따르기 위한 회계변경은 정당한 회계변경으로 보지 아니한다.

48 다음 중 오류수정에 대한 설명으로 가장 옳지 않은 것은?

① 당기에 발견한 전기 또는 그 이전 기간의 중대하지 않은 오류는 당기 손익계산서에 영업외손익 중 전기오류수정손익으로 반영한다.
② 전기 또는 그 이전 기간에 발생한 중대한 오류의 수정은 전기이월이익잉여금에 반영하고 관련 계정잔액을 수정한다.
③ 비교재무제표를 작성하는 경우 중대한 오류의 영향을 받는 회계기간의 재무제표 항목은 재작성한다.
④ 충당부채로 인식했던 금액을 새로운 정보에 따라 보다 합리적으로 추정한 금액으로 수정한 것도 오류수정에 해당한다.

해설 오류수정이 아니라 회계추정의 변경이다.

49 다음 회계처리 내용 중 오류수정으로 볼 수 없는 것은?

① 전기 미수수익의 과대계상
② 이동평균법에서 총평균법으로 유가증권 평가방법의 변경
③ 전기 기말재고자산의 과대계상
④ 전기 상품매출의 누락

해설 유가증권 평가방법의 변경의 회계정책의 변경이다.

정답 | 44. ① 45. ② 46. ① 47. ① 48. ④ 49. ②

50 내부회계관리제도의 5가지 구성요소 중 하나인 통제환경에 적용하는 원칙이 아닌 것은?
① 회사는 도덕성과 윤리적 가치에 대한 책임을 강조한다.
② 경영진은 내부회계관리제도의 목적을 달성하기 위해 이사회의 감독을 포함한 조직구조, 보고체계 및 적절한 권한과 책임을 정립한다.
③ 회사는 내부회계관리제도의 운영을 지원하기 위하여 관련 있는 양질의 정보를 취득 또는 생산하고 사용한다.
④ 이사회는 경영진으로부터 독립성을 유지하며 내부회계관리제도의 설계 및 운영을 감독한다.

해설 구성요소 정보 및 의사소통에 적용하는 원칙13을 설명한 것이다.

51 내부통제제도의 목적에 해당하지 아니하는 것은?
① 기업운영의 효율성 및 효과성 확보
② 모든 위험을 완벽하게 통제
③ 관련 법규 및 정책의 준수
④ 보고 정보의 신뢰성 확보

해설 모든 위험을 완벽하게 통제 할 수는 없다.

52 내부회계관리제도의 미비점은 재무제표 왜곡표시의 발생가능성 및 금액적 중요성에 따라 분류하는데 여기에 해당하지 아니하는 것은?
① 중요한 미비점   ② 유의한 미비점
③ 단순한 미비점   ④ 복잡한 미비점

53 내부회계관리제도에 대한 설명으로 옳지 아니한 것은?
① 내부회계관리제도는 내부통제제도의 일반적인 구성요소와 각 구성요소별 원칙을 모두 고려하여 설계하고, 이사회, 경영진, 감사(위원회) 및 중간관리자와 일반 직원 등 조직 내 모든 구성원들에 의해 운영된다.
② 내부통제제도의 보고정보의 신뢰성 확보 목적 중 외부에 공시되는 재무제표의 신뢰성 확보를 목적으로 하며, 여기에는 자산의 보호 및 부정방지 프로그램은 제외된다.
③ 경영진은 내부회계관리제도의 통제환경, 위험평가, 통제활동, 정보 및 의사소통, 모니터링 활동 등의 5가지 구성요소와 관련 원칙을 달성하기 위해 구성요소 내에 통제를 설계하고 구축한다.
④ 회사는 반드시 내부회계관리제도와 관련된 문서화를 수행하여야 한다.

해설 부정방지 프로그램이 포함된다.

CHAPTER 02 원가회계 정리

SECTION 01 원가에 대한 이해

1 원가의 개념

원가는 제품의 생산과 관련하여 정상적으로 소비된 경제적 자원의 가치를 화폐액으로 표시한 것이다. 구체적으로 보면 제품을 생산하기 위하여 소비한 원재료, 노동력, 기계설비 및 가스, 전기, 용수 등을 원가라 한다. 이러한 원가는 일정기간의 수익을 창출하기 위하여 사용 소비된 경제적 가치인 비용과 구별된다.

2 원가의 특징

원가의 특징	내용
경제적 가치의 소비	원가는 금전의 지출 여부와 관계없이 제품의 생산과정에서 일어나는 경제적가치의 소비이어야 한다.
제품의 생산과 관련한 소비	원가는 소비된 경제적가치가 제품의 생산에 관련되어야 한다. 이자비용 등의 기간비용은 생산과 관련 없는 것으로 원가에서 제외한다.
정상적인 경제자원의 소비	원가는 정상적인 경영활동에서 나타나는 경제자원의 소비를 말하는 것으로 파업이나 재해로 인한 것은 원가로 보지 않는다.

3 원가의 분류

> • NCS 능력단위 : 0203020103원가계산   능력단위요소 : 01원가요소분류하기
> 1.1 회계 관련 규정에 따라 원가를 다양한 관점으로 분류할 수 있다.

① 발생형태에 의한 분류

원가의 3요소	내용
재 료 비	제품을 제조하기 위하여 소비하는 물적요소
노 무 비	제품을 제조하기 위하여 소비하는 인적요소
경 비	제품을 제조하기 위하여 소비하는 원가 중 재료비와 노무비를 제외한 요소

② 경제적효익의 소멸여부에 의한 분류

구 분	내 용
소 멸 원 가	경제적자원의 희생에 의한 용역잠재력이 소멸하여 더 이상 경제적효익을 제공할 수 없으리라 예상되는 원가로 비용으로 인식(매출원가)
미소멸원가	경제적자원의 희생이 미래의 경제적효익을 제공할 수 있을 것으로 기대되는 원가로 자산으로 인식(재고자산)

③ **원가행태에 의한 분류**

원가행태란 원가를 변화시키는 요소인 조업도의 변화에 따라 나타나는 원가의 반응을 말한다. 조업도는 기업의 생산설비의 이용정도를 나타내는 지표를 말하는 것으로 생산량, 작업시간, 기계시간 등을 사용한다.

㉠ 변동비(변동원가)

조업도의 증감에 따라 변하는 원가를 변동비라 한다. 변동비는 조업도의 증가와 비교하여 같은 비율로 증가하는 비례비, 낮은 비율로 증가하는 체감비, 높은 비율로 증가하는 체증비로 분류한다. 분석의 편의상 변동비는 비례비로 가정한다. 변동비는 조업도가 증가하면 총원가는 비례하여 증가하지만 단위당원가는 일정하다.
예 : 직접재료비, 직접노무비 등

㉡ 고정비(고정원가)

조업도의 증감에 관계없이 관련범위 내에서 항상 일정하게 발생하는 원가를 고정비라 한다. 고정비는 조업도가 증가하여도 총원가는 일정하지만 단위당원가는 체감한다.
예 : 감가상각비, 공장임차료, 화재보험료, 재산세 등

㉢ 변동비와 고정비의 비교

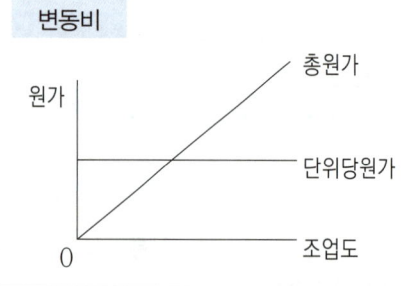
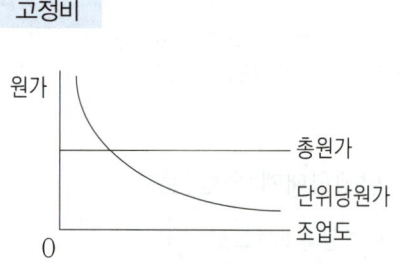

조업도(생산량)	100개	200개	300개
총원가(변동비)	5,000원	10,000원	15,000원
단위당원가	@50원	@50원	@50원
조업도 증가에 총원가는 증가, 단위당원가는 일정			

조업도(생산량)	100개	200개	300개
총원가(고정비)	6,000원	6,000원	6,000원
단위당원가	@60원	@30원	@20원
조업도 증가에 총원가는 일정, 단위당원가는 체감			

㉣ 준변동비와 준고정비

구 분	내 용
준변동비 (혼합원가)	생산량이 하나도 없어도 일정 고정비가 발생하고 생산량이 늘어나면 추가로 변동비가 발생하는 형태(전력비, 통신비 등)
준고정비	일정한 조업도 범위에서는 고정비와 같이 일정한 원가이나 조업도가 일정수준이상 증가하면 원가총액이 증가(생산관리자의 급여 등)

㉤ 준변동비와 준고정비의 비교

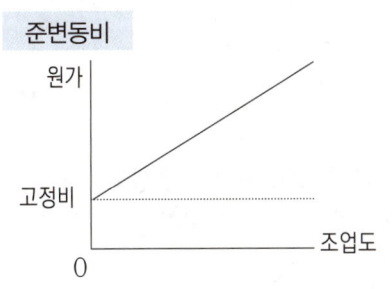
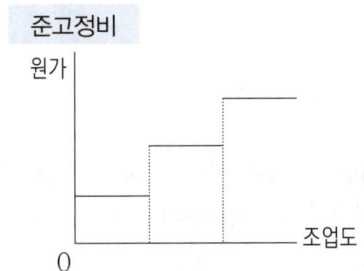

④ 통제가능성에 의한 분류

구 분	내 용
통제가능원가	단기간에 있어 특정한 경영자가 원가 발생액에 대하여 영향을 미칠 수 있는 원가(직접재료비)
통제불능원가	특정한 경영자가 원가 발생액에 대하여 영향을 미칠 수 없는 원가(임차료, 감가상각비)

⑤ 추적가능성에 따른 분류

구 분	내 용
직 접 비	특정 제품과 직접적인 관계가 있어 추적이 가능한 원가로 해당 제품에 직접 부과
간 접 비	여러 종류의 제품의 생산에 공통으로 소비되는 원가로 합리적인 배부기준에 의하여 각각의 제품에 배부

⑥ 제조활동과의 관련성에 의한 분류

구 분	내 용
제 조 원 가	제품을 제조하기 위하여 소비된 경제적가치의 소비액(재료비, 노무비, 제조경비로 구분하고, 직접비와 간접비로 구분)
비제조원가	판매활동과 일반관리활동에서 발생하는 원가로서 제조활동과 직접적인 관련이 없는 원가

⑦ 의사결정 관련성에 따른 분류

구 분	내 용
ⓐ 기 회 원 가	원가요소를 차선의 다른 용도로 사용하였을 때에 얻을 수 있는 최대의 효익
ⓑ 매 몰 원 가	이미 발생한 원가로 의사결정에 영향을 줄 수 없는 원가
ⓒ 차 액 원 가	선택 가능한 의사결정대안에서의 원가의 차이 금액
ⓓ 관 련 원 가	의사결정에 영향을 미치는 원가
ⓔ 비 관 련 원 가	의사결정에 영향을 미치지 않는 원가

4 원가의 구성도

원가계산은 다음의 순서로 하고 이를 그림으로 나타낸 것이 원가의 구성도이다.
① 직접원가 = 직접재료비 + 직접노무비 + 직접제조경비
② 제조간접비 = 간접재료비 + 간접노무비 + 간접제조경비
③ 제조원가 = 직접원가 + 제조간접비 = 직접재료비 + 전환원가(가공원가)
④ 판매원가(총원가) = 제조원가 + 판매비와관리비
⑤ 판매가격 = 판매원가 + 이익

| 원가의 구성도 |

			이 익	
		판매비와관리비		
	제조간접비		판매원가	판매가격
직접재료비		제조원가	(총원가)	
직접노무비	직접원가			
직접제조경비				

▶ 기초원가 = 직접재료비 + 직접노무비
▶ 전환원가(가공원가) = 직접노무비 + 제조간접비
▶ 제조원가에서 직접재료비를 제외한 원가를 전환원가(가공원가)라 한다.

확인예제 POINT 전산세무 2급

01 다음 설명 중 틀린 것은?

① 원가란 재화나 용역을 생산하는 과정에서 소비되는 모든 경제적 가치를 말한다.
② 특정제품 또는 특정부문에 직접적으로 추적가능한 원가를 직접비라 하고, 추적불가능한 원가를 간접비라 한다.
③ 재공품이란 제조과정 중에 있는 미완성제품을 말한다.
④ 가공비란 직접재료비와 직접노무비를 합계한 원가를 말한다.

해설 ④ 가공비는 직접재료비를 제외한 모든 원가를 말한다.

02 다음 중 원가에 대한 설명으로 틀린 것을 모두 고르면?

> 가. 변동원가는 조업도가 증가할 때 총원가가 증가한다.
> 나. 혼합원가는 직접원가와 간접원가가 혼합된 형태의 원가이다.
> 다. 기본원가는 직접재료비와 직접노무비를 말한다.
> 라. 전환원가는 직접노무비와 간접노무비를 말한다.

① 가와 다　　　　　　　② 나와 다
③ 가와 라　　　　　　　④ 나와 라

해설 ④ 혼합원가는 변동비와 고정비가 혼합된 형태의 원가로 준변동비라고도 한다.
전환원가는 직접재료비를 제외한 원가로 가공비라고도 한다.

03 다음 설명 중 잘못된 것은?

① 직접노무비는 기본원가와 가공비(전환원가)를 동시에 포함한다.
② 직접원가와 간접원가는 원가행태에 따른 분류이다.
③ 혼합원가는 변동비와 고정비가 동시에 발생하는 원가다.
④ 통제가능원가는 경영자의 통제범위에 따라 달라질 수 있다.

해설 ② 직접원가와 간접원가는 제품별로 추적 가능성 유무에 따라 구분하는 것이고, 원가행태에 따른 분류는 변동비와 고정비로 구분한다.

SECTION 02 | 원가계산과 원가의 흐름

1 원가계산과 원가흐름

① 원가계산 단계

원가계산은 원가요소별 계산, 부문별 계산, 제품별 계산의 3단계로 한다.

② 원가계산의 종류

> • NCS 능력단위 : 0203020103원가계산   능력단위요소 : 03원가계산하기
> 3.1 원가계산시스템의 종류에 따라 원가계산방법을 선택할 수 있다.

구분기준	원가계산 종류	내용
원가계산 시기	사전원가계산	제품의 생산을 위하여 원가 요소를 소비하는 시점에 사전적으로 예정가격이나 표준가격 등을 사용하여 원가를 계산하는 방법으로 신속한 경영의사결정을 할 수 있게 한다.
	실제원가계산 (사후원가계산)	제품의 생산이 완료된 후에 원가요소의 실제 소비량과 실제가격을 적용한 실제발생액을 이용하여 원가를 계산하는 방법이다.
생산형태	개별원가계산	다른 종류의 제품을 개별적으로 생산하는 경우에 사용한다. * 주문생산이 많은 건설업, 조선업, 기계제조업 등에서 사용
	종합원가계산	성능, 규격이 같은 동일 종류의 제품 또는 여러 종류의 제품을 연속하여 반복적으로 생산하는 경우에 사용한다. * 대량 생산하는 제분업, 제당업, 제지업, 정유업 등에서 사용
원가계산 범위	전부원가계산	직접노무비, 변동직접비 등의 변동비와 고정비인 고정간접비 모두를 제품의 원가에 포함한다. * 일반적인 재무제표 작성에 사용되는 원가정보를 얻기 위한 원가계산
	직접(변동)원가계산	직접재료비, 직접노무비, 변동직접비 등의 변동비만을 원가계산의 대상으로 한다. * 고정비는 제품의 원가를 구성하지 않고 기간비용으로 처리

③ 원가회계의 흐름

재료비, 노무비, 제조경비계정에서 월차손익계정까지 일련의 원가 관련 계정의 대체과정을 원가의 흐름이라 한다.

재료비, 노무비, 제조경비의 소비액이 직접비와 간접비로 구분되어 직접비는 재공품계정으로 대체하고 간접비는 제조간접비계정으로 대체한다. 제조간접비계정에 집합한 간접비는 적정한 배부기준에 의하여 개별 제품에 배부하여야 하는데, 이것이 계정별원장에서는 제조간접비계정에서 재공품계정으로 대체하는 것이다. 제품 생산에 투입한 제조원가를 집계한 재공품계정에서 기말재공품을 차감한 제품제조원가는 제품계정으로 대체한다. 제품계정에서 기말제품재고액을 차감한 매출원가는 매출원가계정에 대체하고 매출원가계정에서 월차손익계정으로 대체한다. 월차손익계정에는 매출계정에서 대체된 매출액과 매출원가계정에서 대체된 매출원가 및 판매비와관리비가 집합한다.

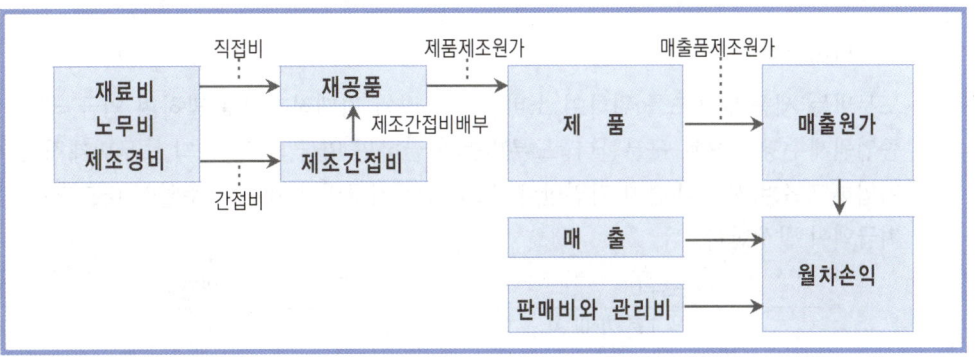

2 요소별 원가계산

- NCS 능력단위 : 0203020103원가계산   능력단위요소 : 02원가배부하기
- 2.1 원가계산 대상에 따라 직접원가와 간접원가를 구분할 수 있다.

① 재료와 재료비

제품의 제조에 사용하기 위하여 매입한 재료는 사용 형태에 따라 주요재료, 보조재료, 부분품, 소모공구기구비품 등으로 구분한다.

재료비는 제조과정에서 소비된 재료의 경제적 가치를 말한다. 소비를 위하여 출고된 재료 중 직접재료비는 재공품계정 차변으로, 간접재료비는 제조간접비계정 차변으로 대체한다.

㉠ 재료비계정을 사용하는 방법

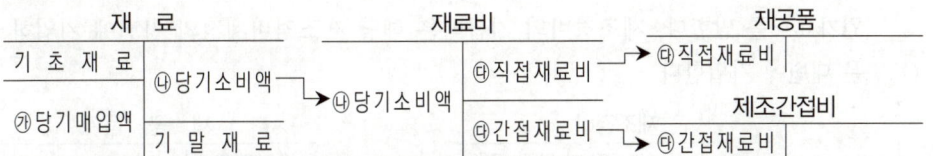

구 분	차변과목	금 액	대변과목	금 액
㉮ 재료의 외상 매입	재 료	×××	외 상 매 입 금	×××
㉯ 제조에 사용하기 위하여 출고	재 료 비	×××	재 료	×××
㉰ 재료 소비액(직접비와 간접비)의 대체	재 공 품 제 조 간 접 비	××× ×××	재 료 비	×××

ⓒ 재료비계정을 사용하지 않는 방법

구 분	차변과목	금 액	대변과목	금 액
재료의 외상 매입	재 료	×××	외상매입금	×××
재료 소비액을 재공품계정과 제조간접비 계정에 대체	재 공 품 제조간접비	××× ×××	재 료	×××

② **노무비의 소비**

노무비는 제품의 제조를 위하여 소비한 노동력의 경제적가치를 말하며 임금, 급료, 잡급, 종업원제수당 등으로 구분한다. 노무비를 지급하면 임금, 급료 등의 노무비계정의 차변에 기입하고 소비액은 대변에 기입한다. 노무비는 지급일과 계산 기준일이 다르므로 항상 미지급액이 발생한다.

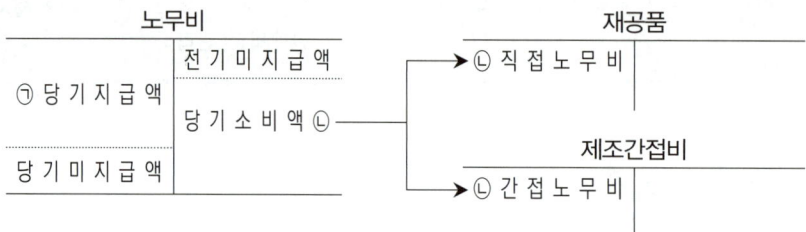

구 분	차변과목	금 액	대변과목	금 액
㉠ 노무비의 지급	노 무 비	×××	당좌예금	×××
㉡ 노무비 소비액을 재공품계정과 제조간접비계 정에 대체	재 공 품 제조간접비	××× ×××	노 무 비	×××

> 노무비소비액 = 노무비지급액 − 전기미지급액 + 당기미지급액

③ **제조경비의 소비**

제조경비는 제품의 제조를 위하여 소비한 원가요소 중 재료비와 노무비를 제외한 기타의 원가요소를 말한다. 제조경비의 지급액은 해당 제조경비계정의 차변에 기입하고 소비액은 대변에 기입한다.

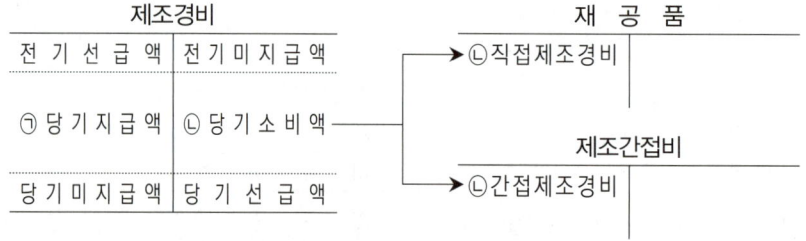

구 분	차변과목	금 액	대변과목	금 액
㉠ 제조경비의 지급	제 조 경 비	×××	당 좌 예 금	×××
㉡ 제조경비 소비액을 재공품계정과 제조간접비 계정에 대체	재 공 품 제 조 간 접 비	××× ×××	제 조 경 비	×××

제조경비소비액
= 제조경비 지급액 + 전기선급액 + 당기미지급액 − 전기미지급액 − 당기선급액

④ **제조간접비의 배부**

간접비는 특정 제품의 원가로 추적이 불가능한 원가로 둘 이상의 제품에 공통으로 소비한 원가이다. 제조간접비계정에는 간접재료비, 간접노무비, 간접제조경비가 집계된다. 집계된 제조간접비를 각각의 제품에 적정한 배부기준을 사용하여 배부한다.

```
        제조간접비                       재 공 품
   간 접 재 료 비 |                 기 초 재 공 품 |
   간 접 노 무 비 | 재  공  품  ──→  직 접 원 가  |
   간접제조경비  |                 제 조 간 접 비 |
```

구 분	차변과목	금 액	대변과목	금 액
제조간접비의 배부	재 공 품	×××	제 조 간 접 비	×××

⑤ **당기제품제조원가**

재공품은 제조과정의 미완성 상태의 것을 의미하며 재고자산이다. 제조원가를 집계하기 위하여 재공품계정 차변에 집합한 직접재료비, 직접노무비, 직접제조경비, 제조간접비를 합하여 당기총제조비용이라 한다. 이 당기총제조비용에 기초재공품원가를 가산하고 기말재공품원가를 차감하여 산출한 것을 당기제품제조원가라 하고 재공품계정 대변에서 제품계정 차변에 대체한다.

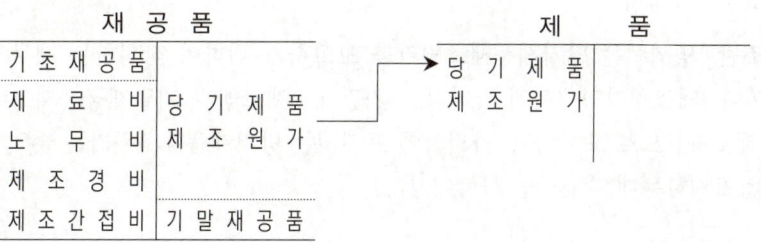

구 분	차변과목	금 액	대변과목	금 액
당월 제품제조원가	제 품	×××	재 공 품	×××

⑥ 매출원가

매출원가는 매출한 제품의 제조원가라는 의미이다. 재공품계정 대변에서 제품계정 차변에 대체한 당기제품제조원가에 월초제품재고액을 가산하고 월말제품재고액을 차감하여 산출한 것을 매출원가라 하며 이를 매출원가계정에 대체한다.

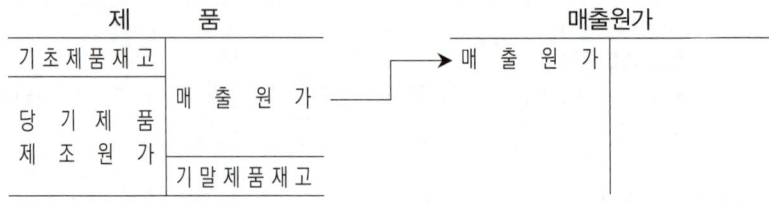

구 분	차변과목	금 액	대변과목	금 액
매출원가의 대체	매 출 원 가	×××	제 품	×××

CHECK POINT

당 기 총 제 조 비 용	직접재료비 + 직접노무비 + 직접제조경비 + 제조간접비
당 기 제 품 제 조 원 가	기초재공품원가 + 당기총제조비용 – 기말재공품재고액
매 출 원 가	기초제품재고액 + 당기제품제조원가 – 기말제품재고액

3 제조원가명세서의 작성

> • NCS 능력단위 : 0203020103원가계산   능력단위요소 : 04원가정보활용하기
> 4.1 회계 관련 규정에 따라 재무제표 작성에 필요한 원가정보를 제공할 수 있다.

① 제조원가명세서

제조원가명세서는 당기제품제조원가를 보고하기 위하여 작성하는 재무제표의 부속명세서이다. 제조원가명세서에 나타나는 기말재료재고액과 기말재공품재고액은 재무상태표의 재고자산으로 표시되고, 마지막에 표시되는 당기제품제조원가는 손익계산서에 매출원가를 표시하는데 핵심적인 사항이다.

② 제조원가명세서의 양식

제조원가명세서

과 목	금 액	
Ⅰ. 재　　　　　료　　　　　비		60,000
1. 기 초 재 료 재 고 액	20,000	
2. 당 기 재 료 매 입 액	50,000	
3. 기 말 재 료 재 고 액	10,000	
Ⅱ. 노　　　　　무　　　　　비		50,000
1. 급　　　　　　　　　　여	30,000	
2. 퇴　　직　　급　　여	20,000	
Ⅲ. 경　　　　　　　　　　비		13,000
1. 전　　　력　　　비	1,000	
3. 감　가　상　각　비	3,000	
8. 외　주　가　공　비	4,000	
9. 포　　　장　　　비	5,000	
Ⅳ. 당 기 총 제 조 비 용		123,000
Ⅴ. 기 초 재 공 품 원 가		30,000
Ⅵ. 합　　　　　　　　　계		153,000
Ⅶ. 타　계　정　대　체　액		10,000
Ⅷ. 기 말 재 공 품 원 가		20,000
Ⅸ. 당 기 제 품 제 조 원 가		123,000

당기제품제조원가 = 당기총제조비용 + 기초재공품원가 − 기말재공품원가 − 타계정대체액

▶ 타계정대체액은 완성된 제품을 판매 이외의 목적으로 사용하는 경우 해당계정으로 대체되는 금액을 표시한다.

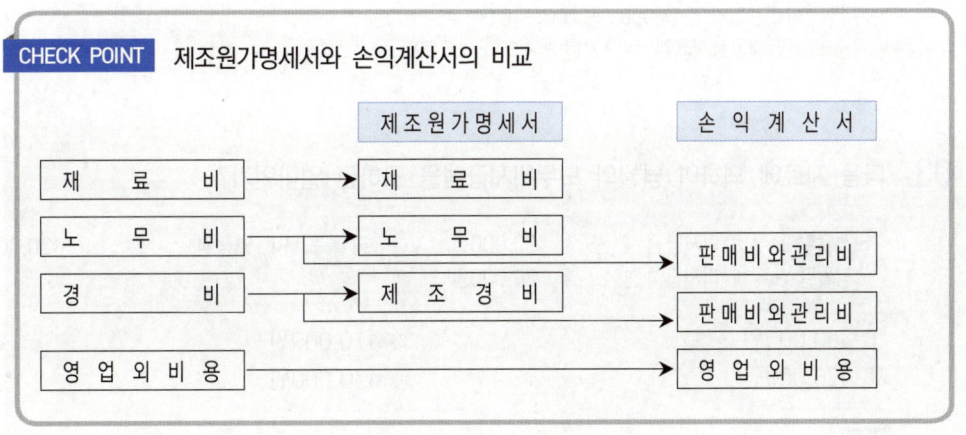

CHECK POINT 제조원가명세서와 손익계산서의 비교

확인예제

01 다음은 어느 원가계산(원가회계)에 대한 설명인가?

> 직접재료비, 직접노무비, 변동제조간접비만을 집계하여 제품원가를 계산하고 고정제조간접비는 기간비용으로 처리하는 원가계산방법

① 전부원가　　　　　　　　　② 변동원가계산(직접원가계산)
③ 표준원가계산　　　　　　　　④ 실제원가계산

해설　② 변동비만 원가로 집계하는 것은 변동원가계산(직접원가계산)이라 하고, 변동비와 고정비를 모두 제품의 원가에 포함시키는 것은 전부원가계산이라 한다.

02 (주)정현의 20×1년 12월31일로 종료되는 회계연도의 제조원가와 관련된 자료는 다음과 같다. 당기의 제조간접비와 기말재공품 재고액은 얼마인가?

• 직접재료비	1,200원	• 직접노무비	1,100원
• 제조간접비	( )	• 당기총제조비용	4,000원
• 기초재공품재고액	2,200원	• 당기제품제조원가	5,000원

① 1,700원, 2,700원　　　　　② 1,700원, 1,200원
③ 2,700원, 1,200원　　　　　④ 2,700원, 3,200원

해설　② 당기총제조비용 = 직접재료비 + 직접노무비 + 제조간접비
　　　당기제품제조원가 = 기초재공품재고액 + 당기총제조비용 - 기말재공품재고액
　　　제조간접비 = 4,000 - 1,200 - 1,100 = 1,700원
　　　기말재공품재고액 = 2,200 + 4,000 - 5,000 = 1,200원

03 다음 자료에 의하여 당월의 노무비지급액을 구하면 얼마인가?

• 전월말 노무비 미지급액	30,000원	• 당월 노무비 발생액	420,000원
• 당월말 노무비 미지급액	20,000원		

① 400,000원　　　　　　　　② 410,000원
③ 420,000원　　　　　　　　④ 430,000원

해설　④ 노무비지급액 + 당월말미지급액 = 전월말미지급액 + 노무비발생액(소비액)
　　　노무비지급액 : 30,000 + 420,000 - 20,000 = 430,000원

SECTION 03 | 부문별 원가계산

- NCS 능력단위 : 0203020103원가계산　능력단위요소 : 02원가배부하기
- 2.2 원가계산 대상에 따라 합리적인 원가배부기준을 적용할 수 있다.
- 2.3 보조부문의 개별원가와 공통원가를 집계할 수 있다.
- 2.4 보조부문의 개별원가와 공통원가를 배부할 수 있다.

1 부문별 원가계산의 의의

부문별 원가계산은 요소별 원가계산을 거친 원가를 발생장소별로 집계하여 특정 제품의 원가로 배부하는 절차를 말한다. 원가가 발생하는 장소를 부문이라 하고 부문별로 집계된 원가를 부문비라 한다.

부문별 원가계산은 일정규모 이상의 기업에서 원가 통제와 관리를 위한 정보와 원가부문별 발생원가의 낭비 및 비효율을 파악할 수 있게 한다. 또한 특정한 보조부문을 계속 유지할 것인가 보조부문을 폐지하고 외부에서 구입할 것인가를 결정하는 판단 근거를 제공하기도 한다.

이러한 부문별 원가계산은 개별원가계산에서는 제조간접비를 배분하는 절차로 사용하고, 종합원가계산에서는 모든 원가요소를 제품에 배분하기 위하여 사용한다.

2 원가부문의 설정과 배부기준

① 원가부문의 설정

원가부문은 제품의 제조활동을 직접 담당하는 제조부문과 제조부문의 제조활동을 지원하기 위한 용역을 제공하는 보조부문으로 구분한다.

부 문	내　　　　　　　　용	
제 조 부 문	제품 제조 공정의 주요한 과정을 말하는 것으로 주물부문, 절단부문, 선반부문, 조립부문, 연마부문 등으로 구분	
보 조 부 문	보조용역부문	동력부문, 수선부문, 검사부문 등
	공장관리부문	구매, 노무관리, 공장사무부문 등

② 배부기준

㉠ 부문공통비의 부문별 배부기준

발생한 원가요소 소비액을 부문개별비와 부문공통비로 구분하여, 부문개별비는 특정 부문에 직접 배부하고, 부문공통비는 인위적인 배부기준에 의하여 각 부문에 배부하게 된다.

부문공통비	배분기준
ⓐ 간접재료비	직접재료비
ⓑ 간접노무비, 복리후생비	직접노무비, 직접작업시간, 종업원 수
ⓒ 건물감가상각비, 임차료, 보험료	사용(점유)면적, 건물금액
ⓓ 기계감가상각비, 기계보험료	기계장치의 가액, 기계작업(운전)시간
ⓔ 전력비	전력사용량 또는 마력수 × 운전시간
ⓕ 가스비, 수도비	가스, 수도의 사용량
ⓖ 수선비	수선횟수, 수선시간, 기계장치의 금액

ⓛ 보조부문비의 배부기준

보조부문에서 발생한 원가는 특정 제품의 원가로 추적하는 것이 어렵기 때문에 제조부문에 배부하여 제품의 원가에 반영한다. 보조부문비를 제조부분에 배부하는 기준은 보조부문이 제조부문에 제공한 용역의 정도를 충실히 반영할 수 있어야 한다. 따라서 배부기준은 발생한 원가와 인과관계가 있어야 하고, 간단명료하며 편익 대비 비용이 효율적이어야 한다.

보조부문비	배부기준
동 력 부 문	사용전력량, 전기용량, Kw/h
수 선 유 지 부 문	수선횟수, 수선유지시간
검 사 부 문	검사수량, 검사시간
구 매 부 문	주문횟수, 주문비용
노 무 관 리 부 문	종업원수
공 장 사 무 부 문	종업원수

3 부문별 원가계산의 절차

부문비 계산절차	내 용
① 부문별 원가의 집계	원가 요소의 소비액을 비목별로 구분하여 특정 부문에서만 사용된 부문개별비를 각각의 부문에 부과
	원가요소 소비액 중 둘 이상의 부문에 공통으로 사용된 부문공통비를 적절한 배부기준에 의하여 각각의 부문에 배부
② 보조부문비를 제조부문에 대체	직접배부법 또는 단계배부법 또는 상호배부법에 의하여 대체
③ 제조부문비를 제품에 배부	공장전체 배부율 또는 부문별 배부율에 의하여 배부

4 보조부문비의 배부(보조부문비배부표의 작성)

보조부문은 제품의 제조를 직접하는 것이 아니고, 제조부문의 작업에 일정한 용역을 제공하는 것이므로 보조부문 원가는 용역 제공 정도를 가장 적정하게 반영할 수 있는 배부기준을 사용하여 제조부문에 배부한다.

보조부문비의 대체는 보다 정확한 원가계산을 하고, 부문 간 통제와 관리를 통한 원가절감을 가능하게 한다. 그리고 부문별 책임 소재를 분명히 하고 외부 구입과의 비교를 통하여 보조부문의 계속적인 운영 여부를 결정하는 지침으로 사용한다.

보조부문비를 배부하는 방법에는 직접배부법, 단계배부법, 상호배부법이 있다.

① 직접배부법

가장 단순한 방법으로 보조부문 상호간의 용역의 수수는 무시하고 한 번에 보조부문비를 제조부문에만 배부하는 방법이다. 아주 간단하여 비용이 적게 들고 보조부문간의 용역수수가 중요하지 않은 경우에 적합한 방법이다. 그러나 보조부문간의 용역수수가 큰 경우에는 원가배분의 결과가 정확한 원가정보를 주지 못하므로 부문간 통제와 관리가 충분하지 않다.

② 단계배부법

단계배부법은 계단식배부법이라고도 하며 다른 보조부문에 용역의 제공을 가장 많이 하는 보조부문부터 배부하거나 용역을 제공하는 다른 보조부문의 수가 가장 많은 보조부문부터 배부하는 방법이다.

보조부문간의 용역수수를 반영한다는 점에서 직접배부법보다 우수하다. 보조부문의 배부순서와 용역의 제공 크기가 일치하면 합리적이나 배부순서와 용역의 제공정도가 다르면 원가배분이 부정확하게 된다. 즉, 배분순서를 어떻게 하느냐에 따라 원가계산의 결과가 다르게 나타나는 단점이 있다.

③ 상호배부법

상호배부법은 보조부문 상호간의 용역수수를 모두 반영하여 보조부문 상호간에도 배부한다. 보조부문 상호간의 용역수수를 모두 나타내므로 가장 정확한 원가배분의 방법이고 단계배부법과 달리 배부순서를 고려할 필요 없이 부문 간 통제와 의사결정의 정보를 얻을 수 있다. 다만 복잡한 원가배분의 절차를 위한 정확한 자료를 얻으려면 많은 시간과 비용이 소요되므로 소규모 기업에는 적합하지 않다.

④ 원가행태에 따른 보조부문비의 배부

구 분	내 용
단일배분율법	보조부문비를 고정원가와 변동원가로 구분하지 않고 하나의 기준으로 배부하는 방법 * 사용하기는 간편하지만 원가행태에 따른 구분이 없으므로 정확한 원가배분이 이루어지지 않는다. 부문별 의사결정이 최적이라 하더라도 전체로는 최적의 의사결정이 되지 않는 문제점을 가지고 있다.
이중배분율법	보조부문비를 고정원가와 변동원가로 구분하여 각각의 다른 배부기준을 적용하여 배부하는 방법 * 고정원가는 제조부문에서 사용이 가능한 최대사용량을 기준으로 배부하고, 변동원가는 제조부문이 실제 사용한 용역사용량을 기준으로 배부한다. * 고정원가는 제조부문에 용역을 제공하는 설비에 관련된 것이지만 변동원가는 설비와 관계없이 용역의 실제제공량과 관련이 있기 때문이다.

5 제조부문비를 제품에 배부(3단계 – 제조부문비계정을 재공품계정에 대체)

제조부문에 집합한 원가를 각 제조부문을 통과하여 생산한 제품의 원가로 배부하여야 한다. 배부액은 배부율에 제품별 배부기준을 곱하여 구하는데 배부율에는 공장전체배부율과 부문별 배부율이 있다. 이렇게 계산된 배부액은 제조부문비계정에서 재공품계정으로 대체한다.

6 부문비의 회계처리

제조간접비계정에 집합한 간접재료비, 간접노무비, 간접제조경비를 제조부문비계정과 보조부문비계정에 배부하고, 배부된 보조부문를 제조부문비계정으로 대체한 후 제조부문비를 재공품계정에 대체한다.

구 분	차변과목	금 액	대변과목	금 액
① 제조간접비의 부문별 배부 (부문비 배부표 작성)	주 물 부 문 비 조 립 부 문 비 동 력 부 문 비 수 선 부 문 비	××× ××× ××× ×××	제 조 간 접 비	×××
② 보조부문비를 제조부문에 대체 (보조부문비 배부표 작성)	주 물 부 문 비 조 립 부 문 비	××× ×××	동 력 부 문 비 수 선 부 문 비	××× ×××
③ 제조부문비를 제품에 배부	재 공 품	×××	주 물 부 문 비 조 립 부 문 비	××× ×××

▶ 보조부문비 배부표를 부문비대체표라고도 한다.

확인예제   POINT 전산세무 2급

01 다음은 부문별 원가계산에 관한 설명이다. 적절하지 않은 것은?

① 직접배부법은 보조부문 상호간의 용역수수를 완전히 무시하는 방법이다.
② 부문별 제조간접비 배부는 공장전체 제조간접비 배부보다 정확하다.
③ 제조부문은 부문의 특성에 따라 배부기준을 달리 할 수 있다.
④ 단계배부법은 보조부문 상호간의 용역수수를 완전하게 고려한다.

해설 ④ 단계배부법은 보조부문 상호간의 용역수수를 고려하지 않는 방법이다.

02 순천공업사는 2개의 제조부문을 통하여 제품 A를 생산하고 있다. 부문 1과 부문 2는 직접노동시간을 기준으로 부문원가를 제품에 배부하고 있다. 제품 A가 부문 1에서 50시간의 직접노동시간을, 그리고, 부문 2에서 100시간의 직접노동시간을 소비하였다고 한다면, 제품 A에 대한 부문원가 배부액은 얼마인가?

	부문 1	부문 2
부문원가	4,500원	6,000원
직접노동시간	500시간	1,000시간

① 600원   ② 900원
③ 1,050원   ④ 1,200원

해설 ③ 부문1   배부율 : 4,500 ÷ 500시간 = 9원
               배부액 : 9 × 50시간 = 450원
       부문2   배부율 : 6,000 ÷ 1,000시간 = 6원
               배부액 : 6 × 100시간 = 600원
       부문원가 배부액 : 450 + 600 = 1,050원

SECTION 04 | 개별원가계산과 제조간접비의 배부

> • NCS 능력단위 : 0203020103원가계산   능력단위요소 : 03원가계산하기
> 3.2 업종 특성에 따라 개별원가계산을 할 수 있다.

1 개별원가계산

개별원가계산은 성능, 규격, 품질 등이 다른 여러 종류의 제품을 주문에 의하여 소량을 개별적으로 생산하는 건설업, 기계제조업, 항공기제조업, 가구제조업, 조선업 등에서 사용하는 원가계산제도이다. 제품별로 부과된 직접비와 간접비 배부액을 집계하는 방법으로 개별 제품의 원가를 계산한다.

개별원가계산은 직접비와 간접비의 구분이 필요하고, 제품의 원가계산을 정확히 하기 위하여 제조간접비 배부액의 계산은 매우 중요하다. 그리고 특정 제품의 원가계산표에 집계된 원가 중 완성된 것은 제품의 원가이지만 완성되지 않은 것은 기말(월말)재공품의 평가액이 된다.

구 분	용 어 의 정 리
제 조 지 시 서	주문에 따라 생산부서에서 작업현장으로 제품의 생산을 위하여 발행하는 문서로 작업지시서라고도 하며, 제품별로 제조번호, 작성일, 제품의 명칭, 규격, 수량, 제조착수일, 완성일 등이 기재된다.
특정제조지시서	개별원가계산 하에서 특정 제품의 생산을 위해 개별적으로 발행되는 지시서(제품의 직접원가를 구성한다)
계속제조지시서	종합원가계산 하에서 동일한 제품을 계속 반복하여 대량 생산할 때 발행되는 지시서
원 가 계 산 표	제조지시서에 근거하여 작성하는 것으로 각 제품의 제조과정에서 발생하는 제조원가를 집계
원 가 원 장	원가계산표를 모아서 철해 놓은 것으로 재공품계정의 보조원장

2 개별원가계산의 절차

① 직접원가의 집계

직접재료비, 직접노무비의 직접원가는 특정제품의 원가계산표에 직접 부과하고 그 직접원가 부과액의 합계액을 재공품계정에 기입한다. 재공품계정에는 직접원가 소비액 전액이 표시되고 원가계산표에는 제품별로 구분하여 표시된다.

구 분	차변과목	금 액	대변과목	금 액
① 직접재료 소비액	재 공 품	×××	재 료 비	×××
② 직접노무비 소비액	재 공 품	×××	노 무 비	×××

② 제조간접비의 배부

직접비는 특정 제품별로 추적이 가능하여 제품별 부과를 할 수 있지만 제조간접비는 특정 제품과 직접 연결할 수 없어 인위적인 배부기준이 필요하다. 인위적인 배부기준에 의하여 구한 배부율에 제품별 배부기준을 적용한 배부액을 제품별 원가계산표에 기입하는 것을 제조간접비의 배부라 한다.

구 분	차변과목	금 액	대변과목	금 액
제조간접비의 배부	재 공 품	×××	제 조 간 접 비	×××

③ 제품제조원가와 기말재공품

특정 제품의 제조가 완료되면 완료시점까지 원가계산표에 집계된 직접원가와 제조간접비 배부액의 합계가 제품제조원가이며 이것을 재공품계정에서 제품계정으로 대체한다. 월말까지 미완성된 제품의 원가계산표에 집계된 금액은 월말재공품으로 다음 달로 이월한다.

구 분	차변과목	금 액	대변과목	금 액
제품제조원가	제 품	×××	재 공 품	×××

3 제조간접비 배부방법

① 공장전체율과 부문배부율

㉠ 공장전체배부율

제조간접비 발생액을 부문별로 구분하지 않고 전체 공장을 하나의 부문으로 보고 배부율을 구하는 방법이다.

$$공장전체배부율 = \frac{공장\ 전체\ 제조간접비\ 총액}{공장\ 전체\ 배부기준\ 합계}$$
$$제조간접비\ 배부액 = 공장전체배부율 \times 제품별배부기준$$

㉡ 부문별배부율

제조간접비 발생액을 부문별로 배부하여 부문별 집계된 간접비를 각각의 부문별로 배부율을 구하는 방법이다. 공장전체배부율은 제조부문별 특성이 반영되지 않으나 부문별 배부율은 제조부문별로 상이한 배부기준을 반영하므로 좀 더 정교한 원가정보를 제공할 수 있다.

$$\text{부문별배부율} = \frac{\text{부문별 제조간접비 총액}}{\text{부문별 배부기준 합계}}$$
$$\text{제조간접비 배부액} = \text{부문별배부율} \times \text{제품별배부기준}$$

② 실제배부와 예정배부

㉠ 제조간접비 실제발생액의 배부

제조간접비의 실제 발생액을 제품에 배부하는 방법이다. 신속한 원가정보를 얻을 수 없고, 제품원가에 실제 간접비를 반영하므로 조업도의 변화에 따라 제품 원가에 등락이 나타나는 문제가 있다.

$$\text{제조간접비 실제배부율} = \frac{\text{실제 제조간접비 총액}}{\text{배부기준 합계}}$$
$$\text{제조간접비 배부액} = \text{실제배부율} \times \text{제품별실제배부기준}$$

▶ 직접재료비를 기준으로 할 때에는 직접재료비 총액을 배부율의 분모에 대입하고, 제품별 직접재료비를 배부액 계산식의 제품별 배부기준에 대입한다.
▶ 직접작업시간을 기준으로 할 때에는 배부율계산의 분모에 직접작업시간 총시간을 대입하고, 배부액계산의 제품별 배부기준에는 제품별 직접작업시간수를 대입한다.

㉡ 제조간접비 예정배부

실제발생액을 배부하는 경우의 문제를 해소하기 위하여 예정배부를 한다. 예정배부율의 계산에서 예정배부기준합계는 예정기계작업시간총시간이나 예정직접노동시간총시간 등을 말한다. 예정배부액은 예정배부율에 실제의 기계작업시간 또는 직접노동시간 등을 곱하여 계산한다.

$$\text{예정배부율} = \frac{\text{예정제조간접비 총액}}{\text{예정배부기준 합계}}$$
$$\text{제조간접비 배부액} = \text{예정배부율} \times \text{제품별실제배부기준}$$

4 제조간접비 예정배부의 회계처리

① 회계처리

제조간접비의 예정배부는 실제 발생한 제조간접비를 제품에 배부하지 않고 예정배부율에 의한 예정배부액을 제품에 배부하고 실제발생액과 예정배부액의 차이는 제조간접비배부차이계정을 설정하여 처리한다.

제조간접비의 예정배부액을 제조간접비계정의 대변에서 재공품계정의 차변에 대체한다. 실제로 발생된 제조간접비는 원가요소계정 대변에서 제조간접비계정의 차변에 대체한다. 이때에 나타나는 제조간접비의 예정배부액과 실제발생액의 차이는 제조간접비계정에서 제조간접비배부차이계정으로 대체한 후 제조간접비계정을 마감한다.

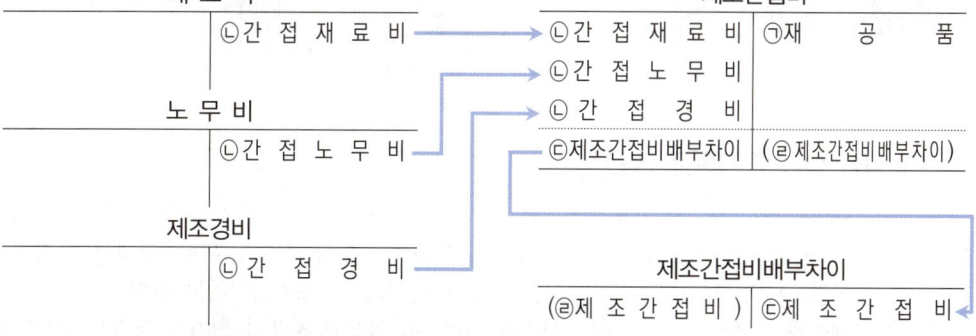

구 분	차변과목	금 액	대변과목	금 액
㉠ 제조간접비의 예정배부	재 공 품	×××	제 조 간 접 비	×××
㉡ 제조간접비 실제 발생액	제 조 간 접 비	×××	재 료 비 노 무 비 제 조 경 비	××× ××× ×××
㉢ 제조간접비차이(과대배부)	제 조 간 접 비	×××	제조간접비배부차이	×××
㉣ 제조간접비차이(과소배부)	제조간접비배부차이	×××	제 조 간 접 비	×××

② 제조간접비배부차이 처리

제조간접비배부차이계정에서 제조간접비배부차이를 처리하는 방법에는 제조간접비배부차이 전부를 매출원가계정에 대체하는 매출원가처리법과 재공품, 제품, 매출원가계정에 포함한 총원가(또는 간접원가)에 비례하여 안분하는 안분법 및 영업외손익으로 처리하는 방법이 있다.

㉠ 과대배부(실제배부액 < 예정배부액)

```
         제조간접비                        제조간접비배부차이
┌─────────────┬─────────┐       ┌─────────────┬─────────────┐
│ 실 제 발 생 액 │         │       │ ②매 출 원 가 │ ①제 조 간 접 비 │
├─────────────┤예 정 배 부 액│       │             │             │
│①제조간접비배부차이│         │       │             │             │
└─────────────┴─────────┘       └─────────────┴─────────────┘
```

구 분	차변과목	금 액	대변과목	금 액
① 배부차이 발생	제 조 간 접 비	×××	제조간접비배부차이	×××
② 매출원가에 대체	제조간접비배부차이	×××	매 출 원 가	×××

㉡ 과소배부(실제배부액 > 예정배부액)

과대배부와 반대의 회계처리를 하게 된다.

확인예제　POINT 전산세무 2급

01 다음 설명 중 잘못된 것은?

① 개별원가계산은 각 개별작업별로 원가를 집계하여 제품별원가계산을 하는 방법이다.
② 각 제품별로 제조과정에서 발생하는 제조원가를 집계하기 위한 명세서로 직접재료비, 직접노무비, 제조간접비가 상세히 기록되는 표를 제조지시서라고 한다.
③ 재공품 중에서 완성된 것은 제품이 되며, 이 완성된 제품의 원가를 당기제품제조원가라고 한다.
④ 특정제조지시서는 개별원가계산에서 사용되고, 종합원가계산에서는 계속작업지시서가 사용된다.

해설　② 각 제품별로 제조과정에서 발생하는 제조원가를 집계하기 위한 명세서는 원가계산표이며, 제조지시서는 주문에 따라 생산부서에서 작업현장으로 제품의 생산을 위하여 발행하는 문서를 말한다.

02 다음 자료에 의할 때 제조지시서 #1의 제조간접비는 얼마인가? 단, 제조간접비는 직접노무비법을 이용하여 구한다.

분　류	제조지시서#1	총 원 가
직접재료비	40,000원	400,000원
직접노무비	38,000원	108,000원
제조간접비	(　　　)	270,000원

① 70,000원　　　　　　　　　② 88,000원
③ 95,000원　　　　　　　　　④ 152,000원

해설　③ 배부율 : 270,000 ÷ 108,000 = 2.5원
　　　배부액 : 2.5 × 38,000 = 95,000원

03 용인기업은 개별원가계산을 사용하며, 직접노동시간법에 의하여 제조간접비를 예정배부하고 있다. 20X1년의 제조간접비 예상액은 80,000원이었고 제조간접비 발생액은 88,400원이었다. 예상 직접노동시간은 400시간이었는데 실제 직접노동시간은 420시간이었다. 20X1년 3월중에 시작한 작업지시서 #24를 완성하는데 40시간이 투입되었다. 작업지시서 #24에 예정배부된 제조간접비는 얼마인가?

① 8,000원　　　　　　　　　② 8,240원
③ 8,320원　　　　　　　　　④ 8,840원

해설　① 예정배부율 : 80,000 ÷ 400 = 200원
　　　예정배부액 : 200 × 40시간 = 8,000원

SECTION 05 | 종합원가계산

> • NCS 능력단위 : 0203020103원가계산   능력단위요소 : 03원가계산하기
> 3.3 업종 특성에 따라 종합원가계산을 할 수 있다.

1 종합원가계산의 의의

종합원가계산은 동종의 제품을 연속적으로 대량 생산하는 업종인 방직업, 정유업, 식품가공업 등에 적합한 원가계산 방법이다.

개별원가계산에서는 발생한 원가를 제품별로 집계하지만, 종합원가계산에서는 연속된 공정에서 계속적 반복적으로 생산하므로 발생원가를 공정별 또는 부문별로 집계하여 완성품과 미완성품에 배부하여 완성품제조원가와 기말재공품원가를 산출한다. 종합원가계산에서 제품의 원가는 평준화되는 것으로 가정하여 일정기간별로 집계한 총원가투입액을 총산출량으로 나누어 단위당원가를 구한다.

2 종합원가계산과 개별원가계산의 비교

구 분	종합원가계산	개별원가계산
생 산 형 태	동종 제품의 연속 대량 생산	다품종 소량의 주문 생산
적 용 대 상 업 종	정유업, 제분업, 제당업, 방직업, 철강업, 제지업, 화학품제조업	건설업, 조선업, 인쇄업, 기계제작업, 항공기제조업, 회계서비스업
제 조 지 시 서	계속제조지시서	특정제조지시서
원 가 계 산 방 법	공정별 기간별원가계산을 하므로 직접재료비와 가공비의 구분과 완성품환산량의 계산이 중요	제조지시서별 원가계산을 위하여 직접비·간접비의 구분과 제조간접비의 배부가 중요
기말재공품의 평가	제조원가를 완성품원가와 기말재공품으로 분배하는 절차가 필요하고 기말재공품 완성품환산량에 단위당원가를 곱하여 계산한다.	별도의 기말재공품 평가가 불필요하고 미완성된 제조지시서의 원가를 집계하면 된다.
완성품단위당원가	완성품제조원가(= 기초재공품원가 + 당기제조원가투입액 - 기말재공품원가)를 완성수량으로 나눈다.	완성된 제품의 원가계산표의 합계액을 완성수량으로 나누어 구한다.
원가계산의 정확성	상대적으로 정확성이 떨어진다.	제품별 정확한 원가계산이 가능
원가계산의 비용	상대적으로 덜 복잡하여 비용이 많이 들지 않는다.	상세한 기록이 필요하여 원가계산비용이 많이 소요된다.

3 종합원가계산의 절차

종합원가계산은 다음과 같은 다섯 단계에 의하여 이루어진다.

> 1단계 : 물량의 흐름을 파악한다.
> 2단계 : 원가요소별로 완성품환산량을 계산한다.
> 3단계 : 원가요소별로 발생한 원가를 집계한다.
> 4단계 : 원가요소별로 완성품환산량 단위당원가를 산출한다.
> 5단계 : 제품제조원가와 기말재공품원가를 계산한다.

4 기말재공품의 평가

기말재공품의 평가란 기초재공품의 원가와 당기에 투입한 원가를 완성품과 기말재공품에 배분하는 과정을 말하는 것으로 이것을 위하여 원가의 흐름에 대한 가정이 필요하다.

원가흐름의 가정에는 평균법, 선입선출법, 후입선출법이 있는데 후입선출법은 계산이 복잡하고 물량의 흐름에 배치되어 거의 사용하지 않는 방법으로 한국채택국제회계기준은 인정하지 않는다.

① **평균법**

평균법은 기초재공품도 당기에 투입한 것으로 가정하여 기초재공품원가와 당기투입원가를 구분하지 않고 가중평균하여 완성품과 기말재공품에 안분하는 방법이다.

아래 T계정의 모양에서 검토하면 차변의 기초재공품과 투입원가의 합을 대변의 완성량과 기말재공품환산량의 합으로 나누어 평균단가를 구한다. 이 평균단가를 완성품환산량단위당원가라 하고 기말재공품환산량에 곱하면 기말재공품 평가액이 된다. 기초재공품은 당기투입원가와 동일하게 기초에 투입한 것으로 보므로 완성도를 고려할 필요가 없다.

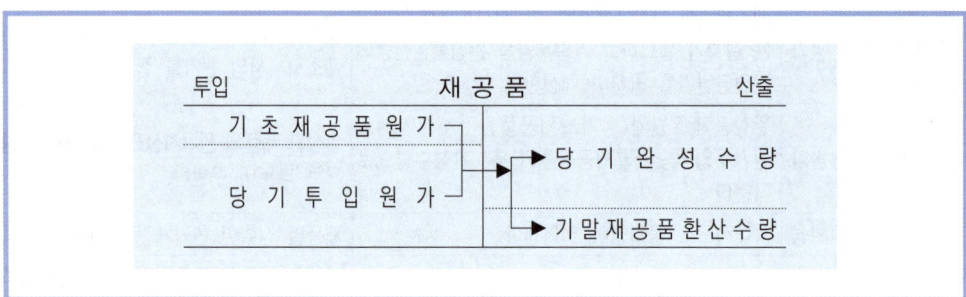

> 완성품환산량 = 당기완성수량 + 기말재공품환산량
> 완성품환산량단위당원가 = $\dfrac{\text{기초재공품원가} + \text{당기투입원가}}{\text{완성품 환산량}}$
> 기말재공품원가 = 완성품환산량단위당원가 × 기말재공품환산량
> * 기말재공품 평가는 직접재료비와 가공비를 구분하여 구한 후 합산한다.

② 선입선출법

선입선출법은 전기에 투입된 기초재공품이 먼저 완성품이 되고 당기에 투입한 원가가 완성품과 기말재공품이 된다는 원가흐름을 가정하므로 배분대상 원가는 당기투입원가가 되고, 완성품환산량은 당기투입원가에 대응하는 것을 구하여야 한다.

아래 T계정의 모양에서 검토하면 완성수량은 기초재공품과 당기투입원가의 일부로 구성되고 기말재공품은 당기투입원가에 의하여 결정된다. 따라서 완성품환산량단위당원가를 구하려면 차변의 당기투입원가를 이에 대응하는 완성품환산량으로 나누어야 한다.

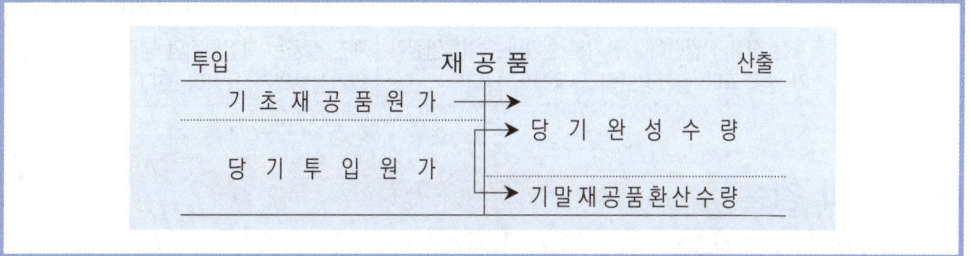

> 완성품환산량 = 당기완성수량 − 기초재공품환산량 + 기말재공품환산량
> = 기초재공품수량 × (1 − 완성도) + 당기제조착수수량 중 완성수량 + 기말재공품환산량
> 완성품환산량단위당원가 = $\dfrac{\text{당기투입원가}}{\text{완성품환산량}}$
> 기말재공품원가 = 완성품환산량단위당원가 × 기말재공품환산량
> * 기말재공품 평가는 직접재료비와 가공비를 구분하여 구한 후 합산한다.

5 제품제조원가의 계산

제품제조원가는 기초재공품원가에 당기투입원가를 가산하고 기말재공품원가를 차감하여 구한다.

> 기말재공품원가 = 기말재공품수량 × 완성품환산량 단위당원가
> 제품제조원가 = 기초재공품원가 + 당기투입원가 − 기말재공품원가

6 평균법과 선입선출법의 비교

평균법과 선입선출법에 대하여 다음과 같은 비교를 할 수 있다. 선입선출법이 이론적으로는 우수하지만 투입요소의 가격이나 생산과정이 안정적인 경우 평균법과 별 차이가 없어 실무적으로 평균법을 더 많이 사용한다.

구 분	평 균 법	선입선출법
배분대상원가	기초재공품원가와 당기투입원가의 합계액이 배분대상원가	기초재공품은 먼저 완성되는 것으로 가정하므로 당기투입원가가 배분대상원가
기초재공품의 완 성 도	기초재공품을 당기투입원가와 같이 당기에 투입한 것으로 보므로 완성도를 적용할 필요가 없다.	완성품환산량 계산을 위하여 기초재공품과 당기투입원가를 구분하여야 하므로 기초재공품의 완성도가 필요하다.
완성품환산량	당기완성수량 + 기말재공품환산량	당기완성수량 − 기초재공품환산량 + 기말재공품환산량
완 성 품 제 조 원 가	완성수량에 완성품환산량단위당원가를 곱한 금액	당기투입분 중 완성수량에 완성품환산량단위당원가를 곱한 금액과 기초재공품원가의 합계액
장 단 점	계산 절차가 간단하나 전기분 원가와 당기투입원가가 혼합되어 원가정보의 유용성이 낮다.	계산 절차는 복잡하지만 당기분원가만 반영하므로 원가정보의 유용성이 크다.

7 공손과 감손

① **공손과 감손의 개념**

공손이란 재료의 불량, 작업기술의 미숙, 기계 등의 정비불량 등으로 가공과정에 실패한 불합격품을 말한다.

감손은 제조과정에서 재료의 유실, 증발, 가스화하여 제품화되지 않은 부분을 말한다.

② **공손품이 있는 경우 종합원가계산**

공손이 정상적인 원인에 의한 경우에는 제조원가로 처리하고, 비정상적인 원인에 의한 공손인 경우에는 영업외비용으로 처리한다.

제조원가로 처리하는 정상적인 공손의 경우에는 ㉠ 완성품에만 부담시키는 방법과 ㉡ 완성품과 기말재공품에 안분하는 방법이 있다.

구 분		처 리 방 법
정 상 공 손 원 가	제조원가로 처리	기말재공품이 검사시점을 통과하지 못한 경우 : 완성품에만 배부
		기말재공품이 검사시점을 통과한 경우 : 완성품과 기말재공품에 안분
비정상공손원가	영업외비용으로 처리	

㉠ 완성품에만 부담시키는 방법

정상공손품의 검사시점이 기말재공품의 완성도 이후에 해당하는 경우에는 정상공손품이 모두 완성품에서만 나타난 것이므로 기말재공품과는 아무 관련이 없게 된다. 따라서 공손품 원가는 모두 완성품에만 부담시켜야 한다.

㉡ 완성품과 기말재공품에 안분하는 방법

정상공손품의 검사시점이 기말재공품의 완성도 이전에 해당하는 경우에는 완성품과 기말재공품에 안분하여 부담시켜야 한다.

필수예제 공손수량의 계산(완성수량 기준)

다음과 같은 물량의 흐름에서 공손 중 정상공손은 완성수량의 10%이고, 나머지는 비정상 공손이라 가정하고 각각의 경우 정상공손과 비정상공손을 계산하면?

- 물량의 흐름

• 기초재공품수량	300개(30%)	• 당기착수수량	1,700개
• 당기공손수량	300개	• 기말재공품수량	100개(50%)

풀이

- 물량의 흐름 분석

기초재공품	300개	완성수량	1,600개
당기착수량	1,700개	공손수량	300개
		기말재공품	100개
	2,000개		2,000개

- 정상공손수량 : 1,600 × 10% = 160개
  비정상공손수량 : 300 − 160 = 140개

필수예제 〈사례〉 공손품이 있는 경우의 기말재공품 평가

다음 자료에 의해 제품계정에 대체되는 원가 중 가공원가를 구하면? 공손품 중 합격품의 10%는 정상적인 것으로 간주하며, 공손은 공정의 50% 시점에서 발생된다. 가공원가는 공정전반에 걸쳐 일정하게 발생하고 기말재공품은 선입선출법에 의하여 평가한다. 추가적으로 공손의 검사를 80%에서 실시하는 경우 합격품의 수량과 정상공손수량 및 비정상공손수량을 계산하시오.

• 월초재공품 수량	70개	• 월말재공품 수량	60개
• 월초재공품 완성도	30%	• 월말재공품 완성도	70%
• 완성품 수량	300개	• 공손품 수량	50개
• 완성품 단위당 가공원가	80원		

> **풀이**
> - 정상공손 수량 : (300단위 + 60단위) × 10% = 36단위
> - 정상공손 가공원가 : 36단위 × 50% × 80원 = 1,440원
> - 완성품 가공원가 : 300단위 × 80원 = 24,000원
> - 정상공손 가공원가 배부액 : 1,440원 × 300/360 = 1,200원(완성품)
> - 공손원가 배부 후 완성품 가공원가 : 24,000원 + 1,200원 = 25,200원

* 물량의 흐름 분석

기초재공품	70개	완성수량	300개
당기착수량	340개	공손수량	50개
		기말재공품	60개
	410개		410개

* 합격품과 공손 수량의 계산

구 분	물 량	검사시점 50%	검사시점 80%
기초재공품 중 - 완성품	70개(30%)	70개	70개
당기착수 중 - 완성품	230개	230개	230개
기말재공품	60개(70%)	60개	0개
합격품 수량		360개	300개
정상공손수량(합격품의 10%)		36개	30개
비정상공손수량		14개	20개
공손수량 계		50개	50개

- 검사시점이 80%에서 이루어지면 합격품은 300개이고, 정상공손은 30개 비정상공손은 20개이다.
- 기말재공품의 완성도가 70%인데 검사시점이 공정의 80%에 해당하는 때에는 기말재공품은 합격품이 될 수 없다.

8 결합원가계산

① 결합원가의 개념

결합원가란 결합제품을 일정 공정까지 함께 생산하다가 분리되는 분리점에 도달하기까지 발생한 제조원가를 말한다. 이러한 결합원가는 인위적인 배부방법에 의하여 각 제품에 배분하여야 하는데 이를 결합원가계산이라 한다. 결합원가계산은 결합제품의 특성에 따라 등급별원가계산과 연산품원가계산으로 구분한다.

② 연산품과 연산품원가계산

연산품은 분리점까지는 동일한 제조공정에서 생산을 하다가 분리점에 도달하면 별개의 제품으로 구분되는 것을 말한다. 연산품의 대표적인 예로 정유업의 휘발유, 등유, 경유 등을 들 수 있다.

연산품원가계산은 동일재료에 의하여 동일 공정에서 생산된 두 종류 이상의 다른 제품이면서 상대적 판매가치의 차이가 없어 주산물과 부산물의 명확한 구분이 곤란한 경우에 적용한다.

③ 결합원가의 배분

분리점까지의 결합원가를 인위적인 분배기준에 의하여 연산품에 배분한다. 배분기준에는 상대적판매가치법, 물량기준법, 순실현가치법 등이 있다.

구 분	내 용
상대적 판매가치법	분리점에서의 각 제품의 상대적판매가치를 기준으로 결합원가를 각 제품에 배부하는 방법 * 원가 부담능력을 고려한 방법으로 이론적으로 타당하지만 분리점에서의 판매가치를 산정하는 것이 어렵다.
물량기준법	결합제품의 수량, 중량, 부피, 면적 등과 같은 물리적 단위를 기준으로 결합원가를 배부하는 방법
순실현가치법	분리점에서의 순실현가치를 기준으로 결합원가를 배부하는 방법 * 상대적판매가치를 추정하기 어려운 경우 적용 * 순실현가치 = 개별제품의 최종판매가치 - 추가가공비 - 판매비 등

④ 부산물과 작업폐물의 처리

동일한 공정에서 생산된 결합제품으로 주산물과 비교하여 그 가치나 수량에서 상대적으로 중요도가 적은 제품을 부산물이라 한다. 부산물의 회계처리는 판매시점에 잡이익으로 처리하는 방법과 생산시점에 부산물의 순실현가치를 계산하여 재고자산으로 처리하는 방법이 있다.

부산물과 유사한 작업폐물은 원재료를 가공하는 과정에 생기는 조각이나 찌꺼기를 말하는 것으로 목재소의 톱밥이나 철공장의 철부스러기 등을 예로 들 수 있다. 작업폐물의 회계처리는 작업폐물을 처분시에 잡이익으로 처리한다.

⑤ 연산품원가계산과 등급별원가계산의 비교

구 분	연산품원가계산	등급별원가계산
적용기준	동일 공정에서 다른 종류의 제품을 생산하는 업종에서 주산물과 부산물을 명확히 구분하기 곤란한 경우에 적용	동일공정에서 생산되는 동일 종류의 제품으로 그 제품의 품질, 모양, 크기, 무게 등이 다른 경우에 적용
적용업종	정유업, 낙농업, 정육업 등	제분업, 양조업 등
분리점 이전 제품의 식별	개별제품으로 식별 불가	개별제품으로 식별 가능
결합원가배분결과	인위적기준으로 배분액을 결정	배분액이 상대적으로 정확

확인예제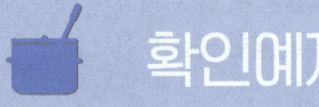

01 종합원가계산에서 선입선출법을 사용하는 경우 기말재공품의 완성도가 40%일 때 완성품환산량은 몇 개인가?

• 기초재공품수량	0개	• 당기완성수량	1,200개
• 당기착수수량	1,800개	• 기말재공품수량	600개

① 1,200개 ② 1,300개
③ 1,440개 ④ 1,800개

해설 ③ 완성품환산량 : 당기완성수량 - 기초재공품수량 + 기말재공품수량
1,200 - 0 + 600 × 40% = 1,440개

02 종합원가계산에서 재료비가 공정초기에 100% 투입되는 경우, 다음 자료에 의하여 기말재공품의 직접재료비를 평균법으로 계산하면 얼마인가?

• 직접재료비 기초재공품	50,000원	• 직접재료비 당기소비액	650,000원
• 당기완성품 수량	2,400개	• 기말재공품 수량(완성도 45%)	100개

① 28,000원 ② 30,000원
③ 32,000원 ④ 35,000원

해설 ① 완성품환산량(당기완성수량 + 기말재공품수량) : 2,400 + 100 = 2,500개
완성품환산량 단위당 원가 : (50,000 + 650,000) ÷ 2,500 = 280원
기말재공품 직접재료비 : 100개 × 100% × 280 = 28,000원

03 종합원가계산의 재공품 평가방법 중 선입선출법과 평균법에 관한 다음 설명 중 옳은 것은?
① 평균법의 경우 기초재공품의 완성도가 필요하다.
② 선입선출법의 경우 기말재공품의 완성도가 필요없다.
③ 평균법의 경우 기말재공품 원가는 기초재공품 원가를 전혀 포함하지 않는다.
④ 선입선출법의 경우 기초재공품 수량보다 당기완성품 수량이 많다면 당기 제품제조원가는 기초재공품원가 전액을 포함한다.

해설 ④ 평균법은 기초재공품 원가와 당기 투입원가의 평균을 완성품과 기말재공품에 배분하는 것이므로 원가는 기초재공품의 원가와 당기 투입원가가 필요하고, 수량은 완성품수량과 기말재공품의 환산량이 필요하다. 따라서 기초재공품의 수량은 불필요하다. 반면에 선입선출법은 기초재공품의 원가는 몰라도 되지만 기초재공품과 기말재공품의 수량(또는 환산량)은 필요하다.

04 다음은 무엇을 설명하는 것인가?

> 원유를 정제하는 경우, 원재료의 특성상 투입원재료가 100% 완제품으로 생산되지 않는다. 공정의 특성상 완성품이 되기 위하여 부피나 무게 등이 줄어드는 등과 같이 원재료의 감소가 이루어지는 것을 말한다.

① 공 손
② 부산물
③ 작업폐물
④ 감 손

해설 ④ 공손은 재료의 불량, 작업기술의 미숙 등으로 표준 규격이나 품질에 미달하는 불합격품을 말하고, 감손은 제조과정에서 재료의 유실, 증발, 가스화하여 제품화되지 않은 부분을 말한다.
부산물은 동일한 공정에서 생산된 결합제품으로 주산물과 비교하여 그 가치나 수량에서 상대적으로 중요도가 적은 제품을 말하고, 작업폐물은 제품 생산 과정에 생기는 조각이나 찌꺼기를 말하는 것으로 목재소의 톱밥을 그 예로 들 수 있다.

05 종합원가계산을 채택하고 있는 (주)한국의 당기 중 생산자료는 다음과 같다. (주)한국이 검사시점을 통과한 수량의 10%를 정상공손으로 간주하는 경우 검사를 50%에서 실시하면 정상공손수량과 비정상공손수량은?

> • 기초 재공품: 400개(완성도 30%) • 당기 착수량: 1,600개
> • 당기 완성량: 1,200개 • 기말 재공품: 500개(완성도 70%)

	정상공손수량	비정상공손수량
①	130개	170개
②	170개	130개
③	200개	100개
④	100개	200개

해설 ②
• 물량의 흐름 분석

기초재공품	400개	완성수량	1,200개
당기착수량	1,600개	공손수량	300개
		기말재공품	500개
	2,000개		2,000개

• 공손 수량의 계산

구 분	물 량	검사시점(50%)
기초재공품 중 - 완성품	400개(30%)	400개
당기착수 중 - 완성품	800개	800개
기말재공품	500개(70%)	500개
합격품 수량		1,700개
정상공손수량(합격품의 10%)		170개
비정상공손수량		130개
공손수량 계		300개

02 평가문제

01 자동차 제조업체인 (주)상용의 회계담당자는 제조원가를 다음과 같이 분류하였다. 잘못 분류된 것은?

① 타이어 : 직접재료비
② 공장장의 임금 : 직접노무비
③ 망치, 못 등의 소모성 비품 : 간접재료비
④ 공장내 의무실에 근무하는 의사의 급여 : 제조간접비

해설 생산라인에 직접 투입되지 않는 공장장은 간접노무비로 분류한다.

02 다음 중에서 원가에 대한 개념을 설명한 것으로 옳지 않은 것은?

① 고정비는 관련범위 내에서 조업도의 증감에 따라 변동하는 원가이다.
② 간접원가란 특정한 원가대상에 직접 추적할 수 없는 원가이다.
③ 매몰원가란 과거의 의사결정으로부터 발생한 원가를 말한다.
④ 기회비용이란 자원을 다른 대체적인 용도에 사용할 경우에 얻을 수 있는 수익의 금액을 말한다.

해설 고정비는 관련범위내의 조업도의 증감과 상관없이 일정하게 발생하는 원가임.

※ (주)서울의 다음 자료를 이용하여 3~4번 물음에 답하시오.

> (주)서울은 현재 정상 판매가 불가능한 재고자산을 보유하고 있는데, 이의 제조원가는 1,000,000원이다. (주)서울은 재고자산을 처분하기위해 다음과 같은 의사결정 안을 수립하였다. 첫 번째는 100,000원을 투입하여 재가공한 후 500,000원에 판매하는 것이고, 두 번째는 이를 재가공하지 않고 그대로 재활용센터에 판매하여 200,000원을 받는 것이다.

03 위의 자료에서 (주)서울의 기발생(매몰)원가(sunk cost)는 얼마인가?

① 100,000원   ② 200,000원
③ 500,000원   ④ 1,000,000원

해설 (주)서울의 기발생원가는 이미 발생하였으며 현재 또는 미래의사결정과 관련이 없는 1,000,000원이다.

04 위의 자료에서 (주)서울이 최선의 대체안을 선택할 경우의 기회비용(원가)은?

① 100,000원   ② 200,000원
③ 500,000원   ④ 1,000,000원

해설 기회비용(원가)은 최선의 안을 선택함으로써 포기되는 대체안의 현금흐름유입액이므로, 최선의 안은 100,000원을 투입하여 500,000원을 얻는 것이고, 이때의 포기되는 대체안은 200,000원을 받고 처분하는 것이다.

05 다음 중 원가계산에 관련된 설명 중 타당하지 않은 것은?

① 원가회계는 일반적으로 회사내부 정보이용자에게도 유용한 정보를 제공한다.
② 제조원가명세서가 작성되었더라도 제품매출원가를 알 수 있는 것은 아니다.
③ 제조과정에 있는 모든 제조기업의 원가계산은 기업회계기준에서 정한 동일한 원가계산방식에 의해서 하여야 한다.
④ 제조원가에 해당하는 금액을 발생즉시 비용처리 하였다면 당기총제조원가를 과소계상하게 된다.

해설 기업의 생산형태와 목적 등에 따라 다양한 원가계산방식을 사용한다.

06 다음 중 기본원가이면서 전환원가에 해당되는 것은?

① 직접노무비   ② 제조간접비
③ 간접재료비   ④ 직접재료비

정답 | 1. ② 2. ① 3. ④ 4. ② 5. ③ 6. ①

> **해설** 기본원가(직접재료비와 직접노무비)이면서 전환원가(가공비=직접노무비와 제조간접비)는 직접노무비이다.

07 다음 중 제조원가에 해당되지 않는 경우는?
① 제품의 홍보를 위한 제품견적서의 인쇄비
② 공장건물에 대한 재산세
③ 생산직 직원의 퇴직급여지급액
④ 원재료 운반용 차량에 대한 감가상각비

> **해설** 제품 홍보를 위한 제품견적서의 인쇄비는 판매비와관리비에 해당한다.

08 다음은 원가계산방법을 나열한 것이다. 생산형태에 따른 원가계산방법의 분류로 맞는 것은?
① 개별원가계산과 종합원가계산
② 실제원가계산, 정상(예정)원가계산, 표준원가계산
③ 전부원가계산, 변동원가계산
④ 직접원가계산과 간접원가계산

> **해설** 생산형태에 따른 구분은 개별원가계산과 종합원가계산이다. 실제원가계산, 정상(예정)원가계산, 표준원가계산은 원가의 실제성, 전부원가계산, 변동원가계산은 고정제조간접비의 제조원가 포함여부에 따른 분류이다.

09 다음 중에서 고정비와 변동비에 관한 설명 중 옳지 않은 것은?
① 관련범위 내에서 변동비는 조업도의 증감에 따라 원가총액이 일정하다.
② 관련범위 내에서 고정비는 조업도의 증감에 불구하고 원가총액이 일정하다.
③ 관련범위 내에서 변동비는 조업도의 증감에 불구하고 단위당 원가가 일정하다.
④ 관련범위 내에서 고정비는 조업도의 증감에 불구하고 단위당 원가가 반비례한다.

> **해설** 변동비는 조업도의 증감에 원가총액이 비례하여 변동한다.

10 가공비 항목이 아닌 것은?
① 공장의 생산직근로자의 인건비
② 공장장의 인건비
③ 제품생산과 관련한 공장창고의 수선비
④ 가구 생산공장의 목재구입비

> **해설** 가공비는 직접노무비+제조간접비이다. 이중 가구생산공장의 재료인 목재 구입비는 직접재료비이다.

11 원가의 개념에 대한 다음 설명 중 틀린 것은?
① 매몰원가란 특정의사결정과 직접적으로 관련 있는 원가를 말한다.
② 고정원가란 관련범위 내에서 조업도 수준과 관계없이 총원가가 일정한 원가형태를 말한다.
③ 직접원가란 특정 원가 집적대상에 추적이 가능하거나 식별 가능한 원가이다.
④ 기간원가란 제품생산과 관련 없이 발생된 원가로써 발생된 기간에 비용으로 처리되는 원가를 말한다.

> **해설**
> • ①의 경우는 관련원가의 의미이다.
> • 매몰원가란 이미 발생된 원가로 현재의 의사결정에는 아무런 영향을 미치지 못하는 원가를 말한다.

12 다음은 원가배분에 관한 내용이다. 부문공통원가인 건물의 감가상각비의 배분기준으로 가장 합리적인 것은?
① 각 제조부문과 보조부문의 인원수
② 각 제조부문과 보조부문의 작업시간
③ 각 제조부문과 보조부문의 면적
④ 각 제조부문과 보조부문의 건물가액

> **해설** 건물의 감가상각비는 각 부문이 사용하고 있는 건물의 면적과 가장 밀접한 인과관계를 가진다.

13 원가행태에 따른 분류 중에서 일정한 범위의 조업도내에서는 총원가가 일정하지만 조업도 구간이 달라지면 총액(총원가)이 달라지는 원가를 무엇이라 하는가?
① 변동비　　② 고정비
③ 준변동비　④ 준고정비

정답 | 7. ① 8. ① 9. ① 10. ④ 11. ① 12. ③ 13. ④

14 재료의 소비량은 계속기록법 또는 실지재고조사법에 의해 파악할 수 있다. 다음 중 실지재고조사법 하에서는 사용할 수 없는 원가흐름의 가정은?

① 선입선출법 ② 후입선출법
③ 총평균법 ④ 이동평균법

해설 이동평균법은 재료의 입/출고를 계속적으로 기록하는 전제하에 적용이 가능하다.

15 다음 중 (주)대한산업의 당기분 원재료매입액은?

• 기초 원재료 재고액	500,000원
• 기말 원재료 재고액	700,000원
• 당기 노무비 발생액	3,200,000원
• 당기 제조경비 발생액	4,500,000원
• 당기총제조원가	12,300,000원

① 4,500,000원 ② 4,800,000원
③ 5,200,000원 ④ 12,300,000원

해설
• 당기 총제조원가 = 재료비 + 노무비 + 제조경비
  * 재료비: 12,300,000 − (3,200,000 + 4,500,000)
    = 4,600,000원
• 당기 원재료매입액 = 재료비 + 기말원재료 재고액
  − 기초원재료 재고액
  4,600,000 + 700,000 − 500,000 = 4,800,000원

16 다음 자료에 의한 (주)대한산업의 4월의 노무비발생액은?

• 4월의 노무비 현금지급액	500,000원
• 4월의 노무비 미지급액	370,000원
• 3월에 선지급된 4월분 노무비 해당액	280,000원
• 4월의 노무비 현금지급액 중 3월분 미지급노무비 해당액	170,000원
• 4월의 노무비 현금지급액 중 5월분 노무비 해당액	220,000원

① 690,000원 ② 760,000원
③ 930,000원 ④ 1,150,000원

해설 4월분 노무비 현금지급액(500,000) + 4월의 노무비 미지급액(370,000) + 3월에 선지급된 4월분 노무비 해당액(280,000) − 4월의 노무비 현금지급액 중 3월분 미지급 노무비 해당액(170,000) − 4월의 노무비 현금지급액 중 5월분 노무비 해당액(220,000) = 760,000원

※ (주)통일산업의 제조와 관련하여 발생한 경비 항목이다. 다음 자료를 이용하여 17~18번 문제에 답하시오.

• 기초원재료재고액	500,000원	• 공장근로자의 인건비	2,600,000원
• 원재료 당기매입액	3,450,000원	• 기계장치 감가상각비	1,800,000원
• 기말원재료재고액	860,000원	• 제품의 외주가공비	530,000원
• 기초재공품재고액	400,000원	• 공장의 전력비	410,000원
• 기말재공품재고액	450,000원	• 공장건물 임차료	130,000원
• 사무실 전기요금	110,000원	• 생산직사원 퇴직금지급액	610,000원

17 당기제품제조원가는 얼마인가?

① 8,560,000원 ② 9,120,000원
③ 9,170,000원 ④ 9,280,000원

해설
• 재료비 = 기초원재료재고액 + 원재료 당기매입액
  − 기말원재료재고액
• 노무비 = 공장근로자의 인건비 + 생산직사원 퇴직금지급액
• 제조경비 = 기계장치 감가상각비 + 제품의 외주가공비
  + 공장전력비 + 공장건물임차료
• 당기총제조원가 = 재료비(3,090,000) + 노무비(3,210,000) +
  제조경비(2,870,000) = 9,170,000원
• 당기제품제조원가 = 기초재공품재고액 + 당기총제조원가 − 기말재공품재고액
  = 400,000 + 9,170,000 − 450,000 = 9,120,000원

18 (주)통일산업의 가공비는 얼마인가?

① 3,210,000원 ② 5,470,000원
③ 5,960,000원 ④ 6,080,000원

해설
• 노무비 = 공장근로자의 인건비 + 생산직사원 퇴직금지급액
• 제조경비 = 기계장치 감가상각비 + 제품의 외주가공비
  + 공장전력비 + 공장건물임차료
• 가공비: 노무비(3,210,000) + 제조경비(2,870,000)
  = 6,080,000원

19 다음 중 제조원가명세서에서 제공하고 있는 정보가 아닌 것은?

① 당기제품제조원가 ② 당기총제조원가
③ 매출원가 ④ 기말재공품재고액

해설 매출원가는 손익계산서에서 제공하는 정보이다.

20 (주)한라의 제품 제조에 관한 자료는 다음과 같을 때 재무상태표에 표시될 원재료, 재공품, 제품의 합계 금액은 얼마인가?

- 당기총제조원가   10,000,000원
- 당기제품제조원가   8,500,000원
- 기말 원재료 재고액   1,000,000원
- 당기 매출원가   7,500,000원
- 기초 재고자산은 없다.

① 3,000,000원   ② 3,500,000원
③ 4,000,000원   ④ 4,500,000원

해설
- 기말 재공품 = 10,000,000 − 8,500,000 = 1,500,000원
- 기말 제품 = 8,500,000 − 7,500,000 = 1,000,000원
- 기말 원재료 : 1,000,000원
∴ 재무상태표에 표시될 원재료, 재공품, 제품 금액의 합은 3,500,000원이다.

21 다음의 설명 중 올바르지 못한 것은?

① 기말제품원가가 과대계상되면, 당기순이익은 감소한다.
② 종합원가계산은 동일한 종류의 제품을 대량생산하는 업종에 적합하다.
③ 기말재공품이 기초재공품의 금액보다 증가하였다면, 당기총제조원가가 당기제품제조원가보다 크다.
④ 제품매출원가는 기초제품원가와 당기제품제조원가의 합계액에서 기말제품재고원가를 차감하여 계산한다.

해설
- 기말제품원가가 과대계상되면 매출원가가 과소계상되므로, 당기순이익은 증가된다.
- 기초재공품 + 당기총제조원가 = 당기제품제조원가 + 기말재공품
- 기초제품 + 당기제품제조원가 = 매출원가 + 기말제품

22 20×1년 1월 5일 영업을 시작한 A회사는 20×1년 12월 31일에 원재료 재고 5,000원, 재공품 재고 10,000원, 제품 재고 20,000원을 가지고 있었다. 20×2년에 영업실적이 부진하자 이 회사는 20×2년 6월에 원재료와 재공품 재고를 남겨두지 않고 제품으로 생산한 후 싼 가격으로 처분하고 공장을 폐쇄하였다. 이 회사의 20×2년 원가를 큰 순서대로 나열한 것은?

① 매출원가, 제품제조원가, 총제조원가
② 매출원가, 총제조원가, 제품제조원가
③ 총제조원가, 제품제조원가, 매출원가
④ 모두 같음

해설 매출원가, 제품제조원가, 총제조원가

원재료
기초	5,000	사용	x+5,000
당기매입	x	기말	0
	x+5,000		x+5,000

재공품
기초	10,000	당기제품	x+y+15,000
재료비	x+5,000	제조원가	
가공비	y	기말	0
	x+y+15,000		x+y+15,000

제품
기초	20,000	매출원가	x+y+35,000
당기제품			
제조원가	x+Y+15,000	기말	0
	x+y+35,000		x+y+35,000

당기총제조원가 = x+y+5,000
당기제품제조원가 = x+y+15,000
매출원가 = x+y+35,000

23 다음 부문공통비 항목에 대한 배부기준으로 타당성이 가장 결여된 항목은?

① 지급임차료 − 면적
② 연료비 − 리터당 유류대금
③ 운반비 − 중량, 운반거리
④ 간접노무비 − 작업시간수, 임금액

해설 연료비의 경우 추정소비량이 배부기준으로 타당하다.

24 보조부문비의 배부에 있어서 단계배부법을 사용할 경우 배부순서를 정하여야 한다. 다음 중 배부순서를 정하는 기준으로 적합하지 않은 것은?

① 보조부문이 제공하는 용역을 사용하는 다른 보조부문의 수
② 알파벳 순서나 가나다 순서에 의한 배열기준
③ 보조부문비 금액의 크기
④ 다른 보조부문에 대한 용역제공비율의 크기

해설 보조부문비의 배부순서는 글자의 배열순서와는 상관이 없다.

정답 | 20. ② 21. ① 22. ① 23. ② 24. ②

25 보조부문원가를 배분하는 방법에 대한 설명으로 옳지 않은 것은?

① 직접배부법은 보조부문원가를 다른 보조부문에는 배분하지 않고 제조부문에만 배분하는 방법이다.
② 단계배부법은 보조부문원가를 배분순서에 따라 순차적으로 다른 보조부문과 제조부문에 배분하는 방법이다.
③ 상호배부법은 보조부문 상호간의 용역수수관계를 완전히 인식하여 보조부문원가를 다른 보조부문과 제조부문에 배분하는 방법이다.
④ 단일배부율법은 보조부문원가를 변동원가와 고정원가로 구분하여 각각 다른 배분기준을 적용하여 배분하는 방법이다.

해설 단일배부율법은 보조부문의 원가를 변동비와 고정비로 구분하지 않고 하나의 기준에 따라 배부하는 방법이다.

26 (주)부산기계는 2개의 제조부문을 통하여 기계제품(A)을 생산하고 있다. 부문1과 부문2는 직접노동시간을 기준으로 부문원가를 제품에 배부하고 있다. 기계제품(A)가 부문1에서 50시간, 부문2에서 200시간의 직접노동시간을 소비한다면 기계제품(A)에 대한 부문원가 배부액은 얼마인가?

	부문 1	부문 2
부문원가	9,000원	12,000원
직접노동시간	450시간	1,200시간

① 3,000원 ② 2,000원
③ 4,000원 ④ 5,000원

해설 부문1의 배부액(20 × 50 = 1,000) + 부문2의 배부액 (10 × 200 = 2,000) = 3,000원

27 (주)세무는 직접배부법을 이용하여 보조부문 제조간접비를 제조부문에 배부하고자한다. 보조부문 제조간접비를 배분한 후 조립부문의 총원가는 얼마인가?

구 분	보조부문		제조부문	
	전력부문	수선부문	조립부문	절단부문
전력부문 공급(kw)		40kw	80kw	80kw
수선부문 공급(시간)	100시간		300시간	200시간
자기부문 원가(원)	100,000	200,000	500,000	420,000

① 670,000원 ② 644,000원
③ 692,000원 ④ 700,000원

해설
· 전력부문이 조립부문에 배분한 금액 : 100,000 × 80kw/160kw = 50,000원
· 수선부문이 조립부문에 배분한 금액 : 200,000 × 300시간/500시간 = 120,000원
· 조립부문 총원가 : 50,000 + 120,000 + 500,000 = 670,000원

28 (주)경북은 두 개의 제조부문인 P1, P2와 보조부문인 S1, S2를 두고 있다. 보조부문의 제조부문에 대한 용역제공비율은 다음과 같다. S1의 원가는 160,000원, S2의 원가는 200,000원이었다면 단계배부법에 의하고 S1의 원가를 먼저 배부하는 경우 보조부문 S2에서 배분되어야 할 금액은 얼마인가?

	보조부문		제조부문	
	S1	S2	P1	P2
S1	0	40%	20%	40%
S2	30%	0	40%	30%

① 160,000원 ② 200,000원
③ 264,000원 ④ 360,000원

해설 S1의 원가 중 160,000 × 0.4 = 64,000원이 S2에 배부되므로 S2에서 배부해야하는 금액은 S2의 금액 200,000원과 S1으로부터 배부 받은 금액 64,000원을 합한 264,000원이 된다.

29 보조부문원가 배분방법인 직접배분법, 단계배분법 및 상호배분법을 서로 비교하는 설명으로 옳지 않은 것은?

① 가장 정확성이 높은 방법은 상호배분법이다.
② 상호배분법이 가장 번거로운 방법이다.
③ 배분순위를 고려한 것은 단계배분법이다.
④ 상호배분법은 단계배분법에 비해 순이익을 높게 계상하도록 하는 배분방법이다.

정답 | 25. ④ 26. ① 27. ① 28. ③ 29. ④

해설 상호배분법은 보조부문의 용역수수관계까지 고려한 가장 정확한 원가배분 방법이지 순이익을 높이기 위한 방법이 아니다.

30 제조간접비(공통비)의 배부기준을 정할 때 고려해야 되는 요소로서 다음 중 가장 합리적이고, 우선적으로 적용되어야 하는 요소는?

① 목적적합성 ② 신뢰성
③ 인과관계 ④ 예측가능성

해설 제조간접비를 배부하는 기준을 정할 때 제조간접비와 제조부문 사이의 인과관계를 고려하는 것이 가장 합리적이다.

31 다음 중 제조간접원가의 배부기준을 결정할 때 고려해야 할 일반적인 특성으로 맞지 않는 것은?

① 부담능력기준 ② 인과관계기준
③ 수혜기준 ④ 일괄기준

해설 제조간접원가의 배부기준을 결정할 때 고려해야 할 일반적인 특성은 부담능력기준, 인과관계기준, 수혜기준이다.

32 다음 자료를 기초로 직접노동시간을 기준으로 제조지시서 No.5 에 배부될 제조간접비를 계산하면 얼마인가?

기본자료	· 당기 직접재료비 총액 : 80,000원 · 당기 직접노무비 총액 : 100,000원 · 당기 제조간접비 총액 : 20,000원 · 당기 직접노동시간 : 500시간
제조지시서 No.5	· 직접재료비 : 2,000원 · 직접노무비 : 2,600원 · 직접노동시간 : 40시간

① 1,200원 ② 1,600원
③ 2,000원 ④ 2,600원

해설 제조간접비 총액 : 20,000 × $\frac{40시간}{500시간}$ = 1,600원

33 (주)대한산업은 제조간접비를 기계사용시간으로 배부하고 있다. 당해 연도초의 제조간접비 예상액은 1,500,000원이고 예상 직접노무시간은 10,000시간이며, 예상 기계사용시간은 30,000시간이다. 당기말 현재 실제 제조간접비 발생액이 1,650,000원이다. 실제 기계사용시간이 36,900시간일 경우 당기의 제조간접비 과소(과대)배부액은 얼마인가?

① 150,000원(과소배부)
② 150,000원(과대배부)
③ 195,000원(과소배부)
④ 195,000원(과대배부)

해설
- 예정배부율 = 제조간접비예상 ÷ 예정배부기준수(예상 기계사용시간)
  1,500,000 ÷ 30,000시간 = 50원
- 예정배부액 = 예정배부율(50) × 실제기계사용시간 (36,900시간) = 1,845,000원
- 실제발생액(1,650,000) − 예정배부액(1,845,000) = −195,000원(과대배부 − 유리)

34 제품 A를 전문적으로 생산하는 (주)경북은 제조간접비를 기계시간을 기준으로 제품에 배부하고 있으며 배부차이를 매출원가에서 가감하고 있다. 다음의 자료를 이용할 경우 맞는 분개는?

- 20X1년의 예산자료 : 제조간접비 예산 100,000원, 추정기계시간 500시간
- 20X1년의 실제자료 : 실제제조간접비 97,000원, 실제기계시간 480시간

① (차) 매출원가 4,000
　　(대) 제조간접비 4,000
② (차) 매출원가 1,000
　　(대) 제조간접비 1,000
③ (차) 제조간접비 1,000
　　(대) 매출원가 1,000
④ (차) 매출원가 3,000
　　(대) 제조간접비 3,000

해설
- 예정배부율 100,000 ÷ 500 = 200원
- 20X1년 예정 배부액 200 × 480 = 96,000원
- 20X1년 실제 발생액　　　　97,000원
  　과소배부액　　　　　　　 1,000원

35 다음은 개별원가계산에서 배부차이를 조정하는 방법이 아닌 것은?

① 안분(비례배분)법 ② 매출원가조정법
③ 영업외손익법 ④ 자산화법

해설 배부차이를 조정하는 방법에는 안분(비례배분)법, 매출원가조정법, 영업외손익법 등이 있다.

정답 | 30. ③ 31. ④ 32. ② 33. ④ 34. ② 35. ④

36 제조간접비의 실제배부보다 예정배부가 선호되는 이유로 타당하지 않은 것은?

① 특정 제품별로 제조간접비 배부액을 매기 균등하게 유지할 수 있다.
② 제조원가의 신속한 계산이 가능하다.
③ 제조간접비의 대부분은 변동비의 형태로 나타나므로 예정배부시 제조간접비 배부율은 이점을 항상 고려하여 타당하게 적용하여야 한다.
④ 예정배부율은 계절변동이나 조업도변동 등 배부기준변동에 영향을 받지 않아 매기 일정하게 유지되므로 정확한 원가계산이 가능하다.

해설 제조간접비의 대부분은 고정비의 형태로 나타나므로 예정배부시 일정하게 나타난다.

37 종합원가계산과 개별원가계산에 대한 설명으로 옳지 않은 것은?

① 개별원가계산은 다품종 소량주문 생산형태에 적합한 원가계산방법이다.
② 종합원가계산이란 단일 종류의 제품을 연속적으로 대량 생산하는 경우에 적합한 원가계산방법이다.
③ 개별원가계산에서는 직접비를 일정한 기준에 의해 배부하는 절차가 필요하다.
④ 종합원가계산에서는 직접비와 간접비의 구분이 필요없는 대신 직접재료비와 가공비로 분류하게 된다.

해설 개별원가계산에서는 직접비는 추적이 가능하므로 일정한 기준에 의해 배부하는 절차를 필요로 하지 않는다.

38 종합원가계산 시 완성품 환산량 및 기말재공품의 원가를 계산할 때 선입선출법을 적용한 원가계산의 결과와 평균법을 적용한 원가계산의 결과가 같은 경우는?

① 동일한 성질의 제품일 경우
② 동일 공정에서 생산되는 이종제품일 경우
③ 기초재공품이 없는 경우
④ 기초와 기말의 재공품에 대한 완성도가 50%일 경우

해설 선입선출법과 평균법의 원가계산결과가 같을 경우는 기초재공품이 없을 경우이다.

39 (주)일산은 당월 초부터 신제품의 생산을 시작하였으며, 당월에 2,000개를 생산에 착수하여 이 중 70%는 완성하고, 30%는 월말재고(완성도 50%)로 남아있다. 원재료는 공정초기에 전량투입되며, 가공비는 전 공정에 걸쳐 균등투입된다. 재료비와 가공비의 완성품 환산량을 계산하면?

① 재료비 : 2,000개, 가공비 : 1,400개
② 재료비 : 1,400개, 가공비 : 1,600개
③ 재료비 : 2,000개, 가공비 : 1,700개
④ 재료비 : 2,000개, 가공비 : 1,800개

해설 재료비는 공정초기에 전량투입되므로 생산착수량 2,000개가 재료비 환산량이며, 가공비는 완성품 1,400(2,000 × 70%) + 기말재고 300(2,000 × 30% × 50%) = 1,700개

40 평균법을 이용하여 종합원가계산을 수행하는 회사에서 기말재공품 완성도를 실제보다 과대평가할 경우 발생되는 효과로 옳지 않은 것은?

① 완성품환산량이 과대평가된다.
② 완성품환산량 단위당원가가 과소평가된다.
③ 당기완성품원가가 과대평가된다.
④ 기말재공품원가가 과대평가된다.

해설 기말재공품의 완성품환산량이 과대되므로 당기완성품원가는 과소계상된다.

41 다음 회사의 제품의 특성을 통하여 어떠한 원가계산방법을 사용하는 것이 타당한 것인가?

> (주)대한반도체공업은 컴퓨터 중앙처리장치인 반도체칩을 단일품목으로 생산하는 기업이다. 컴퓨터 중앙처리장치의 칩은 커다란 반도체 원판에 칩설계를 하고 해당사항을 인쇄 후 개별단위로 분리하여 생산한다. 원판칩에서 분리하여 생산된 칩은 각각 품질테스트를 수행한 후 높은 성능을 보이는 제품은 고가의 컴퓨터 중앙처리장치 칩으로 낮은 성능을 보이는 제품은 저가의 컴퓨터 중앙처리장치 칩으로 분리하여 판매하고 있다.

정답 | 36. ③ 37. ③ 38. ③ 39. ③ 40. ③ 41. ③

① 공정별 종합원가계산
② 단순 종합원가계산
③ 등급별 종합원가계산
④ 개별원가계산

해설 동일 종류의 제품이 동일 공정에서 연속적으로 생산되나 그 제품의 품질 등이 다른 경우 등급별 원가계산을 사용한다.

42 종합원가계산하에서 선입선출법과 평균법에 대한 설명 중 틀린 것은?

① 선입선출법은 평균법보다 실제물량흐름을 반영하며 원가통제 등에 더 유용한 정보를 제공한다.
② 선입선출법은 완성품환산량 계산시 순수한 당기발생작업량만으로 계산한다.
③ 선입선출법은 기초재공품원가와 당기발생원가를 구분하지 않고, 모두 당기발생원가로 가정하여 완성품과 기말재공품에 배분한다.
④ 기초재공품이 없다면 선입선출법과 평균법의 결과는 차이를 보이지 않는다.

해설 선입선출법은 당기발생원가만을 완성품과 기말재공품에 배분하고, 기초재공품원가는 완성품 원가에 가산한다.

43 다음은 종합원가계산에서 원가를 기말재공품과 완성품에 배부하기 위한 절차이다. 올바른 순서는?

가. 완성품환산량 단위당원가의 계산
나. 물량흐름의 파악
다. 완성품환산량의 계산
라. 완성품과 기말재공품의 원가계산

① 가-나-다-라 ② 나-다-가-라
③ 다-나-가-라 ④ 가-다-나-라

44 다음 중 결합원가계산에 대한 설명으로 옳은 것은?

① 결합원가를 인과관계에 따라 개별제품으로 추적하는 것이 가능함으로 정확한 제품원가계산이 가능하다.
② 순실현가치법은 연산품 중 분리점에서 판매가치를 알 수 없는 경우에 사용된다.
③ 상대적 판매가치를 이용하여 결합원가를 배분하면 개별제품의 수익성을 잘못 판단할 가능성이 있다.
④ 균등이익율법을 이용하여 결합원가를 배분하면 분리점 이후 추가가공으로 인한 개별제품의 매출총이익률은 상이하게 계산된다.

해설 연산품이 분리시점에서 판매가치가 없는 경우에는 각 제품의 판매가치에서 분리점 이후의 추가비용을 차감한 순실현가치법에 의해 결합원가를 배부한다.

45 다음은 (주)대한산업의 제조활동과 관련하여 발생한 자료이다. 당기 중에 발생한 비정상공손의 수량은?(단, 정상공손은 완성품의 10%이며, 공손품을 제외한 파손품이나 작업폐물은 없는 것으로 전제한다)

• 기초재공품   150개   • 기말재공품   200개
• 당기착수량 2,100개   • 당기완성수량 1,750개

① 100개   ② 125개
③ 150개   ④ 175개

해설
• 정상공손 = 당기완성수량(1,750) × 10% = 175개
• 총공손수량 = 기초재공품 + 당기착수량 − 기말재공품 − 당기완성수량
  = 150 + 2,100 − 200 − 1,750 = 300개
• 비정상공손수량 = 총공손수량(300) − 정상공손수량(175) = 125개

46 부산물에 대한 설명으로 틀린 것은?

① 부산물을 그대로 자가소비하는 경우에 그 가액은 추정매입가격으로 한다.
② 부산물의 가액은 그 발생부문의 주산물 총원가에서 안분하여 차감한다.
③ 부산물은 연산품에 비해 판매가치가 상대적으로 적은 비정상적인 제품이다.
④ 부산물을 그대로 외부에 매각하는 경우에는 추정매각가격에서 판매비와 관리비 및 정상이윤을 공제한 가액으로 한다.

해설 부산물은 비정상적인 제품이 아닌 정상적인 제품이다.

정답 | 42. ③ 43. ② 44. ② 45. ② 46. ③

47 다음의 자료에 의한 직접재료원가의 완성품 환산량은?

구분	기초재공품	당기착수량	완성량	기말재공품
물량단위	10,000단위	40,000단위	45,000단위	4,000단위
완성도	40%			70%

- 원재료는 공정초기에 모두 투입되며, 가공원가는 공정 전반에서 균등하게 발생한다.
- 정상공손수량은 300단위이며, 원가흐름은 선입선출법에 의한다.

① 40,000단위 ② 50,000단위
③ 50,500단위 ④ 56,500단위

해설 당기착수당기완성품(35,000) + 정상공손(300) + 비정상공손(700) + 기말재공품(4,000) = 40,000단위

48 다음 중 종합원가계산에서 제품원가를 계산하기위한 원가의 구분은?
① 직접재료원가, 직접노무원가, 제조간접원가
② 직접원가, 간접원가
③ 직접재료원가, 가공(전환)원가
④ 변동원가, 고정원가

해설 종합원가계산에서는 직접재료원가와 가공원가로 구분한다.

49 (주)금강은 종합원가계산 제도를 채택하고 있다. 다음 자료에 의한 당기 기말재공품의 원가는?

- 원가흐름의 가정을 선입선출법을 선택하고 있으며 원가는 전 공정에서 균등하게 발생한다.
- 기초 재공품은 5,000 단위 (완성도 50%)이다.
- 당기 중 30,000 단위를 새로이 투입하였다.
- 기말 재공품은 9,000 단위(완성도 50%)이다.
- 당기 총 발생원가는 840,000원이다.

① 135,000원 ② 108,000원
③ 148,235원 ④ 126,000원

해설
- 완성품 환산량 = (5,000×0.5) + 21,000 + (9,000×0.5) = 28,000단위
- 완성품 환산량 단위당 원가 = 840,000/28,000단위 = 30원
- 기말재공품 원가 = 9,000 × 0.5 × 30 = 135,000원

50 다음은 공손에 대한 설명이다. 옳지 않은 것은?
① 공손품이란 품질이나 규격이 일정수준에 미달하는 불합격품으로 작업폐물과는 다른 개념이다.
② 비정상공손품 수량은 전체 공손품 수량에서 정상공손품 수량을 제외한 나머지이다.
③ 공손품의 검사시점이 기말재공품의 완성도 이후인 경우에는 기말재공품에는 정상공손원가를 배분하지 않는다.
④ 비정상공손은 제조원가에 포함시키지 않고 매출원가에 가산한다.

해설 비정상공손은 영업외비용으로 처리한다.

51 다음 중 공손에 대한 설명으로 틀린 것은?
① 공손은 생산과정에서 나오는 원재료의 찌꺼기를 말한다.
② 정상공손원가는 완성품 혹은 기말재공품에 배분한다.
③ 비정상공손원가는 영업외비용으로 처리한다.
④ 공손품의 처분가치가 있는 경우 정상공손원가는 순실현가치를 차감한 금액만을 합격품에 배부한다.

해설 생산과정에서 나오는 원재료의 찌꺼기는 작업폐물을 말한다.

52 종합원가계산에서 완성품환산량을 계산할 때 일반적으로 재료비와 가공비로 구분하여 원가요소별로 계산하는 가장 올바른 이유는 무엇인가?
① 직접비와 간접비의 구분이 중요하기 때문에
② 고객의 주문에 따라 제품을 생산하는 주문생산형태에 적합하므로
③ 기초재공품원가와 당기발생원가를 구분해야하기 때문에
④ 일반적으로 재료비와 가공비의 투입시점이 다르기 때문에

해설 재료비와 가공비의 투입시점이 다르기 때문에 완성품환산량을 별도로 계산한다.

정답 | 47. ① 48. ③ 49. ① 50. ④ 51. ① 52. ④

53 다음 자료를 보고 종합원가계산시 평균법에 의한 기말재공품 완성도를 계산하면?

- 당기완성품 수량 100개
- 기말재공품수량 50개
- 기초 재공품가공비 50,000원
- 당기투입가공비 450,000원
- 기말 재공품가공비 100,000원

① 40% ② 50%
③ 60% ④ 70%

해설 (50,000 + 450,000) × a / (100 + a) = 100,000
a = 25, 25/50 = 0.5

54 ㈜세계화학은 동일한 원재료를 투입하여 동일한 공정에서 각기 다른 A,B,C,D 제품을 생산하고 있다. ㈜세계화학이 결합원가 3,000,000원을 판매가치법에 의하여 배부하는 경우, A제품에 배부될 결합원가는?

제 품	생산량(개)	판매단가(원)
A	1,500	1,000
B	2,000	800
C	2,500	600
D	4,000	350

① 700,000원 ② 750,000원
③ 800,000원 ④ 850,000원

해설 상대적 판매가치법이란, 결합원가를 분리점에서 개별제품을 시장에 판매한다면 획득할 수 있는 수익을 기준으로 원가를 배분하는 방법이다.

제품	상대적판매가치	비 율
A	1,500개 × 1,000 = 1,500,000원	25%
B	2,000개 × 800 = 1,600,000원	26.67%
C	2,500개 × 600 = 1,500,000원	25%
D	4,000개 × 350 = 1,400,000원	23.33%

55 다음은 연산품을 생산하는 (주)세법의 원가자료이며 결합원가는 순실현가치법으로 배부한다. 재료비의 전기이월액과 차기이월액이 없다고 가정할 경우 해당기간의 결합원가는 재료비 1,650,000원, 가공비 발생액이 350,000원이라고 할 경우 연산품 C에 배부되는 결합원가는?

연산품	수량(단위)	단위당 판매가격(원)	연산품별 총 추가가공비(원)
A	25개	250,000원	250,000원
B	65개	115,000원	1,475,000원
C	160개	80,000원	800,000원
합계	250개		

① 800,000원 ② 1,000,000원
③ 1,200,000원 ④ 1,400,000원

해설

연산품	총판매가치	추가가공비	순실현가치	배부율(%)
A	6,250,000	250,000	6,000,000	25%
B	7,475,000	1,475,000	6,000,000	25%
C	12,800,000	800,000	12,000,000	50%
합계	26,525,000		24,000,000	100%

- 총 결합원가 = 재료비(1,650,000) + 가공비(350,000)
  = 2,000,000원
- 연산품C의 결합원가배부액 = 2,000,000 × 50%
  = 1,000,000원

정답 | 53. ② 54. ② 55. ②

CHAPTER 03 부가가치세법 정리

SECTION 01 부가가치세법 총칙

1 부가가치세의 개념

부가가치세(VAT : Value Added Tax)는 소비를 과세대상으로 하는 소비세이나 소비자의 소비를 직접 측정하여 과세하는 것이 아니라 생산자가 재화나 용역을 생산·유통하는 각 단계에서 창출한 부가가치를 과세대상으로 한다.

2 부가가치세의 특징

구 분	내 용
국 세	국가가 과세권을 행사하는 국세이면서, 부가가치세의 감면세액 및 공제세액을 빼고 가산세를 더한 세액의 25.3%를 지방소비세로 전환
간 접 세	납세의무자는 재화나 용역을 공급하는 사업자로 하고, 담세자는 최종소비자
일 반 소 비 세	모든 재화나 용역의 소비행위를 과세대상으로 하는 일반소비세
다 단 계 거 래 세	재화 또는 용역이 거래되는 모든 단계마다 과세
전단계세액공제법	매출액에 세율을 곱하여 매출세액을 계산한 후 매입단계에서 부담한 매입세액을 차감하여 부가가치세를 계산하는 방법
소비지국 과세원칙	국가간 이중과세를 조정하기 위하여 소비지국에서 과세하고 생산지국은 과세하지 않는다. 수입재화에 대하여는 세관장이 내국물품과 동일하게 부가가치세를 과세하고, 수출하는 재화는 영세율을 적용한다.
소비형부가가치세	국민소득 중 투자액을 제외한 소비액만을 대상으로 부가가치를 과세
면 세 제 도	부가가치세의 역진성 완화 목적, 소비자의 세부담 경감
사 업 장 단 위 과 세	사업장 단위 과세 원칙, 예외적으로 주사업장총괄납부제도와 사업자단위과세제도 적용

3 납세의무자

부가가치세의 납세의무자는 사업자 및 재화를 수입하는 자이며, 사업자란 사업목적이 영리이든 비영리이든 관계없이 사업상 독립적으로 재화 또는 용역을 공급하는 자를 말한다.

사업자 요건	내 용
① 영리목적 유무와 무관	사업목적이 영리이든 비영리이든 관계없으며, 국가·지방자치단체 등도 사업자에 포함한다.
② 사업성	재화 또는 용역을 계속·반복적으로 공급하는 것을 사업성이라 하고, 일시적·우발적으로 공급하는 자는 사업자에 포함하지 않는다. 사업상의 목적으로 1과세기간 중에 1회 이상 부동산을 취득하고 2회 이상 판매하는 경우 부동산매매업을 영위하는 것으로 본다.
③ 독립성	사업상 독립적으로 자기의 계산 하에 사업을 영위하는 자가 사업자이므로 근로자처럼 고용된 지위에서 공급하는 자는 사업자에 포함하지 않는다.

4 사업자등록

① 사업자등록

사업자는 사업개시일부터 20일 이내에 사업장마다 사업장관할 세무서장에게 사업자등록을 하여야 한다. 사업자등록의 신청은 사업장 관할 세무서장이 아닌 다른 세무서장에게도 할 수 있다. 이 경우 사업장 관할 세무서장에게 사업자등록을 신청한 것으로 본다. 사업장이 둘 이상이거나 추가로 사업장을 개설하려는 사업자는 해당 사업자의 본점 또는 주사무소 관할 세무서장에게 사업자 단위로 사업자등록을 할 수 있다. 다만, 신규로 사업을 시작하려는 자는 사업개시일전이라도 등록할 수 있다.

구 분	내 용
제 조 업	제조장별로 재화의 제조를 개시하는 날
광 업	사업장별로 광물의 채취·채광을 개시하는 날
그 밖의 사업	재화 또는 용역의 공급을 개시하는 날

▶ 사업자가 사업자등록을 하지 않으면 사업자등록 신청 전의 매입세액을 공제받지 못하고, 미등록 가산세 부과 대상이 된다.

② 사업자등록증의 발급

사업자등록의 신청을 받은 사업장 관할세무서장은 신청일부터 2일 이내(공휴일·토요일 또는 근로자의 날은 제외)에 등록번호가 부여된 사업자등록증을 신청자에게 발급하여야 한다. 다만, 사업장시설이나 사업현황을 확인하기 위하여 국세청장이 필요하다고 인정하는 경우에는 발급기한을 5일 이내(공휴일·토요일 또는 근로자의 날은 제외)에서 연장하고 조사한 사실에 따라 사업자등록증을 발급할 수 있다.

③ **등록거부 및 직권등록**

세무서장은 사업개시 전 사업자등록을 신청 한 자가 사실상 사업을 개시하지 않을 것으로 인정되는 때에는 등록을 거부할 수 있다. 또한 사업자가 신청에 의해 등록을 하지 않은 경우에는 관할세무서장이 조사하여 직권으로 등록시킬 수 있다.

④ **사업자등록의 정정**

다음의 사유가 발생한 경우에는 지체 없이 사업자등록정정신고를 하여야 한다. 정정신고를 받은 세무서장은 정정내용을 확인하고, 사업자등록증의 기재사항을 정정하여 다음의 기한 내에 재발급하여야 한다.

등 록 정 정 사 유	재발급기한
① 상호를 변경하는 때	신청일 당일
② 통신판매업자가 사이버몰의 명칭 또는 인터넷 도메인이름을 변경하는 때	
③ 법인 또는 1거주자로 보는 법인 아닌 단체의 대표자를 변경하는 때	신청일로부터 2일 이내
④ 사업의 종류에 변경이 있는 때	
⑤ 사업장(사업자단위과세사업자의 경우에는 사업자단위과세적용사업장)을 이전하는 때	
⑥ 상속으로 인하여 사업자의 명의가 변경되는 때 (증여는 제외)	
⑦ 공동사업자의 구성원 또는 출자지분의 변경이 있는 때	
⑧ 임대인, 임대차 목적물 및 면적, 보증금, 임대차기간의 변경이 있거나 새로이 상가건물을 임차한 때	
⑨ 사업자단위과세사업자가 사업자단위과세적용사업장을 변경하는 때	
⑩ 사업자단위과세사업자가 종된 사업장을 신설 또는 이전하는 때	
⑪ 사업자단위과세사업자가 종된 사업장의 사업을 휴업하거나 폐업하는 때	

⑤ **휴업과 폐업**

사업자는 휴업 또는 폐업하거나, 사업개시 전에 등록한 자가 사실상 사업을 시작하지 않게 되는 때에는 지체없이 휴업(폐업)신고서에 사업자등록증과 폐업신고확인서를 첨부하여 사업장관할세무서장에게 휴업 또는 폐업의 신고를 하여야 한다.

다만, 사업자가 폐업일이 속하는 달의 다음달 25일까지 부가세확정신고서에 폐업연월일 및 사유를 적고 사업자등록증과 폐업신고확인서를 첨부하여 제출하는 경우에는 폐업신고서를 제출한 것으로 본다.

⑥ 사업자등록의 말소

사업장관할세무서장은 사업자가 폐업하거나, 사업개시 전에 등록한 후 사실상 사업을 시작하지 않게 되는 때에는 지체 없이 그 등록을 말소하여야 한다. 이 경우 관할세무서장은 지체 없이 사업자등록증을 회수하여야 하며, 이를 회수할 수 없는 경우에는 등록말소의 사실을 공시하여야 한다.

⑦ 사업자등록 신청시 필요서류

> ㉠ 사업자등록 신청서
> ㉡ 법령에 의하여 허가, 등록, 신고가 필요한 사업은 허가증, 등록증, 신고필증의 사본
> ㉢ 허가, 등록, 신고 전에 등록을 하는 때에는 허가등신청서사본 또는 사업계획서
> ㉣ 사업장을 임차한 경우 임대차계약서 사본
> ㉤ 상가건물임대차보호법에 의한 상가건물 일부를 임차한 경우 해당부분의 도면

5 과세기간과 신고납부기한

> ● NCS 능력단위 : 0203020205부가가치세신고 능력단위요소 : 03부가가치세신고하기
> 3.1 부가가치세법에 따른 과세기간을 이해하여 예정·확정신고를 할 수 있다.

① 계속사업자

계속사업자로 일반과세자의 과세기간과 신고납부기한은 다음과 같으며, 간이과세자는 1월 1일부터 12월 31일까지의 1년을 과세기간으로 한다.

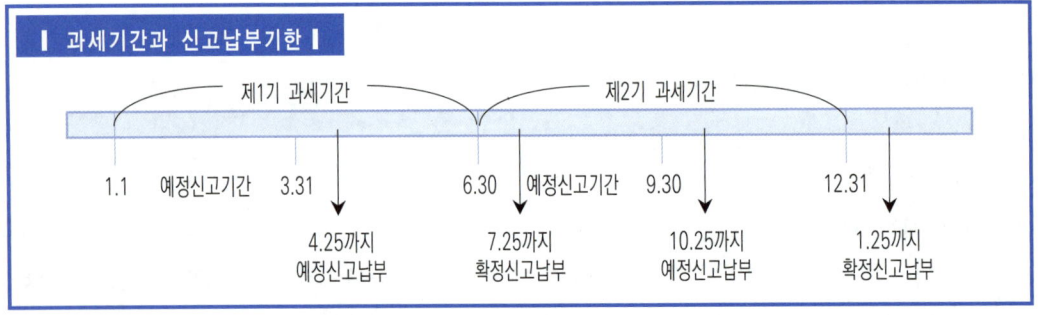

② 예외적인 경우

신규사업자와 폐업자 및 간이과세 포기자의 과세기간은 다음과 같으며, 신고납부는 과세기간이 끝난 후 25일 이내에 하여야 한다. 다만, 폐업자는 폐업일이 속한 달의 다음달 25일까지 신고·납부하여야 한다.

구 분	과 세 기 간
신 규 사 업 자	사업개시일 또는 사업자 등록 신청일 ~ 해당 과세기간 종료일
폐 업 자	해당 과세기간 개시일 ~ 폐업일
간이과세를 포기한 경우	다음의 기간을 각각 1과세기간으로 한다. ㉠ 해당 과세기간 개시일 ~ 포기신고일이 속하는 달의 말일 ㉡ 포기신고일이 속하는 달의 다음달 1일 ~ 해당 과세기간 종료일

6 납세지

> • NCS 능력단위 : 0203020205부가가치세신고 능력단위요소 : 03부가가치세신고하기
> 3.2 부가가치세법에 따라 납세지를 결정하여 상황에 맞는 신고를 할 수 있다

① 사업장별 과세원칙

사업장별 과세원칙이란 사업장 소재지를 납세지로 하여, 사업자등록부터 세금계산서의 발급과 신고·납부 및 경정 등이 사업장별로 이루어지는 것을 말한다. 사업장별 과세원칙의 예외로 주사업장총괄납부 및 사업자단위과세 제도가 있다.

② 사업장

㉠ 업종별 사업장

사업장이란 사업자 또는 그 사용인이 상시 주재하여 거래의 전부 또는 일부를 행하는 장소를 말한다. 다음의 업종별 사업장 이외의 장소도 사업장으로 등록할 수 있으나, 무인자동판매기를 통하여 재화 또는 용역을 공급하는 사업의 경우에는 그러하지 아니하다.

구 분	사 업 장
광 업	• 광업사무소의 소재지
제조업	• 최종 제품을 완성하는 장소(따로 제품의 포장만을 하거나 용기에 충전만을 하는 장소와 저유소는 제외)
건설업·운수업·부동산매매업	• 법인 : 법인의 등기부상의 소재지(지점소재지 포함) • 개인 : 업무를 총괄하는 장소
부동산임대업	• 부동산의 등기부상 소재지
무인자동판매기	• 사업에 관한 업무를 총괄하는 장소
통신판매업	• 부가통신판매사업자의 주된 사업장 소재지
다단계판매원	• 다단계판매원이 등록한 다단계판매업자의 주된 사업장
사업장을 설치하지 아니한 경우	• 사업자의 주소 또는 거소

ⓛ 직매장, 하치장 및 임시사업장

임시사업장은 각종 행사가 개최되는 장소에 임시적으로 개설한 것으로 별도의 사업장으로 등록할 필요가 없고 기존사업장에 포함하여 과세한다.

ⓐ 임시사업장의 개설

임시사업장 개설신고서를 당해 임시사업장의 사업개시일부터 10일 이내에 임시사업장의 관할세무서장에게 제출하여야 한다. 다만, 임시사업장의 설치기간이 10일 이내인 경우에는 임시사업장개설신고를 하지 아니할 수 있다.

ⓑ 임시사업장의 폐쇄

임시사업장을 폐쇄한 때에는 그 폐쇄일로부터 10일 이내에 임시사업장 폐쇄신고서를 당해 임시사업장의 관할세무서장에게 제출하여야 한다.

구 분	내 용	해당 여부
직 매 장	사업자가 자기의 사업과 관련하여 생산 또는 취득한 재화를 직접 판매하기 위하여 특별히 설치한 장소	사업장 ○
하 치 장	사업자가 재화의 보관·관리시설만을 갖추고 판매는 이루어지지 않는 장소	사업장 ×
임시사업장	사업자가 기존사업장 외에 각종 경기대회박람회 등의 행사가 개최되는 장소에서 임시로 개설한 사업장	기존사업장에 포함

▶ 직매장은 사업자등록을 하여야 하나 하치장과 임시사업장은 별도의 사업자등록이 필요 없다.

7 주사업장 총괄납부

주사업장 총괄납부란 2 이상의 사업장을 가지고 있는 사업자가 주된 사업장 관할세무서장에게 과세기간 개시 20일 전까지 신청을 하고 각 사업장의 납부세액 또는 환급세액을 주된 사업장에서 통산하여 납부하거나 환급받는 것을 말한다. 주된 사업장은 법인은 본점 또는 지점 중 선택한 곳이 되고 개인은 주사무소가 된다.

납부 또는 환급만 주사업장에서 하고, 사업자등록, 신고, 세금계산서 발급 및 수취 등은 사업장별로 하여야 한다. 주사업장 총괄납부의 신청을 한 사업자가 판매를 목적으로 타사업장에 반출한 재화는 간주공급으로 보지 않는다.

8 사업자단위과세

사업자단위과세란 2 이상의 사업장을 가지고 있는 사업자가 사업자단위과세적용사업장(법인은 본점, 개인은 주사무소)에서 모든 사업장의 부가가치세를 신고·납부하는 것을 말한다.

① 등 록

사업장이 둘 이상 있는 사업자(간이과세자 포함)는 사업자단위로 해당 사업자의 본점 또는 주사무소 관할 세무서장에게 등록할 수 있다. 사업자가 사업자단위로 등록하려면 사업자단위과세적용사업장의 관할세무서장에게 사업자단위과세제도를 적용받으려는 과세기간의 20일 전까지 등록하여야 한다.

사업장이 하나인 사업자가 추가로 사업장을 개설하면서 추가 사업장의 사업 개시일이 속하는 과세기간부터 사업자 단위 과세 사업자로 적용받으려는 경우에는 추가 사업장의 사업 개시일부터 20일 이내에 사업자의 본점 또는 주사무소 관할 세무서장에게 변경등록을 신청하여야 한다.

② 사업자등록번호

등록번호는 사업장마다 부여하는 것이 원칙이나 사업자단위과세를 등록한 경우에는 개별 사업장이 아닌 사업자단위과세적용사업장에 대하여 하나의 등록번호를 부여한다.

③ 사업자단위과세제도의 효력

사업자단위과세제도는 다음과 같은 효력을 갖는다.
㉠ 본점 또는 주사무소에서 각 사업장의 부가가치세를 총괄하여 신고·납부할 수 있다.
㉡ 각 사업장은 별도의 신고·납부가 없고 사업자등록을 할 필요도 없다.
㉢ 각 사업장별로 세금계산서 및 영수증을 수령하거나 발급할 필요가 없다.
㉣ 판매를 목적으로 타사업장에 반출한 재화 등의 내부거래에 대하여 재화의 공급으로 보지 않는다.

④ 사업자단위 과세제도의 포기

사업자단위과세제도를 적용받는 자가 각 사업장별로 신고·납부하거나 주사업장 총괄납부를 하려는 경우에는 그 납부하려는 과세기간이 시작하기 전 20일 전에 사업자단위과세 포기신고서를 관할세무서장에게 제출하여야 한다.

사업자단위과세를 포기한 경우에는 그 포기한 날이 속하는 과세기간의 다음 과세기간부터 각 사업장별로 신고·납부하거나, 주사업장총괄납부를 하여야 한다.

CHECK POINT 적용사업장 비교

구 분	주사업장 총괄납부 제도	사업자단위 과세제도
법인사업자	본점 또는 지점 중 선택한 장소	본점
개인사업자	주사무소	주사무소

확인예제 — POINT 전산세무 2급

01 다음 중 부가가치세에 대한 설명으로 잘못된 것은?

① 사업목적이 비영리인 사업자인 경우에도 부가가치세 납세의무를 진다.
② 부가가치세는 10%(영세율의 경우 0%)의 단일세율로 과세된다.
③ 부가가치세의 과세기간은 원칙적으로 일반과세자는 6개월이고 간이과세자는 1년이다.
④ 사업자가 폐업하는 경우에는 폐업일로부터 25일 이내에 부가가치세 확정신고를 하여야 한다.

해설 ④ 폐업하는 경우에는 폐업일이 속한 달의 말일부터 25일 이내에 부가가치세 확정신고를 하여야 한다.

02 부가가치세 납세의무자에 대한 설명으로 가장 옳지 않은 것은?

① 개인, 법인뿐 아니라 법인 아닌 사단, 재단 그 밖의 단체도 납세의무를 진다.
② 시내버스 사업자도 부가가치세 납세의무를 진다.
③ 고용계약에 대하여 사업자의 지시를 받는 종업원은 납세의무가 없다.
④ 간이과세자도 부가가치세의 납세의무를 진다.

해설 ② 시내버스 사업자는 면세사업자이므로 부가가치세 납세의무를 지지 않는다.

03 다음은 부가가치세법상 원칙적인 사업장에 대한 설명이다. 업종별 사업장이 잘못 짝지어진 것은?

① 부동산임대업 - 부동산의 등기부상의 소재지
② 제조업 - 최종제품을 완성하는 장소
③ 무인자동판매기사업 - 그 업무를 총괄하는 장소
④ 건설업 또는 운수업을 영위하는 법인 - 그 업무를 총괄하는 장소

해설 ④ 건설업 또는 운수업을 영위하는 법인은 법인 등기부상의 소재지가 사업장이고 개인은 그 업무를 총괄하는 장소가 사업장이다.

SECTION 02 | 과세거래

> • NCS 능력단위 : 0203020205부가가치세신고 능력단위요소 : 03부가가치세신고하기
> 3.4. 부가가치세법에 따른 부가가치세의 과세대상인 재화의 공급과 용역의 공급의 범위를 판단할 수 있다.

1 일반적인 과세거래

① 재화의 공급

㉠ 재 화

재화란 재산 가치가 있는 물건과 권리를 말한다. 재산가치가 없는 물, 공기 등과 수표·어음 등의 화폐대용증권, 주식·채권 등의 유가증권 및 상품권은 재화에 해당하지 않는다.

구 분	내 용
물 건	상품, 제품, 원료, 기계, 건물 등 모든 유체물 전기, 가스, 열 등 관리할 수 있는 자연력
권 리	광업권, 특허권, 저작권 등 물건 외에 재산적 가치가 있는 모든 것

㉡ 공 급

공급이란 계약상 또는 법률상의 모든 원인에 의하여 재화를 인도 또는 양도하는 것으로 구체적인 내용은 다음과 같다.

구 분	내 용
매 매 계 약	현금판매, 외상판매, 할부판매, 장기할부판매, 조건부 및 기한부판매, 위탁판매 및 기타 매매계약에 이하여 재화를 인도 또는 양도하는 것
가 공 계 약	자기가 주요자재의 전부 또는 일부를 부담하고 상대방으로부터 인도받은 재화에 공작을 가하여 새로운 재화를 만드는 가공계약에 의하여 재화를 인도하는 것
교 환 계 약	재화의 인도대가로서 다른 재화를 인도받거나 용역을 제공받는 교환계약에 의하여 재화를 인도 또는 양도하는 것
기 타	경매, 수용, 현물출자 및 기타 계약상 또는 법률상의 원인에 의하여 재화를 인도 또는 양도하는 것

ⓒ 재화의 공급으로 보지 않는 것

다음에 해당하는 경우에는 계약상 또는 법률상의 원인으로 재화를 인도 또는 양도하는 것이라도 재화의 공급으로 보지 않는다.

구 분	내 용
담 보 로 제 공	질권, 저당권 또는 양도담보의 목적으로 동산, 부동산 및 부동산상의 권리를 제공하는 것
사 업 의 양 도	사업장별로 그 사업에 관한 모든 권리와 의무를 포괄적으로 승계시키는 사업의 포괄양도 (다만, 그 사업을 양수받는 자가 대가를 지급하는 때에 그 대가를 받은 자로부터 부가가치세를 징수하여 납부한 경우는 제외)
조 세 의 물 납	사업용 자산을 상속세및증여세법, 지방세법에 따라 물납 하는 것
공 매 및 경 매	국세징수법에 따른 공매, 민사집행법에 따른 경매에 따라 재화를 인도하거나 양도하는 것
수 용	도시 및 주거환경정비법, 공익사업을 위한 토지 등의 취득 및 보상에 관한 법률 등에 따른 수용절차에서 수용대상 재화의 소유자가 수용된 재화에 대한 대가를 받는 경우
위탁가공원자재의 국외반출	사업자가 위탁가공을 위하여 원자재를 국외의 수탁가공 사업자에게 대가 없이 반출하는 것(영세율이 적용되는 것은 제외)

② 용역의 공급

㉠ 용 역

용역이란 재화 외의 재산적 가치가 있는 모든 역무와 그 밖의 행위를 말한다.

| 용역의 범위 |

- 건설업
- 숙박 및 음식점업
- 운수 및 창고업
- 정보통신업(출판업과 영상·오디오 기록물 제작 및 배급업은 제외)
- 금융 및 보험업
- 부동산업
- 교육서비스업
- 전문, 과학 및 기술 서비스업과 사업시설 관리, 사업 지원 및 임대서비스업
- 공공행정, 국방 및 사회보장행정
- 보건 및 사회복지서비스업
- 예술, 스포츠 및 여가관련 서비스업
- 국제 및 외국기관의 사업
- 협회 및 단체, 수리 및 기타 개인서비스업과 제조업 중 산업용 기계 및 장비 수리업
- 가구내고용활동 및 달리 분류되지 않은 자가소비 생산활동

▶ 부동산업 중 전·답·과수원·목장용지·임야 및 염전의 임대와 공익관련 지역권과 지상권의 임대는 용역의 범위에 포함되지 않는다.

㉡ 공 급

용역의 공급은 계약상 또는 법률상의 모든 원인에 의하여 역무를 제공하거나 재화·시설물 또는 권리를 사용하게 하는 것을 말한다.

CHECK POINT 재화의 공급과 용역의 공급의 구분 비교

거래의 내용	공급의 구분
주요자재를 전혀 부담하지 않고 단순히 가공만 하는 가공계약	용역의 공급
주요자재의 전부 또는 일부를 부담하여 가공하는 가공계약	재화의 공급
특허권 등의 권리 대여	용역의 공급
특허권 등의 권리 양도	재화의 공급
건설업이 주요자재의 전부 또는 일부를 부담하는 경우	항상 용역의 공급

③ 재화의 수입

재화의 수입이란 다음의 물품을 우리나라의 영토 및 우리나라가 행사할 수 있는 권리가 미치는 곳에 반입하는 것(보세구역을 거치는 것은 보세구역에서 반입하는 것)을 말한다.

㉠ 외국에서부터 우리나라에 들어온 물품(외국의 선박에 의하여 공해에서 채취되거나 잡힌 수산물 포함)

㉡ 수출신고가 수리된 물품

CHECK POINT 보세구역을 통한 거래의 부가가치세 과세여부

구 분	과세여부
외국 → 보세구역	×
① 보세구역 → 보세구역 ② 보세구역 외의 국내장소 → 보세구역	○ (재화 또는 용역의 공급)
보세구역 → 보세구역 외의 국내장소	○ (재화의 수입)

④ 부수재화 또는 용역

㉠ 과세·면세의 판단기준

부수재화 또는 용역의 공급이 과세인지 면세인지의 판단은 주된 거래 또는 주된 사업의 과세·면세 여부에 따라 결정된다. 예외적으로 주된 사업과 관련하여 우발적 또는 일시적으로 공급되는 재화 또는 용역이 면세대상인 경우에는 주된 사업의 과세·면세 여부에 관계없이 항상 면세이다.

㉡ 주된 거래에 부수하여 공급되는 경우의 과세·면세 여부

주된 재화·용역	부수 재화·용역	과세·면세 여부
과 세	과세대상	과 세
	면세대상	과 세
면 세	과세대상	면 세
	면세대상	면 세

ⓒ 주된 사업에 부수하여 공급되는 경우의 과세·면세 여부

ⓐ 우발적 또는 일시적으로 공급하는 경우(면세우선주의)

주된 사업	부수 재화·용역	과세·면세 여부
과 세	과세대상	과 세
과 세	면세대상	면 세
면 세	과세대상	면 세
면 세	면세대상	면 세

ⓑ 부산물

주된 재화의 생산에 필수적으로 부수하여 생산되는 재화인 부산물은 주산물과 동일하게 주산물이 과세이면 과세, 주산물이 면세이면 면세가 된다.

예를 들어 참치통조림생산과정에서 나오는 참치알은 주산물인 참치통조림이 과세재화이므로 부산물인 참치알도 과세재화가 되는 것이다.

2 재화의 공급특례 (간주공급)

자기생산·취득재화를 다음과 같이 사용하거나 소비하는 경우 재화의 공급으로 본다. 자기생산취득재화란 자기의 과세사업과 관련하여 생산하거나 취득한 재화로서 매입세액이 공제된 재화를 말한다. 즉 매입세액을 공제받지 못하였으면 공급으로 보지 않는다. 단 판매할 목적으로 자기의 다른 사업장에 반출하는 경우에는 매입세액 공제 여부와 관계없이 공급으로 간주하여 과세한다.

① 자가공급

구 분	분 류
㉠ 면세사업에 사용	사업자가 자기생산·취득재화를 자기의 면세사업을 위하여 직접 사용하거나 소비하는 것
㉡ 개별소비세 과세대상 자동차로 사용, 소비	사업자가 자기생산·취득재화를 매입세액이 매출세액에서 공제되지 아니하는 개별소비세 과세대상 자동차로 사용 또는 소비하거나 그 자동차의 유지를 위하여 사용 또는 소비하는 것
㉢ 운수업, 자동차판매업 등이 직접 영업에 사용하지 않는 개별소비세 과세대상 자동차	운수업, 자동차판매업, 자동차임대업, 운전학원업 및 기계경비업(출동차량에 한함)을 경영하는 사업자가 자기생산·취득재화 중 개별소비세 과세대상 자동차와 그 자동차의 유지를 위한 재화를 해당 업종에 직접 영업으로 사용하지 아니하고 다른 용도로 사용하는 것
㉣ 판매할 목적으로 자기의 다른 사업장에 반출	사업장이 둘 이상인 사업자가 자기의 사업과 관련하여 생산 또는 취득한 재화를 판매 목적으로 자기의 다른 사업장에 반출하는 것. 단 사업자단위과세사업자 또는 주사업장 총괄납부의 경우에는 제외

② 개인적 공급

사업자가 자기생산·취득재화를 사업과 직접적인 관계없이 자기의 개인적인 목적이나 그 밖의 다른 목적을 위하여 사용·소비하거나 그 사용인 또는 그 밖의 자가 사용·소비하는 것으로서 사업자가 그 대가를 받지 아니하거나 시가보다 낮은 대가를 받는 경우는 시가와 받은 대가의 차액을 재화의 공급으로 본다. 다만 사업자가 실비변상적이거나 복리후생적인 목적으로 제공하는 다음의 경우는 재화의 공급으로 보지 아니한다.

> ㉠ 사업을 위해 착용하는 작업복, 작업모 및 작업화를 제공하는 경우
> ㉡ 직장 연예 및 직장 문화와 관련된 재화를 제공하는 경우
> ㉢ 다음의 각각의 경우와 관련하여 사용인 1명당 연간 10만원 이하의 재화를 제공하는 경우(10만원을 초과하는 경우 초과액은 재화의 공급으로 본다)
>   ⓐ 경조사
>   ⓑ 설날·추석
>   ⓒ 창립기념일 및 생일 등

③ 사업상 증여

사업자가 자기생산·취득재화를 자기의 고객이나 불특정 다수에게 증여하는 경우는 재화의 공급으로 본다. 그 예로 고객에게 판매장려금을 현금이 아닌 현물로 제공하는 경우를 들 수 있다. 다만, 주된 거래인 재화의 공급대가에 포함된 증정품, 무상으로 인도하는 견본품, 특별재난지역에 공급하는 물품 및 자기적립마일리지등으로만 전부를 결제 받고 공급하는 재화의 경우에는 사업상 증여에 해당하지 않는다.

④ 폐업 시 남아있는 재화

사업자가 폐업할 때 자기생산·취득재화 중 남아 있는 재화는 자기에게 공급하는 것으로 본다. 사업 개시일 이전에 사업자등록을 신청한 자가 사실상 사업을 시작하지 아니하게 되는 경우에도 또한 같다. 사업의 포괄양도에 의한 사업의 양수자가 폐업하는 경우 사업양도자가 매입세액공제를 받은 재화는 폐업 시 남아있는 재화로 본다.

3 용역의 무상공급

용역의 무상공급은 원칙적으로 과세대상이 아니다. 그러나 특수관계인에게 사업용 부동산 임대용역을 무상으로 제공하는 경우에는 과세대상 용역의 공급으로 본다.

확인예제 POINT 전산세무 2급

01 다음 중 부가가치세법상 재화의 공급으로 보지 않는 것은?

① 면세사업으로 사용
② 직원 결혼에 20만원 상당의 재화를 선물
③ 사업의 포괄양도
④ 폐업시의 남아있는 재화

해설 ③ 사업의 포괄양도는 재화의 공급으로 보지 않는다. 나머지는 재화의 간주공급(공급특례)에 해당한다. 경조사의 선물은 직원 1인당 연 10만원 이하일 때 재화의 공급으로 보지 않는다. 10만원을 초과하는 경우 해당 초과액에 대해서는 재화의 공급으로 본다.

02 부가가치세법상 재화공급의 범위에 속하지 않는 것은?

① 위탁판매로 재화를 인도 또는 양도하는 것
② 자기가 주요 자재의 일부를 부담하고 상대방으로부터 인도받은 재화에 공작을 가하여 새로운 재화를 만드는 가공계약에 의해 재화를 인도하는 것
③ 현물출자에 의해 재화를 인도 또는 양도하는 것
④ 산업상의 지식, 경험 또는 숙련에 관한 정보를 제공하는 것

해설 ④ 용역의 공급에 해당한다.

03 현행 부가가치세법은 주된 거래에 부수하여 공급되는 재화 또는 용역은 별도의 독립된 거래로 보지 않고 주된 거래인 재화 또는 용역의 공급에 포함되는 것으로 본다. 이러한 예에 해당하여 부수재화 또는 용역의 공급이 면세가 되는 것은?

① 피아노를 공급하면서 피아노용 의자를 제공하고 이를 운반해 주는 것
② 에어컨을 판매하면서 에어컨을 설치해 주는 것
③ 허가된 미술학원에서 교육용역을 공급하면서 실습자재를 제공하는 것
④ 조경공사업체가 조경공사에 포함하여 수목을 공급하는 것

해설 ③ 미술학원의 교육용역이 면세이면 부수 재화 또는 용역도 면세가 된다.

SECTION 03 | 공급시기와 세금계산서

1 공급시기

① 공급시기의 개념

공급시기는 과세거래를 어느 과세기간에 귀속시킬 것인지와 세금계산서의 발급시기 및 거래징수 시기를 결정하는 기준이다. 부가가치세법은 거래형태별로 공급시기를 별도로 규정하고 있다.

② 재화의 공급시기

㉠ 일반원칙

재화의 공급시기는 재화의 이동이 필요한 경우에는 재화가 인도되는 때, 재화의 이동이 필요하지 않은 경우에는 재화가 이용가능하게 되는 때이며 그 외의 경우는 재화의 공급이 확정되는 때이다.

㉡ 거래형태별 공급시기

구 분	공 급 시 기
• 현금판매·외상판매·할부판매	재화가 인도되거나 이용가능하게 되는 때
• 장기할부판매·중간지급조건부공급·완성도기준지급공급·전력 기타 공급단위를 구획할 수 없는 재화를 계속적으로 공급하는 경우	대가의 각 부분을 받기로 한 때
• 재화의 간주공급(공급특례)	재화가 사용·소비되는 때 (폐업시 남아있는 재화는 폐업하는 때)
• 반환조건부·동의조건부 기타 조건부 및 기한부판매	조건이 성취되거나 기한이 경과되어 판매가 확정되는 때
• 재화의 공급으로 보는 가공의 경우	가공된 재화를 인도하는 때
• 무인판매기를 이용하여 재화를 공급하는 경우	무인판매기에서 현금을 꺼내는 때

• 수출   a. 내국물품의 국외반출 및 중계무역방식의 수출
       b. 원양어업 및 위탁판매수출
       c. 위탁가공무역방식의 수출 및 외국인도수출
	수출재화의 선적일 또는 기적일
	수출재화의 공급가액이 확정되는 때
	외국에서 해당 재화가 인도되는 때

• 수입재화를 보세구역 내에서 보세구역 외의 국내에 공급하는 경우	수입신고수리일

구 분	공 급 시 기
• 위탁매매 (또는 대리인에 의한 매매)	수탁자(또는 대리인)의 공급을 기준으로 거래형태별 공급시기 규정 적용
• 폐업 전에 공급한 재화 또는 용역의 공급시기가 폐업일 이후에 도래하는 경우	그 폐업일
• 그 밖의 경우	재화가 인도되거나 인도가능한 때

  ⓒ 거래 형태별 요건

   ⓐ 장기할부판매

    장기할부판매는 재화를 공급하고 대가를 월부 그 밖의 부불방법에 따라 받는 거래로 2회 이상으로 분할하여 대가를 받고, 해당 재화의 인도일의 다음날부터 최종의 부불금의 지급기일까지의 기간이 1년 이상인 거래를 말한다.

   ⓑ 중간지급조건부 공급

    중간지급조건부 공급은 계약금을 받기로 한 날의 다음날부터 재화를 인도하는 날 또는 재화를 이용가능하게 하는 날까지의 기간이 6개월 이상인 경우로서 그 기간 이내에 계약금 외의 대가를 분할하여 받는 경우를 말한다.

   ⓒ 완성도기준지급 공급

    완성도기준지급의 공급은 재화의 완성비율에 따라 대가를 지급받기로 약정한 거래를 말한다.

③ **용역의 공급시기**

 ㉠ 원 칙

  용역의 공급시기는 역무가 제공되거나 재화·시설물 또는 권리가 사용되는 때가 된다.

 ㉡ 거래형태별 공급시기

구 분	공 급 시 기
• 통상적인 공급의 경우	역무의 제공이 완료되는 때
• 장기할부·중간지급조건부·완성도기준지급 또는 기타조건부로 용역을 공급하거나 그 공급단위를 구획할 수 없는 용역을 계속적으로 공급하는 경우	대가의 각 부분을 받기로 한 때
• 간주임대료	예정신고기간 또는 과세기간의 종료일

구 분	공 급 시 기
• 2 과세기간 이상에 걸쳐 부동산임대용역을 공급하고 그 대가를 선불 또는 후불로 받는 경우	예정신고기간 또는 과세기간의 종료일
• 폐업 전에 공급한 재화 또는 용역의 공급시기가 폐업일 이후에 도래하는 경우	폐업일
• 위의 기준을 적용할 수 없는 경우	역무의 제공이 완료되고, 그 공급가액이 확정되는 때

2 세금계산서

- NCS 능력단위 : 0203020205부가가치세신고 능력단위요소 : 01세금계산서발급·수취하기
1.1 세금계산서의 발급방법에 따라 세금계산서를 발급하고 발급명세를 국세청에 전송할 수 있다.

① 세금계산서의 개념

세금계산서란 일반과세자인 사업자가 재화 또는 용역을 공급하면서 부가가치세를 거래징수한 사실을 증명하기 위하여 공급받는 자에게 발급하는 증명으로 주요 기능은 다음과 같다.
㉠ 거래송장
㉡ 대금청구서 또는 영수증
㉢ 부가가치세 거래징수에 대한 영수증 또는 확인서로 매입세액공제의 근거 자료
㉣ 거래의 증명 및 과세자료
㉤ 매입장·매출장 등의 장부의 역할

② 세금계산서의 발급

세금계산서는 공급하는 사업자가 2매를 작성하여 1매는 보관하고 1매는 공급받는 사업자에게 발급한다. 재화 또는 용역을 공급받는 자가 사업자가 아닌 경우에는 사업자등록번호에 대신하여 부여받은 고유번호 또는 주민등록번호를 기재하여야 한다. 세금계산서의 작성 시 기재하여야 할 사항은 필요적 기재사항과 임의적 기재사항으로 구분한다.
필요적 기재사항은 전부 또는 일부가 기재되지 아니하거나 사실과 다르게 기재된 때에는 공급자는 세금계산서 불성실가산세(공급가액의 1%)가 적용되고, 공급받는 자는 매입세액공제를 받을 수 없게 된다. 다만, 착오 기재의 경우로서 그 밖의 필요적 기재사항 또는 임의적 기재사항으로 보아 거래사실이 확인되는 경우에는 그 효력을 인정한다.
임의적 기재사항은 기재하지 아니하였거나 오류가 발생한 경우에도 가산세나 매입세액 불공제 등의 불이익을 받지 아니한다.

필요적 기재사항	임의적 기재사항
㉠ 공급하는 사업자의 등록번호와 성명 또는 명칭 ㉡ 공급받는 자의 등록번호 ㉢ 공급가액과 부가가치세액 ㉣ 작성연월일	㉠ 공급받는 자의 상호·성명·주소 ㉡ 공급하는 자와 공급받는 자의 업태와 종목 ㉢ 공급품목 ㉣ 단가와 수량 ㉤ 공급연월일 ㉥ 거래의 종류

③ 세금계산서의 발급시기

㉠ 원 칙

세금계산서는 재화 또는 용역의 공급시기에 발급하여야 한다. 다만 공급시기 도래전에 대가를 수령한 경우에는 그 받은 대가에 대하여 공급시기가 도래하기 전에 세금계산서를 발급할 수 있으며, 그 세금계산서를 발급하는 때를 그 재화 또는 용역의 공급시기로 본다.

㉡ 예외 : 선발급 세금계산서

대가를 전혀 받지 않고 공급시기가 도래하기 전에 세금계산서를 발급하는 것은 다음을 제외하고 인정하지 않는다.

- 장기할부판매하는 재화 또는 용역
- 전력·통신 등 그 공급단위를 구획할 수 없는 재화 또는 용역을 계속적으로 공급하는 경우

㉢ 세금계산서 발급특례

ⓐ 다음달 10일 발급

다음의 경우에는 세금계산서를 공급시기에 발급하지 않고 공급시기가 속하는 달의 다음 달 10일(토요일, 일요일, 공휴일인 경우 그 다음날)까지 발급할 수 있다.

- 거래처별로 1역월(1일부터 말일까지) 공급가액을 합계하여 해당 월의 말일자를 작성연월일로 하여 세금계산서를 발급하는 경우(월합계세금계산서)
- 거래처별로 1역월 이내에서 거래관행상 정하여진 기간의 공급가액을 합계하여 그 기간의 종료일자를 작성연월일로 하여 세금계산서를 발급하는 경우
- 관계증명서류 등에 의하여 실제 거래사실이 확인되는 경우로서 해당 거래일자를 작성연월일로 하여 세금계산서를 발급하는 경우

ⓑ 선발급 후 대가 수령(7일 이내)

공급시기가 도래하기 전에 세금계산서를 발급한 경우에는 발급일로부터 7일 이내에 대가를 받으면 발급일에 거래가 이루어진 것으로 인정하여 발급일을 재화 또는 용역의 공급시기로 본다.

ⓒ 선발급 후 대가 수령(7일 이후)

공급시기가 되기 전에 세금계산서를 발급한 경우 다음 중 하나에 해당하면 발급일로부터 7일이 지난 후 대가를 받더라도 발급일을 재화 또는 용역의 공급시기로 본다.
- 거래 당사자 간의 계약서·약정서 등에 대금 청구시기와 지급시기를 따로 적고, 대금 청구시기와 지급시기 사이의 기간이 30일 이내인 경우
- 재화 또는 용역의 공급시기가 세금계산서 발급일이 속하는 과세기간 내(조기환급을 받은 경우에는 세금계산서 발급일부터 30일 이내)에 도래하는 경우

CHECK POINT 공급시기 이후에 세금계산서를 발급하는 경우

발급시기		공급자	공급받는 자
공급시기가 속하는 과세기간의 확정신고기한까지 발급		세금계산서지연발급 가산세(1%) 적용	매입세액공제 세금계산서 지연수취 가산세(0.5%) 적용
수정신고·경정청구시 공급시기가 속하는 과세기간의 확정신고 기한 다음날부터	1년 이내 발급	세금계산서미발급 가산세 (2%) 적용	매입세액공제 세금계산서 지연수취 가산세(0.5%) 적용
	1년 이후 발급		매입세액불공제 세금계산서 지연수취 가산세 미적용

④ 수정세금계산서

- NCS 능력단위 : 0203020205부가가치세신고   능력단위요소 : 01세금계산서발급·수취하기
1.2 수정세금계산서 발급사유에 따라 세금계산서를 수정 발행할 수 있다.

㉠ 수정세금계산서 발급요건

세금계산서를 발급한 후 그 기재사항에 관하여 착오 또는 정정사유가 발생한 경우에는 부가가치세의 과세표준과 납부세액 또는 환급세액을 경정하여 통지하기 전까지 세금계산서를 수정하여 발급할 수 있다. 다만, 처음에 세금계산서를 발급하지 않은 경우에는 수정세금계산서를 발급할 수 없다.

㉡ 수정세금계산서 발급 방법

ⓐ 당초 공급한 재화가 환입된 경우

재화가 환입된 날을 작성일로 적고 비고란에 처음 발급한 세금계산서의 작성일을 덧붙여 적은 후 붉은색 글씨로 쓰거나 음(−)의 표시를 하여 발급한다.

ⓑ 계약의 해제로 재화 또는 용역이 공급되지 아니한 경우

계약이 해제된 때에 그 작성일은 계약해제일로 적고 비고란에 처음 세금계산서 작성일을 덧붙여 적은 후 붉은색 글씨로 쓰거나 음(−)의 표시를 하여 발급한다.

ⓒ 계약의 해지 등에 따라 공급가액이 추가되거나 차감되는 금액이 발생한 경우

증감사유가 발생한 날을 작성일로 적고 추가되는 금액은 검은색 글씨로 쓰고 차감되는 금액은 붉은색 글씨로 쓰거나 음(-)의 표시를 하여 발급한다.

ⓓ 공급한 과세기간 종료 후 25일 이내에 내국신용장 등이 개설된 경우

재화 또는 용역을 공급한 후 공급시기가 속한 과세기간 종료 후 25일 이내에 내국신용장이 개설되었거나 구매확인서가 발급된 경우에는 내국신용장 등이 개설된 때에 그 작성일은 처음 세금계산서 작성일을 적고 비고란에 내국신용장 개설일 등을 덧붙여 적어 영세율 적용분은 검은색 글씨로 세금계산서를 작성하여 발급하고, 추가하여 처음에 발급한 세금계산서의 내용대로 세금계산서를 붉은색 글씨로 또는 음(-)의 표시를 하여 작성하고 발급한다.

ⓔ 필요적 기재사항 등이 착오로 잘못 적힌 경우

세무서장이 경정하여 통지하기 전까지 세금계산서를 작성하되, 처음에 발급한 세금계산서의 내용대로 세금계산서를 붉은색 글씨로 작성하여 발급하고, 수정하여 발급하는 세금계산서는 검은색 글씨로 작성하여 발급한다. 다만, 세무조사 통지를 받은 경우 등으로 과세표준 또는 세액을 경정할 것을 미리 알고 있는 경우는 제외한다.

ⓕ 필요적 기재사항 등이 착오 외의 사유로 잘못 적힌 경우

재화 및 용역의 공급일이 속하는 과세기간에 대한 확정신고기한 다음날부터 1년 이내에 세금계산서를 작성하되, 처음에 발급한 세금계산서의 내용대로 세금계산서를 붉은색 글씨로 쓰거나 음(-)의 표시를 하여 발급하고, 수정하여 발급하는 세금계산서는 검은색 글씨로 작성하여 발급한다. 다만, 세무조사 통지를 받은 경우 등으로 과세표준 또는 세액을 경정할 것을 미리 알고 있는 경우는 제외한다.

ⓖ 착오로 전자세금계산서를 이중으로 발급한 경우

착오로 전자세금계산서를 이중으로 발급한 경우에는 처음에 발급한 세금계산서의 내용대로 음(-)의 표시를 하여 발행한다.

ⓗ 면세 등 발급대상이 아닌 거래 등에 대하여 발급한 경우

처음에 발급한 세금계산서의 내용대로 붉은색 글씨로 쓰거나 음(-)의 표시를 하여 발급한다.

ⓘ 세율을 잘못 적용하여 발급한 경우

처음에 발급한 세금계산서의 내용대로 세금계산서를 붉은색 글씨로 쓰거나 음(-)의 표시를 하여 발급하고, 수정하여 발급하는 세금계산서는 검은색 글씨로 작성하여 발급한다. 다만 세무조사 통지를 받는 등으로 과세표준 또는 세액을 경정할 것을 미리 알고 있는 경우는 제외한다.

ⓓ 과세유형 전환 후 수정세금계산서 발급

일반과세자에서 간이과세자로 또는 간이과세자에서 일반과세자로 과세유형이 전환된 후 과세유형 전환 전에 공급한 재화 또는 용역에 대하여 수정세금계산서 발급 사유 중 ⓐ, ⓑ, ⓒ의 사유가 발생한 경우에는 처음에 발급한 세금계산서 작성일을 수정세금계산서의 작성일로 적고, 비고란에 사유발생일을 덧붙여 적은 후 추가되는 금액은 검은색 글씨로 쓰고 차감되는 금액은 붉은색 글씨로 쓰거나 음(-)의 표시를 하여 수정세금계산서를 발급할 수 있다.

⑤ 세금계산서합계표의 제출

> • NCS 능력단위 : 0203020205부가가치세신고 능력단위요소 : 01세금계산서발급·수취하기
> 1.3 부가가치세법에 따라 세금계산서 및 계산서 합계표를 작성할 수 있다.

㉠ 과세사업자

과세사업자는 매출처별세금계산서합계표 및 매입처별세금계산서합계표를 예정신고 또는 확정신고시 제출하여야 한다. 예정신고시 제출하지 못한 매출·매입처별세금계산서합계표는 해당 예정신고기간이 속하는 과세기간의 확정신고시에 함께 제출하여야 한다.

㉡ 면세사업자

부가가치세 납세의무가 없는 면세사업자도 매입처별세금계산서합계표를 과세기간 종료 후 25일 이내에 제출하여야 한다.

⑥ 영수증

㉠ 영수증의 의의

영수증이란 공급받는 자의 등록번호와 부가가치세액을 별도로 구분하여 기재하지 않은 약식 세금계산서를 말하는 것으로 금전등록기계산서, 신용카드매출전표 등이 포함된다.
영수증에는 공급대가로 기재하여야 하고, 영수증으로는 매입세액공제를 받을 수 없으며, 영수증을 발급하지 않아도 가산세를 부과하지 않는다. 또한 신용카드매출전표 등을 발급한 경우에는 세금계산서를 발급할 수 없다.
세금계산서 발급의무가 있는 사업자가 신용카드기 또는 직불카드기 등 기계적 장치(금전등록기 제외)에 의하여 영수증을 발급하는 때에는 매입세액 공제가 가능하므로 영수증에 공급가액과 세액을 별도로 구분하여 적어야 한다.

㉡ 영수증 발급대상

다음 중 어느 하나에 해당하는 자가 재화 또는 용역을 공급하는 경우에는 영수증을 발급하여야 한다.

> ⓐ 간이과세자 중 직전 연도의 공급대가의 합계액이 4,800만원(연간 환산액 기준) 미만인 자
> ⓑ 신규로 사업을 개시하는 간이과세자로 최초의 과세기간에 있는 자
> ⓒ 주로 사업자가 아닌 자에게 재화 또는 용역을 공급하는 사업자로서 영수증 발급대상자

영수증 발급대상자 중 아래의 사업은 공급받는 사업자가 사업자등록증을 제시하고 세금계산서 발급을 요구하는 때에는 세금계산서를 발급하여야 한다.

> ⓐ 소매업, 음식점업(다과점업 포함), 숙박업, 미용, 욕탕 및 유사 서비스업
> ⓑ 여객운송업, 입장권을 발행하여 경영하는 사업
> ⓒ 변호사·공인회계사, 세무사, 법무사업 등 전문적 인적용역을 공급하는 사업(사업자에게 공급하는 경우 제외)
> ⓓ 우편법에 의한 부가우편 영업 중 소포우편물을 방문접수하여 배달하는 용역
> ⓔ 과세대상인 의료용역과 수의사가 제공하는 동물의 과세대상 진료용역
> ⓕ 무도학원과 자동차운전학원에서 제공하는 교육용역
> ⓖ 전자서명인증사업자가 인증서를 발급하는 용역(공급받는 자가 사업자로서 세금계산서 발급을 요구하는 경우는 제외)
> ⓗ 간편사업자 등록을 한 사업자가 국내에 전자적 용역을 공급하는 사업
> ⓘ 주로 사업자가 아닌 소비자에게 재화 또는 용역을 공급하는 도정업, 양복점업, 주거용 건물공급업, 부동산중개업, 사회서비스업과 개인서비스업, 가사서비스업, 자동차제조업 및 자동차판매업 등

영수증 발급대상자 중 아래의 사업은 공급받는 자가 세금계산서 발급을 요구하여도 원칙적으로 발급이 불가능하다. 다만, 감가상각자산 또는 해당 사업 외의 역무를 공급하는 경우에 공급받는 사업자가 세금계산서의 발급을 요구할 때에는 발급하여야 한다.

> ⓐ 미용·욕탕 및 유사서비스업
> ⓑ 여객운송업(전세버스운송사업 제외)
> ⓒ 입장권을 발행하여 경영하는 사업
> ⓓ 부동산임대업의 간주임대료

ⓒ 세금계산서의 발급의무 면제

다음의 거래는 세금계산서의 발급의무가 면제된다.
ⓐ 택시운송·노점·행상·무인판매기를 이용하여 재화를 공급하는 사업
ⓑ 미용·욕탕 및 유사 서비스업을 영위하는 자가 공급하는 재화 또는 용역
ⓒ 공급받는 자가 세금계산서를 요구하지 않는 경우 소매업을 영위하는 자가 공급하는 재화 또는 용역
ⓓ 재화의 간주공급(총괄납부승인을 받지 않은 사업자가 판매목적으로 직매장 등에 반출하는 경우는 제외)
ⓔ 부동산임대보증금에 대한 간주임대료
ⓕ 다음의 경우를 제외한 영세율 적용거래
  • 내국신용장 또는 구매확인서에 의하여 공급하는 재화

- 한국국제협력단, 한국국제보건의료재단 및 대한적십자사에 공급하는 재화
- 수출재화임가공용역

ⓖ 전자서명인증사업자가 인증서를 발급하는 용역(공급받는 자가 사업자로서 세금계산서 발급을 요구하는 경우는 제외)

ⓗ 간편사업자등록을 한 사업자가 국내에 공급하는 전자적 용역

ⓘ 그 밖에 국내사업장이 없는 비거주자 또는 외국법인에 공급하는 재화 또는 용역. 다만, 그 비거주자 또는 외국법인이 해당 외국의 개인사업자 또는 법인사업자임을 증명하는 서류를 제시하고 세금계산서 발급을 요구하는 경우는 제외한다.

⑦ 매입자발행세금계산서

㉠ 매입자발행세금계산서의 개념

세금계산서 발급의무가 있는 사업자가 재화 또는 용역을 공급하고 공급시기에 세금계산서를 발급하지 아니한 경우 또는 부도·폐업 등으로 수정세금계산서의 발행이 어려운 경우 그 재화 또는 용역을 공급받은 자는 공급시기가 속하는 과세기간 종료일부터 6개월 이내에 관할세무서장의 확인을 받아 세금계산서를 발행할 수 있다. 이러한 매입자발행세금계산서에 기재된 부가가치세액은 공제할 수 있는 매입세액으로 본다.

㉡ 발행자 및 상대방 사업자

매입자발행 세금계산서를 발행할 수 있는 사업자는 면세사업자를 포함한 모든 사업자이다. 그리고 재화 또는 용역을 공급한 상대방 사업자는 세금계산서를 발급할 수 있는 일반과세자이어야 한다. 공급하는자가 간이과세자 또는 면세사업자라면 공급받는자는 매입자발행 세금계산서를 발행할 수 없다.

㉢ 대상거래

매출자가 아닌 매입자가 세금계산서를 발행할 수 있는 대상거래는 사업자별로 거래건당 10만원 이상으로 제한한다.

⑧ 전자세금계산서

법인과 직전연도의 사업장별 과세 공급가액과 면세 공급가액의 합계액이 8천만원 이상인 개인사업자는 의무적으로 전자세금계산서 발급을 하여야 한다.

▶ 직전연도 공급가액(면세 포함)이 사업장별로 8천만원 이상인 개인사업자는 이후에 직전연도 공급가액이 사업장별로 8천만원 미만이 되어도 계속하여 전자세금계산서 의무발급자가 된다.

㉠ 전자세금계산서 발급 시기

전자세금계산서는 재화 또는 용역의 공급시기가 속하는 달의 다음달 10일까지 전자세금계산서를 발급하여야 한다.

㉡ 전자세금계산서의 전송

발급한 전자세금계산서는 발급일의 다음날까지 발급명세를 국세청에 전송하여야 하며, 전송분에 대하여는 세금계산서합계표 제출 및 세금계산서 보관의무를 면제한다.

㉢ 가산세

전자세금계산서를 미전송하면 0.5%, 지연전송하면 0.3%의 가산세를 부과한다.
지연전송이란 전자세금계산서의 작성연월일이 속하는 달의 다음달 11일 이후부터 공급시기가 속하는 과세기간에 대한 확정신고기한까지 전송하는 것을 말하고, 이때까지 전송하지 아니하면 미전송이 된다.
또한, 전자세금계산서를 발급할 의무가 있는 법인 또는 개인이 종이세금계산서를 발급한 경우 공급가액의 1%를 미발급 가산세로 부과한다.

㉣ 세액공제

직전연도의 사업장별 재화와 용역의 공급가액(면세포함) 합계액이 3억원 미만인 개인사업자는 2027년 12월 31일까지 전자세금계산서를 발급하는 경우 발급건수 당 200원(연 100만원 한도)의 세액공제를 적용한다. 공제받는 금액이 그 금액을 차감하기 전의 납부할 세액(가산세 제외)를 초과하면 그 초과하는 부분은 없는 것으로 본다.

⑨ 공급장소

재화 또는 용역의 공급장소는 우리나라의 과세권이 미치는 거래인지를 판단하는 기준이다. 재화의 이동이 필요한 경우의 공급장소는 재화의 이동이 개시되는 장소이고, 재화의 이동이 필요하지 않은 경우에는 공급시기에 재화가 소재하는 장소이다.
용역의 공급장소는 일반적인 경우 역무가 제공되거나 재화·시설물 또는 권리가 사용되는 장소이고, 국내외에 걸쳐 용역이 제공되는 국제운송의 경우에는 여객이 탑승하거나 화물이 적재되는 장소가 된다.

확인예제 POINT 전산세무 2급

01 다음은 부가가치세법상 재화의 공급시기에 대한 설명이다. 옳지 않은 것은?

	구 분	재화의 공급시기
①	장기할부판매의 경우	대가의 각 부분을 받기로 한 때
②	현금판매의 경우	그 대가를 받은 때
③	재화의 공급으로 보는 가공의 경우	가공된 재화를 인도하는 때
④	무인판매기의 경우	무인판매기에서 현금을 꺼내는 때

해설 ② 현금판매는 재화를 인도하는 때

02 다음은 부가가치세법상 재화의 공급시기에 관한 내용이다. 옳지 않은 것은?

① 폐업시 남아있는 재화 : 폐업후 재화가 사용되는 때
② 수출재화 : 수출재화의 선(기)적일
③ 자가공급과 개인적공급 : 재화가 사용 또는 소비되는 때
④ 외상판매 : 재화가 인도되거나 이용가능하게 되는 때

해설 ① 폐업하는 때를 공급시기로 한다.

03 재화 또는 용역이 다음과 같이 공급된 경우, 세금계산서 발급의무대상에 해당 하는 공급가액의 합계액은 얼마인가?

① 내국신용장에 의한 수출액	10,000,000원
② 직수출액	20,000,000원
③ 국내사업자에게 증여한 견본품의 가액	2,000,000원
④ 직접도급계약에 의한 수출재화임가공용역 금액	20,000,000원
⑤ 양도담보로 제공한 제품 금액	80,000,000원

* 단, 위의 금액에는 부가가치세가 포함되지 아니한다.

① 50,000,000원   ② 33,000,000원
③ 30,000,000원   ④ 32,000,000원

해설 ③ ① + ④ = 30,000,000원
직수출은 세금계산서를 발급하지 않지만 내국신용장에 의한 수출과 수출재화임가공용역은 국내거래이므로 세금계산서를 발급하여야 한다. 나머지는 재화의 공급에 해당하지 않으므로 세금계산서 발급 대상이 되지 않는다.

SECTION 04 | 영세율과 면세

1 영세율제도와 면세제도의 개요

① 영세율제도

영세율 제도는 특정한 재화 또는 용역을 공급하는 경우 그 공급가액에 0%의 세율을 적용하여 매출세액이 0(zero)이 되게 하고, 그 재화 또는 용역을 매입할 때 부담한 매입세액을 전액 공제(환급)하여 주는 방법이다. 이와 같이 영세율 제도를 적용받는 사업자는 부가가치세 부담이 전혀 없게 되므로 영세율 제도는 완전면세제도에 해당한다.

② 면세제도

면세제도는 특정한 재화 또는 용역의 공급에 대하여 부가가치세 납세의무를 면제시켜 주는 제도를 말한다. 부가가치세가 면제되는 재화 또는 용역을 공급하는 면세사업자는 부가가치세법상 납세의무가 없으므로 매출세액이 발생되지 아니하고, 매입하는 때에 부담한 매입세액은 공제(환급)되지 아니한다.

면세대상 재화 또는 용역의 공급에 해당하는 매출세액은 면세되는 반면, 매입시 사업자가 부담한 매입세액은 환급받지 못하기 때문에 부분면세제도라 한다.

③ 영세율제도와 면세제도의 비교

㉠ 영세율제도의 도입 취지

영세율제도는 소비지국과세원칙에 따라 재화 등을 생산하는 국가에서는 부가가치세를 과세하지 아니하고 소비하는 국가에서 과세하여 국가 간의 이중과세를 방지하려는 제도이다. 또한 영세율이 적용되는 사업자는 조기환급을 받을 수 있게 하여 수출사업자의 자금부담을 완화하고, 국가적으로 수출사업을 지원·육성하는 효과가 있다.

㉡ 면세제도의 도입 취지

부가가치세는 일반소비세의 특성상 소득의 크기에 무관하게 모든 재화와 용역의 공급에 과세하게 되어 세부담의 역진성이 나타난다. 이와 같은 세부담의 역진성을 완화할 목적으로 기초 생활필수 재화와 용역, 국민후생용역 등에 대하여 면세제도를 두고 있다.

이러한 면세제도는 사업자의 세 부담 경감을 위하여 두고 있는 제도가 아니라 재화나 용역을 구입하는 소비자의 세 부담 경감을 위하여 두고 있다.

ⓒ 영세율과 면세의 비교

구 분	영 세 율	면 세
제도의 목적	국가간 이중과세를 방지하기 위한 소비지국 과세원칙의 구현	부가가치세의 역진성 완화
과 세 체 계	영세율 대상 공급가액에 대하여 0%의 세율을 적용하여 과세표준에 포함하여 신고하여야 하고 매입세액공제를 받을 수 있다.	면세 대상 공급가액은 과세하지 않으므로 신고대상이 되지 않고, 매입세액은 불공제 대상이다.
면 세 정 도	완전면세제도	부분면세제도
대 상 거 래	수출하는 재화 등	생활필수품 등
부가가치세법상의 의무	부가가치세법상의 모든 의무를 이행하여야 한다.	면세사업자는 부가가치세법상의 사업자가 아니므로 부가가치세법상의 신고 등 모든 의무를 이행할 필요 없지만 매입처별세금계산서합계표 제출 의무는 있다.

2 영세율제도

① 영세율 적용대상 사업자

영세율을 적용할 수 있는 사업자는 면세사업자를 제외한 과세사업자로 간이과세자를 포함한다. 면세사업자는 영세율을 적용하지 않는 것이 원칙이지만 면세를 포기하면 적용이 가능하다. 또한 영세율은 사업자가 거주자 또는 내국법인인 경우에만 적용하는 것으로 비거주자 또는 외국법인은 영세율을 적용하지 않는다.

비거주자 또는 외국법인이라도 상호면세주의에 따라 우리나라의 거주자 또는 내국법인에게 동일한 면세를 적용하는 국가의 비거주자 또는 외국법인에게는 영세율을 적용한다.

② 영세율 적용대상거래

㉠ 수출하는 재화

ⓐ 내국물품(우리나라 선박에 의하여 채취되거나 잡힌 수산물 포함)을 외국으로 반출하는 것. 대행수출의 경우에는 수출품 생산업자의 수출에 대하여 영세율을 적용하지만 수출업자의 수출대행수수료는 10%의 부가가치세를 과세한다.
ⓑ 국내의 사업장에서 계약과 대가수령 등 거래가 이루어지는 것으로서 중계무역 방식의 수출, 위탁판매수출, 외국인도수출, 위탁가공무역 방식의 수출
ⓒ 국내에서 내국신용장 또는 구매확인서에 의하여 공급하는 재화(금지금은 제외). 내국신용장 등이 공급시기 이후에 개설되더라도 공급시기가 속하는 과세기간 종료일 후 25일 이내에 개설하는 경우에는 영세율을 적용한다.

▶ 내국신용장 또는 구매확인서에 의하여 공급하는 재화는 공급된 이후 당해 재화를 수출용도에 사용하였는지 여부에 불구하고 영세율을 적용한다.

ⓓ 사업자가 한국국제협력단, 한국국제보건의료재단 및 대한적십자사에 공급하는 재화(한국국제협력단 등이 사업을 위하여 해당 재화를 외국에 무상으로 반출하는 경우에 한함).

ⓒ 국외에서 제공하는 용역

거주자 또는 내국법인이 국외에서 제공하는 용역의 경우에는 거래상대방 및 대금결제방법에 상관없이 영세율을 적용한다.

ⓒ 선박 또는 항공기의 외국항행용역

외국항행용역이란 선박 또는 항공기에 의하여 여객이나 화물을 국내에서 국외로, 국외에서 국내로 또는 국외에서 국외로 수송하는 것을 말한다. 외국항행사업자가 자기의 사업에 부수하여 행하는 재화 또는 용역의 공급도 포함한다.

ⓔ 기타 외화획득 재화 또는 용역

> ⓐ 국내에서 국내사업장이 없는 비거주자 또는 외국법인에게 제공하는 다음의 재화 또는 용역으로서 그 대금을 외국환은행에서 원화로 받는 것
> • 비거주자 등이 지정하는 국내사업자에게 인도되는 재화로 과세사업에 사용되는 재화
> • 전문, 과학 및 기술서비스업
> • 임대업 중 무형재산권 임대업
> • 통신업
> • 컨테이너수리업, 보세구역내의 창고업, 해운대리점업, 해운중개업 및 선박관리업 등
> ⓑ 국내 사업장이 있는 비거주자 또는 외국법인에게 공급하는 'ⓐ'의 재화·용역으로서 국외의 비거주자 등과 직접계약에 의하여 공급되고 그 대금을 국외의 비거주자 등으로부터 외국환은행을 통하여 원화로 받는 것
> ⓒ 수출업자와 직접 도급계약에 의하여 공급하는 수출재화임가공용역(수출재화염색임가공용역 포함)과 내국신용장 또는 구매확인서에 의하여 공급하는 수출재화임가공용역
> ⓓ 관광진흥법에 의한 일반여행업자가 공급하는 관광알선용역으로 그 대가를 외국환은행에서 원화로 받는 것
> ⓔ 외국을 항행하는 선박 및 항공기 또는 원양어선에 공급하는 재화 또는 용역
> ⓕ 우리나라에 상주하는 외교공관·영사기관·국제연합과 이에 준하는 국제기구군·국제연합군 또는 미국군에 공급하는 재화 또는 용역

③ 영세율 첨부서류

영세율이 적용되는 경우에는 예정신고 또는 확정신고시 영세율 대상거래임을 증명하는 수출실적명세서, 외화입금증명 등의 서류를 첨부하여 제출하여야 한다. 영세율 첨부서류를 제출하지 않았어도 영세율 대상임이 확인되는 경우에는 영세율은 적용하지만, 영세율 과세표준 신고불성실가산세가 적용된다.

3 면 세

① 면세대상 재화 또는 용역

　㉠ 기초생활필수품 관련 면세항목

　　ⓐ 식용에 공하는 농·축·수·임산물과 소금(식품위생법에 따른 천일염 및 재제소금)으로서 가공되지 아니하거나 원생산물의 본래의 성질이 변하지 아니하는 정도의 탈곡·정미·정맥·제분·정육·건조·냉동·염장·포장 등의 1차 가공을 거친 것(외국산 포함)

　　ⓑ 우리나라에서 생산된 식용에 공하지 아니하는 농·축·수·임산물로서 원생산물 또는 원생산물의 본래의 성상이 변하지 아니하는 정도의 원시가공을 거친 것(외국산은 과세)

　　ⓒ 수돗물(전기는 과세)

　　ⓓ 연탄과 무연탄(유연탄, 갈탄, 착화탄은 과세)

　　ⓔ 여객운송용역(항공기, 시외우등고속버스 및 시외고급고속버스, 전세버스, 택시, 자동차대여업, 수중익선, 고속철도 등은 과세)

　　ⓕ 여성용 생리처리 위생용품

　㉡ 국민후생 및 문화관련 재화 또는 용역

　　ⓐ 의료보건용역과 혈액(치료·예방·진단용 동물의 혈액 포함)

　　　• 약사의 조제용역은 면세에 포함하나 일반의약품의 판매와 의사의 미용목적 성형수술은 과세한다.

　　　• 국민건강보험법에 따라 요양급여의 대상에서 제외되는 다음의 진료용역은 과세

> ㉠ 쌍꺼풀수술, 코성형수술, 유방확대·축소술, 지방흡인술, 주름살제거술, 안면윤곽술, 치아성형 등 성형수술과 악안면 교정술(성형수술로 인한 후유증 치료, 선천성 기형 및 종양 제거에 따른 경우 및 치아교정치료가 선행되는 악안면 교정술은 제외)
> ㉡ 색소모반, 주근깨, 흑색점, 기미 치료술, 여드름 치료술, 제모술, 탈모 치료술, 모발이식술, 문신술 및 문신제거술, 피어싱, 지방융해술, 피부재생술, 피부미백술, 항노화치료술 및 모공축소술

　　　• 수의사가 제공하는 면세되는 동물의 진료용역은 가축, 수산동물, 장애인 보조견, 국민기초생활수급자가 기르는 동물에 대한 진료와 질병예방 및 치료목적의 예방접종, 병리검사와 농식품부장관이 고시하는 100여개 다빈도 질병에 대한 진료용역으로 한정한다.

　　　• 산후조리원이 제공하는 급식·요양과 사회적기업이 직접 제공하는 간병, 산후조리, 보육용역은 의료보건용역으로 보아 면세한다.

　　ⓑ 주무관청의 인·허가를 받거나 주무관청에 등록·신고된 학교·학원·강습소 등의 교육용역

　　　체육시설의 설치·이용에 관한 법률상의 무도학원과 자동차운전학원에서 가르치는 교육용역은 면세대상에서 제외한다.

ⓒ 도서(실내도서열람 및 도서대여용역 포함), 신문(인터넷신문 포함), 잡지, 관보 및 뉴스통신(광고는 과세)

ⓓ 예술창작품(골동품 제외), 비영리 예술행사, 비영리 문화행사 및 비직업운동경기

ⓔ 도서관, 과학관, 박물관, 미술관, 동물원 또는 식물원에의 입장

ⓒ 주택 및 주택부수 토지의 임대용역

주택이란 상시 주거용(사업을 위한 주거용 제외)으로 사용하는 건물을 말하는 것으로 주택과 그 주택의 부수토지의 임대용역은 면세이다. 부수토지는 일정한 한도가 있다.

ⓐ 주택 부수토지의 면세면적의 한도

> Max(a, b) a. 주택의 정착면적 × 5배(도시지역 이외는 10배)
> b. 주택의 연면적의 1배

ⓑ 겸용주택의 경우

구 분	건 물	부수토지
주택의 면적 > 주택이외의 면적	전부 주택	전부를 주택의 부수토지로 본다.
주택의 면적 ≦ 주택이외의 면적	주택만 주택	전체 부수토지 × 주택의 면적비율

ⓒ 겸용주택이 2층 이상인 경우

$$주택\ 정착면적 = 건물정착면적 \times \frac{주택연면적}{건물연면적}$$

▶ 정착면적은 건물이 토지와 닿아 있는 부분의 면적을 말한다.
▶ 연면적은 건물 각 층의 면적을 모두 합한 면적을 말한다.

ⓔ 부가가치의 구성요소에 해당하는 재화 또는 용역

- 토지
- 금융·보험용역
- 저술가, 작곡가 등이 직업상 제공하는 법 소정의 인적용역
  - 개인이 물적시설없이 근로자를 공용하지 아니하고 독립된 자격으로 용역을 공급하고 대가를 받는 인적용역
  - 개인·법인 또는 법인 아닌 단체가 독립된 자격으로 용역을 공급하고 대가를 받는 학술연구용역, 국선변호인 등의 인적용역

ⓜ 기타의 재화 또는 용역

- 국가·지방자치단체·지방자치단체조합이 공급하는 재화 또는 용역은 면세 대상이나 다음의 재화 또는 용역은 부가가치세를 과세한다.
  - 우정사업 조직이 소포우편물을 방문 접수하여 배달하는 용역
  - 고속철도여객운송용역
  - 부동산임대업, 도·소매업, 음식·숙박업, 골프장·스키장운영업, 기타 스포츠시설운영업, 주차장 운영업
  - 우정사업본부의 우편주문 판매대행 용역
- 국가·지방자치단체·지방자치단체조합 또는 일정한 공익단체에 무상으로 공급하는 재화 또는 용역(단, 유상공급은 과세)
- 우표(수집용 우표는 과세)·인지·증지·복권과 공중전화
- 담배 중 판매가격이 200원 이하이거나 담배사업법상 특수용 담배 중 영세율이 적용되지 아니하는 것
- 종교·자선·학술·구호 기타 공익을 목적으로 하는 단체가 공급하는 일정한 재화 또는 용역

ⓑ 조세특례제한법상 주요 면세대상

- 국민주택 및 국민주택의 건설용역(허가·면허 등을 갖춘 설계·전기공사·소방공사, 리모델링 용역 등 포함, 국민주택규모 초과 주택의 공급은 과세)
- 정부업무대행단체가 그 고유목적사업으로서 공급하는 일정한 재화·용역
- 영유아용 기저귀와 분유(액상형태의 분유 포함)

CHECK POINT 부동산의 공급 및 임대용역에 대한 과세여부

구 분	부동산의 공급		부동산의 임대	
건 물	국민주택	면 세	주택의 임대	면 세
	국민주택 이외	과 세	주택 이외의 임대	과 세
토 지	면 세		일반적인 경우	과 세
			주택부수토지	면 세

ⓢ 재화의 수입에 대한 면세

- 부가가치세법상 면세대상
  미가공 식료품(식용에 공하는 농·축·수·임산물 포함), 도서·신문 및 잡지, 기타 관세가 무세이거나 감면되는 일정한 재화
- 조세특례제한법상 주요 면세대상
  무연탄, 과세사업에 사용하기 위한 선박과 관세법에 의한 보세건설물품 및 농민이 직접 수입하는 일정한 농업용·축산업용 기자재와 어민이 직접 수입하는 일정한 어업용 기자재 등

② 면세포기

㉠ 면세포기의 개념

면세포기란 면세사업자가 해당 면세재화 또는 용역의 공급에 대하여 면세적용을 포기하고 과세로 적용받는 것을 말한다. 면세사업자는 전단계에서 거래징수당한 매입세액을 공제받지 못하게 된다. 그러므로 면세재화를 수출하거나 소비자와 직접 거래하지 아니하는 중간단계 사업자인 경우 매입세액을 원가에 산입하여 비용화하여야 하므로 경쟁상 불리한 경우가 발생하게 된다. 이러한 경우 면세를 포기하고자 하는 사업자는 관할세무서장에게 면세포기신고를 하여야 한다.

면세포기는 승인의 요건이 없고, 신고기한도 없으므로 언제든지 가능하다.

㉡ 면세포기 대상

- 영세율 적용대상인 재화·용역
- 공익단체 중 학술연구단체와 기술연구단체가 학술·기술연구와 관련하여 실비 또는 무상으로 공급하는 재화 또는 용역

㉢ 면세포기의 효력

면세되는 2 이상의 사업 또는 종목을 영위하는 사업자는 면세포기 하고자 하는 재화 또는 용역의 공급만을 구분하여 포기할 수 있고, 영세율이 적용되는 재화·용역을 면세포기한 사업자가 국내에 공급하는 재화 또는 용역에 대하여는 면세포기의 효력이 없다.

면세포기신고를 한 사업자는 신고한 날로부터 3년간은 면세를 적용받을 수 없고, 면세포기신고를 한 날로부터 3년이 경과한 후 다시 면세를 받고자 하는 때에는 면세적용신고를 하여야 한다. 면세적용신고를 하지 않은 경우에는 계속하여 면세를 포기한 것으로 간주한다.

확인예제

01 다음 중 부가가치세법상 영세율 적용대상 중 수출하는 재화가 아닌 것은?

① 우리나라에 상주하는 미국군에게 공급하는 재화
② 위탁판매의 수출
③ 국내에서 내국신용장에 의하여 공급하는 재화
④ 내국물품을 외국으로 반출

해설 ① 부가가치세법에서 영세율을 적용하는 수출하는 재화는 ㉠ 내국물품의 외국 반출, ㉡ 중계무역 방식의 수출, 위탁판매수출, 외국인도수출, 위탁가공무역 방식의 수출, ㉢ 국내에서 내국신용장 또는 구매확인서에 의하여 공급하는 재화, ㉣ 한국국제협력단 및 한국국제보건의료재단에 공급하는 재화 등을 말한다.

02 다음은 부가가치세법상 면세인 재화 또는 용역에 대한 설명이다. 옳지 않은 것은?

① 의사 및 한의사가 제공하는 모든 용역은 면세이다.
② 금융 및 보험 용역은 면세이다.
③ 약사가 처방전에 의하여 판매하는 의약품은 면세이다.
④ 주택의 임대용역은 면세이다.

해설 ① • 국민건강보험법에 따라 요양급여의 대상에서 제외되는 성형과 미용목적의 진료용역은 면세대상에서 제외한다.
• 약사가 판매하는 일반의약품은 과세대상이지만 처방전에 의하여 판매하는 의약품은 조제용역에 대한 부수재화의 공급으로 보아 면세가 된다.

03 다음은 부가가치세법상 면세포기제도와 관련된 설명이다. 틀린 것은?

① 기술연구단체가 기술연구와 관련하여 실비 또는 무상으로 공급하는 재화 또는 용역에 대하여는 면세포기가 가능하다.
② 영세율 적용대상이 되는 재화의 공급에 대하여 면세를 포기한 사업자라고 하더라도 국내에 공급하는 재화에 대하여는 그대로 면세가 적용된다.
③ 면세포기를 하고자 하는 사업자는 관할세무서장에게 면세포기신고를 하여야 한다.
④ 면세포기를 하고자 하는 사업자는 면세를 포기하고자 하는 과세기간의 20일전까지 면세포기를 신청하여야 한다.

해설 ④ 면세포기는 신청이 필요 없고 신고만 하면 된다. 그리고 신고기한이 없으므로 언제든지 가능하다.

SECTION 05 | 과세표준 및 매출세액

1 과세표준의 계산

① 과세표준

재화 또는 용역의 공급에 대한 부가가치세의 과세표준은 해당 과세기간에 공급한 재화 또는 용역의 공급가액을 합한 금액으로 한다.

공급가액은 대금, 요금, 수수료, 그 밖에 어떤 명목이든 상관없이 재화 또는 용역을 공급받는 자로부터 받는 금전적 가치 있는 모든 것을 포함하되, 부가가치세는 포함하지 아니한다.

부가가치세가 포함되지 않은 매출액을 공급가액이라 하고, 부가가치세가 공급가액에 포함되면 공급대가라고 한다.

② 재화 또는 용역의 공급에 대한 공급가액

㉠ 일반적인 공급가액

구 분	공 급 가 액
• 금전으로 대가를 받은 경우	받은 대가
• 금전 이외의 대가를 받는 경우	공급한 재화 또는 용역의 시가
• 재화 또는 용역의 공급에 대하여 부당하게 낮은 대가를 받거나 받지 않은 경우	공급한 재화 또는 용역의 시가
• 대가를 외화로 받아 공급시기 도래 전에 원화로 환가한 경우	환가한 금액
• 대가를 외화로 받아 공급시기 이후에 외국통화 기타 외국환의 상태로 보유하거나 지급받는 경우	공급시기의 기준환율 또는 재정환율에 따라 계산한 금액

▶ 부당하게 낮은 대가를 받은 경우란 특수관계자와 거래에 있어서 재화와 용역의 공급가액을 시가보다 낮은 대가로 수령하여 조세의 부담을 부당하게 감소시킬 것으로 인정되는 경우를 의미한다. 따라서 특수관계 없는 자와의 거래에서 낮은 대가를 받은 경우에는 그 받은 대가가 공급가액이 된다.

㉡ 거래형태별 공급가액

구 분	공 급 가 액
• 외상판매 및 할부판매	공급한 재화의 총 가액
• 장기할부판매·중간지급조건부 공급·완성도기준지급 공급·전력 기타 공급단위를 구획할 수 없는 재화를 계속적으로 공급하는 경우	계약에 따라 받기로 한 대가의 각 부분

ⓒ 공급가액에 포함하는 것

과세표준에는 장기할부판매 또는 할부판매의 이자상당액과 대가의 일부로 받는 운송보험료·산재보험료·운송비·포장비·하역비 등을 포함하고 개별소비세, 교통·에너지·환경세 및 주세가 과세되는 재화 또는 용역은 해당 개별소비세, 교통·에너지·환경세, 주세와 그에 대한 교육세 및 농어촌특별세를 포함한다. 자기 적립 마일리지 외의 마일리지인 제3자 적립 마일리지 등으로 결제받은 경우, 신용카드사 등으로부터 보전받았거나 보전받을 금액을 공급가액에 포함한다. 단, 보전금액이 없거나 특수관계인 간의 부당행위에 해당하는 경우에는 공급한 재화 또는 용역의 시가를 공급가액으로 본다.

ⓓ 공급가액에 포함하지 않는 것

다음은 재화 또는 용역의 공급과 무관한 것으로 공급가액에 포함하지 않는다.

- 매출에누리·매출환입·매출할인
- 계약 등에 의하여 확정된 대가의 지급지연으로 인하여 지급받는 연체이자
- 재화 또는 용역의 공급과 직접 관련되지 않는 국고보조금과 공공보조금
- 공급받는 자에게 도달하기 전에 파손·훼손 또는 멸실된 재화의 가액
- 용기 또는 포장의 회수를 보장하기 위하여 받는 보증금
- 음식·숙박용역 등의 대가와 함께 받는 종업원의 봉사료 중 대가와 구분 기재한 경우로서 봉사료를 종업원에 지급한 사실이 확인되는 봉사료로 사업자의 수입금액으로 계상하지 않은 금액
- 자기 적립 마일리지 등으로 결제받은 금액

▶ 자기적립마일리지란 당초 재화, 용역을 공급하고 마일리지를 적립해준 사업자에게서 구입할 때에만 사용할 수 있는 마일리지를 말한다.

ⓔ 과세표준에서 공제하지 않는 것

재화나 용역을 공급한 후에 지급하는 금액은 공급시기에 확정된 대가에 반영되지 않은 것이므로 과세표준에서 공제하지 않는다.

- 판매장려금(현물로 지급하면 사업상증여로 보아 과세표준에 포함한다.)
- 대손금
- 하자보증금

③ 재화의 수입

수입재화의 과세표준은 그 재화에 대한 관세의 과세가격에 관세, 개별소비세, 주세, 교통·에너지·환경세, 교육세, 농어촌특별세를 합한 금액으로 한다. 세관장이 과세표준에 세율을 적용하여 수입자에게 부가가치세를 징수한다.

$$\text{과세표준} = \text{관세의 과세가격} + \text{관세} + \text{개별소비세, 주세, 교통·에너지·환경세} + \text{교육세, 농어촌특별세}$$

④ 재화의 간주공급에 대한 공급가액

간주공급에 해당하는 자가공급, 개인적공급, 사업상증여, 폐업시 남아있는 재화에 대한 공급가액은 해당 재화의 시가에 의한다. 해당 재화가 감가상각자산인 경우에는 다음의 산식에 의하여 해당 재화의 시가를 계산한다.

간주공급 중 판매목적의 직매장반출의 공급가액은 해당 재화의 취득금액이 되나 취득금액에 일정액을 가산하여 공급하는 경우에는 일정액을 더한 금액을 공급가액으로 본다.

$$과세표준 = 취득금액 \times (1 - 상각률 \times 경과된\ 과세기간의\ 수)$$

㉠ 상각률

상각률은 1과세기간에 건물과 구축물은 5%를 적용하고, 기타의 감가상각자산은 25%를 적용한다.

㉡ 경과된 과세기간의 계산

과세기간의 개시일 후에 감가상각자산을 취득하거나 해당 재화가 공급된 것으로 의제하는 경우에는 그 과세기간의 개시일에 해당 재화를 취득하거나 해당 재화가 공급된 것으로 보고 경과된 과세기간의 수를 계산하여야 한다.

2 공급가액계산 특례

① 공통사용재화를 공급하는 경우

㉠ 공급가액

과세사업과 면세사업(비과세사업 포함)을 겸영하는 사업자가 과세사업과 면세사업에 공통으로 사용되는 재화를 공급하는 경우 과세사업에서 사용하던 부분은 과세하고 면세사업에 사용하던 부분은 면세를 하여야 하는 문제가 발생한다. 이 경우 과세되는 공급가액은 직전과세기간의 총공급가액과 과세공급가액을 기준으로 다음과 같이 안분계산한다. 휴업 등으로 인하여 직전 과세기간의 공급가액이 없는 경우에는 그 재화를 공급한 날에 가장 가까운 과세기간의 공급가액에 의한다.

$$공급가액 \times \frac{직전\ 과세기간의\ 과세공급가액}{직전\ 과세기간의\ 총공급가액}$$

㉡ 안분계산을 생략하는 경우

다음의 경우에는 안분계산을 생략하고 공급가액 전액을 과세표준으로 한다.

- 직전 과세기간의 면세공급가액 비율이 5% 미만인 경우. 다만, 해당 재화의 공급가액이 5천만원 이상이면 안분계산을 하여야 한다.
- 재화의 건별 공급가액이 50만원 미만인 경우
- 신규로 사업을 개시하여 직전 과세기간이 없는 경우

② 토지와 건물 등을 일괄공급하는 경우

토지와 건물 등을 일괄 공급하는 경우 건물 등의 공급가액은 실지거래가액의 구분이 명확하면 그에 따라 계산하여야 하지만 실지거래가액이 불분명한 경우와 실거래가액으로 구분한 가액이 안분 계산한 금액과 30% 이상 차이가 있는 경우에는 다음과 같이 계산한다.

이때 감정가액은 공급시기가 속하는 과세기간의 직전 과세기간 개시일부터 공급시기가 속하는 과세기간의 종료일까지 감정평가법인이 평가한 감정가액을 말한다.

구 분		안 분 기 준
감정평가액이 있는 경우		감정평가액
감정평가액이 없는 경우	기준시가가 모두 있는 경우	기준시가
	하나 이상의 자산이 기준시가가 없는 경우	1단계 : 장부금액으로 안분(장부금액이 없으면 취득금액)
		2단계 : 기준시가가 있는 자산만 기준시가로 안분 계산
	기준시가가 없는 경우	장부금액으로 안분(장부금액이 없으면 취득금액)

③ 부동산임대용역의 공급가액

- NCS 능력단위 : 0203020205부가가치세신고   능력단위요소 : 02부가가치세부속서류작성하기
- 2.5 부가가치세법에 따라 부동산임대공급가액명세서를 작성하고 간주임대료를 계산할 수 있다.

㉠ 부동산 임대용역의 공급가액

부동산 임대용역의 공급가액은 임대료, 관리비수입 등의 대가와 전세금 또는 임대보증금에 대한 간주임대료를 합하여 계산한다. 2개의 과세기간 이상에 걸쳐 부동산임대용역을 공급하고 그 대가를 선불 또는 후불로 받는 경우에는 다음과 같이 계산한다.

$$\text{선불 또는 후불 임대료} \times \frac{\text{해당 과세기간의 임대월수}}{\text{총계약기간의 월수}}$$

▶ 월수 계산은 역에 의해 계산하되 개시월이 1월 미만이면 1월로 보고, 종료월이 1월 미만이면 1월로 보지 않는다.

㉡ 전세금 또는 임대보증금에 대한 간주임대료의 계산

사업자가 부동산임대용역을 공급하고 받은 전세금 또는 임대보증금은 금전 이외의 대가를 받은 것으로 보아 다음 산식에 의하여 계산한 금액을 간주임대료라고 한다.

$$\text{보증금 등 적수} \times \text{정기예금이자율} \times \frac{1}{365(\text{윤년은 } 366)}$$

▶ 보증금 등 적수는 전세금 또는 임대보증금에 과세대상기간의 임대일수를 곱하여 구한다.
▶ 임대일수의 계산에서 임대개시일을 포함한다.
▶ 계약기간 1년의 정기예금이자율은 2021.3.16 현재 1.2%이다.

ⓒ 과세 면세 겸용주택의 경우

과세되는 부동산임대용역과 면세되는 주택임대용역을 함께 공급하여 과세와 면세의 임대 구분이나 임대료의 귀속이 불분명한 경우에는 다음의 순서에 의하여 과세표준을 계산한다. 아래의 산식을 적용함에 있어 토지가액 또는 건물가액은 예정신고기간 또는 과세기간 종료일 현재의 소득세법에 의한 기준시가에 의한다.

구 분	계 산 식
토지분 임대료	(임대료 + 간주임대료) × $\dfrac{\text{토지가액}}{\text{토지가액} + \text{건물가액}}$
건물분 임대료	(임대료 + 간주임대료) × $\dfrac{\text{건물가액}}{\text{토지가액} + \text{건물가액}}$
과세분 토지임대료	토지분임대료 × $\dfrac{\text{과세되는 토지임대면적}}{\text{총토지임대면적}}$
과세분 건물임대료	건물임대료 × $\dfrac{\text{과세되는 건물임대면적}}{\text{총건물임대면적}}$

3 매출세액

구 분		과세표준	세 율	세 액
과 세	세금계산서발급분	×××	10%	×××
	매입자발행세금계산서	×××	10%	×××
	신용카드·현금영수증발행분	×××	10%	×××
	기타(정규영수증외매출분)	×××	10%	×××
영세율	세금계산서발급분	×××	0%	0
	기타	×××	0%	0
예정신고누락분				×××
대손세액가감				×××
합 계(매출세액)				×××

▶ 영세율의 기타란은 세금계산서를 발급하지 않은 영세율공급분(직수출)을 기입한다.

① 매출세액의 계산

사업자의 매출세액은 다음과 같이 계산하며 공급시기가 속하는 과세기간의 신고기한 내에 신고하여야 한다.

$$\text{매출세액} = \text{과세표준} \times 10\%(\text{영세율은 } 0\%) + \text{예정신고누락분} \pm \text{대손세액가감}$$

② 예정신고누락분

예정신고누락분이란 예정신고시 누락된 매출세액을 확정신고시 신고하는 금액을 말하며, 예정신고누락분이 있는 경우에는 신고불성실가산세 및 납부·환급불성실가산세 등이 부과될 수 있다.

③ 대손세액공제

> ● NCS 능력단위 : 0203020205부가가치세신고 능력단위요소 : 02부가가치세부속서류작성하기
> 2.2 부가가치세법에 따라 대손세액공제신고서를 작성하여 세액공제를 받을수 있다.

㉠ 대손세액공제제도

과세 재화 또는 용역을 공급한 사업자가 거래상대방의 부도, 파산 등의 사유로 거래대금은 물론 관련한 부가가치세를 받을 수 없어서 대손처리한 경우 부가가치세를 거래징수하지 못하였음에도 불구하고 공급한 사업자는 해당 부가가치세를 납부하여야 한다. 이러한 경우 부도 등으로 거래 징수하지 못한 부가가치세액을 해당 사업자의 매출세액에서 차감할 수 있도록 하여 기업의 자금 부담을 완화하도록 한 것이 대손세액 공제제도이다.

㉡ 대손세액공제액의 계산

부가가치세를 포함한 외상매출금과 기타 매출채권의 전부 또는 일부가 대손되어 회수할 수 없는 경우 채권에 포함된 부가가치세를 대손세액으로 하여 그 대손이 확정된 날이 속하는 과세기간의 매출세액에서 차감한다.

$$\text{대손세액} = \text{대손금액(부가가치세 포함)} \times \frac{10}{110}$$

㉢ 대손요건

부가가치세법상 대손사유는 법인세법의 대손사유와 동일하다.
ⓐ 채무자의 파산·강제집행·형의 집행 또는 사업의 폐지
ⓑ 채무자의 사망·실종·행방불명
ⓒ 상법, 수표법, 어음법 및 민법에 의한 소멸시효 완성

ⓓ 부도발생일로부터 6개월 이상 지난 수표 또는 어음상의 채권과 중소기업의 외상매출금으로서 부도발생일 이전 발생한 외상매출금. 다만, 해당 사업자가 채무자의 재산에 대하여 저당권을 설정하고 있는 경우를 제외한다.
ⓔ 중소기업의 외상매출금 및 미수금으로서 회수기일이 2년 이상 지난 채권(다만 특수관계인과의 거래로 인하여 발생한 채권은 제외)
ⓕ 민사집행법에 의하여 채무자의 재산에 대한 경매가 취소된 압류채권
ⓖ 회사정리법에 의한 정리계획인가의 결정 또는 화의법에 의한 화의인가의 결정으로 회수불능으로 확정된 채권
ⓗ 회수기일이 6개월 이상 지난 30만원 이하의 채권(30만원 이하 채권 가액은 채무자별 채권가액의 합계액을 기준으로 판단한다)

ⓛ 대손확정기한

대손확정은 재화 또는 용역의 공급일로부터 10년이 되는 날이 속하는 과세기간에 대한 확정신고기한까지 하여야 한다. 대손확정기한을 경과하여 대손이 확정된 경우에는 대손세액공제를 받을 수 없다.

ⓜ 대손세액 처리방법

대손세액의 경우 공급하는 사업자는 매출세액에 반영하고 공급받는 사업자는 매입세액에 반영하여야 한다.

구 분	공급하는 사업자	공급받는 사업자
대 손 확 정 시	매출세액에서 차감	매입세액에서 차감
대 손 금 회 수 시	매출세액에 가산	매입세액에 가산

확인예제 POINT 전산세무 2급

01 다음 중 부가가치세 과세표준 또는 공급가액에 대한 설명으로 틀린 것은?

① 공급 후 공급가액에 대한 할인액은 공급가액 계산시 차감하지 않는다.
② 과세표준은 부가가치세를 포함하지 아니한 공급가액으로 한다.
③ 금전 이외의 대가를 받은 경우 공급가액은 자기가 공급한 재화 또는 용역의 시가로 한다.
④ 재화를 공급하고 대가의 일부를 자기 적립 마일리지 등으로 결제 받는 경우 해당 마일리지 상당액은 공급가액에 포함하지 아니한다.

해설 ① 공급 후 공급가액에 대한 할인액은 공급가액 계산에서 차감하여야 한다.

02 다음은 부가가치세법상 거래유형별 공급가액을 설명한 것이다. 다음 중 옳지 않은 것은?

① 외상판매 및 할부판매인 경우 - 공급한 재화의 총가액
② 위탁가공무역 방식으로 수출하는 경우 - 위탁가공계약에 의하여 수출한 가공비
③ 장기할부판매의 경우 - 계약에 따라 받기로 한 대가의 각 부분
④ 완성도기준지급 중간지급조건부의 경우 - 계약에 따라 받기로 한 대가의 각 부분

해설 ② 위탁가공무역 방식으로 수출하는 경우 - 완성된 제품의 인도가액을 공급가액으로 한다.

03 보세구역 내에서 공장을 영위하는 (주)남부가 외국에서 도착한 물품을 재가공하여 만든 제품을 국내의 (주)종로에게 다음과 같이 공급한 경우 재화의 수입에 대해 세관장이 거래징수할 부가가치세 과세표준은?

• 관세의 과세가격   20,000,000원   • 관 세   4,000,000원
• 개별소비세 및 교육세   1,000,000원   • 공급가액   40,000,000원

① 25,000,000원   ② 20,000,000원   ③ 24,000,000원   ④ 33,000,000원

해설 ① 20,000,000 + 4,000,000 + 1,000,000 = 25,000,000원
수입재화의 과세표준은 관세의 과세가격에 관세, 개별소비세 및 교육세를 가산한 금액으로 세관장은 수입세금계산서를 발급하여야 하고, 공급가액과의 차액은 공급하는 사업자가 세금계산서를 발급하여야 한다.

04 부가가치세법상 대손세액공제와 관련한 다음 사항 중 잘못된 것은?

① 재화 용역을 공급한 후 공급일로부터 5년이 경과한 날이 속한 과세기간에 대한 확정신고기한까지 대손이 확정되어야 한다.
② 대손세액공제(변제)신고서는 그 절차상 확정신고시에 제출하여야 한다.
③ 공제되는 대손세액은 대손금액에 110분의 10을 곱한 금액으로 한다.
④ 대손세액공제를 받은 후 회수한 대손금과 관련된 대손세액은 회수한 날이 속하는 과세기간의 매출세액에 가산한다.

해설 ① 재화 또는 용역의 공급일로부터 10년 이내 대손이 확정되어야 대손세액공제를 적용한다.

SECTION 06 | 매입세액 공제와 납부세액 계산

1 매입세액

```
        구        분                                 세    액
① 세금계산서 ┌ 일반매입                              ×××
   수취분    └ 고정자산매입                          ×××
② 예정신고누락분                                    ×××
③ 매입자발행 세금계산서                              ×××
④ 그 밖의 공제 매입세액                              ×××
    ㉠ 신용카드매출전표 등 수령명세서제출분(일반, 고정)
    ㉡ 의제매입세액
    ㉢ 재활용폐자원 등 매입세액
    ㉣ 재고매입세액
    ㉤ 변제대손세액
⑤ 공제받지 못할 매입세액                            (×××)
⑥ 차감계(매입세액)                                   ×××
```

① **세금계산서 수취분 매입세액**

사업자가 재화·용역을 공급받거나 재화를 수입할 때 거래징수당한 매입세액 중 세금계산서를 수취한 것은 매출세액에서 공제된다. 매출세액에서 공제되는 매입세액은 ㉠ 자기의 사업을 위하여 사용되었거나 사용될 재화 또는 용역의 공급 및 재화의 수입에 대한 세액으로 ㉡ 세금계산서를 수취하고 ㉢ 매입처별세금계산서합계표를 제출하여야 한다.

그리고 신고서상의 매입세액란에는 매입세액 공제되는 것과 불공제 되는 것의 구분없이 수취한 모든 세금계산서의 매입세액을 표시하여야 한다.

② **기타 공제 매입세액**

㉠ 신용카드매출전표 등 수령 매입세액

> • NCS 능력단위 : 0203020205부가가치세신고 능력단위요소 : 02부가가치세부속서류작성하기
> 2.4 부가가치세법에 따라 신용카드매출전표등 수령금액합계표를 작성해 매입세액을 공제받을 수 있다.

사업과 관련하여 일반과세자 및 간이과세자로부터 부가가치세액을 별도로 기재한 신용카드매출전표(기명식선불카드, 직불카드, 현금영수증) 등을 받은 경우에는 세금계산서를 발급받은 것으로 보아 매입세액을 공제한다. 다만, 일반과세자 중 목욕, 이발, 미용업과 여객운송업(전세버스를 제외) 및 미술관, 박물관 등의 입장권을 발행하여 영위 사업자 등 세금계산서 발급의무가 면제되는 사업자와 간이과세자 중 신규사업자 및 직전년도 공급대가 합계액이 4,800만원 미만인 사업자에게 받은 것은 제외한다.

신용카드매출전표 등으로 매입세액을 공제받으려면 신용카드매출전표 등 수령명세서를 제출하여야 하고, 확정신고를 한 때로부터 5년간 신용카드매출전표 등을 증명자료로 보관하여야 한다.

ⓒ 의제매입세액

> • NCS 능력단위 : 0203020205부가가치세신고　능력단위요소 : 02부가가치세부속서류작성하기
> 2.7 부가가치세법에 따라 의제매입세액공제신고서를 작성하여 의제매입세액공제를 받을 수 있다.

ⓐ 취　지

의제매입세액이란 과세사업자가 면세로 공급받은 농·축·수·임산물을 원재료로 하여 제조·가공한 재화 또는 창출한 용역의 공급이 과세되는 경우에 면세 매입가액의 일정금액을 매입세액으로 공제하는 것을 말한다. 이는 면세재화를 원재료로 하여 재화 또는 용역을 공급하여 공급가액이 과세될 경우 발생하는 환수효과와 누적효과를 완화하기 위한 목적이다.

ⓑ 의제매입세액의 공제

의제매입세액공제는 면세 농산물 등을 매입한 날이 속하는 예정신고기간 또는 확정신고기간에 공제한다. 공제율과 한도액은 다음과 같다.

> 의제매입세액 = 면세농산물 등의 매입가액(한도액 적용) × 공제율

▶ 일반과세자는 1과세기간인 6개월의 과세표준을 기준으로 적용한다.
▶ 간이과세자는 2021년 7월 1일 이후 매입액부터 적용하지 아니한다.

의제매입세액 공제율

구 분		공제율
음식업점	과세유흥장소	2/102
	개인사업자	8/108
	과세표준 2억원 이하	9/109
	법인사업자	6/106
제조업(조세특례제한법상의 중소기업과 개인사업자)		4/104
최종소비자대상 개인제조업		6/106(과자점, 도정업, 제분업 및 떡방앗간)
그 외		2/102

면세 농산물 등의 매입가액의 한도

해당 과세기간 과세표준	개 인		법 인
	음식점업	기타 업종	
2억원 초과	60%	55%	구분 없이 50%
1억원 초과 2억원 이하	70%	65%	
1억원 이하	75%		

    ⓒ 의제매입세액의 통산

        제조업을 영위하는 사업자로서 제1기 또는 제2기 과세기간에 공급받은 면세농산물등의 가액의 비율이 75% 이상인 경우 제2기 과세기간에 대한 납부세액을 확정신고할 때, 1역년(歷年)에 공급받은 면세농산물등의 가액을 통산하여 공제율을 적용한 금액에서 제1기 과세기간에 의제매입세액으로 공제받은 금액을 차감한 금액을 의제매입세액으로 공제할 수 있다.

  ⓒ 재활용폐자원 등에 대한 매입세액

      재활용폐자원 및 중고품을 수집하는 사업자가 국가·지방자치단체 기타 부가가치세 과세사업을 영위하지 아니하는 자(면세사업과 과세사업을 겸업하는 경우 포함)와 간이과세자로부터 재활용폐자원 및 중고품을 취득하여 제조 또는 가공하거나 이를 공급하는 경우에는 다음과 같이 계산한 금액을 매입세액으로 공제받을 수 있다. 단, 재활용폐자원의 매입가액은 세금계산서를 발급받은 금액을 포함하여 과세표준의 80%를 초과할 수 없다.

$$\text{재활용폐자원 매입가액} \times \frac{3}{103} \left(\text{중고자동차는 } \frac{10}{110} \right)$$

  ⓔ 면세사업용 감가상각자산의 과세사업 전환

      과세사업과 면세사업은 겸영하는 사업자가 면세사업에 사용하여 매입세액이 공제되지 아니한 감가상각자산을 과세사업에 사용하거나 소비하는 때에는 다음의 금액을 그 과세사업에 사용하거나 소비하는 날이 속하는 과세기간의 매입세액으로 공제할 수 있다. 상각률은 건물과 구축물은 5%, 기타 감가상각자산은 25%를 적용하고, 경과된 과세기간은 과세기간의 개시일 후에 취득한 감가상각자산은 그 과세기간의 개시일에 해당 재화를 취득한 것으로 보고 계산하여야 한다. 다만 과세공급가액이 과세공급가액과 면세공급가액을 합한 총공급가액의 5% 미만인 경우에는 공제세액이 없는 것으로 본다.

$$\text{공제액} = \text{면세 매입세액불공제액} \times (1 - \text{상각률} \times \text{경과된 과세기간의 수})$$

ⓜ **재고매입세액**

간이과세자가 일반과세자로 변경되는 경우에 변경당시의 재고품과 건설중인 자산 및 감가상각자산에 대한 매입세액의 차액을 계산하여 매입세액으로서 공제하는 것을 말한다. 일반과세자로 변경된 후 재고매입세액의 승인을 얻은 날이 속하는 예정신고기간 또는 과세기간의 납부세액 계산 시 매출세액에서 공제한다.

구 분		내 용
재고품		재고금액 × $\frac{10}{110}$ × (1 − 0.5% × $\frac{110}{10}$)
건설중인 자산		건설중인 자산 관련 공제대상 매입세액 × (1 − 0.5% × $\frac{110}{10}$)
감가상각자산	매입한 경우	취득금액 × $\frac{10}{110}$ × (1 − 상각률 × 경과된 과세기간의 수) × (1 − 0.5% × $\frac{110}{10}$)
	자가제작한 경우	공제대상 매입세액 × (1 − 상각률 × 경과된 과세기간의 수) × (1 − 0.5% × $\frac{110}{10}$)

③ **공제받지 못할 매입세액**

> • NCS 능력단위 : 0203020205부가가치세신고 　 능력단위요소 : 02부가가치세부속서류작성하기
> 2.3 　부가가치세법에 따라 매입세액 불공제분에 대한 계산근거서류를 작성 할 수 있다.

다음의 매입세액은 매출세액에서 공제되지 않는다.

㉠ **사업자등록을 하기 전의 매입세액**

사업자등록을 신청하기 전의 매입세액은 공제되지 않는다. 다만, 공급시기가 속하는 과세기간이 끝난 후 20일 이내에 사업자등록을 신청한 경우 등록신청일부터 공급시기가 속하는 과세기간 개시일(1월 1일 또는 7월 1일)까지 역산한 기간 내의 매입세액은 공제한다. 이때에는 해당 사업자 또는 대표자의 주민등록번호를 기재한 세금계산서를 발급받은 경우에만 매입세액을 공제한다.

㉡ **세금계산서 미수취·부실기재분 매입세액**

재화 또는 용역의 공급을 받으면서 세금계산서를 발급받지 않거나, 발급받은 세금계산서의 필요적 기재사항이 누락되거나 사실과 다른 경우의 매입세액은 공제되지 않는다. 공급가액이 사실과 다르게 적힌 경우에는 실제공급가액과 사실과 다르게 적힌 금액의 차액에 대한 매입세액만 공제되지 않는다. 다만, 다음의 경우로서 그 거래사실이 확인되는 경우에는 공제한다.

> - 필요적 기재사항 중 일부가 착오로 기재되었으나 그 밖의 필요적 기재사항 또는 임의적 기재사항으로 보아 거래사실이 확인되는 경우
> - 공급시기 이후에 발급받은 세금계산서로 공급시기가 속한 과세기간의 확정신고기한까지 발급받은 경우
> - 공급시기가 속한 과세기간에 대한 확정신고기한 후 발급받은 세금계산서로서 해당 공급시기가 속하는 과세기간에 대한 확정신고기한 다음날부터 1년 이내에 발급받은 경우로서 수정신고 또는 경정청구시 제출하는 경우
> - 발급받은 전자세금계산서로서 전송되지 아니하였으나 발급한 사실이 확인되는 경우
> - 전자세금계산서 외의 세금계산서로서 재화나 용역의 공급시기가 속하는 과세기간에 대한 확정신고기한까지 발급받았고 그 거래사실도 확인되는 경우

ⓒ 매입처별세금계산서합계표 미제출·부실 기재분 매입세액

매입처별세금계산서합계표를 제출하지 않거나, 제출한 매입처별세금계산서합계표에 거래처별 사업자 등록번호를 미기재하거나 사실과 다르게 기재한 경우와 공급가액의 전부 혹은 일부를 미기재하거나 사실과 다르게 기재하는 등의 부실기재분 매입세액은 공제되지 않는다.

다만, 매입처별세금계산서합계표의 거래처별 등록번호 또는 공급가액이 착오로 사실과 다르게 기재되었으나 발급받은 세금계산서에 의하여 거래사실이 확인되는 경우에는 매입세액으로 공제한다.

CHECK POINT 매입세액공제와 가산세

구 분		매입세액	가산세
공급시기 이후에 세금계산서를 발급받은 경우	확정신고기한까지 발급받은 경우	공제	부과(0.5%)
	확정신고기한 후 1년까지 발급받아 경정청구시 제출하는 경우	공제	부과(0.5%)
	확정신고기한 후 1년이 지난 후에 발급받은 경우	불공제	없음
매입처별세금계산서합계표 미제출 또는 부실기재	지연제출 또는 수정신고·경정청구·기한후신고시 제출하는 경우	공제	없음
	경정시 경정기관 확인을 거쳐 제출하는 경우	공제	부과(0.5%)
신용카드매출전표등 미제출	경정시 경정기관 확인을 거쳐 제출하는 경우	공제	부과(0.5%)

ⓓ 사업과 직접 관련 없는 지출에 대한 매입세액

법인세법 또는 소득세법상 업무무관비용과 법인세법상 공동경비 중 공동경비 분담기준을 초과하여 부담한 금액 등으로 사업과 직접 관련 없는 지출에 대한 매입세액은 공제되지 않는다.

ⓐ 영업 외의 용도로 사용되는 개별소비세 과세대상 자동차의 구입과 임차 및 유지에 관한 매입세액

개별소비세가 과세되는 자동차의 구입과 임차에 대한 매입세액과 해당 차량의 유지를 위한 지출에 대한 매입세액은 공제되지 않는다. 다만, 운수업, 자동차판매업, 자동차임대업, 무인경비업 출동차량 및 자동차운전학원에서와 같이 자동차를 직접 영업에 사용하는 것과 개별소비세가 과세되지 않는 배기량 1,000cc 이하의 자동차와 배기량 125cc 이하의 이륜자동차의 구입 등은 제외한다.

ⓑ 기업업무추진비(접대비) 관련 매입세액

기업업무추진비(종전의 접대비) 및 이와 유사한 비용의 지출과 관련한 매입세액은 매출세액에서 공제하지 않는다. 소득세법이나 법인세법에서 소비성 경비의 지출을 억제하기 위하여 기업업무추진비의 손금용인 한도를 두어 제한하는 것과 동일한 취지로 부가가치세법은 기업업무추진비가 업무와 관련이 있음에도 불구하고 관련 매입세액을 공제하지 않는다.

ⓢ 면세사업 관련 매입세액

부가가치세가 면세되는 재화·용역을 공급하는 사업에 관련된 매입세액은 공제하지 않는다. 면세사업자는 부가가치세법상의 납세의무가 없으므로 매출세액이 없고 당연히 공제받을 매입세액도 없는 것이다.

따라서 면세사업자가 과세재화 또는 용역을 매입하고 세금계산서를 발급받아 거래징수를 당했더라도 관련한 매입세액은 공제하지 않고 면세사업자의 원가를 구성한다.

ⓞ 토지 관련 매입세액

토지는 면세대상 재화이므로 토지의 조성 등을 위한 자본적 지출에 관련된 매입세액은 토지의 사용용도에 관계없이 불공제 된다. 토지에 대한 자본적 지출에는 토지의 취득, 형질변경, 공장부지 또는 택지의 조성을 위한 지출과 건축물이 있는 토지를 취득하여 그 건축물을 철거하여 토지만을 사용하는 경우의 그 건축물의 취득과 철거비용을 포함한다.

④ 공통매입세액의 안분계산

과세사업과 면세사업(비과세사업 포함)을 겸영하고 있는 사업자가 과세사업과 면세사업에 공통으로 사용되는 재화 또는 용역을 구입하는 경우 매입세액은 실지귀속에 따라 과세사업의 매입세액과 면세사업의 매입세액으로 구분하여야 한다.

그러나 실지귀속을 구분할 수 없는 공통매입세액에 대해서는 면세사업에 관련된 매입세액을 안분 계산하여야 한다. 이는 과세사업에 사용되는 부분에 대해서만 매입세액 공제대상이고 면세사업에 사용되는 부분은 매입세액 공제를 받을 수 없기 때문이다. 즉, 공통매입세액 안분계산은 매입세액 불공제분 중 면세관련 매입세액을 구하는 과정이다.

㉠ 공통매입세액 안분계산

공통매입세액 중 면세사업에 관련된 매입세액은 공통사용재화를 매입한 과세기간의 예정신고 또는 확정신고를 하는 때에 다음과 같이 계산한다. 그리고 해당 과세기간에 매입한 재화를 해당 과세기간에 공급하는 경우에는 직전과세기간의 공급가액을 안분기준으로 공통매입세액을 계산한다.

$$\text{면세사업 관련 매입세액 (매입세액불공제액)} = \text{공통매입세액} \times \frac{\text{해당 과세기간의 면세공급가액}}{\text{해당 과세기간의 총공급가액}}$$

▶ 예정신고기간 중에 매입한 자산에 대하여 예정신고시에는 해당 예정신고기간(3개월)의 공급가액을 기준으로 안분계산하고, 확정신고시에 해당 과세기간(6개월)의 공급가액으로 정산하여야 한다.

㉡ 안분계산을 생략하는 경우

다음의 경우에는 안분계산을 생략하고 공통매입세액 전액을 공제한다.

- 해당 과세기간의 면세공급가액비율이 5% 미만인 경우. 다만, 공통매입세액이 500만원 이상인 경우는 면세공급가액 비율이 5% 미만이더라도 안분계산을 하여야 한다.
- 해당 과세기간의 공통매입세액 합계액이 5만원 미만인 경우
- 해당 과세기간에 신규로 사업을 개시한 사업자가 해당 과세기간에 공급한 공통사용재화에 대한 매입세액

㉢ 공통매입세액의 정산

공통매입세액의 정산 유형은 세 가지로 다음과 같다.

구 분	정산의 시기
• 예정신고시 공통매입세액 안분계산	확정신고시 과세기간(6개월)의 면세비율로 정산
• 과세사업과 면세사업의 공급가액이 없거나 어느 한 사업의 공급가액이 없는 경우의 안분계산	면세매입가액이나 예정공급가액, 예정사용면적의 비율로 안분계산한 후 공급가액 또는 사용면적이 확정되는 과세기간에 대한 납부세액을 확정신고하는 때에 정산
• 건물·구축물 등 감가상각자산의 공통매입세액 안분계산	공통매입세액을 안분계산하여 매입세액을 공제한 후에 면세비율이 5% 이상 증가 또는 감소하는 과세기간에 대한 납부세액(환급세액)을 확정신고하는 때에 정산

 **확인예제** POINT 전산세무2급

01 다음은 부가가치세법상 의제매입세액공제에 대한 설명이다. 잘못된 것은?

① 의제매입세액공제를 적용받기 위해서는 면세농산물 등을 원재료로 하여 제조 또는 가공한 재화 또는 용역의 공급이 과세되어야 한다.
② 수입한 면세농산물 등도 의제매입세액공제대상이 된다.
③ 간이과세자의 매입액은 의제매입세액공제대상이 될 수 없다.
④ 제조업을 영위하는 사업자가 농·어민으로부터 면세농산물 등을 직접 공급받는 경우에는 의제매입세액공제신고서와 함께 관련 증명서류를 제출하여야 의제매입세액공제를 받을 수 있다.

해설 ④ 제조업을 영위하는 사업자만 농·어민으로부터 면세농산물 등을 직접 공급받는 경우 관련 증명서류를 제출하지 않아도 의제매입세액공제를 받을 수 있다.

02 다음의 매입세액 금액 중에서 불공제 대상에 해당되는 금액은?

• 사업자등록증이 있는 상태에서 대표이사 주민등록번호를 기재하여 발급받은 매입세액	1,000,000원
• 사실과 다른 세금계산서 매입세액(실제공급가액 10,000,000원)	1,500,000원
• 법인 대표이사 업무에 사용하기 위한 승용차(개별소비세대상) 관련 매입세액	4,000,000원
• 영세율 사업과 관련된 매입세액	2,000,000원
• 법인 본점 사무실 임차료 매입세액	500,000원

① 1,000,000원   ② 2,500,000원
③ 5,500,000원   ④ 7,000,000원

해설 ③ 불공제 매입세액: 1,000,000 + (1,500,000−1,000,000) + 4,000,000 = 5,500,000원
사업자등록이 있는 사업자가 받은 주민등록번호 기재분 세금계산서의 매입세액은 불공제한다.
사실과 다른 세금계산서 매입세액은 실제공급가액에 대한 매입세액 1,000,000원을 제외하고 차액 500,000원만 불공제한다.

03 과세사업과 면세사업을 겸영하는 경우의 부가가치세법상 설명으로 옳지 않은 것은?

① 공통으로 사용된 재화를 공급하는 경우 과세표준은 해당 재화를 공급한 날이 속하는 과세기간의 직전과세기간의 공급가액을 기준으로 안분계산하는 것이 원칙이다.
② 공통사용 재화의 공급가액이 50만원 미만인 경우는 안분계산을 생략하고 전액을 과세표준으로 한다.
③ 공통매입세액이 5백만원 이상인 경우에는 해당 과세기간의 총공급가액 중 면세공급가액 비율이 5% 미만이어도 안분계산 하는 것이 원칙이다.
④ 해당 과세기간 중의 공통매입세액이 20만원 미만인 경우는 안분계산을 생략하고 공통매입세액을 전액 공제되는 매입세액으로 한다.

해설 ④ 해당 과세기간 중의 공통매입세액이 5만원 미만인 경우에 안분계산을 생략한다.

SECTION 07 | 납부세액과 신고·납부

> • NCS 능력단위 : 0203020205부가가치세신고   능력단위요소 : 03부가가치세신고하기
> 3.5 부가가치세신고요령에 따른 부가가치세 신고서를 작성 할 수 있다.

매 출 세 액	… 과세표준 × 세율, 예정신고누락분, 대손세액공제
(−)매 입 세 액	… 세금계산서 매입세액, 기타 공제 매입세액
납 부(환 급)세 액	
(−)경 감·공 제 세 액	… 신용카드매출전표 등 발행세액공제, 전자신고세액공제 등
(−)예 정 신 고 미 환 급 세 액	… 일반환급의 경우 예정신고기간에 대한 환급세액은 환급하지 않고 확정신고시 납부세액에서 차감한다.
예 정 고 지 세 액	… 기납부세액의 성격으로 보아 납부세액에서 차감한다.
(+)가 산 세	
차 가 감 납 부 할 세 액 (환 급 받 을 세 액)	

1 납부세액의 계산

① 경감·공제세액

㉠ 신용카드매출전표 등 발행세액공제

ⓐ 공제대상

과세되는 재화 또는 용역을 공급하고 세금계산서의 발급시기에 신용카드매출전표 등을 발급하거나 전자적 결제수단에 의하여 대금을 결제받는 경우에는 세액공제를 받을 수 있다. 신용카드매출전표등에는 신용카드매출전표, 현금영수증, 직불카드영수증, 선불카드(실지명의가 확인되는 것에 한함) 등이 해당한다. 법인사업자와 직전연도 공급가액이 10억원을 초과하는 개인사업자는 세액공제를 받을 수 없으며, 영수증 발급 의무가 있는 일반과세자와 간이과세자가 받을 수 있다.

ⓑ 공제금액

신용카드매출전표 등을 발급하거나 전자적 결제수단에 의하여 대금을 결제 받는 경우에는 그 발급금액 또는 결제금액의 1.3%에 상당하는 금액을 연간 1,000만원을 한도로 납부세액에서 공제한다. 신용카드매출전표등발급세액공제는 납부할 세액을 한도로 하여 공제하므로 이로 인한 환급은 있을 수 없다.

이때 납부할 세액은 부가가치세법이나 조세특례제한법에 의한 공제 또는 가산할 세액을 가감하고 가산세를 제외한 세액이며 납부할 세액을 계산한 결과 음수(-)인 경우에는 '0'으로 본다.

ⓒ 전자신고세액공제

납세자가 직접 전자신고방법에 의하여 부가가치세 확정신고를 하는 경우에는 해당 납부세액에서 1만원을 공제하거나 환급세액에 가산한다. 매출가액과 매입가액이 없는 일반과세자에 대해서는 전자신고세액공제를 적용하지 않는다.

② 예정신고 미환급세액과 예정고지세액

㉠ 예정신고 미환급세액

부가가치세의 환급은 매입세액이 매출세액을 초과하면 나타난다. 그러나 조기환급 대상인 영세율과 사업설비투자의 경우를 제외하고는 환급세액은 확정신고기한 경과 후 30일내에 환급한다. 따라서 예정신고기간 중에 발생한 환급세액은 바로 환급되지 않고 확정신고시의 납부세액에서 공제하여야 한다.

ⓒ 예정고지세액

예정신고기간에 납부한 예정신고기간 고지세액은 확정신고시 산출된 과세기간 전체의 납부세액에서 공제한다. 예정고지세액은 납세자가 납부하였는지의 여부와 관계없이 확정신고시 납부세액에서 공제하여야 한다.

③ 가산세

㉠ 신고불성실가산세

구 분		내 용
무신고가산세	일반무신고	무신고한 납부할 세액 × 20%
	부정무신고	부정한 방법으로 무신고한 납부할 세액 × 40%
과소신고·초과환급 가산세	일반과소신고	과소신고·초과환급한 납부할 세액 × 10%
	부정과소신고	부정한 방법으로 과소신고·초과환급한 납부할 세액 × 40%

▶ 납부할 세액 = 매출세액 - 매입세액 - 경감공제세액 - 예정고지세액
▶ 국제거래에서의 부정행위인 경우에는 60%를 적용한다.
▶ 영세율 과세표준의 무신고, 과소신고 시에는 영세율 과세표준의 0.5%를 신고불성실가산세로 부과한다.

무신고가산세와 과소신고·초과환급신고가산세에 있어서 부정한 방법이란 납세자가 국세의 과세표준 또는 세액계산의 기초가 되는 사실의 전부 또는 일부를 은폐하거나, 가장한 것에 기초하여 국세의 과세표준 또는 세액 신고의무를 위반하는 것으로서 다음의 경우를 말한다.

> - 이중장부의 작성 등 장부의 거짓기록
> - 거짓증명 또는 거짓문서의 작성 및 수취
> - 장부와 기록의 파기
> - 재산의 은닉이나 소득·수익·행위·거래의 조작 또는 은폐
> - 고의적인 장부의 미작성 또는 계산서·세금계산서 및 그 합계표의 조작
> - 전사적 기업자원관리설비의 조작 또는 전자세금계산서의 조작
> - 그 밖에 위계에 의한 행위 또는 부정한 행위

ⓒ 납부지연가산세

$$ⓐ\ 미납부·과소납부세액(또는\ 초과환급세액) \times 기간(일수) \times \frac{2.2}{10,000}$$

$$ⓑ\ 법정납부기한까지\ 미납부·과소납부세액 \times 3\%$$

▶ ⓐ의 기간은 법정납부기한(또는 환급받은 날)의 다음날부터 납부일까지의 일수(납세고지일부터 납세고지서에 따른 납부기한까지의 기간은 제외)
▶ ⓐ는 체납된 국세의 납부고지서별·세목별 세액이 100만원 미만인 경우에는 적용하지 아니한다.
▶ ⓑ는 국세를 납부고지서에 따른 납부기한까지 완납하지 아니한 경우에 한정한다.

ⓒ 미등록가산세

사업개시일로부터 20일 이내에 사업자등록을 신청하지 않은 경우에는 공급가액의 1%를 가산세로 부과하고 타인의 명의로 사업자등록을 하거나 실제 사업을 영위하는 것으로 확인되는 경우에는 공급가액의 2%를 미등록가산세로 부과한다. 사업자의 배우자 및 기타 기획재정부령에서 정하는 자는 타인으로 보지 않는다.

사업개시일로부터 등록을 신청한 날의 직전일까지의 공급가액에 대하여 적용하고, 타인의 명의로 사업자등록을 한 경우에는 사업개시일로부터 실제 사업을 영위하는 것으로 확인되는 날의 직전일까지의 공급가액에 대하여 적용한다.

ⓔ 세금계산서불성실가산세

ⓐ 세금계산서 발급시기를 지난 후 공급시기가 속하는 과세기간에 대한 확정신고 기한까지 발급하는 경우(지연발급), 세금계산서의 필요적 기재사항의 전부 또는 일부가 착오 또는 과실로 적혀 있지 아니하거나 사실과 다른 경우(부실기재)와 전자세금계산서 의무발급자가 세금계산서 발급시기에 전자 이외의 세금계산서를 발급한 경우(종이세금계산서 발급) 및 둘 이상의 사업장을 가진 사업자가 재화 또는 용역을 공급한 사업장이 아닌 자신의 다른 사업장 명의로 세금계산서를 발급한 경우 공급가액의 1%를 가산세로 부과한다.

ⓑ 다음의 경우에는 해당 공급가액 또는 기재금액의 2%를 가산세로 부과한다.

- 세금계산서의 발급시기가 지난 후 해당 재화 또는 용역의 공급시기가 속하는 과세기간에 대한 확정신고기한까지 세금계산서를 발급하지 아니하는 경우(세금계산서 미발급)
- 재화 또는 용역을 공급하고 실제로 재화 또는 용역을 공급하는 자가 아닌 자 또는 실제로 재화 또는 용역을 공급받는 자가 아닌 자의 명의로 세금계산서등(세금계산서 또는 신용카드매출전표등을 말한다. 이하 같다)을 발급한 경우(위장세금계산서 발급)
- 재화 또는 용역을 공급받고 실제로 재화 또는 용역을 공급하는 자가 아닌 자의 명의로 세금계산서등을 발급받은 경우(위장세금계산서 수취)
- 재화 또는 용역을 공급하고 세금계산서등의 공급가액을 과다하게 기재하는 경우(공급가액 과다기재 세금계산서 발급) : 실제보다 과다하게 기재한 부분에 대한 공급가액의 2%
- 재화 또는 용역을 공급받고 공급가액을 과다하게 기재한 세금계산서등을 발급받은 경우(공급가액 과다가재 세금계산서 수령) : 실제보다 과다하게 기재한 부분에 대한 공급가액의 2%

ⓒ 다음의 경우에는 해당 공급가액 또는 기재금액의 3%를 가산세로 부과한다.

- 재화 또는 용역을 공급하지 아니하고 세금계산서등(세금계산서 또는 신용카드매출전표등을 말한다. 이하 같다)을 발급한 경우(가공세금계산서 발급)
- 재화 또는 용역을 공급받지 아니하고 세금계산서등을 발급받은 경우(가공세금계산서 수취)
- 사업자가 아닌 자가 재화 또는 용역을 공급하지 아니하고 세금계산서를 발급하거나 재화 또는 용역을 공급받지 아니하고 세금계산서를 발급받으면 그 세금계산서를 발급하거나 발급받은 자에게 사업자등록증을 발급한 세무서장이 가산세로 징수한다. 이 경우 납부세액은 0으로 본다.

ⓜ 전자세금계산서 관련 가산세

전자세금계산서 전송기한이 지난 후 재화 또는 용역의 공급시기가 속하는 과세기간에 대한 확정신고기한까지 국세청장에게 전자세금계산서 발급명세를 전송하는 경우(지연전송) 그 공급가액의 0.3.%를 가산세로 부과하고, 전자세금계산서 전송기한이 지난 후 재화 또는 용역의 공급시기가 속하는 과세기간에 대한 확정신고기한까지 국세청장에게 전자세금계산서 발급명세를 전송하지 아니한 경우(미전송) 그 공급가액의 0.5%를 가산세로 부과한다.

ⓗ 매출처별 세금계산서합계표 제출 불성실가산세

매출처별 세금계산서합계표를 미제출하거나 합계표의 기재사항 중 거래처별 등록번호 또는 공급가액의 전부 또는 일부가 기재되지 않거나 부실기재(착오에 의한 기재는 제외)한 경우에는 미제출 또는 부실기재분 공급가액의 0.5%를 가산세로 부과한다.

매출처별 세금계산서합계표를 예정신고를 할 때 제출하지 못하여 해당 예정신고기간이 속하는 과세기간에 확정신고를 할 때 매출처별 세금계산서합계표를 제출하는 경우에는 지연제출한 공급가액의 0.3%를 가산세로 부과한다.

ⓢ 매입처별 세금계산서합계표 제출 불성실가산세

세금계산서 발급시기 이후 당해 공급시기가 속하는 과세기간에 대한 확정신고기한까지 발급받은 세금계산서로 매입세액공제를 받는 경우(지연수취)와 매입처별세금계산서합계표를 예정신고 또는 확정신고시 제출하지 않고 경정 시 제출한 세금계산서 등을 경정기관의 확인을 거쳐 매입세액공제를 받는 경우 및 매입세액을 과다 기재한 경우(착오에 의한 기재는 제외)에는 공급가액의 0.5%를 가산세로 부과한다. 또한 신용카드매출전표등을 예정신고 또는 확정신고시 제출하지 않고 경정시 경정기관의 확인을 거쳐 제출하여 매입세액공제를 받는 경우와 공급가액을 과다하게 적은 경우 0.5%의 가산세를 부과한다.

ⓞ 영세율 과세표준신고 불성실가산세

영세율 과세표준을 과소신고하거나 무신고하는 경우와 영세율 첨부서류를 제출하지 아니하는 경우 영세율 공급가액의 0.5%를 가산세로 부과한다.

ⓩ 현금매출명세서 등 제출 불성실가산세

현금매출명세서 또는 부동산임대공급가액명세서 제출대상자가 이를 제출하지 아니하거나 제출한 내용이 사실과 다르게 기재된 경우 제출하지 아니한 수입금액 또는 제출한 수입금액과 실제 수입금액과의 차액의 1%를 가산세로 부과한다.

ⓒ 가산세의 중복적용 배제

ⓐ 미등록가산세가 적용되는 경우 세금계산서지연발급가산세(1%), 전자세금계산서지연전송가산세(0.3%), 전자세금계산서미전송가산세(0.5%), 세금계산서부실기재가산세(1%), 신용카드매출전표등 경정시 제출 및 과다기재가산세(0.5%) 및 매출처별 세금계산서합계표 가산세(0.5%, 0.3%)는 적용하지 않는다.

ⓑ 세금계산서지연발급가산세(1%)와 세금계산서미발급가산세(2%) 및 전자 이외 세금계산서발급가산세(1%)가 적용되는 부분은 전자세금계산서지연전송가산세(0.3%)와 전자세금계산서미전송가산세(0.5%) 및 세금계산서부실기재가산세(1%)를 적용하지 아니한다.

ⓒ 세금계산서 부실기재 가산세가 적용되는 부분은 전자세금계산서지연전송가산세(0.3%)와 미전송가산세(0.5%)를 적용하지 아니한다.

ⓓ 세금계산서지연발급가산세(1%), 전자세금계산서지연전송가산세(0.3%), 전자세금계산서미전송가산세(0.5%), 세금계산서부실기재가산세(1%) 또는 신용카드매출전표등 경정시 제출가산세(0.5%)가 적용되는 경우 매출처별 세금계산서합계표 가산세(0.5%, 0.3%)는 적용하지 않는다.

ⓔ 세금계산서미발급가산세(2%), 전자이외 세금계산서 발급가산세(1%), 가공세금계산서 가산세(3%), 위장세금계산서가산세(2%) 또는 공급가액 과다기재 세금계산서 가산세(2%)가 적용되는 경우 미등록가산세(1%), 매출처별세금계산서합계표가산세(0.5% 또는 0.3%분) 및 매입처별세금계산서합계표가산세(0.5% 또는 0.3%분)는 적

용하지 않는다.
ⓕ 세금계산서등의 공급가액 과다기재 가산세(2%)를 적용하는 경우 세금계산서부실기재 가산세(1%)를 적용하지 아니한다.
ⓖ 법인세법 또는 소득세법에 의한 현금영수증 의무발급 대상자가 현금영수증 미발급에 대한가산세(20%)를 적용하는 경우 세금계산서 미발급등가산세(2%, 1%)와 매출처별 세금계산서합계표불성실가산세(0.5%)를 적용하지 아니한다.
ⓗ 예정신고와 관련한 신고불성실가산세(영세율과세표준신고불성실 가산세 포함) 및 납부지연가산세가 적용되는 경우 확정신고와 관련한 신고관련가산세 및 납부지연가산세는 적용하지 않는다.

㉠ 가산세의 감면
ⓐ 법정신고기한이 지난 후 다음 기한 내에 수정신고 한 경우 과소신고·초과환급신고 가산세에 대하여 다음의 비율로 가산세를 감면한다. 다만, 과세표준 세액을 경정할 것을 미리 알고 수정신고서를 제출한 경우는 제외한다.

수정신고기한	감면비율
1개월 이내	90%
1개월 초과 3개월 이내	75%
3개월 초과 6개월 이내	50%
6개월 초과 1년 이내	30%
1년 초과 1년 6개월 이내	20%
1년 6개월 초과 2년 이내	10%

ⓑ 법정신고기한이 지난 후 다음 기한 내에 기한 후 신고를 한 경우 무신고가산세에 대하여 다음의 각 금액을 감면한다. 다만, 과세표준과 세액을 결정할 것을 미리 알고 기한후과세표준신고서를 제출한 경우는 제외한다.

기한	감면세액
1개월 이내	무신고가산세의 50%
1개월 초과 3개월 이내	무신고가산세의 30%
3개월 초과 6개월 이내	무신고가산세의 20%

ⓒ 제출·신고·가입·등록·개설의 기한이 지난 후 1개월 이내에 해당 제출 등의 의무를 이행하는 경우 가산세의 50%를 감면한다.
▶ 미등록가산세, 매출처별세금계산서합계표불성실가산세, 매입처별세금계산서합계표불성실가산세, 현금매출명세서제출불성실가산세 등

ⓓ ⓐ에도 불구하고 예정신고기한까지 예정신고를 하였으나 과소신고하거나 초과신고한 경우로서 확정신고기한까지 과세표준을 수정하여 신고한 경우 해당 기간에 부과되는 과소신고·초과환급신고가산세의 50%를 감면한다. 다만, 과세표준과 세액을 경정할 것을 미리 알고 과세표준신고를 하는 경우를 제외한다.

ⓔ ⓑ에도 불구하고 예정신고기간까지 예정신고를 하지 아니하였으나 확정신고기한까지 과세표준신고를 한 경우 해당 기간에 부과되는 무신고가산세의 50%를 감면한다. 다만, 과세표준과 세액을 결정할 것을 미리 알고 과세표준신고를 하는 경우는 제외한다.

Ⓔ 가산세의 한도

다음의 가산세는 그 의무위반의 종류별로 각각 1억원(중소기업기본법 상 중소기업은 5천만원)을 한도로 한다. 다만, 고의적으로 위반한 경우에는 적용하지 않는다.

ⓐ 미등록가산세(간이과세자 포함)	ⓓ 매입처별세금계산서합계표불성실가산세
ⓑ 세금계산서불성실가산세(1%에 한함)	ⓔ 부동산임대공급가액명세서불성실가산세
ⓒ 매출처별세금계산서합계표불성실가산세	ⓕ 현금매출명세서제출불성실가산세

2 신고·납부 및 환급절차

① 예정신고 납부와 예정고지

㉠ 예정신고 납부

법인 사업자는 예정신고기간에 대한 과세표준과 납부세액(또는 환급세액)을 예정신고기간 종료 후 25일 이내에 신고·납부하여야 한다. 개인사업자와 영세 법인사업자(직전과세기간 공급가액이 1억5천만원 미만인 법인)은 예정고지에 의한 납부가 원칙이나 휴업 또는 사업부진으로 각 예정신고기간의 공급가액 또는 납부세액이 직전 과세기간의 공급가액 또는 납부세액의 1/3에 미달하는 자와 각 예정신고기간분에 대해 조기환급을 받고자 하는 자는 예정신고·납부를 할 수 있다.

구 분	예정신고기간	예정신고납부기한
제1기 예정신고	1월 1일 ~ 3월 31일	예정신고기간 종료일부터 25일 이내
제2기 예정신고	7월 1일 ~ 9월 30일	

㉡ 예정고지

개인사업자와 영세 법인사업자에게 각 사업장관할세무서장은 예정신고기간마다 직전과세기간에 대한 납부세액의 1/2에 상당하는 금액(1천원 미만의 단수가 있을 때에는 그 단수 금액을 버림)을 결정하여 예정고지하고 예정신고기한 내에 징수한다. 이때 예정고지세액이 50만원 미만인 경우에는 징수하지 않는다.

예정고지한 세액은 확정신고 시 해당 과세기간 전체(6개월)에 대하여 신고하면서 확정신고 납부세액에서 공제한다.

② 확정신고와 납부

예정신고 및 조기환급신고에 있어서 이미 신고한 내용은 확정신고대상에서 제외한다. 대손세액공제, 일반환급, 납부세액 및 환급세액의 재계산 및 가산세는 예정신고에는 적용되지 않고 확정신고에만 적용된다.

구 분	과 세 기 간	확정신고납부기한
제1기 확정신고	1월 1일 ~ 6월 30일	과세기간이 끝난 후 25일 이내
제2기 확정신고	7월 1일 ~ 12월 31일	
폐업하는 경우	폐업일이 속하는 과세기간 개시일 ~ 폐업(신고)일	폐업일이 속한 달의 다음달 25일 이내

③ 재화의 수입에 대한 신고와 납부

재화를 수입하는 자가 관세법에 따라 관세를 신고·납부하는 경우에는 재화의 수입에 대한 부가가치세를 함께 신고·납부하여야 한다.

④ 환 급

㉠ 일반환급

일반환급이란 매출세액보다 매입세액이 많은 경우로서 각 과세기간별로 해당 과세기간에 대한 환급세액을 확정신고기간 종료일로부터 25일 내에 신고하고, 그 확정신고기한 경과 후 30일 이내에 사업자에게 환급하는 것을 말한다. 일반환급의 경우 예정신고기간의 환급세액은 환급되지 아니하고 확정신고시 납부세액에서 차감한다.

㉡ 조기환급

조기환급이란 각 과세기간별·예정신고기간별 또는 조기환급기간별(매월 또는 매2월 단위)로 환급세액을 확정신고기한·예정신고기한 또는 조기환급신고기한 경과 후 15일 이내에 환급하는 것을 말한다.

조기환급신고를 한 부분은 예정신고 및 확정신고의 대상에서 제외한다. 조기환급세액은 영세율적용 공급분에 관련된 매입세액·시설투자에 관련된 매입세액·국내공급분에 대한 매입세액을 구분하지 않고 사업장별로 모든 매출세액에서 모든 매입세액을 공제하여 계산한다.

다음에 해당하는 경우에만 조기환급대상이 된다.

① 영세율을 적용받는 경우
② 사업설비(감가상각자산)를 신설·취득·확장 또는 증축하는 경우
③ 사업자가 재무구조개선계획을 이행중인 경우

CHECK POINT 일반환급과 조기환급의 비교

구 분	일 반 환 급	조 기 환 급
환급대상	제한없음	영세율 또는 사업설비의 취득 등
환급세액의 계산	각 과세기간별	각 과세기간, 예정신고기간 또는 조기환급기간 (매월 또는 매2월 단위)
환급기한	확정신고기한 경과후 30일 이내	확정신고기한, 예정신고기한 또는 조기환급신고기한 경과후 15일 이내

⑤ 결정·경정

납세의자가 부가가치세를 신고하지 않거나 신고한 내용이 사실과 다른 경우 사업장 관할 세무서장이 결정 또는 경정을 하고 국세청장이 특히 중요하다고 인정하는 경우에는 관할 지방국세청장 또는 국세청장이 결정한다.

결정·경정의 방법은 실지조사가 원칙이나 장부 기타 증명서류에 의하여 과세표준과 세액을 계산할 수 없는 경우에는 추계조사에 의한다.

정부가 결정 경정하는 경우 사업자가 경정기관의 확인을 거쳐 세금계산서를 제출하면 매입세액은 공제받을 수 있으나 매입처별세금계산서합계표 불성실가산세를 적용한다.

⑥ 현금매출명세서와 부동산임대공급가액명세서의 제출

변호사업, 심판변론인업, 변리사업, 법무사업, 공인회계사업, 세무사업, 경영지도사업, 기술지도사업, 감정평가사업, 손해사정인업, 통관업, 기술사업, 건축사업, 도선사업, 측량사업, 예식장, 산후조리원, 부동산중개업, 수의사, 의료업, 기타 이와 유사한 사업서비스업을 영위하는 사업자는 현금매출명세서를 예정신고 또는 확정신고와 함께 제출하여야 한다.

또한 부동산임대업자는 부동산임대공급가액명세서를 예정신고 또는 확정신고와 함께 제출하여야 한다.

확인예제

POINT 전산세무 2급

01 현행 부가가치세법상 개인사업자 또는 직전과세기간의 공급가액이 1억5천만원 미만인 영세법인으로써 부가가치세 예정신고납부를 할 수 있는 자에 해당하는 것은 어느 것인가?

① 각 예정신고기간에 신규로 사업을 개시한 자
② 주사업장 총괄납부 신청을 한 자
③ 각 예정신고기간분에 대해 조기환급을 받고자 하는 자
④ 사업자단위과세를 등록한 자

해설 ③

예정신고·납부를 할 수 있는 경우
① 휴업 또는 사업부진으로 각 예정신고기간의 공급가액 또는 납부세액이 직전 과세기간의 공급가액 또는 납부세액의 1/3에 미달하는 자
② 각 예정신고기간분에 대해 조기환급을 받고자 하는 자

02 부가가치세법상 확정신고와 납부에 관한 설명으로 틀린 것은?

① 사업을 양도하고 폐업한 사업자는 폐업일이 속하는 과세기간의 개시일로부터 폐업일까지의 과세기간분에 대한 확정신고를 하여야 한다.
② 사업자는 각 과세기간에 대한 과세표준과 납부세액 또는 환급세액을 그 과세기간이 끝난 후(폐업하는 경우 폐업일이 속한 달의 다음달) 25일 이내에 신고·납부하여야 한다.
③ 확정신고는 해당과세기간 전체에 대한 신고이므로 예정신고시 이미 신고한 부분도 포함하여 신고하여야 한다.
④ 확정신고를 하는 때에 영세율이 적용되는 과세표준에 관하여 영세율 첨부서류를 제출하지 아니한 부분에 대하여는 확정신고로 인정하지만 영세율과세표준불성실가산세를 적용한다.

해설 ③ 확정신고는 예정신고시 이미 신고한 부분을 제외하고 신고하여야 한다.

03 소매점을 영위하는 일반과세자인 김삼영씨의 다음 자료에 의하여 2025년 제1기 부가가치세 확정신고 시 납부할 세액을 계산하면?

- 과세기간 : 2025. 1. 1 ~ 2025. 6. 30
- 매출액(부가가치세 포함) : 현금영수증 발급 현금매출액 77,000,000원
  현금영수증 미발급 현금매출액 55,000,000원
  신용카드매출액 33,000,000원
- 매입액 : 사업관련 세금계산서 수취분 70,000,000원 (부가가치세 별도)
  사업관련 신용카드매출전표 수취분 33,000,000원 (부가가치세 포함)
- 예정고지세액 : 2,000,000원

① 0원 ② 1,570,000원
③ 2,900,000원 ④ 3,670,000원

해설 ② 매출세액 : (77,000,000 + 55,000,000 + 33,000,000) × 10/110 = 15,000,000원

매입세액 : 70,000,000 × $\frac{10}{100}$ + 33,000,000원 × $\frac{10}{110}$ = 10,000,000원

납부세액 : 15,000,000 - 10,000,000 = 5,000,000원

납부할 세액 : 5,000,000 - (77,000,000 + 33,000,000) × 1.3% - 2,000,000 = 1,570,000원

04 다음 자료에 의하여 개인사업자인 "갑"의 신고불성실가산세 적용기준인 부가가치세 납부할 세액은?

① 업종과 과세유형 : 소매업, 일반사업자
② 매 출 세 액 : 10,000,000원
③ 매출세액에는 신용카드 매출전표 발급분 70,000,000원에 대한 매출세액이 포함되어 있음.
④ 매 입 세 액 : 7,000,000원(세금계산서 등 관련서류를 관할세무서에 제출함)
⑤ 과세기간 : 2025년 제1기(1. 1 ~ 6. 30)

① 2,090,000원 ② 3,000,000원
③ 6,300,000원 ④ 7,000,000원

해설 ① 납부할세액 = 매출세액 - 매입세액 - 신용카드매출전표등 발급세액공제
10,000,000 - 7,000,000 - 70,000,000 × 1.3% = 2,090,000원

SECTION 08 | 간이과세

1 간이과세제도

① 간이과세제도의 취지

간이과세제도는 사업규모가 영세한 사업자의 보호와 납세편의를 위해 도입된 제도로 연간 수입금액이 일정금액 미만인 사업자에 대하여 일반과세자와는 다른 방법으로 납세의무를 이행하도록 하는 제도이다.

② 간이과세제도의 특징

㉠ 납부세액은 공급대가에 업종별 부가가치율을 곱한 금액에 세율을 적용한다.
㉡ 매입세액 공제는 매입세액 전액을 공제받을 수 없고 세금계산서등을 발급받은 매입액(공급대가)의 0.5%를 납부세액을 한도로 공제한다.
㉢ 과세기간은 1월 1일부터 12월 31일까지 1년으로 하며, 예정신고의무는 없으며 확정신고만 하면 된다.

③ 간이과세자의 세금계산서 발급의무

간이과세자는 원칙적으로 세금계산서를 발급하여야 한다. 다만, 아래의 경우 세금계산서를 발급할 수 없고, 영수증을 발급한다.
㉠ 간이과세자 중 신규사업자 및 직전연도 공급대가 합계액이 4,800만원 미만인 사업자
㉡ 소매업, 음식점업, 숙박업, 미용, 욕탕 및 유사서비스업, 여객운송업(전세버스 제외) 등 주로 사업자가 아닌 자에게 재화나 용역을 공급하는 사업자 (다만, 소매업, 음식점업, 숙박업 등은 공급받는 자가 요구하는 경우 세금계산서를 발급하여야 한다.)

2 간이과세자의 범위

> • NCS 능력단위 : 0203020205부가가치세신고 능력단위요소 : 03부가가치세신고하기
> 3.3 부가가치세법에 따른 일반과세자의 간이과세자 여부를 판단할 수 있다

① 적용대상자

간이과세를 적용 받을 수 있는 사업자는 직전 1역년의 재화와 용역의 공급대가(부가가치세 포함)가 8,000만원 미만인 개인사업자로서 간이과세 적용 배제 대상이 아니어야 한다.

② 적용배제

다음의 경우에는 간이과세의 적용을 배제한다.
㉠ 간이과세가 적용되지 않는 다른 사업장을 보유하고 있는 사업자
㉡ 둘 이상의 사업장이 있는 사업자가 영위하는 사업으로서 그 둘 이상의 사업장의 공급대가의 합계액이 8,000만원 이상인 경우
㉢ 다음의 업종을 영위하는 사업자
ⓐ 광업·제조업·도매업(소매업 겸영 포함)
ⓑ 부동산매매업
ⓒ 변호사업·공인회계사업·세무사 등 전문직 사업서비스업과 약사·한약사·수의사
ⓓ 사업장의 소재지, 사업의 종류·규모 등을 감안하여 국세청장이 정하는 기준에 해당하는 사업
㉣ 직전연도 공급대가 합계액이 4,800만원 이상인 과세유흥장소와 부동산임대업 사업자

③ 신규사업자의 간이과세 적용

신규로 사업을 개시하는 개인사업자(간이과세 적용 배제대상 제외)는 직전 1역년의 공급대가가 없으므로 사업자등록 신청시 간이과세적용신고서를 제출한 경우에 한하여 최초의 과세기간에 있어서 간이과세를 적용한다.

④ 미등록사업자의 간이과세 적용

사업자등록을 하지 않은 개인사업자로서 사업을 개시한 날이 속하는 1역년에 있어서 공급대가의 합계액이 기준금액(8,000만원)에 미달하는 경우에는 최초의 과세기간에 있어서 간이과세자로 한다.

3 과세유형의 변경과 간이과세 포기

① 과세유형의 변경

과세유형의 변경이란 일반과세자가 간이과세자로, 간이과세자가 일반과세자로 과세유형이 바뀌는 것을 말한다. 과세유형이 변경되는 사업장의 관할세무서장은 변경되는 과세기간 개시 20일 전까지 그 사실을 통지하여야 하며, 사업자등록증을 정정하여 과세기간 개시일 전까지 교부하여야 한다.

㉠ 간이과세자가 일반과세자로 변경되는 경우

간이과세자가 일반과세자로 변경되는 경우에는 통지를 받은 날이 속하는 과세기간까지는 간이과세가 적용되고 그 다음 과세기간부터 일반과세자로 변경된다.

ⓛ 일반과세자가 간이과세자로 변경되는 경우

일반과세자가 간이과세자로 변경되는 경우에는 통지에 관계없이 간이과세가 적용된다. 그러나 부동산임대업을 영위하는 일반과세자는 간이과세자로의 변경되는 경우 사업장 관할세무서장으로부터 통지를 받은 날이 속하는 과세기간까지는 일반과세자에 관한 규정을 적용한다.

② 간이과세의 포기와 재적용

간이과세자가 일반과세를 적용받고자 하는 때에는 그 적용받고자 하는 달의 전달 말일까지 간이과세포기신고서를 관할세무서장에게 제출하여야 한다. 간이과세포기를 한 사업자는 신고일 익월부터 일반과세를 적용하며, 적용을 받고자 하는 달의 1일부터 3년이 되는 날이 속하는 해까지는 간이과세의 적용을 받지 못한다.

3년이 경과한 후 간이과세적용을 받고자 하는 사업자는 간이과세를 적용받고자 하는 과세기간 개시 10일 전까지 간이과세적용신고서를 관할세무서장에게 제출하여야 한다. 직전 연도의 공급대가의 합계액이 4천8백만원 이상 8천만원 미만인 개인사업자는 간이과세 재적용 제한기간 3년 이전이라도 과세기간 개시 10일 전까지 납세지 관할 세무서장에게 신고하면 간이과세자에 관한 규정을 적용받을 수 있다.

4 간이과세자의 납부세액과 신고·납부

구 분	금 액	부가가치율	세 율	세 액
과세표준 및 납부세액				
과세분(공급대가)	×××	×××	10%	×××
영세율적용분(공급대가)	×××	×××	0%	-
재고납부세액	-			×××
합 계	×××			×××
세액공제				
매입세금계산서등수취세액공제(0.5%)	×××			×××
매입자발행세금계산서세액공제(0.5%)	×××			×××
전자신고세액공제	-			10,000
신용카드매출전표등발행세액공제(0.5%)	×××			×××
전자세금계산서발급세액공제(건당200원)	×××			×××
합 계	×××			×××
가산세	-			×××
차감납부할세액	-			×××

* 세액공제합계는 납부세액합계를 한도로 하여 공제한다.

① 납부세액 계산

> 납부세액 = 과세표준 × 업종별 부가가치율 × 10%(영세율은 0%) + 재고납부세액

㉠ 과세표준

일반과세자와는 달리 부가가치세를 포함한 가격인 공급대가를 과세표준으로 한다.

> 공급대가 = 공급가액 + 부가가치세

㉡ 업종별 부가가치율

구 분	부가가치율
ⓐ 소매업, 재생용 재료수집 및 판매업, 음식점업	15%
ⓑ 제조업, 농업·임업 및 어업, 소화물 전문 운송업	20%
ⓒ 숙박업	25%
ⓓ 건설업, 그 밖의 운수업, 창고업, 정보통신업, 그 밖의 서비스업	30%
ⓔ 금융 및 보험 관련 서비스업, 전문·과학 및 기술 서비스업(인물사진 및 행사용 영상 촬영업 제외), 사업시설관리·사업지원 및 임대 서비스업, 부동산 관련 서비스업, 부동산임대업	40%

② 납부세액 공제

간이과세자가 다른 사업자로부터 세금계산서, 신용카드매출전표 등을 발급받아 매입처별 세금계산서합계표 또는 신용카드매출전표등수령명세서를 납세지 관할 세무서장에게 제출하는 경우에는 세금계산서등을 발급받은 재화와 용역의 공급대가에 0.5%를 곱한 금액을 과세기간에 대한 납부세액에서 공제한다. 다만, 불공제대상 매입세액은 적용할 수 없다.

③ 신고·납부

㉠ 신고와 납부

간이과세자는 과세기간(1년)의 과세표준과 납부세액을 그 과세기간 종료일(폐업하는 경우에는 폐업일이 속하는 달의 말일)부터 25일 이내에 사업장 관할세무서장에게 신고·납부하여야 한다. 신고 시 매출처별세금계산서합계표와 매입처별세금계산서합계표를 제출하여야 한다.

㉡ 예정부과와 납부

ⓐ 관할세무서장은 직전과세기간 납부세액인 1/2을 예정부과기간(1월 1일 ~ 6월 30일)까지 결정하여 예정부과기한(예정부과기간이 끝난 후 25일 이내)까지 징수한다.

ⓑ 이 경우 징수할 금액이 50만원 미만이거나 과세기간 개시일 현재 일반과세자에서 간이과세자로 변경된 경우에는 이를 징수하지 아니한다.
ⓒ 휴업, 사업부진 등으로 예정부과기간의 공급대가 또는 납부세액이 직전과세기간의 공급대가 또는 납부세액의 1/3에 미달하는 경우 예정부과기한까지 신고할 수 있다.
ⓓ 예정부과기간에 세금계산서를 발급한 간이과세자는 예정부과기한까지 신고 납부하여야 한다.

ⓒ 가산세

구 분	가산세	
미등록 또는 허위등록 가산세	**공급대가**의 0.5%(명의 위장 허위등록은 1%)	
매출세금계산서 관련 가산세 (공급가액 기준)	지연발급, 부실기재	1%
	미발급	2%
	재화 용역의 공급 없이 가공 발급	3%
	실제로 재화 용역을 공급받는 자가 아닌 자에게 위장 발급	2%
	공급가액을 과다하게 기재하여 발급 또는 수취	2%
매입세금계산서 관련 가산세	세금계산서 미수취(**공급대가** 기준)	0.5%
	미제출로 공제받지 아니한 세금계산서를 경정기관의 확인 후 매입세액공제(공급가액 기준)	
매출처별세금계산서합계표 관련 가산세	미제출 또는 부실기재(공급가액 기준)	0.5%
	예정신고시 미제출분을 확정신고시 제출(공급가액 기준)	0.3%

▶ 신고불성실가산세와 납부지연가산세 및 영세율과세표준신고불성실 가산세는 일반과세자와 동일

④ 납부의무의 면제

㉠ 납부의무 면제기준

간이과세자의 해당 과세기간에 대한 공급대가가 4,800만원 미만인 경우에는 납부세액에 대하여 납부할 의무를 면제한다.

㉡ 공급대가의 환산

다음에 해당하는 간이과세자의 공급대가는 12개월로 환산하여 납부의무 면제 규정을 적용한다. 이 경우 1개월 미만의 끝수가 있을 때에는 이를 1개월로 본다.

구 분	공급대가의 환산
신규로 사업을 시작한 간이과세자	그 사업개시일부터 그 과세기간 종료일까지의 공급대가의 합계액을 12개월로 환산한 금액
휴업자·폐업자 및 과세기간 중 과세유형을 전환한 간이과세자	그 과세기간 개시일부터 휴업일·폐업일 및 과세유형 전환일까지의 공급대가의 합계액을 12월로 환산한 금액

확인예제 POINT 전산세무 2급

01 다음은 부가가치세법상 간이과세 배제대상 사업자에 대한 설명이다. 틀린 것은?

① 간이과세가 적용되지 않는 다른 사업장을 보유하고 있는 사업자
② 도매업을 영위하는 사업자
③ 제조업을 영위하는 사업자
④ 부동산 중개업을 영위하는 사업자

해설 ④ 부동산중개업은 간이과세가 배제되는 변호사업·공인회계사업·세무사업·변리사업·법무사업·공인노무사업 등의 전문직 사업서비스업에 해당하지 않는다.

02 부가가치세법상 간이과세사업자가 일반과세자의 규정을 적용받기 위해서 간이과세 포기는 언제까지 하여야 하는가?

① 적용받고자 하는 달의 전달의 마지막 날까지
② 과세기간개시 30일 전
③ 과세기간종료일로부터 30일 전
④ 과세기간종료일 10일 전

해설 ① 간이과세 포기는 적용받고자 하는 달의 전달의 마지막 날까지 하여야 한다.

03 다음은 부가가치세법상 일반과세자와 간이과세자의 비교설명이다. 틀린 것은?

① 영세율 적용 사업자를 제외한 모든 사업자에게 적용하는 부가가치세의 기본세율은 일반과세자 및 간이과세자 모두 10%이다.
② 미등록가산세의 경우 일반과세자는 공급가액의 1%(명의 위장은 2%)이고, 간이과세자는 공급대가의 0.5%(명의 위장은 1%)이다.
③ 일반과세자는 납부의무 면제가 없고 간이과세자는 해당 과세기간에 공급대가가 4,800만원 미만시 신고와 납부의무가 면제된다.
④ 개인인 일반과세자는 예정신고를 하지 아니하고 관할 세무서장이 예정고지 하는 것이 원칙이며 간이과세자는 관할 세무서장이 예정부과를 한다.

해설 ③ 간이과세자는 해당 과세기간에 공급대가가 4,800만원 미만인 경우 납부의무가 면제되는 것이지 신고의무가 면제되는 것은 아니다.

03 평가문제

01 다음은 부가가치세법상 사업장에 대한 설명이다. 다음 중 옳지 않은 것은?

① 사업자가 자기의 사업과 관련하여 생산 또는 취득한 재화를 직접 판매하기 위하여 특별히 판매시설을 갖춘 장소를 직매장이라 하며 직매장은 사업장으로 본다.
② 재화의 보관·관리시설을 갖춘 장소로서 사업자가 관할세무서장에게 그 설치신고를 한 장소를 하치장이라 하며 하치장은 사업장으로 본다.
③ 사업자가 기존 사업장 외에 각종 경기대회 등 행사가 개최되는 장소에서 임시사업장을 개설하는 경우에는 그 임시사업장은 기존사업장에 포함되는 것으로 한다.
④ 사업장이란 사업자 또는 그 사용인이 상시 주재하여 거래의 전부 또는 일부를 행하는 장소를 말한다.

[해설] 하치장은 사업장으로 보지 않는다.

02 다음 부가가치세법상 사업자등록에 관한 설명 중 가장 잘못된 것은?

① 사업자는 사업자등록의 신청을 사업장 관할 세무서장이 아닌 다른 세무서장에게도 할 수 있다.
② 사업장이 둘 이상인 사업자는 사업자 단위로 해당 사업자의 본점 또는 주사무소 관할 세무서장에게 등록을 신청할 수 있다.
③ 사업자등록의 신청을 받은 사업장 관할 세무서장은 신청자가 사업을 사실상 시작하지 아니할 것이라고 인정될 때에는 등록을 거부할 수 있다.
④ 사업자 단위로 사업자등록신청을 한 경우에도 사업자단위 과세가 적용되는 각각의 사업장마다 다른 사업자등록번호를 부여한다.

[해설] 등록번호는 사업장마다 관할 세무서장이 부여한다. 다만, 사업자 단위로 등록신청을 한 경우에는 사업자 단위 과세 적용 사업장에 한 개의 등록번호를 부여한다.

03 다음 부가가치세법상 주사업장 총괄납부에 관한 설명 중 옳지 않은 것은?

① 주사업장총괄납부란 한 사업자가 둘 이상의 사업장을 가지고 있는 경우 각 사업장의 납부세액 또는 환급세액을 통산하여 주된 사업장에서 납부하거나 환급받는 제도이다.
② 주사업장총괄납부를 하려고 하는 자는 그 납부하려는 과세기간 개시 20일 전에 주된 사업장의 관할세무서장에게 신청하여야 한다.
③ 주사업장총괄납부는 납부 및 환급만을 주사업장에서 총괄납부 한다는 의미이므로 세금계산서 발급 및 부가가치세 신고 등 제반 의무는 각 사업장별로 행하여야 한다.
④ 주사업장총괄납부제도의 주된 사업장은 법인은 본점, 개인은 주사무소이므로 법인의 경우 지점은 주된 사업장으로 신청할 수 없다.

[해설] 법인의 경우 본점 또는 지점 모두 주사업장으로 신청할 수 있다.

04 다음 중 부가가치세법상 재화의 공급에 해당하지 않는 것은?

① 현금판매, 외상판매, 할부판매, 장기할부판매, 조건부 및 기한부 판매, 위탁판매와 그 밖의 매매계약
② 자기가 주요자재의 전부 또는 일부를 부담하고 상대방으로부터 인도받은 재화를 가공하여 새로운 재화를 만드는 가공계약

정답 | 1. ② 2. ④ 3. ④ 4. ④

③ 재화의 인도 대가로서 다른 재화를 인도받거나 용역을 제공받는 교환계약
④ 국세징수법에 따른 공매, 민사집행법에 따른 경매에 따라 재화를 인도하거나 양도하는 것

> **해설** 국세징수법에 따른 공매나 민사집행법에 따른 경매는 재화의 공급으로 보지 아니한다.

05 다음 자료를 보고 부가가치세법상 재화와 용역의 공급시기를 맞게 연결한 것은?

	중간지급조건부의 재화의 공급	단기할부판매의 재화의 공급
①	조건이 성취되는 때	대가의 각 부분을 받기로 한 때
②	재화가 인도되는 때	재화가 인도되는 때
③	대가의 각 부분을 받기로 한 때	재화가 인도되는 때
④	예정(확정)신고기간이 종료되는 때	대가의 각 부분을 받기로 한 때

> **해설** 단기할부판매의 공급시기는 재화가 인도되는 때이고, 장기할부판매의 공급시기는 대가의 각 부분을 받기로 한 때이다.

06 다음 중 부가가치세 과세대상 거래는?

① 컴퓨터 교재(면세서적)와 그에 부수되는 CD를 함께 판매한 경우
② 주주에게 대하여 출자지분의 반환대가로 제품인 꽁치통조림으로 지급하는 경우
③ 헬스클럽에서 고객으로부터 입회금(일정기간 거치 후 전액 반환조건임)을 받은 경우
④ 의류공장에서 유형자산인 토지를 양도하는 경우

> **해설** 재화의 공급은 계약상 법률상 모든 원인에 따라 재화를 인도하거나 양도하는 것을 말한다. (부법 9 ①, 부령 18조) 대가관계가 있는 재화를 공급하였으므로 실질적 공급에 해당한다.
> ① 주된 재화인 컴퓨터 교재가 면세이므로 전체 대가가 면세 적용을 받는다.
> ③ 일정기간 거치 후 반환하는 것은 보증금이므로 과세대상이 아니다.
> ④ 토지의 공급은 면세대상이므로 주된 사업에 관계없이 면세된다.

07 부가가치세법상 재화와 용역에 관한 설명이다. 가장 옳은 것은?

① 재화는 재산적가치가 있는 모든 물건만을 말한다.
② 건설업은 건설업자가 건설자재의 전부 또는 일부를 부담하는 경우 재화의 공급으로 본다.
③ 권리를 양도 및 대여하는 경우 재화의 공급으로 본다.
④ 주식은 재화에 해당하지 아니한다.

> **해설** 재화는 재산적가치가 있는 물건과 권리이다.

08 다음은 부가가치세법상 부동산의 임대 및 공급에 대한 부가가치세 과세여부에 대한 설명 중 면세에 해당하는 것을 모두 묶은 것은?

> 가. 국민주택면적을 초과하는 아파트의 임대
> 나. 상가용 토지의 공급
> 다. 주차장용 토지의 임대
> 라. 국민주택면적을 초과하는 아파트의 공급

① 가, 나
② 가, 다
③ 나, 다
④ 가, 라

> **해설** 주택의 임대와 토지의 공급인 가, 나

09 사업자가 2과세기간 이상에 걸쳐 부동산임대용역을 공급하고 임대료를 선불 또는 후불로 받는 경우에 부가가치세법상 공급시기는?

① 계약서상 임대료를 받기로 한 때
② 예정신고기간 또는 과세기간의 종료일
③ 임대료를 받은 날
④ 임대료를 받기로 한 달의 말일

> **해설** 부동산임대용역을 공급하고 임대료를 선불 또는 후불로 받는 경우에 부가가치세법상 공급시기는 예정신고기간 또는 과세기간의 종료일

정답 | 5. ③ 6. ② 7. ④ 8. ① 9. ②

10 부가가치세법상 재화의 간주공급에 해당하지 않는 것은? 단, 아래의 모든 재화는 매입시에 매입세액 공제를 받은 것으로 한다.

① 주유소를 운영하는 사업자가 배달용 운반 트럭에 주유소의 경유를 무상으로 주유하는 경우
② 주유소를 운영하는 사업자가 사업주의 승용차에 휘발유를 무상으로 주유하는 경우
③ 가구점을 운영하는 사업자가 사업을 폐지하는 경우에 잔존하는 판매용 가구가 있는 경우
④ 가구점을 운영하는 사업자가 자기의 고객에게 판매용인 가구를 무상으로 공급하는 경우

해설 영업외의 용도로 사용되는 개별소비세 과세대상 승용차와 그 유지를 위한 재화로 사용하는 경우 이를 자가공급으로 보아 부가가치세를 과세한다. 주유소의 배달용 운반 트럭에 주유소의 경유를 무상으로 주유하는 것은 자가공급에 해당되지 않아 부가가치세 과세대상이 아님.

11 부가가치세법상 내국신용장과 관련된 설명으로 옳지 않은 것은?

① 사업자가 재화를 수출하고 수출금액과 신용장상의 금액과의 차액을 별도로 지급받는 경우 그 금액에 대하여도 영세율이 적용된다.
② 재화를 공급한 과세기간 종료일까지 내국신용장이 개설되지 않은 경우에는 영세율을 적용 받을 수 없다.
③ 내국신용장에 의한 공급에 대하여 영세율이 적용되는 경우에도 세금계산서 발급의무는 면제되지 아니한다.
④ 내국신용장에 의하여 공급하는 재화는 공급된 이후 당해 재화를 수출용도에 사용하였는지의 여부에 불구하고 영세율을 적용한다.

해설 내국신용장은 재화를 공급한 과세기간 종료일로부터 25일 이내에 개설된 경우에는 영세율을 적용한다.

12 부가가치세법상 영세율과 면세에 관한 다음의 설명 중 잘못된 것은?

① 영세율 적용대상인 재화 또는 용역을 공급하는 면세사업자도 선택에 의해 면세를 포기할 수 있다.
② 영세율 적용대상 사업자와 면세사업자의 매입세액은 공제 또는 환급받을 수 있다.
③ 영세율 적용을 받더라도 사업자등록, 세금계산서 발급 등 납세의무자로서의 의무를 이행하지 않으면 가산세 등 불이익이 발생한다.
④ 면세의 포기를 신고한 사업자는 신고한 날부터 3년간 면세를 적용받을 수 없다.

해설 면세사업관련 매입세액은 공제받지 못할 매입세액으로 하여 매입원가에 해당함.

13 다음 중 부가가치세법상 영세율과 면세에 대한 설명 중 옳지 않은 것은?

① 영세율 취지는 소비지국과세원칙의 구현이다.
② 면세 적용대상에는 기초생활 필수품 등이 있다.
③ 면세사업만 영위하는 사업자는 부가가치세법상 사업자이다.
④ 면세의 취지는 부가가치세의 역진성을 완화하기 위함이다.

해설 면세사업만 영위하는 사업자는 소득세법이나 법인세법에 의한 사업자이다.

14 다음 중 부가가치세법상 세금계산서의 발급의무가 면제되지 않는 것은?

① 택시운송
② 간주공급 중 개인적공급
③ 내국신용장 또는 구매확인서에 의하여 공급하는 재화
④ 부동산임대용역 중 간주임대료

해설 수출하는 재화는 세금계산서의 발급의무가 면제된다. 다만, 내국신용장 또는 구매확인서에 의해 공급하는 재화와 한국국제협력단, 한국국제보건의료재단 및 대한적십자사에 공급하는 재화는 세금계산서의 발급의무가 면제되지 않는다. (부가가치세법 시행령 71조)

정답 | 10. ① 11. ② 12. ② 13. ③ 14. ③

15 다음 사람들 중 세금계산서에 관한 설명으로 잘못 말한 사람은?

> 김선생 : 세금계산서는 필요적 기재사항과 임의적 기재사항이 있는데 공급받는 자의 사업자등록번호는 필요적 기재사항이다.
> 이선생 : 사업자는 재화를 공급할 때 그 재화가 과세 또는 면세에 관계없이 세금계산서를 발급하여야 한다.
> 강선생 : 세금계산서는 원칙적으로 재화와 용역의 공급시기에 발급하여야 한다.
> 최선생 : 세금계산서를 발급한 후 그 기재사항에 착오나 정정사항이 있는 경우 이를 수정하여 세금계산서를 발급할 수 있다.
> 유선생 : 세금계산서는 재화를 공급하는 사업자가 발급하는 것이므로 어떠한 경우에도 재화 등을 공급받는 자는 세금계산서를 발급할 수 없다.

① 김선생, 유선생   ② 이선생, 유선생
③ 이선생, 강선생   ④ 최선생, 유선생

[해설] 면세재화는 세금계산서를 발급할 수 없고, 과세재화만 세금계산서를 발급할 수 있다. 과세재화를 일반과세자로부터 매입한 자는 매입자발행세금계산서를 발행할 수 있다.

16 다음 중 부가가치세법상 세금계산서를 발급할 수 있는 거래는?

① 간주공급 중 판매목적 타사업장 반출
② 입장권을 발행하여 영위하는 사업
③ 전세버스 운송업을 제외한 여객운송업
④ 상가 임대시 간주임대료

[해설] 원칙적으로 재화의 간주공급은 세금계산서의 발급이 면제되나 간주공급 중 판매목적 타사업장 반출은 세금계산서를 발급하여야 한다.

17 다음 중 부가가치세법상 수정세금계산서 발급 사유가 아닌 것은?

① 필요적 기재사항이 착오로 잘못 기재되어 경정할 것을 미리 알고 있는 경우
② 면세 등 발급대상이 아닌 거래 등에 대하여 발급한 경우
③ 공급가액에 추가 또는 차감되는 금액이 발생한 경우
④ 착오로 전자세금계산서를 이중으로 발급한 경우

[해설] 과세표준 또는 세액을 경정할 것을 미리 알고 있는 경우는 제외한다.

18 다음 자료에 의하여 부가가치세 매출세액을 계산하면 얼마인가?

> ① 과세되는 공급가액 : 52,000,000원
> ② 매출환입 : 2,000,000원
> ③ 매출할인 : 3,000,000원
> ④ 대손처리된 채권 : 7,700,000원(이 중 세법상 대손요건을 충족하지 못한 채권 2,200,000원을 포함하고 있으며, 채권금액은 공급대가이다)

① 4,300,000원   ② 4,200,000원
③ 4,100,000원   ④ 4,000,000원

[해설]
- 매출세액 = 과세표준 × 10%(영세율은 0%) + 예정신고 누락분 ± 대손세액가감
- 과세표준 : 52,000,000 − (2,000,000 + 3,000,000) = 47,000,000원
- 대손세액 : 5,500,000 × 10/110 = 500,000원
- 매출세액 : 47,000,000 × 10% − 500,000 = 4,200,000원

19 (주)영세는 2023년 7월 15일에 사업(도·소매업)을 시작한 후 2025년 10월 10일에 경영악화로 폐업하였다. 다음 자료를 통하여 (주)영세의 폐업시 부가가치세 과세표준을 계산하면 얼마인가?

> 가. 총 매 출 액 : 150,000,000원
> 나. 매출에누리액 :   8,500,000원
> 다. 폐업시 남아 있는 비품에 대한 내역이다.
>   취득일 : 2024년 10월 21일,
>   취득원가 : 25,000,000원, 시가 : 18,000,000원
> ※ 단, 위의 금액에는 부가가치세가 포함되어 있지 않다.

① 141,500,000원   ② 150,000,000원
③ 162,500,000원   ④ 154,000,000원

[해설]
- 과세표준 : 150,000,000 − 8,500,000 + 12,500,000 = 154,000,000원
- 폐업시 남아 있는 재화에 대한 과세표준 : 25,000,000 × (1 − 0.25 × 2) = 12,500,000원

정답 | 15. ② 16. ① 17. ① 18. ② 19. ④

20 다음 자료에 의해 부가가치세 과세표준을 계산하면? 단, 당해 사업자는 주사업장총괄납부신청을 하지 아니하였다.

> • 상품 외상판매액(공급가액) : 30,000,000원
> • 자기의 타사업장으로의 반출액(공급가액) : 2,000,000원
> • 판매처로 운송하는 도중 교통사고로 인해 파손된 상품(원가) : 1,000,000원
> • 자기적립마일리지로 결제받은 금액 500,000원
>   ※ 단, 위 외상판매액에는 반영되어 있지 않다.
> • 판매실적에 따라 거래처에 현금으로 지급한 장려금 : 3,000,000원

① 30,500,000원 ② 31,000,000원
③ 32,000,000원 ④ 32,500,000원

해설
• 30,000,000 + 2,000,000 = 32,000,000원
• 주사업장총괄납부신청을 하지 아니한 사업장에 대한 반출분에 대하여는 재화의 공급에 해당되어 과세표준에 포함되나, 공급받는자에게 도달하기 전에 파손된 재화는 과세표준에 포함하지 아니한다. 또한 자기적립마일리지로 결제받은 부분은 과세표준에 포함하지 아니하며 장려금은 과세표준에서 공제하지 아니한다.

21 다음 중 부가가치세법상 매입세액불공제가 되는 것이 아닌 것은?

① 토지 관련 매입세액
② 기업업무추진비 관련 매입세액
③ 개별소비세 과세대상 자동차의 구입에 관련된 매입세액
④ 소모품비 관련 매입세액

해설 소모품비 관련된 매입세액은 불공제 대상이 아님.

22 다음 중 부가가치세법상 의제매입세액공제에 대한 내용으로 가장 올바르지 않은 것은?

① 사업자가 공급받은 면세농산물 등을 원재료로 하여 가공한 재화나 용역의 공급이 과세되는 경우에 적용한다.
② 일반적으로 의제매입세액은 면세농산물 등을 사용하는 날이 속하는 과세기간에 공제한다.
③ 의제매입세액공제를 받은 면세농산물 등을 그대로 양도하는 경우, 그 공제액은 납부세액에 가산하거나 환급세액에서 공제한다.
④ 과세유흥장소외의 음식점업을 경영하는 법인사업자의 경우 공제율은 6/106이다.

해설 의제매입세액의 공제시기는 면세 농산물 등을 공급받은 날이 속하는 예정신고 또는 확정신고시 매입세액으로 공제된다.

23 부가가치세법상 공통매입세액의 안분계산에 관한 설명이다. 가장 옳은 것은?

① 공통매입세액은 각 과세기간별로 안분계산하며, 예정신고기간에는 예정신고기간의 공급가액 비율로 안분계산하고 확정신고시 정산한다.
② 해당 과세기간의 공통매입세액이 10만원 미만인 경우에는 매입세액 전액을 불공제한다.
③ 해당 과세기간의 과세사업과 면세사업(비과세사업 포함)의 공급가액이 없는 경우에는 공통매입세액은 안분계산하지 아니한다.
④ 과세와 면세사업(비과세사업 포함)에 공통으로 사용하는 재화를 공급받은 과세기간 중에 해당 재화를 공급하여 과세표준을 안분계산한 경우에는 그 재화에 대한 매입세액의 안분계산은 당해 과세기간의 공급가액 실적을 기준으로 한다.

해설
② 해당 과세기간의 공통매입세액이 5만원 미만인 경우에는 매입세액 전액을 불공제한다.
③ 당해과세기간 중 과세사업과 면세사업(비과세사업 포함)의 공급가액이 없거나 그 어느 한 사업의 공급가액이 없는 경우에는 매입가액이나 예정공급가액 또는 예정사용면적에 의해 안분 계산한다.
④ 과세와 면세사업(비과세사업 포함)에 공통으로 사용하는 재화를 공급받은 과세기간 중에 해당 재화를 공급하여 과세표준을 안분계산한 경우에는 그 재화에 대한 매입세액의 안분계산은 직전 과세기간의 공급가액을 기준으로 한다.

24 다음 자료에 의하면 부가가치세법상 공제받을 수 있는 매입세액공제액은 얼마인가?

> • 2000cc인 개별소비세 과세대상 자동차의 렌탈 요금으로 세금계산서 수령 : 공급대가 550,000원
> • 종업원 사고 치료비를 병원에서 신용카드로 결제 : 결제금액 110,000원
> • 국내 항공기 이용 요금을 신용카드로 결제 : 결제금액 88,000원

정답 | 20. ③ 21. ④ 22. ② 23. ① 24. ④

① 68,000원
② 58,000원
③ 18,000원
④ 공제받을 금액 없음

> **해설** 개별소비세 과세대상 자동차의 렌탈요금은 매입세액불공제 대상이고, 종업원 사고 치료비는 면세로 매입세액 불공제 대상이다. 그리고 여객운송업(전세버스운송사업은 제외)은 공급받는 자가 요구하더라도 세금계산서를 발급할 수 없는 업종이므로 신용카드로 결제하더라도 매입세액공제를 받을 수 없다.

25 다음은 부가가치세법상 의제매입세액공제에 관한 내용이다. 올바른 것은?

① 의제매입세액공제는 구입한 원재료에 대한 한도없이 전액에 대하여 의제매입세액 공제율을 적용하여 공제받을 수 있다.
② 의제매입세액공제는 부가가치세 확정신고 뿐만 아니라, 부가가치세 예정신고할 때에도 공제 받을 수 있다.
③ 간이과세자도 의제매입세액공제를 받을 수 있다.
④ 개인사업자(일반과세자임)인 음식점은 농어민으로부터 정규증빙 없이 구입시 의제매입세액공제를 받을 수 있다.

> **해설**
> ① 2014년 이후 공제 한도 있음
> ③ 2021.7.1. 이후 간이과세자는 의제매입세액공제 불가
> ④ 제조업을 제외하고 공제 대상 아님

26 다음 (가)에 들어갈 수치가 옳은 것은?

> (주)세무는 2025년 1기 부가가치세 예정신고 시에 적법하게 발급된 공급가액 10,000,000원의 매출세금계산서를 실무자의 실수로 누락하여 2025년 1기 부가가치세 확정신고 시에 발견하였다. 이에 실무자는 2025년 1기 부가가치세 확정신고 시에 누락 된 매출세금계산서를 포함하여 신고납부하고자 한다. 이에 실무자는 예정신고 누락 된 매출과 관련된 가산세로 세금계산서합계표불성실가산세(가)와, 신고불성실가산세 50,000원 및 납부지연가산세 20,020원을 신고 납부하였다.

① 30,000원 ② 100,000원
③ 150,000원 ④ 200,000원

> **해설** • 세금계산서합계표지연제출가산세 :
> 10,000,000 × 3/1,000 = 30,000원

27 다음 중 부가가치세법상 사업장 관할세무서장이 부가가치세의 과세표준과 납부세액을 조사하여 결정하여야 하는 경우는?

① 확정신고의 내용에 오류 또는 탈루가 있는 때
② 영세율 등 조기환급신고의 내용에 오류 또는 탈루가 있는 때
③ 확정신고를 하지 않은 때
④ 확정신고에 있어서 매출·매입처별 세금계산서합계표를 제출하지 않은 때

> **해설**
> • 결정과 경정의 차이를 묻는 문제로 ③은 결정대상이고 나머지는 경정대상이다.
> • 부가가치세는 납세의무자의 신고에 의하여 결정이 되므로 이미 신고 된 것에 대하여 하는 결정은 경정이라 한다. 납세의무자의 신고가 없는 경우에는 관할 세무서장이 결정을 하여야 한다.

28 간이과세자의 해당과세기간의 공급대가가 얼마 미만일때 납부의무를 면제하는가?

① 2,400만원 ② 3,000만원
③ 4,800만원 ④ 8,000만원

29 다음 중 부가가치세의 납부방법에 대한 설명으로 가장 옳은 것은?

① 확정신고 시 납부할 세액이 1천만원을 초과하는 경우 분납할 수 있다.
② 예정신고기간에 신규로 사업을 개시한 법인(직전과세기간 공급가액이 1억5천만원 미만인 법인 제외)는 예정신고·납부를 하여야 한다.
③ 개인사업자의 경우 예정고지가 면제되는 기준금액은 30만원 이하이다.
④ 간이과세자로서 해당 과세기간의 공급대가가 5,000만원 미만인 경우 납부의무를 면제한다.

> **해설** 부가가치세는 분납제도가 없으며, 예정고지가 면제되는 기준금액은 50만원 미만이다. 간이과세자로서 해당 과세기간(1년)의 공급대가가 4,800만원 미만인 경우 납부의무를 면제한다.

정답 | 25. ② 26. ① 27. ③ 28. ③ 29. ②

30 다음 중 부가가치세법상 간이과세자에 대한 설명 중 틀린 것은?

① 간이과세자의 과세표준은 공급대가이다.
② 일반과세자인 부동산임대사업자가 신규로 음식점 사업을 하는 경우 간이과세자가 될 수 있다.
③ 간이과세자도 영세율을 적용 받을 수 있다.
④ 간이과세자도 세금계산서를 발급할 수 있다.

해설 간이과세가 적용되지 아니하는 다른 사업장을 보유하고 있는 사업자는 간이과세자가 될 수 없다.

31 다음 중 부가가치세법의 내용으로 옳은 것은?

① 음식점업을 영위하는 법인사업자는 의제매입세액 공제를 받을 수 없다.
② 주로 사업자가 아닌 자에게 재화 또는 용역을 공급하는 법인사업자는 신용카드매출전표 발급 등에 대한 세액공제를 적용 받을 수 있다.
③ 법인사업자는 전자신고를 하면 전자신고세액공제를 받을 수 없다.
④ 간이과세자의 과세기간에 대한 공급대가의 합계액이 4,800만원 미만인 경우에도 재고납부세액에 대하여는 납부의무가 있다.

해설 간이과세자의 과세기간에 대한 공급대가의 합계액이 4,800만원 미만인 경우에도 재고 납부세액에 대하여는 납부의무가 있다.(부가가치세법 제69조 제1항)

정답 | 30. ② 31. ④

04 소득세법 정리

SECTION 01 소득세법 총칙

1 소득세의 특징

특 징	내 용
과세대상소득	소득원천설 : 소득원천설을 원칙으로 하고 부분적으로 순자산증가설을 수용 열거주의 : 법령에 열거된 소득에 한하여 과세하는 것이 원칙 유형별 포괄주의 : 이자소득과 배당소득에 대하여는 법령에 열거되지 않은 것이라도 유사한 소득에 대하여 과세
분류과세	종합소득, 퇴직소득, 금융투자소득 및 양도소득으로 구분하여 별도의 과세체계를 갖는 분류과세 방식을 채택
종합과세와 분리과세	이자소득, 배당소득, 사업소득, 근로소득, 연금소득, 기타소득의 대부분은 합산하여 종합과세하고, 일부는 원천징수로 과세를 종결하는 분리과세
인적공제 제도	부양가족에 따른 조세부담을 고려하여 인적공제제도를 갖고 있는 인세
개인단위과세	개인을 과세단위로 하므로 부부나 가족의 소득을 합산하여 과세하지 않는 것이 원칙
초과누진세율	소득 증가에 비하여 세금이 더 많이 증가하는 8단계 초과 누진세율 적용

2 소득의 분류와 과세방법

① 종합과세와 분리과세

분류소득	내 용
종합소득	이자소득, 배당소득, 사업소득, 근로소득, 연금소득, 기타소득의 대부분은 합산하여 종합과세하고, 일부는 원천징수로 과세를 종결하는 분리과세 적용
퇴직소득 양도소득	장기간에 걸쳐 발생하는 퇴직소득과 양도소득은 종합소득과 합산하지 않고 별개의 과세체계에 의하여 개별적으로 과세한다.

② 원천징수

　㉠ 완납적 원천징수

　　완납적 원천징수는 원천징수로 별도의 확정신고 없이 과세가 종결되는 경우를 말한다. 종합소득 중 분리과세대상소득 및 퇴직소득에 대한 원천징수가 여기에 해당한다.

　㉡ 예납적 원천징수

　　예납적원천징수는 원천징수 후에도 추가적으로 확정신고의무를 지는 경우의 원천징수를 의미하며, 확정신고시 원천징수세액을 기납부세액으로 공제한다. 근로소득에 대한 연말정산과 같이 종합소득 중 종합과세대상 소득의 원천징수가 여기에 해당한다.

> **CHECK POINT** 거주자의 분리과세대상 소득
> ① 이자소득과 배당소득
>   - 무조건 분리과세대상 금융소득
>   - 조건부 종합과세대상 금융소득 중 무조건 종합과세대상 금융소득과의 합산액이 2천만원 이하인 경우
> ② 근로소득 : 일용근로자의 급여
> ③ 연금소득 : 사적연금소득의 합계액이 연 1,500만원 이하인 경우(선택적 분리과세)
> ④ 기타소득
>   - 복권당첨소득 등
>   - 기타소득금액이 3백만원 이하인 경우로서 원천징수가 적용되는 소득(선택적 분리과세)
> ⑤ 사업소득 중 총수입금액 2,000만원 이하의 주택임대소득에 대하여 분리과세를 선택할 수 있다.

3 납세의무자

① 거주자

　거주자는 국내에 주소를 두거나, 183일 이상 거소를 둔 개인을 말하며 국내원천소득과 국외원천소득 전체에 대하여 무제한 납세의무를 진다. 거소는 주소 이외의 장소 중 상당기간 거주하나 주소와 같은 밀접한 일정한 생활관계가 형성되지 않는 장소를 말한다.

　다음의 경우에는 국내에 주소가 있는 것으로 보아 거주자로 간주한다.

　㉠ 계속하여 183일 이상 국내에 거주할 것을 통상 필요로 하는 직업을 가진 자

　㉡ 국내에 생계를 같이하는 가족이 있고, 그 직업 및 자산상태에 비추어 계속하여 183일 이상 국내에 거주할 것으로 인정되는 자

② 비거주자

비거주자는 거주자 이외의 개인을 말하며 국내원천소득만 소득세를 과세하므로 제한납세의무라 한다.

비거주자는 국내원천소득만 과세하므로 인적공제에서 기본공제와 추가공제는 본인에 대한 공제만 가능하고 배우자공제, 부양가족공제 등은 받을 수 없다. 또한 특별소득공제, 자녀세액공제 및 특별세액공제도 적용하지 아니한다.

③ 법인 아닌 단체

국세기본법에 따라 법인으로 보는 단체를 제외한 법인 아닌 단체는 국내에 주사무소 또는 사업의 실질적 관리장소를 둔 경우에는 거주자로, 그 밖의 경우에는 비거주자로 보아 소득세법을 적용한다.

구 분	적 용
구성원간 이익의 분배방법이나 분배비율이 정하여져 있거나 사실상 이익이 분배되는 경우	해당 구성원이 공동으로 사업을 영위하는 것으로 보아 법을 적용
구성원간 이익의 분배방법이나 분배 비율이 정하여져 있지 아니하거나 확인되지 아니하는 경우	1거주자 또는 1비거주자로 보아 법을 적용

4 과세기간과 납세지

① 과세기간

소득세의 과세기간은 매년 1월 1일부터 12월 31일까지가 원칙이다. 거주자가 사망하거나 출국으로 인하여 비거주자가 된 경우에는 1월 1일부터 사망일 또는 출국일까지를 과세기간으로 한다.

② 납세지

거주자의 소득세의 납세지는 주소지로 하고, 주소지가 없는 경우에는 거소지로 한다. 비거주자는 국내사업장 소재지가 납세지이며, 국내사업장이 없는 경우에는 국내원천소득이 발생하는 장소를 납세지로 한다.

5 종합소득세 계산구조

① 소득금액계산

소득별 소득금액계산은 다음과 같다.

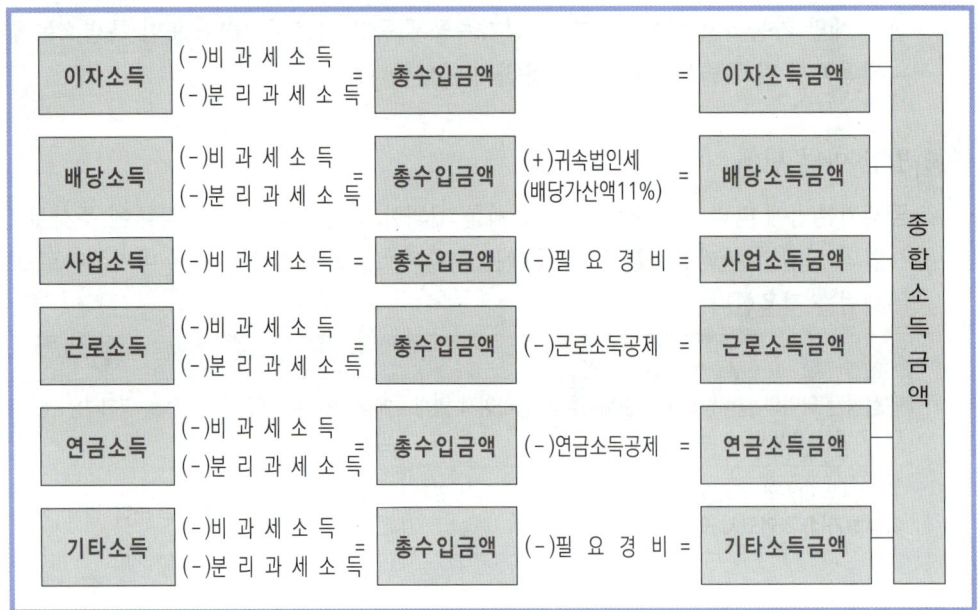

㉠ 소득별 필요경비

이자소득과 배당소득은 필요경비를 인정하지 않는다. 사업소득은 총수입금액에 대응하는 실제 비용을 필요경비로 인정한다. 근로소득과 연금소득은 실제의 필요경비를 적용하지 않고 근로소득공제와 연금소득공제로 대신한다. 기타소득은 실제 증명서류에 의한 비용을 필요경비로 인정하는 것을 원칙으로 하고, 일부 특정한 기타소득은 총수입금액의 60%(또는 80%)를 필요경비로 인정한다.

㉡ 결손금과 이월결손금

결손금은 필요경비를 인정하는 사업소득에서만 인정한다. 사업소득의 결손금은 해당 연도의 다른 소득금액에서 공제하고, 미공제된 이월결손금은 15년간 이월하여 종합소득금액에서 다음의 순서로 공제한다.

① 근로소득금액 ② 연금소득금액 ③ 기타소득금액 ④ 이자소득금액 ⑤ 배당소득금액

다만, 부동산임대업(주거용 건물 임대업 제외)에서 발생한 결손금은 다른 소득금액에서 공제하지 않고, 15년간 이월하여 부동산임대업의 소득금액에서만 공제한다.

② 과세표준 및 세액의 계산구조

```
      종 합 소 득 금 액
  (-) 종 합 소 득 공 제
      종 합 소 득 과 세 표 준
   ×  세                율
      종 합 소 득 산 출 세 액
  (-) 세    액    감    면   … 소득세법 또는 조세특례제한법상 세액감면과 세액공제
  (-) 세    액    공    제
      종 합 소 득 결 정 세 액
  (+) 가          산          세
  (+) 추  가  납  부  세  액
      종 합 소 득 총 결 정 세 액
  (-) 기    납    부    세   액  … 중간예납세액, 원천징수세액, 수시부과세액
      자  진  납  부  할  세  액
```

㉠ 종합소득 과세표준

종합소득금액에서 종합소득공제를 빼서 종합소득 과세표준을 계산한다. 종합소득공제는 개개인의 인적사정에 대한 배려와 여러 가지 조세정책적인 목적으로 공제하는 금액이다.

> 종합소득 과세표준 = 종합소득금액 - 종합소득공제

㉡ 종합소득 산출세액

종합소득 과세표준에 기본세율(8단계 초과누진 6%~45%)을 곱하여 산출세액을 계산한다.

㉢ 종합소득 결정세액

산출세액에서 세액공제와 세액감면을 빼서 결정세액을 계산한다.

㉣ 자진납부할 세액

결정세액에 가산세와 추가납부세액을 가산하고 이미 납부한 세액을 차감하여 실제 납부할 세금을 계산한다.

확인예제

01 다음 중 소득세법에 관한 설명으로 가장 옳은 것은?

① 소득세의 과세기간은 1월 1일부터 12월 31일까지를 원칙으로 하나, 사업자의 선택에 의하여 이를 변경할 수 있다.
② 사업소득이 있는 거주자의 소득세 납세지는 사업장소재지로 한다.
③ 소득세법은 종합과세제도이므로 거주자의 모든 소득을 합산하여 과세한다.
④ 소득세의 과세기간은 사업개시나 폐업에 의하여 영향을 받지 않는다.

해설 ④ 소득세의 과세기간은 1/1~12/31을 원칙으로 하며 사업자의 선택으로 변경할 수 없고, 사망하거나 출국으로 비거주자가 되는 경우의 과세기간은 1월 1일부터 사망일 또는 출국일까지로 한다. 거주자의 납세지는 주소지(없는 경우 거소지)로하며, 비거주자는 주된 국내사업장의 소재지로 한다. 소득세법은 종합과세제도와 분리과세제도가 병행하여 적용된다.

02 다음은 소득세 납세의무와 관련된 설명이다. 옳지 않은 것은?

① 소득세법상 과세소득은 소득원천설을 도입하고 있으며 일부 소득에 대해서는 유형별 포괄주의를 채택하고 있다.
② 복식부기의무자가 기계장치를 처분하는 경우 그 처분이익은 사업소득으로 보아 소득세의 과세대상이 된다.
③ 사업소득과 근로소득은 분리과세대상소득이 없다.
④ 거주자의 사업소득에 대한 신고 및 납부는 주소지 관할 세무서장에게 하여야 한다.

해설 ③ 사업소득은 총수입금액 2,000만원 이하의 주택임대소득에 대하여 분리과세를 적용하고, 근로소득은 일용근로자에 대해 분리과세 하도록 하고 있다.

03 소득세법상 거주자와 비거주자에 대한 설명으로 옳지 않는 것은?

① 비거주자가 내국법인의 국외사업장에서 근무함으로써 발생한 소득은 납세의무가 없다.
② 계속하여 183일 이상 국내에 거주할 것을 통상 필요로 하는 직업을 가진 자는 거주자로 본다.
③ 거주자가 주소 또는 거소의 국외 이전을 위하여 출국하는 경우에는 출국하는 날의 다음 날부터 비거주자로 본다.
④ 비거주자가 국내에 거소를 둔 경우에는 국내에 거소를 둔 기간이 1년이 되는 날부터 거주자로 본다.

해설 ④ 183일이 되는 날부터 거주자로 본다.

SECTION 02 | 금융소득

1 금융소득의 범위

① 이자소득

> ㉠ 채권·증권의 이자와 할인액
> ㉡ 예금의 이자
> ㉢ 단기저축성보험의 보험차익(만기 10년 미만)
> ㉣ 직장공제회 초과반환금(1999.1.1 이후 최초로 직장공제회에 가입)
> ㉤ 비영업대금의 이익
> ㉥ 위의 소득과 유사한 소득으로서 금전의 사용에 따른 대가의 성격이 있는 것

② 배당소득

> ㉠ 이익이나 잉여금의 배당 또는 분배금
> ㉡ 의제배당(잉여금의 자본전입으로 수령한 무상주와 감자·해산·합병으로 인한 이익)
> ㉢ 인정배당(법인세법에 의하여 배당으로 소득처분된 금액)
> ㉣ 국내 또는 국외에서 받는 집합투자기구(펀드)로부터의 이익
> ㉤ 위와 유사한 소득으로서 수익분배의 성격이 있는 것(신종펀드의 배당)

2 금융소득의 수입시기

① 이자소득의 수입시기

구 분		수 입 시 기
채권·증권의 이자와 할인액	무기명 채권 등	그 지급을 받은 날
	기명 채권 등	약정에 의한 지급일
	채권 등의 환매조건부 매매차익	약정에 의한 환매수일·환매도일. 다만, 기일 전에 환매수·환매도하는 경우에는 그 환매수일 또는 환매도일
보통예금·정기예금·적금 또는 부금의 이자	원칙	실제로 이자를 지급받는 날
	원본 전입의 특약이 있는 이자	특약에 의한 원본전입일
	해약으로 인하여 지급되는 이자	그 해약일

구 분		수 입 시 기
보통예금·정기예금·적금 또는 부금의 이자	계약기간을 연장하는 경우	그 연장하는 날
	통지예금의 이자	인출일
저축성보험의 보험차익		보험금 또는 환급금의 지급일. 다만, 기일전에 해지하는 경우에는 그 해지일
직장공제회 초과반환금		약정에 의한 공제회 반환금의 지급일
비영업대금의 이익	원칙	약정에 의한 이자지급일
	약정이 없거나, 약정에 의한 지급일 전에 이자를 받는 경우	이자지급일
이자소득이 발생하는 재산이 상속 또는 증여되는 경우		상속개시일 또는 증여일
유형별 포괄주의에 따른 이자소득		약정에 의한 상환일. 다만, 기일 전에 상환하는 경우에는 그 상환일

② **배당소득의 수입시기**

구 분		수 입 시 기
일반적인 배당과 인정배당	잉여금의 처분에 의한 이익배당	잉여금 처분결의일
	무기명주식의 이익배당	실제 지급을 받은 날
	출자공동사업자 배당	과세기간 종료일
법인세법상 소득처분에 의한 배당(인정배당)		해당 사업연도의 결산확정일
의제배당	무상주 의제배당(잉여금 자본전입)	자본전입 결의일
	감자(퇴사·탈퇴)시 의제배당	감자 결의일(퇴사·탈퇴일)
	해산시 의제배당	잔여재산가액 확정일
	합병·분할시 의제배당	합병·분할등기일
집합투자기구로부터의 이익	원칙	이익을 지급받은 날
	원본에 전입의 특약이 있는 경우	원본전입일

확인예제

01 다음 중 소득세법상 이자소득으로 과세되는 것은?

① 물품을 매입할 때 대금의 결제방법에 따라 에누리되는 금액
② 외상매입금을 약정기일 전에 지급함으로써 받는 할인액
③ 장기할부판매 조건으로 판매하고 통상적인 대금의 결제방법에 의한 경우보다 추가로 받는 금액
④ 외상매출금을 소비대차로 전환하여 주고 추가로 받는 금액

해설 ④ 비영업대금의 이익에 해당되므로 이자소득으로 과세한다.

02 다음은 소득세법상 이자소득에 대한 설명이다. 현행 소득세법상 이자소득에 해당하지 않는 것은?

① 채권·증권의 환매조건부 매매차익
② 비영업대금의 이익
③ 개인연금저축 중 연금형태로 지급받는 이익
④ 보험기간이 10년 미만인 저축성보험의 보험차익

해설 ③ 연금소득에 해당한다.

03 다음은 소득세법상 이자소득 및 배당소득의 수입시기와 관련된 설명이다. 가장 옳지 아니한 것은?

① 기명채권의 이자 : 실제 이자지급일
② 정기예금의 이자 : 실제 이자지급일
③ 직장공제회초과반환금 : 약정에 의한 지급일
④ 집합투자기구로부터의 이익 : 이익을 지급받은 날

해설 ① 기명채권에 대한 이자의 수입시기는 약정에 의한 지급일이다.

SECTION 03 | 사업소득

1 사업소득의 범위

사업소득이란 소득세법에 열거한 다음의 업종의 사업 활동에서 발생하는 소득을 말한다.

> ① 농업(작물재배업 중 곡물 및 기타 식량작물재배업 제외) 및 임업, ② 어업, ③ 광업, ④ 제조업, ⑤ 전기, 가스, 증기 및 수도사업, ⑥ 하수·폐기물처리, 원료재생 및 환경복원업, ⑦ 건설업, ⑧ 도매 및 소매업, ⑨ 운수업, ⑩ 숙박 및 음식점업, ⑪ 출판, 영상, 방송통신 및 정보서비스업, ⑫ 금융 및 보험업, ⑬ 부동산임대업(공익사업과 관련한 지역권 등 대여소득 제외), ⑭ 전문, 과학 및 기술서비스업, ⑮ 사업시설관리 및 사업지원서비스업, ⑯ 교육서비스업, ⑰ 보건업 및 사회복지서비스업, ⑱ 예술, 스포츠 및 여가관련서비스업, ⑲ 협회 및 단체, 수리 및 기타 개인서비스업, ⑳ 가구내 고용활동 ㉑ 복식부기의무자의 사업용 유형고정자산 양도(양도소득에 해당하는 경우 제외)

▶ 사업용 유형고정자산 : 차량 및 운반구, 공구, 기구, 비품, 선박, 항공기, 기계 및 장치, 동물과 식물 등 감가상각자산(양도소득세 과세대상인 토지와 건물은 제외한다)
▶ 공익사업과 관련한 지역권·지상권의 설정 또는 대여소득은 기타소득에 해당한다.

그리고 위에서 열거된 소득과 유사한 소득으로서 영리를 목적으로 자기 계산과 책임 하에 계속·반복적으로 행하는 활동을 통하여 얻는 소득을 사업소득으로 한다는 포괄적 규정을 두고 있다.

2 비과세 사업소득

다음의 사업소득은 비과세대상이다.
① 논·밭을 작물생산에 이용하게 함으로 인하여 발생하는 소득
② 1주택을 소유하는 자의 주택임대소득(기준시가 12억원을 초과하는 주택의 임대소득은 제외)
③ 농·어민이 농가부업 규모의 축산에서 발생한 소득과 고공품제조·민박·음식물판매·특산물제조·전통차제조·양어 등에서 발생한 연 3,000만원 이하의 농가부업소득
④ 수도권 밖의 읍·면 지역에서 소득금액이 연 1,200만원 이하인 전통주의 제조소득
⑤ 조림기간 5년 이상 임지의 임목을 벌채 또는 양도로 인하여 발생하는 소득으로서 연 600만원 이하의 금액
⑥ 작물재배업에서 발생하는 소득으로서 해당 과세기간의 수입금액의 합계액이 10억원 이하인 소득
⑦ 연근해어업과 내수면어업 및 양식어업에서 얻은 5,000만원 이하의 소득

3 사업소득금액의 계산

- NCS 능력단위 : 0203020206종합소득세신고 능력단위요소 : 01사업소득세무조정하기
- 1.1 소득세법의 열거주의의 기본개념을 파악하여 법령에 따른 세무조정의 절차를 수행할 수 있다.
- 1.3 사업소득 세무조정 관련 법령에 열거한 총수입금액산입과 총수입금액불산입 항목을 구분할 수 있다.
- 1.4 사업소득 세무조정 관련 법령에 열거한 필요경비산입과 필요경비불산입 항목을 구분할 수 있다.

① 사업소득금액계산의 구조

```
        손 익 계 산 서 상 의 당 기 순 이 익
    (+) 총 수 입 금 액 산 입 · 필 요 경 비 불 산 입
    (-) 총 수 입 금 액 불 산 입 · 필 요 경 비 산 입
        차 가 감 소 득 금 액
    (+) 기 부 금 한 도 초 과 액
    (-) 기 부 금 한 도 초 과 이 월 액 필 요 경 비 산 입
        사 업 소 득 금 액
```

② 총수입금액

구 분	내 용
• 사업수입금액	매출에누리와 환입, 매출할인금액 제외
• 거래상대방으로부터 받은 장려금 기타 이와 유사한 성질의 금액	- 판매장려금 수령액 : 총수입금액 - 판매장려금 지급액 : 필요경비
• 필요경비로서 지출된 세액이 환입되었거나 환입될 금액	관세환급금 등
• 사업과 관련된 자산수증이익·채무면제이익	사업과 관련되지 아니한 경우 : 증여세가 과세됨
• 사업과 관련된 보험차익	사업과 관련되지 아니한 보험차익 : 과세 제외
• 가사용으로 소비된 재고자산	시가를 총수입금액에 산입하고, 동 재고자산의 원가는 매출원가로 필요경비에 산입
• 복식부기의무자가 사업용 유형고정자산을 매각하는 경우 그 매각가액	해당 사업용 유형고정자산의 매각 당시 장부가액은 필요경비에 산입
• 기타 사업과 관련된 수입금액으로서 해당 사업자에게 귀속되었거나 귀속될 금액	

③ 필요경비

사업소득금액을 계산할 때 필요경비는 해당 과세기간의 총수입금액에 대응하는 비용으로서 일반적으로 용인되는 통상적인 것의 합계액으로 한다. 해당 과세기간 전의 총수입금액에 대응하는 비용으로서 그 과세기간에 확정된 것에 대해서는 그 과세기간 전에 필요경비로 계상하지 아니한 것만 그 과세기간의 필요경비로 본다.

④ 사업소득의 수입시기

수입금액	수입시기
상품(부동산 제외)·제품의 판매	상품, 제품 등을 인도한 날
상품등의 시용판매	상대방이 구입의 의사를 표시한 날
상품등의 위탁판매	수탁자가 그 위탁품을 판매하는 날
장기할부조건에 의한 상품 판매	원칙: 상품등을 인도한 날, 예외: 회수기일도래기준 인정
건설·제조 기타 용역(도급공사 및 예약매출을 포함)의 제공	단기건설: 용역제공 완료일, 목적물 인도일, 진행기준 장기건설: 작업진행률에 의한 진행기준
무인판매기에 의한 판매	무인판매기에서 현금을 인출하는 때
인적용역의 제공	용역대가를 받기로 한 날과 용역제공 완료일 중 빠른 날
부동산(주택, 상가 등)의 매매	대금 청산일, 소유권 이전등기일, 사용수익일 중 빠른 날

4 사업소득의 과세방법

① 원천징수

사업소득 중 의료보건용역 및 부가가치세 면세 대상 인적용역과 봉사료수입금액에 대하여는 원천징수를 적용한다. 의료보건용역 및 부가가치세 면세 대상 인적용역은 3%, 음식·숙박용역 등의 공급가액의 20%를 초과하는 봉사료는 5%를 원천징수한다.

② 종합과세

대부분의 사업소득은 원천징수 여부에 상관없이 분리과세 하지 않고 종합과세를 한다. 예외적으로 분리과세를 선택할 수 있는 총수입금액 2,000만원 이하의 주택임대소득과 비과세소득을 제외한 모든 사업소득은 종합과세한다.

③ 분리과세

총수입금액의 합계액이 2천만원 이하인 주택임대소득은 분리과세를 선택하면 원천징수세율 14%를 적용하여 과세한다.

확인예제

01 소득세법상 사업소득과 관련된 다음 설명 중 적절하지 않은 것은?

① 복식부기의무자의 사업용유형고정자산의 양도가액은 총수익금액에 포함한다.
② 사업소득에 대해서도 원천징수하는 경우가 있다.
③ 사업소득의 이월결손금은 당해 연도의 다른 종합소득에서 공제될 수 있다.
④ 사업소득에서 발생한 은행예금에 대한 이자수익은 영업외수익으로 총수입금액에 산입된다.

해설 ④ 은행예금이자는 이자소득으로 과세된다.

02 소득세법상 부동산임대소득과 관련한 설명이다. 가장 옳지 않은 것은?

① 부동산상의 권리의 대여로 인하여 발생한 소득은 부동산임대소득이다.
② 1개의 기준시가 12억원 초과 주택을 소유하는 자가 해당 주택을 임대하고 월 임대료를 받는 경우 부동산임대소득으로 과세되지 아니한다.
③ 1주택 소유자가 주택을 임대하고 보증금을 받은 경우 간주임대료는 수입금액으로 계산하지 아니한다.
④ 논·밭을 작물생산에 이용하게 함으로 인하여 발생하는 소득은 소득세를 비과세한다.

해설 ② 1개의 주택을 소유하고 있어도 기준시가 12억원을 초과하는 고가주택을 임대하는 경우에는 부동산임대소득으로 과세한다.

03 소득세법상 사업소득금액을 계산할 때 총수입금액에 산입하는 것은?

① 가사용으로 사용한 재고자산의 가액
② 소득세환급액
③ 매출할인
④ 사업과 무관한 채무면제이익

해설 ① 가사용으로 사용한 재고자산의 시가를 총수입금액에 산입하고, 동 재고자산의 원가는 필요경비에 산입한다.

SECTION 04 | 근로소득

> • NCS 능력단위 : 0203020204원천징수   능력단위요소 : 01근로소득원천징수하기
> 1.3 세법에 의한 임직원 및 일용근로자의 급여액에 대한 근로소득금액을 과세 근로소득과 비과세 근로소득으로 구분하여 계산할 수 있다.

1 근로소득의 범위

　근로소득이란 근로계약 등에 의하여 제공하는 근로의 반대급부로 지급받는 대가를 말한다. 봉급·급료·세비·임금·수당·상여금 등 명칭이나 형식 여부에 관계없이 근로제공의 대가성에 따라 근로소득 포함여부를 판단한다.

① 근로소득에 포함되는 것
　㉠ 근로의 제공으로 인하여 받는 봉급·급료·보수·세비·임금·상여·수당
　㉡ 법인의 주주총회·사원총회 등의 결의에 의하여 받는 상여
　㉢ 법인세법에 의하여 상여로 처분된 금액
　㉣ 법인세법 상 임원퇴직금 한도초과로 손금에 산입되지 아니하는 퇴직급여
　㉤ 종업원등 또는 대학의 교직원이 지급받는 직무발명보상금
　㉥ 업무를 위하여 사용된 것이 분명하지 아니한 기밀비(판공비 포함)·교제비
　㉦ 종업원이 받는 공로금, 위로금, 학자금, 장학금(종업원의 자녀가 받는 학자금 등 포함)
　㉧ 근로수당, 가족수당, 급식수당, 주택수당, 벽지수당, 해외근무수당, 기술수당, 연구수당, 시간외근무수당, 통근수당 등의 각종수당
　㉨ 휴가비와 연액 또는 월액으로 받는 여비
　㉩ 주택을 제공받음으로써 얻는 이익과 종업원이 주택의 구입·임차에 소요되는 자금을 저리 또는 무상으로 대여 받음으로써 얻는 이익
　㉪ 종업원이 계약자이거나 종업원 또는 종업원의 가족을 수익자로 하는 보험 등과 관련하여 사용자가 부담하는 보험료 등과 계약기간 만료 전 또는 만기에 종업원에게 귀속되는 단체환급부보장성보험의 환급금
　㉫ 임원의 퇴직소득금액(2011.12.31. 이전 근속기간에 대한 퇴직금은 제외한 금액)이 다음의 금액을 초과하는 경우 그 초과하는 금액을 근로소득으로 본다.

> 2019년 이전 3년간 평균급여 × 1/10 × 2012년~2019년 근속연수 × 3배
> + 퇴직전 3년간 평균급여 × 1/10 × 2020년 이후 근속연수 × 2배

　㉬ 주식매수선택권을 근무기간 중 행사함으로써 얻은 이익
　㉭ 공무원이 국가 또는 지방자치단체로부터 공무 수행과 관련하여 받는 상금과 부상

② 근로소득에 포함되지 않는 것

> ㉠ 퇴직급여로 지급되기 위하여 적립되는 퇴직보험(퇴직일시금신탁, 퇴직연금 포함)의 보험료
> ㉡ 사업자가 근로자에게 지급한 경조금 중 사회통념상 타당하다고 인정되는 범위 안의 금액
> ㉢ 소액주주인 우리사주조합원이 우리사주조합을 통하여 취득한 해당 법인의 주식의 취득금액과 시가와의 차액으로 인하여 발생하는 소득
> ㉣ 사내근로복지기금에서 근로자 또는 근로자의 자녀가 받는 장학금과 무주택근로자가 받는 주택보조금

2 비과세 근로소득

① 실비변상적 급여

> ㉠ 일직료·숙직료·여비로서 실비변상정도의 금액
> ㉡ 종업원의 소유(또는 임차)차량을 종업원이 직접 운전하여 사업주의 업무수행에 이용하고 시내출장 등에 소요된 실제 여비를 대신하여 받는 월 20만원 이내의 자가운전보조금
> ㉢ 교육기관과 이에 준하는 학교의 교원과 특정연구기관, 정부출연연구기관 등에서 연구활동에 직접 종사하는 자는 받는 월 20만원 이내의 연구보조비 또는 연구활동비
> ㉣ 방송·통신·신문사 등의 기자 등이 받는 취재수당 중 월 20만원 이내의 금액
> ㉤ 선원법에 의한 선원이 받는 월 20만원 이내의 승선수당
> ㉥ 군인이 받는 각종 위험수당과 경찰공무원과 소방공무원이 받는 함정근무수당·항공수당·화재진화수당 등
> ㉦ 월 20만원 이내의 벽지 수당과 제복·제모·제화·작업복
> ㉧ 수도권 외로 이전하는 공공기관 소속 공무원 등에게 한시적으로 지급하는 월 20만원 이내의 이전 지원금
> ㉨ 근로자가 천재·지변 기타 재해로 인하여 받는 금액 등
> ㉩ 종교관련 종사자가 지급기준에 따라 받는 종교활동비

② 복리후생적 급여

> ㉠ 주주 또는 출자자가 아닌 임원과 종업원, 소액주주인 임원 및 국가 또는 지방자치단체로부터 근로소득을 지급받는 사람이 사택을 제공받음으로써 얻는 이익
> ㉡ 중소기업의 종업원이 주택의 구입·임차에 소요되는 자금을 저리 또는 무상으로 대여 받음으로써 얻는 이익
> ㉢ 종업원의 사망·상해 또는 질병을 보험금의 지급사유로 하고 종업원을 피보험자와 수익자로 하는 단체순수보장성보험과 단체환급부보장성보험의 보험료 중 연 70만원 이하의 금액
> ㉣ 임직원의 고의(중과실을 포함) 외의 업무상 행위로 인한 손해의 배상청구를 보험금의 지급사유로 하고 임직원을 피보험자로 하는 보험의 보험료
> ㉤ 공무원이 국가 또는 지방자치단체로부터 공무 수행과 관련하여 받는 상금과 부상 중 연 240만원 이내의 금액

③ 생산직근로자가 받는 연장, 야간, 휴일근로수당

직전년도 총 급여가 3,000만원 이하로서 월정액급여 210만원 이하인 생산직근로자가 받는 연장, 야간, 휴일근로수당으로 다음의 금액 이내의 수당을 비과세한다. 월정액급여가

210만원을 초과하는 달에 받은 연장, 야간, 휴일수당은 비과세하지 않는다.
㉠ 연장시간근로·야간근로·휴일근로로 인하여 통상임금에 가산하여 받는 급여 중 연 240만원 이내의 금액(광산근로자와 일용근로자는 전액)
㉡ 어업을 영위하는 선원이 받는 생산수당 중 연 240만원 이내의 금액

> 월정액급여 = 매월 받는 급여총액 − 상여 등 부정기적 급여 − 실비변상적 급여 − 초과근로수당

④ 근로자 본인의 학자금

학교(외국의 유사교육기관 포함) 또는 직업능력개발훈련시설의 교육비로 다음의 요건을 모두 갖춘 학자금을 비과세한다.

> ㉠ 업무와 관련 있는 교육·훈련일 것
> ㉡ 기업의 정해진 지급기준에 따라 받을 것
> ㉢ 교육·훈련기간이 6월 이상인 경우 교육·훈련 후 해당 교육기간을 초과하여 근무하지 않으면 지급받은 금액을 반납하는 조건일 것

⑤ 식사 또는 식사대

> ㉠ 근로자가 사내급식 등으로 제공받는 식사 기타 음식물
> ㉡ 식사 또는 음식물을 제공받지 않는 근로자가 받는 월 20만원 이하의 식사대

▶ 식사와 식대를 동시에 제공받는 경우 식사는 비과세, 식대는 과세

⑥ 출산 보육 수당

근로자 또는 그 배우자의 출산이나 자녀의 보육과 관련하여 사용자로부터 지급받는 다음의 급여는 비과세한다.

> ㉠ 근로자(사용자와 특수관계에 있는 자는 제외) 또는 그 배우자의 출산과 관련하여 자녀의 출생일 이후 2년 이내에 사용자로부터 최대 두 차례에 걸쳐 지급받는 급여 전액 − 출산지원금(1회, 2회)
> *2021년 1월 1일 이후 출생한 자녀에 대하여 2024년 1월 1일부터 2024년 12월 31일 사이에 지급받은 급여를 포함한다.
> ㉡ 근로자 또는 그 배우자의 해당 과세기간 개시일을 기준으로 6세 이하인 자녀의 보육과 관련하여 사용자로부터 지급받는 급여로서 월 20만원 이내의 금액 − 보육수당

⑦ 법에 따라 사용자가 부담하는 부담금

국민건강보험법·고용보험법·국민연금법·공무원연금법·근로자퇴직급여보장법 또는 노인장기요양보험법 등에 의하여 국가·지방자치단체 또는 사용자가 부담하는 건강보험료·고용보험료·연금보험료 등

⑧ 기타의 비과세

> ㉠ 국외 또는 북한에서 근로를 제공하고 받는 보수 중 월 100만원(원양어업선박 또는 국외 등을 항행하는 선박 또는 국외의 건설현장에서 근로를 제공(감리업무 포함)하고 받는 보수는 월 300만원) 이내의 금액
> ㉡ 고용보험법에 의하여 받는 실업급여·육아휴직급여·산전후 휴가급여·육아기 근로시간 단축급여와 공무원 등이 받는 육아휴직수당 및 사망으로 인하여 받는 국민연금법에 의한 반환일시금
> ㉢ 교육기본법에 따라 받는 장학금 중 대학생이 근로를 대가로 지급받는 장학금(고등교육법에 따른 대학, 산업대학, 교육대학, 및 전문대학에 재학하는 대학생에 한한다)
> ㉣ 발명진흥법에 따른 직무발명으로 종업원등이 사용자에게 받는 직무발명보상금과 교직원 및 학생이 산학협력 단으로부터 받는 직무발명보상금으로서 연 500만원 이하의 금액

3 근로소득금액의 계산

근로소득금액의 계산은 비과세, 분리과세 대상 근로소득을 제외한 총급여액에서 근로소득공제를 차감하여 구한다.

> 근로소득금액 = 총급여액(비과세소득과 분리과세소득 제외) − 근로소득공제

① 근로소득공제

총 급 여 액	공 제 액
500만원 이하	총급여액 × 70%
500만원 초과 1,500만원 이하	350만원 + (총급여액 − 500만원) × 40%
1,500만원 초과 4,500만원 이하	750만원 + (총급여액 − 1,500만원) × 15%
4,500만원 초과 1억원 이하	1,200만원 + (총급여액 − 4,500만원) × 5%
1억원 초과	1,475만원 + (총급여액 − 1억원) × 2%

▶ 단, 근로소득공제액이 2천만원을 초과하는 경우에는 2천만원을 공제한다.

② 일용근로자의 근로소득금액

일용근로자의 소득금액은 급여액에서 1일 15만원을 공제하여 구한다.
일용근로자는 다음의 요건을 모두 충족하여야 한다.

구 분	내 용
대가의 수령	일당 또는 시간당으로 근로대가 수령
고 용 기 간	동일한 고용주에게 3개월(건설공사 종사자 등은 1년)이상 고용되어 있지 않는 자

4 근로소득의 과세방법과 수입시기

① 근로소득의 과세방법

㉠ 연말정산대상 근로소득

다음의 소득은 지급자에게 원천징수의무가 있으며, 연말정산을 하여야 한다.
ⓐ 근로의 제공으로 인하여 받는 봉급·급료·보수·세비·임금·상여·수당
ⓑ 주주총회·사원총회 등의 결의에 의하여 받는 상여
ⓒ 법인세법에 의하여 상여로 처분된 인정상여
ⓓ 퇴직으로 인하여 받는 소득으로서 퇴직소득에 속하지 아니하는 소득

근로소득을 지급하는 때에 근로소득간이세액표에 의하여 원천징수하여 징수일의 다음달 10일까지 원천징수이행상황신고서를 세무서에 제출하고 납부하여야 한다. 근로소득자는 근로소득 이외의 소득이 없다면 연말정산으로 과세가 종결되지만, 이외의 종합과세되는 소득이 있다면 근로소득과 합산하여 확정신고하여야 한다.

㉡ 확정신고대상 근로소득

다음의 근로소득은 원천징수없이 다른 소득과 합산하여 확정신고하는 것이 원칙이다. 그러나 납세조합에 가입한 경우 근로소득에 대한 소득세를 매월 원천징수하여 다음달 10일까지 납부하여야 한다. 이때에는 납세조합세액공제(세액의 5%)를 적용받는다.
ⓐ 외국기관 또는 우리나라에 주둔하는 국제연합군(미국군 제외)으로부터 받는 금액
ⓑ 국외에 있는 외국인 또는 외국법인으로부터 받는 급여(국내지점에서 받는 급여는 제외)

㉢ 분리과세대상 근로소득

분리과세대상 근로소득인 일용근로자의 소득은 원천징수로 과세가 종결된다.

일용근로자의 원천징수세액 = (일급여액 − 근로소득공제) × 세율 − 근로소득세액공제
　　　　　　　　　　　　　　　　　(일 15만원)　　　(6%)　　(산출세액의 55%)

② 근로소득의 수입시기

근로소득의 수입시기는 다음과 같다.

구　　　분	수 입 시 기
㉠ 급여	근로를 제공한 날
㉡ 잉여금처분에 의한 상여	해당 법인의 잉여금처분 결의일
㉢ 법인세법상 소득처분에 의한 상여(인정상여)	근로를 제공한 날이 속하는 사업연도
㉣ 임원의 퇴직급여 중 소득세법상 한도초과액	지급받거나 받기로 한 날
㉤ 주식매수선택권	주식매수선택권을 행사한 날

▶ 인정상여와 관련하여 월평균금액을 계산한 것이 2개 사업연도에 걸친 때에는 각각 해당 사업연도 중 근로를 제공한 날로 한다.

③ 근로소득 원천징수시기 특례

근로소득을 지급하여야 할 원천징수의무자는 다음과 같은 때에 근로소득을 지급한 것으로 보아 소득세를 원천징수한다. 원천징수한 소득세는 월별납부자는 다음날 10일까지 반기별 납부자는 반기 다음달(7월 또는 1월) 10일까지 원천징수이행상황신고를 하고 납부하여야 한다.

구 분		원천징수시기
1월부터 11월까지 근로소득을 해당 과세기간의 12월 31일까지 지급하지 않은 경우		12월 31일에 지급한 것으로 본다.
12월분 근로소득을 다음연도 2월 말일까지 지급하지 않은 경우		다음연도 2월 말일에 지급한 것으로 본다.
잉여금처분이 1월 1일부터 10월 31일 사이에 결정된 경우로서 지급하지 않은 경우		잉여금처분결의일부터 3개월 되는 날 지급한 것으로 본다.
잉여금처분이 11월 1일부터 12월 31일 사이에 결정된 경우로서 다음연도 2월말까지 지급하지 않은 경우		다음연도 2월 말일에 지급한 것으로 본다.
법인세법상 소득처분에 의한 상여(인정상여)	법인세 과세표준을 신고하는 경우	그 신고일 또는 수정신고일
	정부가 결정·경정하는 경우	소득금액변동통지서를 받은 날

# 확인예제

01 다음 중 근로소득에 포함되어 소득세가 과세되는 것만 모은 것은?

a. 사회통념상 타당한 범위내의 경조금
b. 근로의 제공으로 인한 사망과 관련하여 그 유가족이 받는 보상금
c. 무주택 사용인이 국민주택취득자금을 무상으로 대여 받음으로써 얻은 이익
d. 여비의 명목으로 받는 연액 또는 월액의 급여
e. 근로자의 천재, 지변 기타재해로 받는 급여

① a, c   ② c, d   ③ b, d   ④ c, e

[해설] ② a는 근로소득으로 보지 않으며, b와 e는 비과세 근로소득이다. c와 d만 과세대상 근로소득이다. 주택자금을 무상 또는 저율로 대여 받음으로써 얻은 이익은 무조건 근로소득으로 본다.

02 소득세법상 근로소득에는 다양한 비과세소득을 두고 있다. 다음 중 2025년 귀속 근로소득의 비과세소득에 해당하지 아니하는 설명은?

① 근로자 강동우 대리가 자가차량을 이용하여 회사업무를 수행함으로써 받는 월 20만원의 자가운전보조금
② 근로자 정미자 과장이 받는 월 20만원의 식사대(음식물 제공 없음)
③ 근로자 이문주 부장이 받는 2022년 출생 자녀에 대한 1회 출산지원금 3,000만원과 보육수당 20만원
④ 근로자 박정희 부장이 받은 월 100만원의 국외근로수당

[해설] ③ 출산지원금은 출산일 이후 2년 이내에 최대 두 차례에 걸쳐 지급 받는 경우에 비과세한다.

03 다음 자료를 토대로 과세되는 총급여액을 계산하면 얼마인가? (직전년도 총급여는 3,000만원 이하)

㉠ 기본금(1,800,000원 × 12월)   : 21,600,000원
㉡ 상여금   : 1,400,000원
㉢ 식대보조금(240,000원 × 12월)   : 2,880,000원
㉣ 연장근로수당   : 2,800,000원
㉤ 근로기간 2025년 1월 1일 ~ 2025년 12월 31일이며 제조업체의 생산직 사원임

① 26,280,000원   ② 23,880,000원
③ 24,920,000원   ④ 23,480,000원

[해설] ② 21,600,000 + 1,400,000 + (2,880,000 − 200,000 × 12월) + (2,800,000 − 2,400,000) = 23,880,000원
월정액급여 : 매월 받는 급여총액 − 상여등 부정기적 급여 − 연장근로수당 등
월정액 급여의 계산 : 1,800,000 + 240,000 = 2,040,000원
식대는 월 200,000원 비과세이고, 직전년도 총급여가 3,000만원 이하이면서 월정액급여가 월 210만원 이하인 생산직 근로자가 받는 연장근로수당 등은 연 240만원까지 비과세한다.

SECTION 05 | 연금소득과 기타소득

1 연금소득

> • NCS 능력단위 : 0203020204원천징수　　능력단위요소 : 05연금소득원천징수하기
> 5.1　연금의 납입형태에 따른 과세체계에 따라 소득을 구분할 수 있다.
> 5.2　세법에 의한 과세 연금소득 비과세 연금소득 공적연금소득 공적연금소득 외 소득을 구분하여 연금소득을 계산할 수 있다.
> 5.3　연금소득에 대한 원천징수세액을 산출하여 공제 후 지급할 수 있다.

① 연금소득의 범위

　㉠ 공적연금

　　국민연금법, 공무원연금법, 군인연금법, 사립학교교직원연금법, 별정우체국법에 의하여 지급받는 각종 연금

　㉡ 연금계좌(사적연금)

　　다음에 해당하는 금액을 그 소득의 성격에도 불구하고 연금계좌(연금저축계좌와 퇴직연금계좌)에서 연금수령하는 경우의 그 연금
　　ⓐ 이연퇴직소득 : 퇴직소득의 과세이연규정에 따라 원천징수되지 아니한 퇴직소득
　　ⓑ 연금계좌에 납입한 금액(공적연금 제외) 중 연금계좌세액공제를 받은 금액
　　ⓒ 운용수익 : 연금계좌의 운용실적에 따라 증가된 금액
　　ⓓ 그 밖에 연금계좌에 이체 또는 입금되어 해당 금액에 대한 소득세가 이연된 소득

　㉢ 비과세 연금소득

　　ⓐ 국민연금법, 공무원연금법, 군인연금법, 사립학교교직원연금법, 별정우체국법 등 공적연금 관련법에 따라 받는 유족연금·장해연금·상이연금 등
　　ⓑ 산업재해보상보험법에 의하여 지급받는 각종 연금
　　ⓒ 국군포로의송환및대우등에관한법률에 따라 국군포로가 지급받는 연금

② 연금소득의 과세체계

구 분	연금수령	연금외수령	연금보험료 본인불입액
㉠ 공적연금(예 : 국민연금)	연금소득	퇴직소득	연금보험료 소득공제(한도없음)
㉡ 연금계좌(사적연금)			
ⓐ 퇴직급여	연금소득	퇴직소득	-
ⓑ 연금계좌 본인불입액		기타소득	연금계좌 세액공제(불입액 한도 900만원)
ⓒ 운용수익		기타소득	-

③ 연금소득금액의 계산

> 연금소득금액 = 총연금액(비과세소득과 분리과세소득 제외) - 연금소득공제

㉠ 연금소득공제

총 연 금 액	연금소득공제
350만원 이하 350만원 초과 700만원 이하 700만원 초과 1,400만원 이하 1,400만원 초과	총연금액 350만원 + (총연금액 - 350만원) × 40% 490만원 + (총연금액 - 700만원) × 20% 630만원 + (총연금액 - 1,400만원) × 10%

▶ 다만, 연금소득공제액이 900만원을 초과하면 900만원을 공제한다.

㉡ 분리과세 연금소득(사적연금)

연금수령하는 퇴직소득과 사회재난으로 15일 이상 입원, 의료 목적, 천재지변 등 부득이한 사유로 연금계좌에서 인출하는 연금소득 및 그 밖의 사적연금소득으로 1,500만원 이하인 경우 분리과세 선택이 가능하다.

④ 연금소득의 과세

공적연금은 연금소득간이세액표에 의하여 원천징수하고 연금계좌(사적연금)는 연금지급액의 3~5%를 원천징수한다. 공적연금소득은 다른 소득이 없다면 연말정산으로 과세가 종결되지만, 연금소득 이외의 종합과세되는 소득이 있다면 합산하여 확정신고 하여야 한다.

2 기타소득

> • NCS 능력단위 : 0203020204원천징수   능력단위요소 : 07기타소득원천징수하기
> 7.1 세법에 의한 원천징수 대상 기타소득을 구분할 수 있다.
> 7.2 세법에 의한 기타소득의 과세소득과 비과세소득을 구분하여 수입금액을 계산할 수 있다.
> 7.3 세법에 의한 기타소득의 필요경비를 계산한 후 소득별 원천징수세율을 구분할 수 있다.
> 7.4 기타소득에 대한 원천징수세액을 산출하여 공제 후 지급할 수 있다.

① 기타소득의 범위

기타소득은 일시적, 우발적으로 나타나는 소득으로 이자소득·배당소득·사업소득·근로소득·연금소득·퇴직소득·양도소득에 해당하지 않는 다음에 열거된 소득을 말한다.

구 분	기 타 소 득
㉠ 일시적 인적용역을 제공하고 얻은 소득	• 고용관계 없이 다수인에게 강연을 하고 받은 강연료와 방송 등을 통하여 해설·계몽 또는 연기의 심사 등을 하고 받은 보수 • 고용관계 없이 용역을 제공하고 받는 수당 또는 이와 유사한 성질의 대가(고용관계가 있으면 근로소득)
㉡ 문예 창작소득	문예·학술·미술·음악 또는 사진에 속하는 창작품에 대한 원작자로서 받는 소득으로서 원고료, 저작권사용료인 인세, 미술·음악 또는 사진에 속하는 창작품에 대하여 받는 대가
㉢ 권리 및 자산 등의 대여·양도로 인한 소득	• 저작자 또는 실연자·음반제작자·방송사업자 외의 자가 저작권 또는 저작인접권의 양도 또는 사용의 대가로 받는 금품(저작권료를 저작자 본인이 받으면 사업소득) • 공익사업과 관련하여 지역권·지상권을 설정 또는 대여하고 받는 금품 • 광업권·어업권·산업재산권 및 산업정보, 산업상 비밀, 영업권(점포임차권 포함), 그 밖에 이와 유사한 자산이나 권리를 양도하거나 대여하고 그 대가로 받는 금품(사업용고정자산과 함께 양도하는 영업권은 양도소득에 해당) • 물품(유가증권 포함) 또는 장소를 일시적으로 대여하고 사용료로서 받는 금품
㉣ 상금·현상금·복권 당첨금, 승마투표권 환급금 등	상금·현상금, 복권 등의 당첨금, 승마투표권·승자투표권 등의 구매자가 받는 환급금, 슬러트머신의 당첨금품 및 유실물의 습득 또는 매장물의 발견으로 받는 보상금 또는 소유권 취득자산
㉤ 기 타	• 계약의 위약 또는 해약으로 인하여 받는 위약금과 배상금 및 부당이득 반환시 지급받는 이자 • 재산권에 관한 알선수수료, 사례금 • 법인세법의 규정에 의하여 기타소득으로 처분된 소득 • 뇌물과 알선 및 배임수재에 의하여 받는 금품 • 양도가액 6천만원 이상인 서화·골동품의 양도로 발생하는 소득 • 종교인소득

② 과세최저한

기타소득금액의 과세최저한은 다음과 같다.

구 분	과 세 최 저 한
㉠ 승마투표권·승자투표권·소싸움경기투표권·체육진흥투표권의 환급금	건별로 승마투표권 또는 승자투표권의 권면에 표시된 금액의 합계액이 10만원 이하이고 다음의 어느 하나에 해당하는 경우 • 적중한 개별투표당 환급금이 10만원 이하인 경우 • 단위투표금액당 환급금이 단위투표금액의 100배 이하이면서 적중한 개별 투표당 환급금이 200만원 이하인 경우
㉡ 슬롯머신 등을 이용하는 행위에 참가하여 받는 당첨금품 등	건별로 200만원 미만인 경우
㉢ 복권 당첨금	
㉣ 그 밖의 기타소득금액	건별로 5만원 이하인 경우
㉤ 가상자산의 양도 또는 대여소득	소득금액 250만원 이하(2025년 1월 7일 이후)

▶ 연금계좌에서 발생하는 기타소득은 과세최저한(건별 5만원)을 적용하지 않는다.

③ 기타소득금액의 계산

> 기타소득금액 = 총수입금액(비과세소득과 분리과세소득 제외) − 필요경비

㉠ 무조건 분리과세 기타소득

다음의 기타소득은 무조건 분리과세 한다.

> ⓐ 복권당첨소득과 승마투표권·승자투표권·소싸움경기투표권·체육진흥투표권의 환급금
> ⓑ 슬러트머신 등을 이용하는 행위에 참가하여 받는 당첨금품 등
> ⓒ 기타소득으로 분류되는 연금계좌에서 연금외수령한 소득 중 사망 등 부득이한 사유로 받는 소득
> ⓓ 서화·골동품의 양도로 발생하는 소득

㉡ 선택적 분리과세

기타소득 중 뇌물, 알선 및 배임수재에 의하여 받는 금품을 제외한 기타소득금액이 300만원 이하인 경우에는 종합과세와 분리과세 중 하나를 선택할 수 있다.

㉢ 필요경비

기타소득의 필요경비는 실제 발생한 비용으로 하는 것이 원칙이지만 다음의 기타소득은 총수입금액의 60%를 필요경비로 할 수 있다.

ⓐ 공익법인이 주무관청의 승인을 얻어 시상하는 상금 및 부상과 다수의 사람이 순위경쟁을 통하여 상금이 주어지는 대회에서 입상한 자가 받는 상금 및 부상
ⓑ 광업권, 산업재산권 등의 권리를 양도하거나 대여하고 그 대가로 받는 금품
ⓒ 공익사업과 관련한 지역권·지상권을 설정 또는 대여하고 받는 금품
ⓓ 일시적인 인적용역을 제공하고 얻은 소득
ⓔ 문예, 학술 등의 창작자가 받는 원고료 등의 창작소득
ⓕ 위약금과 배상금 중 주택입주 지체상금

▶ ⓐ와 ⓕ는 세법개정에 불구하고 필요경비 80%를 적용한다.

⑤ 기타소득의 수입시기

구 분	수입시기
㉠ 일반적인 기타소득	지급을 받은 날
㉡ 법인세법에 의하여 소득처분 된 기타소득	결산확정일이 속한 사업연도
㉢ 산업재산권 등 각종 권리를 양도하고 대가로 받는 금품	그 대금을 청산한 날, 자산을 인도한 날 또는 사용·수익일 중 빠른 날
㉣ 계약의 위약 또는 해약으로 인하여 받는 위약금과 배상금	계약의 위약 또는 해약이 확정된 날
㉤ 기타소득으로 분류되는 연금계좌에서 연금외수령한 소득	연금외수령한 날

⑥ 기타소득의 과세방법

기타소득은 분리과세 대상 기타소득을 제외하고 종합과세한다. 기타소득의 지급자는 기타소득금액에 대하여 다음과 같은 원천징수세율을 적용하여 원천징수하고 그 다음달 10일까지 원천징수세액을 신고 납부하여야 한다.

구 분	원천징수세율
㉠ 복권당첨금·승마투표권·승자투표권·소싸움경기투표권·체육진흥투표권의 구매자가 받는 환급금·슬롯머신 등에서 받는 당첨금품 등	3억원까지 : 20% 3억원 초과분 : 30%
㉡ 뇌물과 알선수재 및 배임수재에 의하여 받은 금품	원천징수 하지 않음
㉢ 계약의 위약 또는 해약으로 인하여 받는 위약금과 배상금 및 부당이득 반환시 지급받는 이자	
㉣ 기타소득으로 분류되는 연금계좌에서 연금외 수령한 소득	15%
㉤ 그 밖의 기타소득	20%

 확인예제　POINT 전산세무 2급

01 다음 중 원천징수되는 소득세가 가장 적은 것은?

① 복권을 5,000원에 구입하여 65,000원에 당첨되었다
② 공익사업과 관련한 지상권을 대여하고 1,000,000원을 받았다.
③ 대학생이 신문사에 글을 기고하고 원고료로 250,000원을 받았다.
④ 대학교수가 TV토론회에 출연하고 출연료 500,000원을 받았다.

해설 ① 모두 기타소득으로서 복권을 제외하고 필요경비 60%를 인정한다. 공익사업과 관련한 지상권의 대여는 기타소득이고, 공익과 무관한 지상권의 대여는 사업소득이다.
① (65,000 – 5,000) × 20% = 12,000원
② (1,000,000 – 600,000) × 20% = 80,000원
③ (250,000 – 150,000) × 20% = 20,000원
④ (500,000 – 300,000) × 20% = 40,000원

02 소득세법상 연금소득에 대한 설명 중 틀린 것은?

① 연금소득의 수입시기는 연금의 지급이 확정된 날로 한다.
② 퇴직소득과 연말정산대상 연금소득만 있는 자는 과세표준 확정신고를 하지 아니할 수가 있다.
③ 공적연금 및 사적연금을 연금형태로 수령하는 경우 연금소득으로 과세한다.
④ 공적연금을 연금수령한 경우 분리과세의 선택이 불가능하지만, 사적연금을 연금수령한 경우로서 연금소득이 1,500만원 이하이면 분리과세의 선택이 가능하다.

해설 ① 연금소득의 수입시기는 연금을 지급받은 날 또는 지급받기로 한 날이다.

03 소득세법상 원천징수대상 기타소득에 해당하는 것은?

① 알선수재 및 배임수재에 의하여 받는 금품
② 뇌물
③ 법인세법에 따라 기타소득으로 처분된 소득
④ 계약의 위약으로 인하여 받는 위약금으로서 계약금이 위약금으로 대체된 경우

해설 ③ 소득세법제127조 원천징수의무

SECTION 06 | 종합소득 과세표준 및 세액의 계산

1 종합소득공제

구 분		종 류
① 인적공제	기본공제	거주자 본인과 배우자 및 부양가족 1인당 150만원
	추가공제	경로우대자, 장애인, 부녀자, 한부모공제
② 연금보험료공제		공적연금(국민연금 등) 관련법에 따른 기여금 또는 개인부담금 납입액
③ 특별소득공제		• 건강보험료, 고용보험료, 노인장기요양보험료 공제 • 청약저축 등 불입액, 주택임차자금 차입금의 원리금상환액, 임차주택의 월세, 장기주택저당차입금 이자상환액에 대한 공제
④ 기타공제		• 신용카드 등 사용금액에 대한 소득공제(근로소득자만) • 중소기업창업투자조합 출자 등에 대한 소득공제

① 인적공제

기본공제와 추가공제를 인적공제라 한다. 인적공제의 합계액이 종합소득금액을 초과하는 경우 그 초과하는 공제액은 없는 것으로 한다.

㉠ 기본공제

기본공제는 기본공제대상자 1인당 150만원을 공제한다. 기본공제대상자가 되려면 다음과 같은 연령과 소득금액의 판정 요건을 충족하여야 한다. 장애인은 연령의 요건은 적용받지 않지만, 소득금액의 요건은 충족하여야 한다.

구 분	기 본 공 제 대 상 자	요 건	
		연 령	소득금액
본 인	해당 거주자	-	-
배 우 자	거주자의 배우자	-	100만원 이하
부양가족	해당 거주자(배우자 포함)와 생계를 같이하는 부양가족 ⓐ 직계존속 ⓑ 직계비속과 입양자 ⓒ 형제자매 ⓓ 국민기초생활보장법에 의한 수급자 ⓔ 아동복지법에 따른 6개월 이상 직접 양육한 위탁아동	60세 이상 20세 이하 20세 이하/60세 이상 - 18세 미만	100만원 이하 100만원 이하 100만원 이하 100만원 이하 100만원 이하

▶ 공제대상자의 소득금액이 100만원을 초과하더라도 총급여(비과세 제외) 500만원 이하의 근로소득만 있는 경우에는 소득금액의 요건을 충족하는 것으로 한다.
▶ 나이의 계산은 과세기간 종료일(매년 12월 31일)을 기준으로 하지만 해당 과세기간 중에 해당 나이에 해당되는 날이 있는 경우에는 공제대상자로 본다.

ⓐ 소득금액은 소득세법상 종합소득금액, 퇴직소득금액 및 양도소득금액의 합계액으로 비과세소득과 분리과세소득은 포함하지 않는다.
ⓑ 생계를 같이하는 부양가족이란 주민등록표의 동거가족으로서 해당 거주자의 주소 또는 거소에서 현실적으로 생계를 같이하는 사람을 말하며 배우자의 직계존속·형제자매도 부양가족에 포함한다.

> - 직계존속과 배우자 및 직계비속·입양자는 주거의 형편에 따라 별거하고 있는 경우에도 생계를 같이하는 부양가족으로 본다.
> - 거주자 또는 동거가족(배우자 및 직계비속·입양자 제외)이 취학, 질병의 요양, 근무상 또는 사업상의 형편 등으로 본래의 주소 또는 거소를 일시 퇴거한 경우에도 생계를 같이하는 부양가족으로 본다.
> - 직계비속 또는 입양자의 배우자는 부양가족이 아니지만 직계비속 또는 입양자가 장애인이고 그 배우자가 장애인에 해당되는 경우에는 그 배우자도 공제대상부양가족으로 보고 추가공제도 적용된다.
> - 직계존속이 재혼(사실혼은 제외)한 경우에도 그 배우자를 직계존속으로 보며 거주자가 재혼한 경우 재혼한 그 배우자가 종전의 배우자와 혼인 중에 출산한 자도 직계비속으로 본다.

ⓛ 추가공제

추가공제는 거주자의 기본공제 대상자가 다음의 요건에 해당하면 적용한다.

구 분	요 건	공제금액
ⓐ 경로우대공제	기본공제대상자가 70세 이상인 경우	1인당 100만원
ⓑ 장애인공제	기본공제대상자가 장애인인 경우(연령의 제한 없음)	1인당 200만원
ⓒ 부녀자공제 (종합소득금액 3천만원 이하인 자)	• 배우자가 있는 여성인 경우 • 배우자가 없는 여성으로서 기본공제대상자인 부양가족이 있는 세대주인 경우	연 50만원
ⓓ 한부모공제	배우자가 없는 사람으로서 기본공제대상자인 직계비속 또는 입양자가 있는 경우 * 단, 부녀자공제와 중복되는 경우 한부모공제만 적용한다.	연 100만원

ⓒ 부양가족의 범위와 판정기준

공제대상 부양가족의 판정은 과세기간 종료일 현재를 기준으로 한다. 다만 과세기간 종료일 전에 사망한 경우에는 사망일 전일을 기준으로 하고 과세기간 종료일 전에 장애가 치유된 경우에는 치유일 전일을 기준으로 판정한다.

또한 부양가족공제 또는 자녀세액공제를 적용함에 있어서 해당 과세기간 중에 해당 나이에 해당되는 날이 있는 경우에 공제대상자로 본다.

▶ 예를 들어 2005년 5월 15일생은 2025년 12월 31일을 기준으로 하면 20년 7개월로 20세를 초과하지만 20세로 적용한다.

② 연금보험료공제

종합소득이 있는 거주자가 공적연금 관련법에 따른 기여금 또는 개인부담금(국민연금, 공무원연금 등의 연금보험료)을 납입한 경우에는 해당 과세기간의 종합소득금액에서 그 과세기간에 납입한 금액을 공제한다. 인적공제, 연금보험료공제, 특별소득공제 및 조세특례제한법상 기타소득공제의 합계액이 종합소득금액을 초과하는 경우 그 초과하는 금액을 한도로 연금보험료공제를 받지 아니한 것으로 본다.

③ 특별소득공제

㉠ 보험료 특별소득공제

근로소득이 있는 거주자(일용근로자는 제외)가 해당 과세기간에 근로자가 부담하는 건강보험료, 고용보험료, 노인장기요양보험료를 지급한 경우 그 금액을 해당 과세기간의 근로소득금액에서 공제한다.

▶ 건강보험료·고용보험료·노인장기요양보험료의 사용자 부담분은 근로자의 소득으로 보지 않지만 근로자 부담금을 사용자가 대신 납부한 경우의 그 금액은 근로자의 근로소득에 포함하고, 동액을 보험료특별소득공제액으로 한다.

㉡ 주택자금 특별소득공제

ⓐ 근로소득자로 총급여액이 7천만원 이하인 무주택 세대주 및 배우자가 청약저축 또는 주택청약종합저축에 납입한 금액(연간 납입한도 300만원)의 40%를 공제한다.

ⓑ 무주택세대주(세대구성원도 가능)로서 국민주택규모 이하의 주택(오피스텔 포함)을 임차하기 위하여 차입한 주택임차자금 차입금의 원리금상환액의 40%를 공제한다.

ⓒ 무주택자 또는 1주택 세대주(세대구성원도 가능)로서 취득당시 기준시가 6억원 이하인 주택을 취득하기 위하여 그 주택에 저당권을 설정하고 금융회사 또는 주택도시기금으로부터 상환기간은 15년(또는 10년) 이상으로 차입한 자가 상환하는 장기주택저당차입금에 대한 이자 전액을 공제한다.

ⓓ 주택자금특별공제와 그 한도는 다음과 같다.

공 제 금 액	공제율	공 제 한 도	
ⓐ 청약저축 등 불입액	40%	ⓐ, ⓑ를 합하여 합하여 400만원 한도	ⓐ, ⓑ, ⓒ를 합하여 공제한도액* 적용
ⓑ 주택임차자금 차입금의 원리금상환액	40%		
ⓒ 장기주택저당차입금 이자상환액	100%		

▶ 공제한도액 : 차입금 상환기간이 15년 이상인 경우 800만원, 차입금 상환기간이 15년 이상으로 이자를 고정금리방식으로 지급하면서 차입금 상환이 비거치식분할상환방식이면 2,000만원, 차입금 상환기간이 15년 이상으로 이자를 고정금리로 지급하거나 그 차입금을 비거치식 분할상환으로 상환하는 경우는 1,800만원, 차입금 상환기간이 10년 이상으로 이자를 고정금리로 지급하거나 그 차입금을 비거치식 분할상환으로 상환하는 경우에는 600만원을 ⓒ의 한도로 적용한다.

ⓒ 특별소득공제 한도

보험료 특별소득공제와 주택자금 특별소득공제는 해당 거주자가 신청한 경우에 적용하며, 공제액이 그 거주자의 해당 과세기간의 합산과세되는 종합소득금액을 초과하는 경우 그 초과하는 금액은 없는 것으로 한다.

④ 기타공제

㉠ 개인연금저축 소득공제

2000년 12월 31일 이전에 개인연금저축에 가입한 거주자는 개인연금저축의 40%(한도 72만원)를 소득공제한다.

㉡ 소기업·소상공인 공제부금공제

소기업·소상공인 공제에 가입하여 납부하는 공제부금에 대해서는 해당 연도의 공제부금 납부액을 아래의 금액을 한도로 해당 연도의 사업소득금액(법인의 대표자로서 해당과세기간의 총급여액이 8천만원 이하인 거주자의 경우에는 근로소득금액)에서 공제한다.

해당 과세기간의 사업소득금액(법인의 대표자는 근로소득금액)	한도액
4천만원 이하	600만원
4천만원 초과 1억원 이하	400만원
1억원 초과	200만원

㉢ 신용카드 등 사용금액에 대한 소득공제

근로소득이 있는 거주자(일용근로자 제외)가 법인(외국법인의 국내사업장 포함) 또는 사업자(비거주자의 국내사업장 포함)로부터 2025년 12월 31일까지 재화나 용역을 제공받고 신용카드등(신용카드, 현금영수증, 직불카드등) 사용금액이 총급여액의 25%(최저사용금액)를 초과하여 사용하는 경우에는 일정액을 해당 과세기간의 근로소득금액에서 공제한다.

ⓐ 신용카드 등의 범위

- 여신전문금융업법에 따른 신용카드, 현금영수증
- 직불카드, 기명식선불카드, 직불전자지급수단, 기명식선불전자지급수단, 기명식전자화폐 사용액

▶ 신용카드등사용금액 = 신용카드사용액+현금영수증사용액+직불카드사용액+선불카드사용액

ⓑ 신용카드 등의 사용자

신용카드등사용금액에 대한 소득공제를 적용할 때 사용금액은 근로자 본인의 사용금액에 다음에 해당하는 자(나이제한 없음, 형제자매 제외)의 사용금액을 포함한다.

- 거주자의 배우자로서 연간 소득금액의 합계액이 100만원 이하인 자
- 생계를 같이하는 직계존비속으로서 연간 소득금액의 합계액이 100만원 이하인 자

ⓒ 공제액과 한도

소득공제 = Min(A, B)
A 공제대상액 = ① + ② + ③ + ④ − ⑤
① 전통시장·대중교통사용분 × 전통시장·대중교통 공제율(40%)
② 도서·공연사용분 × 도서·공연공제율(30%)
③ 직불카드등사용분 × 직불카드등공제율(30%)
④ 신용카드사용분 × 신용카드공제율(15%)
⑤ 공제제외금액 = a, b, c 중 해당하는 금액
  a. 최저사용금액 ≤ 신용카드사용분인 경우 : 최저사용금액 × 신용카드공제율
  b. 신용카드사용분 〈 최저사용금액 ≤ 신용카드사용분 + 직불카드등사용분인 경우 : 신용카드사용분 × 신용카드공제율 + (최저사용금액 − 신용카드사용분) × 직불카드등공제율
  c. 최저사용금액 〉 신용카드사용분 + 직불카드등사용분
    ⅰ) 총급여액 ≤ 7천만원 : 신용카드사용분 × 신용카드공제율 + (직불카드등사용분 + 도서·공연사용분) × 도서·공연공제율 + (최저사용금액 − 신용카드사용분 − 직불카드등사용분 − 도서·공연사용분) × 전통시장공제율
    ⅱ) 총급여액 〉 7천만원 : 신용카드사용분 × 신용카드공제율 + 직불카드등사용분 × 직불카드등공제율 + (최저사용금액 − 신용카드사용분 − 직불카드등사용분) × 전통시장공제율
B 한도 : (1) + (2)
(1) 일반한도 : 총급여액에 따라 구분하여 적용한다.

해당과세연도 총급여액	일반한도
7천만원 이하	300만원
7천만원 초과	200만원

(2) 추가한도 : Min(①, ②)
  ① 일반한도 초과액 : 공제대상액 − 일반한도
  ② Min{(전통시장사용분 × 40% + 대중교통이용분 × 40% + 도서공연등 × 30%), 300만원}
    * 일반한도 초과액이 발생하지 않거나 전통시장사용분, 대중교통이용분 및 도서·공연사용분이 모두 없는 경우에는 추가한도를 적용하지 않는다.
    * 총급여액이 7천만원을 초과하는 경우에는 도서·공연등사용분을 제외하고 추가한도 비교액을 200만원으로 적용한다.

▶ 신용카드사용분
  = 신용카드등사용액의 합계액 − (전통시장사용분 + 대중교통이용분 + 직불카드등사용분 + 도서·공연사용분)
▶ 직불카드등사용분
  = 현금영수증사용분 + 직불카드·선불카드사용분 − (전통시장사용분 + 대중교통이용분 + 도서·공연사용분)
▶ 최저사용금액 = 총급여액 × 25%
▶ 도서·공연 등(도서, 신문, 공연, 박물관, 미술관, 영화관람, 수영장, 체력단련장) 사용액에 대한 공제는 총급여 7천만원 이하자만 적용한다.

ⓓ 공제 배제

다음의 신용카드 등 사용금액은 신용카드 등 사용금액에 대한 소득공제를 적용하지 않는다.

> - 사업소득과 관련된 비용 또는 법인의 비용에 해당하는 경우
> - 물품 또는 용역의 거래 없이 이를 가장하거나 실제 매출을 초과하여 발행하는 신용카드 등의 사용액과 다른 가맹점 명의로 거래가 이루어지는 것을 알고도 거래하는 하는 경우의 사용액
>   * 상호가 실제와 달리 기재된 매출전표를 발급받은 때에는 그 사실을 알고 거래한 것으로 본다.
> - 신규로 출고되는 자동차를 신용카드 등으로 구입하는 경우
> - 그 밖에 시행령에서 정한 경우

CHECK POINT 그 밖의 신용카드등 사용금액에 대한 소득공제를 적용하지 않는 경우

- 건강보험료·노인장기요양보험료·고용보험료·연금보험료 및 생명보험·손해보험 등의 보험료(의료비는 공제대상)
- 유치원, 초·중·고등학교, 대학교 등 및 영유아 보육시설에 납부하는 수업료·입학금·보육비용 기타 공납금(사설학원비는 공제대상)
- 정부 또는 지방자치단체에 납부하는 국세·지방세, 전기료·수도료·가스료·전화료(정보사용료·인터넷이용료 등 포함)·아파트관리비·텔레비전시청료(종합유선방송의 이용료 포함) 및 도로통행료
- 상품권 등 유가증권 구입비와 리스료(자동차대여사업의 자동차대여료를 포함)
- 지방세법에 의하여 취득세 또는 등록면허세가 부과되는 재산의 구입비용(자동차, 부동산, 골프장회원권 등)
* 중고자동차의 경우 구입금액의 10%를 공제 대상 금액에 포함한다.
- 외국에서의 신용카드 사용액
- 부가가치세 과세 업종 외의 수행하는 국가·지방자치단체 또는 지방자치단체조합에 지급하는 사용료·수수료 등의 대가(여권발급수수료, 공영주차장 주차료, 휴양림이용료 등)
- 차입금 이자상환액, 증권거래수수료 등 금융·보험용역과 관련한 지급액, 수수료, 보증료 및 이와 비슷한 대가
- 정당에 신용카드 또는 직불카드로 결제하여 기부하는 정치자금(정치자금세액공제 및 기부금소득공제를 적용받은 경우에 한함)과 월세소득공제를 받은 월세액
* 월세에 대하여 현금영수증을 받고 주택자금공제를 받으면 신용카드 등 사용금액에 대한 소득공제를 받을 수 없지만 주택자금공제를 받지 않은 경우에는 신용카드 등 사용액에 대한 소득공제를 받을 수 있다.

⑤ 종합소득공제의 한도

거주자의 종합소득에 대한 소득세를 계산할 때 다음의 어느 하나에 해당하는 공제금액 및 필요경비의 합계액이 2,500만원을 초과하는 경우에는 그 초과 금액은 없는 것으로 한다.

ⓐ 소득세법상 특별소득공제 중 주택자금특별소득공제(보험료특별소득공제는 제외)
ⓑ 중소기업창업투자조합 출자 등에 대한 소득공제
ⓒ 소기업·소상공인 공제부금에 대한 소득공제
ⓓ 청약저축 및 주택청약종합저축에 대한 소득공제
ⓔ 우리사주조합 출자에 대한 소득공제
ⓕ 장기집합투자증권저축 소득공제
ⓖ 성실사업자가 공제받는 월세액 소득공제

ⓗ 신용카드 등 사용금액에 대한 소득공제

⑥ 종합소득공제의 배제

분리과세이자소득, 분리과세배당소득, 분리과세연금소득과 분리과세기타소득만이 있는 자에 대해서는 종합소득공제를 적용하지 아니한다. 종합소득세 과세표준 확정신고시 소득공제를 증명하는 서류를 제출하지 않은 경우에는 기본공제 중 거주자 본인에 대한 기본공제 150만원과 표준세액공제만을 공제한다. 그러나 과세표준 확정신고 여부에 관계없이 소득공제를 증명하는 서류를 나중에 제출한 경우에는 종합소득공제 등을 적용한다.

2 종합소득세의 계산

```
    종 합 소 득 과 세 표 준
  × 세                  율      … 6%에서 45%의 8단계 초과누진세율
    종 합 소 득 산 출 세 액
  (-)세 액 감 면 · 세 액 공 제   … 소득세법 및 조세특례제한법상 세액감면·세액공제
    종 합 소 득 결 정 세 액
  (+)가              산      세
  (+)감 면 분 추 가 납 부 세 액
    종 합 소 득 총 결 정 세 액
  (-)기     납     부     세     액   … 중간예납세액, 원천징수세액, 수시부과세액
    자 진 납 부 할 세 액
```

① 종합소득산출세액

종합소득산출세액 = 종합소득과세표준 × 기본세율

종합소득 과세표준	기본세율
1,400만원 이하	과세표준 × 6%
1,400만원 초과 5,000만원 이하	84만원 + 1,400만원 초과액 × 15%
5,000만원 초과 8,800만원 이하	624만원 + 5,000만원 초과액 × 24%
8,800만원 초과 1억5,000만원 이하	1,536만원 + 8,800만원 초과액 × 35%
1억5,000만원 초과 3억원 이하	3,706만원 + 1억5,000만원 초과액 × 38%
3억원 초과 5억원 이하	9,406만원 + 3억원 초과액 × 40%
5억원 초과 10억원 이하	1억7,406만원 + 5억원 초과액 × 42%
10억원 초과	3억8,406만원 + 10억원 초과액 × 45%

② 배당세액공제

금융소득 종합과세가 적용되는 경우 종합소득 과세표준에 배당소득이 포함되어 있으면 배당소득에 대한 이중과세를 조정하기 위하여 종합소득산출세액에서 배당세액공제를 적용한다. 배당세액공제는 배당소득가산액(10%)을 공제하는 것이 원칙이나 금융소득종합과세 방식에 의하여 계산한 일반산출세액과 분리과세방식에 의하여 계산한 비교산출세액의 차액을 한도로 한다.

③ 기장세액공제

간편장부대상자가 과세표준확정신고시 복식부기에 따라 기장하여 소득금액을 계산하고 신고서를 제출하는 경우 산출세액에 종합소득금액에서 장부에 의하여 계산한 사업소득금액이 차지하는 비율을 곱한 금액의 20%를 세액공제한다. 간편장부대상자가 복식장부를 하면 다음의 기장세액공제를 적용하고 그 한도는 100만원으로 한다.

$$종합소득산출세액 \times \frac{기장된\ 사업소득금액}{종합소득금액} \times 20\%$$

CHECK POINT 복식부기의무자와 간편장부대상자

신규사업자와 직전연도수입금액이 다음의 업종별 기준금액 이상인 사업자는 복식부기의무자이고 기준금액 미만인 사업자는 간편장부대상자이다. 전문직사업자(의료업, 변호사업, 공인회계사업, 세무사업 등을 영위하는 자)는 총수입금액에 관계없이 복식의무자에 해당한다.

업 종 구 분	기준금액
농업·임업 및 어업, 광업, 도매 및 소매업, 부동산매매업, 그 밖에 아래에 해당하지 않는 사업	3억원
제조업, 숙박 및 음식점업, 전기·가스·증기 및 수도사업, 하수·폐기물처리, 원료재생 및 환경복원업, 건설업(주거용 건물 개발 및 공급업을 포함한다), 운수업, 출판, 영상, 방송통신 및 정보서비스업, 금융 및 보험업, 상품중개업	1억5천만원
부동산임대업, 부동산관련서비스업, 임대업, 전문, 과학 및 기술서비스업, 사업시설관리 및 사업지원서비스업, 교육서비스업, 보건 및 사회복지서비스업, 예술·스포츠 및 여가관련 서비스업, 협회 및 단체, 수리 및 기타 개인서비스업, 가구내고용활동	7천5백만원

④ 전자계산서 발급 전송에 대한 세액공제

직전 과세기간의 사업장별 총수입금액이 3억원 미만인 사업자가 전자계산서를 2027년 12월 31일까지 발급하고 전자계산서 발급명세를 국세청장에게 전송하는 경우 전자계산서 발급 건수 당 200원의 세액공제를 적용한다. 해당 과세기간의 사업소득에 대한 종합소득산출세액에서 공제할 수 있으며 공제한도는 연간 100만원으로 한다.

⑤ 외국납부세액공제

거주자의 종합소득금액 또는 퇴직소득금액에 국외원천소득이 있는 경우에는 그 국외원천소득에 대하여 외국에서 외국소득세를 납부하였거나 납부 할 것이 있는 때에는 다음의 한도로 외국납부세액을 산출세액에서 공제할 수 있다. 한도초과액은 10년간 이월하여 그 이월된 과세기간의 공제한도금액 내에서 공제받을 수 있다. 다만, 이월공제기간 내에 공제받지 못한 외국소득세액은 이월공제기간의 종료일 다음 날이 속하는 과세기간의 소득금액을 계산할 때 필요경비에 산입할 수 있다.

$$공제한도액 : 종합소득산출세액 \times \frac{국외원천소득금액}{종합소득금액}$$

⑥ 재해손실세액공제

사업소득자가 천재지변이나 재해로 사업용 자산의 20% 이상을 상실하여 납세가 곤란하다고 인정되는 경우에 사업소득세에 재해상실비율을 곱한 금액을 공제한다. 상실된 자산의 가액을 한도로 공제한다.

$$① \ 공제대상 \ 소득세 \times 재해상실비율$$
$$② \ 재해상실비율 = \frac{상실된 \ 자산가액}{상실전 \ 자산가액}$$

⑦ 근로소득세액공제

근로소득금액이 있는 거주자에 대한 근로소득세액공제와 한도액은 다음과 같다. 일용근로자는 산출세액의 55%를 적용하고 한도가 없다.

근로소득에 대한 산출세액	근로소득세액공제
130만원 이하	근로소득 산출세액 × 55%
130만원 초과	715,000 + (근로소득 산출세액 - 1,300,000) × 30%

총급여액	세액공제한도
3,300만원 이하	740,000원
3,300만원 초과 7,000만원 이하	740,000 - [(총급여액 - 3,300만원) × 8/1,000] 한도금액이 66만원보다 적은 경우에는 66만원으로 한다.
7,000만원 초과 1억2,000만원 이하	660,000 - [(총급여액 - 7,000만원) × 1/2] 한도금액이 50만원보다 적은 경우에는 50만원으로 한다.
1억2,000만원 초과	500,000 - [(총급여액 - 1억 2,000만원) × 1/2] 한도금액이 20만원보다 적은 경우에는 20만원으로 한다.

근로소득 이외의 다른 종합소득금액이 있는 경우 근로소득 산출세액은 다음과 같이 계산한다.

$$근로소득\ 산출세액 = 종합소득산출세액 \times \frac{근로소득금액}{종합소득금액}$$

⑧ **자녀세액공제**

종합소득이 있는 거주자의 기본공제대상자에 해당하는 자녀(입양자 및 위탁아동 포함) 및 손자녀로서 8세 이상의 사람에 대하여 다음의 금액을 종합소득산출세액에서 공제한다.

구 분	자녀세액공제
㉠ 8세 이상 자녀 및 손자녀 수에 따른 세액공제	1명인 경우 : 연 25만원 2명인 경우 : 연 55만원 3명 이상인 경우 : 연 55만원 + 2명 초과 1명당 연 40만원
㉡ 출산 입양 자녀세액공제	첫째 출산·입양시 : 연 30만원 둘째 출산·입양시 : 연 50만원 셋째 이상 출산·입양시 : 연 70만원

⑨ **연금계좌세액공제**

종합소득이 있는 거주자가 연금계좌(연금저축계좌와 퇴직연금계좌)에 납입한 금액에서 다음의 금액을 제외한 납입액에 대하여 연금계좌세액공제로 종합소득산출세액에서 공제한다.

> ㉠ 소득세가 원천징수되지 아니한 퇴직소득 등 과세가 이연된 소득
> ㉡ 연금계좌에서 다른 연금계좌로 계약을 이전함으로써 납입되는 금액

연금계좌세액공제의 연금계좌 납입액 한도와 공제율은 다음과 같다.

소득기준		연금계좌불입한도		공제율
종합소득금액	총급여액*	연금저축	퇴직연금	
4천5백만원 이하	5천5백만원 이하	600만원	900만원 (연금저축 포함)	15%
4천5백만원 초과	5천5백만원 초과			12%

*총급여액은 근로소득만 있는 경우에 적용하는 기준이다.

연금계좌세액공제액의 계산은 다음과 같이 한다.

> 연금계좌 중 연금저축계좌에 납입한 금액이 연 600만원*을 초과하는 경우에는 그 초과하는 금액은 없는 것으로 하고, 연금저축계좌에 납입한 금액 중 600만원 이내의 금액과 퇴직연금계좌에 납입한 금액을 합한 금액이 연 900만원**을 초과하는 경우에는 그 초과하는 금액은 없는 것으로 한다.
> 　연금저축만 있는 경우 : Min[연금계좌 납입액, 600만원*]×12% (또는 15%)
> 　연금저축과 퇴직연금이 함께 있는 경우 : Min[①+②, 900만원**]×12% (또는 15%)
> 　　① Min[연금저축 납입액, 600만원*]　　② 퇴직연금 납입액

⑩ 보험료등 특별세액공제

근로소득이 있는 자(일용근로자 제외)는 특별소득공제와 보험료, 의료비, 교육비, 기부금 지급액에 대한 세액공제(보험료 등 특별세액공제) 및 월세액세액공제를 받거나 표준세액공제 13만원을 선택할 수 있다.

㉠ 보험료 세액공제

보험료 세액공제는 기본공제대상자(나이와 소득금액 요건 충족)를 피보험자로 하는 일반보장성보험료는 근로소득이 있는 거주자가 지급한 보험료의 12%에 해당하는 금액을 종합소득산출세액에서 공제하고, 기본공제대상자 중 장애인을 피보험자로 하는 장애인전용보장성보험료는 근로소득자가 지급한 보험료의 15%에 해당하는 금액을 종합소득산출세액에서 공제한다. 다만, 보험료별로 그 합계액이 각각 연 100만원을 초과하는 경우 그 초과하는 금액은 없는 것으로 한다.

▶ 일반보장성보험료란 만기에 환급되는 금액이 납입보험료를 초과하지 아니하는 생명보험·상해보험 등으로서 보험계약 또는 보험료납입영수증에 보험료 공제대상임이 표시된 보험을 말한다.
▶ 장애인전용보장성보험료는 기본공제대상자 중 장애인을 피보험자 또는 수익자로 하는 보험으로 보험계약 또는 보험료납입영수증에 장애인전용보험으로 표시된 것을 말한다.

㉡ 의료비세액공제

ⓐ 의료비세액공제액의 계산

기본공제대상자(나이 및 소득금액의 제한을 받지 않음)를 위하여 해당 과세기간에 지급한 의료비(실손의료보험금 수령액 제외) 중 거주자 본인과 과세기간 개시일 현재 6세 이하인 자, 과세종료일 현재 65세 이상인 자 및 장애인 등을 위하여 지급한 의료비 전액에 대하여 15%의 세액공제를 적용하고, 미숙아 및 선천성 이상아를 위한 의료비는 20%, 난임시술비는 30%의 세액공제를 적용한다. 기타 부양가족의 의료비는 총급여의 3%를 초과하는 금액(700만원 한도)에 대하여 15%를 세액공제한다. 기타 부양가족의 의료비 공제액이 총급여의 3%에 미달하는 경우에는 미달액을 본인 등의 의료비지출액에서 차감하여 의료비세액공제를 적용한다.

> 의료비 특별세액공제액 : (①+④) × 15%+②×20%+③×30%
> ① 본인·6세 이하인 자·65세 이상인 자·장애인의 의료비와 건강보험 산정특례자에 해당하는 중증질환자, 희귀난치성질환자, 결핵환자 의료비
> ② 미숙아 및 선천성 이상아를 위한 의료비
> ③ 난임시술비
> ④ ①②③을 제외한 기타의 의료비 :
>   Min(기타의 의료비 – 총급여 × 3%, 700만원)

▶ 총급여액은 비과세소득을 제외한 금액이다.
▶ 의료비총지출액이 총급여액의 3%를 초과하지 아니하면 의료비세액공제 받을 금액은 없다.

ⓑ 세액공제 대상 의료비

거주자가 기본공제대상자를 위하여 해당 과세기간에 지급한 다음의 의료비를 대상으로 한다. 세액공제 대상 의료비에는 미용·성형수술을 위한 비용 및 건강증진을 위한 의약품 구입비용은 포함하지 아니한다.

> ㉠ 진찰·치료·질병예방을 위하여 의료법에 따른 의료기관(국외의료기관 제외)에 지급한 비용
> ㉡ 치료·요양을 위하여 약사법에 따른 의약품(한약 포함)을 구입하고 지급하는 비용
> ㉢ 장애인 보장구 및 의료기기(의사·치과의사·한의사 등의 처방에 따른 것)를 직접 구입 또는 임차하기 위하여 지출한 비용
> ㉣ 시력보정용안경 또는 콘택트렌즈 구입을 위하여 지출한 비용으로서 기본공제대상자(연령 및 소득금액의 제한을 받지 아니한다) 1명당 연 50만원 이내의 금액
> ㉤ 보청기를 구입하기 위하여 지출한 비용
> ㉥ 노인장기요양보험법에 따라 실제 지출한 본인일부부담금
> ㉦ 총급여액 7천만원 이하인 근로자가 모자보건법에 따른 산후조리원에 산후조리 및 요양의 대가로 지급하는 비용으로서 출산 1회당 200만원 이내의 금액

ⓒ 교육비 세액공제

ⓐ 교육비 세액공제액의 계산

본인과 기본공제대상자(나이의 제한을 받지 않고, 소득금액의 제한은 받음)인 배우자 및 부양가족(직계존속을 제외)을 위하여 지급한 교육비의 15%를 세액공제한다.

ⓑ 세액공제대상 교육비

세액공제대상 교육비는 수업료·입학금·보육비용·수강료 및 그 밖의 공납금을 말하며, 영·유치원, 학교 등에 지급한 급식비와 학교에서 구입한 교과서대, 교복(1명당 연 50만원 한도), 방과 후 과정의 수강료와 도서구입비를 포함한 특별활동비 및 수학여행 등 현장학습체험비(1명당 연 30만원 한도)를 포함한다.

구 분	본 인	부양가족
유치원, 초·중·고등학교, 대학에 지급한 교육비, 수능시험 응시수수료와 입학전형료	공제	공제 (대학원 제외)
평생교육시설, 전공대학, 원격대학, 학위취득과정 교육비	공제	공제
국외교육기관에 지급한 교육비	공제	공제
취학전 아동의 영유아보육시설과 학원 및 체육시설의 교육비	해당없음	공제
대학 또는 대학원의 1학기 이상에 해당하는 교육과정과 고등교육법에 따른 시간제 과정 교육비	공제	해당없음
근로자직업능력개발훈련 수강료에서 근로자수강지원금을 차감한 금액	공제	해당없음
학자금대출의 원리금 상환에 지출한 교육비	공제	해당없음

▶ 취학전 아동의 체육시설 교육비는, 체육시설업자와 국가 지방자치단체 및 청소년수련시설로 허가 등록된 자가 운영하는 체육시설에서 월 단위 실시하는 교습과정(1주 1회 이상 실시하는 과정만 해당)의 수강료이어야 한다.
▶ 취학전 아동이 아닌 경우 학원과 체육시설 수강료는 교육비공제 대상이 아니다.
▶ 학자금 대출을 받아 교육비를 지출하는 때에는 교육비공제대상이 아니고 대출금 상환시 지출한 금액(이자 포함)이 교육비 공제대상이 되는 것이다.
▶ 학자금 대출의 경우 대출금의 상환연체로 인하여 추가로 지급하는 금액은 제외한다.

ⓒ 공제한도

세액공제대상 교육비는 소득세 또는 증여세가 비과세되는 학자금·장학금을 차감한 교육비로 다음의 한도를 적용한다.

구 분	공 제 한 도	
본 인	한도 없음	
배우자 및 부양가족	• 대학교	1인당 900만원(대학원은 제외)
	• 초·중·고등학교 • 유치원, 영유아보육시설, 취학전 아동을 위한 학원 등	1인당 300만원

▶ 소득세 또는 증여세가 비과세되는 학자금·장학금이란 사내금로복지기금, 재학 중인 학교, 직장 등 각종 단체로부터 받는 장학금 등을 말한다.
▶ 기본공제대상자인 장애인을 위한 사회복지시설 및 비영리법인에 지급하는 특수교육비는 연령 및 소득금액의 제한을 받지 않고 전액이 세액공제 대상이다.

㉣ 기부금세액공제

거주자(사업소득만 있는 자는 제외하되 연말정산 대상 사업소득이 있는 자는 포함)가 지급한 기부금뿐만 아니라, 기본공제대상자(나이의 제한을 받지 않고 소득금액의 제한은 받음)에 해당하는 배우자 및 부양가족이 지급한 기부금도 거주자의 기부금에 포함하여 거주자의 기부금 세액공제를 적용한다.

사업소득금액을 계산할 때 필요경비에 산입한 기부금을 뺀 기부금(세액공제대상)에 대하여 15%의 기부금 세액공제를 적용한다. 세액공제 계산대상 기부금이 1천만원을 초과하는 경우에는 그 초과분에 대해서는 30%의 기부금세액공제를 적용한다. 법정기부금과 지정기부금이 함께 있으면 법정기부금을 먼저 공제하되, 기부금한도초과액은

10년간 이월하여 기부금한도액 범위 내에서 세액공제를 적용한다.

거주자가 정치자금법에 따라 정당(후원회 및 선거관리위원회 포함)에 기부한 정치자금은 이를 지출한 해당 과세연도의 소득금액에서 10만원까지는 그 기부금액의 110분의 100을 세액공제하고, 10만원을 초과한 금액에 대해서는 해당 금액의 15%(해당 금액이 3천만원을 초과하는 경우 그 초과분에 대해서는 25%)에 해당하는 금액을 종합소득산출세액에서 공제한다. 다만, 사업자인 거주자가 정치자금을 기부한 경우 10만원을 초과한 금액에 대해서는 이월결손금을 뺀 후의 소득금액의 범위에서 손금에 산입한다.

> 기부금 세액공제액 = (①+②+③-④)×15%
> (1천만원 초과분은 30%, 3천만원 초과분 40%)
> ① 법정기부금
> ② 우리사주조합기부금 한도 내 금액
> ③ 지정기부금 한도 내 금액
> ④ 사업소득금액을 계산할 때 필요경비에 산입한 기부금
>
> **우리사주조합기부금 한도**
> 〔기준소득금액*-정치자금기부금(10만원초과액)·법정기부금〕×30%
>
> **지정기부금 한도**
> ⅰ) 종교단체 기부금액이 없는 경우
> [기준소득금액*-정치자금기부금(10만원초과액)·법정·우리사주조합기부금]×30%
> ⅱ) 종교단체 기부금이 있는 경우
> [기준소득금액*-정치자금기부금(10만원초과액)·법정·우리사주조합기부금]×10%
> + min 【[기준소득금액-정치자금기부금(10만원초과액)·법정·우리사주조합기부금]×20%,
> 종교단체 외에 지급한 지정기부금】

⑰ 보험료 등 특별세액공제의 한도

보험료, 의료비, 교육비 등에 대한 공제세액의 합계액인 보험료등특별세액공제액이 그 거주자의 해당 과세기간의 근로소득에 대한 종합소득산출세액을 초과하는 경우 그 초과하는 금액은 없는 것으로 한다.

⑱ 기부금특별세액공제의 이월공제

보험료등특별세액공제액과 기부금특별세액공제액의 합계액이 그 거주자의 해당 과세기간의 합산과세되는 종합소득산출세액을 초과하는 경우 그 초과하는 금액은 없는 것으로 한다. 다만, 그 초과한 금액에 기부금특별세액공제액이 포함되어 있는 경우 해당 기부금과 한도액을 초과하여 공제받지 못한 지정기부금은 해당 과세기간의 다음 과세기간의 개시일부터 10년 이내에 끝나는 각 과세기간에 이월하여 기부금특별세액공제액을 계산하여 그 금액을 종합소득산출세액에서 공제한다. 이월된 기부금은 해당 과세기간에 지출한 기부금보다 먼저 공제한다. 이경우 이월된 기부금은 먼저 발생한 이월금액부터 공제한다.

⑪ 월세액 세액공제

과세기간 종료일 현재 무주택세대주(세대주가 주택자금공제를 받지 않는 경우 세대원도 가능)로서 총급여액이 8천만원 이하인 근로소득자(종합소득금액 7천만원 초과자 제외)가 주택을 임차하고 지급하는 월세액의 15%[해당과세기간의 총급여액이 5,500만원 이하인 근로소득이 있는 근로자(종합소득금액 4,500만원 초과자 제외)의 경우에는 17%]를 종합소득산출세액에서 공제한다. 단, 월세액은 연간 1천만원을 한도로 하며, 거주자의 기본공제대상자가 월세계약을 체결한 경우에도 공제가능하다. 주택은 국민주택 규모의 주택이거나 기준시가 4억원 이하의 주택이어야 하며, 주택에는 오피스텔과 고시원을 포함한다.

⑫ 결혼세액 공제

거주자가 2026년 12월 31일 이전에 혼인신고를 한 경우에는 1회에 한정하여 혼인신고를 한 날이 속하는 과세기간의 종합소득산출세액에서 50만원을 공제한다.
▶ 혼인신고 후 그 혼인이 무효가 된 경우로 혼인무효의 소에 대한 판결이 확정된 날이 속하는 달의 다음 달부터 3개월이 되는 날까지 수정신고 또는 기한 후 신고를 한 경우는 가산세는 부과하지 아니하되 이자상당액을 소득세에 가산하여 부과한다.

⑬ 표준세액공제

근로소득이 있는 거주자로서 특별소득공제와 특별세액공제 및 월세세액공제에 대한 신청을 하지 아니한 사람에 대해서는 연 13만원을 종합소득산출세액에서 표준세액공제로 공제하고, 사업용계좌의 신고 등 대통령령으로 정하는 요건에 해당하는 성실사업자에 대해서는 연 12만원을 종합소득산출세액에서 표준세액공제로 공제한다.

근로소득이 없는 거주자로서 종합소득이 있는 사람(성실사업자는 제외)에 대해서는 연 7만원을 종합소득산출세액에서 표준세액공제로 공제한다. 다만, 해당 과세기간의 합산과세되는 종합소득산출세액이 공제액에 미달하는 경우에는 그 종합소득산출세액을 공제액으로 한다.

확인예제

01 다음은 소득세법상 종합소득공제와 세액공제에 대한 설명이다. 가장 옳지 않은 것은?

① 장애인은 연령에 제한 없이 기본공제대상자가 될 수 있다.
② 기본공제대상에 해당하는 지의 여부의 판정은 원칙적으로 과세기간종료일 현재의 상황에 따른다.
③ 근로소득이 없는 자로서 성실사업자가 아닌 자는 특별세액공제를 받지 못하고 12만원의 표준세액공제를 적용받는다.
④ 거주자의 직계존속이 있는 경우 주거형편상 별거하고 있는 경우 부양가족으로 볼 수 있다.

해설 ③ 근로소득이 없는 자는 7만원의 표준세액공제를 적용받는다. 단, 성실사업자의 경우 12만원의 표준세액공제를 적용받는다.

02 다음은 소득세법상 특별세액공제 중 근로소득자의 의료비세액공제에 대한 설명이다. 다음 중 가장 옳지 않은 것은?

① 미숙아 및 선천성 이상아를 위한 의료비는 20%의 세액공제를 적용받는다.
② 난임시술비의 경우 30%의 세액공제를 적용받는다.
③ 의료비세액공제대상 모든 의료비는 지출한 의료비에서 실손의료보험금수령액을 제외하여야 하며, 연 700만원을 한도로 적용한다.
④ 의료비세액공제 대상 의료비는 미용성형을 위한 의료비와 건강증진을 위한 의약품 구입비용을 포함하지 않는다.

해설 ③ 거주자 본인과 과세기간 개시일 현재 6세 이하인 자, 과세기간 종료일 현재 65세 이상인 자 및 장애인을 위하여 지급한 의료비와 난임시술비 등은 한도 없이 전액 공제대상이다.

03 다음은 소득세법상 인적공제 중 추가공제에 대한 설명이다. 다음 설명 중 옳지 않은 것은?

① 추가공제 대상자는 기본공제 대상자 중에 해당 되는 사항이 있는 경우 추가로 공제한다.
② 기본공제대상자가 장애인인 경우 1인당 200만원을 추가로 공제한다.
③ 기본공제대상자가 70세 이상인 경우 1인당 100만원을 추가로 공제한다.
④ 배우자가 있는 여성은 부녀자공제만 적용하지만 기본공제대상자인 부양가족이 있는 배우자가 없는 여성은 부녀자공제와 한부모공제를 동시에 적용할 수 있다.

해설 ④ 부녀자공제와 한부모공제가 중복되는 경우 하나의 공제만 적용한다.

04 다음 중 종합소득금액이 5천만원인 거주자의 연금계좌세액공제대상 연금계좌납입액의 한도로 틀린 것은?

	연금저축납입액	퇴직연금납입액	세액공제대상금액
①	4,000,000원	5,000,000원	9,000,000원
②	0원	9,000,000원	9,000,000원
③	7,000,000원	2,000,000원	9,000,000원
④	9,000,000원	0원	6,000,000원

해설 ③ 연금저축납입액이 600만원을 초과하면 600만원이 공제대상이 되고 퇴직연금은 추가로 300만원까지 공제가 가능하다.
따라서 한도액은 6,000,000 + 2,000,000 = 8,000,000원

05 다음의 소득세법상 보험료등특별세액공제에 대한 설명 중 옳지 아니한 것은?

① 장애인이 일반보장성보험과 장애인전용보장성보험에 가입한 경우 일반보장성보험료와 장애인전용보장성보험료 모두 보험료세액공제를 적용할 수 있다.
② 의료비세액공제 대상 의료비 지출액 중 한도를 적용하지 않는 기본공제대상자는 거주자 본인과 과세기간 개시일 현재 6세 이하인 자 과세기간 종료일 현재 75세 이상인 자, 및 건강보험 산정특례자에 해당하는 중증질환자 등이다.
③ 거주자 본인을 위한 학자금대출의 원리금상환에 지출한 교육비 중 이자액은 교육비세액 공제 대상 교육비에 해당하지 아니한다.
④ 유치원이나 어린이집에 다니는 아동의 학원비는 교육비세액공제 대상 교육비에 해당하지만 초등학생의 학원비는 교육비세액공제 대상 교육비에 해당하지 않는다.

해설 ③ 거주자 본인을 위한 학자금 대출로 지급하는 학자금은 교육비공제 대상이 아니고 학자금대출의 원리금(원금과 이자) 상환에 지출한 금액이 교육비세액공제 대상이다.

SECTION 07 | 원천징수와 연말정산

1 원천징수

① 원천징수의 개념

원천징수란 세법에 의한 원천징수의무자가 소득 또는 수입금액을 지급할 때에 세금을 징수하여 납부하는 것을 말한다. 원천징수제도를 시행하는 이유는 다음과 같다.

> ㉠ 징수절차의 간소화로 국가는 징세비용을 줄이고, 납세자는 납세의무를 간편하게 이행할 수 있다.
> ㉡ 수많은 납세의무자에 대한 과세자료의 수집과 세원 관리를 용이하게 하여 탈세를 방지할 수 있다.
> ㉢ 소득이 발생할 때마다 원천징수를 하여 정부의 조세수입이 조기에 이루어지고 재정수입의 평준화를 가져오므로 재정운용의 안정성이 높아지고 납세자는 조세 부담을 분산할 수 있는 장점이 있다.

② 원천징수대상소득과 원천징수세율

소득의 구분	원천징수대상소득	원천징수세율
이자소득금액	㉠ 일반적인 이자소득 ㉡ 비영업대금의 이익 ㉢ 직장공제회초과반환금 ㉣ 비실명이자소득	14% 25% 기본세율(연분연승법) 90%
배당소득금액	㉠ 일반적인 배당소득(배당가산액 제외) ㉡ 출자공동사업자의 배당소득	14% 25%
사업소득금액	㉠ 의료보건용역 및 면세대상 인적용역 ㉡ 접대부 등의 봉사료 수입금액 ㉢ 외국인직업운동가	3% 5% 20%
근로소득금액	㉠ 일반근로자 ㉡ 일용근로자	간이세액표 적용 원천징수 후 연말정산 6%
연금소득금액	㉠ 공적연금 ㉡ 연금계좌 연금수령	간이세액표 적용 원천징수 후 연말정산 3% ~ 5%
기타소득금액	㉠ 일반적인 기타소득 ㉡ 복권당첨소득	소득금액의 20% 소득금액의 20%(3억원 초과분 30%)
퇴직소득금액	원천징수대상 근로소득이 있는 근로자만	12배수 적용 기본세율(연분연승법)

③ 원천징수액의 신고 납부

원천징수액의 신고 납부는 일반적인 경우 그 징수일이 속하는 달의 다음달 10일까지, 반기별 납부자는 그 징수일이 속하는 반기의 마지막 달의 다음 달 10일까지 하여야 한다.

구 분	신고 납부기한
반기별 납부자	1월 1일부터 6월 30일까지 징수액 ⇒ 7월 10일
	7월 1일에서 12월 31일까지 징수액 ⇒ 다음연도 1월 10일
월별 납부자	원천징수일이 속하는 달의 다음달 10일

④ 원천징수시기 특례

원천징수는 지급하는 때에 하여야 하지만 일정 시점까지 소득을 지급하지 않은 경우에는 다음에 해당하는 날에 소득을 지급한 것으로 보아 소득세를 원천징수하여야 한다.

소득구분	원천징수대상	원천징수시기
이자소득	정기예금 연결 정기적금의 이자	해약일 또는 저축기간 만료일
	중개어음, 표지어음의 이자와 할인액	할인매출일 또는 만기일
배당소득	미지급된 잉여금 처분에 의한 배당소득	처분결의일로부터 3월이 되는 날
	출자공동사업자의 배당소득	과세기간 종료 후 3개월이 되는 날
근로소득과 퇴직소득	미지급된 근로, 퇴직소득(1월~11월분)	12월 31일
	미지급된 근로, 퇴직소득(12월분)	다음연도 2월 말일
	미지급된 잉여금 처분에 의한 근로·퇴직소득	처분결의일로부터 3월이 되는 날
	잉여금처분이 11월 1일부터 12월 31일 사이에 결정된 것으로 다음연도 2월말까지 미지급근로·퇴직소득	다음연도 2월 말일
법인세법상 소득처분에 의한 배당·상여·기타소득 (반기별 납부가 적용되지 아니한다.)		• 법인이 신고한 경우 : 그 신고일 또는 수정신고일 • 정부가 소득금액을 결정·경정한 경우 : 소득금액변동통지서 수령일

⑤ 특정소득에 대한 원천징수

㉠ 부가가치세 면세대상 사업소득의 원천징수

국내에서 거주자나 비거주자에게 부가가치세 면세대상인 다음에 해당하는 용역의 공급에서 발생하는 소득을 지급하는 자는 해당 수입금액의 3%를 원천징수하여 그 징수일이 속하는 달의 다음달 10일까지 납부하여야 한다.

> ⓐ 의료보건용역(수의사의 용역을 포함)
> ⓑ 저술가·작곡자 등이 제공하는 인적용역
>   (접대부·댄서와 기타 이와 유사한 인적용역은 ⇨ 봉사료수입금액에 대한 원천징수 규정을 적용)

ⓒ 봉사료 수입금액에 대한 원천징수

부가가치세가 면제되는 접대부·댄서와 이와 유사한 용역을 제공하는 자에게 지급하는 봉사료 수입금액에 대하여는 해당 수입금액의 5%를 원천징수하여야 한다.
원천징수 대상이 되는 봉사료 수입금액은 다음에 해당하는 것을 말한다.

> ⓐ 사업자가 다음에 해당하는 용역을 제공하고 공급가액과 봉사료를 세금계산서, 신용카드매출전표 등에 구분하여 기재할 것
>   • 음식·숙박용역
>   • 개별소비세가 과세되는 과세유흥장소에서 제공하는 용역
>   • 안마시술소·이용원·스포츠마사지업소 및 기타 이와 유사한 장소에서 제공하는 용역
> ⓑ 구분 기재한 봉사료금액이 공급가액(간이과세자는 공급대가)의 20%를 초과할 것
> ⓒ 사업자가 봉사료를 자기의 수입금액으로 계상하지 않을 것

⑥ 원천징수 관련 제 서류

㉠ 원천징수영수증

원천징수영수증은 원천징수의무자가 소득자에게 소득을 지급하고 그 소득에서 소득세를 원천징수한 것을 증명하기 위해서 소득자에게 발급하는 증명서류를 말한다.

㉡ 지급명세서

지급명세서란 소득세 납세의무가 있는 개인에게 원천징수대상 소득을 지급하는 자가 소득자의 인적사항과 소득의 종류와 소득금액 및 그 지급시기 등을 적은 서류를 말한다. 원천징수의무자는 그 지급명세서를 그 지급일이 속하는 연도의 다음해 2월 말일(근로소득·사업소득·퇴직소득의 경우 다음연도 3월 10일)까지 원천징수 관할세무서장·지방국세청장 또는 국세청장에게 제출해야 한다. 단, 휴업 또는 폐업한 경우에는 휴업일 또는 폐업일이 속하는 달의 다음다음 달 말일까지 지급명세서를 제출하여야 한다. 일용근로자의 근로소득은 지급일이 속하는 달의 다음달 말일까지 제출하여야 한다.
지급명세서를 기한 내에 제출하지 않았거나 제출된 지급명세서가 불분명한 경우에는 미제출 또는 불분명한 지급금액에 대하여 1%(일용근로소득은 0.25%)의 가산세를 적용한다.

㉢ 원천징수이행상황신고서

원천징수의무자가 원천징수대상 소득을 지급하게 되고 그 소득에 대하여 원천징수를 하는 경우 징수일 속한 달의 다음달 10일(반기별 납부자는 반기 다음달 10일)까지 원천징수이행상황신고서를 작성 제출하여야 한다.

㉣ **간이지급명세서**

소득세 납세의무가 있는 개인에게 원천징수대상 사업소득을 지급하거나 상용근로자(일용근로자 제외)에게 근로소득을 국내에서 지급하는 자(법인 포함)는 반기 동안 지급한 소득에 대하여 근로소득간이지급명세서를 그 지급일이 속하는 반기의 마지막 달의 다음 달 말일(휴업·폐업 또는 해산한 경우에는 휴업일·폐업일 또는 해산일이 속하는 반기의 마지막 달의 다음달 말일)까지 원천징수 관할 세무서장, 지방국세청장 또는 국세청장에게 제출하여야 한다. 간이지급명세서를 제출기한까지 제출하지 아니하거나 불분명한 경우 미제출 또는 불분명 지급금액에 대하여 0.25%의 가산세를 적용한다.

2 연말정산

연말정산이란 일정한 소득을 지급하는 자가 소득을 지급받는 자의 연간 소득세 부담액을 계산한 후 이미 원천징수하여 납부한 세액과 그 부담액을 비교하여 차액을 추가로 원천징수하거나 환급하는 절차를 말한다.

① 연말정산 대상소득

연말정산 대상 소득은 다음과 같다.

> ㉠ 원천징수대상 근로소득과 납세조합에 가입한 근로소득
> ㉡ 간편장부대상자인 보험모집인·방문판매원 및 음료품 배달원의 사업소득
> ㉢ 공적연금소득

② 근로소득의 연말정산

총 급 여 액	… 해당연도 1월~12월까지의 총급여액, 비과세 제외
(-)근 로 소 득 공 제	
근 로 소 득 금 액	
(-)종 합 소 득 공 제	
과 세 표 준	
×기 본 세 율	
산 출 세 액	
(-)세 액 공 제	… 근로소득세액공제, 특별세액공제 및 외국납부세액공제
결 정 세 액	
(-)기 납 부 세 액	… 해당연도 1월~12월까지의 원천징수세액
원 천 징 수 할 세 액	… (-)의 금액일 경우에는 환급함

㉠ 연말정산시기

연말정산의 시기는 일반적인 경우 다음년도 2월분 근로소득을 지급할 때 하여야 한다. 2월분 급여를 2월말까지 지급하지 못한 경우에는 2월말에 지급한 것으로 보아 연말정산을 하여야 한다. 예외적으로 근로소득자가 퇴직하는 경우의 연말정산은 퇴직하는 달의 근로소득을 지급할 때 하여야 한다.

그리고 반기별 납부를 승인 받은 경우에는 2월분 근로소득을 지급하는 때에 연말정산을 하고, 신고 납부는 반기별 신고 납부기한인 7월 10일까지 하여야 하고 근로소득에 대한 지급명세서는 3월 10일까지 제출하여야 한다.

㉡ 소득공제신고서의 제출

근로소득자는 연말정산전까지 원천징수의무자에게 소득공제신고서를 제출하여야 한다.

㉢ 연말정산의 효과

연말정산된 소득만 있는 납세의무자는 연말정산으로 모든 납세의무가 종결되므로 확정신고 의무가 면제된다. 그러나 연말정산된 소득 외의 종합과세대상인 다른 종합소득이 있는 경우에는 확정신고의무가 면제되지 않는다.

확인예제

POINT 전산세무 2급

01 다음 중 소득세법상 원천징수 대상소득이 아닌 것은?

① 연금소득 ② 부동산임대용역
③ 면세인적용역 ④ 퇴직소득

해설 ② 사업소득 중 면세대상 인적용역의 경우는 3%(지방소득세 별도)로 원천징수한다.

02 다음 중 소득세법상 기타소득 원천징수세율에 대하여 바르게 짝지어지지 않은 것은?

	구 분	기타소득에 대한 원천징수세액
①	복권당첨소득 등	기타소득금액 × 20% (3억 초과시는 그 초과분의 30%)
②	봉사료수입금액	봉사료수입금액 × 5%
③	프로구단 소속 외국인 프로선수	사업소득금액 × 3%
④	알선수재 및 배임수재에 의하여 받은 금품	원천징수하지 않음

해설 ③ 프로스포츠단 소속 외국인직업운동가는 사업소득으로 20%를 원천징수한다.

03 소매업을 영위하는 정직한씨는 개인사업자 박대한씨에게 2025년 3월 1일에 200,000,000원을 빌려주고 2025년 10월 31일에 10,000,000원을 이자로 받기로 약정하였다. 이때 박대한씨가 비영업대금의 이익으로 보아 원천징수하고 신고해야 할 소득세와 개인지방소득세의 합계액은?

① 1,400,000원 ② 1,540,000원
③ 2,500,000원 ④ 2,750,000원

해설 ④ 소득세 : 10,000,000×25% = 2,500,000원
개인지방소득세 : 10,000,000×2.5% = 250,000원
원천징수세액 합계 : 2,500,000+250,000 = 2,750,000원

SECTION 08 | 소득세 신고 납부 및 결정

1 과세표준확정신고와 자진납부

> • NCS 능력단위 : 0203020206종합소득세신고   능력단위요소 : 03종합소득세신고하기
> 3.1 법령 절차에 따라 종합소득세 과세표준 확정신고 및 납부계산서를 작성할 수 있다.

① 과세표준확정신고

해당연도의 종합소득금액·퇴직소득금액이 있는 거주자는 그 과세표준을 다음연도 5월 1일부터 5월 31일까지 납세지관할세무서장에게 신고하여야 한다. 이러한 과세표준확정신고는 해당연도의 과세표준이 없거나 결손금이 있는 경우에도 하여야 한다.

복식부기의무자가 기업회계기준을 준용하여 작성한 재무상태표·손익계산서·합계잔액시산표 및 조정계산서를 제출하지 아니한 경우에는 무신고로 보아 신고불성실가산세를 적용한다.

② 확정신고의무 면제

> ㉠ 근로소득만 있는 자
> ㉡ 퇴직소득만 있는 자
> ㉢ 연말정산 되는 사업소득만 있는 자
> ㉣ 국민연금 등의 공적연금소득만 있는 자
> ㉤ 분리과세소득만 있는 경우

③ 확정신고 납부기한

구 분	확정신고기한
일반적인 경우	다음 연도 5월 1일부터 5월 31일까지
거주자가 사망한 경우	상속개시일이 속하는 달의 말일부터 6개월이 되는 날까지
거주자가 국외이전을 위하여 출국하는 경우	출국일 전날까지

▶ 1월 1일과 5월 31일 사이에 사망한 거주자가 사망일이 속하는 과세기간의 직전과세기간에 대한 과세표준확정신고를 하지 아니한 경우에는 상속개시일이 속하는 달의 말일부터 6개월이 되는 날까지 확정신고를 하여야 한다.

④ 분 납

자진납부할세액 또는 중간예납세액이 1,000만원을 초과하는 경우에는 다음의 금액을 납부기한 경과 후 2개월 이내에 분납할 수 있다.

구 분	분납할 수 있는 금액
납부할세액이 2,000만원 이하인 경우	1,000만원을 초과하는 금액
납부할세액이 2,000만원 초과하는 경우	납부할세액의 50% 이하 금액

⑤ 소액부징수

다음에 해당하는 경우에는 소득세를 징수하지 아니한다.

구 분	기 준 금 액
① 원천징수세액(이자소득과 인적용역소득은 제외)	1천원 미만
② 납세조합 징수세액	
③ 비거주자의 분리과세대상소득에 대한 원천징수세액	
④ 중간예납세액	50만원 미만

▶ 기타소득금액에 대하여 일정기준에 따라 과세하지 않는 것은 과세최저한이라 한다.
▶ 이자소득과 부가가치세 면세대상 인적용역은 원천징수세액이 1천원 미만이어도 소액부징수 규정을 적용하지 아니하고 원천징수를 하여야 한다.

2 중간예납

사업소득이 있는 거주자는 1월1일부터 6월 30일까지의 기간에 대하여 11월 30일까지 중간예납을 하여야 한다. 중간예납세액은 직전연도 종합소득에 대한 소득세로 납부하였거나 납부하여야 할 세액(중간예납기준액)의 1/2을 계산하여 11월 1일부터 15일까지 중간예납세액을 고지하고, 11월 30일까지 납부하여야 한다. 이때 1천원 미만의 단수는 버린다.

다음에 해당하는 자는 해당연도 중간예납기간 실적 기준으로 계산된 중간예납세액을 11월 1일부터 11월 30일까지 신고 납부하여야 한다.
① 중간예납기준액이 없는 자로서 해당연도의 중간예납기간 중 종합소득이 있는 거주자
② 중간예납추계액(해당 연도 중간예납기간의 실적을 기준으로 계산한 중간예납세액)이 중간예납기준액의 30%에 미달하여 신고납부를 선택한 자

3 사업장 현황신고

사업자는 사업장의 현황을 해당 과세기간의 다음연도 2월 10일까지 사업장 소재지 관할 세무서장에게 신고하여야 한다. 사업장현황신고를 하여야 할 사업자에는 해당 과세기간 중 사업을 폐업 또는 휴업한 사업자를 포함한다.

부가가치세법에 의하여 예정신고와 확정신고를 한 사업자는 사업장현황신고를 하지 않아도 된다.

4 결정과 경정

① **실지조사결정(원칙)**

실지조사 결정이란 과세표준신고서 및 그 첨부서류에 의하거나 비치·기장된 장부 기타 증명서류에 의하여 과세표준과 세액을 결정 또는 경정하는 것을 말한다.

② **추계조사결정(예외)**

과세표준을 조사 결정함에 있어 장부와 증명서류가 없거나, 중요한 부분이 미비하거나, 기장의 내용이 시설규모 종업원수 등에 비추어 허위임이 명백하여 장부 또는 증명서류에 의하여 과세표준과 세액을 결정할 수 없는 경우에 경비율 또는 동업자권형에 의하여 결정하는 것을 추계조사결정이라 한다.

5 가산세

가산세란 세법에 규정한 의무의 성실한 이행을 확보하기 위하여 그 의무를 위반한 자에게 부과하는 행정벌을 말한다.

① **신고불성실가산세**

㉠ 무신고가산세

납세자가 법정신고기한까지 세법에 따른 소득세 신고를 하지 않은 경우 무신고가산세를 납부할 세액에 가산하거나 환급받을 세액에서 공제한다.

구 분	내 용	
	납부세액 기준	수입금액 기준
일반무신고	무신고납부세액 × 20%	수입금액 × $\frac{7}{10,000}$
부정무신고	무신고납부세액 × 40%	수입금액 × $\frac{14}{10,000}$

▶ 무신고납부세액이란 신고에 의하여 납부할 세액으로서 세법상 가산세와 세법에 따라 납부할 이자상당 가산액이 있는 경우 그 금액은 제외한다.
▶ 법인과 복식부기의무자는 납부세액기준과 수입금액기준 중 큰 금액을 적용하며, 복식부기의무자 외의 자는 납부세액기준을 적용한다.

ⓒ 과소신고·초과환급가산세

구 분	내 용	
	납부세액 기준	수입금액 기준
일반과소신고	납부할 세액 × $\dfrac{\text{일반과소신고과세표준}}{\text{과세표준}}$ × 10%	해당없음
부정과소신고	납부할 세액 × $\dfrac{\text{부정과소신고과세표준}}{\text{과세표준}}$ × 40%	부정과소신고 수입금액 × $\dfrac{14}{10,000}$

▶ 복식부기의무자는 납부세액기준과 수입금액기준 중 큰 금액을 적용하며, 복식부기의무자 외의 자는 납부세액기준을 적용한다.

② 납부지연가산세

ⓐ 미납부·과소납부세액(또는 초과환급세액) × 기간(일수) × $\dfrac{2.2}{10,000}$

ⓑ 법정납부기한까지 미납부·과소납부세액 × 3%

▶ ⓐ의 기간은 법정납부기한(또는 환급받은 날)의 다음날부터 납부일까지의 일수(납세고지일부터 납세고지서에 따른 납부기한까지의 기간은 제외)
▶ ⓐ는 체납된 국세의 납부고지서별·세목별 세액이 100만원 미만인 경우에는 적용하지 아니한다.
▶ ⓑ는 국세를 납부고지서에 따른 납부기한까지 완납하지 아니한 경우에 한정한다.

③ 무기장 가산세

무기장가산세는 기장에 의하여 소득을 신고하지 않은 경우에 소규모 사업자를 제외하고 모두 적용한다. 산출세액에 곱해지는 비율이 1보다 큰 경우에는 1로, 0보다 작은 경우에는 0으로 한다. 신고불성실가산세와 동시에 적용되는 때에는 큰 금액에 해당하는 가산세만 적용하고, 가산세액이 같은 경우에는 신고 관련 가산세를 적용한다.

무기장가산세 = 산출세액 × $\dfrac{\text{무기장 · 미달기장소득금액}}{\text{종합소득금액}}$ × 20%

CHECK POINT 소규모사업자의 범위
① 해당 과세기간에 신규로 사업을 개시한 자
② 직전 과세기간의 사업소득의 수입금액이 4,800만원에 미달한 자
③ 연말정산되는 사업소득만 있는 사업자

④ 기타의 가산세

종 류	가 산 세 액
지급명세서제출 불성실가산세	지급명세서 미제출 불분명 금액의 1%(일용근로소득은 0.25%) 제출기한 경과 후 3개월 이내 제출하면 0.5%(일용은 1개월 이내 0.125%)
간이지급명세서 불성실가산세	간이지급명세서 미제출 불분명 금액의 0.25% 제출기한 경과 후 3개월(사업소득은 1개월) 이내 제출하면 0.125%
계산서등 제출 불성실가산세 (소규모사업자 제외)	㉠ 계산서의 불분명 공급가액 × 1% ㉡ 계산서 미발급, 가공·허위의 계산서 발급 및 수취 공급가액 × 2% ㉢ 전자계산서 발급의무자가 종이계산서를 발급한 경우 1% ㉣ 계산서의 지연발급(과세기간 말의 다음달 25일까지 발급) 1% ㉤ 전자계산서 지연전송(0.3%), 미전송(0.5%) ㉥ 매출·매입처별계산서합계표 미제출·불분명 공급가액 × 0.5% (제출기한 경과 후 1월 이내 제출하는 경우 : 0.3%)
증명서류수취 불성실가산세	소규모 사업자 및 추계로 소득을 계산하는 경우를 제외한 모든 사업자가 적격증명서류 미수취한 금액 × 2%
영수증수취명세서 불성실가산세	영수증수취명세서 미제출 불분명한 금액 × 1%(소규모사업자와 추계신고자 제외) (제출기한 경과 후 1월 이내 제출하는 경우 : 0.5%)
사업장현황신고 불성실가산세	사업장현황신고를 무신고·미달신고 시 미달신고 수입금액 × 0.5% (의사·치과의사·한의사·수의사·약사에 한함)
공동사업장등록 불성실가산세	㉠ 공동사업자 미등록, 허위등록시 각 과세기간의 총수입금액 × 0.5% (등록기한 경과 후 1월 이내 등록하는 경우 : 0.25%) ㉡ 공동사업자 신고의무 불이행시 각 과세기간의 총수입금액 × 0.1%
사업용계좌불성실 가산세	㉠ 미사용가산세 : 사업용계좌 미사용금액 × 0.2% ㉡ 미신고가산세 : 사업용계좌의 미신고한 기간에 해당하는 총수입금액 × 0.2% * 사업용계좌 미신고시에는 미신고가산세와 미사용가산세 중 큰 금액 적용
신용카드매출전표 발급불성실가산세	발급 거부 및 사실과 다른 금액 × 5%
현금영수증가산세 (5천원 미만 제외)	㉠ 현금영수증가맹점으로 가입하지 아니한 기간의 총수입금액 × 1% (가입기한 경과 후 1월 이내 가입하는 경우 : 0.5%) ㉡ 발급 거부금액 × 5%(건별 계산금액이 5천원에 미달하면 5천원)
현금영수증 미발급 가산세	현금영수증 의무발급자의 미발급금액×20%
기부금영수증가산세	㉠ 사실과 다르게 발급된 기부금 영수증 차이금액 × 5% ㉡ 기부자별 발급내역을 작성·보관하지 아니한 금액 × 0.2%
원천징수납부 불성실가산세 납세조합불납가산세	① 미납부·과소납부 원천징수세액 × 3% ② 미납부·과소납부 원천징수세액 × 기간 × $\dfrac{2.2}{10,000}$ 가산세 : ①+② (한도 : 미납부·과소납부 원천징수세액 × 10%) * 기간은 납부기한의 다음날부터 자진납부일 또는 납세고지일까지로 한다.

확인예제

01 다음의 거주자 중 반드시 종합소득세 과세표준 확정 신고를 하여야 하는 자는?

① 분리과세배당소득과 퇴직소득만이 있는 자
② 근로소득과 연말 정산되는 사업소득만이 있는 자
③ 근로소득과 퇴직소득만이 있는 자
④ 일용근로소득만 있는 자

> 해설 ② 연말정산을 하는 소득이라 하더라도 종합소득금액에 포함되는 소득이 둘 이상이 되는 경우에는 확정신고를 하여야 한다.

02 다음 중 소액부징수 규정이 적용되지 않아 당해 소득세를 징수하여야 하는 것은?

① 납세조합의 징수세액이 1천원 미만인 경우
② 근로소득에 따른 원천징수세액이 1천원 미만인 경우
③ 이자소득에 따른 원천징수세액이 1천원 미만인 경우
④ 중간예납세액이 50만원 미만인 경우

> 해설 ③ 이자소득과 부가가치세 면세대상 인적용역의 사업소득은 소액부징수 규정이 적용되지 않는다.

03 다음은 소득세법상 사업장현황신고에 대한 설명이다. 틀린 설명은?

① 부가가치세 과세사업자는 사업장현황신고의무가 없다.
② 사업장현황신고기한은 원칙적으로 매년 2월 10일이다.
③ 사업장현황신고를 하지 않은 경우에 세무서장은 사업장의 현황을 조사·확인할 수 있다.
④ 사업장현황신고를 한 사업자는 종합소득세 확정신고를 면제한다.

> 해설 ④ 사업장현황신고는 면세사업자의 수입금액을 신고하는 것으로 종합소득세 확정신고가 면제되지는 않는다.

04 소득세법상 가산세에 대한 다음 설명 중 잘못된 것은?

① 간편장부대상자에 대한 무기장가산세율은 20%이다.
② 납부지연가산세는 미납부세액에 미납부일수 1일당 100,000분의 22를 적용하여 계산한다.
③ 원천징수불성실가산세의 한도는 미달납부한 원천징수세액의 10%이다.
④ 영수증수취명세서 불성실가산세는 복식부기의무자에게만 적용된다.

> 해설 ④ 영수증수취명세서 불성실가산세는 소규모사업자와 추계에 의한 소득신고 사업자를 제외하고 모두 적용한다.

04 평가문제

01 다음 설명 중 소득세법상 납세의무자에 대한 것으로 잘못된 것은?
① 주소는 국내에서 생계를 같이하는 가족 및 국내에 소재하는 자산의 유무 등 생활관계의 객관적 사실에 따라 판정한다.
② 대한민국 국적을 가지지 않은 자도 거주자가 될 수 있다.
③ 소득세법상 거주자는 국내외원천소득에 대하여 납세의무를 지나, 비거주자는 국내원천소득에 대하여만 납세의무를 진다.
④ 계속하여 183일 이상 국외에 거주하는 국외근무공무원은 비거주자에 해당하므로 국내원천소득에 대해서만 납세의무를 진다.

해설 국외근무공무원은 항상 거주자에 해당한다.

02 다음은 소득세 납세의무에 관한 설명이다. 옳지 않은 것은?
① 거주자는 국내원천소득과 국외원천소득 모두에 대하여 소득세 납세의무를 진다.
② 비거주자는 국내원천소득에 대하여만 소득세 납세의무를 진다.
③ 법인 아닌 단체는 국세기본법 규정에 의하여 법인으로 보는 단체 이외에는 1거주자 또는 1비거주자로 보아 소득세법을 적용한다.
④ 공동사업자는 공동사업에서 생긴 소득에 대하여 소득세를 연대하여 납부할 의무를 지닌다.

해설 공동사업자의 납세의무는 국세기본법에서 연대납세의무를 규정하고 있으나 이는 개별세법이 국세기본법에 우선하는 조항으로 소득세법이 개별 납세의무를 규정하고 있으므로 소득세법에 따른다.

03 다음 중 소득세법에 대한 설명 중 올바른 것은?
① 거주자의 종합소득에 대한 소득세는 해당 연도의 종합소득과세표준에 6~40%의 세율을 적용하여 계산한 금액을 그 세액으로 한다.
② 기타소득금액의 연간합계액이 400만원 이하인 경우에는 종합과세와 분리과세를 선택할 수 있다.
③ 소득세법은 종합과세제도이므로 퇴직소득과 양도소득을 제외한 거주자의 그 밖의 모든 소득을 합산하여 과세한다.
④ 사업소득이 있는 자가 11월 30일에 폐업을 하여 그 이후 다른 소득이 없는 경우에도 소득세의 과세기간은 1월 1일부터 12월 31일까지로 한다.

해설 ① 6~45%, ② 300만원, ③ 분리과세 대상은 합산 제외

04 소득세법상 배당소득의 귀속시기에 대한 설명 중 틀린 것은?
① 잉여금 처분에 의한 배당 : 처분결의일
② 법인세법에 의하여 배당으로 처분된 금액 : 법인세 신고일
③ 출자공동사업자의 배당 : 과세기간 종료일
④ 무기명 주식의 배당 : 지급을 받은 날

해설 법인세법에 의하여 배당으로 처분된 인정배당의 수입시기(귀속시기)는 해당 사업연도의 결산확정일이다.

05 다음 중 소득세법상 이자소득으로 볼 수 없는 것은?
① 국가가 발행한 채권의 이자와 할인액
② 외국법인이 발행한 채권의 이자와 할인액
③ 비영업대금의 이익
④ 계약의 위반을 원인으로 법원의 판결에 의하여 지급받는 손해배상금에 대한 법정이자

정답 | 1. ④ 2. ④ 3. ④ 4. ② 5. ④

해설　기타소득에 해당함

06 다음은 소득세법상 부동산임대업의 간주임대료에 관한 설명이다. 옳지 않은 것은?

① 주택과 그 부수토지 임대의 경우 간주임대료를 계산하지 아니한다.
② 소득금액을 추계로 결정·경정하는 경우 간주임대료 계산시 해당 과세기간의 임대사업부분에서 발생한 금융수익을 차감하지 아니한다.
③ 1주택자라 하더라도 고가주택을 전세로 임대한 경우에는 간주임대료를 계산하는 특례가 있다.
④ 주택과 상가가 같이 있는 공용건물의 경우 주택부분이 상가부분보다 크면 전체를 주택으로 본다.

해설　주택의 임대에 대한 간주임대료를 수입금액으로 계산하는 경우는 1세대 3주택자가 주택을 임대하고 전세보증금의 합계액이 3억원을 초과하는 경우에만 3억원 초과분의 60%에 대하여 간주임대료를 계산한다.

07 다음 중 소득세법상 사업소득금액 계산시 필요경비에 불산입되는 것은?

① 사업용자산의 합계액이 부채의 합계액을 초과하는 경우에 그 초과하는 금액에 상당하는 부채의 지급이자
② 판매장려금
③ 매출채권에 대한 대손충당금설정액(1%)
④ 사용인의 급여

해설　사업용부채의 합계액이 자산의 합계액을 초과하는 경우에 그 초과하는 금액에 상당하는 부채에 대한 지급이자를 초과인출금 이자로 필요경비 불산입한다.

08 소득세법상 사업소득에 대한 설명으로 옳지 않은 것은?

① 금전의 대여를 사업으로 하고 그 이자를 받는 경우에는 사업소득으로 본다.
② 한국표준산업분류상의 모든 작물재배업은 사업소득으로 과세하지 아니한다.
③ 조림기간이 3년 된 임목의 벌채, 양도로 인하여 발생하는 소득은 사업소득으로 과세한다.
④ 축산, 양어, 고공품 등의 농가부업소득은 일정범위 내에서 비과세한다.

해설　작물재배업 소득으로 수입금액 10억원 이하인 경우 사업소득으로 과세하지 아니한다.

09 다음 자료에 의하여 개인사업자(간편장부대상자)김봉현씨의 2025년도 소득세법상 필요경비불산입액을 계산하면?

㉠ 복리후생비(직장체육비, 국민건강보험료): 8,000,000원
㉡ 유가증권처분손실을 경비로 계상한 금액: 5,000,000원
㉢ 대표자의 급료: 40,000,000원
㉣ 실질적으로 김봉현씨의 사업에 종사하고 있는 장남의 급료: 15,000,000원
㉤ 기술낙후로 일부 폐기한 생산설비에 대한 처분손실: 2,000,000원

① 45,000,000원　② 55,000,000원
③ 60,000,000원　④ 68,000,000원

해설
- 5,000,000 + 40,000,000 = 45,000,000원
- 유가증권처분손실과 대표자 급여는 소득세법 상 필요경비에 해당하지 않는다. 기술낙후로 일부 폐기한 생산설비의 처분손실은 필요경비에 해당한다.

10 다음 중 소득세법상 근로소득에 포함되지 않는 것은?

① 기밀비 및 판공비로 받은 것으로서 업무를 위하여 사용된 것이 분명하지 않은 급여
② 종업원이 받은 공로금·위로금·학자금 기타 이와 유사한 성질의 급여
③ 종업원이 주택의 구입에 소요되는 자금을 저리 또는 무상으로 대여 받음으로써 얻는 이익
④ 종업원이 받는 경조금 중 사회통념상 타당한 범위의 금액

해설
- 종업원이 주택의 구입·임차에 소요되는 자금을 저리 또는 무상으로 대여 받음으로써 얻는 이익은 근로소득에 포함한다.
- 비교: 중소기업의 종업원이 얻는 이익은 복리후생적 급여로 비과세대상이다.

정답 | 6. ③ 7. ① 8. ② 9. ① 10. ④

11 다음 자료에 의하여 소득세법상 근로소득공제액을 계산하시오.

> 1. 급여액 : 26,200,000원
> 2. 위 급여액에는 식대 264만원이 포함되어 있다(식사 제공을 받지 않고 월 220,000원을 받음).

① 9,000,000원 ② 9,045,000원
③ 8,820,000원 ④ 9,775,000원

해설
- 총급여액의 계산 : 26,200,000 − (200,000 × 12개월) = 23,800,000원
- 근로소득공제액 : 7,500,000 + (23,800,000 − 15,000,000) × 15% = 8,820,000원
주의 : 근로소득공제액이 2천만원을 초과하는 경우에는 2천만원을 공제한다.

12 다음 중 소득세법상 연말정산대상인 근로소득에 해당하지 않는 것은?

① 법인의 주주총회의 결의에 의하여 상여로 받는 소득
② 법인세법에 의하여 상여로 처분된 금액(인정상여)
③ 우리나라에 주둔하는 국제연합군(미국군 제외)으로부터 받는 급여
④ 퇴직으로 인하여 받는 소득으로서 법인세법 상 한도초과로 손금불산입되는 퇴직급여

해설 우리나라에 주둔하는 국제연합군(미국군 제외)으로부터 받는 급여는 원천징수대상이 아니다.

13 다음 중 소득세법상 비과세 근로소득으로 틀린 것은?

① 법률에 의하여 동원된 자가 동원직장에서 받는 급여 전액
② 6세 이하 자녀의 보육과 관련하여 지급하는 월 10만원 이내의 금액만
③ 식사를 제공받지 아니하는 근로자가 받는 월 20만원 이하의 식사대만
④ 자가운전보조금 중 월 20만원 이내의 금액만

해설 보육수당 중 월 20만원 이내의 금액만 비과세
출산지원금은 출산일로부터 2년 이내에 최대 2번에 걸쳐 받는 금액으로 금액 제한 없이 비과세

14 다음 중 소득세법상 근로소득의 수입시기에 대한 설명으로 틀린 것은?

① 잉여금처분에 의한 상여의 수입시기는 근로를 제공한 날이다.
② 법원의 판결에 의하여 부당해고기간의 급여를 일시에 지급받는 경우, 해고기간에 근로를 제공하고 지급받은 것으로 본다.
③ 급여를 소급인상하고 이미 지급된 금액과의 차액을 추가로 지급하는 경우, 근로제공일이 속하는 연월을 수입시기로 한다.
④ 해당 사업연도의 소득금액을 법인이 신고하거나, 세무서장이 결정·경정함에 따라 발생한 그 법인의 임원 또는 주주·사원, 그 밖의 출자자에 대한 상여는 해당 사업연도 중의 근로를 제공한 날을 수입시기로 한다.

해설 당해 법인의 잉여금처분결의일(소령 49조 ① 2)

15 다음 중 소득세법상 소득의 구분이 다른 하나는?

① 영업권의 대여
② 공장재단의 대여
③ 점포임차권의 양도
④ 공익지상권의 대여

해설 영업권의 대여, 점포임차권의 양도, 공익지상권의 대여는 기타소득에 해당하며, 공장재단의 대여는 사업소득(부동산임대업)에 해당된다.

16 김세무씨는 2025년 7월 1일 산업재산권을 10,000,000원에 양도하였다. 양도한 산업재산권은 2025년 2월 1일 4,000,000원에 취득하였고, 다른 필요경비는 없는 경우 세부담 최소화를 가정하였을 때 산업재산권 양도에 따른 기타소득금액은 얼마인가?

① 3,000,000원 ② 4,000,000원
③ 6,000,000원 ④ 8,000,000원

해설
- 10,000,000 − 10,000,000 × 60% = 4,000,000원
- 필요경비 60% 인정 기타소득으로 실제 필요경비가 60%에 미달하면 60%의 필요경비를 적용한다.

정답 | 11. ③ 12. ③ 13. ④ 14. ① 15. ② 16. ②

17 소득세법상 결손금 및 이월결손금의 공제에 관한 설명 중 틀린 것은?

① 부동산임대업을 제외한 사업소득에서 발생한 이월결손금은 부동산임대업의 사업소득금액에서 공제할 수가 있고 부동산임대업에서 발생한 이월결손금도 다른 업종의 사업소득금액에서 공제할 수가 있다.
② 결손금은 사업소득에서 발생할 수가 있다.
③ 사업소득금액을 계산함에 있어 발생하는 결손금을 해당연도의 종합소득금액계산에 있어 다른 소득에서 공제할 경우, 근로소득·연금소득·기타소득·이자소득·배당소득의 순으로 공제한다.
④ 사업소득금액을 추계신고할 경우에는 이월결손금이 있더라도 이를 공제할 수가 없다.

해설 부동산임대업에서 발생한 이월결손금은 부동산임대업의 사업소득금액에서만 공제할 수 있다.

18 소득세법상 근로소득자와 사업소득자(다른 종합소득이 없는 자)에게 공통으로 적용될 수 있는 공제항목을 나열한 것은?

가. 부녀자공제	나. 자녀세액공제
다. 연금계좌 세액공제	라. 기부금세액공제
마. 신용카드소득공제	

① 가, 나, 마 ② 가, 라, 마
③ 나, 다, 마 ④ 가, 나, 다

해설 기부금세액공제의 경우 근로자만 적용받을 수 있으며, 사업소득이 있는 자는 기부금을 필요경비에 산입할 수 있다. 신용카드소득공제는 근로자에게만 적용된다.

19 다음 자료에 의한 A씨의 2025년도의 종합소득공제 중 기본공제대상 가족은 몇 명인가?

부양가족	연령	소득사항 및 기타
본 인	37세	사업소득금액 : 4,000만원
배우자	34세	근로소득금액 : 800만원
부 친	69세	소득 없음(2025년도 중 사망)
모 친	66세	이자소득금액 : 150만원 (비영업대금의이익)
장 남	11세	–
동 생	36세	사업소득금액 : 300만원(장애인)

① 3명 ② 4명
③ 5명 ④ 6명

해설
- 본인, 부친, 모친, 장남
- 모친의 비영업대금이익은 이자소득으로 금융소득 조건부 종합과세대상 2,000만원 이하이므로 분리과세 대상이다.

20 다음 자료에 의하여 근로소득자인 A씨의 2025년도 종합소득산출세액에서 공제되는 보험료세액공제는 얼마인가?

1. 건강보험료 본인 부담분	300,000원
2. 고용보험료 본인 부담분	200,000원
3. 자동차보험료	400,000원
4. 본인의 생명보험료 (만기에 환급되지 아니함)	700,000원
5. 국민연금 본인 부담분	500,000원

① 120,000원 ② 132,000원
③ 150,000원 ④ 1,100,000원

해설
- 국민연금 본인 부담분은 연금보험료소득공제 대상이다.
- 건강보험료와 고용보험료는 보험료특별소득공제 대상이다. 따라서 보험료세액공제 적용대상인 보험료는 자동차보험료와 생명보험료이며 한도는 100만원이다.
- 1,000,000 × 12% = 120,000원

21 다음 중 소득세법상 의료비세액공제 대상 의료비가 아닌 것은?

① 건강증진을 위한 보약 구입비용 30만원
② 장애인 보장구
③ 보청기구입을 위하여 지출한 비용 90만원
④ 난임치료비 500만원

해설 건강증진을 위한 의약품 구입비용은 포함하지 않는다.

정답 | 17. ① 18. ④ 19. ② 20. ① 21. ①

22 다음 자료에 의하여 소득세법상 2025년도 신용카드사용 소득공제액을 계산하시오.

> 1. 근로소득총급여액 : 25,000,000원
> 2. 신용카드 연간사용금액 : 15,000,000원
>   (전통시장 사용분은 없으며, 신차 승용차구입 카드사용액 8,000,000원이 포함됨)
> 3. 신용카드 사용기간 2025. 8. 1 ~ 2025. 12. 31

① 2,000,000원 ② 1,750,000원
③ 150,000원   ④ 112,500원

해설
- 신용카드사용액 : 15,000,000 - 8,000,000 = 7,000,000원
- 공제대상액 : (7,000,000 - 25,000,000 × 25%) × 15% = 112,500원
- 공제한도 : 300만원
- 신차 승용차구입 카드사용액은 공제대상이 아니다.
- 공제율 15% 적용

23 다음 중 근로소득이 있는 거주자의 소득세법상 특별세액공제에 대한 설명 중 틀린 것은?

① 대학원생인 거주자는 수업료 전액 교육비세액공제 대상이다.
② 아들이 대학생이라면 대학등록금은 1인당 연간 700만원까지 교육비세액공제 대상이다.
③ 표준세액공제는 연간 13만원까지 공제받을 수 있다.
④ 시력보정용 안경 등을 구비하기 위하여 지출한 1인당 연 50만원 이내의 금액은 의료비세액공제대상 의료비로 본다.

해설 아들이 대학생이라면 대학등록금은 1인당 연간 900만원까지 교육비세액공제 대상이다.

24 종합소득이 있는 거주자에 대하여 다음의 경우에 소득세법상 기본공제를 적용할 수 없는 경우는?

① 배당소득금액이 90만원인 생계를 같이 하는 62세의 부친
② 소득금액이 전혀 없는 생계를 같이하는 57세의 장모
③ 소득금액이 100만원인 19세의 차남
④ 은행예금이자 200만원만 있는 35세의 배우자

해설 60세 이상이어야 기본공제대상 부양가족이다.

25 다음은 소득세법상 특별세액공제에 대한 설명이다. 다음 설명 중 옳지 않은 것은?

① 보험료세액공제 대상인 기본공제대상자는 나이와 소득금액의 제한을 받으며 일반보장성 보험료 지출액의 15%를 공제한다.
② 의료비세액공제 대상인 기본공제대상자는 나이와 소득금액의 제한을 받지 아니하며 15%, 20% 또는 30%를 공제한다.
③ 교육비세액공제 대상인 기본공제대상자는 나이의 제한을 받지 아니하며 15%를 공제한다.
④ 기부금세액공제 대상인 기본공제대상자는 나이의 제한을 받지 아니하며 15%(1천만원 이하)를 공제한다.

해설 보험료세액공제는 일반 보장성보험료의 경우 12%, 장애인전용보장성보험료의 경우 15%를 공제한다.

26 다음은 소득세법상 각종 세액공제에 대한 설명이다. 타당하지 않은 것은?

① 근로소득세액공제의 경우 근로소득산출세액이 130만원 이하이면 근로소득산출세액의 55%를 공제한다.
② 총급여액 1억3천만원인 근로자의 근로소득세액공제 한도는 20만원이다.
③ 기장세액공제의 대상자는 사업소득금액이 있는 모든 거주자이다.
④ 기장세액공제액이 100만원을 초과하는 경우에는 100만원을 공제한다.

해설 기장세액공제의 대상자는 사업소득이 있는 간편장부대상자이다.

27 소득세법상 일용근로자에 대한 설명이다. 틀린 것은?

① 일용근로자의 근로소득이 일당(日當)으로 15만원 이하인 경우에는 부담할 소득세는 없다.
② 일용근로자의 산출세액은 일반근로자와 마찬가지로 근로소득금액에 기본세율(6%~45%)이 적용된다.
③ 일용근로자의 근로소득세액공제는 산출세액의 55%를 공제한다.
④ 일용근로자의 근로소득은 항상 분리과세한다.

정답 | 22. ④ 23. ② 24. ② 25. ① 26. ③ 27. ②

> **해설** 6% 단일세율을 적용한다.(소득세법 제129조 1항 4호)

28 다음 중 종합소득세 확정신고에 대한 설명으로 가장 틀린 것은?

① 연말정산된 근로소득과 분리과세소득만 있는 경우에는 확정신고를 하지 않을 수 있다.
② 납세의무자가 사망한 경우 그 상속인은 그 상속개시일이 속하는 달의 말일부터 6개월이 되는 날까지 사망일이 속하는 과세기간에 대한 해당 납세의무자의 과세표준을 신고하여야 한다.
③ 소득세 확정신고시 소득공제에 대한 증명서류를 제출하지 아니한 경우에는 종합소득공제 중 본인을 대상으로 하는 기본공제, 추가공제, 표준세액공제를 적용받을 수 없다.
④ 자진납부세액이 1천만원을 초과하는 경우에는 일정한 금액을 납부기한 경과 후 2개월 이내에 분납할 수 있다.

> **해설** 소득세 확정신고시 소득·세액공제에 대한 증명서류를 제출하지 아니한 경우에는 종합소득공제 중 본인에 대한 기본공제와 표준세액공제를 제외한 종합소득공제와 세액공제를 받을 수 없다. 그러나 확정신고 여부에 관계없이 소득·세액공제를 증명하는 서류를 나중에 제출한 경우에는 소득공제와 세액공제를 적용한다.

29 다음 중 소득세법상 복식부기의무자와 간편장부대상자에 대한 설명으로 틀린 것은?

① 증명서류수취불성실가산세는 소규모사업자와 추계신고자를 제외하고 모두 적용된다.
② 제조업의 경우 직전사업연도 수입금액이 1억5천만원에 미달하여야 간편장부대상자가 될 수 있다.
③ 복식부기의무자와 간편장부의무자 모두 신고불성실가산세의 적용을 받는다.
④ 추계결정·경정하는 경우 복식부기의무자는 단순경비율을 적용한다.

> **해설** 복식부기의무자는 기준경비율을 적용하는 것이 원칙이다.

30 거주자 이세원씨의 2025년 각 소득별 소득금액은 다음과 같다. 이세원씨의 2025년 과세되는 종합소득금액은 얼마인가?

- 사업소득금액(무역업) : 40,000,000원
- 사업소득금액(비주거용 부동산임대업) : △20,000,000원
- 사업소득금액(음식점업) : △10,000,000원
- 근로소득금액 : 25,000,000원

① 30,000,000원 ② 35,000,000원
③ 55,000,000원 ④ 65,000,000원

> **해설** 비주거용 부동산임대업에서 발생한 결손금은 해당연도의 다른 소득금액에서 공제할 수 없다.(소법 45조)
> 종합소득금액=40,000,000-10,000,000+25,000,000=55,000,000

31 다음 중 소득세법상 신고기한이 잘못된 것은?

① 종합소득 과세표준 확정신고기한 : 다음연도 5월 1일부터 5월 31일까지
② 부동산에 대한 양도소득과세표준의 예정신고기한 : 양도일이 속하는 달의 다음다음 달 말일까지
③ 사업장현황신고기한 : 해당 과세기간의 다음연도 2월 말일까지
④ 근로소득 원천징수의무자의 지급명세서 제출기한(일용근로자 제외) : 그 지급일이 속하는 연도의 다음연도 3월 10일까지

> **해설** 사업장현황신고는 다음연도 2월 10일까지

32 다음은 거주자 중 소득세법에 따라 반드시 종합소득 과세표준 확정신고를 하여야 하는 자는?

① 근로소득과 500만원의 기타소득금액이 있는 자
② 양도소득만 있는 자로서 자산양도차익 예정신고를 한 자
③ 분리과세 배당소득과 퇴직소득만 있는 자
④ 분리과세 이자소득, 근로소득 및 퇴직소득만 있는 자

> **해설** 기타소득금액이 300만원 이하이면 본인의 선택에 의하여 분리과세와 종합과세를 적용할 수 있지만 기타소득금액이 300만원을 초과하면 종합과세대상이므로 과세표준 확정신고를 하여야 한다.

정답 | 28. ③ 29. ④ 30. ③ 31. ③ 32. ①

PART 02
KcLep 따라하기

01 | 전산세무회계프로그램의 시작
02 | 프로그램의 첫걸음

01 전산세무회계프로그램의 시작

1 사용자 로그인

바탕화면에서 케이렙(KcLep) 교육용 아이콘을 클릭하면 아래와 같은 로그인 화면이 나타난다. 사용급수를 선택하고 회사코드 옆의 말풍선을 클릭하여 나타난 등록회사 리스트에서 회사코드와 회사명을 선택한 후 로그인을 클릭한다. 이때 드라이브는 C:\KcLepDB로 기본 설정되고 실행파일과 데이터가 저장된다.

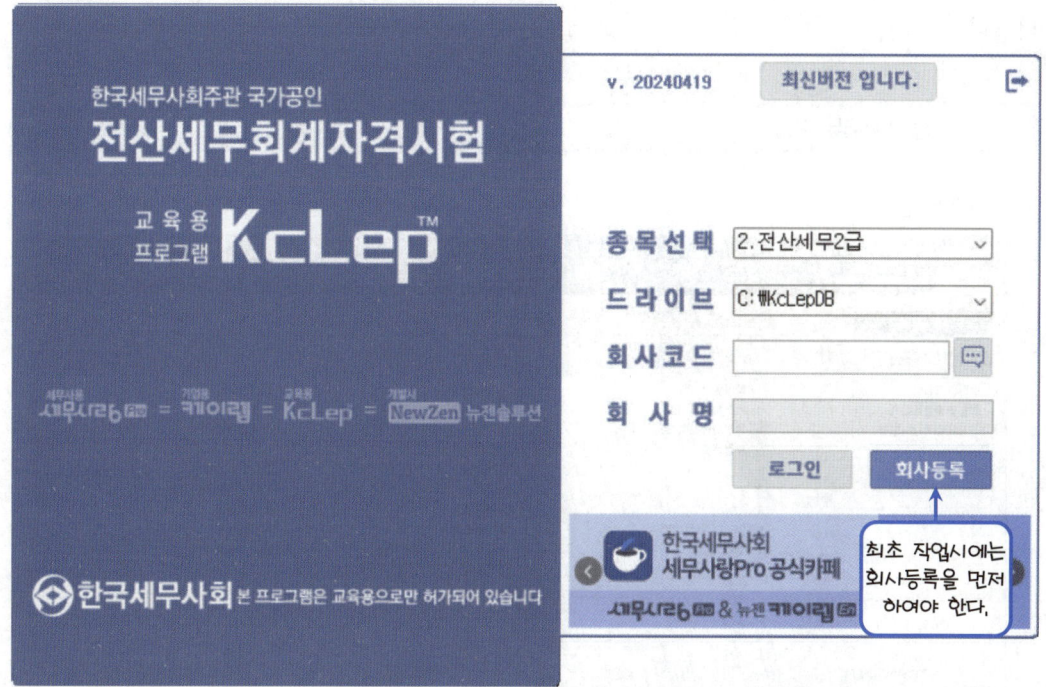

① 종목선택

사용자가 작업할 종목을 선택한다. 자격시험에 응시할 종목에 따라 실행메뉴와 기능, 내용면에서 차이가 있으므로 학습하고자 하는 종목을 정확히 선택하여야 한다.

② **회사코드**

작업할 회사의 코드를 선택한다. 최초 작업 시에는 「회사등록」을 선택하여 회사등록을 먼저 한 후에 선택한다. 등록된 회사가 이미 있을 때에는 '회사코드' 옆의 말풍선을 클릭하여 나타나는 '회사코드도움' 창에서 작업할 회사를 선택하고 확인하면 로그인이 된다.

③ **회사등록**

프로그램을 처음 사용하는 경우 클릭하여 작업할 회사의 기본정보를 등록할 때 선택한다.

2 전산세무2급 시작화면

급수선택에서 '전산세무2급'을 선택하면 회계관리, 부가가치 및 원천징수 모듈의 메뉴가 나타난다.

전산세무2급 기본메뉴 구성

1. 회계관리모듈

2. 부가가치 모듈

3. 원천징수 모듈

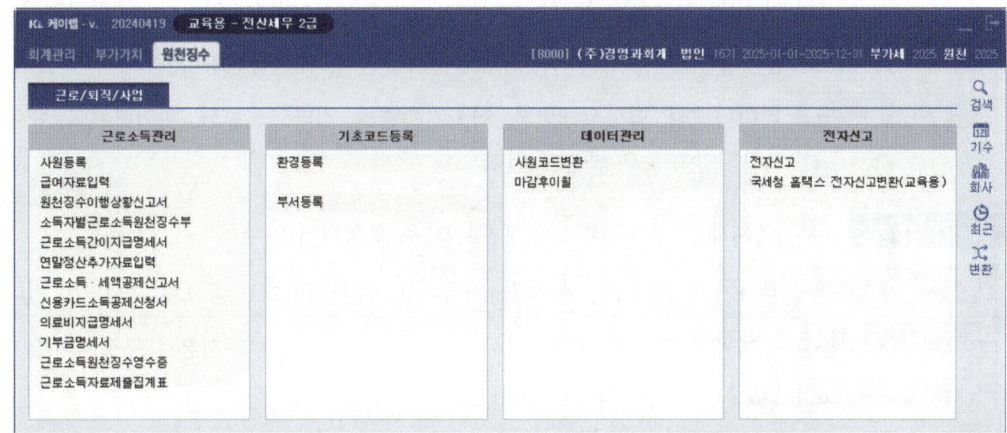

전산세무 2급의 구성

전산세무 2급의 가장 큰 특징은 부가가치세가 세분화되고 원천징수가 추가되는 것이다.

회계관리 [전표입력], [기초정보관리], [장부관리], [결산/재무제표], [전기분재무제표], [고정자산및감가상각], [자금관리], [데이터관리]로 구성되어 있다.

- **전표입력** 부가가치세신고 대상 자료는 [매입매출전표입력] 메뉴에서 입력하고 부가가치세신고 대상이 아닌 자료는 [일반전표입력] 메뉴를 이용한다.
- **기초정보관리** 입력하기 위한 환경등록, 회사등록, 거래처등록, 계정과목 및 적요등록 등의 메뉴로 구성되어 있다.
- **장부관리** 거래처원장, 계정별원장, 현금출납장 등 각종 장부를 조회할 수 있는 메뉴로 구성되어 있다.
- **결산/재무제표** 결산관련 자료의 입력 및 재무제표 관련 메뉴로 합계잔액시산표, 재무상태표, 손익계산서, 원가명세서, 이익잉여금처분계산서 등으로 구성되어 있다.
- **전기분재무제표** 전기분재무제표와 거래처별초기이월을 입력하는 메뉴와 결산이 완료된 후 차기로 이월하는 마감후이월 메뉴로 구성되어 있다.
- **고정자산및감가상각** 고정자산의 관리와 결산에 반영할 감가상각비를 계산할 수 있는 메뉴로 고정자산등록, 미상각분감가상각계산, 양도자산감가상각계산 등으로 구성되어 있다.
- **자금관리** 받을어음현황, 지급어음현황, 일일자금명세, 예적금현황 등의 메뉴가 있다.
- **데이터관리** 데이터백업, 회사코드변환, 회사기수변환, 기타코드변환, 데이터체크, 데이터저장및압축 등의 메뉴가 있다.

부가가치 [부가가치세], [부속명세서Ⅰ.Ⅱ.Ⅲ.]으로 구성되어 있다.

- **부가가치세** 부가가치세신고서, 세금계산서합계표, 계산서합계표 등으로 구성되어 있다.
- **부속명세서ⅠⅡⅢ** 공제받지못할매입세액명세서 등 부가가치세신고 부속서류로 구성되어 있다.
- **전자신고** 전자신고와 국세청 홈택스 전자신고변환으로 구성되어 있다.

원천징수 [근로소득관리], [기초코드등록], [데이터관리], [전자신고]로 구성되어 있다.

- **근로소득관리** 사원등록, 급여자료입력에 의하여 근로소득원천징수영수증과 원천징수이행상황신고서를 작성하며, 연말정산 및 부속서류작성 메뉴로 구성되어 있다.
- **기초코드등록** 환경등록과 회사등록 및 부서등록의 메뉴로 구성되어 있다.
- **데이터관리** 사원코드변환과 마감후 이월 작업을 한다.
- **전자신고** 전자신고와 전자신고변환으로 구성되어 있다.

CHAPTER 02 프로그램의 첫걸음

SECTION 01 | 기초정보관리

> • NCS 능력단위 : 0203020105회계정보시스템 능력단위요소 : 02회계프로그램운용하기
> 2.1 회계프로그램 매뉴얼에 따라 프로그램 운용에 필요한 기초 정보를 입력·수정할 수 있다.
> 2.2 회계프로그램 매뉴얼에 따라 정보 산출에 필요한 자료를 입력·수정할 수 있다.

회계처리를 하여야 하는 회사에 대한 기본적인 사항을 등록하여야 한다. 회계관리 모듈에서 '기초정보관리'의 메뉴와 '전기분재무제표'의 메뉴에서 입력하여야 한다.

기초정보관리 요약

단 계	구성항목	
1. 기초정보관리	• 회사등록 • 거래처등록	• 계정과목 및 적요등록 • 환경등록
2. 전년도 재무제표 입력	• 전기이월 작업 　- 전기분 재무상태표 　- 전기분 원가명세서 • 거래처별 초기이월	- 전기분 손익계산서 - 전기분 잉여금처분계산서

1 환경등록

업종이나 회사특성에 따라 사용자가 입력방법을 지정하여 보다 빠른 입력을 할 수 있도록 시스템 환경을 설정하는 메뉴이다. 시스템 환경 설정은 시스템 전반에 걸쳐 영향을 미치기 때문에 초기 설정 값을 신중하게 고려하여 결정한다.

전산세무 2급 과정은 제조업인 법인기업을 시험범위로 하므로 ②분개유형 설정에서 매출과 매입계정을 수정 또는 확인하고, ④부가세 포함 여부는 반드시 확인하여야 한다.

① **분개유형 설정(②)**

　㉠ 매출계정

　　매입매출전표입력 시 자동 분개되는 매출계정 코드의 기본값은 "401.상품매출"로 되어 있다. 그러나 전산세무 2급의 범위는 제조업이므로 "404.제품매출"로 수정하여야 한다.

　㉡ 매입계정

　　매입매출전표입력 시 자동 분개되는 매입계정 코드의 기본값이 "146.상품"으로 되어 있다. 그러나 전산세무 2급의 시험범위는 제조업이므로 "153.원재료"로 수정하여야 한다.

② **부가세 포함 여부(④)**

　㉠ 카과, 현과의 공급가액에 부가세 포함

　　자격시험에서는 공급가액을 줄 수도 있고 공급대가를 줄 수도 있다. 이러한 경우 환경등록의 내용을 알고 입력하는 것이 시간과 오류를 줄이는 방법이다.

　　1.전체포함, 2.매출만포함, 3.매입만포함 : 공급대가를 입력하면 공급가액과 부가가치세를 자동으로 구분 계산하는 방법

　　0.전체미포함 : 공급가액을 입력하여야 하며 부가가치세를 자동으로 계산하는 방법

　㉡ 건별 공급가액에 부가세 포함

　　건별은 법정증명서류가 없거나 일반영수증 등을 교부한 경우로 그 영수증에 부가가치세가 별도로 표시되어 있지 않다. 따라서 건별은 1.포함을 선택하는 것이 일반적이

다. 1.포함을 선택하면 공급대가를 입력하여야 하며 프로그램이 공급가액과 부가세를 자동으로 구분 계산한다.

③ 유형 (⑥)

유형에는 매입세액불공제 사유 중 자주 사용하는 것을 선택하고, 영세율매출 유형 중에서 자주 사용하는 것을 선택할 수 있다.

④ 고정자산 간편 자동등록 사용 (⑩)

고정자산을 취득하는 전표를 입력할 때 고정자산을 등록할 수 있는 창을 활성화할 수 있는 기능이다. 시험에서 특별한 말이 없으면 지나치면 된다.

2 회사등록

사업자등록증과 기타 회사관련 자료를 참고하여 입력한다. 입력된 자료는 모든 자료출력의 기본을 이루며, 계산의 기초가 되므로 정확하게 입력하여야 한다.

① 코드

코드 란에 커서를 놓고 등록할 회사의 코드번호를 "0101~9999"까지의 번호 중 사용자가 원하는 숫자를 선택하여 입력한다.

② 회사명

사업자등록증에 적혀 있는 법인명 또는 상호를 입력한다.

③ 구분과 미사용

사업자등록증 상 법인의 경우는 "1법인"을 개인의 경우는 "2개인"을 선택하고 미사용 란에는 "0시용"을 선택한다. "1미사용"을 선택하면 초기 로그인 화면의 회사코드에 나타나지 않는다.

④ 회계연도

개업일부터 당해년도까지 사업년도에 대한 기수와 회계기간을 입력한다.

⑤ 사업자등록번호, 법인등록번호

사업자등록증에 있는 사업자등록번호와 법인등록번호를 입력한다. 사업자등록번호와 법인등록번호는 일정한 규칙에 의해 부여된 번호이므로 오류인 경우 붉은색으로 표시된다.

⑥ 대표자명, 대표자주민번호, 업태, 종목

사업자등록증에 적혀 있는 내용과 일치하게 정확히 입력한다.

⑦ 주업종코드

주업종코드의 말풍선을 누른 후 보조창에서 입력하려는 회사의 업태 종목에 해당하는 주업종코드를 선택한다.

⑧ 사업장 주소

우편번호 란에 커서를 두고 F2 키를 누르거나 말풍선을 선택하면 우편번호 검색 창이 나타난다. 검색창에서 도로명의 두 글자를 입력한 후 Enter↵ 또는 검색을 누른다. 검색 화면에서 해당하는 주소를 선택하고 나머지 주소는 직접 입력한다.

⑨ 사업장관할세무서

F2 키를 누르거나 말풍선을 클릭하여 보조창에서 사업장관할세무서를 검색하여 선택한다.

⑩ 개업년월일

사업자등록증에 적혀 있는 개업년월일을 입력한다.

⑪ 법인 구분

1.내국법인, 2.외국법인, 3.외투기업 중 해당되는 법인 구분을 선택한다.

⑫ 법인종류별 구분

1.주권상장, 2.주권상장일반, 3.협회등록중소, 4.협회등록일반, 5.중소기업, 6.일반법인 등 해당되는 법인 종류를 선택한다. 자격시험에서는 중소기업이 일반적이다.

⑬ 추가사항 입력

추가사항 탭을 클릭하여 해당사항을 입력한다. 전자세금계산서 발급 수취를 위하여 6.신고담당자 이메일 란에 이메일주소를 입력한다.

다음은 본 교재의 따라하기 편에서 연습할 ㈜경영과회계의 회사등록 화면이다.

㈜경영과회계(회사코드 8000번)은 컴퓨터제조업을 영위하는 중소기업으로 당기(제16기)의 회계기간은 2025.01.01.~2025.12.31.이다.

○ 회사등록이 입력된 화면

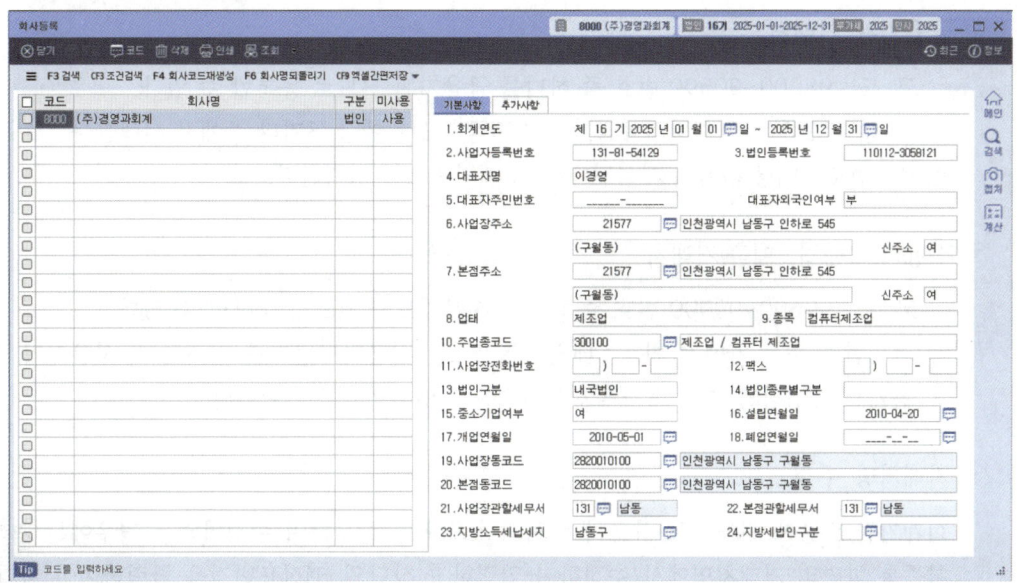

3 거래처등록

- NCS 능력단위 : 0203020105회계정보시스템   능력단위요소 : 01회계관련DB마스터관리하기
  1.1 DB마스터 매뉴얼에 따라 계정과목 및 거래처를 관리할 수 있다.

채권·채무에 대한 거래처 관리를 위한 기초작업이 거래처등록이다. 관리하고자 하는 거래처의 코드번호를 결정하고 기본정보를 등록한다. 거래처 관리가 필요 없는 거래처는 전표입력 시 상호만 입력하면 된다. 이처럼 상호만 입력하면 거래처별로 장부를 조회하거나 출력할 수 없다.

① 일반거래처

ㄱ. 코 드 : "00101~97999" 번호 중 사용자가 원하는 숫자 5자리까지 입력한다.
ㄴ. 거래처명 : 거래처의 상호를 입력한다.
ㄷ. 유 형 : 거래처의 유형을 1.매출 2.매입 3.동시 중에서 하나를 선택한다.
ㄹ. 사업자등록번호 : 우측의 사업자등록번호 텍스트 박스에 입력한다.
ㅁ. 기타 입력사항은 우측 해당란에 입력한다. 상세입력 안함에 체크하면 다음 거래처로 이동하고, 체크를 제거하면 커서가 5번에서 6번 연락처 텍스트 박스로 이동한다.

> **CHECK POINT** 거래처등록을 하여야 하는 채권 채무 계정과목들 : 확인
>
> 자격시험에서는 외상매출금, 외상매입금, 받을어음, 지급어음, 대여금, 차입금, 미수금, 미지급금, 선급금, 선수금, 가지급금, 가수금, 임차보증금, 임대보증금, 유동성장기부채 등에 대하여 거래처등록을 하여야 하며 실무에서는 모든 예금까지 거래처등록을 한다.

② 금융기관 거래처

　㉠ 코　드 : 98000~99599 번호 중 하나를 금융기관 코드로 등록할 수 있다.
　㉡ 구　분 : 1보통예금, 2당좌예금, 3정기적금, 4정기예금, 5기타 중에서 선택한다.
　㉢ 계좌번호 : 해당 은행에 개설된 통장의 계좌번호를 입력한다.

③ 신용카드(매입, 매출)거래처

　㉠ 코　드 : 99600~99999 번호 중 하나를 신용카드사 코드로 등록할 수 있다.
　㉡ 카드번호 또는 가맹점 번호 : 매입신용카드는 신용카드번호를 입력하고, 사용자가 신용카드 가맹점인 경우 즉 매출신용카드는 가맹점번호를 입력한다.

④ 거래처명 수정

회계기간 도중에 거래처의 상호가 바뀌거나 입력을 잘못하여 수정하려는 경우에는 거래처등록 화면의 거래처명에서 수정하여 입력하고 상단의 F11전표변경을 클릭하여야 한다. 전표변경을 클릭하지 않으면 이미 입력된 전표는 수정전의 상호로 나타나고, 거래처명을 변경한 후의 전표만 수정된 거래처명으로 표시된다.

⮕ 일반거래처등록이 입력된 화면

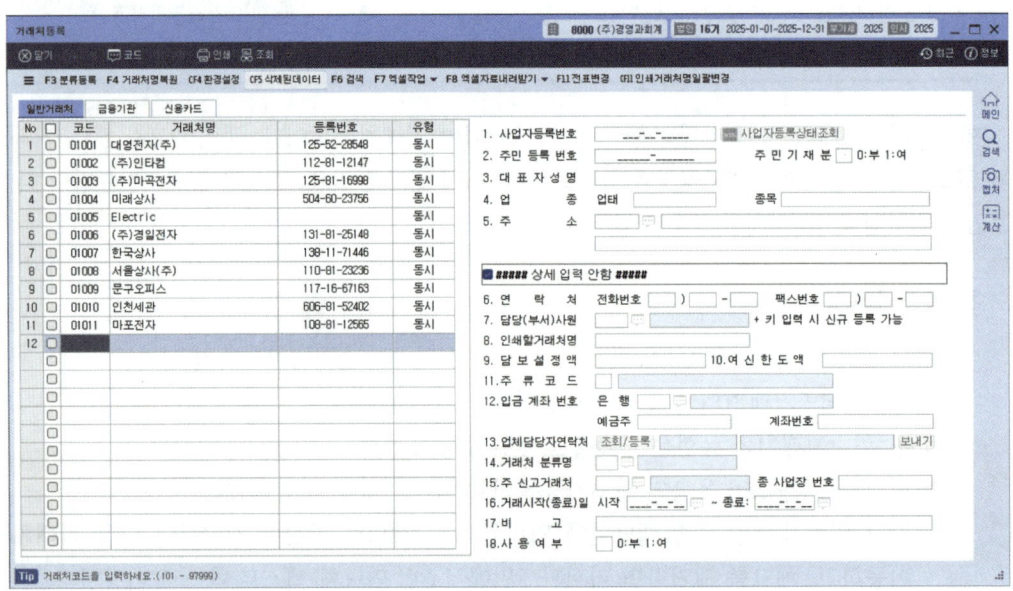

> **CHECK POINT**
>
> * 매출거래처에 대하여 전자세금계산서를 발급하려면 거래처의 사업자등록번호와 대표자명은 당연히 입력되어야 하고 추가로 14.업체담당자연락처(조회/등록)을 클릭하여 거래처의 담당자와 담당자의 이메일주소를 입력하여야 한다.

4 계정과목 및 적요등록

> • NCS 능력단위 : 0203020105회계정보시스템 능력단위요소 : 01회계관련DB마스터관리하기
> 1.1 DB마스터 매뉴얼에 따라 계정과목 및 거래처를 관리할 수 있다.

일반적으로 사용하는 계정과목은 프로그램에 기본으로 설정되어 있다. 회사의 특성에 따라 필요한 경우 계정과목을 수정하거나 추가(과목 추가)하여 사용할 수 있다. 계정과목 코드는 자산, 부채, 자본, 수익, 비용의 순으로 되어 있고 자산과 부채는 유동성배열 원칙에 따른다.

① **계정체계** : 화면 좌측에 있는 계정체계의 각 항목을 클릭하면 해당 체계에 속하는 계정과목이 우측에 나타난다. 새로운 계정과목을 추가하려면 해당하는 계정체계 내에서 사용자설정계정과목 란에서 추가하여야 한다.

② **코드/계정과목** : 코드와 계정과목은 유동성배열에 의한 계정체계로 설정되어 있다.
  ㉠ 적색계정과목 : 본래는 수정할 수 없으나, 필요에 따라 수정하려는 경우에는 Ctrl 키와 F2 키를 함께 눌러 우측의 계정코드명이 활성화되면 수정할 수 있다.
  ㉡ 흑색계정과목 : 수정이 필요한 경우, 우측 계정코드명에 커서를 두고 수정한다.
  ㉢ 사용자설정계정과목 : 사용하고자 하는 계정과목이 없는 경우 사용자설정계정과목에서 새로 등록하여 사용한다.

③ **성격** : 성격은 프로그램의 특성상 자동으로 재무제표 등을 작성하기 위해 별도로 구분해 놓은 것으로 변경하지 않고 그대로 사용하면 된다.

④ **관계** : 관계는 성격이 "4차감"인 계정의 경우에는 어느 계정에서 차감하는지를 나타내고 기타의 경우에는 회계처리를 함께 하여야 하는 계정을 표시한다.

⑤ **적요** : 적요는 현금적요와 대체적요로 구분하고, 적요의 추가등록이나 수정은 마우스로 해당하는 적요NO에 커서를 두고 추가등록하거나 수정할 수 있다.

➲ 계정과목 및 적요등록 화면

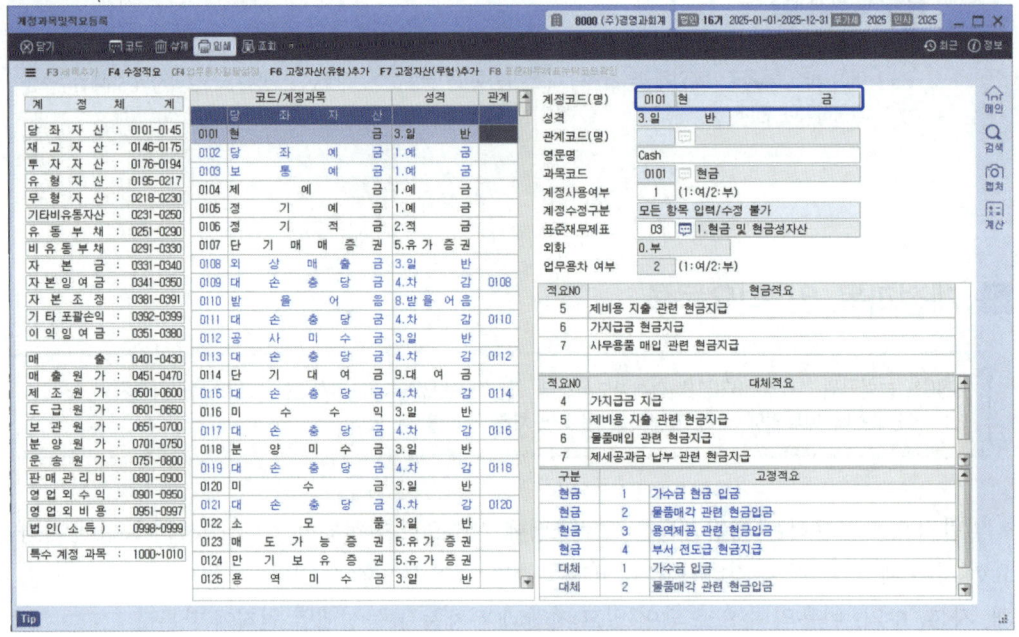

5 전기분 재무상태표

전기분재무상태표 상의 자산 부채 자본은 전기말 금액을 시작으로 당기에 계속하여 회계처리되어야 하므로 이월시켜야 하는데 이를 위하여 전기분재무상태표를 입력한다.

전기분재무상태표에 입력된 재고자산 중 제품계정은 "전기분손익계산서"의 제품매출원가부분에 기말제품재고액으로 연결되며, 원재료와 재공품 계정은 전기분원가명세서의 재료비와 제품제조원가에 연결된다. 거래처관리가 필요한 채권 채무에 해당하는 계정과목들은 "거래처별 초기이월" 메뉴에 의하여 거래처별 초기이월액을 입력할 수 있다.

① 매출원가의 기말재고액(제품)

전기분재무상태표에 입력된 제품계정의 금액은 제품매출원가의 기말제품재고액으로 자동 반영된다.

② 원가명세서의 기말재고액(원재료, 재공품)

㉠ 기말원재료재고액 : 전기분재무상태표의 원재료 계정 금액이 자동 반영된다.
㉡ 기말재공품재고액 : 전기분재무상태표의 재공품 계정 금액이 자동 반영된다.

CHECK POINT 전기분재무상태표 작성시 유의사항

① 계정과목코드와 금액을 입력하면 화면우측에 계정별합계에 자동 집계된다.
② 대손충당금, 감가상각누계액 등 차감과목은 설정대상 계정의 코드번호의 다음 번호를 사용하여야 하며 절대로 '-'로 입력하지 않는다(예 : 코드번호 108번 외상매출금에 대한 대손충당금은 코드번호 109번을 사용하여야 한다).
③ 가지급금과 가수금 계정은 계정과목 코드를 입력한 후 각 사원별로 가지급금 또는 가수금내역을 입력하여야 한다.
④ 퇴직급여충당부채는 하단에서 제조분과 판매관리비분을 구분하여 입력하여야 한다.
⑤ 보통주 자본금은 자본금(코드번호 : 331) 계정과목 코드를 사용한다.
⑥ 재무상태표에는 당기순이익을 입력하지 않는다.
⑦ 재무상태표에는 '미처분이익잉여금'으로 표시하나 프로그램에 입력할 때에는 "375. 이월이익잉여금"으로 입력하여야 한다. 377.미처분이익잉여금으로 입력하지 않아야 한다.
⑧ 화면 우측 하단의 대차차액은 없어야 한다.
⑨ 입력순서에 관계없이 코드순으로 정렬되므로 누락된 경우 입력화면 하단에 입력하면 된다.

○ 전기분재무상태표가 입력된 화면

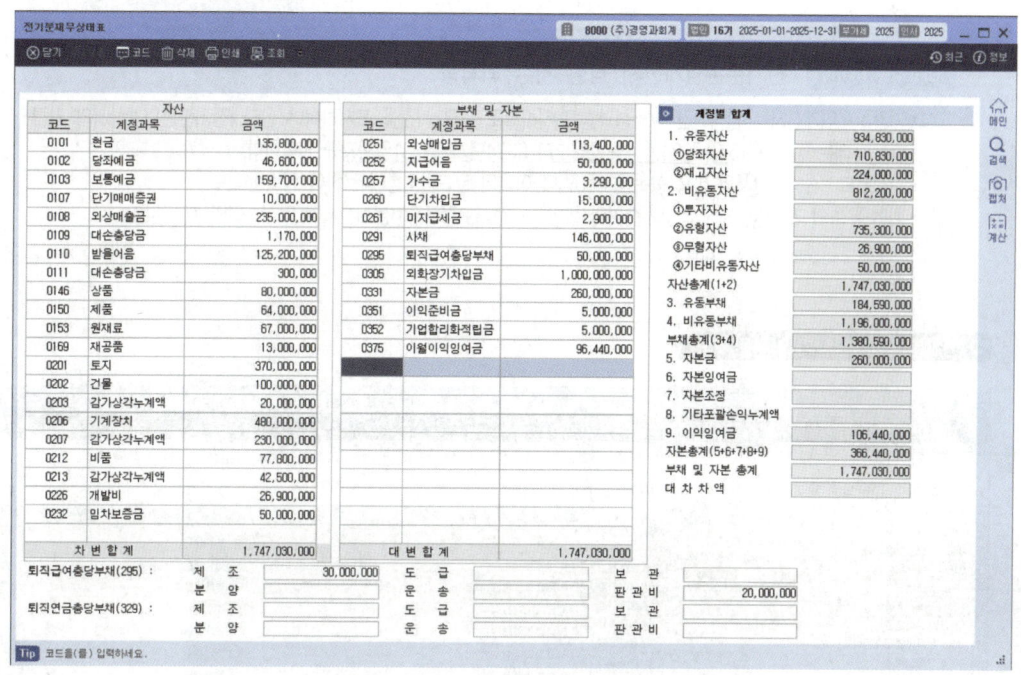

6 전기분 손익계산서

전기분손익계산서는 비교식 손익계산서의 자료를 제공함과 동시에 전기분재무상태표에 당기순이익을 반영하기 위하여 필수적으로 입력하여야 한다.

① 상품매출원가의 입력방법

"451.상품매출원가"를 선택하면 나타나는 보조창에서 기초상품재고액과 당기상품매입액 등의 항목을 입력한다. 기말상품재고액은 전기분재무상태표에 입력한 금액이 자동으로 반영되므로 기말상품재고액의 수정은 전기분재무상태표에서 하여야 한다.

② 제품매출원가의 입력방법

"455.제품매출원가"를 선택하면 나타나는 보조창에서 기초제품재고액과 당기제품제조원가를 입력한다. 기말제품재고액은 전기분재무상태표에 입력한 금액이 자동으로 반영된다.

> **CHECK POINT** 전기분손익계산서 작성 시 유의사항
> - 기간 : 손익계산서는 일정기간 경영성과를 표시하므로 해당 기간을 표시하여야 한다. 전기분손익계산서의 기간에는 <u>전기 제15기 2024년 1월 1일부터 2024년 12월 31일까지</u>를 입력한다.
> - 계정코드 : 손익계산서의 비용 항목은 800번대 이후의 코드번호를 사용하여 입력한다.
> - 화면 우측의 계정별합계에서 당기순이익 확인 → 전기분잉여금처분계산서에 당기순이익 자동반영

▶ 전기분손익계산서가 입력된 화면

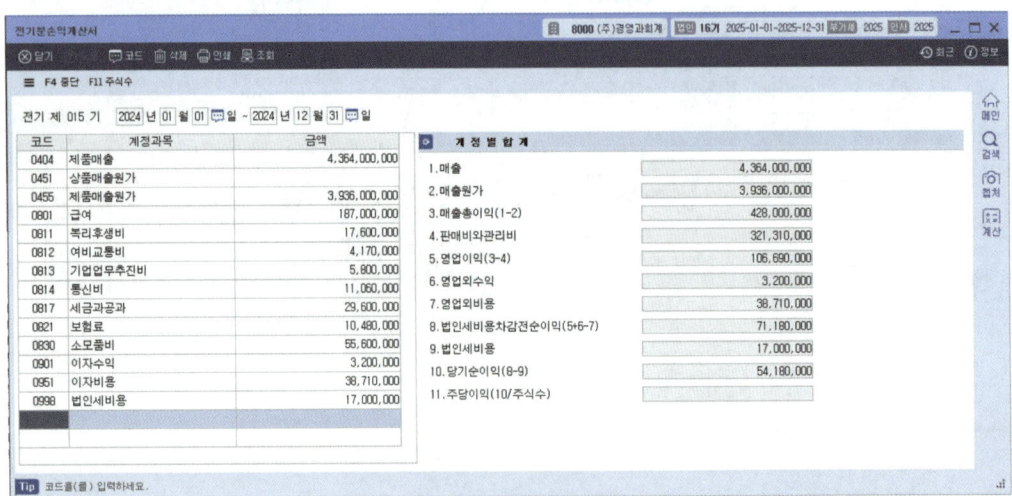

7 전기분 원가명세서

전기분원가명세서는 전기분손익계산서의 매출원가 항목 중 당기제품제조원가의 내용을 설명한다.

① 원가설정 : 매출원가및경비선택의 보조창에서 하단의 편집을 누르고 "455.제품매출원가와 500번대 제조" 라인에 커서를 두고 좌측의 사용여부에서 '1.여'를 선택한다. 매출원가및경비선택의 보조창이 열리지 않을 경우에는 F4 원가설정을 클릭하여 보조창을 활성화한다.

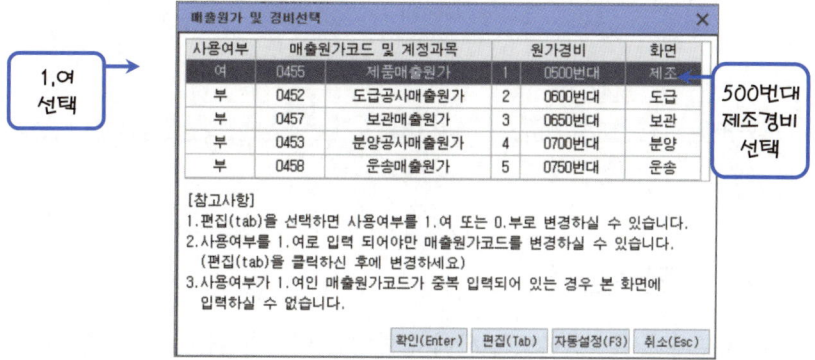

② 501.원재료비를 선택하면 나타나는 보조창에서 기초원재료재고액과 당기원재료매입액 등을 입력하고 기말원재료재고액은 전기분재무상태표에 입력한 금액이 자동반영 된다.

③ 원가명세서에 입력하는 계정과목은 '코드 500번대 경비'의 계정과목을 선택하여 입력한다.

④ 화면 우측의 계정별합계 중 "9.기말재공품재고액"은 전기분재무상태표에서 입력한 재공품의 금액이 자동으로 반영되어 있으나, "6.기초재공품재고액"과 "7.타계정에서대체액" 및 "10.타계정으로대체액"은 해당 란에 직접 입력하여야 한다.

⊃ 전기분원가명세서가 입력된 화면

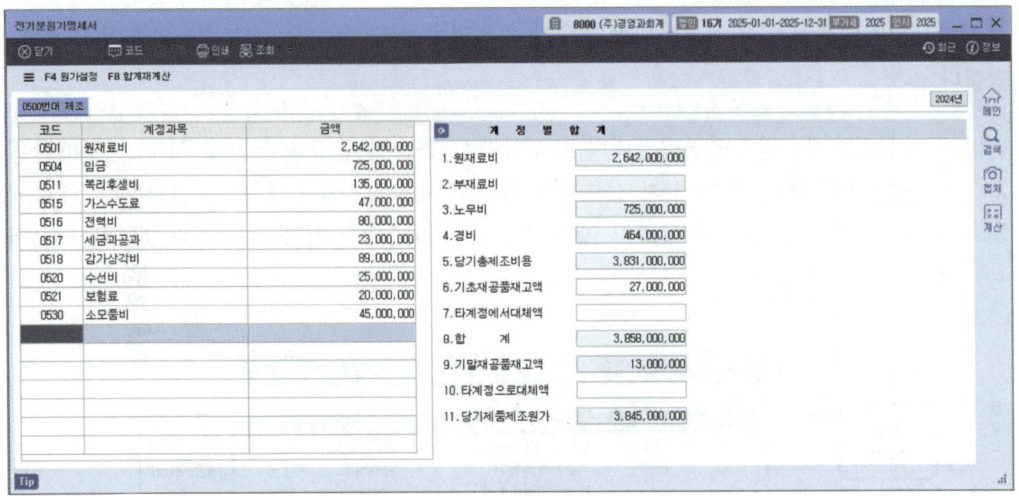

8 전기분 잉여금처분계산서

전기분이익잉여금처분계산서는 전년도 결산에서 발생한 이익잉여금(또는 결손금)에 대한 처분(또는 처리)내역을 표시하는 재무제표 부속서류이다.

① 전기분잉여금처분계산서 상단의 처분확정일자에 처분일을 입력한다. 2024년에 발생한 잉여금의 처분은 2025년 초에 하게 된다.

② 전기이월처분이익잉여금을 입력하고 당기순이익은 F6불러오기를 하면 당기순이익 란에 자동으로 반영된다.

③ 전기이월미처리결손금은 전기이월미처분이익잉여금 란에 (-)금액으로 입력하면 전기이월미처리결손금으로 자동으로 변경된다.

④ 입력 시 추가 입력이 필요하면, 화면상단의 F4 칸 추가를 누르고 빈 칸이 생기면 여기에 과목, 코드, 계정과목명을 추가하고 금액을 입력한다.

⑤ 전기분이익잉여금처분계산서의 삭제는 Ctrl + F3 (기본과목으로변경)을 클릭하여 삭제 후 다시 입력하여야 한다.

➲ 전기분 잉여금처분계산서가 입력된 화면

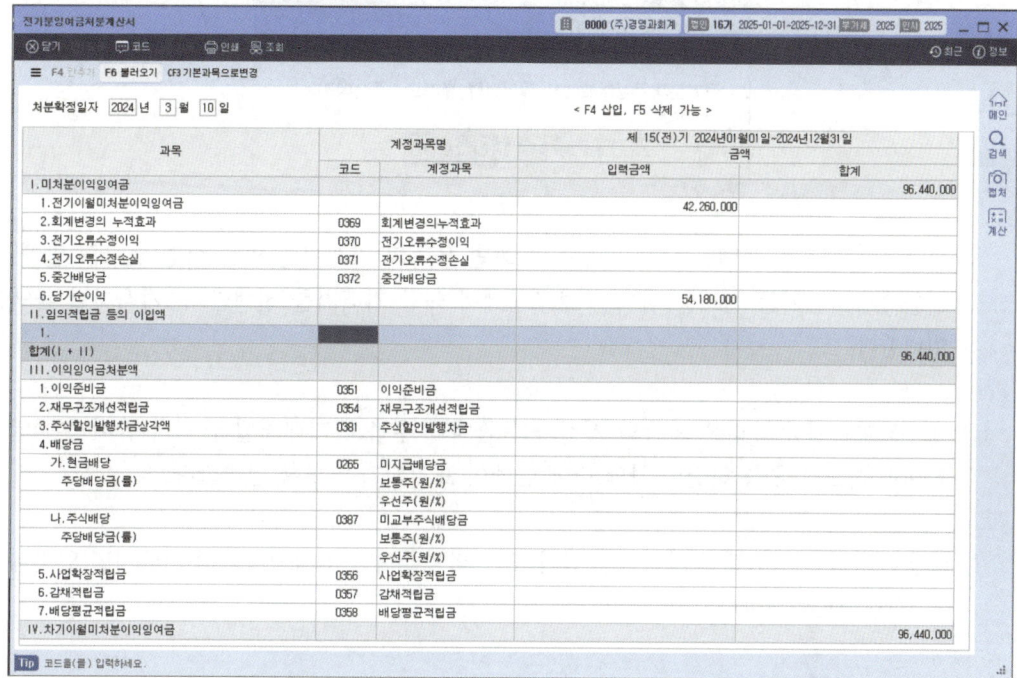

> **CHECK POINT** 전기분 재무제표의 연계(연결순서)
>
> 1. 전기분원가명세서의 당기제품제조원가는 전기분손익계산서의 당기제품제조원가와 같다.
> 2. 전기분손익계산서의 당기순이익과 전기분잉여금처분계산서의 당기순이익은 같다.
> 3. 전기분 잉여금처분계산서의 미처분이익잉여금은 전기분 재무상태표 이월이익잉여금이 된다.
>   ※ 전기분 원가명세서 → 전기분 손익계산서 → 전기분 잉여금처분계산서 → 전기분 재무상태표
>   　(당기제품제조원가)　　　(당기순이익)　　　(미처분이익잉여금)　　　(이월이익잉여금)

9 거래처별초기이월

거래처별초기이월은 거래처별로 관리가 필요한 채권·채무와 특정한 계정과목에 대하여 거래처별 장부를 만들기 위하여 필수적인 작업이다.

① 거래처등록 메뉴에 관리가 필요한 거래처가 등록되어 있어야 한다.

② 상단의 F4 불러오기 메뉴를 클릭하여 나타나는 보조창에서 예를 선택하면 전기분재무상태표에 입력된 모든 계정의 잔액을 불러온다.

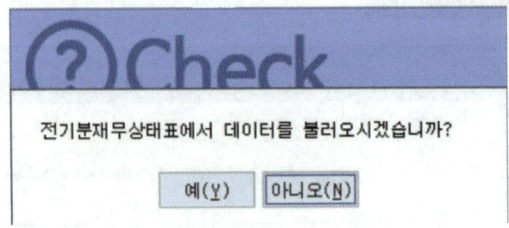

③ 해당 계정과목을 선택한 다음 마우스로 화면 우측의 거래처별 입력 화면의 코드 란에 커서를 놓고 F2 키를 눌러 나타나는 보조창에서 해당 거래처를 선택한 후 거래처별 금액을 입력한다.

④ 재무상태표에서 불러온 좌측의 계정과목 금액과 우측의 거래처별 금액의 합계액이 일치하여야 하므로 우측 하단의 차액 란에 금액이 표시되지 않도록 입력한다.

⑤ 해당 계정과목을 선택한 다음 ⇥ 탭키 또는 더블클릭하여 화면우측의 거래처별 입력메뉴로 이동하여 입력한다.

⑥ F2 키를 이용하여 해당 거래처를 선택한 후, 금액을 입력한다.

⑦ 화면 하단의 차액 란의 금액은 입력한 금액과 재무상태표 금액의 차이로 그 금액이 '0'이 되어야 한다.

⊃ 거래처별 초기이월이 입력된 화면

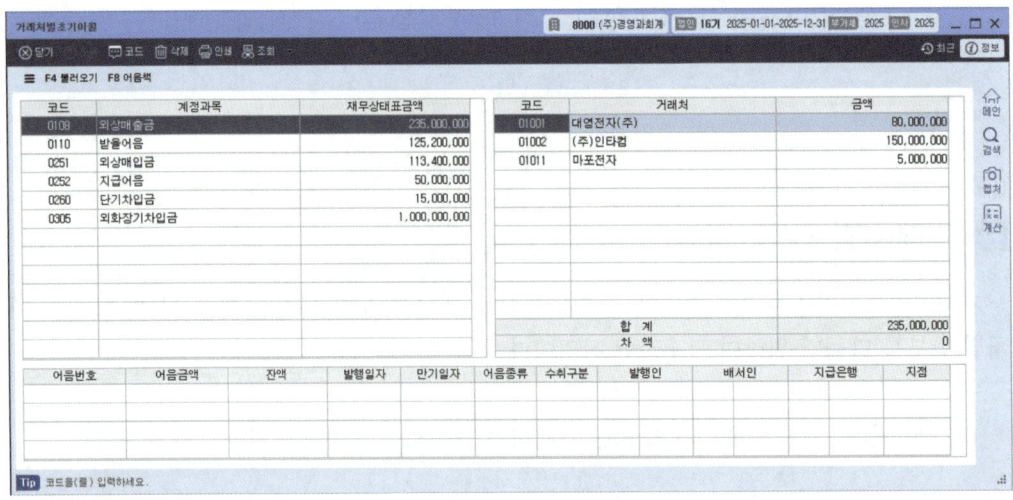

SECTION 02 | 전표입력/전자세금계산서

> • NCS 능력단위 : 0203020211전표관리 능력단위요소 : 02전표작성하기
> 2.1 회계상 거래를 현금거래 유무에 따라 사용되는 입금전표, 출금전표, 대체전표로 구분할 수 있다.
> 2.2 현금의 수입 거래를 파악하여 입금전표를 작성할 수 있다.
> 2.3 현금의 지출 거래를 파악하여 출금전표를 작성할 수 있다.
> 2.4 현금의 수입과 지출이 없는 거래를 파악하여 대체전표를 작성할 수 있다.

회계처리의 대상이 되는 모든 거래는 분개에 해당하는 '전표입력' 메뉴를 통하여 입력되고 입력된 회계자료는 각종 장부와 재무제표에 자동으로 반영된다.

전표입력은 부가가치세와 관계없는 거래는 '일반전표입력' 메뉴에서 부가가치세와 관계있는 거래는 '매입매출전표입력' 메뉴에서 입력하여야 한다. 특히 매입매출전표 입력자료는 부가가치 모듈의 [부가가치세신고서]와 [세금계산서합계표] 및 [매입매출장] 등에 자동으로 반영된다.

실무에서는 모든 거래는 관련 증명서류가 발생하므로 그 증명서류를 보고 입력하는 연습도 많이 필요하다. 증명서류에는 세법상 적격증명으로 인정되는 세금계산서, 계산서, 신용카드매출전표, 현금영수증 등과 적격증명으로 인정하지 아니하는 일반영수증이 있다.

전자세금계산서의 발급과 전송은 자격시험에서 아직 출제되지 않았지만 실무상 반드시 필요하므로 별도의 설명과 연습문제를 실었다. 전자세금계산서의 발급 전송을 요구하지 않는 문제에서 전자세금계산서를 발급하였다고 하면 단순히 전자란에 '여'를 선택 입력하면 된다.

1 일반전표입력

① 출금거래

ㄱ. 현금의 출금이 있는 거래는 구분에서 '1(출)'을 선택한 다음 차변계정과목을 입력한다. 계정과목의 코드 란에 커서를 놓고 계정과목의 두 글자를 입력한 후 Enter↵ 키를 쳐서 조회되는 계정과목 중 선택하는 방법으로 입력한다.

ㄴ. 거래처명 : 차변 계정과목의 관리가 필요한 경우 거래처코드와 거래처명을 입력한다. 거래처코드 란에 "+"키 또는 "00000"을 입력한 후 거래처명을 입력하고 Enter↵ 를 치면 이미 등록된 거래처는 코드번호를 표시해 주고, 등록되지 않은 거래처는 거래처등록의 메시지를 표시해 준다.

ㄷ. 적요 : 등록된 적요번호 중 하나를 선택하거나 직접 입력할 수 있으며, 등록된 적요내용을 수정하여 선택할 수도 있다.

ㄹ. 금액 : 출금거래 금액을 입력한다.

필수예제 따라하기

필수예제

(주)경영과회계(회사코드 : 8000)의 다음 거래를 일반전표입력 메뉴에 입력하시오.

1. 1월 5일 : 당사는 영업부 직원 이상경의 모친상 조의금으로 현금 100,000원을 지급하였다.
2. 1월10일 : 방송국에 납품입찰을 위하여 보증보험에 가입하면서 보험료 900,000원을 현금으로 지급하였다.
3. 1월15일 : (주)경일전자에 대한 외상매입금 1,000,000원을 현금으로 지급하였다.

따라하기

회계관리 모듈에서 전표입력의 일반전표입력 메뉴를 선택한다.

1. 일자 : 1월 5일

구분	코드	계정과목	코드	거래처명		적 요	금 액
1(출)	811	복 리 후 생 비			7	임직원경조사비 지급	100,000
분개	(차) 복리후생비		100,000		(대) 현 금		100,000

▶ 복리후생비의 계정과목 코드는 공장, 생산부, 생산직사원 등으로 제조원가를 구성하는 경우는 코드 511번을 선택하고, 영업부, 관리부, 사무용 등으로 판매비와관리비를 구성하는 경우는 코드 811번을 선택한다.

2. 일자 : 1월 10일

구분	코드	계정과목	코드	거래처명		적 요	금 액
1(출)	821	보 험 료			4	보증보험료 납부	900,000
분개	(차) 보험료		900,000		(대) 현 금		900,000

3. 일자 : 1월 15일

구분	코드	계정과목	코드	거래처명		적 요	금 액
1(출)	251	외 상 매 입 금	01006	㈜경일전자	1	외상매입금 현금지급	1,000,000
분개	(차) 외상매입금　　　1,000,000 (거래처 : 01006.(주)경일전자 입력)				(대) 현 금		1,000,000

▶ 채권·채무의 거래에 대해서는 반드시 거래처코드를 입력하여 거래처원장에 반영하여야 한다.

◆ 출금거래가 입력된 화면

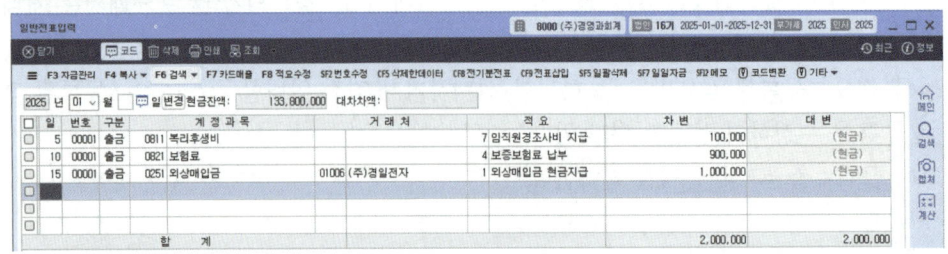

② 입금거래

㉠ 현금의 입금이 있는 거래는 구분에서 '2'를 선택한 다음 대변 계정과목을 입력한다.
㉡ 거래처명 : 대변 계정과목의 거래처관리가 필요한 경우 코드와 거래처명을 입력한다.
㉢ 적요 : 등록된 번호 중 선택하거나 직접 입력할 수 있으며, 등록된 적요내용을 수정하여 선택할 수 있다.
㉣ 금액 : 입금거래 금액을 입력한다.

필수예제 따라하기

필수예제

㈜경영과회계(회사코드 : 8000)의 다음 거래를 일반전표입력 메뉴에 입력하시오.

1. 2월 5일 : 보유 중인 (주)태평양화학의 주식에 대하여 배당금 1,000,000원을 금일 현금으로 수령하였다.
2. 2월 10일 : (주)인타컴과 제품 판매계약을 맺고 계약금조로 5,000,000원을 현금으로 받았다.
3. 2월 15일 : 대영전자(주)의 외상매출금 800,000원을 현금으로 회수하였다.

따라하기

1. 일자 : 2월 5일

구분	코드	계정과목	코드	거래처명	적요		금액
2(입)	903	배 당 금 수 익			1	현금배당금 수령	1,000,000
분개	(차) 현 금		1,000,000		(대) 배당금수익		1,000,000

2. 일자 : 2월 10일

구분	코드	계정과목	코드	거래처명	적요		금액
2(입)	259	선 수 금	01002	(주)인타컴	2	매출관련선수금 현금수령	5,000,000
분개	(차) 현 금		5,000,000		(대) 선수금		5,000,000
					(거래처 : 01002.(주)인타컴 입력)		

▶ 채권·채무의 거래에 대해서는 반드시 거래처코드를 입력하여 거래처원장에 반영하여야 한다.

3. 일자 : 2월 15일

구분	코드	계정과목	코드	거래처명	적요		금액
2(입)	108	외 상 매 출 금	01001	대영전자(주)	1	외상매출대금 현금회수	800,000
분개	(차) 현 금		800,000		(대) 외상매출금		800,000
					(거래처 : 01001.대영전자(주) 입력)		

⊃ 입금거래가 입력된 화면

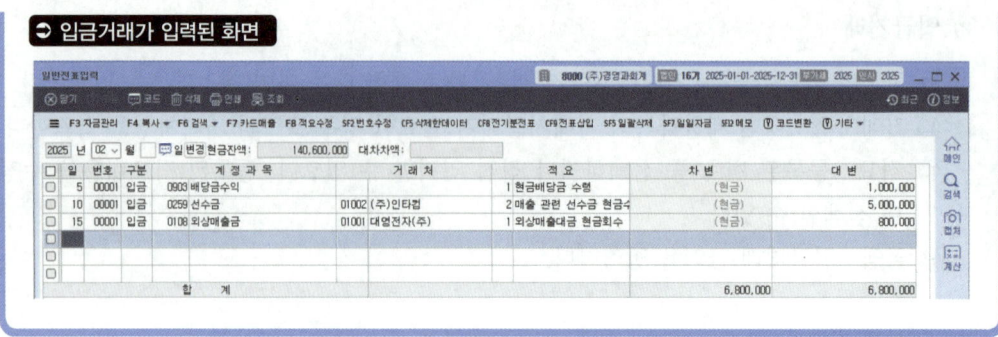

③ 대체거래

㉠ 대체거래(일부현금거래 포함)는 구분 '3차변'을 선택하여 차변 계정과목에 대한 거래처명, 적요, 금액을 입력한 다음 구분 '4대변'을 선택하여 대변 계정과목에 대한 거래처명, 적요, 금액을 입력한다.
　ⓐ 입력 순서는 대변을 먼저 입력하고 차변을 다음 줄에 입력하여도 된다.
　ⓑ 차변 계정과목이 둘 이상이거나 대변 계정과목이 둘 이상인 거래도 있다.
　ⓒ 대체거래의 입력 시(구분 3 또는 4)에도 현금(101) 계정의 입력은 가능하다.
㉡ 거래처명 : 거래처관리가 필요한 경우 거래처코드와 거래처명을 입력한다.
㉢ 적요 : 등록된 번호 중 선택하거나 직접 입력할 수 있으며, 등록된 적요내용을 수정하여 선택할 수 있다.
㉣ 금액 : 대체거래의 계정과목별 거래금액을 입력한다.

필수예제 따라하기

필수예제

㈜경영과회계(회사코드 : 8000)의 다음 거래를 일반전표입력 메뉴에 입력하시오.

1. 3월 5일 : 매출처 직원과 강원식당에서 식사를 하고 식대 150,000원을 법인카드(오성카드)로 결제하였다.
2. 3월10일 : 서울상사(주)의 외상매입금 800,000원을 당사 보통예금계좌에서 인출하여 지급하였다.
3. 3월15일 : (주)인타컴의 외상매출금 500,000원이 당사 보통예금계좌로 입금되었다.
4. 3월20일 : 대영전자(주)에서 외상매출금 5,000,000원에 대하여 현금으로 2,000,000원 회수하고 잔액은 동사 발행 약속어음으로 받았다.

> 따라하기

1. 일자 : 3월 5일

구분	코드	계정과목	코드	거래처명		적 요	금 액
3(차)	813	기업업무추진비		강원식당	1	신용카드등사용일반접대비	150,000
4(대)	253	미지급금	99600	오성카드	7	경비 미지급금발생	150,000
분개	(차) 기업업무추진비		150,000		(대) 미지급금		150,000

2. 일자 : 3월 10일

구분	코드	계정과목	코드	거래처명		적 요	금 액
3(차)	251	외상매입금	01008	서울상사(주)		외상매입금 보통예금결제	800,000
4(대)	103	보통예금			4	외상매입대금 예금결제	800,000
분개	(차) 외상매입금		800,000		(대) 보통예금		800,000

3. 일자 : 3월 15일

구분	코드	계정과목	코드	거래처명		적 요	금 액
3(차)	103	보통예금			1	외상물품대금 예금입금	500,000
4(대)	108	외상매출금	01002	(주)인타컴	4	외상매출금 보통예금회수	500,000
분개	(차) 보통예금		500,000		(대) 외상매출금		500,000

4. 일자 : 3월 20일

구분	코드	계정과목	코드	거래처명		적 요	금 액
3(차)	101	현금				외상매출금 현금회수	2,000,000
3(차)	110	받을어음	01001	대영전자(주)	3	외상매출금 어음회수	3,000,000
4(대)	108	외상매출금	01001	대영전자(주)		외상매출금 회수	5,000,000
분개	(차) 현금 받을어음		2,000,000 3,000,000		(대) 외상매출금		5,000,000

➡ 대체거래가 입력된 화면

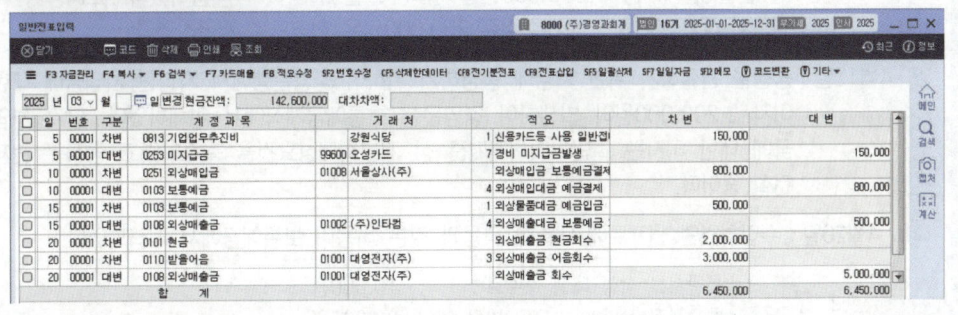

> 필수예제 따라하기

[자 산]

> 필수예제

㈜경영과회계(회사코드 : 8000)의 다음 거래를 일반전표입력 메뉴에 입력하시오.

1. 4월 1일 : (주)경영과회계는 서울상사(주)에 대한 외상매입금과 (주)마곡전자에 대한 받을어음이 각각 1,000,000원이 있는데, 서울상사(주)의 외상매입금을 지급하기 위하여 (주)마곡전자의 받을어음을 배서양도 하였다.

2. 4월 2일 : 회사는 부족한 운영자금 문제를 해결하기 위해 보유 중인 마포전자의 받을어음 1,000,000원을 경영은행에 현금으로 매각하였다. 은행 수수료는 5%를 지급하였다(매각거래로 처리할 것).

3. 4월 3일 : 마포전자의 부도로 동사의 외상매출금 잔액이 회수불능 되었다(부가가치세와 대손세액공제는 무시할 것).

4. 4월 4일 : 단기간의 매매차익 목적으로 구입한 상장주식 300주(장부금액 3,000,000원)를 증권거래소에서 1주당 9,000원에 처분하고, 수수료와 증권거래세 80,000원을 차감한 잔액을 보통예금계좌로 이체 받았다.

5. 4월 5일 : 업무차 지방 출장을 가게 된 영업팀 사원의 출장비로 1,000,000원을 회사 보통예금통장에서 계좌이체 하여 지급하였고 사후 정산하기로 하였다(전도금계정을 사용할 것).

6. 4월 6일 : 확정급여형 퇴직연금제도로 변경하고 퇴직금추계액 2,700,000원 전액을 경영은행에 현금으로 불입하다.

> - 확정기여(DC)형 퇴직연금 : 퇴직급여(비용)로 처리
> - 확정급여(DB)형 퇴직연금 : 코드.186 퇴직연금운용자산(투자자산)으로 처리
> - 확정기여형 퇴직연금에 가입하면 퇴직급여충당부채를 설정할 필요가 없지만 확정급여형 퇴직연금에 가입하면 퇴직급여충당부채를 설정하여야 한다.

7. 4월 7일 : (주)용인상사로부터 토지를 50,000,000원에 현금으로 매입하였다. 장기간 투자목적으로 취득하였으며 당일 취득세 1,000,000원은 현금 납부하였다.

8. 4월10일 : 공장 창고 신축용 토지 20,000,000원을 (주)대원건설에서 구입하면서 토지대금과 구 건물 철거비용 1,000,000원을 당좌수표를 발행하여 지급하였다. 토지등기 시 취득세 400,000원과 중개수수료 250,000원은 현금으로 지급하였다.

9. 4월12일 : 공장을 건설하기 위한 자금에 충당하기 위하여 경영은행에서 차입한 차입금에 대한 이자 2,200,000원이 발생하여 경영은행 보통예금계좌에서 이체하였다. 당기 차입금에 대한 이자는 일반기업회계기준 상 자본화대상요건을 충족하였고 공장은 현재 건설 중이다.

10. 4월20일 : 수입하였던 원재료에 대하여 다음과 같은 비용이 보통예금에서 지급되었다.

> - 통관서류 작성 대행 수수료 :   10,000원
> - 창고까지 운반에 소요된 비용 :   20,000원

따라하기

회계관리 모듈에서 전표입력의 일반전표입력 메뉴를 선택한다.

1. 일자 : 4월 1일

구분	코드	계정과목	코드	거래처명	적요	금액
3(차)	251	외상매입금	01008	서울상사(주)	외상매입금지급 어음양도	1,000,000
4(대)	110	받을어음	01003	(주)마곡전자	4 외상매입금배서양도결제	1,000,000
분개	(차) 외상매입금		1,000,000		(대) 받을어음	1,000,000

2. 일자 : 4월 2일

구분	코드	계정과목	코드	거래처명	적요	금액
4(대)	110	받을어음	01011	마포전자	5 어음할인액	1,000,000
3(차)	956	매출채권처분손실			어음할인료	50,000
3(차)	101	현금			어음할인액 현금수령	950,000
분개	(차) 매출채권처분손실 현금		50,000 950,000		(대) 받을어음	1,000,000

▶ 어음할인의 거래를 차입거래로 처리하면 다음과 같이 분개한다.
   (차) 현금   950,000   (대) 단기차입금   1,000,000
       이자비용   50,000   (경영은행)

3. 일자 : 4월 3일

구분	코드	계정과목	코드	거래처명	적요	금액
3(차)	109	대손충당금			3 외상매출금 대손상계	1,170,000
3(차)	835	대손상각비			1 외상매출금의 대손	3,830,000
4(대)	108	외상매출금	01011	마포전자	외상매출금의 대손	5,000,000
분개	(차) 대손충당금 대손상각비		1,170,000 3,830,000		(대) 외상매출금	5,000,000

▶ 마포전자의 외상매출금 잔액은 거래처원장을 조회하고 대손충당금 잔액은 계정별원장을 조회한다.

4. 일자 : 4월 4일

구분	코드	계정과목	코드	거래처명	적요	금액
4(대)	107	단기매매증권			5 단기매매증권매도	3,000,000
3(차)	103	보통예금			단기매매증권매도	2,620,000
3(차)	958	단기투자자산처분손실			단기매매증권매도	380,000
분개	(차) 보통예금 단기투자자산처분손실		2,620,000 380,000		(대) 단기매매증권	3,000,000

▶ 단기투자자산처분손실 : 3,000,000 − {(300주 × 9,000) − 80,000} = 380,000원

5. 일자 : 4월 5일

구분	코드	계정과목	코드	거래처명	적요	금액
3(차)	138	전 도 금			출장비 보통예금지급	1,000,000
4(대)	103	보 통 예 금			출장비 보통예금지급	1,000,000
분개	(차) 전도금		1,000,000		(대) 보통예금	1,000,000

6. 일자 : 4월 6일

구분	코드	계정과목	코드	거래처명	적요	금액
1(출)	186	퇴직연금운용자산			퇴직연금부담금 납부	2,700,000
분개	(차) 퇴직연금운용자산		2,700,000		(대) 현 금	2,700,000

7. 일자 : 4월 7일

구분	코드	계정과목	코드	거래처명	적요	금액
1(출)	183	투 자 부 동 산			투자목적 토지구입	51,000,000
분개	(차) 투자부동산		51,000,000		(대) 현 금	51,000,000

8. 일자 : 4월 10일

구분	코드	계정과목	코드	거래처명	적요	금액
3(차)	201	토 지			토지 구입	21,650,000
4(대)	102	당 좌 예 금			토지 구입	21,000,000
4(대)	101	현 금			토지 구입	650,000
분개	(차) 토 지		21,650,000		(대) 당좌예금 현 금	21,000,000 650,000

9. 일자 : 4월 12일

구분	코드	계정과목	코드	거래처명	적요	금액
3(차)	214	건 설 중 인 자 산			건설자금이자 지급	2,200,000
4(대)	103	보 통 예 금			건설자금이자 지급	2,200,000
분개	(차) 건설중인자산		2,200,000		(대) 보통예금	2,200,000

▶ 차입자금의 자본화란 유형자산의 건설에 충당한 차입금의 이자를 해당 자산의 원가로 처리하는 것이다.

10. 일자 : 4월 20일

구분	코드	계정과목	코드	거래처명	적요	금액
3(차)	153	원 재 료			2 원재료매입 부대비용	30,000
4(대)	103	보 통 예 금			원재료매입 부대비용	30,000
분개	(차) 원재료		30,000		(대) 보통예금	30,000

➲ 자산 거래가 입력된 화면

필수예제 따라하기

[부 채]

필수예제

㈜경영과회계(회사코드 : 8000)의 다음 거래를 일반전표입력 메뉴에 입력하시오.

1. 5월 5일 : 원재료매입처 서울상사(주)의 외상매입금 10,000,000원에 대하여 사전 약정에 의해 300,000원을 할인받고 잔액은 현금으로 지급하였다(단, 부가가치세는 고려하지 않는다).

2. 5월10일 : 매입처 (주)경일전자로부터 외상으로 매입한 상품 중 품질불량으로 인해 에누리 받은 금액이 500,000원이다. 단, 부가가치세는 고려하지 아니한다.

3. 5월15일 : 만기 3년짜리 액면 6,000,000원인 사채를 5,800,000원으로 (주)영동에 할인발행하여 보통예금에 입금되었고 사채발행비는 25,000원 발생하여 현금으로 지급하였다.

4. 5월20일 : Electric에 대한 외화장기차입금 $4,000(원화 4,480,000원)을 보통예금에서 달러화로 환전하여 상환하였다. 당일의 적용환율은 1$당 1,300원이었다.

5. 5월25일 : 퇴사한 생산부 직원 나태만에 대한 퇴직금 7,000,000원 중 소득세와 지방소득세(소득분) 합계 110,000원을 원천징수하고 잔액을 현금으로 지급하였다(회사는 퇴직급여충당부채를 설정하고 있음).

> 따라하기

회계관리 모듈에서 전표입력의 일반전표입력 메뉴를 선택한다.

1. 일자 : 5월 5일

구분	코드	계정과목	코드	거래처명	적요	금액
3(차)	251	외상매입금	01008	서울상사(주)	외상매입금 현금지급	10,000,000
4(대)	155*	매입할인			1 매입할인시 외상대금상계	300,000
4(대)	101	현　　금			외상매입금 지급	9,700,000
분개	(차) 외상매입금　　　　10,000,000　　　　(대) 매입할인　　　　300,000 　　　　　　　　　　　　　　　　　　　　현　금　　　　9,700,000					

▶ 원재료 매입액에 대한 할인은 원재료의 차감과목인 코드155.매입할인 계정으로 입력한다.

2. 일자 : 5월 10일

구분	코드	계정과목	코드	거래처명	적요	금액
3(차)	251	외상매입금	01006	(주)경일전자	매입에누리	500,000
4(대)	147	매입환출및에누리			매입에누리	500,000
분개	(차) 외상매입금　　　　500,000　　　　(대) 매입환출및에누리　　　　500,000					

3. 일자 : 5월 15일

구분	코드	계정과목	코드	거래처명	적요	금액
3(차)	103	보통예금			사채발행액 예입	5,800,000
4(대)	291	사　　채			1 회사채발행	6,000,000
3(차)	292	사채할인발행차금			사채발행차금	225,000
4(대)	101	현　　금			사채발행비 지급	25,000
분개	(차) 보통예금　　　　5,800,000　　　　(대) 사　채　　　　6,000,000 　　　사채할인발행차금　　225,000　　　　　현　금　　　　25,000					

4. 일자 : 5월 20일

구분	코드	계정과목	코드	거래처명	적요	금액
3(차)	305	외화장기차입금	01005	Electric	외화장기차입금 상환	4,480,000
3(차)	952	외환차손			4 차입금상환시 환차손	720,000
4(대)	103	보통예금			외화장기차입금 상환	5,200,000
분개	(차) 외화장기차입금　　4,480,000　　　　(대) 보통예금　　　　5,200,000 　　　외환차손　　　　　720,000					

5. 일자 : 5월 25일

구분	코드	계정과목	코드	거래처명		적 요	금 액
3(차)	295	퇴직급여충당부채		나태만	2	퇴직시퇴직충당부채상계	7,000,000
4(대)	254	예 수 금		나태만		퇴직금지급시 예수	110,000
4(대)	101	현 금				퇴직금 지급	6,890,000
분개	(차) 퇴직급여충당부채		7,000,000		(대) 예 수 금 현 금		110,000 6,890,000

▶ 퇴직급여충당부채를 계정별원장에서 확인하여 퇴직급여충당부채를 먼저 상계하고, 부족하면 퇴직급여로 회계 처리 한다.

⊙ 부채 거래가 입력된 화면

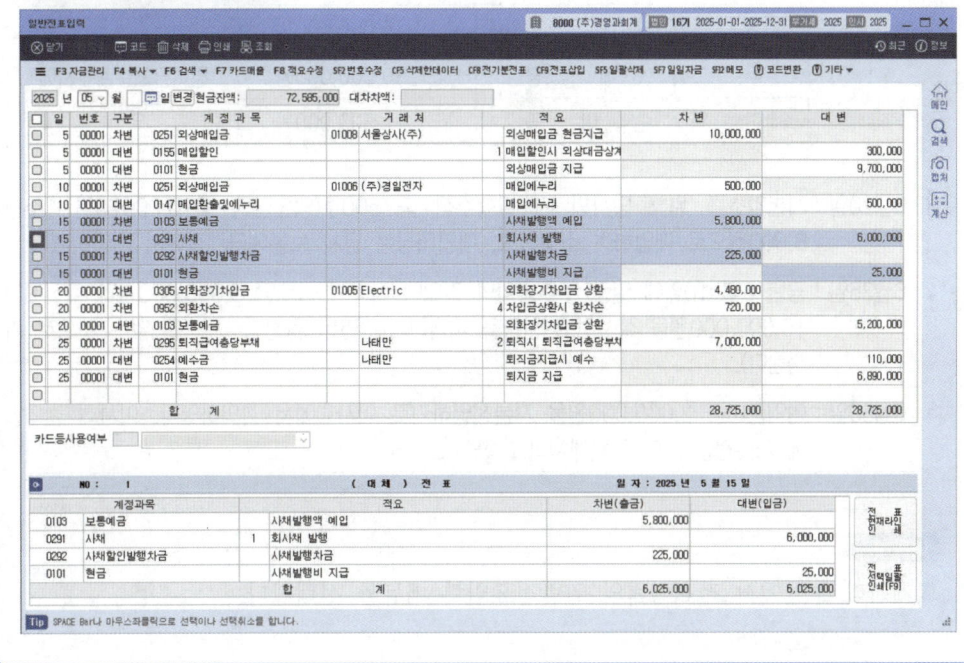

필수예제 따라하기

[자 본]

필수예제

㈜경영과회계(회사코드 : 8000)의 다음 거래를 일반전표입력 메뉴에 입력하시오.

1. 6월 5일 : 유상증자를 위하여 신주 2,000주(액면 @10,000원)를 1주당 12,000원에 발행하고 대금은 전액 당좌예입하였으며, 주식발행과 관련된 법무사수수료 400,000원은 현금으로 지급되었다.

2. 6월10일 : 2024년도 결산 주주총회에서 이익잉여금 처분액을 다음과 같이 확정 결의하였다(입력 편의상 분개는 6월 10일로 하고, 잉여금처분 결의일은 3월 10일로 입력할 것).

처분내역	금 액	비 고
현 금 배 당	5,000,000원	전기분 잉여금처분계산서에 반영할 것
주 식 배 당	10,000,000원	
이 익 준 비 금	500,000원	

3. 6월20일 : 자본감소를 위해 당사의 기 발행주식 중 500주(액면금액 @10,000원)를 1주당 8,000원으로 매입하여 소각하고, 매입대금은 당사 보통예금계좌에서 지급하였다.

4. 6월25일 : 금년 6월 10일에 열린 주주총회의 결의에 따라 현금배당 5,000,000원과 주식배당 10,000,000원을 실시하고 현금을 지급하다(관련된 원천징수세액은 없는 것으로 가정한다).

5. 6월30일 : 이익준비금 2,000,000원을 자본전입하기로 이사회에서 결의하였다. 이사회 결의일에 자본전입에 대한 회계처리를 하시오.

따라하기

회계관리 모듈에서 전표입력의 일반전표입력 메뉴를 선택한다.

1. 일자 : 6월 5일

구분	코드	계정과목	코드	거래처명	적 요	금 액
4(대)	331	자 본 금			유상증자	20,000,000
3(차)	102	당 좌 예 금			유상증자	24,000,000
4(대)	101	현 금			유상증자	400,000
4(대)	341	주식발행초과금			유상증자	3,600,000
분개	(차) 당좌예금　　　　　24,000,000　　　　(대) 자 본 금　　20,000,000 　　　　　　　　　　　　　　　　　　　　　　주식발행초과금　3,600,000 　　　　　　　　　　　　　　　　　　　　　　현　　　금　　　400,000					

▶ 계정별원장을 조회하여 주식할인발행차금이 있으면 우선 상계하고 잔액을 주식발행초과금으로 처리한다.

2. 일자 : 6월 10일

구분	코드	계정과목	코드	거래처명	적요		금액
4(대)	265	미 지 급 배 당 금			2	잉여금 배당처분	5,000,000
4(대)	387	미교부주식배당금				잉여금 배당처분	10,000,000
4(대)	351	이 익 준 비 금			4	이익준비금 당기적립액	500,000
3(차)	375	이월이익잉여금			3	이익잉여금 당기처분액	15,500,000
분개	(차) 이월이익잉여금 15,500,000				(대) 미지급배당금 5,000,000 미교부주식배당금 10,000,000 이익준비금 500,000		

▶ 잉여금 처분내역을 전기분잉여금처분계산서에 입력하여야 한다. 처분일은 거래일(6월 10일)을 무시하고 문제에서 요구한 대로 2025년 3월 10일을 입력한다.

⇨ 전기분잉여금처분계산서에 입력된 화면

3. 일자 : 6월 20일

구분	코드	계정과목	코드	거래처명	적요	금액
3(차)	331	자 본 금			주식 매입소각	5,000,000
4(대)	103	보 통 예 금			주식 매입소각	4,000,000
4(대)	342	감 자 차 익			주식 매입소각	1,000,000
분개	(차) 자 본 금 5,000,000				(대) 보통예금 4,000,000 감자차익 1,000,000	

▶ 감자한 자본금은 액면금액으로 5,000,000원이지만 실제 지급한 금액은 4,000,000원이므로 차액이 감자차익이다. 이때에도 계정별원장을 확인하여 감자차손이 있으면 먼저 상계하고 잔액을 감자차익으로 처리한다.

4. 일자 : 6월 25일

구분	코드	계정과목	코드	거래처명	적 요	금 액
3(차)	387	미교부주식배당금			주식배당	10,000,000
3(차)	265	미지급배당금			1 미지급 배당금 지급	5,000,000
4(대)	331	자　본　금			5 주식배당시 자본증가	10,000,000
4(대)	101	현　　　금			미지급 배당금 지급	5,000,000
분개	(차) 미교부주식배당금　　10,000,000　　(대) 자 본 금　　10,000,000					
	미지급배당금　　　　 5,000,000　　　　 현　　금　　 5,000,000					

5. 일자 : 6월 30일

구분	코드	계정과목	코드	거래처명	적 요	금 액
3(차)	351	이 익 준 비 금			1 이익준비금의자본전입	2,000,000
4(대)	331	자　본　금			6 무상증자시 자본증가	2,000,000
분개	(차) 이익준비금　　2,000,000　　(대) 자본금　　2,000,000					

▶ 이익준비금의 자본전입이란 이익준비금을 자본금에 대체하는 것을 의미하며 자본전입액에 해당하는 주식을 발행하여 주주에게 무상으로 교부하여야 한다. 이것을 무상증자라 한다.

⊃ **자본 거래가 입력된 화면**

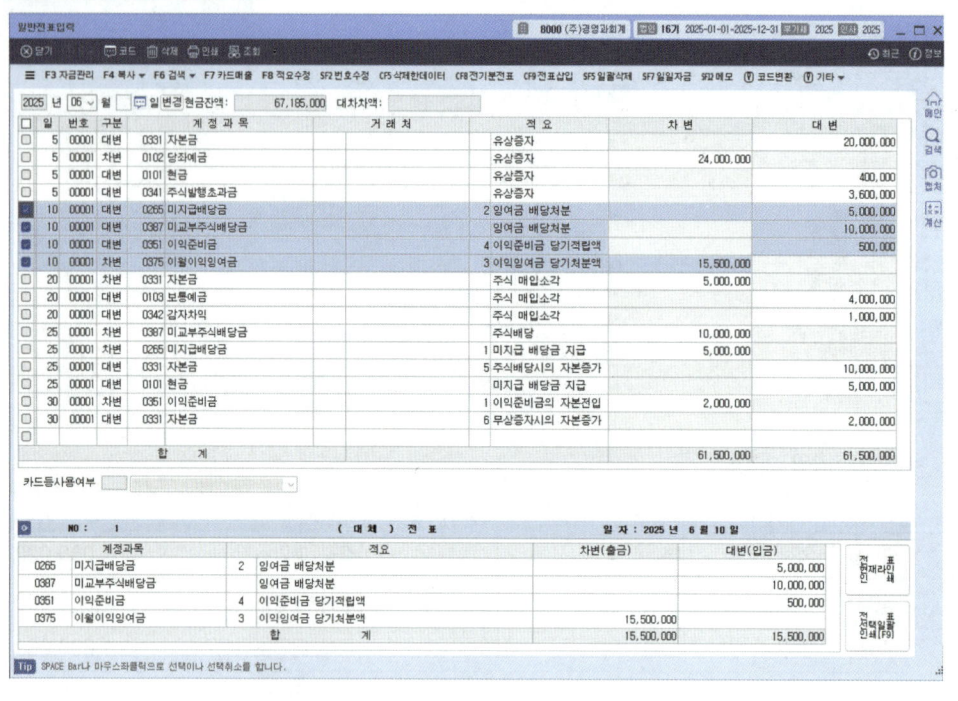

필수예제 따라하기

[수 익]

필수예제

㈜경영과회계(회사코드 : 8000)의 다음 거래를 일반전표입력 메뉴에 입력하시오.

1. 7월 5일 : 경영은행 보통예금 통장에 다음과 같이 예금이자가 입금되었다. 회계처리 하시오.

내 용	금 액	비 고
결산 이자 금액	600,000원	원천징수영수증발급
법인세 원천징수액	92,400원	
차감 수령액	507,600원	

따라하기

회계관리 모듈에서 전표입력의 일반전표입력 메뉴를 선택한다.

1. 일자 : 7월 5일

구분	코드	계정과목	코드	거래처명	적 요	금 액
4(대)	901	이 자 수 익			1 보통예금이자원본대체	600,000
3(차)	136	선 납 세 금			1 이자소득원천징수세액	92,400
3(차)	103	보 통 예 금			보통예금 이자수입	507,600
분개	(차) 선납세금　　　　92,400　　　　(대) 이자수익　　　　600,000					
	보통예금　　　　507,600					

➡ **수익 거래가 입력된 화면**

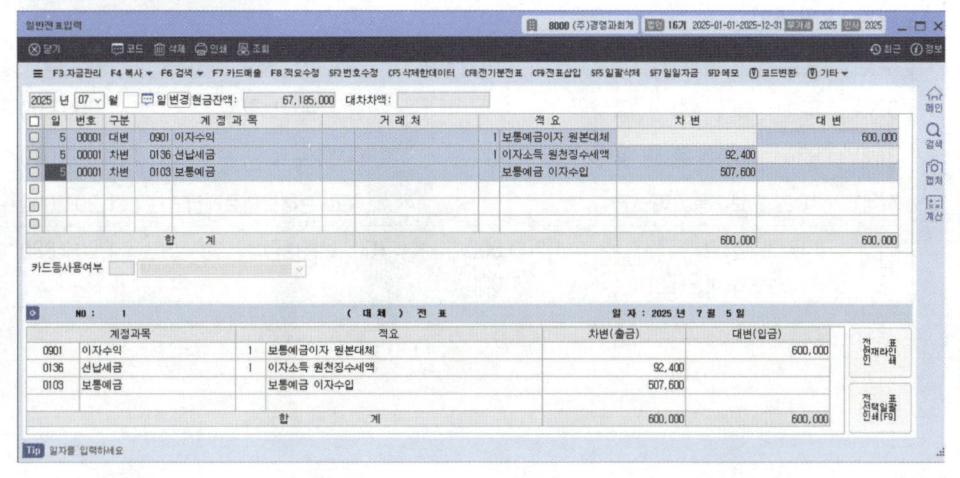

필수예제 따라하기

[비 용]

필수예제

㈜경영과회계(회사코드 : 8000)의 다음 거래를 일반전표입력 메뉴에 입력하시오.

1. 8월 5일 : 상품을 보관하는 창고에 도난의 위험이 있어 ㈜한국화재보험에 손해보험을 가입하고, 보험료 1,200,000원을 인터넷뱅킹으로 당사 보통예금 계좌에서 결제하면서 이체수수료 1,000원이 함께 인출되었다.
2. 8월10일 : ㈜경일전자로부터 차입한 단기차입금의 이자비용 1,200,000원을 지급하면서 원천징수상당액 330,000원을 차감한 금액을 현금으로 지급하였다.
3. 8월15일 : 당사에서 생산한 제품(원가 5,000,000원, 시가 6,500,000원)을 관할 구청에 불우이웃돕기 목적으로 기탁하였다(부가가치세는 무시하고 적요 입력을 할 것).
4. 8월20일 : 당사는 확정기여형 퇴직연금에 가입하고 당기분 퇴직연금부담금 1,600,000원(공장 1,000,000원, 본사 600,000원)을 은행에 현금 납부하였다.
5. 8월25일 : 제조공장 현장직원들의 능률향상을 위한 교육을 실시하고 강사료 400,000원 중에서 사업소득세와 지방소득세(소득분) 원천징수세액 13,200원을 공제한 내역으로 강사에게 사업소득원천징수영수증을 발급하였으며, 강사료는 현금으로 지급하였다.
6. 8월30일 : 회사는 본사 건물의 벽면이 노후되어 도색작업을 하고 이에 대한 비용 800,000원을 칠성페인트에 현금으로 결제하다(지출증명서류는 일반영수증을 수취하였다).
7. 8월31일 : 한진식당에서 매출 거래처 직원과 식사를 하고 식대 220,000원을 법인카드(오성카드)로 결제하였다.

따라하기

회계관리 모듈에서 전표입력의 일반전표입력 메뉴를 선택한다.

1. 일자 : 8월 5일

구분	코드	계정과목	코드	거래처명	적 요	금 액
3(차)	821	보 험 료			창고 손해보험료	1,200,000
3(차)	831	수 수 료 비 용			이체수수료	1,000
4(대)	103	보 통 예 금			창고 손해보험료지급	1,201,000
분개	(차) 보 험 료　　　　1,200,000　　(대) 보통예금　　1,201,000 수수료비용(판)　　　1,000					

2. 일자 : 8월 10일

구분	코드	계정과목	코드	거래처명	적요	금액
3(차)	951	이 자 비 용			이자비용 지급	1,200,000
4(대)	254	예 수 금			이자비용 원천징수	330,000
4(대)	101	현 금			이자비용 지급	870,000
분개	(차) 이자비용 1,200,000				(대) 예 수 금 현 금	330,000 870,000

3. 일자 : 8월 15일

구분	코드	계정과목	코드	거래처명	적요	금액
3(차)	953	기 부 금			불우이웃돕기	5,000,000
4(대)	150	제 품			8 타계정으로 대체액	5,000,000
분개	(차) 기 부 금 5,000,000				(대) 제 품 (8.타계정으로 대체)	5,000,000

4. 일자 : 8월 20일

구분	코드	계정과목	코드	거래처명	적요	금액
3(차)	806	퇴 직 급 여			퇴직연금 납부	600,000
3(차)	508	퇴 직 급 여			퇴직연금 납부	1,000,000
4(대)	101	현 금			퇴직연금 납부	1,600,000
분개	(차) 퇴직급여(판) 600,000 퇴직급여(제) 1,000,000				(대) 현 금	1,600,000

5. 일자 : 8월 25일

구분	코드	계정과목	코드	거래처명	적요	금액
3(차)	525	교 육 훈 련 비			강사료 지급	400,000
4(대)	254	예 수 금			강사료 원천징수	13,200
4(대)	101	현 금			강사료 지급	386,800
분개	(차) 교육훈련비 400,000				(대) 예 수 금 현 금	13,200 386,800

6. 일자 : 8월 30일

구분	코드	계정과목	코드	거래처명	적요	금액
1(출)	820	수 선 비			본사도색작업	800,000
분개	(차) 수 선 비 800,000				(대) 현 금	800,000

7. 일자 : 8월 31일

구분	코드	계정과목	코드	거래처명	적 요		금 액
3(차)	813	기업업무추진비			1	신용카드사용일반접대비	220,000
4(대)	253	미 지 급 금	99600	오성카드		신용카드사용일반접대비	220,000
분개	(차) 기업업무추진비		220,000		(대) 미지급금		220,000

➲ 비용 거래가 입력된 화면

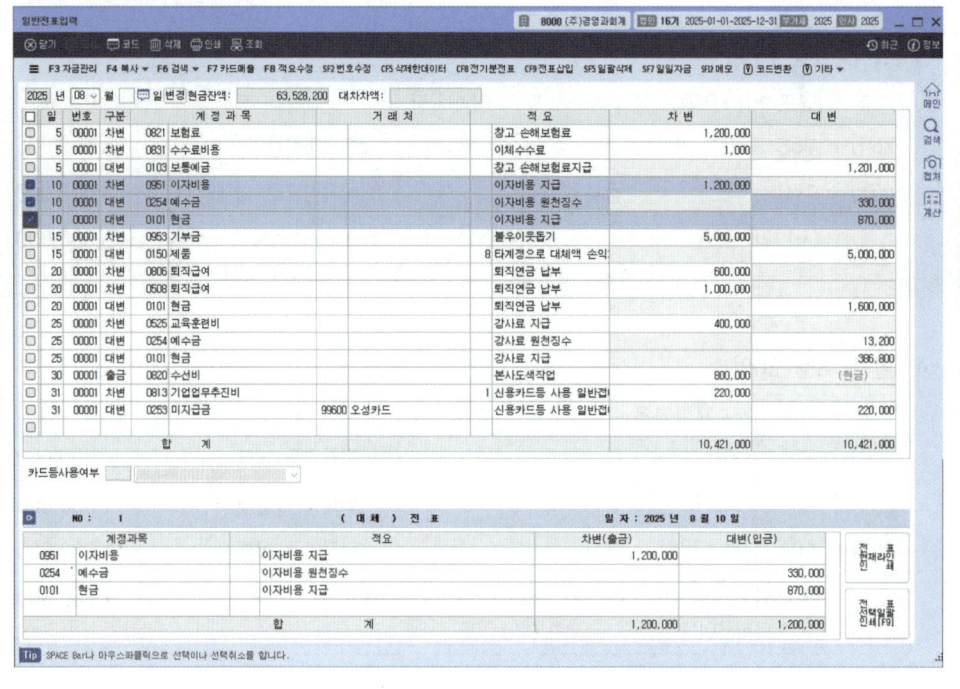

2 매입매출전표입력

> • NCS 능력단위 : 0203020101전표관리   능력단위요소 : 03증빙서류관리하기
> 3.1 발생한 거래에 따라 필요한 관련 서류 등을 확인하여 증빙여부를 검토할 수 있다.
> 3.2 발생한 거래에 따라 관련 규정을 준수하여 증빙서류를 구분·대조할 수 있다.
> 3.3 증빙서류 관련 규정에 따라 제 증빙자료를 관리할 수 있다.

> • NCS 능력단위 : 0203020213세무정보시스템운용   능력단위요소 : 01세무관련전표등록하기
> 1.1 부가가치세법의 규정에 따라 발생한 거래에 대한 전표를 세무정보시스템을 활용하여 종류별로 작성 할 수 있다.

매입매출전표입력 메뉴는 부가가치세신고 대상에 해당하는 거래를 입력하는 것으로 매입·매출거래는 물론이고 고정자산의 구입거래와 매각거래 및 비용지출거래도 입력한다. 부가가치세신고 대상인 (전자)세금계산서, 영세율세금계산서, 수입세금계산서, 계산서, 신용카드매출전표, 현금영수증 등의 거래 증명서류에 의하여 입력한다. 다만, 매출의 경우에는 거래 증명서류가 없더라도 부가가치세 신고를 하여야 하므로 '건별'로 입력한다.

- 화면 상단은 부가가치세와 관련된 내용을 입력하고, 화면 하단에는 분개를 입력한다.
- 화면 상단에 입력된 자료는 부가가치세 신고 자료(부가가치세 신고서, 세금계산서합계표, 매입매출장 등)에 반영된다.
- 일반전표로 입력하면 부가가치세 신고 자료에 반영되지 않는다.

① 유형

유형은 부가가치세신고서와 신고부속서류 등에 자동 반영되므로 정확하게 입력하여야 한다. 11.매출과세, 17.매출카과, 51.매입과세, 57.매입카과 등에 해당하는 거래가 연속되는 경우에는 상단의 해당 탭을 누르고 입력하면 거래마다 유형의 선택을 할 필요 없이 빠르게 입력할 수 있다.

부 가 세 유 형									
매출					매입				
11.과세	과세매출	16.수출	수출	21.전자	전자화폐	51.과세	과세매입	56.금전	금전등록	61.현과	현금과세
12.영세	영세율	17.카과	카드과세	22.현과	현금과세	52.영세	영세율	57.카과	카드과세	62.현면	현금면세
13.면세	계산서	18.카면	카드면세	23.현면	현금면세	53.면세	계산서	58.카면	카드면세
14.건별	무증빙	19.카영	카드영세	24.현영	현금영세	54.불공	불공제	59.카영	카드영세
15.간이	간이과세	20.면건	무증빙			55.수입	수입분	60.면건	무증빙

② 품목

거래에 나타나는 품목을 입력한다. 품목이 둘 이상인 거래는 F7(복수거래)을 눌러서 나타나는 화면 하단에 품목별로 입력한다.

③ 수량, 단가, 공급가액

대상 거래의 수량, 단가, 공급가액을 입력한다. 수량과 단가를 입력하면 공급가액과 부가

가치세가 자동으로 표시된다. 수량과 단가의 입력을 생략하면 공급가액은 직접 입력하여야 하나 부가가치세는 자동으로 계산된다.
㉠ 공급가액 : 부가가치세를 포함하지 않은 금액
㉡ 공급대가 : 부가가치세를 포함한 금액(공급가액+부가가치세)

④ **부가세**
직접 입력할 수도 있고 공급가액을 입력하면 자동으로 계산한다.

⑤ **공급처명**
거래상대방을 입력한다. 코드 란에 거래처명 두 글자를 입력하거나 F2를 이용하여 보조창에서 선택한다.

⑥ **전자**
전자세금계산서인 경우에는 '1.여'를 입력한다. 전자세금계산서를 연속하여 입력할 때에는 상단의 전자입력 탭을 클릭하고 입력하면 모든 거래가 전자세금계산서로 입력된다. 다만, 프로그램으로 전자세금계산서를 발급하는 경우에는 전자 란에 '여'를 입력하지 않아야 한다. 매출거래의 입력을 먼저하고 전자세금계산서를 발급 전송하여야 한다. 전송을 마치면 매입매출전표입력 화면의 전자 란에 '여'가 자동으로 표시된다.

⑦ **분개**
하단에서 분개할 거래에 대한 분개 유형을 입력한다. 거래에서 자동으로 나타나는 부가세예수금과 부가세대급금은 계정과목과 금액 모두 수정할 수 없다.
0번 분개없음 : 분개할 필요가 없거나 생략하려고 할 때 선택한다.
1번 현금 : 거래금액 전액이 현금거래인 경우 선택한다.
　　　　　매출액 또는 매입액이 아닌 경우 적절한 계정과목으로 수정 입력하여야 한다.
2번 외상 : 거래 금액 전액이 외상인 경우에 선택한다.
　　　　　기본으로 표시되는 제품매출계정과 원재료계정은 거래 내용에 맞게 수정 또는 추가입력을 하여야 한다.
3번 혼합 : 거래 금액 전액이 현금과 외상 및 카드가 아닌 거래의 경우 선택하는 것이 원칙이지만 거래 전액이 현금이나 외상 및 카드의 경우에도 선택할 수 있다.
　　　　　부가세예수금과 부가세대급금 및 기본계정(제품매출 및 원재료)이 자동으로 표시된다. 거래 내용에 맞게 기본계정의 수정과 분개에 필요한 계정의 추가입력을 하여야 한다.
4번 카드 : 거래 전액을 카드로 결제한 매출, 매입 거래를 입력할 때 선택한다.
　　　　　환경등록에서 신용카드매출채권과 신용카드매입채무로 설정된 계정과목으로 분개가 된다.
5번 추가 : 환경등록에서 추가로 설정한 경우에 사용할 수 있다.

⑧ 영세율 구분

매출유형이 12. 영세 또는 16. 수출인 경우 영세율 구분의 말풍선을 클릭하여 해당하는 영세율 매출내용을 선택하여야 한다.

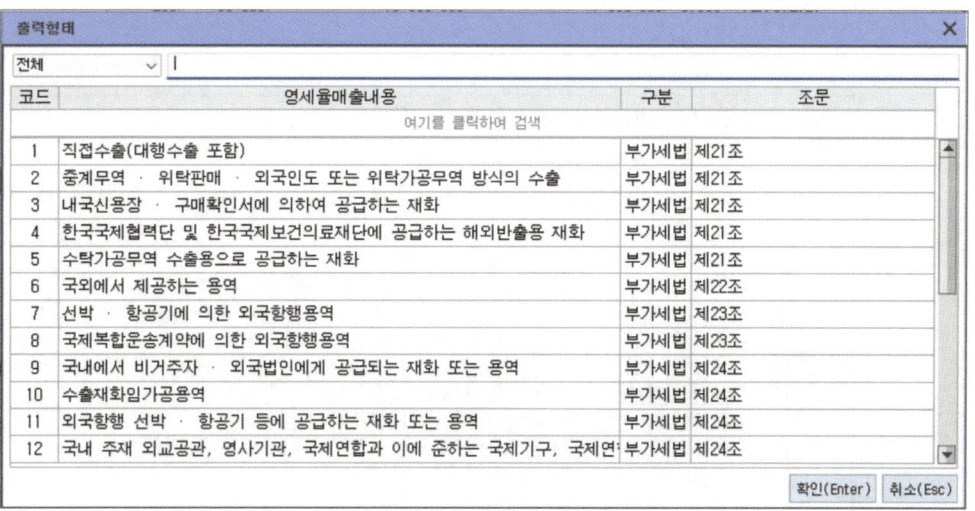

유형별 입력자료와 특성

매출유형		내용
11.과세	과세매출	(전자)세금계산서를 입력할 때 선택
12.영세	영세율	**영세율세금계산서를 입력할 때 선택**(내국신용장·구매확인서 또는 수출재화임가공용역) 영세율구분에서 해당되는 것을 선택하여야 영세율매출명세서에 자동으로 반영된다.
13.면세	계산서	면세사업자의 매출로 발행된 (전자)계산서를 입력할 때 선택
14.건별	무증빙	**법정증빙이 발급되지 않은 과세매출 또는 접대목적 제품 제공할 때 선택** 공급가액 란에 부가가치세가 포함된 공급대가를 입력하고 Enter↵를 치면 공급가액과 부가세가 자동으로 계산되어 입력된다.
15.간이	간이과세	세금계산서가 발급되지 않는 과세매출을 입력할 때 선택 [14 : 건별]과 차이 : 공급가액과 세액이 자동 구분계산 되지 않는다.
16.수출	수출	직접 수출하는 경우 선택(영세율세금계산서가 발행되는 [12 : 영세]와 구분) 영세율구분에서 1.(직접수출)을 선택하여야 영세율매출명세서에 자동으로 반영된다.
17.카과	카드과세	**신용카드에 의한 과세매출을 입력할 때 선택**(세금계산서 발급분 제외) [17 : 카과]로 입력된 자료는 신용카드매출발행집계표의 과세분에 자동 반영
18.카면	카드면세	**신용카드에 의한 면세매출을 입력할 때 선택**(계산서 발급분 제외) [18 : 카면]으로 입력된 자료는 신용카드매출발행집계표의 면세분에 자동 반영
19.카영	카드영세	영세율 대상 거래의 신용카드 매출 → 신용카드매출발행집계표 과세분에 반영
20.면건	무증명	**계산서가 발급되지 않는 면세매출을 입력할 때 선택**(일반영수증 면세매출)
21.전자	전자화폐	전자적결제 수단에 의한 매출 → 전자화폐결제명세서에 가맹점별로 집계
22.현과	현금과세	**현금영수증에 의한 과세매출을 입력할 때 선택** [22 : 현과]로 입력된 자료는 신용카드매출발행집계표의 과세분에 자동 반영

매출유형		내용
23.현면	현금면세	**현금영수증에 의한 면세매출**을 입력할 때 선택 [23 : 현면]으로 입력된 자료는 신용카드매출발행집계표의 면세분에 자동 반영
24.현영	현금영세	영세율 대상 거래의 현금영수증 매출 → 신용카드매출발행집계표의 과세분에 반영

매입유형		내용
51.과세	과세매입	**발급받은 세금계산서**를 입력할 때 선택(전자, 종이 모두)
52.영세	영세율	**발급받은 영세율세금계산서**를 입력할 때 선택(전자, 종이 모두)
53.면세	계산서	**면세사업자에게 발급받은 계산서**(세관장에게 발급받은 수입계산서 포함)를 입력할 때 선택(전자, 종이 모두)
54.불공	매입세액 불공제 (면세는 제외)	매입세액공제를 받을 수 없는 **세금계산서**를 입력할 때 선택 (사유별로 우측 해당번호 선택)	① 필요적 기재사항 누락 ② 사업과 직접 관련 없는 지출 ③ 개별소비세법 제1조제2항제3호에 따른 자동차 구입, 유지 및 임차 ④ 기업업무추진비 및 이와 유사한 비용 관련 ⑤ 면세사업 관련 ⑥ 토지의 자본적 지출 관련 ⑦ 사업자등록 전 매입세액 ⑧ 금·구리 스크랩 거래계좌 미사용 관련 매입세액 ⑨ 공통매입세액 안분계산 분 ⑩ 대손처분받은 세액 ⑪ 납부세액 재계산분 * 계산서(면세매입)는 반드시 53.면세를 선택한다.
55.수입	수입분	재화의 수입 시 세관장이 발급한 **수입세금계산서**를 입력할 때 선택 * 수입세금계산서의 공급가액은 부가가치세 신고서의 과세표준이지만 회계처리 대상이 아니다. 따라서 하단의 분개 화면에는 부가가치세만 표시된다.
56.금전	금전등록	금전등록기 영수증을 받은 매입을 입력할 때 선택(매입세액 불공제임)
57.카과	카드과세	**신용카드에 의한 과세분 매입**을 입력할 때 선택
58.카면	카드면세	**신용카드에 의한 면세분 매입**을 입력할 때 선택
59.카영	카드영세	신용카드에 의한 영세율 매입을 입력할 때 선택
60.면건	무증명	**계산서가 발급되지 않은 면세분 매입**을 입력할 때 선택
61.현과	현금과세	**현금영수증에 의한 과세분 매입**을 입력할 때 선택
62.현면	현금면세	**현금영수증에 의한 면세분 매입**을 입력할 때 선택

▶ 54.불공의 ③ 비영업용 소형승용자동차 구입, 유지 및 임차는 세법에 맞춰 개별소비세 과세대상 자동차로 변경하였다.
▶ 54.불공의 ④ 기업업무추진비는 종전의 접대비가 세법의 개정으로 용어가 변경된 것이다.

3 전자세금계산서 발행

> ▪ NCS 능력단위 : 0203020215부가가치세신고   능력단위요소 : 01세금계산서발급·수취하기
> 1.1 세금계산서의 발급방법에 따라 세금계산서를 발급하고 발급명세를 국세청에 전송할 수 있다.

법인과 직전사업년도 공급가액(과세＋면세)이 8천만원 이상인 개인사업자는 의무적으로 전자세금계산서를 발급하여야 한다. 직전연도 공급가액(면세 포함)이 사업장별로 8천만원 이상인 개인사업자는 이후에 직전연도 공급가액이 사업장별로 8천만원 미만이 되어도 계속하여 전자세금계산서 의무발급자가 된다. 프로그램에서 전자세금계산서를 발행하려면 매출 거래를 먼저 매입매출전표입력 메뉴에 입력하여야 한다.

① 전자세금계산서 발급 대상인 매출 거래를 매입매출전표입력 할 때에 전자 란에 전자체크를 하지 않고 입력하여야 한다.
② 전자세금계산서발행 메뉴를 실행하여 전자세금계산서 발행기간을 입력하고 매입매출전표입력 메뉴에 입력한 데이터를 불러온다. 이때에는 발행상태 란에 미발행으로 표시된다. 만일 매입매출전표입력 할 때에 전자 란에 '1:여'를 입력하고 전자세금계산서발행 메뉴를 실행하면 발행상태 란에 타사발행으로 표시된다.
③ 전자 발행하려는 세금계산서를 체크하여 선택하고 하단의 수신자 탭에 받는 이(메일을 수신할 담당자)의 이메일을 등록하고 Enter↵를 한다. 수신자가 입력되어 있지 않으면 전자세금계산서가 발급되지 않는다.
④ 전자 발행하려는 세금계산서를 체크로 선택하고 화면 상단의 F3전자발행을 클릭한다. 이때 나타나는 보조창에서 전자세금계산서 발급 대상을 한 번 더 확인하고 상단의 발행(Tab)을 클릭하면 전자세금계산서 발행 건수와 발행 여부를 묻는 보조창이 나타난다.
⑤ 화면의 보조창에서 예(Y)를 클릭하면 전자세금계산서 발행 사이트인 베스트빌의 로그인 화면이 나타난다. 교육용 프로그램에서는 아이디와 비밀번호를 kacpta로 입력하고 확인을 클릭하면 국세청에 전송하기 위한 e세로 인증서 화면이 나타난다. 교육용 프로그램은 인증서 암호가 미리 입력되어 있어 확인만 클릭하면 된다.
⑥ 확인 버튼을 클릭하면 전자세금계산서가 전송되었다는 메시지가 나오고 발행상태는 성공으로 표시된다. 이상의 과정을 거치면 실무 프로그램에서는 국세청에 데이터가 전송되지만 교육용 프로그램에서는 전송되지 않는다.
⑦ 전자세금계산서를 발행한 전표는 매입매출전표입력에서 수정 및 삭제를 할 수 없고 전자세금계산서발행 메뉴에서 F4 발행취소(삭제)를 클릭하여 발행취소한 후에 매입매출전표입력에서 해당 전표를 수정 또는 삭제하여야 한다.

필수예제 따라하기

[매 출]

필수예제

㈜경영과회계(회사코드 : 8000)의 다음 거래를 매입매출전표입력 메뉴에 입력하시오(문제에서 전자세금계산서 및 전자계산서를 발급한 거래는 일괄해서 전자로 발급 전송을 할 것).

■ **11. 과세 : 세금계산서(부가가치세 10%)가 발행된 거래 입력**

---- 입력 시 유의사항 ----

(1) 세금계산서(부가가치세 10%)가 발급되는 과세매출거래
(2) 품목이 2개 이상일 경우 상단툴바의 '복수거래'키를 이용하여 입력
(3) 비사업자의 거래 : 거래처등록 시 주민번호 입력 후 반드시 주민기재분에서 1:여 선택
(4) 공급가액과 세액을 구분하여야 하는 경우 : 부가가치세 포함일 때(공급대가) → 나누기 1.1
(5) 반품거래 : 수량은 음수(-)로, 단가는 (+)로, 수량·단가가 없을 경우 → 공급가액을 음수(-)로 입력
(6) 유형자산 매각거래 : 공급가액은 세금계산서에 기재된 금액을 입력
  ※ 처분하는 유형자산의 취득원가와 감가상각누계액을 아래 분개 란에 금액 입력
(7) 세금계산서와 신용카드매출전표가 동시에 발급되었을 경우 → '11 과세' 선택 후 거래처 확인 및 수정

---

1. 10월 1일 : ㈜인타컴에 제품을 매출하고 발급한 다음의 전자세금계산서를 보고 적절한 회계처리를 하시오.

전자세금계산서 (공급하는자 보관용)

| 승인번호 | 202500456089000 |

공급자
사업자등록번호	121-81-54122	종사업장 번호	
상호(법인명)	㈜경영과회계	성명(대표자)	이경영
사업장주소	인천 남구 경인로 3 (숭의동)		
업 태	제조,도소매업	종 목	전자제품
이메일	point@matbook.co.kr		

공급받는자
사업자등록번호	112-81-12147	종사업장 번호	
상호(법인명)	(주)인타컴	성 명	이기석
사업장 주소	서울 서초 서초 131		
업 태	도매	종 목	전자제품
이메일	tax@mat.com		

작성일자	공급가액	세 액	수정사유
2025.10.1	18,000,000	1,800,000	
비 고			

월	일	품 목	규 격	수 량	단 가	공 급 가 액	세 액	비 고
10	1	제품		500	36,000	18,000,000	1,800,000	

합계금액	현 금	수 표	어 음	외상미수금	이 금액을 영수/청구 함
19,800,000	8,500,000			11,300,000	

2. 10월 2일 : 대영전자(주)에 다음과 같이 제품을 매출하고 전자세금계산서를 발급하였다. 대금은 전액 외상으로 하였다.

품 목	수 량	단 가	공급가액	부가가치세
제품A	50개	1,200,000원	60,000,000원	6,000,000원
제품B	25개	800,000원	20,000,000원	2,000,000원

3. 10월 3일 : 마포전자에게 제품을 3,500,000원(부가가치세 별도)에 판매하고 전자세금계산서를 발급하였으며, 2,000,000원은 마포전자가 대영전자(주)로부터 받을 외상매출금 채권을 양수하였고, 나머지는 보통예금계정에 입금되었다. 하나의 전표로 입력하시오.

4. 10월 4일 : 대영전자(주)에 10월 2일 외상 판매하였던 제품B 중 1개(1개당 공급가액 800,000원, 부가가치세액 80,000원)가 불량품으로 판명되어 반품됨에 따라 반품에 대한 전자세금계산서를 발급하였다. 대금은 외상매출금과 상계 정리하기로 하였다.

5. 10월 5일 : 공장에서 사용하던 기계를 (주)마곡전자에 20,000,000원(부가가치세 별도)에 매각하고 대금 15,000,000원을 자기앞수표로 받고 잔액은 2개월 후에 받기로 하고 전자세금계산서를 발급하였다. 기계의 취득금액은 25,000,000원, 감가상각누계액은 5,000,000원이었다.

6. 10월 6일 : 상품 포장 시 발생한 폐지를 금일자로 (주)대일재활용(대표 : 안환경)에 처분하고, 현금 3,300,000원(부가가치세 포함)을 받은 후 전자세금계산서를 발급하였다. 단, 폐지에 대한 원가는 없는 것으로 하며, 손익관련 계정과목은 영업외손익 중 가장 적절한 것을 적용하시오(신규 거래처등록 코드 : 1200번, 사업자등록번호 : 120-81-48549, 담당자 : 박우철 power@matbook.co.kr).

■ 12.영세 : 세금계산서(부가가치세 0%)가 발행된 거래 입력

──────── │ 입력 시 유의사항 │ ────────

• 영세율이 적용되므로 부가세예수금 계정이 없다
(1) 영세율 매출거래 (내국신용장, 구매확인서 및 수출재화임가공계약서에 의하여 공급하는 재화)
(2) 세금계산서가 발급되면 12.영세(간접수출), 세금계산서발급의무 면제 → 16.수출 유형을 선택

7. 10월 7일 : 수출업체인 마포전자에게 내국신용장에 의하여 제품(공급가액 10,000,000원)을 판매하고 전자세금계산서를 발급하였다. 판매대금 중 7,000,000원은 마포전자발행 어음(만기일 : 12.31)으로 받았고 나머지는 외상으로 하였다.

■ 13.면세 : 계산서가 발급된 거래를 입력

──────── │ 입력 시 유의사항 │ ────────

(1) 면세재화 또는 용역을 공급하고 계산서를 발급한 면세매출 거래
  (부가가치세 면세 대상 : 서적, 신문, 잡지, 토지, 농·축·임 수산물, 교육·의료보건용역, 기초생활필수품 거래 등)

8. 10월 8일 : 서울상사(주)에 보유하고 있던 토지(취득금액 5,000,000원)를 5,800,000원을 매각하고 전자계산서를 발급하였다. 대금은 현금으로 회수하여 당사 보통예금계좌에 입금하였다.

■ 14.건별 : 소매로 판매하면서 일반영수증을 발행하거나 지출증명서류가 없는 거래 or 간주공급거래 입력
 (현금영수증은 22.현금과세로 입력)

──────── │ 입력 시 유의사항 │ ────────

(1) 소매매출거래 (법정증명이 없는 거래, 일반영수증), 간주공급의 발생시
(2) 공급가액란에 공급대가를 입력하면 공급가액과 세액이 자동구분 계산
  → 잘못 입력하면 삭제 후, 다시 입력
  ※ 현금영수증은 22. 현과 유형으로 입력

9. 10월 9일 : 비사업자인 최준열씨에게 노트북 컴퓨터 1대를 판매하고 현금 462,000원(부가가치세 포함)을 수취하였다. 현금영수증을 발행하지 않고 일반영수증을 발행하였다(거래처코드 입력은 생략).

■ 16.수출 : 세금계산서 발행되지 않은 직수출 거래 입력

┌─ 입력 시 유의사항 ─┐
(1) 직수출·대행수출거래
(2) 선적일자의 기준환율 또는 재정환율을 적용하여 수출매출금액을 환산한다.
  ① 재화 또는 용역의 공급시기(선적일) 도래 전에 원화로 환가한 경우 → 그 환가한 금액
  ② 재화 또는 용역의 공급시기(선적일) 이후 외국통화 → 선적일의 기준환율 또는 재정환율

10. 10월10일 : Electric사에 제품 US $10,000를 직수출하면서 Electric 사의 거래은행에서 발행한 수출신용장을 수취하고 10월 3일에 수출신고를 하였다. 선하증권(B/L)상의 선적일은 10월 10일이다.(수출신고번호 : 12255-21-110231X)

구 분	10월 3일	10월 10일
$1 USD 기준환율	1,000원	1,100원

▶ 매출은 420.수출매출(성격 1.매출), 매출채권은 127.외화외상매출금(성격 3.일반) 계정으로 등록하여 회계처리 하시오.

■ 17.카과 : 신용카드영수증(부가가치세 10%)이 발행된 거래 입력

┌─ 입력 시 유의사항 ─┐
(1) 신용카드 매출전표(10% 부가가치세 포함)발급에 의한 과세매출 거래
(2) 공급가액란에 공급대가를 입력하면 공급가액과 세액이 자동구분 계산
(3) 분개입력시 거래처를 카드회사로 변경

11. 10월11일 : 비사업자인 정아람에게 제품(컴퓨터)를 판매하고 대금 1,100,000원 (부가가치세 포함)은 신용카드(하나카드) 매출전표를 발행하였다(거래처코드 1201번으로 등록하고, 카드대금은 외상매출금계정으로 회계처리 할 것).

■ 22.현과 : 현금영수증(부가가치세 10%)이 발행된 거래 입력

┌─ 입력 시 유의사항 ─┐
(1) 10% 부가가치세가 있는 현금영수증 발급에 의한 과세매출 거래
(2) 공급가액란에 공급대가를 입력하면 공급가액과 세액이 자동구분 계산

12. 10월12일 : 비사업자인 정아람에게 제품(프린터)을 판매하고 대금 550,000원(공급대가)은 현금으로 받고 현금영수증을 발행하였다.

> **따라하기**

회계관리 모듈에서 전표입력의 매입매출전표입력 메뉴를 선택한다.

1. 일자 : 10월 1일 (전자 란에 '여' 자동 표시)

유형	품목	수량	단가	공급가액	부가세	공급처	
11.과세	제품	500	36,000	18,000,000	1,800,000	01002	㈜인타컴
분개	3.혼합 (차) 101.현　금　　　　　　 8,500,000　　(대) 255.부가세예수금　　 1,800,000 (차) 108.외상매출금　　　 11,300,000　　(대) 404.제품매출　　　　 18,000,000						

▶ 전자세금계산서를 발행하려면 매입매출전표입력에서 전자 란을 건너뛰고, 전자세금계산서발행 메뉴에서 발급 전송하여야 한다.
▶ 전자발급을 하면 매입매출전표입력 화면의 전자 란에 '여'가 자동으로 표시된다.
▶ 매입매출전표입력 메뉴에서 전자 란에 '1:여'를 입력하고 전자세금계산서 발행 메뉴를 열면 타사발행으로 표시되어 전자세금계산서의 발급과 전송을 할 수 없게 된다.

2. 일자 : 10월 2일 (전자 란에 '여' 자동 표시)

유형	품목	수량	단가	공급가액	부가세	공급처	
11.과세	제품A외			80,000,000	8,000,000	01001	대영전자(주)
분개	2.외상 (차) 108.외상매출금　　　 88,000,000　　(대) 255.부가세예수금　　 8,000,000 　　　　　　　　　　　　　　　　　　　(대) 404.제품매출　　　　 80,000,000						

▶ 품명·수량·단가 입력 시 화면 상단의 F7 복수거래를 클릭하여 하단에 제품A와 제품B를 각각 입력한다.

3. 일자 : 10월 3일 (전자 란에 '여' 자동 표시)

유형	품목	수량	단가	공급가액	부가세	공급처	
11.과세	제품			3,500,000	350,000	01011	마포전자
분개	3.혼합 (차) 108.외상매출금　　　 2,000,000　　(대) 255.부가세예수금　　　 350,000 　　 (1001.대영전자(주))　　　　　　　　(대) 404.제품매출　　　　　 3,500,000 (차) 103.보통예금　　　　 1,850,000						

4. 일자 : 10월 4일 (전자 란에 '여' 자동 표시)

유형	품목	수량	단가	공급가액	부가세	공급처	
11.과세	제품B반품	-1	800,000	-800,000	-80,000	01001	대영전자(주)
분개	2.외상(또는 3.혼합) (차) 108.외상매출금　　　　 -880,000　　(대) 255.부가세예수금　　　 -80,000 　　　　　　　　　　　　　　　　　　　　(대) 404.제품매출　　　　　 -800,000						

▶ 반품하는 경우 발급하는 수정세금계산서도 전자로 발급하여야 한다.

5. 일자 : 10월 5일 (전자 란에 '여' 자동 표시)

유형	품목	수량	단가	공급가액	부가세	공급처	
11.과세	기계			20,000,000	2,000,000	01003	㈜마곡전자
분개	3.혼합 (차) 207.감가상각누계액 5,000,000 (차) 101.현 금 15,000,000 (차) 120.미수금 7,000,000				(대) 255.부가세예수금 2,000,000 (대) 206.기계장치 25,000,000		

▶ 상단은 부가가치세 신고를 위한 입력이므로 공급가액 란에 기계의 처분금액을 입력한다.
▶ 하단의 분개에서는 404.제품매출을 206.기계장치로 수정하고 금액은 기계장치의 취득금액을 입력하고 차변에 기계장치에 대한 감가상각누계액 5,000,000원을 입력하여야 한다.
▶ 기계장치의 처분금액이 20,000,000원(부가가치세 별도)이므로 수취할 금액은 22,000,000원이 되고, 현금을 15,000,000원 받았으므로 미수금은 7,000,000원이 된다.
▶ 처분손익(= 처분금액 - 장부금액) : 20,000,000 - 20,000,000 = 0원
▶ 장부금액(= 취득원가 - 감가상각누계액) : 25,000,000 - 5,000,000 = 20,000,000원

6. 일자 : 10월 6일 (전자 란에 '여' 자동 표시)

유형	품목	수량	단가	공급가액	부가세	공급처	
11.과세	폐지처분			3,000,000	300,000	01200	㈜대일재활용
분개	3.혼합(또는 1.현금) (차) 101.현 금 3,300,000				(대) 930.잡이익 3,000,000 (대) 255.부가세예수금 300,000		

▶ 거래처코드 '01200.㈜대일재활용'으로 신규 등록한다. 폐지처분은 제품매출이 아니므로 404.제품매출을 가장 적절한 과목인 930.잡이익으로 수정하여야 한다. 분개유형을 1.현금으로 하여도 된다.

7. 일자 : 10월 7일 (전자 란에 '여' 자동 표시) (영세율 구분:3)

유형	품목	수량	단가	공급가액	부가세	공급처	
12.영세	제품			10,000,000	0	01011	마포전자
분개	3.혼합 (차) 110.받을어음 7,000,000 (차) 108.외상매출금 3,000,000				(대) 404.제품매출 10,000,000		

▶ 영세율 매출에 대하여도 전자세금계산서를 발급 전송하여야 한다.
▶ 영세율매출이 있으면 부가가치세 신고 시 첨부서류로 영세율매출명세서를 제출하여야 한다. 영세율매출명세서를 자동으로 작성하려면 매입매출전표입력에서 영세율의 유형을 선택 입력하여야 한다.

8. 일자 : 10월 8일(전자 란에 '여' 자동 표시)

유형	품목	수량	단가	공급가액	부가세	공급처	
13.면세	토지			5,800,000	0	01008	서울상사(주)
분개	3.혼합 (차) 103.보통예금 5,800,000				(대) 201.토 지 5,000,000 (대) 914.유형자산처분이익 800,000		

9. 일자 : 10월 9일

유형	품목	수량	단가	공급가액	부가세		공급처
14.건별	노트북			420,000	42,000		
분개	1.현금	(입금)	404.제품매출			420,000	
		(입금)	255.부가세예수금			42,000	

▶ 공급가액 란에 공급대가 462,000원을 입력하면 공급가액과 부가가치세가 자동 계산된다. 처음 입력할 때만 자동으로 반영하므로 주의하여야 한다.
▶ 수정 입력하려면 공급가액과 부가세를 직접 입력하여야 한다.

10. 일자 : 10월 10일(영세율 구분:1, 수출신고번호 : 12255 - 21 - 110231X 입력)

유형	품목	수량	단가	공급가액	부가세	공급처	
16.수출	제품			11,000,000	0	01005	Electric
분개	3.혼합 (차) 127.외화외상매출금 11,000,000 (대) 420.수출매출 11,000,000						

▶ 127.외화외상매출금계정과 420.수출매출계정은 계정과목및적요등록 메뉴에서 추가 등록한다.
▶ 유형이 16.수출인 경우 영세율첨부서류로 수출실적명세서를 작성하여야 한다.
▶ 매입매출전표입력에서 수출신고번호를 입력하면 수출실적명세서에 자동으로 반영된다.
▶ 수출실적명세서는 전표불러오기로 작성을 완료할 수 있고 직접 입력하여 완성하기도 한다.

11. 일자 : 10월 11일

유형	품목	수량	단가	공급가액	부가세	공급처	
17.카과	컴퓨터			1,000,000	100,000	01201	정아람
분개	4.카드 (차) 108.외상매출금 1,100,000 (대) 404.제품매출 1,000,000 (99700.하나카드) (대) 255.부가세예수금 100,000						

▶ 환경등록에서 카과와 현과가 부가세 포함으로 된 경우에는 공급가액 란에 공급대가를 입력하면 공급가액과 부가가치세가 자동 계상되고, 부가세 미포함으로 된 경우에는 공급가액을 입력하여야 한다.
▶ 상단의 거래처명에는 1201.정아람을 등록하여 입력하고 신용카드사를 99700.하나카드로 선택한 후 분개의 미수금을 외상매출금으로 수정한 후 거래처는 99700.하나카드인지 반드시 확인한다.

12. 일자 : 10월 12일

유형	품목	수량	단가	공급가액	부가세	공급처	
22.현과	프린터			500,000	50,000	01201	정아람
분개	1.현금	(입금)	404.제품매출			500,000	
		(입금)	255.부가세예수금			50,000	

▶ 자격시험에서는 환경등록을 다르게 주거나 문제의 자료를 다르게 줄 수도 있으므로 공급가액의 입력을 확인하여야 한다.
▶ 공급대가(부가가치세 포함)=공급가액 × 1.1
▶ 공급가액=공급대가 ÷ 1.1

⇨ **매출 거래가 입력된 화면**

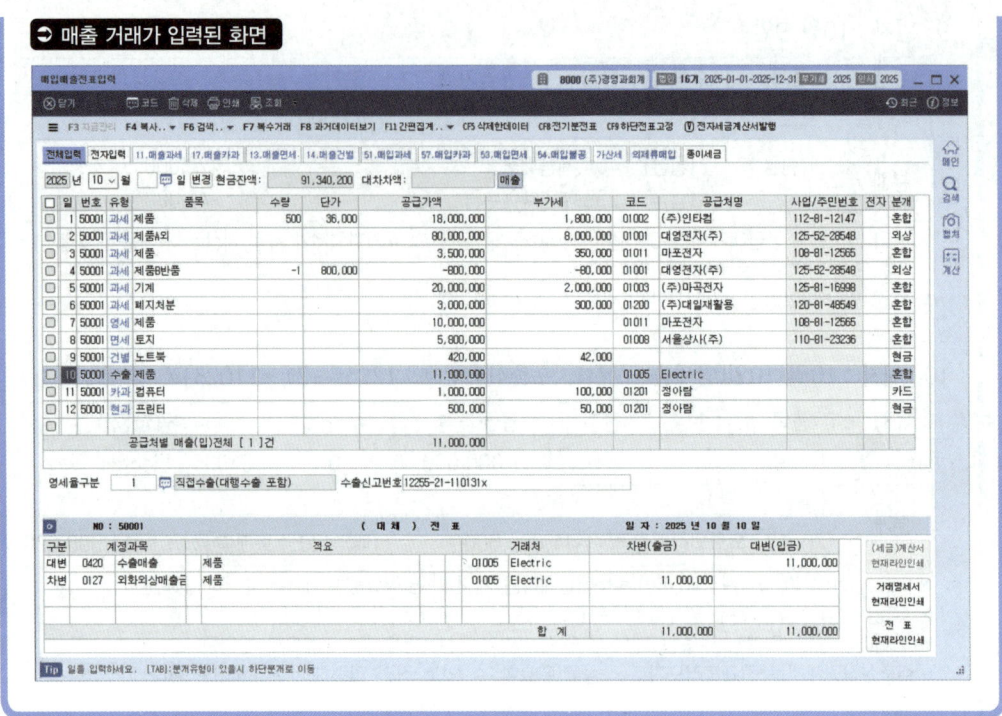

필수예제 따라하기

필수예제

(주)경영과회계(회사코드 : 8000)의 10월분 매출거래에 대하여 전자세금계산서 및 전자계산서를 발급하고 전송하시오.

따라하기

1. 회계관리 모듈의 전표입력에서 전자세금계산서발행 메뉴를 클릭한다.

① 기간을 10월 1일 ~ 10월 31일을 입력하고 거래처, 발행상태, 전송상태를 Enter↵ 하면 매입매출전표입력 데이터를 불러온다. 좌측 작성일자 옆에 체크 란을 클릭하고 화면 하단에서 수신자를 입력한다. 모든 전표를 체크하려면 체크 란 상단 체크박스를 체크하면 된다.
② 수신자는 거래처등록 할 때에 입력하였으면 할 필요 없고, 수신자를 입력하지 않은 거래처만 확인하여 입력한다.
③ 수신자 탭을 클릭하고 사용여부는 1.사용으로 하고 담당자명, 담당자메일주소는 필수적으로 입력하고 Enter↵ 한다. 그리고 상단의 F3 전자발행을 클릭한다.

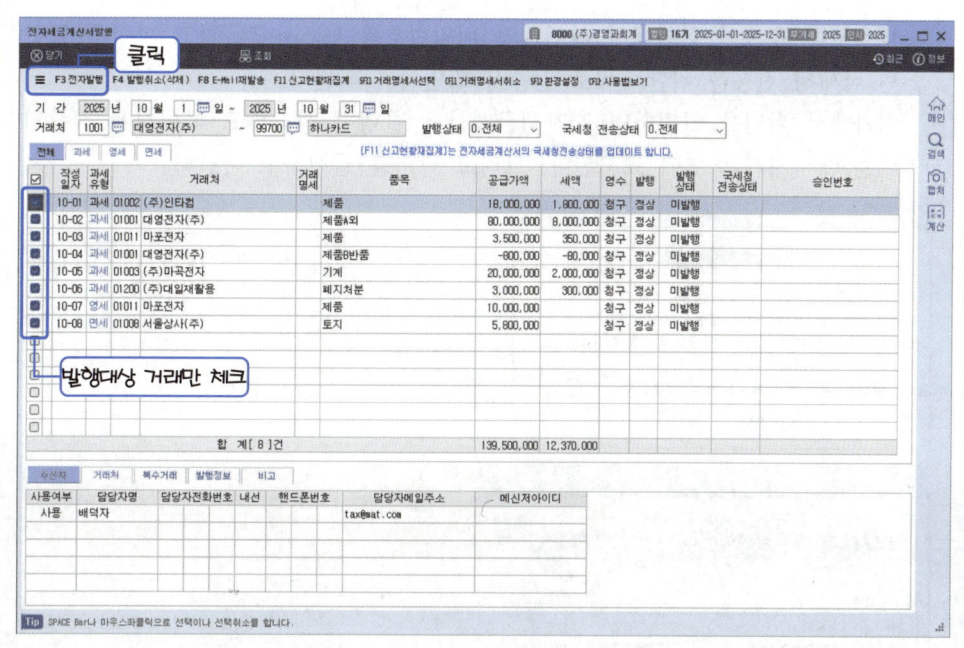

2. 새로운 전자세금계산서 발행 보조창에서 상단의 발행(Tab)을 클릭하면 나타나는 '전자세금계산서 8건을 발행하시겠습니까?'라는 질문에 예를 클릭한다.

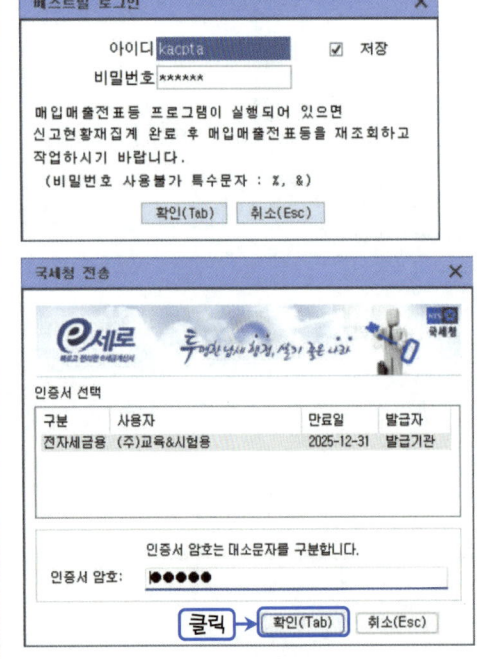

3. 베스트빌 로그인 화면에서 아이디와 비밀번호를 kacpta로 치고 확인을 클릭하면 국세청 전송을 위한 e세로 인증서 화면이 나타난다.
    여기에서 확인을 클릭하면 전자세금계산서 발행이 성공하고 국세청에 전송되었다는 메시지가 화면에 표시된다. 그리고 닫기를 클릭하고 나간다.

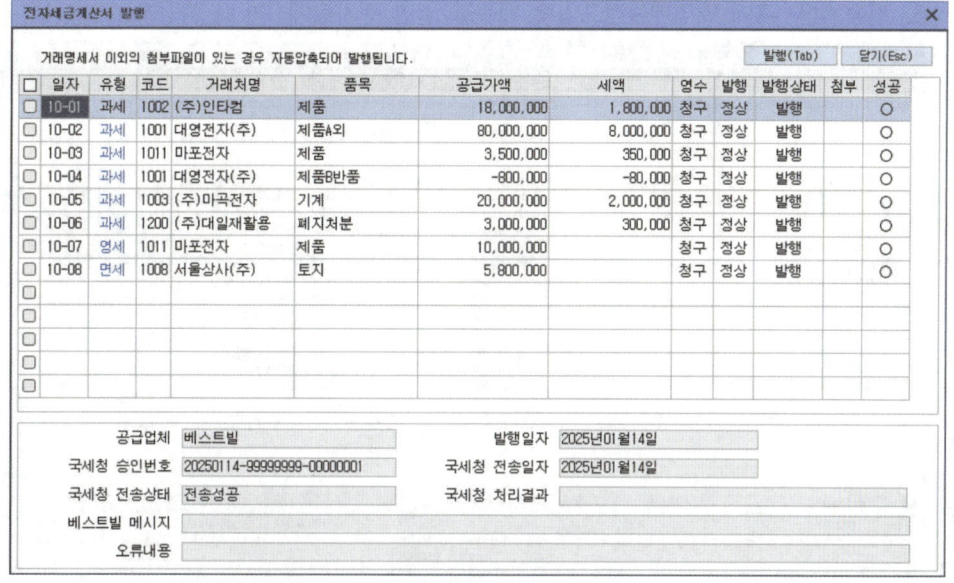

4. 국세청에 전송 완료 화면에서 닫기를 클릭하고 나오면 전자세금계산서발행화면에서 다음과 같이 전자세금계산서를 발행하고 전송이 성공되었음을 확인할 수 있다.

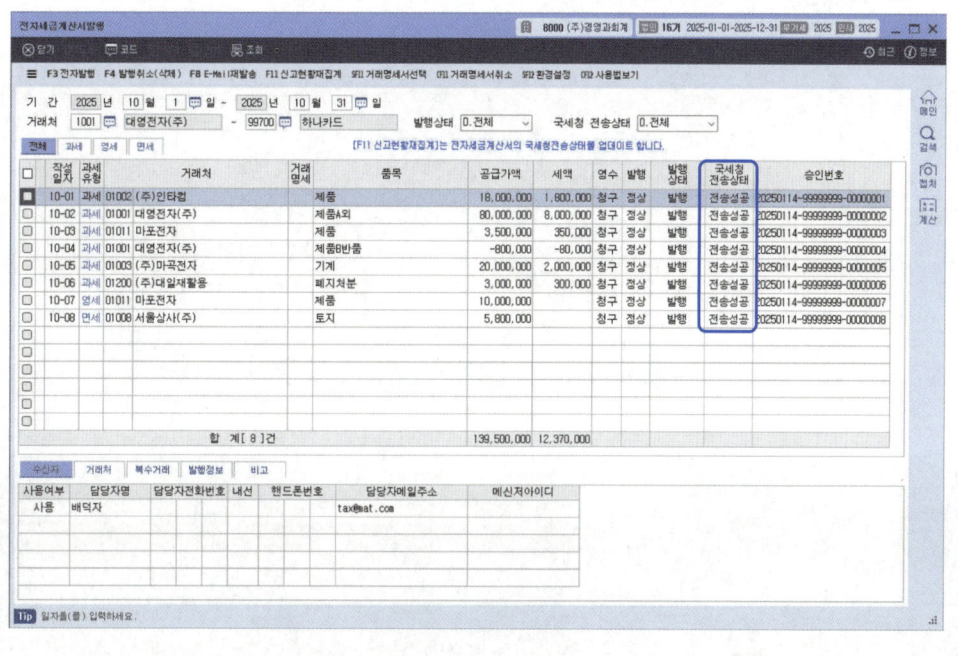

5. 전송 성공 후에 매입매출전표입력 메뉴를 열면 전자란에 '여'가 자동으로 나타난다.

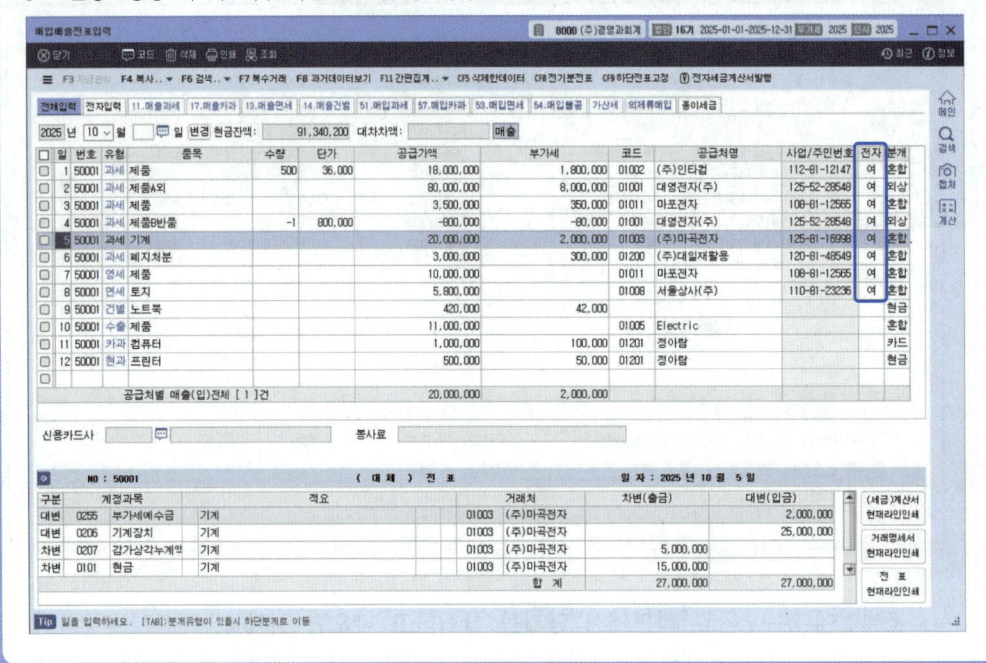

필수예제 따라하기

[매 입]

필수예제

㈜경영과회계(회사코드 : 8000)의 다음 거래를 매입매출전표입력 메뉴에 입력하시오

■ 51.과세 : 세금계산서(부가가치세 10%)를 수취한 거래 입력

— 입력 시 유의사항 —
(1) 세금계산서를 발급받은 과세 매입 거래
(2) 거래처와 계정과목의 거래처가 다른 경우 : 어음의 배서, 신용카드, 가지급금
→ 분개입력 시 거래처 수정

1. 11월 1일 : 다음은 서울상사(주)로부터 원재료를 구입하고 발급받은 전자세금계산서 내역이다. 적절한 회계처리를 하시오.

수량	단 가	공급가액	세 액	결제방법
120	150,000	18,000,000	1,800,000	• 현금 : 800,000원 • 외상 : 9,000,000원 • 어음발행 : 10,000,000원(만기 12. 31)

2. 11월 2일 : (주)경일전자로부터 건물의 에스컬레이터(건물에 포함)를 수선을 받고, 수선비(공급가액 8,000,000원, 세액 800,000원)에 대하여 전자세금계산서를 발급받았다. 대금은 전액 약속어음(만기일 12.31)을 발행하여 지급하였다(고정자산 등록은 생략하고, 자본적 지출로 처리할 것).

3. 11월 3일 : 당사는 공장건물 신축공사를 위해 (주)한세건설(대표 : 한세상)과 총도급금액 110,000,000원(부가가치세 포함)의 건설도급계약을 체결하였고, 총도급금액의 10%에 해당하는 계약금 11,000,000원(부가가치세 포함)에 대하여 전자세금계산서를 발급받고, (주)한세건설에 약속어음을 발행하였다. 거래처코드 1203번으로 신규등록하시오(사업자등록번호 : 215-81-81017).

4. 11월 4일 : 문구오피스에서 사무실 찻잔 1세트를 40,000원(부가가치세 별도)에 구입하고 세금계산서(종이)를 발급받았으며, 대금은 현금으로 지급하였다. 찻잔은 구입 시 비용으로 처리하였다.

■ 52.영세 : 세금계산서(부가가치세 0%)를 수취한 거래 입력

5. 11월 5일 : 매입처 서울상사(주)로부터 수출용 원재료(공급가액 20,000,000원)를 구매확인서에 의하여 매입하고, 영세율전자세금계산서를 발급받다. 대금은 전액 당좌수표를 발행하여 지급하다.

53. 면세 : 계산서를 수취한 거래 입력

| 입력 시 유의사항 |

(1) 면세사업자가 발급한 계산서를 받은 면세매입 거래
 (서적, 신문, 잡지, 토지, 농·축·수·임산물, 교육·의료보건용역, 기초생활필수품 등)

6. 11월 6일 : 당사는 공장 원재료 매입처의 확장이전을 축하하기 위하여 한국화원(112-25-31115)에서 화환을 200,000원에 구입(전자계산서를 수취함)하여 전달하였으며 대금은 외상으로 하였다(거래처코드 1204번으로 신규 등록하시오).

■ 54. 불공 : 세금계산서 수취분 중 매입세액공제가 불가능한 거래 입력

| 입력 시 유의사항 |

(1) 세금계산서를 발급받은 과세매입 중 매입세액이 공제되지 않는 거래(반드시 세금계산서 수취분만 입력)
  ※ 신용카드영수증 및 현금영수증 거래분 중 공제가 불가능한 것은 → 절대 입력 불가(일반전표입력)
(2) 매입세액불공제이므로 부가가치세를 해당계정에 포함하여 회계처리, 부가세대급금계정은 사용하지 않는다.
(3) 매입세액 공제가 불가능한 거래
 ① 세금계산서 미제출 및 필요적 기재사항 누락
 ② 사업과 직접 관련이 없는 지출에 대한 매입세액
 ③ 개별소비세법 제1조제2항제3호에 따른 자동차의 구입과 유지 및 임차비용에 대한 매입세액(1,000cc 이하 국민차(경차)는 제외)
 ④ 기업업무추진비 및 이와 유사한 비용 관련 매입세액
 ⑤ 면세사업 관련 매입세액(세금계산서를 수취한 것 중 면세사업 관련분)
 ⑥ 토지의 조성 등을 위한 자본적 지출에 관련된 매입세액
 ⑦ 사업자등록신청전 매입세액(단, 공급일이 속하는 과세기간이 끝난 후 20일 이내에 사업자등록을 신청하면 공제가능)

7. 11월 7일 : 당사는 제품 야적장으로 사용할 목적으로 취득한 농지를 야적장 부지에 적합하도록 부지 정리 작업을 하고, 동 부지 정리 작업을 대행한 (주)한세건설로부터 아래와 같은 내용의 전자세금계산서를 발급받았다. 단, 대금전액은 금일자로 당사발행 약속어음(만기 : 12.30)으로 지급하였다.

작성일자	품 명	공급가액	세 액	합 계	비 고
11.07	지반평탄화작업	7,000,000원	700,000원	7,700,000원	청구

■ 55. 수입 : 수입세금계산서를 수취한 거래 입력

| 입력 시 유의사항 |

(1) 재화를 수입하고 세관장이 발급하는 수입세금계산서의 공급가액은 부가가치세를 산출하기 위한 과세표준에 해당하므로 별도의 회계처리를 하지 않고 부가가치세액에 대해서만 전표입력하여야 한다.
(2) 수입한 재화의 회계처리는 수입면장을 근거로 일반전표입력에서 회계처리(매입매출전표 → 회계처리 생략)

8. 11월 8일 : 일본 미쯔비시사로부터 수입한 공장용 기계장치와 관련하여 금일 인천세관으로부터 아래와 같은 내용의 수입전자세금계산서를 발급받았고, 관련 부가가치세는 금일 전액 현금으로 납부하였다. 단, 관련 유형자산에 대한 회계처리는 생략한다.

작성일자	품 명	공급가액	세 액	합 계	비 고
11.08	기계장치	43,000,000원	4,300,000원	47,300,000원	영수

■ **57.카과 : 신용카드영수증을 수취한 거래 입력**

―――――――― | 입력 시 유의사항 | ――――――――

(1) 매입세액 공제가 가능한 신용카드 결제에 의한 매입거래
    ※ 신용카드영수증 공제요건 : 일반과세자로부터 공급가액과 세액 분리 기재되어 있는 신용카드영수증 수취
• 공제요건을 갖추지 않은 신용카드영수증 → 일반전표 입력
(2) 공급가액란에 공급대가를 입력하면 공급가액과 세액이 자동구분 계산
    환경등록에서 부가세 미포함이면 공급가액을 입력하여야 한다. 공급가액 = 공급대가 ÷ 1.1
(3) 분개입력 시 거래처를 카드회사로 변경 → 미지급금이나 외상매입금계정

9. **11월 9일** : 공장용 소모품 99,000원(부가가치세 포함)을 문구오피스(일반과세자)로부터 구입하고 오성카드로 결제하다. 신용카드매출전표에는 공급가액과 세액을 구분표시하였다(소모품은 전액 당기 비용으로 처리한다).

■ **58.카면 : 신용카드에 의하여 면세 재화 등을 매입한 거래의 입력**

―――――――― | 입력 시 유의사항 | ――――――――

(1) 신용카드매출전표(10% 부가가치세 포함)를 수취한 면세 매입 거래(계산서를 받으면 53면세)
(2) 주어진 자료에 따라 공급가액과 부가세를 정확하게 구분 입력하여야 한다.
(3) 상단의 거래처는 매입처로 하고 하단의 분개입력 시 거래처는 카드회사로 변경하여야 한다.

10. **11월10일** : 생산부 직원 나도야의 결혼식에 보낼 축하화환 1점(100,000원)을 한국화원에서 구입하고 대금은 신용카드(오성카드)로 결제하였다.

■ **61.현과 : 현금영수증(부가가치세 10%)을 수취한 거래 입력**

―――――――― | 입력 시 유의사항 | ――――――――

(1) 10% 부가세가 있는 현금영수증 발급받은 과세매입 거래
(2) 공급가액 란에 공급대가를 입력하면 공급가액과 세액이 자동구분 계산
    환경등록에서 부가세 미포함이면 공급가액을 입력하여야 한다. 공급가액 = 공급대가 ÷ 1.1

11. **11월11일** : 서울상사(주)로부터 영업부에서 사용할 컴퓨터를 2,200,000원(부가가치세 포함)에 구입하고 현금영수증을 발급받았으며 대금은 현금으로 지급하였다(고정자산등록은 생략).

> **따라하기**

회계관리 모듈에서 전표입력의 매입매출전표입력 메뉴를 선택한다.

1. **일자 : 11월 1일 (전자 란에서 1:여를 선택)**

유형	품목	수량	단가	공급가액	부가세		공급처
51.과세	원재료	120	150,000	18,000,000	1,800,000	01008	서울상사(주)
분개	3.혼합 (차) 135.부가세대급금 1,800,000 (차) 153.원재료 18,000,000				(대) 101.현 금 800,000 (대) 251.외상매입금 9,000,000 (대) 252.지급어음 10,000,000		

▶ 매입세금계산서를 전자세금계산서로 받으면 전자 란에 1:여를 선택 입력하여야 하고 종이 세금계산서를 받으면 0:부를 선택하거나 지나치면 된다. 카과, 현과 등을 선택하면 커서가 자동으로 전자 란을 건너뛴다.

2. 일자 : 11월 2일 (전자 란에서 1:여를 선택)

유형	품목	수량	단가	공급가액	부가세		공급처
51.과세	수선비			8,000,000	800,000	01006	㈜경일전자
분개	3.혼합 (차) 135.부가세대급금 800,000 (차) 202.건물 8,000,000				(대) 253.미지급금		8,800,000

▶ 건물의 에스컬레이터 수선비는 자본적지출에 해당하므로 건물로 처리하고, 발행한 약속어음은 일반적인 상거래가 아니므로 "미지급금" 계정으로 회계처리 하여야 한다.

3. 일자 : 11월 3일 (전자 란에서 1:여를 선택)

유형	품목	수량	단가	공급가액	부가세		공급처
51.과세	신축공사비			10,000,000	1,000,000	01203	㈜한세건설
분개	3.혼합 (차) 135.부가세대급금 1,000,000 (차) 214.건설중인자산 10,000,000				(대) 253.미지급금		11,000,000

▶ 건물 신축공사의 계약금은 선급금이 아닌 건설중인자산으로 하여야 한다.

4. 일자 : 11월 4일 (전자 란에서 0:부를 선택)

유형	품목	수량	단가	공급가액	부가세		공급처
51.과세	사무실찻잔	1		40,000	4,000	01009	문구오피스
분개	1.현금	(출금) (출금)	830.소모품비(또는 811.복리후생비) 135.부가세대급금			40,000 4,000	

5. 일자 : 11월 5일 (전자 란에서 1:여를 선택)

유형	품목	수량	단가	공급가액	부가세		공급처
52.영세	원재료			20,000,000	0	01008	서울상사(주)
분개	3.혼합 (차) 153.원재료 20,000,000				(대) 102.당좌예금		20,000,000

6. 일자 : 11월 6일 (전자 란에서 1:여를 선택)

유형	품목	수량	단가	공급가액	부가세		공급처
53.면세	화환			200,000		01204	한국화원
분개	3.혼합 (차) 513.기업업무추진비 200,000				(대) 253.미지급금		200,000

▶ 면세로 구입한 화환을 기업업무추진비(접대비)로 사용한다고 하여 54.불공으로 하면 안 된다.

7. 일자 : 11월 7일 (전자 란에서 1:여를 선택) ❖ 불공제 사유 : 6.토지의 자본적 지출 관련

유형	품목	수량	단가	공급가액	부가세		공급처
54.불공	농지정리			7,000,000	700,000	01203	㈜한세건설
분개	3.혼합 (차) 201.토 지 7,700,000				(대) 253.미지급금		7,700,000

▶ 불공제사유 11개 중 선택하여 입력하여야 부가가치세 부속서류에 자동 반영이 된다.

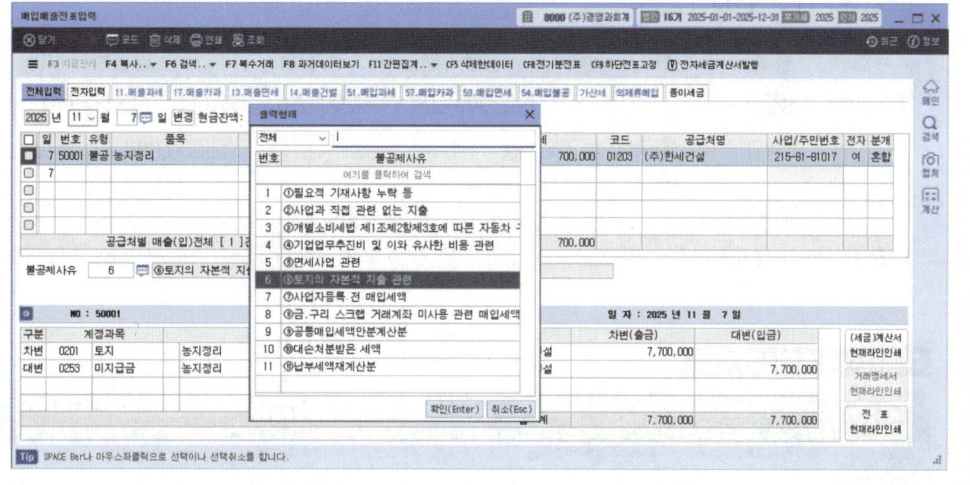

8. 일자 : 11월 8일 (전자 란에서 1:여를 선택)

유형	품목	수량	단가	공급가액	부가세	공급처	
55.수입	기계장치			43,000,000	4,300,000	01010	인천세관
분개	1.현금	(출금)	135.부가세대급금			4,300,000	

▶ 수입세금계산서의 공급가액과 부가세는 상단에 입력하고 하단의 분개는 부가가치세에 대해서만 한다. 재화를 수입하는 경우 수입세금계산서 상의 공급가액은 수입화의 매입액이 아니다.
▶ 수입재화의 매입액은 수입신고서 등에 의하여 확인된 금액으로 별도의 회계처리를 하여야 한다.

9. 일자 : 11월 9일

유형	품목	수량	단가	공급가액	부가세	공급처	
57.카과	소모품			90,000	9,000	01009	문구오피스
분개	4.카드 (차) 135.부가세대급금 (차) 530.소모품비			9,000 90,000	(대) 253.미지급금 (99,600.오성카드)		99,000

▶ 공급가액란에 공급대가 99,000원을 입력하면 공급가액과 부가가치세가 자동으로 계산된다. 환경등록에서 카과를 부가세 미포함으로 설정하였으면 공급가액을 계산하여 입력하여야 한다.
▶ 유형에 57.카과를 입력하고 화면 중앙의 말풍선을 클릭하여 99600.오성카드를 선택하면 분개의 미지급금란에는 99600.오성카드로 거래처가 자동으로 변경된다.

10. 일자 : 11월 10일

유형	품목	수량	단가	공급가액	부가세	공급처	
58.카면	화환			100,000	0	01204	한국화원
분개	4.카드 (차) 511.복리후생비			100,000	(대) 253.미지급금 (99,600.오성카드)		100,000

11. 일자 : 11월 11일

유형	품목	수량	단가	공급가액	부가세	공급처	
61.현과	컴퓨터			2,000,000	200,000	01008	서울상사(주)
분개	1.현금	(출금) (출금)	212.비 품 135.부가세대급금			2,000,000 200,000	

▶ 공급가액란에 공급대가 2,200,000원을 입력하면 공급가액과 부가가치세가 자동으로 계산된다.
▶ 환경등록에서 현과를 부가세 미포함으로 설정하였으면 공급대가가 아니라 공급가액을 계산하여 입력하여야 한다.

➲ 매입 거래가 입력된 화면

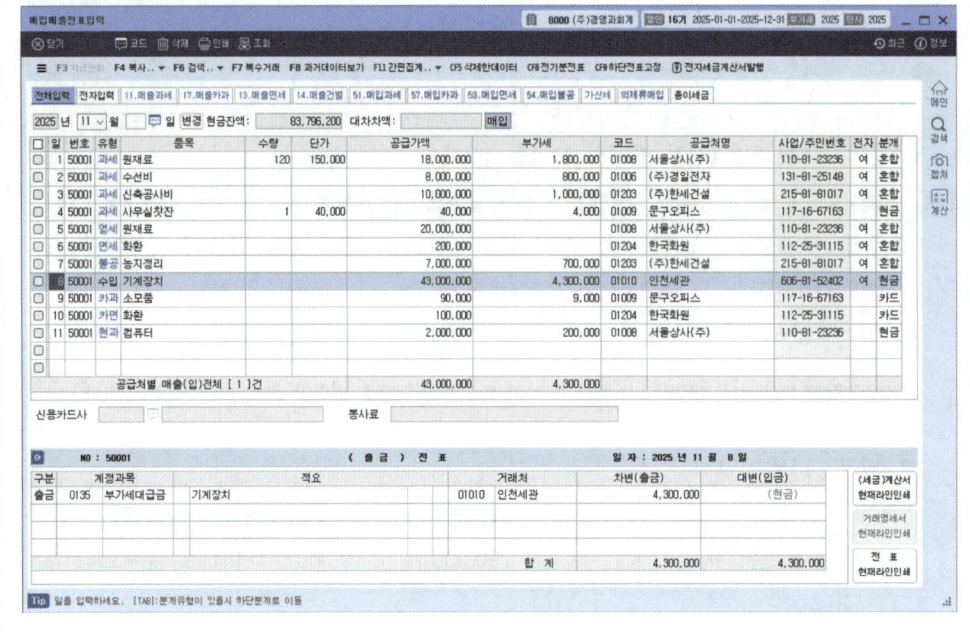

SECTION 03 | 부가가치세신고와 부속서류

- NCS 능력단위 : 0203020215부가가치세신고   능력단위요소 : 03부가가치세신고하기
- 3.1 부가가치세법에 따른 과세기간을 이해하여 예정·확정신고를 할 수 있다.
- 3.5 부가가치세신고요령에 따른 부가가치세 신고서를 작성 할 수 있다.

1 부가가치세신고서

① 개념

부가가치세 신고서는 조회기간을 입력하면 매입매출전표에 입력된 자료에 의하여 자동으로 작성된다. 매입매출전표입력에서 입력한 유형에 따라 반영되며 신고서 화면에서 수정, 삭제 또는 추가 입력할 수 있다.

제 1 기	조 회 기 간	제 2 기	조 회 기 간
예정신고	1월 1일 ~ 3월 31일	예정신고	7월 1일 ~ 9월 30일
확정신고	4월 1일 ~ 6월 30일	확정신고	10월 1일 ~ 12월 31일

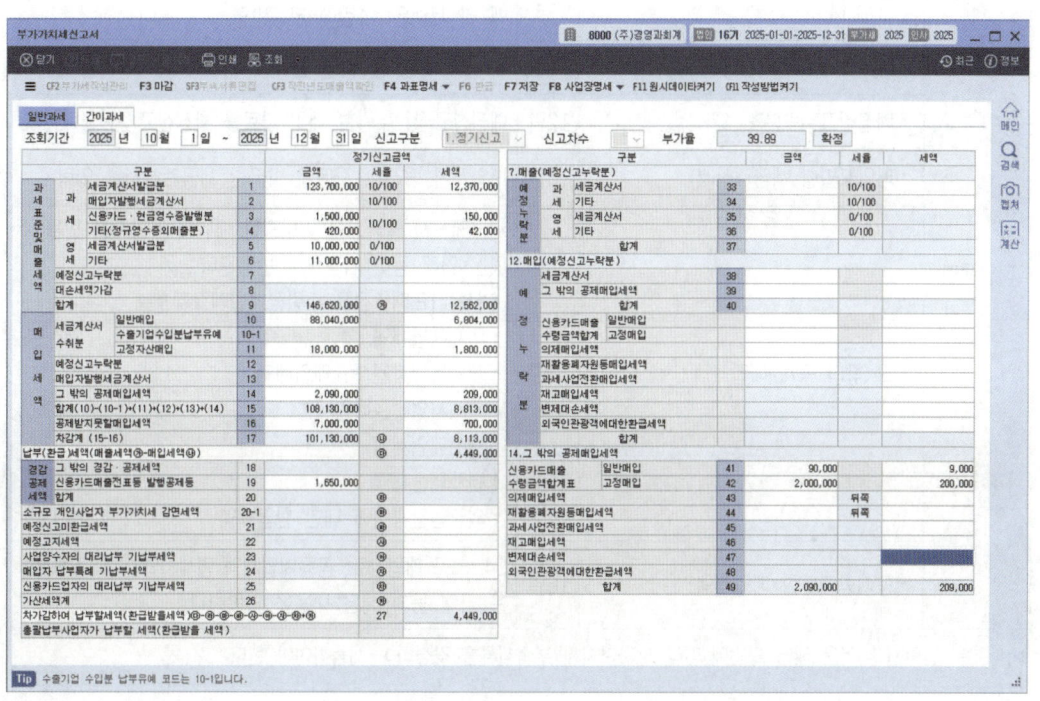

② 신고내용

매입매출전표에 입력한 내용이 자동으로 해당 과세기간의 신고서에 반영된다.

구 분		코 드		내 용
(1) 매출세액 (과세표준)	과세	• 세금계산서 발급분	1란	11. 과세로 입력한 매출금액이 자동 반영된다.
		• 매입자발행세금계산서	2란	매입자가 세금계산서를 발급한 공급가액 합계, 세액 합계액을 입력한다.
		• 신용카드현금영수증발행분	3란	17. 카과, 22. 현과로 입력한 매출금액이 반영
		• 기타 (정규영수증외매출분)	4란	14. 건별로 입력한 매출금액이 반영된다. 간주임대료, 자가공급, 개인적공급, 사업상증여 등
	영세율	• 세금계산서발급분	5란	12. 영세율세금계산서로 입력한 자료 자동 반영
		• 기타	6란	16. 직수출로 입력한 자료가 반영된다.
	• 예정신고누락분		7란	예정신고 누락분을 확정신고 시 신고할 때 입력
	• 대손세액 가감		8란	대손발생시 (-)로, 대손금 회수시 (+)로 입력
(2) 매입세액	세금 계산서 수취분	• 일반매입	10란	51. 과세매입, 52. 영세매입, 54. 불공매입, 55. 수입으로 입력한 매입금액 및 세액이 자동반영. 하단 분개 란에서 계정과목을 고정자산코드로 입력한 매입금액 및 세액은 11란에 자동반영
		• 고정자산매입	11란	51~54 유형 중 하단 분개에서 고정자산 취득분
	• 예정신고누락분		12란	예정신고 시 누락한 매입 자료를 확정신고 시 입력한다.
	• 매입자발행 세금계산서		13란	매입자가 공급한 자에게 발급한 세금계산서를 입력
	• 그 밖의 공제 매입세액		14란	세금계산서 발급분은 아니지만 매입세액 공제를 받을 수 있는 거래 등이 자동으로 반영된다. • 신용카드매출전표 수령금액합계표제출분 • 의제매입세액 • 재활용폐자원 등 매입세액 • 과세사업전환매입세액 • 재고매입세액 • 변제대손세액 • 외국인관광객에 대한 환급세액
	• 공제받지못할 매입세액		16란	54. 불공 매입자료, 공통매입세액 면세사업분, 대손처분받은 금액 등의 해당 내용을 입력한다.

▶ 대부분 입력된 내역은 해당 요건에 따라 부가가치세 부속서류를 작성하여 제출하여야 한다.

③ 과세표준 명세

부가가치세신고서 상단의 F4과표명세를 실행하면 나타나는 과세표준 명세는 과세표준 합계액을 업태, 종목별로 각각의 금액을 표시한다. 과세표준명세 금액란(28. 29. 30.)과 면세사업수입금액 란(80. 81.)에 코드가 자동으로 나타나지 아니하는 경우에는 직접 주업종코드를 입력하여야 전자신고가 가능해진다.

과세표준명세 금액란은 매입매출전표입력에서 과세유형으로 입력한 매출금액(401.상품매출, 404.제품매출, 407.공사수입 등)이 반영되는 것이다. 하단의 분개에서 계정과목을 매출이 아닌 고정자산계정으로 입력한 경우에는 수입금액제외 란에 자동으로 반영된다.

면세사업수입금액 란은 매입매출전표입력에서 면세 유형(13.면세, 18.카면, 23.현면)으로 입력한 매출금액(401, 404, 407 등)이 반영되는 것이다.

84.계산서 발급금액은 매입매출전표입력에서 13.면세매출 유형으로 입력한 내용이 반영되고, 85.계산서 수취금액은 매입매출전표입력에서 53.면세매입 유형으로 입력한 내용이 반영된다.

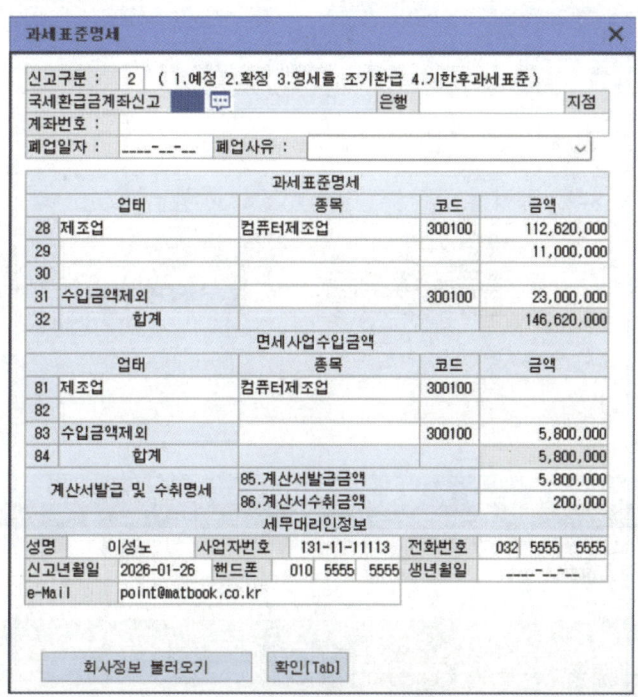

▶ 코드란에 주업종코드 300100이 자동으로 반영되지 않으면 직접 입력하여야 한다.
▶ 수입금액제외대상 : 고정자산매각, 간주임대료, 간주공급 등

2 세금계산서합계표

> • NCS 능력단위 : 0203020215부가가치세신고   능력단위요소 : 01세금계산서발급·수취하기
> 1.3 부가가치세법에 따라 세금계산서 및 계산서 합계표를 작성할 수 있다.

매출세금계산서와 매입세금계산서를 집계하는 표로 부가가치세신고서와 함께 제출하여야 한다. 조회기간별로 거래처별 매수, 매출처수, 매입처수, 총 매수, 공급가액, 세액 등을 전자와 전자외 발급분으로 구분하여 조회할 수 있다. 전자신고를 하려면 F7마감을 실행하여야 한다.

• 매출처별 세금계산서합계표

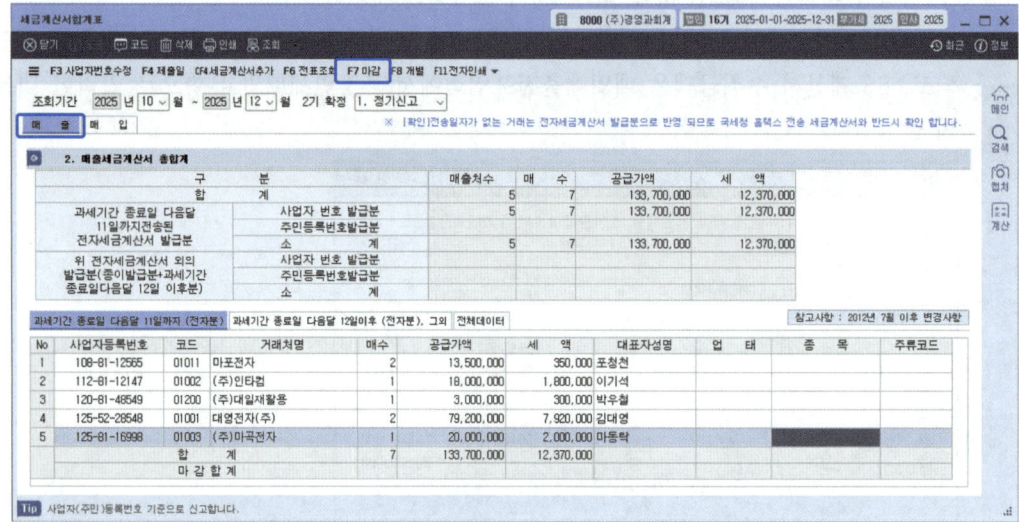

• 매입처별 세금계산서합계표

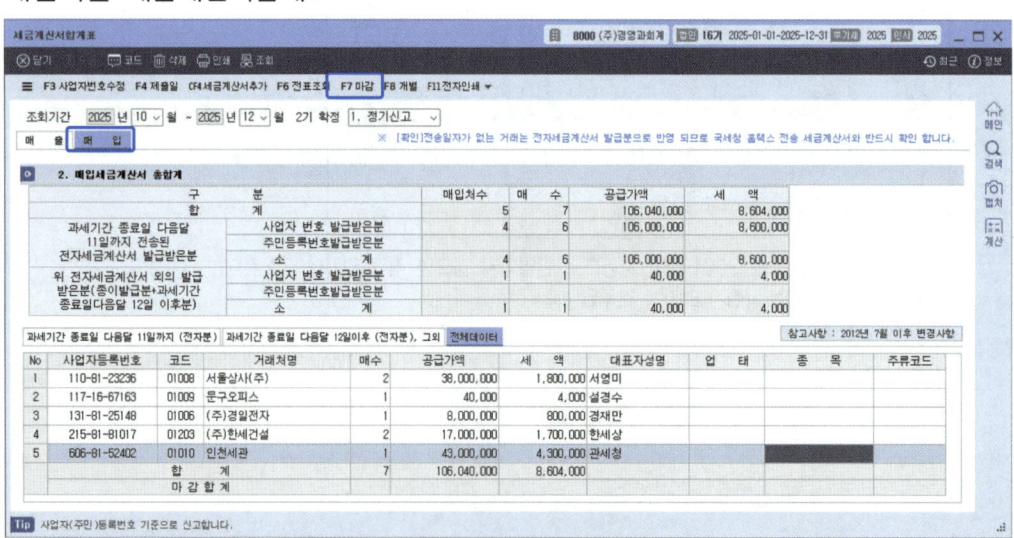

3 계산서합계표

> • NCS 능력단위 : 0203020215부가가치세신고   능력단위요소 : 01세금계산서발급·수취하기
> 1.3 부가가치세법에 따라 세금계산서 및 계산서 합계표를 작성할 수 있다.

　면세 재화 또는 용역을 공급하고 발급한 계산서(매출)와 면세 재화 또는 용역을 공급받고 발급받은 계산서(매입)를 집계하는 표로 부가가치세신고를 하는 때에 첨부하여 제출하여야 한다. 조회기간별로 거래처별 매수, 매출처수, 매입처수, 총 매수, 공급가액 등을 조회할 수 있다. 전자신고를 하려면 F7마감을 실행하여야 한다.

• 매출처별 계산서합계표

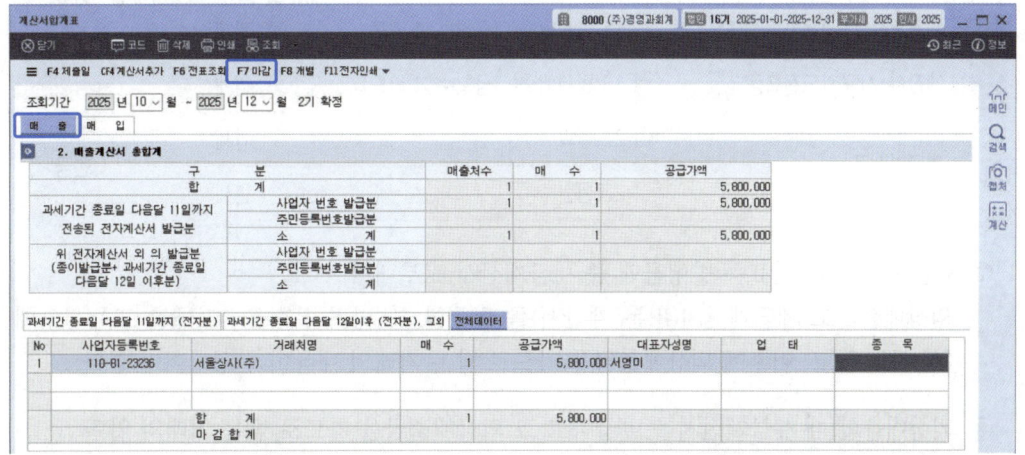

• 매입처별 계산서합계표

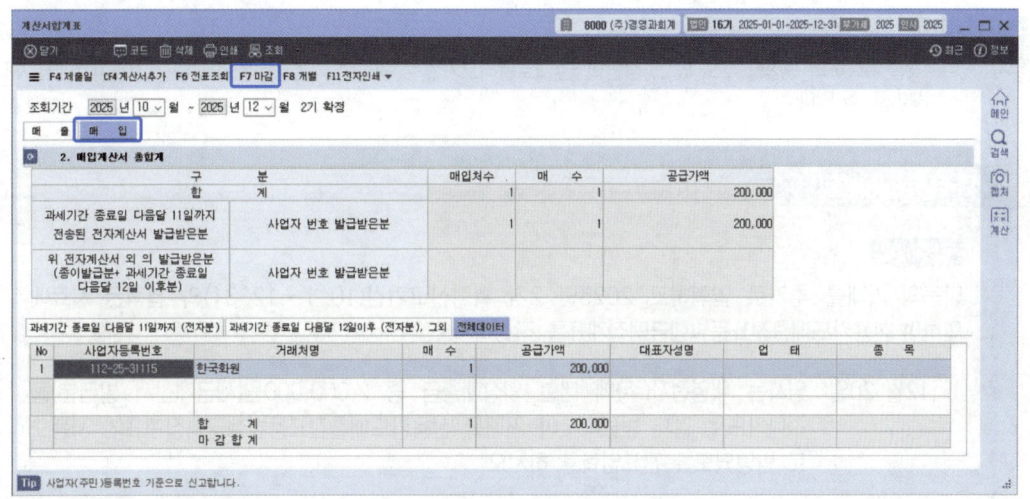

4 신용카드매출전표등발행금액집계표

① 2.신용카드매출전표 등 발행금액 현황

매출액에 대하여 신용카드매출전표등(직불카드, 기명식선불카드 포함)을 발급하고 매입매출전표입력에서 유형 17.카과, 18.카면, 19.카영으로 입력한 경우와 세금계산서를 발급한 11.과세매출과 계산서를 발급한 13.면세매출 거래의 대금 회수시 분개유형을 4.카드로 입력된 경우에 자동으로 반영된다.

현금영수증은 매입매출전표입력 메뉴에서 22.현과 23.현면으로 입력한 경우 반영된다.

발급한 증명서류 구분	입력 유형	과세/면세	신용/현금
신용카드매출전표, 직불카드 및 기명식선불카드매출전표	17.카과, 19.카영	과세	신용
	18.카면	면세	
세금계산서+신용카드전표등	11.과세매출(대금회수 4.카드)	과세	
계산서+신용카드전표등	13.면세매출(대금회수 4.카드)	면세	
현금영수증	22.현과	과세	현금
	23.현면	면세	

② 3.신용카드매출전표등 발행금액 중 세금계산서 교부내역

외상매출하고 세금계산서(또는 계산서)를 발행할 때 입력 유형을 11.매출 또는 13.매출(면세)로 하고, 이후에 외상매출금을 카드로 받은 거래의 내용이 반영되어야 한다.

③ 외상매출할 때 세금계산서를 발급하고 그 외상매출금을 카드로 받는 거래의 입력

일반전표입력에서 미수금으로 분개할 때 F7 카드매출을 설정하면 2.신용카드매출전표등 발행금액 현황과 3.신용카드매출전표등 발행금액 중 세금계산서 교부내역에 동시에 반영된다.

▶ 직접 입력하여 편집할 수도 있고, 상단의 F4 새로불러오기 를 클릭하면 기존자료를 삭제하고 전표자료에서 새로 불러올 수 있다.

필수예제 따라하기

필수예제

다음의 거래를 추가로 입력하고 2025년 2기 확정신고기간(10. 1 ~ 12. 31)의 입력된 자료에 의하여 신용카드매출전표등발행금액집계표를 작성하시오.

1. 12월 20일 : 당사는 대영전자(주)에 대한 외상매출금 중 2,000,000원(세금계산서 발급분)을 하나카드로 결제 받았다. 이 거래를 신용카드매출전표등발행금액집계표에 자동으로 반영되도록 전표입력을 하시오.

> 따라하기

1. 일반전표입력 12월 20일

구분	코드	계정과목	코드	거래처명	적요	금액
3(차)	120	미 수 금	99700	하나카드		2,000,000
4(대)	108	외 상 매 출 금	01001	대영전자(주)		2,000,000
분개	(차) 미수금		2,000,000	(대) 외상매출금		2,000,000

▶ 일반전표입력에서 상단의 F7 카드매출을 클릭하여 하단의 카드매출 보조창에서 카드사를 선택하고, 카드결제하는 대상이 1.세금계산서 발행분인지 2.영세율세금계산서 또는 3.계산서 발행분인지 구분하여 입력하여야 신용카드매출전표등발행금액집계표에 정확하게 반영된다.

⊃ 입력된 화면

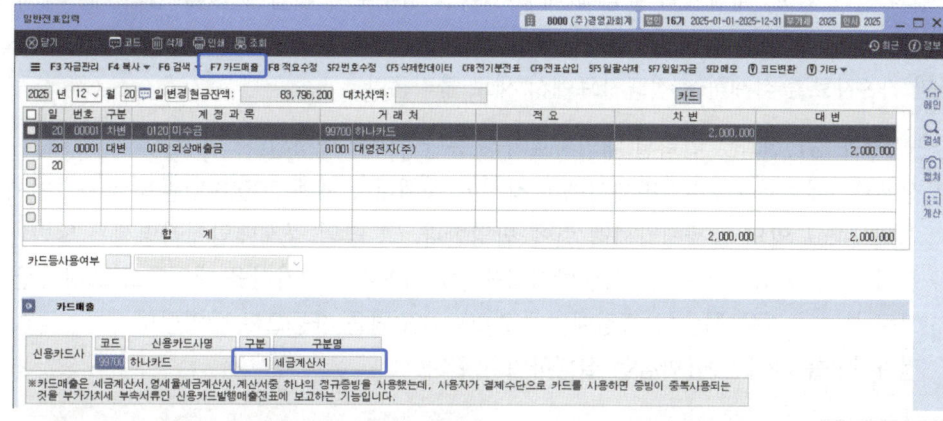

⊃ 신용카드매출전표등 발행금액집계표에 반영된 화면

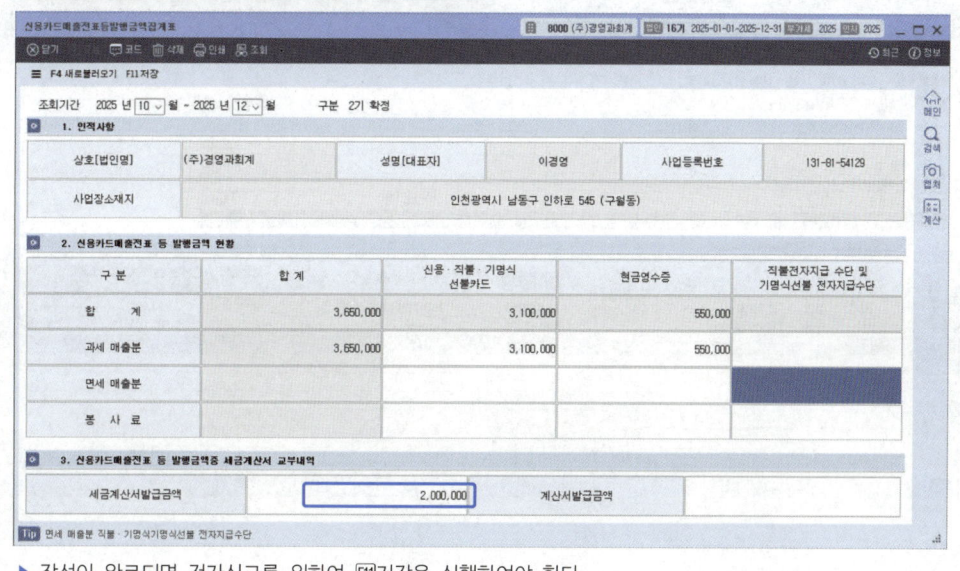

▶ 작성이 완료되면 전자신고를 위하여 F11 저장을 실행하여야 한다.

5 신용카드매출전표등수령명세서

> • NCS 능력단위 : 0203020215부가가치세신고   능력단위요소 : 02부가가치세부속서류작성하기
> 2.4 부가가치세법에 따라 신용카드매출전표등수령명세서를 작성해 매입세액을 공제받을 수 있다.

신용카드매출전표등수령명세서는 미용·욕탕 및 유사서비스업, 여객운송업, 입장권을 발행하여 영위하는 사업 등 세금계산서를 발급할 수 없는 사업자를 제외한 과세사업자로부터 재화 또는 용역을 공급받는 때에 공급가액과 부가가치세가 구분 기재된 신용카드매출전표등(현금영수증 포함)을 수취한 경우 매입세액공제를 받기 위하여 작성 제출한다.

사업과 관련 있고, 매입세액 불공제 대상이 아닌 경우로서 매입매출전표입력 메뉴에서 유형을 57.카과, 61.현과로 입력한 내용이 자동으로 반영된다. 화면 상단의 F4 새로불러오기를 클릭하면 기존자료를 삭제하고 전표자료에서 새로 불러온다.

① 57.카과, 61.현과로 입력된 매입자료가 자동반영되어 작성된다.
② 신용카드매출전표등수령명세서에서 작성된 공제대상 세액 209,000원을 부가가치세신고서의 14.그 밖의 공제매입세액 란에 반영한다. 그 밖의 공제매입세액명세는 일반매입은 부가가치세신고서 우측의 41.일반매입에 90,000원, 고정자산을 매입하고 고정자산 계정으로 분개한 경우에는 42.고정매입에 2,000,000원을 자동으로 반영한다.
③ 전자신고를 하려면 F7 마감을 실행하여야 한다.

⇨ 입력된 화면

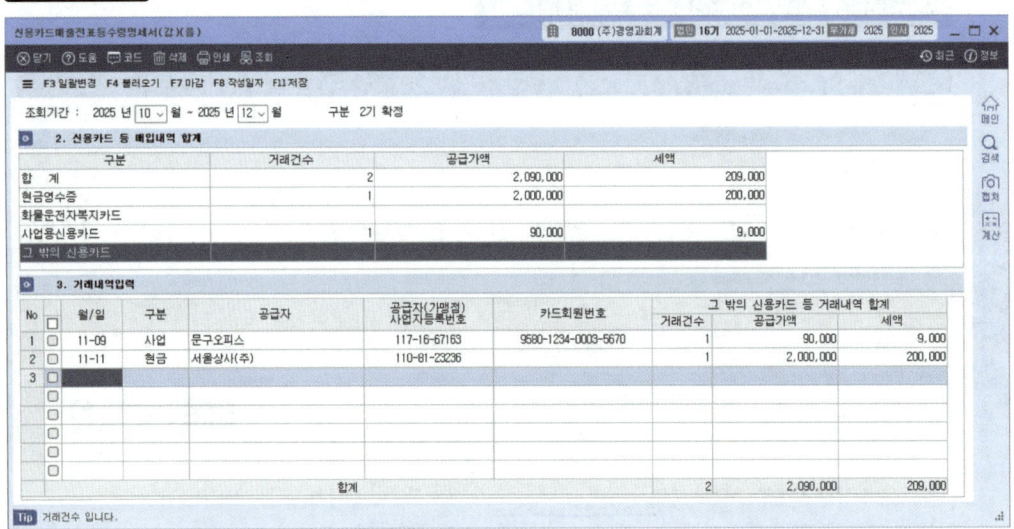

● 부가가치세 신고서에 반영된 화면

> **CHECK POINT** 매입세액불공제대상 신용카드매출전표등(현금영수증 포함)
>
> 다음의 경우는 매입세액공제를 받을 수 없다.
> 1. 사업과 관련 없는 매입세액
> 2. 개별소비세법 제1조제2항제3호에 따른 자동차의 구입, 유지 및 임차와 관련된 매입세액
>   ▶ 개별소비세법 제1조제2항제3호에 따른 자동차는 종전의 비영업용 소형승용차를 말한다.
> 3. 면세사업자로부터 수취한 신용카드매출전표등
> 4. 항공권을 구입하고 수취한 신용카드매출전표등과 택시 요금으로 지급하고 받는 신용카드매출전표등
> 5. 타인명의 신용카드의 신용카드매출전표등 (단, 종업원 등의 신용카드를 사용한 경우로서 사업과 관련된 것이 객관적으로 확인이 가능하면 공제가능)

6 부동산임대공급가액명세서

> • NCS 능력단위 : 0203020215부가가치세신고 능력단위요소 : 02부가가치세부속서류작성하기
> 2.5 부가가치세법에 따라 부동산임대공급가액명세서를 작성하고 간주임대료를 계산할 수 있다.

부동산 임대용역을 공급하는 일반사업자는 부동산 임대용역의 공급내역을 상세히 기록한 부동산임대공급가액명세서를 부가가치세 신고 시 제출해야 한다. 이는 보증금에 대한 간주임대료 계산의 적정여부를 판단하는 자료로 활용되고 미제출시 가산세(1%)를 부과한다.

CHECK POINT 보증금 등에 대한 간주임대료 계산방법

① 부동산 임대용역의 과세표준
  과세표준 = 임대료 + 관리비수입 + 간주임대료
  임대료와 관리비는 계약에 따라 받기로 한 날에 세금계산서를 발급하므로 이미 부가가치세신고서에 반영되어 있다. 그러나 전세금이나 임대보증금은 금전 이외의 대가를 받는 것으로 보아 별도의 산식에 의해 계산한 금액을 과세표준으로 한다.

② 간주임대료 계산

$$\text{간주임대료} = \text{임대보증금(전세보증금)} \times \text{정기예금이자율} \times \frac{\text{과세대상일수}}{365(윤년\ 366)}$$

  간주임대료는 실제 대가의 수령여부와 무관하게 계산한다.
  정기예금이자율은 2024년 3월 22일 기준으로 3.5%이다.

필수예제 따라하기

필수예제

다음 자료를 이용하여 2025년 제2기 확정분(10월~12월) 부동산임대공급가액명세서를 작성하고 간주임대료를 부가가치세신고서에 수동으로 반영하고 회계처리 하시오. 월세와 관리비에 대한 전표입력은 적정하게 되었다고 가정하며, 정기예금 이자율은 3.5%를 적용한다.

층	호수	상 호 (사업자등록번호)	면적 (㎡)	용 도	임 대 계약기간	보증금	월 세	관리비	코드 번호
지하 1	B01	대지가구 121-85-12528	150	공장	2025. 4. 1 ~2026. 3. 31	10,000,000	200,000	100,000	1,500
지상 1	101	마라도상사 121-11-13851	50	음식점	2025. 5. 1 ~2026. 4. 30	6,000,000	300,000	100,000	1,600

* 거래처등록을 먼저하고 작성할 것.

따라하기

1. 거래처등록 메뉴에서 대지가구(코드 1500)와 마라도상사(코드 1600)를 먼저 등록한 후 [부가가치세] 모듈의 [부속명세서Ⅰ]에서 [부동산임대공급가액명세서]를 선택한다.

    ① 조회기간 : 2025년 10월 ~ 12월, 2기 확정
    ② 이자율 : 화면 상단의 F6 이자율을 클릭하여 3.5%로 설정한다.
    ③ 입력내역

코드	임차인	층	호수	면적	용도	임대기간	보증금	월세	관리비
1500	대지가구	지하1층	B01	150	공장	2025.4.1. ~2026.3.31	10,000,000	200,000	100,000
1600	마라도상사	지상1층	101	50	음식점	2025.5.1. ~2026.4.30	6,000,000	300,000	100,000

◯ 입력된 화면

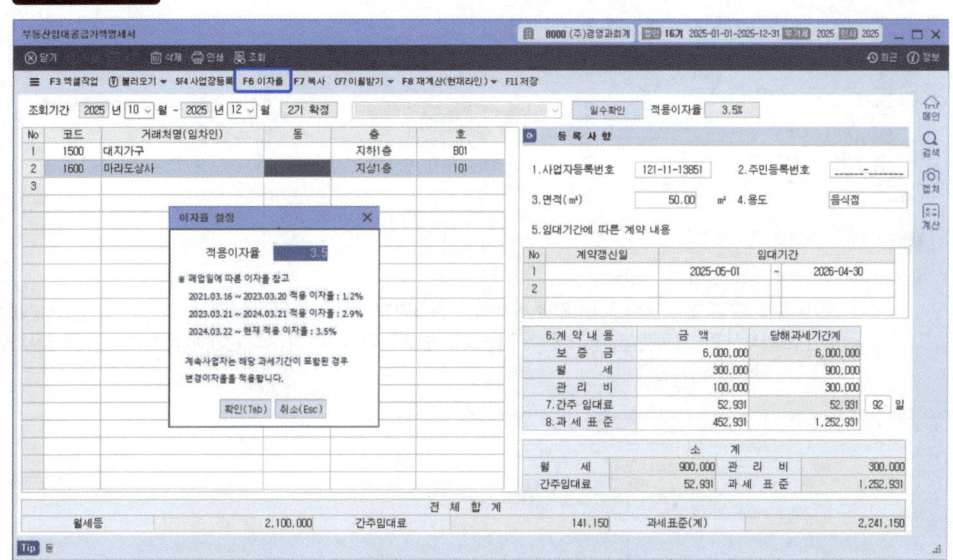

대지가구의 간주임대료   88,219원
마라도상사의 간주임대료   52,931원 합계 141,150원 (부가가치세 14,115원)

2. 화면 하단의 간주임대료 141,150원을 부가가치세신고서에 수동 입력한다.
    부가가치세신고서(10월 1일 ~ 12월 31일 제2기 확정)를 조회한 후 [과세/4.기타] 란에 당초 금액 420,000원과 세액 42,000원에 간주임대료와 간주임대료에 대한 부가가치세액을 합산하여 수정 입력한다.
    • 금액 란 : 당초금액 420,000 + 141,150 = 561,150원
    • 세액 란 : 당초금액 42,000 + 14,115 = 56,115원으로 수정한다.

3. 회계처리

12월 31일 일반전표입력(문제에서 수동 반영하라고 하므로 일반전표입력에서 입력)
(차) 세금과공과(판)   14,115   (대) 부가세예수금   14,115

⮕ 부가가치세신고서에 반영된 화면

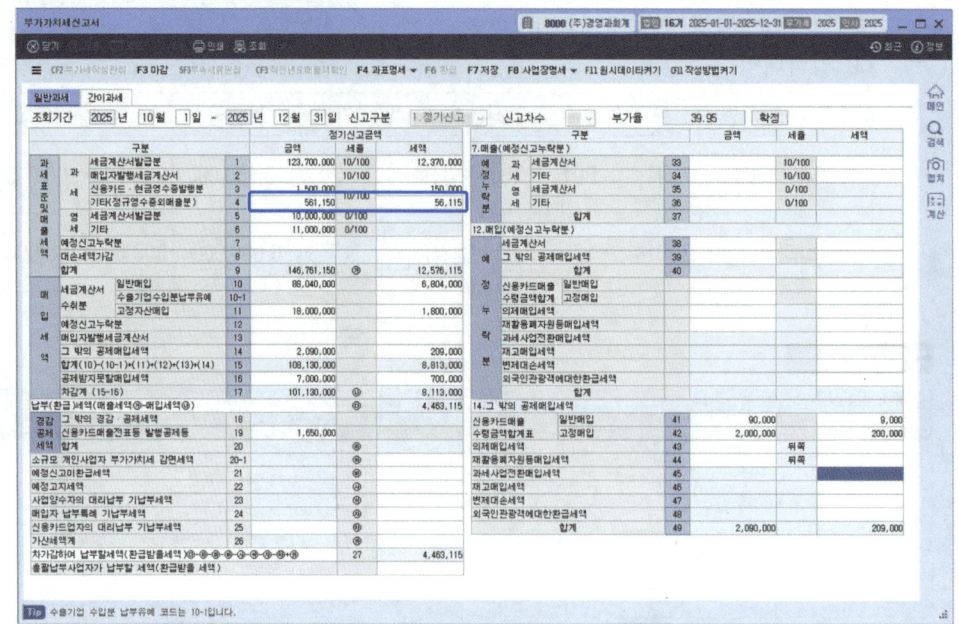

▶ 부가세신고서에 자동반영하는 방법
  매입매출전표입력 12월 31일 유형 : 14.건별 선택하고 공급가액 141,150원, 세액 14,115원으로 입력(분개 : 3.혼합)하면 부가세신고서 [과세/4.기타] 란에 자동으로 반영된다. 이때 하단의 분개에서 차변의 세금과공과를 14,115원으로 변경하여야 한다.

7 의제매입세액공제신고서

> ▪ NCS 능력단위 : 0203020215부가가치세신고 능력단위요소 : 02부가가치세부속서류작성하기
> 2.7 부가가치세법에 따라 의제매입세액공제신고서를 작성하여 의제매입세액공제를 받을 수 있다.

과세사업자가 부가가치세가 면세되는 농·축·수·임산물을 원재료로 하여 과세재화 또는 과세용역을 생산·공급하는 경우 원재료 매입액에 공제율을 적용한 금액을 의제매입세액으로 부가가치세 신고 시 공제받을 수 있다. 전표입력에서 원재료계정의 적요번호 6번(의제매입세액공제신고서 자동반영분)으로 입력된 자료가 자동 반영되며, 수정 또는 추가입력이 가능하다.

업 종	공 제 율
음식점업	개인 : 8/108 법인 : 6/106 유흥장소 : 2/102
제조업(중소기업과 개인사업자)	4/104
최종소비자대상 개인제조업	6/106(과자점, 도정업, 떡방앗간)
그 외의 사업	2/102

* 음식점업 중 과세기간별 과세표준이 2억원 이하인 개인사업자는 9/109를 적용한다.

면세농산물등 매입가액의 한도

해당과세기간 과세표준	개 인		법 인
	음식점	기타업종	
2억원 초과	60%	55%	구분없이 50%
1억원 초과 2억원 이하	70%	65%	
1억원 이하	75%		

> **필수예제 따라하기**
>
> **필수예제**
>
> 다음 자료를 이용하여 2025년 제2기 확정분 의제매입세액공제신청서를 작성하고 부가가치세신고서에 반영하고 관련 회계처리도 하시오(당사는 중소기업이며, 본 서식 작성을 위한 예제로 전표입력도 하시오).
>
> <의제매입세액 공제대상 거래내역>
>
> (원재료 매입내역이며 전자계산서 수취함)
>
> | 매입일자 | 공급자 | 품 명 | 수량(kg) | 매입가액 | 대금결제 |
> |---|---|---|---|---|---|
> | 2025. 12. 2 | 태창농산 | 농산물 | 100 | 6,000,000원 | 외상 |
> | 2025. 12. 4 | 태창농산 | 농산물 | 150 | 4,500,000원 | 외상 |

<매출액 중 면세농산물등과 관련하여 공급한 과세표준>

구 분	2025. 7. 1 ~ 9. 30	2025. 10. 1 ~ 12. 31	합 계
과세표준	10,000,000원	15,000,000원	25,000,000원

▶ 예정신고기간의 면세매입액은 3,120,000원으로 120,000원의 의제매입세액공제를 받았다고 가정한다.

<공급자 인적사항>

상 호	대표자명	사업자등록번호	주 소
태창농산	태희찬	106-01-62408	서울시 용산구 소월로 60-5 (후암동)

▶ 거래처코드. 1300. 매입유형으로 등록하시오.

따라하기

1. 매입매출전표입력

   유형을 53.면세매입으로 거래내역을 입력한 다음 하단의 원재료계정의 적요란에서 적요번호 '6.의제매입세액공제신고서 자동반영분'을 선택한다. 이 때 거래처코드를 반드시 입력하여야 의제매입세액공제신고서에 자동으로 반영된다.

   ① 12월 2일 매입매출전표입력(전자 : 여)

유형	품목	수량	단가	공급가액	부가세		공급처
53.면세	농산물	100	60,000	6,000,000	0	01300	태창농산
분개	2.외상 (차) 153.원재료　　　　6,000,000　　　(대) 251.외상매입금　　　6,000,000 (적요 6.의제매입자동반영분)						

   ② 12월 4일 매입매출전표입력(전자 : 여)

유형	품목	수량	단가	공급가액	부가세		공급처
53.면세	농산물	150	30,000	4,500,000	0	01300	태창농산
분개	2.외상 (차) 153.원재료　　　　4,500,000　　　(대) 251.외상매입금　　　4,500,000 (적요 6.의제매입자동반영분)						

2. 의제매입세액공제신고서

   ① 의제매입세액공제신고서 메뉴를 선택하고 조회기간 7월~12월을 입력하면 전표입력자료를 반영 받아 자동으로 서식을 완성한다. 이때 공제율은 당사는 중소기업으로 제조업이므로 4/104를 선택하여야 한다. 공제율에 커서를 두고 4/104를 선택하거나 공제율에 커서를 두고 4/104를 선택하거나 상단의 F6 공제율일괄변경을 클릭하여 보조창에서 4를 입력하면 4/104로 수정된다.

② 공제 한도액은 면세농산물 등에 의한 매출액을 불러오기 하거나 직접 입력하면 프로그램이 자동으로 계산한다.
③ 이 문제는 불러오기를 하지 않고 자료에 있는 면세농산물에 의한 매출액을 과세표준에 입력하여야 한다.
④ B.당기매입액은 예정신고시에는 예정신고기간의 매입액 3,120,000원을 입력하고 확정신고시에는 해당과세기간(6개월)의 총매입액 13,620,000원(3,120,000+10,500,000)을 입력하여야 한다.
⑤ 예정신고시 의제매입세액공제를 받은 사업자는 D.이미 공제받은 금액(예정신고분)에 예정신고시 공제한 의제매입세액공제액 120,000원을 반드시 입력하여야 한다.

※ 전표입력을 생략하고 직접 서식을 작성하는 방법은 다음과 같다.

> 화면 왼쪽의 공급자란에 태창농산과 사업자등록번호를 입력하고 오른쪽의 입력란에 12월 2일의 거래와 12월 4일의 거래내역을 입력한 다음 공제율은 4/104를 선택한다.

⊃ 입력된 화면

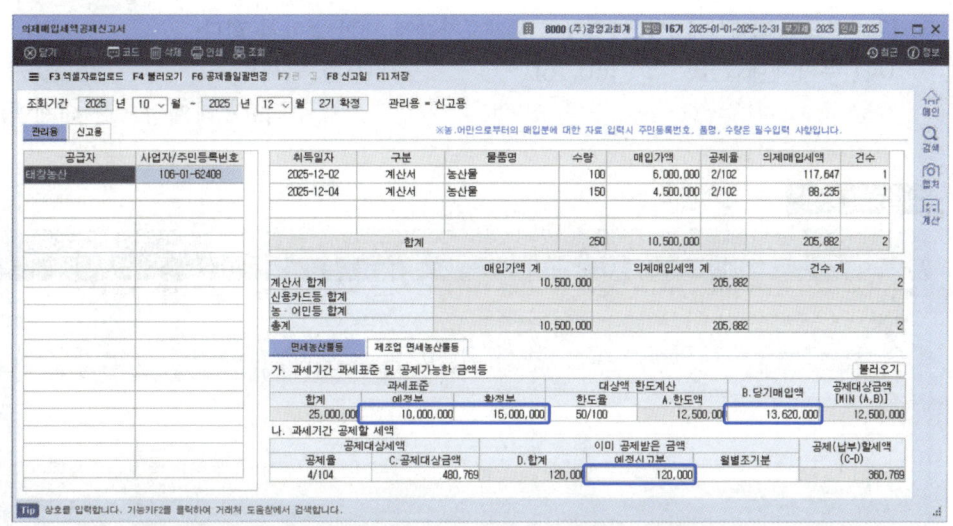

▶ 제조업 면세농산물등 탭을 사용하는 경우 : 1년(1/1~12/31)의 면세 농산물등의 매입가액중 하나의 과세기간의 비중이 75% 이상이거나 25% 미만인 제조업에 한해서 제2기 과세기간의 확정신고시 의제매입세액을 연간으로 통산할 때 사용한다.

⑥ 작성이 완료되면 F11저장을 하여야 부가가치세 신고서에 반영된다.
⑦ 의제매입세액공제신청서에서 작성된 공제할세액 360,769원은 부가가치세신고서의 그 밖의 공제매입세액란에 의제매입세액으로 자동 반영된다.
  ▶ 부가가치세 신고서에서 저장된 데이터를 불러오시겠습니까에 아니오를 선택하여야 한다.

◘ 부가가치세신고서에 반영된 화면

3. [일반전표입력]에서 12월 31일자로 원재료차감에 대한 분개를 한다.
   (차) 부가세대급금   360,769   (대) 원재료   360,769
   (적요8.타계정으로 대체액)

◘ 입력된 화면

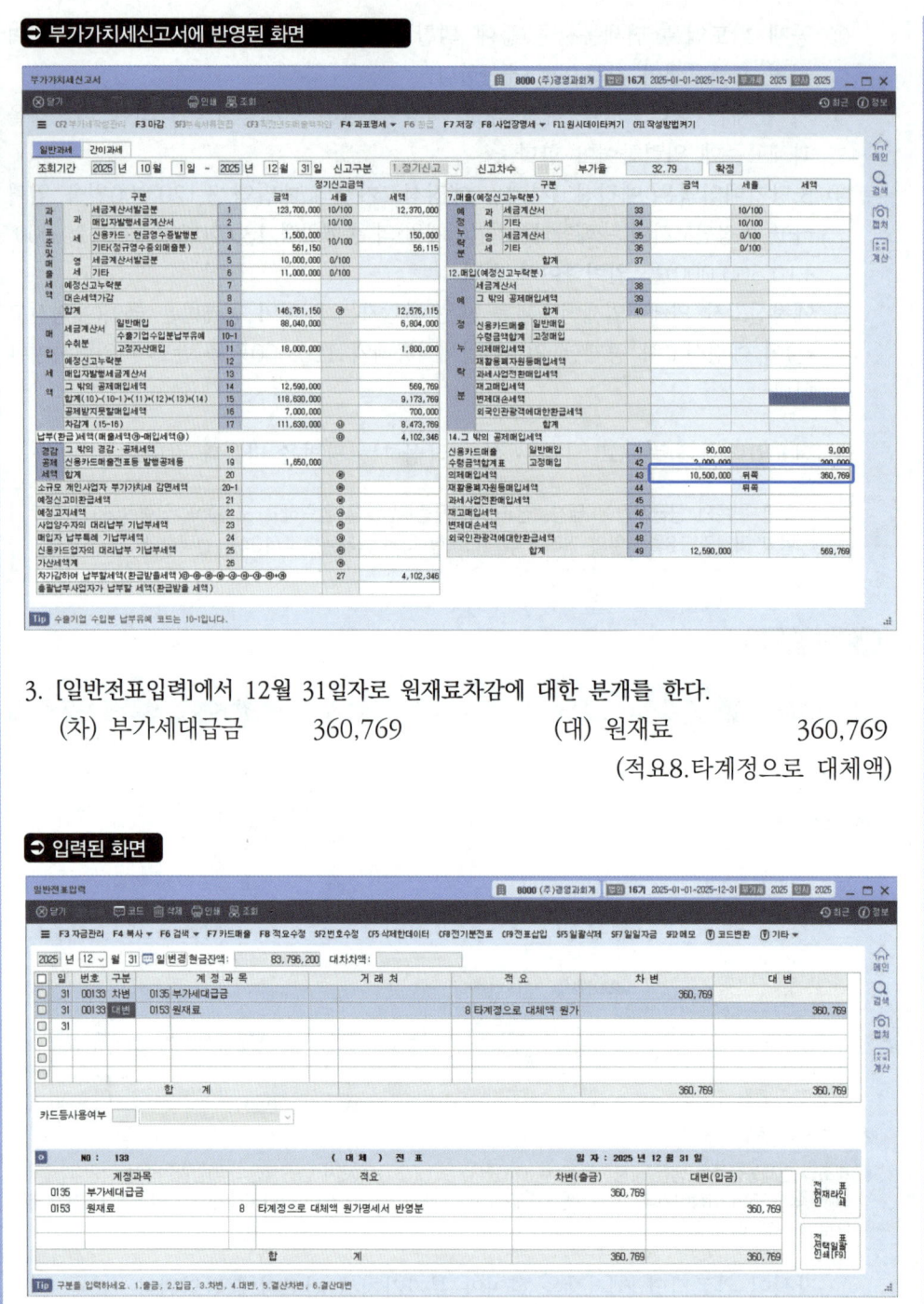

8 재활용폐자원매입세액공제신고서

재활용폐자원이나 중고자동차를 취득하여 제조 또는 가공하여 이를 공급하는 사업자는 그 구입가격의 일정율(재활용폐자원 3/103, 중고자동차 10/110)을 매입세액으로 간주하여 매출세액에서 공제받을 수 있다. 재활용폐자원 및 중고자동차를 부가가치세법상 일반과세자가 아닌 자(면세사업자, 간이과세자)로부터 수집하는 경우에만 적용한다.

이렇게 재활용폐자원 및 중고자동차 매입세액공제를 받기 위해서는 예정신고 또는 확정신고 시 재활용폐자원 및 중고자동차 매입세액공제신고서를 제출하여야 한다. 재활용폐자원의 매입액(세금계산서분 포함)은 매출액의 80%를 한도로 하여 재활용폐자원매입세액을 공제한다.

$$\text{재활용폐자원매입세액} = \text{재활용폐자원등} \times \frac{3}{103} \text{ (중고자동차는 10/110)}$$

필수예제 따라하기

필수예제

다음 자료를 이용하여 재활용폐자원매입세액공제신고서를 작성하고 2025년 제2기 확정분 부가가치세신고서에 반영하시오(공급자 양철수는 거래처코드 1400번으로 등록하고 매입에 관련된 모든 회계처리를 할 것).

<예정신고기간의 거래 내역>

구 분	금 액	참고사항
재활용폐자원 관련 매출액	180,000원	
재활용폐자원 매입액	143,000원	세금계산서 수취분 40,000원, 잔액은 영수증 수취분
재활용폐자원매입세액공제	3,000원	

<확정신고기간의 매입세액 공제대상 거래 내역>

취득일자	공급자	품 명	수 량	취득금액	결 제
2025. 11. 22	양철수	폐지	450kg	200,000원	현금(영수증 수취)

공급자	주민등록번호	주 소
양철수	540112-1236211	부산시 동래구 충렬대로258번길 13 (낙민동)

▶ 확정신고기간(10월-12월)의 매입액은 자료의 내용이 전부이며 매출액은 220,000원이라고 가정한다.

따라하기

1. 11월 22일 일반전표입력

   거래내역을 입력한 원재료의 적요번호 입력 란에서 적요번호 '7.재활용폐자원매입세액공제신고서자동반영분'을 선택한다.

   (차) 원 재 료   200,000   (대) 현   금   200,000
   (적요07.재활용폐자원매입세액)

▶ 전표입력 시 원재료 계정에 거래처코드(1400.양철수)를 입력하여야 신고서 서식에 주민등록번호 등이 자동으로 반영된다.

2. 재활용폐자원세액공제신고서

① 조회기간 2025년 10월~12월을 입력하면 일반전표입력 자료에서 반영되어 자동으로 서식을 완성한다. 이때 공제율은 3/103를 선택하고, 부가가치세신고서에 반영시키려면 F11 저장하고 나와야 한다.

② 화면 상단의 F4 매출액을 클릭하여 보조창에서 해당하는 매출액을 조회 입력하고, 당기매입액 중 세금계산서분을 확인하여 입력한다. 재활용폐자원매입액이 매출액의 80% 이내만 공제대상이므로 공제가능액을 프로그램이 자동으로 계산한다.

③ 이 문제는 자료에서 매출액을 가정으로 주었으므로 불러오기로 자동 반영하는 것이 아니라 직접 입력하여야 한다. 매출액 (9)예정분에 180,000원, (10)확정분에 220,000원을 입력한다.

④ 당기매입액에는 예정분(143,000원)과 확정분(200,000원)의 합계 343,000원을 (14)세금계산서 란에 40,000원을 입력하고, (15)영수증등 란에 303,000원을 입력한다.

⑤ 예정신고 시 공제받은 재활용폐자원매입세액 3,000원은 이미 공제받은 세액 (21)예정신고분에 입력하여 차감하여야 확정신고 시의 공제세액을 계산할 수 있다.

⇨ 입력된 화면

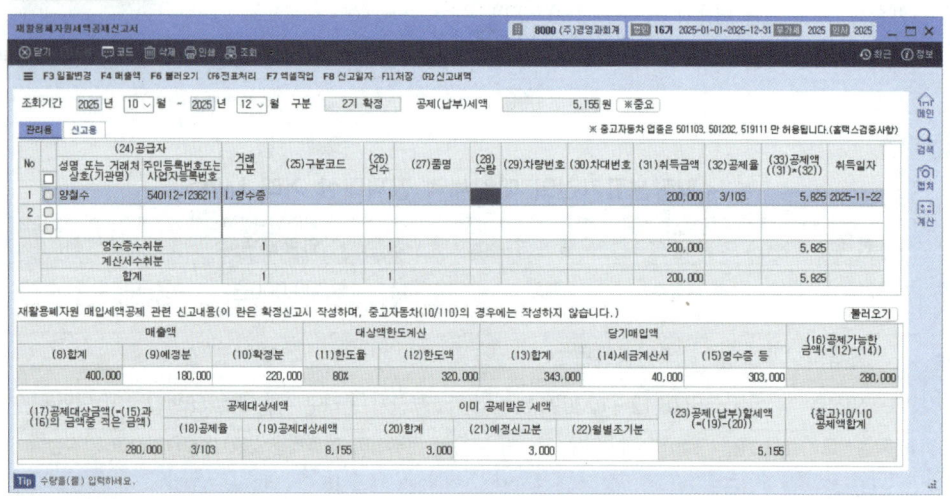

▶ 재활용폐자원세액공제신고서 메뉴의 관리용에서 매입 내역을 입력한 다음 신고용으로 조회할 수 있다.
▶ 당기 매입액에는 해당 과세기간(6개월)의 재활용폐자원매입액을 세금계산서 매입분과 기타(영수증 등) 매입분을 구분하여 입력하여야 한다. 그리고 이미 공제받은 세액에는 (21)예정신고분(예정신고시 공제받은 금액)과 (22)월별조기분(조기환급신고 시 공제받은 금액)을 입력한다.

⊃ 부가가치세신고서에 반영된 화면

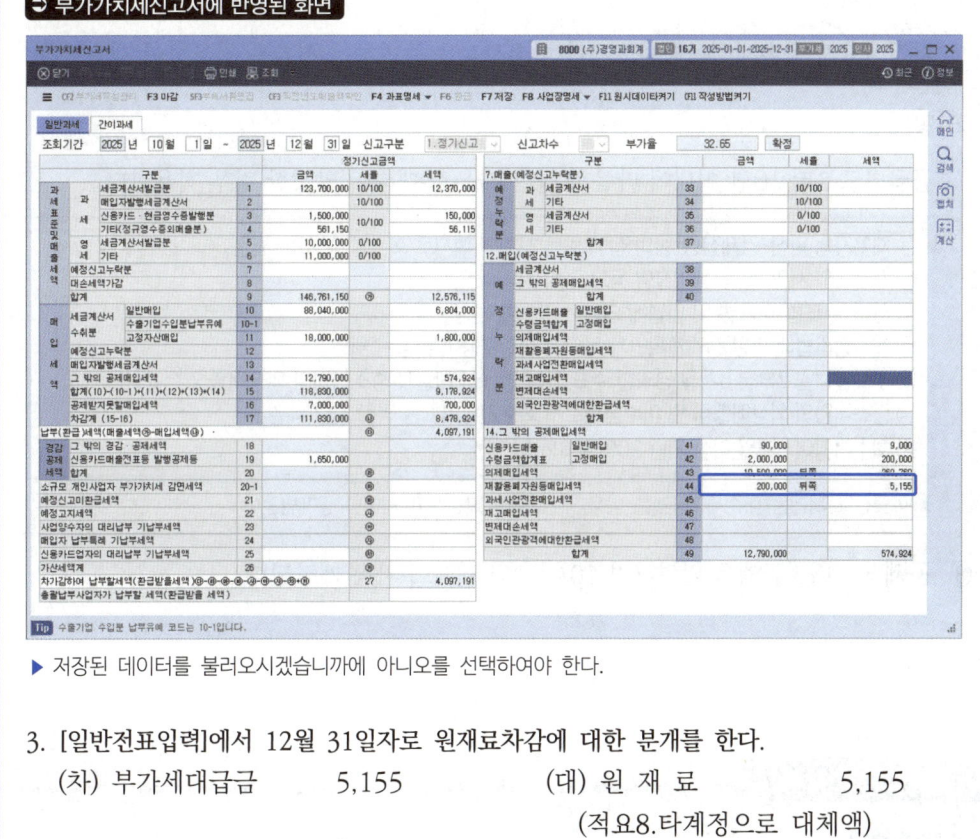

▶ 저장된 데이터를 불러오시겠습니까에 아니오를 선택하여야 한다.

3. [일반전표입력]에서 12월 31일자로 원재료차감에 대한 분개를 한다.
  (차) 부가세대급금   5,155   (대) 원 재 료   5,155
                                  (적요8.타계정으로 대체액)

9 대손세액공제신고서

> ● NCS 능력단위 : 0203020215부가가치세신고   능력단위요소 : 02부가가치세부속서류작성하기
> 2.2 부가가치세법에 따라 대손세액공제신고서를 작성하여 세액공제를 받을수 있다.

대손세액공제신고서는 과세 재화 또는 용역을 공급한 사업자가 상대방의 부도 등으로 채권(외상매출금, 받을어음 등)이 대손되는 경우 채권액에 포함된 부가가치세액에 대하여 대손세액을 공제받기 위하여 제출하는 신고서이다. 공급받는자는 공급시기 이후에 변제(상환)한 대손세액에 대하여 변제신고서를 작성하여 제출하여야 한다.

① 제출시기

확정신고시 대손세액공제신고서와 대손사실을 증명하는 서류를 첨부하여 제출한다.

② 공제요건

공급일로부터 10년 이내에 다음과 같은 사유로 대손이 발생한 경우 적용한다.

> ㉠ 채무자의 파산·강제집행·형의 집행 또는 사업의 폐지로 회수할 수 없는 채권
> ㉡ 채무자의 사망·실종·행방불명 등으로 회수할 수 없는 채권
> ㉢ 상법·수표법·어음법 및 민법에 의한 소멸시효 완성
> ㉣ 회사정리법에 의한 정리계획인가 등으로 회수불능이 확정된 채권
> ㉤ 부도발생일로부터 6개월 경과한 수표 또는 어음상 채권과 중소기업의 외상매출금
> ㉥ 중소기업의 외상매출금 및 미수금으로서 회수기일이 2년 이상 지난 채권
> ㉦ 회수기일이 6개월 이상 지난 30만원 이하의 채권

▶ 예정신고 시에는 대손세액공제를 받을 수 없으며 확정신고 시에만 공제받는다.

③ **공제액** : 대손금액을 입력하면 10/110의 세액이 자동 계산된다.

필수예제 따라하기

필수예제

다음 자료를 이용하여 2025년 제2기 확정분 대손세액공제신고서를 작성하고 부가가치세신고서에 반영하시오(관련 회계처리는 적정하게 된 것으로 가정하여 생략할 것).

<대손내역>

당초공급일	대손확정일	공급받는자	대손금액	대 손 사 유
2025. 5. 4	2025. 12. 13	마포전자	550,000	채무자의 파산으로 회수불가

▶ 마포전자 - 코드번호 : 1011, 대표자명 : 포청천, 사업자등록번호 : 108-81-12565

따라하기

1. 부가가치세 모듈 [부속명세서Ⅰ]에서 [대손세액공제신고서] 메뉴의 대손발생탭을 선택한다.

2. 조회기간을 2025년 7월 ~ 12월로 하고 당초공급일과 대손확정일, 대손금액, 거래처 및 대손사유를 순서대로 입력하며, 대손금액을 입력하면 자동으로 대손세액이 계산된다.

3. 입력을 마치면 F11 저장을 하여야 부가가치세신고서에 자동 반영된다.

➲ 입력된 화면

▶ 대손세액 공제받은 채권을 회수한 경우 대손금액란에 "─"로 입력하여야 한다.

4. 대손세액공제신청서에서 계산된 대손세액 50,000원이 부가가치세신고서의 8.대손세액가감란에 (-)금액으로 자동 적용된다.

➲ 부가가치세 신고서에 반영된 화면

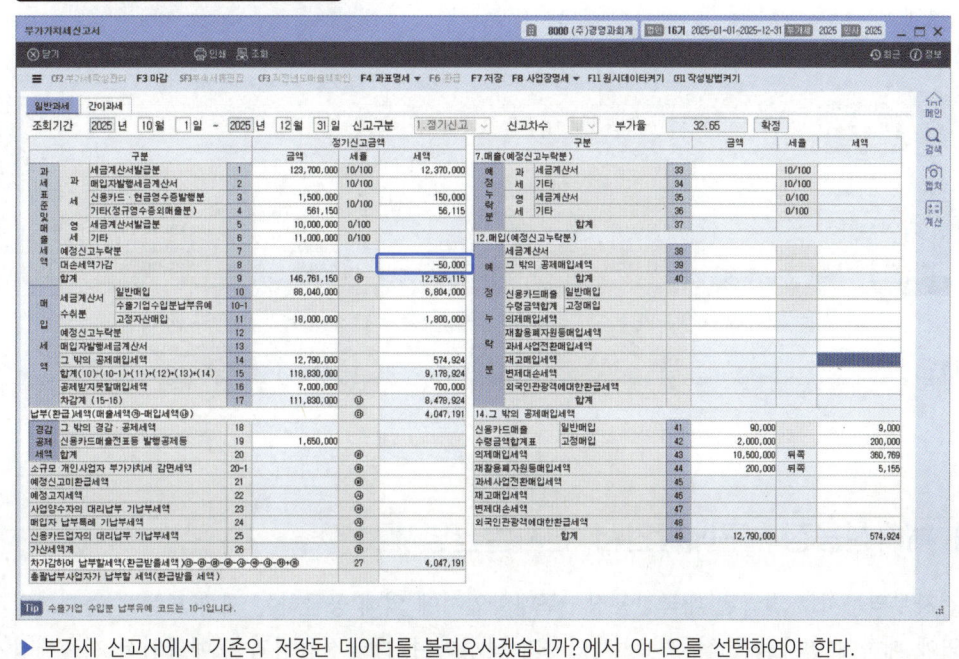

▶ 부가세 신고서에서 기존의 저장된 데이터를 불러오시겠습니까? 에서 아니오를 선택하여야 한다.
▶ 문제의 요구에 따라 전표입력을 생략하지만 거래를 입력한다면 다음과 같이 입력하여야 한다.
    12월 13일 일반전표입력(대손세액공제 및 대손금)
   (차) 부가세예수금   50,000   (대) 외상매출금   550,000
        대손상각비   500,000   (거래처 : 마포전자)

10 건물등감가상각자산취득명세서

> • NCS 능력단위 : 0203020215부가가치세신고 능력단위요소 : 02부가가치세부속서류작성하기
> 2.6 부가가치세법에 따라 건물 등 감가상각자산취득명세서를 작성 할 수 있다.

건물등 감가상각자산의 취득 내용을 작성하는 곳으로 매입매출전표입력에서 51.과세, 54.불공, 55.수입 등의 유형으로 입력한 전표 중에 하단 분개가 고정자산인 경우 자동 반영된다. 건물등감가상각자산취득명세서는 사업설비를 신설·취득·확장 또는 증축하는 경우 이를 사후관리하기 위한 목적과 조기환급 시 첨부서류로 제출하는 서식이다.

조회기간을 선택하면 매입매출전표입력의 분개에서 계정코드 202~230, 231~250까지 유형자산, 무형자산으로 등록된 자료를 자동으로 불러온다.

수동 추가입력이 가능하며, F4 불러오기를 한 후 계정과목을 추가로 등록하고 확인[Tab] 키를 클릭하면 편집으로 입력한 기존 자료를 삭제하고 전표자료에서 새로 불러온다.

11 내국신용장 · 구매확인서 전자발급명세서

전자무역문서로 발급된 내국신용장 · 구매확인서에 의해 공급하는 재화 또는 수출재화임가공용역에 대하여 영세율을 적용받는 사업자가 작성하며, 내국신용장과 구매확인서 제출대상기간의 건수 및 금액의 합계를 입력한다. 내국신용장과 구매확인서를 구분하여 서류번호, 발급일을 작성하며, 공급받는 자(내국신용장 개설업체, 구매확인서 신청업체)의 사업자등록번호 및 신고대상기간의 발급 또는 개설 금액을 각각 입력한다.

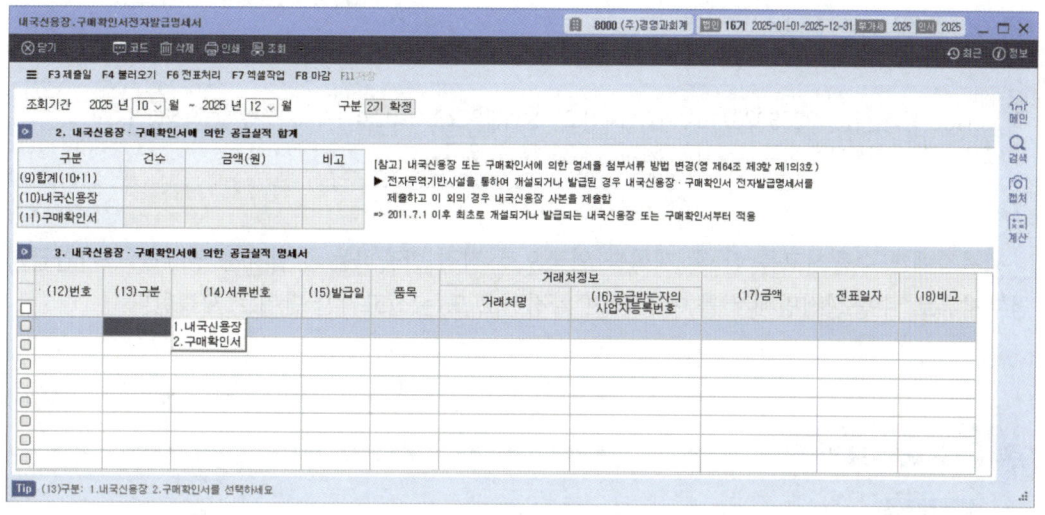

12 영세율매출명세서

부가가치세법 또는 조세특례제한법 상 영세율이 적용되는 재화 또는 용역을 공급한 경우 반드시 영세율매출명세서를 제출하여야 한다. 영세율매출명세서는 매입매출전표입력에서 12.영세 또는 16.수출로 입력할 때에 영세율구분의 유형을 선택 입력하면 자동으로 반영하여 작성된다. 추가로 영세율매출에 해당하는 거래는 수동으로 입력하면 된다.

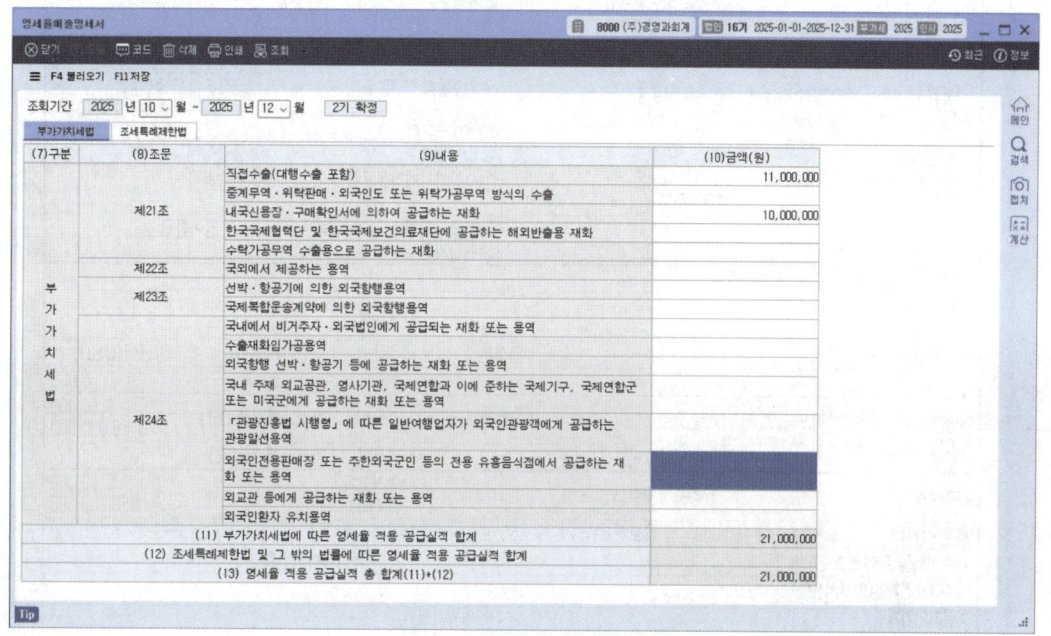

13 수출실적명세서

- NCS 능력단위 : 0203020215부가가치세신고   능력단위요소 : 02부가가치세부속서류작성하기
- 2.1 부가가치세법에 따라 수출실적명세서를 작성 할 수 있다.

세관장에게 수출신고를 한 후 재화를 외국으로 직접 반출하는 사업자는 영세율 조기환급의 첨부서류로 '수출실적명세서'를 예정신고, 확정신고 또는 신고기간 단위로 제출한다.

필수예제 따라하기

필수예제

다음 자료에 의하여 (주)경영과회계(회사코드 8000)의 제2기 확정분 수출실적명세서를 작성하시오 (회계처리는 생략할 것).

1. 선하증권(B/L: Bill of Lading) 상의 선적일자는 2025년 12월 10일이다.
2. (주)경영과회계는 수출대금으로 일본 엔화(통화코드 JPY) ¥5,000,000을 결제받기로 계약하였다.
3. 12월 5일의 재정환율은 ¥100당 1,100원이고, 12월 10일의 재정환율은 ¥100당 1,200원이다.

수 출 신 고 필 증

①신고자	강남 관세사	⑤신고번호 12255-21-110131X	⑥신고일자 2025/12/05	⑦신고구분 H	⑧C/S구분
②수출자 (주)경영과회계 부호 99999999 수출자구분 (A) 위탁자 (주소) (대표자) (통관고유부호) (주)경영과회계 1-00-1-01-8 (사업자등록번호) 131-81-54129		⑨거래구분 11	⑩종류 A	⑪결제방법 TT	
		⑫목적국 JP JAPAN	⑬적재항 ICN 인천공항		
		⑭운송형태 40 ETC	⑮검사방법선택 A 검사희망일 2025/12/10		
		⑯물품소재지			
③제조자 (통관고유부호) (주)경영과회계 1-00-1-01-8 제조장소 산업단지부호		⑰L/C번호	⑱물품상태		
		⑲사전임시개청통보여부	⑳반송사유		
④구매자 (구매자부호) Electric		㉑환급신청인(1 : 수출/위탁자, 2 : 제조자) 간이환급 ㉒환급기관			

• 품명규격 (란번호/총란수: 999/999)

㉓품 명 ㉔거래품명			㉕상표명		
㉖모델규격		㉗성분	㉘수량 1(EA)	㉙단가(USD) 50,000	㉚금액(USD) 50,000
㉛세번부호 9999.99-9999	㉜순중량	㉝수량		㉞신고가격(FOB)	$ 50,000 ₩58,000,000
㉟송품장부호	㊱수입신고번호		㊲원산지	㊳포장갯수(종류)	
㊴총중량	㊵총포장갯수		㊶총신고가격 (FOB)		$ 50,000 ₩58,000,000
㊷운임(₩) 150,000	㊸보험료(₩) 50,000		㊹결제금액	CIF-JPY-5,000,000	
㊺수입화물 관리번호			x	㊻컨테이너번호	x
㊼수출요건확인(발급서류명)					
※신고인기재란			㊽세관기재란		
㊾운송(신고)인 ㊿기간 YYYY/MM/DD 부터 YYYY/MM/DD 까지			51신고 수리일자 2025/12/10	52적재 의무기한	2025/12/22

1. 부가가치세 모듈에서 [부속명세서Ⅰ]의 [수출실적명세서]메뉴를 선택한다.
2. 수출실적명세서는 상단의 F3 입력기간설정을 클릭하여 월별 또는 과세기간별로 입력기간의 설정이 가능하며 설정을 변경하려면 자료를 삭제하고 하여야 한다. 월별입력을 선택하면 월별로만 입력되고 조회는 과세기간별로 한다.
3. 선적일자는 선하증권에 의하고 환율은 선적일자의 기준환율 또는 재정환율(12원)을 입력하여야 하며 (17)외화 란에는 수출신고필증의 ㊹번 결제금액을 입력하여야 한다.

➲ 입력된 화면

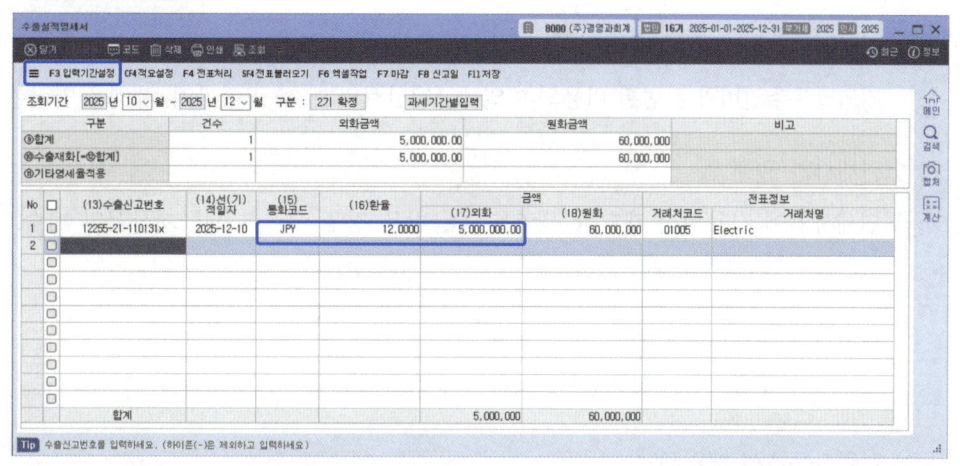

▶ ⑪란은 세관에 수출신고 후 외국으로 직접 반출(수출)하는 재화 이외의 영세율 적용분(국외제공용역 등)으로 세금계산서를 발급하지 아니하는 분의 총건수, 외화금액 합계, 원화금액 합계를 기재한다.

14 공제받지못할매입세액명세서

• NCS 능력단위 : 0203020215부가가치세신고 능력단위요소 : 02부가가치세부속서류작성하기
2.3 부가가치세법에 따라 매입세액 불공제분에 대한 계산근거서류를 작성 할 수 있다.

부가가치세 신고 시 매입세액불공제 대상인 세금계산서의 내역을 작성하는 메뉴로써 매입매출전표입력에서 54.불공으로 선택한 데이터가 자동 반영되며, 직접 입력도 가능하다.
매입세액불공제 사유별 내역 작성, 공통매입세액안분계산, 공통매입세액정산 및 납부세액(또는 환급세액)재계산을 할 수 있다. 공제받지 못할 매입세액 내역은 아래와 같다.

① 공제받지못할매입세액 내역
  ㉠ 필요적 기재사항 누락 등
    필요적 기재사항(공급자의 사업자등록번호 누락 등)이 누락된 매입세금계산서의 매수와 공급가액, 세액을 입력한다.

ⓒ 사업과 직접 관련 없는 지출

업무와 관련 없는 자산을 취득, 관리함으로써 발생되는 유지비, 접대비등 지출의 해당 매입세금계산서의 매수와 공급가액, 세액을 입력한다.

ⓒ 개별소비세법 제1조제2항제3호에 따른 자동차 구입·유지 및 임차

지프형 승용차, 소형승용차의 구입·유지 및 임차비용에 관련된 매입세금계산서의 매수, 공급가액, 세액을 입력한다.

▶ 종전의 비업무용승용차는 세법은 개별소비세 제1조제2항제3호에 따른 자동차로 변경되었으나 프로그램이 계속 사용하던 것을 바로 잡은 것이다.

ⓔ 기업업무추진비(종전의 접대비) 및 이와 유사한 비용관련

기업업무추진비와 관련된 비용의 매입세금계산서의 매수, 공급가액, 세액을 입력한다.

ⓜ 면세사업 관련

면세사업에 사용되는 재화나 용역을 공급받은 경우 수취한 세금계산서의 매수, 공급가액 및 세액을 입력한다.

ⓗ 토지의 자본적지출 관련

토지취득에 관련되는 자본적 지출에 대하여 수취한 세금계산서를 입력한다.

ⓢ 사업자등록전 매입세액

사업자등록전에 수취한 매입세금계산서의 매수, 공급가액, 세액을 입력한다. 다만 공급시기가 속하는 과세기간이 끝난 후 20일 이내에 등록 신청한 경우 그 과세기간 내의 것은 공제된다. 즉 7월 20일(또는 1월 20일)까지 사업자등록신청을 하면 제1기(또는 제2기) 중에 매입한 것은 모두 공제된다. 다만 사업개시일부터 20일 이내에 사업자등록을 하지 않은 경우에 부과하는 미등록가산세는 적용한다.

ⓞ 금·구리스크랩 거래계좌 미사용 매입세액

금, 구리 또는 철스크랩의 거래계좌를 사용하지 않은 거래의 매수, 공급가액, 세액을 입력한다.

② 공통매입세액 안분계산

과세사업과 면세사업의 겸업 사업자가 공급받는 재화 또는 용역의 귀속이 불분명할시 안분계산을 해야 하며 안분계산된 금액 중 면세해당분의 공급가액과 세액을 입력한다. 프로그램 상의 공통매입세액안분계산은 예정신고를 할 때만 하는 것으로 예정신고기간의 공급가액에 의하여 안분계산을 하여 불공제매입세액을 산출한다.

③ 공통매입세액 정산

공통매입세액정산은 확정신고를 할 때만 한다. 신고대상 과세기간 전체(6개월)의 공통매입세액에 대하여 불공제 매입세액을 계산한 후 예정신고 시 공통매입세액으로 불공제한 매입세액(기불공제매입세액)을 차감하여 양수(+)이면 매입세액불공제에 가산하고, 음수(-)이면 매입세액불공제에서 차감한다.

④ 납부세액 또는 환급세액재계산

납부세액 또는 환급세액재계산은 확정신고시에만 하는 것으로 이전 과세기간에 공통매입세액 안분계산을 한 감가상각자산이 있는 경우에 적용한다. 과세사업과 면세사업에 공통으로 사용하는 감가상각자산에 대하여 공통매입세액 안분계산을 한 후 매 과세기간마다 직전과세기간보다 면세비율이 5% 이상 증가 또는 감소되는 경우 납부세액(또는 환급액)에 가산 또는 공제되는 매입세액을 재계산하여야 한다.

필수예제 따라하기

필수예제

다음 자료에 의하여 제2기 확정분 매입세액불공제계산근거를 작성하여 부가가치세신고서에 반영하시오(공통매입세액은 원재료 매입분이며 관련 회계처리는 생략한다).

1. 매입세액 불공제 내역
   - 불공매입으로 입력된 자료를 조회하여 작성하시오.

2. 공통매입세액 정산자료(안분계산을 위한 자료로 전표입력과 관련 없음)
(1) 매출자료

매출구분	2025. 2기 예정	2025. 2기 확정	계
과 세	20,000,000원	40,000,000원	60,000,000원
면 세	20,000,000원	30,000,000원	50,000,000원
총 계	40,000,000원	70,000,000원	110,000,000원

(2) 총 공통매입세액(2025. 7. 1 ~ 2025. 12. 31) : 5,000,000원
(3) 2025년 2기 예정 신고 시 기불공제매입세액 : 1,500,000원

따라하기

부가가치세 모듈에서 부속명세서Ⅰ의 공제받지못할매입세액명세서 메뉴를 선택한다.

1. 매입매출전표에 입력된 내용 중 자동 반영된 내역을 확인한다.
   - 불공제사유 : 토지의 자본적 지출 관련 매입세액 : 1건, 7,000,000원(세액 700,000원)

➲ 입력된 화면

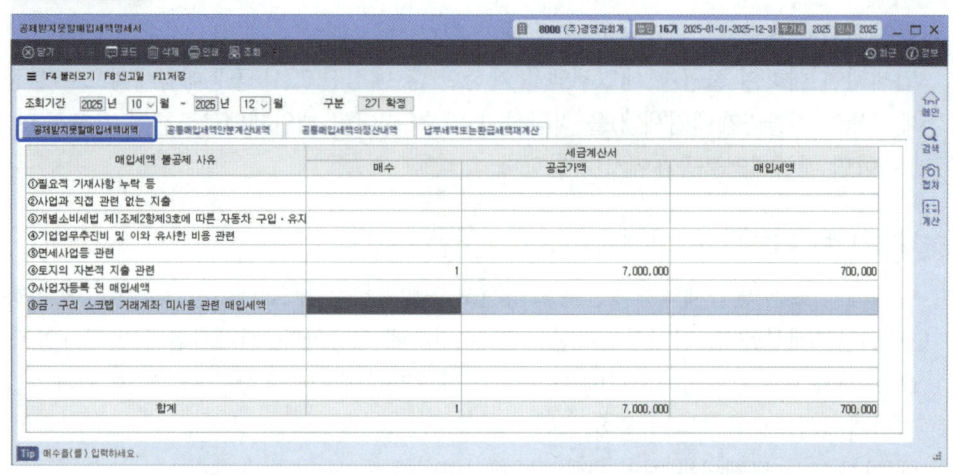

2. 공통매입세액의정산내역 탭 클릭

'1 : 당해과세기간의공급가액기준'을 선택하고 '전표데이터를 불러오시겠습니까'에서 아니오를 선택하고 총공통매입세액 5,000,000원 총공급가액 110,000,000원 면세공급가액 50,000,000원을 입력하면 (17)불공제매입세액총액이 계산된다. (17)번 금액은 제2기(7월~12월) 전체의 불공제매입세액이다. 예정신고시 불공제된 매입세액 1,500,000원은 (18)기불공제매입세액에 직접 입력하여 차감하여야 확정신고시 불공제할 공통매입세액정산이 된다.

➲ 입력된 화면

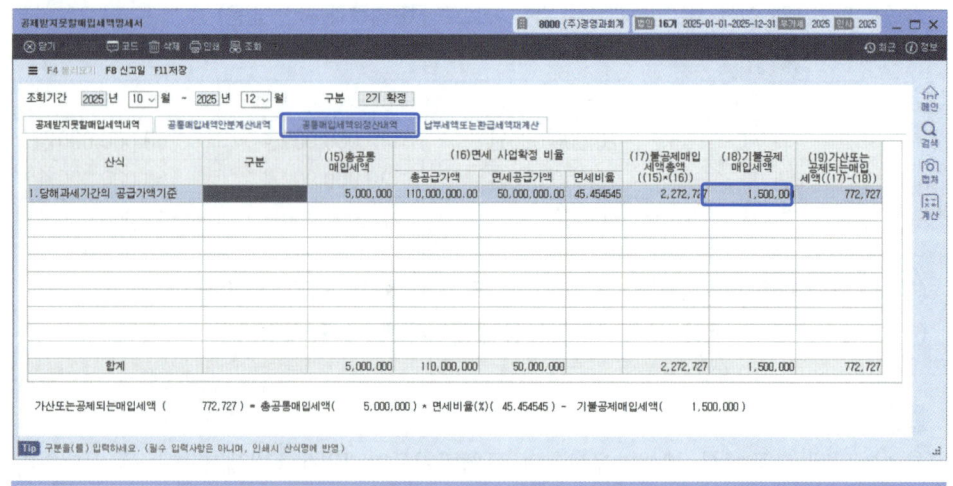

문제에서 주어진 자료가 아닌 전표입력 데이터에 의하여 정산하려면 '전표데이터를 불러오시겠습니까'에서 예를 선택한다. (15)총공통매입세액과 (18)기불공제매입세액을 입력하면 자동으로 계산한다. 자격시험에는 별도의 자료를 주는 경우가 더 많다.

3. 계산된 불공제금액을 F11 저장하면 부가가치세신고서의 매입세액불공제 란에 반영된다.

4. 부가가치세신고서에서 조회기간을 입력하면 데이터를 새로 읽으면서 자동 반영된다. 이 때 "기존에 저장된 데이터를 불러오시겠습니까?"에서 "예(Y)"를 선택하면 반영되지 않은 직전 입력내용을 불러오므로 "아니오(N)"를 선택하여야 한다.

⊃ 부가가치세신고서에 반영된 화면

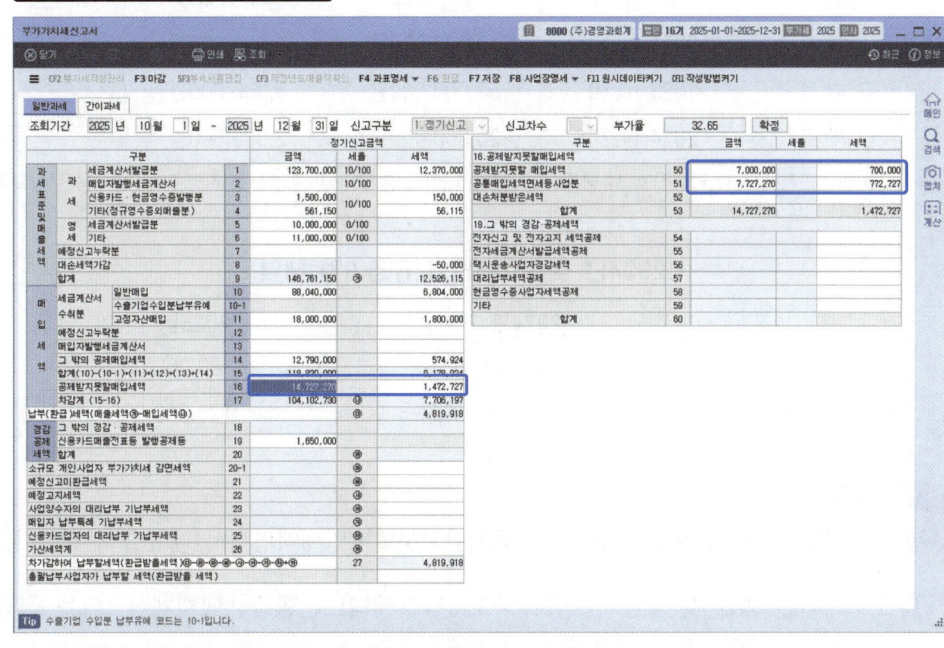

▶ 16.공제받지못할매입세액에 커서를 놓으면 우측화면이 표시된다.

5. 공통매입세액에 대한 회계처리를 하는 경우 다음과 같이 분개한다.
   12월 31일 일반전표입력
   (차) 원 재 료   772,727   (대) 부가세대급금   772,727

   ▶ 자격시험에는 확정신고 시의 공통매입세액 문제가 많이 출제되는데 이때 당해과세기간의 면세공급가액과 총공급가액에 의하여 계산하는 것이므로 예정과 확정기간 분 합계를 입력하고 예정신고 시 불공제매입세액을 기불공제매입세액으로 반드시 입력하여야 한다.

필수예제 따라하기

필수예제

다음 자료를 이용하여 2025년 제1기 확정 부가가치신고 시 납부세액재계산을 하여 공제받지 못할 매입세액명세서(매입세액불공제내역) 작성하고 저장하시오(전표입력과 무관한 자료이며, 관련 회계처리는 생략하기로 한다).

<2025년 과세사업과 면세사업에 공통으로 사용되는 자산의 구입내역>

계정과목	취득일자	공급가액	부가가치세	비 고
기계장치	2024.11.19	10,000,000원	1,000,000원	
구 축 물	2023.10.10	50,000,000원	5,000,000원	
원 재 료	2024.11.20	20,000,000원	2,000,000원	

▶ 2024년 제2기 부가세 확정신고 시 공통매입세액에 대한 안분계산 및 재계산을 하였으며 그 내용은 정확히 신고서에 반영되었다.

<2024년 및 2025년의 공급가액 내역>

구 분	2024년 제2기	2025년 제1기
과세사업	100,000,000원	80,000,000원
면세사업	100,000,000원	120,000,000원

따라하기

부가가치세 모듈에서 부속명세서Ⅰ의 공제받지못할매입세액명세서 메뉴를 선택한다.

① 조회기간을 2025년 4월~6월로 하고 '납부세액또는환급세액재계산' 탭을 클릭한 후 재계산내역을 입력한다.
② 건물과 구축물은 '1.건물, 구축물'을 기타 감가상각자산은 '2.기타자산'을 선택한다.
③ '전표데이터를 불러오시겠습니까'에 아니오를 선택한다.
④ 매입세액 기계장치 2.선택 1,000,000원 구축물 1.선택 5,000,000원(원재료는 제외)
⑤ 당기 총공급가액 : 200,000,000원, 면세공급가액 : 120,000,000원
   직전 총공급가액 : 200,000,000원, 면세공급가액 : 100,000,000원
 • 기계장치 : 1,000,000×(1 - 25%×1)×10%(면세증가비율) = 75,000원
 • 구 축 물 : 5,000,000×(1 - 5%×3)×10%(면세증가비율) = 425,000원
   ▶ 기계장치(체감율 25/100), 구축물(체감율 5/100)

   면세증가비율 = (2025년 제1기 면세비율 60% - 2024년 제2기 면세비율 50%) = 10%
⑥ 납부세액재계산은 감가상각 자산만 하는 것으로 원재료는 재계산을 하면 안 된다.

CHECK POINT 재계산방법

구 분	재계산세액
건물 또는 구축물	매입세액 × (1 – 5% × 경과된 과세기간의 수) × 증가 또는 감소된 면세공급가액 비율
기타의 감가상각자산	매입세액 × (1 – 25% × 경과된 과세기간의 수) × 증가 또는 감소된 면세공급가액 비율

▶ 증가 또는 감소한 면세비율은 직전 재계산한 과세기간보다 5% 이상 증가 또는 감소한 경우에만 적용한다.
▶ 면세비율의 5% 미만 변동한 경우에는 직전 과세기간의 면세비율과 동일한 것으로 간주해서 다음과세기간과 비교한다.
▶ 과세기간 개시일 이후에 취득한 감가상각자산은 과세기간 개시일에 취득한 것으로 보고 경과된 과세기간의 수를 계산한다. 예를 들어 2025년 1기 확정신고 시 2023.10.10. 취득한 감가상각자산의 경과된 과세기간은 2023년 7월 1일부터 계산하여야 하며, 2023년 제2기, 2024년 제1기, 제2기가 경과된 과세기간이 되므로 경과된 과세기간의 수는 3이 되는 것이다.

➲ 입력된 화면

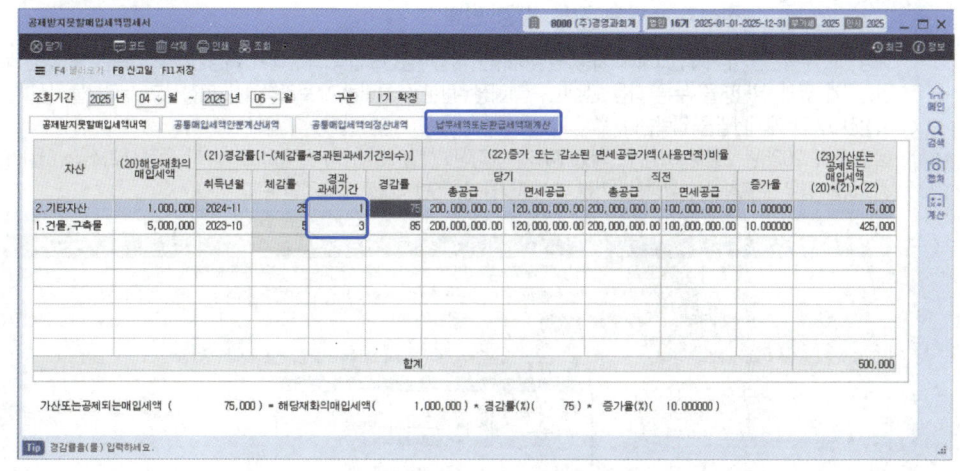

▶ (20)해당재화의 매입세액 란에 매입액을 입력하는 것이 아니라 매입세액을 입력하여야 한다.
▶ 면세비율의 증가로 납부세액에 가산되는 매입세액은 해당자산의 원가에 가산하는 분개를 하고 반대의 경우에는 자산을 감액하는 분개를 한다.

15 수정신고와 가산세

> ● NCS 능력단위 : 0203020215부가가치세신고   능력단위요소 : 03부가가치세신고하기
> 3.6 세금계산서관련 세법에 따라 발행·수취된 세금계산서와 국세청 이세로 데이터와 상호대조하여 수정할 수 있다.

① 매출자료누락

    ㉠ 예정신고누락분 : 확정신고 시 누락자료를 예정신고누락분 란에 입력하여 반영

    ㉡ 확정신고누락분 : 매입매출전표입력에 입력하여 신고서(수정신고)에 반영

② 매입자료누락

    ㉠ 예정신고누락분 : 확정신고 시 누락자료를 예정신고누락분 란에 입력하여 반영

    ㉡ 확정신고누락분 : 매입매출전표입력에 입력하여 신고서(수정신고)에 반영

> **CHECK POINT** 예정신고 누락분 자동 반영 방법
>
> 예정신고 누락분을 부가세신고서에 자동 반영하려면 매입매출전표입력 메뉴에서 해당거래를 입력한 후 상단의 간편집계 옆의 삼각형을 누른 다음 Shift + F5 예정누락분을 클릭하고 보조창에서 예정신고 누락분을 신고할 확정신고기간 개시년월을 입력한다.
>
> 예를 들어 2025년 3월분 세금계산서를 제1기 예정신고(1월~3월) 시 누락하고 제1기 확정신고(4월~6월)에 신고하는 경우 보조창에서 확정신고기간 개시년월을 2025년 4월로 입력하면 된다.
>
>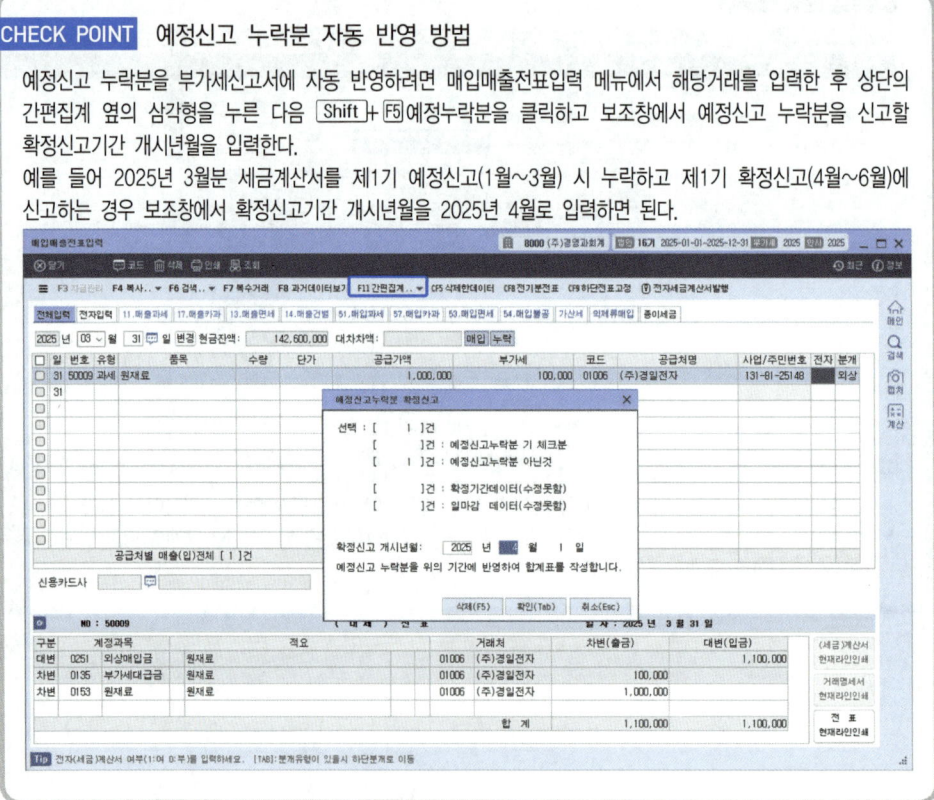

③ 가산세

예정신고누락분을 확정신고에 포함하여 신고하거나, 확정신고 누락분을 수정신고하는 때 및 기한후신고 시에는 반드시 가산세를 계산하여 납부하여야 한다.

구 분		유 형	가 산 세
① 미등록가산세		사업자등록을 하지 아니한 경우	공급가액의 1%
		타인의 명의로 사업을 한 경우	공급가액의 2%
세금계산서		② 재화·용역의 공급없이 **가공세금계산서등**(신용카드매출전표등 포함)을 발급하거나 받은 경우	공급가액의 3%
		③ 세금계산서 **미발급**	공급가액의 2% 또는 기재금액의 2%
		④ 실제 공급자 또는 공급받는자가 아닌 명의의 **위장세금계산서**(신용카드매출전표등 포함)를 발급하거나 받은 경우	
		⑤ 공급가액을 과다하게 기재한 세금계산서등(신용카드매출전표등 포함)을 발급하거나 받은 경우	과다기재분 공급가액의 2%
		⑥ 전자세금계산서 의무발급자가 종이 발행, ⑦ 지연발급	공급가액의 1%
		⑧ 세금계산서 부실기재, ⑨ 자신의 타 사업장 명의 발행	
전자세금계산서	⑩ 미 전 송	전자세금계산서를 공급시기가 속하는 과세기간에 대한 확정신고기한까지 전송하지 아니한 경우	공급가액의 0.5%
	⑪ 지연전송	전송기한(발급일의 다음날)이 경과한 후 공급시기가 속하는 과세기간에 대한 확정신고기한까지 전송하는 경우	공급가액의 0.3%
세금계산서합계표	⑫ 미제출	매출처별세금계산서합계표를 예정신고 또는 확정신고 시에 제출하지 아니한 경우(1개월 내 제출 시 50% 경감)	공급가액의 0.5%
	⑬ 지연제출	매출처별세금계산서합계표를 예정신고 시에 제출하지 않고 확정신고 시 제출한 경우	공급가액의 0.3%
	⑭ 부실기재	매출처별세금계산서합계표의 기재사항 누락, 사실과 다른 경우(다만, 거래사실이 확인되는 때에는 제외)	공급가액의 0.5%
경정시 매입세액 공제		⑮ 신용카드매출전표등을 경정시 제출하는 경우	공급가액의 0.5%
매입처별세금계산서 합 계 표		⑯ 매입가액을 사실과 다르게 과다하게 적어 신고한 경우	과다기재액 0.5%
		⑰ 매입처별세금계산서 미제출 또는 부실기재분 매입세액을 경정시 세금계산서로 매입세액공제를 받는 경우	공급가액의 0.5%
		⑱ 공급시기 이후에 해당 과세기간 확정신고기한까지 발급받은 세금계산서로 매입세액공제를 받는 경우(지연 수취)	
신고불성실가산세		무신고한 경우(**기한후신고 시 감면**)	부정 40%, 일반무신고 20% 일반과소 10%
		과소신고 또는 초과환급신고한 경우(**수정신고 시 감면**)	
영세율과세표준 신고불성실가산세		영세율이 적용되는 사업자가 과세표준금액을 신고하지 않거나 적게 신고한 경우(**기한후신고 또는 수정신고 시 감면**)	영세율과세표준의 0.5%
납부지연가산세		미납부·과소납부·과다환급세액 × $\dfrac{22}{100,000}$ × 일수 일수 : 납부기한(또는 환급받은 날)의 다음날부터 납부일(또는 고지일)까지의 기간	

▶ ①이 적용되는 경우 ⑦⑧⑩⑪⑫⑬⑭⑮는 적용하지 아니한다.
▶ ③⑥⑦⑨가 적용되는 경우 ⑧⑩⑪은 적용하지 아니한다.
▶ ⑧이 적용되는 경우 ⑩⑪은 적용하지 아니한다.
▶ ⑦⑧⑩⑪이 적용되는 경우 ⑫⑬⑭는 적용하지 아니한다.
▶ ②③④⑤⑥⑨가 적용되는 경우 ①⑫⑬⑭⑯⑰⑱은 적용하지 아니한다.

- ④의 위장세금계산서등의 발급자에게 ③⑥⑨은 적용하지 아니한다.
- ⑤의 세금계산서등 과다기재 발급자에게 ⑧의 세금계산서부실기재는 적용하지 아니한다.
- 현금영수증 의무발급자의 현금영수증미발급가산세(20%)를 적용하면 ③⑥⑨⑭은 적용하지 아니한다.
- 수정신고 또는 기한후신고 시 신고불성실 가산세의 감면(세액의 납부 여부와 관련이 없다)

수정신고 시 감면		기한후신고 시 감면	
법정신고기한 경과 후	가산세 감면 비율	법정신고기한 경과 후	가산세 감면 비율
1개월 이내	90%	1개월 이내	50%
1개월 초과 3개월 이내	75%	1개월 초과 3개월 이내	30%
3개월 초과 6개월 이내	50%	3개월 초과 6개월 이내	20%
6개월 초과 1년 이내	30%		
1년 초과 1년6개월 이내	20%		
1년6개월 초과~2년 이내	10%		

필수예제 따라하기

필수예제

다음은 제2기 예정신고 시 누락 된 자료이다(전표입력, 부가가치세신고서, 세금계산서합계표 등 모든 회계처리가 누락된 자료임). 2025년 제2기 확정분 부가가치세신고서(2026년 1월 25일 신고)에 반영(과세표준명세서 포함)하고 가산세를 계산하시오. 저장된 데이터를 불러오되 앞의 예제와 연관성이 없으므로 관련 회계처리에 대한 전표입력은 생략한다.

1. 7월 23일 (주)인타컴에 제품을 판매하고 10월 31일 발급한 세금계산서 1매
   (공급가액 30,000,000원, 부가가치세 3,000,000원 전액 외상)

2. 8월 30일 (주)경일전자로부터 원재료를 구입하고 발급받은 세금계산서 1매
   (공급가액 20,000,000원, 부가가치세 2,000,000원 전액 외상)

3. 업태 및 업종, 업종코드는 다음과 같다.

업 태	업 종	업종코드	비 고
제 조	전자제품	생 략	
도·소매	도 서	생 략	면 세

- 수출매출로 처리한 금액도 제조업(전자제품)수입금액에 포함하여 계산하도록 한다.

따라하기

부가가치세 모듈의 부가가치세Ⅰ에서 부가가치세신고서 메뉴를 선택한다.

1. 부가가치세신고서(조회기간 2025년 10월 1일 ~ 12월 31일)의 [예정신고누락분](7란)에서 TAB을 누르고 우측으로 커서를 이동하여 (33)란에 공급가액 30,000,000원(세액 3,000,000원 자동)을 입력하여 매출누락분을 반영한다.

2. [예정신고누락분](12란)에서 TAB으로 우측화면으로 커서를 이동하고 (38)란에 공급가액 20,000,000원과 세액 2,000,000원을 입력하여 매입누락분을 반영하고 F7저장한다.
   - 매출누락분은 세액이 자동으로 반영되지만 매입누락분은 반드시 세액을 입력하여야 한다.

◎ 예정신고 누락분이 입력된 화면

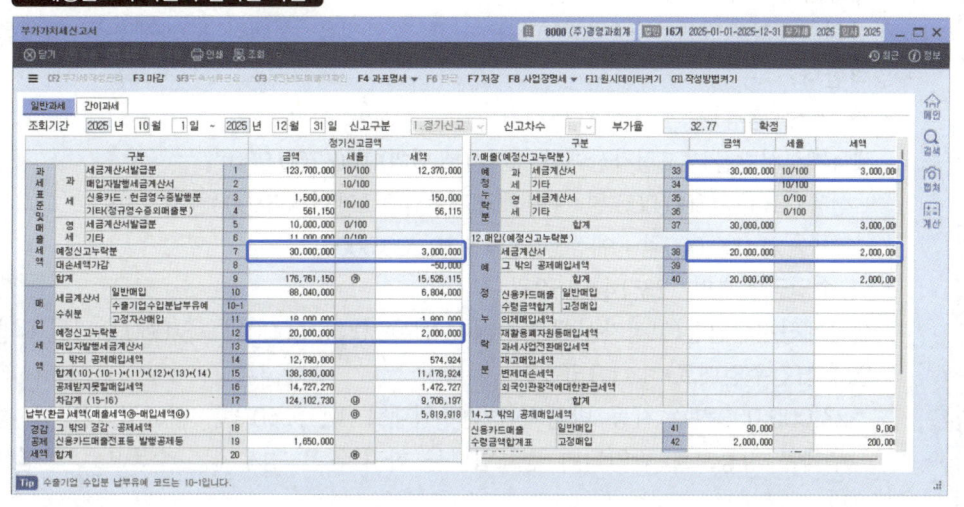

3. 가산세액계(26란)에 커서를 두고 우측의 가산세명세의 해당란에 각각 입력한다.
    - 세금계산서지연발급 : 30,000,000 × 1% = 300,000원
    - 신고불성실가산세(일반 과소 초과환급) : 미납세액 × 10% × 25%
      1,000,000 × 10% × 25% = 25,000원(3개월 이내 수정신고로 보아 75% 경감)
    - 납부지연가산세 : 미납세액 1,000,000 × 2.2/10,000 × 미납일수 92일 = 20,240원

◎ 가산세액이 입력된 화면

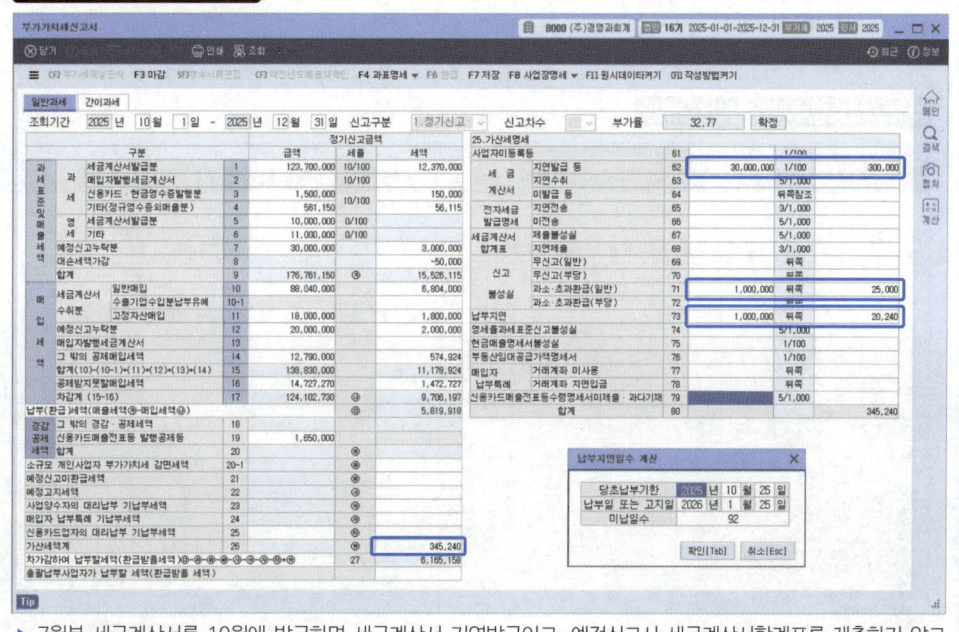

▶ 7월분 세금계산서를 10월에 발급하면 세금계산서 지연발급이고, 예정신고시 세금계산서합계표를 제출하지 않고 확정신고시 제출하므로 지연제출에 해당한다. 이러한 경우 세금계산서 지연발급가산세(1%)만 적용한다.

4. 과세표준명세서 작성

상단의 F4 과표명세를 클릭한 다음 신고 2.확정을 선택하고 과세표준 명세를 입력한다.

- 28.제조, 컴퓨터 : 153,620,000원

  세금계산서발급분(고정자산매각 폐지처분 제외) 100,700,000원

  + 신용카드등 1,500,000 원 + 건별매출(간주임대료 제외) 420,000원

  + 영세율 21,000,000원 + 예정신고누락분 30,000,000원

- 31.수입금액제외 : 23,141,150원

  세금계산서발급분(고정자산매각 + 폐지처분) 20,000,000원 + 3,000,000원 + 건별매출(간주임대료) 141,150원

  * 23,000,000원은 자동 반영되며 간주임대료 141,150원은 전표입력을 한 경우에는 자동으로 반영되며 전표입력을 하지 않은 경우에는 수동으로 반영한다.

  * 폐지처분액(10월 6일)은 과세표준명세에서 수입금액으로 할 수도 있다.
    (28.수입금액 156,620,000원, 31.수입금액 제외 20,141,150원)

- 계산서 발급금액은 면세 재화 또는 용역을 공급하고 발행한 것이다.

  * 토지 매각대금은 매출액이 아니므로 면세사업수입금액에서 82.수입금액제외 란에 5,800,000원을 입력한다.

➡ 과세표준명세서는 부가세신고서상의 부가가치세과세표준을 수입금액별로 구분하여 작성하는 곳이다. 부가가치세신고서 과세표준 매출세액 9란의 합계금액과 과세표준명세서 32란의 합계금액은 반드시 일치하여야 한다.

⮕ 과세표준명세서가 입력된 화면

필수예제 따라하기

필수예제

3월 31일 (주)경일전자에서 원재료(공급가액 1,000,000원, 부가가치세 100,000원)를 외상으로 구입하면서 세금계산서를 발급(전자분 아님) 받았다. 제1기 예정 부가가치세 신고 시 해당 세금계산서를 누락하여 제1기 확정 부가가치세 신고에 반영하려고 한다. 해당 세금계산서를 제1기 확정 부가가치세 신고에 반영시킬 수 있도록 입력/설정하시오.

따라하기

1. 해당 거래일에 매입매출전표입력에서 입력하고 F11 간편집계 메뉴 우측의 삼각형을 클릭하여 나타나는 보조창에서 [Shift] + F5 예정누락분을 선택한다.

   3월 31일 매입매출전표입력(전자 : 여)

유형	품목	수량	단가	공급가액	부가세	공급처	
51.과세	원재료			1,000,000	100,000	01006	㈜경일전자
분개	2.외상 (차) 153.원재료 135.부가세대급금			1,000,000 100,000	(대) 251.외상매입금 (거래처: 1006.(주)경일전자)		1,100,000

2. 다음과 같은 예정신고누락분확정신고 보조창에서 예정신고 누락분을 신고하는 확정신고 기간의 개시년월(2025년 4월)을 입력한다.

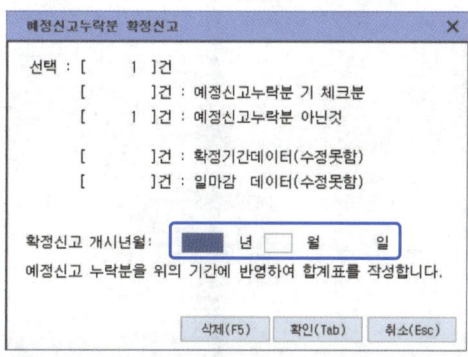

➡ F11 간편집계 → [Shift] + F5 예정누락분 → 예정신고누락분 확정신고 → 확정신고 개시년월 입력 → 부가세신고서 예정신고누락분(7) 또는 (12)에 자동반영

⬥ 예정신고누락분 전표입력 화면

⬥ 부가가치세신고서에 예정신고누락분이 반영된 화면

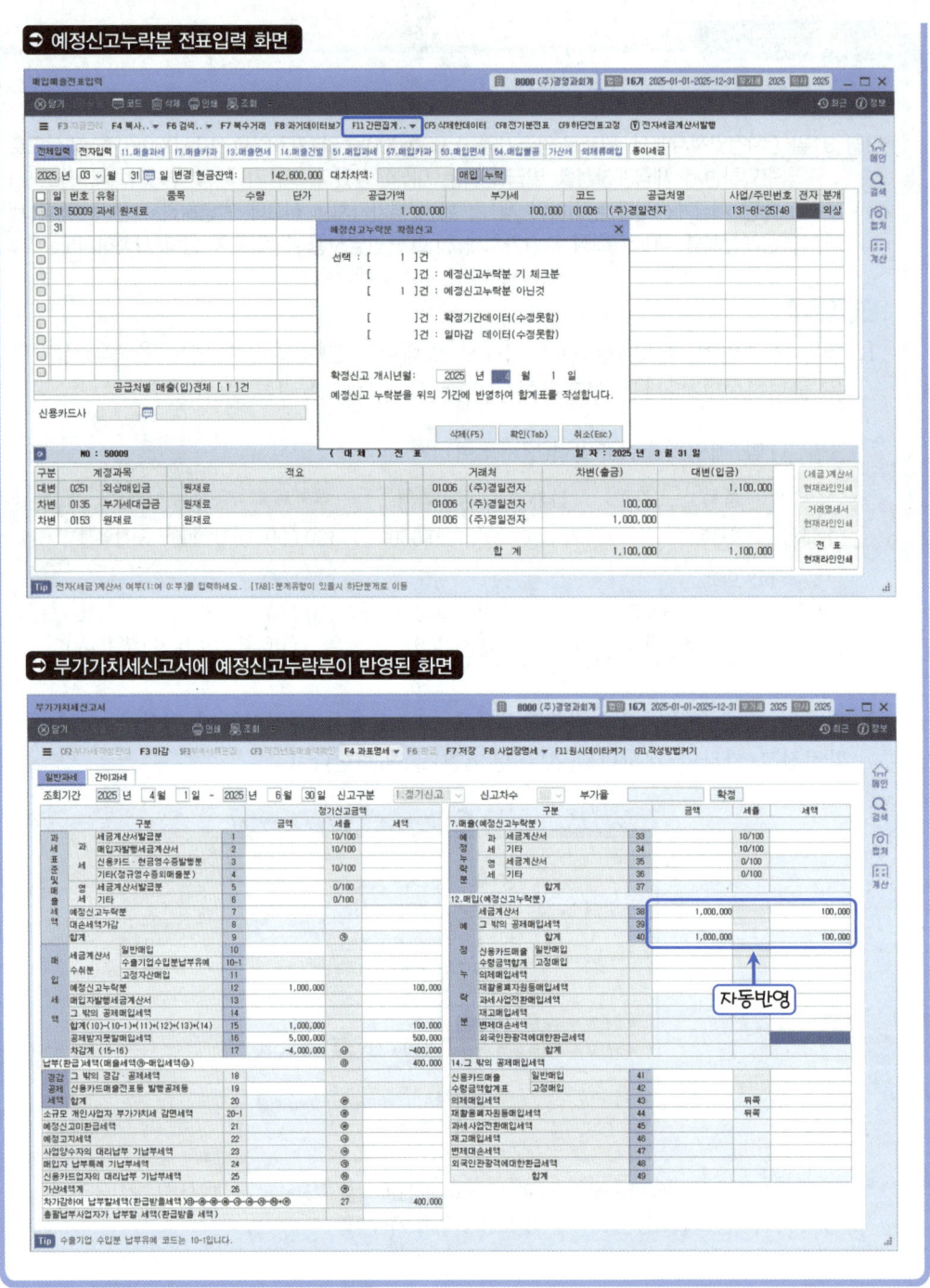

16 부가가치세 전자신고

부가가치세 신고는 작성한 신고서를 관할세무서에 서면으로 직접 제출하는 방법과 전자적 방법으로 제출하는 전자신고가 있다. 전자신고는 회계프로그램에서 완성한 부가가치세신고서를 전자신고용 파일로 변환하여 국세청으로 전자 파일을 전송하게 된다. 전자신고를 사업자가 직접 하면 전자신고세액공제 10,000원을 받을 수 있고, 세무사, 공인회계사 등의 세무대리인이 전자신고를 하면 전자신고세액공제를 적용하지 아니한다.

전자신고를 하려면 전산 프로그램에서 부가가치세 신고서를 완성한 후 마감을 실행하여야 한다. 그리고 전자신고용 파일을 제작하여 오류 검증을 거친 후 파일을 변환하여 국세청 홈택스로 전송하여야 한다.

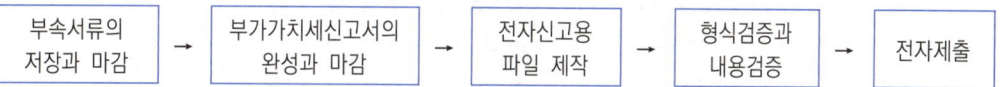

① 각종 부속서류의 확인

부가가치세 신고를 전자로 하려면 신고서에 첨부할 부속서류가 완성되어야 가능하다. 따라서 해당하는 모든 메뉴에 들어가서 입력할 사항이 빠진 부분에 대하여 보완하여 입력한 후 저장 및 마감을 실행하여야 한다.

확인하여야 할 첨부서류	확인 입력할 내용
세금계산서 합계표, 계산서합계표, 신용카드매출전표등수령명세서, 신용카드매출전표등발행금액집계표, 공제받지못할매입세액명세서, 건물등감가상각자산취득명세서, 영세율매출명세서, 대손세액공제신고서, 부동산임대공급가액명세서, 사업장현황신고서 등	입력항목에 누락이 없는지 확인하고 불러오기 또는 직접 입력한 후 저장 마감한다.
수출실적명세서	수출신고번호, 선적일, 환율, 외화금액 등을 입력을 완료하고 저장 마감한다.
내국신용장구매확인서 전자발급명세서	서류번호, 발급일 등의 누락이 없는지 확인하고 저장 마감한다.

▶ 부가가치세신고서에 첨부하는 부속서류의 저장 또는 마감을 실행하지 않으면 전산에서 오류로 인식하여 전자신고가 되지 않는다.
▶ 마감을 하고 전자신고를 하는 도중에 오류 등을 원인으로 마감을 취소하려면 F7마감취소를 실행하면 된다.

② 부가가치세 신고서 마감

부가가치세신고서와 부속서류를 작성 완료한 후 상단 F3마감을 클릭한다. 마감을 실행하면 추가적인 입력이 부가가치세 신고서에 반영되지 아니한다. 만일 입력 오류 또는 누락분이 있으면 F3마감취소를 실행한 후 수정 또는 누락분을 입력하고 마감한다.

③ 전자신고용 파일 제작

부가가치세신고서를 마감이 되면 부가가치세 탭에서 전자신고 메뉴를 클릭한다. 신고년월과 신고인구분(1.세무대리인, 2.납세자 자진신고)을 선택하여 조회 후 상단 F4제작을 실행하면 비밀번호 입력 화면이 나타난다. 비밀번호는 필수 입력사항으로 8자리 이상을 요구한다. 비밀번호는 전자신고 시에 다시 입력하여야 하므로 잊지않기 위하여 동일한 번호를 계속 사용하는 것이 안전하다. 전자신고용 파일의 제작이 완료되면 C드라이브 바탕화면에 파일이 생성되면서 제작일자에 현재 날짜가 표시된다.

▶ 전자신고를 납세자가 하지 아니하고 세무사 등이 전자신고하는 경우에는 세무대리인 등록 메뉴를 클릭하여 세무대리인의 인적사항을 입력하여야 한다.

④ **형식검증과 내용검증**

전자신고 파일 제작이 완료되면 전자신고 메뉴에서 F6 홈택스바로가기를 클릭한다. 홈택스 화면에서 전자신고를 위하여 형식검증과 내용검증을 다음의 순서로 진행한다.

㉠ 전자신고 메뉴에서 제작한 파일을 찾아보기 기능을 통해 불러온다.
　▶ 파일을 불러오면 선택한 파일 내역에 전자파일 명과 파일 크기가 반영된다.

㉡ 형식검증하기를 클릭하여 전자신고 파일 제작 시 입력한 비밀번호를 입력한다.
㉢ 형식검증결과확인을 클릭하여 형식검증을 진행한다.
㉣ 내용검증하기를 클릭하여 내용검증을 진행한다.
㉤ 내용검증결과확인을 클릭하여 검증결과를 확인한다.

구분	결과확인
파일이 정상일 경우	내용검증에 오류항목 건수가 표시가 되지 아니한다.
파일이 오류일 경우	내용검증에 오류항목 건수가 표시가 되며, 건수를 클릭 시 결과를 조회를 할 수 있다. 결과 조회에서 사업자등록번호를 클릭하면 오류내역이 조회된다.
부가가치세신고서 마감시 경고 오류만 있는 경우	내용검증에 오류 항목건수가 표시가 되며, 건수를 클릭 시 결과를 조회를 할 수 있다. 결과 조회에서 내용검증(경고/안내)으로 표시되며, 사업자번호 또는 주민등록번호를 클릭하면 경고 내용을 확인할 수 있다. 다음을 클릭하면 전자파일의 제출이 가능하다.

⑤ **전자 제출**

화면 하단의 전자파일 제출을 클릭하면 정상 변환된 제출 가능한 신고서 목록이 조회된다. 신고서 목록이 조회되면 전자파일 제출하기를 클릭하여 제출하면 전자신고가 완료되는 것이다. 만일 전자파일이 조회되지 아니하면 전자신고가 불가능하며 파일에 오류가 있다는 것으로 부가가치세 신고서에서 마감취소를 실행하고 전자파일을 처음부터 새로 만들어야 한다.

전자신고는 부가가치세 신고를 하나만 할 수도 있지만 여러 회사를 한꺼번에 할 수도 있다. 전자제출이 완료되면 접수내용을 확인할 수 있는 접수증이 나온다.

필수예제 따라하기

필수예제

㈜전자신고(회사코드 : 8550)의 6월 거래를 매입매출전표입력에 입력하고 해당하는 부가가치세 부속서류를 마감한 후 2025년 제1기 확정 부가가치세신고를 전자로 하시오(**회사코드 8550을 확인하고 입력할 것**).

1. 6월 2일 : 세방전자(주)에 제품 23,000,000원(부가가치세 별도)를 판매하고 전자세금계산서를 발급하였다. 매출대금 중 12,000,000원은 약속어음으로 받았고, 나머지는 보통예금으로 입금되었다.

2. 6월 8일 : 성남전자(주)에 제품 17,500,000(부가가치세 별도)를 매출하고 전자세금계산서를 발급하였다. 대금은 전액 외상으로 하였다.

3. 6월 11일 : (주)남동전자에 제품 13,200,000원(부가가치세 포함)을 판매하고, 신용카드(삼성카드)로 결제받았다. 해당 채권은 외상매출금 계정을 사용하기로 한다.

4. 6월 14일 : 경성전선(주)로부터 원재료(수량 1,300개, 단가 16,000원, 부가가치세 별도)를 외상으로 매입하고 전자세금계산서를 수취하였다.

5. 6월 25일 : (주)국도전자로부터 원재료를 5,500,000원(부가가치세 포함)에 구입하고 법인카드인 삼성카드로 결제하였다(신용카드 매입세액공제요건을 모두 충족함).

따라하기

1. 일자 : 6월 2일 (전자 란에 '1:여' 입력)

유형	품목	수량	단가	공급가액	부가세		공급처
11.과세	제품			23,000,000	2,300,000	1000	㈜세방전자
분개	3.혼합 (차) 110.받을어음　　　12,000,000 (차) 103.보통예금　　　13,300,000				(대) 255.부가세예수금　　2,300,000 (대) 404.제품매출　　　23,000,000		

2. 일자 : 6월 8일 (전자 란에 '1:여' 입력)

유형	품목	수량	단가	공급가액	부가세		공급처
11.과세	제품			17,500,000	1,750,000	2000	성남전자(주)
분개	2.외상 (차) 108.외상매출금　　　19,250,000				(대) 255.부가세예수금　　1,750,000 (대) 404.제품매출　　　17,500,000		

3. 일자 : 6월 11일

유형	품목	수량	단가	공급가액	부가세		공급처
17.카과	제품			12,000,000	1,200,000	3000	㈜남동전자
분개	4.카드(또는 2.외상) (차) 108.외상매출금 　　　(99600.삼성카드)			13,200,000	(대) 255.부가세예수금 (대) 404.제품매출		1,200,000 12,000,000

4. 일자 : 6월 14일 (전자 란에 '1:여' 입력)

유형	품목	수량	단가	공급가액	부가세		공급처
51.과세	원재료	1,300	16,000	20,800,000	2,080,000	4000	경성전선(주)
분개	2.외상 (차) 153.원재료 (차) 135.부가세대급금			20,800,000 2,080,000	(대) 251.외상매입금		22,880,000

5. 일자 : 6월 25일

유형	품목	수량	단가	공급가액	부가세		공급처
57.카과	원재료			5,000,000	500,000	5000	㈜국도전자
분개	4.카드(또는 2.외상) (차) 153.원재료 (차) 135.부가세대급금			5,000,000 500,000	(대) 251.외상매입금 　　　(99700.하나카드)		5,500,000

▷ 입력된 화면

1. 매입매출전표입력

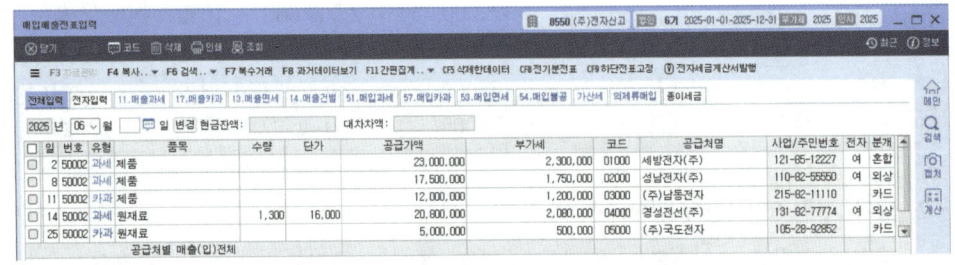

2. 세금계산서합계표(매입, 매출)의 F7마감을 실행한다.

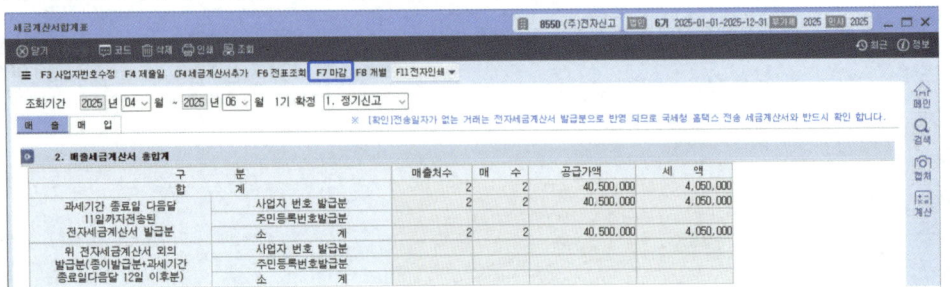

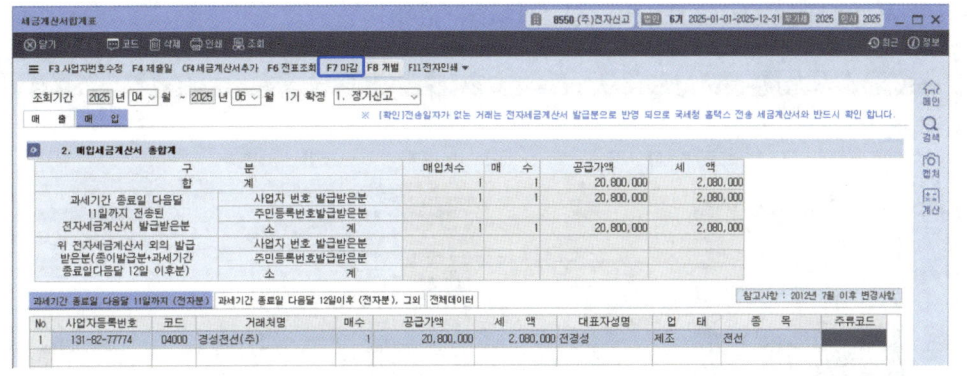

3. 신용카드매출전표등수령명세서를 마감(F7)한다.

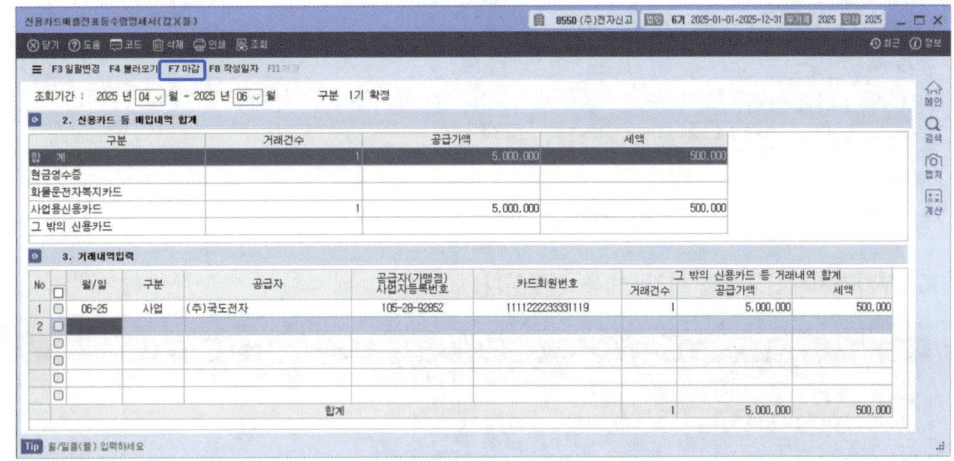

4. 신용카드매출전표등발행금액집계표(조회기간 4월~6월)을 확인하고 저장(F11)한다.

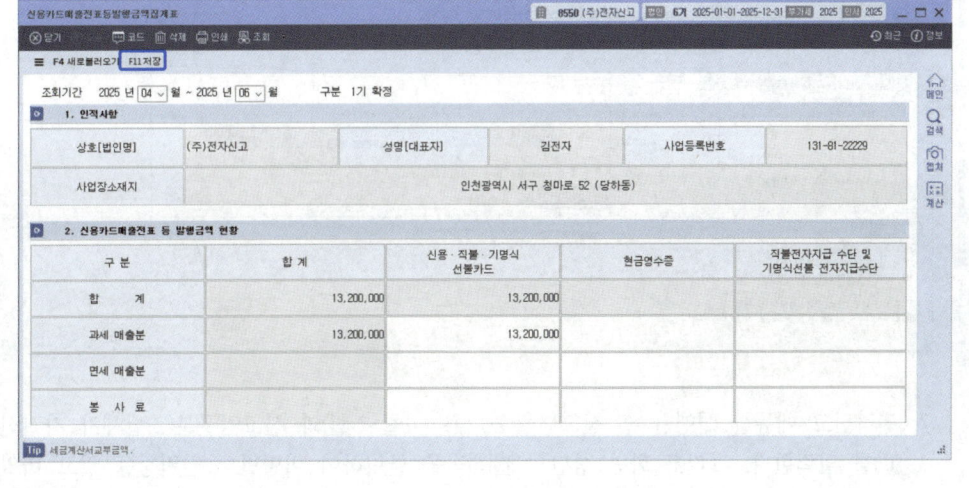

5. 부가가치세신고서(조회기간 : 4월 1일~6월 30일)

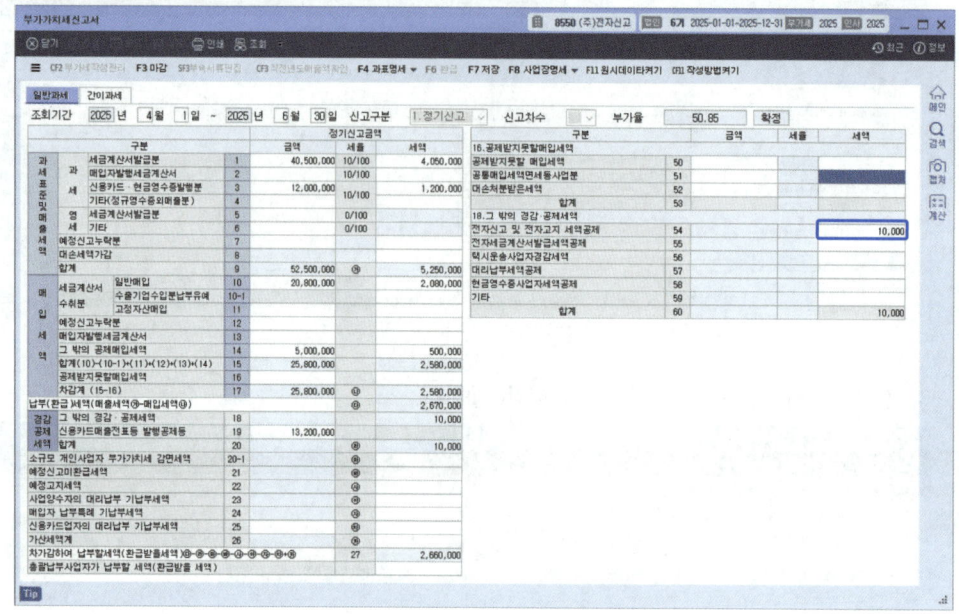

▶ 직접 전자신고를 하는 것이므로 전자신고세액공제 10,000원을 입력한다.

6. 부가가치세신고서를 마감(F3)을 실행한다.

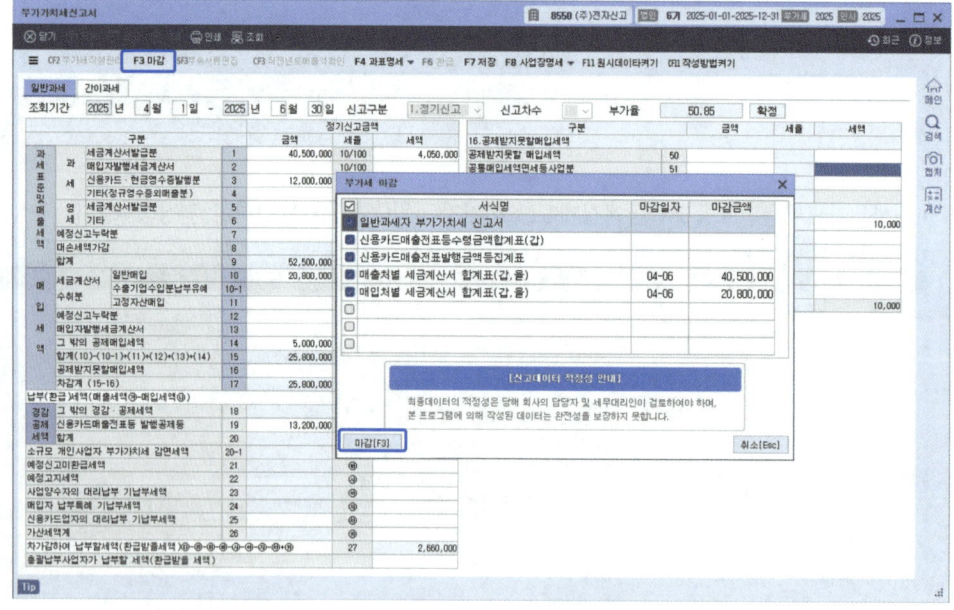

7. 전자신고 메뉴를 실행한 후 신고년월(2024년 4월~6월)과 신고인구분(2.납세자 자진신고)를 입력한다. 그리고 화면 상단의 F4제작을 클릭하여 비밀번호 입력창을 열고 비밀번호(8자리 이상 20자리 이하)를 입력 확인하면 전자신고 데이터 제작이 완료된다. 전자신고 파일 제작이 완료되면, C드라이브에 파일이 생성되며 전자신고 메뉴에서 F6홈택스바로가기를 클릭한다(비밀번호는 12345678로 가정한다).

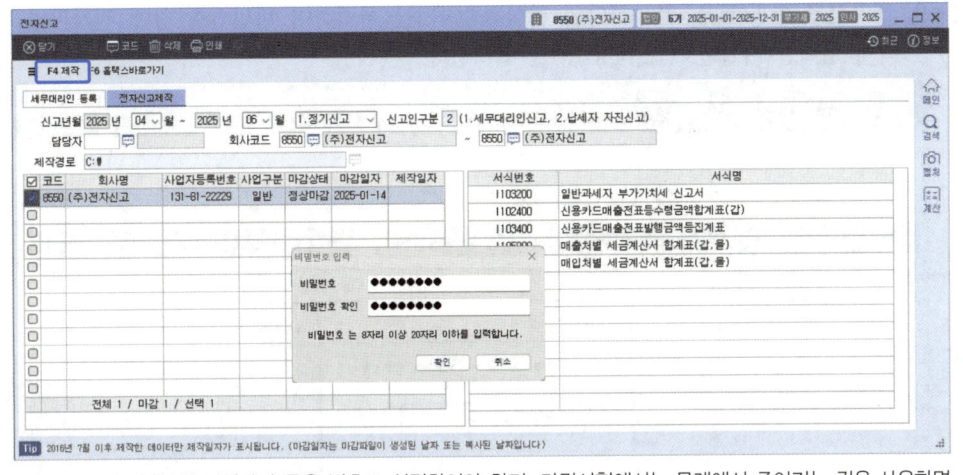

▶ 비밀번호는 본인이 기억하기 좋은 번호로 설정하여야 하며, 자격시험에서는 문제에서 주어지는 것을 사용하면 된다.

8. 전자신고 데이터 제작이 완료되면 F6홈택스바로가기를 실행하여 국세청 홈택스 전자신고변환으로 들어가서 반환대상파일선택 화면에서 찾아보기 기능으로 파일을 불러온다. 내 PC : 로컬디스크(C)에서 선택한 파일내역에 전자파일명과 파일크기가 반영된다.

▶ F6홈택스바로가기를 실행하면 나타나는 국세청홈택스신고서 전자파일 제출절차의 화면은 독자들이 직접 확인할 수 있는 참고용 내용이므로 본서에서는 따로 설명하지 아니한다. 제출절차의 화면을 삭제하고 국세청홈택스 전자신고변환 화면에서 전자신고 작업을 하면 된다.

9. 전자신고 변환(교육용)의 하단의 형식검증하기를 클릭하여 비밀번호 창에 전자파일 제작시 입력한 비밀번호(12345678)을 입력한다.

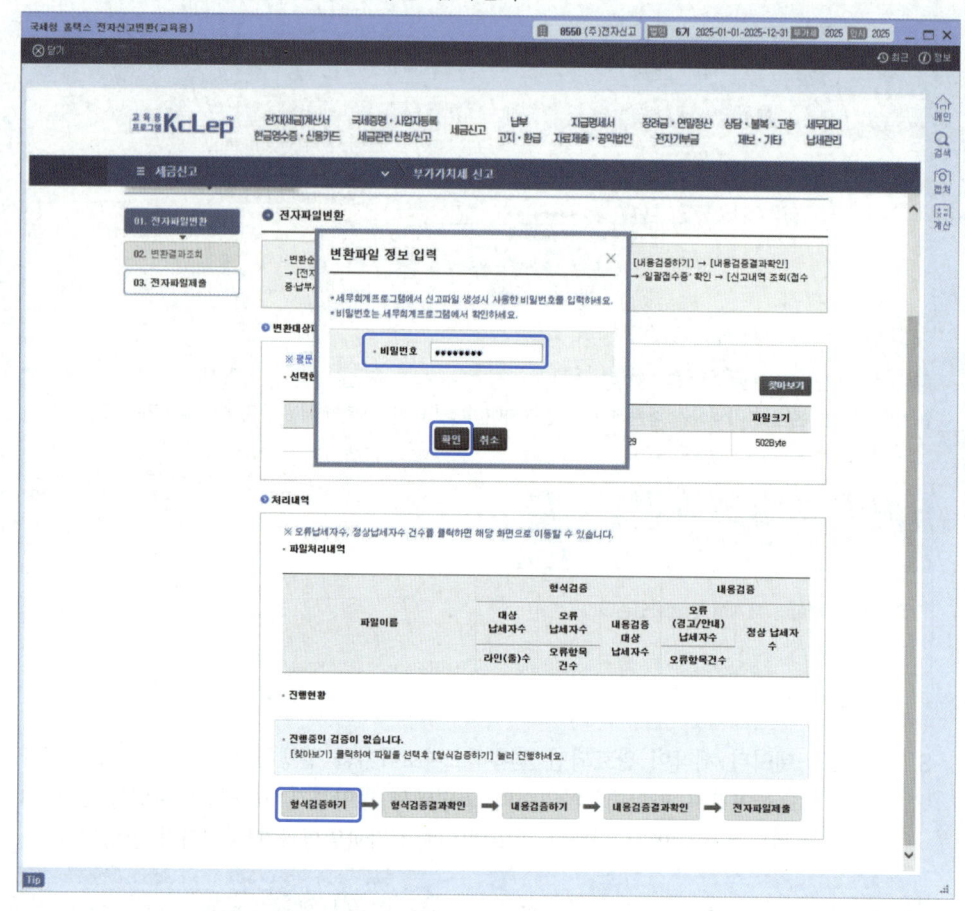

10. 홈택스 전자신고 변환(교육용)의 하단에서 형식검증결과확인을 클릭하고 내용검증하기와 내용검증결과확인을 선택한다. 전자파일에 오류가 없어야만 내용검증하기가 완료되었다는 안내가 나온다. 만일 내용검증 결과 오류가 있는 경우 오류 항목의 건수를 클릭하면 나타나는 안내 화면에서 사업자등록번호를 선택하여 오류의 내용을 확인할 수 있다. 부가세신고서의 마감을 해제하고 오류를 수정한 후 다시 마감과 전자신고의 절차를 이행하면 전자파일 제출이 가능해진다.

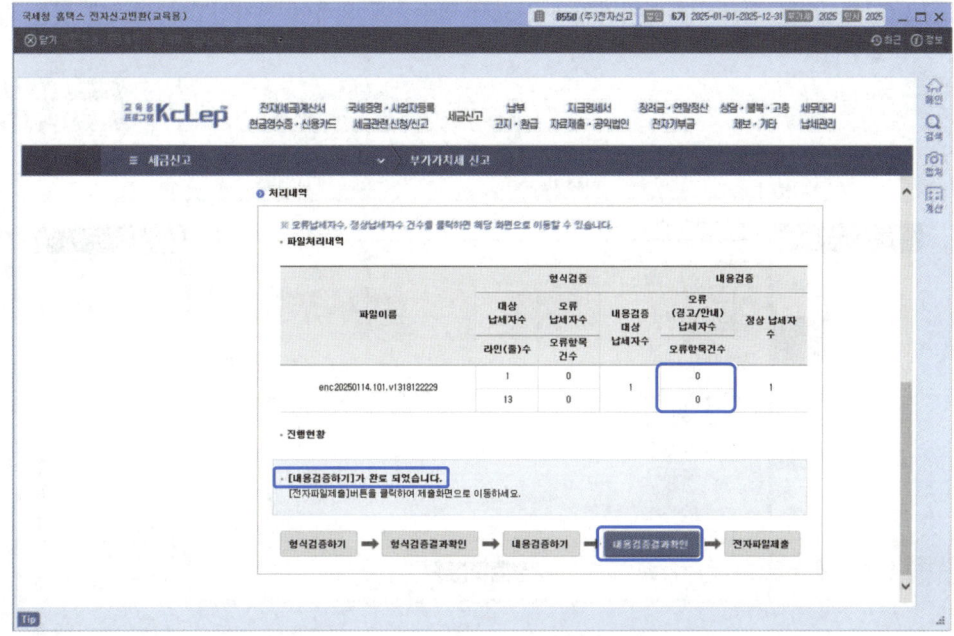

11. 내용검증결과 오류가 없으면 전자신고제출하기를 실행하여 전자신고를 완료한다.

12. 전자신고를 완료하면 부가가치세 신고서 접수증에 의하여 전자신고가 완료된 것을 확인한다.

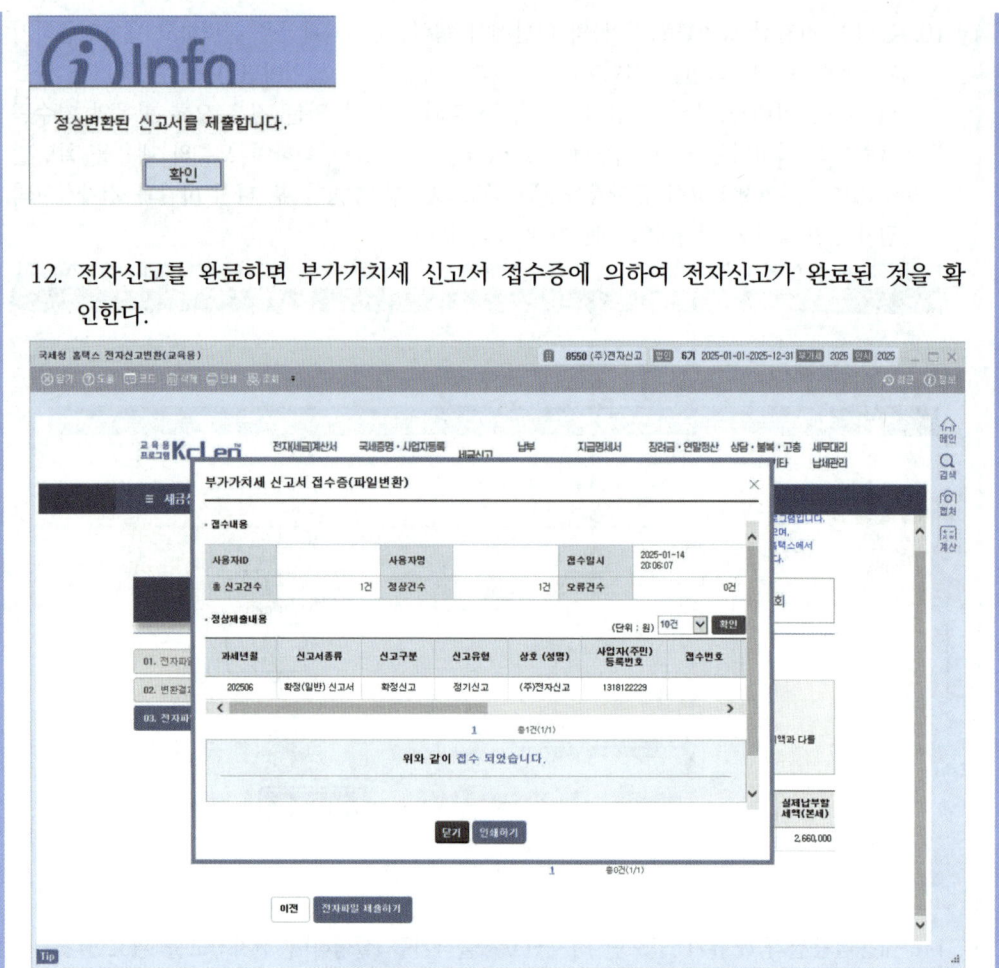

부가가치세신고서 작성시 참고사항

❶ 신 고 내 용

구 분			금 액	세율	세 액
과세표준 및 매출세액	과세	세금계산서 발급분 (1)	11.과세	10 / 100	
		매입자발행 세금계산서 (2)	매입자발행세금계산서합계표	10 / 100	
		신용카드 · 현금영수증 발행분 (3)	17.카과, 19.현금과세	10 / 100	
		기타(정규영수증 외 매출분) (4)	14.건별(간주임대료, 간주공급)		
	영세율	세금계산서 발급분 (5)	12.영세	0 / 100	
		기 타 (6)	16.수출, 19.카영, 24.현영	0 / 100	
	예 정 신 고 누 락 분 (7)		예정신고누락분명세 반영		
	대 손 세 액 가 감 (8)		대손세액공제신고서		
	합 계 (9)			㉮	
매입세액	세금계산서 수 취 분	일 반 매 입 (10)	51.과세, 52.영세, 54.불공, 55.수입 중 고정자산으로 분개되지 아니한 자료		
		수출기업수입분납부유예 (10-1)			
		고정자산 매입 (11)	51.과세, 52.영세, 54.불공 중 고정자산으로 분개된 자료		
	예 정 신 고 누 락 분 (12)		예정신고누락분명세 반영		
	매입자발행 세금계산서 (13)				
	그 밖의 공제매입세액 (14)		그밖의공제매입세액명세서		
	합계(10)+(11)+(12)+(13)+(14) (15)				
	공제받지 못할 매입세액 (16)		공제받지못할매입세액명세서		
	차 감 계 (15)-(16) (17)			㉯	
납부(환급)세액 (매출세액㉮-매입세액㉯)				㉰	
경감·공제세액	그 밖의 경감 · 공제세액 (18)				
	신용카드매출전표등 발행공제 등 (19)		신용카드매출전표등발행금액집계표	법인은 해당되지 않는다.	
	합 계 (20)			㉱	
예 정 신 고 미 환 급 세 액 (21)				㉲	
예 정 고 지 세 액 (22)				㉳	
사업양수자의 대리납부 기납부세액 (23)				㉴	
매입자 납부특례 기납부세액 (24)				㉵	
신용카드업자의 대리납부기납부세액 (25)				㉶	
가 산 세 액 계 (26)				㉷	가산세명세에 있는 금액 자동 반영
차감·가감하여 납부할세액(환급받을 세액)(㉰-㉱-㉲-㉳-㉴-㉵-㉶+㉷) (27)					
총괄 납부 사업자가 납부할 세액(환급받을 세액)					

❹ 과 세 표 준 명 세

업 태	종 목	생산요소	업종코드	금액
(28)				
(29)				
(30)				
(31)수입금액 제외	고정자산매각 간주임대료 사업상증여 등			
(32)합 계			(9)합계금액과 일치	

「부가가치세법」 제48조 · 제49조 또는 제59조와 「국세기본법」 제45조의3에 따라 위의 내용을 신고하며, 위 내용을 충분히 검토하였고 신고인이 알고 있는 사실 그대로를 정확하게 적었음을 확인합니다.

년 월 일

신고인: (서명 또는 인)

세무대리인은 조세전문자격자로서 위 신고서를 성실하고 공정하게 작성하였음을 확인합니다.

세무대리인: (서명 또는 인)

세무서장 귀하

		구 분		금 액	세 율	세 액
예정신고 누락분 명세	(7)매출	과세	세 금 계 산 서 (33)	예정신고누락 세금계산서	10/100	
			기 타 (34)	예정신고누락 신용카드등	10/100	
		영세율	세 금 계 산 서 (35)	12.영세 유형 누락	0/100	
			기 타 (36)	16.수출 유형 누락	0/100	
		합 계 (37)				
	(12)매입	세 금 계 산 서 (38)		예정신고누락 세금계산서		직접 입력
		그 밖의 공제매입세액 (39)		예정신고누락 신용카드등		직접 입력
		합 계 (40)				

	구 분		금 액	세 율	세 액
(14) 그 밖의 공제 매입세액 명세	신용카드매출전표등 수령명세서 제출분	일 반 매 입 (41)	신용카드매출전표등수령명세서에서 반영(일반매입)		
		고 정 자 산 매 입 (42)	신용카드매출전표등수령명세서에서 반영(고정자산)		
	의 제 매 입 세 액 (43)		의제매입세액공제신고서에서 반영		공제한도 적용
	재 활 용 폐 자 원 등 매 입 세 액 (44)		재활용폐자원매입세액공제신고서 반영		공제한도 적용
	과 세 사 업 전 환 매 입 세 액 (45)				
	재 고 매 입 세 액 (46)				
	변 제 대 손 세 액 (47)		대손세액변제신청서에서 반영		
	외 국 인 관 광 객 에 대 한 환 급 세 액 (48)				
	합 계 (49)				

	구 분	금 액	세 율	세 액
(16) 공제받지 못할 매입세액 명세	공 제 받 지 못 할 매 입 세 액 (50)	54.불공		
	공 통 매 입 세 액 면 세 사 업 등 분 (51)	공제받지못할매입세액명세서에서 반영		
	대 손 처 분 받 은 세 액 (52)	직접 입력		
	합 계 (53)			

	구 분	금 액	세 율	세 액
(18) 그 밖의 경감·공제 세액 명세	전 자 신 고 세 액 공 제 (54)			
	전 자 세 금 계 산 서 발 급 세 액 공 제 (55)			
	택 시 운 송 사 업 자 경 감 세 액 (56)			
	대 리 납 부 세 액 공 제 (57)			
	현 금 영 수 증 사 업 자 세 액 공 제 (58)			
	기 타 (59)			
	합 계 (60)			

	구 분		금 액	세 율	세 액
(25) 가산세 명세	사 업 자 미 등 록 등 (61)			1%,2%	
	세 금 계 산 서	지 연 발 급 등 (62)	확정신고기한까지 발급분	1/100	
		지 연 수 취 (63)	지연발급분 수취	5/1,000	
		미 발 급 등 (64)	종이세금계산서발급(1%)	1%,2%,3%	
	전자세금계산서 발급명세 전송	지 연 전 송 (65)		3/1,000	
		미 전 송 (66)		5/1,000	
	세 금 계 산 서 합 계 표	제 출 불 성 실 (67)	부실기재, 미제출	5/1,000	
		지 연 제 출 (68)	예정분 확정신고시 제출	3/1,000	
	신 고 불 성 실	무 신 고 (일 반) (69)	납부세액 기준	20%	기한후신고 시 경감
		무 신 고 (부 당) (70)	납부세액 기준	40%	
		과소·초과환급신고(일반) (71)	납부세액 기준	10%	수정신고 시 경감
		과소·초과환급신고(부당) (72)	납부세액 기준	40%	
	납 부 지 연 (73)		미납부세액×2.2/10,000×미납일수		
	영 세 율 과 세 표 준 신 고 불 성 실 (74)			5/1,000	
	현 금 매 출 명 세 서 불 성 실 (75)			1/100	
	부 동 산 임 대 공 급 가 액 명 세 서 불 성 실 (76)			1/100	
	매입자 납부특례	거 래 계 좌 미 사 용 (77)		뒤쪽참조	
		거 래 계 좌 지 연 입 금 (78)		뒤쪽참조	
	신용카드매출전표등수령명세서미제출과다기재 (79)			5/1,000	
	합 계 (80)				

		업 태	종 목	코 드 번 호	금 액
면세사업 수입금액	(81)				면세공급 중 매출액
	(82)				
	(83)	수 입 금 액 제 외	토지매각 등		면세공급 중 매출 아닌 것
				(84) 합 계	13.면세, 18. 20. 23.

계산서 발급 및 수취 명세	(85)	계산서 발급금액	13.면세
	(86)	계산서 수취금액	52.면세

SECTION 04 | 결 산

> • NCS 능력단위 : 0203020212결산관리 능력단위요소 : 01결산분개하기
> 1.1 회계 관련 규정에 따라 제반서류를 준비할 수 있다.
> 1.2 손익계정에 관한 결산정리사항을 분개할 수 있다.
> 1.3 자산·부채계정에 관한 결산정리사항을 분개할 수 있다.

결산이란 장부를 마감하고 재무제표를 작성하여 재무상태와 경영성과를 명확히 하는 절차를 말한다. 전산 프로그램에서의 결산은 자동작성 되어있는 수정전 시산표를 검토하고, 기말정리(수정) 사항을 전산으로 입력함으로써 재무제표를 확정짓는 절차를 말한다. 전산 프로그램에 의한 결산방법은 수동결산과 자동결산이 있다.

① **수동결산**

[일반전표입력]의 12월 31일자로 결산대체분개를 직접 입력하는 방법

② **자동결산**

결산자료입력 메뉴에 해당금액을 입력하고 F3 전표추가를 이용하여 결산을 완료하는 방법

결산방법 요약

① 수동결산	• 일반전표메뉴에서 결산일(12월 31일)에 분개 직접 입력 - 선급비용, 선수수익, 미지급비용, 미수수익 - 소모품, 현금과부족, 가지급금, 가수금 등 정리 - 단기매매증권평가손익, 외화환산손익 계상
② 자동결산 결산자료입력 메뉴 **매출원가코드** 455 - 제품매출원가 **원가경비구분** 1-500번대 제조 입력 후 → 확인	- 재고자산의 기말재고액 입력(원재료, 재공품, 제품, 상품) - 감가상각비 입력 - 퇴직급여충당부채 계상액 입력 - 대손상각비 입력 - 법인세비용의 입력-선납세금과 추가계상액(미지급법인세) ◉ 반드시 확인 ✓ 　• 입력 종료 후 "전표추가" 아이콘 선택 (또는 F3) 　• 결산분개를 일반전표에 추가하시겠습니까? 예(Y) 선택
③ 조 회	1. 제조원가명세서 2. 손익계산서 3. 이익잉여금처분계산서(저장된 데이터 불러오기 질문에 아니오 선택) 　• 잉여금처분내역이 없는 경우에도 반드시 "F6 전표추가" 아이콘 선택 　• 일반전표에 대체분개를 추가하시겠습니까? 예(Y) 선택 4. 재무상태표

◉ 수동결산과 자동결산 중 하나만 선택하여야 하며, 자동결산 항목이라도 수동결산이 가능하다.
◉ 오류발생 시 : 결산자료입력 메뉴에서 " Ctrl + F5 "키로 결산분개 일괄 삭제 후 결산자료 재입력

필수예제 따라하기

필수예제

다음의 자료에 의해 ㈜경영과회계(회사코드: 8000)의 감가상각비계산 및 결산을 완료하고 재무제표를 완성하시오(**회사코드 변경을 확인할 것**).

1. 유·무형자산의 내역은 다음과 같다고 가정한다. 고정자산등록 메뉴에 입력하시오.

계정과목	품명	취득일	취득가액	감가상각누계액	상각방법	내용연수	업종코드	용도
기계장치	선반	2022. 7.15	25,000,000	11,200,000	정율법	5년	13	생산부
기계장치	절단기	2024.10.20	20,000,000	9,020,000	정율법	5년	13	생산부
비 품	복사기	2022. 7.31	1,200,000	700,000	정율법	5년	01	관리부
개 발 비	개발비	2024. 1. 7	6,000,000		정액법	5년	63	본사

▶ 개발비는 2024년 취득하였으며 직접법에 의하여 $\frac{1}{5}$을 상각한 것으로 당기의 기초가액은 4,800,000원이다.

2. 기말정리사항은 다음과 같다.

① 외화외상매출금 11,000,000원(미화 $10,000)에 대하여 기말평가를 하시오(재무상태표일 현재 기준환율 : 1$당 1,200원).

② 기말 현재 단기매매목적으로 보유중인 단기매매증권의 평가액은 다음과 같다.

종 류	장부금액	공정가치	비 고
㈜태평양화학	7,000,000원	7,300,000원	

③ 단기차입금에 대한 이자 미지급액 150,000원을 계상하다.

④ 당기 법인세등 추산액은 1,000,000원이다(선납세금 계정에 법인세 중간예납세액 및 원천징수 세액이 포함되어 있다).

⑤ 기말재고액은 다음과 같다.
- 원재료   50,000,000원
- 재공품   10,000,000원
- 제 품   60,000,000원
- 상 품   79,500,000원

⑥ 매출채권(외상매출금, 받을어음) 잔액에 대하여 1%의 대손상각비를 계상하시오(외화외상매출금은 제외한다).

⑦ 퇴직급여충당부채의 추가 설정액은 다음과 같다.
- 생산직   1,500,000원
- 사무직   1,000,000원

⑧ 당기감가상각비 계상액은 고정자산등록 메뉴에 입력된 자료를 조회하여 계상하시오.

⑨ 당기 이익잉여금처분안은 다음과 같다. 이익잉여금처분계산서(안)을 작성하고 손익대체분개를 완료하시오.

- 처분확정일 : 2026년 3월 14일
- 처분내역 : 현금배당금(보통주): 20,000,000원, 주식배당금(보통주) : 10,000,000원
  이익준비금은 상법상 최저한도액으로 한다.

따라하기

1. 고정자산등록 메뉴에 각 자산을 입력하여 당기감가상각비를 계산한다.

➲ 고정자산 등록 화면

① 기계장치(선반)의 당기감가상각비 : 6,223,800원

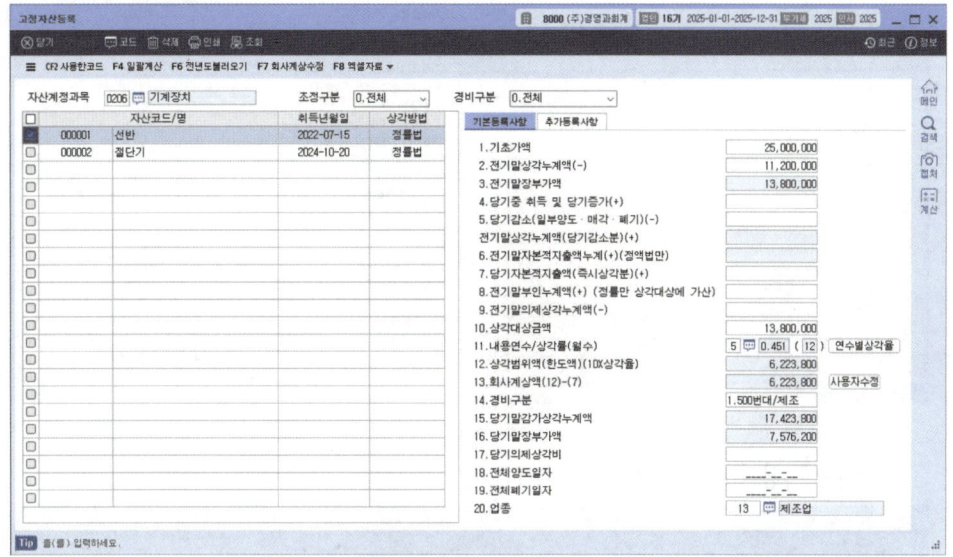

② 기계장치(절단기)의 당기감가상각비 : 4,951,980원

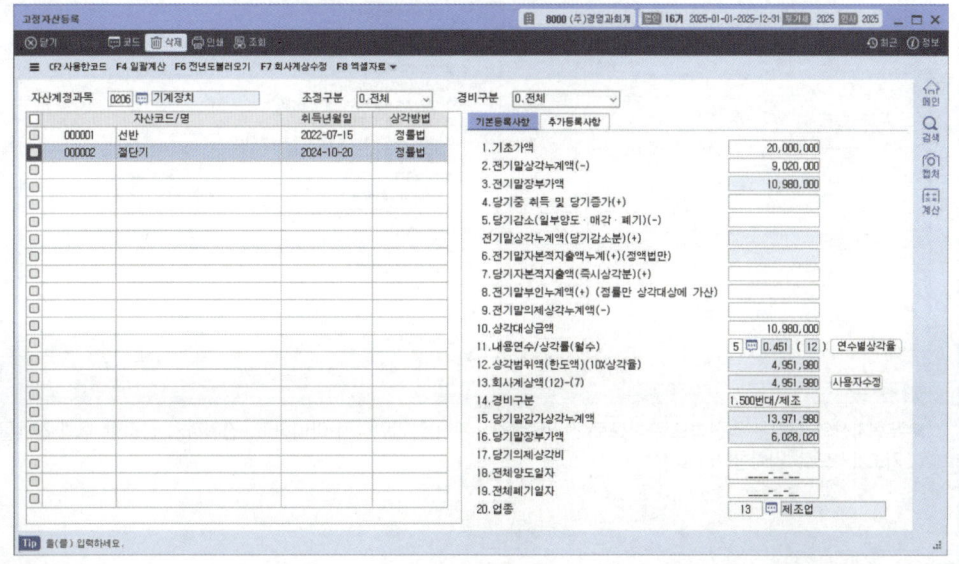

③ 비품(복사기)의 당기감가상각비 : 225,500원

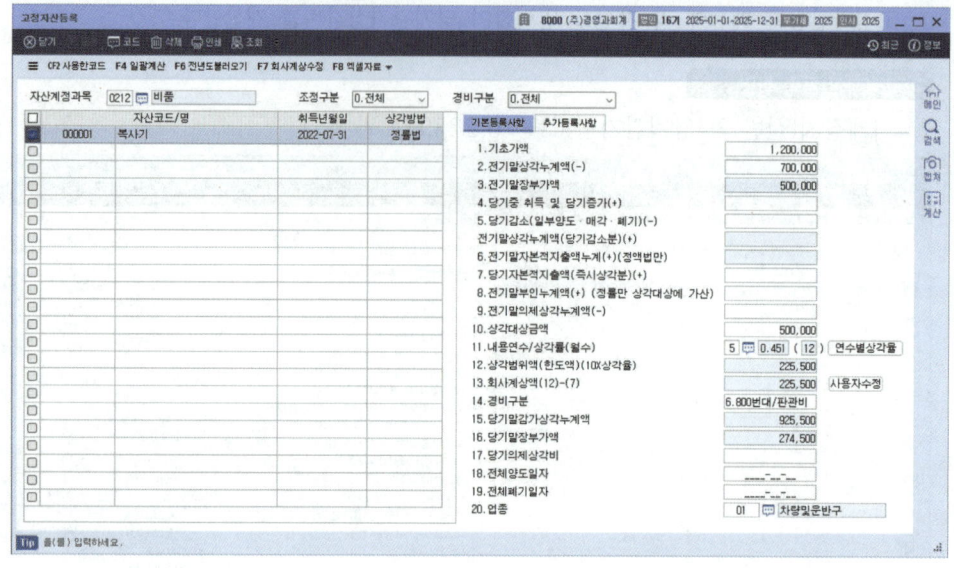

④ 개발비의 상각액 : 1,200,000원

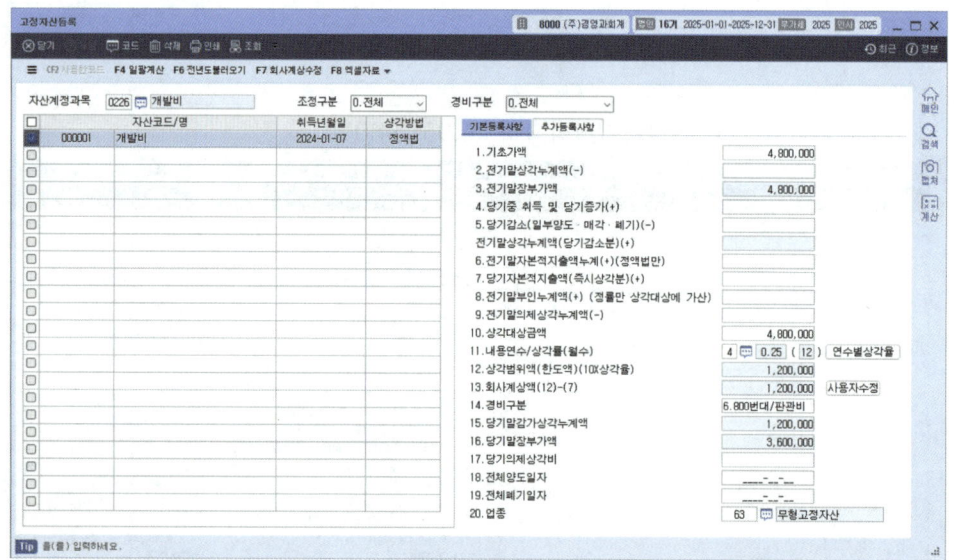

▶ 무형자산의 상각은 직접법으로 하므로 전기말상각누계액을 입력하지 아니하고, 전기까지 상각한 후의 잔액을 기초가액으로 입력한다.

2. 수동결산 : 일반전표입력 12.31일자로 대체분개를 입력한다.

① 외화외상매출금의 평가
   (차) 외화외상매출금   1,000,000   (대) 외화환산이익   1,000,000
       (거래처 : 01005. Electric)
   * 기말 현재 환율적용 : $10,000 × 1,200 = 12,000,000원
   장부금액 : 11,000,000원
   외화환산이익 : 12,000,000 - 11,000,000 = 1,000,000원

② 유가증권의 평가
   (차) 단기매매증권   300,000   (대) 단기투자자산평가이익   300,000

③ 이자 미지급액의 계상
   (차) 이자비용   150,000   (대) 미지급비용   150,000

● 수동결산 분개가 입력된 화면

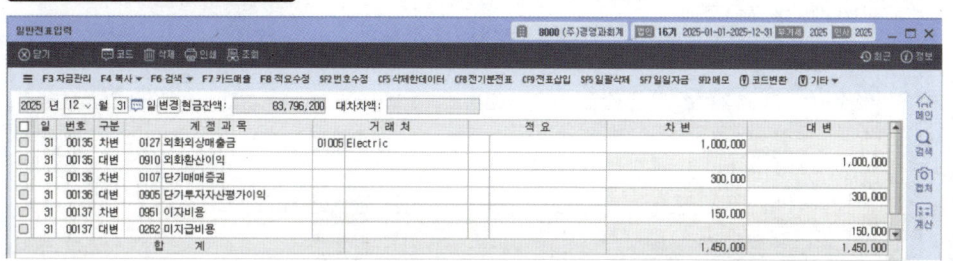

3. 자동결산 : 결산자료입력 메뉴에서 결산반영금액 칸의 해당란에 금액을 입력하고 F3 전표추가를 하여 결산분개를 생성한다.

① 기말재고액 해당란에 금액 입력
   - 146.기말상품재고액   79,500,000원
   - 153.기말원재료재고액   50,000,000원
   - 169.기말재공품재고액   10,000,000원
   - 150.기말제품재고액   60,000,000원

② 제품매출원가 부분 해당 란에 입력
   - 508.퇴직급여전입액   1,500,000원
   - 518.감가상각비 : 기계장치 11,175,780원 (6,223,800 + 4,951,980)

③ 판매비와관리비 부분 해당 란에 입력
   - 806.퇴직급여전입액   1,000,000원
   - 818.감가상각비 : 비 품   225,500원
   - 835.대손상각비 : 외상매출금 : 326,220,000 × 1% - 0 = 3,262,200원
                    받을어음 :   133,200,000 × 1% - 300,000 = 1,032,000원

- 840.무형자산상각비 : 개발비   1,200,000원

④ 998.법인세등 : 136.선납세금   92,400원
                 998.추가계상액 907,600원

위의 ②과 ③의 결산자료입력은 결산자료입력 메뉴 상단의 F7감가상각, F8대손상각, CF8퇴직충당을 클릭하여 해당란에 자동으로 입력하여도 된다.
ⓐ 감가상각은 회사계상액을 결산반영 란에 입력한다.
ⓑ 대손상각은 대손률과 설정대상 채권을 선택하여 반영한다. 설정액을 추가설정액란에 직접 입력하여도 된다.
ⓒ 퇴직충당은 퇴직급여 추계액을 입력하면 결산반영 금액이 자동 계산된다.

⇨ 결산자료 입력메뉴에 입력된 화면

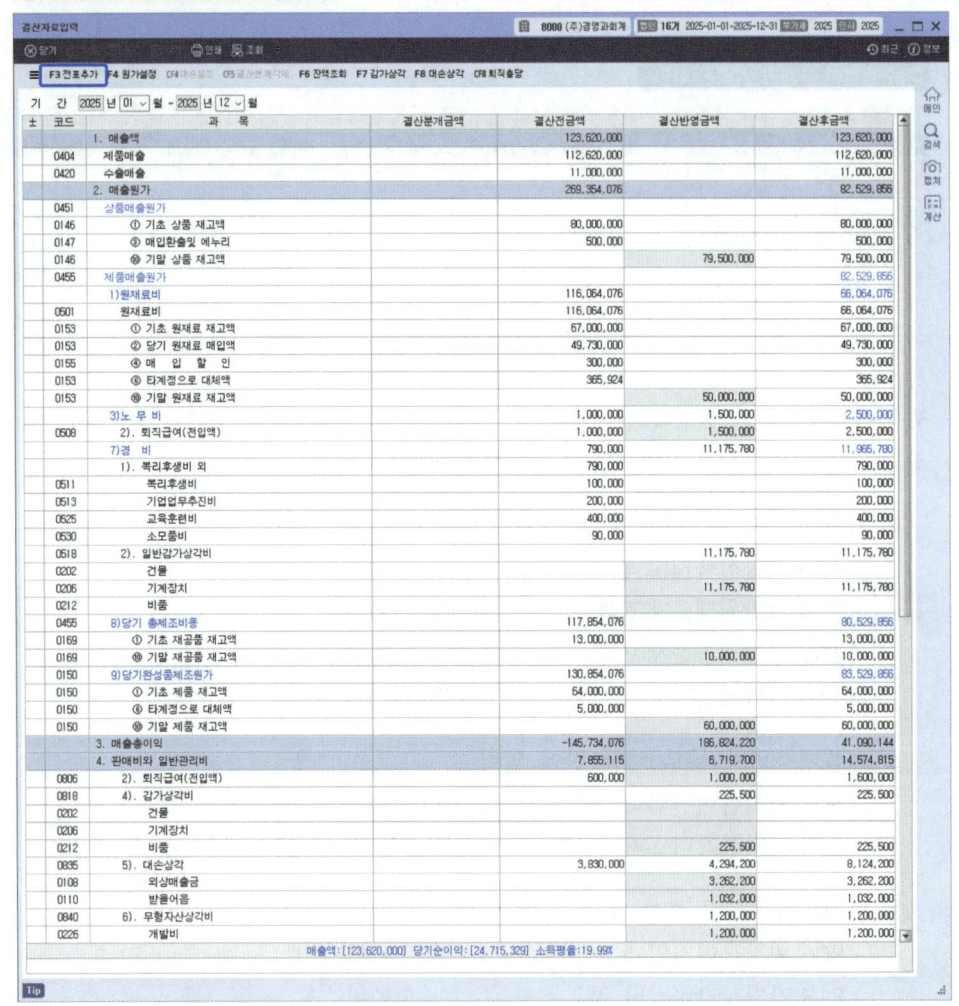

4. 결산자료입력메뉴에서 해당란에 금액을 입력한 다음 반드시 F3 전표추가를 클릭하여 결산대체분개를 생성시킨 다음 손익계산서(12월)를 조회하여 당기순이익을 검토한다.

⊃ 일반전표입력 메뉴에 [결산분개]가 입력된 화면

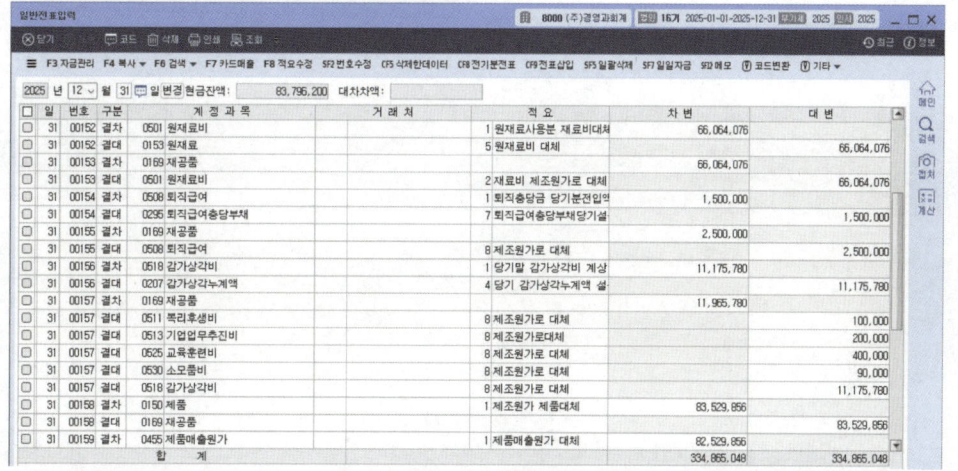

5. 이익잉여금처분계산서에서 처분일자(2026년 3월 14일) 및 처분내역을 입력한 다음 반드시 F6 전표추가를 클릭하여 손익대체분개를 생성시켜야 한다.

6. 처분내역은 다음해 3월 주주총회를 통해서 처분내역이 결정될 때(2026년 3월 14일) 분개를 하여야 하므로 이익잉여금처분에 대한 분개는 하지 아니한다.

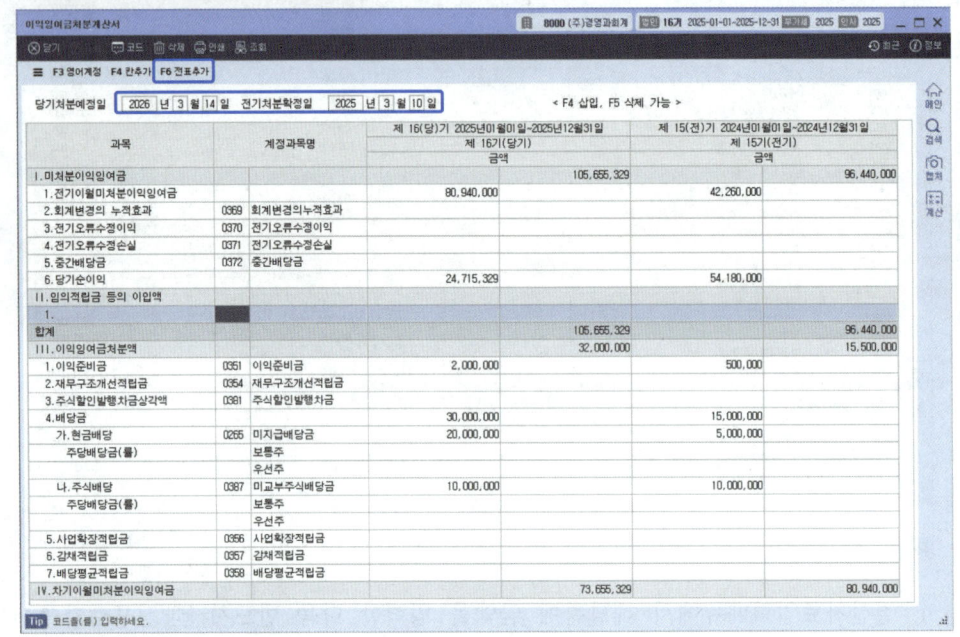

⊃ 이익잉여금처분계산서가 입력된 화면

▶ 저장된 데이터를 '불러오시겠습니까' 질문에서 아니오를 선택한다.
▶ 이익준비금은 현금배당액 20,000,000원의 10%인 2,000,000원을 유보하여야 한다.

SECTION 05 | 원천징수

근로소득 원천징수의 작업순서

사 원 등 록	인사관리를 위한 사번을 부여하고 사원의 입·퇴사 등 기본사항 등록 신입사원 및 기존의 사원에 대한 부양가족명세와 기타 추가사항 입력
급 여 자 료 입 력	종업원의 급여지급 내역의 입력 및 소득세 등 징수 • 소득자별근로소득원천징수부 작성 • 일용직급여자료입력 : 노임대장작성
매 월 원 천 징 수 신 고 서 식 작 성	• 원천징수이행상황신고서 • 소득세납부서 • 지방소득세납부서 • 지방소득세특별징수계산서및명세서
연 말 정 산 자 료 입 력	중도퇴사자 및 계속근무자의 연말정산 작업
연 말 정 산 관 련 서 류 작 성	• 근로소득원천징수영수증 • 소득자별근로소득원천징수부

1 사원등록

원천징수 모듈의 근로소득관리에서 사원등록을 클릭하여 실행한다.

사원등록은 근로소득자의 인적사항 및 건강보험·국민연금 등의 기초자료와 부서, 직급, 직종 등의 관리사항을 등록하는 메뉴이다. 급여 관련업무, 근로소득에 대한 원천징수 및 연말정산에 관련된 가장 기본적인 등록사항이다.

　㉠ 사번

　　숫자 또는 문자를 이용하여 10자 이내의 사원코드를 부여한다(단, 한글은 5자 이내이며, 숫자와 문자 혼합 사용이 가능하다).

　㉡ 성명

　　사원명을 20자 이내로 입력한다.

　㉢ 주민(외국인)등록번호

　　내국인의 경우 1.주민등록번호를 선택하고 소득자 본인의 주민등록번호를 입력한다. 외국인의 경우는 2.외국인등록번호 또는 3.여권번호를 선택하고 외국인등록번호 또는 여권번호를 입력한다.

① 기본사항 입력

　㉠ 1.입사년월일

　　해당 사원의 입사일자를 정확하게 입력한다.

　㉡ 2.내/외국인 3.외국인국적

　　내국인이면 숫자 "1"을, 외국인이면 숫자 "2"를 선택한다. 외국인의 경우 3.외국인국적 란에 반드시 국적을 표기해야 한다.

　㉢ 4.주민구분 주민등록번호

　　화면 좌측에서 입력하였으면 자동으로 반영된다.

　㉣ 5.거주구분

　　국내에 거주하면 1.거주자를, 비거주자이면 2.비거주자를 선택한다.

　㉤ 7.국외근로제공 여부

　　국외근로소득의 종류에 따라 1.(일반)월 100만원 비과세, 2.(원양, 외항) 월 300만원 비과세, 3.(건설) 월 300만원 비과세 중 하나를 선택하고, 국외근로소득이 없으면 0.부를 선택한다. 비과세 대상 국외근로소득을 선택한 사원은 급여자료입력메뉴에 자동으로 "국외근로소득"이라는 항목이 설정되며 비과세 처리된다.

　㉥ 8.단일세율 적용여부

　　외국인 근로자가 국내에 근무함으로써 지급받는 근로소득에 대하여 단일세율(근로소득 19%)을 적용하는 경우 1.여를 선택한다.

Ⓐ 10. 생산직여부/야간근로비과세

생산직근로자에 해당되면 1.여를, 해당되지 아니하면 0.부를 선택한다. 야간근로비과세 란은 연장근로·야간근로·휴일근로수당의 비과세(연 240만원 한도)를 적용하기 위한 구분 란이다. 생산직근로자로 직전년도 총급여액이 3,000만원 이하인 자는 1.여를 선택한다.

Ⓞ 11. 주소

검색 화면에서 해당하는 주소를 선택하고 나머지 주소는 직접 입력한다.

Ⓩ 12. 국민연금 ~ 15. 산재보험적용

국민연금, 건강보험료, 고용보험료, 산재보험적용여부 등에 관한 정보를 입력한다. 기준소득월액 또는 표준보수월액 등을 입력하면 국민연금과 건강보험금 및 고용보험료를 자동 산출하여 급여자료입력에 반영한다.

Ⓩ 16. 퇴사년월일

사원이 퇴사한 경우, 해당 년, 월, 일을 입력한다.

② **부양가족명세**

소득자 본인을 포함한 배우자 및 부양가족에 대한 연말관계와 성명 및 주민등록번호를 입력하며 입력된 내용에 따라 소득공제와 세액공제 대상 여부가 결정된다.

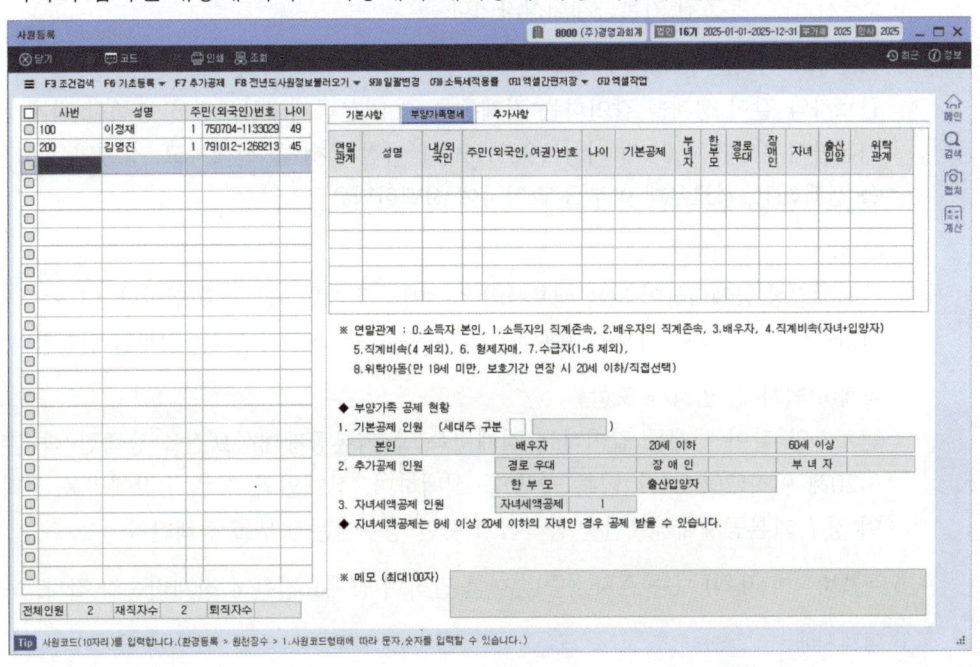

㉠ 연말(정산)관계/기본공제대상자 해당여부(소득금액 100만원 이하, 단 근로소득만 있는 경우 총급여(비과세 제외) 500만원 이하)

연말(정산)관계	기본공제 반영	출생년월
0.소득자 본인	1: 본인	나이 무관
1.소득자의 직계존속	4: 60세 이상	1965.12.31 이전 출생
2.배우자의 직계존속	0: 부	1966. 1. 1 이후 출생
	5: 장애인	나이 무관
3.배우자	2: 배우자	나이 무관
4.직계비속	3: 20세 이하	2005. 1. 1 이후 출생
5.직계비속(4.제외)	0: 부	2004.12.31 이전 출생
6.형제자매	3: 20세 이하	2005. 1. 1 이후 출생
	4: 60세 이상	1965.12.31 이전 출생
	5: 장애인	나이 무관
	0: 부	1966. 1. 1 이후 2004.12.31 이전 출생
7.수급자	6: 기초생활대상 등	나이 무관
8.위탁아동	3: 20세 이하 또는 5: 장애인	만 18세 미만

0.소득자본인 : 무조건 기본공제대상자이다.

1.소득자의 직계존속, 2.배우자의 직계존속

　근로자와 같이 생계를 같이하는 직계존속 중 기본공제대상요건을 충족한 직계 존속은 기본공제 란에서 4.60세 이상(1965.12.31 이전 출생)을 선택하고, 장애인은 5:장애인을 선택하고, 경로우대 여부를 확인하여 선택한다.

3.배우자

　소득세법상 공제대상이 되는 배우자인 경우에는 장애인 여부를 확인한다. 단, 소득금액이 100만원을 초과하여 기본공제대상요건을 충족하지 못한 경우에는 0:부를 선택한다.

4.직계비속(자녀, 입양자 포함)

　근로자와 같이 생계를 같이하는 직계비속 중 기본공제대상요건을 충족한 직계비속은 3:20세 이하(2005.1.1 이후 출생)를 선택하며, 장애인의 경우 5:장애인을 선택한다. 이 경우 기본공제대상요건을 충족하지 못한 경우에는 0:부를 선택한다.

5.직계비속(4 제외) : (증)손자, (증)손녀를 말하며 공제요건은 4.직계비속과 같다.

6.형제자매

　근로자와 같이 생계를 같이하는 기본공제대상요건을 충족한 형제자매 중 20세 이하(2005.1.1 이후 출생)인 경우 3:20세 이하를, 60세 이상(1965.12.31 이전 출생)인 경우 4:60세 이상을 선택한다. 장애인의 경우 5:장애인을 선택한다. 단, 기본공제대상요건을 충족하지 못한 경우에는 0:부를 선택한다.

7. 수급자(1~6제외)

국민기초생활보장법에 따른 수급자를 말하며 6.기초생활대상등을 선택한다.

8. 위탁아동

위탁아동을 말하며 3:20세 이하를 선택한다. 장애인의 경우에는 5:장애인을 선택한다.

CHECK POINT 기본공제대상자 해당 여부 판정 시 참고사항

■ 공제요건 : 소득금액 조건(연간소득금액 100만원 이하 또는 근로소득만 총급여 500만원 이하)를 충족한 경우

기본공제대상가족	공제대상요건	비 고
직계존속	- 만 60세 이상(1965.12.31 이전 출생)	
직계비속	- 만 20세 이하(2005.1.1 이후 출생)	동거입양자 포함
위탁아동	- 만 18세 미만	
형제자매	- 만 20세 이하(2005.1.1 이후 출생) - 만 60세 이상(1965.12.31 이전 출생)	형제자매의 배우자는 공제대상이 아님
기 타	국민기초생활보장법에 의한 수급자	나이 제한 없음

- 장애인은 연령 제한을 받지 아니한다(소득금액 제한은 있음).
- 직계비속(또는 동거입양자)과 그 배우자가 모두 장애인인 경우 그 배우자도 직계비속으로 공제한다.
- 직계존속에는 배우자의 직계존속(장인, 장모, 시부모)을 포함하고, 직계존속이 재혼한 경우 그 배우자를 포함한다(사실혼은 제외).
- 재혼한 경우 재혼한 배우자가 종전의 배우자와 혼인 중에 출산한 자도 직계비속으로 본다.

CHECK POINT 소득금액 100만원 이하 해당 여부 판정 시 참고사항

소득금액이란 종합소득금액(이자·배당·사업·근로·연금·기타소득), 퇴직소득금액, 양도소득금액 및 금융투자소득금액의 합계액으로 비과세소득과 분리과세대상 소득은 제외한다.

종 류	소득금액의 계산	공제금액 계산근거	분리과세 대상
이자·배당소득	필요경비 인정 안 됨.		2,000만원 이하 금융소득
근로소득	근로소득 - 근로소득공제	500만원 이하 : 70%	일용근로소득
사업소득	총수입금액 - 필요경비공제	실제 필요경비	2,000만원 이하 주택임대
연금소득	연금소득 - 연금소득공제	350만원 이하 : 총연금액 350~700만원 이하 : 40%	사적연금이 1,500만원 이하인 경우 선택 가능
기타소득	총수입금액 - 필요경비	실제 필요경비 또는 총수입액의 60% 또는 80%	소득금액이 300만원 이하인 경우 선택 가능. *복권당첨소득 분리과세
퇴직소득	비과세 제외한 퇴직금 전액		
양도소득	양도가액 - 필요경비 - 장기보유특별공제		

▶ 기본공제대상자가 근로소득만 있는 경우 총급여(비과세제외) 500만원 이하이면 기본공제를 적용한다.

ⓒ 추가공제
  ⓐ 부녀자공제 : 50만원
    종합소득금액이 3,000만원 이하인 거주자로 배우자가 있는 여성이거나, 배우자가 없는 여성으로 기본공제대상자인 부양가족이 있는 세대주에 해당하면 1:여를, 해당하지 않으면 0:부를 입력한다.
  ⓑ 한부모공제 : 연 100만원
    거주자 본인이 배우자가 없는 사람으로서 기본공제대상자인 직계비속 또는 입양자가 있는 경우 1:여를, 해당하지 않으면 0:부를 입력한다. 부녀자공제와 동시에 해당하는 경우 부녀자공제는 받을 수 없다.
  ⓒ 경로우대자(70세 이상) 공제 : 1명당 100만원
    기본공제대상자(본인, 배우자, 부양가족)가 12월 31일(사망한 자는 사망일 전일 기준) 현재 70세 이상(1955.12.31일 이전 출생)에 해당되면 1:여를 입력한다. 의료비세액공제에서 경로자는 65세 이상자를 의미하는 것에 주의하여야 한다.
  ⓓ 장애인 공제 : 1명당 200만원
    기본공제대상자가 장애자에 해당되면 1.장애인복지법, 2.국가유공자등, 3.중증환자등 중 해당하는 번호를 선택 입력한다. 부양가족명세 입력 시 기본공제에서 5:장애인을 선택하면 자동으로 1.장애인복지법이 체크된다.

ⓒ 자녀세액공제
  ⓐ 8세 이상 손·자녀 세액공제
    기본공제대상 자녀(입양자 및 위탁아동 포함) 및 손자녀로서 만8세 이상(2017. 12. 31. 이전 출생)에 해당하면 1:여를 입력한다.

기본공제대상 자녀 및 손자녀의수	세액공제
1명	연 25만원
2명	연 55만원
3명 이상	연 55만원 + 2명 초과 1명당 연 40만원

  ⓑ 출산입양공제
    2025년에 출산하거나 입양한 기본공제대상 자녀에 해당하면 1:여를 입력한다. 출산·입양한 자녀가 첫째이면 30만원, 둘째이면 50만원, 셋째 이상이면 70만원의 자녀세액공제를 받을 수 있다.

③ 추가사항
  추가사항 탭에서 12.소득세 적용률은 근로자의 신청에 따라 1.100% 2.80%, 3.120% 중에서 선택한다. 또는 상단 메뉴에서 Ctrl·F10 : 소득세 적용률을 선택하여 입력한다.

필수예제 따라하기

필수예제

다음 자료를 이용하여 연말정산에 필요한 사원등록을 하시오.(소득세 적용률은 100%로 한다.)
모든 문제에서 주어진 주민등록번호는 정확한 것으로 가정한다.

❖ 자료 1.

사 원 코 드	100	성 명	이 정 재
입사 연월일	2022. 8. 21	주민등록번호	750704 - 1133029
근 무 부 서	생산3팀 조장(생산직)	기 타	내국인, 거주자
주 소	서울 서초 명달로 53(방배동)		

[가 족 사 항]

관 계	성 명	주민등록번호	참 고 사 항
처	박은희	770210-2114111	소득없음
제	이주찬	791015-1114116	소득없음, 시각장애인
자	이호영	061111-3114113	대학생
자	이민주	080111-4114114	고등학생
부	이순호	490112-1213120	이자소득금액 2,500만원(종합과세대상임)
모	강진영	530624-2113514	소득없음

* 직전년도 총급여액은 3,000만원이며, 제시된 가족은 모두 실제 부양하고 있음.

❖ 자료 2.

사 원 코 드	200	성 명	김 영 진(청각장애인)
입사 연월일	2023. 7. 1	주민등록번호	791012 - 1268213
근 무 부 서	재무팀 대리	기 타	내국인, 거주자
주 소	서울 마포 대흥로28길 3 (대흥동)		

[가 족 사 항]

관 계	성 명	주민등록번호	참 고 사 항
처	오정현	820112-2115111	근로소득 5,000,000원
부	김한호	521002-1115111	사업소득금액 3,000,000원
모	장말순	560612-2115113	2025. 8월중 사망
자	김중호	151102-3115111	초등학생
자	김선미	200608-4115118	취학 전
처제	오영현	900311-2115112	취업준비 중

* 제시된 가족은 모두 김영진이 실제 부양하고 있음.

따라하기

근로소득관리의 사원등록메뉴에서 각 사원을 등록한다.

1. 100. 이정재
    - 기본사항에 사번:100, 주민등록번호, 입사일(2022.8.21), 내국인, 거주자, 주소 등을 입력하고 부양가족명세를 입력한다.
    - 생산직 근로자로서 직전년도 총급여액이 3,000만원 이하이므로 기본사항 입력에서 9.생산직여부와 연장근로비과세에서 1:여를 선택한다.
    - 배우자 박은희는 소득이 없으므로 기본공제대상이다.
    - 이주찬은 형제자매로 20세 이상이나 장애인으로 소득이 없으므로 기본공제와 장애인공제 대상이다.
    - 이순호는 소득자의 직계존속으로 60세 이상이나 이자소득금액이 2,500만원으로 2,000만원 초과분이 금융소득종합과세 대상이므로 소득금액이 100만원 이하에 해당하지 않아 기본공제를 받을 수 없다.
    - 강진영은 소득자의 직계존속으로 60세 이상이면서 70세 이상에 해당하므로 기본공제를 받고, 추가로 경로우대공제를 받는다.
    - 자녀 중 20세 이하이면서 8세 이상인 자녀가 2명이므로 모두 자녀세액공제(1명인 경우 연 25만원, 2명인 경우 연 55만원) 대상이다.

➡ 이정재 사원등록

▶ 문제에서 요구하는 경우 국민연금(기준소득월액)과 건강보험료(표준보수월액) 및 고용보험보수월액을 입력하면 국민연금, 건강보험료 등의 공제액을 프로그램이 자동으로 반영한다.

➡ 이정재 부양가족명세

▶ 부양가족명세입력시 화면하단의 메시지를 참고하여 입력한다.
▶ 자녀가 장애인인 경우 소득금액 요건만 충족하면 나이에 무관하게 장애인공제와 자녀세액공제를 적용한다.
▶ 상단 Ctrl·F10 소득세적용률을 클릭하거나 추가사항 탭에서 12.소득세 적용률 1.100%를 선택한다.

2. 200. 김영진

- 기본사항에 사번:200. 김영진, 주민등록번호, 입사일(2023.7.1), 내국인, 거주자, 주소 등을 입력하고 부양가족명세를 입력한다.
- 본인이 청각장애인이므로 본인에 대한 장애인공제를 적용한다.
- 처 오정현은 근로소득이 5,000,000원 이하이므로 기본공제를 적용한다.
  ▶ 기본공제 대상자가 근로소득만 있는 경우 비과세를 제외한 총급여액(근로소득)이 500만원 이하인 경우 기본공제를 적용한다.
  ▶ 근로소득 500만원은 근로소득금액 150만원과 같지만 예외적으로 기본공제를 적용한다.
  근로소득금액 = 근로소득(총급여액) – 근로소득공제(500만원까지 70%)
  근로소득금액 : 5,000,000 – 3,500,000 = 1,500,00원
- 부 김한호는 70세 이상으로 기본공제와 경로우대공제를 받을 수 있으나 사업소득금액이 100만원을 초과하므로 받을 수 없다.
- 모 장말순은 8월에 사망하였으나 과세기간 중에 사망한 경우 사망일 전일의 상황에 의하므로 기본공제가 가능하다. 그러나 70세 이상이 아니므로 경로우대공제는 받을 수 없다.
- 처제 오영현은 20세를 초과하므로 기본공제대상이 되지 않는다.
- 20세 이하이면서 8세 이상 자녀 김중호만 자녀세액공제(1명 연 25만원) 대상이다.

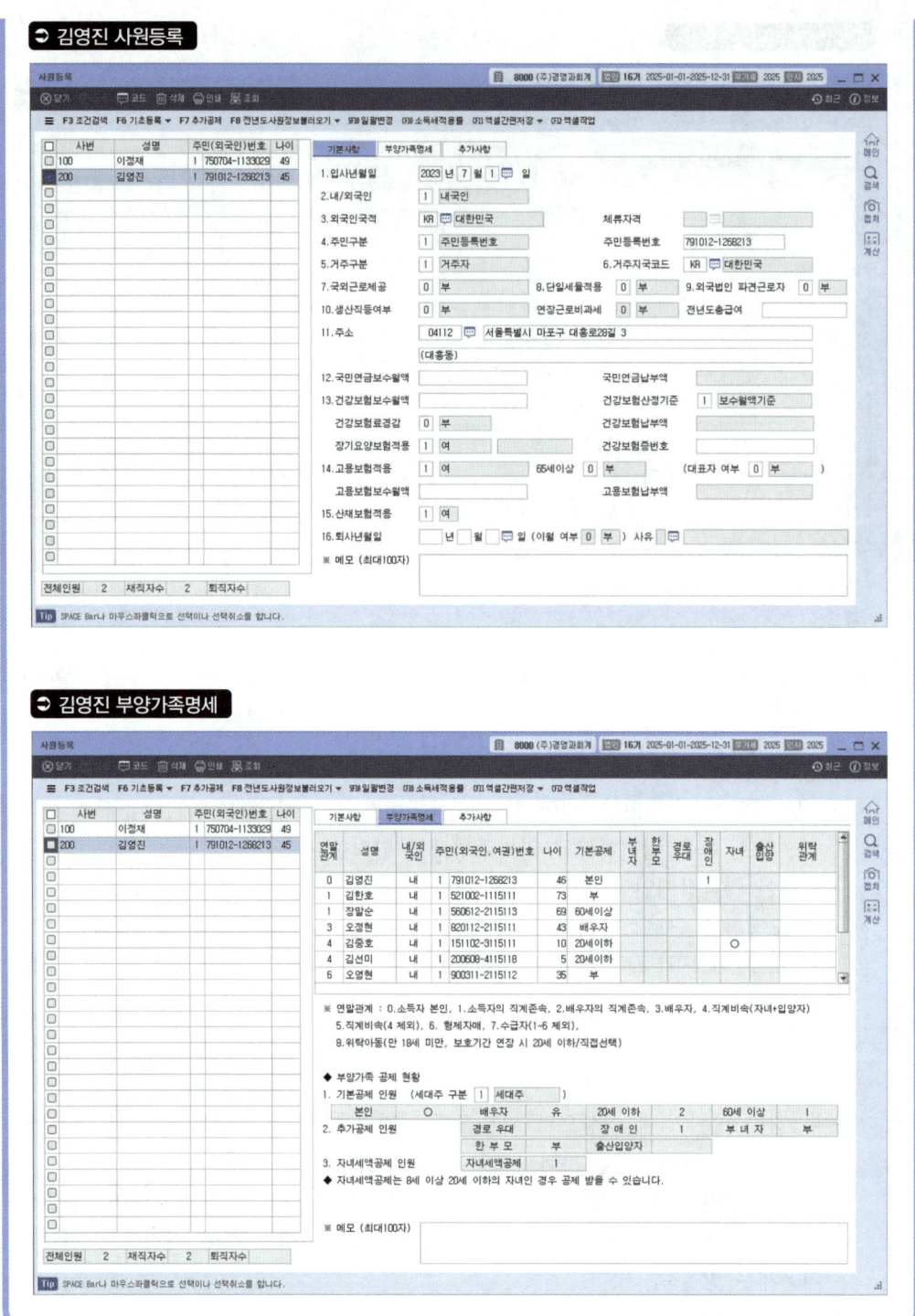

2 급여자료입력

> • NCS 능력단위 : 0203020214원천징수 능력단위요소 : 01근로소득원천징수하기
> 1.1 임직원의 인적공제사항을 소득세법에 따라 세무정보시스템 또는 급여대장을 작성·관리할 수 있다.
> 1.2 회사의 급여규정에 따라 임직원 및 일용근로자의 기본급, 수당, 상여금 등의 급여금액을 정확하게 계산할 수 있다.
> 1.3 세법에 의한 임직원 및 일용근로자의 급여액에 대한 근로소득금액을 과세 근로소득과 비과세 근로소득으로 구분하여 계산할 수 있다.
> 1.4 간이세액 기준에 따라 급여액에 대한 산출된 세액을 공제 후 지급할 수 있다.

급여자료입력은 상용직근로자의 매월의 급여 및 상여금 내역을 입력하여 급여대장과 각 사원별 급여명세서를 작성하며, 원천징수하는 간이세액(매월의 근로소득세)을 산출하는 메뉴이다. 급여자료입력에서 입력된 자료는 원천징수이행상황신고서 및 소득자별근로소득원천징수부에 자동으로 반영된다.

프로그램으로 급여자료를 입력하기 위해서는 먼저 급여자료입력 화면에서 F4 수당공제를 클릭하여 해당 회사에서 쓰고 있는 각종 수당 및 공제 항목의 등록작업을 해야 한다.

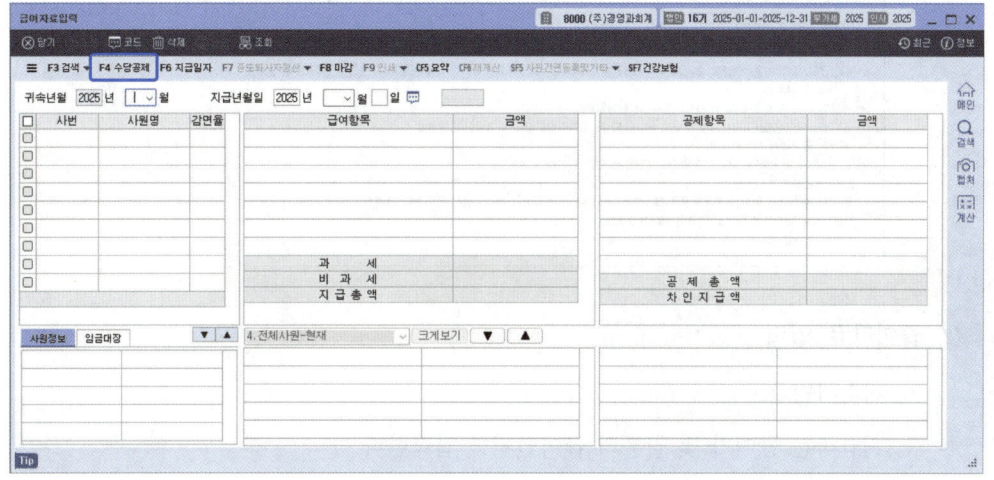

① 수당공제 등록

수당공제등록은 근로자에게 지급할 기본급과 수당 및 공제항목의 유형과 사용여부를 입력하는 화면이다. 수당공제등록은 급여자료를 입력하기 전에 먼저 수행하는 작업으로 최초에 한 번만 등록하면 된다. 필요에 따라 수정 또는 추가등록을 할 수 있다.

㉠ 수당등록

메뉴 상단의 F4 수당공제를 클릭한 후 나타나는 수당공제등록 창의 상단 수당등록탭을 선택하고 과세구분과 수당명을 입력하고 근로소득 유형을 선택한다. 과세구분에 과세대상이면 "1"을, 비과세대상이면 "2"를 입력하고, 기본급을 제외한 모든 수당의 사용여부는 필요에 따라 여부를 선택한다.

ⓒ 공제등록

공제등록은 근로자의 급여에서 공제할 각종 공제항목을 등록하는 화면이다. 공제등록 탭을 선택하고 나타나는 공제등록 창에서 공제항목명을 입력하고 공제소득유형에서 F2를 클릭하여 유형을 선택한다.

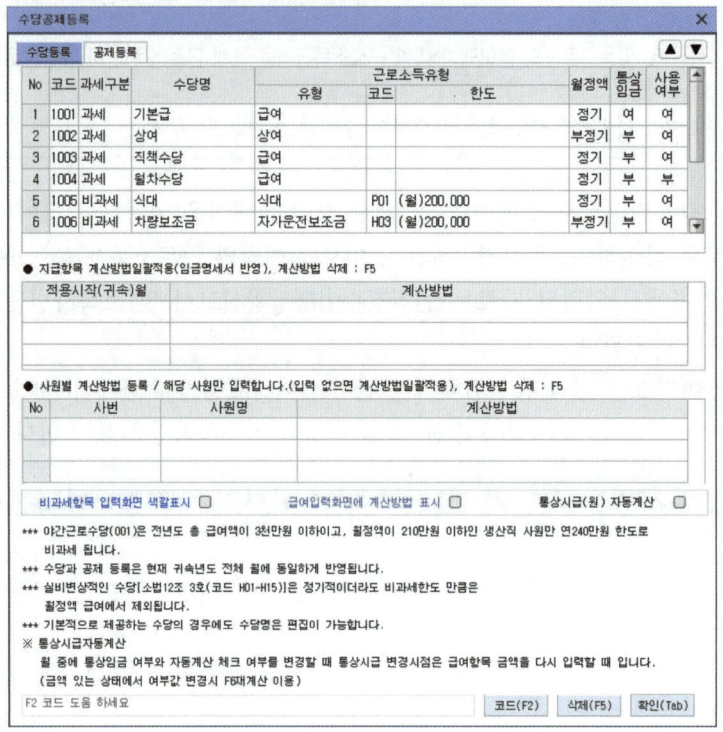

② 급여자료 입력

㉠ 귀속년월

지급하는 급여가 몇 월분의 급여인지를 입력한다.

㉡ 지급년월일

급여를 지급하는 날짜를 입력한다. 지급일의 다음달 10일까지 원천징수이행상황신고를 하므로 정확하게 입력하여야 한다. 귀속년월과 지급년월일을 입력하면 등록되어 있는 사원명이 나타난다. 급여항목에는 수당등록의 내용이 나타나고 공제항목에는 공제등록 내용이 나타난다. 급여자료입력 화면에서 수당공제항목을 추가하거나 수정하려면 귀속년월이나 지급년월일에 커서를 놓고 F4 수당공제를 클릭하면 된다.

필수예제 따라하기

필수예제

다음의 급여자료를 해당 메뉴에 입력하여 원천징수액을 산출하시오(급여지급일은 매월 25일이다).

1. 1월, 2월, 3월, 5월, 6월, 8월, 9월, 10월, 11월

구 분	수 당 항 목(원)				공 제 항 목(원)	
	기 본 급	직책수당	식 대	가족수당	국민연금	고용보험
	차량보조금	야간근로	상 여 금	급여총액	건강보험	상조회비
이정재	2,000,000	200,000	250,000	250,000	90,000	26,100
	300,000	300,000		3,300,000	60,000	20,000
김영진	2,800,000	100,000	200,000	120,000	126,000	28,980
	200,000	200,000		3,620,000	84,000	20,000

2. 4월, 7월, 12월

구 분	수 당 항 목(원)				공 제 항 목(원)	
	기 본 급	직책수당	식 대	가족수당	국민연금	고용보험
	차량보조금	야간근로	상 여 금	급여총액	건강보험	상조회비
이정재	2,000,000	200,000	250,000	250,000	90,000	53,100
	300,000	300,000	3,000,000	6,300,000	60,000	20,000
김영진	2,800,000	100,000	200,000	120,000	126,000	62,280
	200,000	200,000	3,700,000	7,320,000	84,000	20,000

▶ 식대는 별도의 음식물을 제공하지 아니하고 지급하는 것이며 차량보조금은 근로자 본인의 차량을 회사업무에 사용하고 실비 정산 대신 월급여로 지급하는 수당항목이다.
▶ 소득세, 지방소득세 및 장기요양보험료는 자동계산을 반영한다.

따라하기

급여자료입력 메뉴에서 [수당공제등록]을 먼저 한 다음 월별로 급여지급내역과 공제내역을 입력하면 소득세와 지방소득세는 자동으로 산출된다.

1. 수당등록
   - 1001.기본급 : 과세
   - 1002.상여 : 과세
   - 1003.직책수당 : 과세
   - 1004.월차수당 : 과세(유형 : 급여, 사용여부 : 부)
   - 1005.식대 : 비과세(유형 : 식대, 사용여부 : 여)
   - 1006.차량보조금 : 비과세(유형 : 자가운전보조금, 사용여부 : 여)
     ▶ 식대는 별도의 음식물을 제공하지 않아야 월 20만원까지 비과세이며, 자가운전보조금은 근로자 본인의 차량을 회사업무에 사용하여야 월 20만원까지 비과세한다.
     ▶ 식대와 자가운전보조금이 비과세에 해당하지 않는 경우 비과세 식대와 비과세 자가운전보조금은 사용여부에서 부를 선택하고 과세되는 수당으로 추가등록을 하여야 한다.

- 1007.야간근로수당 : 비과세(유형 : 야간근로수당, 사용여부 : 여)
  ▶ 월정액 급여가 210만원 이하인 달에 받는 야간근로수당이 비과세 근로소득으로 반영된다.
     월정액 급여 = 매월급여총액 - 상여등 부정기적급여 - 실비변상적비과세급여 - 연장·야간·휴일근로수당
  ▶ 본문제에서 이정재는 생산직이고 김영진은 생산직이 아니다. 야간근로소득이 비과세가 되는 조건은 생산직이고 월정액급여 210만원 이하이므로 이정재의 야간근로소득은 비과세를 적용할 수 없다.

- 2001.가족수당 : 과세(유형 : 급여, 사용여부 : 여) 추가등록

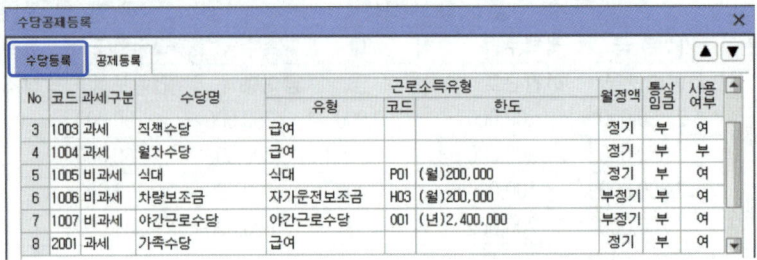

2. 공제등록
   - 공제등록 탭을 선택하고 공제항목명에 상조회비를 입력한다. 공제소득유형은 하단의 F2(코드)를 실행하여 해당 항목을 선택한 후 입력한다.

3. 급여자료입력
   - 귀속년월에 2025년 1월, 지급년월일에 2025년 1월 25일로 하여 급여내역을 입력하고, 2월분 급여부터는 1월분처럼 입력한다.
   - 전월과 급여가 동일할 때에는 지급년월일에 25일을 입력하면 나타나는 "전월 데이터를 복사하시겠습니까?" 안내 창에서 "예"를 클릭하면 동일한 금액이 복사되어 입력된다.
   - 상여금이 있는 4월, 7월, 12월분 급여는 개별적으로 입력한다.

▶ 프로그램 버전에 따라 소득세와 지방소득세 금액이 다르게 나타날 수 있다. 자격시험에서는 입력을 정확하게 하면 결과값에 무관하게 정답이 된다.

3 원천징수이행상황신고서 작성

- NCS 능력단위 : 0203020214원천징수   능력단위요소 : 01근로소득원천징수하기
1.6 근로소득에 대한 원천징수 결과에 따라 원천징수이행상황신고서를 작성 및 신고 후 세액을 납부할 수 있다.
1.7 세법이 정한 서식에 따라 근로소득에 대한 원천징수영수증 발급·교부 및 지급명세서를 기한 내 제출할 수 있다.
1.8 원천징수세액 환급받을 환급세액이 있는 경우 납부세액과 상계 및 환급 신청할 수 있다.

원천징수이행상황신고서는 근로소득(급여입력 자료, 일용직 급여입력 자료), 퇴직소득, 사업소득, 기타소득의 자료가 반영되어 자동으로 작성되며 수정, 편집이 가능하다. 원천징수의무자가 근로소득을 지급하고 근로소득세를 원천징수한 날의 다음달 10일까지 관할세무서에 제출하여야 한다. 반기별 납부자는 1년에 두 번 반기 마지막 달의 다음달 10일(상반기는 7월 10일, 하반기는 다음해 1월 10일)까지 신고한다.

필수예제 따라하기

필수예제

(주)경영과회계의 2025년 3월 귀속분 3월 지급액에 대하여 2025년 4월 10일 신고 납부할 원천징수이행상황신고서를 작성하시오(단, 전월까지 미환급된 원천징수세액은 148,000원이며, 환급신청은 하지 아니한다).

따라하기

귀속기간 : 3월 ~ 3월, 지급기간 : 3월 ~ 3월, 신고구분 : 1.정기신고로 선택하면 원천징수이행상황신고서화면이 조회된다. 하단의 12.전월미환급세액 란에 148,000원을 입력한다.

➔ 전월미환급세액이 반영된 화면

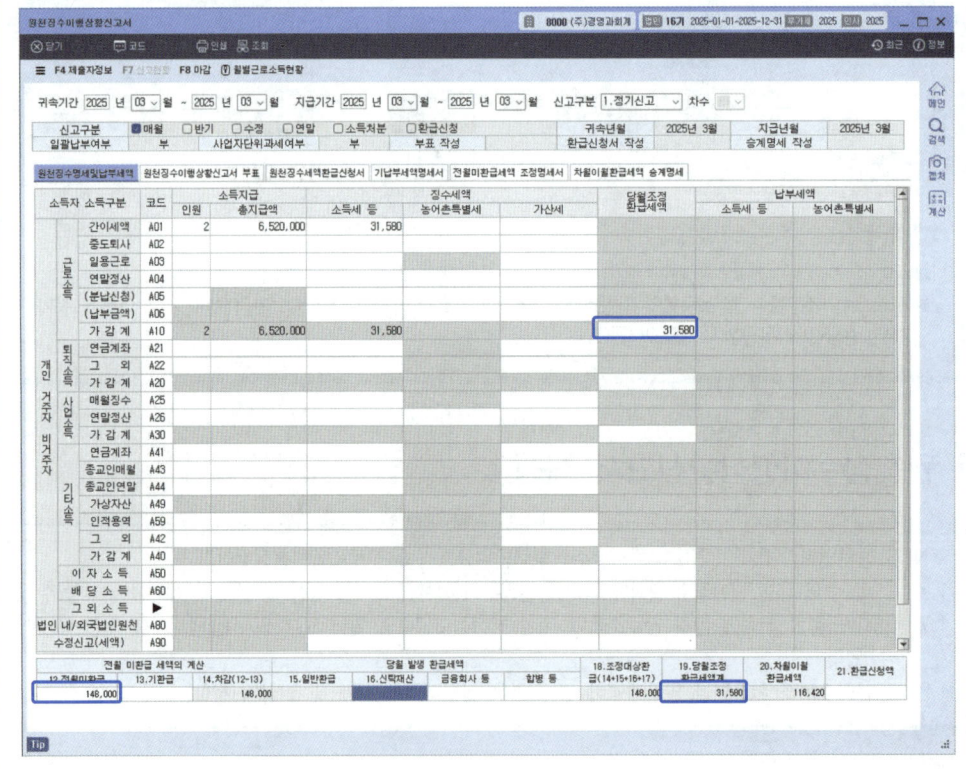

4 연말정산 추가자료 입력

사원등록과 급여자료입력 메뉴에서 입력할 수 없는 연말정산에 필요한 사항들을 추가로 입력하는 메뉴이다. 연말정산에 필요한 사항들로 특별공제, 기타소득공제, 세액공제, 감면세액, 종(전)근무지 자료 등을 입력하여야 한다. 근로소득관리 메뉴에서 연말정산추가자료입력 메뉴를 선택하고 해당하는 내용을 직접 입력하거나 해당란에 커서를 놓고 더블클릭하면 나타나는 보조창에서 입력한다.

① 사번/사원명
- 임의의 특정사원에 대하여 연말정산을 할 때 : 사번을 직접 입력한다.
- 계속근로자 전원의 연말정산을 할 때 : 상단 툴바의 F3 전체사원을 클릭한다.

② 정산년월일

연말정산을 하는 연월을 입력한다(계속근무자의 연말정산월은 다음해 2월이다).

③ 귀속기간

[사원등록]에 입력한 입사 및 퇴사년월이 자동 체크되어 귀속기간을 표시해준다.

④ 연금보험료 공제(국민연금보험료)

급여자료입력에서 입력한 국민연금보험료 납부액이 자동 반영된다.

⑤ 특별소득공제

ⓐ 건강보험료/장기요양보험료

급여자료입력에서 매월 입력된 건강보험료(장기요양보험료 포함) 금액이 자동 반영되며 한도 없이 전액 공제된다.

ⓑ 건강보험료(지역)/장기요양보험료(지역)

지역 건강보험(장기요양보험료 포함)에 가입하여 불입한 금액이 있으면 건강보험료(지역)과 장기요양보험료(지역)에 입력한다.

ⓒ 고용보험료

매월 입력된 고용보험료 금액이 자동 반영되며 한도 없이 전액 공제된다.

⑥ 국민연금보험료 또는 건강보험료의 추가 입력

국민연금, 건강보험료 등을 지역에서 납입한 금액이 있거나 추가 납입액이 있으면 상단의 부양가족 탭을 열고 보험료 금액 란을 더블 클릭하여 나타나는 보조창에서 정산란에 입력한다. 또한 보험료 세액공제 대상인 일반 보장성보험의 보험료와 장애인 보장성보험의 보험료도 이곳에서 입력한다.

[보험료 등 공제대상금액 화면]

자료구분	국세청간소화	급여/기타	정산	공제대상금액
국민연금_직장		1,080,000		1,080,000
국민연금_지역				
합 계		1,080,000		1,080,000
건강보험료-보수월액		720,000		720,000
장기요양보험료-보수월액		93,240		93,240
건강보험료-소득월액(납부)				
기요양보험료-소득월액(납부)				
합 계		813,240		813,240
고용보험료		394,200		394,200
보장성보험-일반				
보장성보험-장애인				
합 계				

■ 처음에는 현근무지/종(전), 납세조합에서 지출한 금액(급여/기타)이 공제대상금액으로 반영됩니다.
■ 국세청간소화문서(PDF) 적용시 국민연금, 건강보험료 적용을 선택하면 PDF금액이 공제대상금액으로 반영
☞ 공제대상금액 적용값을 변경하고자 할 경우 아래 각 [공제대상금액]에서 적용하고자 하는 구분을 클릭하세요.(실시간 적용 됨)
■ 국세청간소화문서(PDF) 선택시 종(전)근무지에 입력한 국민연금, 건강보험료는 반영되지 않습니다.
■ 건강(장기요양)보험료소득월액 직접납부금액은 [정산]란에 입력합니다.
★ 근로소득공제신고서 불러오기
  국민연금/건강/고용보험은 종전/주현근무지 모두 급여/기타란에 합산표시 됩니다.

▶ 국민연금 공제대상금액
  [1.현근무지+종(전)근무지 적용] [2.국세청간소화문서(PDF) 적용]
▶ 건강(장기요양)보험료 공제대상금액
  [1.현근무지+종(전)근무지 적용] [2.국세청간소화문서(PDF) 적용]
▶ 고용보험료 공제대상금액
  [1.현근무지+종(전)근무지 적용] [2.국세청간소화문서(PDF) 적용]

종료(Esc)

⑦ 비과세출산지원금

비과세 대상 출산지원금이 있는 경우 출산지원금 탭에서 입력한다.

⑧ 주택자금소득공제

공제종류	공제금액과 한도액		
주택마련저축공제	청약저축등 불입액의 40% (불입액 한도 300만원)	400만원 한도	600만~2,000만원 한도 * 만기 15년 이상이면서 고정금리에 비거치식분할 상환 방식으로 지급하는 경우 2,000만원 한도
주택임차차입금 원리금상환액공제	원리금상환액의 40%		
장기주택저당차입금 이자상환액공제	이자상환액의 100%		

ⓐ 주택마련저축공제

상단의 연금저축등Ⅰ 탭을 클릭한 후 ④주택마련저축공제에서 근로자주택마련저축, 청약저축 또는 주택청약종합저축 등의 불입액을 저축별로 입력한다.

ⓑ 주택임차차입금원리금상환액
  (대출기관)

무주택 세대주가 국민주택규모의 주택을 임차하기 위하여 차입한 금융기관 차입금의 원리금 상환액을 34.주택차입금원리금상환액 대출기관 란을 클릭한 후 보조창에서 입력한다.

(거주자 차입금)

총급여액이 5천만원 이하인 근로자가 대부업 등을 경영하지 아니하는 거주자로부터 이자율 2.9% 이상으로 차입한 경우 상단 월세액 탭을 열어 ②거주자간 주택임차차입금 원리금상환액에서 금전소비대차(차입금) 계약내용과 임대차 계약내용 및 원리금 상환액 등을 입력한다.

ⓒ 장기주택저당차입금이자상환액(대출기관)

장기주택저당차입금의 이자상환액을 34.주택차입금원리금상환액 란을 클릭하여 보조창에 차입시기와 차입조건별로 입력한다.

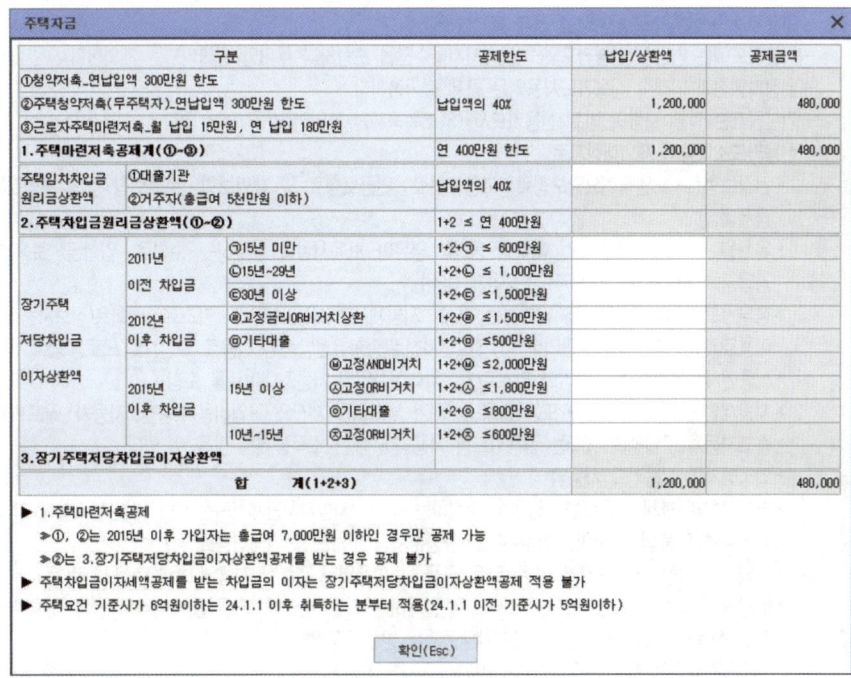

⑨ 그 밖의 소득공제

ⓐ 개인연금저축소득공제(2000.12.31 이전 가입자)

연금저축등 탭에서 2000.12.31. 이전에 개인연금 저축에 가입한 거주자의 당해연도 연금저축불입액을 입력한다(불입액의 40/100공제, 공제한도 72만원).

ⓑ 신용카드등(신용카드+직불카드+기명식선불카드+현금영수증) 사용액 소득공제

근로소득자(일용근로자를 제외)가 법인 또는 사업자로부터 각종 재화와 용역을 제공받고 그 대가로 신용카드등(신용카드, 직불·선불카드, 현금영수증)을 사용한 금액은 신용카드등사용액 소득공제 대상이다, 공제대상 신용카드등 사용액은 본인과 기본공제대상자(소득금액 100만원 초과자 제외)인 배우자 및 직계존비속이 사용한 금액은 포함하되 형제자매 사용액은 제외한다.

상단의 신용카드등 탭을 실행하여 부양가족별로 신용카드등의 사용액을 입력한다.

신용카드등사용액은 전통시장사용액과 대중교통수단이용액 및 도서공연박물관미술관사용액을 먼저 구분 입력하고, 전통시장과 대중교통이용액 및 도서공연등을 제외한 금액 중에서 신용카드사용액, 직불·선불카드사용액, 현금영수증사용액을 구분하여 입력한다. 입력된 신용카드등사용액은 연말정산입력 탭에서 반드시 F8부양가족탭불러오기를 실행하여 반영하여야 한다.

> **CHECK POINT**
> - 부양가족의 소득금액 제한은 있으나 나이제한은 없다.
> - 형제자매의 신용카드 사용액은 공제 불가능하다.
> - 직불카드에는 기명식 선불카드와 직불전자지급수단을 포함하나 무기명 선불카드는 제외한다.
> - 위장가맹점과 거래한 신용카드사용액은 공제 불가능하다.
> - 기본공제는 다른 사람이 받고 신용카드사용액소득공제만 본인이 받을 수는 없다.
> - **신용카드소득공제 제외대상자료**
>   ▸ 건강보험료·노인장기요양보험료·고용보험료·연금보험료 및 생명보험·손해보험 등의 보험료(의료비는 공제대상)
>   ▸ 유치원, 초·중·고등학교, 대학교 등 및 영유아 보육시설에 납부하는 수업료·입학금·보육비용 기타 공납금(사설학원비는 신용카드소득공제 대상)
>   ▸ 정부 또는 지방자치단체에 납부하는 국세·지방세, 전기료·수도료·가스료·전화료(정보사용료·인터넷이용료 등 포함)·아파트관리비·텔레비전시청료(종합유선방송의 이용료 포함) 및 도로통행료
>   ▸ 상품권 등 유가증권 구입비와 리스료(자동차대여사업의 자동차대여료를 포함)
>   ▸ 지방세법에 의하여 취득세 또는 등록면허세가 부과되는 재산의 구입비용(부동산, 자동차, 골프회원권 등)
>   ▸ 중고자동차 구입액의 10%는 신용카드등 사용액에 대한 소득공제를 받을 수 있다.
>   ▸ 외국에서의 신용카드 사용액
>   ▸ 부가가치세 과세 업종 외의 업무를 수행하는 국가·지방자치단체 또는 지방자치단체조합에 지급하는 사용료·수수료 등의 대가(여권발급수수료, 공영주차장 주차료, 휴양림이용료 등)
>   ▸ 차입금 이자상환액, 증권거래수수료 등 금융·보험용역과 관련한 지급액, 수수료, 보증료 등
>   ▸ 정당에 신용카드 또는 직불·선불카드로 결제하여 기부하는 정치자금(정치자금세액공제 및 기부금소득공제를 적용받은 경우에 한함)과 월세세액공제를 받은 월세액
>   * 월세에 대하여 현금영수증을 받고 월세세액공제를 받으면 신용카드사용금액에 대한 소득공제를 받을 수 없지만 월세세액공제를 받지 않은 경우에는 신용카드사용액에 대한 소득공제를 받을 수 있다.

ⓒ 소기업소상공인 공제부금 소득공제

소기업 소상공인이 가입하여 납부하는 공제부금은 39.소기업소상공인공제부금에서 2015년 이전 가입과 이후 가입으로 구분하여 입력한다.

ⓓ 우리사주조합출연금소득공제

우리사주조합에 출연한 금액을 입력한다(공제한도 400만원).

ⓔ 고용유지 중소기업 소득공제

고용유지 중소기업에 근로를 제공하는 근로계약 1년 이상의 상시근로자에 대하여 다음과 같은 소득공제를 적용한다.

> (직전연도 임금총액 − 해당연도 임금총액) × 50% ⇒ 1,000만원 한도

ⓕ 장기집합투자증권저축소득공제

장기주식형펀드에 3년 이상 가입한 경우 상단의 연금저축등Ⅱ를 클릭하여 불입금액을 입력한다.

ⓖ 청년형장기집합투자증권저축소득공제

일정요건의 청년이 청년형 장기집합투자증권저축에 가입한 금액(한도 600만원)의 40%를 공제한다. 상단의 연금저축등Ⅱ를 실행하여 7청년형장기집합투자증권저축소득공제에서 입력한다.

⑩ 소득공제 등의 종합한도

소득세법상 특별공제(주택자금소득공제)와 각종 소득공제(중소기업창투조합 출자, 소기업 공제부금, 청약저축, 우리사주조합출자, 성실사업자가 받는 월세액 소득공제) 및 신용카드사용액에 대한 소득공제의 합계액이 2,500만원을 초과하는 경우 그 초과하는 금액은 없는 것으로 한다. 다만 건강보험료, 고용보험료, 노인장기요양보험료 등의 보험료공제는 한도를 적용하지 않는다.

⑪ 보험료 세액공제

다음의 보장성보험료에 대하여 입력하면 12%(장애인전용 보장성보험은 15%)의 세액공제를 적용한다.

부양가족 탭에서 부양가족을 선택한 후 부양가족별 보장성보험의 보험료를 하단의 일반보장성 또는 장애인전용 란에 커서를 놓고 더블클릭한 후 보조창에서 보장성보험-일반 또는 보장성보험-장애인 란에 국세청간소화와 기타자료로 구분하여 입력한다. 연말정산입력 탭에서 보험료공제를 반영하기 위하여 F8부양가족탭불러오기를 실행한다.

ⓐ 보장성보험(일반)

기본공제대상자(나이와 소득금액제한)를 위한 손해보험, 자동차보험 등의 보장성보험료(저축성보험료는 공제대상이 아님)와 주택임차보증금반환 보증보험의 보험료 금액을 입력한다(공제한도 100만원).

ⓑ 보장성보험(장애인)

기본공제대상자 중 장애인(나이제한 없음)을 피보험자 또는 수익자로 하는 보험으로 보험계약 또는 보험료납입영수증에 장애인전용보험으로 표시된 보험료 금액을 입력한다(공제한도 100만원).

> **CHECK POINT**
> - 소득자가 납부한 기본공제대상자(소득금액 및 나이 제한)의 보험료만 세액공제 가능하다.
> - 저축성보험료는 세액공제대상이 아니다.
> - 태아보험료는 세액공제대상이 아니다(태아는 출생전이므로 기본공제대상자가 아님).

⑫ 의료비 세액공제

의료비(실손의료보험금 수령액 차감)에 대하여 15%, 20% 또는 30%의 세액공제를 적용한다.

ⓐ 의료비 입력

상단의 의료비 탭을 열고 F2코드도움을 실행하여 부양가족코드도움 보조창에서 해당하는 부양가족을 선택한 후 의료비를 입력한다. 기본공제대상자를 위하여 지출한 의료비(실손보험금 포함)을 기본공제대상자별로 입력하면 난임시술비, 미숙아 및 선천성 이상아를 위한 의료비, 본인, 6세 이하자, 65세 이상자, 장애인과 건강보험산정특례자 및 그밖의 공제대상자로 자동으로 구분된다. 반드시 연말정산입력 탭에서 F8부양가족탭불러오기를 실행하여야 의료비가 반영된다.

ⓑ 전액공제의료비

기본공제대상자를 위하여 지출한 의료비총액 중 본인, 6세 이하자, 65세 이상자, 장애인, 건강보험산정특례자에 대한 의료비와 미숙아 및 선천성 이상아에 대한 의료비 및 난임시술비는 전액 공제대상이다.

> **CHECK POINT**
> - 의료비세액공제는 부양가족의 소득금액 및 나이제한 없다.
> - 국외 의료기관의 의료비는 세액공제 불가능하다.
> - 안경, 콘텍트렌즈구입비는 1인당 50만원 한도(P/G에서 한도체크를 못하므로 50만원까지만 입력)
> - 미용·성형수술을 위한 비용 및 건강증진을 위한 의약품 비용은 의료비 세액공제 대상이 아니다.
> - 간병인에게 지급된 비용은 의료비 세액공제 대상이 아니다.
> - 실비변상보험 등의 보험금 수령액으로 지급한 의료비는 공제대상에서 제외한다.
> - 건강보험산정특례자 : 중증질환, 희귀성난치질환, 결핵으로 진단받아 본인부담산정특례대상자로 등록한 자
> - 총급여액이 7천만원 이하인 근로자가 모자보건법에 따른 산후조리원에 산후조리 및 요양의 대가로 지급하는 비용으로서 출산 1회당 200만원 이내의 금액은 의료비 세액공제 대상이다.

⑬ 교육비 세액공제

교육비 지출액에 대하여 15%의 세액공제를 적용한다.

부양가족 탭에서 부양가족을 선택한 후 부양가족별 교육비를 하단의 교육비 란에 국세청자료와 일반자료로 구분하여 입력한다. 연말정산입력 탭에서 F8부양가족탭불러오기를 실행하여야 교육비공제가 반영된다.

취학전아동, 초중고, 대학생, 본인, 장애인(전액), 장애인(특수교육) 등으로 구분해서 교육비 지급액을 입력한다. 대상별 지출액을 입력하면 한도액(1인당 대학생 900만원, 취학전아동 및 초중고생 300만원)은 자동으로 체크하여 공제된다.

1.취학전아동	3.대학생
2.초중고	4.본인

ⓐ 본인 교육비 : 전액 공제 된다(대학원, 직업능력개발훈련시설 수업료 포함).

ⓑ 부양가족(직계존속 제외)의 교육비 : 배우자, 직계비속 및 형제자매를 위하여 지출한 교육비를 취학전아동, 초중고, 대학생 등으로 구분해서 각 란에 교육비 지급액을 입력한다(대학원제외).

ⓒ 장애인특수교육비 : 기본공제 대상자(직계존속 포함)인 장애인(소득금액 제한 없음)의 재활을 위하여 사회복지시설 및 비영리법인 등에 지출한 특수교육비를 입력하면 전액 한도 없이 세액 공제된다.

CHECK POINT
- 교육비공제는 부양가족의 소득금액 제한은 있으나 나이제한은 없다.
- 대학원 교육비는 본인만 공제가 가능하고, 직계존속의 교육비는 공제가 불가능하다.
- 취학전 아동의 학원비는 공제가 가능하나 초·중·고등학생의 학원비는 불가능하다.
- 급식비, 방과후학교 등의 수업료와 특별활동비(학교 등에서 구입한 도서 구입비와 학교 외에서 구입한 초·중·고등학생의 방과후 수업용 도서 구입비 포함), 학교에서 구입한 초·중·고등학생의 교과서대금 및 수학여행 등 체험학습비(1인당 연 30만원 한도)는 교육비 공제가 가능하다.
- 중·고등학생의 교복 1인당 50만원 한도(P/G이 한도체크를 할 수 없으므로 50만원까지만 입력)
- 학자금대출을 받아 지급한 교육비는 공제대상이 아니고, 학자금대출액의 원리금 상환액이 교육비공제 대상이다.

⑭ 기부금 세액공제

본인과 기본공제대상자(나이 제한 없음)인 배우자 및 부양가족이 지출한 다음의 기부금에 대하여 15%(세액공제 대상 기부금이 1천만원을 초과하는 경우 초과분에 대하여 30%)의 세액공제를 적용한다. 상단의 기부금 탭을 열고 기부금입력에서 F2코드도움을 실행하여 부양가족 보조창에서 해당하는 부양가족을 선택한 후 부양가족별로 기부금을 입력한다. 7.유형에 커서를 놓고 F2코드도움을 실행하면 기부금의 종류를 선택할 수 있으며, 기부처와 기부금의 내역을 입력할 수 있다. 기부금조정 탭에서 해당연도 공제할 금액과 이월금액을 구분하여 입력하고 상단 우측의 공제금액계산을 클릭하여 보조창을 열고 하단의 불러오기를 하고 기부금공제의 내용을 확인한 후 공제금액 반영을 실행하고 저장한다. 그리고 연말정산입력 탭에서 F8부양가족탭불러오기를 실행하여야 기부금공제가 반영된다.

기부금 코드	기부금명	기부금 코드	기부금명
10	특례기부금	41	일반기부금(종교단체)
20	정치자금기부금	42	우리사주조합기부금
40	일반기부금(종교단체 외)	43	고향사랑기부금

ⓐ 전액공제기부금
- 특례기부금
  - 국가 또는 지방자치단체에 무상으로 기증
  - 국방헌금과 위문금품, 천재·지변으로 생긴 이재민 구호금품
  - 세법에서 정한 학교의 시설비, 교육비, 장학금, 연구비로 지출하는 기부금
  - 세법에서 정한 병원(국립대학병원, 국립암센터등)의 시설비, 교육비, 연구비로 지출하는 기부금
  - 사회복지공동모금회와 바보의 나눔에 지출한 기부액
  - 특별재난지역 자원봉사 용역의 가액
  - 일정한 요건을 갖춘 공공기관 등에 지출하는 기부금
- 정치자금기부금 : 10만원 이하와 10만원 초과금액을 자동으로 구분한다.

ⓑ 일반기부금
종교단체외 기부금과 종교단체 기부금을 구분하여 입력한다.
- 종교단체외 기부금
  - 비영리법인의 고유목적 사업비로 지출하는 기부금, 불우이웃돕기성금 등
  - 노동조합비, 교원단체회비, 공무원직장협의회 회비

ⓒ 우리사주조합기부금소득공제
우리사주조합원이 아닌 자가 우리사주조합에 기부한 금액을 입력한다.
(소득금액-법정기부금)의 30% 한도 소득공제

ⓓ 고향사랑기부금
고향사랑 기부금을 지방자치단체에 기부한 금액을 입력한다.

구분	공제한도
10만원 이하 기부	기부금×110분의 100
10만원 초과 2천만원 이하 기부	10만원×110분의 100+(고향사랑 기부금-10만원)×100분의 15

> **CHECK POINT**
> - 기부금세액공제는 부양가족의 소득금액제한은 있으나 나이 제한은 없다.
> - 정치자금은 본인이 지출한 것만 공제 가능하다.
> - 기부금 한도초과로 공제받지 못한 금액은 10년간 이월공제가 가능하다.

⑮ 연금계좌세액공제

연금저축 등 Ⅰ 탭에서 거주자가 연금계좌에 납입한 금액을 입력한다. 연금저축과 퇴직연금 불입액에 대하여 12%의 세액공제를 적용한다. 다만, 해당과세기간의 종합소득과세표준을 계산할 때 합산하는 종합소득금액이 4천5백만원 이하(근로소득만 있는 경우에는 총급여액 5,500만원 이하)인 거주자는 15%의 세액공제를 적용한다.

ⓐ 연금계좌세액공제(2001.1.1. 이후 가입자) ②

2001.1.1 이후 연금저축에 가입한 거주자로 연간 연금저축 불입금액을 입력한다

ⓑ 퇴직연금계좌 ①

근로자퇴직급여 보장법 또는 과학기술인공제회법에 따라 근로자가 부담하는 부담금을 입력한다(공제한도 : 연금저축과 합산하여 연간 900만원).

⑯ 월세액 세액공제

월세액 탭을 열고 ①월세액 세액공제 명세에서 무주택 세대주로 총급여액 8천만원 이하인 근로자(종합소득금액이 7천만원을 초과하는 사람은 제외)가 지출한 월세(오피스텔과 고시원 포함) 금액을 임대내역과 함께 입력한다. 월세액(한도 1천만원)의 15%(총급여액이 5천5백만원 이하이면서 종합소득금액이 4천5백만원 미만인 근로자는 17%)를 세액공제한다.

⑰ 결혼세액공제

2026년까지 혼인신고를 하면 혼인신고를 한 해에 생애 한번 50만원을 세액공제한다. 부양가족 탭을 열고 해당연도에 결혼을 하였으면 1 : 여를 입력한다.

⑱ 전근무지 또는 종근무지의 급여 입력 : 소득명세 탭 클릭

전근무지 또는 종근무지가 있는 근로소득자의 전(종)근무지의 급여 내역은 상단의 소득명세 탭을 클릭한 후 종전근무지 줄(열)에 입력한다. 기납부세액 란에 입력하는 소득세와 지방소득세는 반드시 전(종)근무지의 결정세액으로 하여야 한다.

⑲ 국세청과 기타의 구분

부양가족별로 세액공제 대상이 되는 보험료, 의료비, 교육비, 신용카드사용액 및 기부금을 입력할 때 국세청 란의 금액은 연말정산 간소화서비스를 이용하는 경우 국세청에서 조회된 내용을 입력하는 란이고 기타는 소득자가 제시하는 지출증명서류에 의한 금액을 입력하는 란이다.

부양가족의 소득공제·세액공제 여부 판단시 참고사항

구 분	소득금액 제한	나이 제한	비 고
주택자금·월세	-	-	본인명의 지출분만 공제가능
신 용 카 드	○	×	형제자매 사용분은 공제불가능
연 금 저 축 퇴 직 연 금	-	-	본인명의 지출분만 공제가능
보 험 료	○	○	본인이 지출한 기본공제대상가족의 보험료, 의료비, 교육비 등을 공제
의 료 비	×	×	
교 육 비	○	×	직계존속의 교육비는 공제불가능(장애인 제외)
기 부 금	○	×	정치자금은 본인명의 지출분만 공제가능

입사전 또는 퇴사후 지출한 비용의 공제 여부

구 분	근로제공기간만 공제	근로제공기간에 무관하게 공제
소 득 공 제	• 건강·고용보험료등 공제 • 주택자금공제 • 신용카드등사용 소득공제 • 장기집합투자증권저축 소득공제	• 연금보험료공제(국민연금) • 개인연금저축 소득공제 • 소기업·소상공인공제부금 공제 • 중소기업창업투자조합출자등 공제 • 우리사주조합출연금 소득공제
세 액 공 제	• 보험료 세액공제 • 의료비 세액공제 • 교육비 세액공제 • 월세 세액공제	• 연금계좌 세액공제 • 기부금 세액공제 • 정치자금기부금 세액공제 • 결혼세액공제

필수예제 따라하기

필수예제

다음 자료를 연말정산자료입력 메뉴에 입력하여 근로소득 연말정산을 하시오. 월세를 제외한 모든 자료는 국세청 간소화 자료이며 세부담이 최소화되도록 가능한 공제는 모두 받기로 한다.

구 분	이 정 재		김 영 진	
보 험 료	건강, 고용보험료	급여공제	건강, 고용보험료	급여공제
	생명보험료(이호영)	660,000원	장애인전용보험료(본인)	1,240,000원
	자동차보험료(본인)	860,000원	자동차보험료(본인)	840,000원
의 료 비	위암수술비(부)	3,200,000원	처제 맹장수술비	600,000원
	위염치료비(동생)	1,500,000원	부의 노환치료비	800,000원
교 육 비	장애인 특수교육비(이주찬)	1,200,000원	처의 대학교육비	1,500,000원
	이호영 교육비(대학생)	5,000,000원	초등학생 자녀(김중호) 학원비	1,200,000원
	이민주 교육비(고등학생)	4,000,000원		
주 택 자 금	주택청약종합저축 (국민은행 5402)	1,200,000원	주택임차차입금상환액 (국민은행 3451) (공제요건 갖춤)	원금 2,000,000원 이자 400,000원 계 2,400,000원
	월세(공제요건갖춤)	3,600,000원		
기 부 금 (금 전)	국방헌금(본인)	300,000원	정치자금(본인)	500,000원
	노동조합비(본인)	200,000원	바보의나눔 기부액(모)	200,000원
연 금 저 축	개인연금저축 (1999.2 가입 국민은행 1588)	1,500,000원	연금저축 (하나은행 3157)	5,000,000원
			퇴직연금 (국민은행 1122)	3,000,000원
신 용 카 드	부의 직불카드 사용액	1,000,000원	신용카드(처제)	1,800,000원
	처의 신용카드 사용액 (도서·공연비 지출액 500,000원 포함)	13,000,000원	현금영수증(모) 신용카드(전통시장)(모)	800,000원 12,000,000원
	본인 신용카드 사용액 (전액 부의 수술비용)	3,200,000원	본인 신용카드 총액 (대중교통 사용액 3,000,000원 포함)	13,000,000원

▶ 주택청약종합저축은 2022년 1월에 가입한 것이며, 월세의 내역은 임대인: 김경영(600214-1234567), 유형: 오피스텔, 면적 : 60㎡, 주소: 서울 동작구 상도로 16, 임차기간: 2024.04.01.-2026.03.31.이다.

따라하기

연말정산추가자료입력 메뉴 상단의 F3 전체사원을 클릭하여 모든 연말정산대상자의 데이터를 불러온다.

1. 100.이정재
   - 보험료세액공제

   부양가족 탭을 실행하여 부양가족을 선택한 후 하단의 보험료 란에 커서를 놓고 더블클릭한 후 보조창에서 국세청간소화의 보장성보험 - 일반에 입력한다.

입력을 마치면 연말정산입력 탭에서 F8부양가족탭불러오기를 실행하여 보험료 공제를 반영한다(한도액은 자동 계산).

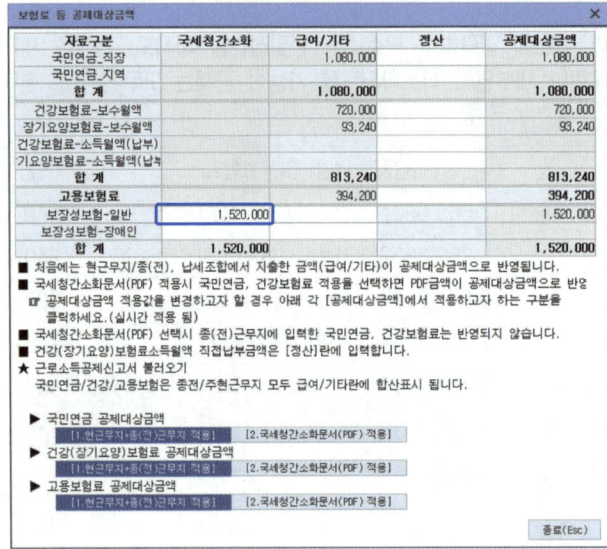

- 의료비세액공제(지출액을 입력하면 한도는 자동 계산)

  상단의 의료비 탭을 열고 F2코드도움을 실행하여 부양가족코드도움창에서 부 이순호를 선택하고 9.증빙코드에서 1.국세청장을 선택하고 11.금액 란에 위암 수술비 3,200,000원을 입력한다.

  F2코드도움을 실행하여 부양가족코드도움창에서 이주찬을 선택하고 9.증빙코드 는 1.국세청장을 선택하고 금액 란에 1,500,000원을 입력한다. 이때에 실손보험 금을 수령한 경우에는 11-1.실손보험수령액 란에 해당 금액을 입력하여야 한다. 입력을 마치고 연말정산입력 탭을 열면 62.의료비 란에 금액 4,700,000원이 붉 은 색으로 나타나는데 F8부양가족탭불러오기를 실행하여 의료비공제를 반영한다.

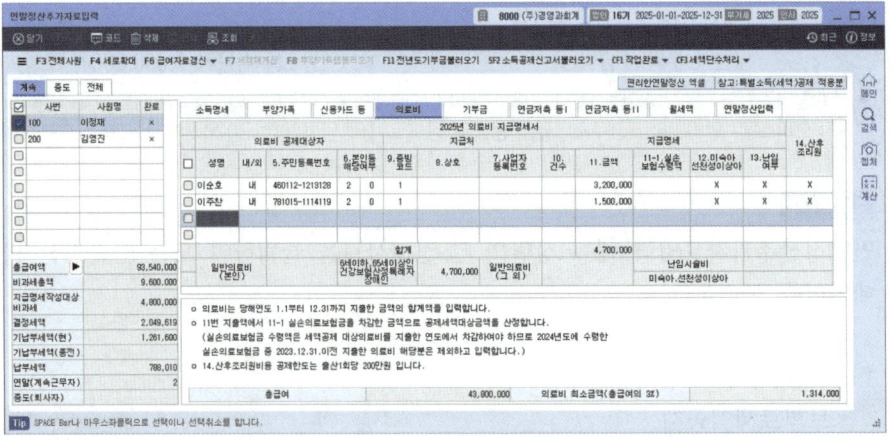

▶ 부(이순호)는 65세 이상자이고, 동생(이주찬)은 장애인이므로 부의 수술비와 동생의 치료비는 전액 공제 대상이다.

- 교육비세액공제(지출액을 입력하면 한도는 자동 계산)

  부양가족 탭에서 이호영을 선택하고 하단의 교육비 국세청 자료 라인 일반에 5,000,000원과 3.대학생을 입력한다. 이민주를 선택하고 하단의 교육비 국세청 자료 라인 일반에 4,000,000원과 2.초중고를 입력한다. 장애인인 이주찬을 선택하고 하단의 교육비 국세청 자료 라인 장애인특수에 1,200,000원을 입력한다.

  입력을 마치면 연말정산입력 탭을 열고 F8부양가족탭불러오기를 실행하여 교육비공제를 반영하여야 한다.

  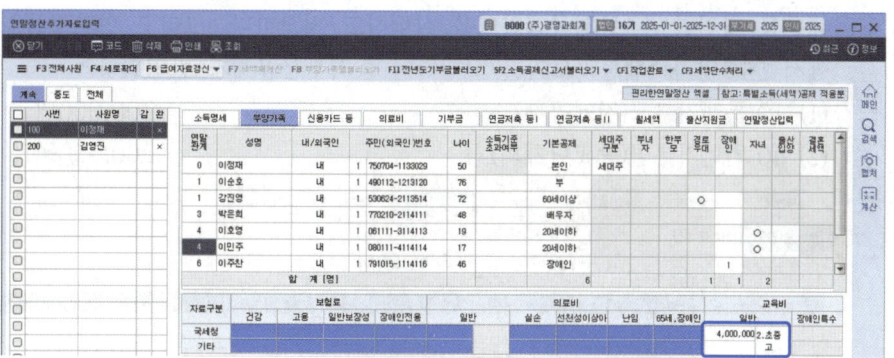

  ▶ 부양가족 입력에서 장애인으로 입력한 부양가족을 선택하면 하단의 교육비에 일반교육비와 장애인특수교육비의 입력이 가능해진다.

- 주택마련저축 소득공제(납입액을 입력하면 한도는 자동 계산)

  연금저축등 I 탭을 클릭한 후 ④주택마련저축공제에서 3.주택청약종합저축을 선택하고 코드 306.(주)국민은행, 계좌번호: 5402, 납입금액: 1,200,000원을 입력(소득공제금액은 납입액의 40% 480,000원)

  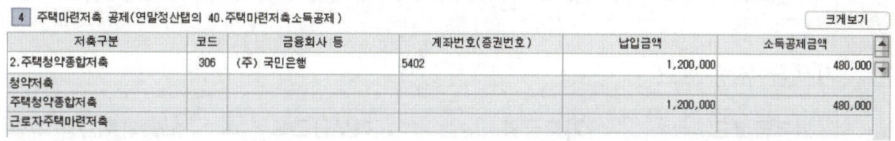

- 월세 세액공제

  월세, 주택임차 탭을 선택하고 ①월세액 세액공제명세에서 임대인 이름과 주민등록번호, 주택유형, 면적, 주소지, 임대차계약기간, 연간 지급한 월세액을 입력하면 세액공제액과 한도액을 자동으로 계산한다.

  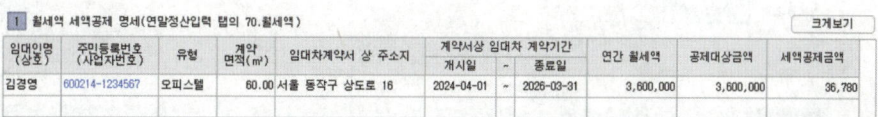

- 기부금세액공제(지출액을 입력하면 한도는 자동 계산)

  상단의 기부금 탭을 열고 기부금입력 탭에서 F2코드도움을 실행하여 부양가족 보조창에서 본인을 선택한 후 기부금을 입력한다. 7.유형에 커서를 놓고 F2코드도움을 실행하면 기부금의 유형을 선택할 수 있으며, 기부처와 기부금의 내역을 입력할 수 있다. 유형에서 국방헌금은 특례기부금으로, 노동조합비는 일반기부금(종교단체 외)로 입력한다. 유형별 기부금을 입력하고 기부금조정 탭에서 해당연도 공제할 금액과 이월금액을 구분하여 입력하고 상단 우측의 공제금액계산을 클릭하여 보조창을 열고 하단의 불러오기를 하고 기부금공제의 내용을 확인한 후 공제금액반영을 실행하고 저장한다. 그리고 연말정산입력 탭에서 F8부양가족탭불러오기를 실행하여야 기부금공제가 반영된다.

  (1) 10.특례기부금(전액공제)   300,000원
  (2) 40.일반기부금(종교단체외)   200,000원

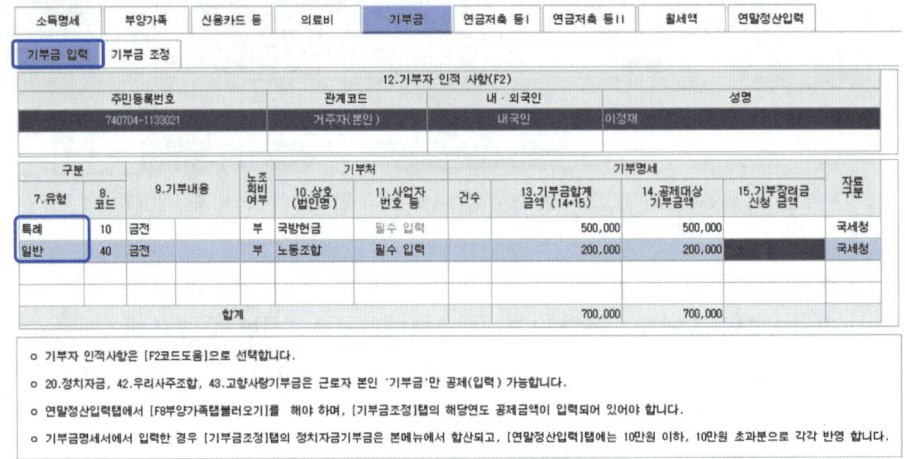

기부금 유형 코드

기부금코드	기부금명	기부금코드	기부금명
10.	특례기부금	41.	일반기부금(종교단체)
20.	정치자금기부금	42.	우리사주조합기부금
40.	일반기부금(종교단체 외)	43.	고향사랑기부금

- 개인연금저축소득공제(납입액을 입력하면 공제액 자동 계산)

    2000.12.31 이전에 가입한 개인연금저축은 소득공제 대상이다. 연금저축등Ⅰ 탭을 열고 ②연금계좌세액공제에서 크게 보기를 선택하고 연금저축구분: 1.개인연금저축, 코드: 306.(주)국민은행, 계좌번호: 1588, 납입금액: 1,500,000원을 입력(소득공제금액은 납입액의 40% 600,000원, 한도 720,000원)

- 신용카드등사용액 소득공제

    상단의 신용카드등 탭을 열고 부양가족별로 신용카드등의 사용액을 입력한다. 부 이순호는 소득금액이 100만원을 초과하므로 공제대상이 아니다. 처(박은희)의 신용카드사용액 13,000,000원 중 도서등 사용액 500,000원은 박은희의 도서등신용 란에 입력하고 나머지 12,500,000원은 신용카드란에 입력한다. 본인의 신용카드 사용액 3,200,000원은 본인(이정재)의 신용카드 란에 입력한다. 전통시장사용액과 대중교통수단이용액 및 도서공연박물관미술관등사용액이 있으면 먼저 부양가족별로 입력하고, 전통시장과 대중교통이용액 및 도서공연등을 제외한 금액 중에서 신용카드사용액, 직불·선불카드사용액, 현금영수증사용액을 구분하여 입력한다. 입력된 신용카드등사용액은 연말정산입력 탭에서 반드시 F8부양가족탭불러오기를 실행하여 반영하여야 한다.

	성명 생년월일	자료 구분	신용카드	직불,선불	현금영수증	도서등 신용	도서등 직불	도서등 현금	전통시장	대중교통	소비증가분	
											2024년	2025년
☐	이정재 1975-07-04	국세청 기타	3,200,000									3,200,000
☐	이순호 1949-01-12	국세청 기타										
☐	강진영 1953-06-24	국세청 기타										
☐	박은희 1977-02-10	국세청 기타	12,500,000		500,000							13,000,000
☐	이호영 2006-11-11	국세청 기타										
☐	이민주 2008-01-11	국세청 기타								■		
☐	이주찬 1979-10-15	국세청 기타										
	합계		15,700,000		500,000							16,200,000
	총급여				43,800,000		신용카드 등 최소금액(총급여의 25%)					10,950,000

▶ 부(이순호)는 소득금액이 100만원을 초과하므로 신용카드등사용액소득공제 대상이 아니다.
▶ 본인 카드로 사용한 부의 의료비는 신용카드사용소득공제와 의료비세액공제의 중복 공제가 가능하다.

2. 200.김영진
- 보험료세액공제

  부양가족 탭을 열고 본인(김영진)을 선택한 후 하단의 보험료/일반보장성 란에 커서를 놓고 더블클릭한 후 보조창에서 국세청간소화의 보장성보험-일반에 840,000원을 입력하고 보장성보험-장애인에 1,240,000원을 입력한다(공제한도는 자동 계산). 보험료 입력을 종료하고 연말정산입력 탭에서 F8부양가족탭불러오기를 실행하여 보험료공제를 반영한다.

자료구분	국세청간소화	급여/기타	정산	공제대상금액
국민연금_직장		1,512,000		1,512,000
국민연금_지역				
합 계		1,512,000		1,512,000
건강보험료-보수월액		1,008,000		1,008,000
장기요양보험료-보수월액		130,440		130,440
건강보험료-소득월액(납부)				
기요양보험료-소득월액(납부)				
합 계		1,138,440		1,138,440
고용보험료		447,660		447,660
보장성보험-일반	840,000			840,000
보장성보험-장애인	1,240,000			1,240,000
합 계	2,080,000			2,080,000

▶ 일반 보장성보험료와 장애인전용보장성보험료는 각각 100만원 한도 적용

- 의료비세액공제

  상단 의료비 탭을 열고 F2코드도움을 실행하여 부양가족코드도움창에서 부(김한호)를 선택하고 확인을 클릭한다. 의료비 입력화면의 9.증빙코드에서 1.국세청장을 선택하고 11.금액 란에 노환치료비 800,000원을 입력하고, F2코드도움을 실행하여 도움창에서 처제(오영현)을 선택하여 9.증빙코드에서 1.국세청장을 선택하고 금액 란에 맹장수술비 600,000원을 입력한다. 입력을 마치고 연말정산입력 탭을 열면 62.의료비 란에 금액 1,400,000원이 붉은 색으로 나타나는데 F8부양가족탭불러오기를 실행하여 의료비공제를 반영한다(공제한도는 자동 계산). 만일 의료비와 관련하여 실손보험금을 수령한 경우에는 부양가족별로 11-1.실손보험수령액 란에 해당 금액을 입력하여야 한다.

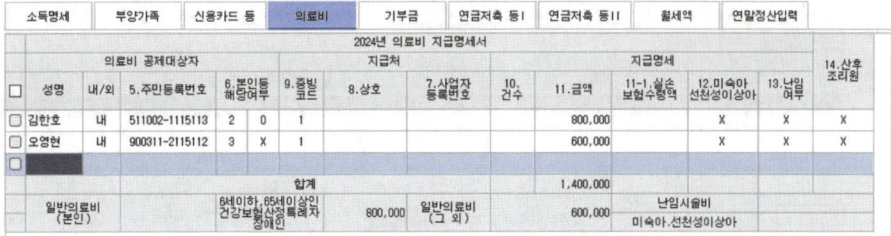

▶ 장애인이면서 본인 또는 경로자에 해당하면 장애인에 입력해도 되고 본인·65세이상자에 입력해도 된다.

- 교육비세액공제

  부양가족 탭을 열고 처(오정현)을 선택하고 하단의 교육비 국세청자료 라인 일반에 1,500,000원과 3.대학생을 입력한다. 초등학생 자녀 김중호의 학원비는 교육비공제 대상이 아니다. 입력을 마치면 연말정산입력 탭을 열고 F8부양가족탭불러오기를 실행하여 교육비공제를 반영하여야 한다(공제한도는 자동 계산).

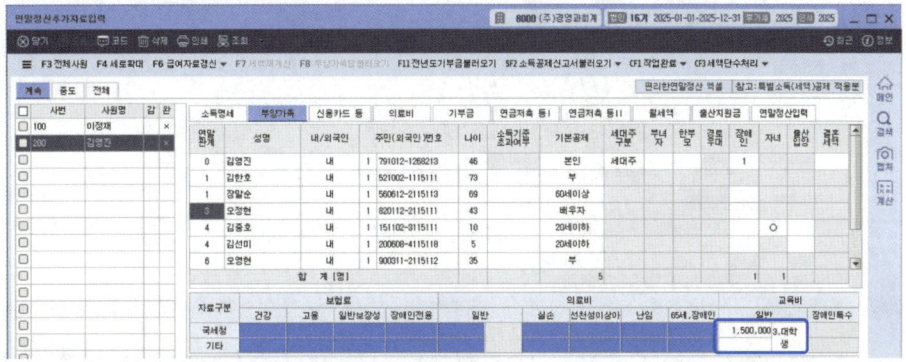

▶ 학원비는 미취학아동의 경우에만 교육비공제 대상이다.

- 기부금세액공제

  기부금 탭을 열고 기부금입력 탭에서 F2코드도움을 실행하여 부양가족 보조창에서 기부자를 선택한 후 7.유형에 커서를 놓고 F2코드도움을 실행하면 기부금의 종류를 선택할 수 있으며, 기부처와 기부금의 내역을 입력할 수 있다. 본인(김영진)은 정치자금을 선택하여 500,000원을 입력하고, 모(장말순)은 특례기부금으로 바보의나눔에 기부액 200,000원을 입력한다. 입력을 마치면 기부금조정 탭을 열고 해당연도 공제할 금액과 이월금액을 구분하여 입력한 후 상단 우측의 공제금액계산을 클릭하여 보조창을 열고 하단의 불러오기를 하고 기부금공제의 내용을 확인한 후 공제금액반영을 실행하고 저장한다. 그리고 연말정산입력 탭에서 F8부양가족탭불러오기를 실행하여야 기부금공제가 연말정산에 반영된다.

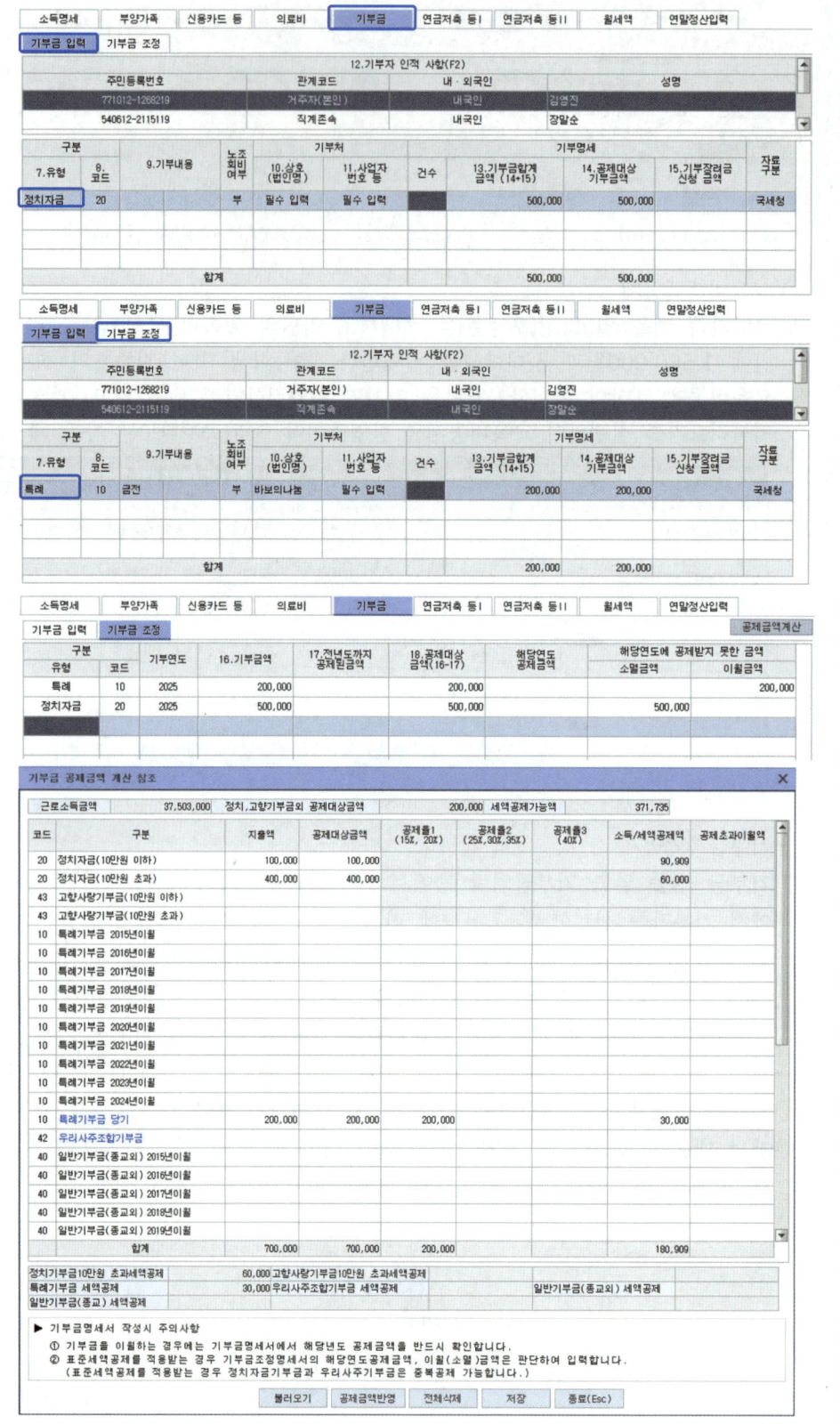

- 신용카드등소득공제

  신용카드등 사용액은 다음과 같이 구분하여 합계금액을 입력한다.

구 분		김영진(본인)	장말순(모)	합 계
전통시장 대중교통제외분	신용카드	10,000,000		10,000,000
	직불(선불카드)			
	현금영수증		800,000	800,000
도서·공연·미술관·박물관 사용액				
전통시장 사용액			12,000,000	12,000,000
대중교통 이용액		3,000,000		3,000,000
합 계		13,000,000	12,800,000	25,800,000

  ▶ 처제는 형제자매에 해당하므로 처제가 사용한 신용카드등은 공제대상이 아니다.
  ▶ 제로페이는 직불카드에 포함한다.

  신용카드등 탭을 열고 부양가족별로 신용카드등의 사용액을 입력한다. 김영진은 신용카드에 10,000,000원과 대중교통에 3,000,000원을 입력하고, 장말순은 전통시장에 12,000,000원, 현금영수증에 800,000원을 입력한다. 처제(오영현)의 사용액은 공제대상이 아니다. 입력된 신용카드등사용액은 연말정산입력 탭에서 반드시 F8부양가족탭불러오기를 실행하여 반영하여야 한다.

- 주택임차차입금원리금(원금+이자)상환액 소득공제

  주택임차차입금 상환액은 금융회사에서 차입한 것이므로 원리금(원금+이자) 2,400,000원을 34.주택임차차입금상환액 대출기관에 커서를 놓고 더블 클릭하여 보조창에 입력한다. 만일 거주자간 주택임차차입금이 발생한 경우에는 월세·주택임차 탭에서 ②거주자간 주택임차차입금 원리금 상환액 소득공제 명세에 입력하여야 한다.

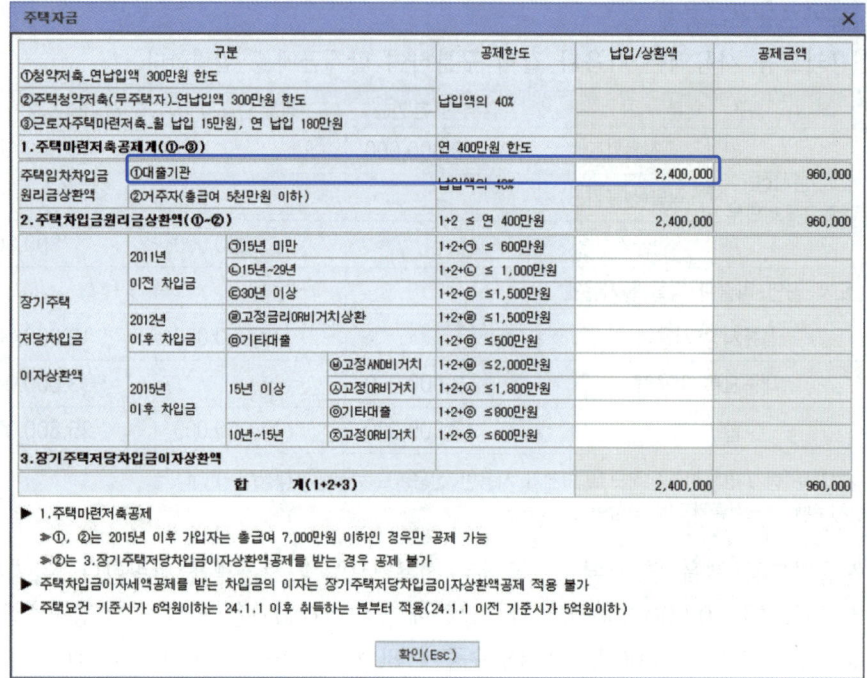

- 연금계좌세액공제

  연금저축등Ⅰ 탭에서 크게 보기를 열고 연금저축 불입액과 퇴직연금 불입액을 각각 입력한다. 연금저축은 불입액한도 600만원, 퇴직연금은 연금저축 공제한도 이내의 금액과 합해서 900만원까지를 한도로 하는데 프로그램에서 한도액은 자동으로 계산하여 반영한다.

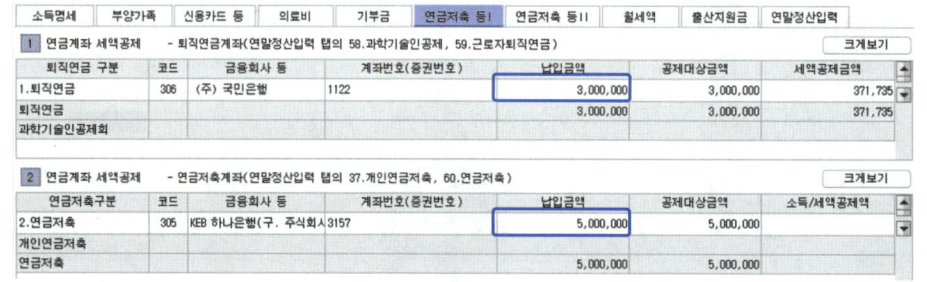

▶ 원천징수문제는 세법개정 등으로 프로그램 버전이 다르면 그 결과가 다르게 나타날 수 있다. 그렇지만 프로그램 화면의 해당 란에 입력을 정확하게 하면 결과와 무관하게 정답이 된다.

5 원천징수이행상황신고서 전자신고

① 전자신고 파일 만들기

㉠ 원천징수이행상황신고서를 작성하여, F8마감을 실행한다.
㉡ 원천징수이행상황신고서를 마감한 후, [전자신고] 메뉴를 클릭한다.
㉢ 신고년월과 신고인구분(2.납세자자진신고)를 선택하여 조회 후 상단 F4제작을 실행한 후 비밀번호를 입력하여 파일 제작한다. 전자신고를 세무대리인이 하는 경우에는 신고인구분에서 1.세무대리인 신고를 선택하고 세무대리인 등록을 작성한다.
㉣ 전자신고 파일 제작이 완료되면, C드라이브에 파일이 생성되며 전자신고 메뉴에서 F6 홈택스바로가기를 클릭한다.

② 홈택스 전자신고

㉠ 홈택스 전자신고 메뉴에서 [찾아보기] 기능을 실행하면 바탕화면에서 제작한 파일을 불러온다. 파일을 불러오면 선택한 파일내역에 전자파일명과 파일크기가 반영된다.
㉡ 형식검증하기를 클릭하여 형식검증을 진행합니다. 전자신고 파일 제작 시 암호를 입력하였다면 변환파일 정보 입력 창이 나오며, 암호화를 안했을 경우 해당 창이 발생되지 않는다.
㉢ 형식검증결과확인을 클릭하여 형식검증을 진행한다.
㉣ 내용검증하기를 클릭하여 내용검증을 진행한다.
㉤ 내용검증결과확인을 클릭하여 검증결과를 확인한다. 오류일 경우 결과조회에서 사업자등록번호를 클릭하면 오류내역이 조회된다.

구분	검증결과
파일이 정상일 경우	내용검증에 오류 항목건수가 표시가 되지 않는다.
파일이 오류일 경우	내용검증에 오류 항목건수가 표시가 되며, 건수를 클릭 시 결과를 조회를 할 수 있다.

㉥ 전자파일제출을 클릭하면 정상 변환된 제출 가능한 신고서 목록이 조회되며, 전자파일제출하기를 클릭하여 제출한다.
㉦ 제출이 완료되면 접수증이 나오며, 접수내용을 확인 할 수 있다.

필수예제 따라하기

> **필수예제**
>
> 다음 자료에 의해서 ㈜전자신고(회사코드 : 8550)의 2025년 10월분 급여자료를 입력하고 2025년 11월 10일 신고 납부할 원천징수이행상황신고서를 전자신고하시오. 단, 전월까지 미환급된 원천징수세액이 87,000원 있으며, 환급신청은 하지 아니한다(회사코드를 확인할 것).

2025년 10월 급여명세서

성 명	조영림	지급일	2025. 10. 31.
기본급여	2,800,000원	국민연금	155,000원
상 여	500,000원	건강보험	93,600원
직책수당	300,000원	장기요양보험	12,120원
식 대	200,000원	고용보험	34,200원
자가운전보조금	200,000원	소득세(100%)	66,670원
		지방소득세	6,660원
급여 합계	4,000,000원	공제합계	368,250원
노고에 감사드립니다.		지급총액	3,631,750원

- 수당등록시 불러오는 항목은 그대로 두되, 급여명세서에 적용된 항목 이외의 항목은 사용여부를 '부'로 체크하시오.
- 당사는 모든 임직원에게 식사 제공과 함께 매월 식대 200,000원을 지급하고 있다.
- 자가운전보조금은 조영림이 리스로 임차한 차량을 업무 목적으로 사용하므로 지급한 것이며, 실제 발생한 교통비를 별도로 지급하지는 않는다.

> **따라하기**

1. 급여자료 입력

    F4수당공제등록에서 식대(비과세)는 사용여부에서 부로 설정하고 과세 식대를 사용으로 설정한다. 그리고 급여자료에 없는 급여항목은 모두 사용여부에서 부로 설정한다.

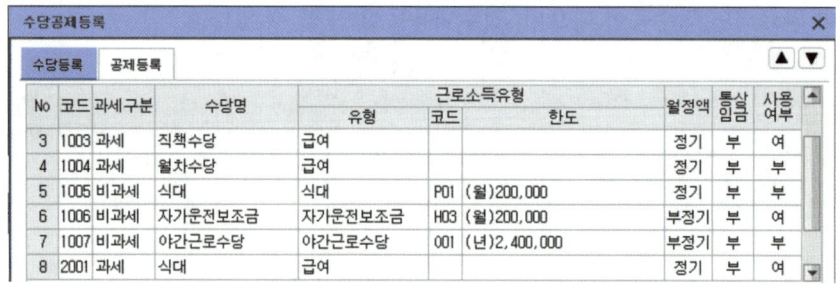

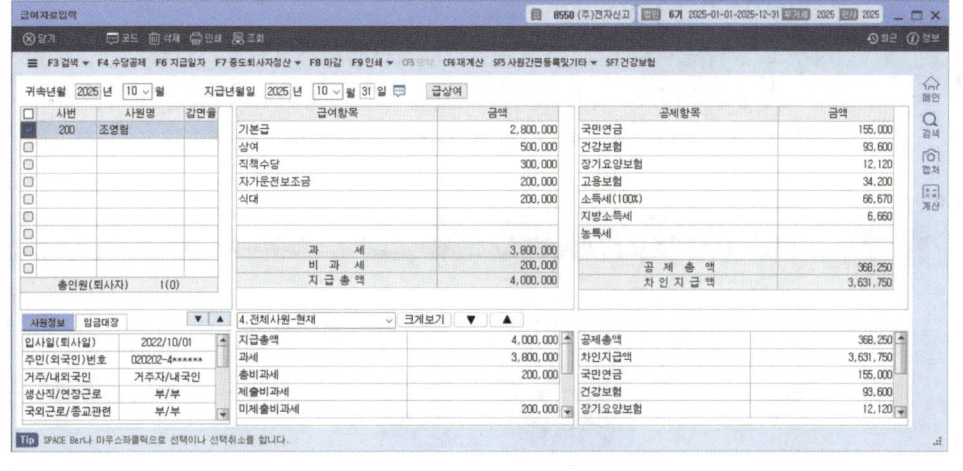

2. 원천징수이행상황신고서 작성 마감

귀속기간 : 10월 ~ 10월, 지급기간 : 10월 ~ 10월을 입력하고 신고구분 : 1.정기신고를 선택하면 원천징수이행상황신고서 화면이 조회된다. 하단의 12.전월미환급세액 란에 87,000원을 입력하고 F8마감을 실행한다.

⊃ 원천징수이행상황신고서를 마감한 화면

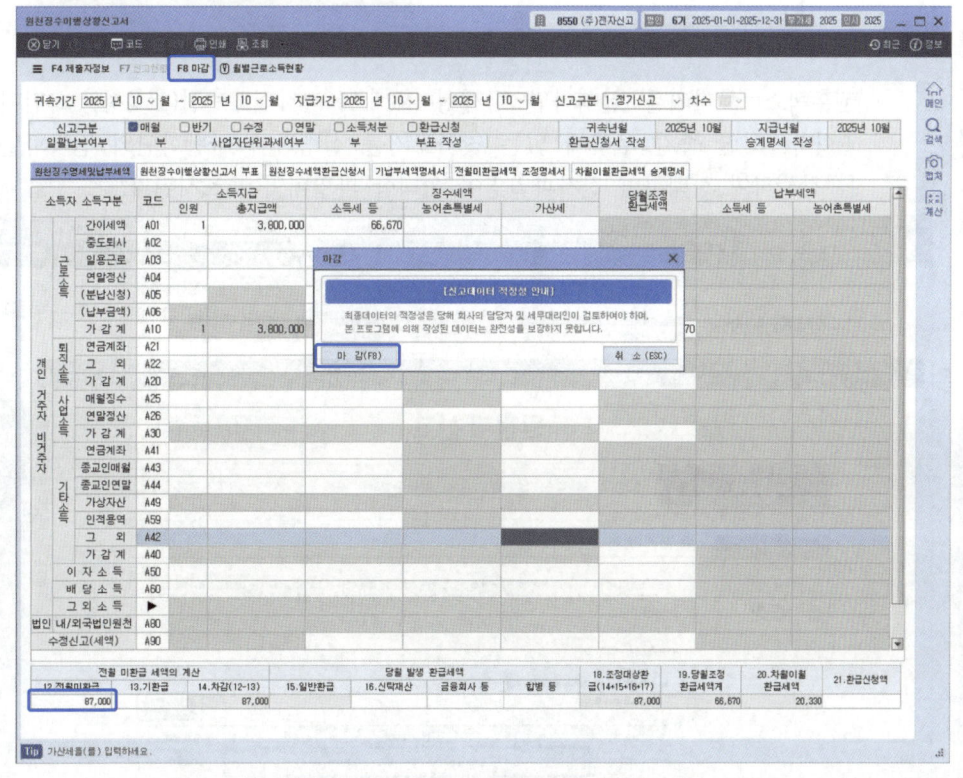

3. 원천징수이행상황신고서 전자신고

① 전자신고 메뉴를 열고 신고인구분 : 2.납세자자진신고, 지급기간 : 2025년 10월~10월을 입력한 다음 상단의 F4제작을 실행하면 완성된 전자파일이 바탕화면에 저장된다. 동시에 비밀번호란에 비밀번호(12345678로 가정한다)를 설정 입력한다.

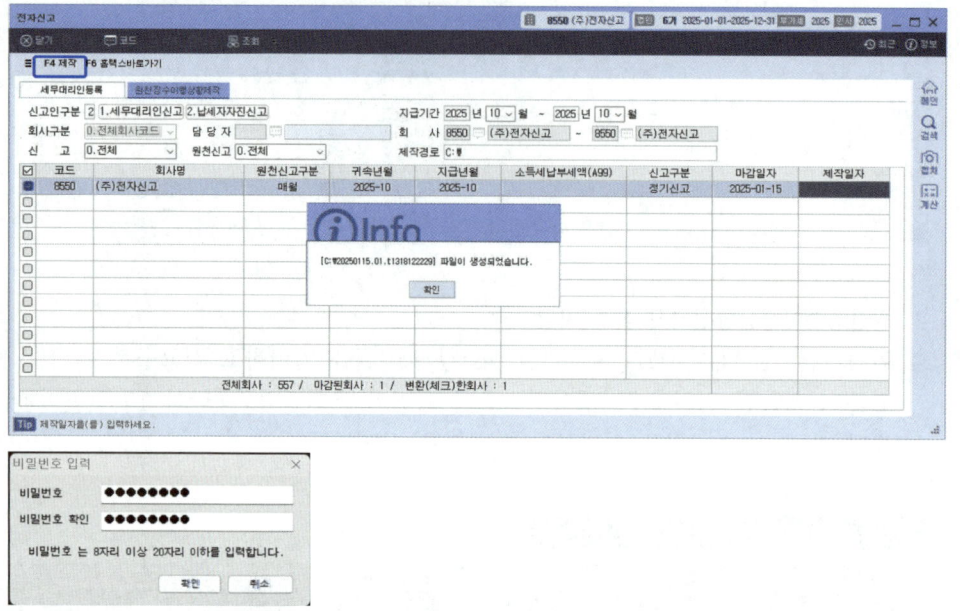

② F6홈택스바로가기를 실행하면 국세청 홈택스 전자신고변환(교육용) 화면이 열린다. 화면 중간 우측에 있는 찾아보기를 실행하여 바탕화면의 전자파일을 검색하여 선택하면 전자파일명이 선택한 파일내역에 표시된다.

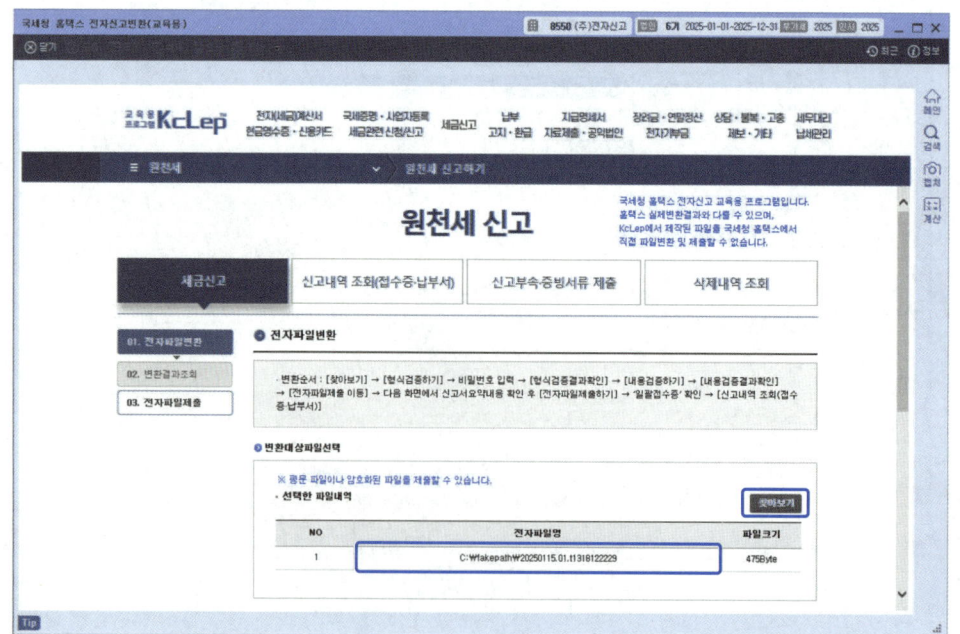

③ 전자파일을 찾은 후 하단의 형식검증하기를 실행하고 나타나는 비밀번호 입력창에 ①에서 설정한 비밀번호(12345678)을 입력한다.

④ 이어서 형식검증결과확인과 내용검증하기 및 내용검증결과확인을 클릭한다. 내용검증에서 오류가 나타나지 않으면 전자파일제출을 클릭한다.

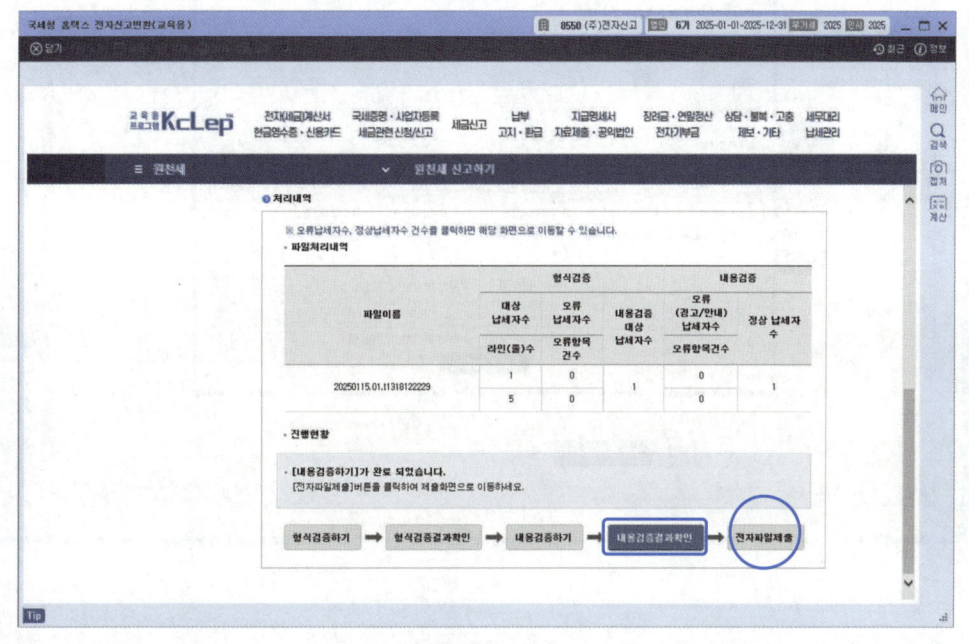

⑤ 최종적으로 전자파일제출하기를 클릭하면 전자신고가 완료되었다는 접수증이 나타난다.

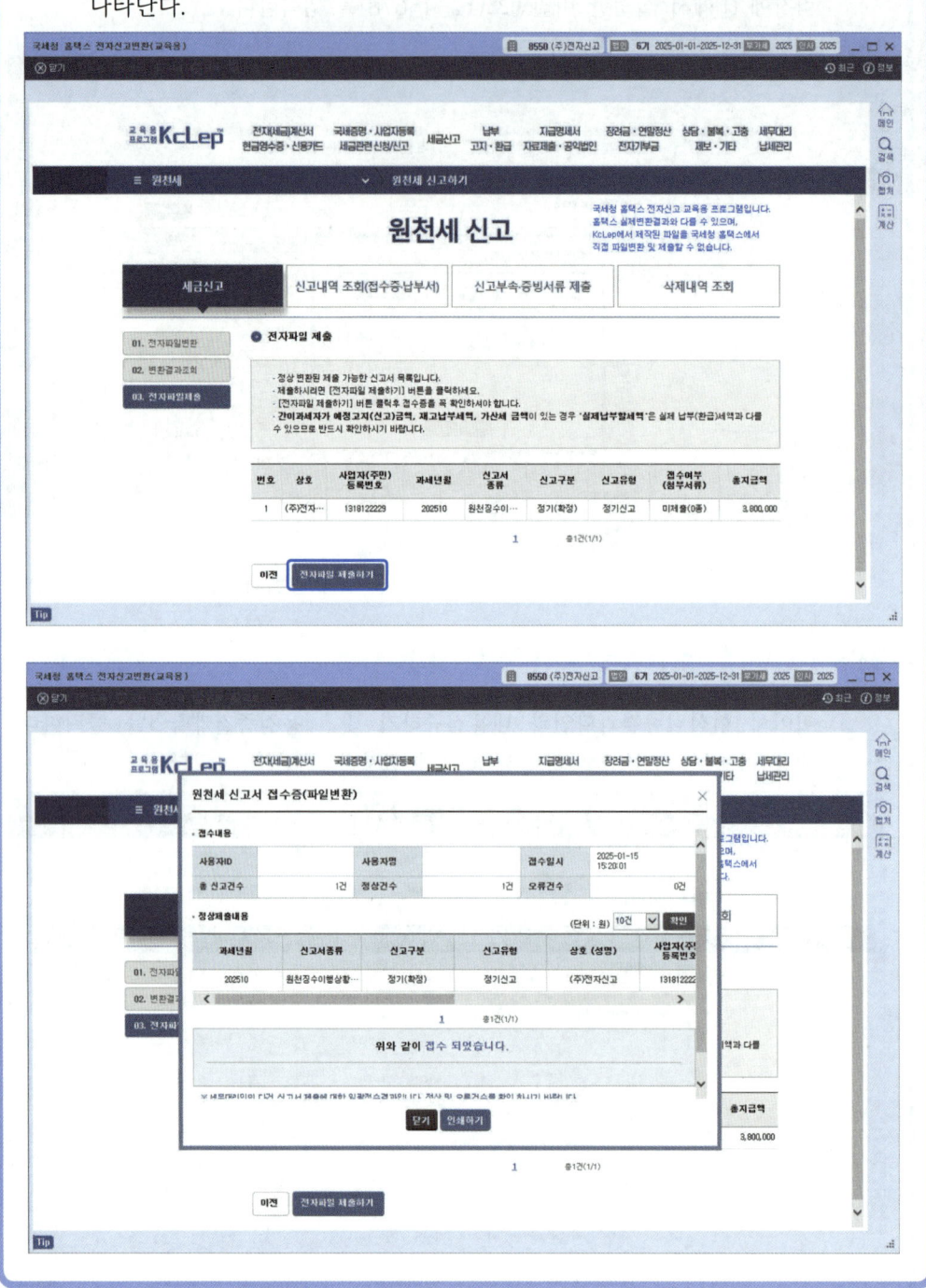

(주)연구기업(회사코드 : 8590은 제조, 도·소매 및 무역업을 영위하는 중소기업이며, 당기(17기) 회계기간은 2025. 1. 1 ~ 2025. 12. 31이다. 전산세무회계 수험용 프로그램을 이용하여 다음 물음에 답하시오.

| 기본전제 |

문제에서 한국채택국제회계기준을 적용하도록 하는 전제조건이 없는 경우, 일반기업회계기준을 적용하여 회계처리 한다.

Q1 다음 거래를 일반전표입력 메뉴에 추가 입력하시오. (15점)

| 입력 시 유의사항 |

- 일반적인 적요의 입력은 생략하지만, 타계정 대체거래는 적요번호를 선택하여 입력한다.
- 채권·채무와 관련된 거래는 별도의 요구가 없는 한 반드시 기 등록되어 있는 거래처코드를 선택하는 방법으로 거래처명을 입력한다.
- 제조경비는 500번대 계정코드를, 판매비와 관리비는 800번대 계정코드를 사용한다.
- 회계처리과목은 별도제시가 없는 한 등록되어 있는 계정과목 중 가장 적절한 과목으로 한다.

[1] 5월 1일 원재료로 사용하기 위해 구입한 부품(취득원가:1,000,000원)을 생산공장의 기계장치를 수리하는데 사용하였다. 수리와 관련된 비용은 자본적 지출로 처리하시오. (3점)

정답 5월 1일 일반전표입력

(차) 기계장치   1,000,000   (대) 원재료   1,000,000
(적요:8.타계정으로 대체)

주요검토사항
- 유형자산에 대한 취득 후 지출은 자본적지출이면 해당 자산의 원가에 가산하고 수익적지출이면 당기비용으로 처리하여야 한다.
- 원재료를 제조활동이 아닌 곳에 사용하는 경우에는 반드시 적요번호 "8.타계정대체액원가명세서반영"을 적요로 입력하여야 프로그램이 정확한 원가명세서를 작성할 수 있다.

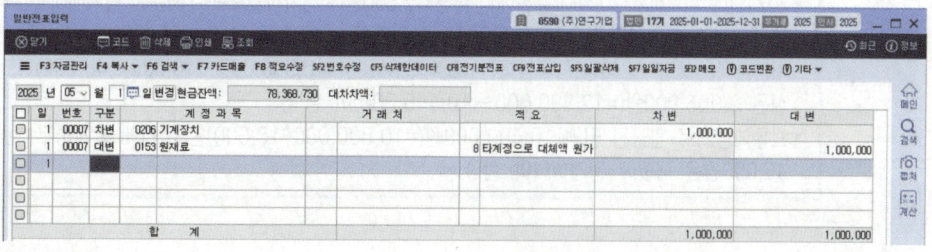

[2] 5월 7일 가지급금 600,000원은 영업부 김기자 부장의 출장비로 다음과 같이 정산되었다(단 가지급금에 대하여 거래처 입력은 생략할 것). (3점)

정산내역	• 출장가불금 : 600,000원 • 교통비 및 숙박비 : 350,000원	• 현금회수액 : 250,000원

정답 5월 7일 일반전표입력
(차) 현　　금　　　　　　　250,000　　　(대) 가지급금　　　　　　600,000
　　　여비교통비(판)　　　　350,000

주요검토사항
• 출장가불금은 출장 시에 사용할 여비를 확정할 수 없으므로 개산 지급한 것으로 가지급금으로 처리한다.
• 이후 출장에서 돌아오면 가지급금과 상계하고 사용액은 여비교통비로 처리한다.

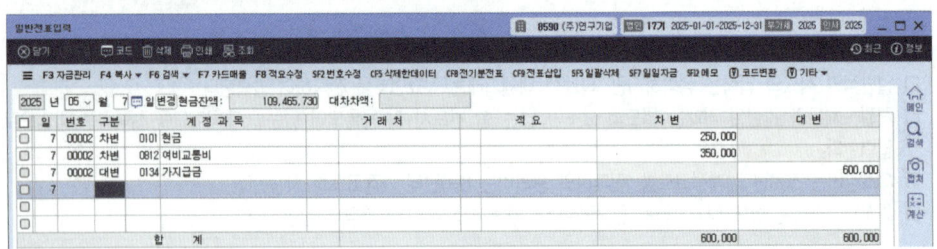

[3] 5월 9일 단기보유목적으로 2024년 12월 5일에 구입한 시장성이 있는 (주)국현의 주식 1,000주를 10,500,000원에 처분하였다. 처분대금은 거래수수료 10,000원을 차감한 잔액이 보통예금에 입금되었으며, 증권거래세 45,000원은 현금으로 납부하였다. (3점)

• 2024년 12월 5일 취득 : 2,000주, 주당 취득가액 11,000원, 취득부대비용 67,000원
• 2024년 12월 31일 시가 : 주당 12,500원

정답 5월 9일 일반전표입력
(차) 보통예금　　　　　　10,490,000　　(대) 단기매매증권　　　12,500,000
　　　단기매매증권처분손실　2,055,000　　　　 현　　금　　　　　　45,000

주요검토사항
• 2024년에 취득하고 2024년 결산에서 주당 12,500원에 평가하였으므로 처분한 단기매매증권의 장부금액은 2024년 기말평가액 12,500,000원(=1,000주 × 12,500)이 되어야 한다.
• 처분금액은 처분 시 비용을 차감하면 10,445,000원(=10,500,000 - 10,000 - 45,000)이므로 처분손실은 2,055,000원(=12,500,000 - 10,445,000)이 된다.
• 보통예금으로 입금된 금액 10,490,000원(=10,500,000-10,000)은 차변에 분개하고, 현금 납부액 45,000원은 대변에 분개하여야 한다.

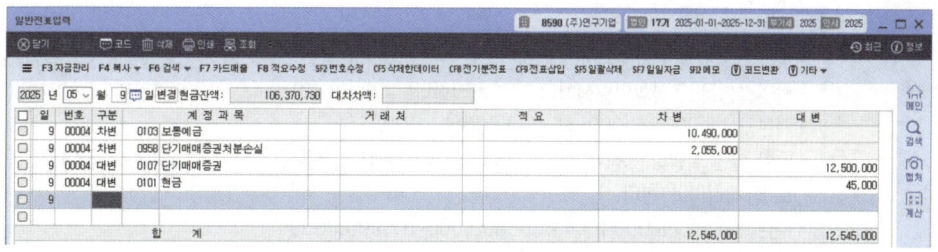

[4] 5월 10일 4월분 국민연금 450,000원(회사부담금 : 225,000원, 본인부담금 : 225,000원)을 현금으로 납부하였다. 당사의 관리부서와 생산부서의 급여 비율은 5:5이며, 국민연금 기준액 비율도 이와 같다. (3점)

> **정답** 5월 10일 일반전표입력
>
> (차) 예수금　　　　　　　225,000　　　(대) 현　금　　　　　450,000
> 　　세금과공과(판)　　　 112,500
> 　　세금과공과(제)　　　 112,500
>
> **주요검토사항**
> • 국민연금 종업원 부담분은 급여 지급 시에 공제한 것이므로 예수금으로 처리하고 회사부담분은 세금과공과로 처리한다.
> • 건강보험료와 고용보험료의 회사부담분은 복리후생비로 한다.

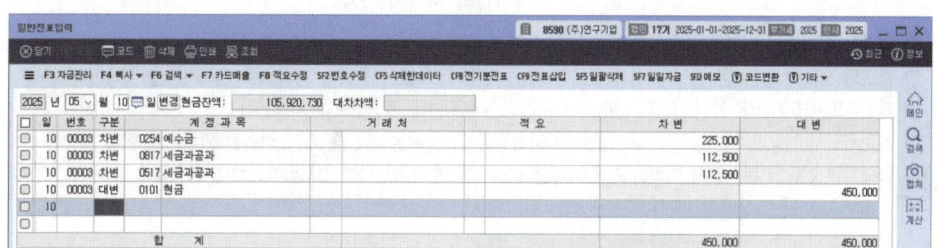

[5] 5월 31일 주주총회의 특별결의로 보통주 8,000주(액면금액 1주당 5,000원)를 1주당 4,800원에 발행하고 납입액은 전액 보통예금에 예입하였으며, 주식발행에 관련된 법무사수수료 등 500,000원은 현금으로 별도 지급하였다(주식발행초과금 잔액은 없다고 가정하며, 하나의 전표로 입력할 것). (3점)

> **정답** 5월 31일 일반전표입력
>
> (차) 보통예금　　　　　38,400,000　　(대) 자본금　　　　40,000,000
> 　　주식할인발행차금　 2,100,000　　　　현　금　　　　　 500,000

주요검토사항

- 주식을 발행하면 자본금계정에 액면금액으로 표시하고 발행금액과 차액은 할증발행은 주식발행초과금으로 할인발행은 주식할인발행차금으로 처리한다.
- 자본금 : 8,000×5,000=40,000,000원
- 만일 할인 발행하는 경우 계정별원장이나 합계잔액시산표를 조회하여 주식발행초과금이 있으면 우선적으로 상계하여야 한다.
- 주금 납입액 : 8,000주×4,800-500,000=37,900,000원
- 주식할인발행차금 : 8,000주×5,000-37,900,000=2,100,000원

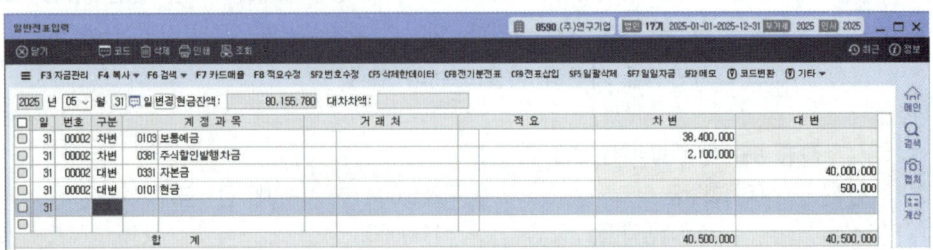

Q2 다음 거래 자료를 매입매출전표입력 메뉴에 추가로 입력하시오. (15점)

입력 시 유의사항

☐ 일반적인 적요의 입력은 생략하지만, 타계정 대체거래는 적요번호를 선택하여 입력한다.
☐ 별도의 요구가 없는 한 반드시 기 등록되어 있는 거래처코드를 선택하는 방법으로 거래처명을 입력한다.
☐ 제조경비는 500번대 계정코드를, 판매비와 관리비는 800번대 계정코드를 사용한다.
☐ 회계처리시 계정과목은 별도제시가 없는 한 등록되어 있는 계정과목 중 가장 적절한 과목으로 한다.
☐ 입력화면 하단의 분개까지 처리하고, 전자세금계산서 및 전자계산서는 전자입력으로 반영한다.

[1] 7월 5일 제품 제조에 사용하던 기계장치를 (주)호우상사에 매각하고 전자세금계산서를 발급하였다. 매각대금은 전액 외상으로 하였다. (3점)

- 매각대금 : 10,000,000원 (부가가치세 별도)
- 매각당시 감가상각누계액 : 9,000,000원
- 취득금액 : 20,000,000원

정답 7월 5일 매입매출전표입력
유형: 11.과세, 공급가액: 10,000,000, 거래처: (주)호우상사, 전자: 여, 분개: 혼합
(차) 미 수 금 11,000,000 (대) 기계장치 20,000,000
   감가상각누계액(207) 9,000,000   부가세예수금 1,000,000
   유형자산처분손실 1,000,000

> **주요검토사항**
> - 매입매출전표입력 메뉴에서 상단은 부가가치세 신고를 위한 내용을 입력하는 것이다. 따라서 기계의 매각대금이 공급가액이 되는 것이며 이 금액에 대하여 세금계산서를 발급한다.
> - 하단의 분개는 상단의 공급가액이 기계장치의 금액이 되는 것이 아니고, 자료를 확인해서 기계장치의 취득금액을 대변에 기계장치에 대한 감가상각누계액을 차변에 분개하여야 한다.
> - 미수금은 기계장치의 공급가액과 부가가치세의 합계액이 되어야 한다.
> - 기계장치의 매각금액: 10,000,000원, 장부금액: 11,000,000원(=20,000,000-9,000,000)이므로 유형자산처분손실은 1,000,000원(=11,000,000-10,000,000)이 된다.

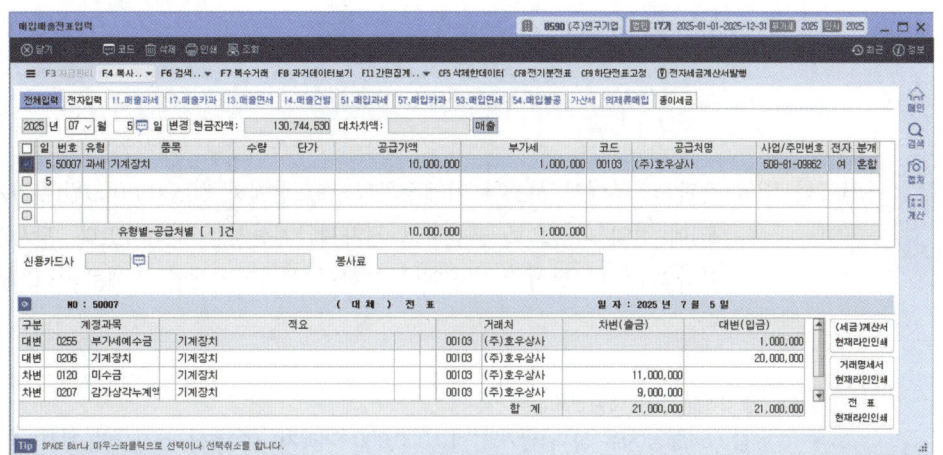

[2] 7월 9일 강원전자에 제품을 30,000,000원(부가가치세 별도)에 판매하고 전자세금계산서를 발급하였다. 대금 33,000,000원은 국민카드로 결제받았다(카드수령분은 미수금으로 회계처리 할 것). (3점)

> **정답** 7월 9일 매입매출전표입력
> 유형: 11.과세, 공급가액: 30,000,000, 거래처: 강원전자, 전자: 여, 분개:카드 또는 혼합
> (차) 미수금(국민카드)   33,000,000   (대) 제품매출   30,000,000
>   부가세예수금   3,000,000

> **주요검토사항**
> - 세금계산서를 발급하고 대금을 카드로 결제 받은 것은 세금계산서와 신용카드매출전표를 동시에 발급한 거래로 유형은 반드시 11.과세를 선택하여야 한다.
> - 분개 유형을 카드로 선택하면 신용카드사를 선택할 수 있는 보조창이 생성된다. 여기서 신용카드사를 국민카드로 선택하면 하단 분개에서 미수금계정의 거래처가 국민카드로 자동 반영된다.

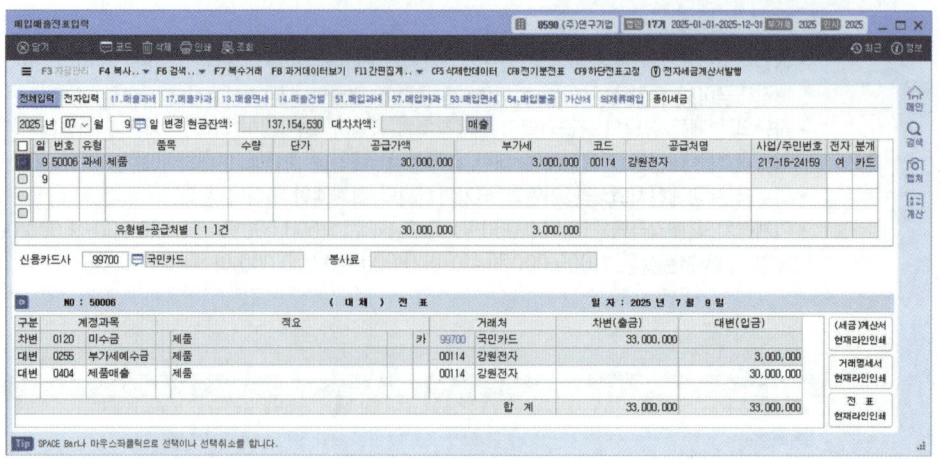

[3] 7월 13일 출판사업부에서 사용할 기계장치를 ㈜호신에서 10,000,000원(부가가치세 별도)에 전액 외상으로 구입하고 전자세금계산서를 수취하였다. 당사에서는 출판사업부에서 발생한 매출액에 대하여 부가가치세를 면세로 신고해 오고 있다. (3점)

정답 7월 13일 매입매출전표입력
유형: 54.불공(사유:5), 공급가액: 10,000,000, 거래처: ㈜호신, 전자: 여, 분개: 혼합
(차) 기계장치   11,000,000   (대) 미지급금   11,000,000

주요검토사항
- 면세사업에 사용할 자산을 취득하고 받은 세금계산서의 매입세액은 공제받지못할매입세액이므로 불공제사유로 5.면세사업관련을 선택하여야 한다.
- 하단 분개에서 공제받지못할매입세액은 취득한 자산의 원가에 가산하여야 한다.

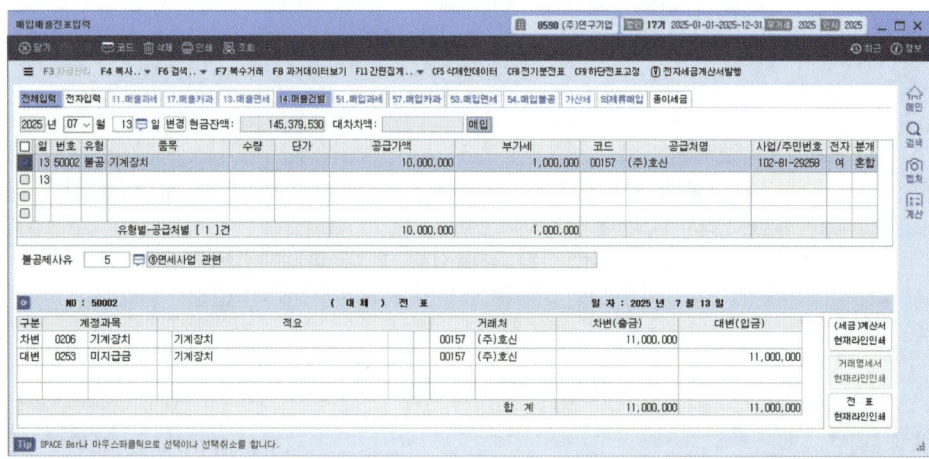

[4] 7월 16일 경기도 용인의 (주)대한연수원에서 공장 생산직 직원들의 직무연수를 실시하고 교육훈련비로 8,800,000원(부가가치세 포함)을 현대카드로 결제하였다. (3점)

> **정답** 7월 16일   매입매출전표입력
> 유형: 57.카과, 공급가액: 8,000,000, 거래처: (주)대한연수원, 분개: 카드 또는 혼합
> (차) 교육훈련비(제)   8,000,000   (대) 미지급금(현대카드)   8,800,000
>   부가세대급금   800,000

> **주요검토사항**
> • 카드로 결제한 경우 신용카드매출전표를 발행한 상대 회사가 법인이므로 매입세액공제 요건을 갖춘 것이므로 57.카과로 한다. 만일 공제요건을 갖추지 못하면 일반전표입력메뉴에서 입력하여야 한다.
> • 매입세액공제 요건을 갖추지 못한 사업자: 면세사업자, 간이과세자, 미용, 욕탕업과 전세버스를 제외한 여객운송업(택시, 항공기) 및 입장권을 발행하여 영위하는 사업, 과세의료, 무도학원, 자동차학원 등
> • 하단 분개의 원재료를 525.교육훈련비로 수정해 주어야 한다.

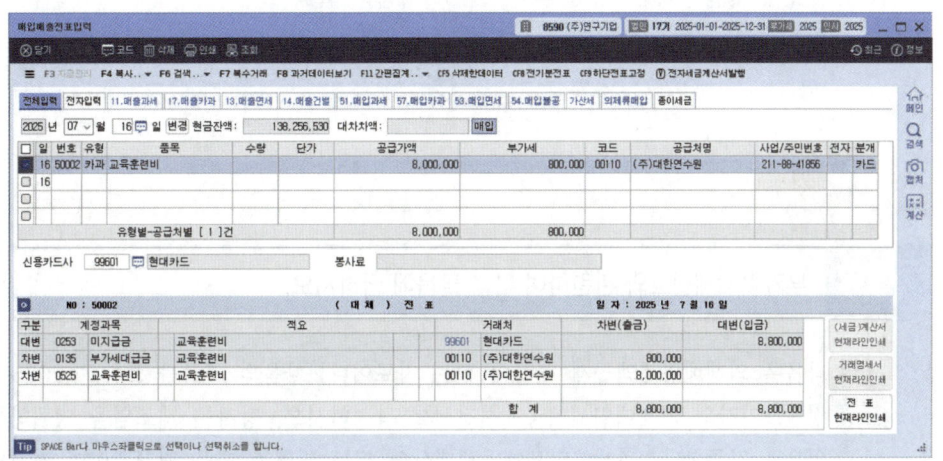

[5] 7월 27일 수출업체인 (주)호박전자에서 구매확인서를 받고 동사에 제품 20,000,000원(영세율)을 납품하였다. 전자세금계산서를 발급하였으며, 나머지 대금은 3개월 후에 받기로 하였다(서류번호: PK202507272498). (3점)

> **정답** 7월 27일   매입매출전표입력
> 유형: 12.영세, 공급가액: 20,000,000, 거래처: (주)호박전자, 전자: 여, 분개: 외상
> (영세율구분: 3.내국신용장 구매확인서에 의한 공급)
> (차) 외상매출금   20,000,000   (대) 제품매출   20,000,000

> **주요검토사항**
> - 16.수출은 국외 수출거래로 세금계산서 발급대상이 아닌 유형이고, 12.영세매출은 국내 거래로 영세율세금계산서 발급대상인 거래 유형이다.
> - 영세율구분에서 "3.내국신용장 구매확인서에 의한 공급"을 선택하여야 영세율매출명세서에 자동으로 반영된다.
> - 구매확인서 서류번호를 입력한다.

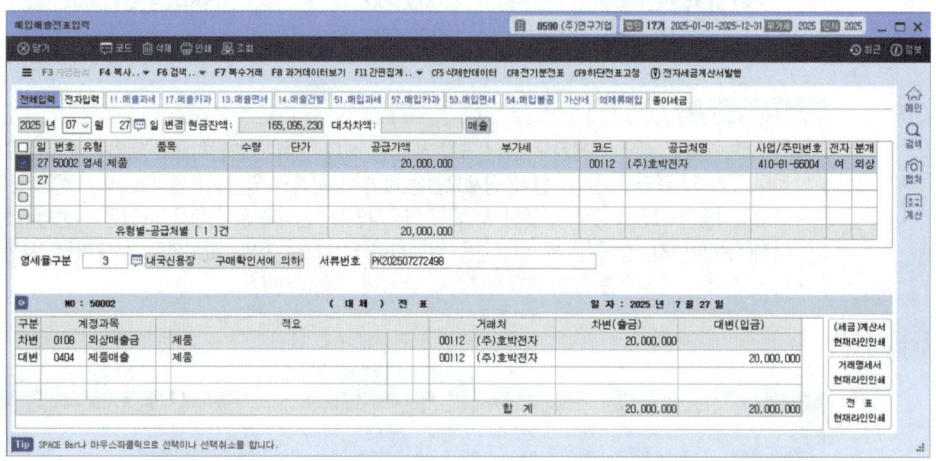

Q3 부가가치세신고와 관련하여 다음 물음에 답하시오. (10점)

[1] 다음은 의제매입세액공제 대상이 되는 자료이다. 다음의 자료를 토대로 2025년 2기 예정신고기간의 의제매입세액공제신청서를 작성하시오. 당사는 제조업을 영위하는 중소기업으로 간주한다. 의제매입세액공제대상이 되는 거래는 다음 거래뿐이며 전표입력은 생략한다. (3점)

공급자	사업자번호 또는 주민번호	매입일자	품명	수량	매입가액(원)	비 고
경기농산	135-81-22221	2025.07.05	농산물	100	10,000,000	계산서수령
김갑동	620212-1103227	2025.07.20	채소	50	300,000	비사업자인 농민에게 매입

정답 의제매입세액공제신고서 작성(2025년 7월 1일 ~ 9월 30일) 관리용 입력

공급자	사업자(주민)번호	취득일자	구분	품명	수량	매입가액	공제율	의제매입세액
경기농산	135-81-22221	2025.07.05	1.계산서	농산물	100	10,000,000	4/104	384,615원
김갑동	620212-1103222	2025.07.20	3.농어민매입	채소	50	300,000	4/104	11,538원

주요검토사항

- 면세농산물 등의 공급자가 사업자이면 반드시 계산서 또는 신용카드매출전표등을 수취하여야만 의제매입세액공제를 적용하나, 제조업에 한하여 면세농산물 등의 공급자가 농,어민 등 비사업자인 경우에 영수증을 수취하여도 의제매입세액공제를 적용한다.
- 제조업으로 중소기업이므로 의제매입세액공제율은 4/104를 적용하여야 한다.
- 의제매입세액공제 한도는 확정신고에 적용한다.
- 확정신고시에는 1과세기간(6개월) 과세표준의 50%가 매입액의 한도이므로 과세표준은 예정분과 확정분을 입력하고 매입액은 6개월분을 입력하여야 한다.
- 확정신고를 하는 때에는 예정신고 또는 조기환급신고시에 공제받은 의제매입세액은 이미공제받은금액 란의 예정신고분과 월별조기분에 입력하여야 한다.

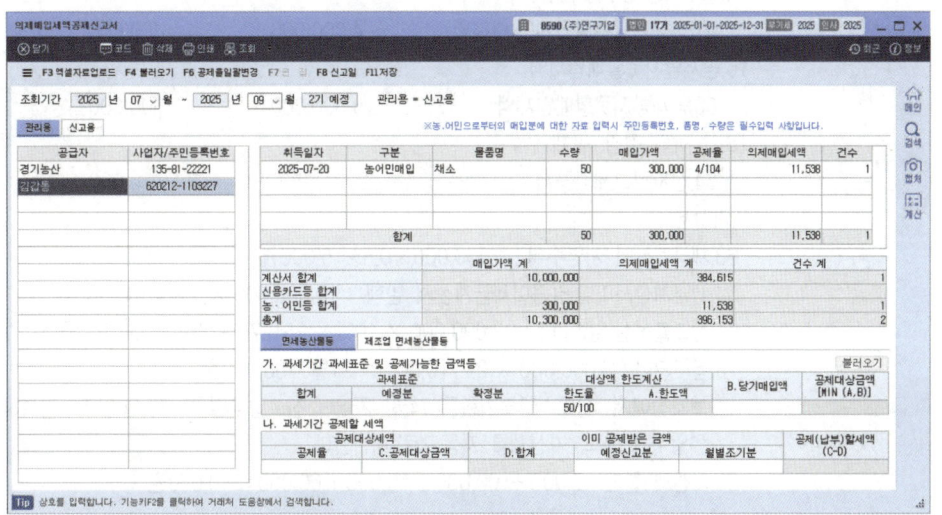

[2] 기존에 입력된 자료는 무시하고 다음 자료를 토대로 2025년 7월 25일 신고 납부하는 제1기 확정신고기간(2025.4.1~6.30)의 부가가치세신고서를 작성하시오. (7점)

매출 자료	• 세금계산서 발행 매출 : 100,000,000원(부가가치세 별도) • 수출신고하고 선적한 수출 매출 : 40,000,000원 • 제1기 예정신고기간(1.1~3.31)에 발행된 카드매출 30,000,000원(부가가치세 별도)를 예정신고시 누락하였으며 제1기 확정신고시 신고하였다.
매입 자료	• 세금계산서를 수취한 매입액은 70,000,000원(부가가치세 별도)인데, 이 중 공장의 기계장치를 취득한 고정자산매입분이 10,000,000원(부가가치세 별도)있고, 접대 목적으로 구입한 물품 매입액 5,000,000원(부가가치세 별도)이 있다. • 원재료를 구입하고 법인 신용카드로 결제하여 부가가치세 매입세액공제 받는 금액이 4,400,000원(부가가치세 포함) 있다.
기타 자료	• 매출세금계산서 중 종이세금계산서를 발급한 건수는 1건으로 10,000,000원(부가가치세 별도)이며, 매입세금계산서 중 1,000,000원(부가가치세 별도)은 공급시기가 5월인데 공급자가 7월 25일 전자발급한 것을 수취하였다. • 당사는 직접 전자신고를 하며 부속서류는 작성하지 않는다.

정답 ① 부가가치세 신고서 작성(2025년 4월 1일 ~ 6월 30일)

과세표준및매출세액
- 1.과세 세금계산서발급분　　　100,000,000　　　10,000,000
- 6.영세 기타　　　　　　　　　 40,000,000　　　　　　　 0
- 7.매출(예정신고누락분)
  - 34.과세 기타　　　　　　　　 30,000,000　　　 3,000,000
- 9.합계　　　　　　　　　　　　170,000,000　　　13,000,000

매입세액
- 10.세금계산서수취분(일반)　　　 60,000,000　　　 6,000,000
- 11.세금계산서수취분(고정)　　　 10,000,000　　　 1,000,000
- 14.그밖의공제매입세액
  - 41.신용카드수령합계(일반매입)　4,000,000　　　　 400,000
- 16.공제받지못할매입세액
  - 50.공제받지못할매입세액　　　 5,000,000　　　　 500,000
- 18.그 밖의 경감·공제세액
  - 54.전자신고세액공제　　　　　　　 -　　　　　　 10,000
- 26.가산세
  - 63.세금계산서 지연수취 : 1,000,000×0.5%=5,000원
  - 64.세금계산서미발급(종이세금계산서 발행) : 10,000,000 × 1% = 100,000원
  - 71.신고불성실(일반과소) : 3,000,000 × 10% × 25%(75% 감면) = 75,000원
  - 73.납부지연 : 3,000,000 × 2.2/10,000 × 91일 = 60,060원
    보조창에서 당초 납부기한은 4월 25일, 신고납부일은 7월25일로 입력하면 납부지연일수 91일과 가산세를 자동으로 계산한다.
  - 80.가산세 합계 : 5,000 +100,000 + 75,000 + 60,060=240,060원

> **주요검토사항**
> - 수출매출은 세금계산서 발급 대상이 아니므로 영세율의 기타분으로 입력한다.
> - 카드매출을 예정신고시에 누락한 것은 예정신고누락분(매출) 과세 34.기타 란에 입력한다.
> - 세금계산서를 수취한 매입액은 일반매입과 고정자산매입을 구분하여 입력하며, 매입액 중에 매입세액불공제 대상을 차감하지 않고 전액을 입력하여야 한다. 그리고 불공제 대상은 50.공제받지못할매입세액에 입력한다. 매입액 중 신용카드로 매입한 금액도 일반과 고정자산을 구분하여 일반인 경우 41.신용카드수령 일반매입에 입력한다.
> - 법인은 전자세금계산서 의무발급 대상인데 종이세금계산서를 발행하면 1%의 가산세를 적용한다.
> - 공급시기에 발급되지 않은 세금계산서를 수취하면 매입세액불공제이지만 공급시기가 속한 과세기간의 확정신고기한까지 수취하면 매입세액공제는 가능하나 지연수취에 따른 가산세 0.5%를 적용하여야 한다.
> - 신고불성실가산세와 납부지연가산세의 기준금액은 2025년 4월 25일 예정신고 시 과소신고 납부한 세액 3,000,000원을 적용한다.
> - 납부지연가산세에 적용한 이자율은 일 2.2/10,000이다.
> - 보조창에서 당초 납부기한은 2025년 4월 25일, 신고납부일은 2025년 7월 25일로 입력하고 확인하면, 납부지연일수와 가산세를 자동으로 계산한다.
> - 해당 기업이 전자신고를 하였다고 하므로 18.그밖의경감공제세액 54.전자신고세액공제에 10,000원을 입력하여야 한다.

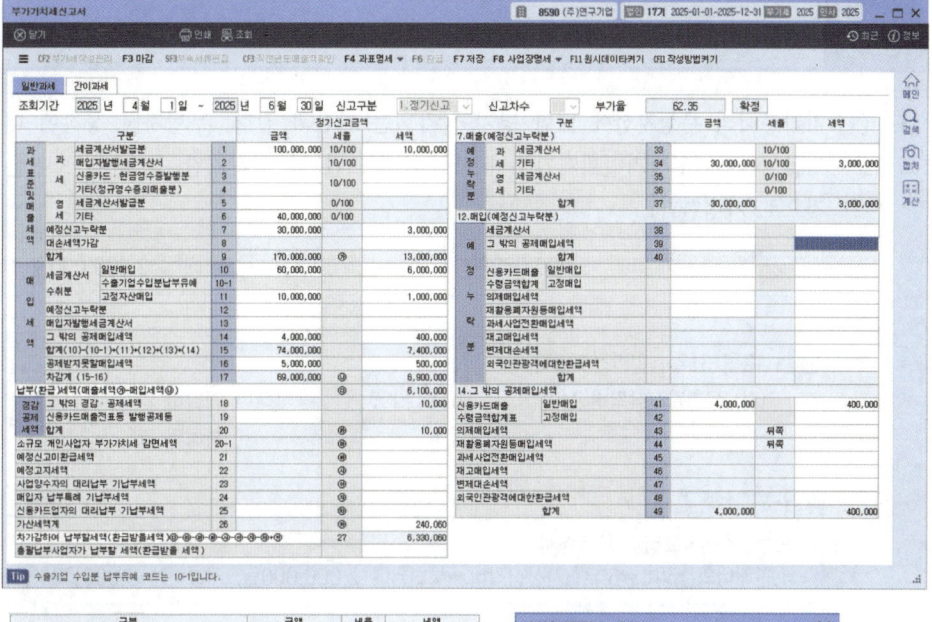
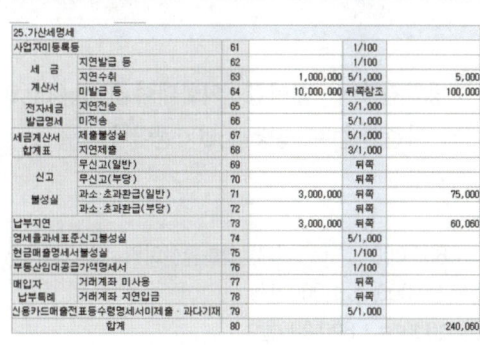

Q4 다음 결산자료를 입력하여 결산을 완료하시오. (15점)

[1] 기획부서의 무형자산에 대한 당기 상각비는 다음과 같다. 무형자산 상각에 대한 회계처리를 하시오(일반기업회계기준의 자산 인식요건 및 상각기간 등 다른 조건은 문제없는 것으로 가정한다). (3점)

- 개발비 : 3,000,000원
- 특허권 : 2,000,000원

정답 12월 31일 일반전표입력
(차) 무형자산상각비(840) 5,000,000 (대) 개발비 3,000,000
특허권 2,000,000

주요검토사항
- 또는, 결산자료입력 메뉴에서
  4.판매비와관리비 ➡ 6)무형자산상각비 ➡ 특허권에 2,000,000원, 개발비에 3,000,000원 입력한다.

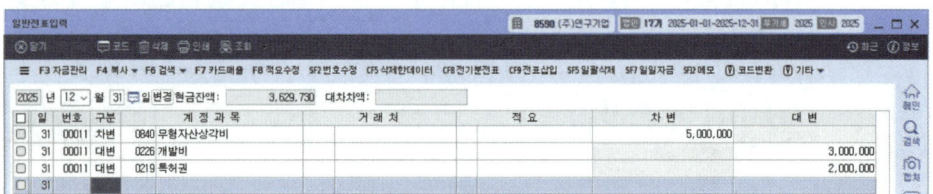

[2] 단기대여금 중에는 당기 중에 ㈜방학전자에 대여한 외화대여금 9,000,000원(미화 $9,000)이 포함되어 있다. 기말 현재 기준환율은 1$당 1,200원이다. (3점)

정답 12월 31일 일반전표입력
(차) 단기대여금(㈜방학전자) 1,800,000 (대) 외화환산이익 1,800,000
단기대여금의 적용환율: 9,000,000 ÷ 9,000 = 1,000원/$
외화환산이익: $9,000 × (1,200 − 1,000) = 1,800,000원

주요검토사항
- 외화환산손익은 환율 변동으로 인한 손익만 회계처리 한다.
- 외화대여금은 환율이 오르면 채권을 회수하였다고 가정할 때 원화금액이 증가하므로 외화환산이익에 해당한다.

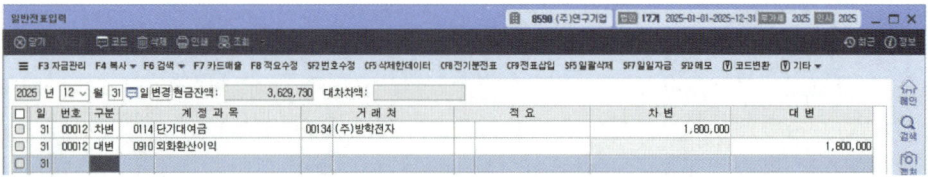

[3] 결산일 현재 외상매출금 잔액의 1%에 대하여 대손을 예상하고 보충법으로 대손충당금을 설정한다(다른 채권은 무시할 것). (3점)

정답 12월 31일 일반전표입력
(차) 대손충당금(109) 3,997,000   (대) 대손충당금환입(851) 3,997,000
외상매출금 : 550,300,000 × 1% − 9,500,000 = −3,997,000원

주요검토사항

- 외상매출금만 대손충당금을 설정하는 문제이므로 받을어음에 대한 회계처리는 하지 않는다 앞의 문제에서 회계처리를 잘못하여도 회계처리 시점의 자료에서 대손충당금을 적절하게 설정하였으면 점수를 인정한다.
- 12월31일 일반전표입력에서 분개하는 경우와 결산자료입력에서 4.판매비와일반관리비 ▶ 5)대손상각 ▶ 108.외상매출금에 −3,997,000원을 직접 입력하고 전표추가 하거나 F8대손상각으로 자동입력 하는 경우 모두 정답이 된다.

① 일반전표입력

② 자동입력하는 경우

[4] 당해연도 6월 1일에 영업부서에서 납부한 자동차보험료(보험계약기간 2025. 6. 1 ∼ 2026. 5. 31) 1,200,000원에 대하여 모두 보험료로 회계처리 하였다. 미경과 보험료를 월할 계산하여 회계처리 하시오. 단, 음수(−)로 회계처리 하지 말 것. (3점)

정답 12월 31일 일반전표입력
(차) 선급비용 500,000   (대) 보험료(판) 500,000
선급비용(미경과분, 차기분) : 1,200,000 × 5/12 = 500,000원

> **주요검토사항**
>
> - 보험료 지급액 1,200,000원을 자산(선급비용)으로 회계처리한 경우에는 다음과 같이 분개한다.
>   (차) 보험료(판)   700,000   (대) 선급비용   700,000
> - 이때 금액은 당기분(1,200,000 × 7/12 = 700,000원)을 적용하여야한다.
> - 보험료지급액 = 당기분 + 미경과분(선급분)

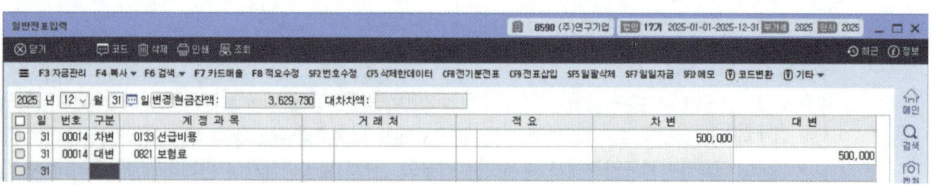

[5] 당기분 법인세가 25,000,000원(법인지방소득세 포함)으로 계산되었다. 단, 법인세 기납부세액인 6,000,000원이 납부시점에 선납세금으로 반영되어 있다. (3점)

정답 12월 31일 일반전표입력
(차) 법인세등   25,000,000   (대) 선납세금   6,000,000
                                          미지급세금   19,000,000

또는, 결산자료입력 메뉴
9.법인세등 ➡ 1)선납세금 란에 6,000,000원, 2)추가계상액 란에 19,000,000원 입력

> **주요검토사항**
>
> - 일반전표에서 정답처럼 분개를 입력하는 방법과 선납세금을 법인세등으로 대체하는 분개만 일반전표입력하고 결산자료입력 메뉴를 이용하여 미지급세금을 추가로 계상하는 방법 그리고 결산자료입력에서 선납세금과 미지급세금 모두를 입력하는 방법의 세 가지 모두 정답으로 인정한다.
> - 기납부세액은 법인세 중간예납세액과 원천징수세액의 합계액이다.

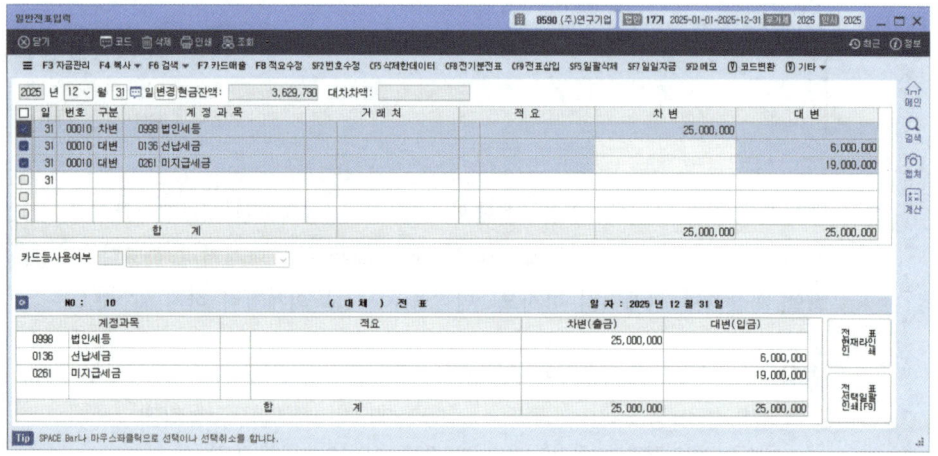

Q5 2025년 귀속 원천징수자료와 관련하여 다음의 물음에 답하시오. (15점)

[1] 다음의 5월분 급여자료를 급여자료입력 메뉴에 반영하고, 사용하지 않는 수당공제 항목은 수정 입력하시오(급여지급일은 25일이다). (5점)

사원명	부 서	급여 및 제수당(원)					
		기본급	식 대	자가운전보조금	명절수당	자녀수당	야간근로수당
김경자	생산직	1,000,000	220,000	250,000	200,000	250,000	300,000
이숙경	사무직	1,000,000	220,000	250,000	200,000	250,000	300,000

- 식대 및 자가운전보조금은 비과세요건을 충족한 것으로 가정한다.
- 명절수당은 설날을 맞이하여 지급하는 특별수당이다.
- 자녀수당은 6세 이하의 자녀가 있는 직원에게 지급하고 있다(김경자와 이숙경 모두 자녀가 있으며 6세 이하로 가정).
- 야간근로수당은 정규근로시간을 초과하여 야간근무 시에 지급하고 있으며 비과세요건을 충족한다고 가정한다.
- 월정액에 해당하는 수당은 식대, 자가운전보조금, 자녀수당이며 그 이외의 수당은 해당하지 않는다.
- 국민연금, 건강보험, 고용보험, 장기요양보험, 소득세(적용률 100%) 및 지방소득세는 자동 반영되므로 별도로 입력하지 않는다.

정답 급여자료입력에서 수당공제를 수정하고 급여를 입력한다.

① 수당공제등록 반영내용(아래 표시하지 않은 항목은 사용여부에 부)

코드	과세구분	수당명	유 형	월정액	사용여부
1001	과 세	기본급	급 여	정기	여
1002	과 세	상여	급 여	부정기	부
1003	과 세	직책수당	급 여	정기	부
1004	과 세	월차수당	급 여	정기	부
1005	비과세	식 대	식 대	정기	여
1006	비과세	자가운전보조금	자가운전보조금	부정기	여
1007	비과세	야간근로수당	야간근로수당	부정기	여
2001	과 세	명절수당	급 여	부정기	여
2002	비과세	자녀수당	육아수당	정기	여

② 급여자료입력

구 분	김경자	이숙경
기본급	1,000,000원	1,000,000원
식 대	220,000원	220,000원
자가운전보조금	250,000원	250,000원
야간근로수당	300,000원	300,000원
명절수당	200,000원	200,000원
자녀수당	250,000원	250,000원
과 세	1,320,000원	1,620,000원
비과세	900,000원	600,000원
비과세항목	식대, 자가운전보조금, 야간근로, 자녀수당	식대, 자가운전보조금, 자녀수당

> **주요검토사항**
> - 수당공제 등록에서 비과세 대상과 월정액에 해당하는지 여부 및 사용여부를 표시한다.
> - 식대는 월 20만원 이하로 회사가 별도의 식사를 제공하지 않아야 비과세가 된다.
> - 자가운전보조금은 근로자가 본인이 소유(임차)한 차량을 회사의 업무에 사용하고 별도의 여비, 교통비 등을 받지 않아야 비과세가 된다.
> - 자녀수당은 6세 이하 자녀의 보육과 관련하여 받는 수당이므로 월 20만원까지 비과세이다.
> - 출산지원금은 자녀의 출생일부터 2년 이내에 최대 두 차례에 걸쳐 받는 수당으로 금액 제한 없이 비과세한다.
> - 야간근로수당(연장, 휴일근로수당 포함)은 직전년도 총급여 30,000,000원 이하이면서 월정액급여가 210만원 이하인 생산직 근로자가 받는 경우에 비과세를 적용한다. 월정액급여가 210만원을 초과한 달에 받는 야간수당 등은 과세대상 근로소득이다.
> - 김경자는 생산직이므로 사원등록에서 9.생산직 : 1.여. 야간근로비과세 : 1.여로 되어 있는지 확인한다.
> - 자동반영되는 국민연금, 건강보험, 고용보험, 장기요양보험, 소득세 및 지방소득세는 프로그램 버전에 따라 금액이 달라진다.

① 수당공제등록

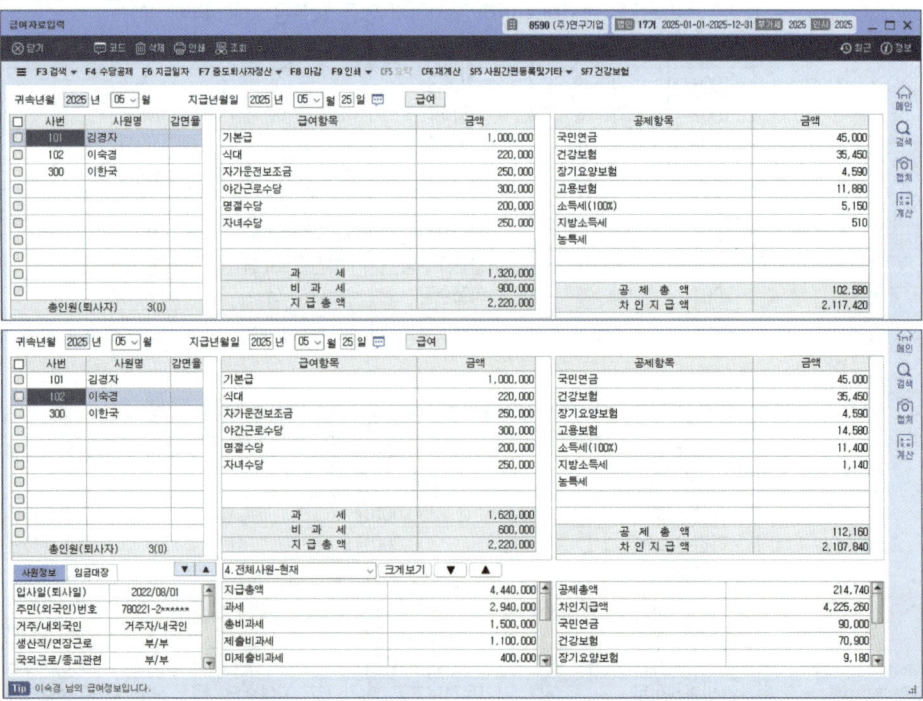

② 급여자료입력

[2] 다음의 연말정산자료를 토대로 사원 이한국의 연말정산 추가자료를 입력하시오. 모든 자료는 국세청자료로 간주하며 부양가족은 모두 이한국과 생계를 같이하며, 소득금액은 없다. (10점)

성 명	관 계	나이(만)	공제내역
이조부	할아버지	85	• 할아버지의 질병치료진료비 3,000,000원을 현금으로 납부하고 이한국 명의로 현금영수증을 발급받았다.
이부친	아버지	64	• 아버지의 노인대학 등록금 2,000,000원을 현금으로 납부하였다.
김모친	어머니	63	• 어머니께서 세방교회에 헌금 5,000,000원을 납부하고 기부금 영수증을 받았다. • 신용카드 사용금액 8,000,000원 중 2,000,000원을 전통시장에서 사용하였다.
이한국	본인 (무주택 세대주)	37	• 본인의 대학원 등록비 8,000,000원을 납부하였다. • 국민주택(아파트, 75㎡)을 임차하고 월 300,000원씩 연간 월세 3,600,000원을 납부하였다. • 연간 총급여액이 8천만원이하이고, 종합소득금액이 7천만원이하이다.
최부인	아내	34	• 아내를 피보험자로 하는 보장성보험 500,000원을 계약자 이한국이 지급하였다.
이장남	자녀	11	• 초등학교 방과후학교 수업료(교재비 50,000원 포함) 500,000원과 체험학습비 600,000원이 있다.
이차남	자녀 (장애인)	7	• 유치원 수업료 1,300,000원과 미술학원 수강료 1,500,000원이 있다. • 이차남을 피보험자로 하는 일반 보장성보험 400,000원과 장애인전용 보장성보험 1,300,000원을 이한국이 지급하였다.
	임대내역		• 임대인 : 김장수(660111-1234567) • 주소지 : 대구광역시 수성구 고모로 31 • 임대기간 : 2024.09.01-2026.08.31

정답 ① 신용카드등사용액 소득공제 :
전통시장, 대중교통, 도서공연비 제외분: 신용카드 6,000,000원, 현금영수증 3,000,000원
전통시장 사용분: 2,000,000원

구 분		이한국(본인)	김모친	합 계
전통시장 대중교통 제외 분	신용카드		6,000,000	6,000,000
	직불 선불			
	현금영수증	3,000,000		3,000,000
전통시장 사용액			2,000,000	2,000,000
대중교통 이용액				
도서·공연비 지출액				
합 계		3,000,000	8,000,000	11,000,000

② 보험료세액공제 : 보장성보험 일반 900,000원, 장애인전용 : 1,300,000원
③ 의료비세액공제 : 65세 이상자 3,000,000원(전액공제)
④ 교육비세액공제 : 취학전 아동 2,800,000원, 초중고 800,000원, 본인 8,000,000원
⑤ 기부금세액공제 : 종교단체당해기부금 5,000,000원
⑥ 월세세액공제 : 임대 내역과 월세 3,600,000원 입력

> **주요검토사항**
> 1. 신용카드등의 사용액은 신용카드, 현금영수증, 직불카드(선불카드 포함), 전통시장사용, 대중교통 사용 및 도서등 사용액으로 구분하여야 한다.
> 2. 신용카드소득공제에서 형제자매가 사용한 것은 제외하며 공제대상자별로 구분하여 입력하여야 한다.
> 3. 월세 세액공제는 무주택 세대주(세대주가 공제받지 않는 경우 세대원 가능)로 총급여액 8천만원 이하이면서 종합소득금액이 7천만원 이하인 근로자에게 적용한다.
> 4. 초·중·고생의 체험학습비는 1인당 연 30만원까지 교육비 세액공제대상이다. 실제 지출한 금액은 600,000원이지만 300,000원만 공제대상금액으로 입력하여야 한다.
> 5. 연말정산 문제는 세법개정 등으로 인하여 프로그램 버전이 다르면 소득공제액, 세액공제액, 소득세 등의 결과가 다를 수 있지만 입력을 정확하게 하면 자격시험에서 정답으로 인정한다.

연말정산추가자료 입력 메뉴에서 교육비와 보험료는 부양가족 탭을 열어 입력하고 신용카드, 의료비, 기부금, 연금저축, 월세액 등은 상단의 해당하는 탭을 실행하여 입력한다. 입력을 마치면 반드시 연말정산입력 탭에서 F8부양가족탭불러오기를 실행하여 반영하여야 한다.

① 신용카드등사용액 소득공제

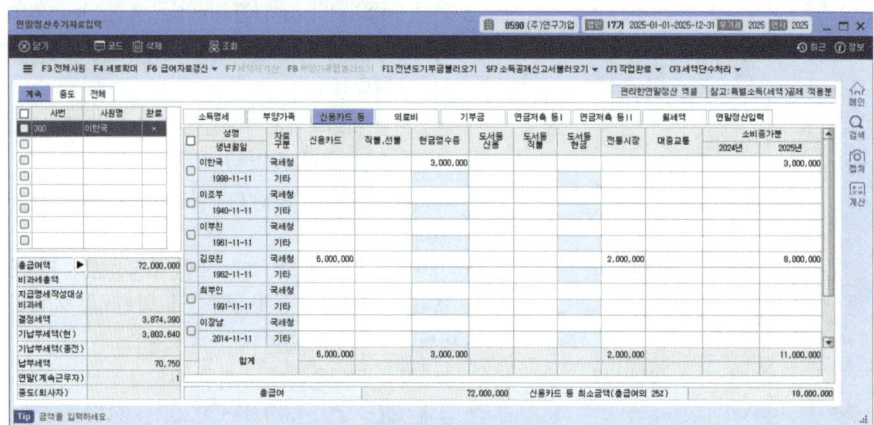

② 보험료세액공제

부양가족탭을 열고 이한국에서 하단 보험료를 더블 클릭한 후 국세청간소화 보장성보험료 일반 900,000원(최부인 500,000 + 이차남 400,000)과 보장성보험 장애인 1,300,000원을 입력한다.

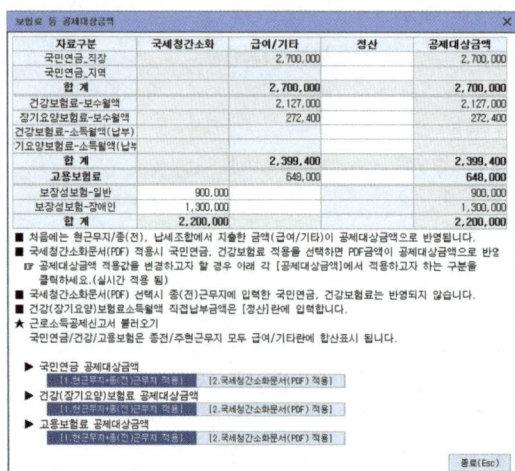

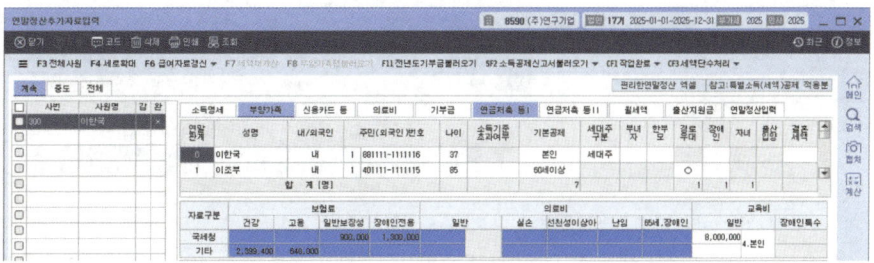

③ 의료비세액공제

의료비 탭을 열고 F2코드도움을 실행하여 부양가족코드도움창에서 이조부를 선택하여 증빙을 1.국세청장으로 하여 의료비 3,000,000원을 입력한다. 문제에서 실손보험금을 수령하였다고 하면 실손보험금 란에 입력하여야 하지만 이 문제는 해당하지 아니한다.

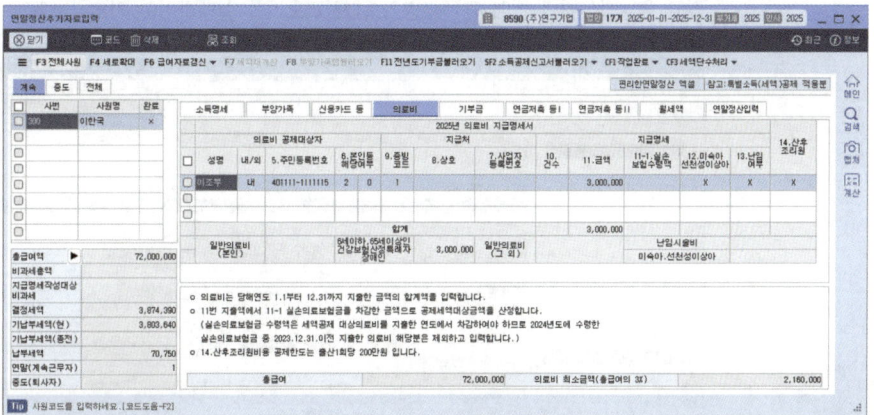

④ 교육비세액공제

부양가족 탭을 열고 본인(이한국), 자녀(이장남)와 자녀(이차남)을 선택하고 하단의 교육비 국세청자료 일반에 본인은 8,000,000원(4.본인), 이장남은 800,000원(2.초중고), 이차남은 2,800,000원(1.취학전아동)을 각각 입력한다. 이차남은 취학전이므로 학원비가 교육비공제 대상이 된다. 입력을 마치면 연말정산입력 탭을 열고 F8부양가족탭불러오기를 실행하여 교육비공제를 반영하여야 한다(공제한도는 자동 계산).

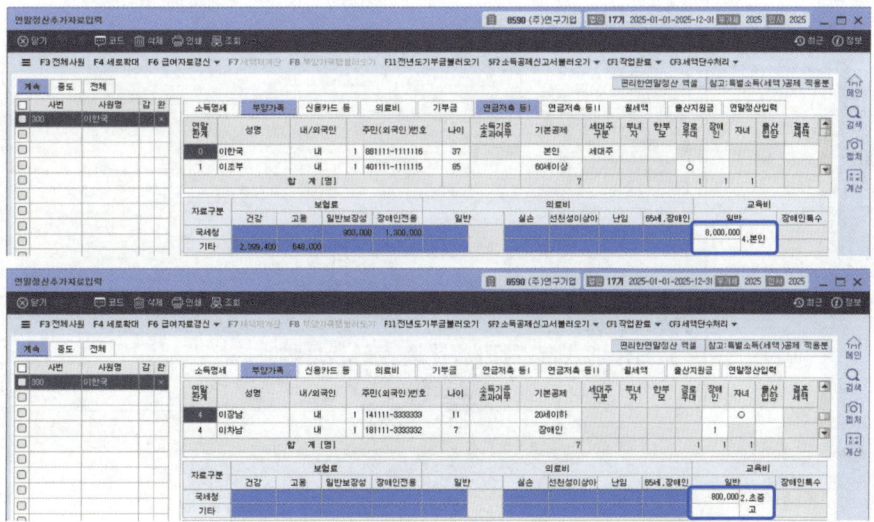

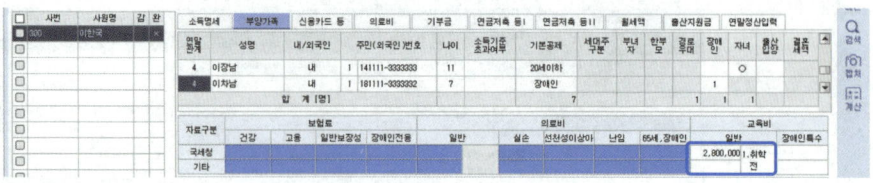

⑤ 기부금세액공제

기부금 탭을 열고 기부금입력에서 F2코드도움을 실행하여 부양가족 보조창에서 기부자 김모친을 선택한 후 7.유형에 커서를 놓고 F2코드도움을 실행하여 41.일반기부금(종교단체)를 선택하고 기부처와 기부금의 내역을 입력한다. 입력을 마치면 기부금조정 탭을 열고 해당연도 공제할 금액과 이월금액을 구분하여 입력한 후 상단 우측의 공제금액계산을 클릭하여 보조창을 열고 하단의 불러오기를 하고 기부금공제의 내용을 확인한 후 공제금액반영을 실행하고 저장한다. 그리고 연말정산입력 탭에서 F8부양가족탭불러오기를 실행하여야 기부금공제가 반영된다.

⑥ 월세세액공제

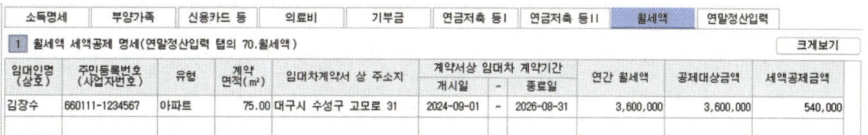

⑦ 연말정산입력

상단의 F8 부양가족탭불러오기를 실행하여야 한다.

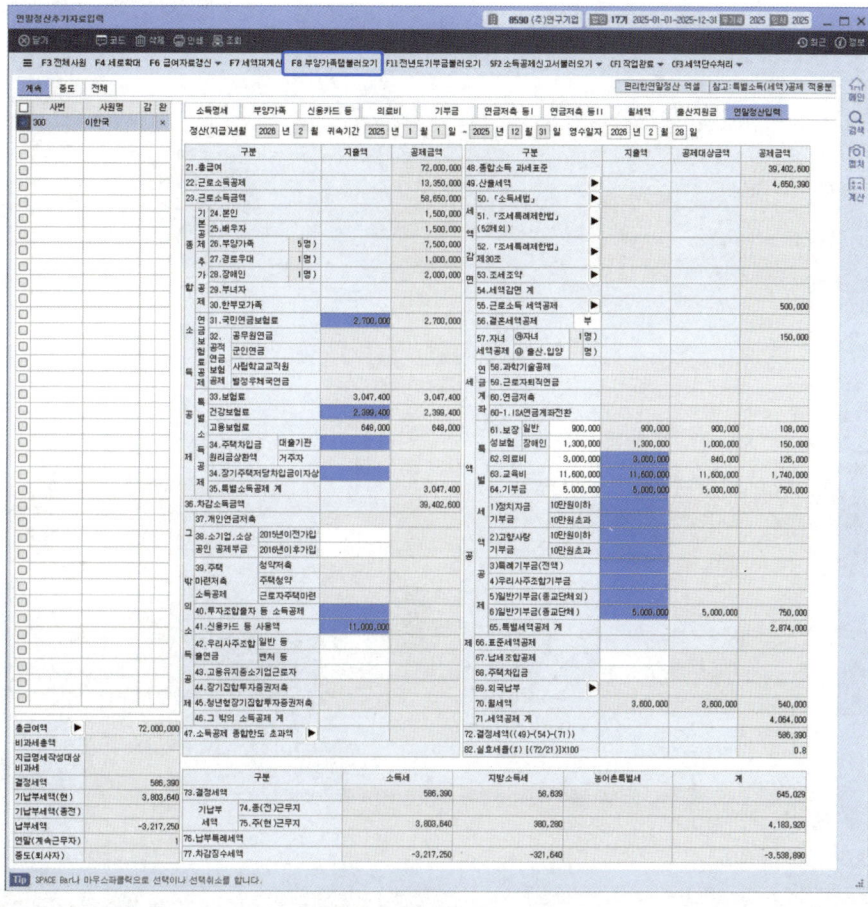

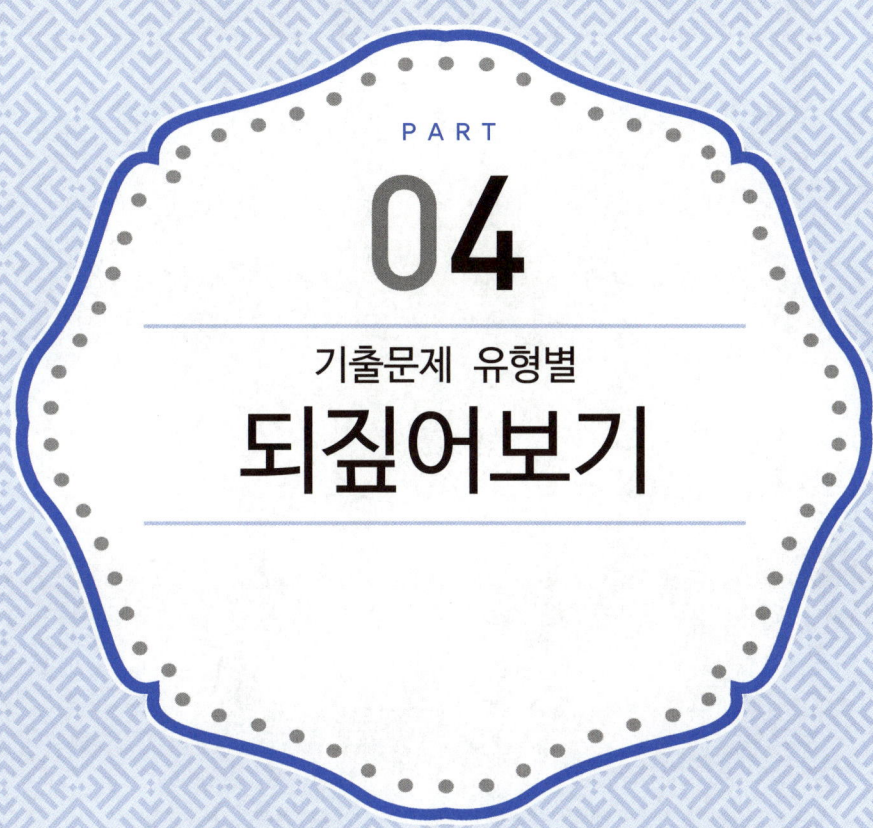

(주)기출정공(회사코드 8500)은 전자제품을 제조하는 법인기업이며, 당기(제22기) 회계기간은 2025. 1. 1 ~ 2025. 12. 31이다. 전산세무회계 수험용 프로그램을 이용하여 다음 물음에 답하시오.

기본전제

문제에서 한국채택국제회계기준을 적용하도록 하는 전제조건이 없는 경우, 일반기업회계기준을 적용하여 회계처리 한다.

---

1 일반전표입력

> 되짚으며 따라하기 – 유동자산

다음 (주)기출정공 기중 거래내역을 일반전표 입력 메뉴에 입력하시오.

1 2월 1일 : 운전자금 확보를 위해 주 거래처인 (주)용인으로부터 매출대금으로 받은 약속어음 10,000,000원을 곧바로 세종은행에서 할인하고 할인료 500,000원을 차감한 잔액은 현금으로 수령하다. 단, 어음할인은 매각거래로 간주한다.

2 2월 2일 : 상신물산(주)의 외상매입금 1,300,000원에 대한 지급을 보관중인 매출처 마포전자(주)의 받을어음으로 배서양도하였다.

3 2월 3일 : 제품을 매출하고 경수전자(주)로부터 수취한 어음 5,000,000원이 부도처리되었다는 것을 중앙은행으로부터 통보받았다.

4 2월 4일 : 거래처인 마포전자(주)에 1년 이내 회수를 목적으로 10,000,000원을 대여하기로 하여 8,000,000원은 보통예금에서 지급하였고, 나머지 2,000,000원은 동사에 대한 외상매출금을 대여금으로 전환하기로 약정하였다.

5 2월 5일 : 당사는 전월 (주)양국상사에 일시적으로 대여한 자금 3,000,000원과 이에 대한 이자를 합하여 총 3,150,000원(원천징수세액 50,000원 차감 후 금액임)을 금일 보통예금계좌로 입금받았다. 단, 원천징수세액은 자산으로 처리한다.

6 2월 6일 : (주)대한상사에 상품(@100,000원 부가세 별도) 100개를 주문하고 대금 중 계약금 3,000,000원을 현금으로 지급하고 나머지 잔액은 물건을 인도 받는 날에 지급하기로 하다.

7 2월 7일 : 대구에 있는 매출거래처로 출장을 가게 된 영업부 사원의 출장비로 600,000원을 회사 보통예금통장에서 계좌이체하여 지급하였고 사후 정산하기로 하였다(가지급금계정을 사용할 것).

8 2월 8일 : 영업부의 김성진 과장이 전주에 출장비로 가져갔던 200,000원(출장비 인출 시에 전도금으로 처리함)을 다음의 지출결의서를 제시하고 잔액은 현금으로 반환하였다.

지 출 결 의 서 내 역	
• 항공기왕복표 150,000원	• 식 대 20,000원

9 2월 9일 : (주)대길로부터 제품 매출 후 외상매출금 3,250,000원에 대하여 조기회수에 따른 매출할인액(할인율 : 3%)를 차감한 나머지 금액이 당좌예금으로 입금되었다 (단, 부가가치세는 고려하지 않는다).

10 2월 10일 : (주)마코에 대한 외상매출금 7,600,000원의 소멸시효가 완성되어 대손처리하였다. 기 설정되어있는 대손충당금은 2,614,000원이다. 적절한 회계처리를 하시오. 단, 부가가치세는 고려하지 않기로 한다.

11 2월 11일 : 작년에 대손충당금과의 상계로 대손처분하고 부가가치세법상 대손세액공제 처리하였던 외상매출금 5,500,000원(부가가치세 포함)을 현금으로 회수하였다(단, 부가가치세신고서의 반영은 생략한다).

12 2월 12일 : 단기매매차익 목적으로 시장성 있는 (주)국민통신 주식 300주를 1주당 4,500원에 취득하면서 거래수수료 20,000원을 포함하여 현금으로 결제하였다. 당사는 동 주식에 대하여 매도가능증권으로 분류한다.

13 2월 13일 : 단기간 매매차익 목적으로 구입하였던 상장법인 (주)LG상사의 주식 400주(장부금액 : 3,000,000원)를 한국증권거래소에서 1주당 8,000원에 처분하고, 수수료 50,000원을 차감한 잔액을 보통예금계좌로 이체 받았다.

14 2월 14일 : 당사가 보유 중인 매도가능증권(당기에 처분 의도가 없었음)을 다음과 같은 조건으로 처분하고 현금을 회수하였으며, 전년도 기말 평가는 일반기업회계기준에 따라 처리하였다.

취득가액	기말공정가치	양도가액	비고
취득일 2024년 1월 31일	2024년 12월 31일		
10,000,000원	13,000,000원	15,000,000원	시장성 있음

15 2월 15일 : 1월 16일에 수입하였던 원재료에 대하여 다음과 같은 비용이 보통예금에서 지급되었다.

• 수입신고필증 대행 수수료 : 20,000원
• 창고까지 운반비   : 30,000원

풀이

1. 일자 : 2월 1일

구분	코드	계정과목	코드	거래처명	적 요	금 액
3(차)	956	매출채권처분손실				500,000
3(차)	101	현 금				9,500,000
4(대)	110	받 을 어 음	00604	㈜용인		10,000,000
분개	(차) 매출채권처분손실 500,000 현 금 9,500,000			(대) 받을어음		10,000,000

▶ 참고 : 차입거래의 분개
   (차) 이자비용   500,000   (대) 단기차입금   10,000,000
      현   금   9,500,000

2. 일자 : 2월 2일

구분	코드	계정과목	코드	거래처명	적 요	금 액
3(차)	251	외 상 매 입 금	00205	상신물산(주)		1,300,000
4(대)	110	받 을 어 음	00605	마포전자(주)		1,300,000
분개	(차) 외상매입금 1,300,000			(대) 받을어음		1,300,000

3. 일자 : 2월 3일

구분	코드	계정과목	코드	거래처명	적 요	금 액
3(차)	246	부도어음과수표	00607	경수전자(주)		5,000,000
4(대)	110	받 을 어 음	00607	경수전자(주)		5,000,000
분개	(차) 부도어음과수표 5,000,000			(대) 받을어음		5,000,000

▶ 부도어음과수표 계정에 대하여 거래처코드를 표시하여야 한다.

4. 일자 : 2월 4일

구분	코드	계정과목	코드	거래처명	적 요	금 액
3(차)	114	단 기 대 여 금	00605	마포전자(주)		10,000,000
4(대)	103	보 통 예 금				8,000,000
4(대)	108	외 상 매 출 금	00605	마포전자(주)		2,000,000
분개	(차) 단기대여금 10,000,000			(대) 보통예금 외상매출금		8,000,000 2,000,000

5. 일자 : 2월 5일

구분	코드	계정과목	코드	거래처명	적요	금액
3(차)	103	보통예금				3,150,000
4(대)	114	단기대여금	00210	㈜양국상사		3,000,000
3(차)	136	선납세금				50,000
4(대)	901	이자수익				200,000
분개	(차) 보통예금　　　　3,150,000　　　(대) 단기대여금　　　3,000,000 　　　선납세금　　　　　 50,000　　　　　 이자수익　　　　　200,000					

6. 일자 : 2월 6일

구분	코드	계정과목	코드	거래처명	적요	금액
1(출)	131	선급금	00104	㈜대한상사		3,000,000
분개	(차) 선급금　　　　　3,000,000　　　(대) 현금　　　　　　3,000,000					

7. 일자 : 2월 7일

구분	코드	계정과목	코드	거래처명	적요	금액
3(차)	134	가지급금				600,000
4(대)	103	보통예금				600,000
분개	(차) 가지급금　　　　 600,000　　　(대) 보통예금　　　　 600,000					

8. 일자 : 2월 8일

구분	코드	계정과목	코드	거래처명	적요	금액
3(차)	812	여비교통비				170,000
3(차)	101	현금				30,000
4(대)	138	전도금	00611	김성진		200,000
분개	(차) 여비교통비　　　 170,000　　　(대) 전도금　　　　　 200,000 　　　현금　　　　　　　30,000					

9. 일자 : 2월 9일

구분	코드	계정과목	코드	거래처명	적요	금액
3(차)	102	당좌예금				3,152,500
3(차)	406	매출할인				97,500
4(대)	108	외상매출금	00603	㈜대길		3,250,000
분개	(차) 당좌예금　　　　3,152,500　　　(대) 외상매출금　　　3,250,000 　　　매출할인　　　　　97,500					

▶ • 조기회수에 따른 할인 3% 제품 매출할인(코드.406)을 적용
　 • 매출할인 금액 계산 : 3,250,000 × 3% = 97,500원

10. 일자 : 2월 10일

구분	코드	계정과목	코드	거래처명	적요	금액
3(차)	109	대 손 충 당 금				2,614,000
4(차)	835	대 손 상 각 비				4,986,000
4(대)	108	외 상 매 출 금	00606	㈜마코		7,600,000
분개	(차) 대손충당금 2,614,000 　　　대손상각비 4,986,000				(대) 외상매출금	7,600,000

11. 일자 : 2월 11일

구분	코드	계정과목	코드	거래처명	적요	금액
2(입)	109	대 손 충 당 금				5,000,000
2(입)	255	부 가 세 예 수 금				500,000
분개	(차) 현 금 5,500,000				(대) 대손충당금 　　　부가세예수금	5,000,000 500,000

▶ 전기에 대손세액공제를 받은 채권을 회수한 경우에는 공급가액 5,000,000원은 대손충당금의 증가로 처리하고, 부가가치세 500,000원은 부가세예수금계정으로 회계처리 한다.

12. 일자 : 2월 12일

구분	코드	계정과목	코드	거래처명	적요	금액
1(출)	123	매 도 가 능 증 권				1,370,000
분개	(차) 매도가능증권 1,370,000				(대) 현 금	1,370,000

▶ 매도가능증권 취득시 부대비용은 매도가능증권의 취득원가에 가산한다. 그러나 단기매매증권의 취득을 위한 제비용은 영업외비용인 수수료비용(984.) 계정으로 처리한다.
▶ 매도가능증권을 단기보유 목적으로 취득하면 유동자산의 매도가능증권(123.) 계정을 사용하여야 하고, 장기보유목적이면 비유동자산의 매도가능증권(178.) 계정을 사용하여야 한다.

13. 일자 : 2월 13일

구분	코드	계정과목	코드	거래처명	적요	금액
3(차)	103	보 통 예 금				3,150,000
3(대)	906	단 기 투 자 자 산 처 분 이 익				150,000
4(대)	107	단 기 매 매 증 권				3,000,000
분개	(차) 보통예금 3,150,000				(대) 단기매매증권 　　　단기투자자산처분이익	3,000,000 150,000

▶ 단기매매증권 처분금액 : (400주 × 8,000) − 50,000 = 3,150,000원

14. 일자 : 2월 14일

구분	코드	계정과목	코드	거래처명	적 요	금 액
3(차)	101	현 금				15,000,000
3(차)	394	매도가능증권평가이익				3,000,000
4(대)	178	매도가능증권				13,000,000
4(대)	915	매도가능증권처분이익				5,000,000
분개	(차) 현 금 15,000,000 매도가능증권평가이익 3,000,000			(대) 매도가능증권 13,000,000 매도가능증권처분이익 5,000,000		

▶ 2023년 취득한 매도가능증권을 2024년에 처분할 의도가 없으면 1년이상 보유목적인 비유동자산이므로 취득 시에 투자자산인 매도가능증권(178)으로 처리하였다는 것을 의미한다.

15. 일자 : 2월 15일

구분	코드	계정과목	코드	거래처명	적 요	금 액
3(차)	153	원 재 료				50,000
4(대)	103	보 통 예 금				50,000
분개	(차) 원재료 50,000			(대) 보통예금 50,000		

▶ 원재료를 의도된 목적에 사용할 수 있는 때까지 정상적으로 발생한 모든 지출은 원재료의 원가로 하여야 한다.

되짚으며 따라하기 – 비유동자산

다음 (주)기출정공 기중 거래내역을 일반전표 입력 메뉴에 입력하시오.

1 3월 11일 : 당좌거래개설보증금 1,200,000원을 현금으로 예치하여 신한은행과 당좌거래를 개설하였다(거래처코드를 입력할 것).

2 3월 12일 : (주)비전에서 투자목적으로 사용할 토지를 27,000,000원에 현금으로 매입하였다. 당일 취득세 1,000,000원은 현금 납부하였다.

3 3월 13일 : 공장용 주차장 부지를 취득하고, 이와 관련하여 아래와 같은 지출이 발생하였다. 모든 거래는 비사업자와의 거래이다.

항 목	지출액(원)	비 고
토 지 대 금	234,000,000	전액 보통예금에서 계좌이체
중 개 수 수 료	1,170,000	원천징수세액(기타소득세 및 지방소득세) 330,000원을 차감한 금액으로서, 전액 현금지급

4 3월 14일 : 사용 중인 다음과 같은 공장을 헐고 신축하기 위하여 철거비용 4,000,000원을 현금 지급하였다(간이과세자로부터 영수증 수취함, 가산세는 고려하지 말 것).

> ⊙ 공장건물의 취득금액 : 80,000,000원
> ⓒ 철거 당시 감가상각누계액 : 50,000,000원
>   (철거 시까지 상각완료)

5 3월 15일 : 업무용 승용차를 구입하면서 다음의 금액을 전액 현금으로 지급하다. 회사는 차량 구입 시 필수적으로 매입해야하는 지역개발채권(일반기업회계기준에 따라 평가한 현재가치 340,000원)을 만기까지 보유하기로 하였다.

> • 차　량　금　액 : 18,500,000원
> • 취득세 및 등록비용 : 500,000원
> • 지역개발채권매입액 : 500,000원(만기 2026년 3월 15일)

6 3월 16일 : 공장 건설에 소요되는 자금을 조달하기 위하여 세방은행에서 차입한 차입금에 대한 이자 3,030,000원이 발생하여 중앙은행 보통예금계좌에서 이체하였다. 당기 차입금에 대한 이자는 일반기업회계기준 상 자본화대상 요건을 충족하였고 공장은 현재 건설 중이다.

7 3월 17일 : 유명대학교에 의뢰한 신제품 개발에 따른 연구용역비 25,000,000원을 보통예금에서 인터넷뱅킹으로 이체하여 지급하였다(미래의 경제적효익의 유입 가능성이 매우 높은 것으로 보아 자산으로 회계처리 할 것).

풀이

1. 일자 : 3월 11일

구분	코드	계정과목	코드	거래처명	적 요	금 액
1(출)	177	특정현금과예금	98000	신한은행		1,200,000
분개	(차) 특정현금과예금	1,200,000	(대) 현 금			1,200,000

2. 일자 : 3월 12일

구분	코드	계정과목	코드	거래처명	적 요	금 액
1(출)	183	투 자 부 동 산				28,000,000
분개	(차) 투자부동산	28,000,000	(대) 현 금			28,000,000

3. 일자 : 3월 13일

구분	코드	계정과목	코드	거래처명	적 요	금 액
3(차)	201	토 지				235,500,000
4(대)	103	보 통 예 금				234,000,000
4(대)	101	현 금				1,170,000
4(대)	254	예 수 금				330,000
분개	(차) 토 지 235,500,000			(대) 보통예금 234,000,000 현 금 1,170,000 예수금 330,000		

4. 일자 : 3월 14일

구분	코드	계정과목	코드	거래처명	적 요	금 액
4(대)	202	건 물				80,000,000
3(차)	203	감가상각누계액				50,000,000
4(대)	101	현 금				4,000,000
3(차)	970	유형자산처분손실				34,000,000
분개	(차) 감가상각누계액 50,000,000 유형자산처분손실 34,000,000			(대) 건 물 80,000,000 현 금 4,000,000		

5. 일자 : 3월 15일

구분	코드	계정과목	코드	거래처명	적 요	금 액
1(출)	208	차 량 운 반 구				19,160,000
1(출)	181	만 기 보 유 증 권				340,000
분개	(차) 차량운반구 19,160,000 만기보유증권 340,000			(대) 현 금 19,500,000		

▶ 만기가 확정된 채무증권으로서 상환금액이 확정되었거나 확정이 가능한 채무증권을 만기까지 보유할 적극적인 의도와 능력이 있는 경우에는 만기보유증권으로 분류한다.(일반기업회계기준 6.23)
▶ 유형자산의 취득과 관련하여 국공채를 불가피하게 매입하는 경우 채권의 매입금액과 기업회계기준에 의한 채권의 현재가치의 차액은 유형자산의 취득원가에 가산한다.

6. 일자 : 3월 16일

구분	코드	계정과목	코드	거래처명	적 요	금 액
3(차)	214	건 설 중 인 자 산				3,030,000
4(대)	103	보 통 예 금	98200	세방은행		3,030,000
분개	(차) 건설중인자산 3,030,000			(대) 보통예금 3,030,000		

▶ 차입원가(이자비용)의 자본화란 유형자산의 건설을 위한 차입금의 이자를 유형자산의 취득원가에 가산하는 것을 말한다.

7. 일자 : 3월 17일

구분	코드	계정과목	코드	거래처명	적 요	금 액
3(차)	226	개 발 비				25,000,000
4(대)	103	보 통 예 금				25,000,000
분개	(차) 개발비		25,000,000	(대) 보통예금		25,000,000

되짚으며 따라하기 – 부채

다음 (주)기출정공 기중 거래내역을 일반전표 입력 메뉴에 입력하시오.

① 4월 1일 : 상신물산(주)에 대한 외상매입금 10,000,000원 중 5,000,000원은 보통예금계좌에서 이체하였고, 나머지 금액은 다음과 같은 내용의 금전대차거래로 전환하기로 하였다.

- 이　자　율 : 연 12% (단, 원리금 상환 지체 시 연 30% 추가)
- 원금상환기한 : 차용일부터 10개월 되는 날
- 이자지급기한 : 원금 상환 시 일시 지급
- 차　용　일 : 4월 1일

② 4월 2일 : 당사는 (주)등대전기에 제품을 공급하기로 계약을 맺고, 계약금 11,000,000원을 보통예금계좌로 이체받았다.

③ 4월 3일 : 당사는 제품을 교환할 수 있는 1장당 5,000원의 상품권 400매를 시중에 판매하고 현금을 획득하였다. 단, 본 거래에 대해서만 거래처 입력은 생략할 것.

④ 4월 4일 : 사채발행 액면금액 40,000,000원 중 액면금액 30,000,000원에 대하여 조기 상환하기로 하고 29,600,000원을 보통예금계좌에서 이체하였다. 당사의 다른 사채 및 사채할인발행차금 등 사채 관련 계정금액은 없다.

⑤ 4월 5일 : 사채 액면 1,000,000원을 발행하면서 발행금액 1,200,000원은 보통예금 통장으로 입금되다. 사채발행 관련 수수료 300,000원이 현금으로 지급되다. 하나의 전표로 입력하시오.

풀이

1. 일자 : 4월 1일

구분	코드	계정과목	코드	거래처명	적 요	금 액
3(차)	251	외 상 매 입 금	00205	상신물산(주)		10,000,000
4(대)	103	보 통 예 금				5,000,000
4(대)	260	단 기 차 입 금	00205	상신물산(주)		5,000,000
분개	(차) 외상매입금		10,000,000	(대) 보통예금 　　　단기차입금		5,000,000 5,000,000

2. 일자 : 4월 2일

구분	코드	계정과목	코드	거래처명	적 요	금 액
3(차)	103	보 통 예 금				11,000,000
4(대)	259	선 수 금	00609	㈜등대전기		11,000,000
분개	(차) 보통예금		11,000,000	(대) 선수금		11,000,000

3. 일자 : 4월 3일

구분	코드	계정과목	코드	거래처명	적 요	금 액
2(입)	259	선 수 금				2,000,000
분개	(차) 현 금		2,000,000	(대) 선수금		2,000,000

4. 일자 : 4월 4일

구분	코드	계정과목	코드	거래처명	적 요	금 액
3(차)	291	사　　　채				30,000,000
4(대)	103	보 통 예 금				29,600,000
4(대)	911	사 채 상 환 이 익				400,000
분개	(차) 사 채		30,000,000	(대) 보통예금 　　　사채상환이익		29,600,000 400,000

5. 일자 : 4월 5일

구분	코드	계정과목	코드	거래처명	적 요	금 액
3(차)	103	보 통 예 금				1,200,000
4(대)	291	사　　　채				1,000,000
4(대)	101	현　　　금				300,000
3(차)	292	사채할인발행차금				100,000
분개	(차) 보통예금 　　　사채할인발행차금		1,200,000 100,000	(대) 사　채 　　　현　금		1,000,000 300,000

되짚으며 따라하기 – 자본

다음 (주)기출정공 기중 거래내역을 일반전표 입력 메뉴에 입력하시오.

1. 3월 5일 : 유상증자를 위하여 신주 1,000주(액면 @10,000원)을 1주당 12,000원에 발행하고 대금은 전액 당좌예입하였으며, 주식발행과 관련한 법무사수수료 200,000원은 현금으로 지급되었다.

2. 3월 6일 : 당사는 주식 3,000주(액면 @5,000원)를 1주당 4,000원으로 매입소각하고 대금은 보통예금계좌에서 이체하여 지급하였다.

3. 3월 7일 : 자본을 감소하기 위하여 주식 1,000주(액면금액:@5,000원)를 1주당 4,000원으로 주주에게 매입함과 동시에 소각하였다. 대금은 보통예금계좌에서 이체하여 지급하였다. 자본금 감소를 위한 회계처리를 하시오.

4. 3월 10일 : 결산 주주총회에서 이익잉여금 처분액을 다음과 같이 확정 결의하였다.

구 분	금 액	비 고
이 익 준 비 금	1,000,000원	현금배당금 및 주식배당금은 결의일 현재 미지급된 상태이다(지급과 관련된 회계처리는 생략함).
현 금 배 당 금	10,000,000원	
주 식 배 당 금	5,000,000원	
사 업 확 장 적 립 금	10,000,000원	

5. 3월25일 : 전기분 이익잉여금처분계산서대로 주주총회에서 확정(배당결의일 3월 10일)된 배당액을 지급하였다. 원천징수세액 1,540,000원을 제외한 8,460,000원을 현금으로 지급하였고, 주식배당(원천징수 세액은 무시할 것) 5,000,000원은 주식을 발행(액면발행)하여 교부하였다.

6. 3월31일 : 이사회에서 결의한 이익준비금 1,000,000원을 자본에 전입하기로 하고 신주를 발행하여 구 주주에게 무상으로 교부하였다(원천징수세액은 무시할 것).

> 풀이

1. 일자 : 3월 5일

구분	코드	계정과목	코드	거래처명	적요	금액
3(차)	102	당좌예금				12,000,000
4(대)	331	자본금				10,000,000
4(대)	101	현금				200,000
4(대)	381	주식할인발행차금				1,000,000
4(대)	341	주식발행초과금				800,000
분개	(차) 당좌예금　　　　12,000,000　　　(대) 자본금　　　　10,000,000 　　　　　　　　　　　　　　　　　　　　　현　금　　　　　 200,000 　　　　　　　　　　　　　　　　　　　　　주식할인발행차금　1,000,000 　　　　　　　　　　　　　　　　　　　　　주식발행초과금　　 800,000					

▶ 주식발행초과금이 발생하는 경우 합계잔액시산표 또는 계정별원장을 조회하여 주식할인발행차금이 있으므로 먼저 상계하고 잔액 800,000원만 주식발행초과금으로 하여야 한다.

2. 일자 : 3월 6일

구분	코드	계정과목	코드	거래처명	적요	금액
3(차)	331	자본금				15,000,000
4(대)	103	보통예금				12,000,000
4(대)	342	감자차익				3,000,000
분개	(차) 자본금　　　　15,000,000　　　(대) 보통예금　　　12,000,000 　　　　　　　　　　　　　　　　　　　　　감자차익　　　　3,000,000					

▶ 감자차익이 발생하는 경우 합계잔액시산표 또는 계정별원장을 조회하여 감자차손이 있으면 우선 상계하여야 한다.

3. 일자 : 3월 7일

구분	코드	계정과목	코드	거래처명	적요	금액
3(차)	331	자본금				5,000,000
4(대)	103	보통예금				4,000,000
4(대)	342	감자차익				1,000,000
분개	(차) 자본금　　　　 5,000,000　　　(대) 보통예금　　　 4,000,000 　　　　　　　　　　　　　　　　　　　　　감자차익　　　　1,000,000					

4. 일자 : 3월 10일

구분	코드	계정과목	코드	거래처명	적 요	금 액
4(대)	265	미지급배당금				10,000,000
4(대)	387	미교부주식배당금				5,000,000
4(대)	351	이 익 준 비 금				1,000,000
4(대)	356	사업확장적립금				10,000,000
3(차)	375	이월이익잉여금				26,000,000
분개	(차) 이월이익잉여금		26,000,000		(대) 미지급배당금 미교부주식배당금 이익준비금 사업확장적립금	10,000,000 5,000,000 1,000,000 10,000,000

▶ 전기분이익잉여금처분계산서에 처분확정일자를 2024년 3월10일로 하여 처분내역을 입력한다.

5. 일자 : 3월 25일

구분	코드	계정과목	코드	거래처명	적 요	금 액
3(차)	265	미지급배당금				10,000,000
3(차)	387	미교부주식배당금				5,000,000
4(대)	101	현 금				8,460,000
4(대)	254	예 수 금				1,540,000
4(대)	331	자 본 금				5,000,000
분개	(차) 미지급배당금 미교부주식배당금		10,000,000 5,000,000		(대) 현 금 예수금 자본금	8,460,000 1,540,000 5,000,000

6. 일자 : 3월 31일

구분	코드	계정과목	코드	거래처명	적 요	금 액
3(차)	351	이 익 준 비 금				1,000,000
4(대)	331	자 본 금				1,000,000
분개	(차) 이익준비금		1,000,000		(대) 자본금	1,000,000

되짚으며 따라하기 – 수익

다음 (주)기출정공 기중 거래내역을 일반전표 입력 메뉴에 입력하시오.

1 6월 1일 : 세방은행 보통예금통장에 다음과 같이 예금이자가 입금되었다.

- 결산이자금액 : 80,000원
- 차감지급액 : 67,680원
- 법인세 및 지방소득세 : 12,320원(비용으로 처리하지 말 것)

2 6월 2일 : 정기예금 10,000,000원이 금일 만기가 도래하여 세방은행으로부터 다음과 같은 내역서를 받고 이자를 포함한 전액이 당사 보통예금계좌로 입금되었다. 이자수익을 미수수익으로 계상한 금액은 없다. 법인세는 자산계정으로 처리하시오.

입 금 증

· 성명 : (주)기출정공 귀하	· 계좌번호 : 25-410041-056	· 거래일자 : 2025. 6. 2
찾으신 거래내역	· 정기예금 총액 :　　　　　 10,000,000원 · 이자소득 :　　　　　　　　　　500,000원 · 법인세 · 지방소득세 :　　　　　 77,000원 · 차감수령액 :　　　　　　　 10,423,000원	

항상 저희은행을 찾아주셔서 감사합니다.
계좌번호 및 거래내역을 확인하시기 바랍니다.
세방은행 강남 지점 (전화 :　　　　　)　　취급자 :＿＿＿＿＿＿

3 6월 3일 : 당사가 보유중인 유가증권(보통주 1,000주, 액면금액 : 1주당 5,000원, 장부금액 : 1주당 7,000원)에 대하여 현금배당액(1주당 600원)과 주식배당액을 아래와 같이 당일 수령하였다.

구 분	수 령 액	공정가치(1주당)	발행금액(1주당)
현금배당	현 금 600,000원	-	-
주식배당	보통주 100주	9,000원	8,000원

4 6월 4일 : 미국 뉴욕은행에서 금년 1월 10일 차입한 단기차입금 $10,000에 대하여 원화를 외화($)로 환전하여 상환하였다. 상환 당시 환율은 1$당 1,200원이었다. 차입 당시 환율은 1$당 1,300원이었다. 환전수수료 등 기타 부대비용은 없다고 가정한다.

5 6월 5일 : 당사의 최대주주인 김만복으로부터 업무용 토지를 기증 받고 본 토지에 대한 취득세로 15,000,000원을 현금으로 은행에 납부하였다. 김만복이 실제 취득한 토지의 금액은 200,000,000원이었으며, 수증일 현재의 공정가치는 300,000,000원이다.

6 6월 6일 : 원재료 매입처인 마포전자(주)가 당사의 외상매입금 12,000,000원에 대한 상환을 요구하면서 이 중 40%를 면제하여 주었다. 당사는 외상매입금을 보통예금으로 지급하였다.

풀이

1. 일자 : 6월 1일

구분	코드	계정과목	코드	거래처명	적 요	금 액
3(차)	103	보 통 예 금	98200	세방은행		67,680
3(차)	136	선 납 세 금				12,320
4(대)	901	이 자 수 익				80,000
분개	(차) 보통예금　　　　　67,680　　　　　(대) 이자수익　　　　　80,000 　　　　선납세금　　　　　12,320					

2. 일자 : 6월 2일

구분	코드	계정과목	코드	거래처명	적 요	금 액
3(차)	103	보 통 예 금	98200	세방은행		10,423,000
3(차)	136	선 납 세 금				77,000
4(대)	105	정 기 예 금	98300	세방은행		10,000,000
4(대)	901	이 자 수 익				500,000
분개	(차) 보통예금　　　10,423,000　　　(대) 정기예금　　　10,000,000 　　　　선납세금　　　　　77,000　　　　　이자수익　　　　　500,000					

▶ 거래처원장에서 세방은행의 정기예금을 확인하여 거래처코드를 입력하여야 한다.
▶ 거래처등록에 세방은행의 코드는 보통예금(98200)과 정기예금(98300)으로 구분되어 있다.

3. 일자 : 6월 3일

구분	코드	계정과목	코드	거래처명	적 요	금 액
2(입)	903	배 당 금 수 익				600,000
분개	(차) 현 금　　　　　600,000　　　　　(대) 배당금수익　　　　　600,000					

▶ 배당금수익이란 주식, 출자금 등 장·단기투자자산에 대하여 피투자회사의 이익이나 잉여금의 분배로 받는 금전배당금으로 영업외수익에 해당한다.
▶ 주식배당금은 보유 주식 수만 증가하는 것이므로 배당금수익으로 계상하면 안 된다.

4. 일자 : 6월 4일

구분	코드	계정과목	코드	거래처명	적요	금액
3(차)	260	단기차입금	98100	뉴욕은행		13,000,000
4(대)	101	현금				12,000,000
4(대)	907	외환차익				1,000,000
분개	(차) 단기차입금 13,000,000			(대) 현금 12,000,000 외환차익 1,000,000		

5. 일자 : 6월 5일

구분	코드	계정과목	코드	거래처명	적요	금액
3(차)	201	토지				315,000,000
4(대)	917	자산수증이익				300,000,000
4(대)	101	현금				15,000,000
분개	(차) 토지 315,000,000			(대) 자산수증이익 300,000,000 현금 15,000,000		

6. 일자 : 6월 6일

구분	코드	계정과목	코드	거래처명	적요	금액
3(차)	251	외상매입금	00605	마포전자(주)		12,000,000
4(대)	918	채무면제이익				4,800,000
4(대)	103	보통예금				7,200,000
분개	(차) 외상매입금 12,000,000			(대) 채무면제이익 4,800,000 보통예금 7,200,000		

되짚으며 따라하기 – 비용

다음 (주)기출정공 기중 거래내역을 일반전표 입력 메뉴에 입력하시오.

1 6월 11일 : 원재료로 구입한 것(원가 2,000,000원, 시가 3,000,000원)을 공장 업무에 소모품으로 사용하였다(비용으로 처리할 것).

2 6월 12일 : 회사는 근로자퇴직급여보장법에 의하여 직원 등과 협의하여 가입한 확정기여형 퇴직연금에 대한 상반기 부담금 50,000,000원(생산부서 직원분 30,000,000원 포함)을 보통예금계좌에서 이체하였다(퇴직급여충당부채는 없다고 가정한다).

③ 6월 13일 : 확정급여형 퇴직연금제도로 변경하고 퇴직금추계액 700,000원과 운용에 따른 관리수수료 15,000원을 함께 보통예금계좌에서 이체하여 불입하다.

④ 6월 14일 : 퇴직연금계좌에 이자 300,000원이 입금되다. 당사는 모든 임직원의 퇴직금 지급 보장을 위하여 (주)미래설계증권에 확정급여형 퇴직연금(DB형)에 가입되어 있다.

⑤ 6월 15일 : 본사 이수진대리가 퇴사하여 퇴직금을 보통예금통장에서 이체하여 지급하였다. 퇴직급여명세서의 내용은 다음과 같다. 퇴직연금에 가입한 적은 없으며 이수진대리의 퇴사 직전 회사의 퇴직급여충당부채 잔액은 3,000,000원으로 가정한다.

내 역	금 액
퇴직급여	9,000,000원
퇴직소득세, 개인지방소득세	300,000원
차감지급액	8,700,000원

⑥ 6월 16일 : 영업부서의 난방용 유류대 350,000원과 공장 작업실의 난방용 유류대 740,000원을 보통예금 이체로 결제하였다.

⑦ 6월 17일 : 영업부 건물의 임차보증금에 대한 간주임대료의 부가가치세를 건물소유주에게 보통예금계좌에서 이체하였다. 임차계약 시 간주임대료에 대한 부가가치세를 임차인부담으로 계약을 체결하였고, 간주임대료는 5,000,000원이다.

⑧ 6월 18일 : 생산부 직원을 위한 워크샵에 초청된 강사 김미숙의 강사료에 대하여 다음과 같이 원천징수하고 잔액은 현금으로 지급하였다.

지급총액	필요경비	소득금액
1,000,000원	600,000원	400,000원
세 율	소 득 세	지방소득세
20%	80,000원	8,000원

⑨ 6월 19일 : 화재로 인하여 공장의 기계장치(취득금액 15,000,000원, 감가상각누계액 6,500,000원)가 소실되었다. 화재보험 가입은 되어 있으며, 당기분 감가상각비는 고려하지 않는다(손상차손(소실)에 대한 계정과목은 기 설정된 것 중 가장 적절한 것을 선택할 것).

> 풀이

1. 일자 : 6월 11일

구분	코드	계정과목	코드	거래처명	적요		금액
3(차)	530	소모품비					2,000,000
4(대)	153	원재료			8	타계정으로 대체액	2,000,000
분개	(차) 소모품비		2,000,000		(대) 원재료		2,000,000

▶ 원재료를 제조활동에 사용하지 아니하고 다른 용도로 사용하면 반드시 적요란에 적요8. 타계정으로 대체를 입력하여야 한다.

2. 일자 : 6월 12일

구분	코드	계정과목	코드	거래처명	적요	금액
3(차)	508	퇴직급여				30,000,000
3(차)	806	퇴직급여				20,000,000
4(대)	103	보통예금				50,000,000
분개	(차) 퇴직급여(제) 　　퇴직급여(판)		30,000,000 20,000,000	(대) 보통예금		50,000,000

▶ 확정기여형퇴직연금에 가입한 경우에는 회사가 납부하여야 할 부담금(기여금)을 퇴직급여(비용)로 인식하고, 퇴직연금운용자산(투자자산)으로 처리하지 아니한다.
▶ 확정기여형퇴직연금 불입액은 퇴직급여, 확정급여형퇴직연금 불입액은 퇴직연금운용자산

3. 일자 : 6월 13일

구분	코드	계정과목	코드	거래처명	적요	금액
3(차)	186	퇴직연금운용자산				700,000
3(차)	831	수수료비용				15,000
4(대)	103	보통예금				715,000
분개	(차) 퇴직연금운용자산 　　수수료비용(판)		700,000 15,000	(대) 보통예금		715,000

4. 일자 : 6월 14일

구분	코드	계정과목	코드	거래처명	적요	금액
3(차)	186	퇴직연금운용자산				300,000
4(대)	901	이자수익				300,000
분개	(차) 퇴직연금운용자산		300,000	(대) 이자수익		300,000

5. 일자 : 6월 15일

구분	코드	계정과목	코드	거래처명	적 요	금 액
3(차)	295	퇴직급여충당부채				3,000,000
3(차)	806	퇴 직 급 여				6,000,000
4(대)	254	예 수 금				300,000
4(대)	103	보 통 예 금				8,700,000
분개	(차) 퇴직급여충당부채 퇴직급여(판)		3,000,000 6,000,000		(대) 예 수 금 보통예금	300,000 8,700,000

6. 일자 : 6월 16일

구분	코드	계정과목	코드	거래처명	적 요	금 액
3(차)	815	수 도 광 열 비				350,000
3(차)	515	가 스 수 도 료				740,000
4(대)	103	보 통 예 금				1,090,000
분개	(차) 수도광열비(판) 가스수도료(제)		350,000 740,000		(대) 보통예금	1,090,000

7. 일자 : 6월 17일

구분	코드	계정과목	코드	거래처명	적 요	금 액
3(차)	817	세 금 과 공 과				500,000
4(대)	103	보 통 예 금				500,000
분개	(차) 세금과공과(판)		500,000		(대) 보통예금	500,000

▶ 간주임대료는 실제 임대수익이 아니므로 분개의 대상이 아니고 간주임대료에 대한 10%의 부가가치세만 실제 지급하는 자가 세금과공과로 처리한다. 5,000,000×10%=500,000원

8. 일자 : 6월 18일

구분	코드	계정과목	코드	거래처명	적 요	금 액
3(차)	525	교 육 훈 련 비				1,000,000
4(대)	254	예 수 금				88,000
4(대)	101	현 금				912,000
분개	(차) 교육훈련비(제)		1,000,000		(대) 예수금 현 금	88,000 912,000

9. 일자 : 6월 19일

구분	코드	계정과목	코드	거래처명	적 요	금 액
4(대)	206	기 계 장 치				15,000,000
3(차)	207	감가상각누계액				6,500,000
3(차)	961	재 해 손 실				8,500,000
분개	(차) 감가상각누계액 　　　재해손실		6,500,000 8,500,000	(대) 기계장치		15,000,000

▶ 화재보험 가입 여부와 무관하게 재해손실로 처리하고 보험금을 받으면 보험금수익으로 처리한다.

2 매입매출전표

되짚으며 따라하기 – 과세매출

(주)기출정공의 기중 거래내역을 매입매출전표 메뉴에 입력하고, 전자세금계산서 발급을 요구하는 경우 전자세금계산서를 발급 전송하시오.

1 7월 1일 : 경수전자(주)에 제품을 5,000,000원(부가가치세 별도)에 판매하고 전자세금계산서를 발급하였다. 매출대금 중 2,000,000원은 약속어음으로 받았고, 나머지는 보통예금으로 입금되었다(하나의 전표로 입력하고, 전자세금계산서를 발급 전송할 것).

2 7월 2일 : 당사는 상신물산(주)와 다음의 두 가지 거래를 하고 7월 2일에 합계 전자세금계산서를 작성하여 발급하였다. 복수거래의 매입매출전표를 입력하고 회계처리는 공급일이 아닌 세금계산서 작성일에 두 거래를 하나의 전표로 처리하시오.

- 7월 1일 : 제품(1,000개, 단가 10,000원)을 외상으로 판매하였다.
- 7월 2일 : 제품(500개, 단가 10,000원)을 판매하고 대금은 어음으로 수취하였다.

3 7월 3일 : (주)대길에게 제품을 3,850,000원(부가가치세 포함)에 판매하고 전자세금계산서를 발급하였으며, 2,000,000원은 (주)대길이 (주)용인으로부터 받을 외상매출금 채권을 양수하였고, 나머지는 보통예금계정에 입금되었다. 하나의 전표로 입력하시오.

4 7월 4일 : 제품을 판매하고 발급한 전자세금계산서이다. 적절한 회계처리를 하시오. 작성일자에 회계처리를 하시오.

전자세금계산서(공급자보관용)							책 번 호		권	호
							일련번호			

공급자
등록번호	105-81-33130
상호(법인명)	(주)기출정공	성명(대표자)	황태섭
사업장주소	서울시 마포구 도화길 10
업태	제조,도·소매	종목	전자제품

공급받는자
등록번호	113-81-74243
상호(법인명)	(주)용인	성명(대표자)	이인용
사업장주소	서울시 마포구 도화길 8
업태	소매	종목	전자기기

작성		공급가액	세액	비고
연 월 일 공란수	백 십 억 천 백 십 만 천 백 십 일	십 억 천 백 십 만 천 백 십 일	
2025 7 4	3 0 0 0 0 0 0	3 0 0 0 0 0	

월일	품목	규격	수량	단가	공급가액	세액	비고
7 4	전자제품		1		2,000,000	200,000	
7 4	전자제품		1		1,000,000	100,000	

합계금액	현금	수표	어음	외상미수금	이 금액을 영수 함
3,300,000			1,300,000	2,000,000	청구

5 7월 5일 : 비서실에서 사용하던 컴퓨터를 (주)컴세상에 350,000원(부가가치세 별도)에 매각하고 전자세금계산서를 발급하였다. 대금은 전액 현금으로 당일에 수취하였다. 컴퓨터 취득금액은 1,500,000원, 감가상각누계액은 1,300,000원이며, 매각 시의 감가상각비는 고려하지 않는다.

6 7월 6일 : 경수전자(주)에 특허권을 11,000,000원(부가가치세 포함)에 양도하고 전자세금계산서를 발급하였다. 특허권의 양도대가는 보통예금통장으로 이체 받았다(특허권의 장부상 금액은 8,000,000원이며, 전자세금계산서를 발급·전송할 것).

풀이

1. 일자 : 7월 1일 (전자 란에 '여' 자동 표시)

유형	품목	수량	단가	공급가액	부가세	공급처	
11.과세	제품			5,000,000	500,000	00607	경수전자(주)
분개	3.혼합 (차) 110.받을어음 (차) 103.보통예금			2,000,000 3,500,000	(대) 404.제품매출 (대) 255.부가세예수금		5,000,000 500,000

▶ 문제에서 전자세금계산서를 발급하라고 하는 경우 전자 란에서 '1.여'를 선택하면 안된다.
전자세금계산서발행 메뉴에서 해당 기간을 입력하고 발행대상 거래의 좌측에 체크하고 상단 F3전자발행을 클릭하여 발급 전송하면 매입매출전표입력 화면의 전자 란에 '여'가 자동으로 표시된다(아이디와 비밀번호 : kacpta).

2. 일자 : 7월 2일 (전자 란에 '1:여' 입력)

유형	품목	수량	단가	공급가액	부가세	공급처	
11.과세	제품			15,000,000	1,500,000	00205	상신물산(주)
분개	3.혼합 (차) 108.외상매출금　　　　11,000,000 (차) 110.받을어음　　　　　 5,500,000				(대) 404.제품매출　　　　　15,000,000 (대) 255.부가세예수금　　　 1,500,000			

▶ 전자세금계산서를 발급 전송하라는 요구가 없으므로 전자 란에서 '1.여'를 선택하여야 한다.

3. 일자 : 7월 3일 (전자 란에 '1:여' 입력)

유형	품목	수량	단가	공급가액	부가세	공급처	
11.과세	제품			3,500,000	350,000	00603	(주)대길
분개	3.혼합 (차) 103.보통예금　　　　　1,850,000 (차) 108.외상매출금((주)용인) 2,000,000				(대) 404.제품매출　　　　　 3,500,000 (대) 255.부가세예수금　　　　350,000			

▶ 전자세금계산서를 발급 전송하라는 요구가 없으므로 전자 란에서 '1.여'를 선택하여야 한다.

4. 일자 : 7월 4일 (전자 란에 '1:여' 입력)

유형	품목	수량	단가	공급가액	부가세	공급처	
11.과세	제품			3,000,000	300,000	00604	(주)용인
분개	3.혼합 (차) 110.받을어음　　　　　1,300,000 (차) 108.외상매출금　　　　 2,000,000				(대) 404.제품매출　　　　　 3,000,000 (대) 255.부가세예수금　　　　300,000			

▶ 전자세금계산서를 발급 전송하라는 요구가 없으므로 전자 란에서 '1.여'를 선택하여야 한다.

5. 일자 : 7월 5일 (전자 란에 '1:여' 입력)

유형	품목	수량	단가	공급가액	부가세	공급처	
11.과세	컴퓨터			350,000	35,000	00506	(주)컴세상
분개	3.혼합 (차) 213.감가상각누계액　　 1,300,000 (차) 101.현　　금　　　　　　385,000				(대) 212.비　품　　　　　　1,500,000 (대) 255.부가세예수금　　　　35,000 (대) 914.유형자산처분이익　　150,000			

▶ 전자세금계산서를 발급 전송하라는 요구가 없으므로 전자 란에서 '1.여'를 선택하여야 한다.

6. 일자 : 7월 6일 (전자 란에 '여' 자동 표시)

유형	품목	수량	단가	공급가액	부가세		공급처
11.과세	특허권			10,000,000	1,000,000	00607	경수전자(주)
분개	3.혼합 (차) 103.보통예금			11,000,000	(대) 219.특허권 (대) 255.부가세예수금 (대) 923.무형자산처분익		8,000,000 1,000,000 2,000,000

▶ 전자세금계산서의 발급 및 전송을 요구하므로 매입매출전표입력에서 전자 란을 건너뛰고, 전자세금계산서발행 메뉴에서 발급 전송하여야 한다(아이디와 비밀번호 : kacpta).
▶ 전자발급을 하면 매입매출전표입력 화면의 전자 란에 '여'가 자동으로 표시된다.

되짚으며 따라하기 – 영세매출

다음의 (주)기출정공 기중 거래내역을 매입매출전표 메뉴에 입력하고 전자세금계산서 발급을 요구하는 경우 전자세금계산서를 발급 전송하시오.

[1] 7월 7일 : 수출업체인 (주)청해인슈어런스에 구매확인서를 통해 제품 200개(단위당 가격 @100,000원)를 공급하고 영세율전자세금계산서를 발급하였으며, 대금은 전액 외상으로 하였다.

[2] 7월 8일 : 수출업자인 (주)강산상사에 내국신용장(Local L/C)에 의하여 제품(공급가액 : 30,000,000원)을 납품하고, 영세율전자세금계산서를 발급하였다(전자세금계산서의 발급 및 전송을 할 것). 대금 중 3,000,000원은 보통예금으로 즉시 이체 받았고, 나머지는 다음달 10일까지 보통예금으로 이체받기로 하였다.

풀이

1. 일자 : 7월 7일 (전자 란에 '1:여' 입력, 영세율 구분 3)

유형	품목	수량	단가	공급가액	부가세		공급처
12.영세	제품			20,000,000	0	00113	(주)청해인슈어런스
분개	2.외상 (차) 108.외상매출금			20,000,000	(대) 404.제품매출		20,000,000

▶ 내국신용장 또는 구매확인서에 의한 공급은 영세율이나 국내 사업자간의 거래이므로 반드시 세금계산서를 발급하여야 한다.

2. 일자 : 7월 8일 (전자 란에 '여' 자동 표시, 영세율 구분 3)

유형	품목	수량	단가	공급가액	부가세	공급처	
12.영세	제품			30,000,000	0	00109	(주)강산상사
분개	3.혼합 (차) 108.외상매출금 27,000,000 (대) 404.제품매출 30,000,000 (차) 103.보통예금 3,000,000						

▶ 전자세금계산서발행 메뉴에서 해당 기간을 입력하고 발행대상 거래의 좌측에 체크하고 상단 F3전자발행을 클릭하여 발행 전송하면 매입매출전표입력 화면의 전자 란에 '여'가 자동으로 표시된다. 아이디와 비밀번호 : kacpta

되짚으며 따라하기 – 면세매출

다음의 (주)기출정공 기중 거래내역을 매입매출전표 메뉴에 입력하시오.

1 7월 9일 : 보유중인 토지일부를 한국항공에 매각하고 토지대금 30,000,000원(장부금액 20,000,000원)에 대하여 전자계산서를 발급하였다. 대금은 전액 당사 보통예금계좌로 입금받았다.

풀이

1. 일자 : 7월 9일 (전자 란에 1:여 입력)

유형	품목	수량	단가	공급가액	부가세	공급처	
13.면세	토지			30,000,000	0	00404	한국항공
분개	3.혼합 (차) 103.보통예금 30,000,000 (대) 201.토지 20,000,000 (대) 914.유형자산처분이익 10,000,000						

되짚으며 따라하기 – 건별매출

다음의 (주)기출정공 기중 거래내역을 매입매출전표 메뉴에 입력하시오.

1 7월 10일 : 원재료 매입처인 (주)힘센물산에 제품을 무상으로 제공하였는데 당해 제품의 원가는 800,000원이고 시가는 1,200,000원이며 부가가치세 과세대상이다(단, 거래처코드 입력은 생략한다).

2 7월 11일 : 당사 제품 600,000원(시가 750,000원)을 대표자가 개인적인 용도로 사용하였다 (상단의 거래처코드 입력은 생략).

풀이

1. 일자 : 7월 10일

유형	품목	수량	단가	공급가액	부가세	공급처
14.건별	제품			1,200,000	120,000	
분개	3.혼합 (차) 513.기업업무추진비 920,000				(대) 150.제품 800,000 　　　(적요8.타계정으로대체액) (대) 255.부가세예수금 120,000	

▶ 자기가 생산 취득한 재화를 무상으로 제공하는 간주공급(자가공급, 개인적공급, 사업상증여 등)의 경우 과세표준은 시가로 하고, 하단의 회계처리는 원가로 하여야 한다. 기업업무추진비=원가+부가가치세

2. 일자 : 7월 11일

유형	품목	수량	단가	공급가액	부가세	공급처
14.건별	제품			750,000	75,000	
분개	3.혼합 (차) 134.가지급금 675,000 　　　(900.황태섭)				(대) 150.제품 600,000 　　　(적요8.타계정으로대체액) (대) 255.부가세예수금 75,000	

▶ 가지급금 : 600,000+75,000=675,000원

되짚으며 따라하기 - 수출매출

다음의 (주)기출정공 기중 거래내역을 매입매출전표 메뉴에 입력하시오.

1 7월 12일 : 중국 상하이상사에 제품을 직수출하고, 수출대금은 전액을 이달 말일에 미국달러화로 받기로 하였다. 수출과 관련된 내용은 다음과 같다.

· 수출신고일 : 2025.7.1　　　· 선하증권상(B/L)의 선적일 : 2025.7.12
· 수출가격 : $100,000

일　자	7월 1일	7월 12일	7월 31일
기준환율	1,250원/$	1,200원/$	1,230원/$

2 7월 13일 : KOREA.CO.LTD사에 수출할 제품($300,000)을 부산항에서 금일 선적완료 하였다. 당해 수출과 관련하여 당사는 이미 7월 5일 계약금으로 $20,000를 받아 원화로 환가하여 보통예금 계좌에 입금하였으며, 나머지 수출대금은 7월 25일 모두 받기로 하였다. 일자별 환율은 다음과 같다(단, 부가가치세법에 따라 회계처리 하시오).

구　분	7월 5일	7월 13일	7월 25일
기준환율($ 1당)	1,200원	1,300원	1,100원

풀이

1. 일자 : 7월 12일 (영세율 구분 1)

유형	품목	수량	단가	공급가액	부가세	공급처	
16.수출	제품			120,000,000	0	00101	상하이상사
분개	2.외상 (차) 108.외상매출금			120,000,000	(대) 404.제품매출		120,000,000

▶ 직접 수출하는 경우에는 세금계산서를 발급하지 않는다. 수출하는 재화의 공급가액은 선적일의 환율을 적용하고, 선적일 전에 대금을 수령하고 환가한 경우에는 환가한 금액을 공급가액으로 한다.

2. 일자 : 7월 13일 (영세율 구분 1)

유형	품목	수량	단가	공급가액	부가세	공급처	
16.수출	제품			388,000,000	0	00510	KOREA.CO.LTD
분개	3.혼합 (차) 259.선수금 (차) 108.외상매출금			24,000,000 364,000,000	(대) 404.제품매출		388,000,000

▶ 제품매출 : ($ 20,000 × 1,200) + ($ 280,000 × 1,300) = 388,000,000원

되짚으며 따라하기 - 카드과세

다음의 (주)기출정공 기중 거래내역을 매입매출전표 메뉴에 입력하시오.

1 7월 14일 : 개인 소비자 김구라에게 제품 6,600,000원(부가가치세 포함)을 판매하였고, 신용카드(삼성카드)로 결제받았다. 외상매출금으로 회계처리하시오.

풀이

1. 일자 : 7월 14일

유형	품목	수량	단가	공급가액	부가세	공급처	
17.카과	제품			6,000,000	600,000	00710	김구라
분개	2.외상(3.혼합, 4.카드) (차) 108.외상매출금 (99600.삼성카드)			6,600,000	(대) 404.제품매출 (대) 255.부가세예수금		6,000,000 600,000

▶ 분개의 외상매출금 란의 거래처가 삼성카드(매출)인지 확인한다. 분개유형을 3.혼합으로 하면 외상매출금을 직접 입력하여야 하고, 4.카드로 하면 환경등록에서 카드매출을 외상매출금으로 변경하여야 한다.

되짚으며 따라하기 – 현금과세

다음의 (주)기출정공 기중 거래내역을 매입매출전표 메뉴에 입력하시오.

1 7월 15일 : 회사는 비사업자인 김구라씨에게 컴퓨터 제품 주변기기를 3,300,000원(부가가치세 포함)에 세금계산서 발급없이 현금 판매하였고 현금영수증(소득공제용, 승인번호 생략)을 발급하여 주었다.

풀이

1. 일자 : 7월 15일

유형	품목	수량	단가	공급가액	부가세	공급처	
22.현과	제품			3,000,000	300,000	00710	김구라
분개	1.현금	(입금) 404.제품매출 (입금) 255.부가세예수금				3,000,000 300,000	

되짚으며 따라하기 – 과세매입

다음의 (주)기출정공 기중 거래내역을 매입매출전표 메뉴에 입력하고 전자세금계산서는 전자 란에 반영하시오.

1 8월 1일 : 당사는 상신물산(주)로부터 원재료[수량 1,250개, 단가 16,000원(부가가치세 별도)]를 외상으로 매입하고 전자세금계산서를 수취하였다.

2 8월 2일 : 상신물산(주)로부터 부재료를 9,900,000원(부가가치세 포함)에 매입하고 전자세금계산서를 발급받았으며, 대금의 50%는 당사가 발행한 약속어음(만기:10.31)을 교부하였고 나머지는 보통예금계좌에서 이체하였다.

3 8월 3일 : 마포전자(주)로부터 원재료(공급가액 5,000,000원, 부가가치세별도)를 매입하고 전자세금계산서를 발급받았다. 대금 중 2,000,000원은 8월 1일 계약금을 지급하였고, 나머지 금액은 제품매출대금으로 받은 경수전자(주)가 발행한 어음을 배서양도하였다.

4 8월 4일 : 당사는 공장건물이 노후화 되어 안전에 문제가 있다는 판단에 따라 기존건물을 철거하고 새로 신축하기로 하였다. 신축공사는 (주)형제건설과 다음과 같이 하기로 하였다. 당일에 계약금인 22,000,000원(부가가치세 포함)에 대하여 전자세금계산서를 발급받았고 대금은 당사가 발행한 약속어음(만기일:9.30)으로 지급하였다.

- 총 도급금액 : 220,000,000원(부가가치세 포함)
- 대금 지급 방식
  ⓐ 계약금(2025.8.4/공사착공일)   : 22,000,000원 (부가가치세 포함)
  ⓑ 중도금(2025.12.31)   : 88,000,000원 (부가가치세 포함)
  ⓒ 잔   금(2026.6.30/완공예정일) : 110,000,000원 (부가가치세 포함)

5 8월 5일 : 당사는 낡은 공장건물을 수선하고, (주)형제건설로부터 아래와 같은 내용의 세금계산서 1매를 수취하였다. 대금 중 22,000,000원은 (주)형제건설에 대한 외상매출금과 상계하기로 하였고, 나머지는 다음 달 말일에 지급하기로 하였다(단, 세금계산서는 전자발급 받았으며 복수거래로 입력할 것).

품 명	공급가액	세액	비고
창호공사	1,400,000원	140,000원	수익적 지출
지붕교체	25,000,000원	2,500,000원	자본적 지출
합 계	26,400,000원	2,640,000원	

6 8월 6일 : 제품 운반용 트럭이 사고로 인하여 고려자동차(주)로부터 엔진을 교체하였다. 자본적 지출에 해당하는 것으로 엔진교체비 5,000,000원(부가가치세 별도)을 당좌수표를 발행하여 지급하고 전자세금계산서를 발급받았다.

7 8월 7일 : 상신물산(주)에서 상품(공급가액 : 25,000,000원)을 매입하고, 그에 대한 전자세금계산서를 발급받았다. 단, 이와 관련하여 대금은 약속어음(만기 : 12월 31일)을 발행하여 지급하였다.

8 8월 8일 : 전년도에 상신물산(주)에서 매입한 상품에 하자가 있어 반품하고 수정 전자세금계산서(공급가액 3,000,000원, 부가가치세 별도, 음(-)의 세금계산서)를 발급받았다. 대금은 외상매입금과 상계 처리하였다.

9 8월 9일 : (주)상원기계에 공장 기계장치 점검을 의뢰하고 수선비용으로 380,000원(부가가치세 별도)를 현금 지출한 후 전자세금계산서를 발급받았다. 기계 수선내역은 수익적지출로 간주한다.

10 8월10일 : 회사홍보와 매출증대를 위해 인터넷 사이트 배너광고 전문업체인 기흥광고(주)에 광고(3,450,000원, 부가가치세 별도)를 의뢰하고 전자세금계산서를 발급받았다. 대금은 말일까지 지급하기로 하다.

11 8월11일 : 당사는 공장 생산라인 직원들의 식사를 공장근처 식당인 남서식당에서 정기적으로 배달하여 먹고 매월 1회 정산하여 결제한다. 6월분 공장 직원 식사대 1,500,000원(부가가치세 별도)를 현금 결제하고 종이세금계산서를 발급받다(공장직원에게 별도의 식대를 지급하고 있지는 않다).

12 8월12일 : 당사는 기술인력 부족으로 고열가공을 외주하기로 하였다. (주)상원기계에 당사의 원재료의 가공을 의뢰하고 11,000,000원(부가가치세별도)의 전자세금계산서를 수취하였으며, 대금은 당좌수표를 발행하여 지급하였다.

풀이

1. 일자 : 8월 1일 (전자 란에서 1:여를 선택)

유형	품목	수량	단가	공급가액	부가세	공급처	
51.과세	원재료	1,250	16,000	20,000,000	2,000,000	00205	상신물산(주)
분개	2.외상 (차) 153.원재료　　　　　20,000,000　　(대) 251.외상매입금　　　　22,000,000 (차) 135.부가세대급금　　　 2,000,000							

2. 일자 : 8월 2일 (전자 란에서 1:여를 선택)

유형	품목	수량	단가	공급가액	부가세	공급처	
51.과세	부재료			9,000,000	900,000	00205	상신물산(주)
분개	3.혼합 (차) 162.부재료　　　　　 9,000,000　　(대) 252.지급어음　　　　 4,950,000 (차) 135.부가세대급금　　　　900,000　　(대) 103.보통예금　　　　 4,950,000							

3. 일자 : 8월 3일 (전자 란에서 1:여를 선택)

유형	품목	수량	단가	공급가액	부가세	공급처	
51.과세	원재료			5,000,000	500,000	00605	마포전자(주)
분개	3.혼합 (차) 153.원재료　　　　　 5,000,000　　(대) 131.선급금(마포전자(주))　　2,000,000 (차) 135.부가세대급금　　　　500,000　　(대) 110.받을어음(경수전자(주))　3,500,000							

4. 일자 : 8월 4일 (전자 란에서 1:여를 선택)

유형	품목	수량	단가	공급가액	부가세	공급처	
51.과세	건설중인자산			20,000,000	2,000,000	00503	(주)형제건설
분개	3.혼합 (차) 214.건설중인자산　　 20,000,000　　(대) 253.미지급금　　　　 22,000,000 (차) 135.부가세대급금　　 2,000,000							

5. 일자 : 8월 5일 (전자 란에서 1:여를 선택)

유형	품목	수량	단가	공급가액	부가세	공급처	
51.과세	창호공사외			26,400,000	2,640,000	00503	(주)형제건설
분개	3.혼합 (차) 520.수선비 1,400,000 (차) 202.건 물 25,000,000 (차) 135.부가세대급금 2,640,000				(대) 108.외상매출금 22,000,000 (대) 253.미지급금 7,040,000		

▶ 상단의 F7복수거래를 선택하여 하단 보조창에서 공사별로 입력하여야 한다.

6. 일자 : 8월 6일 (전자 란에서 1:여를 선택)

유형	품목	수량	단가	공급가액	부가세	공급처	
51.과세	트럭엔진			5,000,000	500,000	00502	고려자동차(주)
분개	3.혼합 (차) 208.차량운반구 5,000,000 (차) 135.부가세대급금 500,000				(대) 102.당좌예금 5,500,000		

7. 일자 : 8월 7일 (전자 란에서 1:여를 선택)

유형	품목	수량	단가	공급가액	부가세	공급처	
51.과세	상품			25,000,000	2,500,000	00205	상신물산(주)
분개	3.혼합 (차) 146.상 품 25,000,000 (차) 135.부가세대급금 2,500,000				(대) 252.지급어음 27,500,000		

8. 일자 : 8월 8일 (전자 란에서 1:여를 선택)

유형	품목	수량	단가	공급가액	부가세	공급처	
51.과세	상품반품			-3,000,000	-300,000	00205	상신물산(주)
분개	2.외상 (차) 146.상 품 -3,000,000 (차) 135.부가세대급금 -300,000				(대) 251.외상매입금 -3,300,000		

9. 일자 : 8월 9일 (전자 란에서 1:여를 선택)

유형	품목	수량	단가	공급가액	부가세	공급처	
51.과세	기계수선			380,000	38,000	00403	(주)상원기계
분개	1.현금		(출금) 520.수선비 (출금) 135.부가세대급금		380,000 38,000		

10. 일자 : 8월 10일 (전자 란에서 1:여를 선택)

유형	품목	수량	단가	공급가액	부가세	공급처	
51.과세	광고료			3,450,000	345,000	00202	기흥광고(주)
분개	3.혼합 (차) 833.광고선전비　　　3,450,000 (차) 135.부가세대급금　　　345,000				(대) 253.미지급금　　　3,795,000		

11. 일자 : 8월 11일 (전자 란에서 0:부를 선택)

유형	품목	수량	단가	공급가액	부가세	공급처	
51.과세	식사대			1,500,000	150,000	00402	남서식당
분개	1.현금　(출금) 511.복리후생비　　　1,500,000 　　　　(출금) 135.부가세대급금　　　150,000						

12. 일자 : 8월 12일 (전자 란에서 1:여를 선택)

유형	품목	수량	단가	공급가액	부가세	공급처	
51.과세	외주가공비			11,000,000	1,100,000	00403	(주)상원기계
분개	3.혼합 (차) 533.외주가공비　　　11,000,000 (차) 135.부가세대급금　　　1,100,000				(대) 102.당좌예금　　　12,100,000		

되짚으며 따라하기 – 영세매입

다음의 (주)기출정공 기중 거래내역을 매입매출전표 메뉴에 입력하시오.

1 8월 13일 : 구매확인서에 의해 수출용제품에 대한 원재료(공급가액 35,800,000원)를 경일전자(주)로부터 매입하고 영세율전자세금계산서를 발급받았다. 매입대금 중 15,000,000원은 마포전자(주)로부터 받은 약속어음을 배서하여 주고 나머지는 3개월 만기의 당사 발행 약속어음으로 주었다.

[풀이]

1. 일자 : 8월 13일 (전자 란에서 1:여를 선택)

유형	품목	수량	단가	공급가액	부가세	공급처	
52.영세	원재료			35,800,000	0	00601	경일전자(주)
분개	3.혼합 (차) 153.원 재 료			35,800,000	(대) 110.받을어음(마포전자(주)) (대) 252.지급어음		15,000,000 20,800,000

되짚으며 따라하기 – 면세매입

다음의 (주)기출정공 기중 거래내역을 매입매출전표 메뉴에 입력하시오.

1 8월 14일 : 한국정육점에서 갈비세트를 1개월 후 지급조건으로 1,000,000원에 구입하고, 전자계산서를 수취하였다. 이 중 300,000원은 복리후생 차원에서 당사 공장직원들에게 제공하였고, 나머지는 매출거래처에 증정하였다(하나의 전표로 입력할 것).

[풀이]

1. 일자 : 8월 14일 (전자 란에서 1:여를 선택)

유형	품목	수량	단가	공급가액	부가세	공급처	
53.면세	갈비세트			1,000,000	0	00201	한국정육점
분개	3.혼합 (차) 511.복리후생비 (차) 813.기업업무추진비			300,000 700,000	(대) 253.미지급금		1,000,000

되짚으며 따라하기 – 불공매입

다음의 (주)기출정공 기중 거래내역을 매입매출전표 메뉴에 입력하시오.

1. 8월 15일 : 매출 거래처인 (주)대덕의 김주연 영업부장과 남서식당에서 회식하고 440,000원(부가가치세 포함)을 현금으로 지급한 후 전자세금계산서를 수취하였다.

2. 8월 16일 : 당사는 공장을 신축할 목적으로 토지를 구입하여 토지 위에 있는 건축물을 (주)형제건설과 철거계약을 하고 즉시 철거한 후 전자세금계산서를 발급받았다. 철거비용은 8,000,000원(부가가치세 별도)이 소요되었는데, 5,000,000원은 당좌수표로 지급하고 나머지는 외상으로 하였다.

3. 8월 17일 : 미국 자동차회사인 GM상사로부터 영업부서에서 사용할 승용차(배기량 2,000cc, 4인승)를 인천세관을 통해 수입하고 수입전자세금계산서(공급가액 50,000,000원, 부가가치세 5,000,000원)를 발급받았다. 부가가치세와 관세 1,000,000원을 국민은행 보통예금으로 지급하였다. 매입매출전표에서 부가가치세와 관세에 대해서만 회계처리하시오.

4. 8월 18일 : 대표이사의 자택에서 사용할 목적으로 킹마트에서 UHD TV를 5,000,000원(부가가치세 별도)에 구입하고, 회사 명의로 종이세금계산서를 수령하였다. 대금은 회사의 현금으로 결제하였으며, 대표이사(황태섭)의 가지급금으로 처리한다.

풀이

1. 일자 : 8월 15일 불공제사유 : ④ 기업업무추진비 관련 (전자 란에서 1:여를 선택)

유형	품목	수량	단가	공급가액	부가세	공급처	
54.불공	회식대			400,000	40,000	00402	남서식당
분개	1.현금	(출금) 813.기업업무추진비				440,000	

2. 일자 : 8월 16일 불공제사유 : ⑥ 토지의 자본적 지출 관련 (전자 란에서 1:여를 선택)

유형	품목	수량	단가	공급가액	부가세	공급처	
54.불공	철거비용			8,000,000	800,000	00503	㈜형제건설
분개	3.혼합 (차) 201.토 지			8,800,000	(대) 102.당좌예금 (대) 253.미지급금		5,000,000 3,800,000

3. 일자 : 8월 17일

   불공제사유 : ③ 개별소비세법 제1조제2항제3호에 따른 자동차 구입 (전자 란에서 1:여를 선택)

유형	품목	수량	단가	공급가액	부가세	공급처	
54.불공	승용차 수입			50,000,000	5,000,000	00102	인천세관
분개	3.혼합 (차) 208.차량운반구			6,000,000	(대) 103.보통예금		6,000,000

4. 일자 : 8월 18일 불공제사유 : ② 사업과 관련 없는 지출 (전자 란에서 0:부를 선택)

유형	품목	수량	단가	공급가액	부가세	공급처	
54.불공	UHD TV			5,000,000	500,000	00204	킹마트
분개	1.현금	(출금) 134.가지급금(황태섭)			5,500,000		

되짚으며 따라하기 – 수입매입

다음의 (주)기출정공 기중 거래내역을 매입매출전표 메뉴에 입력하시오.

1 8월 19일 : 재료를 수입통관하면서, 인천세관으로부터 40,000,000원(부가세 별도)의 수입전자세금계산서를 발급받고, 통관제비용과 부가가치세 4,400,000원을 현금 지급하였다(미착품은 고려하지 않기로 한다).

풀이

1. 일자 : 8월 19일

유형	품목	수량	단가	공급가액	부가세	공급처	
55.수입	재료수입			40,000,000	4,000,000	00102	인천세관
분개	3.혼합 (차) 135.부가세대급금 (차) 153.원재료			4,000,000 400,000	(대) 101.현　금		4,400,000

   ▶ 재화를 수입하는 경우 수입세금계산서의 공급가액은 수입재화의 원가가 아니다. 수입재화의 원가는 수입계산서 등에 의하여 확인하여 미착품계정으로 회계처리한다.
   ▶ 통관제비용 400,000원은 수입 원재료의 매입 시 부대비용이므로 원재료의 원가에 가산한다.

되짚으며 따라하기 – 카드과세매입

다음의 (주)기출정공 기중 거래내역을 매입매출전표 메뉴에 입력하시오.

1 8월 20일 : (주)국도전자로부터 업무용 컴퓨터 1대를 5,500,000원(부가가치세 포함)에 구입하고 법인카드인 삼성카드로 구입하였다(신용카드 매입세액공제요건을 모두 충족함).

2 8월 21일 : 영업부에서 회사 제품 홍보를 위하여 (주)강남상사에 티슈제작을 의뢰하면서 계약금 2,200,000원(부가세 200,000원 별도 기재됨)을 삼성카드(신용카드)로 지급하였다.

풀이

1. 일자 : 8월 20일

유형	품목	수량	단가	공급가액	부가세		공급처
57.카과	컴퓨터			5,000,000	500,000	00107	(주)국도전자
분개	4.카드 (차) 212.비 품　　　　　5,000,000 (차) 135.부가세대급금　　　500,000				(대) 253.미지급금　　　　5,500,000 　　　(99700.삼성카드)		

▶ 신용카드사로 99700.삼성카드(매입)을 선택하면 분개의 미지급금계정 란의 거래처는 99700.삼성카드로 자동 변경된다.

2. 일자 : 8월 21일

유형	품목	수량	단가	공급가액	부가세		공급처
57.카과	티슈제작			2,000,000	200,000	00302	(주)강남상사
분개	4.카드 (차) 131.선급금　　　　　2,000,000 (차) 135.부가세대급금　　　200,000				(대) 253.미지급금　　　　2,200,000 　　　(99700.삼성카드)		

되짚으며 따라하기 – 카드면세

다음의 (주)기출정공 기중 거래내역을 매입매출전표 메뉴에 입력하시오.

1 8월 22일 : 매출처인 (주)상원기계의 창립기념일에 선물하기 위하여 한국화원으로부터 꽃을 200,000원에 구입하고 신용카드(삼성카드)로 결제하였다.

풀이

1. 일자 : 8월 22일

유형	품목	수량	단가	공급가액	부가세	공급처	
58.카면	꽃			200,000	0	00111	한국화원
분개	3.혼합 (차) 813.기업업무추진비			200,000	(대) 253.미지급금 (99700.삼성카드)		200,000

▶ 면세 재화의 구입은 불공으로 하지 않는다.

되짚으며 따라하기 – 현금과세

다음의 (주)기출정공 기중 거래내역을 매입매출전표 메뉴에 입력하시오.

1 8월 23일 : 영업부에서 야근 중인 직원을 위해 킹마트에서 간식을 구입하고 금액 88,000원(부가가치세 포함)을 현금으로 지급하였다. 증빙으로 현금영수증(지출증빙용)을 수취하다(승인번호의 입력은 생략).

풀이

1. 일자 : 8월 23일

유형	품목	수량	단가	공급가액	부가세	공급처	
61.현과	간식			80,000	8,000	00204	킹마트
분개	1.현금	(출금) 811.복리후생비 (출금) 135.부가세대급금				80,000 8,000	

3 부가가치세

> 되짚으며 따라하기 – 신용카드매출전표등 발행금액집계표

다음은 (주)기출정공의 부가가치세 신고서 작성 관련내역이다. 다음 자료를 토대로 2025년 제1기 부가가치세 예정신고(1.1~3.31) 시 신용카드매출전표발행금액집계표를 작성하시오.

구 분	적 요	공급가액	비 고
매출금액	컴퓨터판매(도매) (전액 세금계산서)	50,000,000원	이 금액 중 신용카드로 결제한 금액은 부가가치세를 포함하여 550,000원임.
	컴퓨터주변기기	10,000,000원	내국신용장에 의하여 공급하는 재화
	전자제품판매	65,000,000원	5백만원은 현금영수증 매출이며 6천만원은 카드매출임.

풀이

신용카드매출전표 등 발행금액 집계표
2025년 1기 예정(2025년 1월 ~3월)

2. 신용카드매출전표 등 발행금액 현황

구 분	⑤합 계	⑥신용·직불· 기명식 선불카드	⑦현금영수증
합 계			
과세 매출분	72,050,000	66,550,000	5,500,000
면세 매출분			
봉 사 료			

3. 신용카드매출전표등 발행금액(⑤합계) 중 세금계산서(계산서) 발급명세

⑧세금계산서 발급금액	550,000	⑨계산서 발급금액	

▶ 신용카드등매출전표 및 현금영수증 발행분에 대해서만 작성하는 서식으로 공급대가로 입력한다.
과세매출분 ⑥에 카드매출분 공급대가 66,550,000원(=66,000,000+550,000)을 입력하고, ⑦에 현금영수증매출분 공급대가 5,500,000원을 입력한다(공급대가 = 공급가액 × 1.1).
세금계산서 발급분(공급대가 : 550,000원)에 대하여 카드로 결제한 금액은 ⑥과 ⑧에 동시에 입력한다.

되짚으며 따라하기 – 부동산임대공급가액명세서

다음은 (주)기출정공의 부가가치세 신고서 관련 내역이다. 다음 자료를 보고 제1기 확정분(4월1일-6월30일) 부동산임대공급가액명세서를 작성하고 보증금이자(간주임대료) 부분에 대해서는 이를 부가가치세 신고서에 별도로 반영하시오(단, 적용할 정기예금 이자율은 3.5%로 한다).

층수	호수	상호 (사업자번호)	면적 (㎡)	용도	계약기간	보증금(원)	월세(원)
지상1층	101	킹마트 (120-29-66758)	350	점포	2024.07.01 ~2026.06.30	50,000,000	1,000,000
지상2층	201	기흥광고(주) (123-83-74128)	150	사무실	2024.04.01 ~2026.03.31	40,000,000	800,000

풀이

- 부동산 임대 공급가액명세서

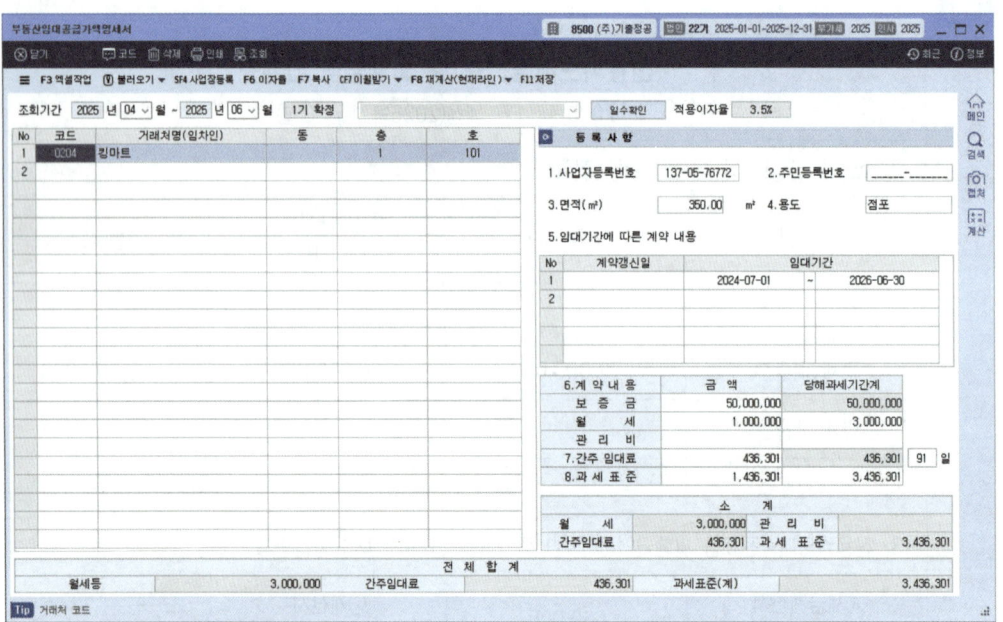

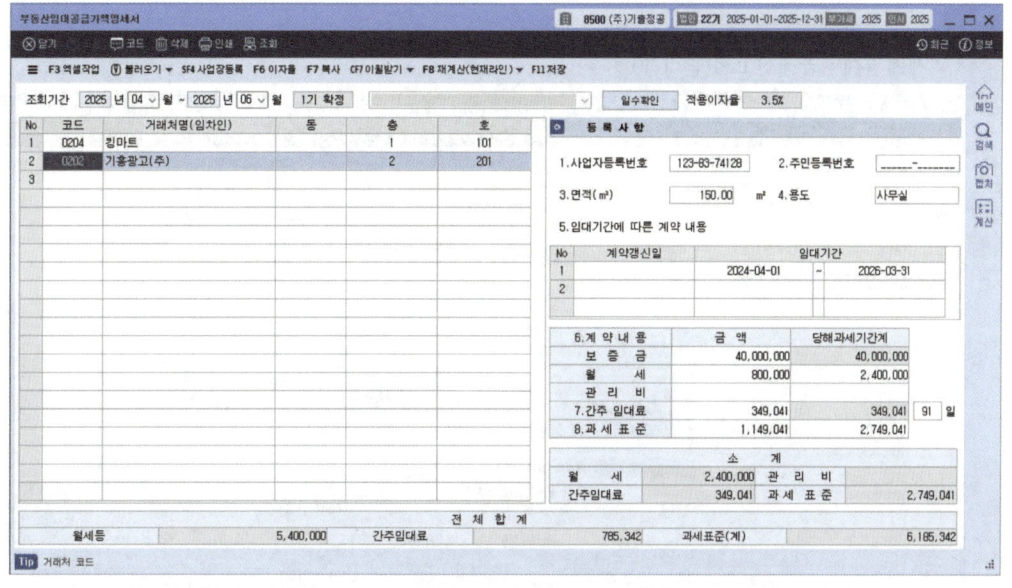

▶ 부가가치세 신고서 (4)과세(기타) 란에 보증금이자 : 785,342원   세액 : 78,534원을 입력
▶ 부동산 임대등록 메뉴에서 임대내역을 등록해 놓은 경우 불러오기하면 자동으로 완성된다.

되짚으며 따라하기 - 의제매입세액공제신고서

다음은 (주)기출정공의 부가가치세 신고서 작성 관련 내역이다. 본 문제에 한하여 당사는 국산보리를 주원료로 하여 과세재화를 생산하는 제조업을 하는 중소기업이다. 다음 자료를 보고 2025년 1기 확정신고(4월-6월)에 대한 의제매입세액공제신고서를 작성하시오. 예정신고시 공제받은 의제매입세액은 640,000원이다(관련 전표입력은 생략할 것).

거래구분	일자	상호	사업자번호 (주민등록번호)	품명	수량(kg)	매입가액(원)	관련증빙
사업자 매입분	04.02	(주)유일농산	132-94-35620	보리	100	3,400,000	계산서
	06.13	농민상회	125-91-81805	보리	80	2,560,000	영수증
농어민 매입분	05.15	윤종신	650629-1227618	밀	50	1,234,000	영수증
	06.24	김구라	650624-1528911	밀	30	980,000	영수증

2025년 제1기 과세표준과 면세농산물 등 매입액

구 분	과세표준	매입액(면세농산물등)
예정분	35,000,000원	16,640,000원
확정분	15,000,000원	5,614,000원

풀이

- 의제매입세액공제신고서(관리용)

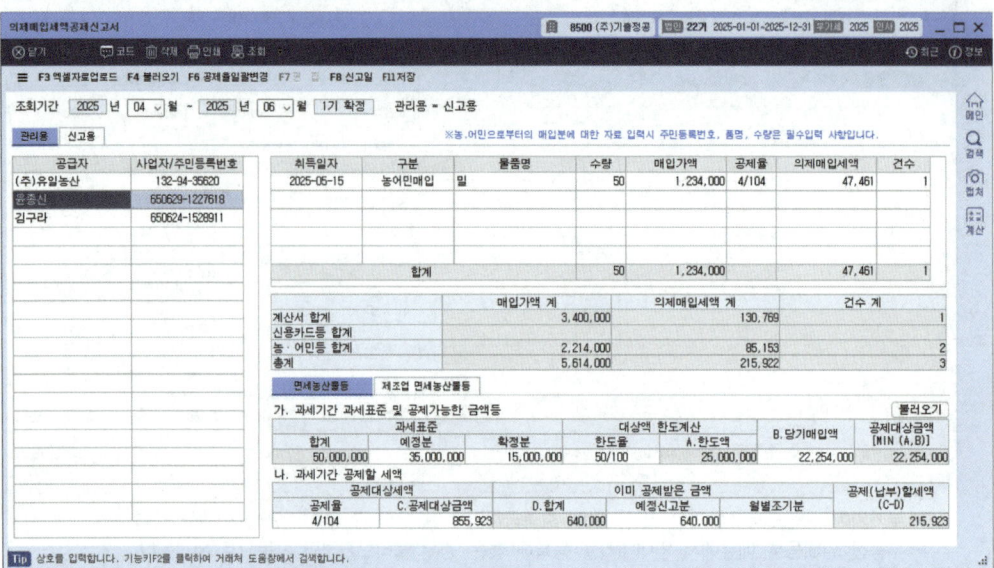

▶ 농민상회는 사업자이므로 계산서가 아닌 영수증을 수취하면 공제가 불가능하므로 입력하면 안 된다.
▶ 확정신고시에는 하단의 면세농산물등 탭에 입력을 하여야 한다.
▶ 과세표준은 예정분과 확정분을 각각 입력하면 되지만 B.당기매입액에는 예정분 매입액 16,640,000원과 확정분 매입액 5,614,000원을 더해서 22,254,000원을 입력하여야 한다.

- 의제매입세액공제신고서(신고용)

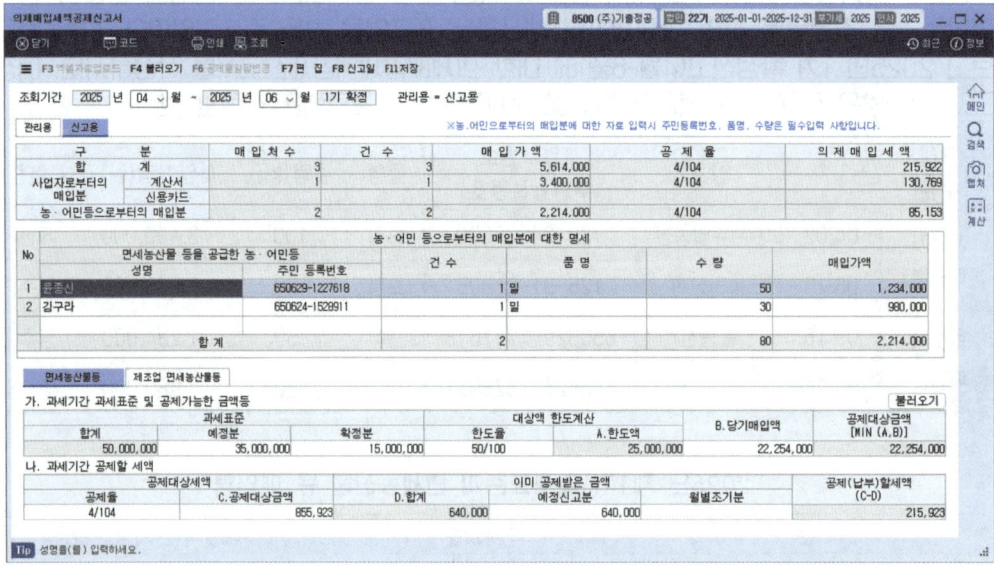

되짚으며 따라하기 – 대손세액공제신고서

다음 자료를 토대로 (주)기출정공의 2025년 제1기 부가가치세 확정신고(4월-6월) 시 대손세액공제신고서 및 부가가치세신고서를 작성하시오. 2025년 1기 확정신고 시 대손세액공제 대상인지의 여부를 판단하여 신고서에 반영하시오(회계처리는 생략).

1 2024년 10월 10일 한국상사에 제품 10,000,000원(부가가치세 별도)을 외상매출하고 동사 발행 어음을 수령하였다. 동 어음이 2025년 1월 30일 부도 발생하였다.

2 2024년 6월 10일 공장에서 사용하던 기계장치를 5,000,000원(부가가치세 별도)을 경일상사(대표성명 : 이경일, 사업자번호 : 123-12-12345)에 외상으로 매각하였다. 경일상사는 2025년 3월 20일 현재 대표자가 실종되어 기계장치 판매대금을 회수할 수 없음이 객관적으로 입증되었다. 기계장치에는 저당권 등이 설정되어 있지 아니하다.

3 2022년 2월 10일 용인상사(대표 : 김동일, 사업자등록번호 : 121-13-15168)에 제품 1,000,000원(부가가치세 별도)을 외상으로 판매하였다. 외상매출금의 소멸시효는 2025년 2월 10일 완성되었다.

풀이

① 대손세액공제신고서

	당초 공급일	대손 확정일	대손금액	공제율	대손세액	거래처		대손사유
1	2024-06-10	2025-03-20	5,500,000	10/110	500,000	경일상사	3	사망, 실종
2	2022-02-10	2025-02-10	1,100,000	10/110	100,000	용인상사	6	소멸시효 완성
	합 계				600,000			

▶ 1월 30일 부도발생한 어음 11,000,000원은 부도일부터 6개월이 경과되지 않았으므로 대손요건을 충족하지 못하였다.
▶ 대손세액공제를 받으려면 재화 또는 용역의 공급일부터 10년이 지난날이 속하는 과세기간에 대한 확정신고기한까지 대손이 확정되어야 한다.

② 1기 확정(4월-6월) 부가가치세 신고서

과세표준 및 매출세액 → 대손세액가감(8) → 세액 란 : -600,000원 입력 확인

되짚으며 따라하기 – 공제받지못할매입세액명세서

다음 자료는 (주)기출정공의 2025년 제1기 예정신고기간의 거래 내용이다(과세사업과 면세사업을 겸영하는 것으로 가정한다). 제1기 예정신고기간의 공제받지 못할 매입세액명세서를 직접 입력하여 작성하시오(전표 데이터 불러오기를 하지 말 것). 모든 거래는 세금계산서를 수취하였으며 부가가치세 별도의 금액이다.

1 한주통신에서 휴대폰 5대(단가 : 300,000원)를 구입하여 전량 거래처에 무상으로 제공하다.

2 마포전자(주)에서 원재료 매입액 3,000,000원에 대하여 세금계산서는 정확히 기재되었으나 세금계산서합계표에 공급받는 자의 등록번호가 착오로 일부 오류 기재되었다.

3 이지냉난방에서 면세사업에 사용할 목적으로 난방기를 850,000원에 구입하고 당기 소모품비로 처리하였다.

4 제일정비에 대표자의 업무용승용차(1,600cc) 고장 수리비 200,000원을 지급하였다.

풀이

- 공제받지못할매입세액명세서(조회기간: 2025년 1월~3월) (공제받지못할매입세액내역)

매입세액불공제사유	세금계산서		
	매수	공급가액	매입세액
① 필요적 기재사항 누락 등			
② 사업과 직접 관련없는 지출			
③ 개별소비세법 제1조제2항제3호에 따른 자동차 구입 유지 및 임차	1	200,000	20,000
④ 기업업무추진비 및 이와 유사한 비용 관련	1	1,500,000	150,000
⑤ 면세사업 등 관련	1	850,000	85,000
⑥ 토지의 자본적 지출 관련			
⑦ 사업자등록 전 매입세액			
⑧ 금·구리스크랩거래계좌 미사용 관련 매입세액			
합 계	3	2,550,000	255,000

▶ 자료 2의 착오기재인 경우에는 매입세액불공제 대상에서 제외됨

되짚으며 따라하기 – 공통매입세액안분계산(예정신고)

다음은 (주)기출정공의 부가가치세 신고서 작성 관련내역이다. 당사(과세 및 면세 겸영사업자로 가정)의 2025년 1기 예정 부가가치세 신고 시 공제받지 못할 매입세액명세서를 작성하라(전표 데이터 불러오기를 하지 말 것). 단, 아래의 매출과 매입은 모두 관련 세금계산서 또는 계산서를 적정하게 수수한 것이며, 과세분 매출과 면세분 매출은 모두 공통매입분과 관련된 것이다.

구 분		공급가액(원)	세 액(원)	합 계(원)	매 수
매출내역	과세분	40,000,000	4,000,000	44,000,000	7
	면세분	60,000,000	–	60,000,000	3
	합 계	100,000,000	4,000,000	104,000,000	10
매입내역	과세분	30,000,000	3,000,000	33,000,000	6
	공통분	50,000,000	5,000,000	55,000,000	3
	합 계	80,000,000	8,000,000	88,000,000	9

풀이

- 공제받지못할매입세액명세서(조회기간: 2025년 1월~3월) 작성
  공통매입세액 안분계산 내역 탭(산식 : 1.당해 과세기간 공급가액 기준)

번호	과세·면세사업 공통매입		⑫ 총공급가액 등	⑬ 면세공급가액 등	⑭불공제 매입세액 [⑪ × (⑬ ÷ ⑫)]
	⑩공급가액	⑪세액			
1	50,000,000원	5,000,000원	100,000,000원	60,000,000원	3,000,000원
2					
합계	50,000,000원	5,000,000원	100,000,000원	60,000,000원	3,000,000원

▶ '전표데이터를 불러오시겠습니까?'에서 '아니오'를 선택한다.
▶ 불공제매입세액(제1기 예정 1월-3월) : 5,000,000×60,000,000/100,000,000 = 3,000,000원

되짚으며 따라하기 – 공통매입세액정산(확정신고)

다음은 (주)기출정공의 2025년 제1기 부가가치세 확정 신고 관련 내역이다(과세 및 면세 겸영사업자로 가정). 전표데이터를 불러오기 하지 말고, 입력된 전산데이터와 상관없이 아래 자료에 의하여 공제받지못할매입세액명세서의 공통매입세액정산내역을 작성하시오.

1 제1기의 과세 면세 공급가액

매출내역	과세공급가액	면세공급가액	합계액
1기 예정 01.01-03.31	40,000,000원	60,000,000원	100,000,000원
1기 확정 04.01-06.30	50,000,000원	50,000,000원	100,000,000원

2 공통매입세액 내역

공통매입내역	공급가액	세액
1기 예정 01.01-03.31	50,000,000원	5,000,000원
1기 확정 04.01-06.30	60,000,000원	6,000,000원

풀이

- 공제받지못할매입세액명세서(조회기간: 2025년 4월~6월) (공통매입세액의 정산내역 탭)
  (산식 : 1.당해과세기간의 공급가액 기준)

(15) 총공통매입세액	총공급가액	면세공급가액	면세비율
11,000,000원	200,000,000원	110,000,000원	55%

(17) 불공제 매입세액총액	(18) 기불공제 매입세액	(19) 가산 또는 공제되는 매입세액
6,050,000원	3,000,000원	3,050,000원

▶ 불공제 매입세액총액(제1기 1월-6월) : 11,000,000×110,000,000/200,000,000 = 6,050,000원
▶ 가산 또는 공제되는 매입세액 = 불공제 매입세액총액 - 기불공제 매입세액 :
　　　　　　　　　　　　　6,050,000 - 3,000,000 = 3,050,000원
▶ 기불공제매입세액(=예정신고시 불공제매입세액, 제1기 예정 1월-3월) :
　　　　　　　　　　　5,000,000×60,000,000/100,000,000 = 3,000,000원

되짚으며 따라하기 – 납부세액또는환급세액재계산(확정신고)

다음은 (주)기출정공의 부가가치세 신고서 작성 관련내역이다. 다음 자료를 보고 2025년 2기 부가가치세 확정신고 시 납부세액재계산을 위한 공제받지못할매입세액명세서를 작성하시오(입력된 회계처리를 무시하고 전표데이터를 불러오지 말 것).

1 과세사업과 면세사업에 공통으로 사용되는 자산의 구입내역

계정과목	취득일자	공급가액	부가가치세
토 지	2024. 11. 25	250,000,000원	-
건 물	2024. 07. 05	100,000,000원	10,000,000원
기계장치	2025. 03. 14	150,000,000원	15,000,000원

2 2024년 및 2025년의 공급가액 내역

구 분	2024년 제2기	2025년 제1기	2025년 제2기
과세사업	520,000,000원	400,000,000원	400,000,000원
면세사업	480,000,000원	400,000,000원	600,000,000원

풀이

- 공제받지못할매입세액명세서 작성(2025년 10월-12월, 납부세액또는환급세액재계산 탭)

자산	(20) 해당재화의 매입세액	(21) 경감률(%) [1 – (체감률 × 경과된 과세기간수)]				(22) 증가 또는 감소된 면세공급가액 비율	(23) 가산 또는 공제되는 매입세액
		취득년월	체감률	경과기간	경감률		
1.건물구축물	10,000,000	2024.05.	5	3	85	12	1,020,000
2.기타자산	15,000,000	2025.03.	25	1	75	10	1,125,000

자산	(22)증가 또는 감소된 면세공급가액(사용면적)비율				증가율
	당기		직전		
	총공급	면세공급	총공급	면세공급	
1.건물	1,000,000,000	600,000,000	1,000,000,000	480,000,000	12
2.기타자산	1,000,000,000	600,000,000	800,000,000	400,000,000	10

▶ 과세기간별 면세비율은 다음과 같다. 면세비율=면세공급가액÷총공급가액

구분	2024년 제2기	2025년 제1기	2025년 제2기
면세비율	48%	50%	60%

▶ (22)증가 또는 감소된 면세비율이 전기와 비교하여 5%이상인 경우만 재계산한다.
▶ 건물은 2024년 2기 취득이므로 2025년 1기에 재계산하여야 하지만 2025년 1기의 면세비율의 증감이 5% 미만이므로 재계산을 하지 않았다. 당기의 재계산은 전기에 재계산을 하지 않았으므로 전기의 면세비율 입력란에 전전기(2024년제2기)의 총공급가액과 면세공급가액을 입력하여야한다.
▶ 토지는 면세재화이므로 재계산 대상이 아니다.

되짚으며 따라하기 – 신용카드매출전표등수령명세서(갑)

다음은 (주)기출정공의 2025년 4월부터 6월까지 재화나 용역을 공급받고 신용카드매출전표(부가가치세 별도 기입분)를 수취한 내용이다. 신용카드매출전표등수령명세서(갑)를 작성하고, 관련 금액을 제1기 확정분(4월~6월)부가가치세 신고서상에 반영하시오. 단, 아래 거래와 관련해서는 세금계산서를 수취하지 아니하였고, 카드는 사업용카드(카드번호 2013-0314-1122-0508)을 동일하게 사용한 것으로 보고, 이외의 거래는 없는 것으로 한다.

거래처명 (등록번호)	성 명 (대표자)	거래 일자	발행금액 (VAT포함)	공급자 업종 (과세유형)	거래내용
문구오피스 121-21-74239	오문구	4.21	440,000원	소매업 (간이과세)	사무용품구입
경성호텔 607-32-04899	유경성	5.11	550,000원	숙박업 (일반과세)	직원출장 숙박비
킹마트 137-05-76772	이재왕	5.23	220,000원	소매업 (일반과세)	거래처 선물대
동일갈비 121-41-74234	최동일	6.10	330,000원	음식점업 (일반과세)	직원회식대 (복리후생)

▶ 문구오피스는 직전과세기간의 공급대가가 4,800만원 미만이다

풀이

1. 신용카드매출전표등수령명세서(갑)(조회기간 : 2025년 4월~6월)

거래 일자	구분	공급자	공급자 사업자등록번호	카드회원번호	공급가액 (원)	세액 (원)
5.11	사업용카드	경성호텔	607-32-04899	2013-0314-1122-0508	500,000	50,000
6.10	사업용카드	동일갈비	121-41-74234	2013-0314-1122-0508	300,000	30,000

▶ 매입세액공제의 요건을 갖춘 것만 입력한다.
▶ 문구오피스는 세금계산서를 발행할 수 없는 간이과세자라서 해당되지 않고, 킹마트는 기업업무추진비(접대비)라서 해당되지 않는 것이다.

2. 부가가치세신고서
   14.그 밖의 공제매입세액 41.신용카드매출전표등수령금액합계표(일반매입) 란
   금액 800,000원, 세액 80,000원 입력

되짚으며 따라하기 – 수출실적명세서

다음은 (주)기출정공의 부가가치세 신고서 작성 관련내역이다. 다음 자료를 토대로 2025년 2기 부가가치세 예정신고(7.1~9.30)시 수출실적명세서를 작성하시오. 단, 수출대금은 모두 해당국가의 통화로 직접 받았다(거래처명은 생략할 것).

상대국	수출신고번호	선적일	환전일	수출액	적용환율 선적 시 기준환율	적용환율 환전 시 적용환율
미국	13041-20-044589X	8. 20	8. 13	$30,000	1,100원/$	1,000원/$
일본	13055-10-011460X	9. 1	9. 5	¥100,000	950원/¥100	1,000원/¥100
미국	13064-25-147041X	9. 20	–	$15,000	1,300원/$	–

▶ 수출신고필증상의 수출액과 실지수출액은 일치하며, '환전일'은 당해 수출액을 원화로 실제 환전한 날을 말하며, '환전 시 적용환율'은 실제 원화 환전 시 적용된 환율을 의미한다.
▶ 수출신고번호는 모두 정상으로 간주한다.

풀이

- 수출실적명세서(조회기간 : 2025년 7월~9월)

(12) 일련 번호	(13)수출신고번호	(14)선적일자	(15)통화코드	(16)환율	금액 (17)외화	금액 (18)원화
1	13041-20-044589X	2025.08.20	USD	1,000	30,000	30,000,000
2	13055-10-011460X	2025.09.01	JPY	9.5	100,000	950,000
3	13064-25-147041X	2025.09.20	USD	1,300	15,000	19,500,000

▶ 공급시기 도래 전에 원화로 환가(환전)한 경우에는 그 환가한 금액을 과세표준으로 하며, 그 이외의 경우는 공급시기(선적일)의 기준환율(또는 재정환율)에 의한다.
▶ 8월20일 선적한 것은 선적일 이전에 대금을 수령하여 환전하였으므로 환전시 환율을 적용한다.
▶ 기준환율이란 달러화와 원화의 환율을 말하며, 재정환율은 달러 이외의 화폐와 원화의 환율을 말한다.

부가가치세신고서

(주)기출정공은 2025년 2기(2025.10.1~12. 31) 부가가치세 확정신고납부를 2026년 1월 25일에 하려고 한다. 부가가치세 신고와 관련된 다음 자료를 토대로 부가가치세 신고서(과세표준 명세 포함)를 작성하시오. 단, 세금계산서는 공급시기에 적정하게 발급한 것으로 가정하고, 부가가치세신고서 이외에 부속서류의 작성과 전표입력은 생략한다.

1 세금계산서(전자 발급) 매출내역
- 제품매출 100,000,000원(부가가치세 별도)
- 제품매출 20,000,000원(영세율)
- 고정자산 매각대금 40,000,000원(부가가치세 별도)

2 법인카드로 구입한 내역
- 집기비품 구입 1,000,000원(부가가치세 별도)

3 예정신고 시 누락내역은 다음과 같다.
- 세금계산서(종이 발급) 매출 25,000,000원(부가가치세 별도)
- 제품(원가 500,000원, 시가 600,000원)을 거래처에 선물
- 소매매출 카드 결제금액 1,320,000원(부가가치세 포함)
- 전자세금계산서 매입 10,000,000원(부가가치세 별도)
  세금계산서는 발급시기를 경과하여 발급한 것으로 2026년 1월25일 수취
- 가산세 계산 시 적용할 일수는 납부지연일수 계산 창에서 계산하여 적용한다.

4 전자신고를 함으로써 전자신고세액공제 10,000원을 적용받는다.

풀이

1. 제품을 선물한 것은 사업상증여로 간주공급에 해당하므로 시가 600,000원을 과세표준으로 하여야 하고 과세표준명세에서 고정자산매각액과 함께 수입금액 제외에 입력한다.
2. 예정신고누락분 중 세금계산서는 7.매출(예정신고누락분) 33.세금계산서 란에 입력하고, 사업상증여 600,000원과 소매매출 카드 결제액 1,200,000원은 34.기타 란에 입력한다.
3. 지연수취가산세, 미발급가산세, 신고불성실가산세 및 납부지연가산세가 적용된다.
   - ▶ (63)지연수취가산세=발급시기 이후 확정신고기한까지 발급한 세금계산서 수취의 공급가액 × 0.5%
     지연수취가산세가 적용되면 매입세금계산서합계표가산세는 중복적용 배제로 적용하지 않는다.
   - ▶ (64)세금계산서미발급가산세 = 종이로 발급한 세금계산서 공급가액 × 1%
     법인이 종이 세금계산서를 발급하면 미발급가산세 1%를 적용하고, 예정신고 시 미제출한 매출처별세금계산서합계표의 지연제출에 따른 가산세 0.3%는 중복 적용으로 제외한다.
   - ▶ 신고불성실가산세(71)과소·초과환급(일반) = 과소신고세액(1,680,000원) × 10% × 25%
   - ▶ (73)납부지연가산세 = 납부지연세액(1,680,000원) × 2.2/10,000 × 92일 = 34,003원

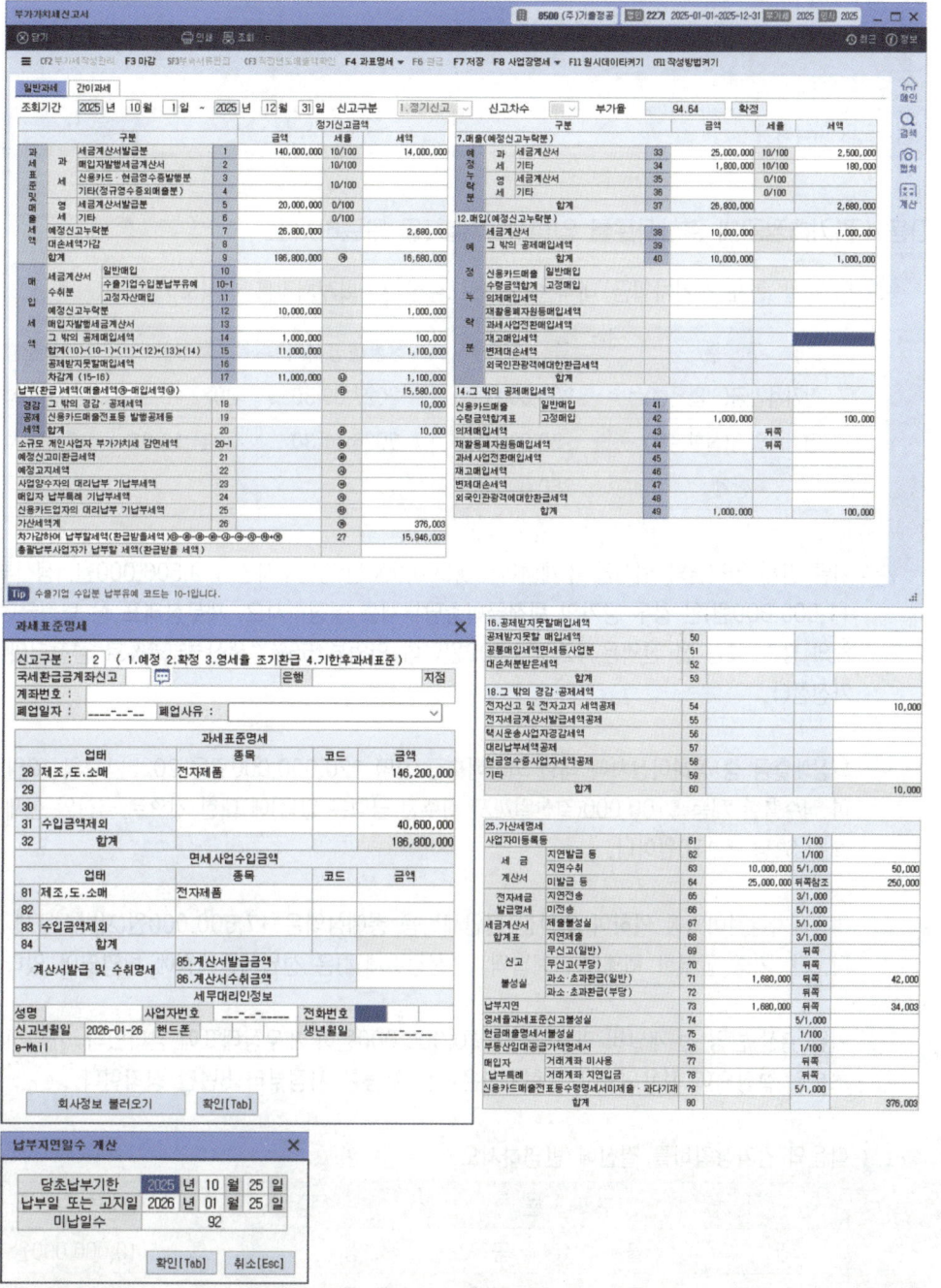

▶ 73. 납부지연가산세에 납부할세액 1,680,000원을 입력하면 나타나는 납부지연일수 계산 창에서 당초납부기한 (2025.10.25)과 납부일(2026.1.25)을 입력하면 미납일수 92일을 자동으로 계산한다.

4 결 산

> 되짚으며 따라하기

다음 (주)기출정공의 결산자료를 입력하여 결산을 완료하시오.

1 당기 말 현재 장기차입금 내역을 근거로 결산 시 회계처리를 하시오.

구 분	금 액(원)	상환예정시기	차입일	상환방법
장기차입금(기업은행)	200,000,000	2027.09.30	2022.10.01	만기일시상환
장기차입금(신한은행)	50,000,000	2026.11.30	2021.12.01	만기일시상환
합계	250,000,000			

2 기말 현재 임직원의 퇴직금 추계액이 20,500,000원(영업부사원 : 9,500,000원, 생산부사원 : 11,000,000원)인 경우 당기의 퇴직급여충당부채를 설정하시오. 재무상태표 상 퇴직급여충당부채의 당기 설정 전 잔액은 12,000,000원이며 영업부 50%, 생산부 50%로 설정되어 있다고 가정한다.

3 외상매출금 중 상하이상사에 대한 외상매출금 잔액 120,000,000원은 2025년 7월 12일 선적하여 직수출한 제품 $100,000(결산일까지 회수된 금액은 없음)에 대한 것으로 결산일 현재 기준환율은 $1당 1,170원이다.

4 법인세차감전이익에 의하여 추산한 법인세비용 총예상액은 17,500,000원(지방소득세 포함)이다. 단, 기중 납부한 세액(중간예납액, 원천징수세액)은 선납세금계정에 반영되어 있다.

5 기말 결산 반영 전 개발비 미상각잔액 10,000,000원이 재무상태표에 남아있다. 개발비는 전기 초부터 설정되어 사용되었고 무형자산은 사용가능한 시점부터 5년간 상각한다.

6 다음의 감가상각비를 결산에 반영하시오.

구 분		금 액
건 물	공 장	10,000,000원
비 품	영업부사무실	1,250,000원
차 량 운 반 구	생산부차량	3,200,000원
	영업부차량	1,040,000원

[7] 결산일 현재 재고자산을 실사 평가한 결과는 다음과 같다. 단, 각 기말재고자산의 시가와 취득원가는 동일한 것으로 가정한다.

구 분	취득단가	장부상 기말재고	실제 기말재고	수량차이원인
상 품	1,000원	600개	500개	비정상감모
제 품	2,000원	900개	900개	
원재료	1,000원	950개	930개	정상감모

[8] 당기 이익잉여금에 대한 처분내역은 다음과 같다.
  (1) 당기처분예정일 : 2026년 3월 10일, 전기처분확정일 : 2025년 3월 10일
  (2) 배당금 : 현금배당액 8,000,000원, 주식배당액 10,000,000원
  (3) 이익준비금 : 현금배당액의 10%
  (4) 사업확장적립금 : 500,000원

풀이

▶ 수동결산

1. 12월 31일 일반전표입력
   (차) 장기차입금　　　　50,000,000　　(대) 유동성장기부채　　50,000,000
        (신한은행)　　　　　　　　　　　　　　　(신한은행)

2. 12월 31일 일반전표입력(자동결산 가능)
   (차) 퇴직급여(806)　　　3,500,000　　(대) 퇴직급여충당부채　8,500,000
        퇴직급여(508)　　　5,000,000
   ・영업부 : 9,500,000 - (12,000,000 × 50%) = 3,500,000원
   ・생산부 : 11,000,000 - (12,000,000 × 50%) = 5,000,000원

3. 12월 31일 일반전표입력
   (차) 외화환산손실　　　3,000,000　　(대) 외상매출금　　　　3,000,000
   120,000,000 - ($100,000 × 1,170) = 3,000,000원

4. 12월 31일 일반전표입력(자동결산 가능)
   (차) 법인세비용　　　　17,500,000　　(대) 선납세금　　　　　7,289,320
   　　　　　　　　　　　　　　　　　　　　　　미지급법인세　　　10,210,680

5. 12월 31일 일반전표입력(자동결산 가능)

   (차) 무형자산상각비　　　　　　　2,500,000　　　(대) 개발비　　　　　　　2,500,000

   10,000,000 ÷ 4년 = 2,500,000원

   ▶ 개발비를 전기 초부터 사용한 경우 결산전 금액(합계잔액시산표 또는 계정별원장 상 금액)은 전기에 개발비에 대하여 1년분을 상각하고 남은 잔액이므로 당기분 상각액은 결산전 금액을 4년으로 나누어 구해야 한다. 무형고정자산 상각은 일반전표 입력에서 결산분개를 하거나 결산자료입력 메뉴에서 무형자산상각비 – 개발비에 입력하여도 된다.

7. 12월 31일 일반전표입력

   (차) 재고자산감모손실(영업외)　　100,000　　　(대) 상　품　　　　　　　100,000
   　　　　　　　　　　　　　　　　　　　　　　　　　　　(적요8.타계정으로 대체액)

▶ 자동결산

일반전표입력 메뉴에서 결산자료를 먼저 분개하여 입력한 후 결산자료입력 메뉴에서 해당 금액을 입력한 다음 F3전표추가를 클릭하여 결산대체분개를 완성한다.

◎ 결산자료입력 해당금액 내역

　- 기말재고 : 기말상품재고액　　　　　　　　　　　500,000원
　　　　　　　기말제품재고액　　　　　　　　　　　1,800,000원
　　　　　　　기말원재료재고액　　　　　　　　　　 930,000원

　▶ 기말상품의 비정상감모손실은 영업외비용에 계상하고, 결산자료입력에서 기말상품재고액은 실제재고액을 입력하여야 한다.

　- 감가상각비 계상액 : 제　　조 : 건　　물　　10,000,000원
　　　　　　　　　　　　　　　　　차량운반구　　 3,200,000원
　　　　　　　　　　　판매비와관리비 : 비　　품　　 1,250,000원
　　　　　　　　　　　　　　　　　　　차량운반구　 1,040,000원

　- 법인세 등(17,500,000 - 선납세금 7,289,320 = 추가계상액 10,210,680원)

　　1) 선납세금 7,289,320원
　　2) 추가계상액 10,210,680원

　▶ 자동결산과 수동결산은 하나만 선택하여야 한다.

8. 이익잉여금처분계산서에서 잉여금처분사항 입력

   "저장된 데이터를 불러오시겠습니까?" ☞ 반드시 "아니오"를 선택하여야 한다.

   • 처분일자 : 2026년 3월 10일 입력
   • 이 익 준 비 금 :　　800,000원　　　• 현 금 배 당 액 : 8,000,000원
   • 주 식 배 당 액 : 10,000,000원　　　• 사업확장적립금 :　　500,000원

   ▶ 이익잉여금처분계산서에서 잉여금처분사항을 입력한 후 반드시 F6전표추가를 클릭하여 12월 31일 자로 손익대체 분개를 일반전표입력에 생성시킨다.

5 원천징수

> 되짚으며 따라하기 - 사원등록

다음 (주)기출정공의 원천징수 자료에 의하여 사원등록을 하시오(주민등록번호는 모두 정확한 것으로 가정함).

1 김한국(사원코드 : 501) 입사일 : 2025. 3. 2, 생산직
직전년도 총급여액은 24,000,000원이고, 가족전체의 세부담 최소화를 기준으로 하여 판단하며, 김한국에게 적용되는 소득세 최고세율은 24%로 가정한다.

성 명	관 계	주민등록번호	참 고 사 항
김한국	본인	860812-1234213	
이영희	배우자	921012-2123455	근로소득금액 3,300,000원 있음
김상수	부친	550211-1123452	소득 없음
강금녀	모친	601104-2123454	2024년 급여(비과세 제외) 총액 5,000,000원만 있음
김한수	동생	950711-1234561	장애인복지법에 의한 장애인 기타소득인 일시적 강연료 수입 7,500,000원 있음(분리과세 선택이 가능하며, 원천징수세율은 20%)
김은희	딸	190620-4123450	유치원생
김남자	아들	210415-3123450	미취학

2 박지성(사원코드 : 502) 입사일 : 2025. 4. 15, 사무직

관 계	성 명	주민등록번호	참 고 사 항
본 인	박지성	760304-1125314	
배우자	양순이	780723-2111119	기타소득금액(일시강연료) 250만원 있음
장 남	박일동	040608-3222228	대학생(소득없음)
장 녀	박이희	080422-4222226	고등학생(소득없음)
차 남	박삼동	210214-3222221	자녀양육비공제신청함(소득없음), 미취학
부 친	박사장	520815-1235613	2025년 5월 20일 사망(소득없음)
모 친	정오희	581025-2333336	소득 없음
동 생	박육성	830812-1125315	장애인복지법에 의한 장애인(소득없음)

3 김은혜(여자, 사원코드 : 503) 입사일 : 2025. 5. 3, 사무직

관 계	성 명	주민등록번호	참 고 사 항
본인	김은혜	791123-2133451	종합소득금액 30,000,000원
모친	김무상	551209-2232875	양도소득금액 6,000,000원 있음
시어머니	박예분	600509-2386411	소득 없음(2024.4.14 사망)
딸	이효리	050721-4632995	대학생(장애인복지법에 의한 장애인, 소득 없음)
아들	이재석	250608-3632990	미취학(소득 없음)

4 사원코드 : 504, 최대우(2025. 8. 5 입사), 사무직, 장애인복지법에 의한 장애인

관 계	성 명	연령(만)	참 고 사 항
본인	최대우	770411-1222220	장애인
처	김하늘	760821-2111112	근로소득금액 : 1,500,000원
자	최현욱	030207-3222225	대학생, 장애인, 소득 없음
자	최현수	061207-3222223	고등학생, 소득 없음
자	최현섭	110118-3222221	중학생, 소득 없음
부	최부자	510921-1222221	사업소득금액 : 5,000,000원
장모	이희애	560529-2111116	소득 없음

풀이

1. 김한국(사원코드 : 501) 부양가족명세

연말정산관계	성명	기본공제	부녀자	한부모	경로우대	장애인	자녀	출산입양	위탁
0.본인	김한국	본인							
3.배우자	이영희	부							
1.소득자의직계존속	김상수	60세이상			○				
1.소득자의직계존속	강금녀	60세이상							
4.직계비속(자녀)	김은희	20세이하							
4.직계비속(자녀)	김남자	20세이하							
6.형제자매	김한수	장애인				1.			

▶ 배우자는 근로소득공제를 한 후 근로소득금액이 150만원을 초과하므로 기본공제대상이 아니고, 모친은 근로소득만 있으며, 총급여가 500만원 이하이므로 기본공제대상에 해당한다.
▶ 동생은 장애인으로 분리과세소득만 있으므로 나이 제한을 받지 않고 기본공제대상이 될 수 있다.
▶ 강연료는 60%의 필요경비가 인정되는 기타소득이므로 기타소득금액은 3,000,000원이 된다. 300만원 이하의 기타소득금액은 종합과세 또는 분리과세(원천징수세율 20%)를 선택하는 것이 가능하다.

구 분	김한수(동생)	김한국(본인)	순절감효과
종합과세 선택	소득금액이 300만원으로 기본공제(150만원)와 장애인공제(200만원)에 미달하므로 소득세는 0원	동생에 대한 기본공제와 장애인공제를 받을 수 없다.	총감소액 0원
분리과세 선택	기타소득금액에 대하여 20% 원천징수 납부한다. 3,000,000×20% =600,000원(납부)	동생에 대한 기본공제와 장애인공제를 받아 소득세가 감소 350만원×24% =840,000원(감소)	총감소액 240,000원

▶ 기타소득에 대하여 종합과세를 선택하면 동생은 본인에 대한 기본공제(150만원)와 장애인공제(200만원)를 받으므로 과세대상 소득금액이 없다. 분리과세를 선택하면 기타소득에 대한 소득세 원천징수세액 600,000원을 부담하지만 동생이 김한국의 기본공제 대상 가족이 되어 기본공제(150만원)와 장애인공제 (200만원)를 받으므로 공제액(350만원)에 최고세율(24%)을 적용하면 840,000원의 소득세가 감소된다. 가족 전체의 소득세 순절감효과는 240,000원으로 분리과세가 유리하다.
▶ 부친은 70세 이상에 해당하므로 경로우대 추가공제 대상이고 동생은 본인의 기타소득에 대하여 분리과세를 선택하므로 김한국은 동생을 부양가족으로 기본공제와 장애인 추가공제를 받을 수 있다.
▶ 기본공제대상인 자녀(손자녀 포함) 모두 8세 이상에 해당하지 아니하므로 자녀세액공제는 받을 수 없다.

2. 박지성(사원코드 : 502) 부양가족명세

연말정산관계	성명	기본공제	부녀자	한부모	경로우대	장애인	자녀	출산입양	위탁
0.본인	박지성	본인							
3.배우자	양순이	배우자							
4.직계비속(자녀)	박일동	부							
4.직계비속(자녀)	박이희	20세이하					○		
4.직계비속(자녀)	박삼동	20세이하							
1.소득자의직계존속	박사장	60세이상			○				
1.소득자의직계존속	정오희	60세이상							
6.형제자매	박육성	장애인				1.			

▶ 배우자의 기타소득금액 250만원은 분리과세 대상 기타소득이므로 배우자공제를 받을 수 있으며, 장남 박일동은 20세 이하에 해당하지 아니하므로 공제대상이 아니다.
▶ 기본공제대상 자녀 중 8세 이상 자녀가 1명이므로 자녀세액공제 25만원을 받을 수 있다.
▶ 기본공제대상자의 판단은 2025년 12월 31일 현재를 기준으로 하지만 사망한 경우 사망일 전일 기준으로 판단한다. 따라서 부친은 기본공제와 경로우대공제를 받을 수 있다.
▶ 장애인은 소득이 없으면 나이와 무관하게 기본공제와 장애인 공제를 적용한다.

3. 김은혜(여자, 사원코드 : 503) 부양가족명세

연말정산관계	성명	기본공제	부녀자	한부모	경로우대	장애인	자녀	출산입양	위탁
0.본인	김은혜	본인		○					
1.소득자의직계존속	김무상	부							
2.배우자의직계존속	박예분	60세이상							
4.직계비속(자녀)	이효리	장애인				1.	○		
4.직계비속(자녀)	이재석	20세이하						둘째	

▶ 김은혜는 종합소득금액이 30,000,000원 이하이면서 배우자가 없는 여성으로 부양가족이 있는 세대주이므로 부녀자공제(50만원) 대상이다. 동시에 배우자가 없으면서 부양가족 중에 자녀가 있으므로 한부모공제(100만원)가 적용된다. 이처럼 중복 적용되는 경우에는 한부모공제를 적용한다.
▶ 종합소득금액이 3천만원을 초과하면 부녀자공제를 받을 수 없다.
▶ 모친(김무상)은 소득금액이 100만원을 초과하므로 기본공제대상이 아니다.
▶ 딸(이효리)은 장애인이므로 나이 제한을 받지 않고 기본공제대상이 된다.
▶ 기본공제대상 자녀 중 8세 이상 자녀가 1명이므로 자녀세액공제 25만원을 받고, 아들(이재석)은 2025년 출생이므로 출산입양에 따른 자녀세액공제(둘째) 50만원을 받는다.

4. 최대우(사원코드 : 504) 부양가족명세

연말정산관계	성명	기본공제	부녀자	한부모	경로우대	장애인	자녀	출산입양	위탁
0.본인	최대우	본인				1.			
3.배우자	김하늘	배우자							
4.직계비속(자녀)	최현욱	장애인				1.	○		
4.직계비속(자녀)	최현수	20세이하					○		
4.직계비속(자녀)	최현섭	20세이하					○		
1.소득자의직계존속	최부자	부							
2.배우자의직계존속	이희애	60세이상							

▶ 배우자는 근로소득금액이 150만원 이하이므로 배우자공제를 받을 수 있다.
▶ 부(최부자)는 사업소득금액이 100만원을 초과하므로 기본공제를 받을 수 없다.
▶ 자녀세액공제는 기본공제대상자 중에 8세 이상 자녀가 3명이므로 950,000원(250,000+300,000+400,000)을 받는다.(장애인은 나이 제한을 받지 않으므로 20세 초과한 장애인 자녀 포함)
▶ 기본공제대상자 중 근로소득만 있는 자는 총급여액(비과세 제외) 기준으로 500만원 이하이면 기본공제를 적용한다.
▶ 총급여액 500만원은 근로소득금액 150만원과 동일하다.
▶ 근로소득과 다른 소득이 함께 있는 경우에는 소득금액 100만원 이하를 기준으로 기본공제대상자를 판단한다.

되짚으며 따라하기 - 상용직급여입력

(주)기출정공의 3월분 급여를 입력하고, 원천징수이행상황신고서를 작성하고 전자신고를 하시오. 당사의 급여 지급일은 3월 31일이며, 전월 미환급세액 41,800원(지방소득세 3,800원 포함)이 남아 있다. 문제에 제시되는 내용에 따른 수당 등록사항을 기 입력된 내용에 추가하여 입력한다.

1 급여자료 사원 : 박기출(사원코드 : 505)   (단위 : 원)

급여						공제					
기본급	상여	식대	자가운전보조금	자녀보육비	자격수당	국민연금	건강보험	고용보험	장기요양보험	소득세	지방소득세
2,180,000	445,000	220,000	230,000	150,000	240,000	90,000	70,000	26,680	8,960	81,000	8,100

2 기 타
- 회사는 사내에서 급식을 추가로 제공하지 않는다.
- 본인 소유의 차량을 직접 운전하며 업무에 사용하고 있는 사원은 자가운전보조금을 지원받는다.
- 박기출은 5살 된 미취학 자녀가 있다.
- 제시된 자료 중 공제내역은 관련 규정에 적법한 공제금액이라 가정한다.

풀이

1. 수당등록

코드	과세구분	수당명	유 형	비 고
1001	과세	기본급	급여	
1002	과세	상여	상여	
1005	비과세	식대	식대(P01)	월 20만원 비과세, 급식을 추가로 제공하면 과세
1006	비과세	자가운전보조금	자가운전보조금(H03)	본인 소유(임차) 차량을 업무에 사용하면 비과세(월 20만원)
2001	비과세	자녀보육비	보육수당(Q02)	6세 이하 자녀 월 20만원
2002	과세	자격수당	급여	

▶ 1.과세 또는 2.비과세를 선택하고 수당명을 입력한 후 유형에서 F2를 눌러 해당 항목을 선택 입력한다. 수당등록의 사용여부에서 사용하면 1:여를 선택하고, 사용하지 않는 직책수당과 월차수당 및 야간근로수당은 0:부를 선택한다.

2. 급여자료입력(귀속년월 2025년 3월. 지급일 : 2025년 3월 31일)

급여항목	지급금액(원)	공제항목	지급금액(원)
기 본 급	2,180,000	국 민 연 금	90,000
상 여	445,000	건 강 보 험	70,000
식 대	220,000	장 기 요 양 보 험	9,060
자 가 운 전 보 조 금	230,000	고 용 보 험	26,230
자 녀 보 육 비	150,000	소득세(100%)	81,000
자 격 수 당	240,000	지 방 소 득 세	8,100
과 세	2,915,000		
비 과 세	550,000	공 제 총 액	284,390
지 급 액 계	3,465,000	차 인 지 급 액	3,180,610

▶ 공제항목(국민연금, 건강보험, 고용보험, 소득세, 지방소득세 등)은 문제에서 제시한 금액을 직접 입력하여야 한다.

3. 원천징수이행상황신고서의 작성(귀속연월 : 2025년 3월 / 지급연월 : 2025년 3월)

① 원천징수 명세 및 납부세액

소득자 소득구분		코드	원천징수명세					⑨당월조정 환급세액	납부세액	
			소득지급		징수세액					
			④인원	⑤총지급액	⑥소득세등	⑦농어촌 특별세	⑧가산세		⑩소득세 등	⑪농어촌 특별세
근로 소득	간이세액	A01	1	3,265,000	81,000					
	중도퇴사	A02								
	일용근로	A03								
	연말정산	A04								
	가감계	A10	1	3,265,000	81,000			38,000	43,000	

▶ 총지급액에 제출비과세인 식대와 육아수당은 포함하고, 미제출비과세인 자가운전보조금은 포함하지 않는다.

② 환급세액 조정

전월 미환급 세액의 계산			당월 발생 환급세액			⑱조정대상 환급세액 (⑭+⑮+⑯+⑰)	⑲당월조정 환급세액계	⑳차월이월 환급세액 (⑱-⑲)	㉑환급 신청액
⑫전월 미환급세액	⑬기환급 신청세액	⑭차감잔액 (⑫-⑬)	⑮일반 환급	⑯신탁재산 (금융회사)	⑰ 기타				
38,000		38,000				38,000	38,000		

▶ 전월미환급세액 란에는 지방소득세를 제외한 소득세만 입력하여야 한다.

③ 마감과 전자신고

F8마감을 하고 전자신고메뉴에서 2.납세자자진신고를 선택하고 지급기간을 입력하고 F4제작을 선택한다. F6홈택스 바로가기를 실행한 후 파일을 찾아 형식검증과 내용검증의 결과를 확인한 후 전자파일을 제출한다.

되짚으며 따라하기 - 연말정산자료입력

(주)기출정공의 연말정산 자료에 의하여 사원등록에서 부양가족명세를 보완하고 연말정산 추가자료입력을 하시오(모든 자료는 국세청 자료로 가정한다).

1 이바람(사원코드 506)의 연말정산자료

제시된 가족은 과세기간 종료일 현재 모두 본인(이바람)과 생계를 같이하고 있으며, 연말정산 관련 증명서류는 모두 정당하게 제출된 것으로 본다.

성명	관계	나이	소득	내역
이바람	본인	53		• 신용카드사용액 4,500,000원(어머니 의료비 지급액 포함하며 전통시장 사용분 300,000원 있음) • 직불카드사용액 1,200,000원(제로페이 이용액 200,000원 포함) • 현금영수증사용액 1,000,000원(전액 전통시장 분) • 정치자금 기부 300,000원
이태풍	아버지	76	없음	• 이태풍 자동차보험료 1,200,000원(전액 이바람이 현금결제)
김소풍	어머니	66	없음	• 병원 진료비 3,500,000원(전액 이바람의 신용카드결제)
오자연	배우자	48	이자소득 200만원	• 병원진료비 1,000,000원(이바람이 직불카드로 결제하였다)
이장남	자녀	21	없음	• 대학교 등록금 10,000,000원 • 교회헌금 300,000원
이차남	자녀	18	없음	• 고등학교 수업료 2,500,000원(수학여행비 500,000원 포함) • 교회헌금 200,000원
이사람 (장애인)	형제	44	없음	• 이사람은 장애인복지법에 의한 장애인에 해당한다. • 장애인전용 보장성보험료 800,000원 (피보험자는 이사람이며 보험료 납부는 이바람이 하였다) • 병원 진료비 4,000,000원(전액 현금 결제) • 신용카드 사용액 10,000,000원
이위탁	위탁아동	6	없음	• 유치원 수업료 2,800,000원 • 유치원 급식비와 방과후 수업료 800,000원

▶ 주민등록 번호는 모두 정상적인 것으로 가정한다.
▶ 이위탁은 위탁아동으로 양육기간이 6개월 이상이다.

2 서대문(사원코드 : 507)의 연말정산자료

제시된 가족은 과세기간 종료일 현재 모두 본인과 생계를 같이하고 있으며, 가능한 모든 공제는 서대문이 받기로 한다. 연말정산 관련 증명서류는 모두 정당하게 제출된 것으로 본다.

구 분	관계	나이	소득	내 역
서대문	본인	47		• 생명보험료 : 400,000원 • 자동차보험료 : 900,000원 • 건강검진비 : 600,000원 • 대학원수업료 : 6,000,000원 • 신용카드사용액 : 18,000,000원(단, 하와이 여행 시 현지에서 사용한 금액 5,000,000원과 전통시장 사용분 2,000,000원이 포함되어 있으며, 나머지는 국내 소비액 임) • 직불카드사용액 : 10,000,000원(박물관 입장료 200,000원 포함) • 불우이웃돕기성금 : 500,000원(바보의 나눔) • 특별재난지역 복구를 위한 자원봉사용역의 가액 : 300,000원 • 종교단체기부금 : 500,000원
이춘자	배우자	45	없음	• 신용카드사용액 : 10,000,000원(전액 의류 및 식료품 구입비이며 전통시장 사용액 1/2임)
서장남	장남	22	근로소득금액 3,000,000원	• 콘택트렌즈 구입비 : 600,000원(서대문이 지급) • 대학교등록금 : 4,000,000원(서대문이 지급)
서차남	차남	16	없음	• 시력교정용 안경구입비 : 300,000원 • 예방접종비 : 100,000원 • 고등학교 수업료 : 900,000원(방과 후 수업 도서구입 100,000원 포함)
황장모	장모	69	없음	• 신용카드사용액 : 2,000,000원(아파트 관리비) • 보청기 구입비용 1,200,000원
이처제	처제	43	없음	• 직불카드사용액 : 3,000,000원(명품시계 구입)

▶ 주민등록 번호는 모두 정상적인 것으로 가정한다.

풀이

[이바람]

(1) 부양가족명세

연말정산관계	성명	기본공제	부녀자	한부모	경로우대	장애인	자녀	출산입양
0.본인	이바람	본인						
1.소득자의 직계존속	이태풍	60세 이상			○			
1.소득자의 직계존속	김소풍	60세 이상						
3.배우자	오자연	배우자						
4.직계비속(자녀)	이장남	부						
4.직계비속(자녀)	이차남	20세 이하					○	
6.형제자매	이사람	장애인				1.		
8.위탁아동	이위탁	20세 이하						

▶ 자녀세액공제는 기본공제대상자 중 8세 이상 자녀인 이차남만 해당한다.
▶ 배우자의 이자소득은 분리과세대상이므로 배우자는 기본공제를 적용한다.(2,000만원 초과분은 종합과세)

(2) 연말정산자료 입력(입력 완료 후 연말정산입력에서 F8부양가족탭불러오기 실행)

신용카드등 소득공제 : 신용카드등 탭에서 이바람의 사용액에 입력
- 신용카드 사용액(전통시장, 대중교통, 도서공연비 제외) 4,200,000원
- 직불선불카드 사용액(전통시장, 대중교통, 도서공연비 제외) 1,200,000원
- 현금영수증(전통시장, 대중교통, 도서공연비 제외) 0원
- 전통시장 사용액 1,300,000원(300,000 + 1,000,000) 입력

▶ 전통시장에서 사용한 신용카드, 직불카드, 현금영수증 등은 전통시장사용액으로 입력하며, 형제자매의 신용카드사용액은 소득공제대상이 아니다.
▶ 제로페이 사용액은 직불카드 사용액에 함께 입력한다.
▶ 이사람은 형제이므로 신용카드등 사용액 공제를 적용하지 아니한다.

보험료세액공제 : 부양가족 탭에서 피보험자별로 입력
- 이태풍 자동차보험료 → 보장성보험(일반)에 1,200,000원
- 이사람 장애인전용보장성보험료 → 보장성보험(장애인)에 800,000원 입력

의료비세액공제 : 의료비 탭에서 의료비공제 대상자별로 입력
- 김소풍(65세 이상자) 의료비 → 3,500,000
- 이사람(장애인) 의료비 → 4,000,000원
- 오자연(그 밖의 공제대상자 의료비) → 1,000,000원 입력

교육비세액공제 : 부양가족 탭에서 교육비공제 대상자별로 입력
- 이장남(3.대학생) 10,000,000원 입력 → 공제대상액 9,000,000원

- 이차남(2.초중고) 2,300,000원 입력 → 공제대상액 2,300,000원
- 이위탁(1.취학전아동) 3,600,000원 입력→ 공제대상액 3,000,000원
  (유치원 수업료와 급식비 및 방과후 수업료 모두 공제대상이다)
  ▶ 초중고생의 수학여행비 등 현장체험학습비는 1인당 연 30만원까지 공제대상이므로 수학여행비를 제외한 2,000,000원에 수학여행비는 300,000원만 가산하여 입력하여야 한다.
  ▶ 교육비 한도는 영유치원과 초중고등학생은 1인당 3,000,000원, 대학생은 1인당 9,000,000원이며 지출액을 입력하면 프로그램이 한도액을 자동으로 계산한다.

기부금세액공제 : 기부금 탭에서 기부금공제 대상자별로 입력하고, 기부금조정 탭에서 공제금액 계산을 실행하고 공제금액 계산 창에서 하단의 불러오기와 공제금액 반영을 차례로 실행한다.
- 이바람 유형에서 20.정치자금 300,000원 입력(10만원 이하와 초과분 자동 반영)
- 이장남 유형에서 41.일반기부금 (종교단체) 300,000원 입력
- 이차남 유형에서 41.일반기부금 (종교단체) 200,000원 입력
  ▶ 기부금공제는 소득금액 제한은 있으나 나이제한이 없으므로 이장남·이차남이 기부한 금액 모두 기부금 세액공제 대상이다.

[서대문]
(1) 부양가족명세

연말정산관계	성명	기본공제	부녀자	한부모	경로우대	장애인	자녀	출산입양
0.본인	서대문	본인						
2.배우자의 직계존속	황장모	60세이상						
3.배우자	이춘자	배우자						
4.직계비속(자녀)	서장남	부						
4.직계비속(자녀)	서차남	20세이하					○	
6.형제자매	이처제	부						

(2) 연말정산자료 입력

신용카드등 소득공제 : 신용카드등 탭에서 부양가족별로 사용액 입력

구 분		서대문	이춘자	이처제	합 계
전통시장 대중교통 제외분	신용카드	11,000,000	5,000,000	-	16,000,000
	직불/선불카드	9,800,000		공제불가	9,800,000
	현금영수증				
도서·공연·미술관·박물관		200,000			200,000
전통시장 사용액		2,000,000	5,000,000		7,000,000
대중교통 이용액					
합 계		23,000,000	10,000,000	-	33,000,000

▶ 서대문 신용카드등 사용액 : 11,000,000원(18,000,000-5,000,000-2,000,000)

- ▶ 서대문 직불선불카드 사용액 : 9,8000,000원(10,000,000-200,000)
- ▶ 이춘자 전통시장 사용액 : 5,000,000원(10,000,000×1/2)
- ▶ 이춘자 신용카드등 사용액 : 5,000,000원(10,000,000-5,000,000)
- ▶ 해외에서 사용한 금액, 아파트관리비, 형제자매의 신용카드등 사용액은 공제불가

보험료세액공제 : 부양가족 탭에서 피보험자별로 입력
- 서대문 보장성보험(일반) : 1,300,000원 입력
  (생명보험료 400,000+자동차보험료 900,000)

의료비세액공제 : 의료비 탭에서 의료비공제 대상자별로 입력
- 서대문 의료비 : 600,000원(본인 건강검진비)
- 황장모 의료비(65세 이상) 1,200,000원(장모 보청기)
- 서장남 의료비(그 밖의 공제대상자) 500,000원(콘텍트렌즈 500,000)
- 서차남 의료비(그 밖의 공제대상자) 400,000원(안경 300,000+예방접종 100,000) 입력
  - ▶ 안경 및 콘택트렌즈 구입비용은 1인당 50만원 한도, 장남의 경우에는 나이 및 소득의 제한으로 기본공제는 받을 수 없지만 나이와 소득의 제한이 없는 의료비공제는 서대문이 지출한 경우 공제 가능하다.

교육비세액공제 : 부양가족 탭에서 교육비공제 대상자별로 입력
- 서대문 : 4.본인 6,000,000원(전액 공제)
- 서차남 : 2.초중고 900,000원(차남의 고등학교 수업료) 입력
  - ▶ 장남은 연간 소득금액이 100만원을 초과하므로 공제 배제하며, 초중고생의 교육비에는 방과후학교 수업의 수업료와 도서구입비 및 현장체험학습비(1인당 연 30만원 한도)를 포함한다.

기부금세액공제 : 기부금 탭에서 기부금공제 대상자별로 입력
- 서대문 유형 10.특례기부금 : 800,000원(500,000+300,000)
- 서대문 유형 41.일반기부금(종교단체) : 500,000원 입력
  - ▶ 불우이웃돕기성금을 바보의 나눔과 사회복지공동모금회에 기부하면 특례기부금이고 그 외의 경우에는 일반기부금이다. 자원봉사용역 가액은 특례기부금으로 전액공제대상 기부금이다.
  - ▶ 기부금조정탭에서 공제금액 계산을 실행하여 공제금액계산 보조창에서 반드시 하단의 불러오기를 하고 공제금액 반영을 실행한 후에 종료하여야 한다.

◎ 모든 입력이 완료되면 연말정산입력 탭에서 F8부양가족탭 불러오기를 실행하여야 한다.

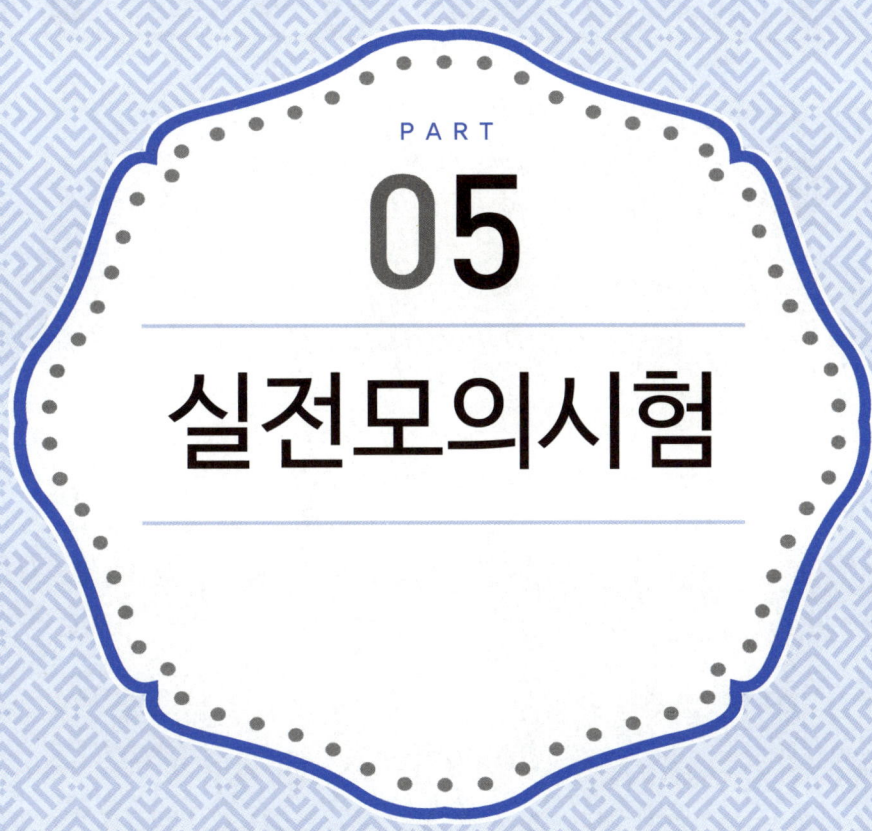

CHAPTER 01 실전모의시험

㈜천부전자(회사코드:8501)는 제조 및 도·소매업을 영위하는 중소기업으로, 당기(제18기) 회계기간은 2025.1.1.~2025.12.31.이다. 전산세무회계 수험용 프로그램을 이용하여 다음 물음에 답하시오.

기본전제

- 문제에서 한국채택국제회계기준을 적용하도록 하는 전제조건이 없는 경우, 일반기업회계기준을 적용하여 회계처리 한다.
- 문제의 풀이와 답안작성은 제시된 문제의 순서대로 진행한다.

Q1 일반전표입력 메뉴를 이용하여 다음의 거래자료를 입력하시오. (15점)

입력시 유의사항

- 일반적인 적요의 입력은 생략하지만, 타계정 대체거래는 적요번호를 선택하여 입력한다.
- 채권·채무와 관련된 거래는 별도의 요구가 없는 한 반드시 기 등록되어 있는 거래처코드를 선택하는 방법으로 거래처명을 입력한다.
- 제조경비는 500번대 계정코드를, 판매비와 관리비는 800번대 계정코드를 사용한다.
- 회계처리시 계정과목은 별도제시가 없는 한 등록되어 있는 계정과목 중 가장 적절한 과목으로 한다.

[1] 1월 22일 ㈜한강물산에 제품을 8,000,000원에 판매하기로 계약하고, 판매대금 중 20%를 당좌예금 계좌로 송금받았다. (3점)

[2] 3월 25일 거래처인 ㈜동방불패의 파산으로 외상매출금 13,000,000원의 회수가 불가능해짐에 따라 대손처리하였다(대손 발생일 직전 외상매출금에 대한 대손충당금 잔액은 4,000,000원이었으며, 부가가치세법상 대손세액공제는 고려하지 않는다). (3점)

[3] 6월 30일 업무용 승용자동차(5인승, 2,000cc)의 엔진 교체 후 대금 7,700,000원을 보통예금 계좌에서 지급하고 현금영수증을 수령하였다(단, 승용자동차의 엔진 교체는 자본적지출에 해당한다). (3점)

[4] 7월 25일 이사회에서 2025년 07월 12일에 결의한 중간배당(현금배당 100,000,000원)인 미지급배당금에 대하여 소득세 등 15.4%를 원천징수하고 보통예금 계좌에서 지급하였다(단, 관련 데이터를 조회하여 회계처리할 것). (3점)

[5] 11월 5일 액면금액 10,000,000원(3년 만기)인 사채를 10,850,000원에 할증발행하였으며, 대금은 전액 보통예금 계좌로 입금되었다. (3점)

Q2 매입매출전표입력 메뉴를 이용하여 다음의 거래자료를 입력하시오. (15점)

> **입력시 유의사항**
> - 일반적인 적요의 입력은 생략하지만, 타계정 대체거래는 적요번호를 선택하여 입력한다.
> - 채권·채무와 관련된 거래는 별도의 요구가 없는 한 반드시 기등록된 거래처코드를 선택하는 방법으로 거래처명을 입력한다.
> - 제조경비는 500번대 계정코드를, 판매비와관리비는 800번대 계정코드를 사용한다.
> - 회계처리 시 계정과목은 별도의 제시가 없는 한 등록된 계정과목 중 가장 적절한 과목으로 한다.
> - 입력화면 하단의 분개까지 처리하고, 전자세금계산서 및 전자계산서는 전자 입력으로 반영한다.

[1] 7월 18일 취득가액은 52,000,000원, 매각 당시 감가상각누계액은 38,000,000원인 공장에서 사용하던 기계장치를 ㈜로라상사에 매각하고 아래와 같이 전자세금계산서를 발급하였다(당기의 감가상각비는 고려하지 말고 하나의 전표로 입력할 것). (3점)

전자세금계산서						승인번호	20250718 - 000023 - 123547		
공급자	등록번호	130 - 81 - 25029		종사업장번호		공급받는자	등록번호	101 - 81 - 42001	종사업장번호
	상호(법인명)	㈜천부전자	성명	정지훈			상호(법인명)	㈜로라상사	성명	전소민
	사업장주소	인천시 남동구 간석로 7					사업장주소	경기 포천시 중앙로 8	
	업태	제조,도소매	종목	전자제품			업태	제조업	종목	자동차부품
	이메일						이메일		
작성일자		공급가액		세액		수정사유		비고	
2025.07.18.		11,000,000		1,100,000		해당 없음			
비고									
월	일	품목	규격	수량	단가	공급가액	세액	비고	
07	18	기계장치 매각				11,000,000	1,100,000		
합계금액		현금		수표		어음	외상미수금	위 금액을 (청구) 함	
12,100,000							12,100,000		

[2] 7월 30일 영업부에 필요한 비품을 ㈜소나무로부터 구입하고 법인 명의로 현금영수증을 발급받았다. 법인의 운영자금이 부족하여 대표자 개인 명의의 계좌에서 대금을 지급하였다(단, 가수금(대표자)으로 처리할 것). (3점)

현금영수증

●거래정보

거래일시	2025년 7월 30일 13:40:14
승인번호	1234567
거래구분	승인거래
거래용도	지출증빙
발급수단번호	130-81-25029

●거래금액

공급가액	부가세	봉사료	총 거래금액
600,000	60,000		660,000

●가맹점 정보

상호	㈜소나무
사업자번호	222-81-12347
대표자명	박무늬
주소	서울특별시 강남구 압구정동 14

● 익일 홈택스에서 현금영수증 발급 여부를 반드시 확인하시기 바랍니다.
● 홈페이지 (http://www.hometax.go.kr)
　- 조회/발급 > 현금영수증 조회 > 사용내역(소득공제) 조회
　　　　　　　　　　　　　　　> 매입내역(지출증빙) 조회
● 관련문의는 국세상담센터(☎126-1-1)

[3] 8월 31일 제2기 부가가치세 예정신고 시 누락한 제조부의 자재 창고 임차료에 대하여 아래와 같이 종이 세금계산서를 10월 30일에 수취하였다(단, 제2기 확정 부가가치세신고서에 자동 반영되도록 입력 및 설정할 것). (3점)

세금계산서(공급받는 자 보관용)

책 번 호 □□ 권 □□ 호
일 련 번 호 □□-□□□□

공급자	사업자등록번호	113-55-61448	공급받는자	사업자등록번호	130-81-25029
	상호(법인명)	오미순부동산 / 성명(대표자) 오미순		상호(법인명)	㈜천부전자 / 성명(대표자) 정지훈
	사업장 주소	경기도 부천시 신흥로 111		사업장 주소	인천시 남동구 간석로 7
	업태	부동산업 / 종목 임대업		업태	제조외 / 종목 전자제품

작성	공 급 가 액	세 액	비고
연 월 일 공란수	백 십 억 천 백 십 만 천 백 십 일	백 십 억 천 백 십 만 천 백 십 일	
25 08 31 4	1　5　0　0　0　0　0	1　5　0　0　0　0	

월 일	품 목	규격	수량	단가	공급가액	세액	비고
08 31	자재창고 임차료				1,500,000원	150,000원	

합 계 금 액	현 금	수 표	어 음	외 상 미 수 금	이 금액을 청구 함
1,650,000원				1,650,000원	

[4] 9월 28일 제품의 제작에 필요한 원재료를 수입하면서 인천세관으로부터 아래의 수입전자세금계산서를 발급받고, 부가가치세는 보통예금 계좌에서 지급하였다(단, 재고자산에 대한 회계처리는 생략할 것). (3점)

수입전자세금계산서

| 승인번호 | 20250928 - 16565842 - 11125669 |

공급자
- 등록번호: 135-82-12512
- 종사업장번호:
- 상호(법인명): 인천세관
- 성명: 김세관
- 사업장주소: 인천광역시 미추홀구 항구로
- 수입신고번호 또는 일괄발급기간(총건):

공급받는자
- 등록번호: 130-81-25029
- 종사업장번호:
- 상호(법인명): ㈜천부전자
- 성명: 정지훈
- 사업장주소: 인천시 남동구 간석로 7
- 업태: 제조,도소매
- 종목: 전자제품

작성일자	공급가액	세액	수정사유	비고
2025.09.28.	20,000,000	2,000,000	해당 없음	

월	일	품목	규격	수량	단가	공급가액	세액	비고
09	28	수입신고필증 참조				20,000,000	2,000,000	

| 합계금액 | 22,000,000 |

[5] 9월 30일 영업부에서 거래처에 추석선물로 제공하기 위하여 ㈜부천백화점에서 선물세트를 구입하고 아래의 전자세금계산서를 발급받았다. 대금 중 500,000원은 현금으로 결제하였으며, 잔액은 보통예금 계좌에서 지급하였다. (3점)

전자세금계산서

| 승인번호 | 20250930 - 100156 - 956214 |

공급자
- 등록번호: 130-81-01236
- 종사업장번호:
- 상호(법인명): ㈜부천백화점
- 성명: 안부천
- 사업장주소: 경기도 부천시 길주로 280 (중동)
- 업태: 소매
- 종목: 잡화
- 이메일: bucheon@never.net

공급받는자
- 등록번호: 130-81-25029
- 종사업장번호: 정지훈
- 상호(법인명): ㈜천부전자
- 성명:
- 사업장주소: 인천시 남동구 간석로 7
- 업태: 제조
- 종목: 전자제품
- 이메일:

작성일자	공급가액	세액	수정사유	비고
2025.09.30.	2,600,000	260,000	해당 없음	

월	일	품목	규격	수량	단가	공급가액	세액	비고
09	30	홍삼선물세트		10	260,000	2,600,000	260,000	

합계금액	현금	수표	어음	외상미수금	위 금액을 (영수) 함
2,860,000	2,860,000				

부가가치세신고와 관련하여 다음 물음에 답하시오. (10점)

[1] 아래의 자료를 이용하여 2025년 제1기 부가가치세 확정신고기간의 수출실적명세서를 작성하시오(단, 거래처코드와 거래처명은 조회하여 불러올 것). (3점)

거래처	수출신고번호	선적일	환가일	통화	수출액	기준환율 선적일	기준환율 환가일
B&G	11133-77-100066X	2025.04.15	2025.04.10	USD	$80,000	1,350원/$	1,300원/$
PNP	22244-88-100077X	2025.05.30	2025.06.07	EUR	€52,000	1,400원/€	1,410원/€

[2] 다음의 자료만을 이용하여 제1기 부가가치세 확정신고기간(4월 1일~6월 30일)의 부가가치세신고서를 작성하시오(단, 기존에 입력된 자료 또는 불러온 자료는 무시하고, 부가가치세신고서 외의 부속서류 작성은 생략할 것). (5점)

구분	자료
매출	1. 전자세금계산서 발급분 제품 매출액 : 200,000,000원(부가가치세 별도) 2. 신용카드로 결제한 제품 매출액 : 44,000,000원(부가가치세 포함) 3. 내국신용장에 의한 제품 매출액(영세율세금계산서 발급분) : 공급가액 40,000,000원 4. 수출신고필증 및 선하증권으로 확인된 수출액(직수출) : 5,000,000원(원화 환산액)
매입	1. 세금계산서 수취분 일반매입 : 공급가액 120,000,000원, 세액 12,000,000원 2. 세금계산서 수취분 9인승 업무용 차량 매입 : 공급가액 30,000,000원, 세액 3,000,000원 ※ 위 1번의 일반매입분과 별개이다. 3. 법인신용카드매출전표 수취분 중 공제 대상 일반매입 : 공급가액 10,000,000원, 세액 1,000,000원 4. 제1기 예정신고 시 누락된 세금계산서 매입 : 공급가액 20,000,000원, 세액 2,000,000원
비고	1. 제1기 예정신고 시 미환급세액은 1,000,000원이라고 가정한다. 2. 전자신고세액공제는 고려하지 않도록 한다.

[3] 다음의 자료를 이용하여 제1기 부가가치세 예정신고기간(1월 1일~3월 31일)의 부가가치세신고서 및 관련 부속서류를 전자신고하시오. (2점)

> 1. 부가가치세신고서와 관련 부속서류는 마감되어 있다.
> 2. [전자신고] → [국세청 홈택스 전자신고변환(교육용)] 순으로 진행한다.
> 3. [전자신고]의 [전자신고제작] 탭에서 신고인구분은 2.납세자 자진신고를 선택하고, 비밀번호는 "12341234"로 입력한다.
> 4. [국세청 홈택스 전자신고변환(교육용)] → 전자파일변환(변환대상파일선택) → 찾아보기 에서 전자신고용 전자파일을 선택한다.
> 5. 전자신고용 전자파일 저장경로는 로컬디스크(C:)이며, 파일명은 "enc작성연월일.101.v사업자등록번호"이다.
> 6. 형식검증하기 → 형식검증결과확인 → 내용검증하기 → 내용검증결과확인 → 전자파일제출 을 순서대로 클릭한다.
> 7. 최종적으로 전자파일 제출하기 를 완료한다.

Q4 결산정리사항은 다음과 같다. 관련 메뉴를 이용하여 결산을 완료하시오. (15점)

[1] 기말 재고조사 결과 자산으로 처리하였던 영업부의 소모품 일부(장부금액 : 250,000원)가 제조부의 소모품비로 사용되었음을 확인하였다. (3점)

[2] 기말 재무상태표의 단기차입금 중에는 당기에 발생한 ㈜유성에 대한 외화차입금 26,000,000원이 포함되어 있다. 발생일 현재 기준환율은 1,300원/$이고, 기말 현재 기준환율은 1,400원/$이다. (3점)

[3] 대출금에 대한 이자지급일은 매월 16일이다. 당해연도분 미지급비용을 인식하는 회계처리를 하시오(단, 거래처 입력은 하지 않을 것). (3점)

> 대출 적용금리는 변동금리로 은행에 문의한 결과 2025년 12월 16일부터 2026년 1월 15일까지의 기간에 대하여 지급되어야 할 이자는 총 5,000,000원이며, 이 중 2025년도 12월 31일까지에 대한 발생이자는 2,550,000원이었다.

[4] 기존에 입력된 데이터는 무시하고 제2기 확정신고기간의 부가가치세와 관련된 내용이 다음과 같다고 가정한다. 12월 31일 부가세예수금과 부가세대급금을 정리하는 회계처리를 하시오. 단, 납부세액(또는 환급세액)은 미지급세금(또는 미수금)으로, 경감세액은 잡이익으로, 가산세는 세금과공과(판)로 회계처리한다. (3점)

• 부가세대급금	12,400,000원	• 부가세예수금	240,000원
• 전자신고세액공제액	10,000원	• 세금계산서지연발급가산세	24,000원

[5] 당기분 법인세가 27,800,000원(법인지방소득세 포함)으로 확정되었다. 회사는 법인세 중간예납세액과 이자소득원천징수세액의 합계액 11,000,000원을 선납세금으로 계상하고 있었다. (3점)

Q5 2025년 귀속 원천징수자료와 관련하여 다음의 물음에 답하시오. (15점)

[1] 다음은 자재부 사원 김경민(사번 : 101)의 부양가족 자료이다. 부양가족은 모두 생계를 함께하고 있으며 세부담 최소화를 위해 가능하면 김경민이 모두 공제받고자 한다. 사원등록 메뉴의 부양가족명세를 작성하시오(단, 기본공제대상자가 아닌 경우에는 입력하지 말 것). (5점)

성명	관계	주민등록번호	동거 여부	비고
김경민	본인	680213-1234569	세대주	총급여 : 50,000,000원
정혜미	배우자	670415-2215675	동거	퇴직소득금액 100만원
김경희	동생	700115-2157895	동거	일용근로소득 550만원, 장애인 (장애인복지법)
김경우	부친	420122-1789540	주거형편상 별거	이자소득 2천만원
박순란	모친	420228-2156771	주거형편상 별거	소득없음
정지원	처남	710717-1333451	동거	양도소득금액 100만원, 장애인(중증환자)
김기정	아들	981111-1123458	주거형편상 별거	취업준비생, 일용근로소득 500만원
김지은	딸	051230-4156874	동거	사업소득금액 100만원

[2] 다음은 진도준(사번:15, 입사일:2025.01.02.) 사원의 2025년 귀속 연말정산 관련 자료이다. 연말정산추가자료입력의 부양가족(보험료, 교육비) 탭, 신용카드 탭, 의료비 탭, 연금저축 탭을 작성하고, 연말정산입력 탭에서 연말정산을 완료하시오(단, 근로자 본인의 세부담이 최소화되도록 한다). (10점)

1. 가족사항(모두 동거하며, 생계를 같이한다. 아래 제시된 자료 외의 다른 소득은 없다.)

관계	성명	주민등록번호	소득	비고
본인	진도준	791030-1224117	총급여 8,000만원	세대주
어머니	박정희	510511-2148712	종합과세금융소득 2,400만원	
배우자	김선영	820115-2347232	분리과세 선택 기타소득 300만원	
아들	진도진	160131-3165614	소득 없음	초등학생
아들	진시진	200121-3165112	소득 없음	유치원생

※ 기본공제대상자가 아닌 경우 기본공제 "부"로 입력할 것

2. 연말정산 자료
   ※ 아래의 자료는 국세청 홈택스 및 기타 증빙을 통해 확인된 것으로, 별도의 언급이 없는 한 국세청 홈택스 연말정산간소화서비스에서 조회된 자료이다.

구분	내용
보험료	• 진도준 보장성보험료 : 2,200,000원 • 진도진 보장성보험료 : 480,000원 • 진시진 보장성보험료 : 456,000원
교육비	• 진도준 대학원 수업료 : 8,000,000원 • 박정희 사이버대학 수업료 : 2,050,000원 • 진도진 영어보습학원비 : 2,640,000원 • 진도진 태권도학원비 : 1,800,000원 • 진시진 축구교실학원비 : 1,200,000원 　(진시진의 축구교실학원비는 국세청 홈택스 연말정산간소화서비스에서 조회한 자료가 아니며, 교육비세액공제 요건을 충족하지 못하는 것으로 확인되었다.)
의료비	• 진도준 질병 치료비 : 3,000,000원(진도준 신용카드 결제) • 진도준 시력보정용 렌즈 구입비용 : 600,000원(1건, 진도준 신용카드 결제) 　-구입처 : 렌즈모아(사업자등록번호 105-68-23521) 　-의료비증빙코드 : 기타영수증 • 박정희 질병 치료비 : 3,250,000원(진도준 신용카드 결제) 　-보험업법에 따른 보험회사에서 실손의료보험금 2,000,000원 수령
신용카드 등 사용액	• 진도준 신용카드 사용액 : 32,000,000원(전통시장 사용분 2,000,000원 포함) • 진도준 현금영수증 사용액 : 3,200,000원(전통시장 사용분 200,000원 포함) • 진도준 체크카드 사용액 : 2,382,000원(대중교통 사용분 182,000원 포함) • 진도준 신용카드 사용액은 의료비 지출액이 모두 포함된 금액이다. • 제시된 내용 외 전통시장/대중교통/도서 등 사용분은 없다.
기타	• 진도준 연금저축계좌 납입액 : 2,400,000원(2025년도 납입분) 　-삼성생명보험㈜ 계좌번호 : 153-05274-72339

CHAPTER 02 실전모의시험

㈜도원기업(회사코드:8502)은 전자제품의 제조 및 도·소매업을 주업으로 영위하는 중소기업으로, 당기(제20기)의 회계기간은 2025.1.1.~2025.12.31.이다. 전산세무회계 수험용 프로그램을 이용하여 다음 물음에 답하시오.

│ 기본전제 │

- 문제에서 한국채택국제회계기준을 적용하도록 하는 전제조건이 없는 경우, 일반기업회계기준을 적용하여 회계처리 한다.
- 문제의 풀이와 답안작성은 제시된 문제의 순서대로 진행한다.

Q1 일반전표입력 메뉴를 이용하여 다음의 거래자료를 입력하시오. (15점)

> **입력시 유의사항**
> - 일반적인 적요의 입력은 생략하지만, 타계정 대체거래는 적요번호를 선택하여 입력한다.
> - 채권·채무와 관련된 거래는 별도의 요구가 없는 한 반드시 기 등록되어 있는 거래처코드를 선택하는 방법으로 거래처명을 입력한다.
> - 제조경비는 500번대 계정코드를, 판매비와 관리비는 800번대 계정코드를 사용한다.
> - 회계처리시 계정과목은 별도제시가 없는 한 등록되어 있는 계정과목 중 가장 적절한 과목으로 한다.

[1] 1월 5일 에코전자의 상장주식 100주를 단기 투자목적으로 1주당 60,000원에 취득하고 대금은 증권거래수수료 30,000원과 함께 보통예금 계좌에서 지급하였다. (3점)

[2] 3월 31일 보유 중인 신한은행의 예금에서 이자수익 500,000원이 발생하여 원천징수세액을 제외한 423,000원이 보통예금 계좌로 입금되었다(단, 원천징수세액은 자산으로 처리할 것). (3점)

[3] 4월 30일 본사 건물 신축공사를 위한 장기차입금의 이자비용 2,500,000원을 보통예금 계좌에서 지급하였다. 해당 지출은 차입원가 자본화 요건을 충족하였으며, 신축공사 중인 건물은 2026년 2월 28일에 완공될 예정이다. (3점)

[4] 7월 10일 당사는 퇴직연금제도를 도입하면서 퇴직연금상품에 가입하였다. 생산부서 직원에 대해서는 확정급여형(DB형) 상품으로 10,000,000원, 영업부서 직원에 대해서는 확정기여형(DC형) 상품으로 7,000,000원을 보통예금 계좌에서 이체하여 납입하였다(단, 하나의 전표로 입력하고 기초 퇴직급여충당부채 금액은 고려하지 말 것). (3점)

[5] 7월 15일 ㈜지유로부터 공장에서 사용할 기계장치를 구입하기로 계약하고, 계약금 5,000,000원을 즉시 당좌수표를 발행하여 지급하였다. (3점)

Q2 매입매출전표입력 메뉴를 이용하여 다음의 거래자료를 입력하시오. (15점)

> **입력시 유의사항**
> - 일반적인 적요의 입력은 생략하지만, 타계정 대체거래는 적요번호를 선택하여 입력한다.
> - 채권·채무와 관련된 거래는 별도의 요구가 없는 한 반드시 기등록된 거래처코드를 선택하는 방법으로 거래처명을 입력한다.
> - 제조경비는 500번대 계정코드를, 판매비와관리비는 800번대 계정코드를 사용한다.
> - 회계처리 시 계정과목은 별도의 제시가 없는 한 등록된 계정과목 중 가장 적절한 과목으로 한다.
> - 입력화면 하단의 분개까지 처리하고, 전자세금계산서 및 전자계산서는 전자 입력으로 반영한다.

[1] 7월 7일 ㈜신화에서 영업부서의 매출처에 선물로 증정할 와인세트 10세트를 1세트당 50,000원(부가가치세 별도)에 구입하고 전자세금계산서를 발급받았다. 대금 550,000원은 현금으로 지급하고, 선물은 구입 즉시 모두 거래처에 전달하였다. (3점)

[2] 7월 20일 공장에서 생산부서가 사용할 선풍기를 ㈜하나마트에서 현금으로 구입하고, 아래와 같이 현금영수증을 발급받았다(단, 소모품비로 처리할 것). (3점)

```
㈜하나마트

        20230720790676980001744070

㈜하나마트                    T:(02)117-2727
128-85-46204                        유하나
서울특별시 구로구 구로동 2727

영수증 미지참시 교환/환불 불가
정상상품에 한함, 30일 이내(신선 7일)

[현금영수증(지출증빙)]

[구매] 2025-07-20 17:27    POS:7901-9979
─────────────────────────────
    상품명      단가      수량      금액
  맥스파워선풍기  110,000    10    1,100,000
              과 세 물 품          1,000,000
              부 가 세              100,000
              합    계            1,100,000
          결 제 대 상 금 액         1,100,000
─────────────────────────────
현금영수증 승인번호 17090235
식별정보 3708112345
문의 ☎ 126-1-1
```

[3] 8월 16일   미국 UFC사에 제품을 $10,000에 해외 직수출하고, 8월 31일에 수출대금 전액을 달러($)로 받기로 하였다. 일자별 환율은 다음과 같다(단, 수출신고번호 입력은 생략할 것). (3점)

구분	8월 10일(수출신고일)	8월 16일(선적일)	8월 31일(대금회수일)
기준환율	1,150원/$	1,100원/$	1,200원/$

[4] 9월 30일   ㈜명학산업에 제품을 공급하고 아래와 같이 전자세금계산서를 발급하였다. 대금은 8월 31일에 기수령한 계약금 1,800,000원을 제외한 잔액을 ㈜명학산업이 발행한 당좌수표로 수령하였다. (3점)

전자세금계산서

	승인번호	20250930 - 1547412 - 2014956

공급자	등록번호	370 - 81 - 12345	종사업장번호		공급받는자	등록번호	301 - 81 - 45665	종사업장번호	
	상호(법인명)	㈜도원기업	성 명	이세종		상호(법인명)	㈜명학산업	성 명	김연동
	사업장 주소	서울 구로구 안양천로539길 6				사업장 주소	세종시 부강면 문곡리 128		
	업 태	제조등	종 목	전자부품		업 태	제조	종 목	가전제품
	이메일					이메일			

작성일자	공급가액	세액	수정사유	비고
2025/09/30	18,000,000	1,800,000		

비고							
월	일	품 목	규 격	수 량	단 가	공 급 가 액	세 액	비 고
09	30	제품				18,000,000	1,800,000	

합계금액	현 금	수 표	어 음	외상미수금	위 금액을 (영수) 함
19,800,000	1,800,000	18,000,000			

[5] 10월 31일   구매확인서에 의하여 ㈜크림으로부터 수출용 원재료(공급가액 6,000,000원)를 매입하고 영세율전자세금계산서를 발급받았다. 대금은 보통예금 계좌에서 지급하였다. (3점)

Q3 부가가치세신고와 관련하여 다음 물음에 답하시오. (10점)

[1] 다음의 자료를 이용하여 2025년 제2기 부가가치세 확정신고기간에 대한 건물등감가상각자산취득명세서를 작성하시오(단, 아래의 자산은 모두 감가상각 대상에 해당함). (3점)

취득일	내용	공급가액 / 부가가치세액	상호 / 사업자등록번호	비고
10.04.	회계부서의 컴퓨터 및 프린터 교체	20,000,000원	우리전산	종이세금계산서 수취
		2,000,000원	102-03-52877	
11.11.	생산부서의 보관창고 신축공사비	100,000,000원	㈜튼튼건설	전자세금계산서 수취
		10,000,000원	101-81-25749	
11.20.	업무용승용차(1,500cc) 구입	15,000,000원	㈜빠름자동차	전자세금계산서 수취
		1,500,000원	204-81-96316	
12.14.	영업부서의 에어컨 구입	10,000,000원	㈜시원마트	법인 신용카드 결제
		1,000,000원	304-81-74529	

[2] 아래의 자료만을 이용하여 2025년 제1기 부가가치세 확정신고기간(4월~6월)의 부가가치세신고서를 직접 입력하여 작성하시오(단, 부가가치세신고서 외의 부속서류와 과세표준명세의 작성은 생략하며, 불러온 데이터는 무시하고 새로 입력할 것). (5점)

구분	내용
매출자료	• 전자세금계산서 매출액[주1] : 공급가액 320,000,000원, 세액 30,000,000원 [주1]영세율세금계산서 매출액(공급가액 20,000,000원)이 포함되어 있다. • 해외 직수출 매출액 : 공급가액 15,000,000원 • 현금영수증 매출액 : 공급대가 11,000,000원
매입자료	• 전자세금계산서를 수취한 매입액[주2] : 공급가액 150,000,000원, 세액 15,000,000원 [주2]운반용 화물자동차 매입액(공급가액 20,000,000원, 세액 2,000,000원)이 포함되어 있으며, 나머지 금액은 모두 재고자산 매입액이다. • 신용카드 매입액은 다음과 같다.

구분	내용	공급가액	세액
일반매입	직원 복리후생 관련 매입	8,000,000원	800,000원
	대표자 개인용 물품 매입	1,000,000원	100,000원
고정자산매입	제품 품질 테스트 기계설비 매입	6,000,000원	600,000원
합 계		15,000,000원	1,500,000원

기타자료	• 예정신고 미환급세액은 900,000원으로 가정한다. • 전자신고세액공제 10,000원을 적용하여 세부담최소화를 가정한다.

[3] 2025년 제1기 예정신고기간(2025.01.01.~2025.03.31.)의 부가가치세신고서를 전자신고하시오. (2점)

1. 부가가치세신고서와 관련 부속서류는 마감되어 있다.
2. [전자신고] → [국세청 홈택스 전자신고변환(교육용)] 순으로 진행한다.
3. [전자신고]의 [전자신고제작] 탭에서 신고인구분은 2.납세자 자진신고를 선택하고, 비밀번호는 "12341234"로 입력한다.
4. [국세청 홈택스 전자신고변환(교육용)] → 전자파일변환(변환대상파일선택) → 찾아보기 에서 전자신고용 전자파일을 선택한다.
5. 전자신고용 전자파일 저장경로는 로컬디스크(C:)이며, 파일명은 "enc작성연월일.101.v3708112345"이다.
6. 형식검증하기 → 형식검증결과확인 → 내용검증하기 → 내용검증결과확인 → 전자파일제출 을 순서대로 클릭한다.
7. 최종적으로 전자파일 제출하기 를 완료한다.

Q4 결산정리사항은 다음과 같다. 관련 메뉴를 이용하여 결산을 완료하시오. (15점)

[1] 다음은 2025년 제2기 확정신고기간의 부가가치세 관련 자료이다. 아래의 자료만을 이용하여 부가세대급금과 부가세예수금을 정리하는 회계처리를 하시오. 단 입력된 데이터는 무시하고, 납부세액은 미지급세금으로, 환급세액은 미수금으로, 가산세는 세금과공과(판)로, 공제세액은 잡이익으로 처리하시오. (3점)

- 부가세예수금 : 720,000원
- 부가세대급금 : 520,000원
- 전자세금계산서지연발급가산세 : 10,000원
- 전자신고세액공제 : 10,000원

[2] 돌담은행으로부터 차입한 장기차입금 중 100,000,000원은 2026년 6월 30일에 상환기일이 도래한다. (3점)

[3] 외상매출금 및 미수금에 대하여만 기말잔액에 1%의 대손율을 적용하여 보충법에 의해 대손충당금을 설정하시오. (3점)

[4] 기말 현재 보유하고 있는 무형자산 중 영업권의 전기 말 상각 후 미상각잔액은 16,000,000원이다. 해당 영업권의 취득일은 2024년 1월 1일이며, 회사는 영업권에 대하여 5년간 월할 균등상각하고 있다. (3점)

[5] 결산일 현재 재고자산은 다음과 같다. 결산자료입력을 이용하여 결산을 수행하시오. (3점)

구분	금액	비고
원재료	93,000,000원	선적지 인도기준(FOB)으로 매입하여 운송 중인 미착원재료 2,000,000원 미포함
재공품	70,000,000원	
제품	135,000,000원	수탁자가 보관 중인 위탁제품 5,000,000원 미포함

Q5 2025년 귀속 원천징수자료와 관련하여 다음의 물음에 답하시오. (15점)

[1] 다음은 ㈜도원기업의 사무직 사원 김우리(사원코드:100)의 6월 급여자료이다. 아래 자료를 이용하여 사원등록의 부양가족명세 탭의 부양가족에 대한 기본공제 및 추가공제 여부를 반영하고, 수당공제등록 및 급여자료입력을 수행하시오(단, 근로자 본인의 세부담 최소화를 가정한다). (5점)

1. 부양가족 명세(모두 거주자인 내국인에 해당함)

성명	주민등록번호	관계	동거(생계) 여부	비고
김우리	821210-1127852	본인		세대주, 2025년 총급여액 5,200만원
이현진	841010-2145205	배우자	여	소득없음
김아현	210101-4928325	입양자녀	여	소득없음, 2025년 1월에 입양신고함

※ 제시된 자료 외의 다른 소득은 없다.

2. 6월분 급여자료

이름	김우리	지급일	2025년 07월 10일
기본급	3,000,000원	소득세	89,390원
식대	200,000원	지방소득세	8,930원
자가운전보조금	200,000원	국민연금	166,500원
육아수당	200,000원	건강보험	131,160원
야간근로수당	527,000원	장기요양보험	16,800원
		고용보험	34,440원
급여계	4,127,000원	공제합계	447,220원
		지급총액	3,679,780원

• 식대 : 당사는 현물식사와 식대를 함께 제공하고 있다.
• 자가운전보조금 : 당사는 본인 명의의 차량을 업무 목적으로 사용한 직원에게만 자가운전보조금을 지급하고 있으며, 실제 발생한 교통비를 별도로 지급하지 않는다.
• 육아수당 : 당사는 6세 이하 자녀(입양자녀 포함) 1명당 200,000원씩 육아수당을 지급하고 있다.
※ 수당등록 시 월정액 및 통상임금은 고려하지 않으며, 사용하는 수당 이외의 항목은 사용 여부를 "부"로 반영한다.
※ 급여자료입력 시 공제항목의 불러온 데이터는 무시하고 직접 입력하여 작성한다.

[2] 다음은 회계부서에 재직 중인 김갑용(사원코드:101) 사원의 연말정산 관련 자료이다. 다음의 자료를 이용하여 연말정산추가자료입력 메뉴의 부양가족 탭 및 관련된 탭을 모두 작성하여 연말정산을 완료하시오(단, 근로자 본인의 세부담 최소화를 가정하고, 연말정산입력 탭은 직접 입력하지 않음). (10점)

1. 가족사항(모두 거주자인 내국인에 해당함)

성명	관계	주민등록번호	동거 여부	소득금액	비고
김갑용	본인	840505-1478529		65,000,000원	총급여액(근로소득 외의 소득없음), 세대주
강희영	배우자	850630-2547855	여	10,000,000원	근로소득금액
김수필	부친	571012-1587425	여	900,000원	부동산임대소득금액 : 총수입금액 20,000,000원 필요경비 19,100,000원
김정은	아들	150408-3852618	여	-	초등학생
김준희	딸	201104-4487125	여	-	취학 전 아동

2. 연말정산 관련 추가자료(모든 자료는 국세청에서 제공된 자료에 해당함)

내역	비고
보장성 보험료	• 김갑용(본인) : 자동차보험료 300,000원 • 강희영(배우자) : 보장성보험료 200,000원 • 김수필(부친) : 생명보험료 150,000원(만기까지 납입액이 만기환급액보다 큰 경우에 해당) • 김준희(딸) : 보장성보험료 350,000원
교육비	• 김갑용(본인) : 정규 교육 과정 대학원 교육비 5,000,000원 • 김정은(아들) : 국내 소재 사립초등학교(「교육법」상의 정규 교육기관) 수업료 8,000,000원, 바이올린 학원비 2,400,000원 • 김준희(딸) : 「영유아보육법」상의 어린이집 교육비 1,800,000원
의료비	• 김갑용(본인) : 시력보정용 안경 구입비용 650,000원 • 김수필(부친) : 질병 치료 목적 의료비 1,500,000원 • 김준희(딸) : 질병 치료 목적 의료비 250,000원
신용카드 사용액	• 김갑용(본인) : 신용카드 사용액 21,500,000원(국세청 자료) (신용카드사용분 중 전통시장/대중교통/도서 등 사용분은 없음)
퇴직연금	• 김갑용(본인) : 2025년 퇴직연금계좌 납입총액 10,000,000원 본인 불입액 7,200,000원(계좌번호 : 하나은행 401-02-125011) 회사 불입액 2,800,000원(계좌번호 : 농협중앙회 301-02-228451) * 회사는 확정기여형 퇴직연금에 가입하여 매년 불입하고 있다.

CHAPTER 03 실전모의시험

㈜다음전자(회사코드:8503)는 제조, 도·소매 및 무역업을 영위하는 중소기업이며, 당기(15기)회계기간은 2025.1.1.~2025.12.31. 이다. 전산세무회계 수험용 프로그램을 이용하여 다음 물음에 답하시오.

| 기본전제 |

문제에서 한국채택국제회계기준을 적용하도록 하는 전제조건이 없는 경우, 일반기업회계기준을 적용하여 회계처리 한다.

Q1 다음 거래를 일반전표입력 메뉴에 추가 입력하시오. (15점)

입력시 유의사항
- 일반적인 적요의 입력은 생략하지만, 타계정 대체거래는 적요번호를 선택하여 입력한다.
- 채권·채무와 관련된 거래는 별도의 요구가 없는 한 반드시 기 등록되어 있는 거래처코드를 선택하는 방법으로 거래처명을 입력한다.
- 제조경비는 500번대 계정코드를, 판매비와 관리비는 800번대 계정코드를 사용한다.
- 회계처리시 계정과목은 별도제시가 없는 한 등록되어 있는 계정과목 중 가장 적절한 과목으로 한다.

[1] 4월 20일   원금 300,000,000원인 정기예금이 만기가 되어 이자수익 21,000,000원에 대한 원천징수세액(3,234,000원)을 제외한 원금과 이자 전액이 보통예금으로 이체되었다(원천징수세액은 법인세와 지방소득세를 합친 금액으로서 자산으로 처리하고 거래처입력은 생략할 것). (3점)

[2] 5월 25일   주식발행초과금 5,000,000원을 자본금에 전입하기로 하고, 액면 5,000원의 주식 1,000주를 발행하여 기존 주주들에게 무상으로 교부하였다. (3점)

[3] 6월 18일   공장 신설을 위하여 개인인 홍길동으로부터 토지를 구입하면서 토지 구입대금 1억원과 토지의 취득세로 3,500,000원을 보통예금에서 지급하였다(하나의 전표로 처리할 것). (3점)

[4] 7월 1일   장기투자목적으로 2023년 9월에 취득했던 매도가능증권(취득가액 18,000,000원, 2023년말 공정가액 22,000,000원, 2024년말 공정가액 21,000,000원)을 20,000,000원에 매각처분하고 매각수수료 100,000원을 차감한 후 보통예금으로 받았다(하나의 전표로 처리할 것). (3점)

[5] 8월 21일 5월 21일에 3개월 후 상환조건으로 ㈜치료상사에 외화로 대여한 $8,000에 대하여 만기가 도래하여 회수한 후 원화로 환전하여 보통예금계좌에 입금되었다(대여시 환율은 $1 당 1,200원, 회수시 환율은 $1당 1,100원이다). (3점)

Q2 다음 거래 자료를 매입매출전표입력 메뉴에 추가로 입력하시오. (15점)

> **입력시 유의사항**
> - 일반적인 적요의 입력은 생략하지만, 타계정 대체거래는 적요번호를 선택하여 입력한다.
> - 별도의 요구가 없는 한 반드시 기 등록되어 있는 거래처코드를 선택하는 방법으로 거래처명을 입력한다.
> - 제조경비는 500번대 계정코드를, 판매비와 관리비는 800번대 계정코드를 사용한다.
> - 회계처리시 계정과목은 별도제시가 없는 한 등록되어 있는 계정과목 중 가장 적절한 과목으로 한다.
> - 입력화면 하단의 분개까지 처리하고, 전자세금계산서 및 전자계산서는 전자입력으로 반영한다.

[1] 7월 25일 회사는 영업부 부서의 업무용 차량(개별소비세 과세대상 승용차)을 렌트하면서 7월분 렌트료 550,000원(공급대가)을 보통예금으로 지급하고, ㈜세무캐피탈로부터 전자세금계산서를 발급받았다(렌트료에 대해서 임차료 계정과목을 사용할 것). (3점)

[2] 8월 13일 ㈜항원으로부터 구매확인서에 의해 상품 20,000,000원을 매입하고 영세율전자세금계산서를 발급받았다. 대금은 보통예금에서 지급하였다. (3점)

[3] 9월 11일 다음과 같은 전자세금계산서를 발급받고 대금 중 10%는 현금으로 지급하고 잔액은 다음달에 지급하기로 하였다. (3점)

전자세금계산서 (공급받는자 보관용)					승인번호	20250710 - 410000012 - 7c00mk0		
공급자	등록번호	106-86-66833		종사업장번호	공급받는자	등록번호	106-86-46593	종사업장번호	
	상호(법인명)	㈜리소스	성명	윤수혁		상호(법인명)	㈜다음전자	성명	신경수
	사업장주소	서울특별시 금천구 가산디지털7로 504(가산동)				사업장주소	서울특별시 금천구 가산디지털1로 33-22(가산동)		
	업태	제조	종목	전자제품		업태	제조,도소매	종목	전자제품
	이메일	abcde@naver.com				이메일	electronic@daum.net		
작성일자		공급가액		세액		수정사유		비고	
2025-9-11		30,000,000원		3,000,000원		해당없음			
월	일	품목	규격	수량		단가	공급가액	세액	비고
9	11	원재료		1,000		30,000	30,000,000	3,000,000	
합계금액		현금		수표		어음	외상미수금	이 금액을 (영수,청구)함	
33,000,000		3,300,000					29,700,000		

[4] 9월 28일   당사가 사용하던 아래와 같은 프린터를 신윤복(비사업자)에게 중고로 판매하고 대금 2,750,000원(부가가치세 포함)을 신윤복 소유의 미래카드로 결제 받았다.
(3점)

> 프린터는 2024년 1월 1일에 4,000,000원(부가가치세 별도)에 구입하고 비품으로 감가상각(5년 정액법)하며, 2024년 결산 시에는 정상적으로 감가상각된 것이다. 단, 당기 감가상각비는 고려하지 않는 것으로 한다.

[5] 9월 30일   생산부문에서 사용하는 5t트럭에 경유(공급가액 80,000원, 세액 8,000원)를 넣고 법인명의 카드(하나카드)로 결제하였다.
(3점)

신용카드매출전표

단말기번호	
8002124738	120524128234
카드종류	
하나카드	신용승인
회원번호	
1234-5678-1000-2000	
매출일자	
2025/9/30 16:52:46	
일반	
일시불	금액 80,000원
은행확인	세금 8,000원
판매자	봉사료 0원
	합계 88,000원
대표자	
강세무	
사업자등록번호	
502-85-10321	
가맹점명	
(주)강남주유소	
가맹점주소	
서울 강남구 역삼로 888	
	서명
	Semusa

Q3 부가가치세신고와 관련하여 다음 물음에 답하시오. (10점)

[1] 다음 자료를 이용하여 과세 및 면세사업을 영위하는 겸영사업자인 당사의 2025년도 1기 부가가치세 확정신고기간에 대한 공제받지 못할 매입세액명세서 중 공통매입세액의 정산내역 탭을 입력하시오(단, 1기 예정신고서에 반영된 공통매입세액 불공제분은 240,000원이고, 공급가액 기준으로 안분계산 하며, 불러온 데이터값은 무시한다). (3점)

(단위 : 원)

제1기 예정(1월~3월)	제1기 확정(4월~6월)
과세매출 : 공급가액 6,000,000 세액 600,000	과세매출 : 공급가액 20,000,000 세액 2,000,000
면세매출 : 공급가액 4,000,000	면세매출 : 공급가액 8,000,000
공통매입세액 : 공급가액 6,000,000 세액 600,000	공통매입세액 : 공급가액 14,000,000 세액 1,400,000

[2] 다음 자료만을 이용하여 2025년 제2기 확정신고기간(10월~12월)의 부가가치세신고서를 작성하시오(단, 부가가치세 신고서 이외의 부속서류와 과세표준명세의 작성은 생략하며, 불러오는 데이터 값은 무시하고 직접 입력할 것). (7점)

매출자료	① 전자세금계산서 과세 매출액 : 공급가액 300,000,000원, 부가가치세 30,000,000원(이 중 지연발급분으로 공급가액 20,000,000원, 부가가치세 2,000,000원이 포함되어 있음) ② 신용카드·현금영수증 과세 매출액 : 공급가액 60,000,000원, 부가가치세 6,000,000원 ③ 정규증빙 미발급 과세 매출액 : 공급가액 400,000원, 부가가치세 40,000원 (소비자와 거래이며, 회사가 영위하는 업종은 현금영수증 의무발행업종이 아님) ④ 국내 영세율 매출액 : 50,000,000원(위 ①과 별개로서 전자세금계산서 발급분) ⑤ 해외 직수출액 : 100,000,000원 ⑥ 2024년 제2기 확정신고시 대손세액공제를 받았던 외상매출금 22,000,000원(부가가치세 포함) 중 50%를 회수함
매입자료	① 전자세금계산서 과세 일반 매입액 : 공급가액 300,000,000원, 부가가치세 30,000,000원 - 상기 금액 중 공급가액 20,000,000원, 부가가치세 2,000,000원은 사업과 직접 관련 없는 지출에 대해서 전자세금계산서를 발급받은 것임. ② 사업용 신용카드 과세 일반 매입액 : 공급가액 20,000,000원, 부가가치세 2,000,000원
기타자료	2025년 제2기 예정신고 당시 미환급 세액 : 3,000,000원

Q4 다음 결산자료를 입력하여 결산을 완료하시오. (15점)

[1] 제조부서가 구입한 소모품 2,400,000원 중 결산일까지 사용하지 못하고 남아 있는 것이 600,000원이다(단, 소모품 구입 시 자산으로 회계처리함). (3점)

[2] 기말 현재 현금과부족 계정의 대변 잔액이 50,000원으로 결산일 현재까지 그 원인을 찾지 못했다. (3점)

[3] 아래의 자료에 근거하여 정기예금에 대한 당기분 경과이자를 회계처리 하시오. (3점)

- 예금금액 : 300,000,000원
- 가입기간 : 2025.04.01.~2026.03.31.
- 연 이자율 : 1%(월할계산 할 것)
- 이자수령시점 : 만기일(2026.03.31.)에 일시불 수령

[4] 기말시점 현재 해외거래처인 ABC사에 대한 외상매출금 $20,000(매출당시 환율은 1,150/$) 이며 결산일 현재의 환율은 1,200원/$이다(단, 거래처 입력은 생략할 것). (3점)

[5] 기말 현재 퇴직급여추계액 및 퇴직급여충당부채를 설정하기 전 퇴직급여충당부채의 잔액은 다음과 같다(퇴직급여충당부채는 퇴직급여추계액의 100%를 설정하며 제조와 판관비를 구분해서 각각 회계처리 할 것). (3점)

구 분	퇴직급여추계액	퇴직급여충당부채 설정 전 잔액
생산부문	30,000,000원	15,000,000원
판매관리부문	10,000,000원	13,000,000원

2025년 귀속 원천징수자료와 관련하여 다음의 물음에 답하시오. (15점)

[1] 아래의 자료를 근거로 하여 영업부 사원 김한국씨(입사일 2025년 01월 01일, 국내근무)의 사원등록(코드번호 105)을 하고, 김한국씨의 부양가족을 부양가족명세서에 등록 후 세부담이 최소화 되도록 공제여부를 입력하시오. (6점)

- 본인과 부양가족은 모두 거주자이며, 주민등록번호는 정확한 것으로 가정함.
- 기본공제 대상자가 아닌 경우 '부'로 표시하시오.

성명	주민등록번호	관계	동거여부	장애인 유무	2025년 소득 현황
김한국	820226-1041310	본인	-	비장애인	연간 총급여액 6,000만원
나여성	851226-2056913	김한국의 배우자	동거	비장애인	사업소득금액 500만원
김조선	520912-1005610	김한국의 직계존속	동거	비장애인	무조건 분리과세 대상인 기타소득금액 200만원
강춘자	541213-2055610	나여성의 직계존속	주거형편상 별거 중	비장애인	양도소득금액 100만원
김우주	200622-4061318	김한국의 직계비속	비동거	장애인 (장애인복지법)	소득없음
김관우	220912-3061626	김한국의 직계비속	비동거	비장애인	소득없음
김부산	840926-1005618	김한국의 남동생	동거	장애인 (중증환자)	소득없음

[2] 다음은 사원 김미영(사번 : 111)의 연말정산을 위한 국세청 제공자료와 기타 증빙자료이다. 부양가족은 제시된 자료 이외에는 소득이 없고, 김미영과 생계를 같이하고 있다. 연말정산 추가자료입력메뉴에서 해당하는 탭을 수정 및 완성하고 연말정산입력 탭을 완성하시오(단, 세부담 최소화를 가정할 것). (9점)

1. 김미영 및 부양가족의 현황(제시된 부양가족 외의 배우자나 부양가족은 없음)

관계	성명	주민번호	비고
본인	김미영	780831-2345673	세대주, 총급여 63,000,000원
직계존속(부)	김철수	450321-1234563	퇴직소득금액 2,000,000원
직계존속(모)	전영희	491111-2345675	
직계비속(자)	박문수	130606-3456783	중학생
직계비속(자)	박분수	201007-3456787	미취학 아동

※ 모든 주민등록번호는 정상으로 간주한다.

2. 연말정산 자료
김철수(부)의 지출을 제외한 모든 지출은 김미영(본인)이 한 것이며, 신용카드 및 직불카드, 현금영수증 사용액은 김미영(본인)의 신용카드, 직불카드, 현금영수증을 사용한 것으로 가정한다.

관계	성명	지출내역	비고
본인	김미영	종교단체 기부금 2,000,000원, 암보험료 900,000원, 의료비 1,000,000원, 필라테스 학원 수업료 350,000원 신용카드 사용액 1,000만원(대중교통 200만원 도서구입비 70만원 포함) 현금영수증 사용액 975만원(전통시장 300만원 포함)	암보험은 보장성 보험임
부	김철수	종교단체 기부금 800,000원, 노인학교 등록금 1,600,000원	김철수의 지출
모	전영희	의료비 600,000원, 종교단체외 일반기부금 200,000원 직불카드 사용액 600만원(전통시장 100만원 포함)	
자	박문수	중학교 등록금 800,000원, 중학교 교복구입비 250,000원 의료비 700,000원, 시력보정용 안경구입비 150,000원 상해보험료 180,000원 현금영수증 사용액 250,000원(전액 도서구입비)	상해보험은 보장성 보험임
자	박분수	유치원등록금 1,800,000원, 저축성보험료 280,000원	

※ 위의 모든 의료비는 진찰·진료·질병예방을 위하여 국내 의료기관에 지급한 비용이며, 보험회사로부터 지급받은 실손의료보험금은 없다.

CHAPTER 04 실전모의시험

㈜문경전자(회사코드:8504)은 제조, 도·소매 및 무역업을 영위하는 중소기업이며, 당기(14기)회계기간은 2025.1.1.~2025.12.31.이다. 전산세무회계 수험용 프로그램을 이용하여 다음 물음에 답하시오.

기본전제

문제에서 한국채택국제회계기준을 적용하도록 하는 전제조건이 없는 경우, 일반기업회계기준을 적용하여 회계처리 한다.

Q1 다음 거래를 일반전표입력 메뉴에 추가 입력하시오. (15점)

입력시 유의사항

- 일반적인 적요의 입력은 생략하지만, 타계정 대체거래는 적요번호를 선택하여 입력한다.
- 채권·채무와 관련된 거래는 별도의 요구가 없는 한 반드시 기 등록되어 있는 거래처코드를 선택하는 방법으로 거래처명을 입력한다.
- 제조경비는 500번대 계정코드를, 판매비와 관리비는 800번대 계정코드를 사용한다.
- 회계처리시 계정과목은 별도제시가 없는 한 등록되어 있는 계정과목 중 가장 적절한 과목으로 한다.

[1] 7월 21일 투자목적으로 ㈜경주로부터 부동산을 30,000,000원에 외상으로 매입하였다. (3점)

[2] 8월 25일 ABC사의 외상매출금 $20,000을 회수하여 당사의 보통예금에 입금하였다. 환율은 다음과 같다. (3점)

- 외상매출금 인식 당시 적용환율은 1$당 1,200원
- 입금시점의 적용환율은 1$당 1,300원

[3] 9월 27일 ㈜바른자동차로부터 업무용 승용차를 구입하는 과정에서 취득해야 하는 공채를 현금 300,000원(액면금액)에 구입하였다. 공채의 공정가치는 220,000원이며 회사는 이를 단기매매증권으로 처리하고 있다. (3점)

[4] 10월 2일 액면가액 10,000,000원(3년 만기)인 사채를 10,200,000원에 할증발행 하였으며, 대금을 전액 보통예금으로 입금하였다. (3점)

[5] 11월 21일 보유중인 단기매매증권(취득가액 9,500,000원)을 ㈜에스제이물산에게 9,000,000원에 매각하고, 대금은 다음 달에 받기로 하였다. (3점)

Q2 다음 거래 자료를 매입매출전표입력 메뉴에 추가로 입력하시오. (15점)

> **입력시 유의사항**
> - 일반적인 적요의 입력은 생략하지만, 타계정 대체거래는 적요번호를 선택하여 입력한다.
> - 별도의 요구가 없는 한 반드시 기 등록되어 있는 거래처코드를 선택하는 방법으로 거래처명을 입력한다.
> - 제조경비는 500번대 계정코드를, 판매비와 관리비는 800번대 계정코드를 사용한다.
> - 회계처리시 계정과목은 별도제시가 없는 한 등록되어 있는 계정과목 중 가장 적절한 과목으로 한다.
> - 입력화면 하단의 분개까지 처리하고, 전자세금계산서 및 전자계산서는 전자입력으로 반영한다.

[1] 5월 30일 당사는 ㈜우리임대에게 전자제품을 2,200,000원(부가가치세 포함)에 공급하였으며 ㈜우리임대는 결제대금을 신용카드(하나카드)로 결제하였다. (3점)

[2] 6월 24일 미국 Y&G사에 제품을 $10,000에 해외 직수출하고, 수출대금 전액을 이달 말일에 미국 달러화로 받기로 하였다. 수출과 관련된 내용은 다음과 같다. (3점)

일자	6월19일(수출신고일)	6월 24일(선적일)	6월30일(대금회수일)
기준환율	1,300원/1$	1,350원/1$	1,400원/1$

[3] 6월 29일 당사는 영국 머티리얼사로부터 원재료를 수입하고 인천세관으로부터 수입전자세금계산서(공급가액: 30,000,000원, 부가가치세: 3,000,000원)를 수취하였다. 이와 관련하여 부가가치세를 보통예금계좌에서 이체하였다. 단, 부가가치세와 관련한 회계처리만 하시오. (3점)

[4] 7월 10일 당사의 영업부서에서 매달 신문을 구독 중에 있고, 전자신문사로부터 전자계산서를 발급받았다. 대금은 매달 20일에 지급하기로 하였다. (3점)

전자계산서(공급받는자 보관용)

	승인번호	20250710 - 2038712 - 00009327	

공급자	사업자등록번호	327 - 91 - 73444	종사업장번호		공급받는자	사업자등록번호	125 - 81 - 77559	종사업장번호	
	상호(법인명)	전자신문사	성명(대표자)	박송신		상호(법인명)	㈜문경전자	성 명	고은성
	사업장주소	서울특별시 강남구 학동로 415				사업장 주소	서울특별시 강남구 영동대로 701(청담동)		
	업 태	도소매	종 목	신문		업 태	제조, 도소매, 무역	종 목	전자제품
	이메일					이메일			

작성일자	공급가액	수정사유
2025. 7. 10.	15,000원	
비고		

월	일	품 목	규 격	수 량	단 가	공 급 가 액	비 고
7	10	신문				15,000원	

합 계 금 액	현 금	수 표	어 음	외 상 미 수 금	이 금액을 영수/청구 함
15,000원				15,000원	

[5] 8월 11일   사업자등록증이 없는 비사업자 장결희(주민등록번호 780103-1234567)씨에게 제품을 1,320,000원(부가가치세 포함)에 현금 판매하고 현금영수증을 발급하였다.
(3점)

Q3 부가가치세신고와 관련하여 다음 물음에 답하시오. (10점)

[1] 이 문제에 한해서 당사는 음식업을 영위하는 법인기업이라고 가정한다. 다음의 자료를 이용하여 2025년 1기 확정 부가가치세 과세기간의 「의제매입세액공제신고서」를 작성하시오. 단, 의제매입세액공제대상이 되는 거래는 다음 거래뿐이며 불러오는 자료는 무시하고 직접 입력한다. (3점)

(1) 매입자료

공급자	사업자번호	취득일자	물품명	수량(kg)	매입가액	증빙	건수
㈜서울농산	119-81-32858	4월 5일	농산물	200	106,000,000원	계산서	1
㈜강남마트	229-81-28156	5월 6일	농산물	50	42,400,000원	신용카드	1

(2) 추가자료
- 1기 예정 과세표준은 140,000,000원이며, 1기 확정 과세표준은 200,000,000원이다.
- 1기 예정신고(1월 1일 ~ 3월 31일)까지는 면세품목에 대한 매입이 없어 의제매입세액공제를 받지 않았다.

[2] 다음의 자료를 이용하여 제조업을 영위하는 ㈜문경전자의 2025년 제2기 확정 부가가치세신고서를 작성하시오(단, 부가가치세 신고서 이외의 부속서류 등의 작성은 생략하고, 기존에 입력된 자료는 무시할 것). (7점)

구 분	자 료
매출	1. 전자세금계산서 발급 제품 매출액 : 250,000,000원(부가가치세 별도) 2. 신용카드로 결제한 제품 매출액 : 55,000,000원(부가가치세 포함) 3. 내국신용장에 의한 제품 매출액(영세율 세금계산서 발급) : 공급가액 30,000,000원 4. 수출신고필증 및 선하증권에서 확인된 수출액(직수출) : 3,500,000원(원화 환산액)
매입	1. 세금계산서 수취분 일반매입 : 공급가액 150,000,000원, 세액 15,000,000원 2. 세금계산서 수취분 9인승 업무용 차량 매입(위 1번항과 별개) : 공급가액 35,000,000원, 세액 3,500,000원 3. 법인신용카드매출전표 수취분 중 공제대상 일반매입 : 공급가액 30,000,000원, 세액 3,000,000원 4. 2기 예정신고시 누락된 세금계산서 매입 : 공급가액 10,000,000원, 세액 1,000,000원 5. 2기 예정신고시 미환급된세액 : 1,000,000원
기타	1. 당사는 홈택스로 직접 전자신고하여 전자신고세액공제를 적용받기로 함

다음 결산자료를 입력하여 결산을 완료하시오. (15점)

[1] 당기말 장기투자목적으로 보유한 유가증권(주식)의 내역은 다음과 같다. (3점)

주식명	취득당시			2025년 12월 31일 현재	
	취득일	취득 주식수	주당 취득단가	보유 주식수	주당 공정가치
㈜우리세무	2024년 12월 6일	100주	10,000원	50주	12,000원

[2] 영업외수익 중 임대료계정에 10월 1일자로 입금된 6,000,000원은 2025년 10월 1일부터 2026년 9월 30일까지 1년간의 임대료이다(단, 음수로 회계처리 하지 말고, 월할로 계산하시오). (3점)

[3] 작년에 외화은행에서 $15,000를 차입한 금액이 당기말 현재 외화장기차입금으로 남아 있고 환율은 다음과 같다. (3점)
- 차입일 현재 환율 : 1,300원/$1
- 전기말 현재 환율 : 1,350원/$1
- 당기말 현재 환율 : 1,250원/$1

[4] 영업부서가 5월에 구입한 소모품 900,000원 중 결산일까지 사용하지 못하고 남아 있는 것이 200,000원이다. 회사는 소모품 구입 시 모두 당기비용으로 회계처리 한다. (3점)

[5] 기말 현재 제품에 대한 실지재고조사 결과는 다음과 같다. 감모된 수량 중 70개는 정상적인 것이며, 나머지는 모두 비정상적인 것이다. 재고자산감모손실과 관련된 회계처리와 기말제품가액을 반영하여 결산을 완료하시오. 단, 다른 기말재고자산은 없는 것으로 가정한다. (3점)
- 장부 재고수량 : 500개
- 실제 재고수량 : 330개
- 단위당 취득원가(또는 공정가치) : 10,000원

Q5 2025년 귀속 원천징수자료와 관련하여 다음의 물음에 답하시오. (15점)

[1] 다음 자료를 보고 내국인이며 거주자인 사무직사원 김미소(여성, 입사일자 2025년 6월 1일, 국내근무)를 사원등록(코드번호 105)하고, 김미소의 부양가족을 모두 부양가족명세에 등록 후 세부담이 최소화 되도록 공제여부를 입력하시오(단, 기본공제 대상자가 아닌 경우 기본공제 여부에 '부'로 표시할 것). (5점)

성명	관계	주민등록번호	내/외국인	동거여부	비 고
김미소	본인	810123-2548753	내국인	-	연간 총급여액 2,850만원
박재민	배우자	750420-1434563	내국인	동거	사업소득금액 300만원
김성호	아버지	510324-1354876	내국인	영국 거주	소득 없음
유미영	어머니	530520-2324875	내국인	영국 거주	복권당첨소득 800만원
박예슬	딸	080705-4123459	내국인	미국 유학중	소득 없음
박호식	아들	140103-3143579	내국인	동거	소득 없음
김미정	언니	790112-2454526	내국인	동거	퇴직소득금액 100만원

※ 본인 및 부양가족의 소득은 위의 소득이 전부이며, 위의 주민등록번호는 정확한 것으로 가정한다.

[2] 김영철 사원(코드: 700번)의 부양가족 및 연말정산과 관련된 자료(국세청)는 다음과 같다. 이를 바탕으로 연말정산추가자료입력을 작성하시오. 단, 세부담이 최소화 되도록 하고, 부양가족은 모두 생계를 같이하며, 제시된 자료 이외의 타 소득은 없다고 가정한다. (10점)

성명	관계	나이	내 역
김영철	본인	48	2025년 7개월분 월세액 4,200,000원 현금 결제(12. 31. 기준 무주택자)
김희미	배우자	46	계약자와 피보험자 모두 배우자로 하여 가입한 보장성 보험료 700,000원 현금으로 결제, 소득 없음
박주희	모	70	현금으로 절에 시주한 기부금 2,000,000원, 소득 없음
김장훈	장인	69	장애(장애인등록증)가 있으신 장인어른의 질병치료비 4,000,000원 장인 명의의 신용카드 결제, 소득 없음
김경민	자	22	대학교 등록금 2,500,000원 현금 결제, 소득 없음
김상민	자	21	논술 학원비 1,000,000원 김영철 명의의 신용카드 결제, 소득 없음

〈김영철 기타 지출내역〉
• 총급여액은 55,000,000원이고, 부양가족의 주민등록번호는 맞는 것으로 가정한다.
• 본인 명의의 신용카드 사용액 20,000,000원(장인 치료비 미포함)
• 현금영수증, 전통시장, 대중교통, 도서공연비 사용액 없음.
• 연금저축 2,000,000원 납입(㈜국민은행, 212-902367-62791 계좌)

〈임차내역〉
• 임대인 : 여운혁(780103-1234567)
• 소재지 : 서울 종로구 효자동(아파트, 계약면적 85㎡)
• 임대기간 : 2025년 6월 1일 ~ 2027년 5월 31일
• 세대주 : 김영철(전입신고 완료)

05 실전모의시험

㈜공주전자(회사코드:8505)는 제조, 도·소매 및 무역업을 영위하는 중소기업이며, 당기(14기)회계기간은 2025.1.1.~2025.12.31. 이다. 전산세무회계 수험용 프로그램을 이용하여 다음 물음에 답하시오.

| 기본전제 |

문제에서 한국채택국제회계기준을 적용하도록 하는 전제조건이 없는 경우, 일반기업회계기준을 적용하여 회계처리 한다.

Q1 다음 거래를 일반전표입력 메뉴에 추가 입력하시오. (15점)

입력시 유의사항
- 일반적인 적요의 입력은 생략하지만, 타계정 대체거래는 적요번호를 선택하여 입력한다.
- 채권·채무와 관련된 거래는 별도의 요구가 없는 한 반드시 기 등록되어 있는 거래처코드를 선택하는 방법으로 거래처명을 입력한다.
- 제조경비는 500번대 계정코드를, 판매비와 관리비는 800번대 계정코드를 사용한다.
- 회계처리시 계정과목은 별도제시가 없는 한 등록되어 있는 계정과목 중 가장 적절한 과목으로 한다.

[1] 7월 16일 당사는 성희롱 예방교육 의무대상 사업자에 해당하여 교육 전문가인 나전파를 초빙하여 제조부서의 직원들을 대상으로 성희롱 예방교육을 실시하였고, 그 대가로 나전파에게 600,000원 중 원천징수세액 19,800원을 제외한 금액을 보통예금계좌에서 지급하였다(단, '수수료비용'계정과목으로 회계처리 하시오). (3점)

[2] 8월 5일 원재료를 매입하기 위해 ㈜SJH전자와 계약하고, 계약금 5,000,000원을 보통예금으로 지급하였다. (3점)

[3] 8월 11일 당사의 대주주로 있는 이강인씨는 본인이 50,000,000원에 취득한 기계장치를 무상으로 회사에 기증하였다(시가 70,000,000원 상당이고, 고정자산 등록은 생략할 것). (3점)

[4] 8월 17일 당사는 8월 10일에 미국에 있는 볼케이노에 제품 1,000개를 개당 $50에 외상으로 판매하였고, 8월 17일에 전액 외화로 보통예금계좌에 입금되었다. 단, 8월 10일 환율은 1,000원/$이고, 8월 17일 환율은 1,025원/$이다. (3점)

[5] 9월 30일 당사의 토지 중 영업부 토지와 관련한 재산세 700,000원과 제조부 토지와 관련한 재산세 1,200,000원을 보통예금계좌에서 이체하였다. (3점)

Q2 다음 거래자료를 매입매출전표입력 메뉴에 추가로 입력하시오. (15점)

> **입력시 유의사항**
> - 일반적인 적요의 입력은 생략하지만, 타계정 대체거래는 적요번호를 선택하여 입력한다.
> - 별도의 요구가 없는 한 반드시 기 등록되어 있는 거래처코드를 선택하는 방법으로 거래처명을 입력한다.
> - 제조경비는 500번대 계정코드를, 판매비와 관리비는 800번대 계정코드를 사용한다.
> - 회계처리시 계정과목은 별도제시가 없는 한 등록되어 있는 계정과목 중 가장 적절한 과목으로 한다.
> - 입력화면 하단의 분개까지 처리하고, 전자세금계산서 및 전자계산서는 전자입력으로 반영한다.

[1] 7월 26일 당사는 신제품 판매를 목적으로 광고회사인 ㈜우리광고에 신제품에 대한 광고비(공급가액 500,000원, 세액 50,000원)를 현금으로 지급하고 지출증빙용 현금영수증을 수취하였다. (3점)

[2] 7월 28일 당사가 ㈜나라물산에서 원재료를 매입하면서 받은 전자세금계산서는 다음과 같다. 대금 중 30%는 당좌수표를 발행하여 지급하고 잔액은 다음 달에 지급하기로 하였다. (3점)

전자세금계산서 (공급받는자 보관용)

승인번호			20250728 - 4100012 - 7c00mk5					

	등록번호	113 - 86 - 11578	종사업장번호			등록번호	143 - 81 - 14912	종사업장번호	
공급자	상호(법인명)	㈜나라물산	성명	박민수	공급받는자	상호(법인명)	㈜공주전자	성명	양민구
	사업장주소	서울 서초구 강남대로267				사업장주소	서울 구로구 안양천로 539길 6		
	업태	도소매,무역,제조	종목	전자부품,		업태	제조,도소매	종목	전자제품
	이메일	paksemi@naver.com				이메일	min08@daum.net		

작성일자	공급가액	세액	수정사유	비고
2025 - 07 - 28	100,000,000	10,000,000	해당없음	

월	일	품목	규격	수량	단가	공급가액	세액	비고
07	28	원재료		10,000	10,000	100,000,000	10,000,000	

합계금액	현금	수표	어음	외상미수금	이 금액을
110,000,000		33,000,000		77,000,000	(영수,청구)함

[3] 8월 2일 당사의 제조공장에서 제품을 운반하고 있는 지게차에 연료가 부족하여 ㈜부어주유소에서 경유(공급가액 150,000원, 세액 15,000원)를 넣고 법인명의의 국민카드로 결제하였다. (3점)

[4] 8월 28일 영업부 특정 매출 거래처의 체육대회에 후원할 목적으로 수건 200장(한 장당 1,000원)을 월화타월에서 구입하고 대금 220,000원(공급가액 200,000원, 세액 20,000원)은 전액 보통예금으로 지급하고 종이 세금계산서를 수취하였다. (3점)

[5] 9월 2일   ㈜다낭에 제품을 7,100,000원(부가가치세 별도)에 판매하고 전자세금계산서를 발급하였다. 대금은 ㈜중동이 발행한 약속어음(만기 3개월)으로 수령하였다.
(3점)

Q3 부가가치세 신고와 관련하여 다음 물음에 답하시오. (10점)

[1] 다음 자료를 이용하여 2025년 제1기 확정 부가가치세 과세기간의 신용카드매출전표등발행금액집계표를 작성하시오(단, 아래의 거래 내역만 있고 전표입력은 생략할 것). (3점)

일 자	거 래 내 역
4월 7일	㈜프레디에 제품 6,600,000원(부가가치세 포함)을 공급하고 전자세금계산서를 발급하였다. 대금은 자금 사정으로 인해 10일 후에 신용카드로 결제를 받았다.
5월 13일	비사업자인 고창석씨에게 제품 880,000원(부가가치세 포함)을 판매하고 대금 중 절반은 신용카드로 결제를 받고 나머지 절반은 현금영수증을 발급하였다.

[2] 다음 자료를 이용하여 2025년 제2기 확정 신고기간의 부가가치세 신고서를 작성하시오(단, 아래 제시된 자료만 있는 것으로 가정하며, 가산세도 입력할 것). (7점)

1. 매출 관련 자료
   - 전자세금계산서 발급분 과세 매출액(10월~12월) : 150,000,000원(부가가치세 별도)
   - 종이세금계산서 발급분 과세 매출액(12월) : 10,000,000원(부가가치세 별도)
   - 신용카드 및 현금영수증 과세 매출액(10월~12월) : 6,820,000원(부가가치세 포함)
   - 거래처의 파산을 사유로 확정된 대손금액[주1] : 4,400,000원(부가가치세 포함)
     주1) 동 금액은 2025년 제2기 확정신고시 적법하게 대손세액공제를 받으려고 한다.

2. 매입 관련 자료
   - 전자세금계산서 수취분 과세 매입액(10월~12월)[주2] : 공급가액 100,000,000원, 부가가치세 10,000,000원
     주2) 제조공장에서 화물을 운반할 목적으로 취득한 중고화물트럭(공급가액 20,000,000원, 부가가치세 2,000,000원)이 포함된 금액임.
   - 예정신고누락분(7월~9월) : 제2기 예정신고기간의 매입세액공제 가능한 종이세금계산서 수취분(공급가액 4,500,000원, 부가가치세 450,000원)을 누락하여 확정신고 시에 반영함.

Q4 다음 결산자료를 입력하여 결산을 완료하시오. (15점)

[1] 8월 1일에 제조공장의 화재보험료(2025. 8. 1.~2026. 7. 31.) 1,200,000원을 현금으로 납부하면서 모두 자산계정으로 처리하였다. 결산일의 회계처리를 하시오(단, 보험료는 월할계산 하도록 한다). (3점)

[2] 당기 중 실제 현금보다 장부상 현금이 100,000원 과다하여 현금과부족으로 처리했던 금액이 결산일 현재까지 원인을 찾지 못했다. (3점)

[3] 다음 자료를 이용하여, 제2기 확정 부가가치세 신고기간의 부가가치세예수금과 부가가치세대급금을 정리하는 회계처리를 하시오(단, 환급세액의 경우는 미수금으로, 납부세액의 경우는 미지급세금으로, 전자신고세액공제액은 잡이익으로 인식할 것). (3점)

- 부가가치세 예수금 : 25,000,000원
- 부가가치세 대급금 : 35,000,000원
- 전자신고세액공제 : 10,000원

[4] 2025년 1월 1일 영업권(무형자산) 상각 후 잔액이 4,000,000원이 있으며, 이 영업권은 2023년 1월 초에 취득한 것이다. 회사는 당해년도부터 영업권의 내용연수를 기존 10년에서 6년으로 변경하였다(단, 회계추정의 변경은 기업회계기준에 적합한 것으로 가정하며 감가상각방법은 정액법이고 상각기간 계산 시 1월 미만의 기간은 1월로 간주한다). (3점)

[5] 결산일 현재 외상매출금 잔액에 대하여 1%의 대손추정률과 단기대여금 잔액에 대하여 2%의 대손추정률을 적용하여 보충법에 의해 대손충당금을 설정하시오. (3점)

Q5 2025년 귀속 원천징수자료와 관련하여 다음의 물음에 답하시오. (15점)

[1] 당사는 매월 말일에 급여를 지급하고 있다. 오나라(사번: 200번)의 아래 7월 급여대장을 바탕으로 급여자료입력 탭에서 급여항목과 공제항목을 입력하고, 원천징수이행상황신고서를 작성하고 전자신고를 하시오. 단, 수당공제 등록 시 해당없는 항목은 사용여부를 "부"로 체크하고, 월정액 여부는 무시한다. 또한, 식대와 자가운전보조금은 비과세 요건을 충족했으며, 전월이월된 미환급세액은 20,000원으로 가정한다. (5점)

2025년 7월 급여대장

■지급일 : 2025년 7월 31일 (단위:원)

직 책	급 여 항 목			
사 원	기본급	직책수당		상 여
	2,500,000	200,000		500,000
	식 대	자가운전보조금		계
	200,000	200,000		3,600,000
성 명	공 제 항 목			
오 나 라	소득세	지방소득세	고용보험	국민연금
	21,960	2,190	20,800	112,500
	건강보험	장기요양	공제계	차감수령액
	80,750	6,870	245,070	3,354,930
	귀하의 노고에 감사드립니다.			

[2] 아래는 최민호(사번: 201번)와 부양가족(자녀를 제외하고는 본인과 생계를 같이함)에 대한 자료이다. 이 자료를 바탕으로 연말정산추가자료입력메뉴의 부양가족탭을 수정하고 해당하는 탭을 완성하여 연말정산입력탭을 작성하시오. 단, 제시된 자료 이외에는 부양가족의 소득금액은 없으며, 최민호의 세부담 최소화를 위해 모든 가능한 공제는 최민호가 받기로 한다. (10점)

본인 (최민호)	• 야간대학원 학비 : 5,000,000원 • 자동차 손해보험료 : 400,000원 • 본인의 신용카드사용액 : 21,000,000원(이 중에는 대중교통요금 3,000,000원, 전통시장사용액 7,000,000원, 도서공연 사용액[주1] 1,000,000원 포함됨, 직불/선불카드 · 현금영수증 사용액은 없음.)
아버지 (최종원: 72세)	• 질병치료비 : 12,000,000원
어머니 (김숙자: 66세)	• 상가임대소득금액 : 12,000,000원 • 노인대학학비 : 1,200,000원 • 임대상가의 화재보험료 : 1,200,000원
배우자 (신우리: 44세)	• 연간총급여 : 17,000,000원(이 중에는 일용근로소득자로서 받은 총급여 12,000,000원 포함되어 있음.) • 시력보정용 안경구입비 : 900,000원 • 질병치료비 : 3,000,000원[주2] • 배우자 명의의 신용카드사용액 : 5,000,000원(이 중에는 대중교통요금 2,000,000원, 전통시장사용액 1,000,000원 포함, 직불/선불카드 · 현금영수증 사용액 없음.)
자녀 (최신동:17세)	• 고등학교 학비 : 6,000,000원(학업상의 이유로 외국에서 생활하고 있다.)

주1) 신용카드사용액 중 도서공연 사용액은 문체부장관이 지정한 사업자에 해당한다.
주2) 배우자는 실손의료보험금 1,000,000원을 수령하였다.

CHAPTER 06 실전모의시험

㈜삼진상사(회사코드:8506)는 제조, 도·소매 및 무역업을 영위하는 중소기업이며, 당기(14기)의 회계기간은 2025.1.1.~2025.12.31.이다. 전산세무회계 수험용 프로그램을 이용하여 다음 물음에 답하시오.

| 기본전제 |

문제에서 한국채택국제회계기준을 적용하도록 하는 전제조건이 없는 경우, 일반기업회계기준을 적용하여 회계처리 한다.

Q1 다음 거래를 일반전표입력 메뉴에 추가 입력하시오. (15점)

입력시 유의사항
- 일반적인 적요의 입력은 생략하지만, 타계정 대체거래는 적요번호를 선택하여 입력한다.
- 채권·채무와 관련된 거래는 별도의 요구가 없는 한 반드시 기 등록되어 있는 거래처코드를 선택하는 방법으로 거래처명을 입력한다.
- 제조경비는 500번대 계정코드를, 판매비와 관리비는 800번대 계정코드를 사용한다.
- 회계처리시 계정과목은 별도제시가 없는 한 등록되어 있는 계정과목 중 가장 적절한 과목으로 한다.

[1] 6월 5일 세금계산서를 발급할 수 없는 간이과세자인 골목토스트에서 영업부직원들이 먹을 간식용 토스트를 주문하고 현금 결제를 하였으며 아래와 같은 영수증을 받았다. (3점)

상호: 골목토스트	
211-17-12346	오윤성
서울특별시 마포구 백범로 50 TEL:730-8085	
홈페이지 http://www.kacpta.or.kr	

현금(지출증빙)

구매일자 2025/06/05/17:06		거래번호 : 150	
상품명	단가	수량	금액
치즈토스트	2,500원	5	12,500원
햄토스트	2,000원	5	10,000원
합 계			22,500원
받은금액			22,500원

[2] 6월 10일 당사는 ㈜보영에게 대여한 단기대여금 5,000,000원을 회수불능채권으로 보아 전액 대손 처리하였다. 대손충당금 잔액을 조회하여 보충법으로 회계처리 하시오. (3점)

[3] 7월 8일 ㈜SG화재에 차량보험료 2,300,000원을 보통예금으로 지급하였다. 이 중에서 650,000원은 판매부서의 업무용 차량에 대한 것이고, 나머지는 제조부서의 차량에 대한 보험료이다(당기비용으로 처리할 것). (3점)

[4] 8월 20일 당사는 ㈜만길은행의 장기차입금 20,000,000원 중 19,000,000원은 보통예금에서 상환하고 잔액은 금융기관으로부터 면제받았다. (3점)

[5] 10월 31일 ㈜동국 소유의 건물로 사무실 이전을 하면서 임차보증금 15,000,000원 중 10월 1일 지급한 계약금 5,000,000원을 제외한 10,000,000원을 보통예금에서 지급하였다. (3점)

Q2 다음 거래 자료를 매입매출전표입력 메뉴에 추가로 입력하시오. (15점)

> **입력시 유의사항**
> - 일반적인 적요의 입력은 생략하지만, 타계정 대체거래는 적요번호를 선택하여 입력한다.
> - 별도의 요구가 없는 한 반드시 기 등록되어 있는 거래처코드를 선택하는 방법으로 거래처명을 입력한다.
> - 제조경비는 500번대 계정코드를, 판매비와 관리비는 800번대 계정코드를 사용한다.
> - 회계처리시 계정과목은 별도제시가 없는 한 등록되어 있는 계정과목 중 가장 적절한 과목으로 한다.
> - 입력화면 하단의 분개까지 처리하고, 전자세금계산서 및 전자계산서는 전자입력으로 반영한다.

[1] 1월 2일 ㈜제일유통에 제품을 공급하고 다음과 같은 전자세금계산서를 발급하였다. 대금은 전월에 계약금으로 받은 1,000,000원을 제외한 잔액을 ㈜아임전자 발행 약속어음(만기일 1월 30일)을 배서양도 받았다. (3점)

	전자세금계산서(공급자 보관용)					승인번호	20250102-410012-7c00mk0		
공급자	등록번호	129-86-11103	종사업장번호		공급받는자	등록번호	110-81-41568	종사업장번호	
	상호(법인명)	㈜삼진상사	성명	손경은		상호(법인명)	㈜제일유통	성명	김예찬
	사업장주소	서울 영등포구 영중로 22-5				사업장주소	서울시 금천구 가산디지털1로 104(가산동)		
	업태	도소매, 제조	종목	전자제품		업태	도소매	종목	전자제품
	이메일	ezero@daum.net				이메일	rlaenaks@daum.net		
작성일자	공급가액		세액		수정사유		비고		
2025-01-02	7,000,000		700,000		해당없음				
월	일	품목	규격	수량	단가	공급가액	세액	비고	
1	2	의류				7,000,000	700,000		
합계금액	현금		수표		어음	외상미수금	이 금액을 (영수,청구)함		
7,700,000	1,000,000				6,700,000				

[2] 2월 12일 당사는 ㈜나간다자동차로부터 준중형승용차(1,600cc, 5인승)를 22,000,000원(부가세 포함)에 구입하고 전자세금계산서를 발급 받았다. 당사는 2월 1일 계약금으로 2,000,000원을 지급하였으며 나머지 금액은 보통예금에서 전액 지급하였다. (3점)

[3] 3월 5일 중국 야오밍사에 제품 5,000개를 개당 100위안에 직수출(수출신고일 : 3월 3일, 선적일 : 3월 5일)하고, 수출대금은 3월 30일에 받기로 하였다. 수출과 관련된 내용은 다음과 같다(단, 수출신고번호는 고려하지 말 것). (3점)

일자	3월 3일	3월 5일	3월 30일
기준환율	170원/1위안	171원/1위안	169원/1위안

[4] 3월 27일 직원들의 외근에 사용하기 위해 매입세액공제가 가능한 승합차를 미국으로부터 인천세관을 통하여 수입하고, 수입전자세금계산서를 수취하였다. 부가가치세와 함께 통관수수료 300,000원을 보통예금으로 지급하였다(부가가치세와 통관수수료에 대해서만 회계처리하기로 한다). (3점)

품목	공급가액	부가가치세
미국산 승합차	40,000,000원	4,000,000원

[5] 7월 31일 7월 경영지원팀 직원들이 야근식사를 하고 다음과 같이 종이세금계산서를 수취하고 현금지급하였다. 제2기 부가가치세 예정신고시 해당 세금계산서를 누락하여 제2기 확정신고기간의 부가가치세 신고서에 반영하려고 한다. 반드시 해당 세금계산서를 제2기 확정신고기간의 부가가치세 신고서에 반영시킬 수 있도록 입력·설정하시오. (3점)

세금계산서(공급받는자 보관용)

책 번 호	권	호
일련번호		-

공급자	등록번호	106-54-73541			공급받는자	등록번호	129-86-11103		
	상호(법인명)	남해식당	성 명 (대표자)	박미소		상호(법인명)	㈜삼진상사	성 명 (대표자)	손경은
	사업장 주소	서울시 영등포구 영중로 22길				사업장 주소	서울시 영등포구 영중로 22-5		
	업 태	음식	종 목	한식		업 태	제조외	종 목	전자제품

작성			공 급 가 액									세 액							비고
연	월	일	공란수	백	십	억	천	백	십	만	천	백	십	일	십	억	천	백	십	만	천	백	십	일
2025	7	31	4				1	4	5	5	0	0	0					1	4	5	5	0	0

월	일	품 목	규격	수량	단가	공급가액	세액	비고
7	31	야근식대		1		1,455,000	145,500	

합 계 금 액	현 금	수 표	어 음	외 상 미 수 금	이 금액을 영수 함
1,600,500	1,600,500				

Q3 부가가치세신고와 관련하여 다음 물음에 답하시오. (10점)

[1] 다음의 자료를 이용하여 2025년 제2기 예정 신고기간의 신용카드매출전표등수령명세서(갑)을 작성하시오. (3점)

- 모든 거래는 일반과세자와의 거래이다.
- 현금지출은 사업자번호를 기재한 지출증빙용 현금영수증을 수령하였다.
- 사업용신용카드는 우리카드(카드번호 : 1005-2001-3001-1306)를 사용한다.
- 매입매출전표입력은 생략한다.

거래일자	증빙	공급자	사업자등록번호	공급가액	부가가치세	내용
7월 25일	현금영수증	다사소	101-20-45671	45,000원	4,500원	사무실 청소용품 구매
7월 30일	사업용신용카드	별난횟집	102-20-21110	380,000원	38,000원	거래처 식사 접대 지출
8월 10일	사업용신용카드	남서울랜드	108-30-28333	150,000원	15,000원	놀이동산 입장권 (직원 야유회 목적) 구입
8월 14일	사업용신용카드	강남돼지집	109-60-22227	250,000원	25,000원	영업팀 회식비 지출
9월 5일	사업용신용카드	오일뱅크	110-40-13133	70,000원	7,000원	업무용자동차 (2,000cc, 5인승 승용차) 주유비 결제

[2] 다음의 자료에 의하여 제조업을 영위하는 ㈜삼진상사의 2025년 제1기 부가가치세 확정신고기간(4.1.~6.30.)의 부가가치세 신고서를 작성하시오(단, 부가가치세 신고서 이외의 부속서류의 작성은 생략하고, 기존에 입력된 자료는 무시할 것). (7점)

> 1. 매출내역
>   (1) 제품매출에 대한 전자세금계산서 발급 : 200,000,000원(VAT 별도)
>   (2) 제품매출에 대한 신용카드매출전표의 발행 : 27,500,000원(VAT 포함)
>   (3) 미국으로의 제품 직수출에 따른 매출 : 20,000,000원
> 2. 매입내역
>   (1) 전자세금계산서 수취분 일반매입 : 공급가액 120,000,000원, VAT 12,000,000원
>   1) 일반매입 중 공급가액 10,000,000원(부가세 별도)은 사업과 직접 관련 없는 지출임
>   2) 일반매입 중 1,000,000원(VAT 별도)의 전자세금계산서는 그 공급시기(4.30.)이후인 확정신고기한(7.25.)까지 수취한 내역임
>   (2) 전자세금계산서 수취분 고정자산매입 : 공급가액 20,000,000원, VAT 2,000,000원
> 3. 기타내역
>   (1) ㈜삼진상사는 부가가치세 신고시 홈택스로 전자신고를 하였다.

 다음 결산자료를 입력하여 결산을 완료하시오. (15점)

[1] 당사가 보유한 유가증권(단기매매증권)의 내역은 다음과 같다. 제시된 자료 이외의 다른 유가증권은 없고, 당기 중에 처분은 없었다고 가정한다(당사는 일반기업회계기준에 근거하여 회계처리한다). (3점)

> • 취득금액 : 5,000,000원
> • 2024년 12월 31일 공정가치 : 7,000,000원
> • 2025년 12월 31일 공정가치 : 9,500,000원

[2] 금강상사에 자금을 대여하면서 장부에 계상한 이자수익 중 230,000원은 차기에 해당하는 금액이다(거래처 입력은 생략하고, 음수로 회계처리하지 않는다). (3점)

[3] 2025년 10월 1일 미국의 CVS사로부터 $100,000를 2년 후 상환하는 조건으로 차입하였다. 환율정보가 다음과 같을 때 결산분개를 하시오(단, 외화장기차입금으로 회계처리하고 거래처코드를 기재하기로 한다). (3점)

2025년 10월 1일	2025년 12월 31일
1,100원 = $1	1,050원 = $1

[4] 다음의 유형자산에 대한 감가상각 내역을 결산에 반영하시오. (3점)

계정과목	당기 감가상각비	사용부서
차량운반구	2,000,000원	영업부
공구와기구	600,000원	공장 제품생산

[5] 당기(2025년)의 이익잉여금 처분은 다음과 같이 결의되었다. 이익잉여금처분계산서를 작성하시오. (3점)

- 당기 처분 예정일 : 2026년 3월 15일
- 보통주 현금배당 : 20,000,000원
- 이익준비금 : 현금배당액의 10%
- 전기 처분 확정일 : 2025년 2월 28일
- 보통주 주식배당 : 20,000,000원
- 사업확장적립금 : 5,000,000원

Q5 2025년 귀속 원천징수자료와 관련하여 다음의 물음에 답하시오. (15점)

[1] 다음 자료를 이용하여 당사의 생산직 근로자인 이희만(사번 : 101)의 5월분 급여자료입력과 원천징수이행상황신고서를 작성하시오(단, 전월미환급세액은 230,000원이며, 급여지급일은 매월 말일이다. 소득세 감면율은 무시한다). (5점)

※ 수당등록 및 공제항목은 불러온 자료는 무시하고 아래 자료에 따라 입력하며, 사용하는 수당 이외의 항목은 "부"로 체크하기로 한다.
※ 원천징수이행상황신고서는 매월 작성하며, 이희만씨의 급여내역만 반영하고 환급신청은 하지 않기로 한다.

5월 급여내역

이름	이희만	지급일	5월 31일
기본급	1,800,000원	소득세	18,210원
식대	150,000원	지방소득세	1,820원
자가운전보조금	200,000원	국민연금	87,750원
야간근로수당	200,000원	건강보험	78,000원
		장기요양보험	9,570원
		고용보험	17,550원
		공제합계	212,900원
급여합계	2,350,000원	지급총액	2,137,100원

(1) 식대 : 당 회사는 현물 식사를 별도로 제공하고 있다.
(2) 자가운전보조금 : 당사는 본인 명의의 차량을 업무목적으로 사용한 직원에게만 자가운전보조금을 지급하고 있으며, 실제 발생된 교통비를 별도로 지급하지 않는다.
(3) 야간근로수당 : 올해 들어 5월부터 업무시간 외 추가로 근무를 하는 경우 야근수당을 지급하고 있으며, 생산직근로자가 받는 시간외근무수당으로서 비과세요건을 충족하고 있다.

[2] 이남동(사번:508) 사원의 2025년 귀속 연말정산과 관련된 자료는 다음과 같다. 자료를 이용하여 연말정산추가자료입력 메뉴의 부양가족 탭을 수정하고, 해당하는 탭에서 입력하고, 연말정산입력 탭을 완성하시오. (10점)

[보장성보험료 내역]
- 이송도 장애인전용 보장성보험료 : 1,300,000원
- 이미도 보장성 보험료 : 600,000원

[교육비 내역]
- 김강화 평생교육시설 교육비 : 2,400,000원
- 이준 초등학교 현장체험학습비 : 800,000원
- 이미도 유치원 급식비 : 2,600,000원

[의료비 내역]
- 최연수 질병 치료비 : 600,000원
- 김강화 의료기기 구입비 : 2,750,000원(의사 처방에 따른 구입)
- 이송도 건강증진용 의약품 : 1,100,000원

[기부금 내역]
- 이준 불우이웃돕기성금 : 200,000원

[신용카드 등 사용내역]
- 이남동 신용카드 사용액 : 19,500,000원(전통시장/대중교통/도서 등 사용분 없음)
- 최연수 신용카드 사용액 : 6,180,000원(전통시장/대중교통/도서 등 사용분 없음)

[월세 내역]
- 소재지 : 서울특별시 영등포구 영신로 11길 3

임대인	주민등록번호	임대기간	면적	유형	2025년분 지급액
서장미	631218-2345678	2025.11.1.~2027.10.31.	106㎡	다세대 주택 (기준시가 2억)	1,000,000원

[가족사항]

관계	성명	연령	소득	비고
본인	이남동	37	총급여 3,000만원	세대주
배우자	최연수	35	양도소득금액 120만원	
장모	김강화	65	기타소득금액 100만원	
동생	이송도	34	일용근로소득 600만원	장애인(국가유공 상이자)
아들	이준	9	소득없음	초등학교
딸	이미도	6	소득없음	취학전

- 근로자 본인의 세부담이 최소화되도록 하고, 언급된 가족들은 모두 동거하며 생계를 같이 한다.
- 가족 구성원 모두는 주택을 소유하고 있지 않고, 제시된 자료 외의 다른 소득은 없다고 가정한다.
- 월세세액공제 요건은 충족한다.
- 이송도는 국가유공자 등 예우 및 지원에 관한 법률에 의한 상이자이다.

CHAPTER 07 실전모의시험

㈜평화전자(회사코드:8507)는 제조, 도·소매 및 무역업을 영위하는 중소기업이며, 당기(제12기)의 회계기간은 2025.1.1.~2025.12.31.이다. 전산세무회계 수험용 프로그램을 이용하여 다음 물음에 답하시오.

| 기본전제 |

문제에서 한국채택국제회계기준을 적용하도록 하는 전제조건이 없는 경우, 일반기업회계기준을 적용하여 회계처리 한다.

Q1 다음 거래를 일반전표입력 메뉴에 추가 입력하시오. (15점)

입력시 유의사항
- 일반적인 적요의 입력은 생략하지만, 타계정 대체거래는 적요번호를 선택하여 입력한다.
- 채권·채무와 관련된 거래는 별도의 요구가 없는 한 반드시 기 등록되어 있는 거래처코드를 선택하는 방법으로 거래처명을 입력한다.
- 제조경비는 500번대 계정코드를, 판매비와 관리비는 800번대 계정코드를 사용한다.
- 회계처리시 계정과목은 별도제시가 없는 한 등록되어 있는 계정과목 중 가장 적절한 과목으로 한다.

[1] 8월 31일   당사의 법인세중간예납세액(자산으로 처리) 5,000,000원을 보통예금에서 이체하였다. (3점)

[2] 9월 3일   미국의 바이든은행으로부터 금년 2월 10일 차입한 단기차입금 $20,000를 보통예금에서 달러로 환전하여 상환하였다. 상환당시 환율은 $1당 1,100원이었고, 차입당시 환율은 $1당 1,200원이었다. 환전수수료등 기타 비용은 없었다. (3점)

[3] 9월 30일   9월분 직원급여가 아래와 같을 경우 이에 대한 회계처리를 하시오. 당사의 급여지급일은 매월 말일이며, 보통예금에서 지급하였다(계정과목은 급여와 임금을 사용하여 분개하기로 하며, 하나의 전표로 처리할 것). (3점)

【9월 급여대장】 (단위:원)

부서	성명	지급내용		공제내용						차감수령액
		기본급	직책수당	소득세	지방소득세	고용보험	국민연금	건강보험	공제계	
영업	박홍민	2,400,000	100,000	41,630	4,160	16,800	94,500	77,200	234,290	2,265,710
생산	차희찬	2,300,000	-	29,160	2,910	16,000	90,000	73,530	211,600	2,088,400
합계		4,700,000	100,000	70,790	7,070	32,800	184,500	150,730	445,890	4,354,110

[4] 11월 2일 액면금액 30,000,000원인 3년 만기의 사채를 32,000,000원에 발행하였으며, 대금은 보통예금으로 입금되었다. (3점)

[5] 12월 8일 출장중인 영업부 직원들이 법인신용카드로 까페마음에서 ICE아메리카노를 주문하고 다음의 신용카드매출전표(나라카드)를 제출하였다. 거래일 현재 까페마음은 세금계산서를 발급할 수 없는 간이과세자이고, 여비교통비로 처리하시오. (3점)

```
까페마음
123-45-67891    TEL: 031-646-1858    서달미
경기도 안산시 단원구 광덕대로 894
2025-12-08  14:21  POS:03    BILL:000057
--------------------------------------------
품명          단가        수량        금액
--------------------------------------------
ICE아메리카노  3,000원      3         9,000원
--------------------------------------------
소계                                 9,000원
--------------------------------------------
청구금액                             9,000원
받은금액                             9,000원
거스름액                                 0원
--------------------------------------------
신용카드                             9,000원
--------------------------------------------
신용카드 매출전표  [ 고 객 용 ]
[카 드 번 호] 8945-****-****-8977
[할 부 개 월] 일시불
[카 드 사 명] 나라카드
[가 맹 번 호] 00856468
[승 인 번 호] 07977897
--------------------------------------------
```

Q2 다음 거래 자료를 매입매출전표입력 메뉴에 추가로 입력하시오. (15점)

입력시 유의사항

- 일반적인 적요의 입력은 생략하지만, 타계정 대체거래는 적요번호를 선택하여 입력한다.
- 별도의 요구가 없는 한 반드시 기 등록되어 있는 거래처코드를 선택하는 방법으로 거래처명을 입력한다.
- 제조경비는 500번대 계정코드를, 판매비와 관리비는 800번대 계정코드를 사용한다.
- 회계처리시 계정과목은 별도제시가 없는 한 등록되어 있는 계정과목 중 가장 적절한 과목으로 한다.
- 입력화면 하단의 분개까지 처리하고, 전자세금계산서 및 전자계산서는 전자입력으로 반영한다.

[1] 5월 11일 당사는 ㈜전자랜드로부터 업무용 컴퓨터를 1,100,000원(부가가치세 포함)에 현금으로 구입하고 현금영수증(지출증빙용)을 수취하였다(단, 자산으로 처리한다). (3점)

```
                    ㈜전자랜드
         128-85-46204              박정민
    서울특별시 구로구 구로동 2727 TEL: 02-117-2727
    홈페이지 http://www.kacpta.or.kr

                  현금(지출증빙)

    구매 2025/05/11/17:27    거래번호 : 0031-0027
           제품명      수량      단가         금액
           컴퓨터       1     1,100,000원   1,100,000원

                          공급가액      1,000,000원
                          부가가치세      100,000원
           합   계                    1,100,000원
           받은금액                   1,100,000원
```

[2] 7월 16일 당사의 영업부서에서 출장용 차량(배기량 1,000cc 미만의 경차)의 연료가 부족하여 ㈜가득주유소에서 휘발유(공급가액 30,000원, 세액 3,000원)를 넣고 법인 명의의 국민카드로 결제하였다. (3점)

[3] 8월 11일 거래처 ㈜오대양에 제품을 매출하고, 아래와 같이 전자세금계산서를 발급하였다. 이에 대한 회계처리를 하시오(전자세금계산서는 적법하게 발급된 것으로 가정한다). (3점)

전자세금계산서(공급자 보관용)					승인번호		20250811-111-11111	
공급자	사업자등록번호	214-81-07770			공급받는자	사업자등록번호	213-81-52063	
	상호	㈜평화전자	성 명(대표자)	정수영		상호	㈜오대양	성 명(대표자)	정우영
	사업장주소	경기도 성남시 분당구 삼평동 651				사업장 주소	인천광역시 연수구	
	업태/종목	제조 및 도소매업		전자제품		업태/종목	도소매업	전자제품
	이메일					이메일		
비고					수정사유			
작성일자		2025. 8. 11.			공급가액	6,800,000원	세액	680,000원
월	일	품 목	규격	수량	단 가	공 급 가 액	세 액	비 고
8	11	전자제품		2,000	3,400원	6,800,000원	680,000원	
합 계 금 액		현 금	수 표		어 음	외 상 미 수 금	이 금액을 청구함	
7,480,000원		3,000,000원				4,480,000원		

[4] 8월 16일 사업자가 아닌 한지평 씨에게 제품을 판매하였는데 대금 880,000원(부가가치세 포함)이 당일 보통예금계좌에 입금되었다(단, 세금계산서나 현금영수증은 발행하지 아니하였다). (3점)

[5] 9월 5일 태풍으로 인해 손상된 공장건물을 수선하고, ㈜다고쳐로부터 아래와 같은 내용의 전자세금계산서를 발급받았다. 대금 중 10,000,000원은 ㈜다고쳐에 대한 외상매출금과 상계하기로 하였고, 나머지는 다음 달 말일에 지급하기로 하였다(단, 세금계산서 품목은 복수거래로 입력할 것). (3점)

품명	공급가액	부가세	비고
증축공사	35,000,000원	3,500,000원	자본적 지출
도색공사	2,000,000원	200,000원	수익적 지출
합 계	37,000,000원	3,700,000원	

Q3 부가가치세신고와 관련하여 다음 물음에 답하시오. (10점)

[1] 다음 자료를 이용하여 당사의 2025년 1기 부가가치세 확정신고시 대손세액공제신고서를 작성하시오. (3점)

1. 2023년 7월 27일 당사에서 사용하던 비품(냉난방기)을 신라상사에 3,300,000원(공급대가)에 대한 세금계산서를 발급하고 외상으로 판매하였다. 2025년 6월 1일 현재 신라상사의 대표자가 실종되어 비품(냉난방기) 대금을 회수할 수 없음이 객관적으로 확인되었다.
2. 2022년 3월 15일 ㈜민교전자에 제품을 판매한 매출채권 11,000,000원(공급대가)을 받기 위해 법률상 회수 노력을 하였으나 회수하지 못하고 2025년 3월 15일자로 상기 매출채권의 소멸시효가 완성되었다.
3. 2025년 1월 9일 ㈜순호상사에 판매하고 받은 약속어음 22,000,000원(부가가치세 포함)이 2025년 6월 11일 최종 부도 처리되었다.
4. 2024년 7월 25일 채무자의 파산을 근거로 하여 대손세액공제를 받았던 ㈜경건상사에 대한 매출채권 77,000,000원(부가가치세 포함) 중 23,100,000원(부가가치세 포함)을 2025년 5월 31일 보통예금통장으로 수령하였다. 당사는 해당 채권액에 대하여 2024년 제2기 부가가치세 확정신고시 대손세액공제를 적용받았다(당초 공급일에는 2023년 7월 25일을 입력하고, 대손사유는 "7. 대손채권 일부회수"로 직접 입력할 것).

[2] 다음은 2025년 제2기 부가가치세 확정신고와 관련된 자료이다. 이를 반영하여 부가가치세 제2기 확정신고서(2025.10.1.~2025.12.31.)를 작성하시오(제시된 자료만 있는 것으로 가정하고, 아래의 내용 중에서 예정신고누락분은 전표입력하고, 가산세를 반영할 것). (7점)

구분		공급가액	부가가치세
매출내역	전자 세금계산서 발급	350,000,000원	35,000,000원
	종이 세금계산서 발급	25,000,000원	2,500,000원
	합계	375,000,000원	37,500,000원
매입내역	전자 세금계산서 수취(일반매입)	290,000,000원	29,000,000원
	법인카드 사용(일반매입)	21,000,000원	2,100,000원
	합계	311,000,000원	31,100,000원
추가로 고려할 사항	[매출] – 9월 25일 비사업자 김대웅씨에게 제품을 현금으로 매출하고 발급한 현금영수증 4,070,000원(부가가치세 포함) 누락분 반영 [매입] – 9월 16일 ㈜샘물에게 원재료를 현금으로 매입하면서 수취한 종이 세금계산서 1,700,000원(부가가치세 별도) 누락분 반영 [기타] • 위의 예정신고 누락분은 매입매출전표에 입력(분개포함) 후 불러오고, 나머지는 입력된 자료는 무시하고, 제시된 자료를 직접 입력하시오. • 법인카드 사용액은 모두 매입세액공제 요건을 충족하였다. • 부가가치세 2기 예정신고일로부터 3개월 이내인 2026년 1월 23일에 2기 확정신고 하는 것으로 가정하고, 납부지연가산세 미납일수는 90일로 한다.		

Q4 다음 결산자료를 입력하여 결산을 완료하시오. (15점)

[1] 공장에서 사용 중인 트럭에 대한 자동차보험료(2025.10.01~2026.09.30) 3,600,000원을 10월 1일 지급하고 전액 선급비용으로 처리하였다. 보험료의 기간배분은 월할계산으로 하며, 회계처리시 음수(-)로 입력하지 않는다. (3점)

[2] 다른 자료는 무시하고, 다음 자료를 이용하여, 제2기 확정 부가가치세 신고기간의 부가가치세예수금과 부가가치세대급금을 정리하는 회계처리를 하시오(단, 환급세액의 경우는 미수금으로, 납부세액의 경우는 미지급세금으로, 전자신고세액공제액은 잡이익으로 처리할 것). (3점)

구분	금액
부가가치세 대급금	47,000,000원
부가가치세 예수금	70,000,000원
전자신고세액공제	10,000원

[3] 2025년 5월 1일 하나은행으로부터 3억원을 연 4%의 이자율로 1년간 차입하였다. 이자는 원금상환과 함께 1년 후에 보통예금에서 지급할 예정이다(단, 월할 계산할 것). (3점)

[4] 2025년 10월부터 사용이 가능하게 된 상표권(무형자산) 18,000,000원에 대해 5년 동안 정액법으로 상각하기로 하였다. 이에 대한 회계처리를 하시오(단, 월할 계산할 것). (3점)

[5] 기말 현재 퇴직급여추계액 및 퇴직급여충당부채를 설정하기 전 퇴직급여충당부채의 잔액은 다음과 같다. 퇴직급여충당부채는 퇴직급여추계액의 100%를 설정한다. (3점)

구분	퇴직급여추계액	퇴직급여충당부채 잔액
생산직	40,000,000원	15,000,000원
영업직	20,000,000원	9,000,000원

Q5 2025년 귀속 원천징수자료와 관련하여 다음의 물음에 답하시오. (15점)

[1] 아래 자료를 보고 대한민국 국적의 거주자인 사무직 팀장 윤성수 (남성, 입사일자 2025년 3월 1일, 국내근무)를 "사원등록"(사번 105)하고, "부양가족명세"에 윤성수의 부양가족을 등록한 후 세부담이 최소화 되도록 공제여부를 입력하시오. 본인 및 부양가족의 소득은 아래 비고란의 소득이 전부이며, 주민등록번호는 정확한 것으로 가정한다(단, 기본공제 대상자가 아닌 경우 기본공제 여부에 '부'로 표시할 것). (5점)

성명	관계	주민등록번호	내/외국인	동거여부	비 고
윤성수	본인	871003-1549756	내국인	세대주	연간 총급여액 6,000만원
김연희	배우자	891120-2634567	내국인	동거	사업소득금액 3,000만원
박연순	어머니	591224-2870986	내국인	주거형편상 별거임	소득 없음 윤성수의 직계존속인 故人(고인) 윤성오가 생전에 재혼(법률혼)한 배우자로서 윤성수가 부양 중
윤아현	딸	160505-4186452	내국인	동거	소득 없음
윤건우	아들	201214-3143578	내국인	동거	소득 없음, 미취학 아동

[2] 2025년 4월 1일 입사한 김신희(사원코드:202)의 연말정산 관련자료는 다음과 같다. 연말정산추가자료입력 메뉴의 소득명세등 해당하는 탭에 입력하고 연말정산입력탭을 완성하시오. 단, 김신희는 무주택 세대주로 부양가족이 없으며, 근로소득 이외에 다른 소득은 없다.

(10점)

현근무지	• 급여총액 : 32,000,000원(비과세 급여, 상여, 감면소득 없음) • 소득세 기납부세액 : 1,348,720원(지방소득세 : 134,850원) • 이외 소득명세 탭의 자료는 불러오기 금액을 반영한다.
종전근무지	〈종전근무지 근로소득원천징수영수증상의 내용〉 • 근무처 : ㈜동서울상사 (사업자번호 : 214-86-55210) • 근무기간 : 2025.01.01~2025.03.20 • 급여총액 : 9,000,000원 (비과세 급여, 상여, 감면소득 없음) • 국민연금 : 405,000원 • 건강보험료 : 300,150원 • 장기요양보험료 : 30,760원 • 고용보험료 : 351,000원 • 소득세 결정세액 : 100,000원(지방소득세 : 10,000원) • 소득세 기납부세액 : 200,000원(지방소득세 : 20,000원) • 소득세 차감징수세액 : -100,000원(지방소득세 : -10,000원)
2025년도 연말정산자료	〈연말정산 자료는 모두 국세청 홈택스 및 기타증빙을 통해 확인된 자료임〉 | 항목	내용
보험료	• 일반 보장성 보험료 : 850,000원 • 저축성 보험료 : 1,200,000원
교육비	• 본인 야간대학원 교육비 : 4,000,000원
의료비(본인)	• 질병치료비 : 2,500,000원(본인 신용카드 결제) • 시력보정용 콘택트렌즈 구입비용 : 600,000원 • 미용목적 피부과 시술비 : 1,000,000원
신용카드 등 사용금액	• 본인신용카드 사용액 : 10,000,000원(질병 치료비 포함) • 직불카드 사용액 : 1,500,000원 • 현금영수증 사용액 : 300,000원 ※ 전통시장, 대중교통 사용분은 없음
월세액 명세	• 임대인 : 박부자(주민등록번호 : 700610-1977210) • 유형 : 다가구 • 계약면적 : 35㎡, • 임대주택 주소지 : 경기도 성남시 분당구 탄천로 90 • 임대차기간 : 2025.1.1~2026.12.31 • 월세액 : 400,000원
개인연금	• 본인 개인연금저축 불입액 : 1,200,000원 • ㈜신한은행, 계좌번호 : 110-120-1300	

CHAPTER 08 실전모의시험

㈜금성전자(회사코드:8508)는 제조, 도·소매 및 부동산임대업을 영위하는 중소기업이며, 당기(18기)의 회계기간은 2025.1.1.~2025.12.31.이다. 전산세무회계 수험용 프로그램을 이용하여 다음 물음에 답하시오.

| 기본전제 |

문제에서 한국채택국제회계기준을 적용하도록 하는 전제조건이 없는 경우, 일반기업회계기준을 적용하여 회계처리 한다.

Q1 다음 거래를 일반전표입력 메뉴에 추가 입력하시오. (15점)

입력시 유의사항
- 일반적인 적요의 입력은 생략하지만, 타계정 대체거래는 적요번호를 선택하여 입력한다.
- 채권·채무와 관련된 거래는 별도의 요구가 없는 한 반드시 기 등록되어 있는 거래처코드를 선택하는 방법으로 거래처명을 입력한다.
- 제조경비는 500번대 계정코드를, 판매비와 관리비는 800번대 계정코드를 사용한다.
- 회계처리시 계정과목은 별도제시가 없는 한 등록되어 있는 계정과목 중 가장 적절한 과목으로 한다.

[1] 5월 1일 당사는 단기투자목적으로 시장성이 있는 주식을 주당 10,000원에 1,000주를 매입하고, 매입과정에서 발생한 매입수수료 200,000원을 포함하여 보통예금에서 이체하였다. (3점)

[2] 5월 6일 당사는 산불피해 이재민을 돕기 위하여 제품인 컴퓨터 10대를 양양시에 기부하였다. 컴퓨터 원가는 30,000,000원이며 시가는 35,000,000원이다. (3점)

[3] 6월 11일 회사는 보유하고 있던 자기주식 1,000주(주당 10,000원에 취득) 중에서 300주를 주당 10,500원에 처분하고 대금은 보통예금으로 수령하였다(처분일 현재 자기주식처분손실 잔액은 30,000원이다). (3점)

[4] 7월 1일 당사의 기계장치(취득원가 30,000,000원, 감가상각누계액 5,500,000원)를 직원의 중대한 실수로 인하여 더이상 사용할 수 없게 되었다(단, 순공정가치와 사용가치는 모두 0원이며 당기 감가상각비는 고려하지 않는다). (3점)

[5] 7월 30일   생산부서 직원들에 대한 확정기여형(DC형) 퇴직연금 불입액 5,000,000원을 보통예금 계좌에서 이체하였다. (3점)

Q2 다음 거래 자료를 매입매출전표입력 메뉴에 추가로 입력하시오. (15점)

> **입력시 유의사항**
> - 일반적인 적요의 입력은 생략하지만, 타계정 대체거래는 적요번호를 선택하여 입력한다.
> - 별도의 요구가 없는 한 반드시 기 등록되어 있는 거래처코드를 선택하는 방법으로 거래처명을 입력한다.
> - 제조경비는 500번대 계정코드를, 판매비와 관리비는 800번대 계정코드를 사용한다.
> - 회계처리시 계정과목은 별도제시가 없는 한 등록되어 있는 계정과목 중 가장 적절한 과목으로 한다.
> - 입력화면 하단의 분개까지 처리하고, 전자세금계산서 및 전자계산서는 전자입력으로 반영한다.

[1] 7월 15일   수출업체인 ㈜대박인터내셔널에 구매확인서를 통하여 제품 100개(개당 200,000원)를 공급하고 영세율전자세금계산서를 발급하였다. 대금은 전액 외상으로 하였다(하단 영세율 구분을 입력하고 서류번호는 무시하기로 한다). (3점)

[2] 8월 10일   당사의 영업부서에서 매달 월간 마케팅 잡지를 구독 중에 있고, ㈜마케팅으로부터 전자계산서를 수취한다. 대금은 매달 25일에 지급하기로 하였다. (3점)

전자계산서(공급받는자 보관용)

	승인번호	20250810-20712-00327

	사업자등록번호	211-81-73441	종사업장번호			사업자등록번호	126-81-34136	종사업장번호	
공급자	상호(법인명)	㈜마케팅	성 명(대표자)	윤영신	공급받는자	상호(법인명)	㈜금성전자	성 명	장지우
	사업장주소	서울특별시 마포구 임정로 415				사업장 주소	서울특별시 강남구 영동대로 202(대치동)		
	업 태	출판업	종 목	잡지		업 태	제조, 도소매	종 목	전자제품
	이메일					이메일			

작성일자	공급가액	수정사유
2025. 8. 10.	30,000원	
비고		

월	일	품 목	규 격	수 량	단 가	공 급 가 액	비 고
8	10	마케팅 잡지		1	30,000원	30,000원	

합 계 금 액	현 금	수 표	어 음	외 상 미 수 금	이 금액을 영수/청구 함
30,000원				30,000원	

[3] 8월 20일   생산부서 직원 생일을 축하해주기 위해 회식을 하고 카드결제 후 아래의 증빙을 수취하였다(해당 음식점은 일반과세자이고, 당사는 매입세액을 공제받고자 한다). (3점)

```
             카드매출전표
---------------------------------------------
카드종류 : ㈜우리카드
회원번호 : 1234-5678-****-9015
거래일시 : 2025. 8. 20. 16:05:16
거래유형 : 신용승인
매    출 : 325,000원
부 가 세 : 32,500원
합    계 : 357,500원
결제방법 : 일시불
승인번호 : 81999995
---------------------------------------------
가맹점명 : 제주수산

          - 이 하 생 략 -
```

[4] 9월 11일   사업자등록증이 없는 비사업자 한석규(주민등록번호 780705-1234567)씨에게 제품을 1,320,000원(부가가치세 포함)에 현금판매하고 현금영수증을 발급하였다. (3점)

[5] 9월 30일   당사는 ㈜광고사랑과 1년간의 영업목적 광고용역계약을 체결하고 전자세금계산서를 수취하였다. 1년 기준 광고비는 1,320,000원(부가가치세 포함)이며 보통예금으로 지급하였다(비용으로 처리하시오). (3점)

Q3 부가가치세신고와 관련하여 다음 물음에 답하시오. (10점)

[1] 다음 자료를 보고 2025년 1기 확정신고기간의 수출실적명세서를 작성하시오(선적일과 환가일은 모두 2024년이며, 거래처코드와 거래처명은 입력하지 말 것). (3점)

상대국	수출신고번호	선적일	환가일	통화	수출액	기준환율	
						선적일	환가일
일본	13041-20-044589X	04.06.	04.15.	JPY	¥300,000	994원/¥100	997원/¥100
미국	13055-10-011460X	05.18.	05.12.	USD	$60,000	1,040원/$	1,080원/$
영국	13064-25-147041X	06.30.	07.08.	GBP	£75,000	1,110원/£	1,090원/£

[2] 다음 자료를 이용하여 2025년 제2기 부가가치세 확정신고기간의 부가가치세신고서를 작성하시오(단, 부가가치세신고서 이외의 기타 신고서류 작성은 생략하고, 불러오는 데이터 값은 무시하고 새로 입력할 것). (7점)

구분	자료
매출자료	• 전자세금계산서 발급 과세 매출액(공급가액: 230,000,000원, 세액: 23,000,000원) • 제품 직수출 매출액(공급가액: 45,000,000원, 영세율)
매입자료	• 전자세금계산서 발급 과세 매입액(공급가액: 90,000,000원, 세액: 9,000,000원). 단, 과세 매입액 중 공급가액 10,000,000원은 공장 기계장치 구매금액이며 나머지는 재고자산 상품 매입액이다. • 법인신용카드 매입액(공급대가: 8,800,000원). 전액 본사 사무용품 매입액이며, 매입세액은 공제가능하다.
예정 신고 누락분	• 직수출액(공급가액 3,000,000원, 영세율)
기타	• 전자세금계산서의 발급 및 국세청 전송은 정상적으로 이루어졌다. • 세부담 최소화를 위하여 전자신고세액공제를 받기로 하였다. • 부가가치세 확정신고한 날은 2026년 1월 20일이다.

Q4 결산자료를 입력하여 결산을 완료하시오. (15점)

[1] 당사는 결산일 현재 다음과 같은 매도가능증권(투자자산)을 보유하고 있다. 매도가능증권 평가에 대한 기말 회계처리를 하시오(제시된 자료만 고려하여 하나의 전표로 입력할 것).
(3점)

회사명	2024년 취득가액	2024년 기말 공정가치	2025년 기말 공정가치
㈜금성전자	15,000,000원	12,000,000원	22,000,000원

[2] 당사는 2025년 9월 1일 거래처에 30,000,000원을 대여하고, 이자는 2026년 8월 31일 수령하기로 약정하였다(단, 대여금에 대한 이자율은 연 7%이고 월할계산하시오). (3점)

[3] 전기에 유동성장기부채로 대체한 중앙은행의 장기차입금 20,000,000원에 대하여 자금사정이 어려워 상환기간을 2년 연장하기로 계약하였다. 결산 회계처리하시오(단, 관련 회계처리 날짜는 12월 31일 결산일로 함). (3점)

[4] 회사는 자금을 조달할 목적으로 사채를 아래와 같이 발행하였다. 이외의 다른 사채는 없다고 가정할 경우 결산시점의 적절한 회계처리를 하시오. (3점)

- 액면금액 10,000,000원의 사채를 2025년 1월 1일에 할인발행하였다.(만기 3년)
- 발행금액은 9,455,350원이고, 액면이자율은 연 3%, 유효이자율은 연 5%이다.
- 액면이자는 매년 말 현금으로 지급하며, 유효이자율법을 이용하여 상각한다.
- 원 단위 미만은 절사하기로 한다.

[5] 당사는 당해연도 결산을 하면서 법인세 22,000,000원(지방소득세 포함)을 확정하였다. 이자수익에 대한 원천징수세액 600,000원 및 법인세 중간예납세액 8,000,000원은 선납세금으로 계상되어 있다. (3점)

Q5. 2025년 귀속 원천징수자료와 관련하여 다음의 물음에 답하시오. (15점)

[1] 다음 자료를 보고 내국인이며 거주자인 사무직사원 권예원(여성, 입사일자 2025년 7월 1일, 국내근무)를 사원등록(코드번호 101)하고, 권예원의 부양가족을 모두 부양가족명세에 등록 후 세부담이 최소화 되도록 공제 여부를 입력하시오(단, 기본공제 대상자가 아닌 경우 기본공제 여부에 '부'로 표시할 것). (5점)

성명	관계	주민등록번호	내/외국인	동거여부	비 고
권예원	본인	930123-2548759	내국인	-	연간 총급여액 3,000만원
구정민	배우자	890420-1434561	내국인	동거	연간 총급여액 7,000만원
권정무	본인의 아버지	640324-1354876	내국인	비동거	복권당첨소득 50만원
손미영	본인의 어머니	660520-2324875	내국인	비동거	양도소득금액 800만원
구태성	아들	210103-3143575	내국인	동거	소득없음
권우성	오빠	890112-1454521	내국인	동거	소득없음, 장애인(장애인복지법)

※ 본인 및 부양가족의 소득은 위의 소득이 전부이며, 위의 주민등록번호는 정확한 것으로 가정한다.

[2] 다음은 영업부 사원 최원호(사번 : 120 / 입사년월일 : 2025.01.01.)의 연말정산을 위한 자료이다. 부양가족은 별도의 소득이 없고, 최원호와 생계를 같이하고 있다. 지출내역은 모두 국세청 연말정산 간소화 자료 및 기타증빙에서 확인된 내역이며 주민등록번호는 모두 옳은 것으로 가정한다. 사원등록 메뉴에서 부양가족을 입력하고, 연말정산추가자료입력 메뉴에서 해당하는 탭을 작성하시오(단, 최원호의 총급여액은 60,000,000원이며 최원호의 세부담 최소화를 가정할 것). (10점)

■ 최원호(본인, 세대주, 주민등록번호 : 910430-1245679)
1. 신용카드 등 사용액
 (1) 신용카드 사용액 : 20,000,000원 (의료비 지출 포함)
 (2) 직불카드 사용액 : 10,000,000원 (전통시장 사용분 500,000원 포함)
 (3) 현금영수증 사용액 : 1,000,000원 (독일어 학원비 결제금액임)
2. 보험료 : 1,200,000원(상해보험료 : 일반보장성보험)
3. 의료비
 (1) 진찰·진료를 위해 「의료법」 제3조에 따른 의료기관에 지급한 비용 : 2,500,000원
 (2) 시력보정용 콘택트렌즈 구입비용 : 600,000원
 (3) 「약사법」 제2조에서 정하는 의약품 등이 아닌 건강기능식품 구입비용 : 500,000원
4. 교육비
 (1) 「독학에 의한 학위 취득에 관한 법률」에 따른 교육과정 지출비용 : 3,000,000원
 (2) 독일어 학원 지출비용(대학부설 어학원 아님) : 1,000,000원
5. 기부금
 (1) 천재지변으로 생기는 이재민을 위한 구호금품의 가액 : 200,000원
 (2) 「정치자금에 관한 법률」에 의해 특정 정당에 기부한 정치자금 : 100,000원
6. 혼인신고
 금년 1월 25일에 자녀의 출생신고와 함께 혼인신고를 하였다.

■ 윤선희(배우자, 주민등록번호 : 931204-2567546, 별도의 소득은 없음)
1. 의료비 : 「모자보건법」 제2조 제10호 따른 산후조리원 지출비용 3,000,000원
2. 교육비 : 「고등교육법」에 따른 통신대학 교육비 지출비용 1,000,000원

■ 최슬기(첫째 자녀, 주민등록번호 : 250111-4561781)
1. 의료비 : 500,000원(의료기관 건강진단비)

■ 월세·주택임차 내역
1. 임대인 : 서현근 (사업자등록번호 797-97-01255)
2. 임차인 : 최원호
3. 주택유형/계약전용면적 : 단독주택/84.00m²
4. 임대차계약서상 주소지(주민등록표등본상의 주소지) : 서울시 중랑구 망우로 200
5. 임대차계약기간 : 2025. 1. 1.~2026. 12. 31.
6. 매월 월세 지급액 : 월 70만원 (2025년 연간 총 지급액 840만원)

CHAPTER 09 실전모의시험

㈜금강전자(회사코드:8509)는 제조, 도·소매 및 부동산임대업을 영위하는 중소기업이며, 당기(13기)의 회계기간은 2025.1.1.~2025.12.31.이다. 전산세무회계 수험용 프로그램을 이용하여 다음 물음에 답하시오.

| 기본전제 |

문제에서 한국채택국제회계기준을 적용하도록 하는 전제조건이 없는 경우, 일반기업회계기준을 적용하여 회계처리 한다.

Q1 다음 거래를 일반전표입력 메뉴에 추가 입력하시오. (15점)

> **입력시 유의사항**
> - 일반적인 적요의 입력은 생략하지만, 타계정 대체거래는 적요번호를 선택하여 입력한다.
> - 채권·채무와 관련된 거래는 별도의 요구가 없는 한 반드시 기 등록되어 있는 거래처코드를 선택하는 방법으로 거래처명을 입력한다.
> - 제조경비는 500번대 계정코드를, 판매비와 관리비는 800번대 계정코드를 사용한다.
> - 회계처리시 계정과목은 별도제시가 없는 한 등록되어 있는 계정과목 중 가장 적절한 과목으로 한다.

[1] 2월 15일 당사가 10%의 지분을 소유하고 있는 ㈜한국으로부터 현금배당 5,000,000원과 주식배당 100주(주당 액면금액 5,000원)를 보통예금 및 주식으로 수령하였다. 배당에 관한 회계처리는 기업회계기준을 준수하였고, 원천징수 금액은 없다. (3점)

[2] 3월 11일 정기예금이 만기가 되어 원금 5,000,000원과 예금이자(이자소득 490,000원, 원천징수 세액 75,460원)가 보통예금으로 이체되었다. 원천징수 금액은 자산으로 처리한다. (3점)

[3] 3월 15일 업무와 관련된 자산을 취득하는 조건으로 서울시청으로부터 정부보조금 50,000,000원(이 중 50%는 상환의무가 없는 지원금이며, 나머지 50%는 3년후 원금을 상환해야 함)을 받아 보통예금에 입금하였다. (3점)

[4] 8월 15일 ㈜당진으로부터 제품 매출 후 외상매출금 4,830,000원에 대하여 조기 회수에 따른 매출 할인액(할인율 2%)을 차감한 나머지 금액이 보통예금으로 입금되었다 (단, 부가가치세는 고려하지 않는다). (3점)

[5] 10월 31일 경영관리부에서 사용할 문구류를 구매하고 보통예금 계좌에서 이체하였다(사무용품비 계정으로 회계처리 할 것). (3점)

NO. 01		영 수 증 (공급받는자용)		
				귀하
공급자	사업자등록번호	778-61-12347		
	상호	대박문구	성명	김대박
	사업장소재지	서울특별시 구로구 구로동 27		
	업태	도소매	종목	문구
작성일자		금액합계		비고
2025.10.31		27,500		
공급내역				
월/일	품명	수량	단가	금액
10/31	볼펜	25	1,000	25,000
10/31	샤프심	5	500	2,500
합 계		₩		27,500
위 금액을 영수(청구)함				

Q2 다음 거래 자료를 매입매출전표입력 메뉴에 추가로 입력하시오. (15점)

> **입력시 유의사항**
> - 일반적인 적요의 입력은 생략하지만, 타계정 대체거래는 적요번호를 선택하여 입력한다.
> - 별도의 요구가 없는 한 반드시 기 등록되어 있는 거래처코드를 선택하는 방법으로 거래처명을 입력한다.
> - 제조경비는 500번대 계정코드를, 판매비와 관리비는 800번대 계정코드를 사용한다.
> - 회계처리시 계정과목은 별도제시가 없는 한 등록되어 있는 계정과목 중 가장 적절한 과목으로 한다.
> - 입력화면 하단의 분개까지 처리하고, 전자세금계산서 및 전자계산서는 전자입력으로 반영한다.

[1] 7월 22일 당사가 생산한 제품(원가 500,000원, 시가 700,000원, 부가가치세별도)을 매출거래처인 ㈜세무에게 선물로 제공하였다. (3점)

[2] 8월 5일   ㈜현명상사에게 제품을 납품하고 다음의 전자세금계산서를 발급하였다.   (3점)

전자세금계산서(공급자 보관용)						승인번호		20250805-23000-0000	
공급자	사업자등록번호	110-81-35557	종사업장번호		공급받는자	사업자등록번호	412-81-28461	종사업장번호	
	상호(법인명)	㈜금강전자	성 명(대표자)	이준호		상호(법인명)	㈜현명상사	성 명	김현명
	사업장주소	서울 성북구 대사관로 50(성북동)				사업장주소	서울 강남구 테헤란로 32		
	업 태	제조업	종 목	전자제품		업 태	도소매	종 목	전자제품
	이메일					이메일			
작성일자		공급가액		세액		수정사유			
2025-08-05		5,000,000원		500,000원					
비고									
월	일	품 목	규 격	수량	단 가	공 급 가 액	세 액	비 고	
8	5	전자제품		100	50,000원	5,000,000원	500,000원		
합 계 금 액		현 금		수 표	어 음	외 상 미 수 금	이 금액을	영수 청구	함
5,500,000원		3,000,000원				2,500,000원			

[3] 8월 31일   제조부 직원의 식사를 ㈜식신으로부터 제공받고, 8월분 식대(공급가액 900,000원, 세액 90,000원)에 대한 종이세금계산서를 수취하고 법인카드(신한카드)로 결제하였다.   (3점)

[4] 9월 7일   ㈜삼진건설로부터 사옥신축계약을 체결하고 본사건물을 신축하기로 하였다. 공사도급계약서중 대금지급에 관한 내용은 다음과 같다. 당일에 계약금에 대한 전자세금계산서를 적절하게 발급받았다.   (3점)

- 총 도급금액 : 480,000,000원(부가가치세 48,000,000원 별도)
- 대금 지급 방식
  - 계약금(2025.09.07./공사착공일) : 48,000,000원(부가가치세 4,800,000원 별도)
  - 중도금(2026.02.07.) : 288,000,000원(부가가치세 28,800,000원 별도)
  - 잔금(2026.07.31./공사완공일) : 144,000,000원(부가가치세 14,400,000원 별도)
  - 대금은 위 기재된 날짜에 부가가치세 포함하여 보통예금으로 계좌이체가 이루어진 것으로 가정한다.

[5] 9월 30일   당사는 ㈜명국에 제품을 10,000,000원(공급가액)에 판매하고 전자세금계산서를 발급하였다(단, 4월 30일에 계약금을 받았으며 잔액은 10월 15일에 받기로 하였다).   (3점)

Q3 부가가치세신고와 관련하여 다음 물음에 답하시오. (10점)

[1] 다음의 자료를 이용하여 2025년 2기 확정신고기간에 대한 건물등감가상각자산취득명세서를 작성하시오(다음의 지출금액에 대해서는 자산처리 하기로 함). (3점)

일자	내역	공급가액	부가가치세	상호	사업자등록번호
10/6	영업부서에서 사용할 개별소비세 과세대상 승용차 구입(전자세금계산서 수취)	28,000,000원	2,800,000원	㈜경기자동차	126-81-11152
11/22	제조부서에서 사용할 기계구입(전자세금계산서 수취)	13,000,000원	1,300,000원	㈜한국상사	621-81-20059
12/20	영업부서에서 사용할 복사기 구입 (종이세금계산서 수취)	1,800,000원	180,000원	시원전자 (일반과세자)	358-52-91995

[2] 다음 자료만을 이용하여 2025년 제1기 확정신고기간(4월~6월)의 부가가치세신고서를 작성하시오(단, 부가가치세 신고서 이외의 부속서류와 과세표준명세의 작성은 생략하며, 불러오는 데이터는 무시하고 직접 입력할 것). (7점)

[매출자료]
- 전자세금계산서 과세 매출액(영세율 매출 포함): 공급가액 400,000,000원, 세액 35,000,000원
- 신용카드·현금영수증 과세 매출액: 공급가액 5,000,000원, 세액 500,000원
- 정규영수증외 과세 매출액: 공급가액 700,000원, 세액 70,000원
  (최종 소비자와의 거래이며, 당사가 영위하는 업종은 현금영수증 의무발행업종이 아님)
- 해외 직수출액: 40,000,000원
- 회수기일이 2년 6개월 지난 외상매출금(특수관계인과의 거래가 아님): 11,000,000원(부가가치세 포함)

[매입자료]
- 세금계산서 수취한 매입내역

구분	공급가액	세액
일반 매입	250,000,000원	25,000,000원
접대성 물품 매입	1,000,000원	100,000원
기계장치 매입	30,000,000원	3,000,000원
예정신고누락분 매입	3,000,000원	300,000원
합 계	284,000,000원	28,400,000원

- 신용카드 사용분 매입내역

구분	공급가액	세액
일반 매입	25,000,000원	2,500,000원
사업무관 매입	2,000,000원	200,000원
비품 매입	5,000,000원	500,000원
합 계	32,000,000원	3,200,000원

[기타자료]
- 예정신고 미환급세액: 800,000원
- 당사는 부가가치세 신고시 홈택스로 전자신고를 하였다.
- 세부담최소화를 가정할 것

Q4 다음 결산자료를 입력하여 결산을 완료하시오. (15점)

[1] 당사는 별빛은행으로부터 1년마다 갱신조건의 마이너스통장(보통예금)을 개설하였다. 12월 31일 현재 통장잔고는 (−)10,154,000원이다(단, 회계처리는 음수(−)로 하지 말 것). (3점)

[2] 당사는 10월 1일 회사 경영에 필요한 보증보험료(보험기간 : 2025년 10월 1일~2026년 9월 30일) 2,700,000원을 보통예금계좌에서 지출하고 전액 보험료로 당기 비용처리 하였다(보험료의 기간배분은 월할계산한다). (3점)

[3] 다음 자산의 당기분 감가상각비를 결산에 반영하시오(월할상각할 것). (3점)

구 분	취득가액	전기말 상각누계액	상각 방법	내용 연수	상각율	취득 일자
건물(영업부서 사무실)	200,000,000원	12,500,000원	정액법	40	0.025	2021.07.01
기계장치(제품생산)	50,000,000원	15,650,000원	정률법	8	0.313	2024.01.01

[4] 당기말 현재 당사의 재고자산은 다음과 같다. (3점)
- 기말원재료 : 4,000,000원
- 기말재공품 : 8,030,000원
- 기말제품 : 7,000,000원(위탁재고 1,000,000원 별도)

[5] 결산일 현재 다음 채권잔액에 대해 대손충당금(보충법)을 설정하시오. (3점)

과목	대손추정률
외상매출금	1%
단기대여금	2%

Q5 2025년 귀속 원천징수자료와 관련하여 다음의 물음에 답하시오. (15점)

[1] 2025년 1월 10일에 입사한 사원코드 101번인 나인턴(배우자 및 부양가족은 없음)은 2025년 2월 28일에 퇴사하였다. 1월과 2월의 급여자료는 아래와 같다. 1월과 2월의 급여자료를 급여자료 입력에 반영하고, 2월의 원천징수이행상황신고서를 작성하시오(단, 급여지급일은 귀속월의 말일이고, 2월분 급여자료 입력시 중도퇴사에 대한 연말정산을 포함하여 작성할 것). (5점)

[급여자료]

구 분	1월	2월	비 고
기 본 급	2,000,000원	3,000,000원	
식 대	220,000원	220,000원	비과세 요건을 충족한다.
국 민 연 금	–	135,000원	공제항목
건 강 보 험	–	102,900원	
장기요양보험	–	13,180원	
고 용 보 험	18,180원	27,180원	
소 득 세	20,170원		
지 방 소 득 세	2,010원		

※ 국민연금, 건강보험, 장기요양보험, 고용보험은 요율표를 무시하고 주어진 자료를 이용한다.
※ 환급세액이 발생하면 환급을 신청하지 아니하고 이월한다.

[2] 다음은 최태호(사번 : 103번)와 부양가족(자녀를 제외하고는 본인과 생계를 같이함)에 대한 자료이다. 이 자료를 바탕으로 연말정산추가자료입력의 해당하는 탭을 완성하시오(단, 제시된 자료 이외에는 부양가족의 소득금액은 없으며, 최태호의 세부담 최소화를 위해 모든 가능한 공제는 최태호가 받기로 한다). (10점)

〈자료 1〉

〈 전 근무지 근로소득 원천징수영수증 자료 〉

	구 분		주(현)	종(전)	⑯-1 납세조합	합 계
Ⅰ. 근무처별 소득명세	⑨ 근 무 처 명		(주)태평성대			
	⑩ 사업자등록번호		126-85-33149			
	⑪ 근무기간		2025.1.1~2025.6.30	~	~	~
	⑫ 감면기간		~	~	~	~
	⑬ 급 여		18,000,000원			
	⑭ 상 여		5,000,000원			
	⑮ 인 정 상 여					
	⑮-1 주식매수선택권 행사이익					
	⑮-2 우리사주조합인출금					
	⑮-3 임원퇴직소득금액한도초과액					
	⑯ 계		23,000,000원			
Ⅱ. 비과세 및 감면소득명세	⑱ 국외근로	M0X				
	⑱-1 야간근로수당	O0X				
	⑱-2 출산·보육수당	Q0X				
	⑱-4 연구보조비	H0X				
	~					
	⑱-29					
	⑲ 수련보조수당	Y22				
	⑳ 비과세소득 계					
	⑳-1 감면소득 계					
Ⅲ. 세액명세	구 분			㉘ 소 득 세	㉙ 지방소득세	㉚ 농어촌특별세
	㉒ 결 정 세 액			382,325원	38,232원	
	기납부세액	㉓ 종(전)근무지 (결정세액란의 세액을 적습니다)	사업자등록번호			
		㉔ 주(현)근무지		878,120원	87,812원	
	㉕ 납부특례세액					
	㉖ 차 감 징 수 세 액(㉒-㉓-㉔-㉕)			△495,795원	△49,580원	
	(국민연금 1,035,000원, 건강보험 763,600원, 장기요양보험 61,088원, 고용보험 149,500원) 위의 원천징수액(근로소득)을 정히 영수(지급)합니다.					

〈자료 2〉 연말정산 자료(국세청 자료로 가정)

본인(최태호) (790505-1111111)	• 야간대학원 학비 : 5,000,000원 • 보장성 보험료 납입액 : 600,000원 • 저축성 보험료 납입액 : 1,200,000원 • 본인의 신용카드사용액 : 21,000,000원[이 중에는 대중교통요금 3,000,000원, 전통시장사용액 7,000,000원, 도서공연 사용액(문체부장관이 지정한 사업자) 1,000,000원 포함됨, 직불/선불카드·현금영수증 사용액 없음.] • 연금저축납입액 : 1,200,000원 [(주)우리은행 / 1002-484-652358]
아버지(최진성) (510815-1111117)	• 질병치료비 : 12,000,000원(이중 실손보험 수령금 11,000,000원)
어머니(김순녀) (570804-2222224)	• 상가임대소득금액 : 12,000,000원 • 임대상가의 화재보험료 : 1,200,000원 • 질병치료비 : 3,000,000원(실손보험 수령금 없고, 본인이 실제 어머니 치료비를 부담) • 종교단체 기부금 : 1,500,000원
배우자(신미미) (810822-2222227)	• 연간총급여 : 6,000,000원(이 중에는 일용근로소득자로서 받은 총급여 3,000,000원이 포함되어 있음.) • 시력보정용 안경구입비 : 900,000원 • 질병치료비 : 3,000,000원(이중 실손보험 수령금 1,700,000원) • 건강기능식품 구입비 2,000,000원 • 배우자 명의의 신용카드사용액 : 5,000,000원(이 중에는 대중교통요금 2,000,000원, 전통시장사용액 1,000,000원 포함, 직불/선불카드·현금영수증 사용액 없음.)
자녀(최샛별) (101031-4444440)	• 미국 현지 소재 고등학교(우리나라 교육법에 따른 학교에 해당하는 교육기관임) 수업료 : 6,000,000원 • 보장성 보험료 납입액 : 300,000원 • 건강증진목적의 한약구입비 : 1,500,000원

〈유의사항〉
* 부양가족 입력시 기본공제대상자가 아닌 경우 기본공제여부에 '부'로 표시할 것.
* 주민등록번호는 모두 정확한 것으로 가정한다.

CHAPTER 10 실전모의시험

㈜문래전자(회사코드:8510)는 제조 및 도·소매업과 부동산임대업을 영위하는 중소기업으로, 당기(12기)의 회계기간은 2025.1.1.~2025.12.31.이다. 전산세무회계 수험용 프로그램을 이용하여 다음 물음에 답하시오.

> **| 기본전제 |**
> 문제에서 한국채택국제회계기준을 적용하도록 하는 전제조건이 없는 경우, 일반기업회계기준을 적용하여 회계처리 한다.

Q1 다음 거래를 일반전표입력 메뉴에 추가 입력하시오. (15점)

> **입력시 유의사항**
> - 일반적인 적요의 입력은 생략하지만, 타계정 대체거래는 적요번호를 선택하여 입력한다.
> - 채권·채무와 관련된 거래는 별도의 요구가 없는 한 반드시 기 등록되어 있는 거래처코드를 선택하는 방법으로 거래처명을 입력한다.
> - 제조경비는 500번대 계정코드를, 판매비와 관리비는 800번대 계정코드를 사용한다.
> - 회계처리시 계정과목은 별도제시가 없는 한 등록되어 있는 계정과목 중 가장 적절한 과목으로 한다.

[1] 3월 28일 주주총회에서 현금 배당 5,000,000원과 현금배당금액의 10%인 500,000원의 이익준비금 설정을 결정하였다. (3점)

[2] 5월 25일 미지급금으로 계상된 창고 임차료 2,200,000원을 임대인인 ㈜제일과 합의하여 임차보증금과 상계하였다. (3점)

[3] 6월 15일 거래처인 ㈜신화의 파산으로 외상매출금 34,000,000원의 회수 불가능이 확정되었다. 장부를 조회하여 처리하시오. (3점)

[4] 11월 11일 ㈜태양산업으로부터 구매한 상품을 제조부서의 소모품으로 모두 사용하였다. 해당 상품의 구매가격은 900,000원, 판매가격은 1,200,000원이며, 비용으로 처리한다. (3점)

[5] 11월 30일 당사는 1주당 액면금액 5,000원의 주식 1,000주를 1주당 8,000원에 발행하고 신주발행비 35,000원을 제외한 대금을 보통예금 계좌로 송금받았다. (3점)

Q2. 다음 거래 자료를 매입매출전표입력 메뉴에 추가로 입력하시오. (15점)

> **입력시 유의사항**
> - 일반적인 적요의 입력은 생략하지만, 타계정 대체거래는 적요번호를 선택하여 입력한다.
> - 별도의 요구가 없는 한 반드시 기 등록되어 있는 거래처코드를 선택하는 방법으로 거래처명을 입력한다.
> - 제조경비는 500번대 계정코드를, 판매비와 관리비는 800번대 계정코드를 사용한다.
> - 회계처리시 계정과목은 별도제시가 없는 한 등록되어 있는 계정과목 중 가장 적절한 과목으로 한다.
> - 입력화면 하단의 분개까지 처리하고, 전자세금계산서 및 전자계산서는 전자입력으로 반영한다.

[1] 7월 30일   당사는 신규 취득한 기계장치의 설치비를 ㈜경건에 보통예금에서 지급하고 아래의 현금영수증을 수취하였다. (3점)

㈜경건 229-81-12993	민경건
서울특별시 서초구 서초동 11	TEL:950-8885
홈페이지 http://www.kacpta.or.kr	
현금(지출증빙)	
구매일자 2025/07/30/12:02	거래번호 : 151
품명	금액
기계장치 설치비	300,000원
부가가치세	30,000원
합계	330,000원

[2] 8월 10일   당사의 영업부서에 필요한 실무용 서적을 책방에서 구입하고 다음의 전자계산서를 발급받았으며, 대금은 보통예금에서 이체하였다. (3점)

전자계산서(공급받는자 보관용)

승인번호	20250810-2038712-00009123

	공급자				공급받는자		
사업자등록번호	750-91-31625	종사업장번호		사업자등록번호	132-81-11332	종사업장번호	
상호(법인명)	책방	성명(대표자)	김현수	상호(법인명)	㈜문래전자	성명(대표자)	김미래
사업장 주소	경기도 부천시 신흥로 11			사업장 주소	서울시 강동구 천호대로975		
업태	도소매	종목	서적	업태	제조외	종목	컴퓨터외
이메일	book11@naver.com			이메일	bu@naver.com		

작성일자	공급가액	수정사유
2025.08.10.	220,000원	

비고						
월	일	품목	규격	수량	단가	공급가액	비고
08	10	영업 실무서		2	110,000원	220,000원	

합계금액	현금	수표	어음	외상미수금	이 금액을 영수 함
220,000원					

[3] 9월 10일 원재료를 수입하고 인천세관으로부터 수입전자세금계산서(공급가액 2,000,000 원, 부가가치세액 200,000원)를 발급받았으며, 부가가치세는 현금으로 지급하였 다(단, 원재료에 대한 회계처리는 생략한다). (3점)

[4] 9월 13일 구매확인서를 통해 ㈜내영상사에 제품 35,000,000원을 공급하고 영세율전자세 금계산서를 발급하였으며, 대금은 전액 외상으로 하였다. (3점)

[5] 9월 20일 제조공장에서 사용하고 있는 화물트럭의 타이어를 구입하고 대금은 법인카드 (시민카드)로 결제하였다. (3점)

매출전표

단말기번호	11213692		전표번호	
카드종류		거래종류		결제방법
시민카드		신용구매		일시불
회원번호(Card No)		취소 시 원거래일자		
4015-4122-5210-1250				
유효기간		거래일시		품명
2028/11/10		2025/09/20		
전표제출		금 액/AMOUNT		150,000
		부 가 세/VAT		15,000
전표매입사		봉 사 료/TIPS		
시민카드		합 계/TOTAL		165,000
거래번호		승인번호/(Approval No.)		
210920135		98421147		

가맹점	삼진타이어		
대표자	이삼진	TEL	031-2122-7580
가맹점번호	137137	사업자번호	617-18-46610
주소	경기 양주시 고덕로 219		

서명(Signature)

Semusa

Q3 부가가치세신고와 관련하여 다음 물음에 답하시오. (10점)

[1] 다음 자료와 유의사항을 토대로 2025년 제2기 확정신고기간의 부동산임대공급가액명세서 및 부가가치세신고서를 작성하시오. (4점)

층수	호수	상호 (사업자번호)	면적 (m²)	용도	계약기간	보증금(원)	월세(원)
지상 1층	101	혼맥잔치 (108-11-96301)	330	점포	2024.07.01. ~2026.06.30.	40,000,000	2,500,000
지상 2층	201	㈜정선상회 (108-81-61668)	330	사무실	2023.11.01. ~2025.10.31.	20,000,000	1,800,000
					2025.11.01. ~2027.10.31.	20,000,000	2,000,000

※ 유의사항
- 불러온 데이터는 무시하고, 적용 이자율은 3.5%로 한다.
- ㈜정선상회는 2025.11.01. 임대차계약을 갱신하였다.
- 월세에 대해서는 정상적으로 세금계산서를 발급하였고, 간주임대료에 대한 부가가치세는 임대인이 부담한다.

[2] 다음 자료를 이용하여 제1기 확정신고기간(4.1.~6.30.)에 대한 부가가치세 신고서를 작성하시오. 단, 부가가치세 신고서 이외의 부속서류 및 과세표준명세 입력은 생략한다. (6점)

구분	내역	공급가액	부가가치세	비고
매출자료	제품매출	50,000,000원	5,000,000원	전자세금계산서 발급
	신용카드로 결제한 상품매출	17,000,000원	1,700,000원	전자세금계산서 미발급
	재화의 직수출	30,000,000원	0원	
	대손확정된 매출채권	1,000,000원	100,000원	대손세액공제 요건 충족 (소멸시효완성)
매입자료	원재료 매입	40,000,000원	4,000,000원	전자세금계산서 수취
	원재료 매입	1,040,000원	-	전자계산서 수취, 의제매입세액공제 대상
	법인카드로 구입한 소모품 매입	500,000원	50,000원	세금계산서 미수취, 매입세액공제 요건 충족
	재무팀 업무용승용차 구입 (5인승, 1,500CC)	17,000,000원	1,700,000원	전자세금계산서 수취
	상품 매입	3,000,000원	300,000원	예정신고 누락분 공급시기에 종이세금계산서를 정상적으로 수취함
기타	• 부가가치세 신고는 홈택스에서 직접 신고하였다. • 전자세금계산서 발급과 전송은 정상적으로 이뤄졌다. • 이 문제에 한하여 의제매입세액 공제율 4/104를 적용받는 법인(중소기업)으로, 공제액은 공제 한도 내의 금액으로 가정한다. • 세부담 최소화를 가정한다.			

Q4 다음 결산자료를 입력하여 결산을 완료하시오. (15점)

[1] 당기 중에 취득하여 기말 현재 보유 중인 단기매매증권의 내역은 다음과 같다. 기말 단기매매증권의 평가는 기업회계기준에 따라 처리하기로 한다. (3점)

주식명	주식수	1주당 취득원가	기말 1주당 공정가치
㈜세무	5,000주	2,000원	2,500원

[2] 사무실의 화재보험(계약기간: 2025.08.01.~2026.07.31.)을 계약하고 1년치 보험료 1,500,000원을 일시에 전액 지급하였으며, 이를 선급비용으로 회계처리 하였다(단, 월할 계산할 것). (3점)

[3] 당기 중 현금시재가 부족하여 현금과부족으로 처리했던 225,000원을 결산일에 확인한 결과 내용은 다음과 같았다(단, 기중에 인식된 현금과부족은 적절히 회계처리 되었다고 가정하고, 관련 회계처리 날짜는 결산일로 하여 하나의 전표로 입력한다). (3점)

내용	금액	비고
영업부 거래처 과장님 결혼 축의금	200,000원	적절한 계정과목 선택
판매부서 서류 배송(퀵)비 지급액 누락분(간이영수증 수령)	25,000원	적절한 계정과목 선택

[4] 서울은행으로부터 차입한 장기차입금 중 100,000,000원은 2026년 9월 30일에 상환기일이 도래한다. (2점)

[5] 결산일 현재 재고자산을 실사 평가한 결과는 다음과 같다. 관련하여 결산에 반영하시오(각 기말재고자산의 시가와 취득원가는 동일한 것으로 가정한다). (4점)

구분	취득단가	장부상 기말재고	실사한 기말재고	수량 차이 원인
원재료	1,000원	700개	700개	
제품	2,500원	550개	550개	
상품	1,500원	950개	880개	비정상감모

Q5. 2025년 귀속 원천징수자료와 관련하여 다음의 물음에 답하시오. (15점)

[1] 다음은 연구기관에서 근무하는 김기안(사번 : 1)의 급여 내역 및 관련 자료이다. 해당 자료를 이용하여 필요한 수당공제를 등록하고, 12월분 급여자료입력 및 원천징수이행상황신고서를 작성하시오. (5점)

1. 12월 급여명세내역

〈급여항목〉		〈공제항목〉	
기 본 급 :	3,500,000원	국 민 연 금 :	184,500원
식 대 :	300,000원	건 강 보 험 :	140,630원
자가운전보조금 :	300,000원	장 기 요 양 보 험 :	18,210원
[연구기관등]연구보조비 :	200,000원	고 용 보 험 :	38,700원
		소 득 세 :	236,010원
직 책 수 당 :	600,000원	지 방 소 득 세 :	23,600원

2. 추가 자료 및 요청 사항
   12월분 급여지급일은 12월 30일이다.
   급여항목 내역
   • 식대 : 회사는 근로자에게 별도로 식사 또는 기타 음식물을 제공하지 않는다.
   • 자가운전보조금 : 직원 단독 명의의 차량을 소유하고 있고, 그 차량을 업무수행에 이용하고 있다. 또한, 시내교통비를 별도로 지급하고 있지 않다.
   • 당사는 연구기관 등(연구보조비)의 법적 요건을 충족하며, 연구보조비는 비과세요건을 충족한다.
3. 공제항목 내역 : 불러온 데이터는 무시하고 직접 작성한다.
4. 수당공제등록
   수당등록은 사용하는 수당 이외의 항목은 "부"로 체크하기로 하고, 공제등록은 그대로 둔다.
5. 전월 미환급세액 20만원이 이월되었다.

[2] 다음은 박대박(사번 : 103) 사원의 연말정산 관련 자료이다. 아래의 자료와 유의사항을 토대로 연말정산추가자료입력 메뉴의 부양가족 탭을 수정하여 완성하고, 월세, 주택임차 탭과 연말정산입력 탭을 입력하시오. (10점)

〈자료 1〉 생계를 같이 하는 부양가족 현황

성명	관계	연령(만)	비 고
박대박	본인	38세	무주택 세대주, 총급여 5,500만원
박정우	아버지	63세	복권당첨금 200만원
김유진	어머니	63세	장애인(장애인복지법), 총급여 500만원
서지혜	배우자	40세	일용근로소득 700만원
서민우	처남	29세	대학원생, 소득 없음
박하나	자녀	13세	중학생, 소득 없음
박하연	자녀	5세	미취학 아동, 사업소득금액 200만원

〈자료 2〉 연말정산 관련 자료(국세청 자료로 가정)

항목	내용
보험료	• 아버지 : 보장성보험료 80만원(피보험자 : 박정우, 계약자 : 박대박) • 어머니 : 장애인전용보장성보험료 100만원(피보험자 : 김유진, 계약자 : 박대박)
의료비	• 어머니 : 보청기 구입비 100만원, 간병비 70만원 • 배우자 : 질병 치료비(미국 현지 병원에서 치료) 300만원 ※ 실손의료보험금 수령액은 없음.
교육비	• 본인 : 대학원 교육비 1,100만원 • 처남(서민우) : 대학원 교육비 900만원 • 자녀(박하나) : 교복구입비 70만원, 체험학습비 50만원 • 자녀(박하연) : 영어학원비 100만원 • 어머니 : 장애인 재활교육을 위하여 사회복지시설에 지급하는 특수교육비 300만원
기부금	• 본인 : 정치자금기부금 15만원 • 처남 : 사립 대학교 연구비 50만원
월세, 주택임차	• 임대인 : 김창명(760227-1234561) • 임차인 : 서지혜 • 주택유형 및 전용면적 : 아파트(84㎡) • 공동주택가격(기준시가) : 5억원 • 임대차계약서상 주소지(주민등록표 등본의 주소지) : 서울시 구로구 구로동 999 • 임대차 계약 기간 : 2024.04.01.~2026.03.31. • 매월 월세액 : 70만원(2025년 총 지급액 840만원) • 월세액은 전액 박대박이 납부하였다.

신용카드
등 사용액
	• 신용카드 : 2,500만원(아래의 항목이 포함된 금액이다.)
	  - 전통시장사용분 50만원
	  - 대중교통이용분 30만원
	  - 회사경비 사용금액 100만원
	  - 항공기에서 판매하는 면세물품의 구입비용 150만원
	• 현금영수증 : 보청기 구입비 100만원(위 어머니 보청기 구입비용)
	• 보장성보험료 납부액 80만원(위 아버지 보장성보험료 지출액, 현금영수증 수취분)
	• 위 신용카드, 현금영수증 사용액은 모두 본인이 지출한 것임

※ 유의사항 : 주민등록번호는 모두 정상으로 가정하며, 박대박이 공제받을 수 있는 부양가족의 소득·세액공제는 모두 박대박이 공제받는 것으로 한다.

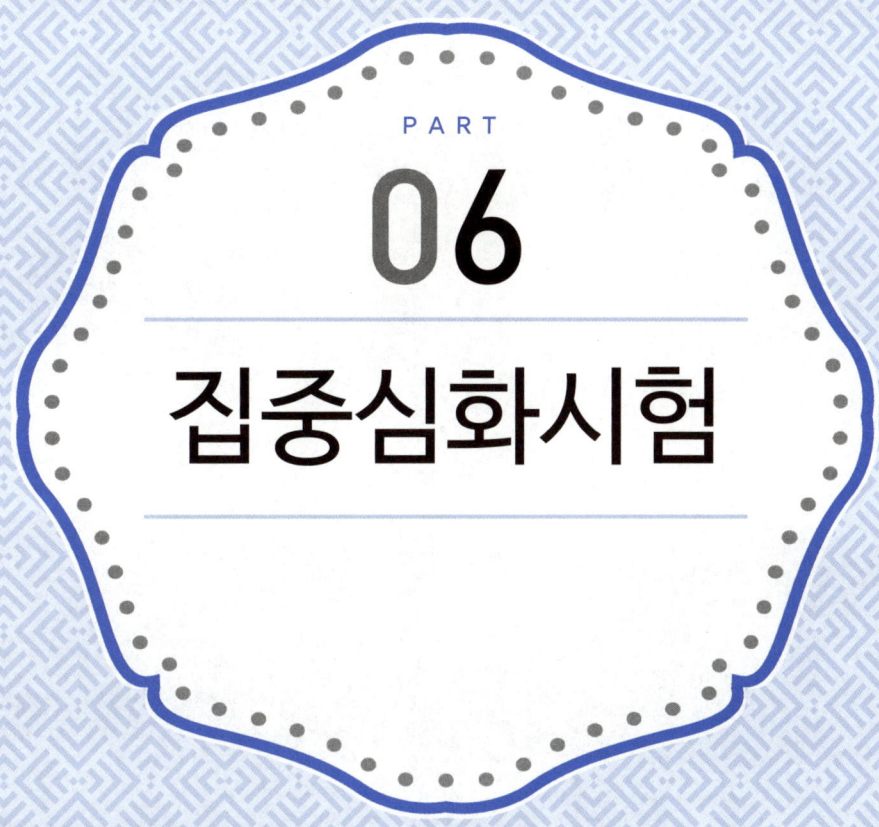

ROUND 01 집중심화시험

이론시험

다음 문제를 보고 알맞은 것을 골라 답안저장 메뉴화면에 입력하시오(객관식 문항당 2점).

| 기본전제 |

문제에서 한국채택국제회계기준을 적용하도록 하는 전제조건이 없는 경우, 일반기업회계기준을 적용한다.

1. 유가증권에 대한 설명 중 옳지 않는 것은?

① 단기매매증권과 매도가능증권은 원칙적으로 공정가치로 평가한다.
② 단기매매증권과 매도가능증권의 미실현보유손익은 당기순이익항목으로 처리한다.
③ 매도가능증권은 보유 목적에 따라 유동자산이나 투자자산으로 분류된다.
④ 단기매매증권이 시장성을 상실한 경우에는 매도가능증권으로 분류하여야 한다.

2. 무형자산에 대한 설명 중 옳지 않은 것은?

① 무형자산이란 업무용도로 보유하는 비화폐성자산으로써 일반적으로 미래 경제적 효익이 있는 물리적 형체가 없는 자산을 말한다.
② 무형자산의 취득원가는 그 자산의 창출, 제조, 사용 준비에 사용된 직접비뿐만 아니라 간접비도 포함한다.
③ 무형자산의 인식기준을 충족하지 못하면 그 지출은 발생한 기간의 비용으로 인식한다.
④ 무형자산의 상각은 항상 판매비와 관리비로 처리한다.

3. 회계정보의 질적특성 중 목적적합성과 신뢰성의 사례로 옳은 것은?

구 분	목적적합성	신뢰성
① 자산평가방법	시가법	원가법
② 수익인식방법	완성기준	진행기준
③ 손익인식방법	현금주의	발생주의
④ 재무제표보고시기	결산재무제표	분기, 반기재무제표

4. 기계장치의 감가상각관련 자료가 다음과 같을 때 제2기인 20x2년 말 결산 시에 계상하여야 할 감가상각비와 감가상각누계액을 바르게 표시한 것은?

- 취득일 : 20x1년 1월 1일
- 취득원가 : 2,000,000원
- 내용연수 : 5년
- 정률법 상각율 : 0.451
- 상각방법 : 정률법
- 잔존가치 : 100,000

	감가상각비	감가상각누계액		감가상각비	감가상각누계액
①	902,000원	1,804,000원	②	495,198원	1,397,198원
③	470,438원	1,327,338원	④	856,900원	1,713,800원

5. 다음은 일반기업회계기준상 재고자산에 대한 설명이다. 괄호 안에 들어갈 내용으로 옳은 것은?

재고자산은 이를 판매하여 수익을 인식한 기간에 (㉠)(으)로 인식한다. 재고자산의 시가가 장부금액 이하로 하락하여 발생한 평가손실은 재고자산의 차감계정으로 표시하고 (㉡)에 가산한다. 재고자산의 장부상 수량과 실제 수량과의 차이에서 발생하는 감모손실의 경우 정상적으로 발생한 감모손실은 (㉢)에 가산하고 비정상적으로 발생한 감모손실은 (㉣)(으)로 분류한다.

	㉠	㉡	㉢	㉣
①	매출원가	영업외비용	영업외비용	매출원가
②	매출원가	매출원가	매출원가	영업외비용
③	영업외비용	매출원가	매출원가	영업외비용
④	영업외비용	영업외비용	영업외비용	매출원가

6. 무한상사는 개별원가계산제도를 채택하고 있다. 5월 중 원장의 재공품계정에는 다음과 같은 사항이 기록되어 있다. 무한상사는 직접노무비의 70%를 제조간접비로 배부하고 있다. 5월 말에 아직 가공 중에 있는 유일한 작업인 제조명령서 103호에는 직접노무비 1,000원이 발생되었다. 제조명령서 103호에 부과될 직접재료비는 얼마인가?

- 5월 1일 : 잔액 5,000원
- 5월 3일 : 직접노무비 투입 6,000원
- 5월 31일 : 제품계정으로 대체 20,000원
- 5월 2일 : 직접재료비 투입 10,000원
- 5월 4일 : 제조간접비 투입 4,200원

① 1,000원
② 3,500원
③ 2,000원
④ 3,000원

7. 당기의 기말재공품이 기초재공품보다 더 큰 경우에 대한 상황을 가장 적절하게 설명한 것은?

① 당기총제조비용이 당기제품제조원가보다 클 것이다
② 당기총제조비용이 당기제품제조원가보다 작을 것이다.
③ 당기제품제조원가가 매출원가보다 클 것이다.
④ 당기제품제조원가가 매출원가보다 작을 것이다.

8. 다음 자료에 따른 선입선출법에 의한 가공원가의 완성품환산량은 얼마인가? 원재료는 공정의 초기에 일시에 모두 투입되고, 가공원가는 공정전반에 걸쳐 균등하게 발생된다고 가정한다.

- 기초재공품 : 1,000단위(완성도 60%)
- 착수량 : 3,000단위
- 기말재공품 : 2,000단위(완성도 50%)
- 완성품 : 2,000단위

① 2,000단위
② 2,400단위
③ 3,000단위
④ 3,400단위

9. 보조부문에 대한 원가를 제조부문에 배부하는 방법 중 상호배부법에 대한 설명으로서 가장 옳은 것은?

① 보조부문의 배부순서를 고려할 필요가 없다.
② 보조부문 상호간에 용역수수관계를 불완전하게 인식하게 된다.
③ 배부절차가 다른 방법에 비해 비교적 간단하다.
④ 보조부문 상호간의 용역수수관계가 중요하지 않을 경우에 적용한다.

10. 다음은 공손원가에 대한 설명이다. 틀린 것은?

① 공손품이란 품질검사시 표준 규격이나 품질에 미달하는 불합격품을 말한다.
② 공손품원가는 정상공손원가와 비정상공손원가로 구분되는데, 정상공손원가는 제조비용에 가산하고, 비정상공손원가는 영업외비용으로 처리한다.
③ 공손품의 발생시점(불량품 검사시점)이 기말재공품의 완성도 이후인 경우에는 정상공손품의 원가를 완성품과 기말재공품에 산입한다.
④ 작업폐물이란 원재료를 가공하는 과정에서 발생하는 매각 또는 이용가치가 있는 폐물로써 공손품과는 별개의 개념이다.

11. 다음 중 부가가치세법상 과세대상인 재화가 아닌 것은?

① 영업권 ② 상가건물
③ 상품권 ④ 특허권

12. 다음은 일반과세자인 개인사업자들이다. 부가가치세법상 부가가치세 예정신고를 할 수 있는 사업자가 아닌 것은?

① 휴업으로 인하여 각 예정신고기간의 공급가액이 직전과세기간 공급가액의 1/3에 미달하는 자
② 사업부진으로 인하여 각 예정신고기간의 납부세액이 직전과세기간 납부세액의 1/3에 미달하는 자
③ 예정신고기간분에 대하여 조기환급을 받고자 하는 자
④ 예정신고기간에 신규로 사업을 개시한 자

13. 다음 중 부가가치세법상 간이과세자에 대한 설명 중 틀린 것은?

① 간이과세자의 과세표준은 공급대가이다.
② 일반과세자인 부동산임대사업자가 신규로 음식점 사업을 하는 경우 간이과세자가 될 수 있다.
③ 간이과세자도 세금계산서를 발행할 수 있으며 영세율도 적용 받을 수 있다.
④ 간이과세자의 부가가치세율은 10%이다.

14. 다음 중 당해 소득세를 징수하는 것은?

① 납세조합의 징수세액이 1천원 미만인 경우
② 근로소득에 따른 원천징수세액이 1천원 미만인 경우
③ 이자소득에 따른 원천징수세액이 1천원 미만인 경우
④ 중간예납세액이 50만원 미만인 경우

15. 다음 중 소득세법상 사업소득자와 근로소득자에게 모두 적용되는 필요경비 또는 소득공제 및 세액공제 대상이 아닌 것은?

① 본인이 부담하는 본인 자동차보험의 보험료에 대한 특별세액공제
② 본인의 명의로 납부한 교회헌금에 대한 필요경비 또는 세액공제
③ 기본공제대상 자녀 중 8세 이상 자녀가 3명인 경우 자녀세액공제 95만원
④ 본인이 납부한 국민연금보험료에 대한 연금보험료 특별소득공제

실무시험

㈜동수전자(회사코드:8511)는 제조, 도·소매 및 부동산임대업을 영위하는 중소기업으로 당기(17기)의 회계기간은 2025.1.1.~2025.12.31.이다. 전산세무회계 수험용 프로그램을 이용하여 다음 물음에 답하시오.

| 기본전제 |

- 문제에서 한국채택국제회계기준을 적용하도록 하는 전제조건이 없는 경우, 일반기업회계기준을 적용하여 회계처리 한다.
- 문제의 풀이와 답안작성은 제시된 문제의 순서대로 진행한다.
---

1. 다음 거래를 일반전표입력 메뉴에 추가 입력하시오. (15점)

> **입력시 유의사항**
> - 일반적인 적요의 입력은 생략하지만, 타계정 대체거래는 적요번호를 선택하여 입력한다.
> - 채권·채무와 관련된 거래는 별도의 요구가 없는 한 반드시 기 등록되어 있는 거래처코드를 선택하는 방법으로 거래처명을 입력한다.
> - 제조경비는 500번대 계정코드를, 판매비와 관리비는 800번대 계정코드를 사용한다.
> - 회계처리시 계정과목은 별도제시가 없는 한 등록되어 있는 계정과목 중 가장 적절한 과목으로 한다.

[1] 1월 15일 영업부 김시성 과장에게 출장비로 지급한 600,000원(지급 시 전도금으로 처리함)에 대한 다음의 지출결의서를 제출받고 잔액은 현금으로 반환받았다(단, 거래처 입력은 생략한다). (3점)

지출결의서	
• 왕복 항공권 300,000원	• 숙박비 80,000원

[2] 1월 30일 ㈜동수전자는 유상증자를 위해 신주 2,000주를 1주당 10,000원에 발행하고 주금납입액은 보통예금 계좌로 입금받았다. 당사는 유상증자일 현재 주식할인발행차금 3,800,000원이 존재하고 있으며, 주당 액면금액은 5,000원이다. (3점)

[3] 4월 5일 제조부서에서 구입한 화물트럭을 양주시청에 등록하면서 취득세 1,460,000원을 현금으로 납부하였다. (3점)

[4] 10월 31일 당사는 자금조달을 위하여 액면금액 1,000,000원의 사채를 960,000원에 할인발행하였다. 사채발행대금은 보통예금 계좌로 입금되었고, 사채발행비 20,000원은 현금으로 지급하였다. (3점)

[5] 11월 15일 당사는 아래와 같이 직원상여금에 대하여 공제금액을 제외한 차인지급액을 보통예금으로 지급하였다(단, 상여금은 계정별로 구분하되, 거래처명은 생략한다). (3점)

근무부서	상여금	고용보험	소득세	지방소득세	공제금액 합계	차인지급액
제조부	10,000,000원	80,000원	500,000원	50,000원	630,000원	9,370,000원
영업부	5,000,000원	40,000원	200,000원	20,000원	260,000원	4,740,000원
계	15,000,000원	120,000원	700,000원	70,000원	890,000원	14,110,000원

2. 다음 거래자료를 매입매출전표입력 메뉴에 추가로 입력하시오. (15점)

> **입력시 유의사항**
> - 일반적인 적요의 입력은 생략하지만, 타계정 대체거래는 적요번호를 선택하여 입력한다.
> - 채권·채무와 관련된 거래는 별도의 요구가 없는 한 반드시 기등록된 거래처코드를 선택하는 방법으로 거래처명을 입력한다.
> - 제조경비는 500번대 계정코드를, 판매비와관리비는 800번대 계정코드를 사용한다.
> - 회계처리 시 계정과목은 별도의 제시가 없는 한 등록된 계정과목 중 가장 적절한 과목으로 한다.
> - 입력화면 하단의 분개까지 처리하고, 전자세금계산서 및 전자계산서는 전자 입력으로 반영한다.

[1] 7월 3일 당사의 영업부는 거래처에 추석 선물을 제공하기 위하여 ㈜서울백화점에서 선물세트를 구입한 후 아래의 전자세금계산서를 발급받았다. 대금 중 500,000원은 현금으로 결제하였고 잔액은 보통예금으로 지급하였다. (3점)

전자세금계산서					승인번호	20250703-41000000-00003111		
공급자	사업자등록번호	211-81-01234	종사업장번호		공급받는자	사업자등록번호	201-81-02823	종사업장번호	
	상호(법인명)	㈜서울백화점	성명(대표자)	김서울		상호(법인명)	㈜동수전자	성명(대표자)	정지훈
	사업장주소	서울시 강남구 영동대로 701 101(청담동)				사업장주소	경기도 양주시 고덕로 219		
	업태	소매	종목	전자제품		업태	제조, 도소매 외	종목	컴퓨터 외

작성	공급가액	세액	수정사유
년 월 일	천 백 십 억 천 백 십 만 천 백 십 일	십 억 천 백 십 만 천 백 십 일	
2025 7 3	3 0 0 0 0 0 0	3 0 0 0 0 0	

월 일	품 목	규격	수량	단가	공급가액	세액	비고
7 3	건강선물세트		10	300,000원	3,000,000원	300,000원	

합계금액	현금	수표	어음	외상미수금	이 금액을 영수함
3,300,000원	3,300,000원			6,380,000원	

[2] 7월 13일 제조공장에서 사용하던 기계장치(취득원가 8,000,000원, 감가상각누계액 7,300,000원)을 ㈜영풍에 3,000,000원(부가가치세 별도)에 외상으로 매각하고 전자세금계산서를 발급하였다(단, 당기 감가상각비 계산은 생략한다). (3점)

[3] 7월 20일 영업부 사무실의 임대인으로부터 받은 전자세금계산서 내역은 다음과 같다. 단, 비용은 품목에 기재된 계정과목으로 각각 회계처리하시오. (3점)

전자세금계산서					승인번호	20250720-31000013-44346111		
공급자	사업자등록번호	217-85-08117	종사업장번호		공급받는자	사업자등록번호	201-81-02823	종사업장번호	
	상호(법인명)	㈜천일	성명(대표자)	박민주		상호(법인명)	㈜동수전자	성명	정지훈
	사업장주소	서울시 관악구 신림동 1길 14(신림동)				사업장주소	경기도 양주시 고덕로 219		
	업태	제조, 도소매	종목	전자제품		업태	제조, 도소매 외	종목	컴퓨터 외
	이메일					이메일	bu@naver.com		

작성일자	공급가액	세액	수정사유
2025.07.20	5,800,000원	580,000원	

비고							
월	일	품목	규격	수량	단가	공급가액	세액	비고
7	20	임차료				5,000,000원	500,000원	
7	20	건물관리비				800,000원	80,000원	

합계금액	현금	수표	어음	외상미수금	이 금액을 청구함
6,380,000원				6,380,000원	

[4] 8월 24일 회계부의 업무환경개선 목적으로 ㈜사과컴퓨터에서 컴퓨터를 3,850,000원(부가가치세 포함)에 구매하고 법인카드(황금카드사)로 결제하였다(해당 거래는 신용카드 매입세액 공제요건을 모두 충족한다). (3점)

[5] 8월 28일 비사업자인 김정희에게 제품을 550,000원(부가가치세 포함)에 판매하고, 대금은 보통예금 계좌에 입금되었다(별도의 세금계산서나 현금영수증을 발급하지 않았으며, 거래처 입력은 생략한다). (3점)

3. 부가가치세신고와 관련하여 다음 물음에 답하시오. (10점)

[1] 다음 자료를 보고 제2기 확정신고 기간의 공제받지못할매입세액명세서(공제받지못할매입세액내역 및 공통매입세액의정산내역)을 작성하시오(단, 불러온 자료는 무시하고 직접 입력할 것). (4점)

1. 매출 공급가액에 관한 자료

구분	과세사업	면세사업	합계
7월~12월	350,000,000원	50,000,000원	400,000,000원

2. 매입세액(세금계산서 수취분)에 관한 자료

구분	① 과세사업 관련			② 면세사업 관련		
	공급가액	매입세액	매수	공급가액	매입세액	매수
10월~12월	100,000,000원	10,000,000원	11매	3,000,000원	300,000원	3매

3. 총공통매입세액(7~12월) : 5,500,000원
※ 2기 예정신고시 공통매입세액 중 불공제매입세액 : 187,500원

[2] 다음 자료를 토대로 2025년 1기 확정신고(4월~6월) 기간의 부가가치세신고서를 작성하시오(단, 아래 제시된 자료만 있는 것으로 가정한다). (6점)

매출 자료	• 세금계산서 발급분 과세 매출 : 공급가액 280,000,000원, 세액 28,000,000원 　- 이 중 공급가액 50,000,000원, 세액 5,000,000원은 종이(전자 외) 세금계산서를 발급하였고, 나머지는 전자세금계산서 발급분이다. • 당사의 직원인 홍길동(임원 아님)에게 경조사와 관련하여 연간 1,000,000원(시가) 상당의 당사가 제조한 제품을 무상으로 제공하였다. • 대손이 확정된 외상매출금 1,760,000원(부가가치세 포함)에 대하여 대손세액공제를 적용한다.
매입 자료	• 수취한 매입세금계산서는 공급가액 120,000,000원, 세액 12,000,000원으로 내용은 아래와 같다. 　- 공급가액 15,000,000원, 세액 1,500,000원은 승용자동차(배기량:999cc) 취득분이다. 　- 공급가액 3,000,000원, 세액 300,000원은 거래처 접대목적으로 구입한 물품(고정자산 아님)이다. 　- 나머지는 일반매입분이다.
기타 자료	• 2025년 3월 발생한 신용카드 매출전표 발급분 매출 3,300,000원(공급대가)이 2025년 1기 예정신고 시 단순 누락되어 이를 확정신고 시 반영하기로 한다. • 2025년 1기 예정신고 납부기한은 2025년 4월 25일이고 확정신고 납부일은 2025년 7월 24일이다.
유의 사항	• 세부담 최소화를 가정한다. • 불러온 자료는 무시하고 직접 입력한다. • 전자신고세액공제는 생략한다. • 부가가치세신고서 이외의 과세표준명세 등 기타 부속서류의 작성은 생략한다.

4. 다음 결산자료를 입력하여 결산을 완료하시오. (15점)

[1] 당사는 뉴욕은행에서 차입한 외화장기차입금 $200,000이 있다. 기말 현재 외화장기차입금 관련 회계처리를 하시오.(전기말 환율 1,200원/$, 당기말 환율 1,050원/$) (3점)

[2] 아래의 차입금 관련 자료를 이용하여 차입금 이자비용에 대한 회계처리를 하시오(단, 이자비용은 만기 시점 일시 상환조건이며, 월할 상각한다). (3점)

- 금융기관 : ㈜아리은행
- 대출기간 : 2025년 4월 1일 ~ 2028년 3월 31일
- 대출금액 : 200,000,000원
- 대출이자율 : 연 2.4%

[3] 영업부가 11월에 구입한 소모품 2,000,000원 중 결산일까지 미사용한 소모품은 1,500,000원이다. 당사는 소모품 구입 시 자산으로 회계처리 하였다. (3점)

[4] 기말 현재 퇴직급여추계액 및 퇴직급여충당부채를 설정하기 전 퇴직급여충당부채의 잔액은 다음과 같다. 퇴직급여충당부채는 퇴직급여추계액의 100%를 설정한다. (3점)

구분	퇴직급여추계액	퇴직급여충당부채 잔액
공장 생산직	32,000,000원	18,000,000원
본사 사무직	18,000,000원	7,000,000원

[5] 당기의 법인세비용은 16,500,000원이다. 법인세 중간예납세액 5,300,000원과 당해 법인의 이자소득에 대한 원천징수세액 700,000원은 선납세금계정에 계상되어 있다. (3점)

5. 2025년 귀속 원천징수자료와 관련하여 다음의 물음에 답하시오. (15점)

[1] 다음은 생산직 근로자인 김아름(사번:101)과 김가연(사번:102)의 3월분 급여내역이다. 아래의 자료를 이용하여 수당공제등록 및 급여자료입력을 작성하시오(단, 수당공제등록의 불러온 자료는 무시하고 아래 자료에 따라 입력하되, 사용하는 수당 외의 항목은 "부"로 체크하고, 월정액은 그대로 둘 것). (6점)

〈김아름 3월 급여내역〉

이름	김아름	지급일	3월 31일
기본급	2,200,000원	소득세	45,910원
식대	150,000원	지방소득세	4,590원
자가운전보조금	200,000원	국민연금	85,500원
야간근로수당	200,000원	건강보험	63,460원
자격수당	150,000원	장기요양보험	8,120원
		고용보험	22,950원
		사내대출금원리금상환액	358,520원
급여합계	**2,900,000원**	**공제합계**	**589,050원**
		차인지급액	2,310,950원

〈김가연 3월 급여내역〉

이름	김가연	지급일	3월 31일
기본급	1,900,000원	소득세	23,380원
식대	220,000원	지방소득세	2,330원
자가운전보조금	200,000원	국민연금	85,500원
야간근로수당	200,000원	건강보험	63,460원
		장기요양보험	8,120원
		고용보험	19,080원
급여합계	**2,520,000원**	**공제합계**	**201,870원**
		차인지급액	2,318,130원

- 식대 : 당사는 현물 식사를 별도로 제공하지 않는다.
- 자가운전보조금 : 본인 명의의 차량을 업무 목적으로 사용한 직원에게 자가운전보조금을 지급하고 있으며, 실제 발생한 교통비를 별도로 지급하지 않는다.
- 야간근로수당 : 정규 업무시간 외에 추가 근무를 하는 경우 매월 20만원까지 야간근로수당을 지급하며, 생산직 근로자가 받는 연장근로수당 등은 세법상 요건을 갖춘 경우 비과세로 처리한다(직전 과세기간의 총급여액 : 김아름 2,400만원, 김가연 2,800만원).
- 자격수당 : 회사가 요구하는 자격증을 취득하는 경우 자격수당을 지급한다.
- 사내대출금 원리금상환액 : 당사는 직원을 대상으로 최저 금리로 사내대출을 해주고 그에 해당하는 원리금을 매달 급여에서 공제한다(공제소득유형 : 대출).

[2] 다음은 연말정산을 위한 박세무(사번:103)의 생계를 같이하는 부양가족의 국세청 자료와 기타 증빙자료이다. 아래의 자료를 이용하여 연말정산추가자료입력 메뉴의 부양가족 탭을 수정하고, 해당하는 탭을 작성하시오(단, 세부담 최소화를 가정한다). (9점)

〈박세무 및 부양가족의 현황〉

관계	성명	주민등록번호	비고
본인	박세무	900222-2111116	• 입사일 2022년 3월 3일 • 총급여액 56,000,000원 • 세대주
배우자	김영호	890122-1111115	• 기타소득(복권당첨) 15,000,000원
부친 (아버지)	박세일	561023-1111103	• 2025년 6월 12일 사망 • 양도소득금액 900,000원 • 장애인복지법에 따른 장애인
자녀	김관우	220301-3111109	• 취학 전 아동 • 소득 없음

〈소득·세액공제 자료〉

구분	내용
보험료	• 박세무 : 일반보장성보험료 600,000원 • 김영호 : 자동차보험료 1,000,000원(박세무 신용카드 결제)
의료비	• 박세일 : 질병 치료 목적 병원비 7,000,000원(박세무 신용카드 결제) - 위 금액에는 해외 의료비 1,200,000원이 포함되어 있다. • 김영호 : 피부과 병원비(미용 목적) 2,500,000원(박세무 신용카드 결제)
교육비	• 김관우 : 영유아보호법에 따른 어린이집 수업료 900,000원 - 위 금액에는 별도의 급식비 200,000원이 포함되어 있지 않다. • 박세일 : 재활교육을 위한 사회복지시설 특수교육비 3,600,000원
기부금	• 김영호 : 종교단체 기부금 5,000,000원

신용카드 등
사용액
	• 박세무 : 본인 명의 신용카드 사용액 29,200,000원
	  - 위 금액에는 대중교통 사용분 800,000원과 부친의 병원비 7,000,000원, 배우자의 자동차보험료 1,000,000원 및 피부과 병원비 2,500,000원이 포함되어 있다.
	• 김영호 : 현금영수증 2,370,000원
	  - 위 금액에는 전통시장 사용분 200,000원이 포함되어 있다.

기타	• 연금저축계좌 납입액[삼성화재해상보험㈜, 계좌번호 11112222] : 4,200,000원 • 퇴직연금계좌 납입액[㈜우리은행, 계좌번호 22221111] : 2,000,000원

ROUND 02 집중심화시험

이론시험

다음 문제를 보고 알맞은 것을 골라 답안저장 메뉴화면에 입력하시오(객관식 문항당 2점).

| 기본전제 |

문제에서 한국채택국제회계기준을 적용하도록 하는 전제조건이 없는 경우, 일반기업회계기준을 적용하여 회계처리 한다.

---

1. 다음은 회계정보가 정보이용자의 의사결정에 유용성을 충족하기 위해서 갖추어야 할 재무정보의 질적특성 중 목적적합성에 대한 설명이다. 목적적합성의 하부속성에 해당하지 않는 것은?

   ① 예측가치　　　　　　　　　② 신뢰성
   ③ 피드백가치　　　　　　　　④ 적시성

2. 다음은 일반기업회계기준에 의한 유형자산 손상에 대한 회계처리에 대한 설명이다. 이중 가장 옳지 않은 것은?

   ① 유형자산의 사용강도나 사용방법의 현저한 변화가 있거나, 심각한 물리적 변형이 오면 손상차손을 검토하여야 한다.
   ② 유형자산의 사용 및 처분으로부터 기대되는 미래의 현금흐름 총액의 추정액 및 순공정가치가 장부금액에 미달할 경우에는 손상차손을 인식한다.
   ③ 유형자산의 회수가능가액은 순매각가액과 사용가치 중 큰 금액을 말한다.
   ④ 손상차손누계액은 재무상태표의 부채로 표시한다.

3. ㈜A는 10월 1일에 ㈜B에 대한 외상매출금 1,000,000원에 대하여 ㈜B의 파산으로 대손처리하였다. 대손처리 전에 외상매출금 및 대손충당금의 잔액이 다음과 같을 때 다음 설명 중 틀린 것은?

> • ㈜B에 대한 외상매출금 : 1,000,000원   • 외상매출금에 설정된 대손충당금 : 1,000,000원

① 12월 1일의 회계처리에서는 일정한 비용이 인식된다.
② 대손처리 후의 외상매출금의 총액은 1,000,000원이 감소된다.
③ 대손처리 후의 대손충당금의 잔액은 1,000,000원이 감소된다.
④ 대손처리 후의 외상매출금의 순액은 변동이 없다.

4. 다음 내용과 관련하여 자본의 실질적인 감소를 초래하는 것으로 적합한 것을 모두 묶은 것은?

> 가. 이사회 결의에 의하여 중간배당으로 200만원의 현금배당을 실시하다.
> 나. 주주총회 결의에 의하여 이익잉여금 중 300만원을 사업확장적립금으로 적립하다.
> 다. 결손금 보전을 위해 500만원의 이익준비금을 자본금에 전입하다.
> 라. 100만원으로 인식된 자기주식을 30만원에 처분하다.
> 마. 액면금액 100만원의 주식을 10만원에 취득한 후에 소각하였다.
> 바. 10만원 상당의 특허권을 취득하고 그 대가로 액면금액 100만원의 주식을 새로이 발행하여 지급하였다.

① 가, 나
② 나, 다
③ 라, 마
④ 가, 마

5. 일반기업회계기준의 회계정책 또는 회계추정의 변경과 관련한 다음 설명 중 잘못된 것은?

① 일반 기업회계기준에서 회계정책의 변경을 요구하는 경우 회계정책을 변경할 수 있다.
② 감가상각방법의 변경은 회계추정의 변경에 해당한다.
③ 회계정책의 변경과 회계추정의 변경이 동시에 이루어지는 경우 회계정책의 변경에 의한 누적효과를 먼저 계산한다.
④ 세법과의 마찰을 최소화하기 위하여 세법의 규정을 따르기 위한 회계변경은 정당한 회계변경에 해당한다.

6. 다음 중 원가에 대한 설명으로 옳은 것은?

① 기본원가에는 직접재료비와 직접노무비가 있다.
② 직접원가에는 직접노무비와 제조간접비가 있다.
③ 총원가가 조업도의 변동에 비례하여 변하는 원가를 고정원가라 한다.
④ 특정 원가대상에 명확하게 추적이 가능한 원가를 간접원가라 한다.

7. 다음 자료를 이용하여 매출원가를 구하면 얼마인가?

- 기초재공품원가 : 60,000원
- 기말재공품원가 : 50,000원
- 기초제품재고액 : 30,000원
- 기말제품재고액 : 25,000원
- 당기총제조비용 : 100,000원
- 기초원재료재고액 : 60,000원

① 105,000원 ② 110,000원
③ 115,000원 ④ 120,000원

8. 아래 자료에 있는 사항으로 미루어 보아 다음 중 틀린 설명은?

A제조기업은 원가계산에 있어 제조간접비 실제배부액은 880만원이었으며 이는 제조간접비가 100만원 과대배부된 것이다.

① A제조기업은 개별원가계산방식을 사용하였다.
② A제조기업의 제조간접비 예정배부액은 980만원이다.
③ 제조간접비 배부차이에 해당하는 금액만큼 제조원가에 차감하게 된다.
④ 이러한 제조간접비 배부차이에 해당하는 금액은 직접재료비, 직접노무비 그리고 제조간접비 모두에 영향을 미친다.

9. 다음 중 개별원가계산을 적용하기에 가장 적절하지 않은 것은?

① 대형선박의 제조원가 ② 주문생산하는 고가의 승용차의 제조원가
③ 저가의 볼펜 제조원가 ④ 비행기의 제조원가

10. (주)산성은 당월에 800개를 생산에 착수하여 이 중 60%는 완성하고, 40%는 월말재고 (완성도 : 50%)로 남아있다. 원재료는 공정 초기에 전량 투입되며, 가공비는 전공정에 걸쳐 균등 투입된다. 기초재공품 재고는 없다. 재료비와 가공비의 완성품환산량을 계산하면?

① 재료비 : 480개, 가공비 : 320개
② 재료비 : 480개, 가공비 : 480개
③ 재료비 : 800개, 가공비 : 640개
④ 재료비 : 800개, 가공비 : 800개

11. 다음 자료를 보고 거래내역에 대한 부가가치세 과세표준을 구하시오.

3월 15일	대만의 웬디사에 제품을 총 $20,000에 수출하기로 하고, 계약금으로 $2,000을 수령하여 동일자로 원화로 환전하였다.
4월 15일	제품을 인천항에서 선적하고 중도금으로 $10,000을 수령하였다.
4월 30일	잔금 $8,000을 수령하고 동 금액을 원화로 환전하였다. (3월 15일 1,200원/$, 4월 15일 1,100원/$, 4월 30일 1,300원/$)

① 22,000,000원
② 22,200,000원
③ 24,000,000원
④ 26,000,000원

12. 부가가치세법과 관련한 다음 설명 중 옳은 것은?

① 사업개시 전에 사업자등록을 하지 아니한 신규사업자는 부가가치세법상 가산세가 적용된다.
② 소매업을 영위하는 자는 공급받는 자가 세금계산서 발급을 요구해도 발급하지 못한다.
③ 사업자는 재화의 공급시기인 재화 인도일 이전이라도 세금계산서를 발급하는 경우가 있다.
④ 주택이 아닌 건물의 임대는 과세되나, 토지의 임대는 항상 면세된다.

13. 부가가치세법상 영세율 적용 대상이면서 세금계산서를 발급하여야 하는 거래는?

① 내국신용장에 의해 공급하는 재화
② 국외 제공용역
③ 주택과 이에 부수되는 토지의 임대용역
④ 중국에 수출하는 재화

14. 소득세법상 인적공제대상 여부의 판정에 대한 내용으로 옳지 않은 것은?

① 비거주자는 근로자 본인에 대한 기본공제는 받을 수 있으나 추가공제는 받을 수 없다.
② 과세기간 종료일 전에 사망한 경우 사망일 전일의 상황에 따라 공제여부를 판정한다.
③ 거주자의 공제대상 배우자가 다른 거주자의 공제대상 부양가족에 해당하는 경우 공제대상 배우자로 한다.
④ 직계비속은 항상 생계를 같이하는 부양가족으로 본다.

15. 다음 중 소득세법상 반드시 종합소득 과세표준 확정신고를 하여야 하는 자는 누구인가?

① 연봉 1억3천만원인 근로소득만 있는 자
② 고용관계 없이 기업체에서 일시적으로 강연을 하고 강연료로 받은 1,900만원만 있는 자
③ 복권에 당첨되어 세금을 공제하고 10억원을 수령한 자
④ 총수입금액 8,000만원인 보험모집인

실무시험

㈜대동산업(회사코드:8512)은 컴퓨터 및 주변장치의 제조 및 도·소매업을 주업으로 영위하는 중소기업으로, 당기(17기)의 회계기간은 2025.1.1.~2025.12.31.이다. 전산세무회계 수험용 프로그램을 이용하여 다음 물음에 답하시오.

---- | 기본전제 | ----

- 문제에서 한국채택국제회계기준을 적용하도록 하는 전제조건이 없는 경우, 일반기업회계기준을 적용하여 회계처리 한다.
- 문제의 풀이와 답안작성은 제시된 문제의 순서대로 진행한다.

1. 일반전표입력 메뉴를 이용하여 다음의 거래자료를 입력하시오. (15점)

> **입력시 유의사항**
> - 일반적인 적요의 입력은 생략하지만, 타계정 대체거래는 적요번호를 선택하여 입력한다.
> - 채권·채무와 관련된 거래는 별도의 요구가 없는 한 반드시 기 등록되어 있는 거래처코드를 선택하는 방법으로 거래처명을 입력한다.
> - 제조경비는 500번대 계정코드를, 판매비와 관리비는 800번대 계정코드를 사용한다.
> - 회계처리시 계정과목은 별도제시가 없는 한 등록되어 있는 계정과목 중 가장 적절한 과목으로 한다.

[1] 1월 30일 당사가 생산한 제품(원가 50,000원, 시가 80,000원)을 제조부 생산직 직원에게 복리후생 목적으로 제공하였다(단, 부가가치세법상 재화의 공급의제에 해당하지 아니함). (3점)

[2] 4월 1일 미국 LA은행으로부터 차입한 외화장기차입금 $20,000와 이자 $800에 대해 보통예금으로 달러를 구입하여 원금과 이자를 지급하였다. 4월 1일의 기준환율은 1,400원/$이다(단, 외화장기차입금은 거래처원장을 조회하여 회계처리하고, 하나의 전표로 처리할 것). (3점)

[3] 5월 6일 영업부 사무실로 사용하기 위하여 4월 2일에 아래와 같이 ㈜명당과 체결한 부동산임대차계약에 따라 임대차계약서상의 보증금 20,000,000원 중 잔금 18,000,000원을 보통예금 계좌에서 송금하여 지급하고, 사무실의 임차를 개시하였다(단, 관련 계정을 조회하여 처리할 것). (3점)

부동산임대차계약서

제 1 조 위 부동산의 임대차계약에 있어 임차인은 보증금 및 차임을 아래와 같이 지불하기로 한다.

보증금	일금	이천만원정 (₩ 20,000,000)
계약금	일금	이백만원정 (₩ 2,000,000)은 계약 시에 지불하고 영수함.
잔금	일금	일천팔백만원정 (₩ 18,000,000)은 2025년 05월 06일에 지불한다.

[4] 8월 20일   전기에 회수불능으로 대손처리한 외상매출금 2,750,000원(부가가치세 포함)을 회수하여 보통예금 계좌로 입금되었다(단, 당시 대손 요건을 충족하여 대손세액 공제를 받았으며, 하나의 전표로 처리할 것). (3점)

[5] 9월 19일   영업부에서 사용할 업무용 차량의 취득세 1,250,000원을 보통예금 계좌에서 납부하였다. (3점)

2. 매입매출전표입력 메뉴를 이용하여 다음의 거래자료를 입력하시오. (15점)

> **입력시 유의사항**
> - 일반적인 적요의 입력은 생략하지만, 타계정 대체거래는 적요번호를 선택하여 입력한다.
> - 채권·채무와 관련된 거래는 별도의 요구가 없는 한 반드시 기등록된 거래처코드를 선택하는 방법으로 거래처명을 입력한다.
> - 제조경비는 500번대 계정코드를, 판매비와관리비는 800번대 계정코드를 사용한다.
> - 회계처리 시 계정과목은 별도의 제시가 없는 한 등록된 계정과목 중 가장 적절한 과목으로 한다.
> - 입력화면 하단의 분개까지 처리하고, 전자세금계산서 및 전자계산서는 전자 입력으로 반영한다.

[1] 4월 2일   제품을 ㈜이레테크에 판매하고 다음과 같이 전자세금계산서를 발급하였다. 3월 2일에 받은 선수금 5,000,000원을 제외한 대금 중 30,000,000원은 ㈜이레테크가 발행한 어음으로 받고 나머지는 외상으로 하였다. (3점)

전자세금계산서

				승인번호	20250402 - 000023123547		
공급자	등록번호	128 - 81 - 59325	종사업장번호	공급받는자	등록번호	127 - 81 - 32505	종사업장번호	
	상호(법인명)	㈜대동산업	성 명	지민아		상호(법인명)	㈜이레테크	성 명	이진주
	사업장주소	서울시 서초구 서초대로12길 45			사업장주소	부산시 사상구 대동로 307
	업 태	제조 외	종 목	컴퓨터 및 주변장치		업 태	제조업	종 목	전자제품
	이메일	jjjj@daum.net			이메일	sky@naver.com

작성일자	공급가액	세액	수정사유	비고
2025/04/02	50,000,000	5,000,000	해당 없음	
비고				

월	일	품 목	규격	수량	단가	공급가액	세액	비고
04	02	제품				50,000,000	5,000,000	

합계금액	현금	수표	어음	외상미수금	위 금액을 (청구) 함
55,000,000	5,000,000		30,000,000	20,000,000	

[2] 4월 9일   해외 매출거래처인 BTECH에 제품을 3,000,000원에 직수출하고, 대금은 1개월 후에 받기로 하였다(단, 반드시 수출신고번호는 「1234500123456X」를 입력할 것). (3점)

[3] 5월 29일   직원회식대로 제조부 660,000원과 영업부 440,000원을 지출하고 침산가든에서 제일카드(법인카드)로 결제하였다. (3점)

[4] 6월 5일   ㈜한라상사로부터 과세사업에는 사용하지 않고 면세사업에만 사용하기 위한 기계장치를 공급가액 100,000,000원(세액 10,000,000원)에 취득하고, 전자세금계산서를 발급받다. 대금은 보통예금 계좌에서 10,000,000원을 송금하고, 나머지는 당좌수표를 발행하여 지급하였다. (3점)

[5] 6월 15일 제조부가 사용할 청소용품을 일진상사(일반과세자)에서 현금으로 구입하고, 현금영수증을 발급받았다(단, 소모품비로 회계처리할 것). (3점)

일진상사

211-11-10614 박일문
경기도 부천시 신흥로 110 TEL : 031-117-2727

홈페이지 http://www.kacpta.or.kr

현금영수증(지출증빙용)

구매 2025/06/15 17:27 거래번호 : 11511

상품명	수량	단가	공급가액
청소용품			200,000

과 세 물 품 가 액	200,000원
부 가 가 치 세 액	20,000원
합 계	220,000원
받 은 금 액	220,000원

3. 부가가치세신고와 관련하여 다음 물음에 답하시오. (10점)

[1] 다음 자료를 보고 2025년 제1기 예정신고기간의 수출실적명세서와 영세율매출명세서를 작성하시오(단, 매입매출전표입력은 생략할 것). (4점)

거래처	수출신고번호	선적일	환가일	통화	수출액	적용환율	
						선적일	환가일
제임스사	13065-22-065849X	01.31.	01.25.	USD	$100,000	1,000원/$	1,080원/$
랜덤기업	13075-20-080907X	02.20.	02.23.	USD	$80,000	1,050원/$	1,070원/$
큐수상사	13889-25-148890X	03.18.	-	JPY	¥5,000,000	800원/100¥	-

[2] 다음은 2025년 제2기 부가가치세 확정신고기간 귀속 자료이다. 다음 자료만을 이용하여 부가가치세신고서를 작성하시오(단, 기존의 입력된 자료는 무시하고, 부가가치세신고서 외의 부속서류 및 과세표준명세 입력은 생략할 것). (6점)

구분	자 료
매출	1. 전자세금계산서 발급분(과세분) : 공급가액 500,000,000원, 세액 50,000,000원 2. 신용카드에 의한 매출액 : 공급가액 80,000,000원, 세액 8,000,000원 3. 직수출액 : 150,000,000원 4. 영세율세금계산서 발급분 : 50,000,000원(종이 세금계산서 발급) 5. 2024년 제2기 확정신고 시 대손세액공제 받은 외상매출금 33,000,000원을 전액 회수함.
매입	1. 세금계산서 수취분 일반매입 : 공급가액 550,000,000원, 세액 55,000,000원 (세금계산서 수취분 매입액 중 520,000,000원은 과세사업의 매출과 관련된 매입액이며, 나머지 30,000,000원은 거래처 접대와 관련된 매입액이다.) 2. 제2기 예정신고 시 누락된 종이 세금계산서 수취분 : 공급가액 20,000,000원, 세액 2,000,000원
기타	1. 예정신고 누락분은 확정신고 시 반영하기로 한다. 2. 홈택스에서 직접 전자신고하여 세액공제를 받기로 한다.

4 결산정리사항은 다음과 같다. 관련 메뉴를 이용하여 결산을 완료하시오. (15점)

[1] 관리부가 2025년 9월 1일에 구입한 소모품 중 당기 말 현재까지 미사용한 소모품은 100,000원이다. (단, 비용에 대한 계정과목은 소모품비(판매관리비)를 사용하고, 반드시 해당 거래를 조회하여 적절한 회계처리를 할 것). (3점)

[2] 결산일 현재 보유 중인 매도가능증권(2024년 취득)에 대하여 일반기업회계기준에 따라 회계처리를 하시오(단, 매도가능증권은 비유동자산에 해당함). (3점)

주식명	주식 수	취득일	1주당 취득원가	2024년 12월 31일 1주당 공정가치	2025년 12월 31일 1주당 공정가치
㈜에코	100주	2024.05.23.	10,000원	8,300원	7,000원

[3] 2025년 12월 16일에 차입한 대출금에 대한 이자를 다음 달부터 매월 16일에 지급하기로 하였다. (3점)

> 2025년 12월 16일부터 2026년 1월 15일까지 1개월 동안 지급되어야 할 이자는 3,100,000원이었으며, 이 중 2025년도 12월 31일까지의 발생이자는 1,600,000원이었다.

[4] 당해연도 말 퇴직급여추계액은 생산직 75,000,000원, 관리직 35,000,000원이며, 이미 설정된 퇴직급여충당부채액은 생산직 50,000,000원과 관리직 28,000,000원이다. 당사는 퇴직급여추계액의 100%를 퇴직급여충당부채로 계상한다. (3점)

[5] 2025년 결산을 하면서 당해연도에 대한 법인세 45,000,000원, 법인지방소득세 6,000,000원을 확정하였다. 중간예납세액 23,000,000원, 이자수익에 대한 원천징수세액 3,080,000원이 자산으로 계상되어 있다. (3점)

5. 2025년 귀속 원천징수자료와 관련하여 다음의 물음에 답하시오. (15점)

[1] 다음 자료는 인사부 박한별 사원(입사일 2025년 6월 1일, 국내 근무)의 부양가족과 관련된 내용이다. 제시된 자료만을 이용하여 사원등록(사번 : 500)을 하고, 부양가족을 모두 부양가족명세에 등록 후 박한별의 세부담이 최소화되도록 기본공제 및 추가공제 여부를 입력하시오. (6점)

- 박한별 사원 본인과 부양가족은 모두 내국인이며 거주자이다.
- 기본공제 대상자가 아닌 경우 '부'로 표시한다.

관계	성명	주민등록번호	동거(생계)여부	장애인여부	소득현황 및 기타사항
본인	박한별	830505-2027812	-	부	근로소득금액 2,500만원
배우자	김준호	820525-1056936	부	부	소득 없음, 주거형편상 별거
본인의 아버지	박인수	530725-1013113	여	여	「장애인복지법」상 장애인에 해당함 소득 없음 2025년 1월 31일에 사망
아들	김은수	070510-3212680	부	부	분리과세 기타소득 200만원, 국외 유학 중
딸	김아름	251225-4115736	여	부	소득 없음

[2] 2025년 7월 1일 입사한 김기웅(사번 : 600)의 연말정산 자료는 다음과 같다. 연말정산 추가입력에 전(前)근무지의 내용을 반영하여 소득명세 탭, 부양가족 탭, 신용카드 등 탭, 연금저축 등 탭, 연말정산입력 탭을 작성하시오. (9점)

1. 전(前) 근무지(㈜해탈상사)에서 받은 근로소득원천징수영수증 자료를 입력한다.
2. 2025년 7월에 직장 근처로 이사하면서 전세자금대출을 받았다.

〈김기웅의 전(前)근무지 근로소득원천징수영수증〉

	구 분		주(현)	종(전)	⑯-1 납세조합	합 계
Ⅰ 근무처별소득명세	⑨ 근 무 처 명		㈜해탈상사			
	⑩ 사업자등록번호		120-85-22227			
	⑪ 근무기간		2025.1.1.~2025.6.30.	~	~	~
	⑫ 감면기간		~	~	~	~
	⑬ 급 여		24,000,000			
	⑭ 상 여		3,000,000			
	⑮ 인 정 상 여					
	⑮-1 주식매수선택권 행사이익					
	⑮-2 우리사주조합인출금					
	⑮-3 임원 퇴직소득금액 한도초과액					
	⑯ 계		27,000,000			
Ⅱ 비과세 및 감면소득명세	⑱ 국외근로					
	⑱-1 야간근로수당	001				
	⑱-2 보육수당	Q02	600,000			
	⑱-4 연구보조비					
	~					
	⑱-29					
	⑲ 수련보조수당	Y22				
	⑳ 비과세소득 계					
	⑳-1 감면소득 계					
	구 분		㉘ 소 득 세	㉙ 지방소득세	㉚ 농어촌특별세	
Ⅲ 세액명세	㉒ 결 정 세 액		1,255,000	125,500		
	기납부세액	㉓ 종(전)근무지 (결정세액란의 세액을 적습니다)	사업자등록번호			
		㉔ 주(현)근무지		1,350,000	135,000	
	㉕ 납부특례세액					
	㉖ 차 감 징 수 세 액(㉒-㉓-㉔-㉕)		△95,000	△9,500		

(국민연금 1,610,000원 건강보험 1,388,000원 장기요양보험 189,000원 고용보험 235,600원)
위의 원천징수액(근로소득)을 정히 영수(지급)합니다.

〈김기웅의 2025년 연말정산자료 : 모든 자료는 국세청에서 제공된 자료에 해당함〉

항목	내용
보험료	• 본인 저축성보험료 : 800,000원
교육비	• 본인 야간대학원 등록금 : 3,000,000원
의료비	• 시력보정용 안경구입비 : 600,000원(본인 신용카드 결제) • 본인 질병치료비 : 2,500,000원(실손의료보험금 500,000원 수령)
신용카드 등 사용액	• 신용카드 사용액 : 21,200,000원(대중교통 1,200,000원 포함) • 직불카드 사용액 : 1,300,000원(전통시장 300,000원 포함) • 현금영수증 사용액 : 1,200,000원(도서·공연 200,000원 포함)
주택차입금 원리금상환액	• 이자상환액 : 300,000원 • 원금상환액 : 3,000,000원 ※ 주택임차차입금원리금 상환액 공제요건을 충족한다고 가정한다.

ROUND 03 집중심화시험

이론시험

다음 문제를 보고 알맞은 것을 골라 답안저장 메뉴화면에 입력하시오(객관식 문항당 2점).

| 기본전제 |

문제에서 한국채택국제회계기준을 적용하도록 하는 전제조건이 없는 경우, 일반기업회계기준을 적용하여 회계처리 한다.

1. 재무제표의 기본요소에 대한 설명으로 옳지 않은 것은?

① 자산은 과거의 거래나 사건의 결과이어야 한다.
② 자산의 취득은 반드시 지출을 동반하여야 하는 것은 아니다.
③ 운수업의 미래 예상수리비는 부채로 인식 할 수 있다.
④ 부채는 채무·금액·시기가 반드시 확정될 필요는 없다.

2. 재고자산의 평가방법 중에서 다음에서 설명하고 있는 재고자산의 원가흐름의 가정은 무엇인가?

- 계속기록법을 적용하는 경우와 실지재고조사법을 적용하는 경우 모두 동일한 매출원가와 기말재고자산 금액을 갖게 된다.
- 인플레이션 상황에서는 최근 수익에 과거원가가 대응되므로 수익·비용대응측면에서는 부적합하다.
- 인플레이션 상황에서는 최근 구입한 재고자산이 재무상태표에 계상되므로 자산의 평가가 비교적 합리적이다.

① 개별법　　　　　　　　　　② 평균법
③ 선입선출법　　　　　　　　④ 후입선출법

3. 재무상태표상의 자본에 대한 설명으로 틀린 것은?
   ① 자본금은 법정 납입자본금으로서 발행주식수에 발행금액을 곱한 금액을 말한다.
   ② 자본잉여금은 증자나 감자 등 주주와의 거래에서 발생하여 자본을 증가시키는 잉여금이다.
   ③ 자본조정은 당해 항목의 성격으로 보아 자본거래에 해당하나 최종 납입된 자본으로 볼 수 없거나 자본의 가감 성격으로 자본금이나 자본잉여금으로 분류할 수 없는 항목이다.
   ④ 이익잉여금은 손익계산서에 보고된 손익과 다른 자본항목에서 이입된 금액의 합계액에서 배당 등으로 처분된 금액을 차감한 잔액이다.

4. 사채가 할인발행되고 유효이자율법이 적용되는 경우 다음의 설명 중 틀린 것은?
   ① 사채할인발행차금 상각액은 매기 감소한다.
   ② 매기간 계상되는 총사채 이자비용은 초기에는 적고 기간이 지날수록 금액이 커진다.
   ③ 사채의 장부금액은 초기에는 적고 기간이 지날수록 금액이 커진다.
   ④ 사채발행시점에 발생한 사채발행비는 즉시 비용으로 처리하지 않고, 사채의 만기 동안의 기간에 걸쳐 유효이자율법을 적용하여 비용화한다.

5. (주)KNP의 회계담당자가 결산시 미수 임대료 4,000,000원을 다음과 같이 판매비와 관리비로 잘못 회계처리 하였다. 이러한 회계처리 오류가 손익계산서상 당기순이익에 미치는 영향에 대해 올바르게 나타내고 있는 것은?

   | (차) 임차료 | 4,000,000 | (대) 미지급비용 | 4,000,000 |

   ① 4,000,000원 과소계상
   ② 4,000,000원 과대계상
   ③ 8,000,000원 과소계상
   ④ 8,000,000원 과대계상

6. 다음 고정비와 변동비에 관한 설명 중 틀린 것은?
   ① 관련범위 내에서 변동비는 조업도의 증감에 따라 원가 총액이 비례적으로 변화한다.
   ② 관련범위 내에서 고정비는 조업도의 증감에 불구하고 단위당 원가가 일정하다.
   ③ 관련범위 내에서 변동비는 조업도의 증감에 불구하고 단위당 원가가 일정하다.
   ④ 관련범위 내에서 고정비는 조업도의 증감과 관계없이 원가총액이 일정하게 발생한다.

7. 다음 중 제조원가명세서 항목에 나타나지 않는 항목은?
   ① 원재료 매입액
   ② 기초 제품재고액
   ③ 제조공정의 노무비 발생액
   ④ 기말 재공품재고액

8. 다음은 ㈜세종의 제조활동과 관련하여 발생한 자료이다. 당기 중에 발생한 정상공손수량은? (단, 공손품을 제외한 파손품이나 작업폐물은 없는 것으로 전제한다)

   • 기초재공품 : 500개   • 기말재공품 : 700개   • 당기착수량 : 4,500개
   • 당기완성수량 : 3,700개   • 비정상공손수량 : 80개

   ① 1,220개   ② 720개
   ③ 600개   ④ 520개

9. 원가배부에 대한 내용으로 옳지 않은 것은?
   ① 직접배부법은 모든 보조부문비를 제조부문에 제공하는 용역비율에 따라 제조부문에 직접배부하는 방법이다.
   ② 단계배부법은 보조부문들 간에 일정한 배부순서에 따라 보조부문비를 단계적으로 다른 보조부문과 제조부문에 배부하는 방법이다.
   ③ 상호배부법은 보조부문 상호간의 용역 수수 관계를 완전히 고려하는 방법이다.
   ④ 보조부문비를 가장 정확하게 배부하는 방법은 단계배부법이다.

10. ㈜KNP 화학은 종합원가계산을 채택하고 있으며 완성품 환산량의 계산에 가중평균법을 사용하고 있다. ㈜KNP 화학은 단일공정을 보유하고 있으며, 11월중 90,000단위의 제품을 판매하였다. 가공비 진척도는 공정별 평균적으로 발생한다고 가정하며, 제조원가 관련 추가 자료는 다음과 같다. ㈜KNP 화학의 11월 중 가공비에 대한 완성품환산량은 얼마인가?

11월 1일 월초 재고 현황	• 재공품(가공비에 대한 진척도 60%) : 5,000단위 • 완성품 : 15,000단위
11월 30일 월말 재고 현황	• 재공품(가공비에 대한 진척도 50%) : 10,000단위 • 완성품 : 20,000단위

    ① 90,000단위   ② 95,000단위
    ③ 100,000단위   ④ 110,000단위

11. 다음 중 소득세법상 사업소득금액 계산시 총수입금액에 산입되는 항목은?
    ① 사업무관자산의 자산수증이익
    ② 소득세의 환급액
    ③ 간편장부의무자의 사업용차량 처분금액
    ④ 거래 상대방으로부터 받은 판매장려금

12. 부가가치세법에 대한 다음 설명 중 가장 옳지 않은 것은?
    ① 부가가치세의 과세대상은 재화 및 용역의 공급과 재화의 수입이다.
    ② 부가가치세는 재화나 용역이 최종 소비자에게 도달할 때까지의 모든 거래단계마다 부가가치세를 과세하는 다단계거래세이다.
    ③ 부가가치세는 납세의무자와 실질적인 담세자가 일치하지 않는 간접세이다.
    ④ 부가가치세는 재화 또는 용역이 생산되는 국가에서 과세하는 생산지국과세원칙을 채택하고 있다.

13. 부가가치세법상 재화와 용역의 공급시기에 대한 연결이 가장 옳지 않은 것은?
    ① 폐업시 남아있는 재화 : 폐업후 재화가 사용되는 때
    ② 수출재화 : 수출재화의 선적일
    ③ 단기할부판매 : 재화가 인도되는 때
    ④ 무인판매기에 의한 공급의 경우 : 무인판매기에서 현금을 꺼내는 때

14. 다음 중 부가가치세법상 조기환급과 관련한 설명 중 틀린 것은?
    ① 예정신고기간에 대한 조기환급세액은 확정신고일로부터 15일내에 환급한다.
    ② 사업설비를 취득하였거나 과세표준에 영세율이 적용되는 경우에는 조기환급신고를 할 수 있다.
    ③ 조기환급기간은 예정신고기간 또는 과세기간 최종 3월중 매월 또는 매2월을 말한다.
    ④ 조기환급을 적용받는 사업자가 예정신고서 또는 확정신고서를 제출한 경우에는 조기환급에 관하여 신고한 것으로 본다.

15. 다음 중 소득세법에 관한 설명으로 가장 옳은 것은?
    ① 소득세의 과세기간은 1/1~12/31을 원칙으로 하나, 사업자의 사업개시 또는 폐업 등에 의하여 이를 변경할 수 있다.
    ② 사업소득이 있는 거주자의 소득세 납세지는 사업장소재지로 한다.
    ③ 소득세법은 종합과세제도이므로 거주자의 모든 소득을 합산하여 과세한다.
    ④ 소득세법상 거주자란 국내에 주소를 두거나 183일 이상 거소를 둔 개인을 말한다.

실무시험

㈜로운상회(회사코드:8513)는 제조 및 도·소매업을 영위하는 중소기업으로, 당기(17기)의 회계기간은 2025.1.1.~2025.12.31.이다. 전산세무회계 수험용 프로그램을 이용하여 다음의 물음에 답하시오.

| 기본전제 |

- 문제에서 한국채택국제회계기준을 적용하도록 하는 전제조건이 없는 경우, 일반기업회계기준을 적용하여 회계 처리 한다.
- 문제의 풀이와 답안작성은 제시된 문제의 순서대로 진행한다.

---

1. 다음 거래를 일반전표입력 메뉴에 추가 입력하시오. (15점)

> **입력시 유의사항**
> - 일반적인 적요의 입력은 생략하지만, 타계정 대체거래는 적요번호를 선택하여 입력한다.
> - 채권·채무와 관련된 거래는 별도의 요구가 없는 한 반드시 기 등록되어 있는 거래처코드를 선택하는 방법으로 거래처명을 입력한다.
> - 제조경비는 500번대 계정코드를, 판매비와 관리비는 800번대 계정코드를 사용한다.
> - 회계처리시 계정과목은 별도제시가 없는 한 등록되어 있는 계정과목 중 가장 적절한 과목으로 한다.

[1] 1월 31일 생산부의 전직원(생산직 100명)에 대한 건강검진을 한국병원에서 실시하고, 건강검진 비용 10,000,000원을 법인신용카드(하나카드)로 결제하였다(미지급금으로 회계처리할 것). (3점)

[2] 3월 3일 ㈜동국 소유의 건물로 사무실을 이전하고 임차보증금 15,000,000원 중 계약금 5,000,000원(02월 03일 지급)을 제외한 잔금 10,000,000원을 보통예금 계좌에서 지급하였다. (3점)

[3] 3월 31일 단기 시세차익을 목적으로 올해 03월 02일에 취득하여 보유하고 있던 ㈜미래의 주식 1,000주(주당 액면금액 5,000원, 주당 취득금액 8,000원)을 10,000,000원에 일괄처분하고, 대금은 보통예금 계좌로 입금받았다. (3점)

[4] 9월 21일 자금을 조달할 목적으로 유상증자를 하였다. 신주 2,000주를 1주당 7,500원(주당 액면금액 5,000원)에 발행하고, 주금은 보통예금 계좌로 입금받았다(단, 9월 21일 현재 주식할인발행차금 잔액은 없다). (3점)

[5] 10월 31일 기업은행에서 차입한 단기차입금 100,000,000원의 만기상환일이 도래하여 원금을 상환하고, 동시에 차입금이자 300,000원도 함께 보통예금 계좌에서 이체하여 지급하였다. (3점)

2. 다음 거래 자료를 매입매출전표입력 메뉴에 추가로 입력하시오. (15점)

> **입력시 유의사항**
> - 일반적인 적요의 입력은 생략하지만, 타계정 대체거래는 적요번호를 선택하여 입력한다.
> - 채권·채무와 관련된 거래는 별도의 요구가 없는 한 반드시 기등록된 거래처코드를 선택하는 방법으로 거래처명을 입력한다.
> - 제조경비는 500번대 계정코드를, 판매비와관리비는 800번대 계정코드를 사용한다.
> - 회계처리 시 계정과목은 별도의 제시가 없는 한 등록된 계정과목 중 가장 적절한 과목으로 한다.
> - 입력화면 하단의 분개까지 처리하고, 전자세금계산서 및 전자계산서는 전자 입력으로 반영한다.

[1] 7월 28일 부품의 제작에 필요한 원재료를 수입하고 김해세관으로부터 수입전자세금계산서를 발급받았다. 부가가치세는 현금으로 지급하였다(단, 재고자산의 회계처리는 생략할 것). (3점)

수입전자세금계산서

승인번호				20250728-16565842-11125669				

공급자	사업자등록번호	135-83-12412	종사업장번호		공급받는자	사업자등록번호	121-86-23546	종사업장번호	
	상호(법인명)	김해세관	성명(대표자)	김세관		상호(법인명)	㈜로운상회	성명	김로운
	세관주소	부산광역시 강서구 공항진입로				사업장주소	부산광역시 사상구 대동로 303		
	업태		종목			업태	제조,도소매	종목	컴퓨터 및 주변장치 외
	이메일					이메일			

작성일자	공급가액	세액	수정사유
2025-07-28	30,000,000원	3,000,000원	해당 없음

비고						

월	일	품목	규격	수량	단가	공급가액	세액	비고
07	28	수입신고필증 참조				30,000,000원	3,000,000원	

합계금액	33,000,000원

[2] 7월 30일 ㈜조아캐피탈로부터 영업부가 업무용으로 사용하기 위하여 9인승 승합차를 리스하기로 하였다. 리스는 운용리스이며, 매월 리스료 550,000원 지급 조건이다. 07월분 리스료에 대하여 다음과 같이 전자계산서를 수취하고 보통예금 계좌에서 이체하여 지급하였다(단, 임차료 계정을 사용할 것). (3점)

전자계산서					승인번호		20250730-09230211-11112	
공급자	사업자등록번호	115-81-78435	종사업장번호		공급받는자	사업자등록번호	121-86-23546	종사업장번호	
	상호(법인명)	㈜조아캐피탈	성명(대표자)	나조아		상호(법인명)	㈜로운상회	성명	김로운
	사업장주소	서울 중구 퇴계로 125				사업장주소	부산광역시 사상구 대동로 303		
	업태	금융	종목	기타여신금융, 할부금융, 시설대여		업태	제조,도소매	종목	컴퓨터 및 주변장치 외
	이메일	joa@zmail.com				이메일	fhdns@never.net		
작성일자		공급가액		수정사유			비고		
2025-07-30		550,000원		해당 없음			19바3525		
비고									
월	일	품목		규격	수량	단가	공급가액	비고	
07	30	월 리스료					550,000원		
합계금액		현금		수표		어음	외상미수금	이 금액을 영수함	
550,000원		550,000원							

[3] 8월 12일 해외 매출처인 영국 ACE사에 제품을 직수출(수출신고일 : 8월 10일, 선적일 : 8월 12일)하고, 수출대금 $30,000는 08월 30일에 받기로 하였다. 일자별 기준환율은 다음과 같다(단, 수출신고번호는 고려하지 말 것). (3점)

일자	8월 10일	8월 12일	8월 30일
기준환율	1,200원/$	1,150원/$	1,180원/$

[4] 9월 25일 당사가 생산한 제품(장부금액 2,000,000원, 시가 3,000,000원, 부가가치세 별도)을 생산부 거래처인 ㈜세무물산에 선물로 제공하였다(단, 제품과 관련된 부가가치세는 적정하게 신고되었다고 가정한다). (3점)

[5] 9월 30일 ㈜혜민에 제품을 30,000,000원(공급가액)에 판매하고 아래 전자세금계산서를 발급하였다. 단, 07월 31일 계약금 10,000,000원을 보통예금 계좌로 입금받았으며, 나머지 잔액은 10월 30일에 받기로 하였다(하나의 전표로 입력할 것). (3점)

전자세금계산서					승인번호	20250930-100156-956214		
공급자	사업자등록번호	121-86-23546	종사업장번호		공급받는자	사업자등록번호	110-81-42121	종사업장번호	
	상호(법인명)	㈜로운상회	성명(대표자)	김로운		상호(법인명)	㈜혜민	성 명	이혜민
	사업장주소	부산광역시 사상구 대동로 303				사업장주소	서울 강남구 테헤란로 50		
	업 태	제조,도소매	종 목	컴퓨터 및 주변장치 외		업 태	도소매	종 목	전자제품
	이메일	fhdns@never.net				이메일			
작성일자		공급가액		세액	수정사유		비고		
2025-09-30		30,000,000원		3,000,000원			해당 없음		
비고									

월	일	품 목	규격	수량	단 가	공 급 가 액	세 액	비 고
09	30	전자제품		100	300,000원	30,000,000원	3,000,000원	

합 계 금 액	현 금	수 표	어 음	외 상 미 수 금	이 금액을 영수 함 청구
33,000,000원	10,000,000원			23,000,000원	

3. 부가가치세신고와 관련하여 다음 물음에 답하시오. (10점)

[1] 다음의 자료만을 이용하여 2025년 제1기 부가가치세 확정신고기간(04.01.~06.30.)의 부가가치세신고서를 작성하시오(단, 기존에 입력된 자료 또는 불러온 자료는 무시하고, 부가가치세신고서 외의 부속서류 작성은 생략할 것). (5점)

> 1. 매출내역
>   (1) 전자세금계산서 발급분 매출 : 공급가액 500,000,000원, 부가가치세 50,000,000원
>   (2) 해외 직수출에 따른 매출 : 공급가액 50,000,000원
> 2. 매입내역
>   (1) 전자세금계산서 수취분 일반매입 : 공급가액 250,000,000원, 부가가치세 25,000,000원
>   - 위의 일반매입 중 공급가액 10,000,000원, 부가가치세 1,000,000원은 사업과 직접 관련이 없는 지출이다.
>   (2) 예정신고누락분 세금계산서 매입 : 공급가액 4,500,000원, 부가가치세 450,000원
> 3. 예정신고 미환급세액 : 1,000,000원
> 4. 당사는 부가가치세 신고 시 홈택스에서 직접 전자신고를 한다(세부담 최소화 가정).

[2] 다음은 2025년 제2기 확정신고기간(10.01.~12.31.)의 부가가치세 관련 자료이다. ㈜로운상회의 신용카드매출전표등발행금액집계표를 작성하시오(단, 전표입력은 생략). (3점)

- 10월 15일 : ㈜남산에 제품을 납품하고 세금계산서(공급가액 25,000,000원, 부가가치세액 2,500,000원)를 발급하고, 10월 30일에 ㈜남산의 법인카드로 결제받았다.
- 11월 30일 : 면세제품(공급가액 7,000,000원)을 ㈜해라산업에 납품하고 계산서를 발급하고, 12월 15일에 ㈜해라산업의 법인카드로 결제받았다.

[3] 제1기 부가가치세 예정신고기간의 부가가치세신고서와 관련 부속서류를 전자신고 하시오. (2점)

1. 부가가치세신고서와 관련 부속서류는 마감되어 있다.
2. [전자신고] → [국세청 홈택스 전자신고변환(교육용)] 순으로 진행한다.
3. 전자신고용 전자파일 제작 시 신고인 구분은 2.납세자 자진신고로 선택하고, 비밀번호는 "12341234"로 입력한다.
4. 전자신고용 전자파일 저장경로는 로컬디스크(C:)이며, 파일명은 "enc작성연월일.101.v1218623546"이다.
5. 최종적으로 국세청 홈택스에서 [전자파일 제출하기]를 완료한다.

4. 다음 결산자료를 입력하여 결산을 완료하시오. (15점)

[1] 외화매출채권인 AAPL.CO.LTD의 외상매출금과 관련된 자료는 다음과 같다. (3점)

- 07월 04일 : 제품을 $100,000에 직수출하기로 계약하였다.
- 07월 31일 : 수출하기로 한 제품의 선적을 완료하였으며, 대금은 전액 외상으로 하였다.
- 08월 30일 : 위 수출대금 중 일부인 $30,000를 회수하였다.
- 일자별 기준환율

07월 04일	07월 31일	08월 30일	12월 31일
2,120원/$	1,190원/$	1,190원/$	1,150원/$

[2] 4월 1일 영업부에서 사용하는 법인명의의 업무용 차량에 대한 자동차 보험료 1,200,000원(보험기간: 2025.04.01.~2026.03.31.)을 국민화재보험에 지급하고 전액 보험료로 계상하였다(단, 보험료의 기간 배분은 월할계산하고, 회계처리 시 음수로 입력하지 말 것). (3점)

[3] 당사는 기말 현재 보유 중인 채권 등의 잔액에 대해서 1%의 대손충당금을 보충법으로 설정하고 있다(단, 원 단위 미만은 절사한다). (3점)

구분	기말잔액	설정 전 대손충당금 잔액
외상매출금	695,788,470원	5,150,000원
받을어음	157,760,000원	155,000원
단기대여금	90,000,000원	0원

[4] 당기말 현재 퇴직급여추계액이 다음과 같고, 회사는 퇴직급여추계액의 100%를 퇴직급여충당금으로 설정하고 있다. 퇴직급여충당부채를 설정하시오. (3점)

구분	퇴직급여추계액	설정 전 퇴직급여충당부채 잔액
생산부	150,000,000원	100,000,000원
영업부	200,000,000원	100,000,000원

[5] 당사는 해당연도 결산을 하면서 법인세 12,000,000원(지방소득세 포함)을 확정하였다. 이자수익에 대한 원천징수세액 550,000원 및 법인세 중간예납세액 5,000,000원은 자산으로 계상되어 있다. (3점)

5. 2025년 귀속 원천징수자료와 관련하여 다음의 물음에 답하시오. (15점)

[1] 다음은 ㈜로운상회의 생산직 근로자인 정희석(사번 : 101)의 5월분 급여 관련 자료이다. 아래 자료를 이용하여 5월분 급여자료입력과 원천징수이행상황신고서를 작성하시오(단, 급여지급일은 매월 말일이며, 전월미환급세액은 230,000원이다). (5점)

※ 수당등록 및 공제항목은 불러온 자료는 무시하고 아래 자료에 따라 입력하며, 사용하는 수당 및 공제 이외의 항목은 "부"로 체크하기로 한다.
※ 원천징수이행상황신고서는 매월 작성하며, 정희석의 급여 내역만 반영하고 환급신청은 하지 않기로 한다.

〈5월 급여내역〉

이름	정희석	지급일	5월 31일
기본급	1,900,000원	소득세	25,950원
식대	100,000원	지방소득세	2,590원
자가운전보조금	300,000원	국민연금	99,000원
야간근로수당	200,000원	건강보험	67,910원
교육보조금	100,000원	장기요양보험	8,690원
		고용보험	19,800원
급여합계	2,600,000원	공제합계	223,940원
귀하의 노고에 감사드립니다.		지급총액	2,376,060원

(1) 식대 : 당 회사는 현물 식사를 별도로 제공하고 있다.
(2) 자가운전보조금 : 당사는 본인 명의의 차량을 업무목적으로 사용한 직원에게만 비정기적으로 자가운전보조금을 지급하고 있으며, 실제 발생된 교통비를 별도로 지급하지 않는다.
(3) 야간근로수당 : 올해 5월부터 업무시간 외 추가로 근무를 하는 경우 야근수당을 지급하고 있으며, 생산직 근로자가 받는 시간외근무수당으로서 비과세요건을 충족하고 있다.
(4) 교육보조금 : 사규에 따라 초등학교 자녀교육비에 대하여 매월 지급하고 있다.

[2] 김영식 사원(사번 : 102, 입사일 : 2025년 07월 01일)의 2025년 귀속 연말정산과 관련된 자료는 다음과 같다. 아래의 자료를 이용하여 연말정산추가자료입력 메뉴의 해당하는 탭을 작성하시오. 단, 김영식은 무주택 세대주로 부양가족이 없으며, 근로소득 이외에 다른 소득은 없다. (10점)

현 근무지	• 급여총액 : 13,200,000원(비과세 급여, 상여, 감면소득 없음) • 소득세 기납부세액 : 155,700원(지방소득세 : 15,540원) • 이외 소득명세 탭의 자료는 불러오기 금액을 반영한다.		
종전 근무지	〈종전근무지 근로소득원천징수영수증상의 내용〉 • 근무처 : ㈜진성상사 (사업자번호 : 405-81-65449) • 근무기간 : 2025.01.01.~2025.06.20. • 급여총액 : 12,000,000원 (비과세 급여, 상여, 감면소득 없음) • 국민연금 : 540,000원 • 건강보험료 : 411,600원 • 장기요양보험료 : 47,400원 • 고용보험료 : 96,000원 • 소득세 결정세액 : 100,000원(지방소득세 : 10,000원) • 소득세 기납부세액 : 200,000원(지방소득세 : 20,000원) • 소득세 차감징수세액 : -100,000원(지방소득세 : -10,000원)		
2025년도 연말정산 자료	※ 연말정산 자료는 모두 국세청 홈택스 및 기타 증빙을 통해 확인된 자료임		
	항목	내용	
	보험료	• 일반 보장성 보험료 : 1,600,000원 • 저축성 보험료 : 2,400,000원	
	교육비	• 본인 대학원 교육비 : 6,000,000원	
	의료비 (본인)	• 질병 치료비 : 1,500,000원(본인 신용카드 결제) • 시력보정용 안경 구입비 : 600,000원 (안경원에서 의료비공제용 영수증 수령) • 미용목적 피부과 시술비 : 1,000,000원 • 건강증진을 위한 한약 : 400,000원	
	신용카드 등 사용금액	• 본인신용카드 사용액 : 8,500,000원(질병 치료비 포함) • 직불카드 사용액 : 3,600,000원 • 현금영수증 사용액 : 50,000원 ※ 전통시장, 대중교통 사용분은 없음	
	월세액 명세	• 임대인 : 김서민(주민등록번호 : 771031-1028559) • 유형 : 다가구 • 계약면적 : 50㎡ • 임대주택 주소지 : 부산시 해운대구 우동 10번지 1동 202호 • 임대차기간 : 2025.1.1.~2026.12.31. • 매달 월세액 : 300,000원	
	개인연금 저축	• 본인 개인연금저축 납입금액 : 1,200,000원 • KEB 하나은행, 계좌번호 : 243-610750-72208	

ROUND 04 집중심화시험

이론시험

다음 문제를 보고 알맞은 것을 골라 답안저장 메뉴화면에 입력하시오(객관식 문항당 2점).

―― | 기본전제 | ――
문제에서 한국채택국제회계기준을 적용하도록 하는 전제조건이 없는 경우, 일반기업회계기준을 적용하여 회계처리 한다.

1. 다음 자료를 이용하여 영업이익을 구하시오.

   - 매출액 : 30,000,000원
   - 임직원급여 : 2,000,000원
   - 광고선전비 : 200,000원
   - 장기대여금의 대손상각비 : 200,000원
   - 유형자산처분손실 : 200,000원
   - 매출원가 : 25,000,000원
   - 직원회식비 : 200,000원
   - 거래처 접대비 : 200,000원
   - 기부금 : 200,000원

   ① 1,800,000원
   ② 2,000,000원
   ③ 2,200,000원
   ④ 2,400,000원

2. 다음 중 일반기업회계기준상 용역제공에 따른 수익을 진행기준으로 인식하기 위한 요건으로 옳지 않은 것은?

   ① 재화의 소유에 따른 유의적인 위험과 보상이 구매자에게 이전될 것
   ② 경제적 효익의 유입 가능성이 매우 높을 것
   ③ 진행률을 신뢰성 있게 측정할 수 있을 것
   ④ 이미 발생한 원가 및 거래의 완료를 위하여 투입하여야 할 원가를 신뢰성 있게 측정할 수 있을 것

3. (주)A는 (주)B로부터 받은 어음(액면금액 10,000,000원)을 9,700,000원에 할인 받고자 한다. 다음의 설명 중 틀린 것은? 단, 단기차입금과 장기차입금을 구분하지 않고 차입금으로 인식한다고 가정한다.

① 해당 거래가 매각거래로 분류될 경우 매출채권처분손실을 인식할 것이다.
② 해당 거래가 매각거래로 분류될 경우 받을어음 계정은 변동이 없을 것이다.
③ 해당 거래가 차입거래로 분류될 경우 이자비용을 인식할 것이다.
④ 해당 거래가 차입거래로 분류될 경우 차입금 계정은 10,000,000원 증가할 것이다.

4. 다음은 일반기업회계기준상 유형자산의 교환에 대한 내용이다. 틀린 것은?

① 이종자산간 교환하는 경우에는 교환으로 취득한 유형자산의 취득금액은 취득자산의 공정가치로 측정한다.
② 자산의 교환에 있어 현금수수액이 있는 경우에는 그 현금수수액을 반영하여 취득원가를 결정한다.
③ 동종자산의 교환인 경우에는 제공한 자산의 장부금액을 취득한 자산의 취득금액으로 할 수 있다.
④ 동종자산과의 교환시에 교환에 포함된 현금 등의 금액이 유의적이라면 동종자산의 교환으로 보지 않는다.

5. 배당에 관한 설명으로 잘못된 것은?

① 주식배당은 순자산의 유출이 없이 배당효과를 얻을 수 있다.
② 미교부주식배당금이란 이익잉여금처분계산서상의 주식배당액을 말하며 주식교부 시에 자본금계정과 대체된다.
③ 주식배당 후에도 자본의 크기는 변동이 없다.
④ 주식배당 후에도 발행주식수는 변동이 없다.

6. 제조간접비가 과소배부 되었다면, 다음 설명 중 옳은 것은?

① 실제제조간접비는 예정제조간접비보다 적다.
② 재공품에 배부된 제조간접비는 실제제조간접비 발생액보다 적다.
③ 예정배부율이 너무 높게 설정되었기 때문이다.
④ 제조간접비 통제계정이 기말에 대변잔액으로 발생한다.

7. 원가계산과 관련한 다음 설명 중 잘못된 것은 어느 것인가?

   ① 제품원가계산을 정확히 하기 위해서는 제조간접비 배부기준을 다양하게 적용시키는 것이 대안이 될 수 있다.
   ② 기초재공품이 있을 경우 평균법에 의한 종합원가계산은 선입선출법에 의한 계산보다 가공비의 완성품환산량이 많다.
   ③ 제조간접비 예정배부액은 제품별 배부기준 원가의 예정발생액 × 실제배부율에 의하여 산정된다.
   ④ 재료원가 중에서도 제조간접비를 구성하는 항목이 있다.

8. ㈜한세실업의 보조부문은 수선부문과 동력부문으로 구성되어 있으며, 서로 용역을 주고받고 있다. 어떤 특정 기간 동안 각 부문이 다른 부문에 제공한 용역의 비율은 아래와 같다. 이 기간 동안 수선부문과 동력부문의 발생원가는 각각 20,000원과 30,000원이다. 상호배분법에 의하여 보조부문원가를 배부할 경우 연립방정식으로 올바른 것은? 단, 수선부문의 총원가를 "X"라 하고, 동력부문의 총원가를 "Y"라 한다.

구 분	수선부문의 용역 제공비율	동력부문의 용역 제공비율
수선부문	–	20%
동력부문	30%	–
제조부문	70%	80%
합 계	100%	100%

   ① X = 30,000 + 0.3Y : Y = 20,000 + 0.2X
   ② X = 30,000 + 0.2Y : Y = 20,000 + 0.3X
   ③ X = 20,000 + 0.3Y : Y = 30,000 + 0.2X
   ④ X = 20,000 + 0.2Y : Y = 30,000 + 0.3X

9. 다음 중 개별원가계산을 적용하기 가장 적합하지 않는 경우는?

   ① 개별 제품의 제작원가가 비교적 크다.
   ② 주문생산형태로 제품을 제작한다.
   ③ 다양한 품종을 생산한다.
   ④ 동일한 종류의 제품을 대량으로 생산하고 있다.

10. (주)한국제조는 품질검사를 통과한 정상품(양품)의 10%만을 정상공손으로 간주하며 나머지는 비정상공손이다. 다음 중 틀린 것은?

재 공 품			
기초재공품	1,000개 (완성도 30%)	당기완성품	7,000개
		공손품	1,000개
당기투입분	9,000개	기말재공품	2,000개 (완성도 45%)
계	10,000개	계	10,000개

① 품질검사를 공정의 50%시점에서 한다고 가정하였을 경우에 정상공손품은 700개이다.
② 품질검사를 공정의 40%시점에서 한다고 가정하였을 경우에 정상공손품은 900개이다.
③ 품질검사를 공정의 50%시점에서 한다고 가정하였을 경우에 정상공손원가는 당기 완성품원가와 기말재공품원가에 각각 배부하여야 한다.
④ 비정상공손원가는 품질검사시점과 상관없이 제조원가에 반영되어서는 안 된다.

11. 전자세금계산서제도에 대한 내용이다. 다음 중 틀린 것은?

① 법인사업자는 모두 전자세금계산서 의무발급자이다.
② 개인사업자는 직전년도(2024년)의 과세 공급가액과 면세 공급가액의 합계가 8천만원 이상이면 2025년 7월 1일부터 계속하여 의무발급대상자가 된다.
③ 직전년도 과세공급가액과 면세공급가액의 합계액이 3억원 미만인 개인사업자는 전자세금계산서 발급 건수당 200원의 세액공제(연 100만원 한도)를 적용한다.
④ 국세청에 전송된 전자세금계산서는 반드시 출력하여 별도 보관하여야 한다.

12. 다음 부가가치세법상 일반과세사업자가 과세사업용으로 수취한 매입세액 중 매입세액이 공제되지 않는 것은?

① 공장에서 사용할 화물차를 구입하고 법인카드로 결제한 후 신용카드매출전표를 받았다.
② 본사건물에 대한 임차료를 지급하고 세금계산서를 받았다.
③ 원재료를 6월 30일에 구입하고 세금계산서는 다음연도 7월 28일로 작성된 세금계산서를 수취하였다.
④ 공장의 사업용 기계장치를 수리하고 수리비에 대한 세금계산서를 받았다.

13. 다음 중 부가가치세법상 의제매입세액공제 대상인 음식점업을 하고 있는 일반과세자에 대한 설명으로서 틀린 것은?

   ① 직전년도 공급가액이 10억원 이하인 개인사업자라면 신용카드매출액의 1.3%를 세액공제 (연간 1,000만원 한도) 한다.
   ② 의제매입세액공제율은 법인사업자이면 6/106을 적용한다.
   ③ 농어민으로부터 농산물을 직접 공급받은 경우 계산서 등 증명서류가 없어도 의제매입세액공제를 적용한다.
   ④ 의제매입세액공제를 받은 농산물을 그대로 양도하면 공제한 금액을 납부세액에 가산하여야 한다.

14. 다음 중 소득세법에 대한 설명으로 옳지 않은 것은?

   ① 소득세는 종합소득과 퇴직소득 및 양도소득을 과세대상으로 하는 조세이다.
   ② 종합소득은 원칙적으로 종합과세되고 일부는 분리과세되는 경우도 있다.
   ③ 소득세법은 열거주의 과세방식이나 이자소득이나 배당소득은 유형별 포괄주의를 채택하고 있다.
   ④ 퇴직소득과 양도소득은 분리과세한다.

15. 다음 중 소득세법상 원천징수대상 소득인 것은?

   ① 알선수재 및 배임수재에 의하여 지급받는 300만원 상당의 금품
   ② 부동산임대업자가 임차인(간이과세자)으로부터 받는 월 200만원의 임대료
   ③ 일용근로자가 지급받는 25만원 상당의 일급여
   ④ 3억원 상당의 뇌물

실무시험

㈜이천산업(회사코드:8514)은 전자제품의 제조 및 도·소매업을 주업으로 영위하는 중소기업으로, 당기(18기)의 회계기간은 2025.1.1.~2025.12.31.이다. 전산세무회계 수험용 프로그램을 이용하여 다음 물음에 답하시오.

| 기본전제 |

- 문제에서 한국채택국제회계기준을 적용하도록 하는 전제조건이 없는 경우, 일반기업회계기준을 적용하여 회계처리 한다.
- 문제의 풀이와 답안작성은 제시된 문제의 순서대로 진행한다.

---

1. 다음 거래를 일반전표입력 메뉴에 추가 입력하시오. (15점)

> **입력시 유의사항**
> - 일반적인 적요의 입력은 생략하지만, 타계정 대체거래는 적요번호를 선택하여 입력한다.
> - 채권·채무와 관련된 거래는 별도의 요구가 없는 한 반드시 기 등록되어 있는 거래처코드를 선택하는 방법으로 거래처명을 입력한다.
> - 제조경비는 500번대 계정코드를, 판매비와 관리비는 800번대 계정코드를 사용한다.
> - 회계처리시 계정과목은 별도제시가 없는 한 등록되어 있는 계정과목 중 가장 적절한 과목으로 한다.

[1] 3월 10일 전기에 회수불능채권으로 대손처리 했던 외상매출금 6,000,000원 중 절반을 현금으로 회수하다(단, 외상매출금의 거래처 입력은 생략하고 부가가치세법상 대손세액공제는 적용하지 않는다). (3점)

[2] 3월 15일 코스닥 상장주식인 ㈜에코전자의 주식 500주를 단기보유목적으로 주당 10,000원에 매입하고, 대금은 수수료 50,000원과 함께 보통예금 계좌에서 이체하다(단, 수수료는 영업외비용으로 처리할 것). (3점)

[3] 7월 7일 영업부가 사용하는 건물에 대한 재산세 1,260,000원과 생산부가 사용하는 건물에 대한 재산세 880,000원을 보통예금으로 납부하다. (3점)

[4] 7월 16일 세무교육 전문가인 한세법 씨를 초빙하여 생산부의 직원들을 대상으로 연말정산교육을 실시하고, 그 대가로 1,000,000원 중 원천징수세액 33,000원을 제외한 금액을 한세법 씨에게 보통예금 계좌에서 지급하다(단, 교육훈련비 계정과목으로 회계처리 할 것). (3점)

[5] 8월 31일 정기예금의 만기가 도래하여 원금 10,000,000원과 정기예금이자(이자소득 400,000원, 원천징수세액 61,600원)의 원천징수세액을 제외한 나머지가 보통예금 계좌로 입금되다(단, 원천징수세액은 자산항목으로 처리한다). (3점)

2. 다음 거래 자료를 매입매출전표입력 메뉴에 추가로 입력하시오. (15점)

> **입력시 유의사항**
> ▫ 일반적인 적요의 입력은 생략하지만, 타계정 대체거래는 적요번호를 선택하여 입력한다.
> ▫ 채권·채무와 관련된 거래는 별도의 요구가 없는 한 반드시 기등록된 거래처코드를 선택하는 방법으로 거래처명을 입력한다.
> ▫ 제조경비는 500번대 계정코드를, 판매비와관리비는 800번대 계정코드를 사용한다.
> ▫ 회계처리 시 계정과목은 별도의 제시가 없는 한 등록된 계정과목 중 가장 적절한 과목으로 한다.
> ▫ 입력화면 하단의 분개까지 처리하고, 전자세금계산서 및 전자계산서는 전자 입력으로 반영한다.

[1] 1월 22일 공장건물을 신축하기 위한 토지를 취득하면서 토지 정지비용을 다음 달에 지급하기로 하고 아래의 전자세금계산서를 발급받다. (3점)

	전자세금계산서					승인번호	20250122 - 15454645 - 58811888		
공급자	사업자등록번호	126-51-03728		종사업장번호		사업자등록번호	412-81-28461	종사업장번호	
	상호(법인명)	상진개발		성 명(대표자)	이상진	공급받는자	상호(법인명)	㈜이천산업	성 명	곽노정
	사업장주소	경기도 이천시 부발읍 경충대로 20				사업장주소	서울시 관악구 관악산나들길 66		
	업 태	건설업	종 목	토목공사		업 태	제조 외	종 목	전자제품
	이메일					이메일	tax111@daum.net		
작성일자		공급가액		세액		수정사유		비고	
2025-01-22		13,750,000원		1,375,000원		해당 없음			
비고									
월	일	품 목	규 격	수 량	단 가	공 급 가 액	세 액	비 고	
01	22	토지정지비용				13,750,000원	1,375,000원		
합 계 금 액		현 금		수 표		어 음	외 상 미 수 금	이 금액을 청구함	
15,125,000							15,125,000		

[2] 1월 28일 정상적인 구매확인서에 의하여 ㈜안건으로부터 원재료 30,000,000원을 매입하고 영세율전자세금계산서를 발급받았으며, 대금은 보통예금으로 지급하다. (3점)

[3] 1월 31일   레고문구(일반과세자)에서 영업부가 사용할 문구류를 현금으로 매입하고 아래의 현금영수증을 받다(단, 문구류는 소모품비로 회계처리할 것). (3점)

현금영수증(지출증빙용)
CASH RECEIPT

사업자등록번호	215-16-85543
현금영수증 가맹점명	레고문구
대표자명	최강희
주소	서울시 동작구 상도로 107
전화번호	02-826-6603

품명	문구류	승인번호	062-83
거래일시	2025.01.31	취소일자	

단위		백			천			원
금액 AMOUNT			1	5	0	0	0	0
부가세 V.A.T				1	5	0	0	0
봉사료 TIPS								
합계 TOTAL			1	6	5	0	0	0

[4] 3월 10일   사업자가 아닌 김명진(거래처 입력할 것) 씨에게 제품을 판매하고, 판매대금 1,320,000원(부가가치세 포함)은 보통예금 계좌로 입금되다(단, 간이영수증을 발행함). (3점)

[5] 3월 16일   영업부는 거래처 접대용 근조 화환을 주문하고, 다음의 전자계산서를 발급받다. (3점)

전자계산서

				승인번호	20250316 - 15454645 - 58811886		

	사업자등록번호	134-91-72824	종사업장번호			사업자등록번호	412-81-28461	종사업장번호	
공급자	상호(법인명)	제일화원	성명(대표자)	한만군	공급받는자	상호(법인명)	㈜이천산업	성명	곽노정
	사업장주소	서울특별시 동작구 여의대방로 28				사업장주소	서울시 관악구 관악산나들길 66		
	업태	도소매	종목	화훼, 식물		업태	제조 외	종목	전자제품
	이메일	tax000@naver.com				이메일	tax111@daum.net		

작성일자	공급가액	수정사유	비고
2025-03-16	90,000원	해당 없음	

비고						

월	일	품목	규격	수량	단가	공급가액	비고
03	16	근조화환		1	90,000원	90,000원	

합계금액	현금	수표	어음	외상미수금	위 금액을 (청구) 함
90,000원				90,000원	

3. 부가가치세신고와 관련하여 다음 물음에 답하시오. (10점)

[1] 다음의 자료를 이용하여 2025년 제2기 부가가치세 예정신고기간(7월~9월)의 신용카드매출전표등수령명세서(갑)을 작성하시오. 사업용 신용카드는 신한카드(1000-2000-3000-4000)를 사용하고 있으며, 현금지출의 경우 사업자등록번호를 기재한 지출증빙용 현금영수증을 수령하였다(단, 상대 거래처는 일반과세자라고 가정하며, 매입매출전표 입력은 생략함). (3점)

일자	내 역	공급가액	부가세액	상 호	사업자등록번호	증 빙
7/15	직원출장 택시요금	100,000원	10,000원	신성택시	409-21-73215	사업용신용카드
7/31	사무실 복합기 토너 구입	150,000원	15,000원	㈜오피스	124-81-04878	현금영수증
8/12	직원용 음료수 구입	50,000원	5,000원	이음마트	402-14-33228	사업용신용카드
9/21	직원야유회 놀이공원 입장권 구입	400,000원	40,000원	㈜스마트	138-86-01157	사업용신용카드

[2] 기존의 입력된 자료 또는 불러온 자료는 무시하고 아래의 자료만을 이용하여 2025년 제1기 확정신고기간(4월~6월)의 부가가치세신고서를 직접 입력하여 작성하시오. 단, 부가가치세신고서 외의 과세표준명세 등 기타 부속서류의 작성은 생략하며, 세액공제를 받기 위하여 전자신고를 할 예정이다. (5점)

매출 자료	• 전자세금계산서 발급 과세 매출액 : 130,000,000원(부가가치세 별도) • 신용카드 과세 매출액 : 3,300,000원(부가가치세 포함) • 직수출액 : 12,000,000원 • 비사업자에 대한 정규영수증 외 과세 매출액 : 440,000원(부가가치세 포함) • 2025년 제1기 소멸시효가 완성된 외상매출금 1,100,000원(부가가치세 포함)은 대손세액공제를 받기로 하였다.
매입 자료	• 세금계산서 수취분 매입액(일반매입) : 공급가액 55,000,000원, 세액 5,500,000원 - 이 중 접대물품 관련 매입액(공급가액 10,000,000원, 세액 1,000,000원)이 포함되어 있으며, 나머지는 과세 재고자산의 구입액이다. • 2025년 제1기 예정신고 시 미환급된 세액 : 800,000원

[3] 다음의 자료를 이용하여 2025년 제2기 부가가치세 확정신고기간(10월 1일~12월 31일)의 부가가치세신고서 및 관련 부속서류를 전자신고 하시오. (2점)

> 1. 부가가치세신고서와 관련 부속서류는 마감되어 있다.
> 2. [전자신고] → [국세청 홈택스 전자신고변환(교육용)] 순으로 진행한다.
> 3. 전자신고용 전자파일 제작 시 신고인 구분은 2.납세자자진신고로 선택하고, 비밀번호는 "12345678"을 입력한다.
> 4. 전자신고용 전자파일 저장경로는 로컬디스크(C:)이며, 파일명은 "enc작성연월일.101.v사업자등록번호"이다.
> 5. 최종적으로 국세청 홈택스에서 [전자파일 제출하기]를 완료한다.

4. 다음 결산자료를 입력하여 결산을 완료하시오. (15점)

[1] 1년간의 임대료(2025년 10월 1일~2026년 9월 30일) 24,000,000원을 일시에 수령하고 전액을 영업외수익으로 처리하였다(단, 임대료의 기간 배분은 월할 계산하며, 회계처리 시 음수로 입력하지 말 것). (3점)

[2] 단기대여금 중에는 당기 중 발생한 LPL사에 대한 외화대여금 24,000,000원(발생일 기준환율 1,200원/$)이 포함되어 있다. 기말 현재 기준환율은 1,300원/$이다. (3점)

[3] 당기 중에 취득하여 기말 현재 보유 중인 유가증권의 내역은 다음과 같다. 기말 유가증권의 평가는 기업회계기준에 따라 처리하기로 한다(단, 단기매매목적으로 취득함). (3점)

구분	주식수	1주당 취득원가	기말 1주당 공정가치
상장주식	8,000주	3,000원	2,500원

[4] 코로나로 인한 특별재난지역에 기부한 제품 15,000,000원에 대한 회계처리가 누락된 것을 기말제품재고 실사 결과 확인하였다. (3점)

[5] 기말 현재 보유하고 있는 영업부의 감가상각자산은 다음과 같다. 감가상각비와 관련된 회계처리를 하시오(단, 제시된 자료 이외에 감가상각자산은 없다고 가정하고, 월할 상각하며, 고정자산등록은 생략할 것). (3점)

계정과목	취득일자	취득원가	잔존가치	내용연수	상각방법	전기말 감가상각누계액
차량운반구	2024년 7월 1일	50,000,000원	0원	5년	정액법	5,000,000원

5. 2025년 귀속 원천징수자료와 관련하여 다음의 물음에 답하시오. (15점)

[1] 다음은 총무부 사원 강지후(사번:105)의 부양가족 자료이다. 부양가족은 생계를 같이하고 있으며 부양가족공제는 요건이 충족되는 경우 모두 강지후 사원이 적용받기로 한다. 근로자 본인의 소득세가 최소화되도록 사원등록 메뉴의 부양가족명세를 작성하시오(단, 기본공제대상자가 아닌 경우에는 기본공제 "부"로 입력할 것). (5점)

성명	관계	주민등록번호	동거여부	비 고
강지후	본인	761213-1114529	세대주	
정혜미	배우자	771010-2845218	동거	퇴직소득금액 200만원
김미자	모친	570203-2346316	동거	일용근로소득 500만원
강지민	동생	811010-2115422	질병의 요양으로 일시적 퇴거	장애인(항시 치료를 요하는 중증환자), 양도소득금액 300만원
강지율	자녀	090505-4842101	동거	원고가 당선되어 받은 일시적인 원고료 100만원
강민율	자녀	120705-3845727	국외 유학 중	소득 없음

※ 주민등록번호는 모두 정상으로 간주한다.

[2] 다음은 영업부 사원 한기홍(사번:103, 세대주)의 연말정산 관련 자료이다. 근로자 본인의 소득세부담이 최소화되도록 연말정산추가자료입력 메뉴의 부양가족 탭을 수정하고, 연말정산추가입력에서 해당하는 탭에 입력하시오. (10점)

1. 국세청 연말정산간소화서비스 조회 자료

항목	내용
보험료	• 본인 자동차보험료 납부액 : 750,000원 • 배우자 저축성보험료 납부액 : 1,000,000원 • 자녀 보장성보험료 납부액 : 150,000원
의료비	• 모친 질병 치료 목적 병원비 : 3,000,000원(한기홍의 신용카드로 결제) • 모친 보약 구입비(건강증진 목적) : 500,000원 • 배우자 허리디스크 수술비(치료 목적) : 1,200,000원(실손의료보험금 500,000원 수령)
교육비	• 자녀 캐나다 현지 소재 초등학교(교육법에 따른 학교에 해당하는 교육기관) 수업료 : 20,000,000원 • 자녀는 국외유학에 관한 규정 제5조에 따른 자비유학자격이 있는 것으로 간주한다.
기부금	• 배우자 종교단체 기부금 : 500,000원
신용카드 등 사용액	• 본인 신용카드 : 10,000,000원 (모친 병원비 3,000,000원과 대중교통이용분 1,000,000원 포함) • 배우자 현금영수증 : 4,000,000원(전통시장사용분 500,000원 포함)
주택자금	• 장기주택저당차입금 이자상환액 : 2,000,000원(아래 추가자료 참고할 것)

2. 추가자료
   (1) 부양가족
      • 이슬비(배우자) : 소득 없음
      • 한기쁨(자녀) : 초등학생, 소득 없음
      • 김어른(모친) : 생계를 같이함, 총급여액 600만원, 장애인복지법상 장애인
   (2) 주택자금 관련 세부 내역
      • 한기홍 사원은 세대주이며, 국민주택규모의 1주택을 본인 명의로 소유하고 있다.
      • 장기저당주택차입금과 주택의 명의자는 한기홍이다.
      • 장기저당주택차입금의 차입일은 2015년 6월 1일이며, 상환기간은 거치기간 없이 15년(고정금리)이다.
      • 주택의 취득일(2015년 5월 6일) 당시 기준시가는 3억원이다.
      • 위 자료 외의 장기주택저당차입금 이자상환액공제요건은 모두 충족한 것으로 본다.

ROUND 05 집중심화시험

이론시험

다음 문제를 보고 알맞은 것을 골라 답안저장 메뉴화면에 입력하시오.(객관식 문항당 2점)

기본전제

문제에서 한국채택국제회계기준을 적용하도록 하는 전제조건이 없는 경우, 일반기업회계기준을 적용하여 회계처리 한다.

---

1. 다음은 회계정보의 질적 특성 중 무엇에 대한 설명인가?

   > 회계정보가 정보이용자의 의사결정 목적과 관련 있어야 한다는 것으로서, 회계정보를 이용하지 않고 의사결정하는 경우와 회계정보를 이용하여 의사결정하는 경우를 비교했을 때 의사결정의 내용에 차이가 발생하여야 한다는 특성이다.

   ① 이해가능성   ② 목적적합성
   ③ 신뢰성   ④ 비교가능성

2. 다음의 자료는 ㈜아주상사의 기말재고자산 내역이다. 재고자산감모손실이 매출총이익에 미치는 영향을 바르게 설명한 것은?

   > - 장부상 기말재고 : 1,000개
   > - 실사에 의한 기말재고 : 950개
   > - 단위당 원가 : 1,500원(시가 : 1,700원)
   > - 재고자산감모손실의 5%는 비정상적으로 발생하였다.

   ① 매출총이익이 71,250원 감소한다.   ② 매출총이익이 75,000원 감소한다.
   ③ 매출총이익이 76,500원 감소한다.   ④ 매출총이익이 85,000원 감소한다.

3. 다음 중 유형자산에 대한 설명으로 틀린 것은?

① 유형자산은 재화의 생산, 용역의 제공, 타인에 대한 임대 또는 자체적으로 사용할 목적으로 보유하는 물리적 형체가 있는 자산을 말한다.
② 유형자산은 1년을 초과하여 사용할 것이 예상되는 자산이다.
③ 정부보조 등에 의해 유형자산을 무상 또는 공정가치보다 낮은 대가로 취득한 경우 그 유형자산의 취득원가는 취득일의 공정가치로 한다.
④ 다른 종류의 자산과의 교환으로 취득한 유형자산의 취득원가는 교환을 위하여 제공한 자산의 장부가액으로 측정한다.

4. 다음 중 재화의 판매로 인한 수익인식의 조건에 대한 설명으로 옳지 않은 것은?

① 수익금액을 신뢰성 있게 측정할 수 있다.
② 경제적 효익의 유입 가능성이 매우 높다.
③ 재화의 소유에 따른 유의적인 위험과 보상이 판매자에게 있다.
④ 거래와 관련하여 발생했거나 발생할 원가를 신뢰성 있게 측정할 수 있다.

5. 다음 중 자산과 부채에 대한 설명으로 틀린 것은?

① 우발자산은 자산으로 인식한다.
② 부채는 과거의 거래나 사건의 결과로 현재 기업 실체가 부담하고 있고 미래에 자원의 유출 또는 사용이 예상되는 의무이다.
③ 부채는 원칙적으로 1년을 기준으로 유동부채와 비유동부채로 분류한다.
④ 우발부채는 부채로 인식하지 않고 주석으로 기재한다.

6. 다음 중 원가의 분류기준에 대한 설명으로 옳지 않은 것은?

① 원가 발생형태에 따른 분류 : 재료원가, 노무원가, 제조간접원가
② 원가행태에 따른 분류 : 변동원가, 고정원가, 준변동원가, 준고정원가
③ 원가의 추적가능성에 따른 분류 : 제조원가, 비제조원가
④ 의사결정과의 관련성에 따른 분류 : 관련원가, 비관련원가, 기회원가, 매몰원가

7. 다음 중 제조원가명세서에 대한 설명으로 가장 옳지 않은 것은?

   ① 당기제품제조원가는 손익계산서상 제품 매출원가 계산에 직접적인 영향을 미친다.
   ② 제조원가명세서상 기말 원재료재고액은 재무상태표에 표시되지 않는다.
   ③ 당기총제조원가는 직접재료원가, 직접노무원가, 제조간접원가의 총액을 의미한다.
   ④ 당기제품제조원가는 당기에 완성된 제품의 원가를 의미한다.

8. 직접배분법을 이용하여 보조부문 제조간접원가를 제조부문에 배분하고자 한다. 보조부문 제조간접원가를 배분한 후 조립부문의 총원가는 얼마인가?

사용부문 제공부문	보조부문		제조부문	
	설비부문	전력부문	조립부문	절단부문
전력부문 공급	60kw	–	500kw	500kw
설비부문 공급	–	100시간	600시간	200시간
자기부문원가	800,000원	400,000원	600,000원	500,000원

   ① 900,000원
   ② 1,300,000원
   ③ 1,400,000원
   ④ 1,800,000원

9. 정상개별원가계산을 채택하고 있는 ㈜현탄은 직접노무시간을 기준으로 제조간접원가를 배부하고 있다. 당해연도 초 제조간접원가 예상금액은 1,000,000원, 예상 직접노무시간은 20,000시간이다. 당기 말 현재 실제 제조간접원가 발생액은 800,000원, 실제 직접노무시간이 13,000시간일 경우 제조간접원가배부차이는 얼마인가?

   ① 150,000원 과소배부
   ② 150,000원 과대배부
   ③ 280,000원 과소배부
   ④ 280,000원 과대배부

10. 아래의 자료를 이용하여 종합원가계산 시 비정상공손수량을 계산하면 몇 개인가? 단, 정상공손은 완성품수량의 8%로 가정한다.

    - 기초재공품 : 200개
    - 당기착수량 : 900개
    - 기말재공품 : 120개
    - 공손수량 : 80개

    ① 5개
    ② 6개
    ③ 7개
    ④ 8개

11. 다음 중 부가가치세법상 간이과세자에 대한 설명으로 틀린 것은?

    ① 법인은 간이과세자가 될 수 없다.
    ② 간이과세자는 의제매입세액 공제를 받을 수 있다.
    ③ 간이과세자는 공급대가를 과세표준으로 한다.
    ④ 간이과세자도 영세율을 적용받을 수 있으나 공제세액이 납부세액을 초과하더라도 환급되지 않는다.

12. 다음 중 부가가치세법상 재화 및 용역의 공급시기에 대한 설명으로 옳지 않은 것은?

    ① 장기할부판매 : 대가의 각 부분을 받기로 한 때
    ② 내국물품 외국반출(직수출) : 수출재화의 선(기)적일
    ③ 무인판매기를 이용하여 재화를 공급하는 경우 : 재화가 인도되는 때
    ④ 완성도기준지급조건부 : 대가의 각 부분을 받기로 한 때

13. 다음 중 부가가치세법상 면세 대상 재화 또는 용역에 해당하지 않는 것은?

    ① 주택과 그 부수토지(범위 내)의 임대용역
    ② 고속철도에 의한 여객운송용역
    ③ 연탄과 무연탄
    ④ 금융·보험용역

14. 다음 중 소득세법상 인적공제에 대한 설명으로 가장 옳은 것은?

    ① 기본공제 대상 판정에 있어 소득금액 합계액은 종합소득금액, 퇴직소득금액, 양도소득금액을 합하여 판단한다.
    ② 배우자가 없는 거주자로서 기본공제대상자인 자녀가 있는 경우에도 종합소득금액이 3천만원을 초과하는 경우에는 한부모추가공제를 적용받을 수 없다.
    ③ 형제자매의 배우자는 공제대상 부양가족에 포함한다.
    ④ 부양기간이 1년 미만인 부양가족에 대한 인적공제는 월할 계산한다.

15. 다음 중 소득세법상 과세 대상 근로소득에 해당하지 않는 것은?

    ① 주주총회 등 의결기관의 결의에 따라 상여로 받는 소득
    ② 퇴직할 때 받은 퇴직소득에 속하지 않는 퇴직공로금
    ③ 사업주가 모든 종업원에게 지급하는 하계 휴가비
    ④ 임원이 아닌 종업원이 중소기업에서 주택 구입에 소요되는 자금을 저리 또는 무상으로 받음으로써 얻는 이익

실무시험

㈜미수상회(회사코드 : 8515)는 제조 및 도·소매업을 영위하는 중소기업으로, 당기(13기)의 회계기간은 2025.1.1.~2025.12.31.이다. 전산세무회계 수험용 프로그램을 이용하여 다음 물음에 답하시오.

| 기본전제 |

- 문제에서 한국채택국제회계기준을 적용하도록 하는 전제조건이 없는 경우, 일반기업회계기준을 적용하여 회계처리 한다.
- 문제의 풀이와 답안작성은 제시된 문제의 순서대로 진행한다.

1. 다음 거래를 일반전표입력 메뉴에 추가 입력하시오. (15점)

입력시 유의사항

- 일반적인 적요의 입력은 생략하지만, 타계정 대체거래는 적요번호를 선택하여 입력한다.
- 채권·채무와 관련된 거래는 별도의 요구가 없는 한 반드시 기 등록되어 있는 거래처코드를 선택하는 방법으로 거래처명을 입력한다.
- 제조경비는 500번대 계정코드를, 판매비와 관리비는 800번대 계정코드를 사용한다.
- 회계처리시 계정과목은 별도제시가 없는 한 등록되어 있는 계정과목 중 가장 적절한 과목으로 한다.

[1] 1월 12일   미래상사㈜로부터 제품 판매대금으로 수령한 약속어음 15,000,000원을 할인하고, 할인비용 200,000원을 차감한 잔액이 보통예금에 입금되었다(단, 매각거래로 회계처리 할 것). (3점)

[2] 2월 5일   생산부 직원들에 대한 확정기여형(DC형) 퇴직연금 납입액 3,000,000원을 보통예금 계좌에서 이체하였다. (3점)

[3] 3월 31일   미납된 법인세 4,000,000원을 보통예금 계좌에서 이체하여 납부하였다(단, 미지급한 세금은 부채이다). (3점)

[4] 5월 5일   유진전자에서 5월 1일에 구입한 3,000,000원의 컴퓨터를 사회복지공동모금회에 기부하였다(단, 컴퓨터는 구입 시 비품으로 처리하였음). (3점)

[5] 6월 17일 생산부에서 사용할 청소용품을 현금으로 구입하고 아래의 간이영수증을 수령하였다(단, 당기 비용으로 처리할 것). (3점)

영 수 증(공급받는자용)

No.			㈜미수상회 귀하		
공급자	사업자등록번호		118-05-52158		
	상호		서울철물	성명	이영민 (인)
	사업장소재지		서울시 강남구 도곡동		
	업태		도,소매	종목	철물점
작성년월일			공급대가 총액		비고
2025.06.17.			20,000원		
위 금액을 정히 **영수**(청구)함.					
월일	품목	수량	단가		공급가(금액)
06.17.	청소용품	2	10,000원		20,000원
합계			20,000원		
부가가치세법시행규칙 제25조의 규정에 의한 (영수증)으로 개정					

2. 다음 거래자료를 매입매출전표입력 메뉴에 추가로 입력하시오. (15점)

입력시 유의사항
- 일반적인 적요의 입력은 생략하지만, 타계정 대체거래는 적요번호를 선택하여 입력한다.
- 채권·채무와 관련된 거래는 별도의 요구가 없는 한 반드시 기등록된 거래처코드를 선택하는 방법으로 거래처명을 입력한다.
- 제조경비는 500번대 계정코드를, 판매비와관리비는 800번대 계정코드를 사용한다.
- 회계처리 시 계정과목은 별도의 제시가 없는 한 등록된 계정과목 중 가장 적절한 과목으로 한다.
- 입력화면 하단의 분개까지 처리하고, 전자세금계산서 및 전자계산서는 전자 입력으로 반영한다.

[1] 1월 20일 ㈜하이마트에서 탕비실에 비치할 냉장고를 3,300,000원(부가가치세 포함)에 구입하고, 현금영수증(지출증빙용)을 수취하였다(단, 자산으로 처리할 것). (3점)

㈜하이마트

128-85-46204 유정아
서울특별시 구로구 구로동 2727 TEL : 02-117-2727
홈페이지 http://www.kacpta.or.kr

현금영수증(지출증빙용)

구매 2025/01/20/17:27 거래번호 : 0031-0027

상품명	수량	단가	금액
냉장고	1	3,300,000원	3,300,000원
		과세물품가액	3,000,000원
		부가가치세액	300,000원
		합계	3,300,000원
		받은금액	3,300,000원

[2] 2월 9일 영업부에서 비품으로 사용하던 복사기(취득가액 : 5,000,000원, 처분 시 감가상각누계액 : 2,255,000원)을 ㈜유미산업에 2,000,000원(부가가치세 별도)에 처분하고 전자세금계산서를 발급하였다. 대금은 보통예금 계좌로 입금되었다. (3점)

[3] 7월 1일 창립기념일 선물로 영업부 직원들에게 1인당 5개씩 지급할 USB를 ㈜원테크에서 구입하였다. 매입대금 중 500,000원은 현금으로 지급하고 나머지는 외상으로 처리하였다(단, 아래의 전자세금계산서는 적법하게 발급받았으며, 외상대는 미지급금으로 처리한다). (3점)

전자세금계산서

	공급자				공급받는자			
승인번호				20250701 - 15454645 - 58811886				
사업자등록번호	101-81-22500	종사업장번호		사업자등록번호	222-81-14476	종사업장번호		
상호(법인명)	㈜원테크	성명(대표자)	이원화	상호(법인명)	㈜미수상회	성명	전재현	
사업장주소	서울특별시 동작구 여의대방로 28			사업장주소	서울시 송파구 가락로 8			
업태	도소매	종목	전자제품	업태	제조	종목	전자제품	
이메일				이메일				

작성일자	공급가액	세액	수정사유	비고
2025-07-01	5,000,000원	500,000원	해당 없음	

비고

월	일	품목	규격	수량	단가	공급가액	세액	비고
07	01	USB		1,000	5,000원	5,000,000원	500,000원	

합계금액	현금	수표	어음	외상미수금	위 금액을 (청구) 함
5,500,000원	500,000			5,000,000원	

[4] 8월 27일 기계장치의 내용연수를 연장시키는 주요 부품을 교체하고 13,200,000원(부가가치세 포함)을 광명기계에 당좌수표를 발행하여 지급하였다. 이에 대해 종이세금계산서를 수취하였다(단, 부품교체 비용은 자본적지출로 처리할 것). (3점)

[5] 9월 27일 미국 BOB사에 제품을 $30,000에 직수출(수출신고일 : 9월 15일, 선적일 : 9월 27일)하고, 수출대금은 9월 30일에 받기로 하였다. 수출과 관련된 내용은 다음과 같다(수출신고번호는 고려하지 말 것). (3점)

일자	9월 15일 : 수출신고일	9월 27일 : 선적일	9월 30일 : 대금회수일
기준환율	1,200원/$	1,150원/$	1,180원/$

3. 부가가치세신고와 관련하여 다음 물음에 답하시오. (10점)

[1] 다음의 자료를 이용하여 2025년 제1기 확정신고기간에 대한 건물등감가상각자산취득명세서를 작성하시오(단, 모두 감가상각자산에 해당함). (3점)

일자	내역	공급가액	부가가치세	상호	사업자등록번호
04/08	생산부가 사용할 공장건물 구입 • 전자세금계산서 수령 • 보통예금으로 지급	500,000,000원	50,000,000원	㈜용을	130-81-50950
05/12	생산부 공장에서 사용할 포장용 기계 구입 • 전자세금계산서 수령 • 보통예금으로 지급	60,000,000원	6,000,000원	㈜광명	201-81-14367
06/22	영업부 환경개선을 위해 에어컨 구입 • 전자세금계산서 수령 • 법인카드로 결제	8,000,000원	800,000원	㈜ck전자	203-81-55457

[2] 다음 자료를 이용하여 2025년 제1기 확정신고기간의 부가가치세신고서만을 작성하시오(단, 불러오는 데이터 값은 무시하고 새로 입력할 것). (5점)

구분	자료
매출자료	• 전자세금계산서 발급분 과세 매출액 : 공급가액 500,000,000원, 세액 50,000,000원 • 해외 직수출에 따른 매출 : 공급가액 100,000,000원, 세액 0원
매입자료	• 전자세금계산서 발급받은 매입내역 <table><tr><td>구분</td><td>공급가액</td><td>세액</td></tr><tr><td>일반 매입</td><td>185,000,000원</td><td>18,500,000원</td></tr><tr><td>일반 매입(접대성 물품)</td><td>5,000,000원</td><td>500,000원</td></tr><tr><td>기계장치 매입</td><td>100,000,000원</td><td>10,000,000원</td></tr><tr><td>합계</td><td>290,000,000원</td><td>29,000,000원</td></tr></table> • 신용카드 사용분 매입내역 <table><tr><td>구분</td><td>공급가액</td><td>세액</td></tr><tr><td>일반 매입</td><td>5,000,000원</td><td>500,000원</td></tr><tr><td>사업과 관련없는 매입</td><td>1,000,000원</td><td>100,000원</td></tr><tr><td>비품(고정) 매입</td><td>3,000,000원</td><td>300,000원</td></tr><tr><td>예정신고누락분 (일반 매입)</td><td>1,000,000원</td><td>100,000원</td></tr><tr><td>합 계</td><td>10,000,000원</td><td>1,000,000원</td></tr></table>
기타	• 전자세금계산서의 발급 및 국세청 전송은 정상적으로 이루어졌다. • 예정신고누락분은 확정신고 시에 반영하기로 한다. • 국세청 홈택스로 전자신고하여 전자신고세액공제를 받기로 한다.

[3] ㈜미수상회의 제2기 확정 부가가치세 신고서를 작성 및 마감하여 가상 홈택스에서 부가가치세 신고를 수행하시오. (2점)

> 1. 부가가치세신고서와 관련 부속서류는 마감되어 있다.
> 2. [전자신고] → [국세청 홈택스 전자신고변환(교육용)] 순으로 진행한다.
> 3. 전자신고용 전자파일 제작 시 신고인 구분은 2.납세자 자진신고로 선택하고, 비밀번호는 "12341234"로 입력한다.
> 4. 전자신고용 전자파일 저장경로는 로컬디스크(C:)이며, 파일명은 "enc작성연월일.101.v2228114476"이다.
> 5. 최종적으로 국세청 홈택스에서 [전자파일 제출하기]를 완료한다.

4. 다음 결산자료를 입력하여 결산을 완료하시오. (15점)

[1] 아래의 차입금 관련 자료를 이용하여 결산일까지 발생한 차입금 이자비용에 대한 당해연도분 미지급비용을 인식하는 회계처리를 하시오(단, 이자비용은 만기 시에 지급하고, 월할 계산한다). (3점)

> • 금융기관 : ㈜은아은행
> • 대출기간 : 2025년 05월 01일~2026년 04월 30일
> • 대출금액 : 300,000,000원
> • 대출이자율 : 연 2.0%

[2] 12월 1일 장부상 현금보다 실제 현금이 86,000원 많은 것을 발견하여 현금과부족으로 회계처리하였으나 기말까지 원인을 파악하지 못했다. (3점)

[3] 다음은 제2기 확정신고기간의 부가가치세 관련 자료이다. 12월 31일에 부가세대급금과 부가세예수금을 정리하는 회계처리를 하시오. 단, 입력된 데이터는 무시하고, 납부세액(또는 환급세액)은 미지급세금(또는 미수금), 가산세는 세금과공과(판), 경감세액은 잡이익으로 처리하시오. (3점)

> • 부가세대급금 : 31,400,000원
> • 부가세예수금 : 25,450,000원
> • 전자세금계산서미발급가산세 : 60,000원
> • 전자신고세액공제액 : 10,000원

[4] 전기에 미래은행으로부터 차입한 장기차입금 20,000,000원의 만기일은 2026년 3월 30일이다. (3점)

[5] 결산일 현재 무형자산인 영업권의 전기말 상각 후 미상각잔액은 200,000,000원으로, 이 영업권은 작년 1월 초 250,000,000원에 취득한 것이다. 단, 회사는 무형자산에 대하여 5년간 월할 균등상각하고 있으며, 상각기간 계산 시 1월 미만은 1월로 간주한다. 이에 대한 회계처리를 하시오. (3점)

5. 2025년 귀속 원천징수자료와 관련하여 다음의 물음에 답하시오. (15점)

[1] 다음은 영업부 소속인 이영환(사번 : 501)의 급여 관련 자료이다. 필요한 수당공제등록을 하고 5월분 급여자료입력과 원천징수이행상황신고서를 작성하시오. (5점)

1. 5월의 급여 지급내역은 다음과 같다.

이름 : 이영환		지급일 : 2025년 5월 31일	
기 본 급	3,000,000원	국 민 연 금	135,000원
직 책 수 당	400,000원	건 강 보 험	120,000원
(비과세) 식 대	200,000원	장 기 요 양 보 험	15,370원
(비과세) 자가운전보조금	200,000원	고 용 보 험	30,600원
(비과세) 육 아 수 당	100,000원	소 득 세	129,990원
-		지 방 소 득 세	12,990원
급여 합계	3,900,000원	공제합계	443,950원
		차인지급액	3,456,050원

2. 수당공제등록 시 다음에 주의하여 입력한다.
   - 수당등록 시 사용하는 수당 이외의 항목은 사용 여부를 "부"로 체크한다.
     (단, 월정액 여부와 통상임금 여부는 무시할 것)
   - 공제등록은 그대로 둔다.
3. 급여자료입력 시 다음에 주의하여 입력한다.
   - 비과세에 해당하는 항목은 모두 요건을 충족하며, 최대한 반영하기로 한다.
   - 공제항목은 불러온 데이터는 무시하고 직접 입력하여 작성한다.
4. 원천징수는 매월하고 있으며, 전월 미환급세액은 200,000원이다.

[2] 다음은 최미남(사번 : 502, 입사일 : 2025.01.01.) 사원의 2025년 연말정산 관련 자료이다. 연말정산추가자료입력 메뉴의 부양가족 탭을 수정하고, 해당하는 탭을 작성하시오(단, 근로자 본인의 세부담이 최소화되도록 한다). (10점)

1. 가족사항 (모두 동거하며, 생계를 같이한다. 제시된 자료 외의 다른 소득은 없다)

관계	성명	주민등록번호	소득	비고
본인	최미남	801030-1112350	총급여 7,000만원	세대주
어머니	박희수	530324-2625226	일용근로소득 300만원	
배우자	김연우	830515-2122529	종합과세금융소득 3,000만원	
딸	최지우	170123-4165984	소득 없음	초등학생
아들	최건우	181224-3695876	소득 없음	초등학생

※ 기본공제대상자가 아닌 경우도 기본공제 "부"로 입력할 것

2. 연말정산 자료
   ※ 국세청 홈택스 및 기타 증빙을 통해 확인된 자료이며, 별도의 언급이 없는 한 국세청 홈택스 연말정산간소화서비스에서 조회된 자료이다.

구분	내용
보험료	• 최미남 보장성보험료 : 1,600,000원 • 최지우 보장성보험료 : 500,000원 • 최건우 보장성보험료 : 450,000원
교육비	• 최미남 대학원 수업료 : 5,000,000원 • 김연우 사이버대학 수업료 : 750,000원 • 최지우 영어보습학원비 : 1,200,000원 • 최건우 컴퓨터학원비 : 1,000,000원
의료비	※ 의료비는 의료비지급명세서(부양가족 탭)에 반영할 것 　• 최미남 질병 치료비 : 1,500,000원 (최미남 신용카드 결제) 　• 최미남 시력보정용 안경 구입비용 : 500,000원 (최미남 신용카드 결제) 　　– 구입처 : 대학안경점(사업자등록번호 605-26-23526) 　　– 의료비증빙코드는 기타영수증으로 입력할 것 　• 박희수 질병 치료비 : 3,250,000원(최미남 신용카드 결제) 　　– 보험업법에 따른 보험회사에서 실손의료보험금 1,000,000원 지급 받음
신용카드 등 사용액	• 최미남 신용카드 사용액 : 22,000,000원(전통시장/대중교통/도서 등 사용분 없음) • 최미남 현금영수증 사용액 : 2,200,000원(전통시장/대중교통/도서 등 사용분 없음) • 김연우 신용카드 사용액 : 3,100,000원(전통시장/대중교통/도서 등 사용분 없음) • 최미남 신용카드 사용액에는 의료비 지출액이 모두 포함된 금액이다.
기타	• 최미남 연금저축계좌 : 1,200,000원 　(2025년도 납입분, ㈜국민은행 계좌번호 : 243-910750-72209)

ROUND 06 집중심화시험

이론시험

다음 문제를 보고 알맞은 것을 골라 답안저장 메뉴화면에 입력하시오(객관식 문항당 2점).

--- 기본전제 ---
문제에서 한국채택국제회계기준을 적용하도록 하는 전제조건이 없는 경우, 일반기업회계기준을 적용하여 회계처리 한다.

1. 재무제표정보의 질적특성인 신뢰성에 대한 내용이 아닌 것은?
    ① 재무정보가 의사결정에 반영될 수 있도록 적시에 제공되어야 한다.
    ② 재무정보가 특정이용자에게 치우치거나 편견을 내포해서는 안된다.
    ③ 거래나 사건을 사실대로 충실하게 표현하여야 한다.
    ④ 동일사건에 대해 다수의 서로 다른 측정자들이 동일하거나 유사한 측정치에 도달하여야 한다.

2. 지속적으로 물가가 하락하고 기말상품재고수량이 기초상품재고수량보다 증가하고 있는 상황일 때 다음의 설명 중 옳지 않은 것은?
    ① 원가흐름의 가정으로 선입선출법을 사용하거나 이동평균법을 사용하여도 재고자산의 수량에는 차이가 없다.
    ② 매출원가는 선입선출법이 총평균법보다 크게 평가된다.
    ③ 당기순이익은 선입선출법이 총평균법보다 작게 평가된다.
    ④ 기말상품재고액은 선입선출법이 이동평균법보다 크게 평가된다.

3. 다음 중 판매회사의 재고자산으로 분류되지 않는 항목은?
    ① 위탁자의 결산일 현재 수탁자가 판매하지 못한 적송품
    ② 판매회사가 도착지 인도조건으로 매입한 결산일 현재 미착상품
    ③ 결산일 현재 매입자의 매입의사 표시 없는 시송품
    ④ 반품률을 추정할 수 없는 경우로 반품기간이 종료되지 않은 상품

4. 당사는 기계설비제조업을 영위하고 있다. 거래처로부터 2월 1일에 설비납품주문을 받았고, 2월 20일에 납품하여 설치하였다. 계약조건대로 5일간의 시험가동 후 2월 25일에 매입의사표시를 받았으며, 2월 28일에 대금을 수취하였다. 이 설비의 수익 인식시기는 언제인가?

① 2월 1일 ② 2월 20일
③ 2월 25일 ④ 2월 28일

5. 다음은 자본거래가 각 자본항목에 미치는 영향을 나타내고 있다. 이 중 틀린 것은 어느 것인가?

	주식배당	무상증자
① 자본금	증가	증가
② 주식수	불변	증가
③ 이익잉여금	감소	감소가능
④ 총자본	불변	불변

6. 고정원가와 변동원가에 대한 설명 중 틀린 것은?

① 관련범위 내에서 변동원가는 조업도의 변화에 따라 원가 총액이 비례적으로 변화한다.
② 관련범위 내에서 고정원가는 조업도의 변화와 관계없이 원가총액이 일정하게 발생한다.
③ 일정한 고정원가와 조업도의 변동에 따라 총원가가 비례하는 변동원가로 구성된 원가를 준고정원가라고 한다.
④ 제조간접비는 변동원가가 될 수도 있고, 고정원가가 될 수도 있다.

7. 다음 중 재공품계정의 차변에 기입되는 사항은?

① 재공품 차기이월액 ② 당기 제품제조원가
③ 당기 제조간접비 배부액 ④ 당기 제품매출원가

8. 다음 자료를 토대로 제조간접비를 계산하시오.

    - 매 출 액 : 1,100,000원
    - 직접재료비 : 300,000원
    - 직접노무비 : 200,000원
    - 직 접 경 비 : 150,000원
    - 기말원재료비는 없고 기말재공품은 100,000원이다.
    - 기초재고액은 없으며, 기초제품과 기말제품의 재고액은 동일하다.
    - 매출액은 원가에 10%의 이익을 가산하여 결정한다.

    ① 300,000원　　　　　　　　② 350,000원
    ③ 400,000원　　　　　　　　④ 450,000원

9. (주)강남은 기초원가를 기준으로 제조간접비를 배부한다. 다음 자료를 토대로 작업지시서 NO.10에 배부할 제조간접비는 얼마인가?

	공장전체 발생	작업지시서 NO.10
직 접 재 료 비	2,000,000원	400,000원
직 접 노 무 비	4,000,000원	1,400,000원
당기총제조비용	8,000,000원	–
직접노동시간	100시간	10시간

    - 기초 및 기말재고는 없고 그 밖에 발생된 직접원가는 없다.

    ① 200,000원　　　　　　　　② 400,000원
    ③ 600,000원　　　　　　　　④ 700,000원

10. 종합원가계산에서 선입선출법과 (가중)평균법에 대한 설명 중 가장 잘못된 것은?

    ① (가중)평균법은 선입선출법보다 간편한 방법이지만 원가계산의 정확성이 떨어진다.
    ② 선입선출법에서 완성품환산량은 당기발생원가로 이루어진 작업량만으로 계산한다.
    ③ 기초재공품이 없다면 선입선출법과 (가중)평균법의 결과는 차이를 보이지 않는다.
    ④ 선입선출법은 기초재공품원가와 당기발생원가를 구분하지 않고 모두 당기발생원가로 가정하여 완성품과 기말재공품에 배분한다.

11. 일반과세자의 부가가치세 확정신고시 일반환급세액이 발생한 경우, 과세관청은 당해 환급세액을 확정신고기한 경과 후 몇일 이내에 환급해주어야 하는가?

    ① 15일　　　　　　　　　　② 20일
    ③ 30일　　　　　　　　　　④ 45일

12. 다음 중 과세사업과 면세사업에 공통으로 사용되는 매입세액을 안분계산하지 않고 전액 공제하는 사유가 아닌 것은?

① 해당 과세기간의 면세공급가액 비율이 직전과세기간에 비해 5% 이상 증감한 경우
② 해당 과세기간 중의 공통매입세액이 5만원 미만인 경우
③ 해당 과세기간에 신규로 사업을 개시한 사업자가 해당 과세기간에 공급한 공통사용재화인 경우
④ 해당 과세기간의 총공급가액 중 면세공급가액이 5% 미만이면서 공통매입세액이 5백만원 미만인 경우

13. 부가가치세법상 일반과세자와 간이과세자를 비교한 다음 내용 중 가장 옳지 않은 것은?

	항 목	일반과세자	간이과세자
①	납부의무면제	해당사항 없음	해당 과세기간에 대한 공급대가 합계액이 4,800만원 미만인 경우
②	포기제도	포기제도 없음	간이과세자를 포기하고 일반과세자가 될 수 있음
③	의제매입세액공제	적용 가능	적용 가능
④	신용카드매출전표 등 수령에 따른 공제	매입세액 공제가능	공급대가의 0.5%를 납부세액에서 공제 가능

14. 다음 중 소득세법상 주택의 임대소득에 대한 설명으로서 가장 틀린 것은?

① 1개의 주택(고가주택 제외)을 소유하는 자의 월세에 대한 임대소득에 대하여 소득세가 과세되는 경우는 없다.
② 2주택을 보유한 거주자가 주택을 임대하고 받은 보증금액에 대해서는 소득세를 과세하지 않는다.
③ 3주택 이상의 주택을 소유한 자라 하더라도 주택을 전세로만 임대하고 받은 전세금의 전체 합계액이 3억원 이하이면 소득세가 과세되지 않는다.
④ 주거용 건물 임대에서 발생한 총수입금액이 2천만원 이하인 자의 소득은 비과세 한다.

15. 다음 중 소득세법상 각종의 소득금액을 계산하는 경우에 필요경비로 인정받을 수 있는 경우는?

① 이자소득금액을 계산하는 경우에 발생한 차입금에 대한 지급이자
② 연금소득금액을 계산하는 경우에 발생한 은행에 지급한 수수료
③ 근로소득금액을 계산하는 경우에 발생한 업무상 출장비용
④ 사업소득금액을 계산하는 경우에 발생한 사업자 본인의 건강보험료

실무시험

㈜세아산업(회사코드:8516)은 제조 및 도·소매업을 영위하는 중소기업으로, 당기(12기) 회계기간은 2025.1.1.~2025.12.31.이다. 전산세무회계 수험용 프로그램을 이용하여 다음 물음에 답하시오.

│ 기본전제 │

- 문제에서 한국채택국제회계기준을 적용하도록 하는 전제조건이 없는 경우, 일반기업회계기준을 적용하여 회계처리 한다.
- 문제의 풀이와 답안작성은 제시된 문제의 순서대로 진행한다.

---

1. 일반전표입력 메뉴를 이용하여 다음의 거래자료를 입력하시오. (15점)

입력시 유의사항
- 일반적인 적요의 입력은 생략하지만, 타계정 대체거래는 적요번호를 선택하여 입력한다.
- 채권·채무와 관련된 거래는 별도의 요구가 없는 한 반드시 기 등록되어 있는 거래처코드를 선택하는 방법으로 거래처명을 입력한다.
- 제조경비는 500번대 계정코드를, 판매비와 관리비는 800번대 계정코드를 사용한다.
- 회계처리시 계정과목은 별도제시가 없는 한 등록되어 있는 계정과목 중 가장 적절한 과목으로 한다.

[1] 2월 11일 영업부의 거래처 직원인 최민영의 자녀 돌잔치 축의금으로 100,000원을 보통예금 계좌에서 이체하였다. (3점)

[2] 3월 31일 제조공장의 직원을 위해 확정기여형(DC) 퇴직연금에 가입하고 당월분 납입액 2,700,000원을 보통예금 계좌에서 퇴직연금 계좌로 이체하였다. (3점)

[3] 5월 30일 당사는 유상증자를 통해 보통주 5,000주를 주당 4,000원(주당 액면금액 5,000원)에 발행하고, 증자대금은 보통예금 계좌로 입금되었다. 유상증자일 현재 주식발행초과금 잔액은 2,000,000원이다. (3점)

[4] 7월 10일 래인상사㈜로부터 제품 판매대금으로 수령한 3개월 만기 약속어음 20,000,000원을 하나은행에 할인하고, 할인수수료 550,000원을 차감한 잔액이 보통예금 계좌로 입금되었다(단, 차입거래로 회계처리 할 것). (3점)

[5] 12월 13일 당사의 거래처인 ㈜서울로부터 기계장치를 무상으로 받았다. 동 기계장치의 공정가치는 3,800,000원이다. (3점)

2. 매입매출전표입력 메뉴를 이용하여 다음의 거래자료를 입력하시오. (15점)

> **입력시 유의사항**
> - 일반적인 적요의 입력은 생략하지만, 타계정 대체거래는 적요번호를 선택하여 입력한다.
> - 채권·채무와 관련된 거래는 별도의 요구가 없는 한 반드시 기등록된 거래처코드를 선택하는 방법으로 거래처명을 입력한다.
> - 제조경비는 500번대 계정코드를, 판매비와관리비는 800번대 계정코드를 사용한다.
> - 회계처리 시 계정과목은 별도의 제시가 없는 한 등록된 계정과목 중 가장 적절한 과목으로 한다.
> - 입력화면 하단의 분개까지 처리하고, 전자세금계산서 및 전자계산서는 전자 입력으로 반영한다.

[1] 10월 8일 수출업체인 ㈜상상에 구매확인서에 의하여 제품을 10,000,000원에 판매하고, 영세율전자세금계산서를 발급하였다. 판매대금은 당월 20일에 지급받는 것으로 하였다(단, 서류번호의 입력은 생략한다). (3점)

[2] 10월 14일 제조공장에서 사용하는 화물용 트럭의 접촉 사고로 인해 파손된 부분을 안녕정비소에서 수리하고, 1,650,000원(부가가치세 포함)을 법인카드(㈜순양카드)로 결제하였다. 단, 지출비용은 차량유지비 계정을 사용한다. (3점)

```
              카드매출전표
─────────────────────────────────
카드종류 : ㈜순양카드
카드번호 : 2224-1222-****-1347
거래일시 : 2025.10.14. 22:05:16
거래유형 : 신용승인
금    액 : 1,500,000원
부 가 세 : 150,000원
합    계 : 1,650,000원
결제방법 : 일시불
승인번호 : 71999995
은행확인 : 하나은행
─────────────────────────────────
가맹점명 : 안녕정비소
         -이하생략-
```

[3] 11월 3일 ㈜바이머신에서 10월 1일에 구입한 기계장치에 하자가 있어 반품하고 아래와 같이 수정세금계산서를 발급받았으며 대금은 전액 미지급금과 상계처리하였다(단, 분개는 음수(-)로 회계처리할 것). (3점)

수정전자세금계산서

공급자	등록번호	105-81-72040	종사업장번호		공급받는자	등록번호	202-81-03655	종사업장번호	
	상호(법인명)	㈜바이머신	성명	한만군		상호(법인명)	㈜세아산업	성명	오세아
	사업장주소	경북 칠곡군 석적읍 강변대로 220				사업장주소	서울시 동대문구 겸재로 16		
	업태	도소매	종목	기타 기계 및 장비		업태	제조,도소매	종목	컴퓨터부품
	이메일					이메일			

작성일자	공급가액	세액	수정사유	비고
2025-11-03	-30,000,000원	-3,000,000원	재화의 환입	당초 작성일자(20251001), 당초 승인번호

승인번호 20251103-00054021-00000086

월	일	품목	규격	수량	단가	공급가액	세액	비고
11	03	기계장치				-30,000,000원	-3,000,000원	

합계금액	현금	수표	어음	외상미수금	위 금액을 (청구) 함
-33,000,000원				-33,000,000원	

[4] 11월 11일 빼빼로데이를 맞아 당사의 영업부 직원들에게 선물하기 위해 미리 주문하였던 초콜릿을 ㈜사탕으로부터 인도받았다. 대금 2,200,000원(부가가치세 포함) 중 200,000원은 10월 4일 계약금으로 지급하였으며, 나머지 금액은 보통예금 계좌에서 지급하고 아래의 전자세금계산서를 수취하였다. (3점)

전자세금계산서

공급자	등록번호	178-81-12341	종사업장번호		공급받는자	등록번호	202-81-03655	종사업장번호	
	상호(법인명)	㈜사탕	성명	박사랑		상호(법인명)	㈜세아산업	성명	오세아
	사업장주소	서울특별시 동작구 여의대방로 28				사업장주소	서울시 동대문구 겸재로 16		
	업태	소매업	종목	과자류		업태	제조,도소매	종목	컴퓨터부품
	이메일					이메일			

승인번호 20251111-15454645-58811886

작성일자	공급가액	세액	수정사유	비고
2025-11-11	2,000,000원	200,000원	해당 없음	계약금 200,000원 수령(2025년 10월 4일)

월	일	품목	규격	수량	단가	공급가액	세액	비고
11	11	힘내라 초콜렛 외			2,000,000원	2,000,000원	200,000원	

합계금액	현금	수표	어음	외상미수금	위 금액을 (청구) 함
2,200,000원	200,000			2,000,000원	

[5] 12월 28일 비사업자인 개인 소비자에게 사무실에서 사용하던 비품(취득원가 1,200,000원, 감가상각누계액 960,000원)을 275,000원(부가가치세 포함)에 판매하고, 대금은 보통예금 계좌로 받았다(별도의 세금계산서나 현금영수증을 발급하지 않았으며, 거래처 입력은 생략한다). (3점)

3. 부가가치세신고와 관련하여 다음 물음에 답하시오. (10점)

[1] 다음은 2025년 제2기 부가가치세 예정신고기간의 신용카드 매출 및 매입자료이다. 아래 자료를 이용하여 신용카드매출전표등발행금액집계표와 신용카드매출전표등수령명세서(갑)을 작성하시오(단, 매입처는 모두 일반과세자이다). (4점)

1. 신용카드 매출

거래일자	거래내용	공급가액	부가가치세	합계	비고
7월 17일	제품매출	4,000,000원	400,000원	4,400,000원	전자세금계산서를 발급하고 신용카드로 결제받은 3,300,000원이 포함되어 있다.
8월 21일	제품매출	3,000,000원	300,000원	3,300,000원	
9월 30일	제품매출	2,000,000원	200,000원	2,200,000원	

2. 신용카드 매입

거래일자	상 호	사업자번호	공급가액	부가가치세	비고
7월 11일	㈜가람	772-81-10112	70,000원	7,000원	사무실 문구구입-법인(신한)카드 사용
8월 15일	㈜기쁨	331-80-62014	50,000원	5,000원	거래처 선물구입-법인(신한)카드 사용
9월 27일	자금성	211-03-54223	10,000원	1,000원	직원 간식구입-직원 개인카드 사용

※ 법인(신한)카드 번호 : 7777-9999-7777-9999, 직원 개인카드 번호 : 3333-5555-3333-5555

[2] 다음의 자료를 이용하여 2025년 제1기 부가가치세 확정신고기간(2025년 4월~2025년 6월)에 대한 대손세액공제신고서를 작성하시오. (4점)

- 대손이 발생된 매출채권은 아래와 같다.

공급일자	거래상대방	계정과목	공급대가	비고
2025. 01. 05.	정성㈜	외상매출금	11,000,000원	부도발생일(2025. 03. 31.)
2024. 09. 01.	수성㈜	받을어음	7,700,000원	부도발생일(2024. 11. 01.)
2022. 05. 10.	금성㈜	외상매출금	5,500,000원	상법상 소멸시효 완성(2025. 05. 10.)
2024. 01. 15.	우강상사	단기대여금	2,200,000원	자금 차입자의 사망(2025. 06. 25.)

- 전기에 대손세액공제(사유 : 전자어음부도, 당초공급일 : 2024.01.05, 대손확정일자 : 2024.10.01.)를 받았던 매출채권(공급대가 : 5,500,000원, 매출처 : 비담㈜, 111-81-33339)의 50%를 2025.05.10.에 회수하였다.

[3] 당 법인의 2025년 제1기 예정신고기간의 부가가치세신고서를 작성 및 마감하여 부가가치세 전자신고를 수행하시오. (2점)

> 1. 부가가치세신고서와 관련 부속서류는 마감되어 있다.
> 2. [전자신고] → [국세청 홈택스 전자신고변환(교육용)] 순으로 진행한다.
> 3. 전자신고용 전자파일 제작 시 신고인 구분은 2.납세자 자진신고로 선택하고, 비밀번호는 "12341234"로 입력한다.
> 4. 전자신고용 전자파일 저장경로는 로컬디스크(C :)이며, 파일명은 "enc작성연월일.101. v2028103655"이다.
> 5. 최종적으로 국세청 홈택스에서 [전자파일 제출하기]를 완료한다.

4. 다음 결산자료를 입력하여 결산을 완료하시오. (15점)

[1] 2025년 6월 1일에 제조공장에 대한 화재보험료(보험기간 : 2025.06.01.~2026.05.31.) 3,000,000원을 전액 납입하고 즉시 비용으로 회계처리하였다(단, 음수(-)로 회계처리하지 말고, 월할계산할 것). (3점)

[2] 보통예금(우리은행)의 잔액이 (-)7,200,000원으로 계상되어 있어 거래처원장을 확인해보니 마이너스통장으로 확인되었다. (3점)

[3] 다음은 기말 현재 보유하고 있는 매도가능증권(투자자산)의 내역이다. 이를 반영하여 매도가능증권의 기말평가에 대한 회계처리를 하시오. (3점)

회사명	2024년 취득가액	2024년 기말 공정가액	2025년 기말 공정가액
㈜대박	159,000,000원	158,500,000원	135,000,000원

[4] 결산일 현재 외상매출금 잔액과 미수금 잔액에 대해서만 1%의 대손충당금(기타채권 제외)을 보충법으로 설정하고 있다. (3점)

[5] 기말 현재 보유 중인 감가상각 대상 자산은 다음과 같다. (3점)

- 계정과목 : 특허권
- 취득원가 : 4,550,000원
- 내용연수 : 7년
- 취득일자 : 2023.04.01.
- 상각방법 : 정액법

5. 2025년 귀속 원천징수자료와 관련하여 다음의 물음에 답하시오. (15점)

[1] 다음은 영업부 최철수 과장(사원코드 : 101)의 3월과 4월의 급여자료이다. 3월과 4월의 급여자료입력과 원천징수이행상황신고서를 작성하시오(단, 원천징수이행상황신고서는 각각 작성할 것). (5점)

1. 회사 사정으로 인해 3월과 4월 급여는 2025년 4월 30일에 일괄 지급되었다.
2. 수당 및 공제항목은 불러온 자료는 무시하고, 아래 자료에 따라 입력하되 사용하지 않는 항목은 "부"로 등록한다.
3. 급여자료

구 분	3월	4월	비 고
기 본 급	2,800,000원	3,000,000원	
식 대	100,000원	200,000원	현물식사를 별도로 제공하고 있다.
지 급 총 액	2,900,000원	3,200,000원	
국 민 연 금	135,000원	135,000원	
건 강 보 험	104,850원	115,330원	
장 기 요 양 보 험	13,430원	14,770원	
고 용 보 험	23,200원	25,600원	
건강보험료정산	–	125,760원	공제소득유형 : 5.건강보험료정산
장기요양보험정산	–	15,480원	공제소득유형 : 6.장기요양보험정산
소 득 세	65,360원	91,460원	
지 방 소 득 세	6,530원	9,140원	
공 제 총 액	348,370원	532,540원	
차 인 지 급 액	2,551,630원	2,667,460원	

[2] 신영식 사원(사번 : 102, 입사일 : 2025년 05월 01일)의 2025년 귀속 연말정산과 관련된 자료는 다음과 같다. 아래의 자료를 이용하여 연말정산추가자료입력 메뉴의 소득명세 탭, 부양가족 탭, 의료비 탭, 기부금 탭, 연금저축 등Ⅰ 탭, 연말정산입력 탭을 작성하여 연말정산을 완료하시오. 단, 신영식은 무주택 세대주로 부양가족이 없으며, 근로소득 이외에 다른 소득은 없다.

(10점)

현근무지	• 급여총액 : 24,800,000원(비과세 급여, 상여, 감면소득 없음) • 소득세 기납부세액 : 747,200원(지방소득세 : 74,720원) • 이외 소득명세 탭의 자료는 불러오기 금액을 반영한다.
전(前)근무지 근로소득 원천징수 영수증	• 근무처 : ㈜진우상사(사업자번호 : 258-81-84442) • 근무기간 : 2025.01.01.~2025.04.20. • 급여총액 : 20,000,000원 (비과세 급여, 상여, 감면소득 없음) • 건강보험료 : 419,300원 • 장기요양보험료 : 51,440원 • 고용보험료 : 108,000원 • 국민연금 : 540,000원 • 소득세 결정세액 : 200,000원(지방소득세 결정세액 : 20,000원)
2025년도 연말정산자료	※ 안경구입비를 제외한 연말정산 자료는 모두 국세청 홈택스 연말정산간소화서비스 자료임 | 항목	내용
보험료 (본인)	• 일반 보장성 보험료 : 2,000,000원 • 저축성 보험료 : 1,500,000원 ※ 계약자와 피보험자 모두 본인이다.
교육비(본인)	• 대학원 교육비 : 7,000,000원
의료비 (본인)	• 질병 치료비 : 3,000,000원(본인 현금 결제, 실손의료보험금 1,000,000원 수령) • 시력보정용 안경 구입비 : 800,000원(안경원에서 의료비공제용 영수증 수령) • 미용 목적 피부과 시술비 : 1,000,000원 • 건강증진을 위한 한약 : 500,000원
기부금 (본인)	• 종교단체 금전 기부금 : 1,200,000원 • 사회복지공동모금회 금전 기부금 : 2,000,000원 ※ 지급처(기부처) 상호 및 사업자번호 입력은 생략한다.
개인연금저축 (본인)	• 개인연금저축 납입금액 : 2,000,000원 • KEB 하나은행, 계좌번호 : 253-660750-73308	

제112회 기출문제총정리

이론시험

다음 문제를 보고 알맞은 것을 골라 이론문제 답안작성 메뉴에 입력하시오. (객관식 문항당 2점)

| 기본전제 |

문제에서 한국채택국제회계기준을 적용하도록 하는 전제조건이 없는 경우, 일반기업회계기준을 적용하여 회계처리 한다.

1 다음 중 유가증권에 대한 설명으로 옳지 않은 것은?

① 유가증권은 증권의 종류에 따라 지분증권과 채무증권으로 분류할 수 있다.
② 단기매매증권은 주로 단기간 내 매매차익을 목적으로 취득한 유가증권을 의미한다.
③ 지분증권은 단기매매증권과 매도가능증권으로 분류할 수 있으나, 만기보유증권으로 분류할 수 없다.
④ 보고기간 종료일로부터 1년 이내 만기가 도래하는 만기보유증권의 경우 단기매매증권으로 변경하여 유동자산으로 재분류하여야 한다.

2 다음의 회계상 거래가 2025년 재무제표에 미치는 영향으로 옳지 않은 것은?

영업부의 업무용 차량에 대한 보험료(보험기간 : 2025.07.01.~2026.06.30.)를 2025년 7월 1일에 지급하고 전부 비용으로 회계처리하였다. 2025년 12월 31일 결산일 현재 별도의 회계처리를 하지 않았다.

① 자산 과대　　　　　　② 비용 과대
③ 당기순이익 과소　　　④ 부채 영향 없음

3 다음 중 유형자산의 취득 이후 지출에 대한 설명으로 가장 옳지 않은 것은?

① 유형자산의 인식기준을 충족하는 경우에는 자본적 지출로 처리하고, 충족하지 못한 경우에는 수익적 지출로 처리한다.
② 본래의 용도를 변경하기 위한 지출은 자본적 지출에 해당한다.
③ 자산의 원상회복, 수선유지를 위한 지출 등은 자본적 지출에 해당한다.
④ 건물 벽의 도장, 파손된 유리창 대체, 일반적인 소액 수선비는 수익적 지출에 해당한다.

4 다음 중 용역의 제공으로 인한 수익인식의 조건에 대한 설명으로 틀린 것은?

① 용역제공거래의 성과를 신뢰성 있게 추정할 수 있을 때 진행기준에 따라 인식한다.
② 이미 발생한 원가와 그 거래를 완료하기 위해 추가로 발생할 것으로 추정되는 원가의 합계액이 총수익을 초과하는 경우에는 그 초과액과 이미 인식한 이익의 합계액을 전액 당기손실로 인식한다.
③ 용역제공거래의 성과를 신뢰성 있게 추정할 수 없는 경우에는 발생한 비용의 범위 내에서 회수가능한 금액을 수익으로 인식한다.
④ 용역제공거래의 성과를 신뢰성 있게 추정할 수 없고 발생한 원가의 회수가능성이 낮은 경우에는 수익을 인식하지 않고 발생한 원가도 비용으로 인식하지 않는다.

5 다음 중 일반기업회계기준상 보수주의에 대한 예시로 옳지 않은 것은?

① 재고자산의 평가 시 저가주의에 따른다.
② 회계연도의 이익을 줄이기 위해 유형자산의 내용연수를 임의로 단축한다.
③ 물가 상승 시 재고자산평가방법으로 후입선출법을 적용한다.
④ 우발손실은 인식하나 우발이익은 인식하지 않는다.

6 다음 중 원가행태(조업도)에 따른 분류에 대한 설명으로 가장 틀린 것은?

① 고정원가는 조업도의 변동과 관계없이 일정하게 발생하는 원가이다.
② 조업도가 증가하면 총 변동원가도 증가한다.
③ 제조공장의 임차료는 대표적인 고정원가이다.
④ 조업도가 감소하면 단위당 변동원가는 증가한다.

7 ㈜한국은 제조간접원가를 직접노무시간 기준으로 배부하고 있으며 제조간접원가 배부율은 시간당 2,000원이다. 제조간접원가 실제 발생액이 18,000,000원이고, 실제 직접노무시간이 10,000시간이 발생한 경우 제조간접원가 배부차이는 얼마인가?

① 2,000,000원 과대배부
② 2,000,000원 과소배부
③ 3,000,000원 과소배부
④ 배부차이 없음

8 다음은 ㈜한국의 제조활동과 관련된 물량흐름 관련 자료이다. 이에 대한 설명으로 옳은 것은?

- 기초재공품 : 500개
- 기말재공품 : 300개
- 당기착수량 : 5,000개
- 공손품수량 : 700개

① 완성품의 10%가 정상공손이면 완성품수량은 4,200개이다.
② 완성품의 10%가 정상공손이면 정상공손수량은 450개이다.
③ 완성품의 10%가 정상공손이면 비정상공손수량은 280개이다.
④ 완성품의 10%가 정상공손이면 정상공손수량은 420개이다.

9 다음 중 개별원가계산에 대한 설명으로 옳지 않은 것은?

① 작업원가표를 근거로 원가계산을 한다.
② 직접원가와 제조간접원가의 구분이 중요하다.
③ 공정별 제품원가 집계 후 해당 공정의 생산량으로 나누어 단위당 원가를 계산하는 방식이다.
④ 주문생산형태에 적합한 원가계산방식이다.

10 아래의 자료를 이용하여 평균법에 의한 가공원가의 완성품환산량을 계산하면 얼마인가?

구분	수량	완성도
기초재공품	1,000개	50%
당기착수	3,000개	
기말재공품	2,000개	40%

① 2,800개
② 3,800개
③ 4,000개
④ 4,300개

11 다음 중 부가가치세법상 간이과세자에 대한 설명으로 가장 틀린 것은?

① 간이과세자란 원칙적으로 직전 연도의 공급대가의 합계액이 8,000만원에 미달하는 사업자를 말한다.
② 직전 연도의 공급대가의 합계액이 4,800만원 이상인 부동산임대사업자는 간이과세자로 보지 않는다.
③ 간이과세자는 세금계산서를 발급받은 재화의 공급대가에 1%를 곱한 금액을 납부세액에서 공제한다.
④ 직전 연도의 공급대가의 합계액이 4,800만원 미만인 간이과세자는 세금계산서를 발급할 수 없다.

12 다음 중 부가가치세법상 의제매입세액공제제도에 관한 내용으로 가장 틀린 것은?

① 의제매입세액은 면세농산물 등을 공급받거나 수입한 날이 속하는 과세기간의 매출세액에서 공제한다.
② 의제매입세액공제는 사업자등록을 한 부가가치세 과세사업자가 적용대상자이며, 미등록자는 허용되지 않는다.
③ 면세농산물 등의 매입가액에는 운임 등의 직접 부대비용 및 관세를 포함한다.
④ 면세농산물 등에 대하여 세금계산서 없이도 일정한 금액을 매입세액으로 의제하여 공제하는 것이기 때문에 의제매입세액공제라고 한다.

13 다음 중 소득세법상 근로소득과 관련된 내용으로 틀린 것은?

① 식사나 기타 음식물을 제공받지 않는 근로자가 받는 월 20만원 이하의 식사대는 비과세 근로소득이다.
② 종업원이 지급받은 경조금 중 사회통념상 타당하다고 인정되는 범위 내의 금액은 근로소득으로 보지 않는다.
③ 고용관계에 의하여 지급받은 강연료는 근로소득이다.
④ 근로자의 가족에 대한 학자금은 비과세 근로소득이다.

14 다음 중 소득세법상 과세표준 확정신고를 반드시 하여야 하는 경우는?

① 퇴직소득만 있는 경우
② 근로소득과 사업소득이 있는 경우
③ 근로소득과 퇴직소득이 있는 경우
④ 근로소득과 보통예금이자 150만원(14% 원천징수세율 적용 대상)이 있는 경우

15 다음 중 소득세법상 종합소득공제에 대한 설명으로 가장 옳지 않은 것은?

① 근로소득금액 5,000,000원이 있는 40세 배우자는 기본공제 대상자에 해당한다(단, 다른 소득은 없다).
② 종합소득금액이 35,000,000원이고, 배우자가 없는 거주자로서 기본공제 대상자인 직계비속이 있는 자는 한부모공제가 가능하다.
③ 부녀자공제와 한부모공제가 중복되는 경우에는 한부모공제만 적용한다.
④ 기본공제 대상자가 아닌 자는 추가공제 대상자가 될 수 없다.

실무시험

㈜시완산업(회사코드:8521)은 전자제품의 제조 및 도·소매업을 주업으로 영위하는 중소기업으로, 당기(제14기)의 회계기간은 2025.1.1.~2025.12.31.이다. 전산세무회계 수험용 프로그램을 이용하여 다음 물음에 답하시오.

| 기본전제 |

- 문제에서 한국채택국제회계기준을 적용하도록 하는 전제조건이 없는 경우, 일반기업회계기준을 적용하여 회계처리 한다.
- 문제의 풀이와 답안작성은 제시된 문제의 순서대로 진행한다.

---

1 일반전표입력 메뉴를 이용하여 다음의 거래자료를 입력하시오. (15점)

입력시 유의사항

- 일반적인 적요의 입력은 생략하지만, 타계정 대체거래는 적요번호를 선택하여 입력한다.
- 채권·채무와 관련된 거래는 별도의 요구가 없는 한 반드시 기 등록되어 있는 거래처코드를 선택하는 방법으로 거래처명을 입력한다.
- 제조경비는 500번대 계정코드를, 판매비와 관리비는 800번대 계정코드를 사용한다.
- 회계처리시 계정과목은 별도제시가 없는 한 등록되어 있는 계정과목 중 가장 적절한 과목으로 한다.

[1] 6월 12일 단기매매증권으로 분류되는 ㈜단타의 주식 5,000주를 1주당 2,000원에 매입하였다. 매입수수료는 매입가액의 1%이고, 매입 관련 대금은 모두 보통예금 계좌에서 지급하였다. (3점)

[2] 7월 9일 5월분 급여 지급 시 원천징수한 소득세 3,000,000원 및 지방소득세 300,000원을 보통예금 계좌에서 이체하여 납부하였다(단, 소득세와 지방소득세를 합하여 하나의 전표로 입력할 것). (3점)

[3] 7월 21일 대주주로부터 업무용 토지(공정가치 350,000,000원)를 무상으로 기증받고, 같은 날에 토지에 대한 취득세 20,000,000원을 보통예금 계좌에서 납부하였다(단, 하나의 전표로 입력할 것). (3점)

[4] 9월 20일 액면금액 35,000,000원(5년 만기)인 사채를 34,100,000원에 발행하고, 대금은 전액 보통예금 계좌로 입금받았다. (3점)

[5] 10월 21일 전기에 발생한 ㈜도담의 외상매출금 $100,000를 회수하고 즉시 전액을 원화로 환가하여 보통예금 계좌에 입금하였다(단, 전기 결산일에 외화자산 및 부채의 평가는 적절히 반영되었으며, 계정과목은 외상매출금을 사용할 것). (3점)

2024년 12월 31일(전기 결산일) 기준환율	2025년 10월 21일(환가일) 적용환율
1,150원/$	1,250원/$

2 매입매출전표입력 메뉴를 이용하여 다음의 거래자료를 입력하시오. (15점)

> **입력시 유의사항**
> - 일반적인 적요의 입력은 생략하지만, 타계정 대체거래는 적요번호를 선택하여 입력한다.
> - 채권·채무와 관련된 거래는 별도의 요구가 없는 한 반드시 기등록된 거래처코드를 선택하는 방법으로 거래처명을 입력한다.
> - 제조경비는 500번대 계정코드를, 판매비와관리비는 800번대 계정코드를 사용한다.
> - 회계처리 시 계정과목은 별도의 제시가 없는 한 등록된 계정과목 중 가장 적절한 과목으로 한다.
> - 입력화면 하단의 분개까지 처리하고, 전자세금계산서 및 전자계산서는 전자 입력으로 반영한다.

[1] 7월 2일 기계장치의 내용연수를 연장시키는 주요 부품을 교체하고 16,500,000원(부가가치세 포함)을 대보상사에 당좌수표를 발행하여 지급하였다. 이에 대해 종이세금계산서를 수취하였다(단, 부품교체 비용은 자본적지출로 처리할 것). (3점)

[2] 7월 24일   마케팅부서 직원의 야식을 참맛식당(일반과세자)에서 현금으로 구입하고, 현금영수증(지출증빙용)을 발급받았다. (3점)

현금영수증

● 거래정보

거래일시	20250724
승인번호	G00260107
거래구분	승인거래
거래용도	지출증빙
발급수단번호	609-81-40259

● 거래금액

공급가액	부가세	봉사료	총 거래금액
80,000	8,000	0	88,000

● 가맹점 정보

상호	참맛식당
사업자번호	356-52-00538
대표자명	강연우
주소	서울시 강서구 가로공원로 74

● 익일 홈택스에서 현금영수증 발급 여부를 반드시 확인하시기 바랍니다.
● 홈페이지 (http://www.hometax.go.kr)
  - 조회/발급>현금영수증 조회>사용내역(소득공제) 조회
                        >매입내역(지출증빙) 조회
● 관련문의는 국세상담센터(☎126-1-1)

[3] 8월 1일   제품의 영업관리를 위하여 개별소비세 과세대상 승용차(1,500cc)를 ㈜빠름자동차에서 구입하였다. 대금은 보통예금 계좌에서 3,000,000원을 지급하고 나머지는 외상으로 하였으며, 다음과 같은 전자세금계산서를 발급받았다. (3점)

전자세금계산서

				승인번호	20250801-410000012-7c00mk5		
공급자	등록번호	123-81-12147	종사업장번호		공급받는자	등록번호	609-81-40259	종사업장번호	
	상호(법인명)	㈜빠름자동차	성명	김빠름		상호(법인명)	㈜시완산업	성명	신서윤
	사업장주소	서울 강남구 강남대로 256				사업장주소	서울특별시 강서구 가로공원로 173		
	업태	제조	종목	자동차		업태	제조,도소매	종목	전자제품
	이메일					이메일			

작성일자	공급가액	세액	수정사유	비고
2025-08-01	25,000,000	2,500,000	해당없음	
비고				

월	일	품목	규격	수량	단가	공급가액	세액	비고
08	01	승용차(1,500cc)				25,000,000	2,500,000	

[4] 8월 17일   ㈜더뷰상사에게 제품 2,000개를 개당 20,000원(부가가치세 별도)에 판매하고 전자세금계산서를 발급하였다. 이와 관련하여 공급가액의 30%는 보통예금 계좌로 받고 나머지는 외상으로 하였다. (3점)

전자세금계산서

	공급자			공급받는자	
승인번호	202508172501 - 45121451215 - 4212445				
등록번호	609 - 81 - 40259	종사업장번호	등록번호	606 - 81 - 95866	종사업장번호
상호(법인명)	㈜시완산업	성명 신서윤	상호(법인명)	㈜더뷰상사	성명 김소인
사업장주소	서울특별시 강서구 가로공원로 173		사업장주소	충북 청주시 흥덕구 청주역로 105	
업태	제조,도매	종목 전자제품	업태	도소매	종목 완구
이메일			이메일		

작성일자	공급가액	세액	수정사유	비고
2025 - 08 - 17	40,000,000	4,000,000		

비고

월	일	품목	규격	수량	단가	공급가액	세액	비고
08	17	모니터 외		2,000	20,000	40,000,000	4,000,000	

[5] 11월 30일   미국의 KYM사에 $60,000(수출신고일 11월 27일, 선적일 11월 30일)의 제품을 직수출하였다. 수출대금 중 $30,000는 11월 30일에 보통예금 계좌로 받았으며, 나머지 잔액은 12월 5일에 받기로 하였다. 일자별 기준환율은 다음과 같다(단, 수출신고필증은 정상적으로 발급받았으며, 수출신고번호는 고려하지 말 것). (3점)

일자	11월 27일	11월 30일	12월 05일
기준환율	1,350원/$	1,310원/$	1,295원/$

3 부가가치세 신고와 관련하여 다음 물음에 답하시오. (10점)

[1] 다음 자료를 바탕으로 제2기 확정신고기간(2025.10.01.~2025.12.31.)의 [부동산임대공급가액명세서]를 작성하시오(단, 간주임대료에 대한 정기예금 이자율은 3.5%로 가정한다).
(3점)

동수	층수	호수	면적(m²)	용도	임대기간	보증금(원)	월세(원)	관리비(원)
2	1	103	100	사무실	2023.11.01.~2025.10.31.	50,000,000	2,000,000	500,000
					2025.11.01.~2027.10.31.	60,000,000	2,000,000	500,000

- 위 사무실은 ㈜삼정테크(502-86-56232)에게 2023.11.01. 최초로 임대를 개시하였으며, 계약기간 만료로 2025.11.01. 임대차계약을 갱신하면서 보증금만 인상하기로 하였다.
- 월세와 관리비 수입은 모두 정상적으로 세금계산서를 발급하였으며, 간주임대료에 대한 부가가치세는 임대인이 부담하고 있다.

[2] 다음 자료를 이용하여 2025년 제1기 예정신고기간(01.01.~03.31.)의 부가가치세신고서를 작성하시오(단, 기존에 입력된 자료 또는 불러오는 자료는 무시하고, 부가가치세 신고서 외의 부속서류 작성은 생략할 것). (5점)

매출자료	(1) 전자세금계산서 발급분 : 공급가액 350,000,000원 세액 35,000,000원 (2) 현금영수증 발급분 : 공급가액 12,000,000원 세액 1,200,000원 (3) [부동산임대공급가액명세서]에서 계산된 간주임대료 과세표준 금액 : 287,600원 (단, 임대료에 대한 전자세금계산서는 적법하게 발급되었음)

매입자료	(1) 전자세금계산서 수취분 일반매입 : 공급가액 110,000,000원 세액 11,000,000원
	  - 업무용 토지취득 관련 법무사비용 공급가액 350,000원 세액 35,000원이 포함되어 있다.
	(2) 전자세금계산서 수취분 고정자산매입 : 공급가액 40,000,000원 세액 4,000,000원
	  - 개별소비세 과세 대상 업무용승용차(5인승, 1,995cc) 매입액이다.
	(3) 신용카드 일반매입액 : 공급가액 50,000,000원 세액 5,000,000원
	  - 접대 관련 카드사용분 공급가액 5,000,000원 세액 500,000원이 포함되어 있다.

기타자료	• 매출 및 매입에 대한 전자세금계산서는 적법하게 발급되었다. • 전자신고세액공제는 고려하지 않는다.

[3] 2025년 제1기 확정 부가가치세신고서의 전자신고를 수행하시오. (2점)

1. 부가가치세신고서와 관련 부속서류는 마감되어 있다.
2. [전자신고] → [국세청 홈택스 전자신고변환(교육용)] 순으로 진행한다.
3. [전자신고]의 [전자신고제작] 탭에서 신고인구분은 2.납세자 자진신고를 선택하고, 비밀번호는 "13001300"로 입력한다.
4. [국세청 홈택스 전자신고변환(교육용)] → 전자파일변환(변환대상파일선택) → 찾아보기 에서 전자신고용 전자파일을 선택한다.
5. 전자신고용 전자파일 저장경로는 로컬디스크(C:)이며, 파일명은 "enc작성연월일.101.v6098140259"이다.
6. 형식검증하기 ➡ 형식검증결과확인 ➡ 내용검증하기 ➡ 내용검증결과확인 ➡ 전자파일제출 을 순서대로 클릭한다.
7. 최종적으로 전자파일 제출하기 를 완료한다.

4 다음 결산자료를 입력하여 결산을 완료하시오. (15점)

[1] 3월 22일에 장기 투자 목적으로 ㈜바른상사의 비상장주식 10,000주를 7,300,000원에 취득하였다. 결산일 현재 해당 주식의 시가는 1주당 850원이다. (3점)

[2] 12월 30일에 장부상 현금보다 실제 현금이 102,000원이 적은 것을 발견하여 현금과부족으로 회계 처리하였으나 기말까지 원인을 파악하지 못했다. (3점)

[3] 결산 시 거래처원장 중 보통예금(우리은행)의 잔액이 (-)35,423,800원임을 발견하였다. 보통예금(우리은행) 계좌는 마이너스 통장으로 확인되었다(단, 마이너스 통장은 단기차입금 계정을 사용하고, 음수(-)로 회계처리하지 말 것). (3점)

[4] 2025년 3월 1일에 영업부 사무실에 대한 화재보험료(보험기간 2025.03.01.~2026.02.29.) 1,200,000원을 전액 납입하고, 전액 비용으로 회계처리하였다(단, 음수(-)로 회계처리하지 말고, 월할계산 할 것). (3점)

[5] 퇴직급여추계액이 다음과 같을 때 퇴직급여충당부채를 설정하시오. 회사는 퇴직급여추계액의 100%를 퇴직급여충당부채로 설정하고 있다. (3점)

구분	퇴직금추계액	설정 전 퇴직급여충당부채 잔액
생산부서	300,000,000원	60,000,000원
마케팅부서	100,000,000원	20,000,000원

5 2025년 귀속 원천징수자료와 관련하여 다음의 물음에 답하시오. (15점)

[1] 다음 자료를 이용하여 본사 기업부설연구소의 수석연구원으로 근무하는 박정수(사번:102)의 7월분 급여자료입력과 원천징수이행상황신고서를 작성하시오(단, 전월미환급세액은 150,000원이다). (5점)

> ※ 수당등록 시 월정액 및 통상임금은 고려하지 않으며, 사용하는 수당 이외의 항목은 사용 여부를 "부"로 체크한다.
> ※ 급여자료입력 시 공제항목의 불러온 데이터는 무시하고 직접 입력하여 작성한다.
> ※ 원천징수이행상황신고서의 귀속월과 지급월은 동일하게 매월 작성하여 신고하고 있으며, 박정수의 급여내역만 반영하고 환급신청은 하지 않기로 한다.
> ※ 박정수의 부양가족에 6세 이하 자녀가 있다고 가정하고 비과세 요건에 해당하면 최대한 반영하기로 하며, 부양가족 명세는 수정하지 아니한다.

〈7월 급여내역〉

이름	박정수	지급일	7월 31일
기본급	2,000,000원	소득세	35,600원
직책수당	300,000원	지방소득세	3,560원
식대	200,000원	국민연금	112,500원
[기업연구소]연구보조비	200,000원	건강보험	88,620원
육아수당	200,000원	장기요양보험	11,470원
		고용보험	22,500원
급여계	2,900,000원	공제합계	274,250원
		지급총액	2,625,750원

• 식대 : 식대 이외에 현물식사도 함께 제공하고 있다.
• [기업연구소]연구보조비 : 연구활동에 직접 종사하는 자에게 지급하고 있다.
• 육아수당 : 사규에 따라 6세 이하 자녀의 보육과 관련하여 자녀 1인당 200,000원의 수당을 지급하고 있다.

[2] 2025년 9월 20일에 입사한 사원 김민수(사번:130, 세대주)의 2025년 귀속 연말정산 관련 자료는 다음과 같다. 연말정산추가자료입력 메뉴에서 이전 근무지와 관련한 근로소득 원천징수영수증은 소득명세 탭, 나머지 연말정산 자료에 따라 부양가족 탭, 의료비 탭에 입력하고, 연말정산입력 탭을 완성하시오(단, 제시된 자료 외의 소득은 없으며, 본인의 세부담 최소화를 가정한다). (10점)

1. 가족사항 (단, 모두 생계를 같이 하며, 반드시 기본공제대상자가 아닌 경우에는 '부'로 입력할 것)

성명	관계	주민번호	비고
김민수	본인	800205-1884520	
여민지	배우자	830120-2118529	근로소득자(총급여액 : 5,000,000원)
김수지	자녀	120810-4988226	중학생, 일시적인 문예창작소득 50만원
김지민	자녀	140520-3118523	초등학생, 소득없음.
한미녀	모친	571211-2113255	「장애인복지법」상 장애인, 원천징수 대상 금융소득금액 1,000만원

2. 김민수의 전(前)근무지 근로소득 원천징수영수증

- 근무처 : ㈜강일전자(205-85-11389)
- 근무기간 : 2025.01.01.~2025.09.19.
- 급여 : 33,250,000원
- 상여 : 8,500,000원
- 국민연금보험료 : 1,822,500원
- 국민건강보험료 : 1,435,680원
- 장기요양보험료 : 183,870원
- 고용보험료 : 364,500원

구분		소득세	지방소득세
세액명세	결정세액	325,000원	32,500원
	기납부세액	370,000원	37,000원
	차감징수세액	-45,000원	-4,500원

3. 연말정산추가자료(모두 국세청 연말정산간소화서비스에서 조회한 자료임)

항목	내용
보험료	• 김민수 자동차 운전자보험료(보장성) : 1,150,000원 • 한미녀 장애인전용보장성 보험료 : 1,200,000원
의료비	• 여민지(배우자) : 국내에서 지출한 질병 치료비 3,000,000원(김민수의 신용카드로 결제함) ※ 실손의료보험금 수령액 1,000,000원 • 김수지(자녀) : 시력보정용 콘택트렌즈 구입비 600,000원(김민수 신용카드로 결제함)
교육비	• 김수지(자녀) : 중학교의 수업료 및 특별활동비 200,000원, 영어학원비 1,000,000원 • 김지민(자녀) : 초등학교 현장학습체험학습비 400,000원, 태권도학원비 700,000원 • 한미녀(모친) : 평생교육법에 따른 대학교 등록금 3,000,000원 (장애인특수교육비에 해당하지 않음)
신용카드등 사용액	• 김민수(본인) 신용카드 사용액 : 32,570,000원(아래의 항목이 포함된 금액임) <table><tr><th>구분</th><th>금액</th></tr><tr><td>전통시장</td><td>5,200,000원</td></tr><tr><td>대중교통</td><td>7,500,000원</td></tr></table> • 여민지(배우자) 직불카드 사용액 : 12,000,000원 • 한미녀(모친) 현금영수증 사용액 : 5,000,000원

제113회 기출문제총정리

이론시험

다음 문제를 보고 알맞은 것을 골라 이론문제 답안작성 메뉴에 입력하시오. (객관식 문항당 2점)

――――| 기본전제 |――――
문제에서 한국채택국제회계기준을 적용하도록 하는 전제조건이 없는 경우, 일반기업회계기준을 적용하여 회계처리 한다.

1 다음 중 재무상태표의 구성요소에 대한 설명으로 틀린 것은?
① 부채는 유동성에 따라 유동부채와 비유동부채로 구분한다.
② 자산과 부채는 유동성이 큰 항목부터 배열하는 것을 원칙으로 한다.
③ 자산은 유동자산과 비유동자산으로 구분하며 유동자산은 당좌자산과 투자자산으로 구분한다.
④ 자본은 자본금, 자본잉여금, 자본조정, 기타포괄손익누계액 및 이익잉여금(결손금)으로 구분한다.

2 다음의 자료를 이용하여 기말 자본잉여금을 구하시오. 단, 기초 자본잉여금은 10,000,000원이다.

당기에 발생한 자본 항목의 증감 내역은 아래와 같다.
- 주식발행초과금 증가   2,000,000원   • 자기주식처분이익 발생   300,000원
- 이익준비금 적립   3,000,000원   • 자본금 증가   5,000,000원

① 12,000,000원
② 12,300,000원
③ 15,000,000원
④ 17,000,000원

3 다음 중 받을어음의 대손충당금을 과대 설정하였을 경우 재무제표에 미치는 영향으로 올바른 것은?

① 자산의 과소계상
② 비용의 과소계상
③ 당기순이익 과대계상
④ 이익잉여금의 과대계상

4 다음 중 일반기업회계기준에 따른 유형자산에 대한 설명으로 옳지 않은 것은?

① 취득원가는 구입원가 또는 제작원가 및 경영진이 의도하는 방식으로 자산을 가동하는 데 필요한 장소와 상태에 이르게 하는 데 직접 관련되는 원가로 구성된다.
② 취득세, 등록면허세 등 유형자산의 취득과 직접 관련된 제세공과금은 당기비용으로 처리한다.
③ 새로운 상품과 서비스를 소개하는 데 소요되는 원가(예 : 광고 및 판촉활동과 관련된 원가)는 유형자산의 원가를 구성하지 않는다.
④ 건물을 신축하기 위하여 사용 중인 기존 건물을 철거하는 경우 그 건물의 장부금액은 제거하여 처분손실로 반영하고, 철거비용은 전액 당기비용으로 처리한다.

5 다음 중 충당부채에 대한 설명으로 틀린 것은?

① 과거사건에 의해 충당부채를 인식하기 위해서는 그 사건이 기업의 미래행위와 독립적이어야 한다.
② 충당부채는 보고기간말마다 그 잔액을 검토하고, 보고기간말 현재 최선의 추정치를 반영하여 증감조정한다.
③ 충당부채를 발생시킨 사건과 밀접하게 관련된 자산의 예상되는 처분차익은 충당부채 금액의 측정에 고려하지 아니한다.
④ 의무발생사건의 결과로 현재의무가 존재하면 자원의 유출 가능성이 낮더라도 충당부채로 인식해야 한다.

6 ㈜한국은 선입선출법에 의한 종합원가계산을 적용하고 있으며, 당기 생산 관련 자료는 아래와 같다. 품질검사는 완성도 30% 시점에서 이루어지며, 당기에 검사를 통과한 정상품의 3%를 정상공손으로 간주한다. 당기의 정상공손수량은 몇 개인가?

〈물량흐름〉	기초재공품	500개	(완성도 70%)
	당기착수량	2,000개	
	당기완성량	2,000개	
	기말재공품	300개	(완성도 50%)

① 51개 ② 54개
③ 60개 ④ 75개

7 다음 중 원가회계의 목적과 거리가 먼 것은?
① 내부 경영 의사결정에 필요한 원가 정보를 제공하기 위함이다.
② 원가통제에 필요한 원가 정보를 제공하기 위함이다.
③ 손익계산서상 제품 원가에 대한 원가 정보를 제공하기 위함이다.
④ 이익잉여금처분계산서상 이익잉여금 처분 정보를 제공하기 위함이다.

8 다음은 정상원가계산을 채택하고 있는 ㈜서울의 2025년 원가 관련 자료이다. ㈜서울은 직접노동시간에 비례하여 제조간접원가를 배부한다. 제조간접원가 배부액을 구하시오.

- 제조간접원가 예산 : 39,690,000원
- 예산 직접노동시간 : 90,000시간
- 실제 제조간접원가 : 44,100,000원
- 실제 직접노동시간 : 70,000시간

① 30,870,000원 ② 34,300,000원
③ 47,800,000원 ④ 51,030,000원

9 다음 중 제조원가의 분류로 잘못 구성된 것을 고르시오.
① 추적가능성에 따른 분류 : 직접재료원가, 간접재료원가, 직접노무원가, 간접노무원가
② 제조원가의 요소에 따른 분류 : 직접재료원가, 직접노무원가, 제조간접원가
③ 원가행태에 따른 분류 : 재료원가, 노무원가, 제조간접원가
④ 발생형태에 따른 분류 : 재료원가, 노무원가, 제조경비

10 다음 중 보조부문원가의 배분 방법에 대한 설명으로 옳은 것은?

① 직접배분법은 보조부문 상호간의 용역수수관계를 전혀 인식하지 않아 항상 가장 부정확하다.
② 상호배분법은 보조부문 상호간의 용역수수관계를 가장 정확하게 배분하므로 가장 많이 이용된다.
③ 단계배분법은 보조부문 상호간의 용역수수관계를 일부 인식하며 배분 순서에 따라 결과가 달라진다.
④ 단계배분법은 우선순위가 낮은 부문의 원가를 우선순위가 높은 부문과 제조부문에 먼저 배분한다.

11 다음 중 부가가치세법상 아래의 수정세금계산서 발급 방법에 대한 수정세금계산서 발급 사유로 옳은 것은?

> (수정세금계산서 발급 방법)
> 사유 발생일을 작성일로 적고 비고란에 처음 세금계산서 작성일을 덧붙여 적은 후 붉은색 글씨로 쓰거나 음의 표시를 하여 발급

① 착오로 전자세금계산서를 이중으로 발급한 경우
② 계약의 해제로 재화 또는 용역이 공급되지 아니한 경우
③ 필요적 기재사항 등이 착오 외의 사유로 잘못 적힌 경우
④ 면세 등 세금계산서 발급 대상이 아닌 거래 등에 대하여 세금계산서를 발급한 경우

12 다음 중 부가가치세법상 공제하지 아니하는 매입세액이 아닌 것은?

① 토지에 관련된 매입세액
② 사업과 직접 관련이 없는 지출에 대한 매입세액
③ 기업업무추진비 및 이와 유사한 비용 지출에 대한 매입세액
④ 세금계산서 임의적 기재사항의 일부가 적히지 아니한 지출에 대한 매입세액

13 다음 중 부가가치세법상 환급에 대한 설명으로 가장 옳지 않은 것은?

① 각 과세기간별로 그 과세기간에 대한 환급세액을 확정신고한 사업자에게 그 확정신고기한이 지난 후 25일 이내에 환급하여야 한다.
② 재화 및 용역의 공급에 영세율을 적용받는 경우 조기환급 신고할 수 있다.
③ 조기환급 신고의 경우 조기환급 신고기한이 지난 후 15일 이내에 환급할 수 있다.
④ 사업 설비를 신설·취득·확장 또는 증축하는 경우 조기환급 신고할 수 있다.

14 다음 중 소득세법상 종합소득에 대한 설명으로 틀린 것은?

① 이자소득은 총수입금액과 소득금액이 동일하다.
② 퇴직소득과 양도소득은 종합소득에 해당하지 않는다.
③ 사업소득, 근로소득, 연금소득, 기타소득에는 비과세 소득이 존재한다.
④ 금융소득(이자 및 배당)은 납세자의 선택에 따라 금융소득종합과세를 적용할 수 있다.

15 다음 중 소득세법상 결손금과 이월결손금에 대한 설명으로 가장 옳지 않은 것은?

① 비주거용 부동산 임대업에서 발생한 이월결손금은 타 소득에서 공제할 수 없다.
② 추계 신고 시에는 원칙적으로 이월결손금을 공제할 수 없다.
③ 해당 과세기간에 일반사업소득에서 결손금이 발생하고 이월결손금도 있는 경우에는 이월결손금을 먼저 다른 소득금액에서 공제한다.
④ 결손금의 소급공제는 중소기업에 한하여 적용 가능하다.

실무시험

㈜파도상회(회사코드 : 8522)는 전자제품의 제조 및 도·소매업을 주업으로 영위하는 중소기업으로, 당기(제14기)의 회계기간은 2025.1.1.~2025.12.31.이다. 전산세무회계 수험용 프로그램을 이용하여 다음 물음에 답하시오.

| 기본전제 |

- 문제에서 한국채택국제회계기준을 적용하도록 하는 전제조건이 없는 경우, 일반기업회계기준을 적용하여 회계처리 한다.
- 문제의 풀이와 답안작성은 제시된 문제의 순서대로 진행한다.

---

1 일반전표입력 메뉴를 이용하여 다음의 거래자료를 입력하시오. (15점)

입력시 유의사항

- 일반적인 적요의 입력은 생략하지만, 타계정 대체거래는 적요번호를 선택하여 입력한다.
- 채권·채무와 관련된 거래는 별도의 요구가 없는 한 반드시 기 등록되어 있는 거래처코드를 선택하는 방법으로 거래처명을 입력한다.
- 제조경비는 500번대 계정코드를, 판매비와 관리비는 800번대 계정코드를 사용한다.
- 회계처리시 계정과목은 별도제시가 없는 한 등록되어 있는 계정과목 중 가장 적절한 과목으로 한다.

[1] 3월 21일   정기 주주총회에서 이익배당을 결의하다. 다음은 정기 주주총회 의사록이며, 실제 배당금 지급일은 4월로 예정되었다(단, 이익배당과 관련된 회계처리를 이월이익잉여금(375) 계정을 사용하여 회계처리할 것). (3점)

제13기 정기 주주총회 의사록

㈜파도상회
1. 일시 : 2025년 3월 21일 16시
2. 장소 : 경기도 부천시 길주로 284, 515호 (중동, 신중동역 헤리움 메트로타워)
3. 출석상황

주주총수 : 5명	주식총수 : 100,000주	
출석주주 : 5명	주식총수 : 100,000주	
참 석 율 : 100%	100%	

  의장인 사내이사 이도진은 정관 규정에 따라 의장석에 등단하여 위와 같이 법정수에 달하는 주주가 출석하여 본 총회가 적법하게 성립되었음을 알리고 개회를 선언하다.
제1호 의안 : 제13기(2024년 1월 1일부터 2024년 12월 31일까지) 재무제표 승인의 건
  의장은 본 의안을 2024년 결산기가 2024년 12월 31일자로 종료됨에 따라 재무상태표 및 손익계산서를 보고하고 이에 따른 승인을 구한 바 참석주주 전원의 일치로 이를 승인가결하다.
제2호 의안 : 제13기 이익배당의 건
  의장은 제13기(2024년) 배당에 관한 안건을 상정하고 의안에 대한 설명 및 필요성을 설명하고 그 승인을 구한바, 만장일치로 찬성하여 다음과 같이 승인 가결하다.
  1) 배당에 관한 사항
   가. 1주당 배당금 : 보통주 1,000원
   나. 액면배당률 : 보통주 10%
   다. 배당총액 : 100,000,000원
  2) 기타사항
   가. 배당은 현금배당으로 하며, 이익배당액의 10%를 결의일에 이익준비금으로 적립한다.
이상으로서 금일의 의안 전부를 심의 종료하였으므로 의장은 폐회를 선언하다.
위 결의를 명확히 하기 위해 이 의사록을 작성하고 의장과 출석한 이사 및 감사 아래에 기명 날인하다.

[2] 3월 28일   남일상사에 대한 외상매입금 15,500,000원 중 7,000,000원은 보통예금 계좌에서 이체하여 지급하였으며 잔액은 대표자 개인 명의의 보통예금 계좌에서 이체하여 지급하였다(단, 가수금 계정을 사용하고, 거래처(00133)를 입력할 것).
(3점)

[3] 6월 25일   외부 강사를 초청하여 영업부 직원들의 CS교육을 실시하고 강사료 2,400,000원에서 원천징수세액(지방소득세 포함) 79,200원을 차감한 금액을 보통예금 계좌에서 지급하였다.
(3점)

[4] 8월 10일   단기매매차익을 얻을 목적으로 전기에 취득하여 보유하고 있던 ㈜연홍의 주식(취득가액 500,000원)을 모두 1,000,000원에 처분하고 대금에서 거래수수료 등 제비용 50,000원을 차감한 잔액이 보통예금 계좌로 입금되었다.
(3점)

[5] 9월 5일   제품 생산에 투입할 원재료로 사용하기 위해 구입하여 보관 중인 미가공식료품을 수재민을 도와주기 위하여 지방자치단체에 무상으로 기부하였다. 단, 취득원가는 2,000,000원이며, 시가는 2,100,000원이다.
(3점)

2 매입매출전표입력 메뉴를 이용하여 다음의 거래자료를 입력하시오. (15점)

> **입력시 유의사항**
> - 일반적인 적요의 입력은 생략하지만, 타계정 대체거래는 적요번호를 선택하여 입력한다.
> - 채권·채무와 관련된 거래는 별도의 요구가 없는 한 반드시 기등록된 거래처코드를 선택하는 방법으로 거래처명을 입력한다.
> - 제조경비는 500번대 계정코드를, 판매비와관리비는 800번대 계정코드를 사용한다.
> - 회계처리 시 계정과목은 별도의 제시가 없는 한 등록된 계정과목 중 가장 적절한 과목으로 한다.
> - 입력화면 하단의 분개까지 처리하고, 전자세금계산서 및 전자계산서는 전자 입력으로 반영한다.

[1] 7월 17일 비사업자인 개인 소비자 추미랑에게 제품을 판매하고 대금은 현금으로 받아 아래의 현금영수증을 발급하였다. (3점)

Hometax 국세청홈택스 현금영수증

● 거래정보

거래일시	2025/07/17
승인번호	G45972376
거래구분	승인거래
거래용도	소득공제
발급수단번호	010 - **** - 9694

● 거래금액

공급가액	부가세	봉사료	총 거래금액
480,000	48,000	0	528,000

● 가맹점 정보

상호	㈜파도상회
사업자번호	124 - 86 - 94282
대표자명	이도진
주소	경기도 부천시 길주로 284, 515호

- 익일 홈택스에서 현금영수증 발급 여부를 반드시 확인하시기 바랍니다.
- 홈페이지 (http://www.hometax.go.kr)
  - 조회/발급>현금영수증 조회>사용내역(소득공제) 조회
    >매입내역(지출증빙) 조회
- 관련문의는 국세상담센터(☎126 - 1 - 1)

[2] 7월 28일 비사업자인 개인에게 영업부 사무실에서 사용하던 에어컨(취득원가 2,500,000원, 감가상각누계액 1,500,000원)을 1,100,000원(부가가치세 포함)에 판매하고, 대금은 보통예금 계좌로 받았다(단, 별도의 세금계산서나 현금영수증을 발급하지 않았으며, 거래처 입력은 생략할 것). (3점)

[3] 8월 28일   해외거래처인 LQTECH로부터 제품 생산에 필요한 원재료를 수입하면서 인천세관으로부터 아래의 수입전자세금계산서를 발급받고, 부가가치세는 현금으로 납부하였다(단, 재고자산에 대한 회계처리는 생략할 것). (3점)

수입전자세금계산서					승인번호	20250828 - 11324560 - 11134567		
공급자	등록번호	135 - 82 - 12512	종사업장번호		공급받는자	등록번호	124 - 86 - 94282	종사업장번호	
	상호(법인명)	인천세관	성명	김세관		상호(법인명)	㈜파도상회	성명	이도진
	사업장주소	인천광역시 미추홀구 항구로				사업장주소	경기도 부천시 길주로 284, 515호		
	수입신고번호 또는 일괄발급기간 (총건)					업태	제조업	종목	전자제품
작성일자		공급가액		세액		수정사유		비고
2025/08/28		5,400,000		540,000		해당 없음		
비고								

월	일	품목	규격	수량	단가	공급가액	세액	비고
08	28	수입신고필증 참조				5,400,000	540,000	

합계금액   5,940,000

[4] 9월 2일   사내 행사를 위하여 영업부 직원들에게 제공할 다과류를 구입하고 법인카드(비씨카드)로 결제하였다. (3점)

[5] 9월 11일 공장에서 사용할 목적으로 지난 4월 2일 ㈜오성기계와 체결한 기계장치 공급계약에 따라 절단로봇을 인도받고 시험가동을 완료하였다. 잔금은 보통예금 계좌에서 지급하고 아래의 전자세금계산서를 발급받았다. (3점)

고압제트 절단로봇 공급계약서

(생략)

제 2 조 위 공급계약의 총 계약금액은 22,000,000원(VAT 포함)으로 하며, 아래와 같이 지불하기로 한다.

계약금	일금 이백만 원정 (₩ 2,000,000)은 계약 시에 지불한다.
잔금	일금 이천만 원정 (₩ 20,000,000)은 2025년 09월 30일 내에 제품 인도 후 시험가동이 완료된 때에 지불한다.

(이하 생략)

전자세금계산서

					승인번호	20250911 - 31000013 - 443461111		
공급자	등록번호	130 - 81 - 08113	종사업장번호		공급받는자	등록번호	124 - 86 - 94282	종사업장번호	
	상호(법인명)	㈜오성기계	성 명	유오성		상호(법인명)	㈜파도상회	성 명	이도진
	사업장주소	경기도 부천시 길주로 1				사업장주소	경기도 부천시 길주로 284, 515호		
	업 태	제조	종 목	생산로봇		업 태	제조,도소매	종 목	전자제품
	이메일	osung@naver.com				이메일	wavestore@naver.com		

작성일자	공급가액	세액	수정사유
2025/09/11	20,000,000	2,000,000	

비고							
월	일	품 목	규 격	수 량	단 가	공 급 가 액	세 액	비 고
09	11	고압제트 절단 로봇	M701C			20,000,000	2,000,000	

합 계 금 액	현 금	수 표	어 음	외 상 미 수 금	위 금액을 (영수) 함
22,000,000	22,000,000				

3 부가가치세 신고와 관련하여 다음 물음에 답하시오. (10점)

[1] 이 문제에 한정하여 ㈜파도상회는 음식점업만을 영위하는 법인으로 가정한다. 다음 자료를 이용하여 제1기 확정신고기간(2025.04.01.~2025.06.30.)에 대한 의제매입세액공제신고서를 작성하시오. (4점)

1. 매입자료

취득일자	공급자	사업자등록번호 (주민등록번호)	물품명	수량	매입가액	구분
2025.04.10.	은성	752-06-02024	야채	250개	1,020,000원	계산서
2025.04.30.	㈜이두식자재	872-87-85496	생닭	300마리	1,830,000원	신용카드
2025.05.20.	김어부	650321-1548905	갈치	80마리	790,000원	농어민매입

2. 제1기 예정분 과세표준은 80,000,000원이며, 확정분 과세표준은 95,000,000원이다.
3. 제1기 예정신고 시 의제매입세액 75,000원을 공제받았다.
4. 위 자료 1의 면세 매입 물품은 모두 과세사업인 음식점업에 직접 사용하였다.

[2] 다음의 자료를 이용하여 2025년 제2기 부가가치세 확정신고기간에 대한 건물등감가상각자산취득명세서를 작성하시오(단, 아래의 자산은 모두 감가상각 대상에 해당함). (4점)

취득일	내용	공급가액	상호	비고
		부가가치세액	사업자등록번호	
10.04.	영업부의 업무용승용차(2,000cc) 구입	31,000,000원	㈜원대자동차	전자세금계산서 수취
		3,100,000원	210-81-13571	
11.26.	제조부의 공장 건물 신축공사비 지급	50,000,000원	아름건설	종이세금계산서 수취
		5,000,000원	101-26-97846	
12.09.	제조부 공장에서 사용할 포장기계 구입	2,500,000원	나라포장	법인 신용카드 결제
		250,000원	106-02-56785	

[3] 2025년 제1기 예정신고기간(2025.01.01.~2025.03.31.)의 부가가치세신고서를 전자신고하시오. (2점)

1. 부가가치세신고서와 관련 부속서류는 마감되어 있다.
2. [전자신고] → [국세청 홈택스 전자신고변환(교육용)] 순으로 진행한다.
3. [전자신고] 메뉴의 [전자신고제작] 탭에서 신고인구분은 2.납세자 자진신고를 선택하고, 비밀번호는 "12341234"로 입력한다.
4. [국세청 홈택스 전자신고변환(교육용)] → 전자파일변환(변환대상파일선택) → 찾아보기 에서 전자신고용 전자파일을 선택한다.
5. 전자신고용 전자파일 저장경로는 로컬디스크(C :)이며, 파일명은 "enc작성연월일.101.v사업자등록번호"다.
6. 형식검증하기 ➡ 형식검증결과확인 ➡ 내용검증하기 ➡ 내용검증결과확인 ➡ 전자파일제출 을 순서대로 클릭한다.
7. 최종적으로 전자파일 제출하기 를 완료한다.

4 결산정리사항은 다음과 같다. 관련 메뉴를 이용하여 결산을 완료하시오. (15점)

[1] 아래의 자료를 이용하여 정기예금의 당기분 경과이자에 대한 회계처리를 하시오(단, 월할 계산할 것). (3점)

- 정기예금액 : 30,000,000원
- 연이자율 : 3.4%
- 예금가입기간 : 2025.04.01.~2026.03.31.
- 이자는 만기일(2026.03.31.)에 일시 수령한다.

[2] 일반기업회계기준에 따라 2025년 말 현재 보유 중인 매도가능증권에 대하여 결산일의 적절한 회계처리를 하시오(단, 매도가능증권은 비유동자산이며, 2024년의 회계처리는 적절하게 되었다). (3점)

주식명	2024년 취득가액	2024년 말 공정가치	2025년 말 공정가치
㈜엔지	5,000,000원	6,000,000원	4,800,000원

[3] 2025년 11월 중 캐나다 ZF사에 수출한 외상매출금 $100,000은 2026년 1월 15일에 외화 통장으로 회수될 예정이며, 일자별 기준환율은 다음과 같다. (3점)

구분	수출신고일 : 2025.11.03.	선적일 : 2025.11.10.	결산일 : 2025.12.31.
기준환율	900원/$	920원/$	950원/$

[4] 기존에 입력된 데이터는 무시하고 2025년 제2기 확정신고기간의 부가가치세와 관련된 내용은 다음과 같다고 가정한다. 12월 31일 부가세예수금과 부가세대급금을 정리하는 회계처리를 하시오. 단, 납부세액(또는 환급세액)은 미지급세금(또는 미수금)으로, 경감세액은 잡이익으로, 가산세는 세금과공과(판)로 회계처리한다. (3점)

- 부가세대급금   6,400,000원
- 전자신고세액공제액   10,000원
- 부가세예수금   8,240,000원
- 세금계산서지연발급가산세 84,000원

[5] 결산일 현재 무형자산인 영업권의 전기 말 상각 후 미상각잔액은 200,000,000원으로 이 영업권은 작년 1월 초 250,000,000원에 취득한 것이다. 이에 대한 회계처리를 하시오. 단, 회사는 무형자산에 대하여 5년간 월할 균등 상각하고 있으며, 상각기간 계산 시 1월 미만은 1월로 간주한다. (3점)

5 2025년 귀속 원천징수와 관련된 다음의 물음에 답하시오. (15점)

[1] 다음 자료를 이용하여 2025년 5월 귀속 원천징수이행상황신고서를 작성하시오. 단, 아래에 주어진 자료만을 이용하여 원천징수이행상황신고서를 직접 작성하고, 급여자료입력 메뉴에서 불러오는 자료는 무시할 것. (5점)

[지급일자 : 2025년 6월 05일]	2025년 5월 귀속 급여대장							(단위:원)
구분	급여내역상세				공제내역상세			
성명	기본급	자격수당	식대	자가운전보조금	합계	4대보험	소득세	지방소득세	합계
김성현	2,600,000	-	200,000	200,000	3,000,000	234,000	90,000	9,000	333,000
서지은	2,700,000	300,000	200,000	-	3,200,000	270,000	-200,000	-20,000	50,000
합계	5,300,000	300,000	400,000	200,000	6,200,000	504,000	-110,000	-11,000	383,000

1. 위 급여내역 중 식대 및 자가운전보조금은 비과세 요건을 충족한다.
2. 5월 귀속 급여 지급일은 2025년 6월 5일이다.
3. 서지은(중도퇴사자) 관련 사항
   (1) 2025년 5월 31일까지 근무 후 중도퇴사하였다.
   (2) 2025년 1월부터 4월까지의 총지급액은 12,000,000원이라고 가정한다.
   (3) 소득세 및 지방소득세는 중도퇴사자 정산이 반영된 내역이며, 5월분 급여에 대해서는 원천징수하지 않았다.

[2] 함춘식 대리(사번 : 301, 입사일 : 2025년 04월 21일)의 2025년 귀속 연말정산과 관련된 자료는 다음과 같다. 아래의 자료를 이용하여 연말정산추가자료입력 메뉴의 소득명세 탭, 부양가족 탭, 의료비 탭, 신용카드등 탭, 월세액 탭을 작성하고 연말정산입력 탭에서 연말정산을 완료하시오(단, 제시된 소득 이외의 소득은 없으며, 세부담 최소화를 가정한다).

(10점)

현근무지	· 급여총액 : 40,600,000원(비과세 급여, 상여, 감면소득 없음) · 소득세 기납부세액 : 2,368,370원(지방소득세 : 236,800원) · 이외 소득명세 탭의 자료는 불러오기 금액을 반영한다.
전(前)근무지 근로소득 원천징수영수증	· 근무처 : ㈜솔비공업사(사업자번호 : 956-85-02635) · 근무기간 : 2025.01.01.~2025.04.20. · 급여총액 : 12,200,000원(비과세 급여, 상여, 감면소득 없음) · 건강보험료 : 464,810원 · 장기요양보험료 : 97,290원 · 고용보험료 : 134,320원 · 국민연금 : 508,700원 · 소득세 결정세액 : 398,000원(지방소득세 결정세액 : 39,800원)
가족사항	<table><tr><th>성명</th><th>관계</th><th>주민번호</th><th>비고</th></tr><tr><td>함춘식</td><td>본인</td><td>910919-1668329</td><td>무주택 세대주임</td></tr><tr><td>함덕주</td><td>부</td><td>511223-1589329</td><td>일용근로소득금액 4,300만원</td></tr><tr><td>박경자</td><td>모</td><td>540807-2548715</td><td>복권 당첨소득 500만원</td></tr><tr><td>함경리</td><td>누나</td><td>891229-2509016</td><td>중증환자 등 장애인으로 소득 없음</td></tr></table>· 기본공제대상자가 아닌 경우 기본공제 여부에 '부'로 표시할 것 · 위의 가족은 모두 내국인으로 생계를 같이 하는 것으로 한다.
2025년도 연말정산자료	<table><tr><th>항목</th><th>내용</th></tr><tr><td>보험료</td><td>· 함덕주(부) : 일반 보장성 보험료 50만원 · 함춘식(본인) : 저축성 보험료 120만원 · 함경리(누나) : 장애인 전용 보장성 보험료 70만원</td></tr><tr><td>의료비</td><td>· 박경자(모) : 임플란트 비용 200만원 · 함덕주(부) : 보청기 구입비용 30만원 · 함경리(누나) : 치료를 위한 한약 30만원 ※ 위 의료비는 모두 함춘식 본인의 신용카드로 결제하였고, 치료 목적으로 지출하였다. ※ 주어진 자료만 고려하여 입력한다.</td></tr><tr><td>신용카드등 사용액</td><td>· 함춘식(본인) 신용카드 사용액 : 2,100만원 - 대중교통 사용분 60만원, 아파트 관리비 100만원, 동거 가족 의료비 260만원 포함 · 함덕주(부) 체크카드 사용액 : 800만원 - 전통시장 사용분 200만원 포함</td></tr><tr><td>월세액</td><td>· 임대인 : 이고동(주민등록번호 691126-1904701) · 유형 및 면적 : 아파트, 84㎡ · 임대주택 주소지 : 경기도 안산시 단원구 중앙대로 620 · 임대차 기간 : 2024.01.01.~2025.12.31. · 월세액 : 월 60만원</td></tr></table>※ 위 보험료, 의료비, 신용카드 등 사용액은 모두 국세청 연말정산 간소화 서비스에서 조회된 자료이다.

제 114회 기출문제총정리

이론시험

다음 문제를 보고 알맞은 것을 골라 이론문제 답안작성 메뉴에 입력하시오. (객관식 문항당 2점)

--- 기본전제 ---

문제에서 한국채택국제회계기준을 적용하도록 하는 전제조건이 없는 경우, 일반기업회계기준을 적용하여 회계처리 한다.

---

1 다음 중 재무상태표의 목적을 설명한 것으로 옳지 않은 것은?

① 일정시점 현재 기업이 보유하고 있는 경제적 자원에 대한 정보를 제공한다.
② 회계정보이용자들이 기업의 유동성, 재무적 탄력성, 수익성과 위험을 평가하는데 정보를 제공한다.
③ 기업이 보유하고 있는 자산과 부채, 그리고 자본에 대한 정보를 제공한다.
④ 종업원의 실적을 측정하여 근무태도를 평가한다.

2 재고자산의 단가결정방법 중 후입선출법에 대한 설명으로 바르지 않은 것은?

① 실제 물량흐름과 원가흐름이 대체로 일치한다.
② 기말재고가 가장 오래 전에 매입한 상품의 단가로 계상된다.
③ 물가가 상승한다는 가정에는 이익이 과소계상된다.
④ 물가가 상승한다는 가정에는 기말재고가 과소평가된다.

3 다음 중 일반기업회계기준상 거래형태별 수익 인식시점으로 가장 올바른 것은?

① 배당금 수익 : 배당금을 수취한 날
② 상품권 판매 : 상품권을 발행한 날
③ 장기할부판매 : 판매가격을 기간별로 안분하여 수익으로 인식한다.
④ 건설형 공사계약 : 공사 진행률에 따라 진행기준에 의해 수익을 인식한다.

4 다음 중 자본에 대한 설명으로 옳지 않은 것은?

① 상법 규정에 따라 자본금의 1/2에 달할 때까지 금전에 의한 이익배당액의 1/10 이상의 금액을 이익준비금으로 적립하여야 한다.
② 주식배당을 하면 자본금 계정과 자본총액은 변하지 않는다.
③ 자본은 주주의 납입자본에 기업활동을 통하여 획득하고 기업의 활동을 위해 유보된 금액을 가산하고, 기업활동으로 인한 손실 및 소유자에 대한 배당으로 인한 주주지분 감소액을 차감한 잔액이다.
④ 현금으로 배당하는 경우에는 배당액을 이익잉여금에서 차감한다.

5 다음은 시장성 있는 유가증권의 취득 및 처분에 대한 내역이다. 다음 중 아래의 자료에 대한 설명으로 틀린 것은?

- 2024년 07월 12일 : 주식회사 한세의 주식 10주를 주당 20,000원에 매입하였다.
- 2024년 12월 31일 : 주식회사 한세의 공정가치는 주당 19,000원이다.
- 2025년 05월 09일 : 주식회사 한세의 주식 전부를 주당 21,000원에 처분하였다.

① 단기매매증권으로 분류할 경우, 2024년 기말 장부가액은 200,000원이다.
② 매도가능증권으로 분류할 경우, 처분 시 매도가능증권처분이익은 10,000원이다.
③ 단기매매증권으로 분류할 경우, 처분 시 단기매매증권처분이익은 20,000원이다.
④ 매도가능증권으로 분류할 경우, 단기매매증권으로 분류하였을 경우보다 2025년 당기순이익이 감소한다.

6 다음 중 기본원가에 해당하면서 동시에 가공원가에 해당하는 것은?

① 직접재료원가　　　　　　　　② 직접노무원가
③ 제조간접원가　　　　　　　　④ 직접재료원가와 직접노무원가

7 ㈜미르는 동일한 원재료를 투입하여 동일한 제조공정에서 제품 A, B, C를 생산하고 있다. 세 가지 제품에 공통적으로 투입된 결합원가가 400,000원일 때, 순실현가치법으로 결합원가를 배부하는 경우 제품 B의 제조원가는 얼마인가?

제품	생산량	단위당 판매가격	추가가공원가(총액)
A	200kg	@3,000원	없음
B	250kg	@2,000원	125,000원
C	500kg	@1,200원	75,000원

① 100,000원　　　　　　　② 165,000원
③ 200,000원　　　　　　　④ 225,000원

8 다음 중 제조간접원가 배부차이 조정 방법에 해당하지 않는 것은?

① 매출원가조정법　　　　② 단계배분법
③ 비례배분법　　　　　　④ 영업외손익법

9 다음 중 개별원가계산에 대한 설명으로 옳지 않은 것은?

① 제조간접원가는 원가대상에 직접 추적할 수 없으므로 배부기준을 정하여 배부율을 계산하여야 한다.
② 조선업이나 건설업 등에 적합한 원가계산 방법이다.
③ 단일 종류의 제품을 연속적으로 대량 생산하는 경우에 적용한다.
④ 실제개별원가계산에서는 제조간접원가를 기말 전에 배부할 수 없어 제품원가 계산이 지연된다는 단점이 있다.

10 다음 중 공손에 대한 설명으로 틀린 것을 고르시오.

① 정상품을 생산하는 과정에서 불가피하게 발생하는 계획된 공손을 정상공손이라고 한다.
② 정상공손은 예측이 가능하며 단기적으로 통제할 수 없다.
③ 비정상공손은 능률적인 생산조건 하에서는 발생하지 않을 것으로 예상되며 예측할 수 없다.
④ 비정상공손은 통제가능한 공손으로서 제품원가에 가산한다.

11 다음 중 우리나라 부가가치세법의 특징에 대한 설명으로 옳지 않은 것은?

① 전단계세액공제법
② 간접세
③ 소비행위에 대하여 과세
④ 생산지국 과세원칙

12 다음 중 부가가치세법상 공통매입세액 안분 계산을 생략하는 경우를 고르시오.

> 가. 해당 과세기간 중 공통매입세액이 5만원 미만인 경우
> 나. 해당 과세기간의 총공급가액 중 면세공급가액이 5% 미만이면서, 공통매입세액은 5백만원 이상인 경우
> 다. 해당 과세기간 중 공통매입세액이 없는 경우

① 가
② 다
③ 가, 다
④ 가, 나, 다

13 다음 중 부가가치세법상 신고와 납부에 대한 설명으로 옳은 것은?

① 예정신고를 한 사업자는 이미 신고한 과세표준과 납부한 납부세액 또는 환급받은 세액은 각 과세기간의 확정신고에 대한 과세표준과 납부세액 또는 환급세액을 신고할 때 신고하지 아니한다.
② 모든 법인사업자는 예정신고기간의 과세표준과 납부세액을 관할 세무서장에게 신고해야 한다.
③ 신규로 사업을 시작하는 자에 대한 최초의 예정신고기간은 그 날이 속하는 과세기간의 개시일로부터 사업 개시일까지로 한다.
④ 모든 개인사업자는 예정신고를 하고 예정신고기간의 납부세액을 납부할 수 있다.

14 다음 중 소득세법상 과세 방법이 나머지와 다른 하나는 무엇인가?

① Gross-Up 대상 배당소득 2,400만원
② 일용근로소득 5,000만원
③ 주택임대소득이 아닌 부동산 임대소득 100만원
④ 인적용역을 일시적으로 제공하고 받은 대가 800만원

15 다음 중 소득세법상 사업소득 총수입금액에 산입하여야 하는 것은?

① 부가가치세 매출세액
② 사업과 관련된 자산수증이익
③ 사업용 고정자산 매각액 (복식부기의무자가 아님)
④ 자가생산한 제품을 타 제품의 원재료로 사용한 경우 그 금액

실무시험

㈜효원상회(회사코드:8523)는 전자제품의 제조 및 도·소매업을 주업으로 영위하는 중소기업으로 당기(제12기)의 회계기간은 2025.1.1.~2025.12.31.이다. 전산세무회계 수험용 프로그램을 이용하여 다음 물음에 답하시오.

| 기본전제 |

- 문제에서 한국채택국제회계기준을 적용하도록 하는 전제조건이 없는 경우, 일반기업회계기준을 적용하여 회계처리 한다.
- 문제의 풀이와 답안작성은 제시된 문제의 순서대로 진행한다.

---

1 일반전표입력 메뉴를 이용하여 다음의 거래자료를 입력하시오. (15점)

> **입력시 유의사항**
> - 일반적인 적요의 입력은 생략하지만, 타계정 대체거래는 적요번호를 선택하여 입력한다.
> - 채권·채무와 관련된 거래는 별도의 요구가 없는 한 반드시 기 등록되어 있는 거래처코드를 선택하는 방법으로 거래처명을 입력한다.
> - 제조경비는 500번대 계정코드를, 판매비와 관리비는 800번대 계정코드를 사용한다.
> - 회계처리시 계정과목은 별도제시가 없는 한 등록되어 있는 계정과목 중 가장 적절한 과목으로 한다.

[1] 1월 25일 미지급세금으로 계상되어 있는 2024년 제2기 확정 부가가치세 납부세액 8,500,000원을 국민카드로 납부하였다. 단, 납부대행수수료는 납부세액의 0.8%이며, 세금과공과(판)로 처리한다. (3점)

[2] 1월 31일 제품 판매대금으로 수령한 약속어음을 하나은행에 할인하고, 할인수수료 85,000원을 차감한 잔액이 보통예금 계좌로 입금되었다(단, 매각거래로 회계처리 할 것). (3점)

전자어음

㈜효원상회 귀하

금 일천만원정   10,000,000원

위의 금액을 귀하 또는 귀하의 지시인에게 지급하겠습니다.

지급기일	2025년 03월 31일	발행일	2024년 12월 31일
지 급 지	국민은행	발행지 주 소	경기도 부천시 길주로 284, 805호
지급장소	신중동역 종합금융센터	발행인	무인상사㈜

[3] 2월 4일 액면금액 10,000,000원(5년 만기)인 사채를 9,800,000원에 할인발행하였으며, 대금은 전액 보통예금 계좌로 입금되었다. (3점)

[4] 6월 17일 생산부에서 사용할 소모품을 현금으로 구입하고 아래의 간이영수증을 수령하였다(단, 당기 비용으로 처리할 것). (3점)

영 수 증 (공급받는자용)				
No.	㈜효원상회 귀하			
공급자	사업자등록번호	150-45-51052		
	상 호	나래철물	성 명	이나래 (인)
	사업장소재지	서울시 강남구 도곡동		
	업 태	도소매	종 목	철물점
작성년월일	공급대가 총액		비고	
2025.06.17.	20,000원			
위 금액을 정히 **영수**(청구)함.				
월일	품목	수량	단가	공급가(금액)
06.17.	청소용품	2	10,000원	20,000원
합계			20,000원	
부가가치세법시행규칙 제25조의 규정에 의한 (영수증)으로 개정				

[5] 9월 13일 매입처인 ㈜제주상사로부터 일시적으로 차입한 50,000,000원에 대하여 이자를 지급하였다. 이자 200,000원에 대한 원천징수세액은 55,000원이다. 당사는 이자에서 원천징수세액을 차감한 금액을 보통예금 계좌에서 송금하였다. (3점)

2 매입매출전표입력 메뉴를 이용하여 다음의 거래자료를 입력하시오. (15점)

> **입력시 유의사항**
> - 일반적인 적요의 입력은 생략하지만, 타계정 대체거래는 적요번호를 선택하여 입력한다.
> - 채권·채무와 관련된 거래는 별도의 요구가 없는 한 반드시 기등록된 거래처코드를 선택하는 방법으로 거래처명을 입력한다.
> - 제조경비는 500번대 계정코드를, 판매비와관리비는 800번대 계정코드를 사용한다.
> - 회계처리 시 계정과목은 별도의 제시가 없는 한 등록된 계정과목 중 가장 적절한 과목으로 한다.
> - 입력화면 하단의 분개까지 처리하고, 전자세금계산서 및 전자계산서는 전자 입력으로 반영한다.

[1] 7월 8일   내국신용장에 의하여 ㈜한빛에 제품을 22,000,000원에 판매하고, 영세율전자세금계산서를 발급하였다. 판매대금 중 계약금을 제외한 잔금은 ㈜한빛이 발행한 약속어음(만기 3개월)으로 수령하였으며, 계약금 7,000,000원은 작년 말에 현금으로 받았다(단, 서류번호 입력은 생략할 것). (3점)

[2] 7월 15일   회사 사옥을 신축하기 위하여 취득한 토지의 부동산중개수수료에 대하여 ㈜다양으로부터 아래의 전자세금계산서를 수취하였다. (3점)

전자세금계산서

	공급자				공급받는자		
등록번호	211-81-41992	종사업장번호		등록번호	651-81-00898	종사업장번호	
상호(법인명)	㈜다양	성명	오미인	상호(법인명)	㈜효원상회	성명	오미자
사업장주소	서울시 금천구 시흥대로 198-11			사업장주소	경기도 용인시 처인구 경안천로 2-7		
업태	서비스	종목	부동산중개	업태	제조 외	종목	전자제품
이메일	ds114@naver.com			이메일	jjsy77@naver.com		

승인번호: 20250715-10454645-53811338

작성일자	공급가액	세액	수정사유
2025/07/15	10,200,000	1,020,000	해당 없음

비고:

월	일	품목	규격	수량	단가	공급가액	세액	비고
07	15	토지 중개수수료				10,200,000	1,020,000	

합계금액	현금	수표	어음	외상미수금	위 금액을 (청구) 함
11,220,000				11,220,000	

[3] 8월 5일   생산부 직원들의 단합을 위한 회식을 하고 식사비용 275,000원(부가가치세 포함)을 현금으로 지급하였으며, 일반과세자인 ㈜벽돌갈비로부터 지출증빙용 현금영수증을 적법하게 발급받았다. (3점)

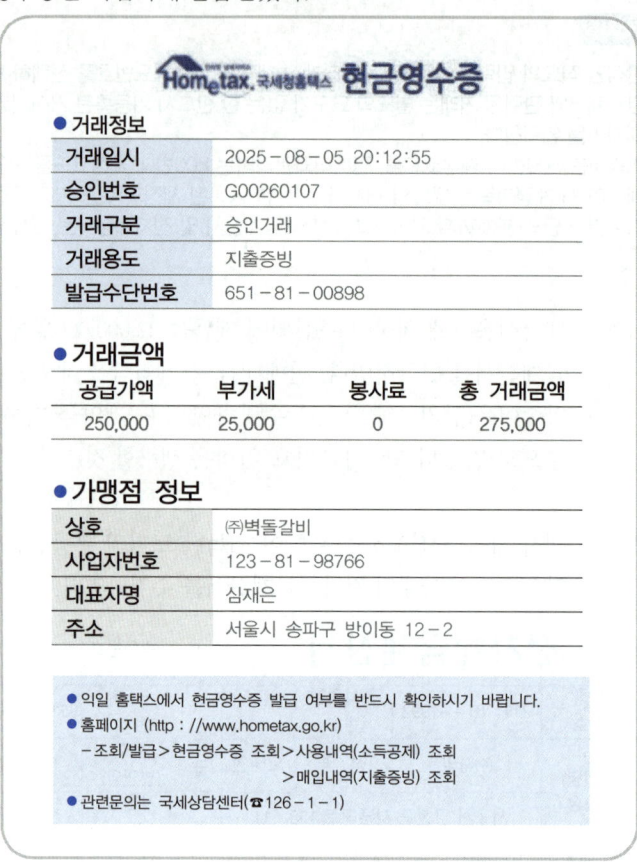

[4] 8월 20일   영업부에서 사용하던 업무용 승용자동차(12고1234)를 헤이중고차상사㈜에 5,500,000원(부가가치세 포함)에 처분하고 전자세금계산서를 발급하였다. 대금은 전액 보통예금 계좌로 받았으며, 해당 차량은 20,000,000원에 취득한 것으로 처분일 현재 감가상각누계액은 16,000,000원이다. (3점)

[5] 9월 12일 제조공장의 임대인으로부터 다음의 전자세금계산서를 발급받았다. 단, 비용은 아래의 품목에 기재된 계정과목으로 각각 회계처리하시오. (3점)

전자세금계산서

승인번호		20250912 - 31000013 - 44346111			

공급자
- 등록번호: 130-55-08114
- 종사업장번호:
- 상호(법인명): 건물주
- 성명: 편미선
- 사업장주소: 경기도 부천시 길주로 1
- 업태: 부동산업
- 종목: 부동산임대
- 이메일:

공급받는자
- 등록번호: 651-81-00898
- 종사업장번호:
- 상호(법인명): ㈜효원상회
- 성명: 오미자
- 사업장주소: 경기도 용인시 처인구 경안천로 2-7
- 업태: 제조 외
- 종목: 전자제품
- 이메일: jjsy77@naver.com

작성일자	공급가액	세액	수정사유
2025/09/12	3,000,000	300,000	해당 없음

비고

월	일	품목	규격	수량	단가	공급가액	세액	비고
09	12	임차료				2,800,000	280,000	
09	12	건물관리비				200,000	20,000	

합계금액	현금	수표	어음	외상미수금	위 금액을 (청구) 함
3,300,000				3,300,000	

3 부가가치세 신고와 관련하여 다음 물음에 답하시오. (10점)

[1] 아래의 자료를 이용하여 2025년 제1기 부가가치세 확정신고기간의 수출실적명세서를 작성하시오(단, 거래처코드와 거래처명은 등록된 거래처를 조회하여 사용할 것). (3점)

거래처	수출신고번호	선적일	환가일	통화	수출액	기준환율 선적일	기준환율 환가일
BOB	12345-77-100066X	2025.06.15	2025.04.10	USD	$80,000	1,350원/$	1,300원/$
ORANGE	22244-88-100077X	2025.06.15	2025.06.30	EUR	€52,000	1,400원/€	1,410원/€

[2] 다음의 자료만을 이용하여 2025년 제2기 확정신고기간의 부가가치세신고서를 작성하시오(단, 불러온 데이터 값은 무시하고 새로 입력할 것). (5점)

구분	자료
매출자료	1. 전자세금계산서 발급분 과세 매출액 : 공급가액 155,000,000원, 세액 15,500,000원 2. 종이세금계산서 발급분 과세 매출액 : 공급가액 12,500,000원, 세액 1,250,000원 3. 내국신용장에 의한 영세율 매출액 : 공급가액 100,000,000원, 세액 0원 4. 당기에 대손이 확정(대손세액 공제 요건 충족)된 채권 : 1,320,000원(VAT 포함)
매입자료	1. 전자세금계산서 수취분 매입내역 | 구분 | 공급가액 | 세액 | |---|---|---| | 일반 매입 | 185,000,000원 | 18,500,000원 | | 일반 매입(접대성 물품) | 2,400,000원 | 240,000원 | | 제조부 화물차 구입 | 28,000,000원 | 2,800,000원 | | 합계 | 215,400,000원 | 21,540,000원 | 2. 신용카드 사용분 매입내역 | 구분 | 공급가액 | 세액 | |---|---|---| | 일반 매입 | 18,554,200원 | 1,855,420원 | | 사업과 관련 없는 매입 | 1,363,637원 | 136,363원 | | 비품(고정자산) 매입 | 2,545,455원 | 254,545원 | | 예정신고누락분(일반 매입) | 500,000원 | 50,000원 | | 합계 | 22,963,292원 | 2,296,328원 |
기타	1. 당사는 법인으로 전자세금계산서 의무발급대상자이나 종이세금계산서 발급 1건이 있다.(위 매출자료의 '2. 종이세금계산서 발급분 과세 매출액') 2. 위 '기타 1.' 외 전자세금계산서의 발급 및 국세청 전송은 정상적으로 이루어졌다. 3. 예정신고누락분은 확정신고 시에 반영하기로 한다. 4. 전자신고세액공제를 받기로 한다.

[3] 다음의 자료를 이용하여 2025년 제1기 부가가치세 예정신고기간(1월 1일~3월 31일)의 부가가치세신고서 및 관련 부속서류를 전자신고하시오. (2점)

1. 부가가치세신고서와 관련 부속서류는 마감되어 있다.
2. [전자신고] → [국세청 홈택스 전자신고변환(교육용)] 순으로 진행한다.
3. [전자신고]의 [전자신고제작] 탭에서 신고인구분은 2.납세자 자진신고를 선택하고, 비밀번호는 "12345678"로 입력한다.
4. [국세청 홈택스 전자신고변환(교육용)] → 전자파일변환(변환대상파일선택) → 찾아보기 에서 전자신고용 전자파일을 선택한다.
5. 전자신고용 전자파일 저장경로는 로컬디스크(C:)이며, 파일명은 "enc작성연월일.101.v사업자등록번호"이다.
6. 형식검증하기 → 형식검증결과확인 → 내용검증하기 → 내용검증결과확인 → 전자파일제출 을 순서대로 클릭한다.
7. 최종적으로 전자파일 제출하기 를 완료한다.

4 결산정리사항은 다음과 같다. 관련 메뉴를 이용하여 결산을 완료하시오. (15점)

[1] 당기 중 현금 시재가 부족하여 현금과부족으로 처리했던 1,200,000원의 원인이 결산일 현재 다음과 같이 확인되었다(단, 항목별로 적절한 계정과목으로 처리하고, 하나의 전표로 입력할 것). (3점)

내용	금액
불우이웃돕기 성금	1,000,000원
영업부 거래처 직원의 결혼 축의금	200,000원

[2] 제조부의 제품 생산공장에 대한 화재보험료 전액을 납부일에 즉시 비용으로 처리하였다. 결산일에 필요한 회계처리를 하시오(단, 보험료는 월할 계산한다). (3점)

구분	보장기간	납부일	납부액
제조부 제품 생산공장 화재보험료	2025.06.01.~2026.05.31.	2025.06.01.	3,600,000원

[3] 대표자에게 대여한 20,000,000원(대여기간 : 2025.01.01.~2025.12.31.)에 대하여 당좌대출이자율(연 4.6%)로 계산한 이자 상당액을 결산일에 보통예금 계좌로 입금받았다. (3점)

[4] 당사는 기말 현재 보유 중인 다음의 3가지 채권의 잔액에 대해서만 1%의 대손충당금을 보충법으로 설정하고 있다(단, 원 단위 미만은 절사한다). (3점)

구분	기말잔액	설정 전 대손충당금 잔액
외상매출금	548,550,000원	4,750,000원
받을어음	22,700,000원	20,000원
단기대여금	50,000,000원	0원

[5] 기말 현재 당기분 법인세(지방소득세 포함)는 8,400,000원으로 산출되었다. 단, 당기분 법인세 중간예납세액과 이자소득 원천징수세액의 합계액인 5,800,000원은 선납세금으로 계상되어 있다. (3점)

5 2025년 귀속 원천징수와 관련된 다음의 물음에 답하시오. (15점)

[1] 다음은 영업부 대리 정기준(사번 : 33)의 급여 관련 자료이다. 필요한 수당공제등록을 하고 4월분 급여자료입력과 원천징수이행상황신고서를 작성하시오. (5점)

1. 4월의 급여 지급내역은 다음과 같다.

이름 : 정기준			지급일 : 2025년 04월 30일	
	기 본 급	2,800,000원	국 민 연 금	153,000원
	직 책 수 당	400,000원	건 강 보 험	120,530원
	야간근로수당	200,000원	장기요양보험	15,600원
(비과세)	식 대	200,000원	고 용 보 험	27,200원
(비과세)	자가운전보조금	200,000원	소 득 세	114,990원
(비과세)	보 육 수 당	200,000원	지 방 소 득 세	11,490원
급 여 합 계		4,000,000원	공 제 합 계	442,810원
			차 인 지 급 액	3,557,190원

2. 수당공제등록 시 다음에 주의하여 입력한다.
   • 수당등록 시 사용하는 수당 이외의 항목은 사용 여부를 "부"로 체크한다.
      (단, 월정액 여부와 통상임금 여부는 무시할 것)
   • 공제등록은 고려하지 않는다.
3. 급여자료입력 시 다음에 주의하여 입력한다.
   • 비과세에 해당하는 항목은 모두 비과세 요건을 충족하며, 최대한 반영하기로 한다.
   • 공제항목은 불러온 데이터를 무시하고 직접 입력하여 작성한다.
4. 원천징수는 매월하고 있으며, 전월 미환급세액은 601,040원이다.

[2] 다음은 2025.08.01. 홍보부에 입사한 홍상현(사원코드 : 1005, 세대주) 사원의 연말정산 관련 자료이다. 다음 자료를 이용하여 연말정산추가자료입력 메뉴의 소득명세 탭, 부양가족(보험료, 교육비) 탭, 신용카드 등 탭, 의료비 탭을 작성하여 연말정산입력 탭에서 연말정산을 완료하시오(단, 근로자 본인의 세부담 최소화를 가정한다). (10점)

1. 전(前)근무지 근로소득원천징수영수증
    - 근무기간 : 2025.01.01.~2025.07.31.
    - 근무처 : 주식회사 두섬(사업자등록번호 : 103-81-62982)
    - 소득명세 : 급여 26,000,000원, 상여 1,000,000원(비과세 급여, 비과세 상여 및 감면소득 없음)

세액명세	소득세	지방소득세	공제 보험료 명세		
결정세액	340,000원	34,000원		건강보험료	905,300원
기납부세액	460,000원	46,000원		장기요양보험료	115,900원
차감징수세액	-120,000원	-12,000원		고용보험료	243,000원
				국민연금보험료	1,170,000원

2. 가족사항 : 모두 동거하며, 생계를 같이함

성명	관계	주민번호	비고
홍상현	본인	870314-1287651	현근무지 총급여액 15,000,000원
이명지	배우자	870621-2044772	총급여액 6,000,000원
홍라율	자녀	200827-4842419	소득 없음
홍천운	부친	590919-1287032	소득 없음

※ 기본공제대상자가 아닌 경우, 기본공제 "부"로 입력할 것

3. 연말정산추가자료
    (안경 구입비용을 제외한 연말정산 자료는 모두 국세청 홈택스 연말정산간소화서비스 자료임)

항목	내용
보험료	• 홍상현(본인)　-자동차운전자보험료 800,000원 • 이명지(배우자)-보장성보험료 800,000원 • 홍라율(자녀)　-일반보장성보험료 500,000원
의료비	• 홍상현(본인)-질병치료비 300,000원 　　　　　　-시력보정용 안경 구입비용 700,000원 　　(상호 : 모든안경, 사업자등록번호 : 431-01-00574) • 홍라율(자녀)-질병치료비 400,000원 • 홍천운(부친)-질병치료비 8,000,000원
교육비	• 홍상현(본인)-정규 교육 과정 대학원 교육비 7,000,000원 • 홍라율(자녀)-「영유아보육법」상의 어린이집 교육비 2,400,000원
신용카드 등 사용액	• 홍상현(본인) 　-신용카드 사용액 23,000,000원(대중교통 사용분 1,000,000원 포함) 　-현금영수증 사용액 7,000,000원(전통시장 사용분 4,000,000원 포함) • 홍상현의 신용카드 사용액은 위 의료비 지출액이 모두 포함된 금액이다. • 제시된 내용 외 전통시장/대중교통/도서 등 사용분은 없다.

제115회 기출문제총정리

이론시험

다음 문제를 보고 알맞은 것을 골라 이론문제 답안작성 메뉴에 입력하시오. (객관식 문항당 2점)

| 기본전제 |

문제에서 한국채택국제회계기준을 적용하도록 하는 전제조건이 없는 경우, 일반기업회계기준을 적용하여 회계처리 한다.

---

1 다음 중 재무제표의 기본가정에 해당하지 않는 것은?

① 기업실체를 중심으로 하여 기업실체의 경제적 현상을 재무제표에 보고해야 한다.
② 기업이 계속적으로 존재하지 않을 것이라는 반증이 없는 한, 기업실체의 본래 목적을 달성하기 위하여 계속적으로 존재한다.
③ 기업실체의 지속적인 경제적 활동을 인위적으로 일정 기간 단위로 분할하여 각 기간마다 경영자의 수탁책임을 보고한다.
④ 회계정보가 유용하기 위해서는 그 정보가 의사결정에 반영될 수 있도록 적시에 제공되어야 한다.

2 다음의 자료를 통해 2025년 12월 31일 결산 후 재무제표에서 확인 가능한 정보로 올바른 것은?

2023년 1월 1일 기계장치 취득	
• 매입가액	20,000,000원
• 취득에 직접적으로 필요한 설치비	300,000원
• 2023년에 발생한 소모품 교체비	600,000원
• 2023년에 발생한 본래의 용도를 변경하기 위한 제조·개량비	4,000,000원
• 내용연수는 6년, 정액법으로 매년 정상적으로 상각함(월할계산할 것), 잔존가치는 없음.	

① 기계장치의 취득원가는 24,000,000원으로 계상되어 있다.
② 손익계산서에 표시되는 감가상각비는 4,150,000원이다.
③ 재무상태표에 표시되는 감가상각누계액은 8,300,000원이다.
④ 상각 후 기계장치의 미상각잔액은 12,150,000원이다.

3 다음 중 일반기업회계기준상 무형자산 상각에 대한 설명으로 옳지 않은 것은?

① 무형자산의 상각대상 금액은 그 자산의 추정 내용연수 동안 체계적인 방법에 의하여 비용으로 배분된다.
② 제조와 관련된 무형자산의 상각비는 제조원가에 포함한다.
③ 무형자산의 상각방법으로는 정액법만 사용해야 한다.
④ 무형자산의 잔존가치는 없는 것을 원칙으로 한다.

4 다음 중 사채에 대한 설명으로 가장 옳지 않은 것은?

① 사채할인발행차금은 사채의 발행금액에서 차감하는 형식으로 표시한다.
② 액면이자율보다 시장이자율이 큰 경우에는 할인발행된다.
③ 사채할증발행차금은 사채의 액면금액에서 가산하는 형식으로 표시한다.
④ 액면이자율이 시장이자율보다 큰 경우에는 할증발행된다.

5 다음 중 회계정책, 회계추정의 변경 및 오류에 대한 설명으로 옳지 않은 것은?

① 회계정책의 변경은 기업환경의 변화, 새로운 정보의 획득 또는 경험의 축적에 따라 지금까지 사용해 오던 회계적 추정치의 근거와 방법 등을 바꾸는 것을 말한다.
② 회계추정의 변경은 전진적으로 처리하여 그 효과를 당기와 당기 이후의 기간에 반영한다.
③ 회계변경의 효과를 회계정책의 변경효과와 회계추정의 변경효과로 구분하는 것이 불가능한 경우 회계추정의 변경으로 본다.
④ 회계추정 변경의 효과는 당해 회계연도 개시일부터 적용한다.

6 다음 중 원가 집계과정에 대한 설명으로 옳지 않은 것은?

① 당기제품제조원가(당기완성품원가)는 원재료 계정의 차변으로 대체된다.
② 당기총제조원가는 재공품 계정의 차변으로 대체된다.
③ 당기제품제조원가(당기완성품원가)는 제품 계정의 차변으로 대체된다.
④ 제품매출원가는 매출원가 계정의 차변으로 대체된다.

7 다음 중 개별원가계산과 종합원가계산에 대한 설명으로 옳지 않은 것은?

① 개별원가계산은 주문받은 개별 제품별로 작성된 작업원가표에 집계하여 원가를 계산한다.
② 종합원가계산은 개별 제품별로 작업원가표를 작성하여 원가를 계산한다.
③ 개별원가계산은 각 제조지시별로 원가계산을 해야하므로 많은 시간과 비용이 발생한다.
④ 조선업, 건설업은 개별원가계산이 적합한 업종에 해당한다.

8 다음 중 제조원가명세서와 손익계산서 및 재무상태표의 관계에 대한 설명으로 옳지 않은 것은?

① 제조원가명세서의 기말원재료재고액은 재무상태표의 원재료 계정에 계상된다.
② 제조원가명세서의 기말재공품의 원가는 재무상태표의 재공품 계정으로 계상된다.
③ 제조원가명세서의 당기제품제조원가는 재무상태표의 매출원가에 계상된다.
④ 손익계산서의 기말제품재고액은 재무상태표의 제품 계정 금액과 같다.

9 다음의 자료를 이용하여 직접노무시간당 제조간접원가 예정배부율을 구하시오.

- 제조간접원가 실제 발생액 : 6,000,000원
- 제조간접원가 배부차이 : 400,000원(과대배부)
- 실제 직접노무시간 : 50,000시간

① 112원　　② 128원
③ 136원　　④ 146원

10 기초재공품은 1,000개이고 완성도는 30%이다. 당기투입수량은 6,000개이고 기말재공품은 800개일 경우 선입선출법에 의한 가공원가의 완성품환산량이 6,100개라면, 기말재공품의 완성도는 몇 %인가? (단, 가공원가는 전공정에 걸쳐 균등하게 발생한다.)

① 10%　　② 15%
③ 20%　　④ 25%

11 다음 중 부가가치세법상 과세기간에 대한 설명으로 옳지 않은 것은?

① 일반과세자의 과세기간은 원칙상 1년에 2개가 있다.
② 신규로 사업을 개시하는 것은 과세기간 개시일의 예외가 된다.
③ 매출이 기준금액에 미달하여 일반과세자가 간이과세자로 변경되는 경우 그 변경되는 해에 간이과세자에 관한 규정이 적용되는 과세기간은 그 변경 이전 1월 1일부터 6월 30일까지이다.
④ 간이과세자가 간이과세자에 관한 규정의 적용을 포기함으로써 일반과세자로 되는 경우에는 1년에 과세기간이 3개가 될 수 있다.

12 다음 중 부가가치세법상 재화의 공급에 해당하는 것은?

① 담보의 제공
② 사업용 상가건물의 양도
③ 사업의 포괄적 양도
④ 조세의 물납

13 다음 중 소득세법상 근로소득이 없는 거주자(사업소득자가 아님)가 받을 수 있는 특별세액공제는?

① 보험료세액공제
② 의료비세액공제
③ 교육비세액공제
④ 기부금세액공제

14 다음 중 소득세법상 수입시기로 가장 옳지 않은 것은?

① 비영업대금의 이익 : 약정에 의한 이자 지급일
② 잉여금 처분에 의한 배당 : 잉여금 처분 결의일
③ 장기할부판매 : 대가의 각 부분을 받기로 한 날
④ 부동산 등의 판매 : 소유권이전등기일, 대금청산일, 사용수익일 중 빠른 날

15 다음 중 소득세법상 기타소득에 대한 설명으로 가장 옳지 않은 것은?

① 공익법인의 설립·운영에 관한 법률의 적용을 받는 공익법인이 주무관청의 승인을 받아 시상하는 상금 및 부상과 다수가 순위 경쟁하는 대회에서 입상자가 받는 상금 및 부상의 경우, 거주자가 받은 금액의 100분의 60에 상당하는 금액을 필요경비로 한다.
② 고용관계 없이 다수인에게 강연을 하고 강연료 등 대가를 받는 용역을 일시적으로 제공하고 받는 대가는 기타소득에 해당한다.
③ 이자소득·배당소득·사업소득·근로소득·연금소득·퇴직소득 및 양도소득 외의 소득으로서 재산권에 관한 알선수수료는 기타소득에 해당한다.
④ 이자소득·배당소득·사업소득·근로소득·연금소득·퇴직소득 및 양도소득 외의 소득으로서 상표권·영업권을 양도하거나 대여하고 받는 금품은 기타소득에 해당한다.

실무시험

㈜은마상사(회사코드:8524)는 전자제품의 제조 및 도·소매업을 주업으로 영위하는 중소기업으로 당기(제18기)의 회계기간은 2025.1.1.~2025.12.31.이다. 전산세무회계 수험용 프로그램을 이용하여 다음 물음에 답하시오.

| 기본전제 |

- 문제에서 한국채택국제회계기준을 적용하도록 하는 전제조건이 없는 경우, 일반기업회계기준을 적용하여 회계처리 한다.
- 문제의 풀이와 답안작성은 제시된 문제의 순서대로 진행한다.

---

1 일반전표입력 메뉴를 이용하여 다음의 거래자료를 입력하시오. (15점)

> **입력시 유의사항**
> - 일반적인 적요의 입력은 생략하지만, 타계정 대체거래는 적요번호를 선택하여 입력한다.
> - 채권·채무와 관련된 거래는 별도의 요구가 없는 한 반드시 기 등록되어 있는 거래처코드를 선택하는 방법으로 거래처명을 입력한다.
> - 제조경비는 500번대 계정코드를, 판매비와 관리비는 800번대 계정코드를 사용한다.
> - 회계처리시 계정과목은 별도제시가 없는 한 등록되어 있는 계정과목 중 가장 적절한 과목으로 한다.

[1] 4월 11일   당사가 보유 중인 매도가능증권을 12,000,000원에 처분하고 처분대금은 보통예금 계좌로 입금받았다. 해당 매도가능증권의 취득가액은 10,000,000원이며, 2024년 말 공정가치는 11,000,000원이다. (3점)

[2] 6월 25일   당사의 거래처인 ㈜은비로부터 비품을 무상으로 받았다. 해당 비품의 공정가치는 5,000,000원이다. (3점)

[3] 8월 2일   ㈜은마상사의 사옥으로 사용할 토지를 비사업자로부터 다음과 같이 매입하였다. 그 중 토지 취득 관련 지출은 다음과 같다. 취득세는 현금으로 납부하고 토지대금과 등기수수료, 중개수수료는 보통예금 계좌에서 이체하였다. (3점)

• 토지가액	300,000,000원
• 토지 관련 취득세	13,000,000원
• 토지 취득 관련 법무사 등기수수료	300,000원
• 토지 취득 관련 중개수수료	2,700,000원

[4] 8월 10일   당기분 퇴직급여를 위하여 영업부서 직원에 대한 퇴직연금(DB형) 5,000,000원과 제조부서 직원에 대한 퇴직연금(DC형) 3,000,000원을 보통예금 계좌에서 이체하였다. (3점)

[5] 12월 13일   자기주식(취득가액 : 주당 58,000원) 120주를 주당 65,000원에 처분하여 매매대금이 보통예금 계좌로 입금되었다. 처분일 현재 자기주식처분손실 200,000원이 계상되어 있다. (3점)

2 매입매출전표입력 메뉴를 이용하여 다음의 거래자료를 입력하시오. (15점)

> **입력시 유의사항**
> - 일반적인 적요의 입력은 생략하지만, 타계정 대체거래는 적요번호를 선택하여 입력한다.
> - 채권·채무와 관련된 거래는 별도의 요구가 없는 한 반드시 기등록된 거래처코드를 선택하는 방법으로 거래처명을 입력한다.
> - 제조경비는 500번대 계정코드를, 판매비와관리비는 800번대 계정코드를 사용한다.
> - 회계처리 시 계정과목은 별도의 제시가 없는 한 등록된 계정과목 중 가장 적절한 과목으로 한다.
> - 입력화면 하단의 분개까지 처리하고, 전자세금계산서 및 전자계산서는 전자 입력으로 반영한다.

[1] 3월 12일   싱가포르에 소재하는 ABC사에 제품을 $30,000에 직수출하였다. 수출대금 중 $20,000가 선적과 동시에 보통예금 계좌에 입금되었으며 나머지 $10,000는 다음달 말일에 수취하기로 하였다(수출신고번호 입력은 생략할 것). (3점)

수출대금	대금수령일	기준환율	비고
$20,000	2025.03.12.	1,300원/$	선적일
$10,000	2025.04.30.	1,250원/$	잔금청산일

[2] 10월 1일 업무용으로 사용할 목적으로 거래처 달려요로부터 업무용승용차(990cc)를 중고로 구입하였다. 대금은 한 달 후에 지급하기로 하고, 다음의 종이세금계산서를 발급받았다. (3점)

세금계산서(공급받는 자 보관용)

책 번 호: 권 호
일련번호:

공급자
- 사업자등록번호: 106-11-56318
- 상호(법인명): 달려요
- 성명(대표자): 정화룡
- 사업장 주소: 경기도 성남시 중원구 성남대로 99
- 업태: 서비스
- 종목: 화물

공급받는자
- 사업자등록번호: 688-85-01470
- 상호(법인명): ㈜은마상사
- 성명(대표자): 박은마
- 사업장 주소: 경기도 평택시 가재길 14
- 업태: 도소매
- 종목: 전자제품

작성 연월일	공급가액	세액	비고
25.10.01	20,000,000	2,000,000	

월	일	품목	규격	수량	단가	공급가액	세액	비고
10	01	승용차				20,000,000	2,000,000	

합계금액	현금	수표	어음	외상미수금	
22,000,000				22,000,000	이 금액을 청구 함

[3] 10월 29일 업무용승용차를 ㈜월클파이낸셜로부터 운용리스 조건으로 리스하였다. 영업부서에서 사용하고 임차료 1,800,000원의 전자계산서를 발급받았다. 대금은 다음 달 5일에 지급하기로 하였다. (3점)

[4] 11월 1일 ㈜은마상사는 ㈜진산에 아래와 같은 전자세금계산서를 발급하였다. 제품 대금은 ㈜진산에게 지급해야할 미지급금(8,000,000원)과 상계하기로 상호 협의하였으며 잔액은 보통예금 계좌로 입금받았다. (3점)

전자세금계산서

승인번호: 20251101-1547412-2014956

공급자
- 등록번호: 688-85-01470
- 종사업장번호:
- 상호(법인명): ㈜은마상사
- 성명: 박은마
- 사업장 주소: 경기도 평택시 가재길 14
- 업태: 도소매
- 종목: 전자제품
- 이메일:

공급받는자
- 등록번호: 259-81-15652
- 종사업장번호:
- 상호(법인명): ㈜진산
- 성명: 이진산
- 사업장 주소: 세종시 부강면 부곡리 128
- 업태: 건설업
- 종목: 인테리어
- 이메일:

작성일자	공급가액	세액	수정사유	비고
2025.11.01	10,000,000	1,000,000		

비고:

월	일	품목	규격	수량	단가	공급가액	세액	비고
11	01	전자제품				10,000,000	1,000,000	

합계금액	현금	수표	어음	외상미수금	
11,000,000	3,000,000			8,000,000	위 금액을 (청구) 함

[5] 11월 20일 ㈜코스트코코리아에서 제조부 사원들을 위해 공장에 비치할 목적으로 온풍기를 1,936,000원(부가가치세 포함)에 구입하고, 대금은 보통예금 계좌에서 이체하여 지급한 후 현금영수증(지출증빙용)을 수취하였다(단, 자산으로 처리할 것). (3점)

현금영수증

● 거래정보

거래일시	2025-11-20
승인번호	G45972376
거래구분	승인거래
거래용도	지출증빙
발급수단번호	688-85-01470

● 거래금액

공급가액	부가세	봉사료	총 거래금액
1,760,000	176,000	0	1,936,000

● 가맹점 정보

상호	㈜코스트코코리아
사업자번호	107-81-63829
대표자명	조만수
주소	경기도 부천시 길주로 284

● 익일 홈택스에서 현금영수증 발급 여부를 반드시 확인하시기 바랍니다.
● 홈페이지 (http://www.hometax.go.kr)
 - 조회/발급>현금영수증 조회>사용내역(소득공제) 조회
  >매입내역(지출증빙) 조회
● 관련문의는 국세상담센터(☎126-1-1)

3 부가가치세 신고와 관련하여 다음 물음에 답하시오. (10점)

[1] 다음 자료를 보고 제2기 확정신고기간의 공제받지못할매입세액명세서 중 공제받지못할 매입세액내역 탭과 공통매입세액의정산내역 탭을 작성하시오(단, 불러온 자료는 무시하고 직접 입력할 것). (4점)

1. 매출 공급가액에 관한 자료

구분	과세사업	면세사업	합계
7월~12월	350,000,000원	150,000,000원	500,000,000원

2. 매입세액(세금계산서 수취분)에 관한 자료

구분	① 과세사업 관련			② 면세사업 관련		
	공급가액	매입세액	매수	공급가액	매입세액	매수
10월~12월	245,000,000원	24,500,000원	18매	90,000,000원	9,000,000원	12매

3. 총공통매입세액(7월~12월) : 3,800,000원
   ※ 제2기 예정신고 시 공통매입세액 중 불공제매입세액 : 500,000원

[2] 다음의 자료를 이용하여 2025년 제1기 확정신고기간에 대한 부가가치세신고서를 작성하시오(단, 과세표준명세 작성은 생략한다). (6점)

구분	자료
매출	1. 전자세금계산서 발급 매출 공급가액 : 500,000,000원(세액 50,000,000원) (→지연발급한 전자세금계산서의 매출 공급가액 1,000,000원이 포함되어 있음) 2. 신용카드 매출전표 발급 매출 공급대가 : 66,000,000원 (→전자세금계산서 발급 매출 공급가액 10,000,000원이 포함되어 있음) 3. 해외 직수출에 따른 매출 공급가액 : 30,000,000원
매입	1. 전자세금계산서 수취 매입(일반) 공급가액 : 320,000,000원(세액 32,000,000원) 2. 신용카드 매입 공급대가 : 12,100,000원 (→에어컨 구입비 3,300,000원(공급대가)이 포함되어 있음) 3. 제1기 예정신고 시 누락된 세금계산서 매입(일반) 공급가액 : 10,000,000원 (세액 1,000,000원)
비고	1. 지난해 11월에 발생한 매출채권(5,500,000원, 부가가치세 포함)이 해당 거래처의 파산으로 대손이 확정되었다. 2. 2025년 제1기 예정신고미환급세액 : 3,000,000원 3. 국세청 홈택스에 전자신고를 완료하였다.

4 결산정리사항은 다음과 같다. 관련 메뉴를 이용하여 결산을 완료하시오. (15점)

[1] 전기에 은혜은행으로부터 차입한 장기차입금 20,000,000원의 만기일은 2026년 4월 30일이다. (3점)

[2] 10월 1일에 팝업스토어 매장 임차료 1년분 금액 3,000,000원을 모두 지불하고 임차료로 계상하였다. 기말 결산 시 필요한 회계처리를 행하시오(단, 임차료는 월할 계산한다). (3점)

[3] 아래의 차입금 관련 자료를 이용하여 결산일까지 발생한 차입금 이자비용에 대한 당해연도분 미지급비용을 인식하는 회계처리를 하시오(단, 이자는 만기 시에 지급하고, 월할 계산한다). (3점)

- 금융기관 : ㈜중동은행
- 대출금액 : 300,000,000원
- 대출기간 : 2025년 05월 01일~2026년 04월 30일
- 대출이자율 : 연 6.8%

[4] 결산 시 당기 감가상각비 계상액은 다음과 같다. 결산을 완료하시오. (3점)

계정과목	경비구분	당기 감가상각비 계상액
건물	판매및관리	20,000,000원
기계장치	제조	4,000,000원
영업권	판매및관리	3,000,000원

[5] 결산일 현재 재고자산은 다음과 같다. 아래의 정보를 반영하여 결산자료입력을 수행하시오. (3점)

1. 기말재고자산
   - 기말원재료 : 4,700,000원
   - 기말재공품 : 800,000원
   - 기말제품 : 16,300,000원
2. 추가정보(위 1.에 포함되지 않은 자료임)
   - 도착지 인도조건으로 매입하여 운송 중인 미착원재료 : 2,300,000원
   - 수탁자에게 인도한 위탁제품 14,000,000원 중에 수탁자가 판매 완료한 것은 9,000,000원으로 확인됨.

5 2025년 귀속 원천징수와 관련된 다음의 물음에 답하시오. (15점)

[1] 다음은 영업부 사원 김필영(사번 : 1001)의 부양가족 자료이다. 부양가족은 모두 생계를 함께하고 있으며 세부담 최소화를 위해 가능하면 김필영이 모두 공제받고자 한다. 본인 및 부양가족의 소득은 주어진 내용이 전부이다. 사원등록 메뉴의 부양가족명세 탭을 작성하시오(단, 기본공제대상자가 아닌 경우도 기본공제 '부'로 입력할 것). (5점)

관계	성명	주민등록번호	동거 여부	비고
본인	김필영	830419-1234561	세대주	총급여 8,000만원
배우자	최하나	851006-2219115	동거	퇴직소득금액 100만원
아들	김이온	130712-3035890	동거	소득 없음
딸	김시온	200103-4035458	동거	소득 없음
부친	김경식	460103-1156775	주거형편상 별거	소득 없음, 「국가유공자법」에 따른 상이자로 장애인, 2025.03.08. 사망.
모친	이연화	500717-2155436	주거형편상 별거	양도소득금액 1,000만원, 장애인(중증환자)
장모	한수희	521111-2523451	주거형편상 별거	총급여 500만원
형	김필모	801230-1234577	동거	일용근로소득 720만원, 「장애인복지법」에 따른 장애인

[2] 다음은 회계부서에 재직 중인 이철수(사원코드 : 102) 사원의 연말정산 관련 자료이다. 아래의 자료를 이용하여 연말정산추가자료입력 메뉴의 부양가족 탭, 신용카드 등 탭, 의료비 탭을 입력하여 연말정산입력 탭을 완성하시오(단, 근로자 본인의 세부담 최소화를 가정한다). (10점)

1. 가족사항(모두 거주자인 내국인에 해당함)

성명	관계	주민등록번호	동거여부	소득금액	비고
이철수	본인	840505-1478529		48,000,000원	총급여액(근로소득 외의 소득 없음), 세대주
강희영	배우자	850630-2547855	여	10,000,000원	양도소득금액
이명수	부친	571012-1587425	여	900,000원	부동산임대소득금액 : 총수입금액 20,000,000원 필요경비 19,100,000원
이현수	아들	150408-3852618	여	-	초등학생
이리수	딸	201104-4487125	여	-	취학 전 아동

※ 기본공제대상자가 아닌 경우도 기본공제 '부'로 입력할 것

2. 연말정산 관련 추가자료(모든 자료는 국세청에서 제공된 자료에 해당하며, 표준세액공제가 더 클 경우 표준세액공제를 적용한다.)

내역	비고
보장성 보험료	• 이철수(본인) : 자동차보험료 300,000원 • 강희영(배우자) : 보장성보험료 200,000원 • 이명수(부친) : 생명보험료 150,000원(만기까지 납입액이 만기환급액보다 큰 경우에 해당) • 이현수(아들) : 보장성보험료 350,000원
교육비	• 이철수(본인) : 정규 교육 과정 대학원 교육비 5,000,000원 • 이현수(아들) : 국내 소재 사립초등학교(「초·중등교육법」상의 정규 교육기관) 수업료 8,000,000원 바이올린 학원비 2,400,000원 • 이리수(딸) : 「영유아보육법」상의 어린이집 교육비 1,800,000원
의료비	• 이철수(본인) : 질병 치료 목적 의료비 1,050,000원 • 이명수(부친) : 질병 치료 목적 국외 의료비 1,500,000원 • 이리수(딸) : 질병 치료 목적 의료비 250,000원

제116회 기출문제총정리

이론시험

다음 문제를 보고 알맞은 것을 골라 이론문제 답안작성 메뉴에 입력하시오. (객관식 문항당 2점)

| 기본전제 |

문제에서 한국채택국제회계기준을 적용하도록 하는 전제조건이 없는 경우, 일반기업회계기준을 적용하여 회계처리 한다.

1 다음 중 자본적 지출 항목을 수익적 지출로 잘못 회계처리한 경우 재무제표에 미치는 영향으로 옳은 것은?

① 자산이 과소계상 된다.
② 당기순이익이 과대계상 된다.
③ 부채가 과소계상 된다.
④ 자본이 과대계상 된다.

2 다음 중 당좌자산에 해당하지 않는 항목은 무엇인가?

① 영업권
② 매출채권
③ 단기투자자산
④ 선급비용

3 다음 중 회계추정의 변경에 해당하지 않는 것은 무엇인가?

① 감가상각자산의 내용연수 변경
② 감가상각방법의 변경
③ 재고자산 평가방법의 변경
④ 재고자산의 진부화 여부에 대한 판단

4 다음 중 자본에 대한 설명으로 옳지 않은 것은?
① 유상증자 시 주식이 할인발행된 경우 주식할인발행차금은 자본조정으로 계상한다.
② 신주발행비는 손익계산서상의 당기 비용으로 처리한다.
③ 주식분할의 경우 주식수만 증가할 뿐 자본금에 미치는 영향은 발생하지 않는다.
④ 무상감자는 주식소각 대가를 주주에게 지급하지 않으므로 형식적 감자에 해당한다.

5 다음의 자료를 이용하여 기말재고자산에 포함해야 할 총금액을 계산하면 얼마인가? 단, 창고 재고 금액은 고려하지 않는다.

- 반품률이 높지만, 그 반품률을 합리적으로 추정할 수 없는 상태로 판매한 상품 : 2,000,000원
- 시용판매 조건으로 판매된 시송품 총 3,000,000원 중 고객이 구매의사표시를 한 상품 : 1,000,000원
- 담보로 제공한 저당상품 : 9,000,000원
- 선적지 인도조건으로 매입한 미착상품 : 4,000,000원

① 15,000,000원   ② 16,000,000원
③ 17,000,000원   ④ 18,000,000원

6 다음 중 원가에 대한 설명으로 옳지 않은 것은?
① 조업도(제품생산량)가 증가함에 따라 단위당 변동원가는 일정하고 단위당 고정원가는 감소한다.
② 제조원가는 직접재료원가, 직접노무원가, 제조간접원가를 말한다.
③ 가공원가란 직접재료원가와 직접노무원가만을 합한 금액을 말한다.
④ 고정원가란 관련범위 내에서 조업도 수준과 관계없이 총원가가 일정한 원가를 말한다.

7 다음 중 개별원가계산과 종합원가계산에 대한 설명으로 옳지 않은 것은?
① 개별원가계산은 개별적으로 원가를 추적해야 하므로 공정별로 원가를 통제하기가 어렵다.
② 종합원가계산 중 평균법은 기초재공품 모두를 당기에 착수하여 완성한 것으로 가정한다.
③ 종합원가계산을 적용할 때 기초재공품이 없다면 평균법과 선입선출법에 의한 계산은 차이가 없다.
④ 종합원가계산은 개별원가계산과 달리 기말재공품의 평가문제가 발생하지 않는다.

8 다음 중 보조부문원가를 배분하는 방법에 대한 설명으로 옳지 않은 것은?

① 상호배분법은 보조부문 상호 간의 용역수수관계를 완전히 반영하는 방법이다.
② 단계배분법은 보조부문 상호 간의 용역수수관계를 전혀 반영하지 않는 방법이다.
③ 직접배분법은 보조부문 상호 간의 용역수수관계를 전혀 반영하지 않는 방법이다.
④ 상호배분법, 단계배분법, 직접배분법 중 어떤 방법을 사용하더라도 보조부문의 총원가는 제조부문에 모두 배분된다.

9 당사의 보험료를 제조부문에 80%, 영업부문에 20%로 배분하고 있다. 당월 지급액 100,000원, 전월 미지급액 30,000원, 당월 미지급액이 20,000원인 경우 당월 제조간접원가로 계상해야 하는 보험료는 얼마인가?

① 64,000원
② 72,000원
③ 80,000원
④ 90,000원

10 종합원가계산을 적용할 경우, 다음의 자료를 이용하여 평균법과 선입선출법에 따른 가공원가의 완성품환산량을 각각 계산하면 몇 개인가?

- 기초재공품 : 300개(완성도 20%)
- 당기착수량 : 1,000개
- 당기완성량 : 1,100개
- 기말재공품 : 200개(완성도 60%)
- 원재료는 공정착수 시점에 전량 투입되며, 가공원가는 전체 공정에서 균등하게 발생한다.

	평균법	선입선출법
①	1,120개	1,060개
②	1,120개	1,080개
③	1,220개	1,180개
④	1,220개	1,160개

11 다음 중 부가가치세법상 부가가치세가 과세되는 재화 또는 용역의 공급에 해당하는 것은?

① 박물관에 입장하도록 하는 용역
② 고속철도에 의한 여객운송 용역
③ 도서 공급
④ 도서대여 용역

12 다음 중 부가가치세법상 매입세액공제가 가능한 경우는?

① 면세사업과 관련된 매입세액
② 기업업무추진비 지출과 관련된 매입세액
③ 토지의 형질변경과 관련된 매입세액
④ 제조업을 영위하는 사업자가 농민으로부터 면세로 구입한 농산물의 의제매입세액

13 다음 중 소득세법상 근로소득의 원천징수 시기로 옳지 않은 것은?

① 2025년 05월 귀속 근로소득을 2025년 05월 31일에 지급한 경우 : 2025년 05월 31일
② 2025년 07월 귀속 근로소득을 2025년 08월 10일에 지급한 경우 : 2025년 08월 10일
③ 2025년 11월 귀속 근로소득을 2026년 01월 31일에 지급한 경우 : 2025년 12월 31일
④ 2025년 12월 귀속 근로소득을 2026년 03월 31일에 지급한 경우 : 2025년 12월 31일

14 다음 중 소득세법상 사업소득에 대한 설명으로 가장 옳지 않은 것은?

① 간편장부대상자의 사업용 유형자산 처분으로 인하여 발생한 이익은 사업소득에 해당한다.
② 국세환급가산금은 총수입금액에 산입하지 않는다.
③ 거주자가 재고자산을 가사용으로 소비하는 경우 그 소비·지급한 때의 가액을 총수입금액에 산입한다.
④ 부동산임대와 관련 없는 사업소득의 이월결손금은 당해 연도의 다른 종합소득에서 공제될 수 있다.

15 다음 중 소득세법상 종합소득공제 및 세액공제에 대한 설명으로 옳지 않은 것은?

① 거주자의 직계존속이 주거 형편에 따라 별거하고 있는 경우에는 생계를 같이 하는 것으로 본다.
② 재학 중인 학교로부터 받은 장학금이 있는 경우 이를 차감한 금액을 세액공제 대상 교육비로 한다.
③ 배우자가 있는 여성은 배우자가 별도의 소득이 없는 경우에 한하여 부녀자공제를 받을 수 있다.
④ 맞벌이 부부 중 남편이 계약자이고 피보험자가 부부공동인 보장성보험의 보험료는 보험료 세액공제 대상이다.

실무시험

㈜선진테크(회사코드:8525)는 컴퓨터 및 주변장치의 제조 및 도·소매업을 주업으로 영위하는 중소기업으로서 당기(제12기)의 회계기간은 2025.1.1.~2025.12.31.이다. 전산세무회계 수험용 프로그램을 이용하여 다음 물음에 답하시오.

| 기본전제 |

- 문제에서 한국채택국제회계기준을 적용하도록 하는 전제조건이 없는 경우, 일반기업회계기준을 적용하여 회계처리 한다.
- 문제의 풀이와 답안작성은 제시된 문제의 순서대로 진행한다.

---

1 일반전표입력 메뉴를 이용하여 다음의 거래자료를 입력하시오. (15점)

입력시 유의사항
- 일반적인 적요의 입력은 생략하지만, 타계정 대체거래는 적요번호를 선택하여 입력한다.
- 채권·채무와 관련된 거래는 별도의 요구가 없는 한 반드시 기 등록되어 있는 거래처코드를 선택하는 방법으로 거래처명을 입력한다.
- 제조경비는 500번대 계정코드를, 판매비와 관리비는 800번대 계정코드를 사용한다.
- 회계처리시 계정과목은 별도제시가 없는 한 등록되어 있는 계정과목 중 가장 적절한 과목으로 한다.

[1] 1월 3일 전기에 하남상회에게 제품을 판매하고 계상했던 외상매출금 총 3,400,000원 중 1,400,000원은 하남상회가 발행한 약속어음으로 받고, 나머지는 보통예금 계좌로 즉시 입금받았다. (3점)

[2] 1월 15일 영업부에서 사용할 실무서적을 현금으로 구입하고, 다음의 영수증을 수취하였다. (3점)

NO.	영수증(공급받는자용)		
		㈜선진테크	귀하
공급자	사업자등록번호	145-91-12336	
	상 호	대일서점	성 명	김대일
	사업장소재지	서울시 강동구 천호대로 1(천호동)	
	업 태	도소매	종 목	서적
작성일자	금액합계	비고
2025.01.15.	25,000원	
공급내역				
월/일	품명	수량	단가	금액
1/15	영업전략실무	1	25,000원	25,000원
합계		25,000		
위 금액을 영수함				

[3] 8월 20일 당사는 공장신축용 토지를 취득한 후 취득세 18,000,000원과 지방채 12,000,000원(액면금액 12,000,000원, 공정가치 10,500,000원, 만기 5년, 무이자부)을 보통예금 계좌에서 지급하였다(단, 지방채는 매도가능증권으로 분류할 것). (3점)

[4] 10월 25일 다음의 제조부서 직원급여를 보통예금 계좌에서 이체하여 지급하였다. 예수금은 하나의 계정으로 처리하시오. (3점)

<u>2025년 10월분 급여명세서</u>

(단위 : 원)

사원코드 : 0008 부서 : 제조		사원명 : 김하나 직급 : 과장	입사일 : 2024.05.01.	
지 급 내 역		지 급 액	공 제 내 역	공 제 액
기 본 급		3,500,000	국민연금	265,500
상 여		3,000,000	건강보험	230,420
			고용보험	58,500
			장기요양보험료	29,840
			소득세	530,000
			지방소득세	53,000
			공제액계	1,167,260
지급액계		6,500,000	차인지급액	5,332,740
귀하의 노고에 감사드립니다.			㈜선진테크	

[5] 12월 1일   지난 9월 2일 공장에서 사용할 목적으로 ㈜은성기계에서 기계장치를 구매하고 아래의 전자세금계산서를 수취하면서 미지급금으로 회계처리를 했던 거래에 대하여 12월 1일에 법인카드(신한카드)로 결제하여 지급하였다(단, 카드 결제분은 미지급금으로 처리할 것). (3점)

전자세금계산서					승인번호	20250902 - 31000013 - 44346111		
공급자	등록번호	180 - 81 - 41214	종사업장번호		공급받는자	등록번호	130 - 81 - 53506	종사업장번호	
	상호(법인명)	㈜은성기계	성 명	박은성		상호(법인명)	㈜선진테크	성 명	이득세
	사업장주소	서울특별시 성북구 장월로1길 28, 상가동 101호				사업장주소	경기도 부천 길주로 284, 105호(중동)		
	업 태	제조업	종 목	전자부품		업 태	제조, 도소매 외	종 목	컴퓨터 및 주변장치 외
	이메일	es@naver.com				이메일	jdcorp@naver.com		
작성일자	공급가액		세액			수정사유		
2025/09/02	20,000,000		2,000,000			해당 없음		
비고								
월	일	품 목	규 격	수 량	단 가	공 급 가 액	세 액	비 고
09	02	기계장치				20,000,000	2,000,000	
합 계 금 액		현 금		수 표	어 음	외 상 미 수 금	위 금액을 (청구) 함	
22,000,000						22,000,000		

2 매입매출전표입력 메뉴를 이용하여 다음의 거래자료를 입력하시오. (15점)

> **입력시 유의사항**
> ☐ 일반적인 적요의 입력은 생략하지만, 타계정 대체거래는 적요번호를 선택하여 입력한다.
> ☐ 채권·채무와 관련된 거래는 별도의 요구가 없는 한 반드시 기등록된 거래처코드를 선택하는 방법으로 거래처명을 입력한다.
> ☐ 제조경비는 500번대 계정코드를, 판매비와관리비는 800번대 계정코드를 사용한다.
> ☐ 회계처리 시 계정과목은 별도의 제시가 없는 한 등록된 계정과목 중 가장 적절한 과목으로 한다.
> ☐ 입력화면 하단의 분개까지 처리하고, 전자세금계산서 및 전자계산서는 전자 입력으로 반영한다.

[1] 1월 2일   제조부문에서 사용하던 기계장치(취득원가 5,000,000원, 감가상각누계액 4,300,000원)를 미래전자에 1,000,000원(부가가치세 별도)에 매각하면서 전자세금계산서를 발급하였으며, 대금 중 부가가치세는 현금으로 받고, 나머지는 전액 미래전자가 발행한 약속어음으로 수취하였다. (3점)

[2] 2월 12일 가공육선물세트를 구입하여 영업부 거래처에 접대를 목적으로 제공하고 아래의 전자세금계산서를 수취하면서 대금은 보통예금 계좌에서 지급하였다. (3점)

전자세금계산서				승인번호	20250212 - 100156 - 956214		
공급자	등록번호	130 - 81 - 23545	종사업장번호		등록번호	130 - 81 - 53506	종사업장번호	
	상호(법인명)	㈜롯데백화점 중동	성명	이시진	공급받는자	상호(법인명)	㈜선진테크	성명	이득세
	사업장주소	경기도 부천시 길주로 300 (중동)			사업장주소	경기도 부천시 길주로 284, 105호 (중동)		
	업태	서비스	종목	백화점	업태	제조, 도소매	종목	컴퓨터 및 주변장치 외
	이메일	fhdns@never.net			이메일	1111@daum.net		
작성일자		공급가액		세액		수정사유		비고
2025/02/12		7,100,000		710,000				

월	일	품목	규격	수량	단가	공급가액	세액	비고
02	12	가공육 선물세트 1호		100	71,000	7,100,000	710,000	

합계금액	현금	수표	어음	외상미수금	위 금액을 (영수) 함
7,810,000	7,810,000				

[4] 7월 17일 당사는 수출회사인 ㈜봉산실업에 내국신용장에 의해 제품을 판매하고 영세율전자세금계산서를 발급하였다. 대금 중 1,800,000원은 현금으로 받고, 나머지는 외상으로 하였다. (3점)

영세율전자세금계산서				승인번호	20250717 - 1000000 - 0000415871		
공급자	등록번호	130 - 81 - 53506	종사업장번호		등록번호	130 - 81 - 55668	종사업장번호	
	상호(법인명)	㈜선진테크	성명	이득세	공급받는자	상호(법인명)	㈜봉산실업	성명	안민애
	사업장	경기도 부천시 길주로 284, 105호 (중동)			사업장	서울 강남구 역삼로 1504 - 20		
	업태	제조 외	종목	컴퓨터 및 주변장치 외	업태	도소매	종목	전자제품
	이메일	1111@daum.net			이메일	semicom@naver.com		
작성일자		공급가액		세액		수정사유		
2025/07/17		18,000,000		0		해당 없음		

월	일	품목	규격	수량	단가	공급가액	세액	비고
07	17	제품	set	10	1,800,000	18,000,000	0	

합계금액	현금	수표	어음	외상미수금	위 금액을 (영수) 함
18,000,000	1,800,000			16,200,000	

[4] 8월 20일 ㈜하나로마트에서 한우갈비세트(부가가치세 면세 대상) 2,000,000원을 현금으로 결제하고 현금영수증(지출증빙용)을 수취하였다. 이 중 600,000원 상당은 복리후생 차원에서 당사 공장 직원에게 제공하였고, 나머지는 영업부서 직원에게 제공하였다. (3점)

[5] 9월 10일 아래의 세금계산서를 2025년 제2기 부가가치세 예정신고 시 누락하였다. 반드시 2025년 제2기 부가가치세 확정신고서에 반영되도록 입력 및 설정한다. (3점)

세금계산서

책번호	권	호		
일련번호	-			

공급자				공급받는자			
사업자등록번호	113-15-53127			사업자등록번호	130-81-53506		
상호(법인명)	풍성철강	성명(대표자)	이소희	상호(법인명)	㈜선진테크	성명(대표자)	이득세
사업장 주소	서울시 금천구 시흥대로 53			사업장 주소	경기도 부천시 길주로 284, 105호 (중동)		
업태	도매업	종목	철강	업태	제조업	종목	컴퓨터 및 주변장치 외

작성					공급가액								세액								비고
연	월	일	공란수	백	십	억	천	백	십	만	천	백	십	일	십	억	천	백	십	만	천	백	십	일
2025	09	10	4				1	0	0	0	0	0	0					1	0	0	0	0	0

월	일	품목	규격	수량	단가	공급가액	세액	비고
09	10	원재료				1,000,000	100,000	

합계금액	현금	수표	어음	외상미수금	이 금액을 (청구) 함
1,100,000				1,100,000	

3 부가가치세 신고와 관련하여 다음 물음에 답하시오. (10점)

[1] 다음의 자료를 토대로 2025년 제1기 부가가치세 확정신고기간의 부가가치세신고서를 작성하시오(단, 아래 제시된 자료만 있는 것으로 가정함). (6점)

매출자료	• 세금계산서 발급분 과세 매출 : 공급가액 200,000,000원, 세액 20,000,000원 - 종이(전자 외) 세금계산서 발급분(공급가액 50,000,000원, 세액 5,000,000원)이 포함되어 있다. - 그 외 나머지는 모두 전자세금계산서 발급분이다. • 당사의 직원인 홍길동(임원 아님)에게 경조사와 관련하여 연간 100,000원(시가) 상당의 제품(당사가 제조한 제품임)을 무상으로 제공하였다. • 대손이 확정된 외상매출금 1,650,000원(부가가치세 포함)에 대하여 대손세액공제를 적용한다.
매입자료	• 수취한 매입세금계산서는 공급가액 120,000,000원, 세액 12,000,000원으로 내용은 아래와 같다. - 승용자동차(배기량 : 999cc, 경차에 해당됨) 취득분 : 공급가액 20,000,000원, 세액 2,000,000원 - 거래처 접대목적으로 구입한 물품(고정자산 아님) : 공급가액 5,000,000원, 세액 500,000원 - 그 외 나머지는 일반 매입분이다.
유의사항	• 세부담 최소화를 가정한다. • 불러온 자료는 무시하고 문제에 제시된 자료만 직접 입력한다. • 해당 법인은 홈택스 사이트를 통해 전자적인 방법으로 부가가치세 신고를 직접 한다. • 부가가치세 신고서 이외의 과세표준명세 등 기타 부속서류의 작성은 생략한다.

[2] 다음의 자료는 2025년 제2기 확정신고 시의 대손 관련 자료이다. 해당 자료를 이용하여 2025년 제2기 확정신고 시의 대손세액공제신고서를 작성하시오(단, 모든 거래는 부가가치세 과세대상에 해당함). (4점)

대손 확정일	당초 공급일	계정과목	대손금	매출처 상호	대손사유
2025.10.5.	2024.5.3.	미수금 (유형자산매각대금)	11,000,000원	㈜가경	파산종결 결정공고
2025.10.24.	2022.10.10.	외상매출금	22,000,000원	㈜용암	소멸시효완성
2025.5.19. (부도발생일)	2025.4.8.	받을어음	16,500,000원	㈜개신	부도발생 (저당권설정 안 됨)
2025.12.19. (부도발생일)	2025.8.25.	받을어음	13,200,000원	㈜비하	부도발생 (저당권설정 안 됨)

4 결산정리사항은 다음과 같다. 관련 메뉴를 이용하여 결산을 완료하시오. (15점)

[1] 기존에 입력된 데이터는 무시하고, 2025년 제2기 부가가치세 확정신고와 관련된 내용이 다음과 같다고 가정한다. 12월 31일 부가세예수금과 부가세대급금을 정리하는 회계처리를 하시오(단, 납부세액(또는 환급세액)은 미지급세금(또는 미수금)으로, 경감공제세액은 잡이익으로, 가산세는 세금과공과(판)로 회계처리한다). (3점)

- 부가세대급금 : 9,500,000원
- 부가세예수금 : 12,500,000원
- 전자신고세액공제액 : 10,000원
- 세금계산서 미발급가산세 : 240,000원

[2] 아래의 내용을 참고하여 2025년 말 현재 보유 중인 매도가능증권(비유동자산)에 대한 결산 회계처리를 하시오(단, 매도가능증권과 관련된 2024년의 회계처리는 적절하게 수행함). (3점)

주식명	2024년 취득가액	2024년 말 공정가치	2025년 말 공정가치
엔비디아듀	1,000,000원	800,000원	2,000,000원

[3] 9월 1일에 영업부 차량보험에 가입하고 1년치 보험료 1,200,000원을 납부하였다. 보험료 납부 당시 회사는 전액 보험료로 회계처리 하였다(단, 월할계산할 것). (3점)

[4] 당사는 2025년 1월 1일에 사채(액면금액 10,000,000원)를 발행하고 매년 결산일(12월 31일)에 이자비용을 보통예금 계좌에서 지급하고 있다. 만기 2027년 12월 31일, 액면이자율 10%, 시장이자율 7%이며 발행시점의 발행금액은 10,787,300원이다. 2025년 12월 31일 결산일에 필요한 회계처리를 하시오(단, 원단위 이하는 절사할 것). (3점)

[5] 다음은 ㈜선진테크의 유형자산 명세서이다. 기존에 입력된 데이터는 무시하며 다음의 유형자산만 있다고 가정하고 감가상각과 관련된 회계처리를 하시오. (3점)

유형자산 명세서					
계정과목	자산명	당기분 회사계상 감가상각비	상각방법	내용연수	사용 부서
건물	공장건물	10,000,000원	정액법	20년	제조부
기계장치	초정밀검사기	8,000,000원	정률법	10년	제조부
차량운반구	그랜져	7,000,000원	정액법	5년	영업부
비품	컴퓨터	3,000,000원	정률법	5년	영업부

5 2025년 귀속 원천징수와 관련된 다음의 물음에 답하시오. (15점)

[1] 다음의 자료를 바탕으로 내국인이며 거주자인 생산직 사원 임하나(750128 – 2436815, 세대주, 입사일 : 2025.09.01.)의 세부담이 최소화 되도록 사원등록 메뉴의 기본사항 탭을 이용하여 아래의 내용 중에서 필요한 항목을 입력하고, 9월분 급여자료를 입력하시오(단, 급여지급일은 매월 말일이며, 사용하지 않는 수당항목은 '부'로 표시할 것). (6점)

※ 아래 〈자료〉를 통해 임하나의 사원등록 메뉴의 기본사항 탭에서 다음의 사항을 입력하고 9월분 급여자료를 입력하시오.
• 10.생산직등여부, 연장근로비과세, 전년도총급여   • 12.국민연금보수월액
• 13.건강보험보수월액   • 14.고용보험보수월액

〈자료〉

• 국민연금보수월액, 건강보험보수월액, 고용보험보수월액은 1,800,000원으로 신고하였다.
• 급여 및 제수당 내역은 다음과 같다.

급여 및 제수당	기본급	식대	시내교통비	출산.보육수당 (육아수당)	야간근로수당
금액(원)	1,500,000	200,000	300,000	100,000	2,200,000

• 별도의 식사는 제공하지 않고 있으며, 식대로 매월 200,000원을 지급하고 있다.
• 출퇴근용 시내교통비로 매월 300,000원을 지급하고 있다.
• 보육수당(육아수당)은 6세 이하 자녀를 양육하는 직원에게 지급하는 수당이다.
• 9월은 업무 특성상 야간근무를 하며, 이에 대하여 별도의 수당을 지급하고 있다.
  (→ 임하나 : 국내 근무, 월정액급여 1,800,000원, 전년도총급여 27,000,000원)
• 2025년 9월 1일 이전의 연장·야간근로수당으로서 비과세되는 금액은 없다.

[2] 다음은 퇴사자 우미영 사원(사번 : 301)의 2025년 3월 급여자료이다. 사원등록 메뉴에서 퇴사년월일을 반영하고, 3월의 급여자료입력과 원천징수이행상황신고서를 작성하시오(단, 반드시 급여자료입력의 「F7 중도퇴사자정산」을 이용하여 중도퇴사자 정산 내역을 급여자료에 반영할 것). (6점)

- 퇴사일은 2025년 3월 31일이고, 3월 급여는 2025년 4월 5일에 지급되었다.
- 수당 및 공제항목은 중도퇴사자 정산과 관련된 부분을 제외하고 추가 및 변경하지 않기로 하며 사용하지 않는 항목은 그대로 둔다.
- 3월 급여자료(우미영에 대한 급여자료만 입력하도록 한다.)

급여 항목	금액	공제 항목	금액
기 본 급	2,700,000원	국 민 연 금	121,500원
식 대 (비 과 세)	200,000원	건 강 보 험	95,710원
		장 기 요 양 보 험	12,390원
		고 용 보 험	21,600원
		중 도 정 산 소 득 세	-96,500원
		중도정산지방소득세	-9,640원
		공 제 총 액	145,060원
지 급 총 액	2,900,000원	차 인 지 급 액	2,754,940원

[3] 다음 자료를 이용하여 이미 작성된 원천징수이행상황신고서를 조회하여 마감하고, 국세청 홈택스에 전자신고를 하시오. (3점)

〈전산프로그램에 입력된 소득자료〉

귀속월	지급월	소득구분	신고코드	인원	총지급액	소득세	비고
10월	10월	근로소득	A01	2명	7,000,000원	254,440원	매월(정기)신고

〈유의사항〉
1. 위 자료를 바탕으로 [원천징수이행상황신고서]가 작성되어 있다.
2. [원천징수이행상황신고서] 마감 → [전자신고] → [국세청 홈택스 전자신고 변환(교육용)] 순으로 진행한다.
3. [전자신고] 메뉴의 [원천징수이행상황제작] 탭에서 신고인구분은 2.납세자 자진신고를 선택하고, 비밀번호는 "123456789"를 입력한다.
4. [국세청 홈택스 전자신고 변환(교육용)] → 전자파일변환(변환대상파일선택) → 찾아보기 에서 전자신고용 전자파일을 선택한다.
5. 전자신고용 전자파일 저장경로는 로컬디스크(C :)이며, 파일명은 "작성연월일.01.t사업자등록번호"다.
6. 형식검증하기 → 형식검증결과확인 → 내용검증하기 → 내용검증결과확인 → 전자파일제출 을 순서대로 클릭한다.
7. 최종적으로 전자파일 제출하기 를 완료한다.

제117회 기출문제총정리

이론시험

다음 문제를 보고 알맞은 것을 골라 이론문제 답안작성 메뉴에 입력하시오. (객관식 문항당 2점)

> **| 기본전제 |**
> 문제에서 한국채택국제회계기준을 적용하도록 하는 전제조건이 없는 경우, 일반기업회계기준을 적용하여 회계처리 한다.

1 다음 중 자산, 부채의 분류가 잘못 연결된 것은?

① 임차보증금 – 비유동자산
② 사채 – 유동부채
③ 퇴직급여충당부채 – 비유동부채
④ 선급비용 – 유동자산

2 다음 중 무형자산에 대한 설명으로 옳은 것은?

① 무형자산 창출을 위한 내부 프로젝트를 연구단계와 개발단계로 구분할 수 없는 경우 그 프로젝트에서 발생한 지출은 모두 연구단계에서 발생한 것으로 본다.
② 내부적으로 창출한 영업권은 취득일의 공정가치로 자산으로 인식한다.
③ 연구단계에서 발생한 지출은 모두 무형자산으로 인식한다.
④ 무형자산의 상각기간은 어떠한 경우에도 20년을 초과할 수 없다.

3 다음 중 채무증권으로만 분류되는 유가증권은 무엇인가?

① 단기매매증권
② 매도가능증권
③ 만기보유증권
④ 지분법적용투자주식

4 다음 중 유형자산의 감가상각에 대한 설명으로 옳지 않은 것은?

① 감가상각은 자산이 사용 가능한 때부터 시작한다.
② 감가상각대상금액은 내용연수에 걸쳐 합리적이고 체계적인 방법으로 배분한다.
③ 내용연수 도중 사용을 중단하고 처분 예정인 유형자산은 사용을 중단한 시점의 장부금액으로 표시한다.
④ 감가상각방법 중 연수합계법은 자산의 내용연수 동안 감가상각액이 매 기간 증가하는 방법이다.

5 다음 중 일반기업회계기준상 오류수정에 대한 설명으로 옳지 않은 것은?

① 오류수정은 전기 또는 그 이전의 재무제표에 포함된 회계적 오류를 당기에 발견하여 수정하는 것을 말한다.
② 당기에 발견한 전기 또는 그 이전 기간의 오류 중 중대한 오류가 아닌 경우에는 영업외손익 중 전기오류수정손익으로 보고한다.
③ 전기 이전 기간에 발생한 중대한 오류의 수정은 발견 당시 회계기간의 재무제표 항목을 재작성한다.
④ 중대한 오류는 재무제표의 신뢰성을 심각하게 손상시킬 수 있는 매우 중요한 오류를 말한다.

6 다음 중 공장에서 사용하는 제품 제조용 전기요금에 대한 원가행태로 옳은 것은?

① 변동원가, 가공원가
② 변동원가, 기초원가
③ 고정원가, 가공원가
④ 고정원가, 기초원가

7 다음 중 제조원가명세서의 구성요소가 아닌 것은?

① 기초제품재고액
② 기말원재료재고액
③ 당기제품제조원가
④ 기말재공품재고액

8 다음 중 종합원가계산 제도에 대한 설명으로 옳지 않은 것은?

① 완성품환산량이란 일정기간에 투입한 원가를 그 기간에 완성품만을 생산하는 데 투입하였다면 완성되었을 완성품 수량을 의미한다.
② 동종제품, 대량생산, 연속생산의 공정에 적합한 원가계산제도이다.
③ 정유업, 화학공업, 시멘트공업에 적합하다.
④ 원가의 정확성이 높으며, 작업원가표를 주요 원가자료로 사용한다.

9 다음의 자료를 이용하여 제조간접원가 배부액과 제조원가를 각각 계산하면 얼마인가? 단, 제조간접원가는 기계작업시간을 기준으로 예정배부한다.

- 제조간접원가 총액(예정) : 5,000,000원
- 직접노무원가 : 4,000,000원
- 직접재료원가 : 2,000,000원
- 예정 기계작업시간 : 5,000시간
- 실제 기계작업시간 : 4,000시간

	제조간접원가 배부액	제조원가
①	6,250,000원	12,250,000원
②	6,250,000원	10,000,000원
③	4,000,000원	10,000,000원
④	4,000,000원	12,250,000원

10 다음의 자료를 이용하여 직접배분법에 따라 보조부문의 제조간접원가를 배분한다면 제조부문 B에 배분된 보조부문원가는 얼마인가?

구분		보조부문		제조부문		합계
		X	Y	A	B	
자기부문 발생액		100,000원	300,000원	500,000원	750,000원	1,650,000원
제공 횟수	X	–	100회	400회	600회	1,100회
	Y	400회	–	300회	300회	1,000회

① 210,000원　　② 400,000원
③ 850,000원　　④ 960,000원

11 다음 중 부가가치세법상 영세율에 대한 설명으로 옳지 않은 것은?

① 사업자가 비거주자인 경우에는 그 해당 국가에서 대한민국의 거주자에 대하여 동일하게 면세하는 경우에만 영세율을 적용한다.
② 영세율이 적용되는 사업자는 부가가치세 납세의무가 면제된다.
③ 국내에서 계약과 대가의 수령이 이루어지지만 영세율이 적용되는 경우도 있다.
④ 내국물품을 외국으로 반출하는 것은 수출에 해당하므로 영세율을 적용한다.

12 다음 중 부가가치세법상 공급시기로 옳지 않은 것은?

① 내국물품을 외국으로 수출하는 경우 : 수출 재화의 선적일
② 폐업 시 잔존재화의 경우 : 폐업하는 때
③ 위탁판매의 경우(위탁자 또는 본인을 알 수 있는 경우에 해당) : 위탁자가 판매를 위탁한 때
④ 무인판매기로 재화를 공급하는 경우 : 무인판매기에서 현금을 꺼내는 때

13 다음 중 부가가치세법상 주사업장총괄납부와 사업자단위과세제도에 대한 설명으로 옳지 않은 것은?

① 법인의 경우 총괄납부제도의 주사업장은 분사무소도 가능하다.
② 총괄납부의 신청은 납부하려는 과세기간 종료일 20일 전에 신청하여야 한다.
③ 사업자 단위로 본점 관할세무서장에게 등록신청한 경우 적용 대상 사업장에 한 개의 등록번호만 부여된다.
④ 사업자단위과세를 적용할 경우 직매장반출은 재화의 공급의제에서 배제된다.

14 다음 중 소득세법상 근로소득과 사업소득이 발생한 경우, 근로소득에 대한 종합소득산출세액을 초과하여 공제받을 수 있는 특별세액공제는?

① 교육비 세액공제
② 보험료 세액공제
③ 의료비 세액공제
④ 기부금 세액공제

15 다음 중 소득세법상 과세표준의 확정신고와 납부에 대한 설명으로 옳은 것은?

① 공적연금소득과 근로소득이 있는 자로서 각각의 소득을 연말정산한 자는 종합소득세 확정신고의무가 없다.
② 두 곳 이상의 직장에서 근로소득이 발생된 자가 이를 합산하여 한 곳의 직장에서 연말정산을 했다면 종합소득세 확정신고의무가 없다.
③ 근로소득이 있는 자에게 연말정산 대상 사업소득이 추가로 발생한 경우, 해당 사업소득을 연말정산 했다면 종합소득세 확정신고의무가 없다.
④ 금융소득만 3천만원이 있는 자는 종합소득세 확정신고의무가 없다.

실무시험

㈜어진상사(회사코드 : 8526)는 전자제품의 제조 및 도·소매업을 주업으로 영위하는 중소기업으로 당기(제18기)의 회계기간은 2025.1.1.~2025.12.31.이다. 전산세무회계 수험용 프로그램을 이용하여 다음 물음에 답하시오.

| 기본전제 |

- 문제에서 한국채택국제회계기준을 적용하도록 하는 전제조건이 없는 경우, 일반기업회계기준을 적용하여 회계처리 한다.
- 문제의 풀이와 답안작성은 제시된 문제의 순서대로 진행한다.

---

1 일반전표입력 메뉴를 이용하여 다음의 거래자료를 입력하시오. (15점)

> **입력시 유의사항**
> - 일반적인 적요의 입력은 생략하지만, 타계정 대체거래는 적요번호를 선택하여 입력한다.
> - 채권·채무와 관련된 거래는 별도의 요구가 없는 한 반드시 기 등록되어 있는 거래처코드를 선택하는 방법으로 거래처명을 입력한다.
> - 제조경비는 500번대 계정코드를, 판매비와 관리비는 800번대 계정코드를 사용한다.
> - 회계처리시 계정과목은 별도제시가 없는 한 등록되어 있는 계정과목 중 가장 적절한 과목으로 한다.

[1] 1월 5일 ㈜대명으로부터 사옥을 구입하기 위한 자금 600,000,000원을 6개월 내 상환하는 조건에 차입하기로 약정하여 선이자 15,000,000원을 제외한 나머지 금액이 보통예금 계좌에 입금되었다(단, 하나의 전표로 입력할 것). (3점)

[2] 4월 20일 주주총회에서 결의된 내용에 따라 유상증자를 실시하였다. 1주당 6,000원(액면가액 : 1주당 5,000원)에 10,000주를 발행하고, 대금은 보통예금으로 입금받았다(단, 주식할인발행차금을 확인하고, 회계처리 할 것). (3점)

[3] 7월 17일 전기에 회수불능으로 대손처리한 외상매출금 11,000,000원(부가가치세 포함)을 보통예금으로 회수하였다(단, 당시 대손요건을 충족하여 대손세액공제를 받았음). (3점)

[4] 8월 1일 정기예금 100,000,000원을 중도해지하여 은행으로부터 다음과 같은 내역서를 받고 이자를 포함한 전액을 당사의 보통예금 계좌로 입금받았다. 이자는 이자수익 계정으로 계상하며, 법인세와 지방소득세는 자산계정으로 처리하시오. (3점)

거래내역 확인증

계좌번호	103-9475-3561-31	거래일시	2025.08.01.(15:12:59)
취급점	서울은행 강남지점	취급자	홍길동

※ 거래내용 : 중도해지 ※

- 예금주명 : ㈜어진상사
- 원금 : 100,000,000원
- 해지이자 : 300,000원
- 세후이자 : 253,800원
- 차감지급액 : 100,253,800원

- 법인세 : 42,000원
- 지방소득세 : 4,200원
- 세금 합계 : 46,200원

항상 저희 은행을 찾아주셔서 감사합니다.
계좌번호 및 거래내역을 확인하시기 바랍니다.

[5] 11월 1일 제2기 예정분 부가가치세 고지금액을 가산세를 포함하여 보통예금 계좌에서 이체하여 납부하였다(단, 부가세예수금 계정을 사용하고 차액은 잡손실 계정으로 회계처리 한다. 이 문제에 한하여 해당 법인은 소규모 법인이라고 가정한다). (3점)

납부고지서 겸 영수증 (납세자용)

납부번호	분류기호	납부연월	결정구분	세목	발행번호
	0126	2510	7	41	85521897

성명(상호)	㈜어진상사	수입징수관 계좌번호	011756		
주민등록번호 (사업자등록번호)	571-85-01094	회계연도	2025	일반 회계	기획재정부 소관	조세
		과세기간	202507			
주소(사업장)	서울시 구로구 안양천로 539길 6				

납부기한	2025 년 10월 25일 까지
부가가치세	950,000
계	950,000
납부경과 2025. 10. 26.까지	납부지연가산세 28,500
	계 978,500
납기 후 납부시 우측〈납부일자별 납부할 금액〉을 참고하여 기재	
납기경과 2025. 10. 27.부터	납부할 금액 978,500

위 금액을 한국은행 국고(수납)대리점인 은행 또는 우체국 등에 납부하시기 바랍니다.
(인터넷 등에 의한 전자납부 가능)
　　　　2025년 10월 05일
　　　　구로 세무서장 (인)

위 금액을 정히 영수합니다.
　　　년 월 일
　　　은 행
　　　우체국 등

(수납인)

2 매입매출전표입력 메뉴를 이용하여 다음의 거래자료를 입력하시오. (15점)

> **입력시 유의사항**
> - 일반적인 적요의 입력은 생략하지만, 타계정 대체거래는 적요번호를 선택하여 입력한다.
> - 채권·채무와 관련된 거래는 별도의 요구가 없는 한 반드시 기등록된 거래처코드를 선택하는 방법으로 거래처명을 입력한다.
> - 제조경비는 500번대 계정코드를, 판매비와관리비는 800번대 계정코드를 사용한다.
> - 회계처리 시 계정과목은 별도의 제시가 없는 한 등록된 계정과목 중 가장 적절한 과목으로 한다.
> - 입력화면 하단의 분개까지 처리하고, 전자세금계산서 및 전자계산서는 전자 입력으로 반영한다.

[1] 1월 4일 제조부문이 사용하는 시설장치의 원상회복을 위한 수선을 하고 수선비 330,000원을 전액 국민카드로 결제하고 다음의 매출전표를 수취하였다(부채계정은 미지급금으로 회계처리 할 것). (3점)

매 출 전 표

단말기번호	98758156	전표번호	123789

카드종류		거래종류	결제방법
국민카드		신용구매	일시불
회원번호(Card No)		취소시 원거래일자	
1234-5678-8888-9098			
유효기간		거래일시	품명
2027.12.01.		2025.01.04.	시설장치수선
전표제출	금	액 / AMOUNT	300,000
	부 가	세 / VAT	30,000
전표매입사	봉 사	료 / TIPS	
	합	계 / TOTAL	330,000
거래번호	승인번호/(Approval No.)		
	123789		

가 맹 점	시설수리전문여기야		
대 표 자	박수리	TEL	02-2673-0001
가맹점번호	123456	사업자번호	124-11-80005
주 소	서울시 송파구 충민로 66		

서명(Signature)

[2] 2월 3일 생산공장에서 사용할 목적으로 플라스틱 사출기(기계장치)를 중국으로부터 인천세관을 통하여 수입하고, 수입전자세금계산서를 수취하였다. 부가가치세는 보통예금으로 지급하였다. 부가가치세와 관련된 회계처리만 입력하시오. (3점)

수입전자세금계산서

승인번호			20250203-1451412-203458			

공급자	등록번호	121-83-00561	종사업장번호		공급받는자	등록번호	571-85-01094	종사업장번호	
	상호(법인명)	인천세관	성명	김통관		상호(법인명)	㈜어진상사	성명	김세종
	사업장주소	인천광역시 중구 서해대로 339 (항동7가)				사업장주소	서울 구로구 안양천로 539길 6		
	수입신고번호 또는 일괄발급기간(총건)	20250203178528				업태	제조, 도소매	종목	전자제품

작성일자	공급가액	세액	수정사유	비고
2025.02.03.	42,400,000	4,240,000		

비고

월	일	품목	규격	수량	단가	공급가액	세액	비고
02	03	사출기(기계장치)		10	4,240,000	42,400,000	4,240,000	

합계금액	46,640,000

[3] 2월 15일 영업부서 거래처 직원의 경조사가 발생하여 화환을 주문하고, 다음의 계산서를 발급받았다. (3점)

전자세금계산서

승인번호			20250215 - 90051116 - 10181237			

공급자	등록번호	123 - 90 - 11117	종사업장번호		공급받는자	등록번호	571 - 85 - 01094	종사업장번호	
	상호(법인명)	풍성화원	성명	오미숙		상호(법인명)	㈜어진상사	성명	김세종
	사업장주소	경기도 화성시 양감면 은행나무로 22				사업장주소	서울시 구로구 안양천로 539길 6		
	업태	도소매업	종목	화훼, 식물		업태	제조, 도소매	종목	전자제품
	이메일	miso7@naver.com				이메일	happy07@naver.com		

작성일자	공급가액	수정사유	비고
2025.02.15.	100,000		

비고

월	일	품목	규격	수량	단가	공급가액	세액	비고
02	15	화환		1	100,000	100,000		

합계금액	현금	수표	어음	외상미수금	위 금액을 (청구) 함
100,000				100,000	

[4] 2월 18일   공장에서 사용하던 화물용 트럭(취득가액 18,000,000원, 감가상각누계액 6,000,000원)을 10,500,000원(부가가치세 별도)에 이배달씨(비사업자)에게 매각하고 전자세금계산서를 발급하였으며 매각 대금은 2월 15일에 선수금으로 1,800,000원을 받았고 잔액은 2월 18일에 보통예금 계좌로 입금받았다. (※ 2월 18일의 회계처리를 하시오.) (3점)

전자세금계산서

	승인번호	20250218 - 410100012 - 7115861

	등록번호	571 - 85 - 01094	종사업장번호			등록번호	680101 - 1240854	종사업장번호	
공급자	상호(법인명)	㈜어진상사	성 명	김세종	공급받는자	상호(법인명)		성 명	이배달
	사업장주소	서울 구로구 안양천로 539길 6				사업장주소			
	업 태	제조, 도소매	종 목	전자제품		업 태		종 목	
	이메일	happy07@naver.com				이메일			

작성일자	공급가액	세액	수정사유
2025.02.18.	10,500,000	1,050,000	해당 없음

비고							

월	일	품 목	규 격	수 량	단 가	공 급 가 액	세 액	비 고
02	18	화물용 트럭 판매		1	10,500,000	10,500,000	1,050,000	

합 계 금 액	현 금	수 표	어 음	외 상 미 수 금	위 금액을 (영수) 함
11,550,000	11,550,000				

[5] 3월 7일   당사의 건물 인테리어 공사를 담당한 ㈜양주산업의 견적 내역은 다음과 같으며, 3월 7일 전자세금계산서 수취와 동시에 해당 금액은 전액 약속어음(만기일 24.12.31.)을 발행하여 결제 완료하였다. 계정과목은 건물로 계상하시오. (3점)

공사 구분	금액	비고
건물 내부 인테리어	100,000,000원	
1층 보안시스템 설치	10,000,000원	
합계	110,000,000원	부가가치세 별도

• ㈜어진상사는 1층 보안시스템의 설치로 물품 도난 사고 방지에 도움이 될 것으로 예상하며, 건물의 감정평가액이 높아질 것으로 기대하고 있다.

3 부가가치세 신고와 관련하여 다음 물음에 답하시오. (10점)

[1] 다음 자료를 보고 제2기 부가가치세 확정신고 기간의 공제받지못할매입세액명세서(「공제받지못할매입세액내역」 및 「공통매입세액의정산내역」)를 작성하시오(단, 불러온 자료는 무시하고 다음의 자료를 참고하여 직접 입력할 것). (4점)

1. 매출 공급가액에 관한 자료

구분	과세사업	면세사업	합계
7월~12월	200,000,000원	50,000,000원	250,000,000원

2. 매입세액(세금계산서 수취분)에 관한 자료

구분	① 과세사업 관련			② 면세사업 관련		
	공급가액	매입세액	매수	공급가액	매입세액	매수
10월~12월	180,000,000원	18,000,000원	20매	20,000,000원	2,000,000원	8매

3. 총공통매입세액(7월~12월) : 5,000,000원
   ※ 제2기 예정신고 시 공통매입세액 중 불공제된 매입세액 : 800,000원

[2] 다음은 2025년 제2기 부가가치세 예정신고기간(7월 1일~9월 30일)의 영세율 매출과 관련된 자료이다. 수출실적명세서 및 내국신용장·구매확인서전자발급명세서를 작성하시오.

(4점)

1. 홈택스에서 조회한 수출실적명세서 관련 내역

수출신고번호	선적일자	통화	환율	외화금액	원화환산금액
8123458123458X	2025년 7월 22일	USD	1,400원/$	$30,000	42,000,000원

※ 위 자료는 직접수출에 해당하며, 거래처명 입력은 생략한다.

2. 홈택스에서 조회한 구매확인서 및 전자세금계산서 관련 내역
   (1) 구매확인서 전자발급명세서 내역

서류구분	서류번호	발급일	공급일	금액
구매확인서	PKT20250731555	2025년 8월 5일	2025년 7월 31일	70,000,000원

   (2) 영세율전자세금계산서

영세율전자세금계산서

승인번호: 20250731-33000099-11000022

공급자
- 등록번호: 571-85-01094
- 종사업장번호:
- 상호(법인명): ㈜어진상사
- 성명: 김세종
- 사업장주소: 서울시 구로구 안양천로 539길 6
- 업태: 제조업
- 종목: 전자제품
- 이메일: happy07@naver.com

공급받는자
- 등록번호: 551-85-12772
- 종사업장번호:
- 상호(법인명): ㈜최강전자
- 성명: 최강수
- 사업장주소: 경기도 광명시 디지털로 5, 301호
- 업태: 도매업
- 종목: 전자제품
- 이메일: big99@naver.com

작성일자	공급가액	세액	수정사유
2025.07.31.	70,000,000		해당 없음

비고:

월	일	품목	규격	수량	단가	공급가액	세액	비고
07	31	전자제품				70,000,000		

합계금액	현금	수표	어음	외상미수금	위 금액을 (청구) 함
70,000,000				70,000,000	

[3] 당사의 2025년 제1기 부가가치세 확정 신고서를 작성 및 마감하여 국세청 홈택스에서 부가가치세 신고를 수행하시오.

(2점)

1. 부가가치세신고서와 관련 부속서류는 마감되어 있다.
2. [전자신고] → [국세청 홈택스 전자신고변환(교육용)] 순으로 진행한다.
3. 전자신고용 전자파일 제작 시 신고인 구분은 2.납세자 자진신고로 선택하고, 비밀번호는 "12341234"로 입력한다.
4. 전자신고용 전자파일 저장경로는 로컬디스크(C:)이며, 파일명은 "enc작성연월일.101.v5718501094"이다.
5. 최종적으로 국세청 홈택스에서 [전자파일 제출하기]를 완료한다.

4 결산정리사항은 다음과 같다. 관련 메뉴를 이용하여 결산을 완료하시오. (15점)

[1] ㈜어진상사는 2025년 2월 1일에 국민은행으로부터 1년 갱신 조건으로 마이너스 보통예금 통장을 개설하였다. 2025년 12월 31일 현재 통장 잔액은 (−)5,700,000원이다(단, 음수(−)로 회계처리 하지 말 것). (3점)

[2] 미국에 소재한 거래처 INSIDEOUT과의 거래로 발생한 외상매입금 60,250,000원($50,000)이 계상되어 있다(결산일 현재 기준환율 : 1,390원/$). (3점)

[3] 당사는 생산부서의 원재료를 보관하기 위해 창고를 임차하고 임대차계약을 체결하였다. 당해 연도 9월 1일에 임대인에게 1년분 임차료 18,000,000원(2025.9.1.~2026.8.31.)을 보통예금 계좌에서 이체하여 지급하고 지급일에 1년분 임차료를 선급비용으로 회계처리하였다(단, 임차료는 월할계산할 것). (3점)

[4] 당사는 외상매출금과 받을어음에 대하여 기말채권잔액의 2%를 대손예상액으로 추정하여 대손충당금을 설정하기로 한다(단, 다른 채권에 대해서는 대손충당금을 설정하지 않음). (3점)

[5] 2025년 4월 15일에 취득한 영업권의 취득원가는 54,000,000원이다. 영업권에 대한 12월 말 결산 회계처리를 하시오. 회사는 무형자산에 대하여 5년간 월할 균등 상각하고 있으며, 상각기간 계산 시 1월 미만은 1월로 간주한다. (3점)

5 2025년 귀속 원천징수와 관련된 다음의 물음에 답하시오. (15점)

[1] 다음은 영업부 김성민 과장(사번 : 300)의 11월 귀속 급여 및 상여와 관련된 자료이다. 급여자료입력과 원천징수이행상황신고서를 작성하시오(단, 기초코드등록 → 환경등록 → 원천 → 5.급여자료입력 화면에서 "2.구분별로 입력"으로 변경한 후 작성할 것). (5점)

1. 11월 귀속 급여 및 상여 자료
   1) 급여 자료

급여 항목	금액	공제 항목	금액
기 본 급	3,000,000원	국 민 연 금	135,000원
식 대 (비 과 세)	200,000원	건 강 보 험	106,350원
		장 기 요 양 보 험	13,770원
		고 용 보 험	24,000원
		소 득 세	74,350원
		지 방 소 득 세	7,430원
		공 제 총 액	360,900원
지 급 총 액	3,200,000원	차 인 지 급 액	2,839,100원

   2) 상여 자료

급여 항목	금액	공제 항목	금액
상 여	2,500,000원	고 용 보 험	20,000원
		소 득 세	207,020원
		지 방 소 득 세	20,700원
		공 제 총 액	247,720원
지 급 총 액	2,500,000원	차 인 지 급 액	2,252,280원

2. 급여의 지급시기는 2025년 11월 30일이고, 상여의 지급시기는 2026년 3월 15일이다.
3. 소득세법상 11월 귀속 근로소득이 12월까지 지급되지 않은 경우, 12월 31일에 지급한 것으로 보아 소득세를 원천징수한다.
4. 지급시기별로 각각의 급여자료입력과 원천징수이행상황신고서를 작성한다.

[2] 다음은 ㈜어진상사의 사무관리직원인 이태원(사원코드 : 202번)씨의 연말정산 관련 자료이다. 연말정산추가자료입력 메뉴의 소득명세 탭, 부양가족 탭, 연말정산입력 탭을 작성하시오(입력된 자료는 무시하고 다음의 자료만을 이용하여 입력할 것). (10점)

〈자료 1〉 근무지 현황(급여는 기본급 외에는 없고, 급여일은 매달 말일임)

근무지	급여기간	월급여	연간 총급여
㈜경기 412-81-24785	2025.1.1.~2025.11.30.(퇴사)	4,500,000원	49,500,000원
	• 국민연금 : 2,400,000원, • 고용보험 : 440,000원, • 건강보험 : 1,826,000원, • 장기요양보험 : 187,000원 • 원천징수소득세 : 2,580,000원, • 지방소득세 : 258,000원		
근무지	급여기간	월급여	연간 총급여
㈜어진상사	2025.12.1.(입사)~2025.12.31.	5,500,000원	5,500,000원
	• 국민연금 : 218,700원, • 고용보험 : 49,550원 • 건강보험 : 166,750원, • 장기요양보험 : 17,090원 • 원천징수 소득세 : 289,850원, • 지방소득세 : 28,980원		

〈자료 2〉 가족 현황

관계	성명	주민등록번호	비고
본인	이태원	741210-1254630	총급여 55,000,000원
배우자	김진실	781214-2458691	소득 없음
모	최명순	450425-2639213	소득 있음(장애인)(주1)
아들	이민석	040505-3569876	대학생
딸	이채영	090214-4452148	고등학생

※ (주1)모친인 최명순씨는 상가임대소득에 대한 총수입금액 36,000,000원과 필요경비 16,000,000원이 있으며, 「장애인복지법」상 장애인에 해당함.

〈자료 3〉 연말정산자료

※ 단, 의료비, 보험료, 교육비 입력 시 국세청간소화에 입력하고, 의료비의 증빙코드는 1.국세청장으로 입력할 것.

(1) 보험료
  • 본인(이태원) : -자동차보험료 600,000원, -보장성운전자보험료 240,000원
  • 본인 외 : -모친의 장애인전용보장성보험료 960,000원,
            -배우자의 저축성생명보험료 1,800,000원
(2) 교육비
  • 본인(이태원) : 경영대학원 교육비 8,000,000원
  • 본인 외 : -배우자 : 정규야간전문대학 교육비 7,000,000원
            -아들 : 대학교 수업료 7,000,000원
            -딸 : 고등학교 수업료 2,000,000원, 교복구입비용 1,000,000원, 현장체험학습비 500,000원
(3) 의료비(단, 모두 근로자 본인(이태원)이 부담하였다.)
  • 모친 : 상해사고 치료비 5,000,000원(실손보험 수령액 3,000,000원)
  • 아들 : 시력보정용안경 300,000원
  • 배우자 : 미용목적 성형수술비 2,000,000원

한국세무사회 주관 국가공인자격시험 대비

케이렙 KcLep에 의한

POINT 2025 최신개정
전산세무 2급

1부 기본이론정리

2부 KcLep 따라하기

3부 실무시험출제유형에 따른 연구문제

4부 기출문제 유형별 되짚어보기

5부 실전모의시험

6부 집중심화시험(이론+실무)

7부 기출문제총정리

8부 포인트해답집

한국세무사회 주관 국가공인자격시험 대비

케이렙 **KcLep**에 의한

POINT 2025
전산세무 2급

이론 + 실기 + 기출문제

이 성 노 지음

해답집

한국세무사회 주관 국가공인자격시험 대비

케이렙 KcLep에 의한

POINT 2025
전산세무 2급

이 성 노 지음

해답집

1회 실전모의시험 해답

문제 1

[1] 1월 22일 일반전표입력
(차) 당좌예금	1,600,000	(대) 선수금(㈜한강물산)	1,600,000

[2] 3월 25일 일반전표입력
(차) 대손충당금(109)	4,000,000	(대) 외상매출금(㈜동방불패)	13,000,000
대손상각비(판)	9,000,000		

[3] 6월 30일 일반전표입력
(차) 차량운반구	7,700,000	(대) 보통예금	7,700,000

[4] 7월 25일 일반전표입력
(차) 미지급배당금	100,000,000	(대) 예수금	15,400,000
		보통예금	84,600,000

[5] 11월 5일 일반전표입력
(차) 보통예금	10,850,000	(대) 사 채	10,000,000
		사채할증발행차금	850,000

문제 2

[1] 7월 18일 매출매입전표입력
  유형 : 11.과세, 공급가액 : 11,000,000, 부가세 : 1,100,000, 공급처 : ㈜로라상사, 전자 : 여, 분개 : 혼합
(차) 미수금	12,100,000	(대) 부가세예수금	1,100,000
감가상각누계액(207)	38,000,000	기계장치	52,000,000
유형자산처분손실	3,000,000		

[2] 7월 30일 매입매출전표입력
  유형 : 61.현과, 공급가액 : 600,000, 부가세 : 60,000, 공급처 : ㈜소나무, 분개 : 혼합
(차) 부가세대급금	60,000	(대) 가수금(대표자 또는 정지훈)	660,000
비 품	600,000		

[3] 8월 31일 매입매출전표입력
  Shift F5 예정신고누락분 확정신고>확정신고 개시연월 : 2025년 10월>확인(Tab)
  유형 : 51.과세, 공급가액 : 1,500,000, 부가세 : 150,000, 공급처 : 오미순부동산, 전자 : 부, 분개 : 혼합
(차) 부가세대급금	150,000	(대) 미지급금	1,650,000
임차료(제)	1,500,000		

[4] 9월 28일 매입매출전표입력
  유형 : 55.수입, 공급가액 : 20,000,000, 부가세 : 2,000,000, 공급처 : 인천세관, 전자 : 여, 분개 : 혼합
(차) 부가세대급금	2,000,000	(대) 보통예금	2,000,000

[5] 9월 30일 매입매출전표입력
  유형 : 54.불공(불공사유 : ④), 공급가액 : 2,600,000, 부가세 : 260,000, 공급처 : ㈜부천백화점, 전자 : 여, 분개 : 혼합
(차) 기업업무추진비(판)	2,860,000	(대) 현 금	500,000
		보통예금	2,360,000

문제 3

[1] 수출실적명세서(조회기간 : 2025년 4월~6월, 1기확정, 과세기간별 입력)

(12) 번호	(13) 수출신고번호	(14) 선적일자	(15) 통화코드	(16) 환율	금 액		전표정보	
					(17) 외화	(18) 원화	코드	거래처명
1	11133－77－100066X	2025.04.15.	USD	1,300.0000	80,000.00	104,000,000	00159	B&G
2	22244－88－100077X	2025.05.30.	EUR	1,400.0000	52,000.00	72,800,000	00160	PNP

[2] 부가가치세신고서(조회기간 : 2025년 4월 1일~ 6월 30일)

구분			번호	정기신고금액 금액	세율	세액
과세표준및매출세액	과세	세금계산서발급분	1	200,000,000	10/100	20,000,000
		매입자발행세금계산서	2		10/100	
		신용카드 · 현금영수증발행분	3	40,000,000	10/100	4,000,000
		기타(정규영수증외매출분)	4			
	영세	세금계산서발급분	5	40,000,000	0/100	
		기타	6	5,000,000	0/100	
	예정신고누락분		7			
	대손세액가감		8			
	합계		9	285,000,000	㉮	24,000,000
매입세액	세금계산서 수취분	일반매입	10	120,000,000		12,000,000
		수출기업수입분납부유예	10-1			
		고정자산매입	11	30,000,000		3,000,000
	예정신고누락분		12	20,000,000		2,000,000
	매입자발행세금계산서		13			
	그 밖의 공제매입세액		14	10,000,000		1,000,000
	합계(10)-(10-1)+(11)+(12)+(13)+(14)		15	180,000,000		18,000,000
	공제받지못할매입세액		16			
	차감계 (15-16)		17	180,000,000	㉯	18,000,000
납부(환급)세액(매출세액㉮-매입세액㉯)					㉰	6,000,000
경감공제세액	그 밖의 경감 · 공제세액		18			
	신용카드매출전표등 발행공제등		19			
	합계		20		㉱	
소규모 개인사업자 부가가치세 감면세액			20-1		㉲	
예정신고미환급세액			21		㉳	1,000,000
예정고지세액			22		㉴	
사업양수자의 대리납부 기납부세액			23		㉵	
매입자 납부특례 기납부세액			24		㉶	
신용카드업자의 대리납부 기납부세액			25		㉷	
가산세액계			26		㉸	
차가감하여 납부할세액(환급받을세액)㉰-㉱-㉲-㉳-㉴-㉵-㉶-㉷+㉸					27	5,000,000
총괄납부사업자가 납부할 세액(환급받을 세액)						

구분			번호	금액	세율	세액
7.매출(예정신고누락분)						
예정누락분	과세	세금계산서	33		10/100	
		기타	34		10/100	
	영세	세금계산서	35		0/100	
		기타	36		0/100	
	합계		37			
12.매입(예정신고누락분)						
예정누락분	세금계산서		38	20,000,000		2,000,000
	그 밖의 공제매입세액		39			
	합계		40	20,000,000		2,000,000
	신용카드매출 수령금액합계	일반매입				
		고정매입				
	의제매입세액					
	재활용폐자원등매입세액					
	과세사업전환매입세액					
	재고매입세액					
	변제대손세액					
	외국인관광객에대한환급세액					
	합계					
14.그 밖의 공제매입세액						
신용카드매출 수령금액합계표		일반매입	41	10,000,000		1,000,000
		고정매입	42			
의제매입세액			43		뒤쪽	
재활용폐자원등매입세액			44		뒤쪽	
과세사업전환매입세액			45			
재고매입세액			46			
변제대손세액			47			
외국인관광객에대한환급세액			48			
합계			49	10,000,000		1,000,000

[3] (1) 부가가치세신고서 및 부속서류를 조회하여 상단의 F3마감을 확인하고 마감이 되어 있지 아니하면 마감한다.

(2) 전자신고 메뉴를 실행한 후 신고년월(2025년 1월~3월)과 신고인구분(2.납세자 자진신고)를 입력한다.

(3) 상단의 F4제작을 실행하고 비밀번호 입력창에서 비밀번호 12341234를 두 번 입력하고 확인하면 전자신고 데이터 제작이 완료되었다는 문구가 나오고 C드라이브에 전자신고용 파일이 생성된다.

(4) 상단의 F6홈택스바로가기를 실행하고 첫 화면은 닫기를 하면 국세청 홈택스 전자파일변환으로 들어간다.

(5) 홈택스 전자파일변환에서 찾아보기 기능으로 전자파일을 선택하고 열기를 실행하여 불러온다.

(6) 전자신고변환 하단의 형식검증하기를 실행하여 비밀번호 창에 비밀번호 12341234를 입력한다.

(7) 이어서 형식검증결과확인, 내용검증하기, 내용검증결과확인을 클릭하고 마지막으로 전자파일제출을 클릭한다.

(8) 검증결과 오류가 없으면 하단의 전자파일제출하기를 실행하면 나타나는 "정상변환된 신고서를 제출합니다."는 보조창에서 확인을 실행하면 부가가치세신고서 접수증(파일변환)이 나타난다.

문제 4

[1] 12월 31일 일반전표입력

(차) 소모품비(제)	250,000	(대) 소모품	250,000

[2] 12월 31일 일반전표입력

(차) 외화환산손실	2,000,000	(대) 단기차입금(㈜유성)	2,000,000

• 외화환산손실 : $20,000×(1,400－1,300)＝2,000,000원

[3] 12월 31일 일반전표입력

(차) 이자비용	2,550,000	(대) 미지급비용	2,550,000

[4] 12월 31일 일반전표입력
  (차) 부가세예수금   240,000   (대) 부가세대급금   12,400,000
      세금과공과(판)   24,000   잡이익   10,000
      미수금   12,146,000

[5] ①과 ② 중 하나를 선택하여 입력한다.
  ① 결산자료입력에서 9. 법인세등 1). 선납세금에 11,000,000원 입력, 3). 추가계상액에 16,800,000원 입력 후 F3 전표추가
  ② 또는 12월 31일 일반전표입력
      (차) 법인세등   27,800,000   (대) 선납세금   11,000,000
                                                  미지급세금   16,800,000

[1] 부양가족명세

연말 관계	성명	주민등록번호	기본공제	부녀자	한부모	경로 우대	장애인	자녀 세액	출산 입양	위탁 관계
0.	김경민	680213-1234569	본인							
3.	정혜미	670415-2215675	배우자							
6.	김경희	700115-2157895	장애인				1.			
1.	김경우	420122-1789540	60세이상			○				
1.	박순란	420228-2156771	60세이상			○				
6.	정지원	710717-1333451	장애인				3.			
4.	김지은	051230-4156874	20세이하					○		

  * 문제에서 기본공제대상자가 아닌 경우에는 입력하지 말 것을 지시했으므로 20세를 초과하는 김기정(아들)은 부양가족명세에 넣지 않아야 한다.

[2] (1) 부양가족 탭
    ① 인적공제

연말 관계	성명	주민등록번호	기본공제	세대주 구분	부녀 자	한부모	경로 우대	장애인	자녀 세액	출산 입양	결혼 세액
0.	진도준	791030-1224117	본인	세대주							
1.	박정희	510511-2148712	부								
3.	김선영	820115-2347232	배우자								
4.	진도진	160131-3165614	20세이하						○		
4.	진시진	200121-3165112	20세이하								

      * 소득요건을 미충족하는 박정희는 소득기준 초과여부에서 1 : 여를 선택한다.
    ② 보험료
      부양가족 탭에서 각각의 부양가족을 선택한 후 보조창에서 진도준 보장성(일반) 2,200,000원, 진도진 보장성(일반) 480,000원, 진시진 보장성(일반) 456,000원 입력
    ③ 교육비
      부양가족 탭에서 진도준을 선택한 후 하단의 보조창에서 일반 8,000,000원(4.본인) 입력
      * 직계존속 박정희의 교육비는 공제대상 교육비에 해당하지 않는다.
      * 진도진이 취학아동이므로 학원비는 공제대상 교육비에 해당하지 않는다.

(2) 의료비 탭

의료비 탭에서 성명 란에 커서를 두고 F2(코드도움)을 실행하여 부양가족코드도움 창을 열고 의료비가 있는 부양가족을 선택하고 각각의 의료비 지출액을 입력한다.
- 진도준 : 3,000,000원, • 진도준 : 500,000원, • 박정희 : 3,250,000원(실손보험수령액 2,000,000원)
* 진도진의 시력보정용 렌즈 구입비용은 연 500,000원이 한도이므로 500,000원만 입력하여야 한다.
* 진도진의 의료비를 3,500,000원으로 입력하여도 된다.

(3) 신용카드 등 탭

신용카드등 탭에서 진도준 신용카드 30,000,000원, 직불선불 2,200,000원 현금영수증 3,000,000원, 전통시장 2,200,000원, 대중교통 182,000원 입력

(4) 연금저축 등 I 탭

2 연금계좌 세액공제		- 연금저축계좌(연말정산입력 탭의 38.개인연금저축, 60.연금저축)				크게보기
연금저축구분	코드	금융회사 등	계좌번호(증권번호)	납입금액	공제대상금액	소득/세액공제액
2.연금저축	405	삼성생명보험 (주)	153-05274-72339	2,400,000	2,400,000	288,000
개인연금저축						
연금저축				2,400,000	2,400,000	288,000

(5) 연말정산입력 탭에서 F8부양가족탭불러오기 실행

2회 실전모의시험 해답

문제 1

[1] 1월 5일 일반전표입력
    (차) 단기매매증권   6,000,000   (대) 보통예금   6,030,000
        수수료비용(984)   30,000

[2] 3월 31일 일반전표입력
    (차) 보통예금   423,000   (대) 이자수익   500,000
        선납세금   77,000

[3] 4월 30일 일반전표입력
    (차) 건설중인자산   2,500,000   (대) 보통예금   2,500,000

[4] 7월 10일 일반전표입력
    (차) 퇴직연금운용자산   10,000,000   (대) 보통예금   17,000,000
        퇴직급여(판)   7,000,000

[5] 7월 15일 일반전표입력
    (차) 선급금(㈜지유)   5,000,000   (대) 당좌예금   5,000,000

[1] 7월 7일 매입매출전표입력
　　유형 : 54.불공(불공사유 : ④), 공급가액 : 500,000, 부가세 : 50,000, 공급처 : ㈜신화, 전자 : 여,
　　분개 : 현금(혼합)
　　(차) 기업업무추진비(판)　　　　　　　　550,000　　　(대) 현 금　　　　　　　　　　　550,000

[2] 7월 20일 매입매출전표입력
　　유형 : 61.현과, 공급가액 : 1,000,000, 부가세 : 100,000, 공급처 : ㈜하나마트, 분개 : 현금 또는 혼합
　　(차) 부가세대급금　　　　　　　　　　　100,000　　　(대) 현 금　　　　　　　　　1,100,000
　　　　소모품비(제)　　　　　　　　　　1,000,000

[3] 8월 16일 매입매출전표입력
　　유형 : 16.수출(영세율구분 : ①), 공급가액 : 11,000,000, 공급처 : 미국 UFC사, 분개 : 외상 또는 혼합
　　(차) 외상매출금　　　　　　　　　　11,000,000　　　(대) 제품매출　　　　　　　　11,000,000

[4] 9월 30일 매입매출전표입력
　　유형 : 11.과세, 공급가액 : 18,000,000, 부가세 : 1,800,000, 공급처 : ㈜명학산업, 전자 : 여, 분개 : 혼합
　　(차) 현 금　　　　　　　　　　　18,000,000　　　(대) 부가세예수금　　　　　　　1,800,000
　　　　선수금　　　　　　　　　　　1,800,000　　　　　제품매출　　　　　　　　18,000,000

[5] 10월 31일 매입매출전표입력
　　유형 : 52.영세, 공급가액 : 6,000,000, 공급처 : ㈜크림, 전자 : 여, 분개 : 혼합
　　(차) 원재료　　　　　　　　　　　6,000,000　　　(대) 보통예금　　　　　　　　　6,000,000

문제 3

[1] 건물등감가상각자산취득명세서(조회기간 2025년 10월~12월, 구분 2기 확정)

감가상각자산종류	건수	공급가액	세액	비고
합 계	4	145,000,000	14,500,000	
건물 · 구축물	1	100,000,000	10,000,000	
기 계 장 치				
차 량 운 반 구	1	15,000,000	1,500,000	
기타감가상각자산	2	30,000,000	3,000,000	

No	월/일	상호	사업자등록번호	자산구분	공급가액	세액	건수
1	10-04	우리전산	102-03-52877	기타	20,000,000	2,000,000	1
2	11-11	㈜튼튼건설	101-81-25749	건물,구축물	100,000,000	10,000,000	1
3	11-20	㈜빠름자동차	204-81-96316	차량운반구	15,000,000	1,500,000	1
4	12-14	㈜시원마트	304-81-74529	기타	10,000,000	1,000,000	1
5							
		합 계			145,000,000	14,500,000	4

[2] 부가가치세신고서(조회기간 2025년 4월 1일 ~ 6월 30일)

[3] (1) 부가가치세신고서 및 부속서류를 조회하여 상단의 F3마감을 확인하고 마감이 되어 있지 아니하면 마감한다.
 (2) 전자신고 메뉴를 실행한 후 신고년월(2025년 1월~3월)과 신고인구분(2.납세자 자진신고)를 입력한다.
 (3) 상단의 F4제작을 실행하고 비밀번호 입력창에서 비밀번호 12341234를 두 번 입력하고 확인하면 전자신고 데이터 제작이 완료되었다는 문구가 나오고 C드라이브에 전자신고용 파일이 생성된다.
 (4) 상단의 F6홈택스바로가기를 실행하고 첫 화면은 닫기를 하면 국세청 홈택스 전자파일변환으로 들어간다.
 (5) 홈택스 전자파일변환에서 찾아보기 기능으로 전자파일을 선택하고 열기를 실행하여 불러온다.
 (6) 전자신고변환 하단의 형식검증하기를 실행하여 비밀번호 창에 비밀번호 12341234를 입력한다.
 (7) 이어서 형식검증결과확인, 내용검증하기, 내용검증결과확인을 클릭하고 마지막으로 전자파일제출을 클릭한다.
 (8) 검증결과 오류가 없으면 하단의 전자파일제출하기를 실행하면 나타나는 "정상변환된 신고서를 제출합니다." 는 보조창에서 확인을 실행하면 부가가치세신고서 접수증(파일변환)이 나타난다.

문제 4

[1] 12월 31일 일반전표입력
 (차) 부가세예수금 720,000 (대) 부가세대급금 520,000
  세금과공과(판) 10,000 잡이익 10,000
      미지급세금 200,000

[2] 12월 31일 일반전표입력
 (차) 장기차입금(돌담은행) 100,000,000 (대) 유동성장기부채(돌담은행) 100,000,000

[3] ①, ②, ③의 방법 중 하나를 선택하여 입력한다.
 ① 결산자료입력(기간 : 01월~12월)
  F8 대손 실행 후 보조창에서 대손율(%) : 1.00 입력 확인하고 추가설정액(결산반영)에 외상매출금 3,334,800원, 받을어음 0원, 미수금 230,000원, 선급금 0원 입력 후 결산반영 실행 후 F3 전표추가
 ② 결산자료입력(기간 : 01월~12월)
  4.판매비와 일반관리비의 5). 대손상각>외상매출금에 3,334,800원 입력
  7.영업외 비용의 2). 기타의대손상각>미수금에 230,000원 입력 후 F3 전표추가

③ 12월 31일 일반전표입력
(차) 대손상각비 3,334,800 (대) 대손충당금(109) 3,334,800
　　 기타의대손상각비 230,000 　　 대손충당금(121) 230,000
• 대손상각비(외상매출금) : 583,480,000×1%－2,500,000＝3,334,800원
• 기타의대손상각비(미수금) : 23,000,000×1%＝230,000원

[4] ①과 ②의 방법 중 하나를 선택하여 입력한다.
① 결산자료입력(기간 : 01월~12월)
4.판매비와 일반관리비＞6). 무형자산상각비＞영업권에 4,000,000원 입력 후 F3 전표추가
② 12월 31일 일반전표입력
(차) 무형자산상각비 4,000,000 (대) 영업권 4,000,000
• 무형자산상각비 : 16,000,000×(5년/4년)÷5년＝4,000,000원

[5] 결산자료입력(기간 : 01월~12월)에서 기말재고액 각각 입력
기말원재료재고액 95,000,000원, 기말재공품재고액 70,000,000원, 기말제품재고액 140,000,000원 입력 후 F3 전표추가
• 선적지 인도기준 미착원재료는 선적과 동시에 매입자의 자산이므로 원재료기말재고에 포함하여야 한다.
• 수탁자가 보관 중인 위탁제품(적송품)은 위탁자의 자산이므로 제품기말재고에 포함하여야 한다.

문제 5

[1] (1) 부양가족명세

연말관계	성명	주민등록번호	나이	기본공제	부녀자	한부모	경로우대	장애인	자녀세액	출산입양	위탁관계
0.	김우리	821210－1127852	43	본인							
3.	이현진	841010－2145205	41	배우자							
4.	김아현	210101－4928325	4	20세이하						첫째	

• 당해연도에 입양한 자녀에 대하여 출산입양공제가 가능하며, 8세 미만 자녀는 자녀세액공제 대상이 아니다.

(2) 수당등록

No	코드	과세구분	수당명	근로소득유형 유형	근로소득유형 코드	근로소득유형 한도	월정액	통상임금	사용여부
4	1004	과세	월차수당	급여			정기	부	부
5	1005	비과세	식대	식대	P01	(월)200,000	정기	부	부
6	1006	비과세	자가운전보조금	자가운전보조금	H03	(월)200,000	부정기	부	여
7	1007	비과세	야간근로수당	야간근로수당	O01	(년)2,400,000	부정기	부	여
8	2001	과세	식대	급여			정기	부	여
9	2002	비과세	육아수당	보육수당	Q02	(월)200,000	정기	부	여

• 현물식사를 제공받고 있으므로 식대로 제공받는 금액은 과세이다.
• 육아수당은 6세 이하 자녀가 있는 근로자가 받는 금액 중 월 20만원을 한도로 비과세한다.

(3) 급여자료입력(귀속년월 2025년 6월, 지급년월일 2025년 7월 10일)

사번	사원명	감면율	급여항목	금액	공제항목	금액
100	김우리		기본급	3,000,000	국민연금	166,500
101	김갑용		자가운전보조금	200,000	건강보험	131,160
			야간근로수당	527,000	장기요양보험	16,800
			식대	200,000	고용보험	34,440
			육아수당	200,000	소득세(100%)	89,390
					지방소득세	8,930
					농특세	
			과　　세	3,727,000		
			비 과 세	400,000	공 제 총 액	447,220
총인원(퇴사자)	2(0)		지 급 총 액	4,127,000	차 인 지 급 액	3,679,780

[2] (1) 부양가족 탭
① 인적공제

연말관계	성명	주민등록번호	기본공제	세대주구분	부녀자	한부모	경로우대	장애인	자녀세액	출산입양	결혼세액
0.	김갑용	840505-1478529	본인	세대주							
1.	김수필	571012-1587425	60세이상								
3.	강희영	850630-2547855	부								
4.	김정은	150408-3852618	20세이하						○		
4.	김준희	201104-4487125	20세이하								

- 8세 미만 자녀는 자녀세액공제 대상에 해당하지 않는다.
- 소득기준을 초과하는 강희영은 소득기준 초과여부에 1 : 여를 입력한다.

② 보험료
부양가족명세에서 각각의 부양가족을 선택하고 하단의 보험료를 클릭한 후 보조창에서 김갑용(보장성보험 – 일반) 300,000원 입력, 김수필(보장성보험 – 일반) 150,000원 입력, 김준희(보장성보험 – 일반) 350,000원 입력

③ 교육비
부양가족명세에서 각각의 부양가족을 선택하고 하단의 교육비(일반)에 김갑용 5,000,000원(4.본인), 김정은 8,000,000원(2.초중고), 김준희 1,800,000원(1.취학전) 입력

(2) 신용카드 탭
신용카드등 탭에서 김갑용(국세청) 신용카드 21,500,000원 입력

(3) 의료비 탭
성명 란에 커서를 두고 F2(코드도움)을 실행하여 부양가족코드도움 창을 열고 의료비가 있는 부양가족을 선택하여 각각의 의료비 지출액을 입력한다.
김갑용 : 500,000원, 김수필 1,500,000원, 김준희 250,000원 입력

(4) 연금저축 등 I 탭
①연금계좌세액공제에서 1.퇴직연금, 코드 305 하나은행, 계좌번호 401-02-125011, 납입금액 7,200,000원을 입력한다.
* 회사가 확정기여형 퇴직연금에 가입하여 불입하는 금액은 세액공제 대상이 아니고 개인이 퇴직연금에 가입하여 불입하는 금액만 퇴직연금세액공제 대상이므로 본인 불입액 7,200,000원만 입력하고 회사가 불입한 퇴직연금은 입력하면 안된다.

(5) 연말정산입력 탭 : 모든 입력이 완료되면 F8부양가족탭불러오기를 실행한다.

3회 실전모의시험 해답

문제 1

[1] 4월 20일 일반전표입력
(차) 보통예금　　　　　　　317,766,000　　(대) 정기예금　　　　　　　300,000,000
　　선납세금　　　　　　　　3,234,000　　　　이자수익　　　　　　　 21,000,000
[2] 5월 25일 일반전표입력
(차) 주식발행초과금　　　　　5,000,000　　(대) 자본금　　　　　　　　 5,000,000
[3] 6월 18일 일반전표입력
(차) 토 지　　　　　　　　 103,500,000　　(대) 보통예금　　　　　　 103,500,000
[4] 7월 1일 일반전표입력
(차) 보통예금　　　　　　　 19,900,000　　(대) 매도가능증권(178)　　 21,000,000
　　매도가능증권평가이익　　3,000,000　　　 매도가능증권처분이익　　 1,900,000
[5] 8월 21일 일반전표입력
(차) 보통예금　　　　　　　　8,800,000　　(대) 단기대여금(㈜치료상사)　9,600,000
　　외환차손　　　　　　　　　 800,000

문제 2

[1] 7월 25일 매입매출전표입력
유형 : 54.불공(사유 : ③), 공급가액 : 500,000, 부가세 : 50,000, 공급처 : ㈜세무캐피탈, 전자 : 여, 분개 : 혼합
(차) 임차료(판)　　　　　　　　550,000　　(대) 보통예금　　　　　　　　 550,000
[2] 8월 13일 매입매출전표입력
유형 : 52.영세, 공급가액 : 20,000,000, 부가세 : 0, 공급처 : ㈜항원, 전자 : 여, 분개 : 혼합
(차) 상 품　　　　　　　　 20,000,000　　(대) 보통예금　　　　　　　20,000,000
[3] 9월 11일 매입매출전표입력
유형 : 51.과세, 공급가액 : 30,000,000, 부가세 : 3,000,000, 공급처 : ㈜리소스, 전자 : 여, 분개 : 혼합
(차) 원재료　　　　　　　　 30,000,000　　(대) 현 금　　　　　　　　　3,300,000
　　부가세대급금　　　　　　3,000,000　　　　외상매입금　　　　　　 29,700,000
[4] 9월 28일 매입매출전표입력
유형 : 17.카과, 공급가액 : 2,500,000, 부가세 : 250,000, 공급처 : 신윤복, 분개 : 혼합 또는 카드
(차) 미수금(미래카드)　　　　 2,750,000　　(대) 비 품　　　　　　　　　4,000,000
　　감가상각누계액　　　　　　800,000　　　　부가세예수금　　　　　　 250,000
　　유형자산처분손실　　　　　700,000
[5] 9월 30일 매입매출전표입력
유형 : 57.카과, 공급가액 : 80,000, 부가세 : 8,000, 공급처 : ㈜강남주유소, 분개 : 혼합 또는 카드
(차) 차량유지비(제)　　　　　　 80,000　　(대) 미지급금(미지급비용)(하나카드)　88,000
　　부가세대급금　　　　　　　　8,000

[1] 공제받지못할 매입세액명세서(조회기간 : 2025년 4월~6월, 구분 : 1기 확정)

산식	구분	(15)총공통매입세액	(16)면세 사업확정 비율			(17)불공제매입세액총액((15)*(16))	(18)기불공제매입세액	(19)가산또는공제되는매입세액((17)-(18))
			총공급가액	면세공급가액	면세비율			
1.당해과세기간의 공급가액기준		2,000,000	38,000,000.00	12,000,000.00	31.578947	631,578	240,000	391,578

[2] 부가가치세 신고서(조회기간 : 2025년 10월 1일~12월 31일)

	구분		정기신고금액				구분		금액	세율	세액
			금액	세율	세액	7.매출(예정신고누락분)					
과세표준및매출세액	과세	세금계산서발급분	1	300,000,000	10/100	30,000,000	예정누락분	과세	세금계산서	33		10/100	
		매입자발행세금계산서	2		10/100				기타	34		10/100	
		신용카드·현금영수증발행분	3	60,000,000		6,000,000		영세	세금계산서	35		0/100	
		기타(정규영수증외매출분)	4	400,000	10/100	40,000			기타	36		0/100	
	영세	세금계산서발급분	5	50,000,000	0/100			합계		37			
		기타	6	100,000,000	0/100		12.매입(예정신고누락분)					
	예정신고누락분		7					세금계산서	38			
	대손세액가감		8			1,000,000	예	그 밖의 공제매입세액	39			
	합계		9	510,400,000	㉮	37,040,000		합계	40			
매입세액	세금계산서수취분	일반매입	10	300,000,000		30,000,000	정누락분	신용카드매출수령금액합계	일반매입				
		수출기업수입분납부유예	10						고정매입				
		고정자산매입	11					의제매입세액	41			
	예정신고누락분		12					재활용폐자원등매입세액				
	매입자발행세금계산서		13					과세사업전환매입세액				
	그 밖의 공제매입세액		14	20,000,000		2,000,000		재고매입세액				
	합계(10)-(10-1)+(11)+(12)+(13)+(14)		15	320,000,000		32,000,000		변제대손세액				
	공제받지못할매입세액		16	20,000,000		2,000,000		외국인관광객에대한환급세액				
	차감계 (15-16)		17	300,000,000	㉯	30,000,000		합계				
납부(환급)세액(매출세액㉮-매입세액㉯)					㉰	7,040,000	14.그 밖의 공제매입세액				
경감공제세액	그 밖의 경감·공제세액		18				신용카드매출수령금액합계표	일반매입	41	20,000,000		2,000,000
	신용카드매출전표등 발행공제등		19					고정매입	42			
	합계		20		㉱		의제매입세액		43		뒤쪽	
소규모 개인사업자 부가가치세 감면세액			20		㉲		재활용폐자원등매입세액		44		뒤쪽	
예정신고미환급세액			21		㉳	3,000,000	과세사업전환매입세액		45			
예정고지세액			22		㉴		재고매입세액		46			
사업양수자의 대리납부 기납부세액			23		㉵		변제대손세액		47			
매입자 납부특례 기납부세액			24		㉶		외국인관광객에대한환급세액		48			
신용카드업자의 대리납부 기납부세액			25		㉷		합계		49	20,000,000		2,000,000
가산세액계			26		㉸	200,000					
차가감하여 납부할세액(환급받을세액)㉰-㉱-㉲-㉳-㉴-㉵-㉶-㉷+㉸			27			4,240,000					
총괄납부사업자가 납부할 세액(환급받을 세액)											

25.가산세명세					
세금계산서	사업자미등록등	61		1/100	
	지연발급 등	62	20,000,000	1/100	200,000
	지연수취	63		5/1,000	
	미발급 등	64		뒤쪽참조	

16.공제받지못할매입세액				
공제받지못할 매입세액	50	20,000,000		2,000,000
공통매입세액면세등사업분	51			
대손처분받은세액	52			
합계	53	20,000,000		2,000,000

[1] 12월 31일 일반전표입력
(차) 소모품비(제조)　　　　　　1,800,000　　(대) 소모품　　　　　　1,800,000
[2] 12월 31일 일반전표입력
(차) 현금과부족　　　　　　　　　50,000　　(대) 잡이익　　　　　　　50,000
[3] 12월 31일 일반전표입력
(차) 미수수익　　　　　　　　2,250,000　　(대) 이자수익　　　　　2,250,000
[4] 12월31일 일반전표입력
(차) 외상매출금　　　　　　　1,000,000　　(대) 외화환산이익　　　1,000,000
[5] • 결산자료입력메뉴에서 CF8(퇴직충당)의 퇴직금추계액에 생산부문 30,000,000원과 판매관리부문10,000,000원을 입력 후 결산에 반영하고 전표 추가
　　• 결산자료입력에서 퇴직급여(제) 15,000,000원, 퇴직급여(판) -3,000,000원을 입력하고 전표 추가

• 퇴직급여(제)와 퇴직급여(판) 둘 중 하나를 일반전표에 입력하고 다른 하나는 결산자료입력을 통해 전표 추가 또는 12월 31일 일반전표입력

| (차) 퇴직급여(508.제) | 15,000,000 | (대) 퇴직급여충당부채 | 15,000,000 |
| (차) 퇴직급여(806.판) | −3,000,000 | (대) 퇴직급여충당부채 | −3,000,000 |

또는

| (차) 295. 퇴직급여충당부채 | 3,000,000 | (대) 852. 퇴직급여충당부채환입 | 3,000,000 |

문제 5

[1] (1) 사원등록
기본사항등록에서 사원번호 105번 김한국, 주민등록번호, 입사일 2025년 1월 1일, 내국인, 거주자 입력

(2) 부양가족등록

연말정산관계	성명	주민등록번호	기본공제	부녀자	한부모	경로우대	장애인	자녀세액	출산입양	위탁관계
0.본인	김한국	820226−1041300	본인							
1.소득자의직계존속	김조선	520912−1005600	60세이상			○				
2.배우자의직계존속	강춘자	541213−2055600	60세이상			○				
3.배우자	나여성	851226−2056903	부							
4.직계비속(자녀)	김우주	200622−4061318	20세이하					1.		
4.직계비속(자녀)	김관우	220912−3061616	20세이하							
6.형제자매	김부산	840926−1005618	장애인				3.			

① 나여성(배우자)은 사업소득금액이 100만원을 초과하므로 기본공제대상자에 해당하지 아니한다.
② 김조선(소득자의 직계존속)은 무조건 분리과세 기타소득금액만 있으므로 기본공제대상자 및 70세이상 경로우대공제에 해당한다.
③ 직계비속 김우주, 김관우는 주소(거소)에 관계없이 생계를 같이하는 것으로 본다.
④ 강춘자는 양도소득금액이 100만원이므로 기본공제대상자 및 70세이상 경로우대공제에 해당한다.(100만원 초과하는 경우에는 기본공제대상자에 해당하지 않는다.)
⑤ 김부산은 20세를 초과하나 장애인으로 소득이 없는 동거가족이므로 기본공제대상자에 해당한다.

[2] (1) 부양가족명세

연말관계	성명	주민등록번호	소득기준초과여부	기본공제	세대주구분	부녀자	한부모	경로우대	장애인	자녀	출산입양
0.	김미영	780831−2345673		본인	세대주	○					
1.	김철수	450321−1234563	○	부							
3.	전영희	491111−2345675		60세 이상				○			
4.	박문수	130606−3456783		20세 이하						○	
4.	박분수	201007−3456787		20세 이하							

※ 김철수는 퇴직소득금액이 200만원이 있어서 기본공제 대상자가 아니므로 소득기준 초과여부에 1 : 여 입력
※ 자녀세액공제는 8세 이상 자녀에게 적용한다.

(2) 연말정산입력
- 보험료 : 부양가족 탭에서 피보험자별로 입력
  김미영 보장성(일반) 900,000원, 박문수 보장성(일반) 180,000원
- 의료비 : 의료비 탭에서 의료비공제 대상자별로 입력
  김미영 1,000,000원, 전영희 600,000원, 박분수 850,000원
- 교육비 : 부양가족 탭에서 교육비공제 대상자별로 입력
  박문수 1,050,000원(2.초중고), 박분수 1,800,000원(1.취학전)
  본인 필라테스 학원 수업료는 교육비공제 대상이 아님

- 신용카드등소득공제 : 신용카드등 탭에서 부양가족별로 신용카드등 사용액 입력
  김미영 신용카드 7,300,000원, 직불선불카드 5,000,000원, 현금영수증 6,750,000원, 전통시장 4,000,000원, 대중교통 2,000,000원, 도서공연 950,000원
- 기부금 : 기부금 탭에서 기부금공제 대상자별로 입력
  전영희 41.일반(종교단체외) 200,000원
  김미영 40.일반(종교단체) 2,000,000원
  김철수는 기본공제대상자가 아니므로 김철수가 지출한 기부금은 세액공제 대상이 아님
- 모든 입력이 완료되면 연말정산입력 탭에서 F8부양가족탭불러오기를 실행하여야 한다.

4회 실전모의시험 해답

[1] 7월 21일 일반전표입력
　(차) 투자부동산　　　　　　　　30,000,000　　(대) 미지급금(㈜경주)　　　30,000,000
[2] 8월 25일 일반전표입력
　(차) 보통예금　　　　　　　　　26,000,000　　(대) 외상매출금(ABC사)　　24,000,000
　　　　　　　　　　　　　　　　　　　　　　　　　　외환차익　　　　　　　 2,000,000
[3] 9월 27일 일반전표입력
　(차) 차량운반구　　　　　　　　　　80,000　　(대) 현　금　　　　　　　　　 300,000
　　　단기매매증권　　　　　　　　 220,000
[4] 10월 2일 일반전표입력
　(차) 보통예금　　　　　　　　　10,200,000　　(대) 사　채　　　　　　　　10,000,000
　　　　　　　　　　　　　　　　　　　　　　　　　　사채할증발행차금　　　　 200,000
[5] 11월 21일 일반전표입력
　(차) 미수금((주)에스제이물산)　 9,000,000　　(대) 단기매매증권　　　　　 9,500,000
　　　단기매매증권처분손실　　　　 500,000

[1] 5월 30일 매입매출전표입력
　유형: 17.카과, 공급가액: 2,000,000, 부가세: 200,000, 공급처: (주)우리임대, 분개: 외상(혼합 또는 카드)
　(차) 외상매출금(하나카드)　　　 2,200,000　　(대) 제품매출　　　　　　　 2,000,000
　　(또는 미수금)　　　　　　　　　　　　　　　　부가세예수금　　　　　　　 200,000
[2] 6월 24일 매입매출전표입력
　유형: 16.수출(영세율구분: 1.), 공급가액: 13,500,000, 부가세: 0, 공급처: Y&G사, 분개: 외상 또는 혼합
　(차) 외상매출금(Y&G사)　　　　13,500,000　　(대) 제품매출　　　　　　　13,500,000

[3] 6월 29일 매입매출전표입력
  유형: 55.수입, 공급가액: 30,000,000, 부가세: 3,000,000, 공급처: 인천세관, 전자: 여, 분개: 혼합
  (차) 부가세대급금   3,000,000   (대) 보통예금   3,000,000

[4] 7월 10일 매입매출전표입력
  유형: 53.면세, 공급가액: 15,000, 공급처: 전자신문사, 전자: 여, 분개: 혼합
  (차) 도서인쇄비   15,000   (대) 미지급금(또는 미지급비용) 15,000

[5] 8월 11일 매입매출전표입력
  유형: 22.현과, 공급가액: 1,200,000, 부가세: 120,000, 공급처: 장결희, 분개: 현금 또는 혼합
  (차) 현 금   1,320,000   (대) 제품매출   1,200,000
                                         부가세예수금   120,000

문제 3

[1] 의제매입세액공제신고서(조회기간: 2025년 4월~6월, 1기 확정)

구분	매입가액 계	의제매입세액 계	건수 계
계산서 합계	106,000,000	6,000,000	1
신용카드등 합계	42,400,000	2,400,000	1
농·어민등 합계			
총계	148,400,000	8,400,000	2

가. 과세기간 과세표준 및 공제가능한 금액등

과세표준			대상액 한도계산		B.당기매입액	공제대상금액 [MIN (A,B)]
합계	예정분	확정분	한도율	A.한도액		
340,000,000	140,000,000	200,000,000	50/100	170,000,000	148,400,000	148,400,000

나. 과세기간 공제할 세액

공제대상세액			이미 공제받은 금액		공제(납부)할세액 (C-D)
공제율	C.공제대상금액	D.합계	예정신고분	월별조기분	
6/106	8,400,000				8,400,000

[2] 부가가치세 신고서(조회기간: 2025년 10월1일~12월31일)

구분				정기신고금액			구분		금액	세율	세액
				금액	세율	세액	7.매출(예정신고누락분)				
과세표준및매출세액	과세	세	세금계산서발급분	1	250,000,000	10/100	25,000,000	예정누락분	과세	세금계산서	33		10/100	
			매입자발행세금계산서	2		10/100				기타	34		10/100	
			신용카드·현금영수증발행분	3	50,000,000	10/100	5,000,000		영세	세금계산서	35		0/100	
			기타(정규영수증외매출분)	4						기타	36		0/100	
	영세		세금계산서발급분	5	30,000,000	0/100				합계	37			
			기타	6	3,500,000	0/100		12.매입(예정신고누락분)				
	예정신고누락분			7						세금계산서	38	10,000,000		1,000,000
	대손세액가감			8				예정누락분		그 밖의 공제매입세액	39			
	합계			9	333,500,000	㉓	30,000,000			합계	40	10,000,000		1,000,000
매입세액	세금계산서수취분		일반매입	10	150,000,000		15,000,000		신용카드매출수령금액합계	일반매입				
			수출기업수입분납부유예	10						고정매입				
			고정자산매입	11	35,000,000		3,500,000		의제매입세액					
	예정신고누락분			12	10,000,000		1,000,000		재활용폐자원등매입세액					
	매입자발행세금계산서			13					과세사업전환매입세액					
	그 밖의 공제매입세액			14	30,000,000		3,000,000		재고매입세액					
	합계(10)-(10-1)+(11)+(12)+(13)+(14)			15	225,000,000		22,500,000		변제대손세액					
	공제받지못할매입세액			16					외국인관광객에대한환급/					
	차감계 (15-16)			17	225,000,000	㉔	22,500,000			합계				
납부(환급)세액(매출세액㉓-매입세액㉔)						㉕	7,500,000	14.그 밖의 공제매입세액				
경감공제세액	그 밖의 경감·공제세액			18			10,000		신용카드매출수령금액합계표	일반매입	41	30,000,000		3,000,000
	신용카드매출전표등 발행공제 등			19						고정매입	42			
	합계			20		㉖	10,000		의제매입세액		43		뒤쪽	
예정신고미환급세액				21		㉗	1,000,000		재활용폐자원등매입세액		44		뒤쪽	
예정고지세액				22		㉘			과세사업전환매입세액		45			
사업양수자의 대리납부 기납부세액				23		㉙			재고매입세액		46			
매입자 납부특례 기납부세액				24		㉚			변제대손세액		47			
신용카드업자의 대리납부 기납부세액				25		㉛			외국인관광객에대한환급세액		48			
가산세액계				26		㉜				합계	49	30,000,000		3,000,000
차감.가감하여 납부할세액 X(㉓-㉔-㉕-㉖-㉗-㉘-㉙-㉚-㉛+㉜)				27			6,490,000							
총괄납부사업자가 납부할 세액(환급받을 세액)														

※ 직접 전자신고하므로 54.전자신고세액공제 10,000원 입력

[1] 12월 31일 일반전표입력
(차) 매도가능증권(178) 100,000 (대) 매도가능증권평가이익 100,000
[2] 12월 31일 일반전표입력
(차) 임대료 4,500,000 (대) 선수수익 4,500,000
6,000,000 × 9/12 = 4,500,000원
[3] 12월 31일 일반전표입력
(차) 외화장기차입금(외화은행) 1,500,000 (대) 외화환산이익 1,500,000
$15,000 × (1,350원 - 1,250원) = 1,500,000원
[4] 12월 31일 일반전표입력
(차) 소모품 200,000 (대) 소모품비(판) 200,000
[5] 12월 31일 일반전표입력
(차) 재고자산감모손실(영업외비용) 1,000,000 (대) 제 품 1,000,000
(적요. 8. 타계정으로대체액 손익계산서 반영분)
위 분개를 입력한 후 결산자료입력 기말제품재고액 3,300,000원으로 입력하고 전표추가

[1] (1) 사원등록(기본사항)
  사번 : 105, 성명 : 김미소, 입사년월일 : 2025년 6월 1일, 내국인
  주민등록번호 : 810123 - 2548753, 거주자, 한국, 국외근로제공 : 부, 생산직여부 : 부
(2) 부양가족명세

연말정산관계	성명	주민등록번호	기본공제	부녀자	한부모	경로우대	장애인	자녀	출산입양
0.본인	김미소	810123 - 2548753	본인	○					
1.소득자의직계존속	김성호	510324 - 1354876	부						
1.소득자의직계존속	유미영	530520 - 2324875	부						
3.배우자	박재민	750420 - 1434563	부						
4.직계비속(자녀)	박예슬	080705 - 4123459	20세 이하					○	
4.직계비속(자녀)	박호식	140103 - 3143579	20세 이하					○	
6.형제자매	김미정	790112 - 2454526	부						

근로소득금액이 3천만원이하이므로 부녀자 공제가 가능하다.
해외에 거주하는 직계존속(부친, 모친)의 경우 주거의 형편에 따라 별거한 것으로 볼 수 없으므로 부양가족 공제를 받을 수 없다.
언니(김미정)은 20세 이하 60세 이상이 아니므로 부양가족공제를 받을 수 없다.
[2] 연말정산추가자료입력
  - 신용카드등소득공제 : 신용카드등 탭에서 부양가족별로 사용액 입력
    김영철 신용카드 20,000,000원, 김장훈 신용카드 4,000,000원
  - 보험료 : 부양가족 탭에서 피보험자별로 입력
    김희미 일반보장성 700,000원
  - 의료비 : 의료비 탭에서 의료비공제 대상자별로 입력
    김장훈 4,000,000원(장애인)

- 교육비 : 부양가족 탭에서 교육비공제 대상자별로 입력
  김경민 2,500,000원(3.대학생) (교육비공제는 소득금액 제한은 있으나 나이 제한은 없음)
- 기부금 : 기부금 탭에서 기부금공제 대상자별로 입력
  박주희 41.일반기부금(종교단체) 2,000,000원
- 연금계좌세액공제 : 연금저축등Ⅰ의 ②연금계좌세액공제에 2.연금저축 2,000,000원 입력
- 월세세액공제 : 월세액 탭에서 ①월세액세액공제명세에 임차내역과 월세 4,200,000원 입력
- 모든 입력이 완료되면 연말정산입력 탭에서 F8부양가족탭불러오기를 실행하여야 한다.

5회 실전모의시험 해답

[1] 7월 16일 일반전표입력
(차) 수수료비용(제)	600,000	(대) 예수금	19,800
		보통예금	580,200

[2] 8월 5일 일반전표입력
(차) 선급금(㈜SJH전자)   5,000,000   (대) 보통예금   5,000,000

[3] 8월 11일 일반전표입력
(차) 기계장치   70,000,000   (대) 자산수증이익   70,000,00

[4] 8월 17일 일반전표입력
(차) 보통예금	51,250,000	(대) 외상매출금(볼케이노)	50,000,000
		외환차익	1,250,000

[5] 9월 30일 일반전표입력
(차) 세금과공과(판)	700,000	(대) 보통예금	1,900,000
세금과공과(제)	1,200,000		

문제 2

[1] 7월 26일 매입매출전표입력
유형: 61.현과, 공급가액: 500,000, 부가세: 50,000, 공급처: ㈜우리광고, 전자: 부, 분개: 현금(혼합)
(차) 광고선전비(판)	500,000	(대) 현 금	550,000
부가세대급금	50,000		

[2] 7월 28일 매입매출전표입력
유형: 51.과세, 공급가액: 100,000,000, 부가세: 10,000,000, 공급처: ㈜나라물산, 전자: 여, 분개: 혼합
(차) 원재료	100,000,000	(대) 당좌예금	33,000,000
부가세대급금	10,000,000	외상매입금(㈜나라물산)	77,000,000

[3] 8월 2일 매입매출전표입력

　　유형: 57.카과, 공급가액: 150,000, 부가세: 15,000, 공급처: ㈜부어주유소, 분개: 혼합

(차) 차량유지비(제)	150,000	(대) 미지급금(국민카드)	165,000
부가세대급금	15,000	(또는 미지급비용)	

[4] 8월 28일 매입매출전표입력

　　유형: 54.불공(불공사유: ④), 공급가액: 200,000, 부가세: 20,000, 공급처: 월화타월, 전자: 부, 분개: 혼합

(차) 기업업무추진비(판)	220,000	(대) 보통예금	220,000

[5] 9월 2일 매입매출전표입력

　　유형: 11.과세, 공급가액: 7,100,000, 부가세: 710,000, 공급처: (주)다낭, 전자: 여, 분개: 혼합

(차) 받을어음((주)중동)	7,810,000	(대) 제품매출	7,100,000
		부가세예수금	710,000

문제 3

[1] 신용카드매출전표등발행금액집계표(조회기간: 2025년 4월~6월)

[2] 부가가치세 신고서(조회기간: 2025년 10월 1일 ~ 12월 31일)

- 예정신고누락분은 매입세액 12.예정신고누락분에 커서를 놓고 우측의 38.세금계산서 란에 입력한다.
- 전자세금계산서를 발급의무가 있는 자가 전자세금계산서를 발급하지 아니하고 종이세금계산서등 전자세금계산서가 아닌 세금계산서를 발급한 경우 64.세금계산서미발급가산세 또는 62.세금계산서지연발급가산세 : 공급가액의 1% 입력(10,000,000 × 1%=100,000원)

[1] 12월 31일 일반전표 입력
    (차) 보험료(제)   500,000   (대) 선급비용   500,000
[2] 12월 31일 일반전표 입력
    (차) 잡손실   100,000   (대) 현금과부족   100,000
[3] 12월 31일 일반전표 입력
    (차) 부가세예수금   25,000,000   (대) 부가세대급금   35,000,000
        미수금   10,010,000   잡이익   10,000
[4] 12월 31일 일반전표입력
    (차) 무형자산상각비   1,000,000   (대) 영업권   1,000,000
    또는 결산자료입력메뉴에서 무형자산상각비 1,000,000원 입력 후 전표추가
    4,000,000 ÷ 4년(남은 연수)=1,000,000원
[5] 다음 ①과 ② 중 선택하여 입력
    ① 결산자료입력 메뉴에 다음과 같이 입력 후 전표 추가
        외상매출금: 351,760,000 × 1% − 1,000,000=2,517,600원
        단기대여금: 50,000,000 × 2% − 0=1,000,000원
    ② 12월 31일 일반전표입력
    (차) 대손상각비(판)   2,517,600   (대) 대손충당금(109)   2,517,600
    (차) 기타의대손상각비(954)   1,000,000   (대) 대손충당금(115)   1,000,000

[1] (1) 수당등록

(2) 급여자료입력(귀속년월 2025년 7월, 지급년월일 2025년 7월 31일)

(3) 원천징수이행상황신고서(귀속기간 2025년 7월-7월, 지급기간 2025년 7월-7월, 정기신고)

소득자 소득구분		코드	소득지급		징수세액			당월조정 환급세액	납부세액	
			인원	총지급액	소득세 등	농어촌특별세	가산세		소득세 등	농어촌특별세
개인	근로소득	간이세액	A01	1	3,400,000	21,960					
		중도퇴사	A02								
		일용근로	A03								
		연말정산	A04								
		(분납신청)	A05								
		(납부금액)	A06								
		가 감 계	A10	1	3,400,000	21,960			20,000	1,960	
	퇴직소득	연금계좌	A21								
		그 외	A22								
		가 감 계	A20								

전월 미환급 세액의 계산				당월 발생 환급세액				18.조정대상환급(14+15+16+17)	19.당월조정환급세액계	20.차월이월환급세액	21.환급신청액
12.전월미환급	13.기환급	14.차감(12-13)	15.일반환급	16.신탁재산	금융회사 등	합병 등					
20,000		20,000						20,000	20,000		

(4) 전자신고

원천징수이행상황신고서에서 F8마감 → 전자신고 메뉴에서 신고인과 지급기간 입력 → F4제작을 실행 → 비밀번호 입력 → F6홈택스바로가기 → 찾아보기 → 비밀번호 입력 → 형식검증 → 내용검증결과확인 → 전자파일제출 → 전자신고 접수증 확인 → 전자신고 완료

[2] (1) 부양가족명세

연말관계	성명	주민등록번호	소득기준 초과여부	기본공제	세대주 구분	부녀자	한부모	경로 우대	장애인	자녀	출산 입양
0.	최민호	800514-1002223		본인	세대주						
1.	최종원	530404-1012234		60세 이상				○			
1.	김숙자	590501-2111112	○	부							
3.	신우리	810909-2063225		배우자							
4.	최신동	080401-3012240		20세 이하						○	

배우자는 분리과세 대상 일용근로소득을 제외하면 총급여 500만원 이하로 근로소득만 있으므로 배우자공제가 가능하다.

(2) 연말정산추가자료 입력

- 신용카드등소득공제 : 신용카드등 탭에서 부양가족별로 사용액 입력
  최민호 신용카드 10,000,000원, 전통시장 7,000,000원, 대중교통 3,000,000원, 도서공연 1,000,000원
  신우리 신용카드 2,000,000원, 전통시장 1,000,000원, 대중교통 2,000,000원
- 보험료 : 부양가족 탭에서 피보험자별로 입력
  최민호 보장성(일반) 400,000원
- 의료비 : 의료비 탭에서 의료비공제 대상자별로 입력
  최종원 12,000,000원, 신우리 3,500,000원, 실손보험금 1,000,000원
  실손보험금의 수령액은 의료비 지출액에서 공제하고 의료비 공제를 하여야 한다.
  안경은 1인당 연 50만원이 한도
- 교육비 : 부양가족 탭에서 교육비공제 대상자별로 입력
  최민호 5,000,000원(4.본인), 최신동 6,000,000원(2.초중고)
- 모든 입력이 완료되면 연말정산입력 탭에서 F8부양가족탭불러오기를 실행하여야 한다.

6회 실전모의시험 해답

문제 1

[1] 6월 5일 일반전표입력
(차) 복리후생비(판) 22,500 (대) 현 금 22,500
[2] 6월 10일 일반전표입력
(차) 대손충당금(115.) 3,000,000 (대) 단기대여금(㈜보영) 5,000,000
　　　기타의대손상각비 2,000,000
[3] 7월 8일 일반전표입력
(차) 보험료(판) 650,000 (대) 보통예금 2,300,000
　　　보험료(제) 1,650,000
[4] 8월 20일 일반전표입력
(차) 장기차입금(㈜만길은행) 20,000,000 (대) 보통예금 19,000,000
　　　　　　　　　　　　　　　　　　　　　　　　채무면제이익 1,000,000
[5] 10월 31일 일반전표입력
(차) 임차보증금(㈜동국) 15,000,000 (대) 선급금 (㈜동국) 5,000,000
　　　　　　　　　　　　　　　　　　　　　　　　보통예금 10,000,000

문제 2

[1] 1월 2일 매입매출전표입력
유형 : 11.과세, 공급가액 : 7,000,000, 부가세 : 700,000, 공급처 : ㈜제일유통, 전자 : 여, 분개 : 혼합
(차) 선수금(㈜제일유통) 1,000,000 (대) 제품매출 7,000,000
　　　받을어음(㈜아임전자) 6,700,000 　　　부가세예수금 700,000
[2] 2월 12일 매입매출전표입력
유형 : 54.불공(불공사유 ③), 공급가액 : 20,000,000, 부가세 : 2,000,000, 공급처 : ㈜나간다자동차, 전자 : 여, 분개 : 혼합
(차) 차량운반구 22,000,000 (대) 선급금 2,000,000
　　　　　　　　　　　　　　　　　　　　　보통예금 20,000,000
[3] 3월 5일 매입매출전표입력
유형 : 16.수출(영세율구분 : 1.), 공급가액 : 85,500,000, 공급처 : 야오밍사, , 분개 : 혼합 또는 외상
(차) 외상매출금 85,500,000 (대) 제품매출 85,500,000
[4] 3월 27일 매입매출전표입력
유형 : 55.수입, 공급가액 : 40,000,000, 부가세 : 4,000,000, 공급처 : 인천세관, 전자 : 여, 분개 : 혼합
(차) 부가세대급금 4,000,000 (대) 보통예금 4,300,000
　　　차량운반구 300,000
[5] 7월 31일 매입매출전표입력
유형 : 51.과세, 공급가액 : 1,455,000, 부가세 : 145,500, 공급처 : 남해식당, 전자 : 부, 분개 : 혼합 또는 출금
F11 → 예정누락분 → 확정신고 개시연월 2025년 10월 입력 → 확인(Tab)
(차) 복리후생비(판) 1,455,000 (대) 현 금 1,600,500
　　　부가세대급금 145,500

[1] 신용카드매출전표등수령명세서(갑)(조회기간 : 2025년 7월~9월, 2기예정)

2. 신용카드 등 매입내역 합계

구분	거래건수	공급가액	세액
합 계	2	295,000	29,500
현금영수증	1	45,000	4,500
화물운전자복지카드			
사업용신용카드	1	250,000	25,000
그 밖의 신용카드			

3. 거래내역입력

No	월/일	구분	공급자	공급자(가맹점) 사업자등록번호	카드회원번호	그 밖의 신용카드 등 거래내역 합계		
						거래건수	공급가액	세액
1	07-25	현금	다사소	101-20-45671		1	45,000	4,500
2	08-14	사업	강남돼지집	109-60-22227	1005-2001-3001-1306	1	250,000	25,000
3								

- 기업업무추진비, 개별소비세법 제1조 제2항 제3호에 따른 자동차의 구입 및 유지비용 등 매입세액이 공제되지 않는 것은 입력하지 않는다.
- 일반과세자라 하더라도 입장권 발행을 영위하는 사업은 매입세액공제를 받을 수 없다.

[2] 부가가치세신고서(조회기간 : 2025년 4월 1일~6월 30일)

		구분		금액	세율	세액
과세표준및매출세액	과세	세금계산서발급분	1	200,000,000	10/100	20,000,000
		매입자발행세금계산서	2		10/100	
		신용카드 · 현금영수증발행분	3	25,000,000	10/100	2,500,000
		기타(정규영수증외매출분)	4			
	영세	세금계산서발급분	5		0/100	
		기타	6	20,000,000	0/100	
	예정신고누락분		7			
	대손세액가감		8			
	합계		9	245,000,000	㉮	22,500,000
매입세액	세금계산서수취분	일반매입	10	120,000,000		12,000,000
		수출기업수입분납부유예	10			
		고정자산매입	11	20,000,000		2,000,000
	예정신고누락분		12			
	매입자발행세금계산서		13			
	그 밖의 공제매입세액		14			
	합계(10)-(10-1)+(11)+(12)+(13)+(14)		15	140,000,000		14,000,000
	공제받지못할매입세액		16	10,000,000		1,000,000
	차감계 (15-16)		17	130,000,000	㉯	13,000,000
납부(환급)세액(매출세액㉮-매입세액㉯)						9,500,000
경감공제세액	그 밖의 경감 · 공제세액		18			10,000
	신용카드매출전표등 발행공제등		19			
	합계		20		㉰	10,000
소규모 개인사업자 부가가치세 감면세액			20		㉱	
예정신고미환급세액			21		㉲	
예정고지세액			22		㉳	
사업양수자의 대리납부 기납부세액			23		㉴	
매입자 납부특례 기납부세액			24		㉵	
신용카드업자의 대리납부 기납부세액			25		㉶	
가산세액계			26		㉷	5,000
차가감하여 납부할세액(환급받을세액)㉮-㉯-㉰-㉱-㉲-㉳-㉴-㉵-㉶+㉷			27			9,495,000
총괄납부사업자가 납부할 세액(환급받을 세액)						

		구분		금액	세율	세액
16.공제받지못할매입세액						
공제받지못할 매입세액			50	10,000,000		1,000,000
공통매입세액면세등사업분			51			
대손처분받은세액			52			
합계			53	10,000,000		1,000,000
18.그 밖의 경감 공제세액						
전자신고세액공제			54			10,000
전자세금계산서발급세액공제			55			
택시운송사업자경감세액			56			
대리납부세액공제			57			
현금영수증사업자세액공제			58			
기타			59			
합계			60			10,000

25.가산세명세						
사업자미등록등		61		1/100		
세금계산서	지연발급 등	62		1/100		
	지연수취	63	1,000,000	5/1,000	5,000	
	미발급 등	64		뒤쪽참조		
전자세금발급명세	지연전송	65		3/1,000		
	미전송	66		5/1,000		
세금계산서합계표	제출불성실	67		5/1,000		
	지연제출	68		3/1,000		
신고불성실	무신고(일반)	69		뒤쪽		
	무신고(부당)	70		뒤쪽		
	과소·초과환급(일반)	71		뒤쪽		
	과소·초과환급(부당)	72		뒤쪽		
납부지연		73		뒤쪽		
영세율과세표준신고불성실		74		5/1,000		
현금매출명세서불성실		75		1/100		
부동산임대공급가액명세서		76		1/100		
매입자 납부특례	거래계좌 미사용	77		뒤쪽		
	거래계좌 지연입금	78		뒤쪽		
합계		79			5,000	

공급시기가 속하는 과세기간에 대한 확정신고기한(07.25.)까지 발급받은 세금계산서이므로 매입세액공제는 가능하나, 해당 공급가액의 0.5%만큼 지연수취 가산세가 발생한다.(부가가치세법 제60조 제7항, 부가가치세법 시행령 제75조 3호)

[1] 12월 31일 일반전표입력
(차) 단기매매증권　　　　　　　2,500,000　　(대) 단기매매증권평가이익　　2,500,000
[2] 12월 31일 일반전표입력
(차) 이자수익　　　　　　　　　　230,000　　(대) 선수수익　　　　　　　　230,000
[3] 12월 31일 일반전표입력
(차) 외화장기차입금(CVS사)　　5,000,000　　(대) 외화환산이익　　　　　5,000,000
[4] 다음 ①, ② 중 선택하여 입력
　① 결산자료입력에 각각의 감가상각비 금액 입력하고 전표추가
　② 12월 31일 일반전표입력
(차) 감가상각비(판)　　　　　　2,000,000　　(대) 감가상각누계액(209.)　　2,000,000
　　 감가상각비(제)　　　　　　12,600,000　　　　 감가상각누계액(211.)　　 600,000
　　　　　　　　　　　　　　　　　　　　　　　　　감가상각누계액(207.)　　12,000,000
[5] 이익잉여금처분계산서에서 당기처분예정일에 2026년 3월 15일을 입력하고 처분내역은 당기 이익잉여금처분액에 다음과 같이 입력한 후, F6 전표추가한다.

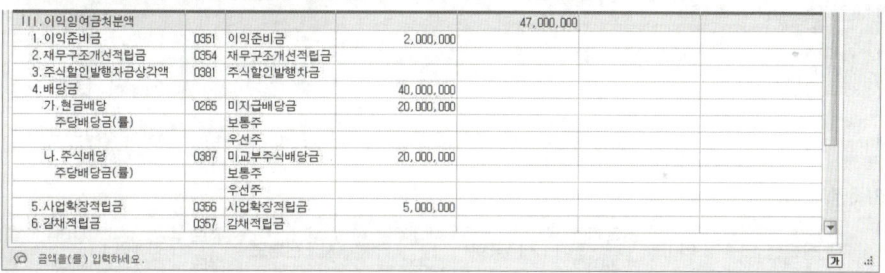

[1] (1) 수당등록 – 식대 : 과세, 야간근로수당 : 비과세

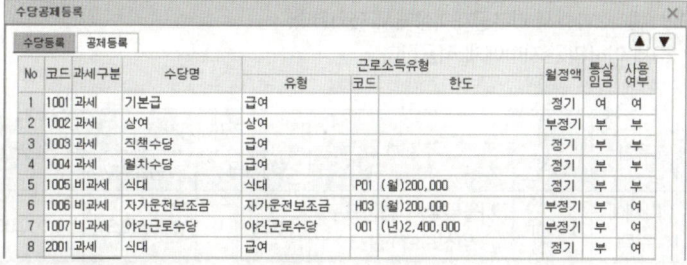

• 현물식사를 제공하는 경우 금전 지급하는 식대는 과세 대상이므로 수당등록에서 식대를 과세로 등록하여야 한다.
• 금전으로 지급하는 식대는 200,000원까지 비과세 식대에 해당한다.
• 수당등록에서 사용하지 아니하는 비과세 식대 등 수당항목은 우측의 사용여부에서 부로 등록하여야 한다.

(2) 급여자료입력(귀속년월 : 2025년 5월, 지급년월일 : 2025년 5월 31일)

사번	사원명	감면율		급여항목	금액		공제항목	금액
✓ 101	이희만			기본급	1,800,000		국민연금	87,750
□ 508	이남동			자가운전보조금	200,000		건강보험	78,000
				야간근로수당	200,000		장기요양보험	9,570
				식대	150,000		고용보험	17,550
							소득세(100%)	18,210
							지방소득세	1,820
							농특세	
				과 세	1,950,000			
				비 과 세	400,000		공 제 총 액	212,900
총인원(퇴사자)	2(0)			지 급 총 액	2,350,000		차 인 지 급 액	2,137,100

(3) 원천징수이행상황신고서(귀속기간 : 2025년 5월~5월, 지급기간 : 2025년 5월~5월)

[2] (1) 부양가족명세 탭

성명	주민등록번호	나이	소득기준 초과여부	기본공제	세대주 구분	부녀자	한부모	경로 우대	장애인	자녀 세액	출산 입양
이남동	880719-1765731	37		본인	세대주						
김강화	600313-2153956	65		60세이상							
최연수	901218-2345671	35	○	부							
이준	160917-3456780	9		20세이하						○	
이미도	190624-4019388	6		20세이하							
이송도	910906-1467824	34		장애인					2		

· 최연수는 소득금액이 100만원을 초과해서 기본공제대상에서 제외한다.
· 자녀세액공제는 8세 이상 20세 이하의 손자녀에게 적용한다.

(2) 월세, 주택임차 탭

임대인	주민등록번호	유형	계약 면적	주소지	임대기간 개시일	임대기간 종료일	연간월세액
서장미	631218-2345678	다세대 주택	106㎡	서울특별시 영등포구 영신로 11길 3	2025.11.1.	2027.10.31	1,000,000원

(3) 연말정산추가자료입력
- 보험료 : 부양가족 탭에서 피보험자별로 입력
  이송도 보장성보험(장애인) 1,300,000원, 이미도 보장성보험(일반) 600,000원
- 교육비 : 부양가족 탭에서 교육비공제 대상자별로 입력
  이준 300,000원(2.초중고), 이미도 2,600,000원(1.취학전)
  직계존속을 위해 지출한 교육비는 공제대상에서 제외되고, 현장학습비는 한도가 30만원이다.

- 의료비 : 의료비 탭에서 의료비공제 대상자별로 입력
  최연수 600,000원, 김강화 2,750,000원
  의사 처방에 따른 의료기기 구입비는 공제대상이고, 건강증진을 위한 의약품 구입은 공제대상에서 제외한다.
- 기부금 : 기부금 탭의 기부금입력에서 기부금공제 대상자별로 입력하고 기부금조정에서 공제금액계산을 실행하여 보조창에서 불러오기와 공제금액 반영 후 저장
  이준 40.일반기부금(종교단체외) 200,000원(10.특례기부금도 정답으로 인정)
- 신용카드등소득공제 : 신용카드등 탭에서 신용카드등을 사용한 부양가족별로 사용액 입력
  이남동 신용카드 19,500,000원
  최연수는 소득금액이 기준을 초과하여 신용카드 등에 대한 소득공제 대상에서 제외된다.
- 모든 입력이 완료되면 연말정산입력 탭에서 F8부양가족탭불러오기를 실행하여야 반영된다.

7회 실전모의시험 해답

문제 1

[1] 8월 31일 일반전표입력
　　(차) 선납세금　　　　　　　　　　5,000,000　　　(대) 보통예금　　　　　　　　　5,000,000
[2] 9월 3일 일반전표입력
　　(차) 단기차입금(바이든은행)　　24,000,000　　　(대) 보통예금　　　　　　　　22,000,000
　　　　　　　　　　　　　　　　　　　　　　　　　　　　　외환차익　　　　　　　　　　2,000,000
[3] 9월 30일 일반전표입력
　　(차) 급여(801.)　　　　　　　　　2,500,000　　　(대) 예수금　　　　　　　　　　　445,890
　　　　임금(504.)　　　　　　　　　2,300,000　　　　　　보통예금　　　　　　　　　4,354,110
[4] 11월 2일 일반전표입력
　　(차) 보통예금　　　　　　　　　　32,000,000　　　(대) 사　채　　　　　　　　　30,000,000
　　　　　　　　　　　　　　　　　　　　　　　　　　　　　사채할증발행차금　　　　　2,000,000
[5] 12월 8일 일반전표입력
　　(차) 여비교통비(판)　　　　　　　　9,000　　　　(대) 미지급금(나라카드)　　　　　　9,000
　　　　　　　　　　　　　　　　　　　　　　　　　　　　또는 미지급비용

문제 2

[1] 5월 11일 매입매출전표입력
　　유형 : 61.현과, 공급가액 : 1,000,000, 부가세 : 100,000, 공급처 : ㈜전자랜드, 분개 : 현금 또는 혼합
　　(차) 비　품　　　　　　　　　　　1,000,000　　　(대) 현　금　　　　　　　　　　1,100,000
　　　　부가세대급금　　　　　　　　　100,000
[2] 7월 16일 매입매출전표입력
　　유형 : 57.카과, 공급가액 : 30,000, 부가세 : 3,000, 공급처 : ㈜가득주유소, 분개 : 카드 또는 혼합
　　(차) 차량유지비(판)　　　　　　　　30,000　　　(대) 미지급금(국민카드)　　　　　　33,000
　　　　부가세대급금　　　　　　　　　3,000　　　　　　또는 미지급비용

[3] 8월 11일 매입매출전표입력
　　유형 : 11.과세, 공급가액 : 6,800,000, 부가세 : 680,000, 공급처 : ㈜오대양, 전자 : 여, 분개 : 혼합
　　(차) 현　금　　　　　　　　　　　3,000,000　　(대) 제품매출　　　　　　　　6,800,000
　　　　외상매출금　　　　　　　　　4,480,000　　　　부가세예수금　　　　　　　680,000
[4] 8월 16일 매입매출전표입력
　　유형 : 14.건별, 공급가액 : 800,000, 부가세 : 80,000, 공급처 : 한지평, 분개 : 혼합
　　(차) 보통예금　　　　　　　　　　　880,000　　(대) 제품매출　　　　　　　　　800,000
　　　　　　　　　　　　　　　　　　　　　　　　　　　부가세예수금　　　　　　　　80,000
[5] 9월 5일 매입매출전표입력
　　유형 : 51.과세(F7복수거래 선택 후 증축공사 도색공사 입력), 공급가액 : 37,000,000, 부가세 : 3,700,000, 공급처 : ㈜다고쳐, 전자 : 여, 분개 : 혼합
　　(차) 건　물　　　　　　　　　　　35,000,000　　(대) 외상매출금(㈜다고쳐)　　10,000,000
　　　　수선비(제조원가)　　　　　　2,000,000　　　　미지급금(㈜다고쳐)　　　30,700,000
　　　　부가세대급금　　　　　　　　3,700,000

문제 3

[1] 대손세액공제신고서(조회기간 : 2025년 4월~6월, 1기확정)

당초공급일	대손확정 연월일	대손 금액	공제율 (10/110)	대손세액	거래처		대손사유
2023.07.27	2025-06-01	3,300,000	10/110	300,000	신라상사	3.	사망 실종
2022.03.15	2025-03-15	11,000,000	10/110	1,000,000	㈜민교전자	6.	소멸시효완성
2023.07.25	2025-05-31	-23,100,000	10/110	-2,100,000	㈜경건상사	7.	대손채권일부회수

　－ 3번은 부도발생일로부터 6개월이 경과 하지 않아 대손세액공제를 받을 수 없다.

[2] (1) 전표입력

　　9월 25일 매입매출전표 입력
　　유형 : 22.현과, 공급가액 : 3,700,000, 부가세 : 370,000, 공급처 : 김대웅, 분개 : 혼합(또는 현금)
　　(차) 현　금　　　　　　　　　　　4,070,000　　(대) 제품매출　　　　　　　　3,700,000
　　　　　　　　　　　　　　　　　　　　　　　　　　　부가세예수금　　　　　　　370,000
　　9월 25일 매입매출전표에 입력 후 상단 메뉴의 간편집계 메뉴의 예정누락분 클릭 또는 Shift＋F5 입력 후 확정신고 개시년월 2025년 10월 입력

　　9월 16일 매입매출전표 입력
　　유형 : 51.과세, 공급가액 : 1,700,000, 부가세 : 170,000, 공급처 : ㈜샘물, 분개 : 혼합(또는 현금)
　　(차) 원재료　　　　　　　　　　　1,700,000　　(대) 현　금　　　　　　　　　1,870,000
　　　　부가세대급금　　　　　　　　　170,000
　　9월 16일 매입매출전표에 입력 후 상단 메뉴의 간편집계 메뉴의 예정누락분 클릭 또는 Shift＋F5 입력 후 확정신고 개시년월 2025년 10월 입력

구분		금액	세율	세액
16.공제받지못할매입세액				
공제받지못할 매입세액	50	15,000,000		1,500,000
공통매입세액면세등사업분	51			
대손처분받은세액	52			
합계	53	15,000,000		1,500,000
18.그 밖의 경감·공제세액				
전자신고세액공제	54			10,000
전자세금계산서발급세액공제	55			
택시운송사업자경감세액	56			
대리납부세액공제	57			
현금영수증사업자세액공제	58			
기타	59			
합계	60			10,000

*19. 신용카드매출전표등 발행공제등에 입력하지 않더라도 정답으로 인정함.

(2) 부가가치세 신고서 작성(조회기간 : 2025년 10월 1일~12월 31일)

- 전자세금계산서 의무 발급사업자가 발급시기에 전자세금계산서 외의 세금계산서를 발급한 경우 공급가액의 1%를 가산세로 한다. 이때 가산세는 지연발급등에 입력하거나 미발급등에 입력하면 된다.
- 3개월 이내 수정신고를 할 경우 과소신고 가산세 75%를 감면한다.
- 납부지연가산세 ; 200,000 × 2.2/10,000 × 90일 = 3,960원

문제 4

[1] 12월 31일 일반전표입력

(차) 보험료(제)　　　　　　900,000　　　(대) 선급비용　　　　　　900,000

- 3,600,000 × 3/12 = 900,000원

[2] 12월 31일 일반전표입력

(차) 부가세예수금　　　　70,000,000　　(대) 부가세대급금　　　47,000,000
　　　　　　　　　　　　　　　　　　　　잡이익　　　　　　　　10,000
　　　　　　　　　　　　　　　　　　　　미지급세금　　　　22,990,000

[3] 12월 31일 일반전표입력

(차) 이자비용　　　　　　8,000,000　　(대) 미지급비용　　　　8,000,000

- 300,000,000 × 4% × 8/12 = 8,000,000원

[4] 12월 31일 일반전표입력
(차) 무형자산상각비   900,000   (대) 상표권   900,000
또는 결산자료입력 메뉴에서 상표권 결산반영금액에 900,000원 입력 후 전표 추가

[5] 다음 ①과 ② 중 선택하여 입력
① 결산자료입력 메뉴에 다음과 같이 입력 후 전표 추가
퇴직급여(전입액)(제) 25,000,000원, 퇴직급여(전입액)(판) 11,000,000원 추가 입력후 전표추가
② 12월 31일 일반전표입력
(차) 퇴직급여(제)   25,000,000   (대) 퇴직급여충당부채   36,000,000
퇴직급여(판)   11,000,000

[1] (1) 사원등록
사번 : 105, 성명 : 윤성수, 입사년월일 : 2025년 3월 1일, 내국인, 주민등록번호 : 871003-1549756, 거주자, 한국, 국외근로제공 : 부, 생산직여부 : 부
(2) 부양가족등록

연말정산관계	성명	주민등록번호	기본공제	부녀자	한부모	경로우대	장애인	자녀세액	출산입양	위탁관계
0.본인	윤성수	871003-1549756	본인							
1.소득자의직계존속	박연순	591224-2870986	60세이상							
3.배우자	김연희	891120-2634567	부							
4.직계비속(자녀)	윤아현	160505-4186452	20세이하					○		
4.직계비속(자녀)	윤건우	201214-3143578	20세이하							

① 배우자 김연희는 사업소득금액이 100만원을 초과하므로 기본공제대상이 아니다.
② 어머니 박연순은 윤성수의 직계존속인 故人(고인) 윤성오가 생전에 재혼한 배우자(법률혼)로서 윤성수가 부양 중이므로 기본공제대상이 된다. (소득세법 시행령 제106조 제5항 제2호)
③ 자녀세액공제는 8세 이상의 자녀만 받을 수 있다.

[2] (1) 연말정산 추가자료입력에서 202.김신희를 불러오고 소득명세 탭에 입력
1. 주(현)근무지 : 소득명세 탭에 자동으로 불러온다.
근무처명 ㈜평화전자, 사업자등록번호 214-81-07770, 근무기간 2025-04-01~2025-12-31, 급여 32,000,000원, 건강보험료 1,097600원, 장기요양보험료 112,460원, 고용보험료 256,000원, 국민연금 1,440,000원, 세액명세(기납부세액) 소득세 1,348,720원 지방소득세 134,850원 확인
2. 종(전)근무지 : 소득명세 탭에서 주된 근무지 ㈜평화전자 우측에 직접 입력한다.
근무처명 ㈜동서울상사, 사업자등록번호 214-86-55210, 근무기간 2025-01-01~2025-03-20, 급여 9,000,000원, 국민연금 405,000원, 건강보험료 300,150원, 장기요양보험료 30,760원, 고용보험료 351,000원, 세액명세(기납부세액) 소득세 100,000원, 지방소득세 10,000원 직접 입력
(2) 연금저축등Ⅰ 탭 입력
② 연금계좌세액공제 : 1.개인연금저축, 코드308.㈜신한은행, 계좌번호110-120-1300, 1,200,000원 입력
(3) 월세등 탭 입력
① 월세액 세액공제 명세 : 임대인 박부자, 주민등록번호 700610-1977210, 유형 다가구, 계약면적 35㎡, 주소지 경기도 성남시 분당구 탄천로 90, 임대차계약기간 2025.1.1.~2026.12.31., 연간월세액 4,800,000원 입력
(4) 연말정산입력 탭 입력
- 신용카드 등 소득공제 : 신용카드등 탭에서 김신희의 신용카드 사용액 입력
김신희 신용카드 10,000,000원, 직불/선불카드 1,500,000원, 현금영수증 300,000원 입력
의료비를 신용카드로 지불한 경우 신용카드공제와 의료비세액공제 모두 적용 가능하다.

- 의료비 : 의료비 탭에서 김신희 3,000,000원 입력
  콘택트렌즈는 연간 50만원 한도이며, 미용목적 시술비는 의료비공제 제외한다.
- 보험료 : 부양가족 탭에서 김신희 보장성(일반) 850,000원 입력
  저축성보험의 보험료는 공제대상이 아니다.
- 교육비 : 부양가족 탭에서 김신희 4,000,000원(4.본인) 입력
- 모든 입력이 완료되면 연말정산추가입력에 반영하기 위하여 연말정산입력 탭에서 F8부양가족탭불러오기를 실행한다.

8회 실전모의시험 해답

문제 1

[1] 5월 1일 일반전표입력
| (차) 단기매매증권 | 10,000,000 | (대) 보통예금 | 10,200,000 |
| 수수료비용(영업외비용, 984) | 200,000 | | |

[2] 5월 6일 일반전표입력
| (차) 기부금 | 30,000,000 | (대) 제 품 | 30,000,000 |
| | | (적요8. 타계정대체) | |

[3] 6월 11일 일반전표입력
(차) 보통예금	3,150,000	(대) 자기주식	3,000,000
		자기주식처분손실	30,000
		자기주식처분이익	120,000

[4] 7월 1일 일반전표입력
| (차) 감가상각누계액(207.) | 5,500,000 | (대) 기계장치 | 30,000,000 |
| 유형자산손상차손 | 24,500,000 | | |

[5] 7월 30일 일반전표입력
| (차) 퇴직급여(제) | 5,000,000 | (대) 보통예금 | 5,000,000 |

문제 2

[1] 7월 15일 매입매출전표입력
유형 : 12.영세(영세율구분 3), 공급가액 : 20,000,000, 공급처 : ㈜대박인터내셔널, 전자 : 여, 분개 : 외상
| (차) 외상매출금 | 20,000,000 | (대) 제품매출 | 20,000,000 |

[2] 8월 10일 매입매출전표입력
유형 : 53.면세, 공급가액 : 30,000, 공급처 : ㈜마케팅, 전자 : 여, 분개 : 혼합
| (차) 도서인쇄비(판) | 30,000 | (대) 미지급금 | 30,000 |

[3] 8월 20일 매입매출전표입력
유형 : 57.카과, 공급가액 : 325,000, 부가세 : 32,500, 공급처 : 제주수산, 분개 : 카드 또는 혼합
| (차) 복리후생비(제) | 325,000 | (대) 미지급금(㈜우리카드) | 357,500 |
| 부가세대급금 | 32,500 | 또는 미지급비용 | |

[4] 9월 11일 매입매출전표입력

유형 : 22.현과, 공급가액 : 1,200,000, 부가세 : 120,000, 공급처 : 한석규, 분개 : 현금 또는 혼합

(차) 현　금　　　　　　　　　　1,320,000　　　(대) 제품매출　　　　　　　　　　1,200,000
　　　　　　　　　　　　　　　　　　　　　　　　　　부가세예수금　　　　　　　　　120,000

[5] 9월 30일 매입매출전표입력

유형 : 51.과세, 공급가액 : 1,200,000, 부가세 : 120,000, 공급처 : ㈜광고사랑, 전자 : 여, 분개 : 혼합

(차) 광고선전비(판)　　　　　　1,200,000　　　(대) 보통예금　　　　　　　　　　1,320,000
　　　부가세대급금　　　　　　　　120,000

문제 3

[1] 수출실적명세서(조회기간 : 2025년 4월~6월, 1기확정)

(12) 번호	(13) 수출신고번호	(14) 선적일자	(15) 통화코드	(16) 환율	금 액		전표정보	
					(17) 외화	(18) 원화	코드	거래처명
1	13041-20-044589X	2025.04.06.	JPY	9.9400	300,000.00	2,982,000		
2	13055-10-011460X	2025.05.18.	USD	1,080.0000	60,000.00	64,800,000		
3	13064-25-147041X	2025.06.30.	GBP	1,110.0000	75,000.00	83,250,000		

[2] 부가가치세신고서(2025년 10월 1일~12월 31일)

－영세율과세표준 신고불성실 가산세 : 3,000,000원×0.5%×(1－75%)＝3,750원

[1] 12월 31일 일반전표입력
(차) 매도가능증권(178) 10,000,000 (대) 매도가능증권평가손실 3,000,000
매도가능증권평가이익 7,000,000
[2] 12월 31일 일반전표입력
(차) 미수수익 700,000 (대) 이자수익 700,000
* 30,000,000 × 7% × 4/12 = 700,000원
[3] 12월 31일 일반전표입력
(차) 유동성장기부채(중앙은행) 20,000,000 (대) 장기차입금(중앙은행) 20,000,000
[4] 12월 31일 일반전표입력
(차) 이자비용 472,767 (대) 현 금 300,000
사채할인발행차금 172,767

액면이자 : 10,000,000 × 3% = 300,000원
유효이자 : 9,455,350 × 5% = 472,767원
사채할인발행차금 상각액 : 472,767 − 300,000 = 172,767원
[5] 12월 31일 일반전표입력
(차) 법인세등 22,000,000 (대) 선납세금 8,600,000
미지급세금 13,400,000
또는 결산자료입력메뉴 결산반영금액란 선납세금란에 8,600,000원, 추가계상액 13,400,000원을 입력 후 전표 추가

[1] (1) 사원등록
사번 : 101, 성명 : 권예원, 입사년월일 : 2025년 7월 1일, 내국인, 주민등록번호 : 930123−2548759, 거주자,
한국, 국외근로제공 : 부, 생산직여부 : 부
(2) 부양가족등록

연말정산관계	성명	주민등록번호	기본공제	부녀자	한부모	경로우대	장애인	자녀세액	출산입양	위탁관계
0.본인	권예원	930123−2548759	본인	○						
1.소득자의직계존속	권정무	640324−1354876	60세이상							
1.소득자의직계존속	손미영	660520−2324875	부							
3.배우자	구정민	890420−1434561	부							
4.직계비속(자녀)	구태성	210103−3143575	20세이하							
6.형제자매	권우성	890112−1454521	장애인				1			

*근로소득금액이 3천만원 이하이므로 부녀자 공제가 가능하다.
*오빠 권우성은 20세 이하 60세 이상이 아니지만 소득이 없고 장애인이므로 공제가 가능하다.
[2] (1) 부양가족탭 입력

연말관계	성명	주민등록번호	기본공제	세대주구분	부녀자	한부모	경로우대	장애인	자녀세액	출산입양	결혼세액
0.	최원호	910430−1245679	본인	세대주							○
3.	윤선희	931204−2567546	배우자								
4.	최슬기	250111−4561781	20세이하							첫째	

*부양가족 탭에서 결혼세액공제 입력 부양가족 탭에서 최원호(본인)를 선택하여 결혼세액란에 1.여 입력

(2) 연말정산추가입력
- 월세등 탭 입력
  ① 월세액 세액공제 명세 : 임대인 서현근, 사업자등록번호 797-97-01255, 유형 단독주택, 계약면적 84㎡, 주소지 서울시 중랑구 망우로 200, 임대차계약기간 2025. 1. 1.~2026. 12. 31., 연간월세액 8,400,000원
- 신용카드등소득공제 : 신용카드등 탭에서 부양가족별로 사용액 입력
  최원호 신용카드 20,000,000원, 직불/선불카드 9,500,000원, 현금영수증 1,000,000원, 전통시장 500,000원
- 보험료 : 부양가족 탭에서 피보험자별로 입력
  최원호 보장성보험(일반) 1,200,000원
- 의료비 : 의료비 탭에서 의료비공제 대상자별로 입력
  최원호 3,000,000원, 윤선희 2,000,000원, 최슬기 500,000원
  산후조리원은 출산 1회당 2,000,000원만 인정하고, 콘택트렌즈는 1인당 연 50만원 한도이다.
  ※ 해당 과세기간의 총급여액이 7천만원 이하인 근로자가 「모자보건법」 제2조 제10호에 따른 산후조리원에 산후조리 및 요양의 대가로 지급하는 비용으로서 출산 1회당 200만원 이내의 금액은 공제대상 의료비이다.(소득세법시행령 제118조의 5 제1항 제7호)
- 교육비 : 부양가족 탭에서 교육비공제 대상자별로 입력
  최원호 3,000,000원(4.본인), 윤선희 1,000,000원(3.대학생)
- 기부금 : 기부금 탭에서 기부금공제 대상자별로 입력
  최원호 20.정치자금 100,000원, 10.특례기부금 200,000원
- 모든 입력이 완료되면 연말정산입력 탭에서 F8부양가족탭불러오기를 실행하여야 연말정산에 반영된다.

9회 실전모의시험 해답

문제 1

[1] 2월 15일 일반전표입력
(차) 보통예금　　　　　　　5,000,000　　(대) 배당금수익　　　　　5,000,000

[2] 3월 11일 일반전표입력
(차) 보통예금　　　　　　　5,414,540　　(대) 이자수익　　　　　　　490,000
　　선납세금　　　　　　　　　75,460　　　　정기예금　　　　　　5,000,000

[3] 3월 15일 일반전표입력
(차) 보통예금　　　　　　　50,000,000　　(대) 장기차입금(서울시청)　25,000,000
　　　　　　　　　　　　　　　　　　　　　　정부보조금(보통예금차감)　25,000,000

[4] 8월 15일 일반전표입력
(차) 보통예금　　　　　　　4,733,400　　(대) 외상매출금(㈜당진)　　4,830,000
　　매출할인(406.)　　　　　　96,600

[5] 10월 31일 일반전표입력
(차) 사무용품비(판)　　　　　27,500　　(대) 보통예금　　　　　　　27,500

[1] 7월 22일 매입매출전표입력
유형 : 14.건별, 공급가액 : 700,000, 부가세 : 70,000, 공급처 : ㈜세무, 분개 : 혼합
(차) 기업업무추진비(판)   570,000   (대) 제품(적요8. 타계정대체)   500,000
    또는 기업업무추진비(제)   부가세예수금   70,000

[2] 8월 5일 매입매출전표입력
유형 : 11.과세, 공급가액 : 5,000,000, 부가세 : 500,000, 공급처 : ㈜현명상사, 전자 : 여, 분개 : 혼합
(차) 현 금   3,000,000   (대) 제품매출   5,000,000
    외상매출금   2,500,000   부가세예수금   500,000

[3] 8월 31일 매입매출전표입력
유형 : 51.과세, 공급가액 : 900,000, 부가세 : 90,000, 공급처 : ㈜식신, 전자 : 부, 분개 : 혼합또는카드
(차) 복리후생비(제)   900,000   (대) 미지급금(신한카드)   990,000
    부가세대급금   90,000   또는 미지급비용

[4] 9월 7일 매입매출전표입력
유형 : 51.과세, 공급가액 : 48,000,000, 부가세 : 4,800,000, 공급처 : ㈜삼진건설, 전자 : 여, 분개 : 혼합
(차) 건설중인자산   48,000,000   (대) 보통예금   52,800,000
    부가세대급금   4,800,000

[5] 9월 30일 매입매출전표입력
유형 : 11.과세, 공급가액 : 10,000,000, 부가세 : 1,000,000, 공급처 : ㈜명국, 전자 : 여, 분개 : 혼합
(차) 외상매출금   9,000,000   (대) 제품매출   10,000,000
    선수금   2,000,000   부가세예수금   1,000,000

문제 3

[1] 건물등감가상각자산취득명세서(조회기간 : 2025년 10월~12월, 2기확정)

취득내역

감가상각자산종류	건수	공급가액	세액	비고
합 계	3	42,800,000	4,280,000	
건물 · 구축물				
기 계 장 치	1	13,000,000	1,300,000	
차 량 운 반 구	1	28,000,000	2,800,000	
기타감가상각자산	1	1,800,000	180,000	

거래처별 감가상각자산 취득명세

No	월/일	상호	사업자등록번호	자산구분	공급가액	세액	건수
1	10-06	㈜경기자동차	126-81-11152	차량운반구	28,000,000	2,800,000	1
2	11-22	㈜한국상사	621-81-20059	기계장치	13,000,000	1,300,000	1
3	12-20	시원전자	358-52-91995	기타	1,800,000	180,000	1

[2] 부가가치세신고서(조회기간 : 2025년 4월 1일~6월 30일)

- 중소기업의 외상매출금은 회수기일이 2년 이상 지나면 대손세액공제를 받을 수 있다. 문제에서 세부담 최소화를 가정하였으므로 대손세액공제를 반영하여야 한다.

문제 4

[1] 12월 31일 일반전표입력

(차) 보통예금 10,154,000 (대) 단기차입금(별빛은행) 10,154,000

※ 차변에 거래처를 입력한 경우에도 정답으로 인정함.

[2] 12월 31일 일반전표입력

(차) 선급비용 2,025,000 (대) 보험료(판) 2,025,000

* 2,700,000×9/12=2,025,000원

[3] 12월 31일 일반전표입력

(차) 감가상각비(판) 5,000,000 (대) 감가상각누계액(203.) 5,000,000
　감가상각비(제) 10,751,550 　감가상각누계액(207.) 10,751,550

또는 결산자료 입력메뉴를 이용하여 금액을 입력한 후 전표 추가

[4] 결산자료입력 메뉴에서 기말원재료 4,000,000원, 기말재공품 8,030,000원, 기말제품 8,000,000원 입력 후 전표 추가

[5] 12월 31일 일반전표입력

(차) 대손상각비 3,399,700 (대) 대손충당금(109.) 3,399,700
　기타의대손상각비 1,600,000 　대손충당금(115.) 1,600,000

또는 결산자료입력 메뉴에서 금액을 입력한 후 전표 추가

[1] (1) 급여자료입력(귀속년월 : 2025년 1월, 지급년월일 : 2025년 1월 31일)

사번	사원명	감면율	급여항목	금액	공제항목	금액
101	나인턴		기본급	2,000,000	국민연금	
103	최태호		상여		건강보험	
			직책수당		장기요양보험	
			월차수당		고용보험	18,180
			식대	220,000	소득세(100%)	20,170
			자가운전보조금		지방소득세	2,010
			야간근로수당		농특세	
			과　　　세	2,020,000		
			비　과　세	200,000	공 제 총 액	40,360
총인원(퇴사자)	2(0)		지 급 총 액	2,220,000	차 인 지 급 액	2,179,640

(2) 급여자료입력(귀속년월 : 2025년 2월, 지급년월일 : 2025년 2월 28일, 중간정산 적용함)

사번	사원명	감면율	급여항목	금액	공제항목	금액
101	나인턴(회사자)		기본급	3,000,000	국민연금	135,000
103	최태호		상여		건강보험	102,900
			직책수당		장기요양보험	13,180
			월차수당		고용보험	27,180
			식대	220,000	소득세(100%)	
			자가운전보조금		지방소득세	
			야간근로수당		농특세	
					중도정산소득세	-20,170
					중도정산지방소득세	-2,010
			과　　　세	3,020,000		
			비　과　세	200,000	공 제 총 액	256,080
총인원(퇴사자)	2(1)		지 급 총 액	3,220,000	차 인 지 급 액	2,963,920

※ 기본급과 식대 이외의 문제와 관계없는 급여항목은 '수당공제' 메뉴에서 사용여부를 '부'로 체크하여도 무방함.

(3) 원천징수이행상황신고서(귀속기간 2025년 2월~2월, 지급기간 2025년 2월~2월)

소득자 소득구분		코드	소득지급		징수세액			당월조정환급세액	납부세액	
			인원	총지급액	소득세 등	농어촌특별세	가산세		소득세 등	농어촌특별세
근로소득	간이세액	A01	1	3,020,000						
	중도퇴사	A02	1	5,040,000	-20,170					
	일용근로	A03								
	연말정산	A04								
	(분납신청)	A05								
	(납부금액)	A06								
	가 감 계	A10	2	8,060,000	-20,170					
퇴직소득	연금계좌	A21								
	그　외	A22								
	가 감 계	A20								

전월 미환급 세액의 계산				당월 발생 환급세액				18.조정대상환급(14+15+16+17)	19.당월조정환급세액계	20.차월이월환급세액	21.환급신청액
12.전월미환급	13.기환급	14.차감(12-13)	15.일반환급	16.신탁재산	금융회사 등	합병 등					
			20,170					20,170		20,170	

[2] (1) 소득명세 탭에서 종(전)근무지에 입력

근무처명 ㈜태평성대, 사업자등록번호 126-85-33149, 근무기간 2025-01-01~2025-06-30, 급여 18,000,000원, 건강보험료 763,600원, 장기요양보험료 61,088원, 고용보험료 149,500원, 국민연금 1,035,000원, 세액명세(기납부세액란) 소득세 382,325원, 지방소득세 : 38,232원 입력

(2) 부양가족

연말관계	성명	나이	소득기준 초과여부	기본공제	세대주구분	부녀자	한부모	경로우대	장애인	자녀세액	출산입양	결혼세액
0.	최태호	46		본인	세대주							
1.	최진성	74		60세이상				○				
1.	김순녀	68	○	부								
3.	신미미	44		배우자								
4.	최샛별	15		20세이하						○		

모 김순녀는 임대소득금액이 100만원 이상이므로 기본공제 대상자가 아니다. 배우자는 연간 총급여가 600만원 이지만 분리과세되는 일용소득이 300만원이 포함되어 있으므로 기본공제대상자에 해당한다.

(3) 연금저축등Ⅰ 탭 입력

② 연금계좌세액공제 : 2.연금저축, 코드304.㈜우리은행, 계좌번호1002-484-652358, 납입금액 1,200,000원

(4) 연말정산추가자료 입력
- 부양가족 탭에서 김순녀는 소득기준 초과여부에 1.여로 입력한다. 소득금액(100만원) 초과로 인적공제는 받을 수 없지만 의료비 공제는 가능하다.
- 보험료 : 부양가족 탭에서 피보험자별로 입력
  최태호 보장성(일반) 600,000원, 최샛별 보장성(일반) 300,000원(저축성보험은 해당안됨)
- 의료비 : 의료비 탭을 열고 의료비명세서에 의료비공제 대상자별로 입력
  최진성 12,000,000원(실손보험금 11,000,000원), 김순녀 3,000,000원, 신미미 3,500,000원(실손보험금 1,700,000원) 입력
  김순녀(어머니)는 소득금액이 100만원을 초과하여 기본공제대상이 아니지만 의료비는 소득 및 연령요건을 따지지 않으므로 최태호(실제 소득자 본인)이 부담한 의료비는 공제한다.
  신미미(배우자) : 3,000,000원+500,000원(안경구입)
  배우자의 건강기능식품 구입비와 자녀의 건강증진목적의 한약구입비는 제외한다.
- 교육비 : 부양가족 탭에서 교육비공제 대상자별로 입력
  최태호 5,000,000원(4.본인), 최샛별 6,000,000원(2.초중고)
  본인의 대학원 학비와 자녀의 외국 소재 학교 수업료는 공제대상임.
  초중고 지출액에 3,000,000원을 기재한 경우도 정답으로 인정함.
- 기부금 : 기부금 탭에서 기부금공제 대상자별로 입력(공제대상 기부금 없음)
  어머니는 기본공제대상자가 아니므로 어머니가 지출한 기부금은 세액공제 대상 아님
- 신용카드등 공제 : 신용카드등 탭에서 부양가족별로 사용액 입력
  최태호 신용카드 10,000,000원, 도서공연 1,000,000원, 전통시장 7,000,000원, 대중교통 3,000,000원
  신미미 신용카드 2,000,000원, 전통시장 1,000,000원, 대중교통 2,000,000원 입력
- 모든 입력이 완료되면 연말정산입력 탭에서 F8부양가족탭불러오기를 실행하여야 한다.

10회 실전모의시험 해답

[1] 3월 28일 일반전표입력
(차) 이월이익잉여금(375)   5,500,000   (대) 이익준비금   500,000
                                       미지급배당금   5,000,000
[2] 5월 25일 일반전표입력
(차) 미지급금(㈜제일)   2,200,000   (대) 임차보증금(㈜제일) 2,200,000
[3] 6월 15일 일반전표입력
(차) 대손충당금(109)   9,000,000   (대) 외상매출금(㈜신화) 34,000,000
    대손상각비   25,000,000
[4] 11월 11일 일반전표입력
(차) 소모품비(제)   900,000   (대) 상 품   900,000
                                       (적요8. 타계정으로 대체액)
[5] 11월 30일 일반전표입력
(차) 보통예금   7,965,000   (대) 자본금   5,000,000
                                       주식발행초과금   2,965,000

[1] 7월 30일 매입매출전표입력
　　유형 : 61.현과, 공급가액 : 300,000, 부가세 : 30,000, 공급처 : ㈜경건, 분개 : 혼합
　　(차) 기계장치　　　　　　　　　　　300,000　　　(대) 보통예금　　　　　　　　　　　330,000
　　　　부가세대급금　　　　　　　　　 30,000
[2] 8월 10일 매입매출전표 입력
　　유형 : 53.면세, 공급가액 : 220,000, 공급처 : 책방, 전자 : 여, 분개 : 혼합
　　(차) 도서인쇄비(판)　　　　　　　　220,000　　　(대) 보통예금　　　　　　　　　　　220,000
[3] 9월 10일 매입매출전표입력
　　유형 : 55.수입, 공급가액 : 2,000,000, 부가세 : 200,000, 공급처 : 인천세관, 전자 : 여, 분개 : 현금 또는 혼합
　　(차) 부가세대급금　　　　　　　　　200,000　　　(대) 현　　금　　　　　　　　　　　200,000
[4] 9월 13일 매입매출전표입력
　　유형 : 12.영세(영세율구분 : 3.), 공급가액 : 35,000,000, 공급처 : ㈜내영상사, 전자 : 여, 분개 : 혼합 또는 외상
　　(차) 외상매출금　　　　　　　　　35,000,000　　　(대) 제품매출　　　　　　　　　35,000,000
[5] 9월 20일 매입매출전표입력
　　유형 : 57.카과, 공급가액 : 150,000, 부가세 : 15,000, 공급처 : 삼진타이어, 분개 : 카드 또는 혼합, 신용카드사 : 시민카드
　　(차) 차량유지비(제)　　　　　　　　150,000　　　(대) 미지급금(시민카드)　　　　　　165,000
　　　　부가세대급금　　　　　　　　　 15,000　　　　　 또는 미지급비용

[1] (1) 부동산임대공급가액명세서(조회기간 : 2025년 10월~12월)

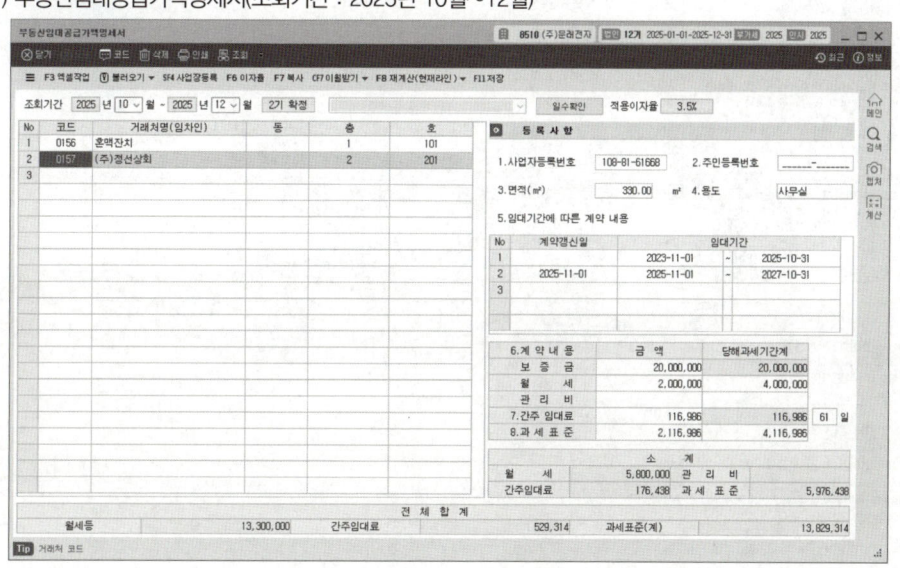

(2) 부가가치세 신고서(조회기간 : 2025년 10월 1일~12월 31일)

[2] 부가가치세신고서(조회기간 : 2025년 4월 1일 ~ 6월 30일)

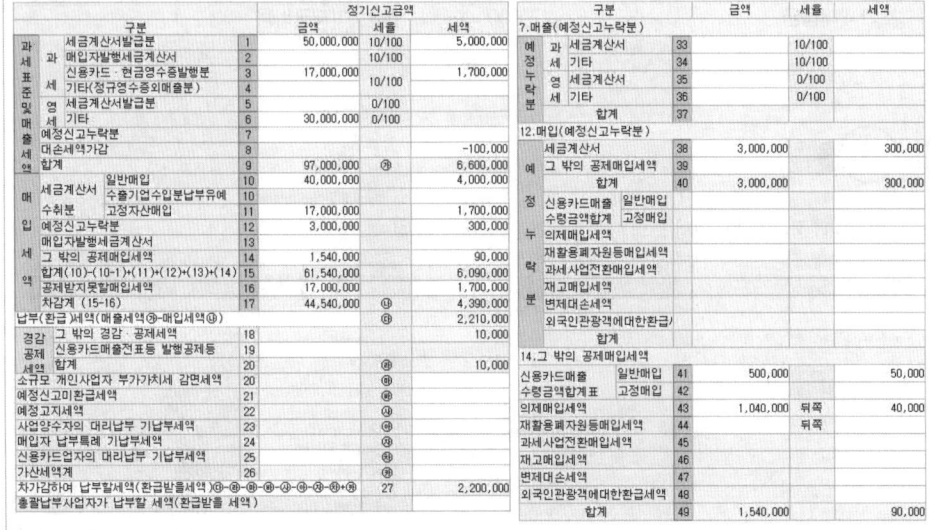

43.의제매입세액 : 1,040,000 × 4/104 = 40,000원

[1] 12월 31일 일반전표입력
(차) 단기매매증권　　　　　　　　2,500,000　　　(대) 단기매매증권평가이익　　　　2,500,000

[2] 12월 31일 일반전표입력
(차) 보험료(판)　　　　　　　　　　625,000　　　(대) 선급비용　　　　　　　　　　625,000
또는 보험료(제)

[3] 12월 31일 일반전표입력
(차) 기업업무추진비(판)　　　　　　200,000　　　(대) 현금과부족　　　　　　　　　225,000
운반비(판)　　　　　　　　　　 25,000

[4] 12월 31일 일반전표입력
(차) 장기차입금(서울은행)　　　100,000,000　　　(대) 유동성장기부채(서울은행)　100,000,000

[5] 12월 31일 일반전표입력
(차) 재고자산감모손실(959)　　　　105,000　　　(대) 상품(146)　　　　　　　　　 105,000
(적요8. 타계정으로 대체액)

결산자료입력 메뉴에서 해당 금액을 입력한 다음 F3 전표추가를 클릭하여 결산대체분개를 완성한다.
• 기말원재료재고액 700,000원, 기말제품재고액 1,375,000원, 기말상품재고액 1,320,000원

[1] (1) 수당공제등록

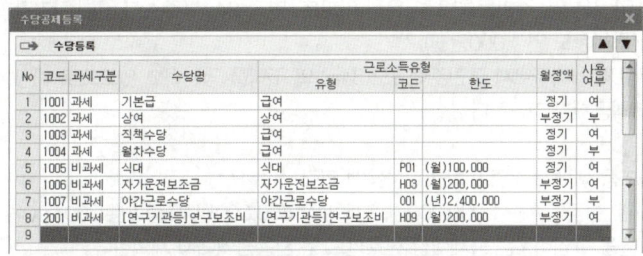

(2) 급여자료 입력(귀속년월 : 2025년 12월, 지급년월일 : 2025년 12월 30일)

* 비과세 총액 : 500,000원
  • 식대 20만원 비과세(비과세 식대는 월 20만원까지)
  • 연구기관 연구원으로 근무하는 연구보조비는 월 20만원 비과세
  • 자가운전보조금은 월 20만원 한도 내에서 비과세

(3) 원천징수이행상황신고서 작성(귀속기간 : 2025년 12월~12월, 지급기간 : 2025년 12월~12월)

소득자	소득구분	코드	인원	소득지급 총지급액	징수세액 소득세 등	농어촌특별세	가산세	당월조정 환급세액	납부세액 소득세 등	농어촌특별세
개인 거주자	근로소득	간이세액	A01	1	4,700,000	236,010					
		중도퇴사	A02								
		일용근로	A03								
		연말정산	A04								
		(분납신청)	A05								
		(납부금액)	A06								
		가 감 계	A10	1	4,700,000	236,010			200,000	36,010	
	퇴직소득	연금계좌	A21								
		그 외	A22								
		가 감 계	A20								
	사업소득	매월징수	A25								
		연말정산	A26								
		가 감 계	A30								

전월 미환급 세액의 계산				당월 발생 환급세액				18.조정대상환급액(14+15+16+17)	19.당월조정 환급세액계	20.차월이월 환급세액	21.환급신청액
12.전월미환급	13.기환급	14.차감(12-13)	15.일반환급	16.신탁재산	금융회사 등	합병 등					
200,000		200,000	200,000					200,000	200,000		

[2] (1) 부양가족 탭

연말 관계	성명	나이	소득기준 초과여부	기본공제	세대주 구분	부녀자	한부모	경로 우대	장애인	자녀 세액	출산 입양	결혼 세액
0.	박대박	38		본인	세대주							
1.	박정우	63		60세이상								
1.	김유진	63		60세이상					1			
3.	서지혜	40		배우자								
4.	박하나	13		20세이하						○		
4.	박하연	5	○	부								
6.	서민우	29		부								

• 어머니 김유진의 경우 기본공제 – 장애인으로 입력한 경우에도 정답으로 인정한다.

(2) 월세액 탭

① 월세액 세액공제 명세에 임대인 김창명, 주민등록번호, 유형 아파트, 면적 84㎡, 주소지, 임대차기간과 연간 월세액 8,400,000원을 입력한다(월세한도 연 1,000만원).
• 총급여액이 8천만원 이하인 무주택 세대주로서 국민주택규모(84㎡)의 주택을 임차하고 있으므로 해당 주택의 기준시가와 무관하게 월세액 세액공제가 가능하다.

(3) 연말정산추가입력
- 신용카드등소득공제 : 신용카드등 탭에서 부양가족별로 사용액 입력
  박대박 신용카드 21,700,000원, 현금영수증 1,000,000원, 전통시장 500,000원, 대중교통 300,000원
  • 회사경비 사용금액 및 면세 물품 구입비용은 공제대상 신용카드 등 사용금액에서 제외한다.
  • 신용카드등사용액에 대한 소득공제와 의료비 세액공제는 중복공제가 허용되므로 어머니 보청기 구입비용도 신용카드등소득공제대상이다.
  • 보험료 800,000원(현금영수증 수취분)은 중복공제 대상이 아니므로 신용카드공제를 받을 수 없다.
- 보험료 : 부양가족 탭에서 피보험자별로 입력
  박정우 보장성(일반) 800,000원, 김유진 보장성(장애인) 1,000,000원
- 의료비 : 의료비 탭에서 의료비공제 대상자별로 입력
  김유진 1,000,000원
  • 간병비는 공제대상 의료비에 해당하지 않는다.
  • 질병 치료 목적의 의료비라 하여도 해외에서 지출한 의료비는 공제되지 않는다.
- 교육비 : 부양가족 탭에서 교육비공제 대상자별로 입력
  박대박 11,000,000원(4.본인), 박하나 800,000원(2.초중고), 김유진 3,000,000원(장애인특수)
  • 대학원 교육비는 본인의 교육비만 공제대상이므로 처남의 대학원 교육비는 공제되지 않는다.
  • 초·중·고등학생 체험학습비는 1인당 30만원을 한도로 공제가 가능하다.
  • 중·고등학생 교복구입비는 1인당 50만원을 한도로 공제가 가능하다.
  • 자녀 박하연은 소득금액이 100만원을 초과하므로 기본공제대상자에 해당하지 아니한다. 따라서 교육비 공제를 적용받을 수 없다.

- • 장애인의 특수교육비는 직계존속(어머니)의 교육비일지라도 공제가 가능하다.
- 기부금 : 기부금 탭에서 기부금공제 대상자별로 입력
  박대박 20.정치자금 150,000원, 서민우 10.특례기부금 500,000원
  - • 기부금세액공제는 부양가족의 나이 제한을 받지 않으므로 처남이 지출한 사립대학교 연구비(특례기부금)은 기부금세액공제를 적용받을 수 있다.
- 모든 입력이 완료되면 연말정산입력 탭에서 F8부양가족탭불러오기를 실행하여야 한다.

1회 집중심화시험 해답

이론시험

1. ② 매도가능증권의 미실현보유손익은 자본항목으로 처리하고, 당해 유가증권에 대한 자본항목의 누적금액은 그 유가증권을 처분하거나 손상차손을 인식하는 시점에 일괄하여 당기손익에 반영한다
2. ④ 제조와 관련된 경우에는 제조원가로 그 밖의 경우에는 판매비와 관리비로 처리한다.
3. ①

	구 분	목적적합성	신뢰성
①	자산평가방법	시가법	원가법
②	수익인식방법	진행기준	완성기준
③	손익인식방법	발생주의	현금주의
④	재무제표보고시기	분기,반기재무제표	결산재무제표

4. ② 20x1년 감가상각비 : 2,000,000 × 0.451 = 902,000원
   20x2년 감가상각비 : 1,098,000 × 0.451 = 495,198원
   20x2년 감가상각누계액 :   1,397,198원
5. ②
6. ② 5,000 + 10,000 + 6,000 + 4,200 = 20,000 + 1,000 + 700 + 직접재료비
   직접재료비 = 3,500원
7. ① 기초재공품 + 당기총제조비용 − 기말재공품 = 당기제품제조원가
   기초재공품 + 당기총제조비용 = 당기제품제조원가 + 기말재공품
8. ② 기초제공품수량×40% + (완성품수량 − 기초제공품수량) + 기말제공품수량×50%
9. ① 보조부문의 배부순서를 고려하는 경우는 단계배부법이다.
10. ③ 공손의 발생시점(불량품 검사시점)이 기말재공품의 완성도 이후인 경우에는 기말재공품은 불량품 검사를 받지 아니하였으므로 기말재공품에는 정상공손품원가가 배분되지 아니한다.
11. ③ 유가증권은 과세대상인 재화에 해당되지 않는다.
12. ④
13. ② 간이과세가 적용되지 아니하는 다른 사업장을 보유하고 있는 사업자는 간이과세자가 될 수 없다.
14. ③ 이자소득은 소액부징수 규정이 적용되지 않는다.
15. ① 특별세액공제인 보험료세액공제는 근로소득자에게만 적용한다. 자녀세액 공제 : 자녀 1명일 때 25만원, 2명일 때 55만원, 3명 이상일 때는 2명 초과 1명당 40만원이다. 따라서 자녀가 3명이면 95만원을 세액공제한다.

실무시험

[1] 1월 15일 일반전표입력
(차) 여비교통비(판)   380,000   (대) 전도금   600,000
    현 금   220,000

[2] 1월 30일 일반전표입력
　　(차) 보통예금　　　　　　　　　　20,000,000　　　(대) 자본금　　　　　　　　　　10,000,000
　　　　　　　　　　　　　　　　　　　　　　　　　　　　　주식할인발행차금　　　　　3,800,000
　　　　　　　　　　　　　　　　　　　　　　　　　　　　　주식발행초과금　　　　　　6,200,000
[3] 4월 5일 일반전표입력
　　(차) 차량운반구　　　　　　　　　1,460,000　　　(대) 현　금　　　　　　　　　1,460,000
　　또는 출금전표 차량운반구　　　　1,460,000
[4] 10월 31일 일반전표입력
　　(차) 보통예금　　　　　　　　　　　960,000　　　(대) 사　채　　　　　　　　　1,000,000
　　　　사채할인발행차금　　　　　　　 60,000　　　　　현　금　　　　　　　　　　 20,000
[5] 11월 15일 일반전표입력
　　(차) 상여금(제)　　　　　　　　10,000,000　　　(대) 보통예금　　　　　　　　14,110,000
　　　　상여금(판)　　　　　　　　　5,000,000　　　　　예수금　　　　　　　　　　890,000

문제 2

[1] 7월 3일 매입매출전표입력
　　유형: 54.불공, 불공사유: ④, 공급가액: 3,000,000, 부가세: 300,000, 공급처: ㈜서울백화점, 전자: 여, 분개: 혼합
　　(차) 기업업무추진비(판)　　　　　3,300,000　　　(대) 현　금　　　　　　　　　　500,000
　　　　　　　　　　　　　　　　　　　　　　　　　　　　　보통예금　　　　　　　　2,800,000
[2] 7월 13일 매입매출전표입력
　　유형: 11.과세, 공급가액: 3,000,000, 부가세: 300,000, 공급처: ㈜영풍, 전자: 여, 분개: 혼합
　　(차) 미수금　　　　　　　　　　　3,300,000　　　(대) 기계장치　　　　　　　　8,000,000
　　　　감가상각누계액　　　　　　　7,300,000　　　　　부가세예수금　　　　　　　 300,000
　　　　　　　　　　　　　　　　　　　　　　　　　　　　　유형자산처분이익　　　　2,300,000
[3] 7월 20일 매입매출전표입력
　　유형: 51.과세, 공급가액: 5,800,000, 부가세: 580,000, 공급처: ㈜천일, 전자: 여, 분개: 혼합
　　(차) 임차료(판)　　　　　　　　　5,000,000　　　(대) 미지급금(㈜천일)　　　　6,380,000
　　　　건물관리비(판)　　　　　　　　 800,000
　　　　부가세대급금　　　　　　　　　 580,000
　　※ 복수거래 입력 여부는 관계없음.
[4] 8월 24일 매입매출전표입력
　　유형: 57.카과, 공급가액: 3,500,000, 부가세: 350,000, 공급처: ㈜사과컴퓨터, 분개: 카드 또는 혼합,
　　신용카드사: 황금카드사
　　(차) 비　품　　　　　　　　　　　3,500,000　　　(대) 미지급금(황금카드사)　　3,850,000
　　　　부가세대급금　　　　　　　　　 350,000
[5] 8월 28일 매입매출전표입력
　　유형: 14.건별, 공급가액: 500,000, 부가세: 50,000, 분개: 혼합
　　(차) 보통예금　　　　　　　　　　　550,000　　　(대) 제품매출　　　　　　　　　500,000
　　　　　　　　　　　　　　　　　　　　　　　　　　　　　부가세예수금　　　　　　　 50,000

[1] (1) 공제받지못할매입세액내역(조회기간 : 2025년 10월~12월, 2기확정)

매입세액 불공제 사유	세금계산서		
	매수	공급가액	매입세액
①필요적 기재사항 누락 등			
②사업과 직접 관련 없는 지출			
③비영업용 소형승용자동차 구입·유지 및 임차			
④접대비 및 이와 유사한 비용 관련			
⑤면세사업등 관련	3	3,000,000	300,000
⑥토지의 자본적 지출 관련			
⑦사업자등록 전 매입세액			
⑧금·구리 스크랩 거래계좌 미사용 관련 매입세액			

(2) 공통매입세액의정산내역(조회기간 : 2025년 10월~12월, 2기확정)

산식	구분	(15)총공통매입세액	(16)면세 사업확정 비율			(17)불공제매입세액총액((15)*(16))	(18)기불공제매입세액	(19)가산또는공제되는매입세액((17)-(18))
			총공급가액	면세공급가액	면세비율			
1.당해과세기간의 공급가액기준		5,500,000	400,000,000.00	50,000,000.00	12.500000	687,500	187,500	500,000
합계		5,500,000	400,000,000	50,000,000		687,500	187,500	500,000

가산또는공제되는매입세액 (500,000) = 총공통매입세액 (5,500,000) × 면세비율(%)(12.500000) - 기불공제매입세액(187,500)

[2] 부가가치세신고서(조회기간 : 2025년 4월 1일~6월 30일, 정기신고, 확정)

구분			정기신고금액			구분		금액	세율	세액
			금액	세율	세액	7.매출(예정신고누락분)				
과세표준및매출세액	과세	세금계산서발급분	1	280,000,000	10/100	28,000,000	예정누락분	과세	세금계산서	33		10/100	
		매입자발행세금계산서	2		10/100				기타	34	3,000,000	10/100	300,000
		신용카드·현금영수증발행분	3		10/100			영세	세금계산서	35		0/100	
		기타(정규영수증외매출분)	4	900,000	10/100	90,000			기타	36		0/100	
	영세	세금계산서발급분	5		0/100		합계			37	3,000,000		300,000
		기타	6		0/100		12.매입(예정신고누락분)				
	예정신고누락분		7	3,000,000		300,000	예정누락분	세금계산서	38			
	대손세액가감		8			-160,000		그 밖의 공제매입세액	39			
	합계		9	283,900,000	㉮	28,230,000	합계		40			
매입세액	세금계산서수취분	일반매입	10	105,000,000		10,500,000		신용카드매출	일반매입				
		수출기업수입분납부유예	10-1					수령금액합계	고정매입				
		고정자산매입	11	15,000,000		1,500,000		의제매입세액					
	예정신고누락분		12					재활용폐자원등매입세액					
	매입자발행세금계산서		13					과세사업전환매입세액					
	그 밖의 공제매입세액		14					재고매입세액					
	합계(10)-(10-1)+(11)+(12)+(13)+(14)		15	120,000,000		12,000,000		변제대손세액					
	공제받지못할매입세액		16	3,000,000		300,000		외국인관광객에대한환급세액					
	차감계(15-16)		17	117,000,000	㉯	11,700,000	합계					
납부(환급)세액(매출세액㉮-매입세액㉯)					㉰	16,530,000	14.그 밖의 공제매입세액				
경감	그 밖의 경감·공제세액		18					신용카드매출	일반매입	41			
공제세액	신용카드매출전표등 발행공제등		19					수령금액합계표	고정매입	42			
	합계		20		㉱		의제매입세액			43		뒤쪽	
소규모 개인사업자 부가가치세 감면세액			20-1		㉲		재활용폐자원등매입세액			44		뒤쪽	
예정신고미환급세액			21		㉳		과세사업전환매입세액			45			
예정고지세액			22		㉴		재고매입세액			46			
사업양수자의 대리납부 기납부세액			23		㉵		변제대손세액			47			
매입자 납부특례 기납부세액			24		㉶		외국인관광객에대한환급세액			48			
신용카드업자의 대리납부 기납부세액			25		㉷		합계			49			
가산세액계			26			513,440							
차가감하여 납부할세액(환급받을세액)㉮-㉯-㉰-㉱-㉲-㉳-㉴-㉵-㉶-㉷+㉸			27			17,043,440							
총괄납부사업자가 납부할 세액(환급받을 세액)													

구분		금액	세율	세액
16.공제받지못할매입세액				
공제받지못할 매입세액	50	3,000,000		300,000
공통매입세액면세등사업분	51			
대손처분받은세액	52			
합계	53	3,000,000		300,000
18.그 밖의 경감·공제세액				
전자신고세액공제	54			
전자세금계산서발급세액공제	55			
택시운송사업자경감세액	56			
대리납부세액공제	57			
현금영수증사업자세액공제	58			
기타	59			
합계	60			

25.가산세명세					
사업자미등록등			61	1/100	
세 금 계산서	지연발급 등		62	1/100	
	지연수취		63	5/1,000	
	미발급 등		64	50,000,000 뒤쪽참조	500,000
전자세금 발급명세	지연전송		65	3/1,000	
	미전송		66	5/1,000	
세금계산서 합계표	제출불성실		67	5/1,000	
	지연제출		68	3/1,000	
신고 불성실	무신고(일반)		69	뒤쪽	
	무신고(부당)		70	뒤쪽	
	과소·초과환급(일반)		71	300,000 뒤쪽	7,500
	과소·초과환급(부당)		72	뒤쪽	
납부지연			73	300,000 뒤쪽	5,940
영세율과세표준신고불성실			74	5/1,000	
현금매출명세서불성실			75	1/100	
부동산임대공급가액명세서			76	1/100	
매입자 납부특례	거래계좌 미사용		77	뒤쪽	
	거래계좌 지연입금		78	뒤쪽	
신용카드매출전표등수령명세서미제출·과다기재			79	5/1,000	
합계			80		513,440

- 4.기타(정규영수증 외 매출분) : 사용인에게 경조사와 관련된 재화를 제공하는 경우 사용인 1명당 연간 10만원까지는 재화의 공급으로 보지 아니하며 10만원 초과액에 대해서는 재화의 공급으로 본다(부령 제19조의2 3호).
- 세금계산서 지연발급 등(또는 미발급) 가산세 : 종이 세금계산서 발급분 50,000,000×1%=500,000원
- 신고불성실가산세 : 예정신고 누락분 300,000×10%×(1-75%)=7,500원
- 납부지연가산세 : 예정신고 누락분 300,000×2.2/10,000×90일=5,940원

[1] 12월 31일 일반전표입력
  (차) 외화장기차입금(뉴욕은행) 30,000,000 (대) 외화환산이익 30,000,000
  • 외화환산이익 : 전기말 장부가액 – 당기말 외화장기차입금
  240,000,000 – ($200,000×1,050원)=30,000,000원
[2] 12월 31일 일반전표입력
  (차) 이자비용 3,600,000 (대) 미지급비용 3,600,000
[3] 12월 31일 일반전표입력
  (차) 소모품비(판) 500,000 (대) 소모품 500,000
[4] 12월 31일 일반전표입력
  (차) 퇴직급여(제) 14,000,000 (대) 퇴직급여충당부채 25,000,000
     퇴직급여(판) 11,000,000
또는 결산자료입력에서 퇴직급여(제)(전입액)에 14,000,000원, 퇴직급여(판)(전입액) 에 11,000,000원 .
입력 후 F3전표추가
또는 결산자료입력에서 Ctrl F8퇴직충당 실행 후 퇴직급여추계액의 퇴직급여(제)에 32,000,000원,

퇴직급여(판)에 18,000,000원 입력 후 결산반영하고 F3 전표추가

[5] 12월 31일 일반전표입력

(차) 법인세등(998) 16,500,000 (대) 선납세금(136) 6,000,000
미지급세금(261) 10,500,000

또는 결산자료입력에서 9. 법인세등 선납세금에 6,000,000원, 추가계상액에 10,500,000원 입력 후 F3전표추가

문제 5

[1] (1) 수당공제등록

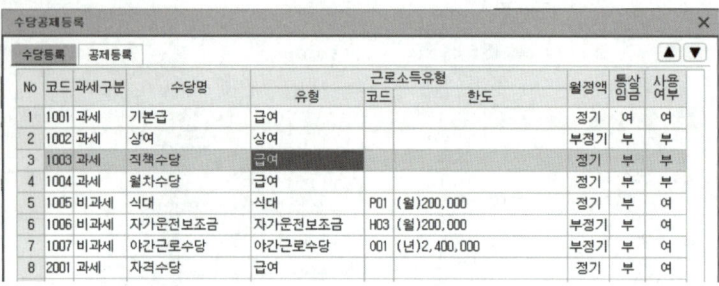

※ 학자금상환 사용여부는 무관함

(2) 급여자료입력(귀속년월 2025년 3월, 지급년월일 : 2025년 3월 31일)

사번	사원명	감면율	급여항목	금액	공제항목	금액
101	김아름		기본급	2,200,000	국민연금	85,500
102	김가연		식대	150,000	건강보험	63,460
103	박세무		자가운전보조금	200,000	장기요양보험	8,120
			야간근로수당	200,000	고용보험	22,950
			자격수당	150,000	사내대출금원리금상환액	358,520
					소득세(100%)	45,910
					지방소득세	4,590
			과 세	2,550,000	농특세	
			비 과 세	350,000	공 제 총 액	589,050
총인원(퇴사자) 3(0)			지 급 총 액	2,900,000	차 인 지 급 액	2,310,950

사번	사원명	감면율	급여항목	금액	공제항목	금액
101	김아름		기본급	1,900,000	국민연금	85,500
102	김가연		식대	220,000	건강보험	63,460
103	박세무		자가운전보조금	200,000	장기요양보험	8,120
			야간근로수당	200,000	고용보험	19,080
			자격수당		사내대출금원리금상환액	
					소득세(100%)	23,380
					지방소득세	2,330
			과 세	2,120,000	농특세	
			비 과 세	400,000	공 제 총 액	201,870
총인원(퇴사자) 3(0)			지 급 총 액	2,520,000	차 인 지 급 액	2,318,130

[2] (1) 부양가족 탭

연말관계	성명	주민등록번호	기본공제	세대주구분	부녀자	한부모	경로우대	장애인	자녀세액	출산입양	결혼세액
0.	박세무	900222-2111116	본인	세대주							
1.	박세일	561023-1111113	60세이상					1.			
3.	김영호	890122-1111115	배우자								
4.	김관우	220301-3111119	20세이하								

- 박세일은 만 60세 이상이면서 양도소득금액이 100만원 이하인 장애인이므로 기본공제 및 장애인 추가공제 대상에 해당하지만, 사망일 전일 현재 70세 미만이므로 경로우대 추가공제 대상에는 해당하지 않는다. 기본공제 유형을 장애인으로 입력한 경우에도 정답으로 인정한다.
- 박세무는 배우자 있는 여성이나 소득금액이 3,000만원을 초과하므로 부녀자공제를 받을 수 없다.

(2) 연말정산추가자료입력 메뉴
- 연금저축Ⅰ 등 탭
  ① 연금계좌 세액공제-퇴직연금계좌에 금융회사 : (주)우리은행, 계좌번호 : 22221111, 납입금액 2,000,000원 입력
  ② 연금계좌 세액공제-연금저축계좌에 금융회사 : 삼성화재해상보험(주), 계좌번호 : 11112222, 납입금액 4,200,000원 입력
- 신용카드등소득공제 : 신용카드등 탭에서 부양가족별로 신용카드등 사용액 입력
  박세무 신용카드 26,200,000원, 대중교통 800,000원
  김영호 현금영수증 2,170,000원, 전통시장 200,000원
  - 박세일의 의료비 중 해외 의료비 1,200,000원과 배우자의 자동차보험료 1,000,000원은 공제대상에서 제외
  - 자동차보험료 1,000,000원(신용카드 사용분)은 보험료공제는 받을 수 있으나 신용카드공제는 받을 수 없다.
- 보험료 : 부양가족 탭에서 피보험자별로 입력
  박세무 보장성(일반) 600,000원, 김영호 보장성(일반) 1,000,000원
- 의료비 : 의료비 탭에서 의료비공제 대상자별로 입력
  박세일 5,800,000원
  - 질병 치료 목적의 의료비라 하여도 해외에서 지출한 의료비는 공제되지 않는다.
  - 미용목적의 피부과 병원비는 공제대상 의료비에 해당하지 않는다.
- 교육비 : 부양가족 탭에서 교육비공제 대상자별로 입력
  김관우 1,100,000원(1.취학전), 박세일 3,600,000원(장애인특수)
  - 어린이집 수업료와 급식비는 모두 교육비 공제대상이다.
  - 장애인의 특수교육비는 직계존속(어머니)의 교육비이지만 공제가 가능하다.
- 기부금 : 기부금 탭을 열고 기부금입력에서 기부금공제 대상자별로 입력하고 기부금조정에서 우측 공제금액 계산을 실행하여 보조창에서 불러오기와 공제금액반영을 실행하고 저장한다.
  김영호 41.일반기부금(종교단체) 5,000,000원
- 모든 입력이 완료되면 연말정산입력 탭에서 F8부양가족탭불러오기를 실행하여야 한다.

2회 집중심화시험 해답

이론시험

1. ② 신뢰성은 목적적합성과 함께 회계정보의 가장 중요한 질적 특성에 해당한다.
2. ④ 손상차손누계액은 유형자산의 취득가액에서 차감하는 형태로 표시한다.
3. ① 10월 1일의 회계처리는 다음과 같다.
   (차) 대손충당금　　　　　　1,000,000　　(대) 외상매출금　　　　　　1,000,000
   따라서 회계처리과정에서 비용으로 인식되는 금액은 없다.
4. ④ 가, 마 : 자본감소, 나, 다 : 자본의 변동 없음, 라, 바 : 자본증가
5. ④ 세법의 규정을 따르기 위한 회계변경은 정당한 회계변경으로 보지 않는다.(일반기업회계기준 5.7, 5.8)
6. ① ②는 가공원가 ③은 변동원가 ④는 직접원가에 관한 설명이다.
7. ③ 당기제품제조원가=60,000 + 100,000 - 50,000=110,000원
   매출원가=30,000 + 110,000 - 25,000=115,000원
8. ④ 제조간접비의 배부차이는 제조간접비에만 해당되는 내용이다.
9. ③ 소품종 대량생산이 이루어지는 경우 종합원가계산이 더 적합하다.
10. ③ 재료비완성품환산량 : 800개
    가공비완성품환산량 : (800 × 60%) + (800 × 40% × 50%)=640개
11. ② ($2,000 × 1,200) + ($18,000 × 1,100)=22,200,000원
12. ③ ① 사업 개시 후 20일 이내에 사업자등록을 하면 된다.
    ② 소매업을 영위하는 자에게 사업자가 사업자등록증을 제시하고 세금계산서 발급을 요구하는 경우에는 이에 응하여야 한다.
    ③ 공급시기 전에 대가를 지급받고 세금계산서를 발급할 수 있다.
    ④ 토지의 임대는 과세가 원칙이다.
13. ① 내국신용장에 의해 공급하는 재화는 영세율이 적용되나, 세금계산서를 발급하여야 한다.
14. ①
15. ② 해당 과세기간의 기타소득금액이 300만원을 초과하는 경우 종합소득과세표준에 합산하여야 한다. 일시적 강연료는 기타소득으로 필요경비 60%를 적용하므로 기타소득금액은 7,600,000원이다.(소득세법 제73조 1항 각호, 소득세법 제14조 3항 7호)

실무시험

[1] 1월 30일　일반전표입력
　　(차) 복리후생비(제)　　　　　　50,000　　(대) 제　품　　　　　　　　50,000
　　　　　　　　　　　　　　　　　　　　　　　(적요 8. 타계정으로 대체)
[2] 4월 1일　일반전표입력
　　(차) 외화장기차입금(미국 LA은행)　26,000,000　(대) 보통예금　　　　　　29,120,000
　　　　이자비용　　　　　　　　　1,120,000
　　　　외환차손　　　　　　　　　2,000,000

[3] 5월 6일　일반전표입력
　　(차) 임차보증금(㈜명당)　　　20,000,000　　(대) 보통예금　　　18,000,000
　　　　　　　　　　　　　　　　　　　　　　　　선급금(㈜명당)　　2,000,000
[4] 8월 20일　일반전표입력
　　(차) 보통예금　　　2,750,000　　(대) 대손충당금(109)　　2,500,000
　　　　　　　　　　　　　　　　　　　　부가세예수금　　　　250,000
[5] 9월 19일　일반전표입력
　　(차) 차량운반구　　　1,250,000　　(대) 보통예금　　　1,250,000

문제 2

[1] 4월 2일　매입매출전표입력
　　유형 : 11.과세, 공급가액 : 50,000,000, 부가세 : 5,000,000, 공급처 : ㈜이레테크, 전자 : 여, 분개 : 혼합
　　(차) 선수금　　　　5,000,000　　(대) 부가세예수금　　　5,000,000
　　　　받을어음　　　30,000,000　　　　제품매출　　　　　50,000,000
　　　　외상매출금　　20,000,000
[2] 4월 9일　매입매출전표입력(수출신고번호 : 12345-00-123456X 입력)
　　유형 : 16.수출(영세율구분 : ①), 공급가액 : 3,000,000, 공급처 : BTECH, 분개 : 외상 또는 혼합
　　(차) 외상매출금　　　3,000,000　　(대) 제품매출　　　3,000,000
[3] 5월 29일　매입매출전표입력
　　유형 : 57.카과(신용카드사 : 제일카드), 공급가액 : 1,000,000, 부가세 : 100,000, 공급처 : 침산가든,
　　분개 : 카드 또는 혼합
　　(차) 부가세대급금　　　100,000　　(대) 미지급금(제일카드)　　1,100,000
　　　　복리후생비(제)　　　600,000　　　　(또는 미지급비용)
　　　　복리후생비(판)　　　400,000
[4] 6월 5일　매입매출전표입력
　　유형 : 54.불공(불공사유 : ⑤), 공급가액 : 100,000,000, 부가세 : 10,000,000, 공급처 : ㈜한라상사, 전자 : 여,
　　분개 : 혼합
　　(차) 기계장치　　　110,000,000　　(대) 당좌예금　　　100,000,000
　　　　　　　　　　　　　　　　　　　　　보통예금　　　　10,000,000
[5] 6월 15일　매입매출전표입력
　　유형 : 61.현과, 공급가액 : 200,000, 부가세 : 20,000, 공급처 : 일진상사, 분개 : 현금 또는 혼합
　　(차) 부가세대급금　　　20,000　　(대) 현　금　　　220,000
　　　　소모품비(제)　　　200,000

[1] (1) 수출실적명세서(조회기간 : 2025년 1월~3월, 1기 예정, 과세기간별입력)

(12) 번호	(13) 수출신고번호	(14) 선적일자	(15) 통화코드	(16) 환율	금 액		전표정보	
					(17) 외화	(18) 원화	코드	거래처명
1	13065-22-065849X	2025-01-31	USD	1,080.0000	100,000.00	108,000,000	801	제임스사
2	13075-20-080907X	2025-02-20	USD	1,050.0000	80,000.00	84,000,000	802	랜덤기업
3	13889-25-148890X	2025-03-18	JPY	8.0000	5,000,000.00	40,000,000	901	큐수상사
	합계				5,180,000	232,000,000		

(2) 영세율매출명세서(조회기간 : 2025년 1월~3월, 1기 예정)

	부가가치세법	조세특례제한법		
(7)구분	(8)조문	(9)내용		(10)금액(원)
부가가치세법	제21조	직접수출(대행수출 포함)		232,000,000
		중계무역·위탁판매·외국인도 또는 위탁가공무역 방식의 수출		
		내국신용장·구매확인서에 의하여 공급하는 재화		
		한국국제협력단 및 한국국제보건의료재단에 공급하는 해외반출용 재화		
		수탁가공무역 수출용으로 공급하는 재화		
	제22조	국외에서 제공하는 용역		
	제23조	선박·항공기에 의한 외국항행용역		
		국제복합운송계약에 의한 외국항행용역		
	제24조	국내에서 비거주자·외국법인에게 공급되는 재화 또는 용역		
		수출재화임가공용역		
		외국항행 선박·항공기 등에 공급하는 재화 또는 용역		
		국내 주재 외교공관, 영사기관, 국제연합과 이에 준하는 국제기구, 국제연합군 또는 미국군에게 공급하는 재화 또는 용역		
		「관광진흥법 시행령」에 따른 일반여행업자가 외국인관광객에게 공급하는 관광알선용역		
		외국인전용판매장 또는 주한외국군인 등의 전용 유흥음식점에서 공급하는 재화 또는 용역		
		외교관 등에게 공급하는 재화 또는 용역		
		외국인환자 유치용역		
	(11) 부가가치세법에 따른 영세율 적용 공급실적 합계			232,000,000
	(12) 조세특례제한법 및 그 밖의 법률에 따른 영세율 적용 공급실적 합계			
	(13) 영세율 적용 공급실적 총 합계(11)+(12)			232,000,000

[2] 부가가치세신고서(조회기간 : 2025년 10월 1일~12월 31일)

구분				정기신고금액			구분			금액	세율	세액
				금액	세율	세액	7.매출(예정신고누락분)					
과세표준및매출세액	과세	세금계산서발급분	1	500,000,000	10/100	50,000,000	예정누락분	과세	세금계산서	33	10/100	
		매입자발행세금계산서	2		10/100				기타	34	10/100	
		신용카드·현금영수증발행분	3	80,000,000	10/100	8,000,000		영세	세금계산서	35	0/100	
		기타(정규영수증외매출분)	4						기타	36	0/100	
	영세	세금계산서발급분	5	50,000,000	0/100			합계		37		
		기타	6	150,000,000	0/100		12.매입(예정신고누락분)					
	예정신고누락분		7				예	세금계산서		38	20,000,000		2,000,000
	대손세액가감		8			3,000,000		그 밖의 공제매입세액		39			
	합계		9	780,000,000	㉮	61,000,000		합계		40	20,000,000		2,000,000
매입세액	세금계산서수취분	일반매입	10	550,000,000		55,000,000		신용카드매출	일반매입				
		수출기업수입분납부유예	10-1					수령금액합계	고정매입				
		고정자산매입	11					의제매입세액					
	예정신고누락분		12	20,000,000		2,000,000		재활용폐자원등매입세액					
	매입자발행세금계산서		13					과세사업전환매입세액					
	그 밖의 공제매입세액		14					재고매입세액					
	합계(10)-(10-1)+(11)+(12)+(13)+(14)		15	570,000,000		57,000,000		변제대손세액					
	공제받지못할매입세액		16	30,000,000		3,000,000		외국인관광객에대한환급세액					
	차감계 (15-16)		17	540,000,000	㉯	54,000,000		합계					
납부(환급)세액(매출세액㉮-매입세액㉯)					㉰	7,000,000	14.그 밖의 공제매입세액					
경감공제세액	그 밖의 경감·공제세액		18			10,000	신용카드매출	일반매입		41			
	신용카드매출전표등 발행공제등		19				수령금액합계표	고정매입		42			
	합계		20		㉱	10,000	의제매입세액			43	뒤쪽		
소규모 개인사업자 부가가치세 감면세액			20-1		㉲		재활용폐자원등매입세액			44	뒤쪽		
예정신고미환급세액			21		㉳		과세사업전환매입세액			45			
예정고지세액			22		㉴		재고매입세액			46			
사업양수자의 대리납부 기납부세액			23		㉵		변제대손세액			47			
매입자 납부특례 기납부세액			24		㉶		외국인관광객에대한환급세액			48			
신용카드업자의 대리납부 기납부세액			25		㉷		합계			49			
가산세액계			26		㉸	500,000							
차가감하여 납부할세액(환급받을세액)㉰-㉱-㉲-㉳-㉴-㉵-㉶-㉷+㉸			27			7,490,000							
총괄납부사업자가 납부할 세액(환급받을 세액)													

구분		금액	세율	세액
16.공제받지못할매입세액				
공제받지못할 매입세액	50	30,000,000		3,000,000
공통매입세액면세등사업분	51			
대손처분받은세액	52			
합계	53	30,000,000		3,000,000
18.그 밖의 경감 공제세액				
전자신고 및 전자고지 세액공제	54			10,000
전자세금계산서발급세액공제	55			
택시운송사업자경감세액	56			
대리납부세액공제	57			
현금영수증사업자세액공제	58			
기타	59			
합계	60			10,000

25.가산세명세					
사업자미등록등		61		1/100	
세금계산서	지연발급 등	62		1/100	
	지연수취	63		5/1,000	
	미발급 등	64	50,000,000	뒤쪽참조	500,000
전자세금발급명세	지연전송	65		3/1,000	
	미전송	66		5/1,000	
세금계산서합계표	제출불성실	67		5/1,000	
	지연제출	68		3/1,000	
신고불성실	무신고(일반)	69		뒤쪽	
	무신고(부당)	70		뒤쪽	
	과소·초과환급(일반)	71		뒤쪽	
	과소·초과환급(부당)	72		뒤쪽	
납부지연		73		뒤쪽	
영세율과세표준신고불성실		74		5/1,000	
현금매출명세서불성실		75		1/100	
부동산임대공급가액명세서		76		1/100	
매입자 납부특례	거래계좌 미사용	77		뒤쪽	
	거래계좌 지연입금	78		뒤쪽	
신용카드매출전표등수령명세서미제출·과다기재		79		5/1,000	
합계		80			500,000

※ 세금계산서 불성실 가산세 중 전자세금계산서 발급의무자가 세금계산서 발급시기에 종이세금계산서를 발급한 경우 가산세(64.미발급 등 또는 62.지연발급 등에 입력) : 공급가액×1%

[1] 12월 31일 일반전표입력
    (차) 소모품비(판)   900,000   (대) 소모품   900,000

[2] 12월 31일 일반전표입력
    (차) 매도가능증권평가손실   130,000   (대) 매도가능증권(178)   130,000
    • 매도가능증권평가손실 : (8,300−7,000)×100주=130,000원

[3] 12월 31일 일반전표입력
    (차) 이자비용   1,600,000   (대) 미지급비용   1,600,000

[4] ①, ②, ③ 중 하나를 선택하여 입력
    ① 결산자료입력(1월−12월) 상단 Ctrl F8 퇴직충당 선택 후 보조창의 퇴직급여추계액에 입력
        • 퇴직급여(508) 75,000,000원, • 퇴직급여(806) 35,000,000원 결산반영 입력 후 F3 전표추가
    ② 결산자료입력(1월−12월)에서 • 퇴직급여(508) 25,000,000원,
        • 퇴직급여(806) 7,000,000원 입력 후 F3 전표추가
    ③ 12월 31일 일반전표입력
      (차) 퇴직급여(508)   25,000,000   (대) 퇴직급여충당부채   32,000,000
          퇴직급여(806)   7,000,000

[5] ①, ② 중 하나를 선택하여 입력
    ① 결산자료입력에서 9.)법인세등>1.선납세금 26,080,000원, .추가계상액 24,920,000원 입력 후 F3 전표추가
    ② 12월 31일 일반전표입력
      (차) 법인세등   51,000,000   (대) 미지급세금   24,920,000
                                                        선납세금   26,080,000

[1] (1) 사원등록(사번 : 500)

　　사원등록 기본사항에서 입사년월일 : 2025년 6월 1일, 내국인, 주민등록번호 : 820505-2027815, 거주자,
　　국외근로 : 부, 생산직여부 : 부 입력

(2) 부양가족명세

연말 관계	성명	주민등록번호	나이	기본공제	부녀자	한부모	경로 우대	장애인	자녀 세액	출산 입양	위탁 관계
0.	박한별	830505-2027812	42	본인	○						
1.	박인수	530725-1013113	72	60세이상			○	1.			
3.	김준호	820525-1056936	43	배우자							
4.	김은수	070510-3212680	18	20세이하					○		
4.	김아름	251225-4115736	0	20세이하						둘째	

　　※ 박인수(아버지) - 기본공제 유형 : 4.60세이상 또는 5.장애인
　　　　　　　　　　 - 장애인공제 : 1.장애인복지법
　　① 배우자는 생계를 같이 해야 한다는 요건이 없다.
　　② 직계비속은 항상 생계를 같이하는 부양가족으로 본다.

[2] (1) 소득명세 탭

　　종전근무지 칸에 전근무지 원천징수영수증의 내용을 입력한다.
　　근무처 : ㈜해탈상사, 사업자등록번호 : 120-85-22227, 근무기간 : 2025.1.1.-2025.6.30.,
　　급여 : 24,000,000원, 상여 : 3,000,000원, 기납부세액 ; 소득세 1,255,000원, 지방소득세 125,500원
　　건강보험 1,388,000원, 장기요양보험 189,000원, 고용보험 235,600원, 국민연금 1,610,000원 입력

(2) 부양가족 탭 : 교육비 입력

　　부양가족 탭에서 김기웅 교육비 3,000,000원(4.본인) 입력

(3) 신용카드 등 탭

　　신용카드등 탭에서 김기웅(국세청 자료) 신용카드 20,000,000원, 직불 선불 1,000,000원, 금영수증 1,000,000원, 도서등 현금 200,000원, 전통시장 300,000원, 대중교통 1,200,000원 입력

(4) 의료비 탭

　　의료비 탭에서 의료비공제 대상자별로 입력
　　김기웅 3,000,000원, 실손보험금수령액 500,000원 입력
　　• 의료비를 2,500,000원과 500,000원으로 구분하여 입력하여도 된다.
　　• 의료비 중 안경구입비는 소득세법상 한도가 연 500,000원이므로 600,000원을 입력하는 것이 아니라 500,000원만 입력하여야 한다.

(5) 연말정산입력 탭

　　• -주택자금공제 : 연말정산입력 탭에서 34.주택차입금원리금상환액(대출기관)을 선택하고 더블클릭하여 나타나는 보조창의 주택차입금원리금상환액 ①대출기관 란에 원금과 이자 상환액 합계 3,300,000원 입력

(6) F8부양가족탭불러오기 실행

　　• 모든 입력이 완료되면 연말정산입력 탭에서 F8부양가족탭불러오기를 실행한다.

3회 집중심화시험 해답

이론시험

1. ③ 부채는 과거 사건과의 인과관계가 존재하여야 하므로 단지 예상만으로는 부채를 인식 할 수 없다.
2. ③ 선입선출법에 대한 설명이다.
3. ① 자본금은 법정 납입자본금으로서 발행주식수에 액면금액을 곱한 금액을 말한다.
4. ① 유효이자율법에 의해 계산된 사채할인발행차금 상각액은 매기 증가한다.
5. ③ 올바른 회계처리는 (차) 미수수익 4,000,000 (대) 임대료 4,000,000이다. 따라서 임대료 4,000,000원 비용 과대계상분과 임대료 수익 누락분 4,000,000원을 포함하여 당기순이익이 8,000,000원 과소계상되어 있다.
6. ② 고정비는 조업도의 증감에 불구하고 단위당 원가에 반비례한다.
7. ② 기초 제품재고액은 손익계산서에서 확인이 가능하다.
8. ④ 총공손수량(600개) = 기초재공품(500) + 당기착수량(4,500) − 기말재공품(700) − 당기완성수량(3,700)
   정상공손수량(520개) = 총공손수량(600) − 비정상공손수량(80)
9. ④ 보조부문비를 가장 정확하게 배부하는 방법은 상호배부법이다.
10. ③ • 당기 완성품 수량(95,000) = 판매수량(90,000) + 기말제품재고량(20,000) − 기초제품재고량(15,000)
    • 당기 완성품 환산량 = 당기완성품수량(95,000) + 기말재고 완성품환산량(10,000×0.5=5,000)
    = 95,000 + 5,000 = 100,000단위
11. ④ 토지·건물을 제외한 사업용유형자산의 처분금액을 총수입금액에 산입하는 것은 복식부기의무자만 해당한다.
12. ④ 우리나라는 소비형 부가가치세제를 채택하고 있다. 따라서 수출하는 경우 소비지과세원칙에 따라 영(0)의 세율을 적용함.
13. ① 폐업하는 때를 공급시기로 한다.
14. ① 조기환급신고를 받은 세무서장은 각 조기환급기간별로 당해 조기환급신고기한 경과 후 15일 이내에 사업자에게 환급한다.
15. ④ 소득세 과세기간은 1/1~12/31이 원칙이며, 사망·출국으로 비거주자가 되는 경우 등만 예외에 해당함.
    거주자의 납세지는 주소지(없는 경우 거소지)로 하며, 비거주자는 주된 국내사업장의 소재지로 한다.
    소득세법은 종합과세제도와 분리과세제도가 병행하여 적용된다.

실무시험

문제 1

[1] 1월 31일 일반전표입력
  (차) 복리후생비(제)　　　　　　10,000,000　　(대) 미지급금(하나카드)　　　10,000,000

[2] 3월 3일 일반전표입력
  (차) 임차보증금(㈜동국)　　　　15,000,000　　(대) 선급금(㈜동국)　　　　　 5,000,000
　　　　　　　　　　　　　　　　　　　　　　　　　　보통예금　　　　　　　　10,000,000

[3] 3월 31일 일반전표입력
  (차) 보통예금　　　　　　　　　10,000,000　　(대) 단기매매증권　　　　　　 8,000,000
　　　　　　　　　　　　　　　　　　　　　　　　　　단기매매증권처분이익　　 2,000,000

[4] 9월 21일 일반전표입력
  (차) 보통예금　　　　　　　　　15,000,000　　(대) 자본금　　　　　　　　　10,000,000
　　　　　　　　　　　　　　　　　　　　　　　　　　주식발행초과금　　　　　 5,000,000

[5] 10월 31일   일반전표입력
    (차) 단기차입금(기업은행)   100,000,000   (대) 보통예금   100,300,000
        이자비용   300,000

문제 2

[1] 7월 28일   매입매출전표입력
    유형: 55.수입, 공급가액: 30,000,000, 부가세: 3,000,000, 공급처: 김해세관, 전자: 여, 분개: 현금 또는 혼합
    (차) 부가세대급금   3,000,000   (대) 현 금   3,000,000
[2] 7월 30일   매입매출전표입력
    유형: 53.면세, 공급가액: 550,000, 부가세: 0, 공급처: ㈜조아캐피탈, 전자: 여, 분개: 혼합
    (차) 임차료(판)   550,000   (대) 보통예금   550,000
[3] 8월 12일   매입매출전표입력
    유형: 16.수출(영세율구분:①), 공급가액: 34,500,000, 공급처: 영국ACE사, 분개: 외상 또는 혼합
    (차) 외상매출금   34,500,000   (대) 제품매출   34,500,000
[4] 9월 25일   매입매출전표입력
    유형: 14.건별, 공급가액: 3,000,000, 부가세: 300,000, 공급처: ㈜세무물산, 분개: 혼합
    (차) 기업업무추진비(제)   2,300,000   (대) 부가세예수금   300,000
                                                       제 품   2,000,000
                                                       (적요 8. 타계정으로 대체액)
[5] 9월 30일   매출매입전표입력
    유형: 11.과세, 공급가액: 30,000,000, 부가세: 3,000,000, 공급처: ㈜혜민, 전자: 여, 분개: 혼합
    (차) 외상매출금   23,000,000   (대) 제품매출   30,000,000
        선수금   10,000,000   부가세예수금   3,000,000

문제 3

[1] 부가가치세신고서(조회기간 : 2025년 4월 1일~ 6월 30일)

구분			정기신고금액			구분		금액	세율	세액
			금액	세율	세액	7.매출(예정신고누락분)				
과세표준및매출세액	과세	세금계산서발급분	1	500,000,000	10/100	50,000,000	예정누락분	과세	세금계산서	33		10/100	
		매입자발행세금계산서	2		10/100				기타	34		10/100	
		신용카드·현금영수증발행분	3		10/100			영세	세금계산서	35		0/100	
		기타(정규영수증외매출분)	4						기타	36		0/100	
	영세	세금계산서발급분	5		0/100				합계	37			
		기타	6	50,000,000	0/100		12.매입(예정신고누락분)				
	예정신고누락분		7				예	세금계산서	38	4,500,000		450,000
	대손세액가감		8					그 밖의 공제매입세액	39			
	합계		9	550,000,000	㉮	50,000,000		합계	40	4,500,000		450,000
매입세액	세금계산서수취분	일반매입	10	250,000,000		25,000,000	정	신용카드매출	일반매입				
		수출기업수입분납부유예	10					수령금액합계	고정매입				
		고정자산매입	11				누	의제매입세액					
	예정신고누락분		12	4,500,000		450,000		재활용폐자원등매입세액					
	매입자발행세금계산서		13				락	과세사업전환매입세액					
	그 밖의 공제매입세액		14					재고매입세액					
	합계 (10)-(10-1)+(11)+(12)+(13)+(14)		15	254,500,000		25,450,000	분	변제대손세액					
	공제받지못할매입세액		16	10,000,000		1,000,000		외국인관광객에대한환급/					
	차감계 (15-16)		17	244,500,000	㉯	24,450,000		합계					
납부(환급)세액(매출세액㉮-매입세액㉯)					㉰	25,550,000	14.그 밖의 공제매입세액				
경감공제세액	그 밖의 경감 공제세액		18			10,000	신용카드매출	일반매입	41			
	신용카드매출전표등 발행공제등		19				수령금액합계표	고정매입	42			
	합계		20		㉱	10,000	의제매입세액		43		뒤쪽	
소규모 개인사업자 부가가치세 감면세액			20		㉲		재활용폐자원등매입세액		44		뒤쪽	
예정신고미환급세액			21		㉳	1,000,000	과세사업전환매입세액		45			
예정고지세액			22		㉴		재고매입세액		46			
사업양수자의 대리납부 기납부세액			23		㉵		변제대손세액		47			
매입자 납부특례 기납부세액			24		㉶		외국인관광객에대한환급세액		48			
신용카드업자의 대리납부 기납부세액			25		㉷		합계		49			
가산세액계			26		㉸						
차가감하여 납부할세액(환급받을세액)㉰-㉱-㉲-㉳-㉴-㉵-㉶-㉷+㉸			27			24,540,000					
총괄납부사업자가 납부할 세액(환급받을 세액)											

구분		금액	세율	세액
16.공제받지못할매입세액				
공제받지못할 매입세액	50	10,000,000		1,000,000
공통매입세액면세등사업분	51			
대손처분받은세액	52			
합계	53	10,000,000		1,000,000
18.그 밖의 경감·공제세액				
전자신고세액공제	54			10,000
전자세금계산서발급세액공제	55			
택시운송사업자경감세액	56			
대리납부세액공제	57			
현금영수증사업자세액공제	58			
기타	59			
합계	60			10,000

[2] 신용카드매출전표등발행금액집계표(조회기간 : 2025년 10월~12월, 2기확정)

1. 인적사항

상호[법인명]	(주)로운상회	성명[대표자]	김로운	사업등록번호	121-86-23546
사업장소재지		부산광역시 사상구 대동로 303 (감전동)			

2. 신용카드매출전표 등 발행금액 현황

구 분	합 계	신용·직불·기명식 선불카드	현금영수증	직불전자지급 수단 및 기명식선불 전자지급수단
합 계	34,500,000	34,500,000		
과세 매출분	27,500,000	27,500,000		
면세 매출분	7,000,000	7,000,000		
봉 사 료				

3. 신용카드매출전표 등 발행금액중 세금계산서 교부내역

세금계산서발급금액	27,500,000	계산서발급금액	7,000,000

[3] (1) 부가가치세신고서 및 부속서류를 조회하여 마감을 확인한다.
　　(2) 전자신고 메뉴를 실행한 후 신고년월(2025년 1월~3월)과 신고인구분(2.납세자 자진신고)를 입력한다.
　　(3) 상단의 F4제작을 실행하고 비밀번호 입력창에서 비밀번호 12341234를 두 번 입력하고 확인하면 전자신고 데이터 제작이 완료되었다는 문구가 나오고 C드라이브에 전자신고용 파일이 생성된다.
　　(4) 상단의 F6홈택스바로가기를 실행하고 첫 화면은 닫기를 하면 국세청 홈택스 전자파일변환으로 들어간다.
　　(5) 홈택스 전자파일변환에서 찾아보기 기능으로 전자파일을 선택하고 열기를 실행하여 불러온다.
　　(6) 전자신고변환 하단의 형식검증하기를 실행하여 비밀번호 창에 비밀번호 12341234를 입력한다.
　　(7) 이어서 형식검증결과확인, 내용검증하기, 내용검증결과확인을 클릭하고 마지막으로 전자파일제출을 클릭한다.
　　(8) 검증결과 오류가 없으면 하단의 전자파일제출하기를 실행하면 나타나는 "정상변환된 신고서를 제출합니다." 는 보조창에서 확인을 실행하면 부가가치세신고서 접수증(파일변환)이 나타난다.

문제 4

[1] 12월 31일 일반전표입력
　(차) 외화환산손실　　　　　　　2,800,000　　(대) 외상매출금(AAPL.CO.LTD)　2,800,000
[2] 12월 31일 일반전표입력
　(차) 선급비용　　　　　　　　　　300,000　　(대) 보험료(판)　　　　　　　　　300,000
[3] 12월 31일 일반전표입력
　(차) 대손상각비　　　　　　　　3,230,484　　(대) 대손충당금(109)　　　　　1,807,884
　　　 기타의대손상각비　　　　　　900,000　　　　 대손충당금(111)　　　　　1,422,600
　　　　　　　　　　　　　　　　　　　　　　　　　 대손충당금(115)　　　　　　900,000

[4] 12월 31일 일반전표입력

(차) 퇴직급여(제)　　　　　　　　50,000,000　　(대) 퇴직급여충당부채　　　　150,000,000
　　퇴직급여(판)　　　　　　　　100,000,000

또는 결산자료입력에서
- 3)노무비 > 2).퇴직급여(전입액) 50,000,000원 입력
- 4.판매비와일반관리비 > 2).퇴직급여(전입액) 100,000,000원 입력하고 F3 전표추가한다.
  또는 결산자료입력에서 Ctrl F8퇴직충당을 실행하여 퇴직급여추계액에 508.퇴직급여 150,000,000원, 806.퇴직급여 200,000,000원 입력하고 결산반영을 선택한 후 F3전표추가를 한다.
- 퇴직급여(제) : 생산부 퇴직급여추계액 150,000,000×100% − 100,000,000 = 50,000,000원
- 퇴직급여(판) : 영업부 퇴직급여추계액 200,000,000×100% − 100,000,000 = 100,000,000원

[5] 12월 31일 일반전표입력

(차) 법인세등　　　　　　　　　12,000,000　　(대) 선납세금　　　　　　　　5,550,000
　　　　　　　　　　　　　　　　　　　　　　　　미지급세금　　　　　　　　6,450,000

- 또는 결산자료입력에서
  9.법인세등 • 1)선납세금에 5,550,000원, • 2)추가계상액에 6,450,000원 입력 후 F3전표추가

문제 5

[1] (1) 수당공제등록

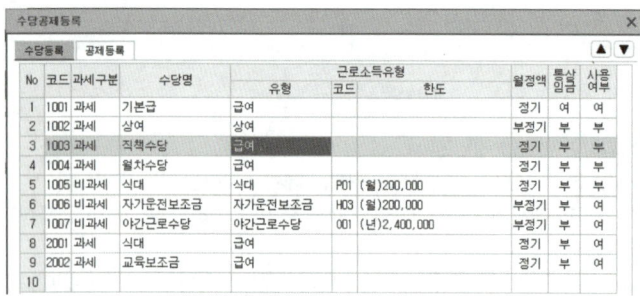

(2) 급여자료입력(귀속년월 : 2025년 5월, 지급년월일 : 2025년 5월 31일)

□	사번	사원명	감면율	급여항목	금액	공제항목	금액
□	101	정희석		기본급	1,900,000	국민연금	99,000
□				자가운전보조금	300,000	건강보험	67,910
□				야간근로수당	200,000	장기요양보험	8,690
□				식대	100,000	고용보험	19,800
□				교육보조금	100,000	소득세(100%)	25,950
□						지방소득세	2,590
□						농특세	
□				과　세	2,200,000		
□				비과세	400,000	공제총액	223,940
	총인원(퇴사자)	1(0)		지급총액	2,600,000	차인지급액	2,376,060

3. 원천징수이행상황신고서(귀속기간 : 2025년 5월~5월, 지급기간 : 2025년 5월~5월, 정기신고)

소득자	소득구분	코드	소득지급		징수세액			당월조정환급세액	납부세액	
			인원	총지급액	소득세 등	농어촌특별세	가산세		소득세 등	농어촌특별세
근로소득	간이세액	A01	1	2,400,000	25,950					
	중도퇴사	A02								
	일용근로	A03								
	연말정산	A04								
	(분납신청)	A05								
	(납부금액)	A06								
	가 감 계	A10	1	2,400,000	25,950			25,950		
퇴직소득	연금계좌	A21								
	그 외	A22								
개인거주	가 감 계	A20								

전월 미환급 세액의 계산				당월 발생 환급세액				18.조정대상환급(14+15+16+17)	19.당월조정환급세액계	20.차월이월환급세액	21.환급신청액
12.전월미환급	13.기환급	14.차감(12-13)	15.일반환급	16.신탁재산	금융회사 등	합병 등					
230,000		230,000						230,000	25,950	204,050	

[2] (1) 소득명세 탭
    종(전)근무지 : 근무처명 ㈜진성상사, 사업자등록번호 405-81-65449, 근무기간 2025.01.01.~2025.06.20.
    급여 12,000,000원, 국민연금 540,000원, 건강보험료 411,600원, 장기요양보험료 47,400원,
    고용보험료 96,000원, 세액명세(기납부세액) 소득세 100,000원, 지방소득세 10,000원 입력

(2) 부양가족 탭 : 보험료, 교육비를 입력
    - 보험료 : 김영식 보장성(일반) 1,600,000원 입력
    - 교육비 : 김영식 6,000,000원(4.본인) 입력

(3) 의료비 탭에서 의료비 입력
    김영식 (국세청) 1,500,000원, 김영식 (기타영수증) 500,000원 입력
    시력보정용 안경 구입비의 의료증빙코드는 국세청장 또는 기타영수증 모두 정답이다.

(4) 신용카드등 탭에서 부양가족별로 신용카드등사용액 입력
    김영식 신용카드 8,500,000원, 직불/선불카드 3,000,000원, 현금영수증 50,000원

(5) [연금저축등Ⅰ] 탭 ②연금계좌세액공제 - 연금저축구분에서 1.개인연금저축 선택하여 입력

연금저축구분	코드	금융회사 등	계좌번호(증권번호)	납입금액	공제대상금액	소득/세액공제액
1.개인연금저축	305	KEB 하나은행(구, 주식회	243-610750-72208	1,200,000		480,000
개인연금저축				1,200,000		480,000
연금저축						

(6) 월세등 탭에서 입력
    임대인 : 김서민(주민등록번호 : 771031-1028559), 유형 : 다가구, 계약면적 : 50㎡,
    주소지 : 부산시 해운대구 우동 10번지 1동 202호, 임대차기간 : 2024.1.1.~2026.12.31.,
    연간 월세액 : 3,600,000원

(7) 연말정산입력 탭
    모든 입력이 완료되면 연말정산입력 탭에서 F8부양가족탭불러오기를 실행하여야 반영된다.

4회 집중심화시험 해답

이론시험

1. ④ 영업이익 = 매출액 - 매출원가 - 판매비와 관리비 = 30,00,000 - 25,000,000 - 2,600,000 = 2,400,000원
   판매비와 관리비 = 임직원급여 + 직원회식비 + 광고선전비 + 거래처접대비 = 2,600,000원
2. ① (일반기업회계기준16.11)
3. ② 〈매각시〉 (차) 현금 등   9,700,000   (대) 받을어음   10,000,000
         매출채권처분손실   300,000
      〈차입시〉 (차) 현금 등   9,700,000   (대) 차입금   10,000,000
         이자비용   300,000
4. ① 이종자산간의 교환시에 취득자산의 원가는 제공한 자산의 공정가치로 측정한다.(일반기업회계기준 10.18)
5. ④ 주식배당 후에는 발행주식수가 증가한다.

6. ② 과소배부란 예정배부를 적게 한 경우이다
    과소배부 시 제조간접비 통제계정이 기말에 차변잔액으로 발생한다.

    (차) 재공품(예정배부액)   ×××   (대) 제조간접비(실제발생액)   ×××
        과소배부액   ×××
7. ③ 예정배부액은 제품별 배부기준 원가의 실제발생액 × 예정배부율에 의함
8. ④ 상호배분법에 의한 배분대상보조부문의 제조간접비는 자기부문의 제조간접원가에 타보조부문으로부터 배분받은 제조간접비를 합하여 계산한다.
9. ④ 대량생산이 가능할 경우에는 종합원가계산 방식이 적합하다.
10. ③ 품질검사를 공정의 50%시점에서 한다고 가정하였을 경우에 공손품은 완성품에서만 발생되므로 기말재공품에 공손품 원가를 배부할 필요가 없다.
11. ④ 국세청에 전송된 전자세금계산서는 별도 출력 보관 의무가 없다.(부가가치세법 시행령 제53조의2)
12. ③ 공급시기 이후에 발급받은 세금계산서로서 당해 공급시기가 속하는 과세기간에 대한 확정신고기한까지 발급받은 경우 또는 확정신고기한부터 1년 이내에 받고 수정신고, 경정청구 등의 경우에는 매입세액공제가 가능하다. 그러나 당해 공급시기가 속하는 과세기간에 대한 확정신고기한 이후 1년을 초과하여 발급받은 경우에는 매입세액공제가 불가능하다.
13. ③ 농어민으로부터 농산물 등을 구입하고 증명서류 없이 의제매입세액공제를 적용할 수 있는 사업자는 제조업이다.
14. ④ 퇴직소득과 양도소득은 분류과세한다.
15. ③ 일용근로자의 일급여는 6%로 원천징수를 한다.

실무시험

문제 1

[1] 3월 10일 일반전표입력
    (차) 현 금   3,000,000   (대) 대손충당금(109)   3,000,00원
    또는
    (차) 외상매출금   3,000,000   (대) 대손충당금(109)   3,000,000
        현 금   3,000,000   외상매출금   3,000,000

[2] 3월 15일 일반전표입력
    (차) 단기매매증권   5,000,000   (대) 보통예금   5,050,000
        수수료비용(984)   50,000

[3] 7월 7일 일반전표입력
    (차) 세금과공과(판)   1,260,000   (대) 보통예금   2,140,000
        세금과공과(제)   880,000

[4] 7월 16일 일반전표입력
    (차) 교육훈련비(제)   1,000,000   (대) 예수금   33,000
                                    보통예금   967,000

[5] 8월 31일 일반전표입력
    (차) 보통예금   10,338,400   (대) 정기예금   10,000,000
        선납세금   61,600   이자수익   400,000

문제 2

[1] 1월 22일 매입매출전표입력
　　유형: 54.불공(불공사유: ⑥), 공급가액: 13,750,000, 부가세: 1,375,000, 공급처: 상진개발, 전자: 여, 분개: 혼합
　　(차) 토 지　　　　　　　　　　15,125,000　　　(대) 미지급금　　　　　　　　15,125,000

[2] 1월 28일 매입매출전표입력
　　유형: 52.영세, 공급가액: 30,000,000, 부가세: 0, 공급처: ㈜안건, 전자: 여, 분개: 혼합
　　(차) 원재료　　　　　　　　　　30,000,000　　　(대) 보통예금　　　　　　　　30,000,000

[3] 1월 31일 매입매출전표입력
　　유형: 61.현과, 공급가액: 150,000, 부가세: 15,000, 공급처: 레고문구, 분개: 혼합 또는 현금
　　(차) 부가세대급금　　　　　　　　　15,000　　　(대) 현 금　　　　　　　　　　165,000
　　　　소모품비(판)　　　　　　　　　150,000

[4] 3월 10일 매입매출전표입력
　　유형: 14.건별, 공급가액: 1,200,000, 부가세: 120,000, 공급처: 김명진, 분개: 혼합
　　(차) 보통예금　　　　　　　　　　1,320,000　　　(대) 부가세예수금　　　　　　　20,000
　　　　　　　　　　　　　　　　　　　　　　　　　　　제품매출　　　　　　　　　1,200,000

[5] 3월 16일 매입매출전표입력
　　유형: 53.면세, 공급가액: 90,000, 공급처: 제일화원, 전자: 여, 분개: 혼합
　　(차) 기업업무추진비(판)　　　　　　90,000　　　(대) 미지급금　　　　　　　　　90,000
　　　　　　　　　　　　　　　　　　　　　　　　　　또는 미지급비용

문제 3

[1] 신용카드매출전표등수령명세서(갑)(조회기간 : 2025년 7월 ~ 9월, 2기 예정)

2. 신용카드 등 매입내역 합계			
구분	거래건수	공급가액	세액
합 계	2	200,000	20,000
현금영수증	1	150,000	15,000
화물운전자복지카드			
사업용신용카드	1	50,000	5,000
그 밖의 신용카드			

3. 거래내역입력						그 밖의 신용카드 등 거래내역 합계		
No	월/일	구분	공급자	공급자(가맹점) 사업자등록번호	카드회원번호	거래건수	공급가액	세액
1	07-31	현금	(주)오피스	124-81-04878		1	150,000	15,000
2	08-12	사업	이음마트	402-14-33228	1000-2000-3000-4000	1	50,000	5,000
3								
			합계			2	200,000	20,000

• 여객운송업(택시), 입장권 발행 영위 사업은 공제대상에 해당하지 않는다.

[2] 부가가치세신고서(조회기간 : 2025년 4월 1일~ 6월 30일)

[3] (1) 부가가치세신고서 및 부속서류를 조회하여 상단의 F3마감을 확인하고 마감이 되어 있지 아니하면 마감한다.
   (2) 전자신고 메뉴를 실행한 후 신고년월(2025년 10월~12월)과 신고인구분(2.납세자 자진신고)를 입력한다.
   (3) 상단의 F4제작을 실행하고 비밀번호 입력창에서 비밀번호 12345678을 두 번 입력하고 확인하면 전자신고 데이터 제작이 완료되었다는 문구가 나오고 C드라이브에 전자신고용 파일이 생성된다.
   (4) 상단의 F6홈택스바로가기를 실행하고 첫 화면은 닫기를 하면 국세청 홈택스 전자파일변환으로 들어간다.
   (5) 홈택스 전자파일변환에서 찾아보기 기능으로 전자파일을 선택하고 열기를 실행하여 불러온다.
   (6) 전자신고변환 하단의 형식검증하기를 실행하여 비밀번호 창에 비밀번호 12345678을 입력한다.
   (7) 이어서 형식검증결과확인, 내용검증하기, 내용검증결과확인을 클릭하고 마지막으로 전자파일제출을 클릭한다.
   (8) 검증결과 오류가 없으면 하단의 전자파일제출하기를 실행하면 나타나는 "정상변환된 신고서를 제출합니다."는 보조창에서 확인을 실행하면 부가가치세신고서 접수증(파일변환)이 나타난다.

문제 4

[1] 12월 31일 일반전표입력
   (차) 임대료(904)   18,000,000   (대) 선수수익   18,000,000
   • 선수수익 : 총임대료 24,000,000×9/12 = 18,000,000원
[2] 12월 31일 일반전표입력
   (차) 단기대여금(LPL사)   2,000,000   (대) 외화환산이익   2,000,000
   • 외화환산이익 : $20,000×(기말 기준환율 1,300 – 발생일 기준환율 1,200) = 2,000,000원
[3] 12월 31일 일반전표입력
   (차) 단기매매증권평가손실   4,000,000   (대) 단기매매증권   4,000,000
[4] 12월 31일 일반전표입력
   (차) 기부금   15,000,000   (대) 제 품   15,000,000
                                            (적요 8. 타계정으로 대체)
[5] 12월 31일 일반전표입력
   (차) 감가상각비(판)   10,000,000   (대) 감가상각누계액(209) 10,000,000
   • 감가상각비 : 50,000,000÷5년 = 10,000,000원
   또는 결산자료입력에서
   4. 판매비와 일반관리비 > 4.) 감가상각비 > 차량운반구 10,000,000원 입력 > F3전표추가

[1] 부양가족명세

연말정산관계	성명	주민등록번호	기본공제	부녀자	한부모	경로우대	장애인	자녀	출산입양
0.본인	강지후	761213-1114529	본인						
1.소득자의직계존속	김미자	570203-2346316	60세이상						
3.배우자	정혜미	771010-2845218	부						
4.직계비속(자녀)	강지율	090505-4842101	20세이하					○	
4.직계비속(자녀)	강민율	120705-3845727	20세이하					○	
6.형제자매	강지민	811010-2115422	부						

- 배우자(정혜미)와 동생(강지민)은 소득금액이 100만원을 초과하므로 기본공제를 받을 수 없다.
- 자녀(강지율)은 소득금액기준을 충족한다.
- 동생(강지민)의 경우 기본공제 '부' 입력 후 장애인 '3.중증환자' 입력한 경우에도 정답으로 인정한다.
- 일용근로소득은 분리과세대상 소득이므로 소득금액의 크기에 무관하게 인적공제가 가능하다.

[2] (1) 부양가족 탭(103.한기홍)

연말관계	성명	나이	소득기준초과여부	기본공제	부녀자	한부모	경로우대	장애인	자녀	출산입양	결혼세액
0.	한기홍	41		본인							
1.	김어른	65	○	부							
3.	이슬비	39		배우자							
4.	한기쁨	10		20세이하					○		

- 김어른(모친)은 총급여액이 500만원을 초과하므로 기본공제대상에 해당하지 않는다.
- 한기쁨(자녀)은 8세 이상 20세 이하이므로 자녀세액공제 대상이다.

(2) 연말정산추가자료입력
- 보험료 : 부양가족 탭에서 피보험자별로 입력
  한기홍 750,000원, 한기쁨 150,000원
- 의료비 : 의료비 탭에서 의료비공제 대상자별로 입력
  김어른 3,000,000원, 이슬비 1,200,000원(실손보험금 500,000원) 입력
  - 의료비세액공제 대상 기본공제대상자는 소득요건 및 나이요건의 제한을 받지 않는다.
- 교육비 : 부양가족 탭에서 교육비공제 대상자별로 입력
  한기쁨 20,000,000원(초중고)
  국외유학에 관한 규정 제5조에 따른 자비유학자격이 있는 자녀의 해외 교육비는 교육비 세액공제대상이다.
- 기부금 : 기부금 탭을 열고 기부금입력에서 기부금공제 대상자별로 기부금을 입력하고 기부금조정에서 우측 공제금액계산을 실행하여 보조창에서 불러오기와 공제금액반영을 실행하고 저장한다.
  이슬비 41.일반기부금(종교단체) 500,000원
- 신용카드등공제 : 신용카드등 탭에서 부양가족별로 신용카드등 사용액 입력
  한기홍 신용카드 9,000,000원, 대중교통 1,000,000원, 이슬비 현금영수증 3,500,000원, 전통시장 500,000원
- 주택자금공제 : 연말정산입력 탭에서 34.장기주택저당차입금이자상환액을 선택하고 더블클릭하여 보조창에서 2015년 이후 차입 ㈎고정금리AND비거치상환에 이자상환액 2,000,000원 입력
- 모든 입력이 완료되면 연말정산입력 탭에서 F8부양가족탭불러오기를 실행하여야 한다.

5회 집중심화시험 해답

이론시험

1. ② 목적적합성에 대한 설명이다.
2. ① 매출총이익이 71,250원 감소한다.
    - 재고자산감모손실 : 1,000개 − 950개 = 50개 × 1,500원 = 75,000원
    - 정상감모손실 : 75,000원 × 95% = 71,250원
    - 비정상감모손실 : 75,000원 × 5% = 3,750원(비정상감모손실은 영업외비용으로 처리)
    - 따라서 정상감모손실 금액만 매출총이익에 영향을 끼치므로 매출총이익 71,250원 감소한다.
3. ④ 다른 종류의 자산과의 교환 시 취득한 유형자산의 취득원가는 교환을 위하여 제공한 자산의 공정가치로 측정한다.
4. ③ 재화의 소유에 따른 유의적인 위험과 보상이 구매자에게 이전된다.
5. ① 우발자산은 자산으로 인식하지 않고, 자원의 유입가능성이 매우 높은 경우에만 주석에 기재한다.
6. ③ 원가의 추적가능성에 따른 분류 : 직접원가, 간접원가
7. ② 제조원가명세서상 기말 원재료재고액은 재무상태표에 표시된다.
8. ③ 600,000(조립부문원가) + 200,000(전력부문 배분액) + 600,000(설비부문 배분액) = 1,400,000원
    - 전력부문이 조립부문에 배분한 금액 : 400,000 × 500/1,000 = 200,000원
    - 설비부문이 조립부문에 배분한 금액 : 800,000 × 600/800 = 600,000원
9. ① 800,000(실제 제조간접비 발생액) − 650,000(예정배부액) = 150,000원 과소배부
    - 제조간접비 예정배부율 = 예상 제조간접비 ÷ 예상 직접노무시간
      1,000,000 ÷ 20,000시간 = @50원/시간
    - 제조간접비 예정배부액 = 실제직접노무시간 × 제조간접비예정배부율
      13,000시간 × 50 = 650,000원
10. ④ 비정상공손 : 80개(공손수량) − 72개(정상공손수량) = 8개
    - 당기완성품수량 = (기초재공품 + 당기착수) − (기말재공품 + 공손수량)
      (200개 + 900개) − (120개 + 80개) = 900개
    - 정상공손수량 : 900개 × 8% = 72개
11. ② 간이과세자는 의제매입세액 공제를 받을 수 없다.
12. ③ 무인판매기를 이용하여 재화를 공급하는 경우 : 무인판매기에서 현금을 인출하는 때
13. ② 시내버스, 시외버스, 일반철도 등의 대중교통수단에 의한 여객운송용역은 기초생활필수품으로서 부가가치세를 면제하지만, 항공기, 고속버스, 전세버스, 택시, 특수자동차, 특종선박 또는 고속철도에 의한 여객운송 용역은 부가가치세를 면제하는 여객운송 용역에서 제외한다.(부가가치세법 제26조)
14. ①
    - 한부모추가공제는 본인의 소득금액 크기에 제한을 받지 않는다.
    - 형제자매의 배우자는 부양가족의 대상에 해당하지 않는다.
    - 부양기간 1년 미만 여부에 상관없이 월할 계산하지 않는다.
15. ④ 중소기업 종업원이 주택(주택에 부수된 토지를 포함한다)의 구입·임차에 소요되는 자금을 저리 또는 무상으로 대여받음으로써 얻는 이익은 비과세 근로소득에 해당한다.(소득세법 제12조 제3호 저목, 시행령 제17조의4)

이론시험

문제 1

[1] 1월 12일 일반전표입력
(차) 보통예금	14,800,000		(대) 받을어음(미래상사㈜)	15,000,000
매출채권처분손실	200,000			

[2] 2월 5일 일반전표입력
(차) 퇴직급여(제)　　　　　　3,000,000　　　(대) 보통예금　　　　　　3,000,000

[3] 3월 31일 일반전표입력
(차) 미지급세금　　　　　　4,000,000　　　(대) 보통예금　　　　　　4,000,000

[4] 5월 5일 일반전표입력
(차) 기부금　　　　　　　　3,000,000　　　(대) 비 품　　　　　　　3,000,000

[5] 6월 17일 일반전표입력
(차) 소모품비(제)　　　　　　20,000　　　(대) 현 금　　　　　　　20,000
또는 출금전표 소모품비(제)　　20,000

문제 2

[1] 1월 20일 매입매출전표입력
유형: 61.현과, 공급가액: 3,000,000, 부가세: 300,000, 공급처: ㈜하이마트, 분개: 현금 또는 혼합
(차) 부가세대급금　　　　　　300,000　　　(대) 현 금　　　　　　3,300,000
　　비 품　　　　　　　　3,000,000　　　　(또는 보통예금)

[2] 2월 9일 매입매출전표입력
유형:11.과세, 공급가액:2,000,000, 부가세:200,000, 공급처:㈜유미산업, 전자:여, 분개:혼합
(차) 감가상각누계액(213)　　　2,255,000　　　(대) 부가세예수금　　　　200,000
　　보통예금　　　　　　　2,200,000　　　　비 품　　　　　　　5,000,000
　　유형자산처분손실　　　　745,000

[3] 7월 1일 매입매출전표입력
유형: 51.매입, 공급가액: 5,000,000, 부가세: 500,000, 공급처: ㈜원테크, 전자: 여, 분개: 혼합
(차) 부가세대급금　　　　　　500,000　　　(대) 현 금　　　　　　　500,000
　　복리후생비(판)　　　　　5,000,000　　　　미지급금　　　　　　5,000,000

[4] 8월 27일 매입매출전표입력
유형: 51.과세, 공급가액: 12,000,000, 부가세: 1,200,000, 공급처: 광명기계, 전자: 부, 분개: 혼합
(차) 부가세대급금　　　　　　1,200,000　　　(대) 당좌예금　　　　　13,200,000
　　기계장치　　　　　　　12,000,000

[5] 9월 27일 매입매출전표입력
유형:16.수출(영세율구분:①), 공급가액:34,500,000, 부가세:0, 공급처:미국 BOB사, 분개:외상 또는 혼합
(차) 외상매출금　　　　　　34,500,000　　　(대) 제품매출　　　　　34,500,000
• $30,000×1,150=34,500,000원

[1] 건물등감가상각자산취득명세서(조회기간 : 2025년 4월~6월)

취득내역				
감가상각자산종류	건수	공급가액	세액	비고
합계	3	568,000,000	56,800,000	
건물·구축물	1	500,000,000	50,000,000	
기계장치	1	60,000,000	6,000,000	
차량운반구				
기타감가상각자산	1	8,000,000	800,000	

No	거래처별 감가상각자산 취득명세						
	월/일	상호	사업자등록번호	자산구분	공급가액	세액	건수
1	04-08	(주)용율	130-81-50950	건물,구축물	500,000,000	50,000,000	1
2	05-12	(주)광명	201-81-14367	기계장치	60,000,000	6,000,000	1
3	06-22	(주)ck전자	203-81-55457	기타	8,000,000	800,000	1
4							

[2] 부가가치세신고서(조회기간 : 2025년 4월 1일~6월 30일)

	구분		정기신고금액		
			금액	세율	세액
과세표준및매출세액	과세	세금계산서발급분	1	500,000,000	10/100	50,000,000
		매입자발행세금계산서	2		10/100	
		신용카드·현금영수증발행분	3		10/100	
		기타(정규영수증외매출분)	4			
	영세	세금계산서발급분	5		0/100	
		기타	6	100,000,000	0/100	
	예정신고누락분		7			
	대손세액가감		8			
	합계		9	600,000,000	㉮	50,000,000
매입세액	세금계산서수취분	일반매입	10	190,000,000		19,000,000
		수출기업수입분납부유예	10			
		고정자산매입	11	100,000,000		10,000,000
	예정신고누락분		12	1,000,000		100,000
	매입자발행세금계산서		13			
	그 밖의 공제매입세액		14	8,000,000		800,000
	합계(10)-(10-1)+(11)+(12)+(13)+(14)		15	299,000,000		29,900,000
	공제받지못할매입세액		16	5,000,000		500,000
	차감계 (15-16)		17	294,000,000	㉯	29,400,000
납부(환급)세액(매출세액㉮-매입세액㉯)					㉰	20,600,000
경감공제세액	그 밖의 경감·공제세액		18			10,000
	신용카드매출전표등 발행공제등		19			
	합계		20		㉱	10,000
소규모 개인사업자 부가가치세 감면세액			20		㉲	
예정신고미환급세액			21		㉳	
예정고지세액			22		㉴	
사업양수자의 대리납부 기납부세액			23		㉵	
매입자 납부특례 기납부세액			24		㉶	
신용카드업자의 대리납부 기납부세액			25		㉷	
가산세액계			26		㉸	
차가감하여 납부할세액(환급받을세액)㉰-㉱-㉲-㉳-㉴-㉵-㉶-㉷+㉸			27			20,590,000
총괄납부사업자가 납부할 세액 (환급받을 세액)						

	구분		금액	세율	세액
7.매출(예정신고누락분)					
예정누락분	과세	세금계산서	33		10/100
		기타	34		10/100
	영세	세금계산서	35		0/100
		기타	36		0/100
	합계		37		
12.매입(예정신고누락분)					
예정누락분	세금계산서		38		
	그 밖의 공제매입세액		39	1,000,000		100,000
	합계		40	1,000,000		100,000
	신용카드매출	일반매입		1,000,000		100,000
	수령금액합계	고정매입				
	의제매입세액					
	재활용폐자원등매입세액					
	과세사업전환매입세액					
	재고매입세액					
	변제대손세액					
	외국인관광객에대한환급/					
	합계			1,000,000		100,000
14.그 밖의 공제매입세액					
	신용카드매출	일반매입	41	5,000,000		500,000
	수령금액합계표	고정매입	42	3,000,000		300,000
	의제매입세액		43		뒤쪽	
	재활용폐자원등매입세액		44		뒤쪽	
	과세사업전환매입세액		45			
	재고매입세액		46			
	변제대손세액		47			
	외국인관광객에대한환급세액		48			
	합계		49	8,000,000		800,000

구분		금액	세율	세액
16.공제받지못할매입세액				
공제받지못할 매입세액	50	5,000,000		500,000
공통매입세액면세등사업분	51			
대손처분받은세액	52			
합계	53	5,000,000		500,000
18.그 밖의 경감·공제세액				
전자신고세액공제	54			10,000
전자세금계산서발급세액공제	55			
택시운송사업자경감세액	56			
대리납부세액공제	57			
현금영수증사업자세액공제	58			
기타	59			
합계	60			10,000

[3] (1) 부가가치세신고서를 조회하여 상단의 F3마감을 확인하고 마감이 되어 있지 아니하면 마감한다.
(2) 전자신고 메뉴를 실행한 후 신고년월(2025년 10월~12월)과 신고인구분(2.납세자 자진신고)를 입력한다.
(3) 상단의 F4제작을 실행하고 비밀번호 입력창에서 비밀번호 12341234를 두 번 입력하고 확인하면 전자신고 데이터 제작이 완료되었다는 문구가 나오고 C드라이브에 전자신고용 파일이 생성된다.
(4) 상단의 F6홈택스바로가기를 실행하고 첫 화면은 닫기를 하면 국세청 홈택스 전자파일변환으로 들어간다.
(5) 홈택스 전자파일변환에서 찾아보기 기능으로 전자파일을 선택하고 열기를 실행하여 불러온다.
(6) 전자신고변환 하단의 형식검증하기를 실행하여 비밀번호 창에 비밀번호 12341234를 입력한다.
(7) 이어서 형식검증결과확인, 내용검증하기, 내용검증결과확인을 클릭하고 마지막으로 전자파일제출을 클릭한다.

(8) 검증결과 오류가 없으면 하단의 전자파일제출하기를 실행하면 나타나는 "정상변환된 신고서를 제출합니다."는 보조창에서 확인을 실행하면 부가가치세신고서 접수증(파일변환)이 나타난다.

[1] 12월 31일 일반전표입력
　　(차) 이자비용　　　　　　　　　　　4,000,000　　(대) 미지급비용　　　　　　　　4,000,000
　　• 300,000,000×2%×8개월/12개월＝4,000,000원
[2] 12월 31일 일반전표입력
　　(차) 현금과부족　　　　　　　　　　　　86,000　　(대) 잡이익　　　　　　　　　　　86,000
[3] 12월 31일 일반전표입력
　　(차) 부가세예수금　　　　　　　　25,450,000　　(대) 부가세대급금　　　　　　31,400,000
　　　　세금과공과(판)　　　　　　　　　　60,000　　　　잡이익　　　　　　　　　　　10,000
　　　　미수금　　　　　　　　　　　　5,900,000
[4] 12월 31일 일반전표입력
　　(차) 장기차입금(미래은행)　　　　20,000,000　　(대) 유동성장기부채(미래은행)　20,000,000
[5] 12월 31일 일반전표입력
　　(차) 무형자산상각비　　　　　　　50,000,000　　(대) 영업권　　　　　　　　　50,000,000
　　또는 자동결산
　　결산자료입력에서 4.판매비와일반관리비, 6).무형자산상각비 영업권 50,000,000원 입력 후 F3전표추가

[1] (1) 수당공제등록

수당공제등록									
수당등록	공제등록								
No	코드	과세구분	수당명	근로소득유형			월정액	통상임금	사용여부
				유형	코드	한도			
4	1004	과세	월차수당	급여			정기	부	부
5	1005	비과세	식대	식대	P01	(월)200,000	정기	부	부
6	1006	비과세	자가운전보조금	자가운전보조금	H03	(월)200,000	부정기	부	여
7	1007	비과세	야간근로수당	야간근로수당	O01	(년)2,400,000	부정기	부	부
8	2001	과세	식대	급여			정기	부	여
9	2002	과세	육아수당	보육수당	Q02	(월)200,000	정기	부	여

▶ 비과세식대 월 20만원, 비과세 육아수당 월 20만원

(2) 급여자료입력(귀속 : 2025년 5월, 지급년월일 : 5월 31일)

사번	사원명	감면율	급여항목	금액	공제항목	금액
501	이영환		기본급	3,000,000	국민연금	135,000
502	최미남		직책수당	400,000	건강보험	120,000
			식대	200,000	장기요양보험	15,370
			자가운전보조금	200,000	고용보험	30,600
			육아수당	100,000	소득세(100%)	129,990
					지방소득세	12,990
					농특세	
			과　　세	3,400,000		
			비　과　세	500,000	공 제 총 액	443,950
총인원(퇴사자)	2(0)		지 급 총 액	3,900,000	차 인 지 급 액	3,456,050

(3) 원천징수이행상황신고서(귀속기간 : 2025년 5월~5월, 지급기간 : 2025년 5월~5월, 신고구분 매월)

소득자	소득구분	코드	소득지급		징수세액			당월조정 환급세액	납부세액	
			인원	총지급액	소득세 등	농어촌특별세	가산세		소득세 등	농어촌특별세
근로소득	간이세액	A01	1	3,500,000	129,990					
	중도퇴사	A02								
	일용근로	A03								
	연말정산	A04								
	(분납신청)	A05								
	(납부금액)	A06								
	가 감 계	A10	1	3,500,000	129,990			129,990		
개인거주 퇴직소득	연금계좌	A21								
	그 외	A22								
	가 감 계	A20								

전월 미환급 세액의 계산				당월 발생 환급세액				18.조정대상환급세액(14+15+16+17)	19.당월조정환급세액계	20.차월이월환급세액	21.환급신청액
12.전월미환급	13.기환급	14.차감(12-13)	15.일반환급	16.신탁재산	금융회사 등	합병 등					
200,000		200,000						200,000	129,990	70,010	

[2] (1) 부양가족 탭

연말관계	성명	나이	소득기준 초과여부	기본공제	부녀자	한부모	경로우대	장애인	자녀	출산입양	결혼세액
0.	최미남	45		본인							
1.	박희수	72		60세이상			○				
3.	김연우	42	○	부							
4.	최지우	9		20세이하					○		
4.	최건우	7		20세이하							

▶ 소득요건 충족 되지 않는 김연우를 제외하고는 모두 기본공제 대상자이다. 모친은 경로우대공제 대상자이다.

(2) 연말정산추가입력

- 보험료 : 부양가족 탭에서 입력

  최미남 보장성(일반)1,600,000원, 최지우 보장성(일반) 500,000원, 최건우 보장성(일반) 450,000원 입력

- 교육비 : 부양가족 탭에서 최미남 5,000,000원(4.본인) 교육비 입력

  배우자 김연우는 소득금액이 100만원을 초과하므로 교육비공제를 받을 수 없다.

  미취학아동의 학원비는 교육비공제 대상이 되지만 초등학생의 학원비는 공제대상이 아니다.

- 의료비 : 의료비 탭에서 부양가족별로 입력

  최미남 : 증빙코드 1, 금액 : 1,500,000원

  최미남 : 증빙코드 5, 대학안경점 사업자등록번호 : 605-26-23526, 금액 : 500,000원

  박희수 : 증빙코드 1, 금액 : 3,250,000원, 실손보험수령 : 1,000,000원

- 신용카드등공제 : 신용카드등 탭에서 부양가족별로 사용액 입력

  최미남 신용카드 22,000,000원, 현금영수증 2,200,000원

- 연금저축등Ⅰ탭 : 2연금계좌세액공제 - 연금저축계좌에 2.연금저축 입력

2 연금계좌 세액공제 - 연금저축계좌(연말정산입력 탭의 38.개인연금저축, 59.연금저축)						크게보기
연금저축구분	코드	금융회사 등	계좌번호(증권번호)	납입금액	공제대상금액	소득/세액공제액
2.연금저축	306	(주) 국민은행	243-910750-72209	1,200,000	1,200,000	144,000
개인연금저축						
연금저축				1,200,000	1,200,000	144,000

- 모든 입력이 완료되면 연말정산입력 탭에서 F8부양가족탭불러오기를 실행하여야 한다.

6회 집중심화시험 해답

이론시험

1. ① 목적적합성에 대한 내용으로 적시성에 해당한다.
2. ④ 선입선출법상 기말재고는 최근에 구입한 상품의 원가로 구성되므로 물가가 하락한 경우 재고자산의 가격이 더 작게 평가된다.
3. ② 일반기업회계기준 7장 재고자산 실무지침7.5
   도착지 인도조건인 경우에는 상품이 도착된 시점에 소유권이 매입자에게 이전되기 때문에 미착상품은 매입자(판매회사)의 재고자산에 포함되지 않는다.
4. ③
5. ② 주식배당시 주식수는 증가한다.
6. ③ 준변동원가에 대한 설명임.
7. ③ 당기 제품매출원가는 제품계정 대변에 기입되고, 당기제품제조원가와 재공품 차기이월액은 재공품계정의 대변에 기입됨
8. ④ 매출원가 : 1,100,000/1.1 = 1,000,000원
   제조간접비 : 1,000,000 − 300,000 − 200,000 − 150,000 + 100,000 = 450,000원
9. ③ 배부율 : 1,800,000/6,000,000 = 30%
   배부액 = (8,000,000 − 6,000,000) × 30% = 600,000원
10. ④ 선입선출법은 당기발생원가만을 완성품과 기말재공품에 배분하고, 기초재공품원가는 완성품 원가에 가산한다.
11. ③ 일반환급은 30일 이내에 조기환급은 15일 이내에 한다.
12. ①
13. ③ 간이과세자는 의제매입세액 공제를 적용하지 아니한다. 간이과세자가 다른 사업자(일반과세자 또는 직전연도 공급대가 4,800만원 이상인 간이과세자)로부터 신용카드매출전표등을 교부받은 경우 공급대가의 0.5%를 납부세액에서 공제한다.
14. ④ 주거용 건물 임대업에서 발생한 총수입금액 2천만원 이하의 소득은 선택적 분리과세 대상이다.
15. ④ 이자소득에는 필요경비가 없으며, 연금소득과 근로소득은 근로소득공제 및 연금소득공제를 일률적으로 공제받는다. 사업소득의 경우 장부를 작성하여 신고하면 실제 지출한 필요경비를 인정받을 수 있다.

실무시험

문제 1

[1] 2월 11일 일반전표입력
  (차) 기업업무추진비(판)   100,000   (대) 보통예금   100,000
[2] 3월 31일 일반전표입력
  (차) 퇴직급여(제)   2,700,000   (대) 보통예금   2,700,000
[3] 5월 30일 일반전표입력
  (차) 보통예금   20,000,000   (대) 자본금   25,000,000
    주식발행초과금   2,000,000
    주식할인발행차금   3,000,000

[4] 7월 10일 일반전표입력
　　(차) 보통예금　　　　　　　　　19,450,000　　　(대) 단기차입금(하나은행)　　　20,000,000
　　　　 이자비용　　　　　　　　　　 550,000
[5] 12월 13일 일반전표입력
　　(차) 기계장치　　　　　　　　　 3,800,000　　　(대) 자산수증이익　　　　　　 3,800,000

문제 2

[1] 10월 8일 매입매출전표입력
　　유형 : 12.영세(영세율구분 : ③), 공급가액 : 10,000,000, 공급처 : ㈜상상, 전자 : 여, 분개 : 외상 또는 혼합
　　(차) 외상매출금　　　　　　　　10,000,000　　　(대) 제품매출　　　　　　　　10,000,000
[2] 10월 14일 매입매출전표입력
　　유형 : 57.카과(신용카드 : ㈜순양카드), 공급가액 : 1,500,000, 부가세 : 150,000, 공급처 : 안녕정비소,
　　분개 : 혼합(카드)
　　(차) 부가세대급금　　　　　　　　 150,000　　　(대) 미지급금(㈜순양카드)　　 1,650,000
　　　　 차량유지비(제)　　　　　　 1,500,000　　　　　 (또는 미지급비용)
[3] 11월 3일 매출매입전표입력
　　유형 : 51.과세, 공급가액 : -30,000,000, 부가세 : -3,000,000, 공급처 : ㈜바이머신, 전자 : 여, 분개 : 혼합
　　(차) 부가세대급금　　　　　　　 -3,000,000　　　(대) 미지급금　　　　　　　 -33,000,000
　　　　 기계장치　　　　　　　　 -30,000,000
[4] 11월 11일 매입매출전표입력
　　유형 : 51.과세, 공급가액 : 2,000,000, 부가세 : 200,000, 공급처 : ㈜사탕, 전자 : 여, 분개 : 혼합
　　(차) 부가세대급금　　　　　　　　 200,000　　　(대) 선급금　　　　　　　　　　 200,000
　　　　 복리후생비(판)　　　　　　 2,000,000　　　　　 보통예금　　　　　　　　　 2,000,000
[5] 12월 28일 매입매출전표입력
　　유형 : 14.건별, 공급가액 : 250,000, 부가세 : 25,000, 분개 : 혼합
　　(차) 보통예금　　　　　　　　　　 275,000　　　(대) 부가세예수금　　　　　　　　 25,000
　　　　 감가상각누계액(213)　　　　 960,000　　　　　 비 품　　　　　　　　　　　 1,200,000
　　　　　　　　　　　　　　　　　　　　　　　　　　　 유형자산처분이익　　　　　　　 10,000

문제 3

[1] (1) 신용카드매출전표등발행금액집계표(조회기간 : 2025년 7월 ~ 9월, 구분 2기 예정)

1. 인적사항

상호[법인명]	㈜세아산업	성명[대표자]	오세아	사업등록번호	202-81-03655
사업장소재지	서울특별시 동대문구 겸재로 16 (휘경동)				

2. 신용카드매출전표 등 발행금액 현황

구 분	합 계	신용·직불·기명식 선불카드	현금영수증	직불전자지급 수단 및 기명식선불 전자지급수단
합　계	9,900,000	9,900,000		
과세 매출분	9,900,000	9,900,000		
면세 매출분				
봉 사 료				

3. 신용카드매출전표 등 발행금액중 세금계산서 교부내역

세금계산서발급금액	3,300,000	계산서발급금액	

(2) 신용카드매출전표등수령명세서(갑)(조회기간 : 2025년 7월 ~ 9월, 구분 2기 예정)

2. 신용카드 등 매입내역 합계			
구분	거래건수	공급가액	세액
합 계	2	80,000	8,000
현금영수증			
화물운전자복지카드			
사업용신용카드	1	70,000	7,000
그 밖의 신용카드	1	10,000	1,000

3. 거래내역입력								
No	월/일	구분	공급자	공급자(가맹점)사업자등록번호	카드회원번호	거래건수	공급가액	세액
1	07-11	사업	(주)가람	772-81-10112	7777-9999-7777-9999		70,000	7,000
2	09-27	신용	자금성	211-03-54223	3333-5555-3333-5555	1	10,000	1,000
				합계		2	80,000	8,000

[2] 대손세액공제신고서(대손발생 탭)(조회기간 : 2024년 4월 ~ 6월, 1기 확정)

당초공급일	대손확정일	대손금액	공제율	대손세액	거래처		대손사유
2024-09-01	2025-05-02	7,700,000	10/110	700,000	수성(주)	5.	부도(6개월경과)
2022-05-10	2025-05-10	5,500,000	10/110	500,000	금성(주)	6.	소멸시효완성
2024-01-05	2025-05-10	-2,750,000	10/110	-250,000	비담(주)		

• 정성㈜ 외상매출금 : 부도발생일로부터 6개월이 경과하지 않았으므로 공제 불가.
• 우강상사 단기대여금 : 단기대여금은 부가가치세법상 대손세액공제가 불가하다.

[3] (1) 부가가치세신고서 및 부속서류를 조회하여 상단의 F3마감을 확인하고 마감이 되어 있지 아니하면 마감한다.
  (2) 전자신고 메뉴를 실행한 후 신고년월(2025년 1월~3월)과 신고인구분(2.납세자 자진신고)를 입력한다.
  (3) 상단의 F4제작을 실행하고 비밀번호 입력창에서 비밀번호 12341234를 두 번 입력하고 확인하면 전자신고 데이터 제작이 완료되었다는 문구가 나오고 C드라이브에 전자신고용 파일이 생성된다.
  (4) 상단의 F6홈택스바로가기를 실행하고 첫 화면은 닫기를 하면 국세청 홈택스 전자파일변환으로 들어간다.
  (5) 홈택스 전자파일변환에서 찾아보기 기능으로 전자파일을 선택하고 열기를 실행하여 불러온다.
  (6) 전자신고변환 하단의 형식검증하기를 실행하여 비밀번호 창에 비밀번호 12341234를 입력한다.
  (7) 이어서 형식검증결과확인, 내용검증하기, 내용검증결과확인을 클릭하고 마지막으로 전자파일제출을 클릭한다.
  (8) 검증결과 오류가 없으면 하단의 전자파일제출하기를 실행하면 나타나는 "정상변환된 신고서를 제출합니다."는 보조창에서 확인을 실행하면 부가가치세신고서 접수증(파일변환)이 나타난다.

문제 4

[1] 12월 31일 일반전표입력
  (차) 선급비용　　　　　1,250,000　　　(대) 보험료(제)　　　　1,250,000

• 선급비용 : $3,000,000 \times \dfrac{5}{12} = 1,250,000$원

[2] 12월 31일 일반전표입력
  (차) 보통예금　　　　　7,200,000　　　(대) 단기차입금(우리은행)　7,200,000

[3] 12월 31일 일반전표입력
  (차) 매도가능증권평가손실　23,500,000　(대) 매도가능증권(178)　23,500,000

[4] ①, ②, ③ 중 한가지 방법으로 입력한다.
  ① 결산자료입력 상단 F8 대손상각 • 대손율 1.00% 확인하고 외상매출금, 미수금을 제외한 계정의 추가설정액을 삭제한 후 결산반영을 실행하고 F3전표추가

② 결산자료입력에서 4.판매비와 일반관리비 5).대손상각의 외상매출금에 4,540,500원 입력, 7.영업외비용 2).기타의대손상각의 미수금에 2,480,000원 입력한 후 F3전표추가
③ 12월 31일 일반전표입력
(차) 대손상각비(판)   4,540,500   (대) 대손충당금(109)   4,540,500
    기타의대손상각비   2,480,000   대손충당금(121)   2,480,000
외상매출금 : 558,550,000×1% - 1,045,000 = 4,540,500원
미수금 : 278,000,000×1% - 300,000 = 2,480,000원

[5] ①, ② 중 한가지 방법으로 입력한다.
① 결산자료입력애서 4.판매비와 일반관리비 6). 무형자산상각비의 특허권에 결산반영금액란 650,000원 입력 후 F3 전표추가
② 12월 31일 일반전표입력
(차) 무형자산상각비   650,000   (대) 특허권   650,000
• 무형자산상각비 : 4,550,000÷7년 = 650,000원

문제 5

[1] (1) 수당공제
1) 수당등록

No	코드	과세구분	수당명	근로소득유형			월정액	통상임금	사용여부
				유형	코드	한도			
1	1001	과세	기본급	급여			정기	여	여
2	1002	과세	상여	상여			부정기	부	부
3	1003	과세	직책수당	급여			정기	부	부
4	1004	과세	월차수당	급여			정기	부	부
5	1005	비과세	식대	식대	P01	(월)200,000	정기	부	부
6	1006	비과세	자가운전보조금	자가운전보조금	H03	(월)200,000	부정기	부	부
7	1007	비과세	야간근로수당	야간근로수당	001	(년)2,400,000	부정기	부	부
8	2001	과세	식대	급여			정기	부	여

2) 공제등록

No	코드	공제항목명	공제소득유형	사용여부
1	5001	국민연금	고정항목	여
2	5002	건강보험	고정항목	여
3	5003	장기요양보험	고정항목	여
4	5004	고용보험	고정항목	여
5	5005	학자금상환	고정항목	부
6	6001	건강보험료정산	건강보험료정산	여
7	6002	장기요양보험정산	장기요양보험정산	여

(2) 급여자료입력
1) 3월 귀속 급여(귀속년월 2025년 3월, 지급년월일 2025년 4월 30일)

사번	사원명	감면율	급여항목	금액	공제항목	금액
101	최철수		기본급	2,800,000	국민연금	135,000
			식대	100,000	건강보험	104,850
					장기요양보험	13,430
					고용보험	23,200
					건강보험료정산	
					장기요양보험정산	
					소득세(100%)	65,360
					지방소득세	6,530
			과 세	2,900,000	농특세	
			비 과 세		공 제 총 액	348,370
총인원(퇴사자)	1(0)		지 급 총 액	2,900,000	차 인 지 급 액	2,551,630

2) 4월 귀속 급여(귀속년월 2025년 4월, 지급년월일 2025년 4월 30일)

□	사번	사원명	감면율
■	101	최철수	
□			
□			
□			
□			
□			
□			
□			
	총인원(퇴사자)	1(0)	

급여항목	금액
기본급	3,000,000
식대	200,000
과　　　세	3,200,000
비 과 세	
지 급 총 액	3,200,000

공제항목	금액
국민연금	135,000
건강보험	115,330
장기요양보험	14,770
고용보험	25,600
건강보험료정산	125,760
장기요양보험정산	15,480
소득세(100%)	91,460
지방소득세	9,140
농특세	
공 제 총 액	532,540
차 인 지 급 액	2,667,460

(3) 원천징수이행상황신고서

1) 3월 귀속 4월 지급분(귀속기간 2025년 3월, 지급기간 2025년 4월)

소득자	소득구분	코드	소득지급		징수세액			당월조정 환급세액	납부세액	
			인원	총지급액	소득세 등	농어촌특별세	가산세		소득세 등	농어촌특별세
근로소득	간이세액	A01	1	2,900,000	65,360					
	중도퇴사	A02								
	일용근로	A03								
	연말정산	A04								
	(분납신청)	A05								
	(납부금액)	A06								
	가 감 계	A10	1	2,900,000	65,360				65,360	
총	합 계	A99	1	2,900,000	65,360				65,360	

2) 4월 귀속 4월 지급분(귀속기간 2025년 4월, 지급기간 2025년 4월)

소득자	소득구분	코드	소득지급		징수세액			당월조정 환급세액	납부세액	
			인원	총지급액	소득세 등	농어촌특별세	가산세		소득세 등	농어촌특별세
근로소득	간이세액	A01	1	3,200,000	91,460					
	중도퇴사	A02								
	일용근로	A03								
	연말정산	A04								
	(분납신청)	A05								
	(납부금액)	A06								
	가 감 계	A10	1	3,200,000	91,460				91,460	
총	합 계	A99	1	3,200,000	91,460				91,460	

[2] (1) 소득명세 탭
- 종(전)근무지 : 근무처명 ㈜진우상사, 사업자번호 : 258-81-84442,
  근무기간 : 2025.01.01.~2025.04.20.,
  급여 20,000,000원, 건강보험료 : 419,300원, 장기요양보험료 : 51,440원, 고용보험료 : 108,000원,
  국민연금 : 540,000원, 세액명세(기납부세액) 소득세 200,000원, 지방소득세 20,000원 입력

(2) 부양가족 탭
  ① 보험료
    부양가족명세에서 신영식을 선택하고 하단의 보험료를 클릭한 후 보조창에서
    보장성보험-일반에 2,000,000원(또는 1,000,000원) 입력
  ② 교육비
    부양가족명세에서 신영식을 선택하고 하단의 교육비(일반)에 7,000,000원(4.본인) 입력

(3) 의료비 탭
  성명 란에 커서를 두고 F2(코드도움)을 실행하여 부양가족코드도움 창을 열고 의료비가 있는 부양가족을 선택하고 각각의 의료비 지출액을 입력한다.
  - 신영식 : 3,000,000원(실손보험수령액 1,000,000원), • 신영식 : 500,000원

(4) 기부금 탭
  ① 기부금입력 탭
    주민등록번호에 커서를 두고 F2(코드도움)를 실행하고 보조창에서 신영식을 선택하고 기부금 유형, 기부내용, 기부처, 기부액 등을 입력한다.
    ※ 사회복지공동모금회 기부금 코드 및 유형 : 10.특례기부금 또는 40.일반기부금(종교단체 외)

② 기부금조정 탭

　기부금조정 탭에서 공제금액계산 클릭 후 보조창 하단에서 불러오기, 공제금액반영, 저장을 실행한다.

　※ 사회복지공동모금회 기부금 코드 및 유형 : 10.특례기부금 또는 40.일반기부금(종교단체 외)

- 공제금액계산＞불러오기＞공제금액반영＞저장

(5) 연금저축등1 탭

2 연금계좌 세액공제	- 연금저축계좌(연말정산입력 탭의 38.개인연금저축, 60.연금저축)					크게보기
연금저축구분	코드	금융회사 등	계좌번호(증권번호)	납입금액	공제대상금액	소득/세액공제액
1.개인연금저축	305	KEB 하나은행(구. 주식회사	253-660750-73308	2,000,000		720,000
개인연금저축				2,000,000		720,000
연금저축						

(6) 연말정산입력 탭에서 반드시 F8 부양가족탭불러오기 실행

　※ 실행하지 않으면 연말정산입력 화면에 반영되지 않는다.

 기출문제총정리 해답

이론시험

1. ④ 계정과목을 단기매매증권으로 분류변경하는 것이 아니라, 만기보유증권(유동자산)으로 분류변경한다.
2. ① • 미반영 회계처리 : (차) 선급비용(자산)　　　XXX　　(대) 보험료(비용)　　　XXX
    자산 과소, 비용 과대, 당기순이익 과소, 부채는 영향이 없다.
3. ③ 원상회복, 수선유지를 위한 지출은 수익적 지출에 해당한다.
4. ④ 용역제공거래의 성과를 신뢰성 있게 추정할 수 없고 발생한 원가의 회수가능성이 낮은 경우에도 발생한 원가는 비용으로 인식한다.[일반기업회계기준 문단 16.14]
5. ② 회계연도의 이익을 줄이기 위해 유형자산의 내용연수를 임의로 단축하는 것은 회계처리의 오류이다.
6. ④ 조업도가 증가하거나 감소하더라도 단위당 변동원가는 변함이 없다.
7. ① 18,000,000 − 20,000,000 = 2,000,000원(과대배부)
    • 배부차이 = 실제발생액 − 예정배부액
    • 예정배부액 : 실제 직접노무시간 × 제조간접원가 배부율
      10,000 × 2,000 = 20,000,000원
8. ② 500개 + 5,000개 − 300개 − 700개 = 4,500개
    • 완성품수량 = 기초재공품수량 + 당기착수수량 − 기말재공품수량 − 공손품수량
    • 정상공손수량 : 4,500개 × 10% = 450개
    • 비정상공손수량 : 공손품 − 정상공손 (700개 − 450개 = 250개)
9. ③ 종합원가계산에 대한 설명이다.
10. ① 2,000개 + 2,000개 × 40% = 2,800개
    완성품환산량 = 완성품수량 + 기말재공품 환산량
11. ③ 간이과세자는 세금계산서를 발급받은 재화의 공급대가에 0.5%를 곱한 금액을 납부세액에서 공제한다.
12. ③ 의제매입세액의 공제대상이 되는 원재료의 매입가액은 운임 등의 부대비용을 제외한 매입원가로 한다.
13. ④ 근로자의 가족에 대한 학자금은 근로소득으로 과세한다.
14. ② 근로소득과 사업소득이 있는 경우 과세표준확정신고의 예외에 해당하지 않으므로 반드시 확정신고를 해야 한다.
15. ① 총급여액 5,000,000원 이하의 근로소득만 있는 자는 기본공제 대상자에 해당한다.
    • 한부모공제는 소득금액 제한이 없다.

실무시험

문제 1

[1] 06월 12일 일반전표입력
    (차) 단기매매증권　　　　　10,000,000　　(대) 보통예금　　　　　10,100,000
       수수료비용(984)　　　　　 100,000
[2] 07월 09일 일반전표입력
    (차) 예수금　　　　　　　　 3,300,000　　(대) 보통예금　　　　　 3,300,000

[3] 07월 21일 일반전표입력
   (차) 토 지   370,000,000   (대) 자산수증이익   350,000,000
                                                보통예금   20,000,000
[4] 09월 20일 일반전표입력
   (차) 보통예금   34,100,000   (대) 사 채   35,000,000
       사채할인발행차금   900,000
[5] 10월 21일 일반전표입력
   (차) 보통예금   125,000,000   (대) 외상매출금(㈜도담)   115,000,000
                                                외환차익   10,000,000

[1] 07월 02일 매입매출전표입력
   유형 : 51.과세, 공급가액 : 15,000,000, 부가세 : 1,500,000, 공급처 : 대보상사, 전자 : 부, 분개 : 혼합
   (차) 부가세대급금   1,500,000   (대) 당좌예금   16,500,000
       기계장치   15,000,000
[2] 07월 24일 매입매출전표입력
   유형 : 61.현과, 공급가액 : 80,000, 부가세 : 8,000, 공급처 : 참맛식당, 분개 : 현금 또는 혼합
   (차) 부가세대급금   8,000   (대) 현 금   88,000
       복리후생비(판)   80,000
[3] 08월 01일 매입매출전표
   유형 : 54.불공, 공급가액 : 25,000,000, 부가세 : 2,500,000, 공급처 : ㈜빠름자동차, 전자 : 여, 분개 : 혼합,
   불공제사유 : ③개별소비세법 제1조제2항제3호에 따른 자동차 구입·유지 및 임차
   (차) 차량운반구   27,500,000   (대) 보통예금   3,000,000
                                                미지급금   24,500,000
[4] 08월 17일 매입매출전표입력
   유형 : 11.과세, 공급가액 : 40,000,000, 부가세 : 4,000,000, 공급처 : ㈜더뷰상사, 전자 : 여, 분개 : 혼합
   (차) 보통예금   12,000,000   (대) 부가세예수금   4,000,000
       외상매출금   32,000,000   제품매출   40,000,000
[5] 11월 30일 매입매출전표입력
   유형 : 16.수출(영세율구분 : ①), 공급가액 : 78,600,000, 공급처 : KYM사, 분개 : 혼합
   (차) 외상매출금   39,300,000   (대) 제품매출   78,600,000
       보통예금   39,300,000

[1] 부동산임대공급가액명세서

[2] 부가가치세신고서(조회기간 : 2025년 1월 1일 ~ 3월 31일)

- 간주임대료는 기타(정규영수증외매출분)에 입력한다.

[3] (1) 부가가치세신고서(2025년 4월~6월) 및 부속서류를 조회하여 상단의 F3마감을 확인하고 마감이 되어 있지 아니하면 마감한다.
  (2) 전자신고 메뉴를 실행한 후 신고년월(2025년 4월~6월)과 신고인구분(2.납세자 자진신고)를 입력한다.
  (3) 상단의 F4제작을 실행하고 비밀번호 입력창에서 비밀번호 13001300을 두 번 입력하고 확인하면 전자신고 데이터 제작이 완료되었다는 문구가 나오고 C드라이브에 전자신고용 파일이 생성된다.
  (4) 상단의 F6홈택스바로가기를 실행하고 첫 화면은 닫기를 하면 국세청 홈택스 전자파일변환으로 들어간다.

(5) 홈택스 전자파일변환에서 찾아보기 기능으로 전자파일을 선택하고 열기를 실행하여 불러온다.
(6) 전자신고변환 하단의 형식검증하기를 실행하여 비밀번호 창에 비밀번호 13001300을 입력한다.
(7) 이어서 형식검증결과확인, 내용검증하기, 내용검증결과확인을 클릭하고 마지막으로 전자파일제출을 클릭한다.
(8) 검증결과 오류가 없으면 하단의 전자파일제출하기를 실행하면 나타나는 "정상변환된 신고서를 제출합니다."
는 보조창에서 확인을 실행하면 부가가치세신고서 접수증(파일변환)이 나타난다.

[1] 12월 31일 일반전표입력
  (차) 매도가능증권(178) 1,200,000 (대) 매도가능증권평가이익 1,200,000
[2] 12월 31일 일반전표입력
  (차) 잡손실 102,000 (대) 현금과부족 102,000
[3] 12월 31일 일반전표입력
  (차) 보통예금 35,423,800 (대) 단기차입금(우리은행) 35,423,800
[4] 12월 31일 일반전표입력
  (차) 선급비용 200,000 (대) 보험료(판) 200,000
[5] ① 또는 ②를 입력한다.
 ① 결산자료입력에서 Ctrl F8 퇴직충당 실행
  퇴직급여추계액란에 퇴직급여(판) 100,000,000원, 퇴직급여(제) 300,000,000원 입력 후 F3 전표추가
 ② 12월 31일 일반전표입력
  (차) 퇴직급여(판) 80,000,000 (대) 퇴직급여충당부채 320,000,000
    퇴직급여(제) 240,000,000
  • 마케팅부서(판매관리비) : 100,000,000×100% − 20,000,000 = 80,000,000원
  • 생산부서(제조원가) : 300,000,000×100% − 60,000,000 = 240,000,000원

[1] (1) 수당등록

| No | 코드 | 과세구분 | 수당명 | 근로소득유형 | | 월정액 | 통상임금 | 사용여부 |
				유형	코드	한도			
5	1005	비과세	식대	식대	P01	(월)200,000	정기	부	부
6	1006	비과세	자가운전보조금	자가운전보조금	H03	(월)200,000	부정기	부	부
7	1007	비과세	야간근로수당	야간근로수당	O01	(년)2,400,000	부정기	부	부
8	2001	비과세	기업연구소 연구보조	[기업연구소]연구보	H10	(월)200,000	부정기	부	여
9	2002	비과세	육아수당	보육수당	Q02	(월)200,000	정기	부	여
10	2003	과세	식대	급여			정기	부	여

(2) 급여자료입력(귀속년월 2025년 7월, 지급년월일 2025년 7월 31일)

급여항목	금액	공제항목	금액
기본급	2,000,000	국민연금	112,500
직책수당	300,000	건강보험	88,620
[기업연구소]연구보조비	200,000	장기요양보험	11,470
육아수당	200,000	고용보험	22,500
식대	200,000	소득세(100%)	35,600
		지방소득세	3,560
		농특세	
과 세	2,500,000		
비 과 세	400,000	공 제 총 액	274,250
지 급 총 액	2,900,000	차 인 지 급 액	2,625,750

(3) 원천징수이행상황신고서(귀속기간 2025년 7월~7월, 지급기간 2025년 7월~7월)

소득자 소득구분		코드	소득지급		징수세액			당월조정 환급세액	납부세액	
			인원	총지급액	소득세 등	농어촌특별세	가산세		소득세 등	농어촌특별세
근로소득	간이세액	A01	1	2,900,000	35,600					
	중도퇴사	A02								
	일용근로	A03								
	연말정산	A04								
	(분납신청)	A05								
	(납부금액)	A06								
	가 감 계	A10	1	2,900,000	35,600			35,600		
퇴직소득	연금계좌	A21								
	그 외	A22								
	가 감 계	A20								
사업소득	매월징수	A25								
	연말정산	A26								
	가 감 계	A30								

전월 미환급 세액의 계산				당월 발생 환급세액				18.조정대상환급액(14+15+16+17)	19.당월조정환급세액계	20.차월이월환급세액	21.환급신청액
12.전월미환급	13.기환급	14.차감(12-13)	15.일반환급	16.신탁재산	금융회사 등	합병 등					
150,000		150,000						150,000	35,600	114,400	

[2] (1) 연말정산추가자료입력 소득명세 탭에 입력
- 근무처 : ㈜강일전자, 사업자등록번호 : 205-85-11389, 근무기간 : 2025.01.01.~2025.09.19.,
급여 : 33,250,000원, 상여 : 8,500,000원, 건강보험료 : 1,435,680원, 장기요양보험료 : 183,870원,
고용보험료 : 364,500원, 국민연금보험료 : 1,822,500원,
기납부세액 : 소득세 325,000원, 지방소득세 32,500원

(2) 연말정산추가자료입력 부양가족명세 탭
1) 인적공제

연말관계	성명	주민등록번호	기본공제	세대주구분	부녀자	한부모	경로우대	장애인	자녀세액	출산입양	결혼세액
0.	김민수	800205-1884520	본인	세대주							
1.	한미녀	571211-2113255	60세이상					1.			
3.	여민지	830120-2118529	배우자								
4.	김수지	120810-4988226	20세이하						○		
4.	김지민	140520-3118523	20세이하						○		

- 여민지(배우자)는 총급여 500만원 이하이므로 기본공제대상자이다.
- 세부담 최소화를 위하여 김수지(자녀)의 기타소득(일시적인 문예창작소득) 50만원은 분리과세를 선택하므로 김수지는 기본공제대상자에 해당한다.
- 한미녀(모친)의 기본공제유형을 60세이상이나 장애인 중 어느 것을 선택하여도 된다.
- 장애인은 연령의 제한이 없으며, 한미녀(모친)의 원천징수 대상 금융소득은 2,000만원 이하로 분리과세 대상이므로 기본공제대상자에 해당한다.

2) 보험료
김민수 보장성보험-일반 1,150,000원, 한미녀(모친) 보장성보험-장애인 1,200,000원 입력

3) 교육비

김수지 일반 200,000원(2.초중고), 김지민 일반 300,000원(2.초중고) 입력
- 학원비는 초등학교 취학 전 아동에 한하여 공제가 가능하다.
- 초등학교 체험학습비는 연 30만원까지 공제가 가능하다.
- 직계존속 한미녀(모친)의 교육비는 공제 대상이 아니다(다만, 장애인 특수교육비는 제외함).

(3) 연말정산추가자료입력 의료비 탭

의료비 탭을 열고 의료비 지급명세서에 해당하는 부양가족별로 입력한다.
- 여민지 : 증빙코드 1. 금액 3,000,000원, 실손의료보험금 수령액 1,000,000원 입력
- 김수지 : 증빙코드 1. 금액 500,000원 입력

시력보정용 콘택트렌즈 구입비는 1인당 연 50만원까지 공제가 가능하다.

(4) 연말정산추가자료입력 신용카드 탭

신용카드등 탭을 열고 부양가족별로 해당하는 카드 및 현금영수증 등에 입력한다.
- 김민수 : 신용카드 19,870,000원, 전통시장 5,200,000원, 대중교통 7,500,000원
- 한미녀 : 현금영수증 5,000,000원
- 여민지 : 직불카드 12,000,000원

(5) 연말정산추가자료입력 연말정산입력 탭

상단의 F8부양가족불러오기를 실행한다.

113회 기출문제총정리 해답

이론시험

1. ③ 유동자산은 당좌자산과 재고자산으로 구분하고 투자자산은 비유동자산에 속한다.
2. ② 10,000,000 + 2,000,000 + 300,000 = 12,300,000원
   기초 자본잉여금 + 주식발행초과금 + 자기주식처분이익
   이익준비금은 자본잉여금이 아니고 이익잉여금에 해당한다.
3. ① 대손충당금 과대 설정은 동시에 대손상각비가 과대 계상된다.
4. ② 취득세, 등록면허세 등 유형자산의 취득과 직접 관련된 제세공과금은 유형자산의 원가를 구성한다.
5. ④ 충당부채는 과거사건이나 거래의 결과에 의한 현재의무로서, 지출의 시기 또는 금액이 불확실하지만 그 의무를 이행하기 위하여 자원이 유출될 가능성이 매우 높고 또한 당해 금액을 신뢰성 있게 추정할 수 있는 의무를 말한다.[일반기업회계기준 문단 14.3]
6. ② • 실제 물량의 흐름

구분		검사 30%	기말 50%	기초 70%	완성 100%
완성품	2,000개				
기초재공품	500개	─────────────────────────→			
당기착수완성품	1500개	──────────────────→			
기말재공품	300개	──────────────→			

- 당기에 검사를 통과한 정상품 : 1,500개 + 300개 = 1,800개
- 정상공손수량 : 1,800개 × 3% = 54개

7. ④   이익잉여금처분은 주주에게 지급하는 배당 등을 의미하며 주주인 외부 이해관계자에게 제공하는 것은 재무회계의 목적에 해당한다.
8. ①   30,870,000원
   = 실제 직접노동시간 70,000시간 × 제조간접원가 예정배부율 441원
   • 제조간접원가 예정배부율 : 제조간접원가 예산 39,690,000원 ÷ 예산 직접노동시간 90,000시간
     = 441원/직접노동시간
9. ③   제조원가를 원가행태에 따른 분류하면 변동제조원가, 고정제조원가로 분류한다.
10. ③ 단계배분법은 우선순위가 높은 부문의 보조부문원가를 우선순위가 낮은 부문과 제조부문에 먼저 배분하는 방법으로 상호간의 용역수수관계를 일부 인식하지만 배분 순서가 부적절한 경우 직접배분법보다도 정확성이 떨어질 수 있다.
   • 상호배분법은 보조부문 상호간의 용역수수관계를 가장 정확하게 배분하지만 보조부문의 수가 여러 개일 경우 시간과 비용이 많이 소요되고 계산하기가 어려워 실무상 거의 사용되지 않는다.
11. ②   • 면세 등 세금계산서 발급 대상이 아닌 거래 등에 대하여 세금계산서를 발급한 경우 : 처음에 발급한 세금계산서의 내용대로 붉은색 글씨로 쓰거나 음의 표시를 하여 발급(부가가치세법 시행령 제70조 제1항 제8호)
   • 필요적 기재사항 등이 착오 외의 사유로 잘못 적힌 경우 : 처음에 발급한 세금계산서의 내용대로 세금계산서를 붉은색 글씨로 쓰거나 음의 표시를 하여 발급하고, 수정하여 발급하는 세금계산서는 검은색 글씨로 작성하여 발급(부가가치세법 시행령 제70조 제1항 제6호)
   • 착오로 전자세금계산서를 이중으로 발급한 경우 : 처음에 발급한 세금계산서의 내용대로 음의 표시를 하여 발급(부가가치세법 시행령 제70조 제1항 제7호)
12. ④   세금계산서 임의적 기재사항의 일부가 적히지 아니한 지출에 대한 매입세액은 공제가 가능하다. 필요적 기재사항의 일부가 적히지 아니한 지출에 대한 매입세액은 공제할 수 없다.
13. ①   부가가치세법 제59조, 납세지 관할 세무서장은 각 과세기간별로 그 과세기간에 대한 환급세액을 확정신고한 사업자에게 그 확정신고기한이 지난 후 30일 이내(제2항 각 호의 어느 하나에 해당하는 경우에는 15일 이내)에 대통령령으로 정하는 바에 따라 환급하여야 한다.
14. ④   금융소득은 납세자의 선택에 따라 종합소득합산과세를 적용할 수 없으며 금융소득이 연 2천만원을 초과하는 경우 금융소득종합과세를 적용 한다.
15. ③   당해 과세기간에 발생한 결손금을 먼저 다른 소득금액에서 공제한다.

실무시험

[1] 03월 21일 일반전표입력
    (차) 이월이익잉여금(375)   110,000,000   (대) 미지급배당금   100,000,000
                                                    이익준비금   10,000,000
[2] 03월 28일 일반전표입력
    (차) 외상매입금(남일상사)   15,500,000   (대) 보통예금   7,000,000
                                                    가수금(대표자)   8,500,000
[3] 06월 25일 일반전표입력
    (차) 교육훈련비(판)   2,400,000   (대) 예수금   79,200
                                                    보통예금   2,320,800
[4] 08월 10일 일반전표입력
    (차) 보통예금   950,000   (대) 단기매매증권   500,000
                                                    단기매매증권처분이익 450,000

[5] 09월 05일 일반전표입력
(차) 기부금 2,000,000 (대) 원재료 2,000,000
(적요 8. 타계정으로 대체액)

[1] 07월 17일 매입매출전표입력
유형 : 22.현과, 공급가액 : 480,000, 부가세 : 48,000, 공급처 : 추미랑, 분개 : 현금 또는 혼합
(차) 현 금 528,000 (대) 제품매출 480,000
부가세예수금 48,000

[2] 07월 28일 매입매출전표입력
유형 : 14.건별, 공급가액 : 1,000,000, 부가세 : 100,000, 공급처 : 없음, 분개 : 혼합
(차) 보통예금 1,100,000 (대) 부가세예수금 100,000
감가상각누계액(213) 1,500,000 비 품 2,500,000

[3] 08월 28일 매입매출전표입력
유형 : 55.수입, 공급가액 : 5,400,000, 부가세 : 540,000, 공급처 : 인천세관, 전자 : 여, 분개 : 현금 또는 혼합
(차) 부가세대급금 540,000 (대) 현 금 540,000

[4] 09월 02일 매입매출전표입력
유형 : 57.카과, 공급가액 : 1,000,000, 부가세 : 100,000, 공급처 : 과자나라㈜, 분개 : 카드 또는 혼합,
신용카드사 : 비씨카드
(차) 부가세대급금 100,000 (대) 미지급금(비씨카드) 1,100,000
복리후생비(판) 1,000,000 (또는 미지급비용)

[5] 09월 11일 매입매출전표입력
유형 : 51.과세, 공급가액 : 20,000,000, 부가세 : 2,000,000, 공급처 : ㈜오성기계, 전자 : 여, 분개 : 혼합
(차) 기계장치 20,000,000 (대) 보통예금 20,000,000
부가세대급금 2,000,000 선급금 2,000,000

[1] 의제매입세액공제신고서

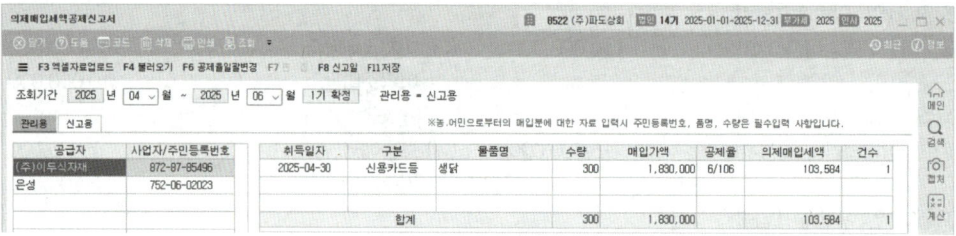

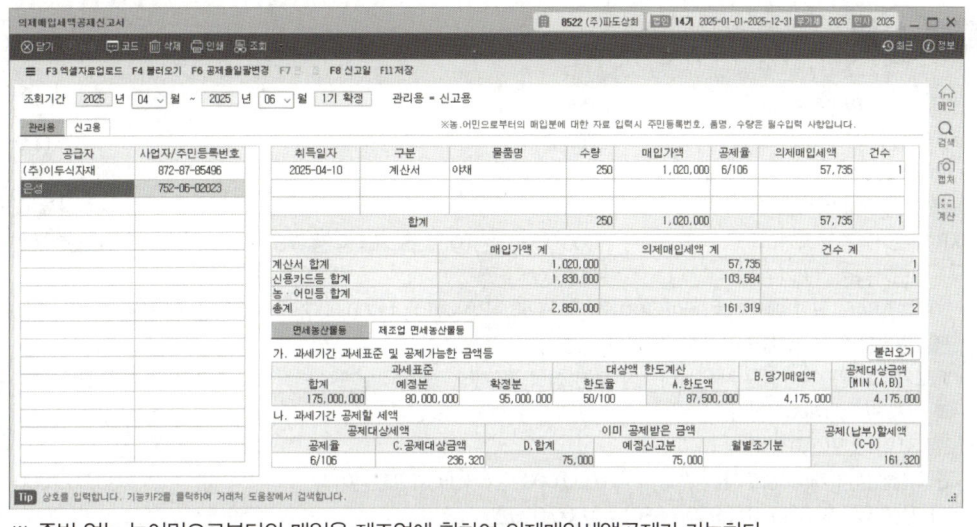

※ 증빙 없는 농어민으로부터의 매입은 제조업에 한하여 의제매입세액공제가 가능하다.
※ B 당기매입액 = 예정신고기간 매입액[주1] + 확정신고기간 매입액
  B 당기매입액: 1,325,000 + 2,850,000 = 4,175,000원
  [주1] 예정신고기간 의제매입세액공제 대상 면세매입액 = 예정신고시 의제매입세액공제액÷6/106
  예정신고기간 면세매입액: 75,000÷6/106 = 1,325,000원

다만, 자격시험에서는 예정신고기간 분에 대한 의제매입세액공제 대상 면세 매입액을 명시하지 않았다는 이유로 의제매입세액공제신고서 하단의 B.당기매입액 2,850,000원, C.공제대상금액 161,320원으로 입력한 경우도 정답으로 인정했다.

[2] 건물등감가상각자산취득명세서(조회기간 : 2025년 10월~2025년 12월, 2기 확정)

[3] (1) 부가가치세신고서(2025년 1월~3월)를 조회하여 상단의 F3마감을 확인한다.
(2) 전자신고 메뉴를 실행한 후 신고년월(2025년 1월~3월)과 신고인구분(2.납세자 자진신고)를 입력한다.
(3) 상단의 F4제작을 실행하고 비밀번호 입력창에서 비밀번호 12341234를 두 번 입력하고 확인하면 전자신고 데이터 제작이 완료되었다는 문구가 나오고 C드라이브에 전자신고용 파일이 생성된다.
(4) 상단의 F6홈택스바로가기를 실행하고 첫 화면은 닫기를 하면 국세청 홈택스 부가가치세 신고에서 전자파일변환으로 들어간다.
(5) 홈택스 전자파일변환에서 찾아보기 기능으로 전자파일을 선택하고 열기를 실행하여 불러온다.
(6) 전자신고변환 하단의 형식검증하기를 실행하여 비밀번호 창에 비밀번호 12341234를 입력한다.
(7) 이어서 형식검증결과확인, 내용검증하기, 내용검증결과확인을 클릭하고 마지막으로 전자파일제출을 클릭한다.
(8) 검증결과 오류가 없으면 하단의 전자파일제출하기를 실행하면 나타나는 "정상변환된 신고서를 제출합니다."는 보조창에서 확인을 실행하면 부가가치세신고서 접수증(파일변환)이 나타난다.

[1] 12월 31일 일반전표입력
　　(차) 미수수익　　　　　　　　　　765,000　　(대) 이자수익　　　　　　　　　　765,000
　　• 미수수익 : 30,000,000×3.4%×9/12＝765,000원
[2] 12월 31일 일반전표입력
　　(차) 매도가능증권평가이익　　　 1,000,000　　(대) 매도가능증권(178)　　　 1,200,000
　　　　매도가능증권평가손실　　　　 200,000
　　• 2024년 말 인식한 매도가능증권평가이익(기타포괄손익누계액) 1,000,000원을 2025년 말 발생한 매도가능증권
　　　평가손실과 우선 상계하여 회계처리한다.
　　• 매도가능증권평가손실은 재무상태표상 자본 항목 중 기타포괄손익누계액 항목으로 차기 이후 발생하는 평가손익
　　　과 상계하여 회계처리한다.
[3] 12월 31일 일반전표입력
　　(차) 외상매출금(캐나다 ZF사)　　 3,000,000　　(대) 외화환산이익　　　　　　 3,000,000
　　외화환산이익 : $100,000×(950－920)＝3,000,000원
[4] 12월 31일 일반전표입력
　　(차) 부가세예수금　　　　　　　 8,240,000　　(대) 부가세대급금　　　　　　 6,400,000
　　　　세금과공과(판)　　　　　　　　 84,000　　　　잡이익　　　　　　　　　　　 10,000
　　　　　　　　　　　　　　　　　　　　　　　　　　미지급세금　　　　　　　　 1,914,000
[5] ① 또는 ②의 방법으로 입력한다.
　　① 결산자료입력에서 입력 후 F3전표추가
　　　4. 판매비와일반관리비 6). 무형자산상각비 영업권 결산반영금액란 : 50,000,000원
　　② 12월 31일 일반전표입력
　　　(차) 무형자산상각비　　　　　 50,000,000　　(대) 영업권　　　　　　　　 50,000,000

[1] 원천징수이행상황신고서(귀속기간 2025년 5월－5월, 지급기간 2025년 6월－6월)

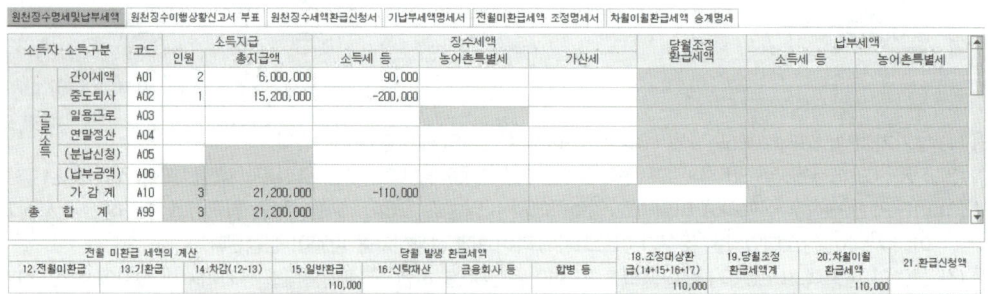

• 간이세액[A01] 총지급액＝급여합계－미제출비과세(자가운전보조금) 6,200,000－200,000＝6,000,000원
• 중도퇴사[A02]＝1월~4월 총지급액＋5월 총지급액 12,000,000＋3,200,000＝15,200,000원
※ 원천세 신고 및 지급명세서 작성 시 식대와 육아수당은 제출비과세 항목이며, 자가운전보조금은 미제출비과세
　 항목이다. 비과세 근로소득 중 제출비과세 항목은 총지급액에 포함하고, 미제출비과세 항목은 총지급액에 포함
　 하지 아니한다.

[2] (1) 연말정산추가자료입력 소득명세 탭에 입력
- 근무처 : ㈜솔비공업사, • 사업자번호 : 956-85-02635, • 근무기간 : 2025.01.01.~2025.04.20.
- 급여 : 12,200,000원, • 건강보험료 : 464,810원, • 장기요양보험료 : 97,290원, • 고용보험료 : 134,320원
- 국민연금보험료 : 508,700원, • 기납부세액 : 소득세 398,000원, 지방소득세 39,800원(결정세액을 입력)

(2) 연말정산추가자료입력 부양가족명세 탭

1) 인적공제

연말관계	성명	주민등록번호	기본공제	세대주구분	소득기준초과여부	부녀자	한부모	경로우대	장애인	자녀세액	출산입양	결혼세액
0.	함춘식	910919-1668329	본인	세대주								
1.	함덕주	511223-1589329	60세이상					○				
1.	박경자	540807-2548715	60세이상					○				
6.	함경리	891229-2509016	장애인						3.			

2) 보험료
입력하려는 부양가족에 커서를 놓고 보험료 란을 더블 클릭한 후 보조창에서 입력한다.
함춘식(본인) 보장성보험-일반 500,000원, 함경리(누나) : 보장성보험-장애인 700,000원 입력
- 함춘식(본인) : 저축성 보험료는 공제 대상에 해당하지 않는다.
※ 일반보장성 보험료와 장애인전용 보장성 보험료는 각각 100만원을 한도로 공제 가능하다.

(3) 연말정산추가자료입력 의료비 탭
의료비 탭을 열고 의료비 지급명세서에 해당하는 부양가족별로 입력한다.
- 박경자 : 증빙코드 1. 금액 2,000,000원, • 함덕주 : 증빙코드 1. 금액 300,000원
- 함경리 : 증빙코드 1. 금액 300,000원

(4) 연말정산추가자료입력 신용카드 탭
신용카드등 탭을 열고 부양가족별로 해당하는 카드 및 현금영수증 등에 입력한다.
- 함춘식 : 신용카드 19,400,000원, 대중교통 600,000원
- 함덕주 : 직불선불 6,000,000원, 전통시장 2,000,000원
※ 함춘식의 신용카드사용액 중 아파트 관리비 100만원은 공제대상 신용카드사용금액에서 제외된다.

(5) 월세액 탭

소득명세	부양가족	신용카드 등	의료비	기부금	연금저축 등I	연금저축 등II	월세액	연말정산입력

임대인명(상호)	주민등록번호(사업자번호)	유형	계약면적(㎡)	임대차계약서 상 주소지	계약서상 임대차 계약기간 개시일 ~ 종료일	연간 월세액	공제대상금액	세액공제금액
이고동	691126-1904701	아파트	84.00	경기도 안산시 단원구 중앙대	2024-01-01 ~ 2025-12-31	7,200,000	7,200,000	820,731

(6) 연말정산추가자료입력 연말정산입력 탭
상단의 F8부양가족불러오기를 실행한다.

 # 114회 기출문제총정리 해답

이론시험

1. ④ 종업원의 근무태도를 평가하는 것은 재무상태표의 목적이 아니다.
2. ① 실제 물량 흐름과 원가흐름이 대체로 일치하는 것은 선입선출법에 대한 설명이다.
3. ④ • 배당금 수익 : 배당금을 받을 권리와 금액이 확정된 날
   • 상품권 판매 : 상품권을 회수하고 재화를 인도한 시점
   • 장기할부판매 : 재화의 인도 시점
4. ② 주식배당을 하면 이익잉여금 계정이 감소, 자본금 계정이 증가하고 자본총액은 변하지 않는다.[일반기업회계기준 문단 15.16]
5. ① 단기매매증권으로 분류할 경우, 2024년 기말 장부가액은 190,000원이다.
6. ② 기본원가와 가공원가에 모두 포함되는 것은 직접노무원가이다.
   • 직접재료원가 + 직접노무원가 = 기본원가
   • 직접노무원가 + 제조간접원가 = 가공원가
7. ④ 100,000 + 125,000 = 225,000원
   제조원가 = 결합원가 배부액 + 추가가공원가

구분	순실현가치	결합원가 배부액
A	200kg × @3,000원 = 600,000원	160,000원
B	250kg × @2,000원 − 125,000원 = 375,000원	100,000원
C	500kg × @1,200원 − 75,000원 = 525,000원	140,000원
합계	1,500,000원	400,000원

   ※ 자격시험에서는 연산품원가계산이 전산세무2급 시험의 평가범위가 아니라는 이유로 모두 정답으로 인정하였지만 본 교재에서는 정상적인 풀이를 합니다.

8. ② 단계배분법은 보조부문원가의 배분방법에 해당한다.
9. ③ 종합원가계산에 대한 설명이다.
10. ④ 비정상공손은 통제가능한 공손으로서 제품원가로 처리할 수 없고, 발생한 기간에 손실로 처리한다.
11. ④ 소비지국 과세원칙을 구현하기 위해 영세율 제도를 두고 있으며 재화의 수입에 대하여 내국물품과 동일하게 과세한다.
12. ③ 해당 과세기간의 총공급가액 중 면세공급가액이 5% 미만이면서 공통매입세액 5백만원 미만이어야 한다.
13. ① • 직전 과세기간 공급가액의 합계액이 1억5천만원 미만인 법인사업자는 예정고지에 의하여 부가가치세를 납부한다(부가가치세법 제48조 제3항).
   • 신규로 사업을 시작하는 자에 대한 최초의 예정신고기간은 사업 개시일부터 그 날이 속하는 예정신고기간의 종료일까지로 한다(부가가치세법 제48조 제1항 단서).
   • 휴업 또는 사업 부진으로 인하여 사업실적이 악화된 경우 등 대통령령으로 정하는 사유가 있는 사업자만 예정신고를 할 수 있다(부가가치세법 제48조 제4항).
14. ② • 일용근로소득은 금액의 크기에 관계없이 무조건 분리과세 대상이며, 나머지는 종합과세 대상이다.
   • 인적용역을 일시적으로 제공하고 받은 대가는 기타소득으로 필요경비 60%를 공제한 후 기타소득금액이 320만원이므로 종합과세 대상에 해당한다.
15. ② 사업과 관련된 자산수증이익은 사업소득 총수입금액에 산입하여야 한다.

실무시험

문제 1

[1] 01월 25일 일반전표입력
(차) 미지급세금	8,500,000	(대) 미지급금(국민카드)	8,568,000
세금과공과(판)	68,000	(또는 미지급비용)	

[2] 01월 31일 일반전표입력
(차) 보통예금	9,915,000	(대) 받을어음(무인상사㈜)	10,000,000
매출채권처분손실	85,000		

[3] 02월 04일 일반전표입력
(차) 보통예금	9,800,000	(대) 사 채	10,000,000
사채할인발행차금	200,000		

[4] 06월 17일 일반전표입력
(차) 소모품비(제)	20,000	(대) 현 금	20,000

[5] 09월 13일 일반전표입력
(차) 이자비용	200,000	(대) 예수금	55,000
		보통예금	145,000

문제 2

[1] 07월 08일 매입매출전표입력
유형 : 12.영세(영세율구분 : ③), 공급가액 : 22,000,000, 공급처 : ㈜한빛, 전자 : 여, 분개 : 혼합
(차) 선수금	7,000,000	(대) 제품매출	22,000,000
받을어음	15,000,000		

[2] 07월 15일 매입매출전표입력
유형 : 54.불공(불공사유 : ⑥), 공급가액 : 10,200,000, 부가세 : 1,020,000, 공급처 : ㈜다양, 전자 : 여, 분개 : 혼합
(차) 토 지	11,220,000	(대) 미지급금	11,220,000

[3] 08월 05일 매입매출전표입력
유형 : 61.현과, 공급가액 : 250,000, 부가세 : 25,000, 공급처 : ㈜벽돌갈비, 분개 : 현금 또는 혼합
(차) 복리후생비(제)	250,000	(대) 현 금	275,000
부가세대급금	25,000		

[4] 08월 20일 매입매출전표입력
유형 : 11.과세, 공급가액 : 5,000,000, 부가세 : 500,000, 공급처 : 헤이중고차상사㈜, 전자 : 여, 분개 : 혼합
(차) 보통예금	5,500,000	(대) 부가세예수금	500,000
감가상각누계액(209)	16,000,000	차량운반구	20,000,000
		유형자산처분이익	1,000,000

[5] 09월 12일 매입매출전표입력
유형 : 51.과세, 공급가액 : 3,000,000, 부가세 : 300,000, 공급처 : 건물주, 전자 : 여, 분개 : 혼합
(차) 부가세대급금	300,000	(대) 미지급금	3,300,000
임차료(제)	2,800,000	(또는 미지급비용)	
건물관리비(제)	200,000		

※ 복수거래 입력 여부는 관계없음.

[1] 수출실적명세서(조회기간 : 2025년 4월~6월, 1기 확정, 과세기간별 입력)

번호	(13) 수출신고번호	(14) 선(기)적일자	(15) 통화코드	(16) 환율	금 액		전표정보	
					(17) 외화	(18) 원화	거래처코드	거래처명
1	12345-77-100066X	2025.06.15.	USD	1,300.0000	80,000.00	104,000,000	00178	BOB
2	22244-88-100077X	2025.06.15.	EUR	1,400.0000	52,000.00	72,800,000	00179	ORANGE
3								

[2] 부가가치세신고서(조회기간 : 2025년 10월 1일~12월 31일)

	구분		정기신고금액				구분		금액	세율	세액
			금액	세율	세액	7.매출(예정신고누락분)					
과세표준및매출세액	과세	세금계산서발급분	1	167,500,000	10/100	16,750,000	예정누락분	과세	세금계산서	33	10/100
		매입자발행세금계산서	2		10/100				기타	34	10/100
		신용카드·현금영수증발행분	3		10/100			영세	세금계산서	35	0/100
		기타(정규영수증외매출분)	4						기타	36	0/100
	영세	세금계산서발급분	5	100,000,000	0/100				합계	37	
		기타	6		0/100		12.매입(예정신고누락분)					
	예정신고누락분		7					세금계산서		38		
	대손세액가감		8			-120,000	예정누락분	그 밖의 공제매입세액		39	500,000	50,000
	합계		9	267,500,000	㉮	16,630,000			합계	40	500,000	50,000
매입세액	세금계산서수취분	일반매입	10	187,400,000		18,740,000		신용카드매출	일반매입		500,000	50,000
		수출기업수입분납부유예	10-1					수령금액합계	고정매입			
		고정자산매입	11	28,000,000		2,800,000		의제매입세액				
	예정신고누락분		12	500,000		50,000		재활용폐자원등매입세액				
	매입자발행세금계산서		13					과세사업전환매입세액				
	그 밖의 공제매입세액		14	21,099,655		2,109,965		재고매입세액				
	합계(10)-(10-1)+(11)+(12)+(13)+(14)		15	236,999,655		23,699,965		변제대손세액				
	공제받지못할매입세액		16	2,400,000		240,000		외국인관광객에대한환급세액				
	차감계 (15-16)		17	234,599,655	㉯	23,459,965			합계		500,000	50,000
납부(환급)세액(매출세액㉮-매입세액㉯)					㉰	-6,829,965	14.그 밖의 공제매입세액					
경감공제세액	그 밖의 경감·공제세액		18			10,000		신용카드매출	일반매입	41	18,554,200	1,855,420
	신용카드매출전표등 발행공제등		19					수령금액합계표	고정매입	42	2,545,455	254,545
	합계		20		㉱	10,000		의제매입세액		43	뒤쪽	
소규모 개인사업자 부가가치세 감면세액			20-1		㉲			재활용폐자원등매입세액		44	뒤쪽	
예정신고미환급세액			21		㉳			과세사업전환매입세액		45		
예정고지세액			22		㉴			재고매입세액		46		
사업양수자의 대리납부 기납부세액			23		㉵			변제대손세액		47		
매입자 납부특례 기납부세액			24		㉶			외국인관광객에대한환급세액		48		
신용카드업자의 대리납부 기납부세액			25		㉷				합계	49	21,099,655	2,109,965
가산세액계			26		㉸	125,000						
차가감하여 납부할세액(환급받을세액)㉰-㉱-㉲-㉳-㉴-㉵-㉶-㉷+㉸			27			-6,714,965						
총괄납부사업자가 납부할 세액(환급받을 세액)												

구분		금액	세율	세액
16.공제받지못할매입세액				
공제받지못할 매입세액	50	2,400,000		240,000
공통매입세액면세등사업분	51			
대손처분받은세액	52			
합계	53	2,400,000		240,000
18.그 밖의 경감·공제세액				
전자신고 및 전자고지 세액공제	54			10,000
전자세금계산서발급세액공제	55			
택시운송사업자경감세액	56			
대리납부세액공제	57			
현금영수증사업자세액공제	58			
기타	59			
합계	60			10,000

25.가산세명세					
사업자미등록등		61		1/100	
세금계산서	지연발급 등	62		1/100	
	지연수취	63		5/1,000	
	미발급 등	64	12,500,000	뒤쪽참조	125,000
전자세금발급명세	지연전송	65		3/1,000	
	미전송	66		5/1,000	
세금계산서합계표	제출불성실	67		5/1,000	
	지연제출	68		3/1,000	
신고불성실	무신고(일반)	69		뒤쪽	
	무신고(부당)	70		뒤쪽	
	과소·초과환급(일반)	71		뒤쪽	
	과소·초과환급(부당)	72		뒤쪽	
납부지연		73		뒤쪽	
영세율과세표준신고불성실		74		5/1,000	
현금매출명세서불성실		75		1/100	
부동산임대공급가액명세서		76		1/100	
매입자 납부특례	거래계좌 미사용	77		뒤쪽	
	거래계좌 지연입금	78		뒤쪽	
신용카드매출전표등수령명세서미제출·과다기재		79		5/1,000	
합계		80			125,000

• 전자세금계산서 미발급분 가산세(1%)는 미발급 등(64.) 또는 지연발급 등(62.)에 입력한다.
  12,500,000 × 1% = 125,000원

[3] (1) 부가가치세신고서(2025년 1월~3월)를 조회하여 상단의 F3마감을 확인한다.
(2) 전자신고 메뉴를 실행한 후 신고년월(2025년 1월~3월)과 신고인구분(2.납세자 자진신고)를 입력한다.
(3) 상단의 F4제작을 실행하고 비밀번호 입력창에서 비밀번호 12345678을 두 번 입력하고 확인하면 전자신고 데이터 제작이 완료되었다는 문구가 나오고 C드라이브에 전자신고용 파일이 생성된다.
(4) 상단의 F6홈택스바로가기를 실행하고 첫 화면은 닫기를 하면 국세청 홈택스 부가가치세 신고에서 전자파일변환으로 들어간다.
(5) 홈택스 전자파일변환에서 찾아보기 기능으로 전자파일을 선택하고 열기를 실행하여 불러온다.
(6) 전자신고변환 하단의 형식검증하기를 실행하여 비밀번호 창에 비밀번호 12345678을 입력한다.
(7) 이어서 형식검증결과확인, 내용검증하기, 내용검증결과확인을 클릭하고 마지막으로 전자파일제출을 클릭한다.
(8) 검증결과 오류가 없으면 하단의 전자파일제출하기를 실행하면 나타나는 "정상변환된 신고서를 제출합니다."는 보조창에서 확인을 실행하면 부가가치세신고서 접수증(파일변환)이 나타난다.

[1] 12월 31일 일반전표입력
　　(차) 기부금　　　　　　　　　1,000,000　　(대) 현금과부족　　　　　　1,200,000
　　　　기업업무추진비(판)　　　　200,000
[2] 12월 31일 일반전표입력
　　(차) 선급비용　　　　　　　　1,500,000　　(대) 보험료(제)　　　　　　1,500,000
　• 선급비용 : 3,600,000×5개월/12개월=1,500,000원
[3] 12월 31일 일반전표입력
　　(차) 보통예금　　　　　　　　　920,000　　(대) 이자수익　　　　　　　920,000
　• 이자수익 : 20,000,000×4.6%=920,000원
[4] ①과 ② 중 하나의 방법으로 입력
　① 결산자료입력에서 상단의 F8대손상각 실행하고 대손율 1% 확인하고 입력
　　• 외상매출금 735,500원, • 받을어음 207,000원, • 단기대여금 500,000원 입력하고 결산반영 후 F3전표추가
　② 또는 12월 31일 일반전표입력
　　(차) 대손상각비　　　　　　　　942,500　　(대) 대손충당금(109)　　　735,500
　　　　기타의대손상각비　　　　　500,000　　　　대손충당금(111)　　　207,000
　　　　　　　　　　　　　　　　　　　　　　　　대손충당금(115)　　　500,000
[5] ①과 ② 중 하나의 방법으로 입력
　① 결산자료입력에서 9. 법인세등 결산반영금액에 각각 입력 후 F3전표추가
　　• 1). 선납세금 5,800,000원, • 2). 추가계상액 2,600,000원 입력
　② 또는 12월 31일 일반전표입력
　　(차) 법인세등　　　　　　　　8,400,000　　(대) 선납세금　　　　　　5,800,000
　　　　　　　　　　　　　　　　　　　　　　　　미지급세금　　　　　　2,600,000

[1] (1) 수당등록

(2) 급여자료입력(귀속년월 2025년 4월, 지급년월일 2025년 4월 30일)

(3) 원천징수이행상황신고서(귀속기간 2025년 4월~4월, 지급기간 2025년 4월~4월)

[2] (1) 소득명세 탭 : 전근무지에 입력

근무처명 : 주식회사 두섬, 사업자등록번호 : 103-81-62982, 근무기간 : 2025.01.01.~2025.07.31.

급여 : 26,000,000원, 상여 : 1,000,000원, 건강보험료 : 905,300원, 장기요양보험료 : 115,900원,

고용보험료 : 243,000원, 국민연금보험료 : 1,170,000원,

기납부세액 : 소득세 340,000원, 지방소득세 34,000원(전근무지의 결정세액 입력)

(2) 부양가족 탭

① 인적공제

연말관계	성명	주민등록번호	소득기준 초과여부	기본공제	부녀자	한부모	경로우대	장애인	자녀세액	출산입양
0.	홍상현	870314-1287651		본인						
3.	이명지	870621-2044772	○	부						
4.	홍라율	200827-4842419		20세이하						
1.	홍천운	590919-1287032		60세이상						

② 교육비

부양가족 탭에서 해당하는 부양가족에 커서를 두고 하단의 교육비에 입력한다.

홍상현 일반 7,000,000원(4.본인), 홍라율 일반 2,400,000원(1.취학전) 입력

③ 보험료

부양가족 탭에서 해당하는 부양가족에 커서를 두고 하단의 보험료를 클릭한 후 보조창에서 입력한다.

홍상현(본인) 보장성보험 - 일반 800,000원, 홍라율(자녀) 보장성보험 - 일반 500,000원

(3) 신용카드 등 탭

신용카드등 탭을 열고 부양가족별로 해당하는 카드 및 현금영수증 등에 입력한다.

• 홍상현 : 신용카드 22,000,000원, 현금영수증 3,000,000원, 전통시장 4,000,000원, 대중교통 1,000,000원

(4) 의료비 탭

의료비 탭을 열고 의료비 지급명세서에 해당하는 부양가족별로 입력한다.

• 홍상현 : 증빙코드 1. 금액 300,000원
• 홍상현 : 증빙코드 5. 상호 모든안경, 사업자등록번호 431-01-00574, 건수 1, 금액 500,000원
• 홍라율 : 증빙코드 1. 금액 400,000원
• 홍천운 : 증빙코드 1. 금액 8,000,000원
※ 시력보정용 안경 구입비용은 1인당 연 50만원까지 공제가 가능하다.

(5) 연말정산입력 탭에서 부양가족탭불러오기를 반드시 실행한다.

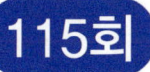 기출문제총정리 해답

이론시험

1. ④ 회계정보의 질적특성 중 목적적합성(적시성)에 대한 설명이다.
2. ④ ① 기계장치 취득원가 : 20,000,000+300,000+4,000,000=24,300,000원
   • 소모품 교체비는 수익적 지출로서 당기 비용으로 처리한다.
   ② 감가상각비 : 24,300,000÷6년=4,050,000원
   ③ 감가상각누계액 : 4,050,000×3년=12,150,000원
   • 2023년, 2024년, 2025년 감가상각비의 합계액
   ④ 2025.12.31. 미상각잔액 : 24,300,000-12,150,000=12,150,000원
3. ③ 무형자산의 상각방법은 합리적인 방법을 사용하며, 합리적인 상각방법을 정할 수 없는 경우에는 정액법을 사용한다.
4. ① 사채할인발행차금은 사채의 액면금액에서 차감하는 형식으로 표시한다.
5. ① 회계정책의 변경은 재무제표의 작성과 보고에 적용하던 회계정책을 다른 회계정책으로 바꾸는 것을 말한다.
6. ① 당기제품제조원가(당기완성품원가)는 재공품 계정의 대변에서 제품 계정의 차변으로 대체된다.
7. ② 작업원가표는 종합원가계산이 아닌, 개별원가계산을 적용할 때 작성한다.
8. ③ 제조원가명세서의 당기제품제조원가는 손익계산서의 당기제품제조원가에 계상된다.
9. ② • 예정배부율=예정배부액÷실제 직접노무시간 : 6,400,000÷50,000시간=128원
   • 예정배부액=실제 발생액+배부차이(과대배부) : 6,000,000+400,000=6,400,000원
10. ④ • 가공원가의 완성품환산량 : 1,000개×(1-30%)+5,200개+(800개×기말재공품완성도)=6,100개
    ∴ 기말재공품의 완성도=25%
11. ③ 일반과세자가 간이과세자로 변경되는 경우 그 변경되는 해에 간이과세자에 관한 규정이 적용되는 기간은 그 변경 이후 7월 1일부터 12월 31일까지이다.

12. ② 사업용 상가건물의 양도는 재화의 공급에 해당하지만, 담보의 제공, 사업의 포괄적 양도, 조세의 물납은 재화의 공급으로 보지 않는다.(부가가치세법 제10조 제9항)
13. ④ 기부금세액공제는 종합소득(사업소득자는 필요경비 산입)이 있는 거주자가 받을 수 있다.(소득세법 제59조의4)
14. ③ 장기할부판매의 대가의 각 부분을 받기로 한 날은 부가가치세법상 장기할부판매의 공급시기이며, 소득세법상 장기할부판매의 수입시기는 상품 등을 인도한 날이다.(소득세법 시행령 제48조)
15. ① 기타소득의 필요경비 인정비율은 60%가 원칙이나 예외적으로 보기 ①과 위약금 및 배상금 중 지체상금은 거주자가 받은 금액의 100분의 80에 상당하는 금액을 필요경비로 한다.(소득세법 시행령 제87조)

실무시험

[1] 04월 11일 일반전표입력
  (차) 보통예금   12,000,000   (대) 매도가능증권(178)   11,000,000
      매도가능증권평가이익   1,000,000   매도가능증권처분이익   2,000,000
[2] 06월 25일 일반전표입력
  (차) 비 품   5,000,000   (대) 자산수증이익   5,000,000
[3] 08월 02일 일반전표입력
  (차) 토 지   316,000,000   (대) 현 금   13,000,000
                                                보통예금   303,000,000
[4] 08월 10일 일반전표입력
  (차) 퇴직연금운용자산   5,000,000   (대) 보통예금   8,000,000
      퇴직급여(제)   3,000,000
[5] 12월 13일 일반전표입력
  (차) 보통예금   7,800,000   (대) 자기주식   6,960,000
                                                자기주식처분손실   200,000
                                                자기주식처분이익   640,000

[1] 03월 12일 매입매출전표입력
  유형 : 16.수출(영세율구분 : ①), 공급가액 : 39,000,000, 공급처 : ABC사, 분개 : 혼합
  (차) 보통예금   26,000,000   (대) 제품매출   39,000,000
      외상매출금   13,000,000
[2] 10월 01일 매입매출전표입력
  유형 : 51.과세, 공급가액 : 20,000,000, 부가세 : 2,000,000, 공급처 : 달려요, 전자 : 부, 분개 : 혼합 또는 외상
  (차) 부가세대급금   2,000,000   (대) 미지급금   22,000,000
      차량운반구   20,000,000
  • 1,000cc 이하의 경차는 부가가치세 매입세액공제가 가능하다.
[3] 10월 29일 매입매출전표입력
  유형 : 53.면세, 공급가액 : 1,800,000, 부가세 : 0, 공급처 : ㈜월클파이낸셜, 전자 : 여, 분개 : 혼합
  (차) 임차료(판)   1,800,000   (대) 미지급금   1,800,000
                                                (또는 미지급비용)

[4] 11월 01일 매입매출전표입력
유형 : 11.과세, 공급가액 : 10,000,000, 부가세 : 1,000,000, 공급처 : ㈜진산, 전자 : 여, 분개 : 혼합
(차) 보통예금   3,000,000   (대) 부가세예수금   1,000,000
    미지급금   8,000,000   제품매출   10,000,000

[5] 11월 20일 매입매출전표입력
유형 : 61.현과, 공급가액 : 1,760,000, 부가세 : 176,000, 공급처 : ㈜코스트코코리아, 분개 : 혼합
(차) 부가세대급금   176,000   (대) 보통예금   1,936,000
    비 품   1,760,000

문제 3

[1] (1) 공제받지못할매입세액명세서(조회기간 2025년 10월 – 12월, 공제받지못할매입세액내역 탭)

매입세액 불공제 사유	매수	세금계산서 공급가액	매입세액
①필요적 기재사항 누락 등			
②사업과 직접 관련 없는 지출			
③비영업용 소형승용자동차 구입·유지 및 임차			
④접대비 및 이와 유사한 비용 관련			
⑤면세사업등 관련	12	90,000,000	9,000,000
⑥토지의 자본적 지출 관련			
⑦사업자등록 전 매입세액			
⑧금·구리 스크랩 거래계좌 미사용 관련 매입세액			

(2) 공제받지못할매입세액명세서(조회기간 2025년 10월 – 12월, 공통매입세액의정산내역 탭)

산식	구분	(15)총공통 매입세액	(16)면세 사업확정 비율			(17)불공제매입 세액총액 ((15)*(16))	(18)기불공제 매입세액	(19)가산또는 공제되는매입 세액(17)-(18)
			총공급가액	면세공급가액	면세비율			
1.당해과세기간의 공급가액기준		3,800,000	500,000,000.00	150,000,000.00	30.000000	1,140,000	500,000	640,000
합계		3,800,000	500,000,000	150,000,000		1,140,000	500,000	640,000

가산또는공제되는매입세액(640,000)= 총공통매입세액(3,800,000) × 면세비율(%)(30.000000) - 기불공제매입세액(500,000)

[2] 부가가치세신고서(조회기간 : 2025년 4월 1일 – 6월 30일)

		구분		정기신고금액				구분		금액	세율	세액
				금액	세율	세액	7.매출(예정신고누락분)					
과세표준및매출세액	과세	세금계산서발급분	1	500,000,000	10/100	50,000,000	예정누락분	과세	세금계산서	33		10/100	
		매입자발행세금계산서	2		10/100				기타	34		10/100	
		신용카드·현금영수증발행분	3	50,000,000	10/100	5,000,000		영세	세금계산서	35		0/100	
		기타(정규영수증외매출분)	4						기타	36		0/100	
	영세	세금계산서발급분	5		0/100			합계		37			
		기타	6	30,000,000	0/100		12.매입(예정신고누락분)					
	예정신고누락분		7				예	세금계산서		38	10,000,000		1,000,000
	대손세액가감		8			-500,000		그 밖의 공제매입세액		39			
	합계		9	580,000,000	㉮	54,500,000		합계		40	10,000,000		1,000,000
매입세액	세금계산서수취분	일반매입	10	320,000,000		32,000,000	정누락분	신용카드매출	일반매입				
		수출기업수입분납부유예	10-1					수령금액합계	고정매입				
		고정자산매입	11					의제매입세액					
	예정신고누락분		12	10,000,000		1,000,000		재활용폐자원등매입세액					
	매입자발행세금계산서		13					과세사업전환매입세액					
	그 밖의 공제매입세액		14	11,000,000		1,100,000		재고매입세액					
	합계(10)-(10-1)+(11)+(12)+(13)+(14)		15	341,000,000		34,100,000		변제대손세액					
	공제받지못할매입세액		16					외국인관광객에대한환급세액					
	차감계 (15-16)		17	341,000,000	㉯	34,100,000		합계					
납부(환급)세액(매출세액㉮-매입세액㉯)					㉰	20,400,000	14.그 밖의 공제매입세액					
경감공제세액	그 밖의 경감·공제세액		18			10,000	신용카드매출	일반매입	41	8,000,000		800,000
	신용카드매출전표등 발행공제등		19				수령금액합계표	고정매입	42	3,000,000		300,000
	합계		20		㉱	10,000	의제매입세액		43		뒤쪽	
소규모 개인사업자 부가가치세 감면세액			20-1		㉲		재활용폐자원등매입세액		44		뒤쪽	
예정신고미환급세액			21		㉳	3,000,000	과세사업전환매입세액		45			
예정고지세액			22		㉴		재고매입세액		46			
사업양수자의 대리납부 기납부세액			23		㉵		변제대손세액		47			
매입자 납부특례 기납부세액			24		㉶		외국인관광객에대한환급세액		48			
신용카드업자의 대리납부 기납부세액			25		㉷		합계		49	11,000,000		1,100,000
가산세액계			26		㉸	10,000						
차가감하여 납부할세액(환급받을세액)㉮-㉯-㉰-㉱-㉲-㉳-㉴-㉵-㉶-㉷+㉸			27			17,400,000						
총괄납부사업자가 납부할 세액(환급받을 세액)												

구분			금액	세율	세액
16.공제받지못할매입세액					
공제받지못할 매입세액		50			
공통매입세액면세등사업분		51			
대손처분받은세액		52			
합계		53			
18.그 밖의 경감·공제세액					
전자신고 및 전자고지 세액공제		54			10,000
전자세금계산서발급세액공제		55			
택시운송사업자경감세액		56			
대리납부세액공제		57			
현금영수증사업자세액공제		58			
기타		59			
합계		60			10,000
25.가산세명세					
사업자미등록등		61		1/100	
세 금 계산서	지연발급 등	62	1,000,000	1/100	10,000
	지연수취	63		5/1,000	
	미발급 등	64		뒤쪽참조	
전자세금 발급명세	지연전송	65		3/1,000	
	미전송	66		5/1,000	
세금계산서 합계표	제출불성실	67		5/1,000	
	지연제출	68		3/1,000	
신고 불성실	무신고(일반)	69		뒤쪽	
	무신고(부당)	70		뒤쪽	
	과소·초과환급(일반)	71		뒤쪽	
	과소·초과환급(부당)	72		뒤쪽	
납부지연		73		뒤쪽	
영세율과세표준신고불성실		74		5/1,000	
현금매출명세서불성실		75		1/100	
부동산임대공급가액명세서		76		1/100	
매입자 납부특례	거래계좌 미사용	77		뒤쪽	
	거래계좌 지연입금	78		뒤쪽	
신용카드매출전표등수령명세서미제출·과다기재		79		5/1,000	
합계		80			10,000

[1] 12월 31일 일반전표입력
    (차) 장기차입금(은혜은행)   20,000,000   (대) 유동성장기부채(은혜은행)   20,000,000

[2] 12월 31일 일반전표입력
    (차) 선급비용   2,250,000   (대) 임차료(판)   2,250,000
    • 선급비용 : 3,000,000원×9/12=2,250,000원

[3] 12월 31일 일반전표입력
    (차) 이자비용   13,600,000   (대) 미지급비용   13,600,000
    • 미지급비용 : 300,000,000×6.8%×8개월/12개월=13,600,000원

[4] ①과 ② 중 하나의 방법으로 입력
    ① 결산자료입력(기간 : 01월~12월)에 입력 후 F3 전표추가
        2.매출원가 7).경비 2).일반감가상각비 기계장치 4,000,000원 입력
        4.판매비와 일반관리비 4).감가상각비 건물 20,000,000원 입력
        4.판매비와 일반관리비 6).무형자산상각비 영업권 3,000,000원 입력
    ② 12월 31일 일반전표입력
        (차) 감가상각비(판)   20,000,000   (대) 감가상각누계액(203)   20,000,000
            감가상각비(제)   4,000,000   감가상각누계액(207)   4,000,000
            무형자산상각비(판)   3,000,000   영업권   3,000,000

[5] 결산자료입력(기간 : 01월~12월)
    기말원재료 재고액 4,700,000원, 기말재공품 재고액 800,000원, 기말제품 재고액 21,300,000원 입력 후 F3 전표추가
    • 도착지 인도조건으로 매입하여 운송 중인 미착원재료 2,300,000원은 기말재고에 포함하지 않고, 위탁제품 중 판매되지 않은 5,000,000원은 기말재고에 포함한다.

[1] 사원등록 메뉴(부양가족명세 탭)

연말관계	성명	주민등록번호	기본공제	부녀자	한부모	경로우대	장애인	자녀세액	출산입양
0.	김필영	830419-1234561	본인						
1.	김경식	460103-1156775	60세이상			○	2.		
2.	한수희	521111-2523451	60세이상			○			
3.	최하나	851006-2219115	배우자						
4.	김이온	130712-3035890	20세이하					○	
4.	김시온	200103-4035458	20세이하						
6.	김필모	801230-1234577	장애인				1.		
1.	이연화	500717-2155436	부						

※ 단, 부친 김경식의 기본공제 항목 선택 : "60세 이상"과 "장애인" 모두 가능

[2] (1) 연말정산추가자료입력(부양가족 탭)

1) 인적공제(102. 이철수)

연말관계	성명	주민등록번호	소득기준 초과여부	기본공제	부녀자	한부모	경로우대	장애인	자녀세액	출산입양
0.	이철수	840505-1478529		본인						
1.	이명수	571012-1587425		60세이상						
3.	강희영	850630-2547855	○	부						
4.	이현수	150408-3852618		20세이하					○	
4.	이리수	201104-4487125		20세이하						

2) 보험료

부양가족 탭에서 해당하는 부양가족에 커서를 두고 하단의 보험료를 클릭한 후 나타나는 보조창에서 국세청 간소화에 입력한다.

이철수(본인) 보장성보험-일반 300,000원, 이명수(부친) 보장성보험-일반 150,000원, 이현수(아들) 보장성보험-일반 350,000원

3) 교육비

부양가족 탭에서 해당하는 부양가족에 커서를 두고 부양가족별로 하단의 교육비 란에 입력한다.

이철수 일반 5,000,000원(4.본인), 이현수 일반 8,000,000원 또는 3,000,000원(2.초중고), 이리수(딸) 일반 1,800,000원(1.취학전) 입력

※ 이현수의 교육비는 교육비 한도 3,000,000원을 초과하므로 실제 교육비를 입력하거나 한도액인 3,000,000원을 입력한다.

(2) 연말정산추가자료입력(신용카드 등 탭)

신용카드등 탭을 열고 부양가족별로 해당하는 카드 및 현금영수증 등에 입력한다.

• 이철수 : 신용카드 32,500,000원

(3) 연말정산추가자료입력(의료비 탭) : 국외 의료비는 공제 대상 의료비에서 제외된다.

의료비 탭을 열고 의료비 지급명세서에 해당하는 부양가족별로 입력한다.

• 이철수 : 증빙코드 1. 금액 1,050,000원, • 이리수 : 증빙코드 1. 금액 250,000원

(4) 연말정산추가자료입력(연말정산입력 탭)

연말정산입력 탭에서 F8 부양가족탭불러오기를 반드시 실행한다.

116회 기출문제총정리 해답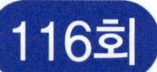

이론시험

1. ① 자산을 비용으로 계상하면 자산과 당기순이익 및 자본이 과소계상 된다. 부채에는 영향이 없다.
2. ① 영업권은 무형자산에 해당한다.
3. ③ 재고자산 평가방법의 변경은 회계정책의 변경에 해당한다.[일반기업회계기준 문단 실5.4(문단 5.9)]
4. ② 신주발행비는 주식의 발행대금에서 차감한다.
5. ③ • 기말재고자산에 포함해야 할 상품 : 반품률 추정 불가 상품, 고객이 구매의사표시를 하지 않은 시송품, 담보 제공 저당상품, 선적지 인도조건으로 매입한 미착상품
   2,000,000 + 2,000,000 + 9,000,000 + 4,000,000 = 17,000,000원
6. ③ 가공원가는 직접노무원가와 제조간접원가를 합한 금액이다.
7. ④ 종합원가계산은 공정별로 원가를 집계하므로 재공품 원가의 개별확인이 불가능하여 원가계산 기간말 현재 가공 중에 있는 재공품의 원가를 별도로 추정해야 한다.
8. ② 단계배분법은 보조부문 상호 간의 용역수수관계를 일부 반영하는 방법이다.
9. ② • 당월 발생 보험료 : 당월 지급액 − 전월 미지급액 + 당월 미지급액
   100,000 − 30,000 + 20,000 = 90,000원
   • 당월 발생 보험료 중 제조부문에 대한 배부율이 80%이므로 72,000원(= 90,000×80%)이 당월 제조간접원가로 계상된다.
10. ④ • 평균법 : 1,100개 + 200개 × 60% = 1,220개
    • 선입선출법 : 300개 × 80% + 800개 + 200개 × 60% = 1,160개
11. ② 일반적인 여객운송 용역은 부가가치세를 면제한다. 다만, 고속철도에 의한 여객운송 용역은 부가가치세를 면제하는 용역에서 제외한다. 즉 고속철도에 의한 여객운송 용역은 부가가치세 과세대상이다.(부가가치세법 제26조 제1항)
12. ④ 부가가치세법 제42조에 의하여 매입세액공제가 가능하다.
13. ④ 소득세법 제135조 제1항, 근로소득 원천징수시기에 대한 특례
    • 2025년 11월 귀속 근로소득을 2026년 1월에 지급한 경우, 원천징수시기는 2025년 12월 31일이다.
    • 1월부터 11월까지의 근로소득을 해당 과세기간의 12월 31일까지 지급하지 않은 경우, 그 근로소득은 12월 31일에 지급한 것으로 보아 소득세를 원천징수한다.
    • 12월 귀속 근로소득을 다음 연도 2월 말일까지 지급하지 않은 경우, 그 근로소득은 다음 연도 2월 말일에 지급한 것으로 보아 소득세를 원천징수한다.
14. ① 복식부기의무자의 경우만 사업용 유형자산의 처분으로 발생하는 이익을 사업소득에 포함시킨다.
15. ③ 부녀자공제는 본인의 종합소득금액이 3천만원 이하인 여성이 받을 수 있는 공제로 배우자가 있는 여성인 경우 배우자의 소득유무에 불구하고 부녀자공제를 받을 수 있다.

실무시험

문제 1

[1] 1월 3일 일반전표입력
  (차) 보통예금   2,000,000   (대) 외상매출금(하남상회)   3,400,000
     받을어음(하남상회)   1,400,000

[2] 1월 15일 일반전표입력
  (차) 도서인쇄비(판)   25,000   (대) 현 금   25,000

[3] 8월 20일 일반전표입력
  (차) 토 지   19,500,000   (대) 보통예금   30,000,000
     매도가능증권(178)   10,500,000

[4] 10월 25일 일반전표입력
  (차) 임금(제)(또는급여(제))   3,500,000   (대) 보통예금   5,332,740
     상여금(제)   3,000,000   예수금   1,167,260

[5] 12월 1일 일반전표입력
  (차) 미지급금(㈜은성기계)   22,000,000   (대) 미지급금(신한카드)   22,000,000

문제 2

[1] 1월 2일 매입매출전표입력
  유형 : 11.과세, 공급가액 : 1,000,000, 부가세 : 100,000, 공급처 : 미래전자, 전자 : 여, 분개 : 혼합
  (차) 미수금   1,000,000   (대) 기계장치   5,000,000
     현 금   100,000   유형자산처분이익   300,000
     감가상각누계액(207)   4,300,000   부가세예수금   100,000

[2] 2월 12일 매입매출전표입력
  유형 : 54.불공, 공급가액 : 7,100,000, 부가세 : 710,000, 공급처 : ㈜롯데백화점 중동, 전자 : 여, 분개 : 혼합,
  불공제사유 : ④기업업무추진비 및 이와 유사한 비용 관련
  (차) 기업업무추진비(판)   7,810,000   (대) 보통예금   7,810,000

[3] 7월 17일 매입매출전표입력
  유형 : 12.영세, 공급가액 : 18,000,000, 부가세 : 0, 공급처 : ㈜봉산실업, 전자 : 여, 분개 : 혼합,
  영세율구분 : ③내국신용장·구매확인서에 의하여 공급하는 재화
  (차) 현 금   1,800,000   (대) 제품매출   18,000,000
     외상매출금   16,200,000

[4] 8월 20일 매입매출전표입력
  유형 : 62.현면, 공급가액 : 2,000,000, 부가세 : 0, 공급처 : ㈜하나로마트, 분개 : 현금 또는 혼합
  (차) 복리후생비(제)   600,000   (대) 현 금   2,000,000
     복리후생비(판)   1,400,000

[5] 9월 10일 매입매출전표입력
  유형 : 51.과세, 공급가액 : 1,000,000, 부가세 : 100,000, 공급처 : 풍성철강, 전자 : 부, 분개 : 외상 또는 혼합
  (차) 원재료(153)   1,000,000   (대) 외상매입금   1,100,000
     부가세대급금   100,000
  ※ 해당 전표 선택 후 Shift + F5 > 예정신고누락분 확정신고 > 확정신고 개시연월 : 2025년 10월 입력
     또는 상단 F11 간편집계.. ▼ > SF5 예정 누락분 > 확정신고 개시연월 : 2025년 10월 입력(※ 또는 11월, 12월)

문제 3

[1] 부가가치세신고서(조회기간 : 2025년 4월 1일~6월 30일)

구분				정기신고금액		
				금액	세율	세액
과세표준및매출세액	과세	세금계산서발급분	1	200,000,000	10/100	20,000,000
		매입자발행세금계산서	2		10/100	
		신용카드·현금영수증발행분	3		10/100	
		기타(정규영수증외매출분)	4			
	영세	세금계산서발급분	5		0/100	
		기타	6		0/100	
	예정신고누락분		7			
	대손세액가감		8			-150,000
	합계		9	200,000,000	㉮	19,850,000
매입세액	세금계산서수취분	일반매입	10	100,000,000		10,000,000
		수출기업수입분납부유예	10-1			
		고정자산매입	11	20,000,000		2,000,000
	예정신고누락분		12			
	매입자발행세금계산서		13			
	그 밖의 공제매입세액		14			
	합계(10)-(10-1)+(11)+(12)+(13)+(14)		15	120,000,000		12,000,000
	공제받지못할매입세액		16	5,000,000		500,000
	차감계 (15-16)		17	115,000,000	㉯	11,500,000
납부(환급)세액(매출세액㉮-매입세액㉯)					㉰	8,350,000
경감공제세액	그 밖의 경감·공제세액		18			10,000
	신용카드매출전표등 발행공제등		19			
	합계		20		㉱	10,000
소규모 개인사업자 부가가치세 감면세액			20-1		㉲	
예정신고미환급세액			21		㉳	
예정고지세액			22		㉴	
사업양수자의 대리납부 기납부세액			23		㉵	
매입자 납부특례 기납부세액			24		㉶	
신용카드업자의 대리납부 기납부세액			25		㉷	
가산세액계			26		㉸	500,000
차가감하여 납부할세액(환급받을세액)㉰-㉱-㉲-㉳-㉴-㉵-㉶-㉷+㉸			27			8,840,000
총괄납부사업자가 납부할 세액(환급받을 세액)						

※ 경조사와 관련하여 직원에게 제공한 제품 등은 연간 100,000원 이하까지 재화의 공급으로 보지 않는다.(부가가치세법 시행령 제19조의2 제3호)
※ 단, 종이 세금계산서 발급분 가산세는 지연발급 등(62) 또는 미발급 등(64)에 입력한 답안 모두 정답으로 인정한다.

[2] 대손세액공제신고서(대손발생 탭)(조회기간 : 2025년 10월 ~ 12월, 2기 확정)

당초공급일	대손확정일	대손금액	공제율	대손세액	거래처		대손사유
2024-05-03	2025-10-05	11,000,000	10/110	1,000,000	(주)가경	1.	파산
2022-10-10	2025-10-24	22,000,000	10/110	2,000,000	(주)용암	6.	소멸시효완성
2025-04-08	2025-11-20	16,500,000	10/110	1,500,000	(주)개신	5.	부도(6개월 경과)

문제 4

[1] 12월 31일 일반전표입력

(차) 부가세예수금	12,500,000	(대) 부가세대급금	9,500,000
세금과공과(판)	240,000	잡이익	10,000
		미지급세금	3,230,000

[2] 12월 31일 일반전표입력

(차) 매도가능증권(178.)	1,200,000	(대) 매도가능증권평가이익	1,000,000
		매도가능증권평가손실	200,000

• 2024년 말 인식한 매도가능증권평가손실 200,000원을 2025년 말 발생한 매도가능증권평가이익과 우선 상계하는 회계처리를 하여야 한다.

[3] 12월 31일 일반전표입력

| (차) 선급비용 | 800,000 | (대) 보험료(판) | 800,000 |

- 당기 보험료 : 1,200,000 × 4/12 = 400,000원
- 선급비용 : 1,200,000 − 400,000 = 800,000원

[4] 12월 31일 일반전표입력

| (차) 이자비용 | 755,111 | (대) 보통예금 | 1,000,000 |
| 사채할증발행차금 | 244,889 | | |

또는

| (차) 이자비용 | 755,110 | (대) 보통예금 | 1,000,000 |
| 사채할증발행차금 | 244,890 | | |

※ 문제의 조건에 따라 원단위 이하를 절사하여 입력한 전표도 정답으로 인정한다.
- 시장이자율<액면이자율 : 사채가 할증발행된다.
- 2025년 이자비용 : 10,787,300×7% = 755,111원
- 사채할증발행차금 상각액 : 1,000,000 − 755,111 = 244,889원

[5] ①과 ② 중 하나의 방법으로 입력
① 12월 31일 일반전표입력

(차) 감가상각비(제)	18,000,000	(대) 감가상각누계액(203)	10,000,000
감가상각비(판)	10,000,000	감가상각누계액(207)	8,000,000
		감가상각누계액(209)	7,000,000
		감가상각누계액(213)	3,000,000

② 결산자료입력(기간 : 1월~12월)에 입력하고 F3 전표추가
2.매출원가> 7)경비>2).일반감가상각비에 건물 10,000,000원, 기계장치 8,000,000원 입력
4.판매비와 일반관리비>4).감가상각비에 차량운반구 7,000,000원, 비품 3,000,000원 입력

문제 5

[1] (1) 사원등록(기본사항)에 입력
사번 100, 임하나, 주민등록번호 750129−2436815, 입사년월일 2025년 9월 1일, 7.국외근로제공 0.부, 10.생산직여부 1.여, 연장근로비과세 1.여, 전년도총급여 27,000,000원, 12.국민연금보수월액 1,800,000원, 13.건강보험보수월액 1,800,000원, 건강보험산정기준 1.보수월액기준, 14.고용보험적용 1.여, 고용보험보수월액 1,800,000원

(2) 수당등록

(3) 급여자료입력(귀속년월 2025년 9월, 지급년월일 2025년 9월 30일)

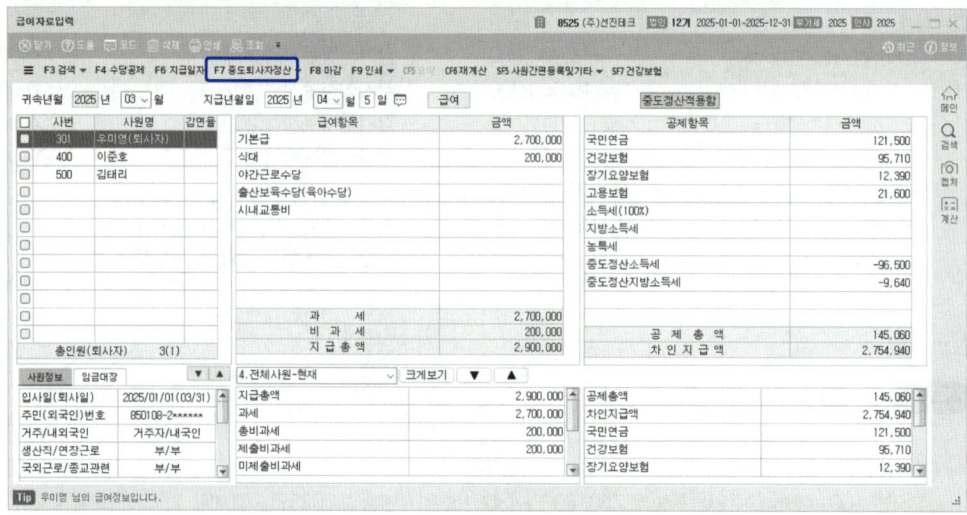

[2] (1) 사원등록(기본사항)에서 우미영(사번 301.)의 16.퇴사년월일 2025년 3월 31일 입력
(2) 급여자료입력(귀속년월 2025년 3월, 지급년월일 2025년 4월 5일)

화면 상단의 F7 중도퇴사자정산 ▼을 선택하고 보조창에서 하단의 급여반영(Tab)을 실행

(3) 원천징수이행상황신고서(귀속기간 2025년 3월~3월, 지급기간 2025년 4월~4월)

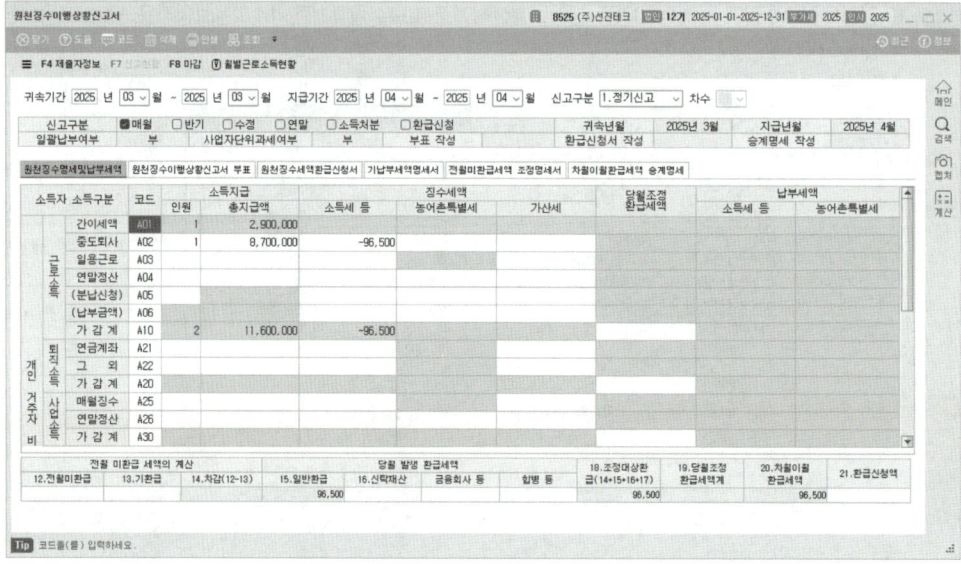

[3] (1) 원천징수이행상황신고서(귀속기간 2025년 10월~10월, 지급기간 10월~10월)를 확인하고 상단의 F8마감을 실행한다.

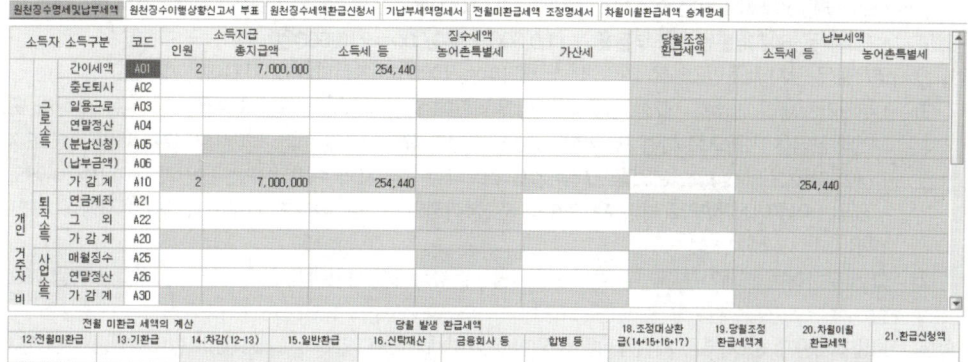

(2) 전자신고 메뉴를 열어서 신고인은 2.납세자자진신고로 지급기간은 2025년 10월~10월을 입력한 후 상단의 F4 제작을 실행한다.
(3) 비밀번호 입력 화면에서 비밀번호(123456789)를 입력하고 확인하면 C : 드라이브에 전자신고 파일이 만들어진다.
(4) F6홈택스바로가기를 실행하여 홈택스전자신고변환 화면에서 찾아보기로 파일을 확인한 후 비밀번호(123456789)를 입력하고 형식검증하기, 형식검증결과확인, 내용검증하기, 내용검증결과확인까지 차례로 실행한 후 전자파일제출을 실행하면 전자신고가 완료되어 접수증이 나오게 된다.

117회 기출문제총정리 해답

이론시험

1. ② 사채는 비유동부채이다.
2. ① • 내부적으로 창출한 영업권은 원가를 신뢰성 있게 측정할 수 없을 뿐만 아니라 기업이 통제하고 있는 식별가능한 자원도 아니기 때문에 자산으로 인식하지 않는다.[일반기업회계기준 문단 11.16]
   • 연구단계에서 발생한 지출은 무형자산으로 인식할 수 없고 발생한 기간의 비용으로 인식한다. [일반기업회계기준 문단 11.19]
   • 무형자산의 상각기간은 독점적, 배타적인 권리를 부여하고 있는 관계 법령이나 계약에 정해진 경우를 제외하고는 20년을 초과할 수 없다.[일반기업회계기준 문단 11.26]
3. ③ • 채무증권 : 단기매매증권, 매도가능증권, 만기보유증권
   • 지분증권 : 단기매매증권, 매도가능증권, 지분법적용투자주식
4. ④ 연수합계법은 자산의 내용연수 동안 감가상각액이 매 기간 감소하는 방법이다.[일반기업회계기준 문단 10.40]
5. ③ 중대한 오류수정은 중대한 오류의 영향을 받는 회계기간의 재무제표 항목을 재작성한다.[일반기업회계기준 문단 5.19]
6. ① 전기요금은 변동원가, 가공원가에 해당한다.
7. ① 기초제품재고액은 재무상태표와 손익계산서에서 확인할 수 있다.
8. ④ 개별원가계산을 설명하는 내용이다.
9. ③ • 제조간접원가 배부액 : 5,000,000÷5,000시간×4,000시간=4,000,000원

- 제조원가 : 2,000,000 + 4,000,000 + 4,000,000 = 10,000,000원
10. ①
- 보조부문 X의 제조부문 B에 대한 배분액 : 100,000×600회/1,000회 = 60,000원
- 보조부문 Y의 제조부문 B에 대한 배분액 : 300,000×300회/600회 = 150,000원
- 제조부문 B에 배분된 보조부문원가 : 60,000 + 150,000 = 210,000원
11. ② 영세율은 단지 세율만 0%로 적용하며 납세의무는 면제되지 않는다.(부가가치세법 제21조)
12. ③ • 부가가치세법 제10조 제7항 본문에 따른 위탁판매 또는 대리인에 의한 매매의 경우에는 수탁자 또는 대리인의 공급을 기준으로 하여 제1항부터 제9항까지의 규정을 적용한다. 다만, 부가가치세법 제10조 제7항 단서에 따른 위탁자 또는 본인을 알 수 없는 경우에는 위탁자와 수탁자 또는 본인과 대리인 사이에도 별개의 공급이 이루어진 것으로 보아 제1항부터 제9항까지의 규정을 적용한다.(부가가치세법 시행령 제28조 제10항)
13. ② 그 납부하려는 과세기간 개시 20일 전에 관할세무서장에게 신청해야 한다.(부가가치세법 시행령 제92조 제2항)
14. ④ 특별세액공제 중 기부금 세액공제를 제외한 교육비세액공제, 의료비세액공제, 보험료세액공제 및 월세액세액공제의 합계액이 근로소득에 대한 종합소득산출세액을 초과하는 경우 그 초과하는 금액은 없는 것으로 한다.(소득세법 제61조 제1항)
15. ② 2명 이상으로부터 근로소득을 받는 자가 연말정산하여 소득세를 납부함으로써 확정신고납부를 할 세액이 없는 경우에는 과세표준확정신고를 하지 아니할 수 있다.(소득세법 제73조 제2항)

실무시험

[1] 01월 05일 일반전표입력
(차) 보통예금	585,000,000	(대) 단기차입금(㈜대명)		600,000,000
이자비용	15,000,000			

[2] 04월 20일 일반전표입력
(차) 보통예금	60,000,000	(대) 자본금	50,000,000
		주식할인발행차금	3,000,000
		주식발행초과금	7,000,000

[3] 07월 17일 일반전표입력
(차) 보통예금	11,000,000	(대) 대손충당금(109)	10,000,000
		부가세예수금	1,000,000

[4] 08월 01일 일반전표입력
(차) 보통예금	100,253,800	(대) 정기예금	100,000,000
선납세금	46,200	이자수익	300,000

[5] 11월 01일 일반전표입력
(차) 부가세예수금	950,000	(대) 보통예금	978,500
잡손실	28,500		

문제 2

[1] 01월 04일 매입매출전표입력
유형 : 57.카과, 공급가액 : 300,000, 부가세 : 30,000, 공급처 : 시설수리전문여기야, 분개 : 카드 또는 혼합, 신용카드사 : 국민카드
(차) 수선비(제)　　　　　　　　　300,000　　(대) 미지급금(국민카드)　　　330,000
　　부가세대급금　　　　　　　　 30,000

[2] 02월 03일 매입매출전표입력
유형 : 55.수입, 공급가액 : 42,400,000, 부가세 : 4,240,000, 공급처 : 인천세관, 전자 : 여, 분개 : 혼합
(차) 부가세대급금　　　　　　　4,240,000　　(대) 보통예금　　　　　　　4,240,000

[3] 02월 15일 매입매출전표입력
유형 : 53.면세, 공급가액 : 100,000, 부가세 : 0, 공급처 : 풍성화원, 전자 : 여, 분개 : 혼합
(차) 기업업무추진비(판)　　　　　100,000　　(대) 미지급금　　　　　　　　100,000
　　　　　　　　　　　　　　　　　　　　　　또는 미지급비용

[4] 02월 18일 매입매출전표입력
유형 : 11.과세, 공급가액 : 10,500,000, 부가세 : 1,050,000, 공급처 : 이배달, 전자 : 여, 분개 : 혼합
(차) 보통예금　　　　　　　　　9,750,000　　(대) 차량운반구(208.)　　　18,000,000
　　선수금　　　　　　　　　　1,800,000　　　　부가세예수금　　　　　 1,050,000
　　감가상각누계액(209.)　　　　6,000,000
　　유형자산처분손실　　　　　　1,500,000

[5] 03월 07일 매입매출전표입력
유형 : 51.과세, 공급가액 : 110,000,000원, 부가세 : 11,000,000원, 공급처명 : ㈜양주산업, 전자 : 여, 분개 : 혼합
(차) 건　물　　　　　　　　　110,000,000　　(대) 미지급금　　　　　　121,000,000
　　부가세대급금　　　　　　　11,000,000
• 상거래 이외의 어음발행은 미지급금 계정과목으로 처리하여야 한다.

문제 3

[1] (1) 공제받지못할매입세액명세서(공제받지못할매입세액내역)(조회기간 2025년 10월 – 12월)

매입세액 불공제 사유	세금계산서		
	매수	공급가액	매입세액
①필요적 기재사항 누락 등			
②사업과 직접 관련 없는 지출			
③개별소비세법 제1조제2항제3호에 따른 자동차 구입·유지			
④기업업무추진비 및 이와 유사한 비용 관련			
⑤면세사업등 관련	8	20,000,000	2,000,000
⑥토지의 자본적 지출 관련			
⑦사업자등록 전 매입세액			
⑧금·구리 스크랩 거래계좌 미사용 관련 매입세액			

(2) 공제받지못할매입세액명세서(공통매입세액의정산내역)(조회기간 2025년 10월 – 12월)

산식	구분	(15)총공통매입세액	(16)면세 사업확정 비율			(17)불공제매입세액총액((15)*(16))	(18)기불공제매입세액	(19)가산또는공제되는매입세액(17)-(18)
			총공급가액	면세공급가액	면세비율			
1.당해과세기간의 공급가액기준		5,000,000	250,000,000.00	50,000,000.00	20.000000	1,000,000	800,000	200,000
	합계	5,000,000	250,000,000	50,000,000		1,000,000	800,000	200,000

가산또는공제되는매입세액 (200,000) = 총공통매입세액(5,000,000) * 면세비율(%)(20.000000) - 기불공제매입세액(800,000)

[2] (1) 수출실적명세서(조회기간 2025년 7월~9월, 2기예정, 과세기간별입력)

번호	(13) 수출신고번호	(14) 선(기)적일자	(15) 통화코드	(16) 환율	금 액		전표정보	
					(17) 외화	(18) 원화	거래처코드	거래처명
1	81234-58-123458X	2025.07.22.	USD	1,400.0000	30,000.00	42,000,000		
2								

(2) 내국신용장·구매확인서전자발급명세서(조회기간 2025년 7월~9월, 2기예정)

[3] (1) 부가가치세신고서(2025년 4월~6월) 및 부속서류를 조회하여 상단의 F3마감을 확인한다.
 (2) 전자신고 메뉴를 실행한 후 신고년월(2025년 4월~6월)과 신고인구분(2.납세자 자진신고)를 입력한다.
 (3) 상단의 F4제작을 실행하고 비밀번호 입력창에서 비밀번호 12341234를 두 번 입력하고 확인하면 전자신고 데이터 제작이 완료되었다는 문구가 나오고 C드라이브에 전자신고용 파일이 생성된다.
 (4) 상단의 F6홈택스바로가기를 실행하고 첫 화면은 닫기를 하면 국세청 홈택스 전자파일변환으로 들어간다.
 (5) 홈택스 전자파일변환에서 찾아보기 기능으로 전자파일을 선택하고 열기를 실행하여 불러온다.
 (6) 전자신고변환 하단의 형식검증하기를 실행하여 비밀번호 창에 비밀번호 12341234를 입력한다.
 (7) 이어서 형식검증결과확인, 내용검증하기, 내용검증결과확인을 클릭하고 마지막으로 전자파일제출을 클릭한다.
 (8) 검증결과 오류가 없으면 하단의 전자파일제출하기를 실행하면 나타나는 "정상변환된 신고서를 제출합니다." 는 보조창에서 확인을 실행하면 부가가치세신고서 접수증(파일변환)이 나타난다.

문제 4

[1] 12월 31일 일반전표입력
 (차) 보통예금 5,700,000 (대) 단기차입금(국민은행) 5,700,000
[2] 12월 31일 일반전표입력
 (차) 외화환산손실 9,250,000 (대) 외상매입금 9,250,000
 (INSIDEOUT)
 • 외상매입금 기말평가액 : $50,000×1,390=69,500,000원
 • 외화환산손실 69,500,000-60,250,000=9,250,000원
[3] 12월 31일 일반전표입력
 (차) 임차료(제) 6,000,000 (대) 선급비용 6,000,000
[4] ①과 ② 중 하나의 방법으로 입력
 ① 12월 31일 일반전표입력
  (차) 대손상각비 306,950 (대) 대손충당금(외상매출금) 306,950
   대손충당금(받을어음) 2,364,000 대손충당금환입 2,364,000
        (대손상각비차감계정)
 • 외상매출금 : 615,347,500×2%-12,000,000=306,950원
 • 받을어음 : 131,800,000×2%-5,000,000=(-)2,364,000원

② 결산자료입력(기간 : 1월~12월)
F8 대손상각 실행 대손율(%) 2% 입력 추가설정액(결산반영)
108.외상매출금 306,950원, 110.받을어음 (-)2,364,000원 입력 후 F3 전표추가

[5] ①과 ② 중 하나의 방법으로 입력
① 결산자료입력(기간 : 1월~12월)
4. 판매비와 일반관리비 6).무형자산상각비 영업권 8,100,000원 입력 후 F3 전표추가
② 12월 31일 일반전표입력
(차) 무형자산상각비   8,100,000   (대) 영업권   8,100,000
• 54,000,000÷5×9/12＝8,100,000원

문제 5

[1] (1) 환경등록에서 원천→5.급여자료입력 화면을 "2.구분별로 입력"으로 변경
(2) 급여자료입력(귀속년월 2025년 11월, 구분 급여, 지급년월일 2025년 11월 30일)

□	사번	사원명	감면율	급여항목	금액	공제항목	금액
■	300	김성민		기본급	3,000,000	국민연금	135,000
□				월차수당		건강보험	106,350
□				식대	200,000	장기요양보험	13,770
□				자가운전보조금		고용보험	24,000
□				야간근로수당		소득세(100%)	74,350
□						지방소득세	7,430
□						농특세	

(3) 급여자료입력(귀속년월 2025년 11월, 구분 상여, 지급년월일 2025년 12월 31일)

□	사번	사원명	감면율	급여항목	금액	공제항목	금액
■	300	김성민		상여	2,500,000	고용보험	20,000
□						소득세(100%)	207,020
□						지방소득세	20,700
□						농특세	

(4) 원천징수이행상황신고서(귀속기간 2025년 11월－11월, 지급기간 2025년 11월－11월, 정기신고)

소득자 소득구분		코드	소득지급		징수세액			당월조정 환급세액	납부세액	
			인원	총지급액	소득세 등	농어촌특별세	가산세		소득세 등	농어촌특별세
근로소득	간이세액	A01	1	3,200,000	74,350					
	중도퇴사	A02								
	일용근로	A03								
	연말정산	A04								
	(분납신청)	A05								
	(납부금액)	A06								
	가 감 계	A10	1	3,200,000	74,350				74,350	

(5) 원천징수이행상황신고서(귀속기간 2025년 11월－11월, 지급기간 2025년 12월－12월, 정기신고)

소득자 소득구분		코드	소득지급		징수세액			당월조정 환급세액	납부세액	
			인원	총지급액	소득세 등	농어촌특별세	가산세		소득세 등	농어촌특별세
근로소득	간이세액	A01	1	2,500,000	207,020					
	중도퇴사	A02								
	일용근로	A03								
	연말정산	A04								
	(분납신청)	A05								
	(납부금액)	A06								
	가 감 계	A10	1	2,500,000	207,020				207,020	

[2] (1) 연말정산추가자료입력(소득명세 탭) : 전근무지에 입력
근무처명 : ㈜경기, 사업자등록번호 : 412－81－24785, 근무기간 : 2025.1.1.~2025.11.30.
급여 : 49,500,000원, 건강보험료 : 1,826,000원, 장기요양보험료 : 187,000원,
고용보험료 : 440,000원, 국민연금보험료 : 2,400,000원
기납부세액 : 소득세 2,580,000원, 지방소득세 258,000원

(2) 연말정산추가자료입력(부양가족 탭)

연말관계	성명	주민등록번호	소득기준 초과여부	기본공제	세대주 구분	부녀자	한부모	경로우대	장애인	자녀세액	출산입양	결혼세액
0.	이태원	741210-1254630		본인	세대주							
1.	최명순	450425-2639213	○	부								
3.	김진실	781214-2458691		배우자								
4.	이민석	040505-3569876		부								
4.	이채영	090214-4452148		20세이하						○		

※ 최명순은 상가임대소득에 대한 총수입금액 36,000,000원과 필요경비 16,000,000원이므로 사업소득금액이 20,000,000원이 된다. 따라서 부양가족 탭에서 소득기준초과여부에서 1여를 선택하여야 하며 기본공제는 받을 수 없으나 의료비세액공제는 받을 수 있다.

(3) 보험료(본인)

부양가족 탭에서 이태원(본인)에 커서를 두고 하단의 보험료를 클릭한 후 나타나는 보조창에서 국세청간소화 보장성보험-일반에 840,000원을 입력한다.

(4) 교육비

부양가족 탭에서 해당하는 부양가족에 커서를 두고 부양가족별로 하단의 교육비 란에 입력한다.

이태원 : 일반-8,000,000원(4.본인), 김진실 : 일반-7,000,000원(3.대학생), 이민석 : 일반-7,000,000원(3.대학생), 이채영 : 일반-2,800,000원(2.초중고) 입력

※ 이채영의 교육비 : 수업료+교복구입비+현장체험학습비(2,000,000+500,000+300,000=2,800,000원)

(5) 연말정산추가자료입력(의료비 탭)

의료비 탭을 열고 의료비 지급명세서에 해당하는 부양가족별로 입력한다.

- 최명순 : 증빙코드 1. 금액 5,000,000원 실손보험금수령액 3,000,000원,
- 이민석 : 증빙코드 1. 금액 300,000원

(6) 연말정산추가자료입력(연말정산입력 탭)

연말정산입력 탭에서 F8 부양가족탭불러오기를 반드시 실행한다.

이 성 노	약 력
	・인천대학교 경제학과
	・서강대학교 경제대학원 경제학 석사
	・인천대학교 대학원 경제학 박사과정 수료
	・세무사
	・인천시 및 부평구 결산검사위원
	남인천세무서 과세적부심사위원 및 공평과세위원
	재능대학 세무회계과 겸임교수
	한국음식업중앙회 인천지회 교육원 세무강사
	중부지방세무사회 연수이사
	중앙세무법인 대표세무사
	인터넷신문 인천 in 감사
	한국세무사회 세무연수원 교수
	인천지방세무사회 연수교육위원
	세무법인 세방 대표이사

저 서
・조세법개론, 도서출판 명우
・부가가치세법개론, 경영과회계
・알기쉬운 회계원리, 경영과회계
・알기쉬운 원가회계, 경영과회계
・알기쉬운 재무회계, 경영과회계
・알기쉬운 세무회계, 경영과회계
・비젼 재무・원가관리회계, 경영과회계
・비젼 세무회계, 경영과회계
・포인트 전산회계2급, 경영과회계
・포인트 전산세무1급, 경영과회계
・포인트 전산세무2급, 경영과회계

2025 POINT
전산세무 2급

발　　행	2021년 2월 26일
	2025년 6월 10일 (개정4판 2쇄)
저　　자	이성노
발 행 인	최영민
발 행 처	피앤피북
주　　소	경기도 파주시 신촌로 16
전　　화	031-8071-0088
팩　　스	031-942-8688
전자우편	pnpbook@naver.com
출판등록	2015년 3월 27일
등록번호	제406-2015-31호

정가 : 29,000원

・경영과회계는 피앤피북의 임프린트 출판사입니다.
・이 책의 내용, 사진, 그림 등의 전부나 일부를 저작권자나 발행인의 승인 없이 무단복제 및 무단 전사하여 이용할 수 없습니다.
・파본 및 낙장은 구입하신 서점에서 교환하여 드립니다.

ISBN 979-11-94085-43-0 (13320)